2024

육사 | 해사 | 공사 | 국군간호사관

사관학교 기출백서

국어

10개년 총정리

2014~2023

인쇄일 2022년 11월 1일 8판 1쇄 인쇄
발행일 2022년 11월 5일 8판 1쇄 발행
등 록 제17-269호
판 권 시스컴2022

ISBN 979-11-6941-033-5 13710
정 가 20,000원

발행처 시스컴 출판사
발행인 송인식
지은이 사관학교입시연구회

주소 서울시 금천구 가산디지털1로 225, 514호(가산포휴) | **홈페이지** www.nadoogong.com
E-mail siscombooks@naver.com | **전화** 02)866-9311 | **Fax** 02)866-9312

발간 이후 발견된 정오 사항은 나두공 홈페이지 도서정오표에서 알려드립니다.(나두공 홈페이지 → 자격증 → 도서정오표)

머리말

육군사관학교, 해군사관학교, 공군사관학교, 국군간호사관학교의 4개의 특수대학은 군 장교 양성을 위한 4년제 군사학교로, 졸업 후 군의 간부로서의 장래를 보장받을 수 있습니다. 즉, 졸업과 동시에 취업이 보장된다는 상당히 매력적인 점으로 인해 매년 높은 경쟁률을 보여 오고 있습니다. 사관학교는 이처럼 경쟁률이 높은데다 남녀 모집 인원이 정해져 있고 체력시험을 치러야 하는 등 전형 방법이 일반 대학과 다르기 때문에 상당한 준비가 필요합니다. 따라서 미리 자신이 원하는 대학의 모집요강을 숙지하고 각 대학에 맞는 입시전략을 세워야 합니다.

그렇다면 사관학교 입시에서 무엇이 가장 중요할까요?

당연한 말이지만 바로 1차 필기시험입니다. 왜냐하면 1차 시험에서 일정 배수 안에 들어야 2차 시험에 응시할 수 있는 기회가 주어지기 때문입니다. 각 사관학교는 같은 날 1차 시험을 치르기 때문에 복수지원이 불가능하다는 점 역시 잊지 말아야 합니다. 1차 시험을 잘 보기 위해서는 무엇보다도 기출문제를 꼼꼼히 파악하고 풀어보는 것이 중요합니다. 그래야 실제 시험에서 긴장하지 않고 실수를 최소화할 수 있기 때문입니다.

이에 본서는 사관학교 입시에 필수적인 과년도 최신 기출문제를 실어 연도별로 기출문제를 풀어볼 수 있도록 구성하여 연도별 출제 경향을 알 수 있도록 하였고, 책 속의 책 – 정답 및 해설에서 알기 쉽고 자세하게 풀이하였습니다.

본서는 여러분의 합격을 응원합니다!

사관학교 입학 전형

육군사관학교

※모집요강은 2023학년도에 기반한 것으로, 추후 변경될 수 있으니 반드시 육군사관학교 홈페이지에서 확인하시기 바랍니다.

모집 정원 : 330명(모집 정원 내 여자 40명 포함)

- 남자 : 인문계열 50%, 자연계열 50%
- 여자 : 인문계열 60%, 자연계열 40%

수업 연한 : 4년

지원 자격

- 2002년 1월 2일부터 2006년 1월 1일 사이에 출생한 대한민국 국적을 가진 신체 건강하고 사상이 건전한 미혼 남녀
- 고등학교 졸업자, 2023년 2월 졸업예정자 또는 교육부 장관이 이와 동등 이상의 학력이 있다고 인정한 자(2022년 9월 5일 이전 검정고시 합격자)
- 「군 인사법」 제10조 2항에 의한 결격사유에 해당되지 않는 자
- 대한민국 국적과 외국 국적을 함께 가지고 있지 않은 자
- 법령에 의하여 형사처분을 받지 않은 자(재판계류 중인 자는 판결결과에 따라 합격을 취소될 수 있음)
- 재외국민자녀 : 부모와 함께 동반하여 외국에서 수학한 대한민국 단일국적자 중 수학능력 및 리더십이 우수한 지원자에게 입학의 기회 부여(7개국 언어 지원자 중 5명 이내 선발, 적격자 없을 시 미선발)

선발방법 및 전형기준

구 분	1차 시험	2차 시험	종합선발
전형 기준	■ 국어/영어/수학 – 공통수학 : 수학 I, 수학 II – 인문계열 : (선택) 확률과 통계, 미적분, 기하 중 택1 – 자연계열 : (선택) 미적분, 기하 중 택1	■ 면접 ■ 체력검정 ■ 신체검사	■ 1차 시험(50점) ■ 2차 시험(250점) ■ 고등학교 내신(100점) ■ 대학수학능력시험(600점)
비고	※모집정원 기준 남자 5배수, 여자 8배수 계열별/성별 구분하여 선발 ※대학수학능력시험과 유사한 형식으로 과목별 30문항(단, 영어는 듣기평가 없음)	※사전 AI면접 실시 후 면접분야에서 참고자료로 활용 ※한국사능력검정시험 가산점(우선선발 및 특별전형 합격자 선발 시에만 적용)	※성별, 계열별 총점 순에 의해 선발

해군사관학교

※모집요강은 2023학년도에 기반한 것으로, 추후 변경될 수 있으니 반드시 해군사관학교 홈페이지에서 확인하시기 바랍니다.

모집 정원 : 170명(모집 정원 내에서 여생도 26명)

- 남자 : 인문계열 65명, 자연계열 79명
- 여자 : 인문계열 13명, 자연계열 13명

수업 연한 : 4년

지원 자격

- 2002년 1월 2일부터 2006년 1월 1일 사이에 출생하여 대한민국 국적을 가진 미혼 남녀
- 고등학교 졸업자, 2023년 2월 졸업예정자 또는 교육부 장관이 이와 동등 이상의 학력이 있다고 인정한 자(2022년 9월 5일 이전 검정고시 합격자)
- 「군 인사법」 제10조 1항의 임용자격이 있는 자
- 「군 인사법」 제10조 2항에 의한 결격사유에 해당되지 않는 자
- 재외국민자녀 : 외국에서 고교 1년을 포함하여 연속 3년 이상 수학한 자로서 고교졸업자 또는 졸업 예정자(부모와 별도로 자녀 단독으로 유학한 경우는 지원할 수 없음)

선발방법 및 전형기준

구 분	1차 시험	2차 시험	종합선발
전형 기준	■ 국어/영어/수학 – 공통수학 : 수학 Ⅰ, 수학 Ⅱ – 인문계열 : (선택) 확률과 통계, 미적분, 기하 중 택1 – 자연계열 : (선택) 미적분, 기하 중 택1	■ 면접 ■ 체력검정 ■ 신체검사 ■ AI면접	■ 2차 시험 성적(300점) ■ 학생부 성적(50점) ■ 대학수학능력시험(650점)
비고	※남자는 모집 정원의 4배수, 여자는 8배수를 남 · 여 및 문 · 이과 구분 선발 ※국어 30문항, 영어 30문항(듣기평가 없음), 수학 30문항	※체력분야 가산점 최대 3점 ※사전 AI면접 실시 후 면접분야에서 참고자료로 활용	※대학수학능력시험 선택과목 시 계열별로 해당하는 과목 선택하여 응시 필요. 계열별 해당하지 않는 과목을 응시하는 경우 선발 대상에서 제외

공군사관학교

※모집요강은 2023학년도에 기반한 것으로, 추후 변경될 수 있으므로 반드시 공군사관학교 홈페이지에서 확인하시기 바랍니다.

모집 정원 : 235명(남자 199명, 여자 36명 내외)

- 남자 : 인문계열 70명 내외, 자연계열 129명 내외
- 여자 : 인문계열 16명 내외, 자연계열 20명 내외

수업 연한 : 4년

지원 자격

- 대한민국 국적을 가진 미혼 남 · 여로서 신체가 건강하고, 사관생도로서 적합한 사상과 가치관을 가진 자
- 2002년 1월 2일부터 2006년 1월 1일까지 출생한 자
- 고등학교 졸업자 및 2023년 2월 졸업예정자 또는 법령에 의하여 이와 동등한 학력이 있다고 인정된 자
- 「군 인사법」 제10조 2항의 규정에 의한 결격사유에 해당되지 않는 자
  ※단, 복수국적자는 지원 가능하나, 가입학 등록일 전까지 외국 국적을 포기하여야만 입학 가능함
- 법령에 의하여 형사처벌을 받지 아니한 자(기소유예 포함)
  ※재판계류 중인 자는 판결결과에 따라 합격이 취소될 수 있음

선발방법 및 전형기준

구 분	1차 시험	2차 시험	종합선발
전형 기준	■ 국어/영어/수학 – 공통수학 : 수학 Ⅰ, 수학 Ⅱ – 인문계열 : (선택) 확률과 통계, 미적분, 기하 중 택1 – 자연계열 : (선택) 미적분, 기하 중 택1	■ 신체검사(당일 합/불 판정) ■ 체력검정(150점) ■ 면접(330점)	■ 1차 시험 성적(400점) ■ 2차 시험 성적(480점) ■ 학생부 성적(100점) ■ 한국사능력검정시험(20점)
비고	※과목별 원점수 60점 미만이면서 표준점수 하위 40% 미만인 자는 불합격 – 남자 : 인문계열 4배수, 자연계열 6배수 – 여자 : 인문계열 8배수, 자연계열 10배수	※개인별 1박 2일 소요 ※사전 AI면접 실시 후 면접분야에서 참고자료로 활용	※한국사능력검정시험 가산점 부여방식 : 중급 이상 (제47회 이후 : 심화 이상) 취득점수×0.1+10

특별전형

재외국민자녀전형

- 선발인원 : 2명 이내 선발
- 지원 자격(다음 각 호를 모두 만족할 경우 자격 충족)
  1. 외국에서 고교 1년을 포함하여 연속 3년 이상 수학한 자(부 · 모와 별도로 자녀만 단독으로 해외 유학한 경우 재외국민자녀에서 제외)
  2. 주재국 고교성적 평균 B 이상인 자
  3. 각 외국어별 어학능력시험 최저기준 이상인 자

독립유공자 (외)손/자 · 녀, 국가유공자 자녀전형

- 선발인원 : 총 3명 이내(유공자별 최대 2명)
- 지원 자격 : 「독립유공자예우에 관한 법률」 제4조 제1호 및 제2호에 해당되는 순국선열과 애국지사의 독립유공자 (외)손/자녀, 「국가유공자 등 예우 및 지원에 관한 법률」 제4조에 해당되는 국가유공자의 자녀
- 종합성적 기준 지원분야 모집정원 1.5배수 이내 해당자에 대해 심의를 거쳐 선발

고른기회전형

- 농 · 어촌 학생
  1. 선발인원 : 5명 이내(남자 4명, 여자 1명 / 고교별 최대 2명)
  2. 지원 자격 : 「지방자치법」 제3조에 의한 읍 · 면 지역 또는 「도서 · 벽지 교육진흥법」 제2조에 따른 도서 · 벽지 지역 소재 중 · 고등학교에서 전 교육과정을 이수하고 지원자와 부 · 모 모두가 중학교 입학 시부터 고등학교 졸업 시까지 6년 동안 읍 · 면 또는 도서 · 벽지 지역에 거주한 자 또는 지원자 본인이 초등학교 입학 시부터 고등학교 졸업 시까지 읍 · 면 지역 또는 도서 · 벽지 지역에 거주한 자
- 기초생활 수급자 · 차상위 계층
  1. 선발인원 : 5명 이내(남자 4명, 여자 1명)
  2. 지원자격 : 「국민기초생활보장법」 제2조제2호에 따른 수급자 또는 「국민기초생활보장법」 제2조 제10호에 따른 차상위계층

국군간호사관학교

※ 모집요강은 2023학년도에 기반한 것으로, 추후 변경될 수 있으므로 반드시 국군간호사관학교 홈페이지에서 확인하시기 바랍니다.

모집 정원 : 90명(남자 9명, 여자 81명)

- 남자 : 인문계열 4명, 자연계열 5명
- 여자 : 인문계열 33명, 자연계열 48명

수업 연한 : 4년

지원 자격

- 2002년 1월 2일부터 2006년 1월 1일 사이에 출생한 대한민국 국적을 가진 미혼 남녀로서 신체 건강하고 사관생도로서 적합한 가치관을 가진 사람
- 고등학교 졸업자 또는 2023년 2월 졸업예정자와 이와 동등 이상의 학력이 있다고 교육부 장관이 인정한 사람
- 「군 인사법」 제10조 2항에 의한 결격사유에 해당되지 않는 자
- 국군간호사관학교 생도신체검사 예규에서 정하는 기준에 적합한 자

선발방법 및 전형기준

구 분	1차 시험	2차 시험	종합선발
전형 기준	■ 국어(듣기 제외) ■ 영어(듣기 제외) ■ 수학 – 공통수학 : 수학 Ⅰ, 수학 Ⅱ – 인문계열 : (선택) 확률과 통계, 미적분, 기하 중 택1 – 자연계열 : (선택) 미적분, 기하 중 택1	■ 인성검사 ■ 신체검사 ■ 체력검정 ■ 면접	■ 대학수학능력시험(700점) ■ 학생부(100점) – 교과(90점), 비교과(10점) ■ 2차 시험(200점) – 면접시험(150점), 체력검정(50점) ■ 한국사능력검정시험(가산점 α)
비고	※ 대학수학능력시험과 유사 ※ 모집 정원 기준 – 남자 인문 4배수, 자연 8배수 – 여자 4배수	※ 사전 AI면접 실시 후 면접분야에서 참고자료로 활용	※ 학생부 반영 방법 : 교과성적(90점), 비교과 성적(10점 : 결석일수 × 0.3점 감점) ※ 동점자 발생 시 선발 우선 순위 : 면접 〉 체력검정 〉 학생부 〉 수능 성적순

모집 요강은 추후 변동될 수 있으므로 반드시 사관학교 홈페이지에서 확인하시기 바랍니다.

사관학교 Q&A

Q1 육군사관학교 2차 시험의 면접은 어떤 분야가 실시되나요?

2차 시험의 면접은 AI역량검사, 구술면접, 학교생활, 자기소개, 외적자세, 심리검사, 종합판정 등 총 7개 분야가 실시됩니다. 또한 사전 AI 면접을 실시하여 일부 면접 분야에서 참고자료로 활용됩니다. 면접시험의 구성은 당해연도 2차 시험 계획에 따라 일부 변경될 수 있습니다.

Q2 수시 제한에 해군사관학교도 포함이 되나요?

해군사관학교는 특별법에 의해 설치된 대학으로서, 대학(산업대학 및 교육대학/전문대학 포함)과 특별법에 의해 설치된 대학(전문대학 포함)/각종 학교 간에는 복수지원과 이중등록 금지원칙을 적용하지 않는다는 원칙에 따라 수시 제한과 관계없이 지원 가능합니다.

Q3 공군사관학교 지원 시 동아리활동에 대한 가산점이 있나요?

학교생활기록부 성적반영은 교과과목인 국어, 영어, 수학, 사회(인문)/과학(자연)에 대해서만 반영하며 비교과 과목(봉사활동, 독서활동, 동아리활동, 수상경력 등)은 점수에 직접 반영하지 않지만 면접 시 참고자료로 활용될 수 있습니다.

Q4 국군간호사관학교 입학하고 싶은데, 내신등급이 높아야 합격 가능성이 높은가요?

종합 선발 기준은 2차 시험 200점, 학생부 100점, 대학수학능력시험 700점을 총 합산한 최종성적 순으로 선발하기 때문에 비중이 높은 수능성적이 높을 경우 가능성이 있을 것으로 예상됩니다.

사관학교 졸업 후 진로

육군사관학교

육군사관학교 졸업생들은 졸업과 동시에 문학사, 이학사, 공학사 및 군사학사의 2개 학위를 취득하며 육군 소위로 임관합니다. 임관 후에는 계급별 군사교육을 수료하고, 야전부대에서 각급제대 지휘관 및 참모직책을 수행하며 주요 정책부서에서 군사전문가로 활동하기도 합니다. 본인 희망에 따라 국내 · 외 대학원에서 석 · 박사과정 위탁교육을 받을 수 있습니다. 졸업 후 의무복무기간은 10년이며, 본인 희망에 따라 5년차에 전역할 수 있습니다.

공군사관학교

공군사관학교 졸업과 동시에 공군 장교로 임관하며, 항공작전 및 기타 지원 분야에서 업무를 수행하게 됩니다.

- 항공작전분야 : 전투기, 수송기, 헬리콥터 조종과 항공작전 및 전략개발을 담당하는 분야입니다. 비행훈련은 4학년 2학기부터 실시되며, 비행교육입문과정, 기본과정 및 고등과정을 수료하면 정식 조종사가 됩니다.
- 지원분야 : 공중근무를 직 · 간접적으로 지원하는 임무를 수행하는 분야로, 조종, 항공통제, 방공포병, 기상, 정보통신, 군수, 시설, 재정, 인사행정, 정훈, 교육, 정보, 헌병, 법무, 군종, 의무 분야 등이 있습니다.
- 자기계발을 위한 전문교육 : 임무수행에 필요한 체계적인 군사 전문교육 기회를 제공받습니다.
- 석사 및 박사과정 교육 : 해당 분야 전문성 증진을 위해 국비로 국내 · 외 유명 대학에서 석사 및 박사과정 교육기회를 제공합니다. 대다수의 졸업생은 석사 이상의 학위를 취득한 후 공군의 다양한 전문분야에서 국가안보를 위해 헌신하고 있습니다.
- 사회의 다양한 분야로 진출 : 비행훈련을 마치는 조종사는 정부 공인 민간 항공기 조종사 면허증을 받으며, 전역 후 민간 항공에 취업할 수 있어 현재 많은 공사 출신 조종사들이 활동하고 있습니다. 지원분야에 근무하는 장교는 사관학교의 수준 높은 교육과 전문성을 토대로 사회 각 분야로 활발히 진출하고 있습니다.

해군사관학교

해군사관학교 졸업 후 진로는 다음과 같이 다양하게 선택할 수 있습니다.

- 해군 장교(소위)로 임관하여 대양해군 시대의 주역으로 진출
- 해병대 장교 등 자신의 적성에 맞는 다양한 병과 선택 가능
- 졸업 후 국내 · 외 대학원에서 석 · 박사 학위 취득 가능(국비 지원)
- 선택한 병과에 따라 항해사, 기관사 및 항공기 조종사 등의 면허취득 가능
- 국내 · 외의 다양한 유학 및 연수 기회 부여
- 졸업 후 5년째 되는 해에 전역(사회진출) 기회 부여
- 20년 이상 근속 후 퇴직(전역) 시 평생 연금 혜택 부여

국군간호사관학교

국군간호사관학교 생도들은 4년간 교육 후 「간호사 국가고시」를 거쳐 간호사 면허증을 취득하게 되며, 졸업과 동시에 간호학사 학위를 수여받고, 영예로운 육 · 해 · 공군 간호장교 소위로 임관하여 전국의 국군병원에서 간호전문인으로서 그 능력을 발휘하며 경험을 쌓게 됩니다. 군 병원 임상에서 간호전문인으로서 직책을 수행하는 것 이외에도 군의 교육기관, 정책부서 등에도 그 능력을 발휘하고 있으며 임관 후에도 국비로 석 · 박사 학위를 취득하여 국간사 교수 등으로 성장할 수 있도록 지원하고, 또한 국 · 내외에서 간호분야별(수술, 중환자, 응급, 마취, 인공신장, 정신) 주특기 교육을 받아 적성에 맞는 간호영역에서 근무할 수 있으며, 이러한 교육과 경험은 퇴역 후 사회 진출 시에도 귀중한 자산이 되어 민간의 각 기관에서 환영받게 됩니다. 또한 해외에 파견되어 세계평화유지를 위한 국군의료지원단(PKO)의 일원으로 국위선양에 기여할 수 있습니다.

졸업 후 6년간의 의무복무기간을 마치고 사회로 진출할 수 있으며 복무연장근무(임관 후 평균 10년), 또는 장기근무자의 경우 영관장교 이상의 진출 기회가 주어집니다. 퇴역한 후 사회로 진출한 동문 중에는 민간병원, 간호정책 기관, 대학교수, 각급 학교 보건교사, 기타 보건관련기관 등 다양한 직종에서 그 능력을 발휘하며, 여성 지도자로서 각계각층에서 자리매김하고 있습니다.

이 책의 구성과 특징

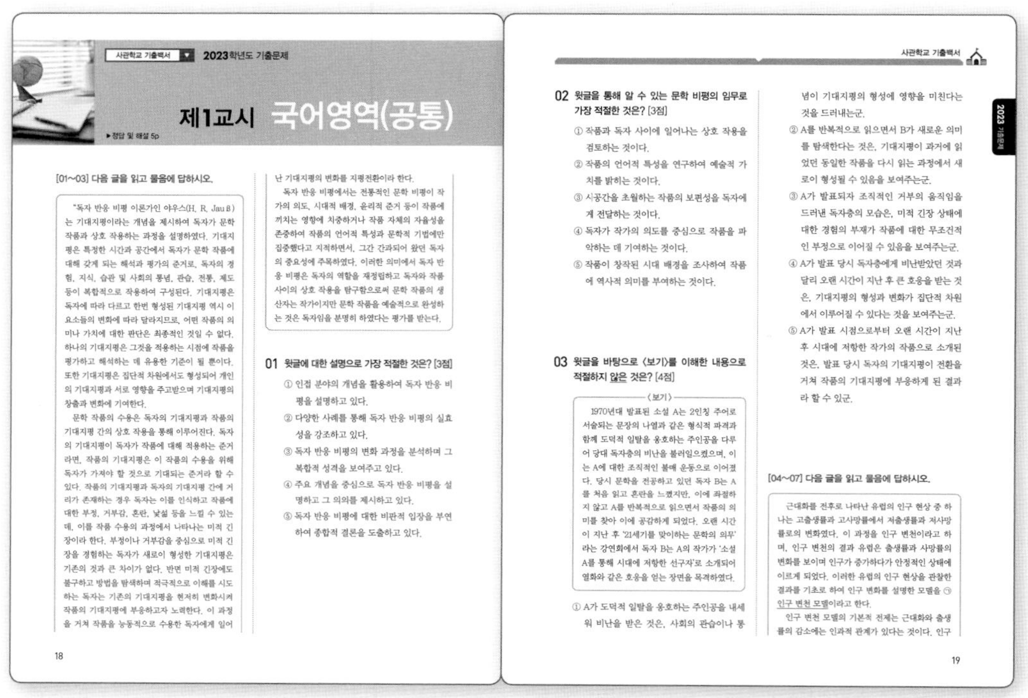

사관학교 기출백서 ▼ 2023학년도 기출문제

제1교시 국어영역(공통)

▶정답 및 해설 5p

[01~03] 다음 글을 읽고 물음에 답하시오.

"독자 반응 비평 이론가인 야우스(H. R. Jauß)는 기대지평이라는 개념을 제시하여 독자가 문학 작품과 상호 작용하는 과정을 설명하였다. 기대지평은 특정한 시간과 공간에서 독자가 문학 작품에 대해 갖게 되는 해석과 평가의 준거로, 독자의 경험, 지식, 습관 및 사회의 통념, 관습, 전통, 제도 등이 복합적으로 작용하여 구성된다. 기대지평은 독자에 따라 다르고 한번 형성된 기대지평 역시 이 요소들의 변화에 따라 달라지므로, 어떤 작품의 의미나 가치에 대한 판단은 최종적인 것일 수 없다. 하나의 기대지평은 그것을 적용하는 시점에 작품을 평가하고 해석하는 데 유용한 기준이 될 뿐이다. 또한 기대지평은 집단적 차원에서도 형성되어 개인의 기대지평과 서로 영향을 주고받으며 기대지평의 창출과 변화에 기여한다.

문학 작품의 수용은 독자의 기대지평과 작품의 기대지평 간의 상호 작용을 통해 이루어진다. 독자의 기대지평이 독자가 작품에 대해 적용하는 준거라면, 작품의 기대지평은 이 작품의 수용을 위해 독자가 가져야 할 것으로 기대되는 준거라 할 수 있다. 작품의 기대지평과 독자의 기대지평 간에 거리가 존재하는 경우 독자는 이를 인식하고 작품에 대한 부정, 거부감, 혼란, 낯섦 등을 느낄 수 있는데, 이를 작품 수용의 과정에서 나타나는 미적 긴장이라 한다. 부정이나 거부감을 중심으로 미적 긴장을 경험하는 독자가 새로이 형성한 기대지평은 기존의 것과 큰 차이가 없다. 반면 미적 긴장에도 불구하고 방법을 탐색하며 적극적으로 이해를 시도하는 독자는 기존의 기대지평을 현저히 변화시켜 작품의 기대지평에 부응하고자 노력한다. 이 과정을 거쳐 작품을 능동적으로 수용한 독자에게 일어난 기대지평의 변화를 지평전환이라 한다.

독자 반응 비평에서는 전통적인 문학 비평이 작가의 의도, 시대적 배경, 윤리적 준거 등이 작품에 끼치는 영향에 치중하거나 작품 자체의 자율성을 존중하여 작품의 언어적 특성과 문학적 기법에만 집중했다고 지적하면서, 그간 간과되어 왔던 독자의 중요성에 주목하였다. 이러한 의미에서 독자 반응 비평은 독자의 역할을 재정립하고 독자와 작품 사이의 상호 작용을 탐구함으로써 문학 작품의 생산자는 작가이지만 문학 작품을 예술적으로 완성하는 것은 독자임을 분명히 하였다는 평가를 받는다.

01 윗글에 대한 설명으로 가장 적절한 것은? [3점]

① 인접 분야의 개념을 활용하여 독자 반응 비평을 설명하고 있다.
② 다양한 사례를 통해 독자 반응 비평의 실효성을 강조하고 있다.
③ 독자 반응 비평의 변화 과정을 분석하며 그 복합적 성격을 보여주고 있다.
④ 주요 개념을 중심으로 독자 반응 비평을 설명하고 그 의의를 제시하고 있다.
⑤ 독자 반응 비평에 대한 비판적 입장을 부연하여 종합적 결론을 도출하고 있다.

18

사관학교 기출백서

2023 기출문제

02 윗글을 통해 알 수 있는 문학 비평의 임무로 가장 적절한 것은? [3점]

① 작품과 독자 사이에 일어나는 상호 작용을 검토하는 것이다.
② 작품의 언어적 특성을 연구하여 예술적 가치를 밝히는 것이다.
③ 시공간을 초월하는 작품의 보편성을 독자에게 전달하는 것이다.
④ 독자가 작가의 의도를 중심으로 작품을 파악하는 데 기여하는 것이다.
⑤ 작품이 창작된 시대 배경을 조사하여 작품에 역사적 의미를 부여하는 것이다.

03 윗글을 바탕으로 〈보기〉를 이해한 내용으로 적절하지 않은 것은? [4점]

〈보기〉

1970년대 발표된 소설 A는 2인칭 주어로 서술되는 문장의 나열과 같은 형식적 파격과 함께 도덕적 일탈을 옹호하는 주인공을 다루어 당대 독자층의 비난을 불러일으켰으며, 이는 A에 대한 조직적인 불매 운동으로 이어졌다. 당시 문학을 전공하고 있던 독자 B는 A를 처음 읽고 혼란을 느꼈지만, 이에 좌절하지 않고 A를 반복적으로 읽으면서 작품의 의미를 찾아 이에 공감하게 되었다. 오랜 시간이 지난 후 '21세기를 맞이하는 문학의 의무'라는 강연회에서 독자 B는 A의 작가가 '소설 A를 통해 시대에 저항한 선구자'로 소개되어 열화와 같은 호응을 얻는 장면을 목격하였다.

① A가 도덕적 일탈을 옹호하는 주인공을 내세워 비난을 받은 것은, 사회의 관습이나 통념이 기대지평의 형성에 영향을 미친다는 것을 드러내는군.
② A를 반복적으로 읽으면서 B가 새로운 의미를 탐색한다는 것은, 기대지평이 과거에 읽었던 동일한 작품을 다시 읽는 과정에서 새로이 형성될 수 있음을 보여주는군.
③ A가 발표되자 조직적인 거부의 움직임을 드러낸 독자층의 모습은, 미적 긴장 상태에 대한 경험의 부재가 작품에 대한 무조건적인 부정으로 이어질 수 있음을 보여주는군.
④ A가 발표 당시 독자층에게 비난받았던 것과 달리 오랜 시간이 지난 후 큰 호응을 받는 것은, 기대지평의 형성과 변화가 집단적 차원에서 이루어질 수 있다는 것을 보여주는군.
⑤ A가 발표 시점으로부터 오랜 시간이 지난 후 시대에 저항한 작가의 작품으로 소개된 것은, 발표 당시 독자의 기대지평이 전환을 거쳐 작품의 기대지평에 부응하게 된 결과라 할 수 있군.

[04~07] 다음 글을 읽고 물음에 답하시오.

근대화를 전후로 나타난 유럽의 인구 현상 중 하나는 고출생률과 고사망률에서 저출생률과 저사망률로의 변화였다. 이 과정을 인구 변천이라고 하며, 인구 변천의 결과 유럽은 출생률과 사망률의 변화를 보이며 인구가 증가하다가 안정적인 상태에 이르게 되었다. 이러한 유럽의 인구 현상을 관찰한 결과를 기초로 하여 인구 변화를 설명한 모델을 ㉠ 인구 변천 모델이라고 한다.

인구 변천 모델의 기본적 전제는 근대화와 출생률의 감소에는 인과적 관계가 있다는 것이다. 인구

19

사관학교 연도별 최신 10개년 기출문제

■ 사관학교 1차 시험 국어영역의 기출문제를 2023학년도부터 2014학년도까지 연도별로 정리하여 수록함으로써 연도별 기출 경향과 출제 방향을 파악할 수 있도록 구성하였습니다.

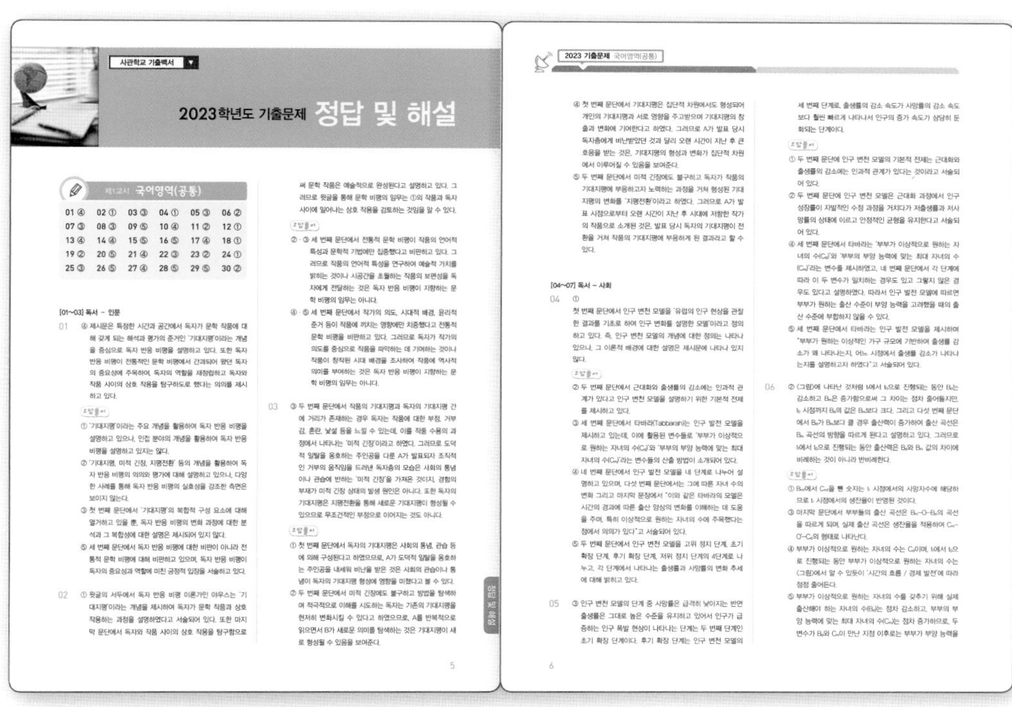

사관학교 기출백서

2023학년도 기출문제 정답 및 해설

제1교시 국어영역(공통)

01 ④	02 ①	03 ③	04 ①	05 ③	06 ②
07 ③	08 ③	09 ⑤	10 ④	11 ②	12 ①
13 ④	14 ④	15 ⑤	16 ⑤	17 ④	18 ①
19 ②	20 ⑤	21 ④	22 ③	23 ②	24 ①
25 ③	26 ⑤	27 ④	28 ⑤	29 ⑤	30 ②

정답 및 해설

- **해설** : 각 문항별로 자세하고 알기 쉽게 풀이하여 수험생들이 쉽게 이해할 수 있도록 구성하였습니다.
- **오답풀이** : 정답을 아는 것에서 나아가 오답이 오답인 이유를 명백히 이해할 수 있도록 오답에 대한 해설도 함께 수록하였습니다.
- **Tip** : 문제와 관련된 내용을 Tip으로 정리하여 배경지식을 넓힐 수 있도록 구성하였습니다.
- **작품해석** : 작품에 대한 해석을 함께 수록하여 문제를 좀 더 쉽게 이해할 수 있도록 구성하였습니다.

목차

2023학년도 | 기출문제

2022학년도 | 기출문제

2021학년도 | 기출문제

2020학년도 | 기출문제

2019학년도 | 기출문제

2018학년도 | 기출문제

2017학년도 | 기출문제

2016학년도 | 기출문제

2015학년도 | 기출문제

2014학년도 | 기출문제

책 속의 책

사관학교 스터디 플랜

날 짜	연 도	과 목	내 용	학습시간
Day 1~3	2023학년도	• 국어영역 기출문제		
Day 4~6	2022학년도	• 국어영역 기출문제		
Day 7~9	2021학년도	• 국어영역 기출문제		
Day 10~12	2020학년도	• 국어영역 기출문제		
Day 13~15	2019학년도	• 국어영역 기출문제		
Day 16~18	2018학년도	• 국어영역 기출문제		
Day 19~21	2017학년도	• 국어영역 기출문제		
Day 22~24	2016학년도	• 국어영역 기출문제		
Day 25~27	2015학년도	• 국어영역 기출문제		
Day 28~30	2014학년도	• 국어영역 기출문제		

2024
사관학교 기출백서

2023학년도 기출문제

국어영역(공통)

제1교시 국어영역(공통)

▶정답 및 해설 5p

[01~03] 다음 글을 읽고 물음에 답하시오.

"독자 반응 비평 이론가인 야우스(H. R. Jauß)는 기대지평이라는 개념을 제시하여 독자가 문학 작품과 상호 작용하는 과정을 설명하였다. 기대지평은 특정한 시간과 공간에서 독자가 문학 작품에 대해 갖게 되는 해석과 평가의 준거로, 독자의 경험, 지식, 습관 및 사회의 통념, 관습, 전통, 제도 등이 복합적으로 작용하여 구성된다. 기대지평은 독자에 따라 다르고 한번 형성된 기대지평 역시 이 요소들의 변화에 따라 달라지므로, 어떤 작품의 의미나 가치에 대한 판단은 최종적인 것일 수 없다. 하나의 기대지평은 그것을 적용하는 시점에 작품을 평가하고 해석하는 데 유용한 기준이 될 뿐이다. 또한 기대지평은 집단적 차원에서도 형성되어 개인의 기대지평과 서로 영향을 주고받으며 기대지평의 창출과 변화에 기여한다.

문학 작품의 수용은 독자의 기대지평과 작품의 기대지평 간의 상호 작용을 통해 이루어진다. 독자의 기대지평이 독자가 작품에 대해 적용하는 준거라면, 작품의 기대지평은 이 작품의 수용을 위해 독자가 가져야 할 것으로 기대되는 준거라 할 수 있다. 작품의 기대지평과 독자의 기대지평 간에 거리가 존재하는 경우 독자는 이를 인식하고 작품에 대한 부정, 거부감, 혼란, 낯섦 등을 느낄 수 있는데, 이를 작품 수용의 과정에서 나타나는 미적 긴장이라 한다. 부정이나 거부감을 중심으로 미적 긴장을 경험하는 독자가 새로이 형성한 기대지평은 기존의 것과 큰 차이가 없다. 반면 미적 긴장에도 불구하고 방법을 탐색하며 적극적으로 이해를 시도하는 독자는 기존의 기대지평을 현저히 변화시켜 작품의 기대지평에 부응하고자 노력한다. 이 과정을 거쳐 작품을 능동적으로 수용한 독자에게 일어난 기대지평의 변화를 지평전환이라 한다.

독자 반응 비평에서는 전통적인 문학 비평이 작가의 의도, 시대적 배경, 윤리적 준거 등이 작품에 끼치는 영향에 치중하거나 작품 자체의 자율성을 존중하여 작품의 언어적 특성과 문학적 기법에만 집중했다고 지적하면서, 그간 간과되어 왔던 독자의 중요성에 주목하였다. 이러한 의미에서 독자 반응 비평은 독자의 역할을 재정립하고 독자와 작품 사이의 상호 작용을 탐구함으로써 문학 작품의 생산자는 작가이지만 문학 작품을 예술적으로 완성하는 것은 독자임을 분명히 하였다는 평가를 받는다.

01 윗글에 대한 설명으로 가장 적절한 것은? [3점]

① 인접 분야의 개념을 활용하여 독자 반응 비평을 설명하고 있다.

② 다양한 사례를 통해 독자 반응 비평의 실효성을 강조하고 있다.

③ 독자 반응 비평의 변화 과정을 분석하며 그 복합적 성격을 보여주고 있다.

④ 주요 개념을 중심으로 독자 반응 비평을 설명하고 그 의의를 제시하고 있다.

⑤ 독자 반응 비평에 대한 비판적 입장을 부연하여 종합적 결론을 도출하고 있다.

02 **윗글을 통해 알 수 있는 문학 비평의 임무로 가장 적절한 것은?** [3점]

① 작품과 독자 사이에 일어나는 상호 작용을 검토하는 것이다.

② 작품의 언어적 특성을 연구하여 예술적 가치를 밝히는 것이다.

③ 시공간을 초월하는 작품의 보편성을 독자에게 전달하는 것이다.

④ 독자가 작가의 의도를 중심으로 작품을 파악하는 데 기여하는 것이다.

⑤ 작품이 창작된 시대 배경을 조사하여 작품에 역사적 의미를 부여하는 것이다.

03 **윗글을 바탕으로 〈보기〉를 이해한 내용으로 적절하지 않은 것은?** [4점]

〈보기〉

1970년대 발표된 소설 A는 2인칭 주어로 서술되는 문장의 나열과 같은 형식적 파격과 함께 도덕적 일탈을 옹호하는 주인공을 다루어 당대 독자층의 비난을 불러일으켰으며, 이는 A에 대한 조직적인 불매 운동으로 이어졌다. 당시 문학을 전공하고 있던 독자 B는 A를 처음 읽고 혼란을 느꼈지만, 이에 좌절하지 않고 A를 반복적으로 읽으면서 작품의 의미를 찾아 이에 공감하게 되었다. 오랜 시간이 지난 후 '21세기를 맞이하는 문학의 의무'라는 강연회에서 독자 B는 A의 작가가 '소설 A를 통해 시대에 저항한 선구자'로 소개되어 열화와 같은 호응을 얻는 장면을 목격하였다.

① A가 도덕적 일탈을 옹호하는 주인공을 내세워 비난을 받은 것은, 사회의 관습이나 통념이 기대지평의 형성에 영향을 미친다는 것을 드러내는군.

② A를 반복적으로 읽으면서 B가 새로운 의미를 탐색한다는 것은, 기대지평이 과거에 읽었던 동일한 작품을 다시 읽는 과정에서 새로이 형성될 수 있음을 보여주는군.

③ A가 발표되자 조직적인 거부의 움직임을 드러낸 독자층의 모습은, 미적 긴장 상태에 대한 경험의 부재가 작품에 대한 무조건적인 부정으로 이어질 수 있음을 보여주는군.

④ A가 발표 당시 독자층에게 비난받았던 것과 달리 오랜 시간이 지난 후 큰 호응을 받는 것은, 기대지평의 형성과 변화가 집단적 차원에서 이루어질 수 있다는 것을 보여주는군.

⑤ A가 발표 시점으로부터 오랜 시간이 지난 후 시대에 저항한 작가의 작품으로 소개된 것은, 발표 당시 독자의 기대지평이 전환을 거쳐 작품의 기대지평에 부응하게 된 결과라 할 수 있군.

[04~07] 다음 글을 읽고 물음에 답하시오.

근대화를 전후로 나타난 유럽의 인구 현상 중 하나는 고출생률과 고사망률에서 저출생률과 저사망률로의 변화였다. 이 과정을 인구 변천이라고 하며, 인구 변천의 결과 유럽은 출생률과 사망률의 변화를 보이며 인구가 증가하다가 안정적인 상태에 이르게 되었다. 이러한 유럽의 인구 현상을 관찰한 결과를 기초로 하여 인구 변화를 설명한 모델을 ㉠ <u>인구 변천 모델</u>이라고 한다.

인구 변천 모델의 기본적 전제는 근대화와 출생률의 감소에는 인과적 관계가 있다는 것이다. 인구 변천 모델에서는 근대화 과정에서 인구 성장률이 자발적인 수정 과정을 거치다가 저출생률과 저사망률의 상태에 이르고 안정적인 균형을 유지한다고 보았다. 인구 변천 모델은 이 과정을 네 단계로 나누어 설명하는데 첫 번째 단계는 고위 정지 단계로 주로 근대화 이전의 시기에 해당하는 국가들에서 나타나며, 고출생률과 고사망률을 나타내어 안정성을 보이고 인구 증가가 거의 없다. 두 번째 단계는 초기 확장 단계로 사망률은 급격히 낮아지는 반면 출생률은 그대로 높은 수준을 유지하고 있어서 인구가 급증하는 인구 폭발 현상이 나타난다. 이 단계에서 사망률이 급격히 낮아지는 이유는 영양 개선, 공중 위생 · 보건 시설의 보급 및 의학의 발달 등이다. 세 번째 단계는 후기 확장 단계로 출생률의 감소 속도가 사망률의 감소 속도보다 훨씬 빠르게 나타나서 인구의 증가 속도가 상당히 둔화되는 단계이다. 이 단계에서 출생률이 감소하는 이유는 여성의 사회 · 경제적 지위 향상으로 인한 결혼 연령 상승이나 자녀에 대한 가치관의 변화 및 가족 계획 등이다. 네 번째 단계는 저위 정지 단계로 저출생률과 저사망률 상태에 들어서며 인구 변화가 거의 없는 안정적인 상태를 유지한다.

인구 변천 모델 이후 타바라(Tabbarah)는 새로운 관점에서 근대화와 출생률 감소의 관계를 파악하려고 하였다. 그는 부부가 원하는 이상적인 가구 규모에 기반하여 출생률 감소가 왜 나타나는지, 어느 시점에서 출생률 감소가 나타나는지를 설명하고자 하였다. 이를 위해 타바라는 '부부가 이상적으로 원하는 자녀의 수(C_d)'와 '부부의 부양 능력에 맞는 최대 자녀의 수(C_m)'라는 변수를 제시하였다. C_d는 인터뷰를 통해 수집한 수치이며, 이를 생잔율*로 나누면 '부부가 이상적으로 원하는 자녀 수를 갖추기 위해 실제 출산해야 하는 자녀의 수(B_d)'를 알 수 있다. 또한 C_m은 통계 자료에서 추출한 '부부의 부양 능력에 맞는 최대 자녀 수를 갖추기 위해 실제 출산해야 하는 자녀의 수(B_m)'에 생잔율을 곱해 산출할 수 있다. 타바라는 이러한 변수들의 관계를 통해 세계 각 지역의 인구 자료를 분석한 결과를 토대로 ㉡ 인구 발전 모델을 제시하였다.

[A] 인구 발전 모델은 네 단계로 이루어져 있다. 첫 번째 단계는 C_m이 C_d보다 훨씬 적게 나타나는 단계이다. 이 단계에서는 출산율*도 낮고 자녀들의 생잔율도 낮기 때문에 C_m도 낮게 나타난다. 그러나 어려운 사회 · 경제적 상황 속에서도 C_d는 높게 생각하는 경향을 보인다. 두 번째 단계는 C_m과 C_d가 거의 비슷해지는 단계이다. 이 단계에서 부부는 원하는 이상적인 수만큼의 자녀를 가질 수 있다. 이런 상황이 나타나는 이유는 출산율과 생잔율이 증가하여 C_m은 상승하는 반면에, 부부가 이상적으로 원하는 자녀의 수는 적어져서 C_d가 하강하기 때문이다. 세 번째 단계는 C_m이 C_d를 약간 능가하게 되며, 네 번째 단계에 이르러서는 C_m이 C_d를 훨씬 능가하게 된다. 부부들은 부양 능력에 맞는 최대의 수만큼 자녀를 갖는 것이 아니라 그들이 원하는 이상적인 수만큼만 자녀를 갖게 된다는 것이다.

〈그림〉은 인구 발전 모델에서 시간의 경과나 경제 발전에 따라 실제로 원하는 자녀 수와 최대로 출산할 수 있는 자녀 수의 변화 추세를 나타낸 것이다. 인구 발전의 첫 번째 단계인 시점인 t_1에서 부부가 이상적으로 원하는 자녀의 수는 C_{d1}이다. C_{d1}을 갖기 위해서는 B_{d1}만큼의 자녀를 출산해야 하는데 그 이유는 B_{d1}에서 C_{d1}을 뺀 만큼의 사망자가 발생하기 때문이다. 그러나 이러한 이상적으로 원하는 자녀 수를 실제로는 가질 수 없는데 그 까닭은 부양 능력을 고려했을 때의 출산 수준이 B_{m1}에 머물러 있기 때문이며, 사망자 수 때문에 실제로 갖게 되는 자녀 수는 C_{m1}로 나타난다. 그러나 B_d가 B_m보다 클 경우 출산력*이 증가하여 출산 곡선은 B_m 곡선의 방향을 따르게 된다.

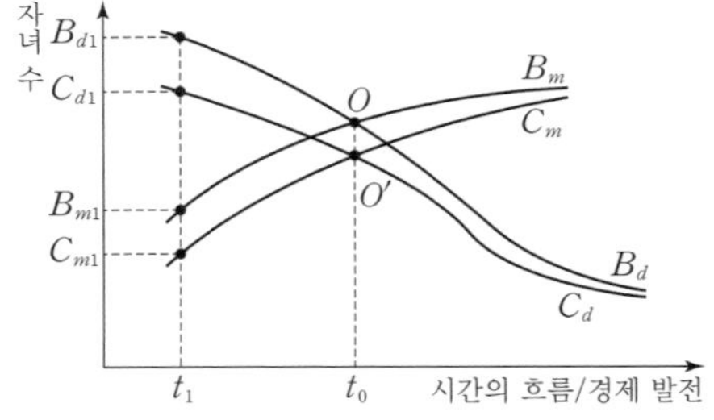

인구 발전의 두 번째 단계인 시점 t_0에서는 B_m이 증가하게 되어 결국은 B_d와 일치하게 된다. 부부가 실제로 출산한 자녀의 수가 그들이 이상적으로 원하는 자녀의 수만큼이 되는 것이다. 일반적으로 t_0 이후인 세 번째, 네 번째 단계부터는 이상적으로 원하는 자녀의 수만큼만 출산하게 되어 출산 곡선은 B_d 곡선의 방향을 따른다. 따라서 t_0 이후에는 가족 계획이나 피임법 등에 대한 지식을 갖고 있는 부부들의 출산 곡선은 B_m–O–B_d의 곡선을 따르게 된다는 것이다. 이와 같은 타바라의 모델은 시간의 경과에 따른 출산 양상의 변화를 이해하는 데 도움을 주며, 특히 이상적으로 원하는 자녀의 수에 주목했다는 점에서 의의가 있다.

* 생잔율: 한 연령층의 인구 집단이 어떤 특정 기간이 지난 후까지 살아남게 되는 확률.
* 출산율: 특정 기간의 출생자 수를 해당 기간 가임 연령의 여성 인구로 나눈 비율.
* 출산력: 한 인구 집단의 실제적인 출산의 빈도.

04 윗글을 읽고 알 수 있는 내용으로 적절하지 않은 것은? [3점]

① 인구 변천 모델에 반영된 이론적 배경
② 인구 변천 모델을 설명하기 위한 기본적 전제
③ 인구 발전 모델에 활용된 변수들을 산출하는 방법
④ 인구 발전 모델을 통해 파악할 수 있는 인구 현상과 의의
⑤ 인구 변천 모델의 각 단계에서 나타나는 출생률과 사망률의 변화 추세

05 ㉠과 ㉡에 대한 이해한 내용으로 적절하지 않은 것은? [3점]

① ㉠은 출생률과 근대화 사이에 인과적 관계가 있다고 전제하였다.
② ㉠은 근대화 과정에서 인구 성장률이 자발적인 수정 과정을 겪는다고 하였다.
③ ㉠은 후기 확장 단계에서 사망률의 감소로 인구 폭발 현상이 나타난다고 하였다.
④ ㉡은 부부가 원하는 출산 수준이 부양 능력을 고려했을 때의 출산 수준에 부합하지 않을 수 있다고 하였다.
⑤ ㉡은 부부가 원하는 이상적인 가구 규모에 기반하여 출생률 감소의 원인과 발생 시점을 설명할 수 있다고 하였다.

06 [A]의 〈그림〉을 이해한 내용으로 적절하지 않은 것은? [4점]

① B_{m1}에서 C_{m1}을 뺀 숫자는 t_1 시점에서의 생잔율이 반영된 것이겠군.
② t_1에서 t_0으로 진행되는 동안 출산력은 B_d와 B_m 값의 차이에 비례하겠군.
③ 부부의 출산 수준에 따른 실제 출산 곡선은 C_m–O′–C_d의 형태로 나타나는군.
④ t_1에서 t_0으로 진행되는 동안 부부가 이상적으로 원하는 자녀의 수는 점점 줄어드는군.
⑤ B_d와 C_m이 만난 지점 이후로는 부부가 부양 능력을 고려하지 않아도 원하는 수만큼의 자녀를 가질 수 있겠군.

07 윗글을 바탕으로 볼 때 〈보기〉의 '제2차 인구 변천 이론'이 등장한 이유로 가장 적절한 것은? [4점]

〈보기〉

20세기 후반 이후 결혼 연령 상승, 결혼과 출산 간의 단절, 비혼주의나 결혼 제도의 파괴 등으로 인해 급격하게 출산력이 감소하였다. 기존의 인구 이론으로는 이러한 인구 현상을 설명할 수 없기 때문에 제2차 인구 변천 이론이 등장하였다. 이 이론은 출산력의 감소가 인구 안정 상태를 깨뜨린다고 설명하였다.

① 인구 변천 모델은 결혼 연령의 변화가 출산력에 미칠 영향을 고려하지 못하였기 때문에
② 인구 변천 모델은 출생률과 사망률의 감소가 인구 안정 상태를 깨뜨린다고 판단했기 때문에
③ 인구 변천 모델은 인구 변화가 정체된 상태 이후에 나타난 출산력 감소를 설명할 수 없기 때문에
④ 인구 발전 모델은 비혼주의나 결혼 제도의 파괴를 출산력 감소의 요인으로 판단했기 때문에
⑤ 인구 발전 모델은 이상적인 가족 규모와 실제의 가족 규모 간의 차이로 인해 출산력의 변화를 판단할 수 없기 때문에

[08~11] 다음 글을 읽고 물음에 답하시오.

분자는 원자의 결합체 중 독립 입자로서 작용하는 단위체로, 화학적 결합의 하나인 공유 결합을 통해 형성된다. 원자나 원자단 간에 작용하여 이들의 집합체를 하나의 뚜렷한 단위체로 간주할 수 있게 하는 화학적 결합에는 공유 결합 외에도 이온 결합과 금속 결합이 있다. 화학적 결합과 달리 기존의 물질이 유지된 채 물리적으로만 연결된 결합을 기계적 결합이라고 한다. 일반적으로 기계적 결합보다는 화학적 결합에 필요한 에너지가 더 크며 화학적 결합 중에서는 공유 결합에 필요한 에너지가 가장 크다. 결합을 해체하는데 필요한 에너지는 결합에 필요한 결합 에너지와 같으므로, 결합 에너지가 다시 가해지지 않는 한 분자는 다시 원자 단위로 분해되지 않고 물질의 화학적 성질을 유지하는 최소 단위로서의 독립성을 유지할 수 있다.

분자들이 모여 이루어진 분자 집합체 중 일부는 분자 간의 위치나 연결 방식의 특성으로 인해 발생하는 위상학적 상관관계를 이용한 기계적 결합을 통해 만들어진다. 이 기계적 결합을 끊기 위해서는 개별 분자의 공유 결합을 해체해야 한다. 따라서 ㉠ <u>이러한 분자 집합체는 분자 수준의 독립성을 지녔다고 볼 수 있다.</u> 〈그림 1〉의 카테네인은 고리 모양의 분자 두 개가 사슬처럼 서로 수직으로 맞물려 결합된 분자 집합체로, 고리 간의 결합을 해체하기 위해서는 개별 고리를 끊어야 한다. 〈그림 1〉의 로탁세인은 양쪽 끝에 입체 장애가 있어 고리 모양의 분자가 빠져나갈 수 없게 한 형태의 분자 집합체이다.

〈그림 1〉 카테네인과 로탁세인의 구조

이들 분자 집합체는 분자 기계의 구조적 기반을 이룬다. 분자 기계는 물리적 자극인 빛이나 열, 화학적 자극인 산이나 염기와 같은 외부 자극에 반응해 회전 운동이나 직선 운동과 같은 일정한 기계적 움직임을 구현할 수 있는 분자 집합체이다. 카테네인은 금속의 산화-환원에 따라 회전 운동을 하는 분자 기계로 작동하며, 로탁세인은 사각형 고리가 축의 특정한 자리에서 결합하면서 좌우로 직선 운동을 하는 분자 기계인 분자 셔틀의 기본 구조를 이룬다. Ⓐ <u>분자 셔틀</u>의 축에는 고리와 상호 작용을 할 수 있는 결합 자리 I과 결합 자리 II가 있다.

전자가 부족한 양이온 상태의 고리는 전자가 풍부한 결합 자리 I을 선호하므로, 평형 상태에서는 〈그림 2〉의 ⓐ와 같이 고리가 결합 자리 I에 있을 확률이 결합 자리 II에 있을 확률보다 더 높다. 외부에서 브뢴스테드-로우리 산을 넣어 결합 자리 I을 양성자화하면 결합 자리 I과 고리 사이에 정전기적 반발력이 생기면서, 고리와의 친화도가 산성 상태에서 더 큰 결합 자리 II로 결합 자리 I에 있던 고리가 이동하여 〈그림 2〉의 ⓑ와 같은 상태가 된다. 염기를 넣어 중화하면 고리는 다시 결합 자리 I로 되돌아간다. 분자 부품을 원위치로부터 0.7nm만큼 들어올리는 데 성공한 분자 엘리베이터나, 근육의 수축과 이완 현상을 모사하는 인공 근육의 작동도 로탁세인을 이용한 것이다.

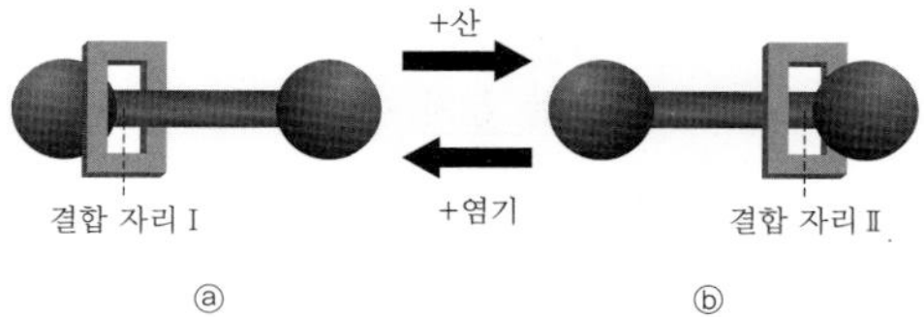

〈그림 2〉 분자 셔틀의 작동 원리

한 방향으로 회전하는 운동을 지속하는 Ⓑ 분자 모터도 분자 기계의 하나이다. 육각형의 탄소-탄소 이중결합 화합물이 과밀집된 방향족 구조인 작용기는 작은 모터날처럼 평평한 형태를 띠고 있으며, 작용기의 한쪽 끝에는 메틸기($-CH_3$)가 결합되어 있다. 분자 모터는 작용기에 메틸기가 결합한 분자 두 개로 구성되는데, 이들은 한 분자의 작용기가 다른 분자의 메틸기와 마주하면서 조금씩 겹치도록 배열되어 있다. 특정 자외선 파장에 노출되면 분자 하나가 180° 회전한다. 이렇게 되면 작용기와 메틸기의 배열 순서가 달라지면서 작용기에서 메틸기가 결합하지 않은 부분끼리 겹치게 되어 회전하던 분자의 진로에 장애가 발생한다. 적절한 열에너지가 제공되면 작용기의 겹친 부분이 교차되어 이 장애가 해소된다. 이후 자외선에 의해 다시 분자가 180° 회전하면서 배열 순서는 원래대로 돌아오지만, 회전하던 분자의 작용기와 메틸기 모두 다른 분자의 메틸기, 작용기와 각각 겹쳐 회전 진로에 장애가 발생한다. 이는 열 에너지에 의해 다시 해소되면서 회전하던 분자는 결과적으로 한 바퀴를 돌게 된다. 일련의 과정이 반복되면서 연속적으로 같은 방향으로 회전하는 움직임이 구현된다.

08 윗글을 통해 알 수 있는 내용으로 적절하지 않은 것은? [3점]

① 카테네인에는 공유 결합과 기계적 결합이 존재한다.

② 분자 셔틀은 로탁세인의 구조를 기반으로 하여 좌우 직선 운동을 한다.

③ 카테네인과 로탁세인은 모두 물리적 자극을 받아 연속적 운동을 할 수 있다.

④ 분자 엘리베이터와 인공 근육의 작동은 분자의 위치 이동을 통해 가능해진다.

⑤ 카테네인과 로탁세인은 모두 위상학적 상관관계를 이용하여 결합을 유지한다.

09 ㉠의 이유를 추론한 것으로 가장 적절한 것은? [3점]

① 개별 분자 내의 기계적 결합의 세기가 매우 크기 때문이다.

② 개별 분자 내 결합이 위상학적 상관관계로 인한 것이기 때문이다.

③ 물리적 연결만으로는 개별 분자 간의 결합을 유도할 수 없기 때문이다.

④ 개별 분자들이 공유 결합을 제외한 화학적 결합을 통해 분자 집합체를 만들었기 때문이다.

⑤ 개별 분자 간의 결합을 끊는 데에는 공유 결합을 끊는 만큼의 에너지가 필요하기 때문이다.

10 〈보기〉는 Ⓐ에 대한 추가 자료이다. 〈보기〉와 윗글을 관련지어 이해한 내용으로 적절하지 않은 것은? [4점]

〈보기〉

화학자 브뢴스테드와 로우리는 산은 양성자인 수소 이온(H^+)을 주는 물질이며 염기는 양성자를 받는 물질이라고 정의한다. 이 정의에서 산과 염기는 양성자가 이동한 결과에 의해 결정된다. 한편 하나의 물질과, 그 물질에서 양성자가 이동하고 난 후의 물질 간의 관계를 '짝산–짝염기' 관계라고 한다.

① 〈그림 2〉의 ⓐ와 ⓑ는 서로 '짝산–짝염기' 관계에 있는 물질들이다.

② 결합 자리 I이 양성자화된다는 것은 수소 이온을 얻게 된다는 의미이다.

③ 〈그림 2〉에서 양성자를 받은 ⓑ는 염기를 넣으면 다시 ⓐ로 되돌아간다.

④ 고리와 결합 자리 I 사이에 정전기적 반발력이 생기면 양성자의 이동이 발생한다.

⑤ 양성자가 유입됨으로써 로탁세인의 고리 분자가 결합 자리 I에서 결합 자리 II로 이동한다.

11 〈보기〉는 Ⓑ의 작동 원리를 그림으로 나타낸 것이다. 〈보기〉의 ㉮ ~ ㉱에 대한 설명으로 적절하지 않은 것은? [3점]

〈보기〉

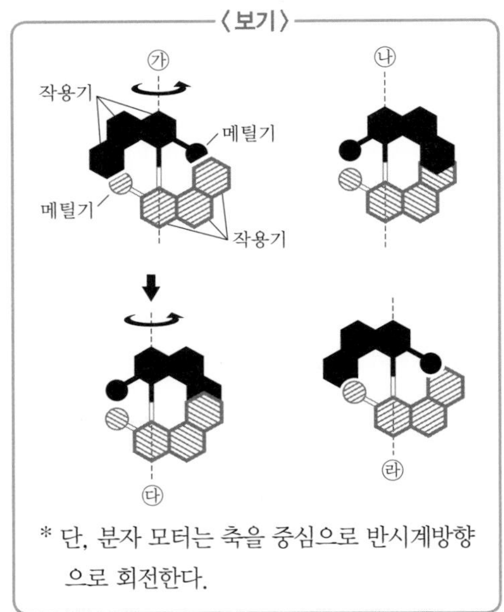

* 단, 분자 모터는 축을 중심으로 반시계방향으로 회전한다.

① ㉮의 작용기가 180° 회전하면 메틸기는 메틸기끼리, 작용기는 작용기끼리 마주하도록 배열된다.

② ㉯로 바뀌어 발생한 장애는 자외선을 받음으로써 해소된다.

③ ㉯와 ㉰ 사이에서 작용기가 교차하지 않는다면 분자 기계는 한 방향으로 회전할 수 없다.

④ ㉮를 ㉯로 바뀌게 하는 자극과 ㉰를 ㉱로 바꾸게 하는 자극은 같다.

⑤ ㉱가 다시 ㉮로 돌아오기 위해서는 적절한 열 에너지가 요구된다.

[12~15] 다음 글을 읽고 물음에 답하시오.

조선 왕릉의 석물은 왕릉을 장식하는 데 사용된 여러 가지 형상의 돌 조형물로 조선 왕조가 지속되는 동안 「국조오례의」*에 제시된 엄격한 예법에 따라 국가 차원에서 체계적으로 제작되었다. 석물은 건축물과 달리 여러 차례의 역사적 혼란 속에서도 현재까지 대부분 온전히 보존되어 있어 역사적 가치가 매우 높은 문화유산이다. 거대한 잔디 언덕에 있는 왕의 무덤인 봉분 주변에 집중적으로 배치된 석물은 수직과 수평의 형태를 띠어 봉분의 곡선과 조화를 ⓐ이룬다. 또한 크기에 따라 적절히 안배되어 설치 조각으로서 조형적 아름다움을 드러낸다.

조선 왕릉의 석물은 화강암으로 만들어졌다. 화강암은 풍화 작용에 의한 마멸에 매우 강해 거의 영구적으로 보존될 수 있는 내구성을 지녔지만, 조직이 단단하고 치밀하여 조각하기가 매우 ⓑ어렵다. 재료의 이러한 특성으로 인해 정교한 세부 묘사 없이 간결하며 단순한 덩어리로 표현된 조선 왕릉의 석물은 정제된 장엄미를 자아내며, 석물의 표면에 거칠게 남아 있는 정 자국은 투박하면서도 다부진 느낌을 준다. 이는 무르고 입자가 고운 대리석이나 사암을 재료로 하여 세밀하고 예리한 선을 ⓒ살린 조각에서는 볼 수 없는 조선 왕릉 석물만의 고유한 특징을 보여준다.

조선 왕릉의 석물은 병풍석, 난간석과 같은 보호물의 기능을 하는 석물, 혼유석, 망주석, 장명등과 같은 공예품 형상의 석물, 석인(石人), ㉠석수(石獸)와 같은 인간과 동물 형상의 석물로 구분된다. 조선 왕릉에서 봉분이 위치한 공간인 능침 공간은 세 구역으로 구분되며, 석물은 이들 구역에 나뉘어 배치되었다. 능침 공간의 가장 높은 단인 상계에 있는 봉분의 둘레에는 병풍석을 둘러서 봉분을 보호하고 장식했으며, 그 바깥으로 봉분의 울타리 역할을 하는 난간석이 놓였다. 난간석 바깥에는 양 모양의 석양(石羊)과 호랑이 형상의 석호(石虎)가 봉분을 둘러싸듯이 배치되어 능을 수호하는 의미를 드러내었다. 이들은 봉분을 등지고 머리를 밖으로 향하였는데, 이는 사악한 기운을 물리치는 벽사(辟邪)의 상징적 의미가 있다. 온순한 양과 사나운 호랑이는 각각 음과 양의 기운을 지닌 것으로 간주되었으며, 따라서 석양과 석호는 좌우 대칭으로 각 두 쌍씩 번갈아 배치되어 음양의 조화를 꾀하였다. 봉분 앞에는 상(床)의 형태로 만들어진 혼유석이 놓여 있고, 그 좌우에는 촛대 모양의 망주석이 있다. 다음으로 능침 공간의 중계에는 등불 모양의 장명등이 배설되어 있으며, 공복을 입고 왕을 배알하는 문인 모습의 석물인 문석인 한 쌍이 각각의 이동 수단인 석마(石馬)를 대동하고 서로 마주보게 배치되었다. 능침 공간의 가장 아랫단인 하계에는 갑옷을 입고 왕을 호위하는 무인 모습의 석물인 무석인 한 쌍과 석마 한 쌍이 놓여 있다.

조선 왕릉의 석물은 시대의 흐름에 따라 조형적 특징의 변화가 지속적으로 ⓓ일어났다. 석물 중에서도 가장 규모가 큰 석인에서는 다른 석물에 비해 시기별 변화가 뚜렷하게 나타난다. 무석인보다 문석인에서 더욱 분명하게 나타나는 변화의 흐름은 크게 4기로 나누어 그 특징을 살펴볼 수 있다. 14세기 말부터 15세기 중반까지에 해당하는 제1기는 관대*를 착용하고 손에 홀*을 들고 서 있는 문석인 형상의 기틀을 갖추게 된 시기이다. 두 손 위로 소매가 겹쳐져 있어 홀을 잡은 손이 감춰져 있는 것이 특징이다. 제2기는 문석인의 크기가 3m 내외로 가장 거대해진 15세기 말부터 16세기 말까지이다. 이 시기의 문석인은 사실적인 입체감을 드러내기보다는 전체적으로 단순하고 부피감 있게 조각되어 거대한 덩어리처럼 보이는 독특한 인물상이 되었다. 특히 머리의 크기가 두드러지는 3등신에 ⓔ가까운 신체 비례는 현실과 다른 초월적 느낌을 주며, 탁 트인 야외에서도 위축되지 않는 존재감으로 왕실의 위용을 드러내게 되었다. 또한 이 때부터 홀을 쥔 문석인의 손이 드러나며 공복의 소매가 양옆으로 완전히 벌어진 형태를 띠게 되었다. 제3기는 임병 양란과 극심한 자연재해로 왕릉 조성에 곤란을 겪었던 17세기 초부터 18세기 초까지이다. 숙종의 석물 간소화 정책으로 문석인의 평균 크기가 176㎝ 정도로 크게 줄어들었고, 획일적으로 경직된 자세와 딱딱하고 직선적인 옷 주름 표현이 정형화되었다. 18세기 중반부터 20세기 초까지에 해당하는 제4기에는 문석인의 크기가 다시 2m 이상으로 커지고 사실주의의 영향으로 머리 크기가 줄어들어 실제 신체 비례에 근접하게 되었다. 또한 조각 기법의 발전으로 재료의 특성으로 인한 제약이 극복되어 세부 표현이 한층 정교해졌고, 복두를 쓴 이전 시기의 문석인과는 달리 금관을 쓴 문석인이 등장했다. 20세기에 들어서면서는 일본에서 근대 서양식 조각 기법이 도입되어 문석인의 모습이 이국적으로 변하며 전통을 상실하게 되었다.

* 국조오례의: 1474년(성종 5년) 왕명으로 편찬된 국가의 기본 예식인 오례(五禮)에 대해 규정한 예전(禮典).
* 관대: 조선 시대 문관들의 공복(公服). 공복 차림에는 머리에 복두나 금관을 썼음.
* 홀: 조선 시대에 문관들이 임금을 알현할 때 손에 쥐던 물건.

12 윗글을 통해 알 수 있는 내용으로 적절하지 <u>않은</u> 것은? [3점]

① 상계의 혼유석과 중계의 장명등 모두 그 좌우에는 촛대 모양의 망주석이 배치되어 있다.

② 조선 왕릉의 석물은 엄격한 예법에 근거를 두어 오랜 세월 동안 체계적으로 제작될 수 있었다.

③ 잔디 언덕 위에 세워진 조선 왕릉의 석물은 다양한 크기로 조화롭게 어우러져 조형미가 뛰어나다.

④ 조선 왕릉의 석물은 내구성이 강한 화강암으로 만들어져 현재까지 대부분 온전히 보존될 수 있었다.

⑤ 능침 공간의 가장 높은 단에 위치한 왕의 무덤은 보호의 기능을 하는 병풍석과 난간석으로 둘러싸여 있다.

13 〈보기〉는 ㉠에 대한 추가 자료이다. 〈보기〉와 ㉠을 비교한 내용으로 적절하지 <u>않은</u> 것은? [3점]

〈보기〉

황제릉과 제왕릉을 아우르는 중국 왕릉에서 석양, 석호, 석마를 포함한 모든 석수들은 능의 입구에 배치되어 봉분 쪽을 향해 일렬로 도열해 있는데, 이는 석수에 의전을 수행하는 역할을 부여하여 왕의 권력을 과시하고자 한 것이다. 또한 중국 왕릉의 석마는 왕의 말을 관리하는 마관(馬官)이 함께 조각되어 왕의 영혼을 태우고 승천하는 천마(天馬)로서의 상징적 의미를 드러낸다.

① 석수가 봉분 쪽을 향하고 있는 중국 왕릉과 달리, 조선 왕릉의 석양과 석호는 능 밖을 바라보도록 배치되어 벽사의 상징성이 강조되었군.

② 석수가 능 입구에 배치된 중국 왕릉과 달리, 조선 왕릉의 석양과 석호는 봉분 주위를 둘러싸듯이 배치되어 능을 수호하는 의미를 드러내었군.

③ 석수가 일렬로 도열하듯 놓인 중국 왕릉과 달리, 조선 왕릉의 석양과 석호는 대칭을 이루며 봉분 양쪽에 교차 배치되어 음양의 측면에서 조화로운 구성을 보여주었군.

④ 모든 석수가 동일한 공간에 놓인 중국 왕릉과 달리, 조선 왕릉에서 석수는 단차로 나뉜 각각의 구역에 하나의 종류씩 배치되어 수행하는 역할에 차이가 있음을 드러내었군.

⑤ 석마가 승천을 위한 왕의 소유물로서 마관과 함께 서 있는 중국 왕릉과 달리, 조선 왕릉의 석마는 석인과 나란히 배치되어 왕을 보좌하는 신하들을 위한 것임을 드러내었군.

14 윗글을 바탕으로 〈보기〉의 A와 B를 감상한 내용으로 적절하지 않은 것은? [4점]

〈보기〉

A는 16세기에 만들어진 문석인이다. 잔뜩 웅크린 어깨부터 관대 끝자락까지의 신체 윤곽선이 일(一)자형이며, 머리와 두 손을 매우 크게 표현하여 강렬한 인상을 주고 있다. B는 18세기 후반에 만들어진 문석인으로 유연한 곡선미와 늘씬한 신체가 돋보인다. 특히 금관 둘레의 화려한 연꽃 문양은 조각임에도 마치 회화같이 표현되어 세밀한 부분까지 놓치지 않는 수준 높은 기교의 절정을 보여주고 있다.

① A는 실제보다 과장된 신체 비례로 표현되어 초월적 느낌을 주며 강렬한 존재감을 드러내고 있군.

② 3m가 넘는 크기의 A는 신체 윤곽선이 간결하게 표현되어 부피감 있는 거대한 덩어리처럼 보이는 2기 문석인의 특징에 부합하는군.

③ B는 쓰고 있는 금관 둘레의 문양까지 섬세하게 조각되어 세부적 표현이 정교한 4기 문석인의 특징을 보여주고 있군.

④ 늘씬한 신체가 부드러운 윤곽선으로 표현된 B는 새로운 재료에 적응한 조각 기법의 발전으로 경직된 자세에서 벗어난 문석인의 모습을 보여주고 있군.

⑤ A와 B는 모두 홀을 잡은 양손이 드러나게 조각되어 소맷자락이 좌우로 벌어진 형태로 표현된 문석인의 모습을 보여주고 있군.

15 문맥상 ⓐ~ⓔ와 가장 유사한 의미로 쓰인 것은? [3점]

① ⓐ: 그는 지금껏 단 한 번도 뜻한 바를 이루지 못한 적이 없다.

② ⓑ: 동생은 선생님이 너무 어려워서 그 앞에서는 말도 제대로 못 한다.

③ ⓒ: 사람들은 사그라드는 불씨를 살리기 위해 애를 썼다.

④ ⓓ: 나를 놀리는 말에 화가 불쑥 일어나서 말다툼을 하였다.

⑤ ⓔ: 그 영화는 개봉 첫날부터 백만 명에 가까운 관객이 몰렸다.

[16~18] 다음 글을 읽고 물음에 답하시오.

(가)

새끼오리*도 헌신짝도 소똥도 갓신창*도 개니빠디*도 너울쪽*도 짚검불*도 가락잎도 머리카락도 헝겊조각도 막대꼬치도 기왓장도 닭의 짓*도 개터럭도 **타는 모닥불**

재당*도 **초시***도 문장(門長)*늙은이도 더부살이 아이도 새사위도 갓사둔*도 나그네도 주인도 할아버지도 손자도 붓장사도 땜쟁이도 **큰개**도 **강아지**도 **모두 모닥불을 쪼인다**

㉠모닥불은 어려서 우리 할아버지가 어미아비 없는 서러운 아이로 불상하니도 몽둥발이*가 된 슬픈 역사가 있다

– 백석, 「모닥불」

* 새끼오리: 새끼줄 조각. '오리'는 실, 나무, 대 따위의 가늘고 긴 조각.
* 갓신창: 가죽신 바닥에 댄 창. '갓신'은 '가죽신'의 옛말.
* 개니빠디: 개의 이빨. '니빠디'는 '이빨'의 평북 방언.
* 너울쪽: 널빤지.
* 짚검불: 지푸라기.
* 닭의 짗: 닭의 깃털. '짗'은 '깃'의 방언.
* 재당: 향촌의 최고 어른에 대한 존칭.
* 초시: 과거의 첫 시험. 또는 그 시험에 급제한 사람. 예전에 한문을 좀 아는 유식한 양반을 높여 이르던 말.
* 문장(門長) : 한 문중에서 항렬과 나이가 제일 위인 사람.
* 갓사둔: 새사돈.
* 몽둥발이: 몽동발이. 딸려 붙었던 것이 다 떨어지고 몸뚱이만 남은 물건.

(나)

눈 위에 주름 귀 밑에 물사마귀
다들 한결같이 낯설지가 않다
아저씨 워데까지 가신대유
한강만 넘으면 초면끼리 주고받는
맥주보다 달빛에 먼저 취한다
그 저수지에서 불거지 참 많이 잡혔지유
찻간에 가득한 **고향의 풀냄새**
달빛에서는 **귀뚜라미 울음**도 들린다
아직 대목장이 제법 크게 슨대면서유
쫓기고 시달린 삶이 꼭 꿈결 같아
터진 손이 조금도 쓰리지 않고
감도 꽤 붉었겠지유 인제
㉡이 하루의 행복을 위해
흘린 땀과 눈물도 적지 않으리
여봐유 방앗간집 할머니 아니슈
돌려 세우면 처음 보는 시골 늙은 아낙
선물 보따리가 달빛 속을 달려가고
너무 똑같아 실례했슈
모두들 모르는 사람들이어서
낯선 데가 하나도 없는 귀성열차

– 신경림, 「귀성열차」

16 **(가)와 (나)의 공통점으로 가장 적절한 것은?** [3점]

① 명사로 끝맺은 시행을 반복하여 시적 여운을 자아내고 있다.
② 지시어의 연속적 배치로 상황에 대한 집중을 유도하고 있다.
③ 대화와 진술을 교차하여 시적 상황을 다채롭게 묘사하고 있다.
④ 도치의 방식으로 시상을 마무리하여 주제 의식을 드러내고 있다.
⑤ 현재형 어미를 활용하여 제시된 장면에 현장감을 부여하고 있다.

17 **〈보기〉를 바탕으로 (가), (나)를 이해한 것으로 적절하지 <u>않은</u> 것은?** [4점]

〈보기〉

(가)와 (나)는 이질적 존재들이 어울리는 순간을 중심으로 시상을 전개한다. 작품에 등장하는 다양한 존재들은 서로를 구분하는 경계를 무화(無化)시키고 하나의 동질성을 획득하면서 어울림의 순간을 공유한다. 이러한 과정은 특정한 매개체를 통하여 혹은 시공간적 거리나 심리적 거리를 뛰어넘게 하는 행위를 통해 이루어진다.

① (가)의 1연에서 하나의 범주로 묶이기 어려운 각양각색의 사물들은 '타는' 과정을 거쳐 하나의 '모닥불'을 만들어낸다.
② (가)의 2연에서 '재당'과 '초시'로부터 '큰개'와 '강아지'에 이르기까지 '모두 모닥불을 쪼인다'는 것은, 이들이 서로를 구분하는 경계가 무화되어 동질성의 차원에서 함께 어울리고 있음을 보여준다.

③ (나)의 '귀성열차'는 '모두들 모르는 사람들'을 한데 모아 '낯선 데가 하나도 없는' 사람들로 아우르는 동질화의 공간이다.
④ (나)의 '한강'은 '고향의 풀냄새'와 '귀뚜라미 울음'으로 충만한 공간이 '선물 보따리'의 종착역으로 인식되기 위해 넘어서야 하는 경계를 의미한다.
⑤ (나)의 '그 저수지에서 붕거지 참 많이 잡혔지유', '아직 대목장이 제법 크게 슨대면서유'와 같은 말은, 사람들 사이의 이질성과 심리적 거리를 제거하는 데 기여한다.

18 ㉠과 ㉡에 대한 설명으로 가장 적절한 것은? [3점]

① ㉠과 ㉡ 모두에는 대상의 이면을 응시하는 화자의 내면이 투영되어 있다.
② ㉠과 ㉡ 모두에서 상황에 대한 화자의 생각이 변화하는 과정을 살펴볼 수 있다.
③ ㉠과 ㉡ 모두에서 화자의 인식이 역사적 차원으로 확장되고 있음을 확인할 수 있다.
④ ㉠에는 화자가 느끼는 비애의 정서가, ㉡에는 화자가 잠겨 있는 안도의 정서가 형상화되어 있다.
⑤ ㉠에는 화자 자신의 현재에 대한 성찰이, ㉡에는 대상의 미래에 대한 화자의 기대가 드러나 있다.

[19~22] 다음 글을 읽고 물음에 답하시오.

[앞부분의 내용] 가세가 기울어 시골집에 혼자 사는 어머니를 방문하는 고향길은 '나'에게 늘 고역으로 다가온다. 이런 이유로 서울로 돌아가는 길에 고향 사람들을 피하려고 새벽차에 오르지만, 앞차의 사고로 버스가 움직이지 않게 되자 난감해한다. 버스 안에서는 엿장수 아낙을 중심으로 엿판이 벌어지고, '나'는 아낙에게 엿판을 멈추고 사람 값을 하라며 윽박지른다.

나의 공박이 끝나고 난 다음부터 차 속은 한동안 민망스럽도록 조용한 침묵만 흐르고 있었다. 나의 생각을 거들고 나서거나 그것에 호응을 해올 기미 같은 건 더더구나 전혀 기대 밖의 일이었다.

하지만 나는 이제 상관하지 않았다. 나는 무엇인가 꼭 내가 하지 않으면 안 될 듯싶은 일을 방금 해치우고 난 듯한 후련스러움이, 혹은 그것으로 나는 최소한이나마 내가 지녀야 할 사람 값을 치르고 난 듯한 홀가분한 기분이 은밀스럽게 가슴으로 스며왔다. 그리고 그 **후련스럽고 홀가분한 기분**엔, 내겐 어쩌면 차가 가고 못 가고조차도 그리 큰 문제가 아닌 듯싶었다. 사람들이 내게 호응을 해오거나 말거나 그걸 굳이 상관할게 없었다. 나는 이제 그것으로 더 이상 나서야 할 일도 없는 것 같았다.

나는 그만 팔짱을 끼고 눈을 감은 채 자리를 편하게 고쳐앉았다.

㉠<u>그런데 그때였다.</u>

나는 무언가 오해를 하고 있었던 것 같았다. 게다가 너무 일찍 마음이 편해지고 있었던 것 같았다.

"사람 값이라, 사람 값. 그게 참 좋은 말이제……."

㉡<u>조용하기만 하던 차 뒤켠에서 누군지 혼자소리처럼 중얼거리는 소리가 들려왔다. 좀 전에 내가 아낙네에게 쏘아댄 말을 두고 하는 소리가 분명했다. 그것도 그런 소리를 함부로 내쏟은 내 쪽을 은근히 이죽거리고 있는 기미가 역력했다.</u>

아니나 다를까, 그 소리에 용기를 얻은 듯 이번에는 바로 등 뒷자리의 여자가 노골적으로 나를 지목하고 나섰다.

"글씨 말이오. 우리도 다 제 돈 주고 탄 찬디, 누군 뭐 당한 줄 모르고 답답한 줄 몰라서 이러고들 앉았겄소. 차를 아주 안 타고 댕길라면 모를까, 이나마 차편까지 아주 끊어놓고 말라고……."

그러자 그 소리에 뒤이어 다시 여기저기서 저희끼린 듯 듣기 거북한 말들을 보태나갔다.

"젠장맞을! 우리 골 찻길 나쁜 게 국회의원 잘못 뽑은 허물인 중 알았는디, 인제서 진짜 국회의원감 한 사람 만났구만그려."

"허기사 우리 같은 시골 무지랭인 제 옷꼴이 뭣이 되는지 찬비를 맞는지도 모르는 놈들잉께……."

"지 몸에 해로울 것인디, 젊은 신사 양반 너무 혼자만 잘난 척 나서지 맙시다. 기분 난다고 무단한 소리해서 운전사 양반 비위나 건드리리다. 그래 봐야 저 양반한테 혼자 차에서 내리란 소리나 들을 텐께……."

㉢모두가 등 뒤쪽에서 들려오는 소리들이었다. 호응은커녕 비방과 빈정거리는 소리 일색이었다.

어쨌거나 그건 예상하지 못했던 뜻밖의 사태였다.

나는 금세 다시 목구멍 속에서 불덩이 같은 것이 치솟아올랐다. 하지만 나는 이제 그 소리들 앞에 얼핏 눈을 뜨고 나설 수가 없었다. 눈을 뜨고 그 사람들과 맞서나설 엄두가 나지 않았다. 눈을 꾹 감은 채 그냥 그대로 참아넘기는 수밖에 도리가 없었다.

무슨 말로 맞서봐야 먹혀들 사람들이 아닌 것 같았다. 아니 이제는 나 자신 그 사람들 앞에 맞서고 나설 말이 없었다. 맞서고 나설 육신의 기력도 없었다. 내겐 이제 손가락 하나도 움직여볼 기력이 남아 있질 않았다. 온몸이 그저 물먹은 솜처럼 무겁게 가라앉아 들어가고 있었다.

[A] 그렇게 그냥 눈을 감고 있자니 아깟번처럼 또 **거대한 늪**이 나를 **깊이 감싸고 들기 시작**했다. 그 늪은 **갈수록 거대한 힘**으로 나를 끝없이 빨아들이고 있었다. 사지를 버둥거릴수록 그 힘은 **더욱더 깊은 늪** 밑바닥으로 나를 **무섭게 빨아들였다.** 내 몸뚱이는 바야흐로 그 거대하게 살아 있는 수령의 힘 속으로 흔적도 없이 녹아 들어가고 있었다.

"지금은 엿이나 먹고 있을 계제가 아니라……. 것도 참 말인즉 옳은 말이제. 하지만 지금 이렇게 바보처럼 엿이라도 뽈아묵고 앉아 있지 않으면 그래 이 차를 등에 짊어지고 고개를 넘어갈 재주라도 내놓으란 말인가……"

이윽고 다시 **등 뒤쪽 남자**가 나를 이죽거리는 소리가 들렸다. 그리고 그 **엿장수 아낙**이 아직 엿덩일 손에 들고 있는지, 자신이 엿을 사주겠다는 듯 호기 있게 아낙을 불렀다.

"옛소 아주머니, 그 엿 내게 주시요."

돈까지 치러 건네려는 기미였다.

나는 계속 못 들은 척 눈을 감고 버티었다.

㉣하지만 아낙은 아낙대로 또 내게 무슨 공박할 말이 남아 있었던 것일까. 아니면 자신의 헛친절이 발단이 되어 사람들로부터 내가 너무 당하고 있는데 대한 민망스러움에서였을까. 그녀는 웬일인지 남자에게 엿을 팔 생각을 안 했다.

"가만계세요. 내가 언제 엿 팔아달랩디껴? 이건 아까부터 이 젊은 선상님한테 드릴라고 한 것인디……."

그녀는 되려 엿을 사고 싶어하는 남자를 나무라고 나서 내 쪽을 향해 추근추근 다시 말하기 시작했다.

"여보시오 젊은 양반, 나 좀 보시드라고요. 나 선상님헌테 할 말이 좀 있구만요. 그러니께 이 엿이나 드시면서 내 얘기 좀 들어보시드라고요."

무슨 수작인지 알 수가 없었다. 그녀는 이번에도 또 내게 엿을 권해오고 있었다. 눈을 감은 짐작에도 그녀는 다시 내 앞에 엿을 내밀고 있음이 분명했다.

어이가 없기도 하고 난감하기도 하였다. 하지만 나는 역시 못 들은 척하였다. 그러거나 말거나 아낙은 이미 작심한 바가 있는 듯 말을 계속해 나갔다.

"보아하니 선상님은 아매 이런 길이 첨인 것 같아서 따로 허물은 말 않겄소. 하기사 이런 일 많이 안 당해본 사람은 이런 때 성질이 안 끓어 오를 수도 없을 텐께요. 첨엔 우리도 다 그랬답니다. 하지만 하루 한 번씩 이런 길을 댕기면서 이꼴 저꼴 참 아넘기고 사는 사람도 있다요. 여비만 좀 모자라도 차를 내려라 마라, 삐슥한 불평 한마디만 말해도 노선을 죽인다 살린다…… 차를 아주 안 타고 살라면 몰라도 그런 일 저런 일에 어떻게 다 아는 척을 하고 살겄소……."

㉤아낙이 말을 도맡고 있는 동안 차 안에선 그녀를 방해하고 나서는 사람이 아무도 없었다. 시비가 어떻게 되어나가는지 모두들 조용히 둘 사이의 동정만 지켜보는 기미였다. 나는 갈수록 눈을 뜨기가 난처해지고 있었다.

[B] 나는 계속 눈을 감고 버티는 수밖에 없었다.
하지만 아낙의 푸념은 그럴수록 더 깊고 거대한 늪 속으로 나를 힘차게 옥죄어들이고 있었다.
나는 이제 그 **늪의 숨결과 인력에 빨려들어** 자신의 **형체조차 느낄** 수가 없었다.
그러다 **어느 순간**—나는 자신이 끝없이 분해되어가는 듯한 허망스런 무력감 속에서 문득 그 **살아있는 늪**의 마지막 **밑바닥이 발밑에 닿아옴을 느꼈다**.
그리고 그 늪의 깊고도 견고한 밑바닥에서 나는 마침내 죽음처럼 무겁게 가라앉아 들어간 수많은 사람들의 **질기디질긴 삶의 숨결**과 그 삶들의 따스한 온기가 **조용히 파도쳐 오르고** 있음을 느꼈다.

– 이청준, 「살아 있는 늪」 –

19 윗글에 대한 설명으로 가장 적절한 것은? [3점]

① 빈번한 장면 전환을 통해 긴박한 분위기를 조성하고 있다.
② 자기 고백적인 서술을 통해 인물의 내면을 제시하고 있다.
③ 감각적인 배경 묘사를 통해 인물의 심리 변화를 전달하고 있다.
④ 전해 들은 이야기를 전달하는 방식으로 과거 사건을 제시하고 있다.
⑤ 인물의 경험을 삽화 형식으로 제시하여 사건에 입체감을 부여하고 있다.

20 ㉠~㉤에 대한 이해로 적절하지 않은 것은? [3점]

① ㉠: 특정 시점을 강조하여 이어지는 상황에 대한 주목을 유도하고 있다.
② ㉡: 하나의 발화를 다룬 문장을 연속적으로 제시하여 그 의미를 부가적으로 드러내고 있다.
③ ㉢: 서로 다른 발화를 종합하여 그 발화들의 공통된 성격을 제시하고 있다.
④ ㉣: 질문의 형식으로 행동의 이유를 탐색하여 그 행동이 뜻밖의 것임을 드러내고 있다.
⑤ ㉤: 서술의 초점을 다른 대상으로 옮겨 사건의 정황을 다각도로 전달하고 있다.

※ 〈보기〉를 읽고 21번과 22번의 두 질문에 답하시오.

〈보기〉

이 작품의 서사는 '나'가 우연한 사고를 계기로 고향과 고향 사람들에 대한 오랜 거부감에서 벗어나 이해의 국면에 도달하게 되는 과정을 중심으로 진행된다. 이 과정은 특정한 공간에서 '나'의 침묵과 고향 사람들의 목소리가 대비되는 가운데 점진적으로 전개되며, ㉮이는 '늪'이라는 상징적 소재를 통해서 드러난다.

21 **〈보기〉와 윗글을 관련지어 감상한 내용으로 적절하지 않은 것은?** [4점]

① '나'와 고향 사람들이 사고로 버스 안에 갇히게 된 것은 '나'의 침묵과 고향 사람들의 목소리가 대비될 수 있는 상황적 기반이 만들어지게 된 것으로 볼 수 있군.

② '엿장수 아낙'을 공박한 '나'가 '후련스럽고 홀가분한 기분'을 느낀 것은 사람들의 행동에 대한 불만과 함께 고향에 대해 오래 묻어왔던 거부감을 표출할 수 있었기 때문이라 짐작할 수 있군.

③ '나'의 공박이 끝나고 사람들의 발화가 이어지면서, '나'가 침묵을 유지하는 가운데 이들의 목소리에 귀를 기울일 수밖에 없는 상황을 조성하는군.

④ '나'의 공박에도 불구하고 다시 엿판을 벌이려고 하는 '등 뒤쪽 남자'의 행동을 계기로 고향 사람들의 목소리는 더욱 다변화되고 있군.

⑤ 일방적으로 공박을 쏟아낸 '나'와 달리 '나'의 입장을 감안하는 '엿장수 아낙'의 목소리는, 고향 사람들에 대한 이해의 토대를 만들어 '나'의 변화를 이끌어낸다고 볼 수 있겠군.

22 **㉮와 관련지어 [A], [B]를 이해한 내용으로 적절하지 않은 것은?** [3점]

① [A]에서 '거대한 늪'이 '나'를 '깊이 감싸고 들기 시작'한다는 것은, '나'가 당면한 상황을 회피할 수 없는 것으로 인식하게 되었음을 보여준다.

② [A]에서 '깊은 늪'은 '갈수록 거대한 힘'으로 '더욱더' '나'를 '무섭게 빨아들'이는 것으로 제시되어, '나'가 자신을 둘러싼 상황으로 인해 느끼는 부담감이 점점 강화되고 있음을 드러낸다.

③ [B]에서 '나'가 '늪의 숨결과 인력에 빨려들'어 '형체조차 느끼'지 못하게 된 것은, '나'가 고향 사람들을 이해할 수 없다는 심리적 무력감을 보여준다.

④ [B]에서 '나'가 '어느 순간' '살아 있는 늪'의 '밑바닥이 발밑에 닿아옴을 느끼'는 것은 '나'가 고향 사람들의 삶을 이해할 수 있는 국면에 접어들게 되었음을 의미한다.

⑤ [B]에서 '나'가 '살아 있는 늪'에서 '조용히 파도쳐 오르'는 '질기디질긴 삶의 숨결'을 느낀 것은, '나'가 무기력해 보이는 고향 사람들이 실은 상황을 감내하고 있었다는 점을 의식하게 되었음을 보여준다.

[23~26] 다음 글을 읽고 물음에 답하시오.

(가)
아희야 구럭 망태 거두어라 서산에 날 늦었다
밤 지낸 고사리 하마 아니 자라시랴
이 몸이 이 푸새 아니면 조석 어이 지내리
〈1장, 서산에서 나물을 캐다〉

[A]
아희야 도롱이 삿갓 차리어라 동쪽 시내에 비 지거다
기나긴 낙대에 미늘* 업슨 낙시 매어
[져 고기] 놀나지 마라 내 흥 계워 하노라
〈2장, 동쪽 시내에서 물고기를 보다〉

아희야 죽조반 다오 남쪽 이랑에 일 만해라
㉠서투론 따부*를 눌 마조 자부려뇨
두어라 성세(聖世) 궁경(躬耕)도 **역군은**이시니라
〈3장, 남쪽 이랑에서 밭을 갈다〉

아희야 소 먹여 내어라 북쪽 성곽에 새 술 먹자
대취한 얼굴을 **달빛**에 시러오니
㉡어즈버 희황상인(羲皇上人)*을 오늘 다시 보와다
〈4장, 북쪽 성곽에서 술을 먹고 돌아가다〉

– 조존성, 「호아곡(呼兒曲)」–

* 미늘: 낚싯바늘 끝의 갈고리.
* 따부: 농기구의 하나.
* 희황상인: 중국의 시조인 복희씨 이전의 사람. 세상일을 잊고 한가하고 편안히 숨어 사는 사람을 이르는 말.

(나)
동풍이 살짝 불어 침실에 들어오니
창밖의 찬 매화 이 소식을 먼저 안다
천지가 화창하여 꽃과 버들이 아름다움 다투니
풍영단 방수단에 미친 흥이 끝이 없다
와룡산에 비 갠 후에 **고사리 손수 꺾어** 국으로 달이니
조석의 음식맛이 족함도 이내 분수로다
㉢온 산에 꽃 다 지고 나무에 새잎 나니
[B] 녹음이 가득하여 여름날이 아주 긴 때에
돌베개에 낮잠 깨어 함벽당을 굽어보니
[그곳에 노는 고기] 낱낱이 다 셀 만하다
대숲의 서늘한 기운 연잎의 물방울 흩어지게 하니
군자의 맑은 성품 여기서 알리로다
㉣기러기 한 소리에 맑은 서리 물들이고
산빛이 변하여 금수로 꾸몄으니
곡구암 반타암이 그림 되어 동구에 잠겨 있다
밝은 달이 떠올라 소나무에 비추거든
거문고 바로 안고 난간에 기대니
깃털옷 입은 손님은 다 나를 찾아와 눈에 가득 보이도다
세모에 날씨 차고 온 산에 눈 덮이니
인적은 끊어지고 우는 새도 없는 때에
언덕과 골짜기는 백옥 궁궐 경요굴이 되었거늘
㉤울창한 소나무는 혼자서 빼어나 높은 기개 가졌으니
내 마음도 그런 줄을 서로 알아 무고암에 서성이니
우리의 지조 절개야 고칠 줄이 있으랴
아마도 **이 정자 작지만 다 갖추었네**
춘하추동에 눈과 달, 바람과 꽃을 다 가졌으니
무엇을 아니 보며 어느 것을 버리리오

– 김득연, 「지수정가(止水亭歌)」–

23 **'아희(야)'에 주목하여 (가)의 각 장에 나타나는 공통점을 설명한다고 할 때, 그 내용으로 가장 적절한 것은?** [3점]

① '아희'의 존재를 개입시켜 정적인 장면에 역동성을 부여하고 있다.
② '아희'에게 내리는 지시에 이어 지시를 내리게 된 계기를 드러내고 있다.
③ 각 장에서 '아희야'를 반복 표현함으로써 화자가 느끼는 감흥을 절제하고 있다.
④ 각 장을 '아희야'로 시작함으로써 청자에게 교훈을 전하려는 의도를 분명히 하고 있다.
⑤ '아희'를 지시의 대상에서 흥취를 공유하는 주체로 바라보는 관점의 이동을 보여주고 있다.

24 ㉠~㉤에 대한 설명으로 적절하지 않은 것은? [3점]

① ㉠: 의문형 어미를 활용하여 자신의 처지에 대한 회의를 부각하고 있다.
② ㉡: 동일시할 수 있는 존재를 과거에서 찾아 현재 자신의 상태를 부각하고 있다.
③ ㉢: 유사한 구조를 대응시켜 자연의 변화를 표현하고 있다.
④ ㉣: 감각적 심상을 연동시켜 주변 경관의 변모를 집약적으로 제시하고 있다.
⑤ ㉤: 자연물과 인간을 상호 교감하는 관계로 상정하여 특정 가치에 대한 태도를 강조하고 있다.

25 〈보기〉를 읽고 (가)와 (나)를 감상한 내용으로 적절하지 않은 것은? [4점]

〈보기〉

강호와 전원에서의 삶을 노래하는 시가에서 시간과 공간은 자연의 질서와 섭리를 표상하도록 구조화되어 있는 경우가 많다. 그래서 자연 공간은 중앙과 네 개의 방위[사방(四方)]로 이루어져 있는 것으로, 사계절은 순리에 따라 흐르는 시간적 질서를 가진 것으로 나타난다. 또한 이렇게 구조화된 질서와 섭리는 인간 사회로까지 확대되어 적용되기도 한다. 작품에서 시적 주체는 이렇게 구조화된 시공간을 배경으로 자연에서 살아가며, 상징적으로 해석될 수 있는 행위를 한다. 이러한 시가에 빈번하게 등장하는 고사리 캐기, 달 보기 등의 행위는 유교적 이념을 비롯한 정신적 가치에 대한 지향을 드러낸다.

① (가)에 제시된 네 개의 방위는 자연의 공간적 질서를, (나)의 사계절은 자연의 시간적 질서를 표상하는 것으로 구조화되어 있다.
② (가)의 1장의 고사리 캐기는 (나)의 '고사리 손수 꺾어'에서도 나타나는 행위로서, 이는 안분지족하는 시적 주체의 정신적 지향을 드러내고 있다.
③ (가)의 4장에서 '달빛'에 주목하는 행위는, (나)에서 '밝은 달'을 완상하는 행위와 마찬가지로 '군은'에 내포된 사회적 질서와 유교적 가치관을 구체화하고 있다.
④ (가)에서 각 장의 공간은 시적 주체가 거주하는 공간을 중심으로 사방을 향하는 것으로 배분되어, 시적 주체가 수행하는 행위의 시공간적 배경으로 기능하고 있다.
⑤ (나)의 '이 정자'가 '작지만 다 갖'춘 것으로 평가되는 것은, 자연의 순리를 드러내는 사계절의 흐름과 정경의 변화를 바라볼 수 있는 공간이기 때문인 것으로 볼 수 있다.

26 [A]의 [져 고기]와 [B]의 [그곳에 노는 고기]에 대한 설명으로 가장 적절한 것은? [4점]

① '져 고기'는 '기나긴 낙대'를 들게 된 후의 결과이고, '그곳에 노는 고기'는 '낮잠'을 깨게 된 원인이다.
② '져 고기'는 '놀나지' 말아야 할 적막함을 나타내고, '그곳에 노는 고기'는 '연잎의 물방울'을 흩어지게 하는 소란함을 나타낸다.

③ '져 고기'는 '동쪽 시내'의 정경을 조망하게 하는 자연물이고, '그곳의 노는 고기'는 '함벽당'을 굽어보게 하는 계기가 되는 자연물이다.

④ '져 고기'는 '비'와 어울려 '시내'의 생동감을 고조시키는 존재이고, '그곳의 노는 고기'는 '녹음'이 가득한 '여름날'의 무료함을 부각하는 존재이다.

⑤ '져 고기'는 '미늘 업슨 낙시'와 연결되어 무욕의 태도와 '흥'을 드러내고, '그곳의 노는 고기'는 '대숲', '연잎'과 어울려 '군자의 맑은 성품'을 환기하게 한다.

[27~30] 다음 글을 읽고 물음에 답하시오.

[앞부분의 줄거리] 조선의 장수 강홍립은 명을 도와 오랑캐를 토벌하기 위해 출정했으나, 우두머리인 누르하치에게 투항한 후 그의 총애를 받아 부귀영화를 누린다. 그 무렵 조선에서 역모에 가담했던 한윤이 오랑캐 땅으로 도망쳐 온다. 그는 강홍립의 일가친척이 모두 처형되었다는 거짓말을 하며, 누르하치에게 조선 정벌을 설득하도록 강홍립을 부추긴다.

홍립이 스스로 생각건대 자신의 일족을 멸한 복수를 하지 않을 수 없고, 아내를 아끼는 마음 또한 저버릴 수 없었다. 가슴속에서 두 가지 생각이 엎치락뒤치락하는 사이에 몇 달이 흘렀다.

㉠한윤은 홍립이 주저하는 것을 보고는 정색을 하고 이렇게 힐난했다.

"대감께서 어버이를 저버리고 오랑캐에게 항복해 목숨을 구걸한 까닭에 온 집안 사람이 벌을 받아 유혈이 낭자하건만, 대감께서는 부귀에 젖고 아녀자에게 빠져 눈앞의 즐거움만을 마음껏 누리고 있으니 무슨 면목으로 천하의 의사(義士)들을 대하시렵니까? 지금 조선은 나라가 망할 지경에 이르렀으니, 철기병을 이끌고 간다면 파죽지세로 밀고 나가 혁혁한 전공을 세우는 것이 마치 손바닥을 뒤집는 일처럼 쉬울 것입니다. 대감은 어찌 원대한 계책을 품지 않으십니까?"

홍립이 깨달은 바가 있어 마침내 누르하치에게 말했다.

"조선은 천하의 훌륭한 무기가 있는 곳입니다. 좋은 활과 긴 창, 정교한 대포와 날카로운 검이 모두 조선에서 나옵니다. 이처럼 무(武)에 능한 나라이건만, **풍속은 교활함을 숭상하여 인재를 등용할 때 세력과 이익을 보아 사람을 씁니다.** 그러므로 민심이 이반하여 일이 생기면 관망하거나 피해 버립니다. 그러나 재능 있는 인물들은 자신의 재주를 펴 보기를 고대하고 있으므로, 조선을 침략한 후 그들을 불러내 기용하는 사람이 있다면 조선 전역의 인재들이 뭇 별들이 북극성을 둘러싸듯 그 사람을 추종할 것입니다. ㉡우(虞)나라에서는 어리석었지만 진(秦)나라에서는 지혜로웠던 백리해와 같은 사람도 있고, 수나라에서는 아첨이나 일삼았지만 당나라에서는 충성을 다했던 배구와 같은 사람도 있습니다. 지휘에 능한 이로 하여금 강병을 훈련시키고 하늘의 위엄을 받들어 말을 몰아 동쪽으로 향하게 한다면, 조선에 비록 지혜로운 자가 있다 한들 명을 위한 계책을 펼 수 없을 것입니다. 제가 어리석어 주군께 거두어진 뒤 조금의 공도 세운바 없습니다. ㉢지금 군사를 일으키는 때를 맞아 선봉에 세워 주신다면 조선의 가왕(假王)이 되어 지혜롭고 용맹한 이를 모으고 그중 가장 정예한 자들을 뽑아 10만 군대를 갖추어 보이겠습니다. 이로써 주군의 은혜에 보답할 뿐 아니라 하늘이 주신 천하 통일의 기회에 보탬이 되도록 하겠습니다."

누르하치가 웃으며 말했다.

"자네의 말은 옳지 않네. 조선 사람은 예의를 숭상하니 침공하기는 쉽지만 복종시키기는 참으로 어렵지. 옛날 원나라 세조(世祖)는 그 힘이 천하를 평정할 만했건만, 고려를 완전히 복종시키지 못하고 30년 전쟁 끝에 부마국 [A]

(駙馬國)을 만드는 데 그쳤을 뿐이네. 지금 우리 병력이 강하긴 하지만 군사를 나누면 힘이 작아져, 일부 병력만으로 급히 조선 공격에 나섰다가는 군대를 돌이키지 못한 채 공연히 세월만 끌게 될 거야. 그래서는 요동을 넘어 중원을 향해 한 걸음도 나아가지 못할 테니, 작은 이익에 연연하는 것은 올바른 계책이라 할 수 없네. 그러니 지금 최선의 방책은 동쪽으로 조선과 화의를 맺고 남쪽으로 명나라와 싸움을 벌여 곧장 연경(燕京)을 점령한 후 천하가 우리에게 돌아오는 것을 기다리는 것이네. 또 옛사람은 **죽음에 이르더라도 감히 자신이 군주로 섬기던 이를 노예로 만드는 일은 도모하지** 않았거늘, 자네는 왜 자기 조국을 이처럼 원수로 여기는가? 최유(崔濡)의 일을 거울로 삼을 만하니, 자네는 깊이 생각해 보게!"

㉣홍립은 누르하치를 설득하기가 쉽지 않음을 알고는 여러 가지 이익을 들어 꾀어 봐야겠다고 생각해 자리에서 물러나 상소를 올렸다. 홍립은 상소에서 극단적인 말로, 조선은 방비가 매우 허술하고 민심이 이반되어 있으며 여인들이 아름다울 뿐만 아니라 금은보화가 가득하다고 중언부언하며 속히 군사를 일으켜야 한다고 주장했다. 두 번 세 번 거듭 상소를 올리다가 급기야 수십 차례나 상소를 올리기에 이르렀다. 지금도 오랑캐에게는 '강홍립 상소문'이라는 것이 남아 있는데, 그 두루마리가 많으며 사람들이 모두 그 내용을 이야기한다고 한다.

누르하치는 홍립이 스스로 조선의 왕이 되고자 하는 것을 보고는 내심 화가 나서 그 말을 들어주지 않았다. ㉤홍립은 때를 잘못 만나 자신의 뜻을 펼치지 못함을 한탄하매 분함을 못 이겨 목숨을 끊고 싶은 마음이었다.

병인년(1626) 가을, 누르하치가 영원위(寧遠衛)에서 패하고 돌아와 죽었다. 아들 홍타이지가 군주의 자리를 이어받았다. 홍타이지는 새로 즉위하여 도움 받을 곳이 없었으므로 조선과 화의를 맺고자 하여 이 일을 홍립과 의논하였다. 홍립이 이렇게 말했다.

"조선의 군신(君臣)이 입술과 이처럼 명나라와 찰싹 붙어 있어서 사신 한 사람을 보내는 것만으로는 단기간 내에 화의를 맺기 어려울 것입니다. 철기병 수만을 보내 싸움을 벌인 뒤에 화의를 도모하는 것이 최선의 방법입니다. 동쪽으로 조선과는 화친을 맺고 남쪽으로 명과 전쟁을 벌인다는 계책 때문에 그동안 대사를 이루지 못한 것이 참으로 한스럽습니다. 조선과 전쟁하는 것의 이로움은 앞서 논한 바와 같으니, 지금 바로 시행하실 것을 청합니다. 일이 혹 뜻대로 이루어지지 않는다면 그때 가서 화의를 추진해도 늦지 않을 것입니다."

홍타이지가 고개를 끄덕이며 말했다.

"나는 대업을 계승하고 선왕의 뜻을 좇아 옛 신하를 기용하려 하오. 선친은 선생의 계책을 써서 전쟁에서 승리할 수 있었소. 선생이 우리 나라에 충성을 다 바쳤음은 짐이 이미 가슴 깊이 새겨 두고 있소. 지금 조선과 우호를 유지하는 것은 선친의 뜻인데, 조선을 침공하자는 선생의 말이 시종 이리 간곡하니 필시 생각이 있어서일 것이오. 조선과 우호 관계를 유지하여 서로 돕고 지내자는 것이 선친의 유지이고, 조선을 침략하여 복속시키자는 게 선생의 계책이니, 이제 이 둘을 모두 시도해 보겠소. 만일 하늘의 도움을 입어 쉽게 조선을 이긴다면 선생을 조선의 왕으로 삼겠소. 그러니 선생은 사양하지 말고 군대를 거느리고 가 조선을 치도록 하시오. 선생으로서는 금의환향하는 일이고, 짐으로서는 장차 중원을 공략하는 데 큰 힘을 얻게 될 것이오. 만에 하나 조선의 왕과 하늘을 걸고 맹세하여 길이 우호 관계를 맺는다면 동쪽에 대한 근심을 덜고 남쪽으로 명을 치는 데 전념할 수 있을 것이오. 이는 선친께서 내게 남겨주신 만세토록 무궁한 이익을 얻는 방책이오. 조선에 출정하는 군대에 대한 모든 권한을 선생께 맡기겠소. 가서 힘써 주시오!" [B]

마침내 두 왕자에게 명을 내려, 날랜 기병 3만을 선발하고 홍립을 장군으로 삼아 조선으로 가게 했다. 한윤은 군대의 앞에서 길을 안내하는 역할을 맡았다.

– 권칙, 「강로전」 –

27 윗글에 대한 설명으로 가장 적절한 것은? [3점]

① 현재에서 과거의 순서로 사건을 전개하고 있다.
② 우의적 설정을 통해 주제 의식을 드러내고 있다.
③ 해학적 표현으로 특정 계층의 입장을 암시하고 있다.
④ 서술자가 개입하여 서술 당시의 상황을 전달하고 있다.
⑤ 초월적 능력을 지닌 인물이 등장하여 갈등을 해소하고 있다.

28 ㉠~㉤에 대한 이해로 적절하지 않은 것은? [3점]

① ㉠: 결심을 촉구하기 위해 상대방을 자극하고 있다.
② ㉡: 말하고자 하는 바를 뒷받침하기 위해 역사적 사례를 들고 있다.
③ ㉢: 자신의 요구를 들어주는 것이 상대방의 이익에 부합함을 설득하고 있다.
④ ㉣: 자신의 뜻을 관철하기 위해 다른 방법을 시도하고 있다.
⑤ ㉤: 실패의 원인을 스스로에게서 찾으며 반성하는 태도를 보이고 있다.

29 [A]와 [B]에 대한 설명으로 적절하지 않은 것은? [3점]

① [A]와 [B] 모두 중원을 공략하려는 목표를 밝히고 있다.
② [A]와 [B] 모두 조선과 화친을 맺고자 하는 의도를 밝히고 있다.
③ [A]와 [B] 모두 이익을 얻을 수 있는 방책에 대해 언급하고 있다.
④ [A]와는 달리 [B]에서는 조선을 침공하자는 제안을 수용하고 있다.
⑤ [B]와는 달리 [A]에서는 현재의 병력 운용의 문제점에 대해 언급하고 있다.

30 〈보기〉를 참고하여 윗글을 감상한 내용으로 적절하지 않은 것은? [4점]

〈보기〉

「강로전」은 '강로' 즉 '강씨 오랑캐'로 규정된 강홍립을 부정적 인물로 내세워 형상화하고 있는데, 그 배경에는 17세기 조선 사회의 지배적 가치관인 명나라를 숭상하고 오랑캐를 배격한다는 '숭명배호'의 정치적 이념이 놓여 있다. 아울러 이 작품에는 서얼로서 신분적 한계를 가졌던 작가 자신의 당대 현실에 대한 비판적 인식이 배어 있기도 하다.

① '강로전'이라는 작품의 제목은, 강홍립 이야기를 숭명배호의 정치적 이념에 근거하여 서술하겠다는 의도를 압축적으로 담은 것으로 볼 수 있겠군.

② 조선과 명의 관계를 거론하며 단기간 내에는 조선과의 화의가 어려울 것이라는 강홍립의 말은, 숭명배호의 가치관이 실현되기 어렵다는 인식을 드러낸 것으로 볼 수 있겠군.

③ '풍속은 교활함을 숭상하여 인재를 등용할 때 세력과 이익을 보아 사람을 씁니다'라는 강홍립의 말에는, 당대의 인재 등용에 대한 작가의 비판적 목소리가 담겨 있다고 볼 수 있겠군.

④ 명나라를 도와 오랑캐를 토벌하기 위해 출정했던 강홍립이 누르하치를 주군으로 섬기는 것은, 그가 숭명배호의 이념에 어긋나는 인물임을 단적으로 보여주는 예로 볼 수 있겠군.

⑤ '죽음에 이르더라도 감히 자신이 군주로 섬기던 이를 노예로 만드는 일은 도모하지' 않는다는 누르하치의 말은, 강홍립이 지닌 부정적 인물로서의 면모를 한층 강화한다고 볼 수 있겠군.

2024
사관학교 기출백서

2022학년도 기출문제

국어영역(공통)

제1교시 국어영역(공통)

▶정답 및 해설 14p

[01~03] 다음 글을 읽고 물음에 답하시오.

“**모두가 판에 박은 듯이 똑같은** 신문을 무엇 하러 세 가지나 보냔 말이야. 고양이도 낯짝이 있더라고 좀 염치가 있어야지. 한 번만 더 넣었다가는 가만두지 않을 테야.”

어떻게 붙잡았는지 아내가 배달아이를 잡아 닦달하는 소리였다. 영하는 혼자 이불 속에서 비실 웃었다. 그것은 바로 신문기자인 자기한테 하는 소리로 들렸기 때문이다. 간접적이나마 아내한테서까지 그런 소리를 들으니 절로 웃음이 나왔다.

“그냥 놔두고 신문대만 내지 말아요.”

“저 애들이 얼마나 뻔뻔스러운 애들이라고 그렇게 쉽게 되는 줄 아세요? 이달치만 줄 테니 더 넣지 말라고 신문대를 주며 달래보기도 하고, 신문을 모아놨다 돌려주기도 했지만 견뎌낼 재간이 없다고요. 아무리 꺽진 거지도 저 애들 같진 않을 거예요. 구걸을 해도 유분수지, 벌써 여섯 달째라고요.”

“그 구걸하는 돈으로 우리도 월급을 타 먹고 있으니 너무 구박 말아요.”

“하지만 아무 필요도 없는 신문을 세 가지나 보잔 말인가요?”

아내는 이만저만 속이 상한 게 아닌 모양이었다.

그 뒤부터 신문이 날아들어 창에 맞고 떨어지는 소리를 들으면, 영하는 그 신문이 자기 가슴에라도 떨어지는 듯 가슴이 철렁했다. 그때마다 또 아내가 쫓아나갈까 겁이 났다. 제발 쫓아나가지 말았으면 하고, 영하는 그 배달아이보다 더 조마조마하게 가슴을 조였다.

하루는 무슨 일로 일찍 집을 나가다가 바로 대문 앞에서 그 배달아이와 부딪치고 말았다. 신문을 접어 비행기를 날리려는 순간이었다.

“야!”

배달아이는 힐끔 돌아보더니 후닥닥 도망쳤다. 마치 무얼 훔치다가 들킨 꼴이었다. 진창까지 밟으며 정신없이 뛰었다. 운동화 한 짝이 벗겨져 공중으로 튕겨 올라갔다. 신을 집더니 제대로 신지도 않고 손에 들고 뛰었다. 골목을 거의 빠져나가서야 이쪽을 돌아보며 신을 신었다. 누구한테 붙잡혀 뺨이라도 얻어맞은 적이 있지 않았을까 싶었다.

그 며칠 뒤 성탄절 아침이었다. 전날 저녁에 술이 많이 취했으나 다섯 살짜리 아들 녀석이 고장 난 장난감을 고쳐달라고 극성을 피우는 바람에 일찍 눈이 뜨였다. 외할머니며 이모들한테 받은 크리스마스 선물이었다.

그때 골목에서 ‘××일보요’하는 소리가 났다. 영하 집에서 제대로 구독을 하고 있는, 영하 회사의 경쟁지였다. 그 억지 신문은 아직 날아들지 않고 있었다. 언제나 그 신문이 먼저 날아드는데 오늘은 좀 늦는 모양이었다.

순간, 지난번 흙탕에서 튕겨 오르던 그 배달아이의 신발이 머리를 스쳤다. 영하는 거의 반사적으로 일어나 포켓을 뒤졌다. 오천 원짜리가 나왔다. 천 원짜리를 찾았으나 없었다. 그대로 손에 쥐고 대문간으로 나갔다. **신문대하고는 상관없이 운동화나 한 켤레 사 신으라고** 할 참이었다. 골목에는 눈이 허옇게 쌓여 있었다. 저쪽에서 배달아이가 달려오고 있었다. 달려오던 아이가 영하를 보더니 우뚝 멈춰 섰다. 대번에 주눅이 들어 조그맣게 오그라들었다.

“이제 안 넣을게요.”

잔뜩 겁먹은 눈으로 영하를 보며 애원하듯 했다. 골목을 뛰어다녀 얼굴이 벌겋게 익어 있었고, 더운 김을 내뿜는 코끝에는 방울방울 땀방울이 돋아 있었다.

“그게 아냐.”

“이제 정말 안 넣는다니까요.”

소년은 금방 영하가 덜미라도 낚아채지 않을까, 저쪽 담에다 등을 대고 한 걸음 한 걸음 빠져나가며 말했다. 눈은 공포에 질려 있었다.

"아냐, 내 말 들어봐."

영하는 돈을 보이며 말했다.

"정말 안 넣을게요."

소년은 거의 울상으로 슬금슬금 영하 앞을 지나더니 후닥닥 뛰었다. 저만큼 내빼다가 힐끔 돌아봤다. 순간, 눈길에 미끄러져 발랑 나가떨어졌다. 눈위에 신문 뭉치가 흩어졌다. 소년은 이쪽을 힐끔거리며 뭉떵뭉떵 신문을 거머쥐었다. 다시 이쪽을 돌아보며 도망쳤다. 영하는 소년이 사라진 데를 보고서 있었다. 넋나간 꼴로 한참 동안 서 있다가 대문을 닫고 들어왔다.

다음날부터 그 신문은 날아들지 않았다. 그 소년의 겁에 질린 눈만 커다랗게 남아 있었다. 그 눈이 자꾸 떠올랐다. 자리에 누울 때도 떠오르고 밥을 먹을 때도 떠올랐다. 기사를 쓸 때도 마찬가지였다.

영하는 그때부터 고향에 있는 자기 몫의 논밭이 떠올랐다. 그 얼마 뒤 음력설에 아내와 함께 고향에 다녀오면서 **넌지시 시골에서 살**면 어떻겠느냐고 했다. 아내는 웃으며 농담으로 받아넘겼다. 영하는 정색을 하고 말했다. 아내는 지금 그게 제정신으로 하는 소리냐는 눈으로 영하를 돌아보며 픽 웃고 말았다. 고향에 가면 언제나 그랬지만 그때는 더 푸근한 안도감이 들었던 것이다. 어디 먼 데로 나돌며 잔뜩 지쳐 빠져 자기 집에라도 돌아온 기분이었다. 사실은, 영하도 말로만 그랬지 여태 몸담아 오던 직장을 버리고 고향으로 내려간다는 게 빈 밥상 물리듯 쉬운 일이 아니라는 건 잘 알고 있었다.

[중략 부분 줄거리] 영하는 아내와 함께 도시 변두리로 이사하지만, 신문기자를 그만두지는 못한다. 그곳의 노인들에게서 또철이의 불효 행각을 고발하는 기사를 써 달라는 부탁을 받고 초고를 작성한다.

편집국에 들어섰다. 어쩐지 신문사 안의 분위기가 싸늘하게 느껴졌다. 모두 입을 봉하고 담배만 빠끔거리고 있었다. 항상 생글거리던 문화부 여기자마저 얼굴이 굳어 있었다. 대밭에서 와글와글 지저귀던 참새 떼들이 갑자기 지저귀던 소리를 뚝 그치는 경우가 있다. 위험을 감지하는 순간이다. 그 정적 사이에서 한두 마리가 짹짹거린다. 다시 지저귀거나 모두 와르르 날아간다. 그 한두 마리가 짹짹거리는 소리는 괜찮다거나 위험하다는 신호인 모양이었다. 들판에서 끼룩거리며 먹이를 먹던 기러기 떼도 마찬가지다. 망보던 녀석이 뭐라 길게 소리를 하면 먹이를 먹던 기러기 떼가 모두 고개를 쳐들고 소리를 뚝 그친다. 바로 그런 분위기였다. 그때 **국장실**에서 **정치부장**이 나왔다. **우거지상**이었다.

"제길, 그런 것도 못 쓰면 무얼 쓰란 말이야?"

정치부장은 의자에 엉덩이를 내던지며 창밖을 향해 의자를 핑글 돌렸다. 담배에 불을 붙여 길게 연기를 내뿜었다.

영하에게 갑자기 떠오른 게 있었다. 신문에 내기만 하면 저 죽고 나 죽겠다고 독기를 피우던 또철이의 눈이었다. 영하는 **주머니에서 기사를 꺼내** 슬그머니 휴지통에 넣어버렸다. 그가 무섭다기보다 귀찮았다. 뒤미처 골목 영감들의 얼굴이 떠올랐다. 좁쌀영감의 차가운 눈이 맨 먼저 떠올랐다. 셰퍼드의 시퍼런 눈도 떠올랐다. 갑자기 옛날 신문배달아이의 공포에 질린 눈도 지나갔다.

– 송기숙, 「개는 왜 짖는가」 –

01 윗글에 대한 설명으로 가장 적절한 것은? [3점]

① 특정 인물의 시각을 중심으로 사건이 서술되고 있다.

② 액자식 구성을 통해 사건을 입체적으로 드러내고 있다.

③ 대화를 통해 인물 간의 오해가 풀리는 과정을 드러내고 있다.

④ 요약적 진술을 통해 특정 인물이 살아온 내력을 제시하고 있다.

⑤ 상징적 소재를 통해 인물 간의 갈등이 해결되었음을 암시하고 있다.

02 **서사의 흐름을 고려하여 〈보기〉의 ㉠, ㉡에 대해 이해한 내용으로 적절하지 않은 것은?** [3점]

〈보기〉

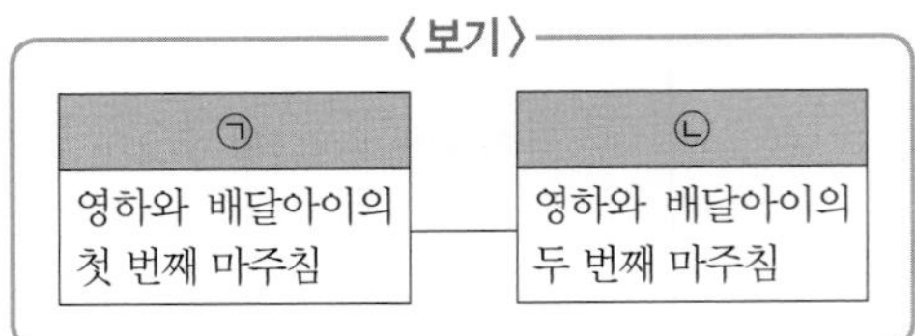

㉠	㉡
영하와 배달아이의 첫 번째 마주침	영하와 배달아이의 두 번째 마주침

① ㉠에서 도망치는 아이를 보고 영하는 아이의 이전 경험을 추측하고 있다.

② ㉠이 우연에 의해 일어난 것이라면 ㉡은 영하의 의도에 의해 일어난 것이다.

③ ㉡이 이루어진 것은 ㉠에서 아이가 도망가다가 신발이 벗겨진 사건과 관련이 있다.

④ ㉡에서 아이는 영하의 의중을 이해하지 못해 여전히 ㉠에서와 같은 태도를 보이고 있다.

⑤ ㉡ 이후 영하는 아이의 겁에 질린 눈을 떠올리며 아내를 말리지 못했던 것을 후회하고 있다.

03 **〈보기〉를 참고하여 윗글을 감상한 내용으로 적절하지 않은 것은?** [4점]

〈보기〉

이 작품은 권력이 언론을 통제하던 시대를 살고 있는 신문기자를 통해 획일화된 언론 현실을 우회적으로 비판하고 있다. 작품에서 인물은 언론의 자유가 억압된 현실에서 언론인으로서의 책무를 제대로 수행하지 못해 괴로워한다. 생계 때문에 신문사를 그만두지 못하는 그는, 구박을 받으면서도 가난 때문에 신문을 넣어야 했던 배달아이에게 동질감을 느낀다. 그리고 이는 현실로부터 도피하고 싶은 마음으로 이어진다.

① 배달되는 신문이 '모두가 판에 박은 듯이 똑같은' 것은 획일화된 언론의 현실이 드러난 것이겠군.

② 영하가 배달아이에게 '신문대하고는 상관없이 운동화나 한 켤레 사 신으라고' 말하려고 했던 것은 생계를 위해 신문을 넣어야 했던 아이에게 동질감을 느꼈기 때문이겠군.

③ 영하가 아내에게 '넌지시 시골에서 살'자고 제안하는 것은 현실로부터 도피하고 싶은 마음에서 비롯된 것이겠군.

④ '국장실'에서 나온 '정치부장'이 '우거지상'으로 '제길, 그런 것도 못 쓰면 무얼 쓰란 말이야?'라고 말하는 것은 권력이 언론을 통제하던 현실이 반영된 것이겠군.

⑤ 영하가 '주머니에서 기사를 꺼내' 휴지통에 넣은 것은 언론인의 책무를 다하지 못했다는 괴로움 때문이겠군.

[04~07] 다음 글을 읽고 물음에 답하시오.

맹자가 살았던 시대에는 패권 다툼으로 인한 국가 간의 대립이 ⓐ 지속되었다. 인(仁)에 기초한 왕도정치(王道政治)를 주장했던 맹자는 전쟁을 잘하는 자를 큰 죄인으로 여겼고, 침략 전쟁을 주장하는 주전론자(主戰論者)들을 강하게 비판했다. 그러나 당시의 혼란을 극복하기 위한 불가피한 전쟁을 인정하는 태도를 보이기도 하였다. 일견 상반된 것으로 보이는 그의 두 가지 입장은 어떻게 상호 모순됨 없이 성립될 수 있을까?

맹자는 인간이 본래적으로 측은히 여기는 마음인 인(仁)과 그것을 실천하려는 의지인 의(義)를 모두 가지고 있다고 보고, 인간의 도덕 본성을 인의(仁義)로 규정했다. 이러한 도덕 본성은 하늘이 준 것으로 누구나 가지고 있지만 자연스럽게 발현되는 것은 아니므로 인에 대한 자각과 노력이 필요하다고 보았다. 이를 바탕으로 맹자는 왕도정치, 즉 인정(仁政)을 ⓑ 주창한다. 통치의 근간이 되는 인의는 이익을 추구하는 리(利)와 구분된다. 인의는 공(公)이고 리는 사(私)로서, 인의는 모든 인간이 가진 선한 마음에 근거한 공공성을 갖는 것이나, 리는 자신과 타자를 배타적으로 경계 짓는 데서 비롯하는 사사로운 욕망이다.

이러한 리와 인의의 선명한 대비는 패도정치(霸道政治)와 왕도정치가 갈리는 근거가 된다. 리를 추구하는 패자(霸者)는 상대를 힘으로 지배하려는 자이다. 힘으로 지배하려고 하면 힘이 부족한 상대는 굴복하지만 그렇지 않은 경우에는 그 관계가 ⓒ 역전될 수도 있다. 따라서 패자는 늘 상대보다 강한 힘이 필요하고, 그에 따라 대국(大國)을 소유하려 하게 된다. 반면 인정을 베푸는 왕은 신하와 백성들로부터 자발적인 복종과 신뢰를 얻기 때문에 싸우면 반드시 이기게 된다. 맹자는 백성을 돌볼 의무에 ⓓ 태만한 군주를 벌(伐)하여 바로잡는 것을 정(征)이라 하였다. 이처럼 도탄에 빠진 백성을 구제한다는 명분을 갖는 정벌(征伐) 전쟁은 도덕적 정당성을 갖춘 것으로 보았다.

『맹자』에 나오는 연나라 정벌에 관한 대화는 정벌 전쟁이 어떤 것인지 보다 구체적으로 보여준다. 맹자는 제나라의 대부인 심동이 "연나라를 정벌해도 됩니까?"라고 묻자, ㉠ "그렇다."라고 대답한다. 이후 제나라가 연나라를 치자, 어떤 이가 맹자에게 "제나라에 연나라를 정벌하도록 권한 일이 있습니까?"라고 묻는다. 이에 맹자는 ㉡ "아니다."라고 대답한다. 그리고 "만일 정벌할 수 있는 자가 누구인지 물었다면, 천리(天吏)가 정벌할 수 있다고 대답하였을 것이다."라고 한다.

그렇다면 천리란 누구인가? 맹자는 '천하에 대적할 이가 없으면 천리'라고 말한다. 이는 왕도정치를 펴게 되면 천하에 적이 없게 된다는 말이다. 이는 천하에 대적할 자가 없는 인인(仁人)은 지극한 인(仁)으로 지극한 불인(不仁)을 정벌할 수 있다는 의미도 포함한다. 이처럼 맹자는 도덕적 권위를 갖는 군주인 천리가 수행하는 정벌 전쟁을 의전(義戰)이라고 규정하였다.

맹자가 주장한 의전론(義戰論)은 그가 보여준 전쟁에 대한 비판적 태도와는 외형상으로 모순되는 듯이 보이지만, 실질적으로는 맹자의 정치적 이상이었던 인정을 실현하는 방법으로 보아야 한다. 백성들을 도탄에 빠지게 하는 패자들의 전쟁은 일어나서는 안 되는 것이지만, 죄 있는 자를 벌하기 위해 도덕적 권위를 가진 천리가 ⓔ 수행하는 의전은 필요한 것이다. 인정을 실현하기 위한 불가피한 방법으로서 정당성을 부여받는 의전은 결국 그가 지향했던 반전쟁(反戰爭)을 달성하기 위한 수단이라고 할 수 있다.

04 윗글의 내용과 일치하지 않는 것은? [3점]

① 맹자가 살았던 시대에는 서로를 지배하려는 국가 간 패권 다툼이 있었다.
② 맹자는 도덕 본성은 하늘이 준 것이므로 자연스럽게 발현되는 것으로 보았다.
③ 맹자는 패도정치는 리(利)를, 왕도정치는 인의를 추구하는 데서 구분된다고 보았다.
④ 맹자의 의전은 실질적으로는 맹자의 정치적 이상을 실현하는 방법으로 볼 수 있다.
⑤ 맹자는 리(利)를 자신과 타자를 구분하는 데서 비롯하는 사사로운 욕망이라 하였다.

05 윗글의 내용을 바탕으로 할 때 ㉮와 ㉯에 들어갈 말로 알맞게 짝지어진 것은? [3점]

윗글의 ㉠은 [㉮]과 관련된 질문에 대한, ㉡은 [㉯]과 관련된 질문에 대한 대답이다.

	㉮	㉯
①	정벌의 명분	정벌 주체의 자격
②	정벌의 대상	정벌의 방식
③	정벌의 방식	정벌의 당위성
④	정벌의 당위성	정벌의 대상
⑤	정벌 주체의 자격	정벌의 명분

06 '맹자'의 관점에서 〈보기〉를 이해한 내용으로 적절하지 않은 것은? [4점]

〈보기〉

A국의 왕은 오로지 자국의 영토를 끊임없이 확장하기 위해 백성들에게 가혹한 세금을 부과하였다. 그리고 농사일에 바쁜 백성들을 징병하여 상대국을 압도할 수 있는 힘을 키웠고, 타국과의 전쟁에 승리하여 대국을 이루었다. 반면 B국의 왕은 인정(仁政)을 베풀어 태평성대를 이룬 결과 A국보다 강한 힘을 갖게 되었다. B국의 왕은 백성을 돌보지 않는 A국의 왕의 죄를 묻고 도탄에 빠진 A국의 백성들을 구하고자 A국과의 전쟁을 결정하였다.

① A국의 왕은 상대를 압도할 수 있는 힘을 키우려 한다는 점에서 패자(霸者)라고 할 수 있겠군.

② A국의 왕은 영토 확장을 위해 전쟁을 일으켰다는 점에서 리(利)를 추구한 것이라고 볼 수 있겠군.

③ B국의 왕은 인정을 베풀었기 때문에 신하와 백성들로부터 자발적인 복종과 신뢰를 얻었겠군.

④ B국의 왕은 태평성대를 이루어 강한 힘을 갖게 됐다는 점에서 정(征)을 행하였다고 할 수 있겠군.

⑤ B국의 왕은 A국의 백성들을 구하고자 했다는 점에서 그가 결정한 전쟁은 도덕적 정당성을 갖추었다고 볼 수 있겠군.

07 ⓐ~ⓔ의 사전적 의미로 적절하지 않은 것은? [3점]

① ⓐ : 어떤 상태가 오래 계속됨.

② ⓑ : 어떤 생각이나 결론 · 반응 따위를 이끌어 냄.

③ ⓒ : 형세가 뒤집힘.

④ ⓓ : 열심히 하려는 마음이 없고 게으름.

⑤ ⓔ : 생각하거나 계획한 대로 일을 해냄.

[08~11] 다음 글을 읽고 물음에 답하시오.

[A] 콜링우드는 예술을 상상력을 통한 감정의 표현이라고 규정하며, 예술의 본질에 담긴 중요한 요소를 상상력, 감정, 표현으로 파악하였다. 상상력에 대해 이해하기 위해서는 콜링우드가 언급한 감정에 대해서 먼저 이해할 필요가 있다. 콜링우드는 느낌을 감각과 감정으로 나누었다. 감각은 색깔, 소리, 냄새 같은 것을 느끼는 것으로 보편성을 가지며, 감정은 즐거움, 고통, 분노 같은 것을 느끼는 것으로 개인마다 나름대로의 특수성을 갖는다. 콜링우드는 감각에 감정이 부하되는 것으로 감각이 감정에 선행한다고 하였다. 하지만 선행한다고 해서 우선순위를 갖거나 인과 관계로 연결되는 것은 아니다. 감각과 감정은 동일한 대상을 통해 경험되는 것이므로 하나의 감각 경험으로 통합된다.

그런데 콜링우드는 감각이 동시적이고 순간적이라 모든 감각을 인식하기는 어렵지만, 예술가가 자신의 내면에 집중하여 이러한 감각들을 인지하려고 노력한다면 다양한 감각 경험이 종합되어 특정한 감정을 만들어낼 수 있다고 보았다. 콜링우드는 이를 정서적 충전이라고 하였는데, 예술가는 이를 예술 작품의 표현 대상으로 삼음으로써 자기 자신을 이해하고 개별화된 표현을 할 수 있게 된다는 것이다.

콜링우드가 제시한 상상력은 허구적인 이미지를 만들어내는 공상과 구별되는 것으로, 칸트의 생산적 상상력과 유사하다. 칸트는 생산적 상상력을 대상이 현존하지 않더라도 대상의 다양한 형식을 포착하여 그 다양성을 결합하고 종합하는 선천적인 능력이라 하였다. 콜링우드는 상상력이 공상이나 환상과는 달리 지적 활동이라는 칸트의 관점에 동의하며 감정과 표현을 연결하는 고리를 상상력으로 ㉠ <u>보았다</u>. 즉 예술가가 과거의 경험으로부터 이끌어 낸 정서적 충전을 표현하기 위해서는 상상력이 필수적이라고 본 것이다. 이러한 상상의 영역에서는 모든 시간이 현재화된다. 과거의 감각적 경험을 상상이 일어나는 현재에 표현할 수 있기 때문이다.

콜링우드는 감정의 표현에 대해 이야기하면서, 표현하는 것과 서술하는 것을 구분하였다. 서술하는 것은 대상을 개념화하여 분류하는 것으로 일반화의 과정에 해당하며 객관적인 것이다. 반면에 표현하는 것은 대상이 주는 독특성을 의식하여 드러내는 것으로 개별화의 과정에 해당하며 주관적인 것이다. 그러므로 감정을 표현한다는 것은 다른 사람들의 것과는 구별되는 행위자 고유의 감정을 나타내는 것이다. 그런데 콜링우드는 예술가가 느끼는 감정들은 분화되지 않은 상태이기 때문에 표현하기 전에는 스스로도 알 수가 없다고 보았다. 마치 시인이 현실에서의 경험을 통해 느낀 모호한 감정들을 '시'라는 예술 작품을 통해 형상화함으로써 자신의 감정들이 무엇이었는지를 알게 되는 것처럼 예술가는 자신이 가진 고유한 감정이 작품에 반영되어 표현된 후에야 비로소 그 감정이 무엇인지 인식하게 된다는 것이다. 그리고 감상자도 감수성을 갖고 작품을 음미할 경우, 예술가의 마음에서 창조된 것과 동일한 감정 상태를 자신의 감정으로 재구성할 수 있게 된다고 보았다.

08 윗글을 통해 알 수 있는 내용으로 적절하지 <u>않은</u> 것은? [3점]

① 콜링우드가 본 감각과 감정의 관계
② 칸트가 규정한 생산적 상상력의 개념
③ 콜링우드가 제시한 감각의 구분 기준
④ 콜링우드가 밝힌 감정 표현과 서술의 차이점
⑤ 상상력에 대한 칸트와 콜링우드의 공통된 견해

09 [A]를 바탕으로 〈보기〉를 이해한 내용으로 적절하지 <u>않은</u> 것은? [3점]

〈보기〉

어린아이가 분홍색 꽃을 보고, "와, 분홍색이 예쁘다."라고 기뻐했다.

① 어린아이가 꽃의 색깔을 분홍색으로 느낀 것은 감각에 해당한다.
② 어린아이가 분홍색 꽃을 보고 느낀 기쁨은 감정에 해당한다.
③ 어린아이가 느낀 기쁨은 분홍색 꽃을 보고 얻은 감각에 부하된 것이다.
④ 어린아이가 분홍색 꽃을 본 것은 기쁨이라는 감정에 선행한다.
⑤ 어린아이는 분홍색을 본 것과 기쁨을 느낀 것이라는 두 가지 감각 경험을 한 것이다.

10 '콜링우드'의 관점에서 〈보기〉를 이해한 내용으로 적절하지 않은 것은? [4점]

〈보기〉

무용가 A는 시민들을 대상으로 '나의 고향'이란 주제의 즉흥 무용 공연을 하기로 하였다. 무용을 위해 A는 어릴 적 고향에서 경험한 나무 사이로 비치는 햇살, 바람 소리, 비 온 뒤의 흙내음 등을 떠올리며 알 수 없는 뭉클한 감정이 차오르는 것을 느꼈다. A는 뭉클한 감정을 춤사위로 선보이며 그것이 어린 시절 느티나무 아래에서 자신을 재워주던 할머니에 대한 그리움이라는 것을 알게 되었다.

① A가 과거 고향에 대한 모호한 감정을 춤사위로 연결하는 과정에서 상상력이 발휘되었겠군.

② A가 즉흥적인 춤사위를 선보이기 전에 느낀 감정은 스스로도 규정할 수 없는 분화되지 않은 감정이었겠군.

③ A가 햇살, 바람 소리, 흙내음 등의 감각을 통해 느낀 감정을 춤으로 표현하기 위한 과정에서 과거의 시간이 현재화되었겠군.

④ A는 자신이 느낀 감정이 나무 아래에서 자신을 재워주던 할머니에 대한 그리움이라는 것을 알게 되며 정서적 충전을 할 수 있었겠군.

⑤ 관객들도 감수성을 갖고 공연을 감상했다면 A의 마음에서 창조된 것과 동일한 감정 상태를 자신의 감정으로 재구성할 수 있었겠군.

11 밑줄 친 단어 중 ㉠의 문맥적 의미와 가장 유사한 것은? [3점]

① 그녀의 행동을 애교로 볼 수 없었다.

② 그녀는 조카를 봐 줄 사람을 구하였다.

③ 할머니는 늦게나마 손녀를 보게 되었다.

④ 기회를 봐서 선생님께 말씀드리는 게 좋겠다.

⑤ 의사 선생님께서는 오전에만 환자를 보십니다.

[12~14] 다음 글을 읽고 물음에 답하시오.

(가)

[A]
오동은 고목이 되어갈수록
제 중심에 구멍을 기른다
오동뿐이랴 느티나무가 그렇고 대나무가 그렇다
잘 마른 텅 빈 육신의 나무는
바람을 제 구멍에 연주한다

[B]
어느 누구의 삶인들 아니랴
수많은 **구멍**으로 빚어진 삶의 빈 고목에
어느 날
지나는 바람 한 줄기에서 거문고 소리 들리리니

[C]
거문고 소리가 아닌들 또 어떠랴
고뇌의 **피리새**라도 **한 마리 세 들어 새끼칠 수 있**다면
텅 빈 누구의 **삶**인들 **향기롭**지 않으랴

[D]
바람은 쉼없이 **상처**를 후비고 백금칼날처럼
햇볕 뜨거워 이승의 **한낮**은
육탈*하기 좋은 때

[E]
잘 마른 구멍하나 **가꾸**고 싶다

– 복효근, 「고목」 –

*육탈 : 살이 썩어 뼈만 남음.

(나)

누에들은 은수자(隱修者)다. 자승자박의 흰 **동굴**로 들어가 문을 닫고 조용히 몸을 감춘다. 혼자 웅

크린 번데기의 시간에 존재의 **변모**는 시작된다. 세포들이 다시 배열되고 **없었던 날개**가 창조된다. 이 신비로운 변모가 꿈의 힘 없이 가능했을까. 어느 날 해맑은 아침의 얼굴이 동굴을 열고 나온다. 회저처럼 **고통**스러웠던 **연금술**의 **긴 밤**을 지나 비로소 **하늘백성**의 **날갯짓**이 시작되는 것이다. 밖에서 **구멍을 뚫어주**는 **누에의 왕**은 없다. 누에들은 언제나 자신들이 벽을 뚫어야 하며 **안쪽에서 뚫어야** 한다는 것을 잘 알고 있다.

– 최승호, 「누에」 –

12 (가)와 (나)의 공통점으로 가장 적절한 것은? [3점]

① 색채의 대비를 통해 시적 분위기를 조성하고 있다.

② 시적 대상에 인격을 부여하여 주제를 형상화하고 있다.

③ 시선의 이동에 따라 화자의 심리적 추이를 드러내고 있다.

④ 음성 상징어를 활용하여 대상을 생동감 있게 표현하고 있다.

⑤ 시간 표지를 활용하여 대상에 대한 화자의 인식 전환을 드러내고 있다.

13 시상의 흐름을 고려할 때 [A]~[E]에 대한 이해로 적절하지 않은 것은? [3점]

① [A] : 자연물들에 대한 관찰을 바탕으로 특정한 자연 현상에 주목하고 있다.

② [B] : [A]에서 주목한 자연 현상을 유추를 통해 인간의 삶에 적용하고 있다.

③ [C] : [B]에 나타난 삶에 대한 이해가 의문형 진술의 반복을 통해 확장되고 있다.

④ [D] : [C]에서 얻은 삶의 의미를 실천하지 못한 회한이 비유적으로 제시되고 있다.

⑤ [E] : [A]~[D]를 통해 얻은 삶에 대한 통찰이 화자의 소망으로 집약되고 있다.

14 〈보기〉를 바탕으로 (가)와 (나)를 감상한 내용으로 적절하지 않은 것은? [4점]

〈보기〉

존재는 스스로와의 결별을 통해 성숙한 존재로 완성되는데, 이 과정은 필연적으로 인고의 시간을 수반한다. 그리고 존재 스스로 성숙의 주체가 되어 이러한 인고의 시간을 극복할 때, 자신을 버리고 새롭게 거듭날 수 있게 된다. 따라서 시련은 역설적으로 존재의 소망 실현을 돕는 환경이 된다. (가)는 외부 세계로부터 주어진 시련에 대해, 스스로를 비움으로써 타자를 포용할 수 있는 성숙한 존재가 되는 과정을 보여 주고 있다. (나)는 스스로 만들어 낸 시련을 견딤으로써, 새로운 존재로 생성되어 가는 성숙의 과정을 보여 주고 있다.

① (가)에서 '구멍'은 '피리새'가 서식할 수 있다는 점에서 타자를 포용하는 공간이고, (나)에서 '동굴'은 '하늘백성'이 되기 위해 거쳐야 한다는 점에서 성숙이 이루어지는 공간이라고 할 수 있겠군.

② (가)에서 '한 마리'가 '세 들어 새끼칠 수 있'는 것과 (나)에서 '누에의 왕'이 '구멍을 뚫어주'지 않는 것은 모두 역설적으로 존재의 소망 실현에 도움을 주는 환경이 된다고 할 수 있겠군.

③ (가)에서 '삶'을 '향기롭'게 하기 위해 구멍을 '가꾸'어야 한다는 점에서, (나)에서 '날갯짓'

을 시작하기 위해 '안쪽에서 뚫어야' 한다는 점에서 모두 스스로 성숙의 주체가 되는 모습을 강조한다고 할 수 있겠군.

④ (가)에서 '한낮'은 '상처'가 후벼지는 시간이라는 점에서, (나)에서 '긴 밤'은 '고통'스러운 '연금술'이 진행되는 시간이라는 점에서 모두 성숙한 존재가 되기 위한 인고의 시간이라고 할 수 있겠군.

⑤ (가)에서 '육탈'은 '잘 마른 텅 빈 육신'을 위한 비움의 과정인 반면, (나)에서 '변모'는 '없었던 날개'가 창조되는 생성의 과정이라고 할 수 있겠군.

[15~18] 다음 글을 읽고 물음에 답하시오.

미시 세계에서 양자의 중첩은 여러 상태들이 겹쳐 있는 것이다. 이 중 특정 상태가 측정될 확률은 알 수 있지만 관측하기 전까지는 어떤 상태인지 정확히 알 수 없다. 어떤 상태인지 알기 위해서는 관측을 해야 하는데, 거시 세계의 관측 행위로 인해 양자의 중첩이 붕괴되어 중첩 상태 중 어느 한 상태로 확정된다. 예를 들어, 미시 세계의 철수는 앉아 있거나 서 있는 두 가지 상태가 중첩되어 있다면, 관측 이전에는 서있는 철수가 관측될 확률과 앉아 있는 철수가 관측될 확률만 알 수 있다. 이처럼 미시 세계의 철수는 서있는 상태와 앉아 있는 상태가 중첩되어 있는데, 이 중첩 상태는 거시 세계의 선생님이 관측했을 때 붕괴되어 비로소 서 있는 상태나 앉아 있는 상태 중 어느 한 상태로 확정된다.

양자 컴퓨터는 이러한 양자의 중첩 현상을 활용한 것이다. 기존의 컴퓨터는 정보의 기본 단위인 비트를 사용하며, 비트는 0 또는 1이라는 확정적인 값을 갖는다. 이와 달리 양자 컴퓨터는 큐비트를 사용하며, 큐비트는 0일 확률과 1일 확률을 가진 중첩된 상태를 갖는다. 따라서 기존 컴퓨터는 확정된 값을 입력해서 한 번에 하나씩 연산하여 확정된 값을 출력하지만, 양자 컴퓨터는 중첩된 큐비트를 한 번 입력함으로써, 중첩상태가 가질 수 있는 모든 가능한 경우에 대한 연산을 한꺼번에 수행한다. 이런 원리상 양자 컴퓨터는 기존 컴퓨터보다 처리 속도가 빠르다.

기존 컴퓨터와 양자 컴퓨터는 오류를 검증하는 방법에도 차이가 있다. 기존 컴퓨터는 데이터를 저장할 때 동일 비트를 세 번 이상 저장한 후 다수결의 원리에 따라 오류를 보정할 수 있다. 일반적인 컴퓨터는 정상 비트일 가능성이 오류 비트일 가능성보다 높기 때문에, 0을 000으로, 1을 111로 저장해두면 그것이 설령 010, 001, 011, 101로 읽힌다고 하더라도 ㉮ <u>각각의 원래 값</u>을 추정하기는 어렵지 않은 것이다. 그러나 양자 컴퓨터에서는 이러한 방식을 쓸 수 없다. 왜냐하면 중첩된 큐비트를 복사하거나 비교하려고 그 값을 관측하는 순간 중첩이 붕괴되기 때문이다.

이러한 문제를 해결하기 위해 양자 컴퓨터는 논리 게이트 CNOT(Controlled-NOT)을 통해 오류를 검증한다. 중첩된 큐비트가 오류일 가능성보다 정상일 가능성이 높은 양자 컴퓨터에서, 같은 내용의 연산을 통해 도출된 중첩된 큐비트 X와 중첩된 큐비트 Y가 있다고 하자. 연산에 오류가 없다면 X와 Y의 관측값은 같아야 한다. 관건은 중첩된 두 큐비트를 읽지 않고도 서로 같은지 다른지를 어떻게 판정할 수 있는가이다. 〈그림〉의 CNOT에는 위아래로 두 개의 입력과 두 개의 출력이 있는데, 위의 입력은 입력된 그대로 출력된다. 위의 입력에 0이 들어오면 아래의 입력은 그대로 출력되며, 위의 입력에 1이 들어오면 아래의 입력이 반전되어 출력된다. 반전이 되는 경우, 0은 1로 1은 0으로 바뀐다.

입력		출력		입력		출력
X →	CNOT	→ X	➜	Y →	CNOT	→ Y
Z →		→ Z_1		Z_1 →		→ Z_2
1차				2차		

〈그림〉

먼저 큐비트 Z는 0으로 고정한다. 그리고 X와 Z를 CNOT에 입력한다. X가 1인 경우 Z를 반전하여 출력한다. 출력된 값을 각각 X와 Z_1이라고 하자. 다음으로, Y와 Z_1을 CNOT에 입력한다. Y가 1인 경우 Z_1을 반전하여 출력한다. 출력된 값을 각각 Y와 Z_2라고 하자. 만약 Z_2가 0이라면 X와 Y는 같고, 이는 연산에 오류가 있을 가능성이 낮다는 것을 의미한다. 반면 Z_2가 1이라면 X와 Y는 다르며, 이는 어디엔가 오류가 있음을 의미한다. 이러한 오류 검증의 과정에서 X와 Y의 값은 관측하지 않는다.

15 **윗글에 대한 설명으로 가장 적절한 것은?** [3점]

① 상황을 가정하여 특정 대상의 향후 전망을 제시하고 있다.
② 특정 대상이 발전되어 온 과정을 통시적으로 설명하고 있다.
③ 다른 대상과의 차이점을 바탕으로 특정 대상을 설명하고 있다.
④ 서로 다른 이론을 적용하여 특정 대상의 장단점을 분석하고 있다.
⑤ 유사한 두 대상의 공통점을 제시한 후 각각의 의의를 서술하고 있다.

16 **윗글을 읽은 학생의 반응으로 적절하지 <u>않은</u> 것은?** [3점]

① 거시 세계에서는 관측을 통해 양자의 중첩된 상태를 확인할 수 없겠군.
② 오류 비트일 가능성이 50% 이상이라면 다수결을 이용한 오류 검증은 실효성이 없겠군.
③ 미시 세계에서 중첩된 양자는 어떤 상태가 어느 정도의 확률로 있는지를 알 수 없겠군.
④ 기존 컴퓨터가 여러 번 수행해야 하는 연산을 양자 컴퓨터는 한 번에 수행할 수 있겠군.
⑤ 기존 컴퓨터의 오류 검증에서 동일 비트의 저장 횟수를 늘리면 검증의 정확도가 올라가겠군.

17 **문맥을 고려할 때 ㉮를 추정한 내용으로 적절한 것은?** [3점]

① 0, 0, 0, 1　② 0, 0, 1, 1
③ 0, 1, 1, 1　④ 1, 0, 1, 0
⑤ 1, 1, 0, 0

18 **윗글을 바탕으로 〈보기〉를 이해한 내용으로 적절하지 <u>않은</u> 것은?** [4점]

〈보기〉

다음은 오류 검증을 위해 사용한 CNOT 게이트의 진리표*를 간략하게 제시한 것이다.

	X	Y	Z	Z_1	Z_2
㉠	(ⓐ)	0	0	0	0
㉡	0	1	0	0	(ⓑ)
㉢	1	0	0	1	(ⓒ)
㉣	(ⓓ)	1	0	1	0

*진리표 : 논리연산의 가능한 모든 입력값의 조합을 열거하고, 각각의 조합에 대한 출력값을 나타내는 표.

① ㉠과 ㉣행의 Z_2가 각각 0이므로 ⓐ는 0, ⓓ는 1이다.
② ㉡과 ㉢행에서 X와 Y가 서로 다르므로, ⓑ와 ⓒ는 서로 다르다.
③ Z_1에 영향을 미치는 것은 X이다.
④ 오류 검증을 위해 관측하는 것은 Z_2이다.
⑤ X와 Y는 서로 영향을 미치지 않는다.

[19~21] 다음 글을 읽고 물음에 답하시오.

[앞부분 줄거리] 한림학사 유연수는 정부인 사씨에게 자식을 얻지 못해, 교녀를 첩으로 들인다. 교녀는 유 한림과의 사이에 아들을 먼저 낳지만 이후 사 부인이 아들을 낳자 위협을 느낀다.

두(杜) 부인이 멀리 가매, 교녀가 등에 가시를 벗은 듯하여 동청에게 사 부인 해하기를 모의한다. 동청이 말한다.

"내 한 계교가 있으되, 두려하건댄 낭자가 듣지 아니할까 하여 못하노라."

교녀가 물으니 동청이 말한다.

"옛적 당나라 황제가 후궁 무 소의의 딸을 사랑하여 제 자식같이 하니, 무 소의 제 딸을 제가 눌러 죽이고, 황후를 모함하여 죽이려 하매, 황제 그 말을 곧이듣고 황후를 폐하고 무 소의로 황후를 봉하였으니, 이 계교를 행하면 낭자가 뜻을 이루리라."

교녀가 묻는다.

"자기 자식은 애중하면서, 남의 자식은 해코자 하는다?"

동청이,

"낭자의 신세가 위태하여 마치 범을 탄 것과 같으니, 내 말을 듣지 아니하면 정녕 후회하리라."

교녀가,

"이 계교는 차마 듣지 못하리니, 다른 좋은 모계를 획책하라."

동청이 대답하지 않고 납매더러 이르기를,

"낭자 사람됨이 잔약하여 이 계교를 행치 아니하면 우리 다 죽을 것이니, 네 틈을 타 행하라."

이후 납매 하수코자 하되 틈을 얻지 못하더니, 하루는 장주가 난간에서 자더라. 사방을 살펴보니 다른 사람은 없고, 사 부인의 몸종 춘방이 설매와 같이 풀싸움하며 난간 아래로 가거늘 멀리 간 후, 즉시 올라가 장주를 눌러 죽이고, 설매를 따라와 이르되,

"네 전일에 ⓐ 옥지환을 도적하였으니 부인과 노야가 아시면 죽을 것이니, 어느 때에 노야가 너를 잡아 물으시거든, 여차여차하게 대답하면 죄를 면하고, 많은 상을 교 낭자에게 얻으리라."

하니 설매 응낙하더라.

장주의 유모가 장주가 깨었는가 하여 와 보니 장주가 칠규로 피를 흘리고 죽었거늘 대성통곡하더라. 교녀가 넘어질 듯이 와 보고 하릴없는지라 크게 울며, 이것이 동청의 한 짓인 줄 아나, 흉모를 행코자 함인 줄 아므로 급히 한림께 알린다. 한림이 들어와 본즉, 차악한 경상(景狀)이 말로 표현할 수 없는데 교녀가 통곡한다.

"이 일이 반드시 연전에 저주하던 사람의 짓이라 시비들을 문초하면 알리이다."

한림이 즉시 형구를 갖추고, 사 부인께 친신(親信)히 잔심부름하던 비복을 엄문하니, 장주 유모는

"소비가 공자를 안고 난간 위에서 놀다가 잠들기에 누이고 잠깐 밖에 나아갔삽더니 그 사이 변이 났사오니, 사죄할 뿐이요, 무슨 말씀을 하오리까?"

납매는,

"소비가 보오니 춘방과 설매가 난간 아래로 지나더이다."

하고 말한다. 춘방과 설매를 엄형 국문(鞫問)하니, 춘방은 독형(毒刑)을 입어, 유혈이 임리(淋漓)하나 애매함을 고하고 설매는 처음은 춘방의 말과 같이 하더니, 나중은 소리를 크게 하여 하는 말이,

"대형벌을 당하여 죽기에 이르렀는데, 어찌 직고치 아니하리까. 부인이 소비와 춘방에게 분부하사 '장주 공자를 죽이면 큰 상을 내리리라.' 하시기에 소비 등이 기회를 엿본 지 오래이나, 행치 못하였더니 오늘 지나다가 보온즉, 공자가 홀로 난간에서 자옵는데, 소비는 차마 하수치 못하옵고, 춘방이 올라가 눌러 죽였나이다."

한림이 대로하여 춘방을 다시 엄형하니 춘방이 설매를 크게 꾸짖는다.

"무죄한 부인을 팔아 살기를 도모하니 견마라도 그 주인을 한 맘으로 섬기거늘 네 간사한 무리와 어울려 재물을 받고 주인을 해코자 하는다? 내 장(杖)을 맞아 죽을지언정 어찌 무죄한 부인을 해하리오. 황천후토(皇天后土)는 부인의 원통한 누명을 씻어 주소서."

하고 안색을 불변하고, 마침내 복초(服招)치 아니하고 장을 맞아 죽더라.

(중략)

이때 승상 엄숭이 도사의 잡술로 천자를 미혹하게 하는지라, 한림이 상소하여 간하였더라. 상이 기뻐 아니하사 비답(批荅)지 아니하시고,

"다시 간소(諫疏)를 올리면 죽을 죄로 다스리리라."

하시니 한림이 불안하여 사직하고 집에 있더라. 하루는 아는 도사가 왔거늘 한림이 몽사번잡(夢事煩雜)함을 이르고 도사를 데리고 안에 들어가니 도사 두루 살펴보며 한림 처소의 벽을 헤치고 ⓑ 목인(木人)을 무수히 찾아낸다. 한림이 매우 놀라매 도사가 웃으며 말한다.

"이는 오직 상공의 애정과 관심을 요구함이요, 살인모해(殺人謀害)하는 저주가 아니오니 상공은 방심하소서. 그러나 상공 면상에 흑기(黑氣) 어리어 집을 떠날 수액(數厄)이 있으니 조심하소서."

한림이 칭사(稱謝)하고 도인이 돌아간 후 가만히 생각하니,

"연전에 저주한 일이 다 사씨가 꾸민 짓이라 하였더니, 이제 사씨 나간 지 오래고, 나 있는 방을 고친 지 여러 달 아니 되었거늘 또 이런 흉한 일이 있으니 분명 가내에 악인이 있도다. 이러한즉 사씨 어찌 원통치 아니하리오."

하고 요사한 물건을 다 없이한 후 정신이 들어 옛날 총명이 돌아오더라. 전일을 상상하여 보매 뉘우치는 마음이 점점 더하고 꿈이 깬 듯한데, 두 부인이 성도에서 서간을 부쳐 왔더라. 한림이 개봉한즉, 사씨의 출화(黜禍)당함을 모르고 쓴 것이라, 말씀이 명쾌하고 거듭 사씨를 부탁하였더라.

한림이 두렵고 죄스러워 머리를 숙이고 가만히 생각하매 자기가 꾀에 빠져 조강(糟糠)의 의(義)를 저버린 듯한지라, 심사가 편치 못하여 교녀와 정이 소원해지더라. 교녀가 크게 두려워 동청더러 사기(事機)를 이른다.

동청이,

"독약을 음식에 타 한림을 먹이라."

교녀가,

"만일 먹지 아니하고 뱉아버려 일이 잘못되면 큰 일이 날 것이니 다른 계교를 생각하라."

동청이 모해하기를 생각하다가 하루는 서헌에 들어가니 마침 한림이 친구를 심방하러 나아갔더라. 동청이 서안을 상고하니 한림이 시세를 탄식하여 지은 글이 있는데, 승상 엄숭을 논박하되, 오국학민(誤國虐民)한다 하였더라. 동청이 좋아서 교녀더러 일렀다.

"이제 유연수 없이할 방도를 얻었으니 쾌하도다."

교녀가,

"어찌 이름이뇨?"

"천자가 도사와 단약(丹藥)을 믿으시고, 엄 승상이 그 일을 힘쓰거늘, 이제 유 한림이 천자를 비방하고, 엄 승상을 폄하여 글을 지었으니, 이 글을 엄 승상께 드리면 승상이 노하여 천자께 아뢰어 필연 귀양을 면치 못하리니 어찌 묘하고 쾌하지 아니하리오."

교녀가 좋아서,

"남의 손을 빌어 저를 없이하면 어찌 쾌한 일이 아니리오."

– 김만중, 「사씨남정기(謝氏南征記)」 –

19 윗글을 이해한 내용으로 적절하지 <u>않은</u> 것은? [3점]

① 도사는 한림이 죽음을 맞이할 수도 있다고 경고했다.

② 납매는 교녀의 허락을 받지 않고 장주를 눌러 죽였다.

③ 유 한림은 천자를 미혹하는 승상을 비판하는 글을 지었다.

④ 춘방은 거짓 증언을 하는 설매를 꾸짖으며 죽음을 맞이했다.

⑤ 두 부인은 사 부인이 집에 없는 것을 모르고 한림에게 편지를 썼다.

20 〈보기〉를 바탕으로 윗글을 감상한 내용으로 적절하지 않은 것은? [4점]

〈보기〉

조선 중기에 이르러 가부장제가 강화되면서 처첩 간의 갈등, 장자 상속으로 인한 적서차별의 문제 등이 심화되었다. 이러한 문제를 해결하기 위해 가부장의 현명함이 중요했는데, 가부장이 어리석으면 가문의 혼란은 한층 더 가중되었다. 또한 가부장에게 권력이 집중되어 있기 때문에 정쟁 등 외부적 요인으로 인해 가장이 죽거나 부재하게 되면 가문은 쉽게 무너질 수 있었다. 「사씨남정기」는 처첩 갈등을 중심으로, 자신의 지위 확보를 위한 인간의 잔인성을 사실적으로 그려 냄으로써 조선 사회 가부장제로 인한 폐해를 보여 주고 있다.

① 설매가 고문을 당하는 과정에서 사 부인을 모함한 것은 처첩 간의 갈등으로 인해 빚어진 일이겠군.

② 동청이 엄 승상에게 유 한림의 글을 전하려는 계획은 가문의 권력이 집중되어 있는 가장을 축출하려는 시도라 할 수 있겠군.

③ 동청이 유 한림에게 독약을 먹이자고 교녀에게 제안하는 것은 정쟁 등의 외부적 요인으로 인한 가문의 위기 상황이라고 할 수 있겠군.

④ 동청이 납매에게 교녀의 자식을 죽이라고 하는 것은 자신의 지위를 확보하기 위한 인간의 잔인성을 보여 주는 장면이라고 할 수 있겠군.

⑤ 유 한림이 무고한 사 부인을 의심하여 나가게 한 것은 가장의 어리석음으로 인해 가문이 혼란에 빠질 수 있다는 것을 보여 준다고 할 수 있겠군.

21 ⓐ와 ⓑ에 대한 설명으로 가장 적절한 것은? [3점]

① ⓐ와 ⓑ는 모두 사 부인을 살해하려는 수단으로 활용되고 있다.

② ⓐ는 설매가, ⓑ는 사 부인이 과거에 행한 부정적 행위의 증거물이다.

③ ⓐ는 설매를 설득하기 위한, ⓑ는 한림을 협박하기 위한 수단으로 활용되고 있다.

④ ⓐ는 한림의 관심을 유도하려는, ⓑ는 한림을 모해하려는 목적을 위해 활용되고 있다.

⑤ ⓐ는 설매가 납매의 요구를 들어줄 수밖에 없는 이유로, ⓑ는 한림이 과거 자신의 판단을 의심하는 계기로 활용되고 있다.

[22~25] 다음 글을 읽고 물음에 답하시오.

공무원은 국가 공권력의 대행자로서 공익을 위해 자신의 직무를 집행한다. 만약 공무원의 직무 집행으로 인해 개인이 손해를 입을 경우 국가가 이를 배상할 수 있다. 국가배상이란 위법한 국가 작용으로 인해 개인에게 발생한 손해를 국가가 배상하는 제도이다.

[A] 국가배상법은 제2조 제1항 본문에서 국가배상 청구권의 성립 요건을 다음과 같이 제시하고 있다. 첫째, 개인에게 손해를 발생시킨 행위가 공무원의 직무 집행 행위여야 한다. 이때 공무원의 행위가 법령에 규정된 직무가 아닌 경우라도, 겉으로 보기에 공무원의 직무 집행 행위로 보일 수 있으면 직무관련성이 인정된다. 둘째, 공무원의 고의 또는 과실이 존재해야 한다. 고의는 공무원이 행위의 위법성을 인식한 경우를, 과실은 공무원이 갖추어야 할 주의 의무를 다하지 않은 경우를 말한다. 셋째, 공무원의 위법 행위, 즉 법령에 위반된 행위가

존재해야 한다. 행위의 위법성은 적극적인 행위뿐 아니라 부작위에 의한 것도 인정된다. 부작위란 공무원이 일정한 행위에 대한 법적 의무가 존재함에도 이를 행하지 않은 것이다. 넷째, 공무원의 직무 집행 행위와 손해 사이에 인과 관계가 인정되어야 한다. 다만 법령에 규정된 공무원의 직무상 의무의 내용이 개인의 이익이 아닌 공익만을 목적으로 하는 경우, 위법한 직무집행 행위와 개인이 입은 손해 사이에 인과 관계가 인정되지 않는다.

그런데 위의 요건이 모두 충족된 경우라도 국가배상에서 배제되는 경우가 있다. 국가배상법 제2조 제1항 단서에서는 피해자가 공무원 중 군인 · 군무원 · 경찰공무원이어서 다른 법령에 의해 손해재해보상금등을 보상받을 수 있는 경우에는 국가배상을 받지 못하도록 규정하고 있다. 이는 별도의 피해 보상 제도를 운영하는 대신에 국가배상을 청구할 수 없도록 하여 이중 배상으로 인한 과도한 재정 지출을 방지하기 위함이다.

이처럼 공무원의 직무 집행 행위로 인한 손해에 대해 국가가 배상을 하는 이유는 무엇일까? 이는 국가배상 책임을 이해하는 관점에 따라 달라진다. ㉠ 자기책임설은 국가가 공권력의 사용 권한을 공무원에게 맡긴 이상 공무원의 권력 남용에 대해서는 국가가 책임져야 한다고 본다. 즉 국가배상 책임은 공무원 개인의 책임이 아니라 국가 자신의 책임이라는 것이다. 이 경우 공무원의 민사상 손해배상 책임은 여전히 존재한다. 이에 반해, ㉡ 대위책임설의 경우, 국가배상 책임은 손해를 가한 공무원이 부담해야 할 민사상 손해배상의 책임을 국가가 대신하여 지는 것이다. 국가는 불법을 행할 수 없다는 국가 무책임 사상에 근거해 공무원의 직무 집행 행위로 인한 손해는 공무원 자신의 책임이지만, 피해자 보호를 위해 국가가 대신해 그 책임을 부담한다는 것이다. 또한 공무원이 직접 배상해야 한다고 하면 공무 수행이 위축되어 무사안일주의가 팽배할 수 있다는 것을 근거로 한다. 마지막으로 ㉢ 절충설은, 공무원의 경과실은 직무 수행상 통상적으로 발생할 수 있는 것이므로, 이에 대한 공무원 개인의 책임은 존재하지 않고 국가의 책임만 존재한다고 본다. 따라서 이때의 국가배상 책임은 국가 자신의 책임이 된다. 반면 공무원의 고의나 중과실이 있는 행위까지 국가의 행위로 볼 수 없으므로, 이 경우 국가의 책임은 존재하지 않고 공무원 개인의 책임만 존재한다고 본다. 따라서 이때의 국가배상 책임은 피해자 보호를 위해 국가가 공무원을 대신하여 책임을 지는 것이 된다.

공무원의 직무 집행 행위로 손해를 입은 개인이 국가를 상대로 국가배상을 청구할 수 있는지, 가해 공무원을 상대로 민사상 손해배상을 청구할 수 있는지는 국가배상 책임을 어떻게 보는가에 따라 달라진다. ⓐ 자기책임설에 따르면, 국가와 공무원 개인 모두에게 배상을 청구할 수 있다. 반면 대위책임설에 따르면, 피해자는 배상 책임자를 선택할 수 없으며 국가에 대해서만 배상을 청구할 수 있다. 절충설에 따르면 경과실의 경우에는 국가에 대해서만, 고의나 중과실의 경우에는 국가와 공무원 중 하나를 선택하여 배상을 청구할 수 있다.

22 다음은 윗글의 독후 활동 학습지이다. ㄱ~ㅁ 중 윗글을 읽고 해결할 수 없는 것은? [3점]

〈 학습지 〉

- ○ 국가배상의 개념은 무엇인가? ············ ㄱ
- ○ 국가배상법 제2조 제1항에 규정된 국가배상 청구권의 성립 요건은 무엇인가? ···· ㄴ
- ○ 군인의 직무상 행위로 발생한 손해에 대해 국가배상을 배제하는 이유는 무엇인가? ············ ㄷ
- ○ 대위책임설에서 공무원 개인의 직무상 행위로 발생한 손해배상 책임을 국가가 부담해야 한다고 주장하는 이유는 무엇인가? ············ ㄹ
- ○ 절충설에서 공무원의 경과실로 인한 손해에 대해 공무원 개인의 책임은 존재하지 않고 국가의 책임만 존재한다고 보는 이유는 무엇인가? ············ ㅁ

① ㄱ ② ㄴ
③ ㄷ ④ ㄹ
⑤ ㅁ

23 [A]를 이해한 내용으로 적절하지 <u>않은</u> 것은? [4점]

① 공무원의 직무 집행 행위가 법령에 위반되었다는 것이 인정된다면 이에 따라 공무원의 과실이 인정된다.
② 공무원이 자신의 행위가 법을 어길 소지가 있다는 것을 인식하면서도 행위를 한 경우 해당 행위의 고의를 인정할 수 있다.
③ 공무원이 어떠한 행위를 하여야 할 의무가 법령에 규정돼 있음에도 불구하고 아무런 행위를 하지 않은 경우에도 행위의 위법성이 인정될 수 있다.
④ 법령에 의해 공무원에게 부과된 의무가 개인의 이익 보호를 목표로 하지 않는다면, 해당 의무의 부작위와 이로 인한 손해 사이에는 인과 관계가 인정되지 않는다.
⑤ 공무원의 행위가 위법한 행위로서, 법령에 규정된 행위가 아니지만 외형상으로는 공무원의 직무 집행행위로 보이는 경우에는 국가배상 청구권이 성립할 수 있다.

24 ㉠~㉢의 입장에 따라 〈보기〉의 상황을 이해한 학생의 반응으로 적절하지 <u>않은</u> 것은? [4점]

〈보기〉

공무원 A는 상급자인 B의 지시에 따라 업무를 수행하였다. 그런데 업무 수행 중 A가 부상을 입는 사고가 발생하였다. A는 자신이 부상을 입은 것은 상급 공무원인 B의 직무상 권한을 넘어서는 무리한 지시 때문이라고 생각하였고, 자신이 입은 손해에 대한 국가배상 청구 소송을 고려하고 있다.

(단, B의 업무 지시 행위는 국가배상법 제2조 제1항 본문에 규정된 모든 요건을 충족하고, A는 군인 · 군무원 · 경찰공무원이 아니다.)

① ㉠에 따르면, 국가는 A가 입은 손해에 대해 배상을 해야 하는데, 이는 B의 권력 남용에 대해 국가 자신이 책임을 지는 것이겠군.
② ㉡에 따르면, B의 무리한 지시가 공무원으로서 갖추어야 할 주의 의무를 심각하게 위반한 것이라도 B가 아닌 국가가 A가 입은 손해를 배상해야 하겠군.
③ ㉡에 따르면, 국가가 A가 입은 손해를 배상하더라도 B의 무리한 지시는 개인의 행위일 뿐 국가의 행위로 인정될 수 없으므로 그 책임은 여전히 B에게 존재하겠군.
④ ㉢에 따르면, B의 무리한 지시가 경과실에 해당되는 경우 A는 B에게 민사상 손해배상을 요구할 수 없겠군.
⑤ ㉢에 따르면, B의 무리한 지시가 중과실에 해당되는 경우 A는 국가배상을 받은 이후에도 추가로 B에게 민사상 손해배상을 요구할 수 있겠군.

25 ⓐ의 이유를 추론한 내용으로 가장 적절한 것은? [3점]

① 국가배상 책임은 국가의 책임과 공무원 개인의 책임이 동시에 존재하는 양면성을 지니기 때문이다.
② 국가배상 책임은 공무원의 손해배상 책임을 국가가 대신하여 부담하는 것일 뿐 원래는 공무원 개인의 책임이기 때문이다.
③ 국가배상 책임은 공무원의 권력 남용에 대한 국가의 책임으로, 공무원의 민사상 손해배상 책임과 별개로 존재하기 때문이다.
④ 국가배상 책임은 공무원 개인의 직무 집행 행위로 인해 발생한 것이므로 공무원 개인이 국가배상 책임의 일부를 부담해야 하기 때문이다.
⑤ 국가배상 책임은 공무원 개인의 책임이 아니라 국가의 자기 책임이지만 무사안일주의를 방지하기 위해 공무원에게도 책임을 물어야 하기 때문이다.

[26~30] 다음 글을 읽고 물음에 답하시오.

(가)
기암괴석이 겹쳐 산을 이루었는데
그 위에 **절**이 있어 물이 사방으로 둘렀네
탑 그림자 강에 거꾸러져 물결 아래 일렁이고
풍경 소리 달을 흔들며 구름 사이로 떨어진다
문 앞 나그네 배엔 **큰 파도**가 급한데
대 아래 **스님의 바둑**은 한낮에 한가롭다
한 번 **사신의 명** 받들고 왔다가 석별함에
시 한 수 남겨 두어 **다시 오르길 기약**하네

– 박인량, 「사송과사주구산사(使宋過泗州龜山寺)」 –

(나)
어떤 지나는 **손**이 성산(星山)에 머물면서
서하당(棲霞堂) 식영정(息影亭) 주인(主人)아 내 말 듯소
인생(人生) 세간(世間)의 좋은 일 많건마는
엇디훈 **강산(江山)**을 갈수록 낫게 여겨
적막(寂寞) 산중(山中)의 들고 아니 나시는고
송근(松根)을 다시 쓸고 죽상(竹床)의 자리 보아
져근덧 올라앉아 어떤가 다시 보니
천변(天邊)의 떳는 구름 서석(瑞石)을 집을 삼아
나는 듯 드는 양이 주인(主人)과 어떠한고
창계(滄溪) 흰 물결이 정자(亭子) 앞에 둘러시니
천손운금(天孫雲錦)을 뉘라셔 베어 내여
잇는 듯 펼치는 듯 헌ᄉᆞ토 헌ᄉᆞ할샤
ⓐ 산중(山中)에 책력(冊曆)* 없어 사시(四時)를 모르더니
눈 아래 헤친 경(景)이 철철이 절로 나니
듣거니 보거니 일마다 **선간(仙間)**이라
(중략)
공산(空山)에 쌓인 잎을 삭풍(朔風)이 거둬 불어
떼구름 거느리고 눈 조차 몰아오니
천공(天公)이 호사로와 옥(玉)으로 꽃을 지어
만수천림(萬樹千林)을 꾸며곰 낼셰이고
앞 여울 가리 얼어 독목교(獨木橋) 빗겻는데
막대 멘 늙은 중이 어느 절로 간닷 말고
산옹(山翁)의 이 부귀(富貴)를 남에게 자랑 마오
경요굴(瓊瑤屈) 은세계(隱世界)를 찾을 이 이실세라
ⓑ 산중(山中)에 벗이 없어 한기(漢紀)*를 쌓아 두고
만고(萬古) 인물(人物)을 거슬러 헤아리니
성현(聖賢)도 많거니와 호걸(豪傑)도 많고 많다
하늘 삼기실 제 곧 무심(無心)할까마는
어찌하여 시운(時運)이 일락배락* 하였는가
모를 일도 많거니와 애달픔도 그지없다
기산(箕山)의 늙은 고블 귀는 어찌 씻었던가*
박 소리 핑계하고* 조장*이 가장 높다
인심이 낯 같아서 볼수록 새롭거늘
세사(世事)는 구름이라 험하기도 험하구나
엊그제 빚은 술이 얼만큼 익었나니
잡거니 밀거니 실컷 기울이니

마음에 맺힌 시름 적게나 하리로다
거문고 줄을 얹어 **풍입송(風入松)*** 이었구나

– 정철, 「성산별곡(星山別曲)」 –

*책력 : 일 년 동안의 월일, 절기 등을 날의 순서에 따라 적은 책.
*한기 : 중국의 역사책.
*일락배락 : 흥했다가 망했다가.
*기산의~씻었던가 : 기산에 숨어 살던 허유가 임금의 자리를 주겠다는 요 임금의 말을 듣자, 이를 거절하고 귀를 씻었다는 고사.
*박 소리 핑계하고 : 표주박 하나도 귀찮다고 핑계하고.
*조장 : 기개 있는 품행.
*풍입송 : 악곡 이름.

(다)

이 세상에 상(象)은 두 가지가 있으니, ㉠ 낮은 양(陽)이 다스리니 일이 있고, 밤은 음(陰)이 다스리니 꿈이 있다. 그러므로 운사(雲師)가 관직을 다스리고, 긴 버들로 꿈을 점쳤던 것은, 이 두 가지가 아울러 행해지고 서로를 필요로 하는 바였다.

유문(孺文) **이동욱 군**은 이름난 진사로 벼슬이 시종(侍從)이다. 그의 선조들의 집과 묘가 소성(邵城)의 **소래산(蘇來山)** 아래 있다. 군(君)은 아침에는 일어나 관직의 사무에 이바지하고, 밤에는 늘 소래산에 대한 꿈을 꾸어, 집 이름을 '몽소(夢蘇)'라 짓고, 나에게 기(記)를 지어달라고 청했다.

사람의 사유하는 감관(感官)이란 참으로 신묘하여, 형체에 막히게 되지 않는다. 생각은 떠올라 곧 소래산에 미치는데, 소래산은 군의 고조, 증조와 조부, 부친이 강신(降神)하고 그 혼이 묻혀있는 땅이어서, ㉡ 군의 사모함은 그칠 때가 없어, 자는 중에 나타나 꿈이 되는 것이다. 또 몸이 이미 관직에 매여서, 비록 휴가를 청한다 해도 얻기도 하고 못 얻기도 하며, 비록 말미를 준다 해도 시일(時日)을 허비하게 되니, ㉢ 꿈이 아니면 어찌 한 번 눈 깜짝할 사이에 뜻대로 해볼 수 있을까?

아! ㉣ 가문에 복(福)과 화(禍)가 있으면 그 선조들이 꿈으로 많이 알려주니, 왕래하여 감통하는 이치를 여기에서 가히 징험해 볼 수 있는 것이다. 또한 **군이 서울에 있어 소래산 꿈을 꾸는 것**이니, 만일 소래에 있다면 응당 서울을 꿈꿀 것이다. 서울은 군이 나고 자란 곳이며, 군의 선대에 벼슬하고 노닐었던 곳인데다, 하물며 임금께서 임하신 곳이 아닌가?

나는 호서(湖西)의 **미산(嵋山)** 백성이다. ㉤ 늙어서 서울에 몸 부치고 있으나, 매일 미산 꿈을 꾼다. 지금 그대의 헌에 기를 쓰면서, 근원 거슬러 올라가고 뿌리로 돌아감을 깨닫는 것은 바로 인간의 정리(情理)가 같기 때문이다.

– 이용휴, 「몽소헌기(夢蘇軒記)」 –

26 **(가), (나)에 대한 설명으로 적절하지 않은 것은?** [3점]

① (가)는 공감각적 심상을 활용하여 대상의 이미지를 구체화하고 있다.
② (나)는 영탄적 어조를 활용하여 대상으로부터 받은 흥취를 강조하고 있다.
③ (가)는 (나)와 달리 자연물에 화자의 감정을 이입하여 애상감을 심화하고 있다.
④ (나)는 (가)와 달리 계절감을 드러내는 시어를 활용하여 시적 분위기를 형상화하고 있다.
⑤ (가)는 선경후정의 방식으로, (나)는 청자에게 말을 건네는 방식으로 시상을 전개하고 있다.

27 **(가)와 (나)의 시구를 비교하여 이해한 내용으로 가장 적절한 것은?** [3점]

① (가)의 '풍경 소리'와 (나)의 '풍입송'은 삶에 대한 자족감을 나타내는 소재이다.
② (가)의 '큰 파도'와 (나)의 '창계 흰 물결'은 심미적 완상의 대상이다.
③ (가)의 '스님의 바둑'과 (나)의 '엊그제 빚은 술'은 삶에 대한 성찰을 환기하는 소재이다.

④ (가)의 '사신의 명'과 (나)의 '산옹의 이 부귀'는 화자가 부정적으로 인식하는 대상이다.

⑤ (가)의 '시 한 수'와 (나)의 '거문고'는 내면적 감흥을 외부로 표출하는 수단이다.

28 ⓐ와 ⓑ에 대한 설명으로 가장 적절한 것은? [3점]

① ⓐ는 자연 속에서 느끼는 화자의 흥취를, ⓑ는 인간 세상과의 단절로 인한 화자의 고독감을 부각한다.

② ⓐ는 자연과 합일된 삶에 대한 화자의 지향을, ⓑ는 자연과 괴리된 삶에 대한 화자의 안타까움을 드러낸다.

③ ⓐ는 화자에게 무상감을 느끼게 하는 자연의 모습을, ⓑ는 화자가 벗어나고자 하는 인간 세상의 부정적 모습을 환기한다.

④ ⓐ는 화자가 자연의 순환적 질서를 수용하고 있음을, ⓑ는 화자가 산중에서의 시간을 심성 수양의 시간으로 인식하고 있음을 보여준다.

⑤ ⓐ는 산중이 인위적인 시간 질서에 구애받지 않는 곳임을, ⓑ는 산중에서도 인간 세상에 대한 화자의 관심이 여전히 남아 있음을 드러낸다.

29 〈보기〉의 '선생님'의 설명에 따라 (가)~(다)를 감상한 내용으로 적절하지 않은 것은? [4점]

〈보기〉

선생님 : 문학에서의 공간은 단순히 물리적 영역으로 그 의미가 제한될 수 있지만, 공간에 어떤 태도나 가치관이 투사될 수도 있습니다. 이때 투사되는 가치관에 따라 공간들 간에 위계적 질서를 형성할 수 있습니다. 또한 가치관의 투사로 인해 공간이 가진 의미가 새롭게 파악되기도 합니다. (가)~(다)에 제시된 공간의 의미를 그 공간에 투사된 가치관을 중심으로 파악해 봅시다.

① (가)에서 '절'은 화자가 '다시 오르길 기약'한다는 점에서 단순한 물리적 공간을 넘어서는 의미가 부여된 곳이라 할 수 있겠군.

② (나)에서 '좋은 일' 많다고 말한다는 점에서 '인생 세간'은 '손'의 가치관이 투사된 공간이라 할 수 있겠군.

③ (나)에서 '강산'을 '선간'으로 표현했다는 점에서 강산이라는 공간을 단순한 자연이 아닌 이상적 공간으로 파악하고 있다고 볼 수 있겠군.

④ (다)에서 '군이 서울에 있어 소래산 꿈을 꾸는 것'이라 말한다는 점에서 '나'는 '소래산'을 '서울'보다 위계적 질서상 상위에 두고 있다고 볼 수 있겠군.

⑤ (다)에서 '소래산'은 효라는 유가적 이념에 기반한 의미가 환기되는 곳이라는 점에서 조상을 중시하는 '이동욱 군'의 가치관이 투사된 곳이라 할 수 있겠군.

2022 기출문제

30 **〈보기〉를 바탕으로 (다)의 ㉠~㉤에 대해 이해한 내용으로 적절하지 않은 것은?** [4점]

〈보기〉

「몽소헌기」는 몽소(夢蘇) 즉 '소래산을 꿈꾼다'는 뜻을 지닌 건축물에 담긴 의미를 서술하고 있는 작품으로, 꿈꾸는 대상으로서의 소래산만큼 중요하게 제시되는 것이 꿈꾸는 행위 자체이다. 글쓴이는 작품을 통해 현상 혹은 행위로서의 꿈의 의미, 바라는 바가 나타나는 꿈의 원리나 현실적 제약을 초월하는 수단이 되는 꿈의 효용, 그리고 대리 만족을 가능하게 하는 꿈의 작용을 서술함과 동시에 꿈이 주체나 대상과의 결합에 제한이 없다는 측면에서의 꿈의 보편적 성격을 기술하여 '몽소헌'이라는 건축물에 담긴 의미를 완성하고 있다.

① ㉠ : 낮의 일과 밤의 꿈에 대등한 가치를 부여함으로써 꿈의 의미를 드러내고 있다.

② ㉡ : 현실에서 그리움과 사모의 대상이 꿈으로 이어지는 꿈의 원리가 제시되고 있다.

③ ㉢ : 공간적 거리에 따른 현실적 제약을 넘어설 수 있게 하는 꿈의 효용이 제시되고 있다.

④ ㉣ : 현실에서 실현할 수 없는 바에 대한 대리 만족을 가능하게 하는 꿈의 작용을 구체화하고 있다.

⑤ ㉤ : 꿈이 '나', '미산'과도 결합할 수 있다는 것을 통해 주체나 대상에 제한이 없는 꿈의 보편적 성격이 제시되고 있다.

2024

사관학교 기출백서

2021 학년도 기출문제

국어영역(공통)

제1교시 국어영역(공통)

▶정답 및 해설 21p

[01~03] 다음은 강연의 일부이다. 물음에 답하시오.

여러분, 안녕하세요? '철학을 만나는 시간'을 맡고 있는 ○○○입니다. 지난 시간에는 고대 그리스의 대표적인 철학자인 플라톤과 아리스토텔레스를 만나 봤는데요, 오늘은 여러분에게는 다소 생소할 수 있는 고대 그리스의 철학자인 퓌론에 대해 소개하겠습니다.

퓌론에 대해 말씀 드리기에 앞서 다음 화면을 볼까요? (㉠ 화면 제시) 이 화면에 드레스 사진 보이시죠? 이 사진의 드레스가 파란색 바탕에 검은색 줄이 있는 것처럼 보이시는 분, 손 들어보시겠어요? 네, (같은 사진을 보여주며) 자, 그럼 이 드레스가 흰색 바탕에 금색 줄무늬 드레스로 보이시는 분도 계시죠? 손 들어보세요. (학생들을 바라보며) 그럼 이번에는 다른 화면을 볼까요? (㉡ 화면 제시) 노란색 조명으로 빛나는 방 안에 사과가 놓여 있는 것이 보이시죠? 이 사과의 색은 무슨 색일까요? (학생들을 바라보며) 대부분의 학생들이 빨갛다고 대답했네요. 방금 여러분이 보신 화면은 엘리아슨의 '한 가지 색의 방'이란 작품인데요, 엘리아슨은 방 전체에 노란색 조명만을 비추어 방 안에 있는 모든 사물이 노랗게 보이도록 했습니다. 그래서 방금 여러분이 보신 사과 역시 노란색으로 보여야 됩니다. 실제로 사진에 나타난 방과 사과는 노란색입니다. (㉢ 화면 제시) 확인해 볼까요? 방과 사과 모두 노란색 화소값이죠? (웃으며) 당황스러운 표정을 짓는 학생들이 많이 보이네요.

방금 여러분이 경험한 현상은 우리의 뇌가 처음 접하는 물체의 색상을 판단할 때 '기억색'과 '색 항상성'에 영향을 받기 때문입니다. 기억색은 하나의 드레스를 보고 색이 다르다고 인식하는 것을 말합니다. 이것은 자신의 경험을 토대로 물체의 색을 유추하기 때문입니다. 그리고 노란색 사과를 보고 빨갛다고 말씀하셨죠? 이것은 색 항상성 때문이었습니다. 색 항상성은 사물을 있는 그대로 보지 않고 자신이 생각했던 물체 본연의 색으로 사물을 인지하려는 경향 때문에 생기는 현상입니다.

이제 여러분이 왜 그렇게 대답을 했는지 아시겠지요? 그런데 우리가 보고 있는 것이 사물 본연의 실제 모습일까요? 우리의 뇌가 사물을 인지할 때 감각을 왜곡한다면 기억색이나 색 항상성과 같은 현상에 의해 사물의 참모습을 확인할 수 없게 됩니다. 오늘 소개할 철학자인 퓌론은 어떤 것이 사실인지 아닌지를 인간은 확실하게 알 수 없다고 주장했습니다. 또한 그는 이 세상에는 진리가 없다고 말했습니다. 그래서 존재하지 않는 진리를 찾으려고 하면, 인간은 고뇌를 느끼게 된다고 주장했습니다. 그래서 퓌론은 확실히 알 수 없는 것에 대해서는 판단을 중지할 것을 주장했습니다. 이것이 '판단 중지'입니다. 당시 그리스 말로는 이것을 '에포케'라고 했는데요, 이것은 긍정도 부정도 하지 않는 마음의 상태를 일컫는 말입니다. 퓌론은 진리를 얻으려고 할 때 고뇌가 생긴다고 보았고 이것에서 벗어나려면 판단 중지 즉, 에포케 상태가 되어야 한다고 생각했습니다. 그래야 마음의 흐트러짐이 없는 평화로운 상태, 즉 '아타락시아'에 이를 수 있다 본 것입니다.

이러한 퓌론의 생각은 진리를 찾는 것이 철학의 목적이라고 믿었던 당대의 철학자들에게는 굉장히 낯설었을 것입니다. 그런데 '우리는 아무 것도 모른다.'라고 말하며 기존의 당연한 것이라 믿었던 생각들도 끊임없이 의심하고 판단을 보류하라는 퓌론의 주장에 대해 한 번 더 생각해 봐야 합니다. 당대 철학자들에게 낯설었던 퓌론의 주장은 후대의 철학자들에게 큰 영향을 끼치게 됩니다. 퓌론의 생각을

간단하게 말씀드렸는데요. 다음 강의에서는 퓌론의 철학이 후대 철학자들에게 왜 큰 영향을 주었는지에 대해 말씀드리도록 하겠습니다.

01 **위 강연자의 말하기 방식으로 가장 적절한 것은?**

① 청중의 응답을 이끌어 내고 반응을 확인하여 청중과 상호 작용하고 있다.

② 지난 시간의 강연 내용과 관련된 동영상을 보여주며 강연을 시작하고 있다.

③ 대상의 개념을 친숙한 소재에 빗대어 표현함으로써 청중의 이해를 돕고 있다.

④ 강연의 처음과 끝에 진행 순서를 소개하며 청중이 강연 내용을 예측할 수 있도록 하고 있다.

⑤ 강연 중간 중간에 지난 시간에 강연한 내용을 상기시키며 강연의 중심 내용을 강조하고 있다.

02 **강연자가 사용한 매체 자료의 활용에 대한 설명으로 가장 적절한 것은?**

① ㉠ : '기억색'과 관련된 현상을 직접 체험할 수 있도록 두 드레스의 화면을 번갈아 보여 주었다.

② ㉠ : 사람마다 사물에 대한 색 인지가 다르다는 점을 설명하기 위해 시간에 따라 드레스 색이 달라지는 동영상 화면을 보여 주었다.

③ ㉡ : '색 항상성'과 관련된 현상은 누구나 경험할 수 있다는 점을 설명하기 위해 사과의 색깔이 다르게 보이는 두 화면을 비교하였다.

④ ㉡ : '기억색'과 '색 항상성'이 일어나는 원인이 다르다는 점을 설명하기 위해 빛이 비치는 각도에 따라 색이 달리 보이는 엘리아슨의 작품을 제시하였다.

⑤ ㉢ : 인간이 지각하는 물체의 색이 실제의 색과 다를 수 있다는 점을 보여 주기 위해 사과와 방의 색 정보가 표시된 화면을 보여 주었다.

03 **다음은 학생들이 강연을 들으며 떠올린 생각이다. 강연 내용을 고려하여 학생들의 반응을 분석한 것으로 적절하지 <u>않은</u> 것은?**

〈보기〉

학생 1 : 논리학에서 어떤 명제와 그것의 부정은 동시에 참이 될 수 없다는 '모순율'은 언제나 변함없는 진리라고 들었어. 그렇다면 이 세상에 진리는 존재하지 않는다고 생각했다는 퓌론의 주장은 잘못된 것이 아닐까?

학생 2 : 같은 길이의 선분인데도 비교하는 대상에 따라 그 길이가 다르게 보이는 이유가 궁금했었는데, 강연을 통해 궁금증을 해소할 수 있어 좋았어. 기억색이나 색 항상성처럼 뇌에 의한 감각의 왜곡에는 어떠한 것들이 있는지 더 찾아보아야겠어.

학생 3 : 아무 생각 없이 멍하니 앉아 있을 때 기분이 좋아진 적이 있었는데, 에포케를 통해 아타락시아를 느낀 것일까? 왜 이런 기분이 들었을까? 아타락시아에서 느끼는 마음의 상태에 대해 좀 더 알아봐야겠어.

2021 기출문제

① '학생 1'은 배경지식을 활용하여 강연 내용을 점검하고 있다.
② '학생 2'는 이전에 몰랐던 사실을 알게 된 것을 긍정적으로 생각하고 있다.
③ '학생 3'은 강연 내용과 관련된 자신의 과거 경험을 떠올리고 있다.
④ '학생 1'과 '학생 3'은 강연 내용의 정보량이 부족하다는 점을 부정적으로 생각하고 있다.
⑤ '학생 2'와 '학생 3'은 강연 내용과 관련된 추가 활동을 계획하고 있다.

[04~07] (가)는 '활동 1'을 위해 참관한 토론의 일부이고 (나)는 '활동 2'를 수행하기 위해 쓴 초고이다. 물음에 답하시오.

'시사적인 문제에 대한 비평 활동'

〔활동 1〕 시사적인 문제에 관한 모의 토론 참관하기
〔활동 2〕 모의 토론 참관 후 쟁점에 대한 자료를 추가 조사하여 자신만의 관점으로 비평문 쓰기

(가)

사회자 : 최근 반려동물을 양육하는 반려인에게 세금을 부과하는 반려동물 보유세 도입에 대한 논의가 활발하게 이루어지고 있습니다. 그래서 오늘은 '반려동물 보유세를 도입해야 한다.'라는 논제로 토론을 진행하려 합니다. 이 논제에 대해 찬성 측과 반대 측의 의견을 들어 보겠습니다. 먼저 찬성 측에서 입론해 주신 후 반대 측에서 반대 신문해 주십시오.

찬성 1 : 저희는 반려동물 보유세 도입에 찬성합니다. 최근 반려동물 양육 가구가 증가하면서 의료비 지원, 동물 편의 시설 확충 등 사회적 요구가 늘고 있는데 반려동물의 복지 증진을 위한 비용은 반려인이 부담하는 것이 타당합니다. 다음으로 이 제도의 도입을 통해 유기되는 동물의 수를 줄일 수 있습니다. 반려동물 보유세를 부과하게 되면 반려동물을 충동적으로 사고 쉽게 버리는 일이 줄어들 것입니다. 끝으로 이 제도 도입을 통해 반려인과 비반려인의 사회적 갈등을 해소할 수 있는 여건을 조성할 수 있다고 생각합니다. 반려동물 보유세 도입으로 재원을 확보하면 반려동물로 인해 발생한 여러 가지 사회적 갈등을 해소할 수 있는 여건을 조성할 비용을 마련할 수 있습니다.

반대 2 : 반려동물 보유세를 도입하면 유기되는 동물의 수를 줄일 수 있다고 말씀하셨는데, 이미 반려동물 보유세를 부과하고 있는 □□국에서도 유기되는 동물이 한해 8만 마리에 이릅니다. 저는 반려동물 보유세 도입으로 유기되는 동물의 수를 감소시키는 효과가 있다는 찬성 측의 발언이 잘못됐다고 생각합니다. 어떻게 생각하십니까?

찬성 1 : 유기동물 수는 우리나라와 □□국이 비슷해 보이지만, □□국의 반려동물 전체 개체 수는 우리나라의 약 5배입니다. 또한 □□국의 유기동물 수에는 반려인들이 키울 수 없어 보호소에 맡기는 경우 등도 포함된 수치이기 때문에 실제 유기되는 동물의 비율은 훨씬 적습니다.

사회자 : 이번에는 반대 측에서 입론해 주신 후 찬성 측에서 반대 신문해 주십시오.

반대 1 : 저희는 반려동물 보유세 도입에 반대합니다. 반려인들은 이미 반려동물 양육에 따른 세금을 납부하고 있다고 생각합니다. 동물병원 진료비나 반려 용품 구입비 등에 부가가치세가 포함되어 있습니다. 반려동물과 관련하여 발생하는 사회적 비용은 현재 납

부하고 있는 세금으로 충당해야 합니다. 또 한 경제적 취약 계층에서도 반려동물을 양육하는 경우가 많습니다. 이런 분들에게 반려동물 양육에 따른 세금을 새롭게 부과하면 양육을 포기할 수도 있어 유기되는 동물의 수가 오히려 늘어날 수 있습니다. 마지막으로 반려동물 보유세는 과세 대상을 정확하게 파악하기가 곤란하여 실효성을 거두기가 어렵습니다. 반려동물 보유세를 도입한다고 해도 모든 반려인들이 자발적으로 반려동물을 키운다고 신고하지는 않을 것입니다. 그렇게 되면 보유세를 내는 성실한 납세자와 그렇지 않은 사람 사이의 새로운 갈등이 발생할 것입니다. 따라서 반려동물 보유세 도입을 통해 사회적 갈등을 해소할 수 없다고 생각합니다.

찬성 2 : 저도 세금의 실효성을 거두기 위해서는 과세 대상을 정확히 파악해야 한다고 생각합니다. 그런데 우리나라에서는 이미 반려동물 등록제를 시행하고 있습니다. 이 제도를 통해 과세 대상을 파악할 수 있는데, 어떻게 생각하십니까?

반대 1 : 반려동물 등록제를 시행하는 것은 알고 있지만 실제 반려동물을 키우고 있다고 등록한 사람들은 매우 적습니다. 이런 상황에서 이 제도를 도입하면 반려동물을 등록하는 사람이 더 줄어들게 될 것입니다. 따라서 과세 대상을 파악하기는 더욱 어려워질 것입니다.

(나)

정부는 반려동물 보유세 도입 검토가 필요하다는 내용이 포함된 동물 복지 종합계획을 발표하였다. 최근 반려동물을 양육하는 가구가 늘어나면서 사회적 비용이 증가하고 있어 그 비용을 보유세를 통해 충당하겠다는 취지이다.

반려동물 보유세 도입은 필요하다. 반대 측에서는 반려인들이 이미 반려 용품 구입 시 부가가치세를 납부했으므로 이것으로 반려동물과 관련된 사회적 비용을 충당해야 한다고 주장하지만, 부가가치세는 보통세로 국가의 일반적 지출을 충당하기 위해 사용해야 하는 재원이다. 그러므로 반려동물과 반려인만을 위해 사용할 재원은 별도로 마련해야 한다. 이미 반려동물 보유세를 도입한 □□국은 유기동물의 발생 비율이 우리나라에 비해 낮다. 이 보유세로 마련한 재정을 동물 보호 시스템을 만드는 비용이나 반려동물로 인해 발생한 환경오염 처리 비용 등에 충당해 사회적으로 긍정적 효과를 거두고 있다.

하지만 제도를 성급하게 도입하면 부작용이 발생할 수 있으므로 도입 전에 신중한 검토가 필요하다. 우선 반려동물 보유세는 교통 시설의 확충을 위해 사용하는 교통 · 환경 · 에너지세와 마찬가지로 특정한 목적에만 사용하는 목적세로 운용되어야 한다. 반려동물 보유세는 반려인이 부담하는 것이기 때문에 반려인과 반려동물에게 실질적인 혜택이 돌아가도록 사용해야 하며 이를 위해 반려인들의 다양한 목소리를 듣고 이를 정책에 반영할 필요가 있다. 또한 과세액을 합리적으로 정해야 한다. 과세액이 너무 낮으면 찬성 측에서 주장하는 유기동물 감소 효과가 없을 것이고, 과세액이 너무 높으면 반대 측의 주장처럼 경제적으로 취약한 반려인들은 양육을 포기할 수 있어 유기동물이 늘어날 수 있다.

04 '활동 1'을 수행한 후 토론 내용을 정리한 것이다. 적절하지 않은 것은?

	찬성 측	반대 측
반려인에게 반려동물 보유세를 부과하는 것의 타당성	반려동물의 복지를 위해 쓰이는 비용은 반려인이 부담해야 한다.	부가가치세의 형태로 세금을 이미 납부하고 있으므로 또 다른 세금을 과세하는 것은 타당하지 않다. …… ①
반려동물 보유세 도입으로 유기동물 감소 기대 효과	반려동물을 충동적으로 사고 쉽게 버리는 일이 줄어들 것이기 때문에 유기동물이 감소한다. …… ②	반려동물 보유세의 부담 때문에 양육을 포기하는 경우가 발생하여 유기동물이 증가한다. …… ③
반려동물 보유세 도입을 통한 사회적 갈등 해소 여부	반려동물 보유세를 통해 확보한 재원으로 사회적 갈등을 해소할 수 있는 여건을 조성할 수 있다. …… ④	반려동물 보유세로 마련한 재원을 효과적으로 사용할 수 없기 때문에 사회적 갈등을 해소할 수 없다. …… ⑤

05 (가)의 반대 신문과 답변에 대한 설명으로 가장 적절한 것은?

① '반대 2'는 상대측이 주장하는 내용이 새로운 문제를 발생시킬 수 있다는 점을 지적하고 있다.
② '찬성 1'은 상대측이 제시한 자료의 출처가 불분명함을 지적하며 자신의 주장이 타당함을 논증하고 있다.
③ '찬성 2'는 상대측의 근거 자료가 충분하지 못하다는 것을 지적하며 추가적인 자료를 요구하고 있다.
④ '반대 1'은 상대측이 제시한 내용으로 인해 발생할 수 있는 부정적 상황을 언급하며 주장의 근거로 삼고 있다.
⑤ '반대 2'와 '찬성 2' 모두 상대방의 입장을 일부 인정하고 상대측의 진술 내용을 확인하는 질문을 하고 있다.

06 다음은 '활동 2'를 수행하기 위해서 구상한 글쓰기 계획이다. (나)에 반영되지 않은 것은?

① 정부 발표를 활용하여 반려동물 보유세 도입의 취지를 밝히며 글을 시작해야겠어.
② 반대 측의 주장에 대해 검토한 내용을 바탕으로 반려동물 보유세 도입에 대한 나의 관점을 명확하게 써야겠어.
③ □□국에서 반려동물 보유세로 인한 긍정적 효과가 있는지 추가로 조사하여 나의 견해를 뒷받침하는 사례로 제시해야겠어.
④ 교통 · 환경 · 에너지세를 사례로 들며 반려동물 보유세의 구체적인 사용처를 제시해야겠어.
⑤ 유기동물과 관련한 반대 측의 주장을 활용하여 신중한 검토 없이 제도를 도입할 경우 부작용이 발생할 수 있음을 밝혀야겠어.

07 〈보기〉는 (나)에 대해 상호 평가를 한 내용이다. 이를 바탕으로 (나)의 마지막에 새로운 문단을 추가하려고 한다. 가장 적절한 것은? [3점]

〈보기〉

마지막 문단에서는 반려동물 보유세 도입에 대한 입장과 기대 효과를 언급하고 정책의 취지를 살리기 위한 방안을 제안하며 마무리하는 것이 좋겠습니다.

① 반려동물 보유세를 도입하는 것은 아직 이르다. 물론 반려동물 보유세를 도입하면 반려동물로 인한 사회적 갈등을 해소할 여건을 조성할 수 있다. 하지만 부작용이 더 클 것이기 때문에 도입을 재고해야 한다.

② 반려동물 보유세는 반려동물과 반려인을 위해 사용하는 세금이다. 그렇기 때문에 그 취지를 잘 살리려면 반려인에게 세금을 부과하는 것이 타당하다. 하지만 부작용이 예상되기 때문에 과세 기준 마련을 위한 사회적 합의가 필요하다.

③ 반려동물 보유세는 반려인과 반려동물을 위해 필요하다. 보유세로 마련한 재원을 활용하면 반려동물을 위한 효과적인 동물 보호 시스템을 만들 수 있다. 따라서 반려동물과 반려인의 복지 증진을 위해 반려동물 보유세는 반드시 도입해야 한다.

④ 반려동물 보유세 도입이 필요하다. 확보된 재원으로 반려동물로 인해 발생한 문제를 해결하기 위한 사회적 비용을 충당하고 유기되는 동물의 수를 감소시키는 효과를 거둘 수 있다. 하지만 정책의 취지를 살리기 위해서 사회적 논의 과정과 과세액의 합리적 부과를 위한 기준이 마련되어야 한다.

⑤ 반려동물 보유세는 우리 사회에 반드시 필요한 제도이다. 하지만 보유세가 도입되면 경제적으로 어려운 반려인들이 곤란을 겪을 수 있다. 그러므로 이 정책의 취지를 살리기 위해서 반려동물을 양육하는 경제적 취약계층에 대한 배려와 합리적으로 반려동물 보유세를 운용하기 위한 논의가 필요하다.

[08~10] 다음 글을 읽고 물음에 답하시오.

[작문 상황]

○ 작문 과제 : 일상생활에서 겪고 있는 문제를 해결하기 위한 건의문 작성하기

○ 예상 독자 : ○○시청 정책 담당자

[학생 초고]

안녕하세요? 저는 □□고등학교 학생 △△△입니다. 최근 전동 킥보드 등의 개인형 이동장치를 이용하여 등·하교 및 도심으로 출퇴근을 하는 시민이 늘어나고 있다는 것을 신문 기사에서 보았습니다. 저 역시 전동 킥보드를 종종 이용하고 있는데 아직은 이용상의 불편함이 있어 이렇게 건의문을 쓰게 되었습니다.

먼저 이 이동장치를 이용하는 사람들은 대중교통으로 환승할 때 역까지 이동한 후 개인형 이동장치를 보관할 장소가 없어서 어려움을 겪고 있습니다. 그리고 이전 법규에서는 이 개인형 이동장치를 차도에서만 운행을 해야 해서 위험했습니다. ⓐ <u>그렇지만 시속 25㎞ 이하로 운행하도록 되어 있는 개인형 이동장치는 자전거보다 속도가 빨라 자전거 이용자나 보행자에게도 위협이 되고 있습니다.</u> 그런데 법규의 개정으로 자전거 도로에서 주행할 수 있게 되어 전보다는 안전하게 운행할 수 있게 되었습니다.

이 문제를 해결하기 위해서는 우선, 환승할 수 있는 역과 버스 정류장 주변 등에 개인형 이동장치를 보관할 수 있는 거치대의 마련이 필요하다고 생각합니다. ⓑ <u>그런데</u> 개인형 이동장치를 들고 지하철이나 버스를 타지 않아도 되기 때문에 대중교통으로의 환승이 편리해져서 개인형 이동장치의 이용자들이 늘어날 것이라 생각합니다. 둘째, 개인형 이동장치와 자전거가 안전하게 운행될 수 있도록 자전거 도로의 정비와 확충이 필요하다고 생각합니다. 그렇게 되면 이 이동장치와 자전거 이용자 그리고 보행자가 모두 안전하게 이동할 수 있게 되어 안전사고를 예방할 수 있을 것입니다. ⓒ <u>자전거 도로는 자전거 이용 활성화를 위해서 만들어졌습니</u>

다. 끝으로 개인형 이동장치도 공적으로 대여할 수 있도록 공적 대여 제도를 도입할 필요가 있다고 생각합니다. 그러면 이 개인형 이동장치가 비싸서 구입하지 못하는 사람들도 편리하게 이용할 수 있을 것입니다. 우리 시에서 이미 시행되고 있는 공적 자전거를 빌릴 때 운영되는 시스템을 활용한다면 새로운 시스템의 ⓓ 구상 없이도 바로 확대 시행할 수 있을 것입니다.

제 건의가 받아들여진다면 우리 마을에서 도심으로 출·퇴근하는 주민들의 대중교통 이용이 늘어날 것입니다. 또한 개인형 이동장치 운행이 늘어나면 대중교통 이용이 활성화되어 교통 체증도 줄어들고, 배기가스로 인한 환경오염도 줄어들 것으로 ⓔ 기대되어집니다. 건의 내용을 끝까지 읽어 주셔서 감사합니다.

08 〈보기〉는 글을 쓰기 전에 떠올린 생각이다. 초고에 반영되지 <u>않은</u> 것만을 골라 묶은 것은?

〈보기〉

○ 개인형 이동장치의 개념을 정의하며 건의 대상을 명확히 해야겠어. ········· ㉠
○ 개인의 경험을 제시하고 건의문을 쓰게 된 배경을 밝혀야겠어. ········· ㉡
○ 이전 법규로 얻는 효과를 언급하며 건의 내용의 필요성을 제시해야겠어. ········· ㉢
○ 담화 표지를 사용하여 건의 내용을 명료하게 드러내야겠어. ········· ㉣
○ 개인형 이동장치 사용의 확대로 얻을 수 있는 기대 효과를 거론하며 글을 마무리해야겠어. ········· ㉤

① ㉠, ㉡ ② ㉠, ㉢
③ ㉡, ㉢ ④ ㉢, ㉣
⑤ ㉣, ㉤

09 〈자료〉를 활용하여 '학생의 초고'를 보완하려 한다. 〈자료〉의 활용 방안으로 적절하지 <u>않은</u> 것은? [3점]

〈자료〉

(가) 〈통계 자료〉

1. 개인형 이동장치 판매량 증가 현황

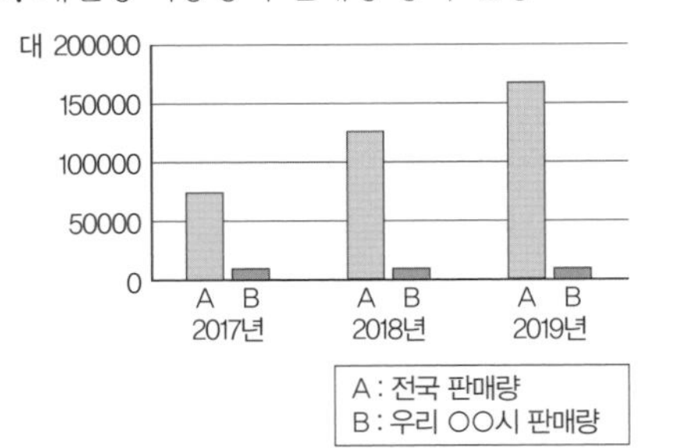

2. 개인형 이동장치 구입을 망설이는 이유에 대한 우리 ○○시민 대상 설문 조사 결과

(단위 : %)

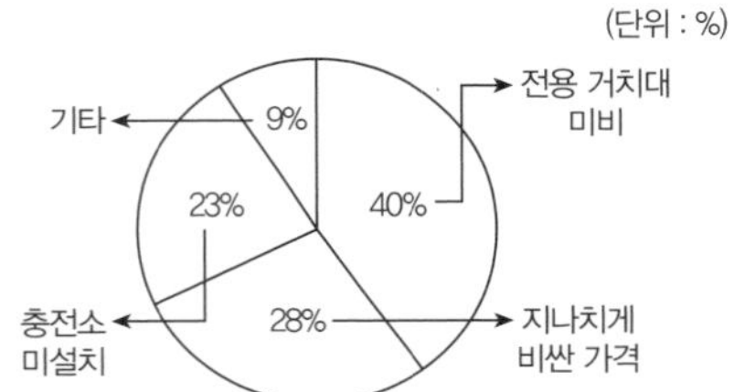

(나) 〈신문 기사〉

지난 3년 간 ○○시의 자전거 도로에서 발생한 교통사고가 크게 증가한 것으로 나타났다. 이는 늘어나는 자전거 통행량에 비해 자전거 도로가 협소하고 정비가 제대로 되지 않았기 때문이다. 더욱이 지난 6월 개정된 도로교통법에 따라 오는 12월부터는 개인형 이동장치도 자전거 도로에서 이용할 수 있게 되어 자전거 도로에서 사고가 더욱 늘어날 것으로 우려된다. 이에 ○○시 교통 관련 정책 담당자는 연내에 자전거 도로 증설을 위한 계획을 수립·추진할 것이라고 말했다.

– 우리 ○○시 지역 신문 –

(다) 〈인터뷰〉

◇◇시는 2017년부터 자전거 공적 대여 서비스 제도와 개인형 이동장치 공적 대여 서비스를

운영하고 있습니다. 개인형 이동장치와 관련된 제반 시설을 갖추어 시행한 결과 개인형 이동장치를 이용하는 시민의 수가 크게 증가하였습니다. 교통 혼잡으로 발생하는 대기오염 물질인 일산화탄소는 전년의 0.6ppm에서 0.325ppm으로, 이산화질소는 0.013ppm에서 0.008ppm으로 줄어드는 효과가 있었습니다. 개인형 이동장치 공적 대여 서비스를 운영하여 ◇◇시는 으뜸 친환경 도시로 자리 잡게 되었습니다.

– ◇◇시청 관계자 –

① (가)–2를 활용하여 우리 시에서 개인형 이동장치를 활성화하기 위해서는 개인형 이동장치 전용 거치대, 충전소 등의 제반 시설을 갖출 필요가 있다는 점을 구체적으로 제시해야겠어.

② (나)를 활용하여 개인형 이동장치를 이용하면서 발생할 수 있는 안전사고를 예방하기 위해 자전거 도로의 확충이 필요하다는 점을 강조해야겠어.

③ (다)를 활용하여 우리 시도 개인형 이동장치 공적 대여 서비스 제도가 시행되면 개인형 이동장치의 증가로 환경에 긍정적인 효과를 얻을 수 있음을 들어 건의 내용의 근거로 삼아야겠어.

④ (가)–1과 (나)를 활용하여 우리 시의 지난 3년 간 교통사고의 증가가 우리 시 개인형 이동장치 판매량과 관련이 있음을 제시하며 이를 해결하기 위해 자전거 도로의 정비와 확충이 필요함을 제시해야겠어.

⑤ (가)–2와 (다)를 활용하여 경제적인 이유로 개인형 이동장치를 구매하지 못하는 사람들도 이 장치를 이용할 수 있게 된다는 점을 들어 공적 대여 서비스 제도 도입의 필요성을 강조해야겠어.

10 ⓐ~ⓔ를 고쳐 쓰기 위한 방안으로 적절하지 않은 것은?

① ⓐ : 문장 간 연결을 긴밀하게 하기 위해 바로 뒷 문장과 위치를 바꾼다.

② ⓑ : 접속어의 사용이 부적절하므로 '하지만'으로 고친다.

③ ⓒ : 건의의 내용과 관련이 없으므로 삭제한다.

④ ⓓ : 어휘의 사용이 적절하지 않으므로 '구축'으로 대체한다.

⑤ ⓔ : 불필요한 이중피동을 사용했으므로 '기대됩니다'로 수정한다.

11 〈보기〉는 〈자료〉를 탐구하기 위해 찾은 표준 발음법 규정의 일부이다. 〈보기〉를 활용하여 ㉠~㉤을 탐구한 것으로 적절한 것은?

〈보기〉

[표준 발음법]

제9항 받침 'ㄲ, ㅋ', 'ㅅ, ㅆ, ㅈ, ㅊ, ㅌ', 'ㅍ'은 어말 또는 자음 앞에서 각각 대표음 [ㄱ, ㄷ, ㅂ]으로 발음한다. ⓐ

제10항 겹받침 'ㄳ', 'ㄵ', 'ㄼ, ㄽ, ㄾ', 'ㅄ'은 어말 또는 자음 앞에서 각각 [ㄱ, ㄴ, ㄹ, ㅂ]으로 발음한다. ⓑ

다만, '밟–'은 자음 앞에서 [밥]으로 발음한다. ⓒ

제18항 받침 'ㄱ(ㄲ, ㅋ, ㄳ, ㄺ), ㄷ(ㅅ, ㅆ, ㅈ, ㅊ, ㅌ, ㅎ), ㅂ(ㅍ, ㄼ, ㄿ, ㅄ)'은 'ㄴ, ㅁ' 앞에서 [ㅇ, ㄴ, ㅁ]으로 발음한다. ⓓ

제29항 합성어 및 파생어에서, 앞 단어나 접두사의 끝이 자음이고 뒤 단어나 접미사의 첫 음절이 '이, 야, 여, 요, 유'인 경우에는, 'ㄴ'소리를 첨가하여 [니, 냐, 녀, 뇨, 뉴]로 발음한다. ⓔ

〈보기〉

○ 그는 네 사람 ㉠ 앞앞이[아바피] 놓인 찻잔에 고루 뜨거운 차를 따른다.
○ 다른 자음들과는 달리 ㉡ 티읕만[티은만] 발음하기가 어려워요.
○ 자전거 브레이크를 갑자기 ㉢ 밟는[밤는] 바람에 넘어질 뻔했다.
○ 그녀는 남의 ㉣ 삯일[상닐]을 해야 할 만큼 고생이 심했다.
○ 연분홍 ㉤ 꽃잎[꼰닙]이 봄바람에 흩날리더라.

① ㉠의 '앞앞이'는 ⓐ가 적용되어 교체가 두 번 일어난 결과 [아바피]로 발음한다.
② ㉡의 '티읕만'은 ⓐ, ⓓ가 적용되어 교체가 두 번 일어난 결과 [티은만]으로 발음한다.
③ ㉢의 '밟는'은 ⓐ, ⓒ가 적용되어 탈락과 교체가 일어난 결과 [밤는]으로 발음한다.
④ ㉣의 '삯일'은 ⓑ, ⓓ, ⓔ가 적용되어 탈락과 첨가가 일어난 결과 [상닐]로 발음한다.
⑤ ㉤의 '꽃잎'은 ⓐ, ⓔ가 적용되어 교체 두 번과 첨가 한 번이 일어난 결과 [꼰닙]으로 발음한다.

12 〈보기〉의 밑줄 친 부분에 해당하는 예로 적절하지 않은 것은?

〈보기〉

우리말에서 하나의 단어는 일반적으로 하나의 품사에 속하게 되는데 하나의 단어가 두 가지 이상의 품사에 속하는 경우가 있다. 예를 들어 '그녀는 전에 어디서 본 적이 있는 듯하다.'에서 '전'은 명사로 쓰였는데, '전 학기보다 이번 학기가 성적이 좋다.'에서 '전'은 관형사로 사용되었다.

① ┌ 오늘 해야 할 일을 다음 날로 미루어서는 안 됩니다.
　 └ 저에게 오늘이 있기까지는 여러 사람의 도움이 있었습니다.
② ┌ 명동의 밤거리는 대낮처럼 밝았다.
　 └ 칠흑 같던 어둠이 걷히고 서서히 날이 밝았다.
③ ┌ 나는 하나도 아쉬울 것이 없다.
　 └ 우리 모두 하나가 되어 이 나라를 지킵시다.
④ ┌ 그녀는 아무 말도 않고 회의장 밖으로 나가버렸다.
　 └ 일이 생각만큼 쉽지 않고 처리 과정도 매우 복잡했다.
⑤ ┌ 독서는 세상 그 무엇보다 값진 것이다.
　 └ 여러분, 보다 나은 삶을 위해 함께 노 력합시다.

13 〈보기〉는 '되다'의 의미를 이해하기 위해 사전을 찾아 정리한 것이다. 이에 대한 이해로 적절하지 않은 것은?

〈보기〉

되다[01]
1 【…이】
「1」 새로운 신분이나 지위를 가지다.
¶ 커서 의사가 되고 싶다.
「2」【…으로】 다른 것으로 바뀌거나 변하다.
¶ 얼음이 물이 되다. / 저 사람은 전혀 다른 사람이 됐다. / 물이 얼음으로 되다.
2 [　　　　]
「1」 (주로 피동의 뜻을 갖는 명사와 함께 쓰여) 누구에게 어떤 일을 당하다.
¶ 저 아이는 그 사람에게 양육이 되었다. /

멧돼지가 사냥꾼한테 포획이 되었다.
「2」 어떤 특별한 뜻을 가지는 상태에 놓이다.
¶ 친구의 충고가 너에게 약이 될 것이다.

되다[02]
「1」 반죽이나 밥 따위가 물기가 적어 빡빡하다.
¶ 밥이 너무 되다. / 풀을 되게 쑤었다. / 반죽이 돼서 물을 더 넣었다.
「2」 일이 힘에 벅차다.
¶ 하루 종일 된 일을 하고 번 게 겨우 이것뿐인가?

-되다[03]
「1」 (일부 명사 뒤에 붙어) '피동'의 뜻을 더하고 동사를 만드는 접미사.
¶ 가결되다. / 사용되다. / 형성되다.
「2」 (몇몇 명사, 어근, 부사 뒤에 붙어) 형용사를 만드는 접미사.
¶ 참되다. / 어중되다. / 숫되다. / 막되다. / 못되다. / 안되다.

① '되다[01]'과 '되다[02]'는 각각 두 가지 이상의 뜻을 가지고 있으므로 다의어에 해당하겠군.
② '되다[01] [I]'의 '「1」'과 '「2」'는 문장에서 꼭 필요로 하는 성분의 개수가 다르겠군.
③ '되다[01] [2]'의 [　　　　] 에는 '【…에게 …이】'가 들어갈 수 있겠군.
④ '되다[02] 「1」'의 반의어로는 '밥이나 반죽 따위가 되지 아니하고 물기가 많다.'는 의미의 '질다'가 가능하겠군.
⑤ '-되다[03]'의 '「2」'에는 그 용례로 명사와 결합한 '거짓되다'를 추가할 수 있겠군.

[14~15] 다음 글을 읽고 물음에 답하시오.

인용절은 남의 말이나 글에서 직접 또는 간접으로 따온 절을 말한다. 인용절은 직접 인용절과 간접 인용절로 나뉜다. 직접 인용절에서는 (가)의 (1)에서와 같이 조사 '라고'를, 간접 인용절에서는 (가)의 (2)에서와 같이 조사 '고'를 사용한다. 이때 조사 '라고'와 '고'는 인용절을 나타내는 표지이다. 직접 인용절을 간접 인용절로 바꿀 때 인용절 속의 대명사, 어미, 인용 조사, 시간 표현은 달라질 수 있다.

(가)
(1) 그녀는 "나는 지민이를 좋아한다."라고 말했다.
(2) 그녀는 자기가 지민이를 좋아한다고 말했다.

한편 현대 국어에서 인용절은 안긴문장의 형태로 나타난다. 이러한 형태는 중세 국어에서도 확인할 수 있다. 중세 국어에서 인용절을 안은문장의 형태는 현대 국어와 다른 모습을 보이고 있다. (나)의 (1)에서 인용절 앞에 오는 '닐오듸'는 전체 문장의 서술어이고, 문장의 끝에 오는 'ᄒᆞ니라'는 인용동사라고 하는데, 중세 국어는 대부분 인용절이 이러한 형태로 나타난다. (나)의 (2)처럼 문장의 끝에 인용동사가 나타나지 않거나, (나)의 (3)처럼 전체 문장의 서술어인 '니ᄅᆞ시니이다'가 문장의 끝에 나타나는 경우도 있다. 중세 국어에는 현대 국어와 달리 인용절을 구분하는 표지가 나타나지 않는다.

(나)
(1) 제 **닐오듸** 臣(신)은 이 酒中(주중)엣 仙人(선인)이로라 **ᄒᆞ니라**
[제 이르되, 신은 이 주중의 선인이라고 하였다.]
「두시언해」

(2) 善宿(선숙)ㅣ **쏘 무로듸** 네 어느 고대 난다
[선숙이 또 묻되 "네 어느 곳에서 낳았느냐"]
「월인석보」

(3) 如來(여래)＊ 샹녜 우리를 아ᄃᆞ리라 **니ᄅᆞ시니이다**

2021 기출문제

[여래 항상 우리를 아들이라고 이르셨습니다.]

「월인석보」

* 如來(여래) : '석가모니여래'의 준말. 부처의 존칭.

※ (나) – (1)~(3)의 [ ] 안에 있는 현대어 풀이는 중세 국어의 문장 구조를 따른 것임.

14 윗글을 바탕으로 〈보기〉의 밑줄 친 직접 인용절을 간접 인용절로 바꾸려고 할 때, [㉮]에 들어갈 내용으로 적절한 것은?

〈보기〉

[어제 민수가 '나'에게 한 말을 다른 사람에게 전하는 직접 인용문]

어제 민수는 나에게 <u>"내일 나에게 올 수 있니?"</u>라고 물었다.

↓

[현재 '나'가 어제 민수가 한 말을 다른 사람에게 전하는 간접 인용문]

어제 민수는 나에게 [㉮] 물었다.

① 내일 나에게 갈 수 있냐고
② 오늘 나에게 갈 수 있냐고
③ 오늘 자기에게 올 수 있냐고
④ 내일 자기에게 올 수 있냐고
⑤ 내일 자기에게 갈 수 있냐고

15 윗글을 바탕으로 〈보기 1〉을 탐구한 내용 중, 옳은 것만을 〈보기 2〉에서 골라 묶은 것은? [3점]

〈보기 1〉

[A] 이 比丘(비구) ㅣ … **닐오ᄃᆡ** 내 … 너희ᄃᆞᆯᄒᆞᆯ 업시우디 아니ᄒᆞ노니 너희ᄃᆞᆯ히 당다이 부톄 **ᄃᆞ외리라 ᄒᆞ더니**
[이 비구가 … 이르되 "내 너희들을 업신여기지 않으니, 너희들이 마땅히 부처가 될 것이다." 하더니]

「석보상절」

※ [ ] 안에 있는 현대어 풀이는 중세 국어의 문장 구조를 따른 것임.

〈보기 2〉

ㄱ. [A]의 'ᄃᆞ외리라'는 (가)–(1)의 '라고'와 같이, 인용절을 나타내는 표지라고 볼 수 있겠군.
ㄴ. [A]의 'ᄒᆞ더니'와 (나)–(1)의 'ᄒᆞ니라'는 인용동사라고 볼 수 있겠군.
ㄷ. [A]의 '닐오ᄃᆡ'는 (나)–(1)의 '닐오ᄃᆡ'와 같이, 인용절의 앞에 위치하는 전체 문장의 서술어라고 볼 수 있겠군.
ㄹ. [A]의 '닐오ᄃᆡ'와 'ᄒᆞ더니'의 위치로 보아, [A]는 (나)–(2)와 같이 중세 국어에 주로 나타나는 인용절의 일반적인 형태라고 할 수 있겠군.

① ㄱ, ㄴ
② ㄱ, ㄷ
③ ㄴ, ㄷ
④ ㄴ, ㄹ
⑤ ㄷ, ㄹ

[16~20] 다음 글을 읽고 물음에 답하시오.

고대 동양인들은 구름이나 아지랑이가 피어오르는 것을 보고 대자연이 숨을 쉰다고 생각했다. 이들은 자연과 인간 모두가 '기(氣)'로 이루어져 있으며, 빈 것처럼 보이는 공간도 실은 기로 가득 차 있다고 생각하여 빈 공간을 채우고 있는 것을 공기(空氣)라고 ㉠ 불렀다. 또한 기의 모임과 흩어짐에 따라 만물도 나타나고 사라지는 것으로 보인다고 생각했다. 즉 흩어진 기는 사라지는 것이 아니라 우주 자연의 원상태로 돌아간다는 것이다. 이렇게 기가 끊임없이 움직이고, 이 세상에 존재하는 만물이 기로 이루어져 있다는 동양적 사고의 근원은 어디에서 비롯된 것일까?

주로 유목 생활이 발달한 서양에서는, 한군데에 정착하기보다는 필요한 자원이 부족해지면 언제든 떠나야 했다. 이들에게 있어서 자연은 개척하고 적응해야 할 대상이었다. 현재의 '이 공간'에서의 삶이 언제든 다음의 '저 공간'의 삶으로 바뀔 수 있다는 생각이 있었고, 지금 '여기'보다는 더 살기 좋은 '저기'도 있을 것이라고 생각했다. 이로 인해 이상향을 지향하는 인식이 자리 잡게 되었다. 이와 달리 일찍부터 농경이 자리 잡은 동양에서는, 한 지역에 정착하여 대대로 농사를 지으며 살아갔고, 이 때문에 지금 살고 있는 '여기'가 가장 이상적인 곳이며 다른 곳인 '저기'로의 이동은 곧 죽음을 의미한다고 생각하였다. 이로 인해 농경의 터전인 '여기' 즉, 자연에서의 현실적 삶을 중시하는 사고방식이 나타났다. 때문에 동양에서는 삶의 터전인 자연을 합일의 대상이자 가장 닮고 싶은 이상적인 존재로 생각한다. 자연은 스스로 생성을 거듭하는 하나의 생명체이며, 이때 그 원리를 주관하는 존재를 천(天)이라 하였다.

[A] 하늘[天]과 인간 세계의 관계는 한나라 동중서(董仲舒)에 의해 체계적으로 정리되었다. 동중서는 하늘은 스스로 움직이고 만물을 주관하는 존재이며, 사람은 하늘에 근본을 두고 만들어졌다고 생각했다. 또한 하늘은 선(善)의 의지로 인간을 이롭게 하는 존재로 보았다. 천인감응설(天人感應說)은 이러한 생각을 바탕으로 한다. 즉, 하늘을 닮은 인간이 기를 매개로 하늘과 서로 호응한다는 것이다. 사고를 주관하는 인간의 머리가 둥근 것은 하늘을 닮은 것이고, 지상에서 인간의 행위를 이끄는 발이 평평한 것도 땅을 닮았다 하며 인간을 하늘의 축소판이라고 보았다. 때로는 땅에서의 인간의 삶은 하늘의 뜻을 거스르기도 한다. 그러면 하늘은 자연의 운행을 어긋나게 하여, 땅에서의 어긋난 인간의 삶을 경계하고 하늘의 뜻을 돌아보게 하여 바로잡으려 한다.

그는 우주 만물이 모두 기로 이루어져 있으며, 그 구체적인 모습은 음양(陰陽)과 오행(五行)으로 나타난다고 보았다. 이때 인간과 자연은 기를 매개로 서로 감응한다. 인간은 숨을 들여 마시고 내쉬는 행위를 계속해서 반복한다. 들여 마시는 것과 내쉬는 것은 상대적 행위이다. 하지만 들여 마시는 것은 내쉬기 위한 과정이고 내쉬는 것은 들여 마시기 위한 과정이므로 상보적(相補的)이다. 음양 역시 대립하지만 상보적이다. 이는 이 세상의 만물이 서로 영향을 주고받는 존재라는 것을 보여 준다. 이런 음양의 이치는 우주 만물의 변화 양상을 목(木), 화(火), 토(土), 금(金), 수(水)의 오행으로 설명한다. 오행의 이치는 세상 만물이 홀로 존재하는 것이 아니라, 서로 관련을 맺으며 존재함을 보여준다. 오행은 서로 꼬리에 꼬리를 무는 ㉮ <u>상생(相生)과 상극(相克)의 관계</u>이다. 상생은 기운을 채워주어 북돋워 주는 관계이며, 상극은 대립하며 기운을 약화시키는 관계이다.

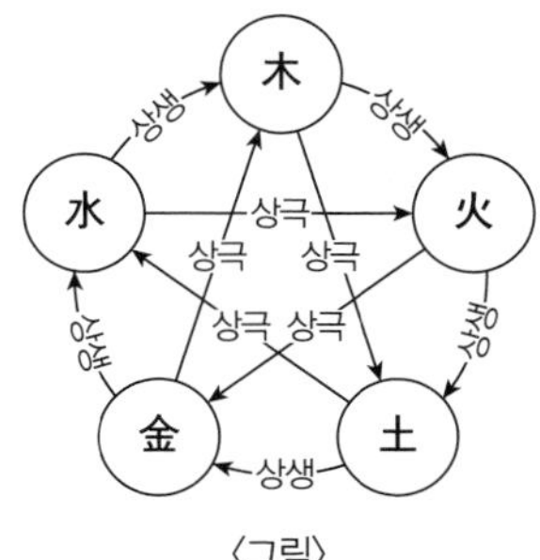

〈그림〉

〈그림〉에서와 같이 오행 중 하나인 나무[木]는 물[水]에서 나와 생성(生成)하므로, 나무는 물과 상생

의 관계이다. 반면 나무[木]는 쇠[金]를 만나면 사멸(死滅)하므로, 나무는 쇠와 상극의 관계이다. 이처럼 오행은 상생의 기운으로 보완하기도 하고 상극의 기운으로 약화되기도 한다. 음양과 오행은 만물의 존재 그 자체보다는 서로 관계를 맺음을 중요하게 여기는 사고가 반영되어 있다.

이처럼 인간이 자연과 하나로 연결되어 있다는 인식이나, 자연을 이용의 대상으로 본 인식이나 모두 인간이 자신을 둘러싼 세계에서 잘 살아가기 위한 생각에서 비롯된 것이다. 동양인이든 서양인이든 인간과 세계를 바라보며 삶의 방향을 모색해왔다는 것은 중요하다. 특히, 인간을 둘러싼 삶의 터전인 자연환경이 파괴되어 인간의 삶이 위협받게 된 현대 사회에서 우주 만물이 상보적 관계 속에서 유기적으로 순환한다는 동양적 사고는 매우 가치가 있다.

16 윗글의 설명으로 가장 적절한 것은?

① 동양과 서양의 사유 방식의 차이에 대해 의문을 제기하며 관심을 유발하고 있다.
② 동양적 사유의 변화 양상을 통시적 관점에서 설명하고 있다.
③ 동중서와 후대 사상가들을 비교하여 천인감응설의 원리를 밝히고 있다.
④ 천 사상과 관련된 오행의 원리를 예를 들어 설명하고 있다.
⑤ 동서양의 철학적 사유를 절충하여 현대 사회 위기의 극복 방안을 제시하고 있다.

17 윗글을 통해 알 수 있는 내용으로 적절하지 않은 것은?

① 만물의 생성과 소멸은 상보적 관계로 발전하기 위해 순환한다.
② 동양에서 만물을 이루는 기는 형태는 달라지나 사라지지 않는다.
③ 음과 양의 상보적 관계도 만물은 하나로 연결되어 있다는 인식에서 비롯되었다.
④ 동양과 달리 서양에서의 '여기'는 현실적 삶의 공간이자 떠날 수 있는 공간이다.
⑤ 동양에서는 서로 다른 생명체나 사물도 기를 매개로 소통할 수 있다고 생각했다.

18 〈보기〉는 윗글을 심화 학습하며 정리한 내용이다. [A]를 바탕으로 〈보기〉를 이해한 내용으로 적절하지 않은 것은?

〈보기〉

○ 하늘에는 기쁨과 성냄, 슬픔과 즐거움의 기(氣)가 있다. 봄에는 하늘의 기쁨의 기로, 가을에는 성냄의 기로 만물이 태어나고 시들며, 여름에는 하늘의 즐거움의 기로, 겨울에는 슬픔의 기로 만물이 자라나고 숨게 된다. 인간의 희로애락(喜怒哀樂) 역시 이러한 하늘을 닮은 것이다.
○ 위정자의 실책으로 인간의 삶이 혼란스러워지면 하늘이 재이(災異)를 일으켜 사람들을 놀라게 하고 두렵게 만들어 경고한다. 그럼에도 불구하고 여전히 두려워할 줄 모르면 재앙(災殃)을 일으킨다.

① 인간에게 희로애락이 있다는 것은 하늘의 기와 인간의 기가 서로 호응한다는 것을 보여주는군.
② 생성과 소멸의 순행으로 계절의 기운이 달라지는 것은 하늘을 닮으려는 인간의 의지에 의한 것이군.

③ 하늘이 '재이'를 일으키는 것은 땅에서의 인간의 어긋난 도덕성을 바로잡아 인간을 이롭게 하려는 것이군.
④ 하늘이 인간을 두렵게 하는 것은 인간이 스스로 자신의 삶을 성찰하여 하늘의 뜻에 따르도록 하기 위함이군.
⑤ '재앙' 이전에 '재이'를 일으키는 것은 인간이 하늘의 뜻을 돌이켜 보게 하여 하늘을 닮은 인간의 근본을 다시 찾도록 하려는 것이군.

19 ㉮와 관련하여 〈보기〉의 두 번째 처방에 대해 추리한 내용으로 가장 적절한 것은? [3점]

〈보기〉

['○○의학서'의 처방 사례]

한 아이가 구토하며 설사를 하자, 여러 의원들이 독기를 빼내기 위해 약을 처방하였으나 회복되지 않았다. 그런데 의원 갑이 처방하자 구토와 설사가 멈추어 증상은 완화됐으나, 여전히 기력을 회복하지 못했다. 이에 두 번째 처방을 내리자 아이는 회복했다. 사람들이 그 비결을 묻자 의원 갑은 이렇게 말했다.

"우리 몸의 장기인 간, 심장, 비장, 폐, 신장은 각각 목(木), 화(火), 토(土), 금(金), 수(水)에 대응됩니다. 장기의 병은 그 장기의 기(氣)가 부족하거나 과할 때 생기니, 상생 및 상극의 관계에 있는 장기의 기운을 조절하면 병을 치료할 수 있습니다. 아이가 아픈 것은 비장과 신장이 모두 허약해서 그러한 것인데, 저의 첫 번째 처방으로 비장의 기는 채워졌지만 신장의 기는 여전히 부족한 상태였습니다. 그리하여 두 번째 처방을 내리자 병세가 회복된 것입니다."

① 상생 관계에 있는 폐의 기운을 올려 주어 부족한 신장의 기운을 채워 주었겠군.
② 상생 관계에 있는 간의 기운을 올려 주어 부족한 신장의 기운을 채워 주었겠군.
③ 상생 관계에 있는 심장의 기운을 올려 주어 부족한 비장의 기운을 채워 주었겠군.
④ 상생 관계에 있는 간의 기운을 내려 주어 부족한 비장의 기운을 채워 주었겠군.
⑤ 상극 관계에 있는 비장의 기운을 올려 주어 부족한 신장의 기운을 채워 주었겠군.

20 ㉠과 문맥적 의미가 가장 가까운 것은?

① 화는 또 다른 화를 불렀다.
② 그는 속으로 쾌재를 불렀다.
③ 사람들은 그를 천재라고 불렀다.
④ 친구는 반가운 목소리로 나를 불렀다.
⑤ 그 가게는 옆 가게보다 값을 더 비싸게 불렀다.

2021 기출문제

[21~25] 다음 글을 읽고 물음에 답하시오.

법학적으로 해석은 법관이 법률의 내용을 구체적이고 명확하게 확정하는 것을 말한다. 법률은 해석을 거친 다음 개별 사안에 적용된다. 법조문의 의미로만 한정하여 법률을 적용하는 것을 '법발견', 법조문이 의미할 수 있는 가능한 범위까지 법률을 적용하는 것을 '법형성'이라 한다.

법발견은 법관이 적합한 법률 조문을 찾아서 개별 사안에 적용하는 것으로 법적삼단논법으로 설명할 수 있다. 법적삼단논법은 '대전제 → 소전제 → 결론'으로 구성되는 연역적 추론 과정을 법률 적용에 응용하는 것이다. 즉 대전제인 법률의 내용에 소전제인 법적사태가 해당되는가의 여부에 따라 결론을 내린다.

법적사태는 법적 판단이 필요한 구체적인 사건을 가리키며, 이 사태에 적용할 수 있는 법률이 무엇인지 탐색하고 해석하여 적용하는 것을 포섭이라고 한다. 이때 ㉠ <u>법발견의 관점에서 법률을 해석하여 적용하는 법관은 법률의 부족함이나 오류가 없다고 가정한다.</u> 그렇지 않으면 포섭을 통해 결론에 이르는 논증 과정이 성립할 수 없기 때문이다. 이 관점에서의 법관의 역할은 법률의 완전성을 신뢰하고 법적 분쟁을 법적삼단논법에 따라 처리하는 것이다.

그런데 현실적으로 우리 사회에서 일어나는 현상은 다양하고 복잡하기 때문에 법률 조문이 이러한 인간행위들을 완벽하게 포괄할 수는 없다. 그래서 법률 조문은 일반적으로 추상적인 의미를 갖는 명제의 형태로 기술된다. 또한 법을 제정하는 시점에서 이후에 발생할 수 있는 모든 경우들을 예측하여 규정할 수 없기 때문에, 사회 · 문화적 변화에 따라 입법 당시에는 없었던 것이 법적 분쟁의 대상이 될 수도 있다. 이러한 법률의 불완전성을 '법률의 흠결'이라고 한다.

법률의 흠결은 크게 명시적 흠결과 은폐된 흠결로 나눌 수 있다. 명시적 흠결은 적용할 법률 조문이 다양한 법적사태들을 충분하게 포섭할 정도로 내용을 갖추지 못하여 공백이 드러나는 경우를 말한다. 한편 은폐된 흠결은 법률 조문들이 지나치게 추상적으로 기재되어 있고, 법률을 세부적으로 한정해야 하는 예외조항이나 단서조항 등이 없기 때문에 법률이 과잉 적용되는 경우를 말한다. 그러나 이런 경우에도 법률의 흠결 때문에 법관이 법적 판단을 미루거나 거부할 수는 없다. 이때 법관은 법형성을 통해 그 흠결을 보충할 수 있다. 일반적으로 명시적 흠결은 법률의 유추 적용을 통해 논리적으로 보충된다. 즉, 법률 조문의 공백으로 인해 포섭할 수 없는 사안이 있을 때에는 유사한 다른 사안을 규율하는 법률을 찾아 이를 해당 사안에 적용하는 것이다. 예를 들어 법률 조문에 이자를 지급하라는 규정은 있으나 입법 과정에서 실수로 이자율을 명시하지 않았다면, 이자율을 규정하고 있는 다른 법률의 조항을 참조해 적정한 이자를 지급하라고 판단을 내릴 수 있다. 한편 은폐된 흠결은 목적론적 축소 적용이라는 방법으로 보충될 수 있다. 이는 법률 조문에 포섭될 수 있는 사례들 중에서 입법의 목적에 부합하지 않는 예외적인 경우는 배제하는 것으로, 해당 법률의 적용 범위를 합리적으로 축소하는 것을 말한다.

법형성의 관점에서 적용하는 법률의 유추적 적용이든 목적론적 축소 적용이든 법형성은 입법기관이 제정한 법조문의 의미를 넘어서는 범위에서 법관이 흠결을 보충한다는 점에서 정당성에 대한 문제를 제기 받을 수 있다. 그래서 법률의 흠결을 보충할 때에는 해당 법률을 제정한 근본적인 목적과 의도를 충실하게 실현하는 방향으로 구현한다. 삼권이 분립된 민주적 법치국가에서는 입법권을 가진 의회가 법을 만들고 법관으로 구성된 법원은 법률을 적용하는 사법권을 갖는다. 법관이 법률을 해석하고 적용하는 과정 역시 헌법과 법률에 구속되는데, 이를 사법권의 법적 기속(羈屬)이라 한다. 따라서 법관의 법형성은 의회의 입법권을 침해하지 않아야 하고 입법의 취지와 의도를 살릴 수 있는 범위 안에서 정당하게 작용할 수 있으며, 법관은 이를 논증해야 하는 부담을 진다.

하지만 법관의 법형성이 원천적으로 금지되는 경우도 있다. 대표적으로 형법의 죄형법정주의를 들 수 있다. 죄형법정주의는 어떤 행위가 범죄에 해당하는지, 그리고 그에 따른 ㉡ 형벌이 무엇인지는 반드시 입법기관이 제정한 법률에 의해야 한다는 원칙이다. 형법은 범죄 행위를 판단하는 시점에 적합한 법률이 존재해야 하며, 그 조문에 명확히 포섭되는 행위를 한 사람만 처벌한다는 원리를 따른다. 만일 형법을 적용할 때 유추 적용을 인정하면 새로운 범죄의 성립을 인정하게 될 우려가 있기 때문이다. 따라서 형법의 경우 법 적용 시 법관의 법형성을 애초에 불가능하게 하여 국가 권력이 형벌권을 자의적으로 남용할 수 없게 하는 것이다.

21 윗글을 통해 대답할 수 없는 질문은?

① 법발견과 법형성의 역사적인 기원은 무엇인가?

② 법발견과 법형성 과정에서 법관의 역할은 무엇인가?

③ 법발견과 법형성의 법적 적용 시 차이점은 무엇인가?

④ 법발견과 법형성 중 법률의 완전성을 신뢰하는 것은 무엇인가?

⑤ 법발견과 법형성의 관점에서 흠결에 대한 입장의 차이는 무엇인가?

22 〈보기〉의 '예링'의 입장에서 ㉠에 대해 비판할 수 있는 말로 가장 적절한 것은? [3점]

〈보기〉

개념법학은 법체계와 법률의 완결성을 신뢰하고, 법률의 개념적 분석과 논리적 추론으로 법적 결론에 이르고자 하는 것으로 법률의 외부 요소와 법관의 재량을 인정하지 않았다. 이에 반해 예링은 법은 사회적 목적을 실현하는 실용적인 수단이며, 입법의 의지와 취지를 살릴 수 있는 범위 안에서 종합적으로 적용할 수 있는 것이라 보았다. 그에게 있어서 개념법학은 법률을 현실과 동떨어진 개념의 천국에서 기계적으로만 적용하는 것이었다.

① 법률을 제정한 사회적 목적과 의도에 맞게 법률 조문의 범위로만 판단해야 한다.

② 법률을 개념적으로 분석하여 충실하게 적용하려면 법률의 완결성을 신뢰해야 한다.

③ 법률을 적용할 때는 법의 목적과 입법의 취지를 참작하여 능동적으로 판단해야 한다.

④ 법률의 부작용을 최소화하기 위해서는, 법관은 법률을 제정하는 단계부터 입법 과정에 개입해야 한다.

⑤ 법률에 영향을 주는 요소들을 식별하기 위해서는, 법률의 외부 요소를 차단할 수 있는 방법을 고민해야 한다.

23 ㉡의 생각을 지지할 수 있는 입장으로 적절한 것만을 〈보기〉에서 골라 묶은 것은?

〈보기〉

ㄱ. 법관은 사안에 따라 법률 조문에 반대되는 판단도 할 수 있다.
ㄴ. 법관은 자신의 주관과 양심에 따라 자유롭게 판결할 수 있어야 한다.
ㄷ. 법관의 임무는 법률을 적용하는 것이지 법률을 탐구하는 것이 아니다.
ㄹ. 법관은 불법 행위가 범죄에 해당하는지 포섭할 때에는 법조문에 의해서만 판단해야 한다.

① ㄱ, ㄴ　② ㄱ, ㄷ
③ ㄴ, ㄷ　④ ㄴ, ㄹ
⑤ ㄷ, ㄹ

※ 다음은 학생들의 모의 법정에 관한 내용이다. 윗글과 〈자료〉를 읽고 24번, 25번 두 물음에 답하시오.

〈자료〉

[사건 개요]

'갑'은 풀을 모아 불을 붙인 후 불이 완전히 꺼졌는지 확인하지 않고 자리를 떠났다. 이 과실로 남은 불씨가 주변에 옮겨붙어, '을'이 소유한 과수원을 태워 재산상의 손해를 입혔다.

[관련 법률 내용]

형법 제3조(실화*) 과실로 인하여 자기의 소유에 속하는 제1조 또는 제2조에 기재한 물건을 소훼* 하여 공공의 위험을 발생하게 한 자는 500만 원 이하의 벌금에 처한다.

[학생의 판결문]

[학생 1]	형법 3조에서 '자기의 소유에 속하는'이라는 구절은 '제1조 또는 제2조에 기재한 물건' 전체를 수식한다고 보아야 한다. 그리하여 과실로 타인 소유의 과수원을 태운 갑의 행위는 이 법률의 적용 대상이 될 수 없다. 따라서 법적으로 처벌할 수 없다. 갑의 행위는 처벌할 필요성은 인정되지만, 적용할 수 있는 규정이 없다. 처벌은 법을 제정 또는 개정해야 가능하다.
[학생 2]	형법 3조에서 '자기의 소유에 속하는'이라는 구절이 '제1조 또는 제2조에 기재한 물건' 전체를 수식한다면, 타인이 소유한 물건 또는 건물을 과실로 태운 사람을 처벌할 조항은 없다. 타인이 소유한 건물을 방화한 경우를 자신이 소유한 건물을 방화한 경우보다 더 무겁게 처벌하는 다른 법률 조항에 비추어 보면, 이 판단은 불합리하다. '자기의 소유에 속하는'이라는 구절을 제1조만 수식한다고 보고, 제2조는 '자기 또는 타인의 소유에 속하는'에 해당하는 것으로 해석해야 한다. 그러면 타인이 소유한 건물을 과실로 태운 갑의 행위도 이 법률에 적용 대상이 되므로 처벌해야 한다.

*실화(失火) : 잘못해서 불을 냄.
*소훼(燒燬) : 불에 태워 없앰.

24 '학생 1'과 '학생 2'의 공통된 생각으로 가장 적절한 것은?

① 갑의 행위는 처벌해야 할 필요성이 인정된다.
② 갑의 행위는 법을 개정하기 전에는 처벌할 수 없다.
③ 실화는 방화의 법률 조항을 기준으로 처벌해야 한다.
④ 포섭할 수 없는 법적사태는 유사한 법률로 판결해야 한다.
⑤ 법률로 해석될 수 없는 예외의 경우는 법적 판단을 보류해야 한다.

25 윗글을 바탕으로 위 〈자료〉를 이해한 내용으로 적절하지 <u>않은</u> 것은? [3점]

① 학생 1이 갑의 처벌을 위해서는 법을 제정 또는 개정해야 한다고 한 것은 삼권분립에 따른 것이군.
② 학생 2는 다른 법률 조항의 처벌 수위를 참조하여 자신의 판결에 대한 근거를 보충하고 있군.
③ 학생 2는 갑의 행위를 처벌할 조항이 없어 발생하게 될 상황을 고려하여 학생 1과 달리 해석하고 있군.
④ 학생 2가 '자기의 소유에 속하는'이라는 구절이 제1조와 제2조를 수식한다고 판단하는 것은 법률 조문의 완전성을 신뢰하기 때문이군.
⑤ 학생 1과 학생 2가 다른 결론을 내린 것은 법적삼단논법에서 대전제를 서로 다르게 해석했기 때문이군.

[26~29] 다음 글을 읽고 물음에 답하시오.

암의 발생 여부나 암의 악성도 등을 형태학적으로 관찰하는 방법은 시간이 많이 소요될 뿐만 아니라 세포의 핵이나 DNA의 상태를 정확하게 알 수 없기 때문에 암의 진행 상황을 예측하고 그에 따른 임상치료를 효과적으로 할 수 없다는 한계가 있다. 유세포 분석법은 이러한 한계를 극복하여 암의 발생 여부나 악성도 및 세포의 현재 상태를 빠르고 정확하게 예측할 수 있는 방법이다. 이 방법은 형광 염료로 세포, DNA 등의 세포 내 물질들을 염색한 후 이를 부유액 상태로 만들어 유세포 분석기 내부에 고속으로 통과시켜 세포의 물리적 특성과 생물학적 특성을 파악하는 데 활용된다.

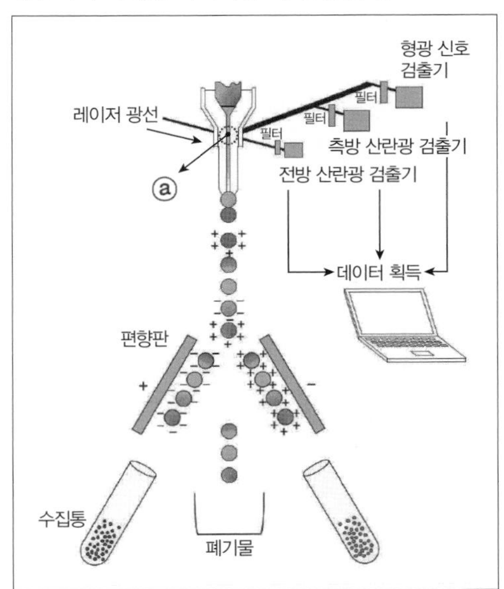

〈그림 1〉 유세포 분석기 기본 구조도

유세포 분석은 유세포 분석기로 빛의 세기를 통해 세포의 특징을 파악하고, 세포 검체를 하전시켜 분류하는 방법이다. 유세포 분석법을 시행할 때에는 먼저 형광 물질로 염색된 세포 검체를 부유액 상태로 만든 후 유체실의 세포 운반 노즐에 주입한다. 주입된 부유액이 레이저 광선이 조사(照射)되는 지점에 도달하면, 반사 거울과 조정 렌즈로 검체의 중심에 초점이 맞도록 조정된 레이저 광선이 조사된다. 이 광선은 〈그림 1〉의 ⓐ지점에서 일정한 유속으로 흐르는 세포 검체들과 부딪힌 후 산란되거나 세포 내부로 흡수되는데, 레이저 광선이 조사되는 방향인 광축으로 산란되는 빛의 세기는 세포의 크기와 표면적에, 레이저 광선의 직각 방향으로 산란되는 빛의 세기는 세포 과립성과 내부 복잡도에 비례한다. 또한 세포에 염색된 형광 물질은 조사된 레이저 빛의 에너지를 흡수하였다가 고유한 파장의 형광 신호를 방출한다. 방출된 형광 신호의 양은 세포 내의 DNA 함량에 비례한다. 통상 사용하는 형광 물질인 FITC와 PE는 488nm의 레이저 빛을 받으면 약 535nm의 파장의 녹색 빛과 약 585nm의 파장의 주황 빛이 각각 방출된다.

전방 산란광 검출기는 광축 방향으로 산란하는 전방 산란광을, 측방 산란광 검출기는 측방 산란광을, 형광 신호 검출기는 세포 검체에서 방출되는 형광 신호를 검출한다. 각 검출기 앞에는 광학 필터가 부착되어 있어 분석하려는 목적에 따라 광학 필터를 선택하여 특정 신호의 파장을 검출한다. 예를 들어 FITC가 방출하는 형광 신호를 검출하고자 할 경우에는 535nm 근처의 파장을 통과시키는 광학 필터를 사용해야 하므로, 530 ± 15nm의 파장을 통과시키는 '530/30' 광학 필터를 사용한다.

검출기를 통과한 산란광은 광전자관에 의해, 형광 신호는 광전자 증폭관에 의해 증폭된 후 전기 신호로 바뀌어 컴퓨터 화면에 나타난다. 이들은 각 세포 별 크기와 같은 물리적 특성이나 내부 복잡도 등과 같은 생물학적 특성에 따라 2차원 좌표상의 X축과 Y축 상에 점들로 표시된다. 예를 들어 림프구, 단핵구, 호중구 등으로 분류되는 백혈구를 세포의 크기를 기준으로 분석할 때에는 X축을 전방 산란광 신호 세기로, 세포내부의 복잡도를 분석할 때에는 X축을 측방 산란광 신호 세기로 설정한다. 이때 Y축을 해당하는 세포의 검체 수로 설정하면 세포의 크기나 내부 복잡도 등에 따른 세포의 특성을 파악할 수 있다. 〈그림 2〉는 전방과 측방 산란광 신호를 한 좌표 평면에 나타내어 세포 별 크기와 내부 복잡도의 상관관계를 세포의 분포비율로 파악하기 위해 할 수 있는 그래프이다. 사람의 정상적인 체세포에는 2배체 염색체들이 들어있는데,

분열이 진행될 때는 그 수가 두 배로 증가되었다가 체세포 분열이 완료되면 세포가 둘로 분열되어 다시 2배체가 된다. 그러나 암세포의 염색체 수는 정상 세포와 다르게 나타난다. 세포 내 DNA 함량은 염색체 수에 따라 달라진다. 정상 세포와 암 세포는 DNA의 함량이 다르다. DNA는 형광 신호로 그 특성을 파악할 수 있기 때문에 형광 물질로 DNA를 염색하여 그 특성을 파악한다. 암 발생 여부를 알기 위해서 동일한 형광 물질로 염색된 DNA는 동일한 파장의 형광 신호를 방출한다. 이 경우 세포 내 DNA 함량에 따라 방출되는 형광 신호의 양이 달라지므로 〈그림 3〉과 같이 표시된다. 이를 통해 환자의 암 발생 여부를 알 수 있다.

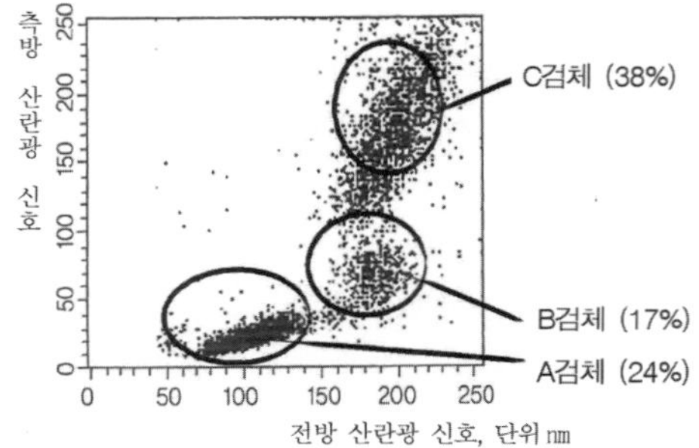

※단, 각 검체의 ( )는 전체 검체수에서 차지하는 비율임.

〈그림 2〉

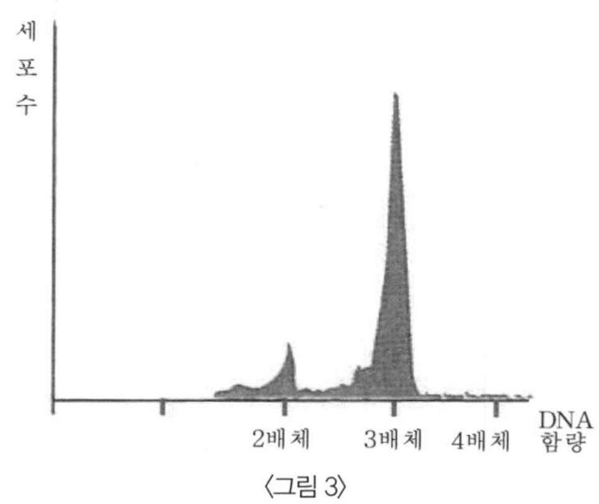

〈그림 3〉

한편 유세포 분석기를 통해 생물학적 특성에 차이가 나는 세포들을 분리할 수 있다. 예를 들어 백혈구 세포에서 림프구와 단핵구를 분리하고자 할 경우, 사전에 림프구는 양(+)으로, 단핵구는 음(-)으로 하전되도록 설정한다. 세포 검체가 레이저 광선 조사부를 통과하면, 세포 검체의 유형이 순간적으로 측정되고 그 결과에 따라 사전에 설정한 전하가 세포 부유액에 하전된다. 이후 이 세포 부유액에 초음파 진동을 가하면 부유액이 물방울로 변환되어 아래로 떨어지면서 편향판을 통과하여 림프구는 음극판 쪽으로, 단핵구는 양극판 쪽으로 떨어지게 된다. 그 이외의 세포는 하전되지 않았기 때문에 그대로 아래로 떨어진다.

이러한 유세포 분석법은 기존의 방법보다 효율적으로 세포의 물리학적 특징과 생물학적 특징을 분석할 수 있다는 장점이 있다. 또한 레이저, 필터 등을 추가로 설치하는 것이 가능하기 때문에, 세포가 지닌 여러 가지 생물학적 특징을 효율적으로 측정할 수 있어 의학 분야에서 널리 활용되고 있다.

26 **다음은 윗글을 읽은 학생의 독서 기록 중 일부이다. 윗글을 참고할 때, '점검 결과'가 적절하지 않은 것은?**

〈보기〉

[읽기 계획] 1문단을 훑어보면서 뒷부분을 예측하고 질문 만들기를 통한 후, 글을 읽고 점검하기

예측 및 질문 내용	점검 결과
○ 유세포 분석기의 구조와 원리에 대해 설명하고 있을 것이다.	예측과 같음 ········ ①
○ 세포의 핵이나 DNA 상태 분석이 암 치료에서 중요한 이유를 설명하고 있을 것이다.	예측과 다름 ········ ②
○ 유세포 분석법에서 검사할 세포를 부유액으로 만드는 이유는 무엇일까?	질문의 답이 언급되지 않음 ········ ③
○ 유세포 분석법을 통해 알 수 있는 세포의 물리적 특성에는 어떠한 것들이 있을까?	질문의 답이 제시됨 ········ ④

○ 유세포 분석법에서 세포 내 물질을 형광 염료로 염색하는 이유는 무엇일까?	질문의 답이 언급되지 않음 ⋯⋯⋯⋯⋯⋯ ⑤

⑤ 〈그림 2〉는 세포 별 크기와 내부 복잡도의 상관관계를 통해, 〈그림 3〉은 방출하는 형광 신호의 양에 따른 세포의 특성을 파악할 수 있다.

27 윗글을 통해 알 수 있는 내용으로 가장 적절한 것은?

① 세포 검체는 세포 운반 노즐에 주입된 후 형광 물질로 염색된다.

② 유세포 분석 방법보다 형태학적 관찰 방법의 검사 소요 시간이 짧다.

③ 검출기를 통과한 산란광은 광전자 증폭관에 의해 증폭된 후 전기 신호로 변환된다.

④ 세포 검체에 부딪혀 전방 산란 검출기를 통과한 빛을 분석하면 세포의 크기와 표면적을 알 수 있다.

⑤ 세포의 물리적 특징을 분석하기 위해 조사된 레이저 광선은 세포 검체에 부딪힌 후 모두 산란된다.

28 윗글과 〈그림 2〉, 〈그림 3〉을 통해 알 수 있는 내용으로 적절하지 않은 것은? [3점]

① 〈그림 2〉로 볼 때, B는 A보다 세포 과립성과 내부 복잡도가 크다.

② 〈그림 2〉로 볼 때, 세포 크기가 작더라도 전체 검체에서 차지하는 비율이 클 수 있다.

③ 〈그림 3〉을 보면, 3배체의 존재를 통해 환자의 암 발생 여부를 판단할 수 있다.

④ 〈그림 3〉의 경우 DNA 함량이 큰 검체일수록 전체 세포 검체에서 차지하는 비율이 높다.

29 〈보기〉는 유세포 분석기 일부를 도식화한 것이다. 윗글을 바탕으로 〈보기〉를 이해한 내용으로 적절하지 않은 것은?

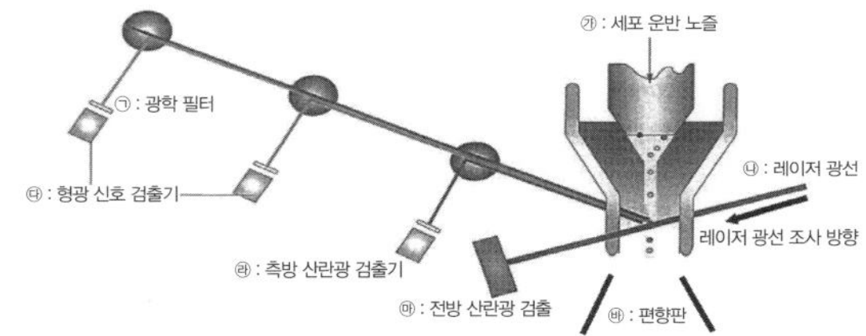

〈보기〉

○ 유세포 분석기 설정 : 488nm 파장의 레이저 광선을 조사함.

○ 형광 검출기 검출 결과 : 535nm와 585nm 파장의 형광 신호가 검출되었음.

(단, 부유액에는 535nm와 585nm 파장을 방출하는 형광 물질로 염색된 세포 검체만 포함되어 있음.)

① ㉮에 주입되는 세포 부유액에는 FITC와 PE로 염색된 세포 검체가 포함되어 있겠군.

② ㉯는 반사 거울과 조정 렌즈의 의해 세포 검체의 중심에 초점이 맞도록 조정되겠군.

③ ㉠에 '560/30' 광학 필터를 부착했다면, ㉰에서는 585nm 파장의 형광 신호를 검출하지 못했겠군.

④ ㉱에서 측정되는 신호의 세기는 ㉲에서 측정된 신호와 달리 세포 검체 내부에 포함된 물질의 영향을 받지 않겠군.

⑤ ㉳를 통과하여 녹색 형광 신호를 방출한 세포 검체가 음으로 하전되었다면 주황색의 형광 신호를 방출하는 세포 검체는 음극판으로 분리되겠군.

[30~33] 다음 글을 읽고 물음에 답하시오.

(가)
비가 온다
오누나
오는 비는
올지라도 한 닷새 왔으면 좋지.

여드레 스무날엔
온다고 하고
초하루 삭망(朔望)이면 간다고 했지.
㉠ 가도 가도 왕십리(往十里) 비가 오네.

웬걸, 저 새야
울려거든
왕십리 건너가서 울어나 다고,
비 맞아 나른해서 벌새가 운다.

천안(天安)에 삼거리 실버들도
촉촉히 젖어서 늘어졌다데.
비가 와도 한 닷새 왔으면 좋지.
구름도 산마루에 걸려서 운다.

– 김소월, 「왕십리(往十里)」 –

(나)
어머니 장사 떠나시고 다시 맡겨진 송천동
봄날은 골짜기마다 유난히 햇볕 밝게 내려서
날이 풀리면, 배고파지면 아이들 따라
바위 틈에 숨은 게들 잡으러 개펄로 갔다

게들은 바위 모서리나 청태 낀 비탈에
제 몸 가득 흰 거품 부풀려 먼 수평선 바라보아도
해종일 바람 불고 파도 그치지 않아서
㉡ 송천동, 선뜻 발자국 지워지며 끝없던 모래벌

어느새 그 해 여름 지나고 막막한 가을도 가서
물결은 더욱 차갑게 출렁거리고 인적조차 끊어지면
송천동, 아득한 방죽 따라 구름 몰려와
눈 내려 또 한 해 겨울 돌아오던 곳

누구는 어느 집 양자되고 다시 몇 명은
낯선 사람 따라서 바다 건너 떠나갔지만
모른다, 내게 와 부딪친 그리움도 부질없이
아직도 그 물결에 젖고 있을지
송천동 송천동 바람 불어 게들 바위 틈에 숨던 곳

– 김명인, 「머나먼 곳 스와니 Ⅰ」 –

30 (가)와 (나)의 공통점으로 가장 적절한 것은?

① 공간의 이동에 따라 화자의 갈등이 해소되고 있다.
② 화자의 내면을 외적 대상에 투영하여 표현하고 있다.
③ 명사로 시행을 종결하여 시적 여운을 드러내고 있다.
④ 쉼표를 사용하여 여유를 느끼고 있는 화자의 심리를 드러내고 있다.
⑤ 유사한 통사 구조를 활용한 수미상관을 통해 시상을 마무리하고 있다.

31 〈보기〉를 바탕으로 (가)를 감상한 내용으로 적절하지 않은 것은?

〈보기〉

이 시는 일제 강점기 백성으로서 겪는 비애와 한(恨)을 나그네의 심정과 비를 연계하여 그려내고 있다. 이 시에서 '한 닷새' 정도 내리는 비는 여정에 지친 나그네에게 쉴 수 있는 시적 상황이다. 반면, 추적추적 계속 내리는 비는 여정에 방해가 되는 거추장스러운 것으로 그려진다. 이와 관련하여 이 시에는 '여드레 스무날엔 온다고 하고', '초하루 삭망이면 간다'고 하는 관습적 표현이 활용된다. 당대 물가에서 생업을 이어가는 사람들에게 '여드레와 스무날' 경은 조수가 낮아 바다로 통하는 물가의 바닥이 드러나 조개 채취 등을 할 수 있는 때이다. 그러므로 이때 내리는 비는 일을 할 수 없게 하는 거추장스러운 존재이다. 반면, '초하루 삭망' 때에는 어차피 조수가 높고 물도 탁하여 일하지 못할 때가 많아 비가 와도 그만이다. 이러한 표현에는 '오지 말아야 할 때는 온다고 하고, 가도 그만인 때에는 간다고 하는' 비마저도 뜻대로 되지 않는 것에 대한 당대 우리 백성들의 서러움이 화자의 심정과 처지에 맞물려 표현되고 있다.

① '온다', '오누나', '오는', '올지라도'의 연쇄적 변주를 통해 비가 그치지 않고 계속 내리는 상황과 화자의 처지를 부각하고 있군.

② '한 닷새' 오는 비에 대한 화자의 심정은, 물가에서 생업을 이어가는 사람들이 '초하루 삭망'에 오는 비를 보며 안타까워하는 심정과 유사하겠군.

③ '여드레 스무날엔 온다고 하고', '초하루 삭망이면 간다'는 관습적 표현을 활용하여 뜻대로 되지 않는 상황에 대한 화자의 심정과 처지를 드러내고 있군.

④ '비 맞아 나른해서'와 '운다'를 통해 시적 대상이 여정에 방해가 되는 비를 맞고 있음을 짐작할 수 있군.

⑤ '천안(天安)에 삼거리 실버들도' '촉촉히 젖어서 늘어졌다데.'는 비가 다른 공간에서도 내리는 상황을 화자가 전달하며 공간적 확장을 통해 일제 강점기의 상황을 보여 주는군.

32 ㉠과 ㉡에 대한 설명으로 가장 적절한 것은?

① ㉠은 ㉡과 달리 부재한 대상과의 재회에 대한 화자의 열망을 보여 준다.

② ㉠은 화자의 상황 극복 의지를, ㉡은 대상에 대한 화자의 연민을 보여 준다.

③ ㉠은 현실에서 벗어나고 싶은 정서를, ㉡은 과거 상황에 대한 정서를 환기하는 공간이다.

④ ㉠과 ㉡은 모두 이르지 못하는 세계를 지향하는 화자의 고뇌를 보여 준다.

⑤ ㉠과 ㉡은 모두 그 공간과 관련된 경험에서 비롯된 화자의 인식 전환의 과정을 보여 준다.

33 (나)를 감상한 내용으로 적절하지 않은 것은?

① '유난히 햇볕 밝게' 내리는 봄날은 화자의 내면과 대비되는 배경으로 화자의 정서를 부각하고 있다.

② '물결은 더욱 차갑게 출렁거리고 인적조차 끊어지면'을 통해 '어느 집 양자'로 된 화자의 외로움과 절망감을 드러내고 있다.

③ '또 한 해 겨울 돌아오던 곳'은 계절의 순환을 통해서 기다림의 상황이 계속 이어졌음을 드러낸다.

④ '내게 와 부딪친 그리움도'는 화자의 내면에 남아 있는 그리워했던 순간에 대한 심정을 드러내고 있다.

⑤ '아직도 그 물결에 젖고 있을지'를 통해 '모른다'고 말하는 화자가 과거를 떠올리고 있음을 보여 주고 있다.

[34~36] 다음 글을 읽고 물음에 답하시오.

(가)

옥천산(玉泉山) 용천산(龍泉山) ᄂᆞ린 물히
정자(亭子) 압 너븐 들ᄒᆡ 올올(兀兀)히 펴진 드시
넙써든 기노라 프러거든 희지 마니
쌍룡(雙龍)이 뒤트ᄂᆞᆫ ᄃᆞᆺ 긴 깁을 치폇ᄂᆞᆫ ᄃᆞᆺ
어드러로 가노라 므ᄉᆞᆷ 일 ᄇᆡ얏바
닷ᄂᆞᆫ ᄃᆞᆺ ᄯᆞ로ᄂᆞᆫ ᄃᆞᆺ 빔ᄂᆞᆺ즈로 흐르ᄂᆞᆫ ᄃᆞᆺ
므조친 사정(沙汀)은 눈ᄀᆞᆺ치 펴졋거든
어즈러운 기러기ᄂᆞᆫ 므스거슬 어르노라
안즈락 ᄂᆞ리락 모드락 흣트락
노화(蘆花)을 ᄉᆞ이 두고 우러곰 좃니ᄂᆞᆫ뇨
너븐 길 밧기요 진 하ᄂᆞᆯ 아ᄅᆡ
드르고 ᄭᅩ존 거슨 모힌가 병풍(屛風)인가 그림가
아닌가

〈중략〉

남녀(籃輿)ᄅᆞᆯ ᄇᆡ야 ᄐᆞ고 솔 아ᄅᆡ 구븐 길노 오며 가며 ᄒᆞᄂᆞᆫ 적의
녹양(綠楊)의 우ᄂᆞᆫ **황앵(黃鸚) 교태(嬌態)**겨워 ᄒᆞᄂᆞᆫ괴야
[A] **나모** 새 ᄌᆞᄌᆞ지어 수음(樹陰)이 얼린 적의
백척(百尺) 난간(欄干)의 긴 **조으름** 내여 펴니
수면(水面) **양풍(凉風)**이야 긋칠 줄 모르ᄂᆞᆫ가
즌서리 ᄲᅡ진 후의 산빗치 금슈로다
황운(黃雲)은 ᄯᅩ 엇지 만경(萬頃)의 편거긔요
어적(漁笛)도 흥을 계워 ᄃᆞᆯ를 ᄯᆞ라 브니ᄂᆞᆫ다
초목(草木) 다 진 후의 강산(江山)이 ᄆᆡ몰커ᄂᆞᆯ
조물(造物)리 헌ᄉᆞᄒᆞ야 빙설(氷雪)노 ᄭᅮ며 내니
경궁요대(瓊宮瑤臺)와 옥해은산(玉海銀山)이
안저(眼底)에 버러세라
건곤(乾坤)도 가ᄋᆞᆷ열샤 간 대마다 경이로다
인간(人間)을 써나 와도 내 몸이 겨를 업다
니것도 보려ᄒᆞ고 져것도 드르려코
ᄇᆞ람도 혀려ᄒᆞ고 ᄃᆞᆯ도 마즈려코
ᄇᆞᆷ으란 언제 줍고 고기란 언제 낙고
시비(柴扉)란 뉘 다드며 딘 곳츠란 뉘 쓸려료
아ᄎᆞᆷ이 낫브거니 나조ᄒᆡ라 슬흘소냐
오ᄂᆞᆯ리 부족(不足)거니 내일리라 유여(有餘)ᄒᆞ랴
이 뫼ᄒᆡ 안ᄌᆞ 보고 져 뫼ᄒᆡ 거러 보니
번로(煩勞)ᄒᆞᆫ ᄆᆞᄋᆞᆷ의 ᄇᆞ릴 일리 아조 업다
쉴 ᄉᆞ이 업거든 길히나 젼ᄒᆞ리야
다만 ᄒᆞᆫ 청려장(靑藜杖)이 다 뫼 듸여 가노ᄆᆡ라
술리 닉어가니 벗시라 업슬소냐
블니며 ᄐᆞ이며 혀이며 이아며
온가짓 소ᄅᆡ로 취흥(醉興)을 ᄇᆡ야거니
근심이라 이시며 시ᄅᆞᆷ이라 브터시랴
누으락 안즈락 구부락 져츠락
을프락 ᄑᆞ람ᄒᆞ락 노혜로 소긔니
천지(天地)도 넙고 넙고 일월(日月)도 한가ᄒᆞ다
희황(羲皇)을 모을너니 니 적이야 긔로괴야
신선(神仙)이 엇더턴지 이 몸이야 긔로고야
강산풍월(江山風月) 거ᄂᆞᆯ리고 내 백년(百年)을 다 누리면
악양루상(岳陽樓上)의 이태백(李太白)이 사라 오다
호탕정회(浩蕩情懷)야 이예셔 더ᄒᆞᆯ소냐
이 몸이 이렁굼도 역군은(亦君恩)이샷다

– 송순, 「면앙정가(俛仰亭歌)」 –

(나)

찬연한 봉(鳳)새 날며 옥룡(玉龍)이 서린 듯한 산세(山勢), 푸른 빛 송림(松林) 자락

지필봉(紙筆峯)과 연묵지(硯墨池)를 갖춘 향교(鄕校)에서
마음은 육경(六經)에, 의지는 천고(千古) 궁구(窮究)에 둔 공자 제자들
아! 봄철의 암송(暗誦), 여름의 농현(弄絃)*하는 경(景), 그것이 어떠하겠습니까?
해마다 삼월이면 먼 노정(路程)을 오신
아! 신관(新官)을 큰 소리로 맞는 경(景), 그것이 어떠하겠습니까?

〈3수〉

붉은 살구꽃 분분(紛紛)하고 **방초(芳草)**는 무성한데 술동이 앞에서의 긴 봄날과
짙게 푸른 나무 그늘 속 깊이 잠긴 단청(丹靑) 집,
거문고 위로 여름 **훈풍(薰風)**이 불고
황국(黃菊)과 단풍이 비단에 수 놓을 제 기러기 날아간 뒤에
아! **눈[雪]에 달빛**이 비치는 경(景), 그것이 어떠하겠습니까?
중흥(中興)한 성대(聖代)에 길이 대평(大平)을 즐기니
아! 사계절 놀고 지냅시다 그려.

〈5수〉

– 안축, 「죽계별곡(竹溪別曲)」 –

*농현(弄絃) : 거문고나 가야금 등의 현악기를 연주함.

34 (가)와 (나)에 대한 설명으로 적절하지 않은 것은?

① (가)는 인간의 다채로운 움직임을 열거하여 화자의 심리를 드러내고 있다.
② (가)는 (나)와 달리 대상과의 비교를 통해 삶에 대한 만족감을 드러내고 있다.
③ (가)는 (나)와 달리 학문과 연관된 사물을 제시하여 장소의 성격을 드러내고 있다.
④ (나)는 (가)와 달리 청유형 어미를 활용하여 풍류를 즐길 것을 권유하고 있다.
⑤ (가)와 (나) 모두 비유적 표현을 활용하여 대상에 역동성을 부여하고 있다.

35 (가)의 [A]와 (나)의 〈5수〉에 대한 설명으로 적절하지 않은 것은?

① [A]의 '황앵 교태 겨워'는 자연물을 통해 화자의 정서를, 〈5수〉의 '기러기 날아간 뒤에'와 '눈에 달빛'은 계절의 변화를 드러내고 있다.
② [A]의 '나모'의 '즈즈'진 모습과 〈5수〉의 '방초'는 나무와 풀의 무성한 모습을 통해 여름을 시각적으로 드러내고 있다.
③ [A]의 '양풍'은 '조으름'과, 〈5수〉의 '훈풍'은 '거문고'와 어우러지며 여름날의 한가로운 정취를 드러내고 있다.
④ [A]의 '황운'은 가을의 들판을 나타내며, 〈5수〉의 '황국과 단풍이 비단에 수 놓을 제'는 가을 풍경의 아름다움을 나타내고 있다.
⑤ [A]에서는 '어적'과 '돌'이 조응하는 장면을 통해 가을의 정취를, 〈5수〉에서는 '눈'과 '달빛'이 조응하는 장면을 통해 겨울의 정취를 드러내고 있다.

36 〈보기〉를 참고하여 (가)를 감상한 것으로 적절하지 않은 것은? [3점]

〈보기〉

송순은 '내 여기서 소요(逍遙)하고 면앙(俛仰)하며 여생을 보내게 되었으니 나의 소원이 이제야 이루어졌네.'라고 말했다. 여기서 면

앙은 굽어보고[면(俛)], 올려다본다[앙(仰)]는 뜻으로 면앙정가에는 두 가지 측면에서의 면앙이 나타난다. 먼저 정자를 중심으로 넓은 들판과 강물을 면하고 하늘과 산을 앙하는 공간에 대한 면앙이 나타난다. 화자의 시선은 굽어보는 것에서 올려다보는 것으로 이동하여 자연의 모습을 포착하기도 한다. 한편 시간상의 면앙은 현재를 면하고 과거를 앙하는 것이다. 이를 통해 화자는 역사적 인물을 떠올리며 현재 자신의 삶에 대한 인식과 태도를 드러내기도 한다.

① '안즈락 ᄂᆞ리락'하는 '기러기'의 움직임을 바라보는 화자의 시선은 '면'과 '앙'을 통해 자연스럽게 이동하게 되는군.

② '므조친 사정'은 눈같이 펴진 공간에 대한 '면'이며 하늘에서 '섯ᄂᆞᆫ'모습을 한 '모'는 '앙'으로, 정자에서 바라본 '면앙'의 경관을 조화롭게 드러내는군.

③ '일월도 한가ᄒᆞ다'는 시간상의 '면'을 통한 화자의 생각은 시간상의 '앙'을 거쳐 '니 적이야 긔로고야'라는 인식을 하게 되는군.

④ '인간을 ᄯᅥ나'오기 전의 '겨를 업'음으로 인해 '청려장'이 '뫼 듸여'졌다는 화자의 인식은 시간상의 '면앙'을 통한 과거에 대한 그리움에서 비롯된 것이군.

⑤ 화자가 역사적 인물인 '이태백'을 떠올리고 '호탕정회야 이예셔 더ᄒᆞᆯ소냐'라며 삶의 즐거움을 드러내는 것은 시간상의 '면앙'에 의한 인식에서 비롯된 것이군.

[37~40] 다음 글을 읽고 물음에 답하시오.

[앞부분의 줄거리] 조상 대대로 살아온 고향집 만취당은 정승이 나온다는 명당 터에 있는데, 아버지는 젊을 때 노름 때문에 빼앗겨 버렸고, 정승 자리에 '나'가 오를 것이라는 믿음을 가지고 만취당을 다시 찾겠다는 집념으로 살고 있다.

아내로부터 ㉠ 내 얘기를 전해들은 아버지가 날 불러 앉혔다. 내가 너한티 을매나 말했니! 모난 돌이 정 맞는 벱이라구. 그런디 도대체 어떻게 처신을 했으믄…… 너도 그렇지만 우리 모두 을매나 고생을 했냐 말여. 그런디 그 벼슬자리에 앉아보지두 못하구 모가지 걱정을 해야 하다니! 너도 니 오대조 할아버님 꼴이 되구 싶으냐? 그분께서두 바른 소릴 하시다가 조정에서 쫓겨나 낙향하신 겨. 처신만 잘했으믄 정승자리는 식은 죽 먹기였다는 겨. 그래설람 낙향해 가지군 오동남구 잎사구마냥 일찍 벼슬자리에서 떨어진 당신 신셀 한탄하믄서 당신은 이왕에 그렇게 됐지만서두 자손들만은 즁(겨울)꺼정 푸른 솔잎마냥 되라는 뜻으루다 만취당이라는 당호를 지어 붙이신겨. 나는 아버지의 그 ㉡ 터무니도 없는 얘기에 터져나오는 웃음을 참을 수가 없었다. 만약 내가 어렸다면 한 차례 종아리를 맞았을지도 모를 일이었다. 아버지는 노여운 기색이긴 했으나 입을 다물고 있었다. 나는 아버지의 낯빛을 살피면서 노여움을 돋우지 않으려고 애를 썼다. 그리고 조심스럽게 입을 열었다. 아버님 말씀대로 만취당의 만취가 겨울철이 돼도 솔잎의 푸른빛이 변하지 않는 걸 뜻하는 말이긴 하지만 그건 노후에도 그 굳은 절조가 변하지 않는 사람을 비유한 말이에요. 내 말에 아버지는 미간을 찌푸렸다. 그리고는 억지를 부렸다. 요새 세상은 옛날하군 달러. 절조를 지키구 살다간 웃음거리가 되는 벱여. 시류에 맞추어 살어야 하능겨. 그래야 즁에두 늘 푸른 소나무처럼 오래도록 부귀영화를 누릴 수가 있능겨. 만취당은 그런 뜻으루다 진 당호란 말여. 그런디 니가 아까 한 말, 대체 누가 그러디? 아버지의 물음에 나는 대답을 할 수가 없었다. 내게 ㉢ 그 얘기를 해준 것은 서예학원을 경영하는 아저씨였다. 물

론 아버지도 그 아저씨로부터 만취당의 내력을 들은 것이었다. 그런데도 만취당의 정확한 내력을 내게 말해주지 않았다. 그것은 다분히 의도적인 것이었다.

아버지는 내 목이 위험하게 됐다는 것을 아내로부터 들은 뒤부터 눈에 띄게 불안해하고 초조해했다. 절조를 지키느라고 벼슬자리를 잃게 된 오대조처럼 내 신세가 그렇게 될 것이 뻔했기 때문일 것이었다. 달포 전, 아버지는 나와 아내를 불러 앉히곤 자못 엄숙하게 말했다. 용이 물 밖에 나면 개미도 침노를 하는 벱이여. 어쩌다가 그런 실수를 했냐? 실수가 아니라 법을 어기는 일이기 때문에 소신껏 처리한 일이라고 대답하자 아버지는 화를 벌컥 냈다. 치성 드려 낳은 자식이 눈 먼 꼴이여. 야, 이 녀석아! 니가 이 애비 생각을 조금이라두 하는 눔이냐? 두말할 필요 읎이 며늘애기 너는 만취당에 내려가 애 낳을 작정해라. 내말 알겠지? 나는 아이를 낳으러 가다가 숲 속에 이르러 해산을 하게 되는 아내의 모습을 연상하며 쓴웃음을 날리지 않을 수 없었다.

화톳불은 끊임없이 아버지의 환영을 피워 올렸다. 나는 아버지가 만취당을 되찾는 데 성공했기를 빌었다. 그리고 이제 어디로 가야만 아버지를 만날 수 있는지 또 어떻게 찾아야 될지, 그런 것들을 궁리하기 시작했다.

(중략)

"우리 부친께서 틀림없이 이 동촌리에 오셨을 텐데…… 이장집에 가면 확인할 수 있을지 모르겠군요."

"실은……."

이 경장은 불 단속을 하느라고 굽혔던 허리를 펴고 ㉣ 잠시 멈췄던 얘기를 잇기 시작했다.

"어르신네께서 내려오셨던 건 확실합니다. 이짜, 택짜, 희짜 쓰시는 어른 아닙니까?"

"아니 어떻게 이름까지……."

나는 그의 말에 깜짝 놀랐다.

"제 이름과 똑같아서 욀 수가 있었습니다만. 실은 어르신네께서…… 저희들이 어제 어르신네를 연행했던 일이 있었습니다."

"지금 뭐랬소? 연행이라고 했소?"

나는 내 귀를 의심하지 않을 수가 없었다. 그가 나를 놀래켰기 때문에 혹 헛들은 것이 아닌가 싶었던 것이다.

"실은 어르신네께서 어제 약주가 과하셔가지고 군청에 들어가 군수 비서실에서 행패를…… 군청에서 연락해 오길 행패를 부렸다는 겁니다."

"행패라뇨? 무슨 행패를 부렸단 말입니까?"

나는 나도 모르게 언성을 높였다.

"그보다 먼저 아셔야 될 게 있으십니다만. 실은 만취당이 헐리게 됐습니다. 만취당뿐만 아니라 동촌리에 있는 모든 집들이 헐리게 된 겁니다."

"그건 또 ㉤ 무슨 얘기입니까?"

"여기에 농공단지가 들어서게 된 겁니다."

이 경장의 설명은 주민들에게 이미 이주비가 다 지불되었고 이주가 완료되는 다음 달부터는 공사가 시작되게끔 돼 있다는 것이었다. 그의 얘기는 계속되었다.

"어르신네께서는 그 사실을 아시고 홧술을 잡수신 끝에 군청에 들어가셔서 군수를 만나시겠다고 했는데 비서실에서 약주가 잔뜩 취하신 분이라 군수를 만나게 해주질 않았다는 겁니다. 그러니까 어르신네께서 화가 나셔서 비서실 전화며 의자를 집어던지는 소동을 일으키신 겁니다."

경찰에 연행된 아버지는 술이 깬 뒤 조사를 받게 되었는데 그 결과 그렇게 행동하게 됐던 까닭을 알게 되었고 또 이곳 태생의 노인이기도 해서 군청과 타협해 훈계 방면했다는 것이었다.

"아마 모르면 몰라도 어제 밤차로 올라가셨지 싶습니다만, 어젯밤에 내려오시고 올라가시고 길이 엇갈리신 모양입니다. 이장 집에 전화가 있으니 가셔서 댁에 전활 해보시지요."

나는 일시에 맥이 탁 풀리고 말았다. 아버지를 찾으러 왔다가 길이 어긋났다는 점도 맥빠지게 했지만 그보다도 이제는 만취당을 영원히 되찾을 수 없게 됐다는 실망감이 결정적으로 나를 그토록 맥빠지게 한 것이었다. 내가 이런데 아버지의 심정은 그야말로 어떠했겠느냐 싶었다.

– 김문수, 「만취당기(晩翠堂記)」 –

2021 기출문제

37 **윗글에 대한 설명으로 가장 적절한 것은?**

① 대화를 통해 중심 소재를 둘러싼 사건을 서술하고 있다.

② 배경 묘사를 통해 앞으로 벌어질 사건에 대해 암시하고 있다.

③ 작품 밖 서술자의 서술을 통해 현재 상황에 대한 이해를 돕고 있다.

④ 이야기 속에 또 다른 이야기를 삽입하여 사건을 입체적으로 드러내고 있다.

⑤ 서로 다른 장소에서 동시에 벌어진 사건을 병치하여 원인과 결과를 규명해 내고 있다.

38 **〈보기〉는 '만취당'에 대한 인물의 관계를 구조화한 것이다. 윗글의 내용과 관련하여 인물들에 대해서 이해한 내용으로 적절하지 않은 것은?** [3점]

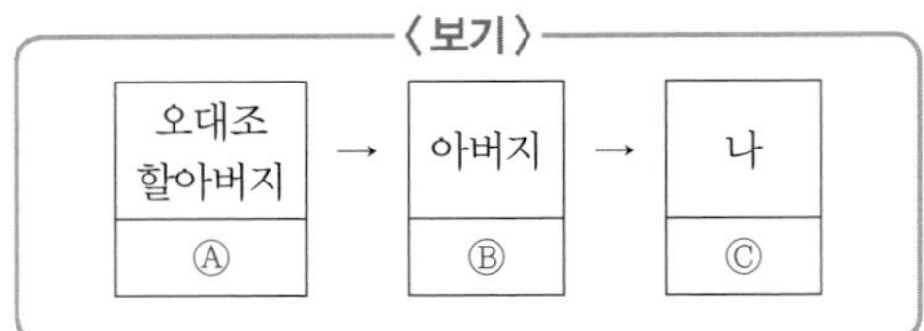

① Ⓐ가 지킨 만취당의 가치를 고수하기 위해 실수를 반복하는 Ⓒ에게 Ⓑ는 감정적인 반응을 보이고 있다.

② Ⓐ가 만취당을 세운 내력에 대해 Ⓑ는 알고 있으나 Ⓒ에게는 그 내력을 고의로 숨기고 있다.

③ Ⓑ는 Ⓐ가 만취당이라는 당호를 붙인 이유를 전달하며 Ⓒ가 현실과 타협할 것을 강요하고 있다.

④ Ⓑ는 Ⓐ가 만취당을 통해 전하고 싶었던 가치를 Ⓒ가 지니고 살아가는 것에 불안감을 느끼고 있다.

⑤ Ⓒ는 Ⓐ가 지키고자 했던 가치에 대해서 Ⓑ와 다른 모습을 보이지만, 만취당이 없어지게 된 상황에 대해서는 유사한 심정을 보이고 있다.

39 **㉠~㉤의 내용에 대한 이해로 가장 적절한 것은?**

① ㉠ : '아버지'에게 전해달라고 '나'가 '아내'에게 부탁했던 얘기

② ㉡ : '나'가 지금 이 자리에서 성공할 것이라는 '아버지'의 얘기

③ ㉢ : '아저씨'가 서예학원을 경영하게 된 내력을 밝힌 얘기

④ ㉣ : '아버지'가 '군수'를 만나 자신에 대한 하소연을 했다는 얘기

⑤ ㉤ : 동촌리에 와서 '이 경장'의 설명에 의해 '나'가 알게 된 얘기

40 **용이 물 밖에 나면 개미도 침노를 하는 벱이여를 말한 의도로 가장 적절한 것은?**

① 별 볼 일 없게 되어 무시당하는 삶을 살게 될 것을 우려해서

② 소신을 지켜야 하는 상황에서 그것을 하지 못할까 염려해서

③ 뜻을 굽히면서 고생한 만큼 보상을 받지 못할 것을 염려해서

④ 절조를 지키지 못하여 마을 사람들에게 비아냥 받을 것을 우려하여

⑤ 사람들에게 인정받지 못해 법을 어기는 결과를 초래할 것을 우려하여

[41~45] 다음 글을 읽고 물음에 답하시오.

(가)

"상천(上天) 일월 성신(星辰)이며, 하지(下地) 후토(后土) 성황(城隍) 사방지신(四方之神), 제천제불(諸天諸佛) 석가여래 팔금강보살(八金剛菩薩) 소소응감(昭昭應感) 하옵소서. 하느님이 만드신 일월은 사람에게는 눈과 같은지라. 일월이 없사오면 무슨 분별 하오리까. 소녀 아비 무자생(戊子生) 이십 세 후 눈이 멀어 사물(事物)을 못 보오니, 소녀 아비 허물이랑 제 몸으로 대신하고 아비 눈을 밝게 하여 천생연분 짝을 만나 오복(五福)을 갖게 주어, 수부다남자(壽富多男子)를 점지하여 주옵소서."

이렇게 주야로 빌었더니, 도화동 심소저는 천신(天神)이 아는지라. 흠향(歆饗)*하시고 앞일을 인도하셨더라. 하루는 유모 귀덕어미가 오더니

"아가씨, 이상한 일 보았나이다."

"무슨 일이 이상하오?"

"어떠한 사람인지 십여 명씩 다니면서 값은 고하간에 십오 세 처녀를 사겠다고 다니니 그런 미친놈들이 있소?"

심청이 속마음에 반겨 듣고,

"여보, 그 말이 진정이오? 정말로 그리 될 양이면 그 다니는 사람 중에 노숙(老熟)하고 점잖은 사람을 불러오되, 말이 밖에 나지 않게 조용히 데려오오."

귀덕어미 대답하고 과연 데려왔는지라. 처음은 유모를 시켜 사람 사려는 내력을 물은즉 그 사람의 대답이,

㉮ "우리는 본디 황성(皇城) 사람으로서 상고(商賈)차로 배를 타고 만 리 밖에 다니더니, 배 갈 길에 인당수라 하는 물이 있어 변화불측(變化不測)하여 자칫하면 몰사(沒死)를 당하는데 십오 세 된 처녀를 제수(祭需) 넣고 제사를 지내면, 수로(水路) 만 리를 무사히 왕래 하고 장사도 흥왕하옵기로 생애(生涯) 가 원수로 사람 사러 다니오니, 몸을 팔 처녀가 있사오면 값을 관계치 않고 주겠나이다."

심청이 그제야 나서며,

"나는 본촌 사람으로 우리 부친 앞을 보지 못하여 세상을 분별하지 못 하기로, 평생에 한이 되어 하느님전에 축수하더니, 몽운사 화주승이 공양미 삼백 석을 불전에 시주하면 눈을 떠서 보리 라 하되, 가세가 지빈(至貧)하여 주선 할 길 없삽기로 내 몸을 방매하여 발원(發願)하기 바라오니 나를 사 가는 것이 어떠하오? 내 나이 십오 세라 그 아니 적당하오?"

선인이 그 말 듣고 심소저를 보더니, 마음이 억색(臆塞)*하여 다시 볼 정신이 없어 고개를 숙이고 묵묵히 섰다가,

"낭자 말씀 듣자오니, 갸륵하고 장한 효성 비할 데 없습니다."

이렇듯이 치하한 후에 저의 일이 긴한지라,

"그리하오." / 하고 허락하더라.

(중략)

[A] "저 소경 이리로 와 거주 성명을 고하게 하라."

심봉사가 꿇어앉았다가 시녀를 따라 탑전(榻前)으로 들어가서 세세원통한 사연을 낱낱이 말씀한다. "소맹은 근본 황주 도화동에 사는 심학규라 하옵니다. 이십에 안맹하고 사십에 상처하여, 강보에 싸인 여식 동냥젖을 얻어 먹여 근근이 길러 내어 십오 세가 되었는데 이름은 심청이라. 효성이 출천하여 그것이 밥을 빌어 연명하여 살아갈 제, 몽운사 부처님께 공양미 삼백 석을 지성으로 시주하면 눈 뜬단 말을 듣고 남경장사 선인들께 공양미 삼백 석에 아주 몸을 영영 팔려 인당수에 죽었는데, 딸만

죽이고 눈 못 뜨니 몹쓸 놈의 팔자 벌써 죽자 하였더니 탑전에 세세 원정(原情) 낱낱이 아뢴 후에 죽자고 불원천리 왔나이다."

하며 백수풍진(白首風塵) 고루 겪은 두 눈에서 피눈물이 흘러내리며,

"애고, 내 딸 청아!"

엎어지며 땅을 치고 통곡을 마지아니하니, 심황후 이 말을 들으시매, 말을 다 마치기 전에 벌써 눈에서 피가 두르고 뼈가 녹는 듯하여 부친을 붙들어 일으키며,

"애고 아버지, 살아왔소. 내 과연 물에 빠진 청이오. 청이 살았으니 어서 눈을 뜨시고 딸의 얼굴을 보옵소서."

이 말을 들은 심봉사가 어떻게 반가왔던지 두 눈 번쩍 뜨이니 심봉사 두 손 으로 눈을 썩썩 비비며,

"으으, 이게 웬 말이냐? 내 딸 심청이가 살았단 말이냐? 내 딸 심청이 살았단 말이 웬 말이냐? 네 딸이면 어디 보자!

하더니, 백운이 자욱하며 청학 · 백학 · 난봉 · 공작이 운무중(雲霧中)에 왕래하며 심봉사 머리 위에 안개가 자욱하더니 심봉사의 두 눈이 활짝 뜨이니, 천지 일월 밝아 왔구나. 심봉사 마음 비취여광하여 소리를 지른다.

"애그머니! 애고, 무슨 일로 양쪽 환하더니 세상이 허전하구나. 감았던 눈 번쩍 뜨니 천지 일월 반갑도다."

딸의 얼굴 쳐다보니 칠보화관(七寶花冠)이 황홀하여 뚜렷하고 어여쁠사. 심봉사가 그제야 눈뜬 줄을 알고 사방을 살펴보니 형형색색 반갑도다. 심봉사가 어찌나 좋은지 와락 달려들어,

"이게 누구냐? 갑자 사월 초파일날 몽중에 보던 얼굴일세. 음성은 같다마는 얼굴은 초면일세. 얼씨구나 지화자, 이런 경사 또 있을까. 여보게 세상 사람들아, 고진감래(苦盡甘來) 나를 두고 한 말일세. 얼씨구 좋을씨고, 지화자 좋을씨고!"

– 작자 미상, 「심청전(沈淸傳)」 –

(나)

왕후 : (장승상 부인을 보고) 그러면 심청이라는 소녀는 분명 죽은가 보이다.

장승상 부인 : (눈물을 씻으면서) 네 아마도 그런가 합니다.

왕후 : 그러니 그는 죽었다니 할 수 없으려니와 그 아비되는 심봉사라도 이 잔치에 오든지 거취를 알든지 해서 찾았으면 전에 우리가 상의한 대로 그렇게 해주련만.

장승상 부인 : 네에 효녀 심청의 성을 널리 천하에 알리기 위해서도 지당하신 처분이신 줄 아옵고 신도 주소*로 심봉사를 기다려 마지 않습니다.

(중략)

장승상 부인 : 응 마침 잘 나왔소. 아니 참 내 양딸 심청이지. 심청이 어여 이리 오너라. 중전마마께서 혹시 네가 섣불리 할까 하셔서 또 근렴을 합신다.

왕후 : 김가가 심가가 되어서 장님을 아버지라 하고 살기가 거북하리라만 어쩔 수 있니. 네가 아주 영영 심청이가 된 셈만 치려무나. 그러면 출천대효 심청이가 되니 오죽 좋은 일이냐.

궁녀 김씨 : 명심하겠나이다.

㉯ 장승상 부인 : 거리낄 건 조금도 없느니라. 눈을 뜬 사람이라면 좀 거북하기도 하고 부끄럽기도 하겠지만 눈이 멀어서 보지를 못하니 그저 아버지라고만 하고 살뜰히 시중만 들어주면 그만이다.

궁녀 김씨 : 중전마마 영이시니 힘껏 시행을 하겠습니다마는 혹시 무슨 서슬에 탄로가 나면……

장승상 부인 : 그럴 리야 없지. 그리고 참 나에게도 마님이라고 깍듯이 불러야 한다.

궁녀 김씨 : 네.

내시 을 : (하수로 등장, 읍을 하고) 황주 도화동 심학규 알현이요.

왕후와 장승상 부인 반기면서 마주 보고는 하수편을 바라본다. 심봉사 내시 을에게 인도받아 등장. 궁녀 김씨와 다른 궁녀들도 심봉사에게로 시선이 쏠리고 궁녀 김씨는 좋지 아니한 안색으로 고개를 숙인다.

장승상 부인 : (심봉사가 등장할 때에 자리에서 벌떡 일어섰다가 궁녀 김씨를 보고) 그러면 내가 일러준 대로 잊지 말고 있다가 내가 손짓을 하고 아가 심청아 어서 오너라 너의 아버지 오셨다 하거들랑 아버지 부르고 쫓아와서 매달려 응. 그러고 나서 어떻게 살아났느냐고 묻거들랑 중전마마께서 마침 그때 해변을 순어하시다가 구해주셨다고 응 그런 말 다 잊잖았지?

궁녀 김씨 : 네.

심봉사 : (내시 을의 인도로 전계*의 자리 위에 엎드려 세 번 절한다.) 소맹은 황주 도화동 사옵던 심학규로……

왕후 : 응, 네가 심학큪시 분명하냐?

심봉사 : 네에 이 세상에 둘도 없이 팔자가 기구한 심봉사 심학규에 갈 데 없사옵니다.

왕후 : 그렇다면 너를 기다리던 사람이 따로 있으니 만나 보아라. (장승상 부인에게 눈짓을 한다.)

장승상 부인 : (전계로 나가서) 심생원 나를 알겠소?

심봉사 : ㉠ 어? 이 이 도화동 장승상 부인 아니십니까? 아 참 죽잖고 살어 있으니 또 뵙게 됩니다그려?

장승상 부인 : 네, 퍽 반갑소. 그런데 심생원이 정말 반가운 일이 있소.

심봉사 : 네? 반가운 일이라니요? 혹시 뺑덕이네가 그 황봉사 놈하고 여기 온 것을 부인께서 붙잡아 놓셨습니까?

장승상 부인 : 아아니요. 그 따위 뺑덕어미하고는 만 명을 주어도 아니 바꿀 일이지요.

심봉사 : 그럼 무엇이 반가운 일입니까? 혹시 나라에서 나를 불쌍하다고 전장이나 좀 내어주신답니까?

장승상 부인 : 그것도 있지요. (방백) ㉡ 대번에 불쑥 말을 하면 너무 좋아서 기절을 할 테니 천천히 해야지. (심봉사더러) 그것도 있지만 더 반가운 소식이지요.

심봉사 : 그러면 혹시 우리 우리 심……(말을 마저 하지 못한다)

장승상 부인 : 네, 심청이 소식입니다.

심봉사 : 심청이 소식이요?

장승상 부인 : 네, 심청이가……자세 들으시요, 죽지 않고.

심봉사 : 심청이가, 네 죽지 않고 그러면? 그러면? 오오 살아 있대요?

장승상 부인 : 네, 살아 있어요.

심봉사 : 그러면 그렇지. (벌떡 일어서서 춤을 덩실덩실 추며) 어허 좋다. 그러면 그렇지. 내 딸 심청이가 죽다니 될 말인가! 흐흐 좋다. 얼씨구 좋다. 심청이가 우리 딸 심청이가 출천대효 내 딸 심청이가 죽대서야 천도가 무심하지 흐흐 좋다. 얼씨구 좋다. 글쎄 어쩐지 그런 것만 같더라니 거 참 혈육이란 할 수 없는 거야! 어쩐지 어데 가서 살아있는 것만 같더란 말이야! 흐흐 좋다. 얼씨구 좋다. 그런데……그런데 말씀입니다. 장승상 부인 그래 그 애가 지금 있기는 어데 가 있답니까? 그건 모르시나요?

장승상 부인 : 왜요. 알지요. (궁녀 김씨에게 손짓을 하며) 이 애 심청아 어여 오너라. 너이 아버지 오셨다.

심봉사 : 엉? (또 한 번 달리 놀라) 엉?

궁녀 김씨 : ㉢ (전계로 나오면서) 아버지. (매달리지 않고 무춤* 머물러 선다)

심봉사 : 오오 심청아 어데 보자. (눈도 떴다. 껴안으려고 달려든다) 네가 띠어 주려던 눈도 시방이야 떴다.

궁녀 김씨 : 아이구머니! 숭축해라!(돌아서서 전 안으로 들어가며) 장님이라더니 눈을 떴어요. (전 뒤로 퇴장)

심봉사 얼떨떨해서 멍하니 섰다가 전후좌우와 위아

래로 둘러본다. (특히 관객에게 눈 뜬 것이 보이도록) 장승상 부인과 왕후는 궁녀 김씨가 실패한 것을 당황하다가 심봉사가 눈 뜬 것을 알고 기뻐한다.

장승상 부인 : 어쩌면! (심봉사를 들여다보며) 정말 눈을 떴구려! 원 이런 신통한 도리가 또 있을까?

심봉사 : ㉣ 네 하도 반가워서 눈이 그냥 번쩍 떠졌습니다. 그런데 그런데.

장승상 부인 : 원 어쩌면 몽운사 부처님의 영험이 인제야 발현했나 보우. 그것도 다 심청이가 죽은 정성이지요.

심봉사 : 네 심청이가 또 죽었어요?

장승상 부인 : 네 아니 아이구 이걸 어쩌나 내가 입이 방정이야. 그 애가 또 아니라 하고 달아났지! 이걸 어쩌면 좋습니까?

왕후 : 할 수 없지요. 일희일비라니 눈 뜬 것이나 다행한 일이니 바른대로 말해 주시오.

장승상 부인 : 여보, 심생원 그런 게 아니라 심청이는, 정말 심청이는 저 인당수에서……

심봉사 : 네, 인당수에서? 아니 아까 그건?

장승상 부인 : 아까 그건 거짓말 심청이고 그래서 심생원이 눈을 뜨니까 질겁을 해서 달아났다우. 그러고 정말 심청이는, 여보 심생원 정말 심청이는 인당수에서 아주 영영 죽었……

심봉사 : ㉤ (자기 손가락으로 두 눈을 칵 찌르면서 엎드려진다) 아이구 이 놈의 눈 구먹! 딸을 잡아먹은 놈의 눈 구먹! 아주 눈 알맹이째 빠져 버려라. (마디마디 사무치게 흐느껴 운다)

– 채만식, 「심봉사」 –

*흠향 : 신명(神明)이 제물을 받음.
*억색 : 억울하거나 원통하여 마음이 답답함.
*주소(晝宵) : 밤과 낮을 아울러 이르는 말.
*전계(殿階) : 궁전(宮殿)으로 오르는 계단의 섬돌.
*무춤 : 놀라거나 어색한 느낌이 들어 하던 짓을 갑자기 멈추는 모양.

41 (가)와 (나)에 대한 설명으로 가장 적절한 것은?

① (가)는 배경 묘사를 통해 사건을 암시하고 있고, (나)는 인물의 과장된 말과 행동을 통해 인물의 성격을 부각하고 있다.
② (가)는 독백적인 서술을 통해 인물 간의 갈등을 심화시키고 있고, (나)는 인물 사이의 대화를 통해 인물 간의 갈등 양상을 보여 주고 있다.
③ (가)는 (나)와 달리 인물이 자신의 행적을 요약적으로 진술하여 사건에 대한 이해를 돕고 있다.
④ (나)는 (가)와 달리 인물의 과거 회상을 통해 인물이 겪은 비현실적인 상황을 드러내고 있다.
⑤ (가)와 (나)는 모두 빈번하게 장면을 전환하여 사건을 긴박하게 전개하고 있다.

42 〈보기〉를 바탕으로 (가)를 감상한 내용으로 적절하지 <u>않은</u> 것은? [3점]

〈보기〉

소설 속 인물들은 자신의 고유하고 개별적인 욕망을 지향하고 갈망하는 '욕망 주체'이자 다른 이들의 욕망 실현에 영향을 주는 '욕망의 중재자'가 될 수 있다. 욕망은 욕망 주체의 끊임없는 노력이나 중재자의 도움으로 실현되기도 하고, 현실적인 여건에 의해 좌절되기도 한다. 또한 가끔은 중재자의 희생이나 절대적 존재의 초월적인 힘에 의해 예기치 않게 욕망이 실현되기도 한다.

① 인당수를 건너고 싶다는 '남경장사 선인'의 욕망은 '심청'의 욕망이 실현되는 계기를 제공한다.

② '천신'은 개별적인 욕망 주체의 지향에 응답하여 욕망을 중재하는 초월적인 힘으로 욕망의 실현에 영향을 준다.

③ '귀덕 어미'는 '아비'의 욕망을 대신 실현하려는 '심청'을 위해 수로 만 리를 무사히 왕래하고자 하는 욕망 주체의 중재자가 된다.

④ 자신의 욕망으로 '아비'의 욕망을 발원한 욕망 주체는 절대적 존재의 힘에 의해 보상을 받게 된다.

⑤ '심봉사'는 자신의 욕망 실현을 염원했던 것에 대해 자책하나 예기치 않게 욕망이 실현된다.

43 **(가)를 토대로 (나)가 창작되었다고 할 때, [A]와 (나)에 대해 이해한 내용으로 적절하지 않은 것은?**

① [A]에서의 궁궐은 환상적인 공간으로 그려지고, (나)에서의 궁궐은 심봉사가 현실을 직시하는 공간으로 그려진다.

② [A]에서는 장면 묘사를 통해 인물의 고조된 기쁨을 보여주고, (나)에서는 인물의 비극적 상황에 대한 인식을 통해 절망감을 드러낸다.

③ [A]와 달리 (나)에서는 새로운 인물을 등장시켜 현실에서 일어난 심청의 죽음을 감추려 한다.

④ [A]와 달리 (나)에서의 왕후와 장승상 부인이 상의하는 것은 심청의 효의 가치를 널리 알리기 위해 계획하고 있는 것이다.

⑤ [A]와 달리 (나)에서 심봉사가 자신의 현실적인 소망을 구체적으로 드러내는 것은 심청의 죽음에 대한 안타까움을 부각하기 위한 것이다.

2021 기출문제

44 **㉮와 ㉯에 대한 이해로 가장 적절한 것은?**

① ㉮에서 '남경장사 선인'은 자신의 신분을 밝혀 신뢰성을 강조하고, ㉯에서 '궁녀 김씨'는 자신의 요구를 드러내고 있다.

② ㉮에서 '심청'은 일어날 수 있는 일을 예측하여 걱정하고, ㉯에서 '궁녀 김씨'는 어쩔 수 없는 상황에서 요구를 수용하고 있다.

③ ㉮에서 '심청'은 도덕적 가치를 근거로 불편한 심기를 내비치고, ㉯에서 '장승상 부인'은 행동에 대한 당위성을 강조하고 있다.

④ ㉮에서 '남경장사 선인'은 예상되는 문제를 언급하여 상대방에게 해결을 요구하고, ㉯에서 '장승상 부인'은 상대방의 처지를 이해하며 위로하고 있다.

⑤ ㉮에서 '남경장사 선인'은 처할 수 있는 위기를 언급하며 행위의 이유를 밝히고, ㉯에서 '장승상 부인'은 상대해야 하는 사람의 특성을 들어 상대방을 안심시키고 있다.

45 ㉠~㉤ 중 (나)를 공연하기 위한 회의 내용으로 적절하지 <u>않은</u> 것은?

① ㉠ : 장승상 부인이 하는 말을 듣고 반가움이 드러나는 목소리로 반응하며 표정 연기를 하는 것이 좋겠어.

② ㉡ : 심봉사가 듣지 못하는 것처럼 보이게 하며 관객을 향해 대사를 한 후 심봉사 쪽으로 몸을 돌리고 대사를 하는 것이 좋겠어.

③ ㉢ : 어색한 태도로 심봉사 앞으로 나오면서 마지못한 목소리로 대사를 하는 것이 좋겠어.

④ ㉣ : 눈을 뜬 것에 대한 신기함과 딸이라고 여겼던 인물이 도망간 상황에 대한 당황함이 드러나도록 표정 연기를 하는 것이 좋겠어.

⑤ ㉤ : 심봉사의 애절한 심정을 부각하기 위해 절제된 감정 표현이 드러나도록 연기를 하는 것이 좋겠어.

2024
사관학교 기출백서

2020학년도 기출문제

국어영역(공통)

제1교시 국어영역(공통)

▶정답 및 해설 31p

[01~03] 다음은 수업 중 학생의 발표이다. 물음에 답하시오.

저는 여름 방학 동안 여러 미술관을 방문하고 왔는데요, 인상적인 작품이 있어서 여러분께 소개하고 싶습니다. 제가 좋아하는 작품 순서대로 보여 드리겠습니다.

여러분, (화면 1을 가리키며) 이 작품을 아세요? (청중의 대답을 듣고) 맞아요. 우리가 지난번 미술 시간에 배웠던 칸딘스키 작품이지요. 칸딘스키는 대상의 구체적인 형상에 내재한 본질을 드러내려고 하였습니다.

즉 칸딘스키는 실재하는 대상의 구체적인 형상을 화폭에 재현하지 않았습니다. 대신에 그는 단순한 선과 면, 그리고 색의 덩어리로 작품을 만들었습니다. 대상을 재현하는 것이 아니라 추상적으로 표현하였다는 점에서 저는 칸딘스키의 그림이 음악을 닮았다는 생각을 했습니다.

(화면 2를 가리키며) 이 사진 속 작품은 철을 소재로 회전하는 모양의 타원을 표현한 리처드 세라의 설치 작품입니다. 우리가 미술관이나 전시회에 가보면 예술 작품을 그저 바라만 보잖아요. 그런데 이 작품에서는 다른 작품에서와 달리 작품을 관람하는 관람자의 위치에 따라 작품의 의미가 달라지는 것을 경험할 수 있습니다. 저도 이 사진 속 사람들처럼 작품 안에 들어가서 작품을 만져 보기도 하고, 다양한 위치에서 바라보았습니다. 이는 세라의 창작 의도와 관련이 있습니다. 세라는 작품의 완성은 관람자의 참여에 의해 이루어진다고 생각했습니다. 그래서 세라는 이 작품을 창작할 때 작품에 참여하는 관람자의 위치나 시선과 같은 요소를 고려하였습니다.

마지막은 드립 페인팅 기법을 활용한 잭슨 폴록의 작품입니다. (화면 3을 가리키며) 그는 커다란 천을 바닥에 깔고 공업용 페인트를 흩뿌려 이 작품을 만든 것으로 알려져 있습니다. 심지어 구멍 낸 물감통을 흔들거나, 주사기로 물감을 쏘는 방식을 사용하여 선과 색의 구별마저 없애 버렸습니다. 폴록은 즉흥적이고 순간적인 생각과 감정을 우연적인 방식으로 작품에 담으려고 했기 때문입니다. 더욱이 그의 작업 과정이 사진으로 기록됨으로써 작품을 창작하는예술가의 작업 과정까지도 예술이 될 수 있다고 평가를 받고 있습니다.

그런데 지금까지 소개한 세 작품을 (화면 4를 가리키며) 이렇게 정리해 볼 수도 있습니다. 세라의 작품을 칸딘스키와 폴록의 작품과 구분하여 제시한 이유가 무엇일까요? 힌트를 드릴까요? 제가 앞에서 설명한 내용 중에서 관람자에 대한 세라의 생각을 떠올리시면 좀 더 쉽게 답을 찾을 수 있습니다. 여러분, 재미있으셨나요? 저도 이번 발표를 준비하면서 즐거웠습니다. 그리고 준비 과정에서 작품에 참여하는 관람자의 역할이 시대에 따라 변화한다는 것에 흥미를 느끼게 되었습니다. 그래서 앞으로 기회가 되면 '작품과 관람자'란 주제로 발표해 보려 합니다. 이만 발표를 마치겠습니다.

01 학생의 말하기 방식으로 가장 적절한 것은?

① 반언어적 표현을 반복적으로 활용하여 주요 내용을 강조하고 있다.

② 청중을 칭찬하는 말로 발표를 시작하며 청중과의 유대감을 쌓고 있다.

③ 전문가의 말을 직접 인용하며 발표 내용에 대한 신뢰도를 높이고 있다.

④ 공유하는 경험을 환기하여 발표 내용에 대한 청중의 관심을 끌고 있다.
⑤ 발표 내용을 요약한 후 청중의 이해 정도를 확인하며 마무리하고 있다.

02 **〈보기〉는 위 발표에서 사용했던 매체 자료이다. 이 시각 자료를 보며 발표를 들은 학생이 보인 반응으로 가장 적절한 것은?** [3점]

〈보기〉

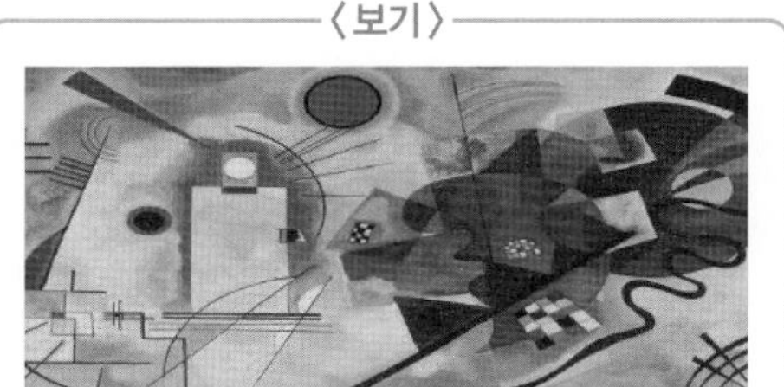
화면 1

화면 2

화면 3

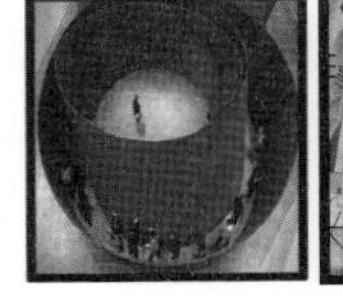

화면 4

① 작품의 규모에 따라 화면 1, 2, 3을 보여준 후, 작품에 사용된 표현 기법이 대비되도록 화면 4를 준비했군.
② 발표자에게 인상적이었던 순서로 화면 1, 2, 3을 보여준 후, 작품의 소재가 대비되도록 화면 4를 준비했군.
③ 발표자가 관람한 시간적 순서로 화면 1, 2, 3을 보여준 후, 예술가의 활동 시대가 대비되도록 화면 4를 준비했군.
④ 작품의 인기 순으로 화면 1, 2, 3을 보여준 후, 각각의 예술가에 대한 당대의 평가가 대비되도록 화면 4를 준비했군.
⑤ 발표자의 선호도에 따라 화면 1, 2, 3을 보여준 후, 관람자의 참여에 대한 작가의 고려 여부가 대비되도록 화면 4를 준비했군.

03 **〈보기〉는 위 발표를 들으며 떠올린 생각들이다. 〈보기〉에 대한 설명으로 적절하지 않은 것은?**

〈보기〉

- 칸딘스키 그림이 음악을 닮았다고 했는데, 구체적인 예를 들어 설명했으면 좋았을 것 같아.
- 칸딘스키에 대해 궁금해졌어. 발표자가 칸딘스키에 대해 참고한 자료는 무엇인지 알아봐야겠어.
- 세라의 작품이 타원을 표현한 것이라는데, '수학과 예술'에 관한 과제 발표에 활용해야겠어.
- 폴록을 인터넷에서 검색하면 작품보다 작업하는 그의 모습을 찍은 사진이 더 많이 보여 이상하게 생각했는데, 발표 내용을 듣고 나니 그 이유를 알겠어.

• 나도 발표를 듣고 작품과 관람자의 관계에 대해 궁금해졌어. 다음 발표도 기대되는군.

① 발표자의 언어 예절에 대해 평가하며 들었다.
② 발표자가 계획한 발표 주제에 대해 긍정적으로 생각하며 들었다.
③ 발표 내용을 통해 자신이 과거에 가졌던 의문을 해결하며 들었다.
④ 발표 내용에서 추가 설명이 필요한 부분은 없는지 점검하며 들었다.
⑤ 발표 내용과 관련된 것을 자신의 과제 해결에 활용할 생각을 하며 들었다.

[04~07] (가)는 학교에 게시할 안내문을 작성하기 위한 학생회 학생들의 회의이고, (나)는 이를 바탕으로 작성한 글의 초고이다. 물음에 답하시오.

(가)

[A]

학생 1 : 잘 알다시피, 학교에서 학생들이 모둠별 활동이나 발표 준비를 할 수 있도록 올해부터 모둠 학습실을 만들어 우리 학생회가 운영하고 있잖아. 그런데 모둠 학습실을 이용하는 데 문제점들이 꽤 많은 것 같아. 이 점에 대해 의견들을 말해 보면 좋겠어.

학생 2 : 모둠 학습실은 모둠별 활동과 발표를 준비할 수 있어서 인기가 많아. 그런데 방이 세 개밖에 없어서 사용 중인 팀이 있으면 그 팀이 나올 때까지 기다려야 돼. 지난주에 수행평가 모둠별 활동 때문에 나도 여러 번 갔는데 먼저 사용 중인 팀들이 나오지 않아서 한 번밖에 사용을 못 했어.

학생 3 : 아마 사용 시간에 제한이 없기 때문에 그런 것 같아. 그래서 생각해 봤는데 모둠 학습실을 한 번 이용할 때 사용할 수 있는 시간을 정해놓으면 좋겠어. 2시간 정도로 제한하여 예약제로 운영하면 어떨까?

학생 1 : 좋은 생각이야. 그리고 체계적으로 시간을 관리하기 위해서는 운영 시스템이 필요해. 학교 홈페이지를 통해 학생회 총무부가 한 달 전부터 예약을 받고 정해진 시간만 이용하도록 하면 좋겠어.

학생 3 : 그래. 너희들은 다른 문제는 없었니? 난 지난번에 가 봤더니 빔 프로젝터가 작동하지 않더라. 자기 물건이 아니라고 함부로 쓰는 친구들이 있는 것 같아. 모둠 학습실을 이용할 때 책임을 맡을 사람을 정하면 좋겠어. 예약제를 하기로 했으니까, 학교 홈페이지에 예약하는 사람이 고장난 기자재를 홈페이지를 통해 학생회에 알리도록 하면 어떨까?

학생 1 : 좋은 생각이야. 그리고 내가 이용했을 때는 음식물 냄새가 심하게 나서 불쾌했는데, 너희들은 어땠니?

학생 2 : 내가 모둠 학습실을 사용할 때는 괜찮았는데, 지난주에 이용한 우리 반 친구는 모둠 학습실이 지저분하게 어질러져 있다는 말을 했어. 청소도 문제인 것 같아.

학생 1 : 맞아. ㉠ <u>음식물로 모둠 학습실이 지저분해지니까, 물을 제외한 음식물 반입을 못하도록 하는 게 어떨까?</u>

학생 3 : 좋아. 이제 학생들에게 공지할 안내문을 써야할 텐데, 어떤 내용이 들어가면 좋을까? 그동안의 이용 상황에 대해서 언급해야 할 것 같아. 도저히 지금 상태로는 모둠 학습실이 원활하게 운영되기 어렵기 때문에 규칙을 만들게 되었다는 것을 알려야 할 것 같아.

학생 2 : 그전에 모둠 학습실이 만들어진 배경과 과정에 대해서 먼저 언급하는 게 좋지 않을까? 많은 학생들의 요구가 있었고, 어렵게 만들어진 장소라는 사실을 알려야 할 것 같아.

학생 1 : 지금 나온 의견을 바탕으로 먼저 모둠 학습실을 만들게 된 배경과 과정을 언급하고, 학생들이 모둠 학습실 이용에 불편을 겪고 있는 상황을 이야기하자. 그 다음에 원활한 운영을 위해서 규칙을 만들었다고 하면 더 좋을 것 같아. 그리고 마지막에 규칙을 안내하면 될 것 같아.

학생 2 : 좋아. 근데 ㉡ <u>모둠 학습실 청소를 맡은 도서반 친구들이 힘드니, 모둠 학습실을 이용하는 팀이 청소를 하면 어떨까</u>? 제대로 이용하지 않는 사람들 때문에 같은 학교 친구들이 고생하고 있잖아. 그 문제와 대책도 알릴 필요가 있다고 생각해.

학생 3 : 맞아. 모둠 학습실 운영 규칙에 대한 제안을 더 받는 건 어때? 다른 학생들이 느끼는 불편함을 우리가 듣고 규칙을 만들어나갈 예정이라고 하면 더 설득력이 있을 것 같아.

[B]
학생 1 : 좋은 생각이야. 마지막에는 학생들에게 동참을 권유하는 어투를 사용하면 더 좋겠어. 글이 다소 딱딱하게 느껴질 수 있으니까 비유적인 표현을 활용하자.

학생 2 : 지금까지의 모습이 좋지 않았으니까 대조의 방식을 활용하는 것도 좋을 것 같아.

학생 1 : 그래. 그러면 내일부터 글을 같이 써 보자.

(나)

학생 여러분, 안녕하세요. ○○고 학생회입니다. 자유로운 분위기에서 모둠별 활동을 하거나, 발표 준비를 할 수 있는 모둠 학습실에 대한 학생 여러분의 요구가 그동안 많았습니다. 그래서 저희 학생회는 여러분의 요구에 따라 도서관 담당 선생님과 간담회를 진행하였고, 그 결과 2층 도서실 옆에 노트북 컴퓨터와 빔프로젝터를 이용할 수 있는 3개의 모둠 학습실이 생겼습니다.

모둠 학습실은 많은 학생들의 호응을 받았지만 한 학기가 지난 지금, 그 모습은 처음과 많이 다릅니다. 일부 학생들이 모둠 학습실을 독점하는 경우가 많이 보입니다. 또한 모둠 학습실의 기자재를 망가뜨리거나 분실하고, 모둠 학습실을 이용한 후에 청소를 제대로 하지 않고 나가는 등의 일이 자주 발생하여 많은 학생들이 이용에 불편을 겪고 있습니다. 청소를 맡은 도서반 친구들도 매우 힘들어하고 있습니다. 이에 따라 저희 학생회에서는 모둠 학습실의 운영 규칙을 마련하였으니 협조해주시기 바랍니다.

먼저 여러 학생들에게 이용의 기회가 돌아갈 수 있도록 모둠 학습실은 예약제를 실시할 것입니다. 1회에 최대 2시간 동안 이용이 가능하며, 다른 학생들의 예약이 없는 경우에는 연장이 가능합니다. 이용 시간을 준수해주시고, 이용 후에는 청소를 잘 해주시기 바랍니다. 그리고 모둠 학습실 내부에서는 물 이외의 음식물은 허용하지 않겠습니다. 바닥이 천 재질로 되어 있어서 음료를 흘릴 경우에 냄새가 나고 얼룩이 생기기 때문입니다. 이 외에도 학생 여러분이 필요한 규칙이 있다고 생각하면 언제든 저희에게 이야기해주세요. 여러분과 함께 쾌적한 모둠 학습실을 만들어 나가고 싶습니다.
[ⓐ]

04 [A]에 대한 이해로 적절하지 <u>않은</u> 것은?

① 학생 2는 모둠 학습실 이용의 문제점에 대해 자신의 경험을 활용하여 말하고 있군.

② 학생 3은 모둠 학습실 이용의 문제점에 대한 원인과 대책을 말하고 있군.

③ 학생 1은 학생 3이 제안한 내용을 실행할 주체와 방안을 구체적으로 제시하고 있군.

④ 학생 3은 학생 1이 언급한 학교 홈페이지를 활용하여 기자재 관리 문제에 대한 해결책을 제시하고 있군.

⑤ 학생 2는 모둠 학습실 청소에 대한 자신의 견해의 근거로 학생 1의 말을 제시하고 있군.

05 **(가)의 담화 흐름을 고려할 때, ㉠과 ㉡의 공통점으로 가장 적절한 것은?**

① 상대방 의견에 부분적으로 동의한 뒤, 이의를 제기하고 있다.

② 문제 상황을 언급한 뒤 그에 대한 해결 방안을 제시하고 있다.

③ 물음의 형식을 사용하여, 상대방의 의견에 대한 자신의 동의를 드러내고 있다.

④ 상대방이 제시한 의견의 문제를 지적하며, 상대방에게 해결 방법을 제안하고 있다.

⑤ 상대방에게 되묻는 방식으로 상대방의 생각에 대한 자신의 이해가 정확한지를 확인하고 있다.

06 **(가)를 바탕으로 (나)를 작성했다고 할 때, (나)에 반영된 내용으로 적절하지 <u>않은</u> 것은?**

① 모둠 학습실에 음식물 반입을 제한하는 이유를 언급한다.

② 모둠 학습실을 만들게 된 배경과 과정에 대해서 설명한다.

③ 모둠 학습실이 실제로 운영되고 있는 시간에 대해서 소개한다.

④ 학생들이 모둠 학습실 이용에 불편을 겪고 있다는 내용을 담는다.

⑤ 학생들로 인해 모둠 학습실의 기자재가 망가진 경우도 있음을 알린다.

07 **[B]를 고려할 때, ⓐ에 들어갈 내용으로 가장 적절한 것은?**

① 학교 기자재는 우리가 사랑하는 학교의 소중한 자산입니다. 학교 기자재는 여러분의 꿈을 키워주는 소중한 자산입니다. 다함께 모둠 학습실을 학교의 보물처럼 아껴주도록 해요.

② 자기만을 생각하는 차가운 모둠 학습실, 친구를 배려하는 따뜻한 모둠 학습실, 여러분은 어떤 선택을 하겠습니까? 우리 함께 호텔 같은 모둠 학습실을 만들어 나갑시다.

③ 시끄러운 모둠 학습실이 좋은가요? 조용한 모둠 학습실이 좋은가요? 여러분과 함께 모두가 만족할 수 있는 모둠 학습실을 만들어 나가고 싶습니다.

④ 지저분하게 어질러진 모둠 학습실을 원하십니까? 쾌적하게 정리된 모둠 학습실을 원하십니까? 모둠 학습실에서 행복한 학교생활을 시작합시다.

⑤ 아름다운 사람은 머문 자리도 아름답습니다. 우리 모두 깨끗한 모둠 학습실로 공부하고 싶은 학교를 만듭시다.

[08~10] 다음 글을 읽고 물음에 답하시오.

〈교지 편집부의 요청 내용〉
학생들을 대상으로 자전거를 안전하게 타도록 설득하는 글을 써 주세요.

〈글을 쓰기 전에 떠올린 생각〉
• 자전거 등하교로 인한 사고가 늘어나고 있음을 언급하며 글을 시작해야겠어. ……………………… ㉠
• 자전거에 대한 안전 의식의 미흡함을 언급해야겠어. ……………………………………………………… ㉡
• 자전거 안전장치에는 어떤 것들이 있는지 알려줘야겠어. …………………………………………………… ㉢
• 자전거를 운전하기 전에 안전모를 정확하게 착용하는 방법을 알려줘야겠어. ………………………… ㉣
• 자전거로 도로를 안전하게 주행하는 방법을 소개해야겠어. ……………………………………………… ㉤

〈초고〉
지난 1년 동안 우리 학교에서 자전거를 이용해 통학하는 학생들이 눈에 띄게 늘어났다. 이에 따라 자전거로 등하교하던 학생이 사고를 당하거나, 사고를 일으키는 경우가 많아져 이를 우려하는 사람들이 늘어나고 있다.

요즘 학생들은 자전거에 대한 안전 의식이 매우 부족하다. 자전거로 등하교를 하는 학생들이 자전거 안전수칙을 잘 모르거나, 알더라도 잘 지키지 않고 있다. 안전한 자전거 이용 방법을 알리기 위해 정부는 최근에 자전거 안전 수칙을 제시했다. 첫째, 자전거에 안전장치를 장착해야 한다. 자전거에 장착할 안전장치로는 전조등과 후미등, 반사 장치 등이 있다. 둘째, 안전모를 착용해야 한다. 이 두 가지는 법적 의무 사항이기 때문에 자전거를 타는 학생들은 반드시 이를 지켜야 한다. 셋째, 자전거 운행 시 휴대전화나 이어폰을 사용하지 말아야 한다. 왜냐하면 자전거를 타는 사람의 주의력과 반응 속도를 떨어뜨리기 때문이다.

지금까지 설명한 자전거 안전 수칙 외에도 자전거로 도로를 안전하게 주행하는 방법에 대해서도 알 필요가 있다. 자전거는 도로교통법 상 '차'에 해당하기 때문에 자전거 도로가 있으면 자전거 도로를 이용하고 그렇지 않은 곳에서는 차도를 이용해야 한다. 또한 횡단보도를 건널 때에는 반드시 자전거에서 내려, 자전거를 끌고 걸어가야 한다. 자전거를 타고 횡단보도를 건널 경우, '횡단보도 보행자 횡단방해' 등의 범칙행위에 해당하여 범칙금이 부과될 수 있다.

도로교통법을 철저히 지키는 일은 번거로운 일이다. 하지만 안전은 원래 불편하고 번거로운 일이다. 그것은 자전거를 탈 때도, 자동차를 탈 때도 마찬가지이다. 자동차를 탈 때 안전띠를 매듯이 자전거를 탈 때에는 안전모를 쓰는 습관이 필요하다.

08 ㉠~㉤ 중 초고에 반영되지 않은 것은?

① ㉠
② ㉡
③ ㉢
④ ㉣
⑤ ㉤

09 〈보기〉의 자료를 활용하여 초고를 수정 · 보완하고자 할 때, 활용 방안으로 적절하지 않은 것은?

〈보기〉

(가) 자전거 안전 수칙에 대한 설문 내용 및 결과(대상 : 학생)

1.

다음 중 가장 위험하다고 생각되는 행동은?	응답
자전거 운행 중 휴대전화 사용	40%
야간 운행 중 전조등, 후미등 미장착	24%
자전거 음주 운전	18%
자전거 권장 속도위반	10%
자전거 운행 시 안전모 미착용	8%
합계	100%

2.

자전거 안전 수칙을 지키지 않는 이유는?	응답
안전 수칙을 몰라서	45%
안전 수칙을 지키는 것이 불편해서	30%
안전 수칙을 지키는 데 필요한 비용 때문에	18%
기타	7%
합계	100%
합계	100%

(나) 관련 기사

○○경찰청에 따르면 최근 3년 동안 일어난 자전거 사고 중 71.7%는 안전 수칙 불이행으로 인한 사고였다. 특히 안전모를 쓰지 않아 사망에 이르는 경우가 많았다. 차도에서 발생하는 자전거 사고도 많았는데, 자전거로 차도를 이용할 때에는 도로의 가장 우측 차로의 오른쪽 절반에서 타야하며, 두 대가 양옆으로 나란히 주행하는 것은 불법이다.

(다) 교통안전 전문가 인터뷰

차량이 야간에 운행을 하면 가시거리가 주간 운행에 비해 현격하게 줄어듭니다. 이로 인해 야간에 발생하는 차량과 자전거와의 사고는 낮에 일어나는 사고보다 치사율이 무려 3배나 높습니다. 후미등을 켜 놓더라도 더 밝은 자동차 불빛이 비추면 자전거가 안 보일 수 있기 때문에 안전을 위해서는 반사 스프레이를 자전거나 옷에 뿌려야 합니다.

① '(가)-1'을 활용해 자전거 안전 수칙에 음주 운전 금지와 권장 속도 지키기를 추가해야겠어.

② '(가)-2'를 활용해 학생들에게 자전거 안전 의식이 부족한 이유를 설명해야겠어.

③ (다)를 활용해 자전거를 야간에 운행할 때 주의를 더 기울여야 한다는 내용을 덧붙여야겠어.

④ (나)와 (다)를 활용해 차량과 자전거와의 사고를 예방하는 데 후미등이 중요한 역할을 한다는 것을 부각해야겠어.

⑤ '(가)-1'과 (나)를 활용해 자전거 사고로 인한 피해를 최소화하기 위해서는 안전모 착용이 중요하므로 학생들이 이를 알아야 한다는 점을 강조해야겠어.

10 **〈보기〉는 초고를 읽은 편집부의 검토 의견과 이에 따라 학생이 고쳐 쓴 글이다. ⓐ에 들어갈 내용으로 가장 적절한 것은?** [3점]

〈보기〉

[편집부의 검토 의견]

초고 잘 읽었습니다. (　　ⓐ　　) 내용으로 마지막문단을 고쳐 주시면 좋겠습니다.

[고쳐 쓴 글]

자전거를 안전하게 타는 방법을 정리하면 다음과 같다. 안전모 착용, 안전장치 장착, 휴대전화나 이어폰 사용 금지, 도로교통법 준수 등이다. 자전거를 탈 때에 안전모를 쓰는 습관과, 횡단보도를 건널 때에 자전거에서 내려 걸어가는 습관 등이 필요하다. 이제 모두 자전거의 안전 수칙을 실천해야 할 때이다.

① 글의 내용을 요약하고 자전거를 안전하게 타기 위한 실천을 촉구하는

② 글의 목적을 밝히며 자전거의 안전장치에 대한 인식 전환을 강조하는

③ 전달하려는 내용을 강조하기 위해서 자전거 정비의 필요성을 부각하는

④ 예상 독자를 고려하여 자전거 안전사고에 대한 정부의 대책 마련을 제안하는

⑤ 글의 흐름을 고려하여 도로에서 자전거를 탈 때의 안전 속도 준수를 제시하는

11 **〈보기1〉을 참고할 때, 〈보기2〉에 대한 이해로 적절하지 않은 것은?**

〈보기 1〉

음운 현상은 바뀌게 되는 음운, 바뀌어 나온 음운, 일어나는 조건이라는 세 가지 구성 요소로 이루어진다. 음운 현상은 음운 수의 변화, 조음 위치나 조음 방법의 변화에 따라 세분화하여 살펴볼 수 있고, 어떤 음운 현상 외에 또 다른 음운 현상이 더 적용될 수도 있다.

〈보기 2〉

'닭+만 → [당만]', '잎+만 → [임만]', '옷+는 → [운 : 는]', '닦+는 → [당는]'은 비음화의 세 가지 구성 요소를 명확히 보여 준다. 또한 비음화 외에 또 다른 음운 현상이 더 적용된다.

① 비음화가 일어나는 조건은 'ㅁ, ㄴ 앞'이다.
② 비음화에 의해 바뀌게 되는 음운은 'ㅂ, ㄷ, ㄱ'이다.
③ 비음화는 조음 방법은 달라지지만 조음 위치는 달라지지 않는 음운 현상이다.
④ '닭+만 → [당만]'의 경우 비음화에 의해 음운의 수가 줄어든 예로 볼 수 있다.
⑤ '국+물 → [궁물]'의 경우 안울림소리가 'ㅇ'으로 바뀌므로 비음화의 예로 추가할 수 있다.

12 **〈보기〉의 ㉠, ㉡을 이해한 내용으로 적절한 것은?**

〈보기〉

㉠ 그녀는 여름 방학이 어서 오기를 기다린다.
㉡ 해군 부대는 함정이 한참 부족했으나 용맹한 자세로 전투에 나섰다.

① ㉠에는 부사어가 있지만 ㉡에는 부사어가 없다.
② ㉠은 명사절을 안고 있지만 ㉡은 인용절을 안고 있다.
③ ㉠은 종속적으로 이어진 문장이지만 ㉡은 대등하게 이어진 문장이다.
④ ㉠에는 주어가 생략된 안긴절이 있지만 ㉡에는 목적어가 생략된 안긴절이 있다.
⑤ ㉠에는 목적어 역할을 하는 안긴절이 있지만 ㉡에는 서술어 역할을 하는 안긴절이 있다.

13 **〈보기〉는 사전 자료의 일부이다. 이에 대한 이해로 적절하지 않은 것은?**

〈보기〉

실리다[1]
「동사」
【…에】
「1」 옮겨지기 위하여 탈 것, 수레, 비행기, 짐승의 등 따위에 올려지다. '싣다'의 피동사.
　예 다음 날 밤 그는 포승을 찬 채 지프차에 실리어 갔다.
「2」 사람이 어떤 곳을 가기 위하여 차, 배, 비행기 따위의 탈 것에 오르게 되다. '싣다'의 피동사.
「3」 글, 그림, 사진 따위가 책이나 신문 따위의 출판물에 나오게 되다. '싣다'의 피동사.

예 신문에 우리 학교에 관한 기사가 실렸다.
「4」 기운이 무엇에 품기거나 띠게 되다. '싣다'의 피동사.

실리다[2]
「동사」
【…에 …을】
물체나 사람을 옮기기 위하여 탈 것, 수레, 비행기, 짐승의 등 따위에 올리다. '싣다'의 사동사.
예 구급차에 환자를 실려 보내다.

① '실리다[1]' 「1」의 능동사인 '싣다'는 주어 외에도 목적어와 부사어가 필수적으로 요구된다.
② '실리다[1]' 「4」의 용례로 '눈에 겁이 잔뜩 실려 있다.'를 제시할 수 있다.
③ '실리다[2]'에서 제시된 용례를 주동문으로 만들려면 부사어를 주어로 바꿔야 한다.
④ '실리다[1]'과 '실리다[2]'는 서로 동일한 품사이면서 동음이의어 관계이다.
⑤ '실리다[1]'과 '실리다[2]'는 서술어가 필수적으로 요구하는 문장 성분의 개수가 서로 다르다.

[14~15] 다음 글을 읽고 물음에 답하시오.

의미 자질은 단어의 의미를 구성하는 최소 성분을 말한다. 의미 자질을 표시할 때는 여러 기준을 설정하고, [+기준] 또는 [−기준]과 같은 형식으로 한다. 예컨대 '소녀', '소년', '할머니', '할아버지'라는 단어의 의미 자질을 표시하면 다음과 같을 것이다.

소녀 : [−남성], [−어른], [+인간]
소년 : [+남성], [−어른], [+인간]
할머니 : [−남성], [+어른], [+인간]
할아버지 : [+남성], [+어른], [+인간]

그런데 위 단어들의 공통된 의미 자질, 즉 [+인간]을 표시하고 나면 [+포유류], [+동물] 등의 의미 자질은 표시할 필요가 없다. 왜냐하면 이 두 가지 의미 자질은 [+인간]에 다 포함되어 있기 때문이다. 이때 [+포유류], [+동물] 등을 [+인간]의 잉여자질이라 한다.

단어의 의미 자질은 상위어일수록 그 수가 적다. 예컨대 '사람', '남자', '소년'의 의미 자질은 다음과 같이 표시할 수 있다.

사람 : [+인간]
남자 : [+인간], [+남성]
소년 : [+인간], [+남성], [−어른]

한편, 단어의 의미는 변한다. 이는 곧 의미 자질이 변한다는 것과 같은 말이다. 예컨대 15~17세기에 나타나는 '마노라'라는 단어는 자기보다 지위가 높은 남녀 모두를 가리키는 데 사용됐다. 그러다가 18세기에 이르면 '마노라'는 자기보다 지위가 높은 여자만을 가리키게 된다. 19세기에는 '마노라' 외에도 '마누라'라는 단어가 나타나는데, 이 둘은 서로 다른 의미로 쓰였다. '마노라'의 의미에는 변화가 없었으나, '마누라'는 '아내'라는 뜻으로 사용된 것이다. 오늘날에는 '마노라'라는 단어는 사라지고 '마누라'라는 단어만 남았다. '마누라'는 '중년이 넘은 아내'를 부를 때 외에 '중년이 넘은 여자'를 낮춰 부를 때도 사용된다.

14 **윗글을 바탕으로 단어의 의미 자질을 분석한 내용으로 적절하지 <u>않은</u> 것은?**

① '총각'과 '처녀'의 공통된 의미 자질에는 [−결혼]이 있다.
② '과일'의 의미 자질의 수는 '포도'의 의미 자질의 수보다 적다.
③ '바다'와 '강'의 의미 자질 중의 하나는 [+물]로 표시할 수 있다.

④ '수탉'이 [+동물]의 의미 자질을 갖고 있다면 [+닭]은 잉여 자질이라고 할 수 있다.
⑤ '낮'이 [+밝음]의 의미 자질을 갖고 있다면 '밤'은 [−밝음]이라는 의미 자질을 갖고 있다.

15 윗글에 대한 이해로 적절하지 않은 것은? [3점]

① 15세기의 '마노라'와 달리 18세기의 '마노라'는 [+여자]라는 의미 자질을 갖고 있다.
② 15세기의 '마노라'와 현대의 '마누라' 모두 [+사람]이라는 공통적인 의미 자질을 갖고 있다.
③ 18세기의 '마노라'와 19세기의 '마누라' 모두 [+여자]라는 의미 자질을 갖고 있다.
④ 19세기부터 [+가족]이라는 의미 자질을 갖는 '마누라'라는 단어가 나타났다.
⑤ 19세기의 '마누라'와 현대의 '마누라' 모두 [−아내]라는 의미 자질을 갖고 있다.

[16~18] 다음 글을 읽고 물음에 답하시오.

(가)
대바람 소리
들리더니
소소한 대바람 소리
창을 흔들더니

소설(小雪) 지낸 하늘을
눈 머금은 구름이 가고 오는지
미닫이에 가끔
그늘이 진다.

국화 향기 흔들리는
좁은 서실(書室)을
무료히 거닐다
앉았다, 누웠다
잠들다 깨어 보면
그저 그런 날을

눈에 들어오는
병풍의 '낙지론(樂志論)'을
읽어도 보고……

그렇다!
아무리 쪼들리고
웅숭거릴지언정
— '어찌 제왕의 문에 듦을 부러워하랴'

대바람 타고
들려오는
머언 거문고 소리……

– 신석정, 「대바람 소리」 –

(나)
나도 봄산에서는
나를 버릴 수 있으리
솔이파리들이 가만히 이 세상에 내리고
상수리나무 묵은 잎은 저만큼 지네
봄이 오는 이 숲에서는
지난날들을 가만히 내려놓아도 좋으리
그러면 지나온 날들처럼
남은 생도 벅차리
봄이 오는 이 솔숲에서
무엇을 내 손에 쥐고
무엇을 내 마음 가장자리에 잡아두리
솔숲 끝으로 해맑은 햇살이 찾아오고
박새들은 솔가지에서 솔가지로 가벼이 내리네
삶의 근심과 고단함에서 돌아와 거니는 숲이여 거기 이는 바람이여
찬 서리 내린 실가지 끝에서
눈뜨리

눈을 뜨리
그대는 저 수많은 새 잎사귀들처럼 푸르른 눈을 뜨리
그대 생의 이 고요한 솔숲에서

– 김용택, 「그대 생의 솔숲에서」 –

16 (가), (나)의 공통점으로 가장 적절한 것은?

① 계절적 이미지를 통해 시적 상황을 형상화하고 있다.
② 화자의 공간 이동에 따른 정서 변화를 나타내고 있다.
③ 수미상관의 방식을 통해 구조적 안정감을 형성하고 있다.
④ 대상에게 말을 건네는 방식을 통해 친밀감을 높이고 있다.
⑤ 영탄적 어조를 사용하여 자연물에 대한 경외감을 드러내고 있다.

17 〈보기〉를 바탕으로 (가)를 이해한 내용으로 적절하지 <u>않은</u> 것은? [3점]

〈보기〉

신석정은 지조를 지키는 삶을 중시했던 작가이다. 이 작품에서 화자는 무료한 일상을 보내고 있다가 문득 깨달음을 얻어 지조를 지키며 살아가려는 다짐을 보이고 있다. 이 작품에 인용된 낙지론의 말미에는 '豈羨夫入帝王之門哉(어찌 제왕의 문으로 들어가는 것을 부러워하겠는가)'라는 부분이 있다. 이를 통해 화자는 세속적 부귀영화에 대한 미련을 버리고 가난하지만 지조를 지키겠다는 태도를 드러내고 있다. 이러한 화자의 태도는 감각적 이미지를 통해 잘 형상화되고 있다.

① '좁은 서실'은 무료한 일상의 공간이자 깨달음을 얻게 되는 공간이다.
② '그렇다!'라는 독백은 화자가 지향하는 삶에 대한 다짐으로 이어지고 있다.
③ '쪼들리고 / 웅숭거릴지언정'은 화자가 벗어나려는 가난을 감각적으로 표현한 것이다.
④ '제왕의 문'은 화자가 부정하는 세속의 부귀영화를 의미한다.
⑤ '대바람 타고 / 들려오는 / 거문고 소리'는 화자가 지향하는 삶을 환기하는 청각적 이미지이다.

18 (나)에 대한 감상으로 적절하지 <u>않은</u> 것은?

① '봄산'은 '솔이파리'와 '상수리나무 묵은 잎' 처럼 '나'를 버릴 수 있는 공간이겠군.
② '삶의 근심과 고단함에서 돌아와'로 미루어 볼 때, 화자는 과거에 힘겨운 일을 겪었을 수 있겠군.
③ '거기 이는 바람'과 '찬 서리'는 '저 수 많은 새 잎사귀들'의 생명을 위협한다는 점에서 화자가 경계하는 대상이겠군.
④ '지나온 날들처럼 / 남은 생도 벅차리'에서 과거를 수용하면서 미래에 대한 기대감을 가지는 화자의 심리를 엿볼 수 있겠군.
⑤ '무엇을 내 마음 가장자리에 잡아' 둘 필요가 없다는 것은 집착에서 벗어나려는 화자의 태도를 드러낸다고 할 수 있겠군.

[19~21] 다음 글을 읽고 물음에 답하시오.

[앞부분 줄거리] 횡포를 일삼던 마름 집을 마을 사람들과 습격했다가 쫓기던 막동이는 다른 데로 피하라는 어머니의 설득으로 마을을 등진다. 얼마 후 잘 지내고 있다는 막동이의 편지를 받은 어머니는 다행이라 생각한다. 그런데 해방이 된 이듬해 어머니는 막동이가 형무소에 갇혔다는 편지를 받는다. 둘째 아들을 보내 사정을 알아보니 막동이는 국회의원에 입후보한 사람을 암살한 죄로 형무소에 갇힌 것이었다.

"뭔 일이란가, 뭔 일이여?"

그게 무슨 벼락 맞을 소리냐고, 우리 막동이는 그럴 아이가 아니라고, 그건 다른 사람이 뒤집어씌운 것일 거라고 펄펄 뛰어보는 것도 마냥 쓸데없는 일이었고, 이때부터 열흘 걸러 한 번씩 허우허우 보성으로 달려가서 기차를 타고, 광주 땅에 내리기가 바쁘게 동명동 형무소 면회 창구에 면회 신청을 하여, 두 손을 묶이어 나오는 푸르스름한 죄수복의 막동이, 그놈의 허옇고 부석부석한 얼굴을 보면서 쓰라린 마음을 달래곤 했었다. 그러면서 그놈에게 늙은 어머니는, 누가 너에게 그런 죄를 씌웠느냐고 울며불며 물어보곤 했지만, 그놈은 멀거니 이 어미의 얼굴을 건너다볼 뿐 입을 꼭 다물고만 있곤 할 뿐이었다. 그놈의 그런 태도로 미루어, 그놈의 심중에는 어느 누구한테도 말하지 못할 어떤 사정인가가 있기는 있는 모양이지만, 그걸 무슨 말로 어떻게 해서 비춰야 할 것인지, 알 수가 없는 것이었다.

늙은 어머니는 그 막동이를 그렇게 만들어놓은 게 모두 소갈머리 없는 자기 때문이라 하며 혀를 깨물고 칵 죽어야 한다고 생각해보지 않은 건 아니었지만, 마룻장 위에서 올골골 떨고 있는 그 막동이를 그대로 둔 채 눈을 감을 수란 도저히 없는 일이므로, 하루하루가 마냥 답답하고 기막히다 할지라도 이미 그놈한테 내리덮인 그 죄를 어떻게 벗겨 줄 길이란 없는 일이니, 이제 그놈이 벗어나오는 날까지 이렇게 면회를 가서 얼굴이라도 볼 수 있는 것만도 고맙게 여기면서, 부지런히 면회를 다니는 길밖에 없다 했다.

한데, 그 면회나 자주 다닐 수 있었으면 하련마는 그놈이 집에 있을 때 품팔아 받아들인 쌀값으로 마련한 송아지를 도짓소로 준 것, 그것을 팔아 면회를 다니며 써버린 뒤로는 왔다 갔다 할 차비에 먹고 잘 돈, 면회 다니면서 그놈 먹고 마시게 할 돈…… 그걸 마련 못해 주겠다고 앙탈을 하는 자식들의 소행이 못내 섭섭하고 노여워, 늙은 어머니는 그 저수지 둑 밑에 주저앉아 다리를 죽 뻗고 통곡이라도 해버렸으면 시원할 것 같은 심사를 억누르고, 부지런히 활갯짓을 하면서 오른손에 든 지팡이를 옮겨 놓았다.

그때 복받치는 격정이 목구멍을 막아 쿨룩 기침을 했고, 그사이 들이마신 찬바람 때문에 그 기침은 연거푸 터져 나오기 시작하여, 늙은 어머니는 쪼그려 앉아 오그라져 들어가는 뱃가죽을 그러쥐고, 숨이 발딱 넘어가는 곪 고읎 소리를 내다가, 헛돌던 치차가 잘못되어 달칵 지르륵 하고 걸려 돌아가는 것처럼 "으음"하고 목을 가다듬으며 일어섰다.

〈중략〉

이날 면회 신청은 물론 그 늙은 어머니가 제일 먼저 하였다. 접수를 하고 나자 늙은 어머니는 조급해졌다. 전에 하던 것으로 보아, 얼마 있지 않아 아들을 데려다 줄 것이라 생각하며 곧 밥집으로 달려갔다. 가는 도중에 우유 장수를 만났다. "아차, 잊을 뻔했구나" 하며 우유 두 병을 샀는데, 그게 제법 따끈한 게 다행이다 싶었다.

그걸 든 채로 밥집으로 가, 쇠고깃국 끓인 냄비를 한 손에 들고, 우유를 찹쌀떡 싼 보자기에 집어넣어 지팡이 든 손에 끼어 들고 면회장 입구로 달려가 기다리는데, 또 왜 이날 아침에야말로 이리도 더디 데려다 주는 것인지 환장할 것 같았다.

ⓐ <u>"국이 다 식어뿔구만, 어째서 아직 안 데리고 나온다냐?"</u> 하고 투덜거리던 늙은 어머니는, 쇠고깃국과 우유가 식는 게 안타까워 여기저기를 두리번거리다가 재빨리 묘안을 하나 생각해냈다. 쇠고깃국을 대기소 안의 난로 위에 올려놓고, 우유는 치맛말을 들치고 젖가슴에다 꼭 끼워 묻었다.

늙은 어머니의 바로 다음 차례로 접수를 했던 부인들과 남정네들이 자기들 이름을 불러줄 것을 기다리며 서성거리고 있었다. 대기소에서 면회장으

로 들어가는 입구를 지키는 교도관은 죄수들이 도착할 때마다 그 죄수 면회 온 사람 이름을 불러들이곤 했다.

ⓑ '아니, 어짠 일이란가?'

맨 먼저 접수를 시켰으니 응당 "이막동이 면회 온 분!" 하고 늙은 어머니의 이름을 더 먼저 불러들여야 할 일인데도, 이미 늙은 어머니보다 훨씬 늦게 접수한 사람들을 무려 여섯 사람이나 면회장 안으로 불러들이면서도, 그 늙은 어머니를 불러 넣어주지는 않는 것이었다.

ⓒ '뭣 땀시 이란단가?'

혹시 그놈이 아파서 못 나오는 것은 아닌가, 아니 어디 다른 데로 보내버렸을까 하며 조급해진 늙은 어머니의 생각에, 꼭 열두 번째의 사람을 면회장 안으로 불러들였다고 느껴지는 순간 "이막동이 면회 온 분!"하는 소리가 들려, ⓓ "휘이, 이제야 데리고 나왔는가 보다" 하며 난로 위의 뜨거운 쇠고깃국 냄비를 뜨거운 것도 의식하지 못한 채 덥석 들어 안고 면회장 안으로 들어서려는데, 입구를 지키던 교도관이 "할머니!"하고 늙은 어머니를 세우더니 손에 든 종이쪽지를 옆에 서 있는 다른 교도관에게 보이며 무슨 말인가를 속닥거렸다. 그러더니 눈살을 찌푸리며 쓴 입맛을 다시고 "이막동이가 아들이오?" 하고 물었다.

"예에."

가슴이 후들거리고 기침이 목구멍 너머에서 자꾸 근질거리며 튀어 나오려는 것을 이를 악물어 억누르는데, "이막동이 말고 아들 또 있고?" 하고 다시 물었다. 둘이나 있다고 하자 그 교도관은 옆에 있는 교도관하고 말을 주고받은 뒤 고개를 주억거리다가, "이막동이 어제 옮겨갔어요" 하는 것이었다.

무슨 뜻이냐고 묻자 교도관이 예쁘장하게 생긴 얼굴을 다시 한 번 일그러뜨리고, 문밖으로 멀리 갔다는 손짓을 곁들여 퉁명스러운 목소리로, "목포로 갔단 말이오, 어제. 빨리 그리로 가보시오" 했다.

늙은 어머니는 자기의 귀를 의심했다.

"목포로 옮겨라우?"

교도관은 고개를 깊이 주억거려주고, 잠시 동안 천장을 멀거니 쳐다보다가 다음 사람을 불렀다.

ⓔ "어따 어메, 어째사 쓸꼬!" 하고 허둥허둥 나서다가, 쿨룩 쿠울룩 터져 나오는 기침 때문에 창자를 그러쥐느라고 쪼그려 앉은 늙은 어머니의 품속에서 우유병 하나가 떨어져 하얗게 박살이 나고 있었다. 옆에 섰던 한 남자가 안되었다는 듯 끌끌 혀를 차는 것이, 그 늙은 어머니의 귀에 들어갔을 까닭이 없을 것이었다.

– 한승원, 「어머니」 –

19 윗글에 대한 설명으로 가장 적절한 것은?

① 작품 밖 서술자가 특정 인물의 시각에서 작중 상황을 서술하고 있다.

② 동시에 벌어진 사건을 병렬적으로 배치하여 이야기의 흐름을 지연하고 있다.

③ 이야기 속에 또 다른 이야기를 삽입하여 사건의 인과 관계를 추적하고 있다.

④ 서술자가 다양한 인물로 바뀌면서 인물 간의 갈등을 다각적으로 조명하고 있다.

⑤ 이야기 속 인물이 과거의 일을 고백하는 방식으로 인물의 내면을 서술하고 있다.

20 ⓐ~ⓔ에 대한 이해로 적절하지 않은 것은?

① ⓐ : 막동이를 어서 만나고 싶어 하는 조바심을 드러내고 있다.

② ⓑ : 막동이를 만날 수 없으리라는 절망감을 느끼고 있다.

③ ⓒ : 막동이를 볼 수 없을지도 모른다는 불안감을 느끼고 있다.

④ ⓓ : 막동이를 만나게 될 것에 대한 반가움을 드러내고 있다.

⑤ ⓔ : 막동이를 만나지 못한 상황에 대한 당혹감을 드러내고 있다.

21 **〈보기〉를 참고하여 윗글을 감상한 내용으로 적절하지 않은 것은? [3점]**

〈보기〉

이 작품은 해방 후 현대사의 정치적 격동기를 배경으로 하고 있다. 이데올로기의 대립으로 인한 민족의 분열과 갈등에 휘말려 사형 선고를 받고 형무소에 갇힌 아들과 그 사실을 모르는 채 옥바라지를 하는 어머니의 지극한 사랑을 그리고 있다. 어머니는 어떤 상황에서도 아들에 대한 믿음과 사랑을 잃지 않고, 아들을 탓하는 대신 자신의 탓으로 전가하는 무조건적 사랑을 보여 준다. 또한 다른 어떤 현실적 가치보다도 자식을 우선시하는 어머니의 모습을 통해 모정의 위대함을 강조하고 있다.

① 돈을 마련 못해 주겠다고 앙탈하는 자식들과 어머니의 갈등은 해방 후 정치적 격동기의 단면을 보여주는군.

② 동이가 처한 상황을 두고 자책하는 모습은 불행한 상황을 자신의 탓으로 전가하는 어머니의 무조건적인 사랑을 보여 주는군.

③ 송아지를 팔아 막동이 면회를 갈 돈을 마련하는 어머니를 통해 현실적 가치보다 자식을 우선시하는 모정의 위대함을 엿볼 수 있군.

④ 쇠고깃국을 난로에 올리고 우유를 젖가슴에 품는 모습에서 아들에게 따뜻한 음식을 먹이고자 하는 어머니의 지극한 모정을 느낄 수 있군.

⑤ 다른 사람이 막동이에게 죄를 뒤집어씌운 것이라 생각하는 어머니를 통해 어떤 상황에서도 아들에 대한 믿음을 잃지 않으려는 모습을 엿볼 수 있군.

[22~25] 다음 글을 읽고 물음에 답하시오.

교호(交好)란 사회적 행위자 사이의 상호 작용과 의사소통을 뜻한다. SNS는 이용자에게 자신의 상태를 끊임없이 갱신하여 교호 활동에 적극적으로 참여하라고 요구한다. 어떤 SNS의 입력창에는 "지금 무슨 생각을 하고 계신가요?"라는 질문이 항상 제시되어 있다. 이용자는 이 질문을 볼 때마다 자신의 계정에 무언가 써야만 할 것 같은 강박, 즉 기록 강박에 빠지게 된다. SNS에서 이루어지는 다양한 활동은 계량적 지표로 활용되어 이용자를 서열화할 수 있기 때문에 이용자는 이 서열을 자신의 정체성과 결부시켜 받아들일 수 있다. 가령 더 자주 접속하여, 더 많은 게시물과 반응을 남기는 이용자는 자기 스스로 SNS 공간에서 유명 인사가 될 수 있다고 생각한다.

기록 강박은 노출 심리로 이어지기도 한다. 왜냐하면 무언가 써야 한다는 압박은 손쉽게 쓸거리를 취할 수 있는 대상으로 '나'에 주목할 가능성을 높이기 때문이다. 게다가 가상 세계인 SNS는 사람들로 하여금 현실 세계에서의 지위나 역할에서 벗어나 새로운 '나'가 될 수 있다는 환상을 갖게 한다. 그래서 이용자들은 현실 세계에 비해 SNS에서 자기의 행적과 감정 등을 드러내는 일에 더 적은 부담을 갖는다.

[A] 철학자 슈티글러에 따르면 사건(event)이란 발생하는 일을 우선순위에 따라 골라 정보로 구성해 낸 결과이다. 그것은 주로 공적인 성격을 띤다. 그런데 기록 강박과 노출 심리는 자

신의 상태를 '미시적 사건'으로 구성해 내도록 SNS 이용자들을 유도한다. 이들은 오늘 점심에 어떤 식당에서 어떤 메뉴의 음식을 누구랑 먹었는지, 어떤 상태에서 어떤 음악을 들었는지, 어제 본 텔레비전 프로그램의 주인공이 어떤 이야기를 했는지 등을 하나의 사건으로 취급하여 공적인 공간에 게시한다. 이런 경향을 '미시적 사건화'라 부를 수 있다. 따라서 미시적 사건화는 공적 성격이 부족한 일상의 자질구레한 경험들을 공적인 공간인 SNS에 게시하는 행위라고 볼 수 있다. SNS에 무의미한 정보가 범람하는 까닭은 바로 이 때문이다.

미시적 사건화와 그 제공자는 '관심'의 대상보다는 '관음'의 대상이 되기 쉽다. 상대방에 대한 주의를 기준으로 할 때, 사회적 상호 작용은 크게 '관심'과 '관음'의 양식으로 구별된다. ㉠ 관심의 양식이 양방향적 시선에 기반을 둔 염려나 기쁨이라면, ㉡ 관음의 양식은 일방향적 시선에 기반을 둔 욕망의 표출에 가깝다. 즉 전자는 타인이 처한 상황과 타인의 감정에 주의를 기울이면서 상대방에게 공감하는 정신의 과정을 말하는 반면, 후자는 오로지 자신의 만족을 위해 타인의 상황과 마음에 주의를 기울이는 정신의 과정을 말한다. 따라서 관심의 양식으로 대상을 바라보는 '나'는 타자를 존중하고 타자의 안위를 바라지만, 관음의 양식으로 대상을 바라보는 '나'는 자신의 만족에만 몰두할 뿐 타자의 안위에는 관심을 기울이지 않는다.

자신의 감정을 투자하여 맺을 수 있는 관계의 규모가 무한하지 않음에도 불구하고, SNS는 친구 찾기와 추천 알고리즘을 통해 이용자로 하여금 SNS 친구를 지속적으로 늘려 가도록 유도한다. 어떤 SNS의 경우 대략 150명에서 500명 정도의 친구를 둔 이용자가 가장 많다고 한다. SNS에서 150명 이상의 친구를 자주 찾아가 그들에게 공감하고 그들의 안위를 염려하는 정신적 활동을 감당하기란 현실적으로 거의 불가능하다. 따라서 SNS를 매개로 한 교호 활동은 상대방에 대한 염려를 기반으로 하는 관심의 양식보다 자기만족을 위한 관음의 양식으로 나타날 가능성이 높다. 당연하게도, 관음의 양식은 진정한 교호 관계와 거리가 멀다.

SNS를 긍정적으로 인식하는 사람들은 게시물과 댓글의 주고받음을 양방향적 또는 상호작용적 교호 활동이라고 주장하지만, 이는 염려와 공감에 기반을 둔 관심의 주고받음이 아니라 미시적 사건(구경거리)의 주고받음이라는 점에서 일방적 시선들의 기계적 모음이라 할 수 있다. 비유컨대 타인의 삶을 구경거리 삼아 디지털 공간 여기저기를 둘러보는 SNS 이용자는 ⓐ '현대 디지털 산보자'인 셈이다. SNS는 이러한 방식의 교호 활동을 부추기기 때문에 인간은 SNS 공간에서 더 많은 친구들과 이어져 있음에도 더 외로워지고, 관계는 더 빈곤해진다.

물론 SNS 공간에서 모든 이용자가 이러한 양상을 경험하고, 이렇게 행동한다고 말할 수는 없다. 어떤 이용자들은 SNS를 인간관계의 심화나 지적 능력의 확장, 민주적 공론화의 장 마련 등을 위한 생산적인 도구로 활용하는 경우도 분명 존재하기 때문이다. 그럼에도 불구하고 SNS는 '너'와 '나'의 관계를 일방향적이고 자기만족적인 성격으로 변화시킬 수 있음을 이해하는 일이 중요하다.

22 윗글에 대한 설명으로 적절하지 <u>않은</u> 것은?

① 구체적 사례를 들어 독자의 이해를 돕고 있다.

② 대조의 방식을 활용하여 대상의 특성을 밝히고 있다.

③ 묻고 답하는 방식으로 독자의 주의를 환기하고 있다.

④ 용어의 개념을 정의하여 내용을 명료하게 전달하고 있다.

⑤ 전문가의 견해를 활용하여 내용의 신뢰성을 높이고 있다.

23 윗글을 참고할 때, 〈보기〉에 대한 설명으로 가장 적절한 것은?

〈보기〉

□□는 수시로 자신의 SNS 방문자 수와 '좋아요' 수를 확인한다. 또한 다른 사람의 SNS 게시물에 '좋아요'를 습관적으로 누른다. 방금 전에도 어떤 사람의 SNS 게시물을 제대로 보지도 않은 채, '좋아요'를 누르고, "고양이가 멋지네요. 제 계정에도 놀러 오세요."라는 댓글을 달았다. 그리고 친구 추가를 요청했다. 하지만 그 사람은 얼마 전에 죽은 고양이를 그리워하는 마음에 이를 슬퍼하는 글과 함께 사진을 올린 것이었다.

△△는 SNS 친구가 SNS에 올린 축하 파티 사진 게시물을 확인했다. 그 친구는 오랫동안 준비했던 자격증 시험에 합격하여 파티를 한 것이었다. △△는 거기에 "오랫동안 노력하더니 좋은 결과가 있어서 참 다행이네요. 축하해요!"라고 진심 어린 댓글을 달고 '좋아요'를 눌렀다. 그랬더니 그 친구는 "고마워요. 지난번 보내준 위로 메시지가 제게는 큰 힘이 되었어요. 이번 합격은 다 △△님 덕분입니다."라고 답했다.

① 다른 사람의 SNS 게시물에 댓글을 남겼다는 점에서, □□의 행동은 ㉡보다 ㉠에 가깝다.

② 수시로 SNS 방문자 수와 '좋아요' 수를 확인하고 친구 추가를 요청한다는 점에서, □□의 행동은 ㉡보다 ㉠에 가깝다.

③ SNS 친구와 서로 위로와 축하를 주고받는다는 점에서, △△의 행동은 ㉡보다 ㉠에 가깝다.

④ SNS 친구의 안위를 걱정하는 마음을 표현했다는 점에서, △△의 행동은 ㉠보다 ㉡에 가깝다.

⑤ 다른 사람의 SNS에 '좋아요'를 눌렀다는 점에서, □□와 △△의 행동 모두 ㉠보다 ㉡에 가깝다.

24 윗글의 ⓐ와 〈보기〉의 ㉮에 대한 설명으로 적절하지 않은 것은? [3점]

〈보기〉

스펙터클은 특별한 또는 새로운 볼거리라는 의미로 널리 사용된다. 19세기 파리는 그 자체로 산보자의 스펙터클이었다. ㉮ 19세기 파리의 산보자는 잘 닦인 파리의 대로(大路)를 걸으며 새로운 근대적 도시를 경험하였다. 당시에 새롭게 등장한 '파사주'(작은 쇼핑몰)를 찾아 쇼핑하는 산보자들에게 파사주는 그 자체가 '도시'이자 '축소된 세계'였다. 대로의 카페에 앉아 있는 산보자는 스펙터클로 변화한 세계의 구경꾼이자 또 다른 산보자의 스펙터클이기도 했다.

① ⓐ가 바라보는 대상은 주로 타인이 구성한 미시적 사건이다.

② ㉮가 바라보는 대상은 근대적 도시와 그 안에서의 삶의 모습이다.

③ ⓐ와 ㉮ 모두 바라보는 행위의 주체이기도 하지만 대상이 되기도 한다.

④ ⓐ와 ㉮ 모두 '나'의 외부에 있는 대상을 구경하는 자의 시선을 갖고 있다.

⑤ ⓐ가 바라보는 대상은 실제 세계인 반면 ㉮가 바라보는 대상은 가상 세계이다.

25 **〈보기〉를 참고하여 [A]를 비판한 내용으로 가장 적절한 것은?**

〈보기〉

SNS에서는 기상이나 교통에 관한 구체적인 정보가 실시간으로 공유된다. 예를 들어, 출근 시간에 차가 막혀서 지각했다는 소식은 SNS에 빠르게 게시된다. 이런 소식은 뉴스가 될 만한 사건이 아닌, 개인의 자질구레한 일상을 담은 미시적 사건이다. 그러나 1분, 1초가 아쉬운 직장인과 학생들에게 이러한 정보는 매우 유용할 수도 있다.

① 학생1 : SNS에 올라온 미시적 사건들을 보다 보면 참 즐겁고 흥미로워.
② 학생2 : 개인의 관점에서는 공적 삶보다 사적 삶이 더 중요한 의미를 가지지.
③ 학생3 : 자신의 일상을 구체적으로 기록하는 일은 예나 지금이나 가치 있는 일이잖아.
④ 학생4 : SNS에 게시된 사소한 일상의 모습이 누군가에게는 의미 있는 정보가 될 수 있어.
⑤ 학생5 : 의사소통 내용은 공적이지만 사적인 공간에 게시된 것도 미시적 사건화라 할 수 있어.

[26~30] 다음 글을 읽고 물음에 답하시오.

(가)
㉠ 죄 지을 줄 아라시면 공명 탐(貪)ᄎᆞ ᄒᆞ여시랴.
ⓐ 산진(山陣)ᄆᆡ 슈진(水陣)ᄆᆡ와 ᄒᆡ동쳥(海東靑) 보라ᄆᆡ가
심슈 춍님(深樹叢林) 숲어나려 산계 야목(山鷄夜鶩) ᄎᆞ고 날 제,
앗갑다. 걸렷구나. 두 날개 걸렷구나.
먹기의 탐(貪)이 나니 형극(荊棘)을 몰나 보ᄂᆡ.
어와 민망ᄒᆞ다. **주인 박대** 민망ᄒᆞ다.
아니 먹은 헛 주정(酒酊)에 욕셜조차 대단하다.
혼ᄌᆞ 안ᄌᆞ 군말ᄒᆞ듯 날 드르라 ᄒᆞᄂᆞᆫ 말이,
건넌 집 나그ᄂᆡᄂᆞᆫ 졍승의 아ᄃᆞᆯ이요
뒷집의 손님ᄂᆡᄂᆞᆫ 판셔의 아우로셔
나라의 득죄(得罪)ᄒᆞ고 외판섬 드러오면
㉡ 이젼(以前) 말은 ᄒᆞ도 말고 여긔 ᄉᆞᄅᆞᆷ 일을 ᄇᆡ와
고기 낙기 나무 뷔기 ᄌᆞ리치기 신삼기와
보리 동냥 ᄒᆞ여다가 주인 양식(糧食) 보틔거든
한곳에서는 무ᄉᆞᆷ 일노 **공(空)ᄒᆞᆫ 밥**을 먹으랴노
㉢ 쓰ᄌᆞᄂᆞᆫ 열 손가락 ᄭᆞᆷᄌᆞᆨ이도 아니ᄒᆞ고
것ᄌᆞᄂᆞᆫ 두 다리ᄂᆞᆫ 움ᄌᆞᆨ이도 아니ᄒᆞ니
셕은 나무에 박은 ᄉᆞᆯ인가 젼당(典當) 잡은 쵹ᄃᆡ(燭臺)런가
종 찾으려는 상전인가 빗 받으려는 채주(債主)런가
동이셩(同異姓)의 권당*인가 픗낯*의 친구런가
㉣ 양반인가 상인인가 병인(病人)인가 반편인가
화쵸(花草)라고 두고 볼가 괴셕(怪石)이라 노코 볼가
은혜 ᄭᅵ친 일이 잇셔 특명(特命)으로 먹으려나
져 지은 죄 뉘 타시며 제 셔름을 ᄂᆡ 아던가
밤나즈로 우ᄂᆞᆫ 소ᄅᆡ 슬픈 소ᄅᆡ 듯기 실타.
ᄒᆞᆫ 번 듣고 두 번 듣고 통분키도 ᄒᆞ다마ᄂᆞᆫ
풍속을 보아ᄒᆞ니 **놀랄 일이 막심**ᄒᆞ다.
인륜이 업셔시니 부ᄌᆞ(父子)의 ᄊᆞ홈이요
남녀를 불분ᄒᆞ니 계집의 등짐이라.
방언(方言)이 괴이ᄒᆞ니 존비(尊卑)를 아올손가.
다만 아ᄂᆞᆫ 거시 손곱아 주먹 혬의
두 다셧 홉 다셧에 뭇 다셧 꼽기로다.
포학 탐욕이 예의 염치 되어시며,
분전(分錢) 승합(升合)*으로 효제 츙심 ᄉᆞᆷ아시며,
한둘 공덕ᄒᆞ면 지효(至孝)로 아라시며,
㉤ 혼정신성(昏定晨省)*은 보리 담은 큰 항아리요
출필고(出必告) 반필면(反必面)*은 돈 모으ᄂᆞᆫ 벙어리라.
무지(無知)가 이러ᄒᆞ고 막지(莫知)가 이러ᄒᆞ니,

왕화(王化)*가 불급(不及)ᄒᆞ니 **견융(犬戎)의 행사***로다.
인심이 아니어든 인사를 책망ᄒᆞ랴.
내 귀양살이 아니러면 이런 일 보아시랴.

– 안도환, 「만언사(萬言詞)」 –

*권당 : 친척.
*풋낯 : 익힌 지가 얼마 되지 않은 얼굴.
*분전승합 : 푼돈과 얼마 되지 않는 곡식.
*혼정신성 : 아침저녁으로 부모의 안부를 물어서 살핌.
*출필고 반필면 : 나가고 돌아올 때 부모님께 인사하는 예법.
*왕화 : 임금의 교화.
*견융의 행사 : 오랑캐의 행동.

(나)

앞으로 나아가 **소년대**(少年臺)에 올랐다. 천왕봉을 우러러보니 구름 속에 높이 솟아 있었다. 이곳에는 잡초나 잡목이 없고 푸른 잣나무만 연이어 나 있는데, 눈보라와 비바람에 시달려 앙상한 줄기만 남은 고사목이 10분의 2~3은 되었다. 멀리서 바라보면 머리카락이 희끗희끗한 노인의 머리 같으니 다 솎아낼 수 없을 듯하다. '소년'이라고 이름이 붙은 것을 보면, 혹 **영랑***의 무리를 일컬을 듯하다. 그러나 내 생각으로는 천왕봉은 장로(長老)이고 이 봉우리는 장로를 받들고 있는 소년처럼 생겼기 때문에 '소년대'라 이름 붙인 것 같다. 아래로 내려다보니 수많은 봉우리와 골짜기가 주름처럼 펼쳐져 있었다. 이곳에서도 오히려 이러한데, 하물며 제일봉에 올라 바라봄에랴.

드디어 지팡이를 내저으며 **천왕봉**에 올랐다. 봉우리 위에 판잣집이 있었는데 바로 성모사(聖母祠)였다. 사당 안에 석상 한 구가 안치되어 있었는데 흰옷을 입힌 여인상이었다. 이 성모는 어떤 사람인지 모르겠다. 혹자는 말하기를 "고려 태조대왕의 어머니가 어진 왕을 낳아 길러 삼한을 통일하였기 때문에 높여 제사를 지냈는데, 그 의식이 지금까지 이어지고 있다."라고 한다. 영남과 호남에 사는 사람들 중에 복을 비는 자들이 이곳에 와서 떠받들고 음사(淫祠)*로 삼으니 바로 초나라, 월나라에서 귀신을 숭상하던 풍습이다. 원근의 무당들이 이 성모에 의지해 먹고산다. 이들은 산꼭대기에 올라 유생이나 관원들이 오는지를 내려다보며 살피다가, 그들이 오면 토끼나 꿩처럼 흩어져 숲속에 몸을 숨긴다. 유람하는 사람들을 엿보고 있다가, 하산하면 다시 모여든다.

봉우리 밑에 벌집 같은 판잣집을 빙 둘러 지어놓았는데, 이는 기도하러 오는 자들을 맞이하여 묵게 하려는 것이다. 짐승을 잡는 것은 불가에서 금하는 것이라 핑계하여, 기도하러 온 사람들이 소나 가축을 산 밑의 사당에 매어놓고 가는데, 무당들이 그것을 취하여 생계의 밑천으로 삼는다. 그러므로 성모사, 백모당, 용유담은 무당들의 3대 소굴이 되었으니, 참으로 분개할 만한 일이다. 이 날 비가 그치고 날이 개어 뿌연 대기가 사방에서 걷히니, 광활하고 까마득한 세계가 눈앞에 끝없이 펼쳐졌다. 마치 하늘이 명주 장막을 만들어 이 봉우리를 위해 병풍처럼 둘러친 듯하였다. 감히 시야를 가로막는 한 무더기 언덕도 전혀 없었다.

(중략)

삼면에 큰 바다가 둘러 있는데, 점점이 흩어진 섬들이 큰 파도 속에 출몰하고 있었다. 그리고 대마도의 여러 섬은 까마득히 하나의 탄환처럼 작게 보일 뿐이었다. 아, 이 세상에 사는 덧없는 삶이 가련하구나. **항아리 속에서 태어났다 죽는 초파리 떼**는 다 긁어모아도 한 움큼도 채 되지 않는다. 인생도 이와 같거늘 조잘조잘 자기만 내세우며 옳으니 그르니 기쁘니 슬프니 하며 떠벌리니, 어찌 크게 웃을 만한 일이 아니겠는가? 내가 오늘 본 것으로 치면, 천지도 하나하나 다 가리키며 알 수 있으리라. 하물며 이 봉우리는 하늘 아래 하나의 작은 물건이니, 이곳에 올라 높다고 하는 것이 어찌 거듭 슬퍼할 만한 일이 아니겠는가? 저 안기생, 악전*의 무리가 난새의 날개와 학의 등을 타고서 구만리 상공에 떠 아래를 바라볼 때, 이 산이 미세한 새털만도 못하리라는 것을 어찌 알겠는가?

사당 밑에 작은 움막이 하나 있었는데, 잣나무 잎을 엮어 비바람을 가리게 해 놓았다. 승려가 말하기를 "이는 매를 잡는 사람들이 사는 움막입니다."라고 하였다. 매년 8, 9월이 되면 매를 잡는 자들이 봉우리 꼭대기에 그물을 쳐 놓고 매가 걸려들길 기다린다고 한다. 대체로 매 가운데 잘 나는 놈은 천왕봉까지 능히 오르기 때문에 이 봉우리에서 잡는 매는 재주가 빼어난 것들이다. ⓑ 원근의 관청에서 쓰는 매가 대부분이 봉우리에서 잡힌 것들이다. 그들은 눈보라를 무릅쓰고 추위와 굶주림을 참으며 이곳에서 생을 마치니, 어찌 단지 관청의 위엄이 두려워서 그러는 것일 뿐이랴. 또한 대부분 이익을 꾀하여 삶을 가볍게 여기기 때문이리라. 아, 소반 위의 진귀한 음식 한 입도 안 되지만 백성의 온갖 고통 이와 같은 줄 누가 알겠는가. 해가 기울어 향적암(香積庵)으로 내려갔다.

– 유몽인, 「유두류산*록(遊頭流山錄)」 –

*영랑 : 신라 때 화랑의 우두머리.
*음사 : 유가(儒家)에 어긋나는 제례나 그 행위를 일컬음.
*안기생, 악전 : 중국 신선의 이름들.
*두류산 : 지리산의 옛 이름.

26 (가), (나)의 공통점으로 가장 적절한 것은?

① 대상에 대한 그리움이 드러나 있다.
② 고립된 처지에서 비롯한 비애가 드러나 있다.
③ 경계하는 삶에 대한 글쓴이의 인식이 드러나 있다.
④ 가난한 현실을 이겨내고자 하는 진취적 자세가 드러나 있다.
⑤ 정치적 포부를 펼치지 못한 것에 대한 아쉬움이 드러나 있다.

27 (가), (나)에 대한 이해로 적절하지 않은 것은?

① (가)의 화자는 '공훈 밥'을 먹으려 한다며 '주인'에게 '박대' 당하고 있다.
② (가)의 화자는 '놀랄 일이 막심'하다면서 자신이 거처하는 곳의 '풍속'을 '견융의 행사'라고 비판하고 있다.
③ (나)의 화자는 '소년대'라는 이름의 유래를 살피며 '천왕봉' 유람에 대한 기대감을 드러내고 있다.
④ (나)의 화자는 '영랑'을 떠올리며 선인들이 남긴 옛일을 회고하고 있다.
⑤ (나)의 화자는 '천왕봉'에 올라 '항아리 속에서 태어났다 죽는 초파리 떼' 같은 인생의 덧없음을 느끼고 있다.

28 ㉠~㉤에 대한 설명으로 적절하지 않은 것은?

① ㉠ : 설의적 표현을 활용하여 유배에 처하게 된 원인을 드러내고 있다.
② ㉡ : 화자가 배운 일들을 열거하여 화자의 노력을 강조하고 있다.
③ ㉢ : 대구의 표현을 활용하여 풍자적 인식을 보여 주고 있다.
④ ㉣ : 동일한 종결 어미를 활용하여 냉소적 태도를 부각하고 있다.
⑤ ㉤ : 비유적 수법을 활용하여 대상을 부정적으로 평가하고 있다.

29 ⓐ, ⓑ를 비교한 내용으로 가장 적절한 것은?

① ⓐ는 ⓑ와 달리 화자에게 앞으로 닥칠 상황을 상징한다.
② ⓐ는 ⓑ와 달리 화자 자신의 불우한 상황을 비유한 자연물이다.
③ ⓑ는 ⓐ와 달리 화자와 타자 사이의 갈등을 유발한다.

④ ⓐ와 ⓑ 모두 탐욕으로 인해 고통 받는 존재이다.
⑤ ⓐ와 ⓑ 모두 화자가 추구하는 삶의 덕목을 드러낸다.

30 **〈보기〉를 참고하여 (나)를 감상한 내용으로 적절하지 않은 것은? [3점]**

〈보기〉

전통적으로 산은 만물을 만들어내는 어머니로 인식되었다. 조선 초기에는 지리산 성모(聖母)에게 조정의 관리가 의례를 올리기도 했다. 그러나 점차 유교적 이념이 확립되어감에 따라 지리산 성모 신앙은 부침을 겪게 된다. 유몽인이 지리산 유람을 한 시기는 임진왜란이 끝난 직후이다. 백성들은 생활 터전이 파괴된 상태에서 미래에 대한 희망을 더 이상 지배층과 임금에게서 찾기 어려웠다. 그래서 그들은 이러한 암울한 상황을 일순간에 벗어나게 해 줄 수 있는 초자연적 존재를 찾아 의탁하고자 했다. 무당들은 이러한 백성들에 기대어 생계를 유지하였고 조정에서는 이러한 행위를 강력히 금지하지 못했다. 당대 조선이 도탄에 빠진 백성들을 위로할 만한 여력이 없었기 때문이다.

① '흰옷을 입힌 여인상'을 '고려 태조대왕의 어머니'와 연결 지어 이해하는 것은 전통적인 성모 신앙을 반영하는 것이라고 볼 수 있겠군.
② '복을 비는 자들'의 행위를 '음사'로 규정하면서도 강력히 제재하지 못하는 것은 당대 조선이 백성들을 위로할 만한 힘이 없었기 때문이라고 볼 수 있겠군.
③ '원근의 무당들이 이 성모에 의지해 먹고'살 만큼 백성들이 찾아온다는 것에서 임진왜란으로 인해 도탄에 빠졌던 백성들이 초자연적 존재에 의탁하기도 했다는 것을 알 수 있겠군.
④ '유생이나 관원들이' 오면 '토끼나 꿩처럼 흩어져 숲속에 몸을' 숨기는 것에서 생활 터전이 파괴되어 미래에 대한 희망을 지배층에게서 찾기 어려웠던 백성들의 의식을 엿볼 수 있겠군.
⑤ '성모사, 백모당, 용유담은 무당들의 3대 소굴'이라고 지칭하며 '분개'한 것에서 유몽인이 유교적 이념의 테두리 속에서 지리산 성모 신앙을 부정적으로 평가했다는 것을 알 수 있겠군.

[31~35] 다음 글을 읽고 물음에 답하시오.

재산권은 경제적 기초가 되는 재산에 대해 자유로이 사용, 수익, 처분 등을 할 수 있는 권리이다. 재산권은 배타적, 독점적 권리이기 때문에 타인으로부터 ㉠ <u>침해</u>받지 않는다. 배타적, 독점적 권리라는 말은 재산을 자기 뜻대로 사용, 수익, 처분할 수 있다는 뜻이다. 이는 재산권자가 아닌 사람이 재산을 사용, 수익, 처분하려면 반드시 재산권자의 허락을 받아야 함을 말한다. 그래서 국가는 재산권 제도를 만들어 국민의 재산권을 ㉡ <u>보장</u>하고 있다. 그것은 재산권 제도가 실질적으로 사회 전체를 위한 것이기 때문이다. 그렇다면 ⓐ <u>왜 재산권 제도가 사회 전체를 위한 제도일까?</u>

갑과 을이라는 두 사람만 있는 사회가 있고, 이 사회는 아직 재산권 제도가 존재하지 않는

[A] 다고 가정하자. 거래나 교환은 재산권 제도를 전제로 성립할 수 있기 때문에 이 사회에서는 아직 거래나 교환이 존재할 수 없다. 이 상황에서 갑과 을 두 사람이 각자 자신의 재화의 양을 늘리는 방법은 두 가지이다. 하나는 스스로 재화를 생산하는 것이고, 다른 하나는 타인이 생산한 재화를 약탈하는 것이다. 결국 갑과 을은 자신이 보유한 시간과 노력 등의 자원을 생산과 약탈에 적절히 배분함으로써 자신이 가질 수 있는 재화의 총량을 극대화하려 할 것이다.

논의의 단순화를 위해 약탈에 대한 도덕적 죄책감은 문제가 되지 않는다고 가정하자. 갑은 자신이 직접 생산하는 것보다 을의 재화를 약탈하는 경우에 적거나 동일한 자원으로 더 많은 성과를 얻을 수 있다고 하자. 그러면 갑은 자신의 자원을 약탈에 더 많이 배분하게 될 것이다. 만약 그 반대의 경우라면 갑은 자신의 자원을 생산하는 쪽에 더 많이 배분하게 될 것이다. 그런데 이와 같은 논리는 을도 마찬가지이다. 이럴 경우 갑과 을은 상대방의 약탈로부터 자신의 재화를 지키기 위한 방어에 자원을 배분해야 할 것이다. 결국 갑과 을은 자신들의 재화를 생산, 약탈, 방어 세 분야로 나누어 사용하게 된다.

이 사회에서 갑이나 을 중 한 사람은 상대의 재산권을 존중하고, 다른 사람은 부인하는 경우가 있을 수 있다. 이 경우 상대방의 재산권을 부인하는 사람은 다른 사람의 재화를 약탈하는 것이 자신의 재화를 극대화하는 방법이 된다. 그러면 나머지 한 사람도 자신의 재화를 극대화하기 위하여 상대방의 재산권을 부인하게 된다. 결국 두 사람 모두 상대의 재산권을 부인하는 것으로 귀결될 것이다.

앞의 경우와 달리 이 사회에 재산권 제도가 형성되어 있다면, 국가에 의해서 그 권한의 행사가 ㉢ 강제되기 때문에 갑과 을은 약탈을 할 수 없게 된다. 그렇다면 이들은 약탈이나 방어에 자원을 사용하지 않고 생산에만 모든 자원을 사용할 것이다. 그렇게 된다면 사회 전체가 생산하는 재화의 총량은 최대가 된다. 이처럼 사회의 재화의 총량을 증가시키기 위해서 재산권 제도가 필요하다. 물론 재산권 제도를 위해서는 입법 비용, 경찰 비용 등 여러 사회적 비용이 들어갈 것이다. 그러나 사회적 비용의 증가분이 재산권 제도로 인한 사회의 재화의 증가분보다 작을 경우 재산권 제도가 있는 것이 사회에 더 효율적이다.

국가가 개인의 재산권을 보호하고, 재산권이 배타적 권리라도 이는 절대적이고 무제한적일 수 없다. 예를 들어, 어떤 철도 회사가 자기의 철도에 대하여 가지는 재산권이 절대적이고 무제한적인 권리라면 철도 운영 과정에서 발생하는 오염 물질도 마음대로 ㉣ 배출할 수 있다. 이 경우 그 오염 물질로 인하여 철도 인근의 농민들이 소유한 경작지의 가치는 그만큼 감소하므로 농민들의 재산권이 침해당한 것이다. 법에서는 이런 경우를 서로 다른 두 재산권이 충돌하는 것으로 본다. 이런 경우에는 권리와 이익을 받을 수 있는 자격, 즉 권익권을 누구에게 ㉤ 부여할 것인가를 법정책적으로 결정해야 한다.

철도 회사가 오염 물질을 배출하지 않기 위해 드는 비용이 100이고, 오염 물질로 인해 농민이 받는 피해는 50이라고 하자. 우선 법이 농민들의 권익권을 인정하는 경우, 농민들은 철도 회사의 오염 물질 배출을 막을 수 있게 된다. 그러면 철도 회사는 100의 비용을 들여 오염 물질의 배출을 막거나, 농민들이 가진 권익권을 구매해야 한다. 그 권익권의 가격이 100보다 작다면 철도 회사는 권익권을 구매하는 것이 이익이다. 이 경우 권익권은 농민들이 입는 피해인 50보다 크고, 철도 회사의 비용인 100보다 작은 가격에서 거래가 이루어진다. 농민들이 철도 회사에 권익권을 판매하면 철도 회사는 오염 물질을 계속 배출할 것이다. 농민들은 오염 물질로 인한 자신들의 손해인 50보다 큰 금액을 철도 회사로부터 받았기 때문에 손해를 본 것은 아니다.

반면에 법이 철도 회사의 권익권을 인정하는 경우, 농민들은 자신이 입는 피해에 해당하는 50보다 작은 가격에는 철도 회사의 권익권을 사려하겠지만, 50보다 큰 가격으로는 사려하지 않을 것이다. 그리고 철도 회사는 100보다 작은 가격으로는 자신들의 권익권을 판매하지 않을 것이다. 왜냐하면 자신들이 권익권을 판매할 경우에 들여야 하는 비용이 100이기 때문이다. 따라서 철도 회사가 권익권을 갖는 경우, 권익권의 거래는 이루어지지 않게 되고, 철도 회사는 오염 물질을 계속 배출할 것이다. 그런데 앞의 경우와 다른 점은 농민들은 철도 회사의 오염 물질의 배출로 인한 피해에 대해 그 어떤 보상도 받지 못했다는 것이다. 결국 법이 누구의 권익권을 인정하느냐에 따라 소득 분배의 결과는 달라진다.

31 윗글을 이해한 내용으로 적절하지 않은 것은?

① 재산권이 충돌하는 경우 권익권을 가진 사람의 권리가 인정된다.

② 재산권은 배타적, 독점적이어서 무제한적인 속성을 지닌다.

③ 재산권자의 허락을 받으면 타인의 재산을 사용할 수 있다.

④ 사람들은 자신의 자원을 활용하여 재화를 늘리려 한다.

⑤ 거래나 교환은 재산권 제도가 전제되어야 가능하다.

32 [A]를 바탕으로 〈보기〉를 분석한 내용으로 적절하지 않은 것은? [3점]

〈보기〉

아래의 표는 재산권 제도가 형성되지 않은 사회에서 갑과 을이 상대의 재산권에 대해 취하는 태도에 따라 각자 가지게 되는 재화의 양을 표시한 것이다. 갑과 을이 자신의 자원을 모두 생산에 사용하여 가질 수 있는 재화의 양은 각각 10과 15이다. (단, 사회 구성원은 갑과 을뿐이고, 다른 변수는 없다고 가정한다.)

		갑	
		상대의 재산권 존중	상대의 재산권 부인
을	상대의 재산권 존중	갑=10, 을=15 (가)	갑=14, 을=6 (나)
	상대의 재산권 부인	갑=4, 을=17 (다)	갑=7, 을=10 (라)

① (가)의 경우, 사회의 재화의 총량이 최대를 이룬 상태이다.

② (나)의 경우, 갑의 재화가 14가 된 것은 을의 재화를 약탈한 결과라고 할 수 있다.

③ (다)의 경우, 을은 자신의 자원 일부를 약탈에 배분했을 것이다.

④ (나)와 (다)의 경우, 재산권 제도가 확립되지 않는다면 결국 (라)로 귀결될 것이다.

⑤ (라)를 고려할 때, 재산권 제도 확립을 위한 사회적 비용이 10이라면 재산권 제도가 있는 것이 더 효율적이다.

33 윗글을 바탕으로 할 때, 〈보기〉에 대한 반응으로 적절하지 않은 것은?

〈보기〉

A회사는 ○○지역에서 공장을 운영한다. 공장 운영 과정에서 발생하는 매연으로 ○○지역 주민들의 재산에 100만큼의 피해가 발생하였다. 그런데 매연 발생 방지 기계가 있으며, 이 기계의 비용은 50이다. (단, 이 과정에서 다른 조건이나 비용은 고려하지 않으며 A회사와 ○○지역 주민들은 모두 경제적 이익을 위해 행동한다.)

① A회사가 권익권을 갖는 경우, A회사는 50보다 큰 가격이면 주민들에게 권익권을 파는 것이 이익이겠군.
② A회사가 권익권을 갖는 경우, ○○지역 주민들은 100보다 작은 가격으로 A회사의 권익권을 사려 하겠군.
③ A회사가 권익권을 갖는 경우, A회사가 ○○지역 주민들에게 권익권을 판매한다면 A회사는 매연 발생 방지 기계를 설치해야겠군.
④ ○○지역 주민들이 권익권을 갖는 경우, ○○지역 주민들은 80의 가격으로는 A회사에 권익권을 판매하지 않겠군.
⑤ ○○지역 주민들이 권익권을 갖는 경우, A회사는 ○○지역 주민들로부터 권익권을 사고, 매연 발생 방지 기계를 설치하지 않겠군.

34 ⓐ의 물음에 대한 글쓴이의 견해로 가장 적절한 것은?

① 사회적 약자를 구제할 수 있으므로
② 개개인의 권익권을 보호할 수 있으므로
③ 법정책을 효율적으로 집행할 수 있으므로
④ 사회의 재화의 총량을 극대화할 수 있으므로
⑤ 사회적 비용을 위한 자원을 확보할 수 있으므로

35 ㉠~㉤의 사전적 의미가 적절하지 않은 것은?

① ㉠ : 세력이나 기운 따위가 쇠함.
② ㉡ : 어떤 일이 어려움 없이 이루어지도록 조건을 마련하여 보증하거나 보호함.
③ ㉢ : 권력이나 위력으로 남의 자유의사를 억눌러 원하지 않는 일을 억지로 시킴.
④ ㉣ : 안에서 밖으로 밀어 내보냄.
⑤ ㉤ : 사람에게 권리 · 명예 · 임무 따위를 지니도록 해 줌.

[36~39] 다음 글을 읽고 물음에 답하시오.

[앞부분 줄거리] 재상 윤현의 아들 지경과 참판 최홍일의 딸 연화는 서로 사랑하여 혼례를 올리려 하지만, 임금은 이를 무시하고 장원급제한 지경에게 후궁인 귀인 박 씨의 딸(옹주)과의 혼례를 하교한다. 지경은 이를 거부하지만 임금은 화를 내며 위력으로 혼례를 강행한다. 이에 지경은 최홍일에게 연화를 만나게 해 달라고 부탁한다.

공이 가로되,
"불가하나 네 아내이니 잠깐 보고 가라."
언파에 소저를 부르니, 소저가 승명하여 ㉠ 전당에 이르러 부인 곁에 앉아 수괴함을 띠어 사색이 태연하여 아는 듯 모르는 듯하고, 아리따운 태도가 달 같아 반가운 정이 유동하고, 어진 태도와 약한 기질을 대하매 마음이 깨어지는 듯하니, 공의 부부

가 더욱 슬퍼하더라.

돌아가기를 잊고 앉았으니 공이 여아를 들여보내고 생(生)의 손을 잡고 밖으로 나와 십분 개유하니, 생이 부득이 돌아와 병이 되어 식음을 폐하더니, 길일이 다다라 행례할새 옹주의 자색이 전혀 없고 포독불인(暴毒不仁)*함이 외모에 나타나는지라. 생이 더욱 불쾌하여 띠를 끄르지 아니하고 밤을 새우고 명조에 입궐하여 문안하니 상이 웃으며 가로되,

"네 죄 크게 통한하더니 이제 자식이 되니 가장 어여쁘다."

하시고 즉시 부마의 관교(官敎)를 주시니, 웃고 꿇어 받자와 계하에서 사은(謝恩)하고, 귀인을 보니 극히 교만하고 포독하니, 더욱 모골이 송연하더라.

박 귀인이 부마의 풍채를 사랑하고 더욱 기꺼워하더라.

부마가 ㉡ 집에 돌아와 대문에 들며 하인을 명하여 교자(轎子)를 산산이 깨치고 들어와, 소매 속으로부터 부마의 관교를 내어 땅에 던지니, 윤공이 크게 책망하여 가로되,

"이 어인 일이뇨. 임금이 주신 교지(敎旨)를 업수이 여김이 어찌 이렇듯 불공한가."

하고, 또 개유하더라.

윤공의 집이 서문 밖일러니, ㉢ 옹주궁을 경내 골명동에 짓고 상이 윤공을 성내로 들라 하시니, 공이 마지못하여 옹주궁 곁에 집을 사오니, 본집은 둘째 아들 정랑(正郞)에게 주더라.

최홍일의 집이 또한 서문 밖일러라.

옹주를 친영(親迎)*하여 오니, 얼굴이 작고 자색이 바이 없어, 시아버지와 시어머니 상하가 불쾌하나, 왕의 위엄을 두려워 공경 접대하더라. 윤공이 최 씨를 불쌍히 여겨 자주 가 보니, 그 용모 태도가 절승하여 볼 적마다 사랑하고 어여쁜 마음 가이 없어라.

부마가 궁에 가지 아니하고 부친 계신 ㉣ 외헌에 있어, 조카 격석 등을 데리고 자더니, 하루는 최 씨를 보러 가니 소저가 부모 앞에서 한가지로 보는지라, 바라보매 아미에 시름 맺혔으니 더욱 기이 절묘하더라.

부마가 어여쁨을 이기지 못하여 눈물 나는 줄을 깨닫지 못하더니, 조금 있다가 가로되,

"거년에 포숙(鮑叔)*의 신(信)을 이르시기로, 복은 이리 못 잊어 자주 다니되 한 번도 나와 보지 아니코 대접치 아니하시니, 어찌 당초 언약을 저버림이 이 같으뇨."

소저가 나직이 대답하여 가로되,

"그때 우연히 한 말이 맞았으니, 첩은 포숙의 신이 있으려니와, 상공의 말과 같을진대 신후경*의 죽음을 달게 여기시나이까. 첩은 다만 빙채를 지키며 도장에서 늙을지라, 어찌 상공을 접화(接和)하리이까. 사생이 부모에게 있사오니 번거로이 자주와 찾지 마소서."

[중략 부분 줄거리] 지경은 옹주를 부인으로 인정하지 않고 연화와의 만남을 지속한다. 그러던 중 지경은 연화와의 만남을 최홍일에게 발각된다.

"네 언제 이르렀느뇨."

생(生)이 가로되,

"빙부*가 종시 허치 아니하시니, 아내 그리워 견디지 못하와 8월부터 월장할 계교를 내어, 날마다 다녀 스스로 금치 못하다가 오늘 이 욕을 보오니 빙부의 고집한 탓이로다."

공이 애련하여 등을 쓰다듬어 가로되,

[A] "네 어찌 그리 미혹한가. 옹주를 중대하여 자녀를 낳고 살며 옹주를 개유하면, 네 부친과 내 주상께 이런 절박한 사연을 고할 것인즉, 주상은 인군(仁君)이시라 허하시리니, 그때 빛나게 해로하기는 생각지 아니하고, 갈수록 옹주를 박대하며 귀인의 험담을 이루고 복성군을 미워하며, 밤을 타 도망하여 날마다 내 집에 오니, 옹주가 알면 화가 적지 아니하리니, 끝을 어이할꼬."

부마가 가로되,

"낸들 어찌 모르리이까마는 옹주는 천하 괴물 박색이고, 귀인은 간악이 비할 바 없고, 복성군은 남헐기 심한데 홍명화 · 홍상이 박빈을 체결(締結)*하여 필연 그윽한 흉계를 지을지라, 옹주를 후대하고 그 당에 들었다가 멸문지환(滅門之患)을 면치 못하리니, 아내를 애중하고 옹주를 박대하면 불과 빙부

와 부친의 죄가 큰즉 정배(定配)요, 적은즉 삭탈관직(削奪官職)이요, 저는 귀양밖에 더 가리이까. 싫은 것을 강인하고 그른 것을 어이 견디리이까."

공이 말이 없다가,

"어찌하든 밤이 깊었으니 들어가 자라."

생(生)이 사례하고 이후로는 주야 오니, 공과 소저가 민망하여 아무리 간하여도 듣지 아니하더니, 윤공이 알고 불러 대책하고 옹주궁을 떠나지 못하게 하나, 산 사람을 동여 두지 못하고, 날마다 최 씨에게 가니 옹주 어찌 모르리요. 부마 ⓜ 내당에 들어간 때 옹주 가로되,

"내 비록 용렬하나 임금의 딸이요, 빙례로 부마의 아내가 되었거늘 업수이 여겨 천대하기 심하도다. 최 씨를 얻어 고혹(蠱惑)하였으되 태부(太夫)는 두 아내 두는 법이 없거늘, 부마 어찌 두 아내 있으리요. 최홍일은 어떠한 사람이완대 부마에게 재취를 주어 주상과 첩을 업수이 여김이 심하뇨."

지경이 정색하여 가로되,

[B] "내 할 말을 옹주 하시는도다. 일국에 도령이 가득하거늘, 이미 얻은 사람을 내 어찌 조강지처를 버리고 부귀를 탐하여 옹주와 화락하리요. 옹주 만일 최 씨를 청하여 한 집에서 화목하기를 황영(皇英)*을 본받을진대, 최 씨와 같이 공경하고 화락하려니와, 투기하여 나를 원망한즉 평생 박명을 면치 못하리로다."

– 작자 미상, 「윤지경전」 –

*포독불인 : 사납고 독살스러우며 어질지 못함.
*친영 : 신랑이 신부의 집에 가서 신부를 직접 맞이함.
*포숙 : 중국 춘추 시대 제나라의 대부. 친구인 관중을 환공에게 천거해서 승상이 되게 했음.
*신후경 : 비극적 사랑 이야기가 담긴 중국 원나라 때의 「교홍전」의 남자 주인공.
*빙부 : 장인.
*체결 : 얽어서 맺음.
*황영 : 아황과 여영은 자매지간으로, 순임금에게 시집을 가서 화목하게 지냄.

36 윗글의 인물에 대한 이해로 가장 적절한 것은?

① 연화는 지경이 언약을 지키지 않았다는 이유로 지경을 만나지 않았다.
② 옹주는 지경이 연화를 만나는 것을 알아채고는 임금을 원망하고 있다.
③ 지경은 옹주를 만나보고는 박 귀인과 달리 포독하다는 인상을 받았다.
④ 최홍일은 임금이 시켜서 어쩔 수 없이 성내에서 서문 밖으로 이사를 했다.
⑤ 지경의 부친은 연화와의 만남을 막기 위해 지경이 옹주궁을 떠나지 못하게 했다.

37 [A], [B]에 대한 설명으로 가장 적절한 것은?

① [A]는 상황의 불가피성을 근거로 설득하고 [B]는 상대방의 과거 행적을 근거로 비판하고 있다.
② [A]와 달리 [B]는 상대방에게 특정한 상황을 가정하여 문제 해결의 방법을 제시하고 있다.
③ [B]와 달리 [A]는 상대방에게 빠른 해결책의 필요성을 언급하고 있다.
④ [A]와 [B] 모두 고사(古事)를 근거로 상대방의 특정 행동을 유도하고 있다.
⑤ [A]와 [B] 모두 상대방의 선택에 따라 나타날 수 있는 긍정적 상황과 부정적 상황을 함께 제시하고 있다.

38 ㉠~㉤에 대한 설명으로 적절하지 않은 것은?

① ㉠은 지경이 연화를 만나서 반가움과 슬픔을 느끼는 공간이다.
② ㉡은 지경이 옹주와의 혼례에 대한 불만을 표출하는 공간이다.
③ ㉢은 임금이 옹주의 부탁을 받고 지경을 벌하기 위해 만든 공간이다.
④ ㉣은 지경이 옹주를 만나지 않으려고 의도적으로 선택한 공간이다.
⑤ ㉤은 부마와 옹주가 대화를 나누면서 갈등을 드러내는 공간이다.

39 〈보기〉를 참고하여 윗글을 감상한 내용으로 적절하지 않은 것은? [3점]

〈보기〉

윤지경전은 역사적 상황을 바탕으로 허구와 사실을 적절히 조화시켰다. 역사적 실존 인물인 중종, 귀인 박 씨, 복성군 등이 작품 속에서 등장하는데, 이런 방식은 작품의 사실감을 높여 준다. 또한 권력을 내세워 위력으로 자신의 입장을 강요하는 인물과 신의를 지키려는 인물의 갈등이 드러난다. 그 과정에서 왕의 권위에도 굴하지 않고 사랑의 쟁취를 위해 고난을 무릅쓰는 남자 주인공을 통해 새로운 인간상을 제시하고 있다.

① 지경이 연화를 만나기 위해 월장하는 행동은 연화에 대한 사랑을 보여 주는 것이라 볼 수 있다.
② 왕의 권위에도 굴하지 않고 사랑의 쟁취를 통해 가문의 번영을 이루려는 지경을 통해 새로운 인간상을 보여 준다.
③ 최홍일과 지경의 대화 과정에서 귀인 박 씨와 복성군이란 역사적 실존 인물이 거론되어 작품의 사실감을 높여 준다.
④ 지경이 옹주와 화락하지 않고 혼례를 약속한 연인을 버리지 않는 태도에서 신의를 지키려는 인물의 태도를 확인할 수 있다.
⑤ 이미 혼례를 약속한 지경에게 위력으로 옹주와 혼례를 시킨 임금은 권력을 내세워 자신의 입장만을 강요하는 인물이라고 할 수 있다.

[40~45] 다음 글을 읽고 물음에 답하시오.

지상에서 우주 공간에 있는 미확인 인공위성을 관측하는 작업은 두 가지 방향으로 이루어진다. 하나는 인공위성의 위치를 정확히 파악하는 것이고, 다른 하나는 인공위성의 형상을 통해 인공위성의 기능이나 특성을 파악하는 것이다. 인공위성의 위치를 파악하는 데에는 SLR(Satellite LASER Ranging) 장비가 쓰이며, 인공위성의 형상을 파악하는 데에는 적응광학(Adaptive Optics) 장비가 쓰인다.

SLR 장비는 레이저를 이용하여 인공위성의 위치를 정확하게 알아낼 수 있는 장비로서 망원경, 초정밀 시계, 레이저 송수신부 등으로 구성된다. 위치를 측정하기 위해서는 먼저 망원경을 인공위성으로 향하게 한 다음, 레이저 송신부에서 레이저를 쏜다. 그 레이저가 인공위성에 반사되어 수신부로 돌아오면 초정밀 시계로 레이저의 왕복 시간을 측정함으로써 인공위성과의 거리를 계산한다. 거리는 속력에 시간을 곱한 것이므로, SLR 장비와 인공위성 간의 거리는 레이저의 속력 c(광속 상수)에 왕복 시간을 곱한 값을 2로 나누어 구한다. 예를 들어, 천구의 중앙을 지나는 인공위성에 반사되어 온 레이저의 왕복시간이 0.2초로 측정되었다면, SLR 장비와 인공위성의 거리는 $c \times 0.2$초$\times \frac{1}{2}$로 계산된다. 이렇게 구한 '거리'에 SLR 장비의 '위치 정보'와 망원경이 향하고 있는 '방향 정보'를 융합하여 인공위성의 위치를 구한다.

그런데 이렇게만 해서는 ㉠ 인공위성의 정확한 위치를 알 수 없다. 오차가 있는 것이다. 이 오차를 보정하기 위해서는 여러 가지 요소들이 고려되어야 하지만, 대기로 인한 오차를 생각해야 한다. 빛은 매질의 밀도에 따라 속력과 파장이 달라진다. '진공에서의 빛의 속력'을, 'A매질에서의 빛의 속력'으로 나눈 값을 'A 매질의 굴절률'이라고 한다. 매질의 밀도가 클수록 빛의 속력은 느려지며 파장의 길이는 짧아진다. 레이저는 지구의 대기를 지나면서 속력이 달라진다. 따라서 레이저의 왕복 시간만으로 계산된 거리는 대기로 인한 오차를 보정하는 수학 모델인 대기 모델을 적용하여 수직적 오차를 보정해야 한다.

인공위성의 위치를 파악하기 위해 SLR 장비를 사용했다면, 고배율 망원경으로는 그 형상을 관측할 수 있다. 그런데 고배율 망원경으로도 인공위성의 형상을 자세히 파악하는 것은 쉽지 않다. 고배율 망원경에 맺힌 상이 흔들리기 때문이다. 그 주원인은 대류권에서 발생하는 난류이다. 대기층의 하부인 대류권에서는 서로 다른 특성을 지닌 공기들이 일정하지 않게 움직이면서 불규칙한 공기의 흐름인 난류가 만들어진다. 이 난류는 빛의 굴절에 영향을 준다. 난류를 통과하는 빛들은 방향과 속력이 제각각 달라진다.

파면은 특정한 시간에 파동의 위상이 같은 점을 연결한 가상의 면으로서, 빛의 진행 방향에 대해 수직이다. 파면이 평면인 빛을 평면파라 하고, 그 파면을 평면 파면이라 한다. 우주에서 지구로 오는 빛은 대기권을 통과하면서 굴절하게 되는데, 난류를 만나기 전의 빛의 파면은 여전히 평면에 ⓐ 가깝다. 그러나 대류권에서 난류를 만난 빛은 불규칙 굴절을 하여 그 방향이 제각각 달라진다. 그런데 파면은 빛의 진행 방향에 수직이므로, 이때의 빛의 파면은 평면이 아니게 된다. 이 빛을 왜곡파라 하고 그 파면을 왜곡 파면이라 한다. 이것이 ㉡ 별빛이 반짝이는 것처럼 보이는 이유이다.

인공위성에서 오는 빛은 대류권의 난류를 통과하며 왜곡파가 되므로, 망원경으로 관측된 인공위성의 상은 흔들리는 것으로 나타난다. 이를 보정하기 위해 적응광학 기술을 사용한다. 적응광학 장비는 망원경에 광선분배기, 파면 센서, 데이터처리기, 제어기, 형상가변반사경 등이 추가된다. 지상에 설치된 망원경에 대기권을 통과한 빛이 들어오면 그 빛은 형상가변반사경을 거쳐 광선분배기로 입사된다. 입사된 빛은 광선분배기에 의해 접안부와 파면 센서로 나뉘어 보내진다.

파면 센서는 들어온 빛의 파면이 왜곡된 정도를 측정한다. 파면 센서는 CCD*에 여러 개의 볼록 렌즈가 격자처럼 결합된 것으로서, 빛은 볼록 렌즈를 통과하면서 CCD에 볼록 렌즈의 수만큼 상으로 맺히게 된다. 들어온 빛이 평면파라면 CCD의 각 격자의 중심에 상이 맺히는데, 들어온 빛이 왜곡파라면 빛이 지나온 대기의 특성이 반영되어 각 격자의 중심이 아닌 곳에 상이 맺히게 된다. 이때 중심에서 벗어난 방향과 정도를 분석하여 왜곡된 파면의 뒤틀린 정도를 측정할 수 있다.

측정된 정보는 데이터 처리기를 거쳐 분석되고, 제어기는 분석된 정보를 전기적 신호로 변환하여 형상가변반사경으로 보낸다. 형상가변반사경은 휘어질 수 있는 거울의 뒤에 구동기가 빼곡하게 달려 있는 것으로서, 각 구동기는 제어기가 보낸 전기적 신호에 따라 거울의 뒷면을 밀거나 당김으로써 거울을 변형시키게 된다. 왜곡 파면은 이렇게 변형된 거울을 통해 보정되고, 우리 눈은 보정된 상을 볼 수 있게 되어 흔들림이 없어진다. 이러한 일련의 과정은 반복되기 때문에 인공위성의 형상을 보다 분명하게 파악할 수 있다.

*CCD : 전하결합소자. 카메라의 이미지 센서로 쓰인다.

40 윗글을 이해한 내용으로 적절하지 <u>않은</u> 것은?

① 평면 파면은 왜곡 파면과 달리 빛의 진행 방향에 대해 수직이다.

② SLR 장비는 망원경, 초정밀 시계, 레이저 송수신부 등으로 구성된다.

③ 대류권의 난류는 빛의 속력과 파장에 영향을 미쳐 파면을 왜곡시킨다.

④ 지상에서 인공위성의 형상을 파악하기 위해서는 적응광학 장비가 쓰인다.

⑤ 인공위성의 위치를 정확하게 알아내기 위하여 SLR 장비는 대기 모델을 적용한다.

41 ㉠에 대한 설명으로 가장 적절한 것은?

① 대기의 굴절률이 1보다 작으므로 보정하기 전에 파악한 위치보다 더 멀리 있다.

② 대기의 굴절률이 1보다 크므로 보정하기 전에 파악한 위치보다 더 가까이 있다.

③ 대기에서의 레이저 속력은 진공에서보다 빠르므로 보정하기 전에 파악한 위치보다 더 가까이 있다.

④ 대기에서의 레이저 파장은 진공에서보다 길므로 보정하기 전에 파악한 위치보다 더 멀리 있다.

⑤ 대기에서의 레이저 파장은 진공에서보다 짧으므로 보정하기 전에 파악한 위치보다 더 멀리 있다.

42 ㉡에 대한 설명으로 가장 적절한 것은?

① 관측자가 바람에 흔들리기 때문이다.

② 대류권의 공기들은 그 특성이 균질하기 때문이다.

③ 빛의 동일 위상을 연결한 선이 평면이기 때문이다.

④ 빛이 거쳐 온 난류의 굴절률이 제각기 다르기 때문이다.

⑤ 대기의 굴절률이 달라져도 빛의 파면이 변하지 않기 때문이다.

43 ⓐ의 문맥적 의미가 쓰인 예로 가장 적절한 것은?

① 기차역과 버스터미널은 <u>가깝다</u>.

② 수형이와 만수는 <u>가까운</u> 친구이다.

③ 그 사람은 행동이 어린이에 <u>가깝다</u>.

④ 그들은 <u>가까운</u> 장래에 결혼할 예정이다.

⑤ 주말에 <u>가까운</u> 친척의 결혼식에 다녀왔다.

44 윗글을 바탕으로 〈보기〉를 이해한 내용으로 적절하지 <u>않은</u> 것은? [3점]

〈보기〉

다음은 적응광학 장비의 원리를 나타낸 그림이다.

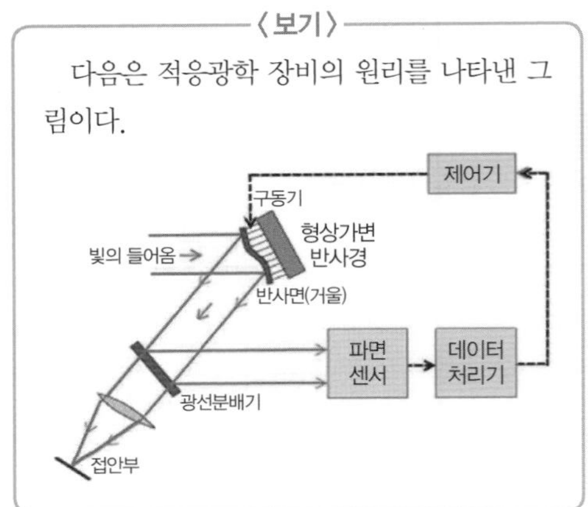

① 형상가변반사경은 휘어질 수 있는 거울로 구성되어 있다.

② 광선분배기는 빛을 접안부와 파면 센서로 나누어 보내 준다.

③ 파면 센서는 여러 개의 볼록 렌즈와 CCD의 결합으로 구성되어 있다.

④ 데이터처리기에서는 파면 센서의 정보를 조합하여 보정된 상을 보낸다.

⑤ 제어기는 데이터처리기의 정보를 받아 구동기에 전기적 신호를 보낸다.

45 윗글을 바탕으로 〈보기〉를 이해한 내용으로 적절하지 <u>않은</u> 것은?

〈보기〉

다음은 동일한 대상을 관측할 때 파면 센서 CCD에 맺힌 상으로, 이 상은 적응광학 장비에 의해 보정되기 전의 모습이다.

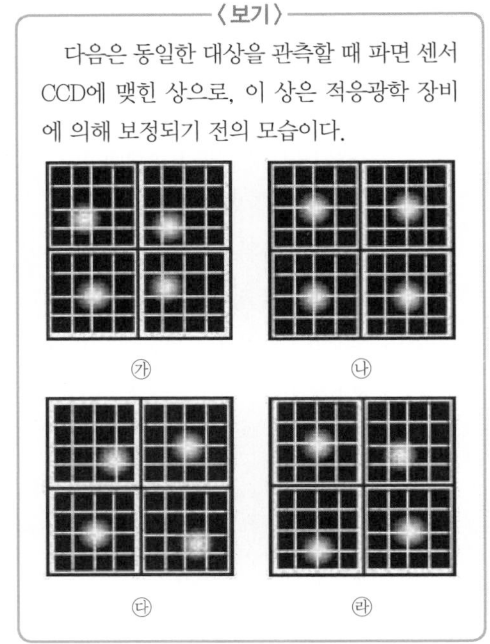

① ㉯ 상태가 지속된다면 파면의 변화가 없다고 할 수 있겠군.

② ㉮와 달리 ㉯는 평면파가 들어오고 있음을 보여 주겠군.

③ ㉯에서 ㉰로 달라진다면 빛의 파면이 바뀐 것이겠군.

④ ㉰는 ㉯에 비해 파면이 뒤틀린 정도가 심하겠군.

⑤ ㉰와 달리 ㉱는 왜곡파가 들어오고 있음을 보여 주겠군.

2024
사관학교 기출백서

2019학년도 기출문제

국어영역(공통)

제1교시 국어영역(공통)

▶정답 및 해설 42p

[01~03] 다음은 수업 중 학생의 발표이다. 물음에 답하시오.

안녕하십니까. ○○○입니다. 오늘은 '나도 참신한 아이디어로 세상을 바꿀 수 있다'는 주제로 말씀드리겠습니다. 여러분, 지난 수학여행 때 동해 바다에 둥둥 떠다니는 쓰레기를 보며 눈살을 찌푸렸던 일이 기억나시죠? 그런데 혹시 태평양 한가운데에는 거대한 쓰레기 섬이 있다는 사실도 알고 계신가요? 여기 화면을 보시죠. (자료 제시) 보시는 사진은 태평양에 있는 거대한 쓰레기 섬입니다. 이 섬의 크기가 무려 우리나라의 14배에 달한다고 합니다.

이 쓰레기 섬을 본 많은 사람들은 비로소 바다에 떠도는 쓰레기의 심각성을 깨달았습니다. 그래서 쓰레기 섬이 생기지 않도록 바다의 쓰레기 수거에 많은 노력을 기울였습니다. 하지만 해류를 타고 바다를 떠도는 쓰레기를 일일이 쫓아다니며 수거하는 데는 많은 시간과 비용이 소모되었습니다. 그런데 이 쓰레기를 효과적으로 수거할 수 있는 묘안을 짜낸 사람이 있었습니다. 바로 보얀 슬렛이라는 소년이었습니다.

16살 때 보얀은 쓰레기 섬의 존재를 알고 충격을 받았습니다. 그래서 보얀은 쓰레기 섬이 생기지 않도록 바다의 쓰레기를 수거하는 데 관심을 갖게 되었습니다. 이러한 관심은 쓰레기 섬이 생기는 원인에 대한 의문으로 이어졌고 그는 환류라는 해류 현상으로 인해 쓰레기 섬이 만들어진다는 것을 알게 되었습니다. 그렇다면 환류란 무엇일까요? (㉠ 자료 제시) 지금 보시는 것이 환류입니다. 환류란 바닷물이 일정한 방향으로 도는 현상을 일컫는데요, 보시는 것처럼 이 환류를 타고 이동하는 쓰레기가 환류의 중심으로 모이면서 쓰레기 섬이 만들어지는 것입니다.

이런 사실을 알게 된 보얀은 쓰레기 섬이 만들어지는 원리를 역으로 이용하여 쓰레기를 수거할 수 있는 아이디어를 떠올리게 됩니다. 자, 이것을 한 번 보십시오. (㉡ 자료 제시) 이것은 보얀이 고안한 아이디어를 나타낸 그림입니다. 보얀은 V자 형태의 거대 울타리를 바다에 설치할 것을 제안했습니다. 환류로 인해 떠돌던 쓰레기들이 V자 울타리의 꺾인 지점에 모이기 때문에 일일이 쫓아다니지 않아도 원하는 곳에 울타리를 설치하면 쓰레기를 손쉽게 수거할 수 있습니다. 전문가의 견해에 따르면 이 방식은 기존의 쓰레기 수거 방식에 비해 비용은 1/33로 줄이면서도 그 속도는 무려 7,900배나 향상시킬 수 있는데요, 이 정도의 쓰레기 처리 효율이라면 10년 이내에 태평양 쓰레기의 절반을 없앨 수 있을 것으로 예측되고 있습니다. 보얀은 이러한 자신의 아이디어를 인터넷을 통해 사람들에게 알렸고, 아이디어에 공감한 사람들로부터 200만 달러가 넘는 환경 기금을 모아 비영리 환경 단체를 설립하게 됩니다.

여러분, 보얀이 쓰레기 수거 방법에 대한 아이디어를 실현할 수 있었던 이유는 무엇일까요? 우선 문제를 해결하고자 하는 의욕이 있었기 때문입니다. 그리고 자신이 알게 된 지식을 창의적으로 활용했기 때문이 아닐까요? 문제에 대한 참신한 발상으로 바다에 숨을 불어넣고 있는 보얀처럼 여러분들도 문제 해결을 위해 의욕을 가지고 여러분의 지식을 활용해 보세요. 여러분들도 얼마든지 제2의 보얀이 될 수 있습니다. 이상으로 발표를 마치겠습니다.

01 **위 발표에 반영된 학생의 발표 계획으로 적절하지 않은 것은?**

① 청중과 공유했던 경험을 환기하여 청중의 관심을 끌어야겠어.

② 구체적인 수치를 제시하여 문제 상황의 심각성을 부각해야겠어.

③ 발표를 시작하면서 주제를 제시하여 청중이 발표 내용을 짐작하게 해야겠어.

④ 발표 중간 중간에 질문을 던져 발표 내용에 대한 청중의 이해도를 점검해야겠어.

⑤ 발표 내용과 관련하여 청중들에게 권유하는 말을 덧붙이며 발표를 마무리해야겠어.

02 **〈보기〉는 발표를 들은 후 학생들이 보인 반응이다. 발표를 고려하여 청중의 반응을 분석한 것으로 적절하지 않은 것은?** [3점]

〈보기〉

학생 1 : 발표를 듣고 바다를 오염시키는 쓰레기의 심각성을 새롭게 알게 된 점은 좋았어. 그런데 바다를 떠도는 쓰레기를 수거하는 방식 외에 이미 만들어진 쓰레기 섬을 처리하는 방법에 대한 내용도 함께 제시되었으면 더 좋았을 거 같아.

학생 2 : 나도 보얀과 같이 문제 해결을 해 봐야겠다는 생각이 들었어. 얼마 전 참신한 아이디어를 통해 개인의 변화를 이끌어 내는 넛지 이론에 대해 공부한 적이 있어. 넛지 이론을 활용하여 학교 앞 공터를 꽃밭으로 만들면 공터에 불법으로 쓰레기를 투기하는 문제를 해결할 수 있지 않을까?

학생 3 : 예전에 인터넷에서 바다에 버려진 빨대가 코에 꽂혀 괴로워하는 거북이를 보고 마음이 아팠던 적이 있어서 그런지 발표 내용이 더 마음에 와 닿았어. 그런데 내가 발표자였다면 해양 동물의 고통과 같은 해양 쓰레기로 인한 문제를 보다 구체적으로 소개했을 것 같아.

① 학생 1은 발표를 통해 몰랐던 사실을 알게 된 것을 긍정적으로 생각하고 있군.

② 학생 2는 발표 내용에 따라 자신의 지식을 활용한 아이디어를 만들어내고 있군.

③ 학생 3은 발표 내용과 관련된 자신의 경험을 떠올리며 발표 내용에 공감하고 있군.

④ 학생 1과 학생 3 모두 발표에서 언급되지 않은 내용을 지적하며 아쉬움을 드러내고 있군.

⑤ 학생 2와 학생 3 모두 발표 내용의 신뢰성을 의심하며 비판적 태도를 보이고 있군.

03 **〈보기〉는 발표에서 발표자가 제시한 자료이다. 발표자의 자료 활용에 대한 설명으로 가장 적절한 것은?**

〈보기〉

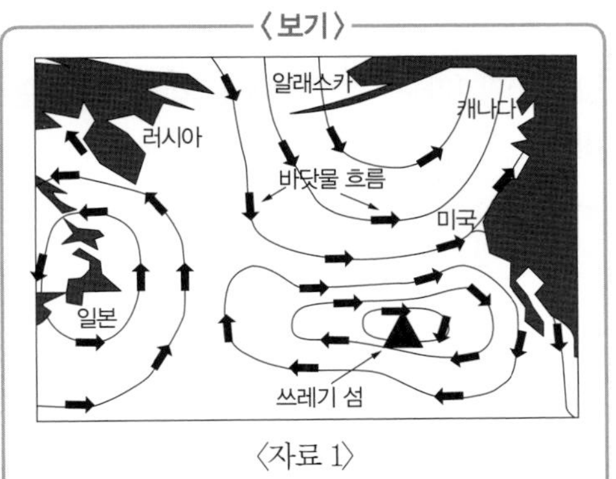

〈자료 1〉

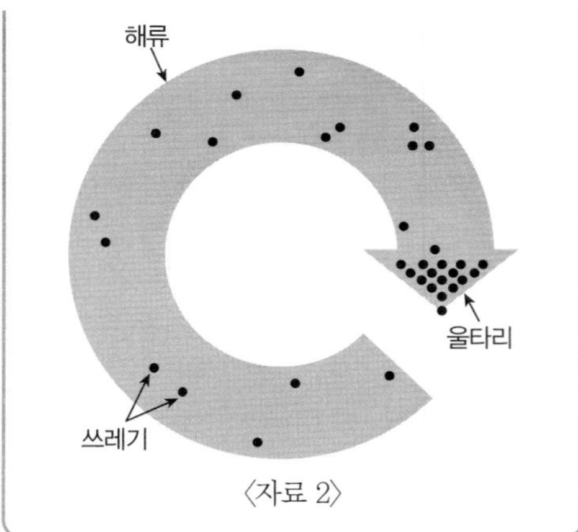

〈자료 2〉

① 〈자료 1〉은 쓰레기 섬의 발생 원인을 구체적으로 설명하기 위해 ㉠에서 활용하였다.

② 〈자료 1〉은 쓰레기 섬의 분포를 구체적으로 보여주기 위해 ㉡에서 활용하였다.

③ 〈자료 2〉는 쓰레기 수거를 위한 아이디어를 떠올리는 과정을 보여주기 위해 ㉠에서 활용하였다.

④ 〈자료 2〉는 보얀의 방식이 기존 방식보다 비용이 적게 드는 이유를 보여주기 위해 ㉠에서 활용하였다.

⑤ 〈자료 1〉과 〈자료 2〉는 쓰레기로 인한 해양 오염 실태를 보여주기 위해 ㉡에서 활용하였다.

[04~07] (가)는 학생들의 토의이고, (나)는 이를 바탕으로 작성한 글의 초고이다. 물음에 답하시오.

[토의 전 상황]

지난 토의 시간에 학생회 임원들은 학생회장 투표 방식을 바꾸기로 결정하고 구체적인 방법을 논의하였다. 그리고 학생회에서 결정한 사안을 학교 홈페이지를 통해 알리기로 하였다.

(가)

학생 1 : 자, 그럼 학교 홈페이지에 올릴 글에 어떤 내용을 담을지 논의해 보자.

학생 2 : 이번 선거부터 투표 방식을 변경하게 됐으니, 학생들에게 새로 도입하는 방식의 취지를 이해시키는 게 중요할 거야.

[A]

학생 3 : 맞아. 그러려면 먼저 현행 방식의 문제점을 알려주는 것이 필요해. 반별로 정해진 시간에 단체로 투표를 하다 보니, 투표를 소중한 권리로 인식하지 못하고 귀찮은 의무로만 생각하는 학생들이 많아. 작년 선거만 봐도 장난삼아 성의 없이 투표하는 인원이 많았고 그래서 무효표도 많았다는 걸 구체적으로 언급하자.

학생 2 : 그래. 작년 투표 결과를 보니 무효표가 무려 15나 나왔는데, 그걸 인용하여 학생들을 억지로 투표에 참여하게 하는 기존 방식에 문제가 있음을 지적하자.

학생 1 : 좋은 생각이야. 그런데 기존 방식에 문제가 있었다 해도 갑자기 투표 방식이 바뀐 것에 대해 반발하는 학생들이 있을 텐데, 그것을 해결해야 하지 않을까?

학생 3 : 음. 이번 변경 안을 우리 학생회의 일방적인 결정으로 생각할 수 있다는 말이지? 그럼 이 문제는 어떻게 해결하는 게 좋을까?

학생 2 : 많은 학생들이 참여한 설문 조사 결과를 반영하여 우리가 수차례 논의하였다는 점을 강조하면 학생들의 오해를 어느 정도 해소할 수 있을 것 같아.

학생 1 : 그게 좋겠다. 그리고 새로운 방식의 장점을 강조하는 것도 학생들의 동의를 이끌어 내는 데 도움이 될 것 같아. 변경된 방식을 통해 자유롭게 투표할 수 있는 권리를 보장받게 되고, 주체적으로 판단하여 투표에 참여하면서 민주적인 투표 방식을 체험할 수 있는 거잖아.

학생 2 : 네 말이 맞아. 그런데 우리 목적은 투표 참여 방식이 새롭게 바뀌었다는 걸 알

[B] 려주는 거니까, 기존 방식과 비교해서 어떻게 달라졌는지를 명확하게 알려줘야 할 것 같아. 매년 반별로 시간을 정해 단체로 투표하는 방식에서 학생들이 각자 원하는 시간에 자율적으로 투표를 하는 방식으로 바뀌었다는 것을 투표를 할 수 있는 구체적인 시간과 함께 알기 쉽게 설명해 주어야겠어.

학생 3 : 맞아. 또 투표장 위치와 기표소의 배치가 달라졌다는 점도 미리 알려주는 것이 좋겠어.

학생 1 : 그리고 투표 방식을 변경한 취지를 살리기 위해 학생들이 후보들의 연설을 귀 기울여 듣고 누가 가장 훌륭한 일꾼일지 고민하면서 소중한 한 표를 행사하자는 내용을 담도록 하자.

학생 3 : 그래 좋아. 그런데 ㉠ 투표 방식을 변경하면 투표율이 떨어질 수 있을 텐데 어떻게 하면 투표율을 높일 수 있을까?

학생 2 : 새로운 방식이 가지는 의의를 드러내면서 적극적인 참여를 호소해야지.

[C]
학생 1 : ㉡ 캠페인 구호 같은 걸 만들어서 글에 포함시키면 좋을 것 같지 않아? 새로운 방식이 가지는 의의를 담고, 학생들의 주의를 환기할 수 있도록 비유적으로 표현하자.

학생 2 : 찬성이야. 그리고 대구의 방식을 활용하여 운율감을 살리는 것도 좋겠어. 이렇게 캠페인 구호를 넣으면 보다 호소력이 있는 글이 될 것 같아.

학생 3 : 좋아. 그럼 다음 주에는 함께 글을 써 보자.

(나)

안녕하십니까. ○○고등학교 학생회장 ○○○입니다.

차기 학생회를 이끌어 갈 학생회장 선거가 한 달 앞으로 다가왔습니다. 이번 선거를 앞두고 우리 학생회에서는 많은 논의 끝에 새로운 투표 방식을 도입하기로 하였습니다.

우리는 지금까지 반별로 시간을 정해 단체로 투표하는 방식으로 선거를 치렀습니다. 그런데 이와 같은 투표 방식으로 인해 여러 가지 문제점이 나타났습니다. 작년 선거의 경우, 장난이나 무성의한 투표로 무효표가 무려 15에 이르는 등 여러 부작용이 발생한 것입니다. 또한 설문 조사 결과 많은 학생들이 기존의 투표 방식이 자유롭게 투표할 수 있는 개인의 권리를 침해한다며 부정적으로 인식하고 있다는 사실도 알 수 있었습니다.

[D] 우리는 이러한 문제들을 이번에 도입하는 자율 참여 투표 방식을 통해 해결하고자 합니다. 이번 학생회장 선거는 선거일 하루 중 원하는 시간에 자유롭게 투표장에 가서 투표를 하는 방식으로 진행됩니다. 즉 기존의 방식처럼 반별로 정해진 시간에 투표를 하는 것이 아니라, 쉬는 시간이나 점심시간, 그리고 자치회 시간 등을 이용해 여러분이 원하는 때에 언제든지 투표할 수 있습니다. 그리고 투표장은 체육관 대신 본관 현관 입구에 설치하고 기표소의 간격을 좀 더 넉넉하게 해서 나란히 배치했으니 투표를 할 때 참고해 주십시오.

우리는 새로운 투표 방식을 통해, 자유롭게 투표할 수 있는 권리를 보장받게 되고, 주체적으로 판단하여 투표에 참여하면서 민주적인 투표 방식을 체험할 수 있을 것입니다. 새로운 방식이 잘 정착할 수 있도록 여러분의 관심과 참여를 부탁드립니다. 아울러 후보들의 연설을 귀 기울여 듣고 누가 가장 훌륭한 일꾼일지 판단하십시오. 그리고 여러분의 소중한 한 표를 꼭 행사하기 바랍니다.

장차 우리가 참정권을 바르게 행사함으로써 더 나은 민주주의를 실현하고자 할 때, 새로운 투표 참여 방식에 대한 경험이 그 초석이 될 수 있기를 기대합니다. 감사합니다.

[㉮]

04 [A]에 대한 이해로 적절하지 않은 것은?

① '학생 3'이 장난삼아 성의 없이 투표한 경우를 언급한 것은 기존 투표 방식과 무효표에 인과 관계가 있다고 판단했기 때문이군.

② '학생 2'가 작년의 통계를 언급한 것은 기존 투표 방식에 문제가 있다는 주장의 설득력을 높일 수 있다는 판단에 따른 것이군.

③ '학생 1'이 투표 방식 변경에 따라 예상되는 반응을 언급한 이유는 반발하는 학생들도 고려해야 한다는 판단에 따른 것이군.

④ '학생 2'가 설문 조사 결과의 반영을 언급한 이유는 학생회의 일방적인 결정으로 투표 방식이 변경되었음을 인정하기 때문이군.

⑤ '학생 1'이 새로운 방식의 장점을 언급한 것은 '학생 3'이 제기한 기존 방식의 문제점을 변경된 방식으로 해결할 수 있다는 판단에 따른 것이군.

05 ㉠, ㉡에 대한 설명으로 가장 적절한 것은?

① ㉠은 상대방의 의견에 문제를 제기한 후 그에 대한 해결책을 요구하고 있다.

② ㉡은 상대방에게 되묻는 방식으로 상대에게 구체적인 방안을 요청하고 있다.

③ ㉠에서 제기된 문제에 대한 해결 방안이 ㉡에서 제시되고 있다.

④ ㉠은 상대방의 동의를 구하는 질문이고, ㉡은 상대방의 의견을 구하는 질문이다.

⑤ ㉠과 ㉡ 모두 우려되는 문제의 상황을 들어 논의가 필요한 사항을 제시하고 있다.

06 (가)의 [B]를 바탕으로 (나)의 [D]를 작성했다고 할 때, [D]에 반영된 내용으로 가장 적절한 것은?

① 학생들에게 변경된 투표 장소를 알려주자는 의견을 반영하되, 투표 장소를 변경한 이유도 같이 설명한다.

② 기표소와 관련한 변경 사항을 알려주자는 의견을 반영하여 투표장 내에 배치한 기표소의 개수를 안내한다.

③ 학생들이 투표할 수 있는 시간을 구체적으로 알려주자는 의견을 반영하여 투표 시간을 기존의 방식과 대비하여 안내한다.

④ 투표 방식이 바뀌었다는 점을 알려주자는 의견을 반영하여 새로운 방식에 따라 달라진 투표 절차를 단계별로 소개한다.

⑤ 새로운 투표 방식을 알려주자는 의견을 반영하여 기존 방식과 새로운 방식의 투표 참여 대상의 차이점을 제시하여 안내한다.

07 [C]를 바탕으로 할 때, ㉮에 들어갈 캠페인 구호로 가장 적절한 것은?

① 스스로 찾아가는 투표 현장, 저절로 피어나는 민주 의식

② 성실히 참여한 여러분의 투표, 열심히 일하는 우리의 대표

③ 여러분이 키워 보낸 한 표가 소중한 일꾼 되어 돌아옵니다.

④ 투표소에서 모아지는 작은 한 표, 민주주의 씨앗을 뿌려볼까요?

⑤ 진지하게 생각한 여러분의 한 표, 민주주의를 앞당길 수 있습니다.

[08~10] 다음 글을 읽고 물음에 답하시오.

(가) 초고 작성을 위한 메모

○ 글의 목적 : 학교 스포츠클럽 대회의 도입을 제안함.
○ 예상 독자 : 우리 학교 교사와 학생
○ 글을 쓰기 위해 떠올린 생각
- 올해 실시한 체육대회에 대해 언급하면서 글을 시작해야겠어. ……………………… ㉠
- 현행 체육대회의 한계를 지적해야지. … ㉡
- 스포츠클럽 대회를 제안하며 그 방식을 언급해야지. ……………………………………… ㉢
- 스포츠클럽 대회 도입 시의 기대 효과를 강조해야겠어. …………………………… ㉣
- 스포츠클럽 대회 도입으로 인해 예상되는 문제의 해결책을 제시해야지. ………… ㉤
- 제안하는 바를 강조하며 글을 마무리해야지.

(나) 글의 초고

우리 학교는 올해도 예년처럼 지난 1학기 중간고사 직후에 축구, 줄다리기, 이어달리기 등의 종목을 중심으로 체육대회를 실시하였다. 그런데 이처럼 매년 한 차례 체육대회를 실시하는 것만으로는 평소 학생들의 체육 활동을 활성화하기에 미흡하다고 할 수 있다. 실제로 우리 학급 학생들을 대상으로 인터뷰를 해 본 결과, 학생들은 현행 체육대회가 일회성 행사에 그치고 있으며 이로 인해 학생들의 경기 참여 기회 역시 제한된다는 한계점을 언급하였다.

이러한 인터뷰 결과를 바탕으로 할 때, 현행 체육대회는 유지하되, 그 한계를 보완하기 위해 스포츠클럽대회를 도입할 필요가 있다고 생각된다. 우리 학교의 다양한 스포츠클럽의 종목들 중에서 매월 학생들이 희망하는 종목을 정해 점심시간 내지 방과 후에 학생들이 자유롭게 참여하는 방식으로 경기를 진행하게 된다면 학생들의 경기 참여의 폭이 확대되고 그만큼 체육 활동에 대한 관심 또한 증가할 것이다. 즉, 보다 다양한 종목의 경기를 진행함으로써 더욱 많은 학생들이 경기에 출전할 수 있으며, 직접 출전하지 않는 종목일지라도 관람할 수 있는 기회 또한 늘어나기에 그 종목에 대한 관심을 유발하게 될 것이다. 대회 운영에 대한 학교의 부담이나 학생들의 학업에 부정적 영향을 줄 수 있다는 점을 들어 우려하는 목소리도 없진 않으나, 현행 체육대회를 보완할 수 있다는 점에서 도입해 볼 여지가 충분하다고 본다.

인생의 전 시기 중에서 청소년기는 육체와 정신이 비약적으로 발달하는 시기이다. 따라서 학업과 체육활동의 중요성을 모두 인식하고, 몸과 마음이 조화롭게 성장할 수 있도록 노력하는 것이 무엇보다 중요하다.

08 (가)의 ㉠~㉤ 중, (나)에 반영되지 않은 것은?

① ㉠ ② ㉡
③ ㉢ ④ ㉣
⑤ ㉤

09 〈보기〉는 (나)를 보완하기 위해 추가로 수집한 자료이다. 자료의 활용 방안으로 적절하지 않은 것은? [3점]

〈보기〉

〈전교생들을 대상으로 한 설문 조사 결과〉

A. 현행 체육대회에 대한 만족 여부 (단위 :)

매우 만족	만족	보통	불만족	매우 불만족
1	8	17	53	21

B. 현행 체육대회에 대한 불만족 이유 (단위 :)

이유	응답
일회성 행사에 그침.	34
종목의 다양성이 부족함.	32
경기 참여 기회가 제한됨.	27
기타	7

C. 교육 전문 잡지
그간 청소년기의 체육 활동이 정서 및 사회성 발달에 기여한다는 연구 결과가 꾸준히 발표되었는데, 최근에는 학생들의 학업 역량과의 상관관계를 밝힌 연구 결과가 발표되었다. 이에 따르면 매주 일정 시간 이상 꾸준히 체육 활동을 한 학생들이 그렇지 않은 학생들에 비해서 학업 성취도가 유의미하게 향상되는 결과를 나타냈다. 이와 같은 청소년기 체육 활동의 중요성에 대한 연구 결과가 잇따르면서 학생들의 체육 활동을 장려하는 학교가 늘고 있다. 특히 매월 학교 내의 다양한 스포츠클럽이 주축이 되어 해당 종목의 체육대회를 상시적으로 운영함으로써 체육 활동에 대한 학생들의 관심과 참여를 증진하는 학교가 많아지고 있다.

① A를 활용해, 학생들의 만족도를 근거로 제시하여 현행 체육대회의 한계를 보완해야 한다는 내용을 뒷받침한다.
② B를 활용해, 현행 체육대회의 한계에 대한 보완이 필요한 이유로 종목의 다양성이 부족하다는 점을 추가한다.
③ C를 활용해, 체육 활동이 학생들의 학업에도 긍정적 영향을 미칠 수 있다는 내용을 추가한다.
④ A, C를 활용해, 스포츠클럽 대회 도입이 학생들의 정서 및 사회성 발달에 기여할 수 있다는 내용을 추가한다.
⑤ B, C를 활용해, 스포츠클럽 대회를 도입하여 학생들의 상시적이고 다양한 체육 활동을 뒷받침함으로써 학생들이 만족하지 못하는 원인을 해소할 수 있음을 강조한다.

10 **다음은 (나)를 쓴 학생이 초고의 마지막 문단을 점검하여 고쳐 쓴 내용이다. 학생이 점검했을 내용으로 가장 적절한 것은?**

> 건강한 육체에 건강한 정신이 깃든다는 말처럼, 몸과 마음이 급격히 성숙하는 청소년기에 체육 활동에 꾸준히 참여하는 일의 중요성은 재론의 여지가 없다. 이러한 점을 감안하여 스포츠클럽 대회를 도입함으로써 체육 활동에 대한 학생들의 관심과 참여를 증대할 수 있는 여건을 조성하는 것이 중요하다.

① 예상 독자인 학교 여러 구성원 중에서 체육 활동에 실제로 참여할 학생들에 초점을 맞추어 글을 수정해야겠다.
② 작문 상황을 고려하여 스포츠클럽 대회의 도입을 위한 선생님들의 노력이 필요하다는 내용을 강조하는 것이 필요하겠다.
③ 글의 객관성을 고려하여 어느 한쪽에 치우치기보다는 정신적 측면과 육체적 측면에 대한 중요성을 모두 강조하면서 글을 마무리해야겠다.
④ 글의 목적이 달성되도록 청소년기 체육 활동의 중요성에 초점을 맞추어 스포츠클럽 대회 도입의 필요성이 부각되도록 고쳐 쓰는 것이 좋겠다.
⑤ 작문 맥락을 고려하여 참여 주체인 청소년들의 특성과 학교의 여건 등을 종합적으로 감안한 스포츠클럽대회 운영 방식을 제시하는 것이 중요하겠다.

[11~12] 다음 글을 읽고 물음에 답하시오.

> 감탄문은 화자가 청자를 의식하지 않거나 거의 독백하는 상태에서 자기의 느낌을 표현하는 문장이다. 감탄문은 감동 · 응답 · 부름 · 놀람 따위의 느낌을 나타내는 감탄사와 함께 실현되는 경우가 많다.
>
> 현대 국어의 감탄문은 감탄형 어미의 형태에 따라 '구나' 형 감탄문과 '어라' 형 감탄문으로 나눌 수 있다.
>
> '구나' 형 감탄문은 감탄문의 일반적 유형인데, 용언이나 서술격 조사의 어간에 '-(는)구나, -(는)구먼, -(는)구려, -군, -네' 등이 붙어서 실현된다. 이에 비해 '어라' 형 감탄문은 형용사의 어간에 종결 어미인 '-아라/-어라/-여라'가 붙어서 실현된다. 감탄문은 다른 문장 성분 없이 독립어와 서술어만으로 실현될 수 있다. '구나' 형 감탄문의 높임 표현도 격식체와 비격식체로 나눌 수 있는데, 격식체에는 '해라체'의 '-(는)구나', 하게체의 '-(는)구먼', 하오체의 '-(는)구려' 등이 쓰이고, 비격식체에는 '해체'의 '-군, -네' 등이 쓰인다.
>
> 한편 중세 국어의 감탄문은 감탄형 종결 어미로 실현되는 경우와 선어말 어미로 실현되는 경우로 나눌 수 있다. 전자는 서술어로 쓰이는 용언에 감탄형 종결 어미인 '-ㄴ뎌, -ㄹ쎠/-ㄹ셔' 등이 붙어서 실현되고, 후자는 선어말 어미인 '-도-/-돗-/-옷-' 등이 붙어서 실현된다. '-도-'는 '-다' 앞에서 쓰인 '-돗-'의 이형태이다.
>
> ㄱ. 됴ᄒᆞᆯ쎠 오ᄂᆞᆳ날 果報ㅣ여(좋구나 오늘날의 과보여) [월석 23:82]
>
> ㄴ. 이 男子ㅣ精誠이 至極ᄒᆞᆯᄊᆡ 보ᄇᆡᄅᆞᆯ 아니 앗기놋다(이 남자가 정성이 지극하므로 보배를 아니 아끼는구나) [월석 1:11]
>
> ㄱ의 '됴ᄒᆞᆯ쎠'는 '둏다'의 어간에 감탄형 어미 '-ㄹ쎠'가 붙어서 감탄이 실현된 것이고, ㄴ의 '앗기놋다'에서는 '-옷-'이 붙어서 감탄이 실현된 것이다.

11 윗글을 바탕으로 '감탄문'에 대해 이해한 내용 중 적절하지 <u>않은</u> 것은?

① '앗, 차가워라!'는 놀람의 느낌을 나타내는 감탄사와 함께 실현된 감탄문이다.

② '철수가 게를 잡는구나!'는 해라체에, '철수가 게를 잡는구려!'는 하오체에 해당한다.

③ '벌써 개나리가 피었네!'는 해체로 쓰이는 감탄형 어미 '-네'가 붙어서 실현된 감탄문이다.

④ '아, 시원해라!'는 다른 문장 성분 없이 독립어와 서술어만으로 감탄문이 실현된 문장이다.

⑤ '호박죽이 너무 뜨겁구나!'와 같은 '구나' 형 감탄문을 만들 수 있는 용언의 품사는 '어라' 형 감탄문에 비해 제한적이다.

12 〈보기 2〉는 윗글을 바탕으로 〈보기 1〉의 ⓐ~ⓔ를 설명한 것이다. 〈보기 2〉의 ㄱ~ㄹ 중, 옳은 설명만을 골라 묶은 것은?

〈보기 1〉

ⓐ 義ᄂᆞᆫ 그 큰뎌 (의는 그것이 크구나) [내훈 3:54]

ⓑ 摩耶ㅣ 如來ᄅᆞᆯ 나ᄊᆞᄫᆞ실쎠 (마야가 여래를 낳으셨구나) [석상 11:24]

ⓒ 새 그ᄅᆞᆯ 어제 브텨 보내돗더라 (새 글을 어제 부쳐 보내었더구나) [두언 23:29]

ⓓ 내 아ᄃᆞ리 어딜쎠 (내 아들이 어질구나) [월석 2:7]

ⓔ 쁘디 기프시도다 (뜻이 깊으시구나) [금삼 5:21]

〈보기 2〉

ㄱ. ⓐ는 감탄형 종결 어미에 의해 실현된 감탄문이고, ⓑ는 선어말 어미에 의해 실현된 감탄문이다.
ㄴ. ⓑ와 ⓓ를 통해 동사, 형용사가 감탄문의 서술어가 될 수 있음을 알 수 있다.
ㄷ. ⓑ와 ⓔ를 통해 감탄형 종결 어미가 선어말 어미와 결합할 수 없음을 알 수 있다.
ㄹ. ⓒ와 ⓔ를 비교해 보면 감탄문을 만드는 선어말 어미의 이형태가 있음을 알 수 있다.

① ㄱ, ㄴ ② ㄱ, ㄷ
③ ㄱ, ㄹ ④ ㄴ, ㄷ
⑤ ㄴ, ㄹ

13 **〈보기〉의 설명을 참고하여, 관형사절에 대하여 탐구한 내용으로 적절한 것은?** [3점]

〈보기〉

관형사절은 관형사절의 문장 성분이 생략된 관계절과 그렇지 않은 보문절로 나눌 수 있다. 관계절에서 안긴문장 속의 어떤 문장 성분이 생략되는 것은 그 성분이 지시하는 대상이 피수식어인 체언이기 때문이다. 또한 관형사절은 관형사형 어미 앞에 종결 어미가 있는 긴 관형사절과 종결 어미가 없는 짧은 관형사절로 나눌 수 있다. 긴 관형사절과 짧은 관형사절은 서로 바꿔도 의미적으로 자연스러운 경우와 바꾸면 부자연스러운 경우가 있다. 그리고 관형사절은 전체 문장의 성립에 반드시 필요한 경우와 그렇지 않은 경우가 있다.

① "<u>네가 되려는</u> 의사라는 직업은 그렇게 녹록하지 않단다."
⇒ 주어가 생략된 짧은 관형사절로 이 절을 생략해도 문장은 성립한다.

② "오늘에서야 <u>그가 우리를 사랑했다는</u> 것을 알았다."
⇒ 종결 어미가 있는 관계절로 이 절을 생략하면 문장이 성립되지 않는다.

③ "너는 <u>개울에서 헤엄을 쳐 본</u> 경험이 있니?"
⇒ 종결 어미가 없는 보문절로 긴 관형사절로 바꿔도 자연스럽다.

④ "나는 그때 <u>네가 그렸다는</u> 그림을 보았다."
⇒ 목적어가 생략된 긴 관형절사로 이 절을 생략해도 문장은 성립한다.

⑤ "<u>그분이 노벨상을 타게 되었다는</u> 소문이 돌았다."
⇒ 종결 어미가 있는 보문절로 짧은 관형사절로 바꿔도 문장이 자연스럽다.

14 **〈보기〉는 모음의 음운 변동에 대한 설명이다. 이를 바탕으로 음운 변동을 분석한 것으로 적절하지 <u>않은</u> 것은?**

〈보기〉

단모음과 단모음이 서로 인접하면 모음들이 충돌하게 되므로 이를 피하려는 경향이 있다. 이로 인해 단모음이 반모음으로 교체되기도 하고, 선행 모음 'ㅡ'가 다른 단모음 앞에서 탈락하거나 선후행 모음이 동일할 때 한 모음이 탈락하기도 한다. 또한, 두 단모음 사이에 반모음이 첨가되기도 하고, 두 단모음이 새로운 하나의 단모음으로 축약되기도 한다.

① '파- + -아서 → [파서]'는 동일한 단모음 'ㅏ'와 'ㅏ' 중 하나가 탈락하였다.
② '비- + -어서 → [비여서]'는 단모음 'ㅣ'와 'ㅓ' 사이에 반모음이 첨가되었다.

③ '쓰- + -이- + -어 → [쓰여]'는 'ㅡ'가 그대로 유지되고, 'ㅓ' 앞에 반모음이 첨가되었다.
④ '바꾸- + -어라 → [바꿔라]'는 단모음 'ㅜ'가 반모음으로 교체된 다음 'ㅓ'와 결합하였다.
⑤ '보- + -이- + -어 → [뵈여]'는 'ㅗ'와 'ㅣ'가 단모음으로 축약되고, 'ㅓ' 앞에 반모음이 첨가되었다.

15 **〈보기 1〉을 고려할 때, 〈보기 2〉의 시제에 대한 설명으로 적절한 것은?**

〈보기 1〉

절대 시제는 말하는 시점인 발화시와 동작이나 상태가 일어나는 시점인 사건시를 비교하여 사건시가 앞서면 과거, 일치하면 현재, 발화시가 앞서면 미래로 나눈다. 한편 상대 시제는 안은문장이나 주절의 사건시를 안긴문장이나 종속절의 사건시와 비교하여, 안긴문장이나 종속절의 사건시가 앞서면 과거, 일치하면 현재, 안은문장이나 주절의 사건시가 앞서면 미래로 나눈다.

〈보기 2〉

ㄱ. 우리는 음악을 들으며 밥을 먹는다.
ㄴ. 내일 우체국 가는 길에 은행에 들르겠다.

① ㄱ의 '들으며'의 절대 시제와 상대 시제는 일치하지 않는다.
② ㄴ에서 '가는'의 절대 시제는 '들르겠다'의 절대 시제와 일치한다.
③ ㄱ의 '들으며'의 상대 시제와 ㄴ의 '가는'의 절대 시제는 모두 현재이다.
④ ㄱ의 '먹는다'의 '-는-'과 ㄴ의 '가는'의 '-는'은 모두 절대 시제가 현재임을 나타낸다.
⑤ ㄱ의 '들으며'의 '-으며'는 '들으며'의 사건시가 '먹는다'의 사건시보다 앞섬을 나타낸다.

[16~18] 다음 글을 읽고 물음에 답하시오.

노파는 손녀의 오늘따라 유별난 친절이 거북하다 못해 슬그머니 심통이 난다. ㉠ 흥, 내가 미국을 가게 되니까 너도 별수 없이 나에게 아첨을 떠는구나, 누가 모를 줄 알구…… 노파의 소견머리는 고작 이쯤밖에 안 움직인다. 그만큼 노파는 식구들의 지청구에만 익숙해 있다.

제 에미를 닮아 새침하고 곱살스러운 데라곤 손톱만큼도 없던 손녀딸년이 할머니 서울 구경을 제가 맡고 나선 것도 수상한데 박물관에 들어오자 등에 손을 돌려 부축까지 해 주며 저것은 법주사 팔상전을 본딴 것, 저것은 불국사의 어디 어디를 본딴 것 하며 열심히 설명까지 하자 노파는 무슨 말인지 하나도 알아들을 수 없거니와 친절 그 자체를 받아들이기에도 너무 서투르다. 손녀가 환성을 지르며 손가락질하는 데를 바라보며 집 한번 으리으리 잘 지어 놨다 싶더라도, 흥 저까짓 거 미국엔 백 층도 넘는 집이 수두룩하다는데 곧 미국 할머니가 될 내가 저까짓 것에 놀랄까 보냐고 콧방귀를 뀐다.

머리숱하며 몸집하며 이목구비가 자리 잡은 간살하며 어디 한 군데 넉넉한 데라곤 없이 옹색하고 박하게만 생긴 노파가 남을 얕잡을 때만은 갑자기 의기양양하고 되바라지며 밝고 귀여운 얼굴이 된다. 꼭 불이 켜진 꼬마전구같이. ㉡ 요새 이 꼬마전구는 꺼져 있는 동안보다 켜져 있는 동안이 훨씬 많다.

노파는 곧 미국을 가게 모든 수속이 다 끝나 있다. 딸의 덕에. 노파에겐 이 딸의 덕이란 게 암만해도 진수성찬 끝에 구정물 마신 것 모양 꺼림칙했지만 아들 넷 중 맏이만 빼놓고 세 아들이 다 미국에 있다는 생각을 하면 다시 고개가 빳빳해지며 당당해진다. 노파에게 미국이란 우선 먹을 것, 입을 것이 지천인 부자 나라도 되었지만, 서울 장안만 한 넓이의 고장도 되어서 딸하고 수틀리면 아들네로, 그 아들하고도 틀리면 다음 아들네로 몽당치마에 바람을 일으키며 한 걸음에 달려갈 수 있는 것으로 되어 있다. 그러나 실상 노파의 자식들 중 미국에 있는 건 딸 뿐이고, 둘째 아들은 서독(西獨)에, 셋째 아들은 브라질에, 넷째 아들은 괌에 가 있다. 세 아들들이 어쩌다 일이 잠깐 빗나가 지금 미국 아닌 고장에 뿔뿔이 흩어져 있긴 하지만 그들의 당초의 목적은 미국이었고 미국으로 이민 갈 연줄을 찾아 눈에 핏발이 서 동분서주할 때부터 노파는 "미국, 미국, 미국에만 갈 수 있으면!" 하는 아들들의 잠꼬대 같은 탄식 소리를 귀에 못이 박히게 들어 왔고, 그러는 사이에 노파에게 미국이란 가기는 힘들지만 갈 수만 있으면 그야말로 누구에게나 금시발복*의 땅이란 고정관념이 뿌리박았다.

(중략)

한 젊은이가 할머닌 어디까지 가십니까하고 상냥하게 말을 건다.

"㉢ 그 뭐라나, 미국의 어디메드라? 참, 쌍포리코라던가."

"네, 샌프란시스코요. 저도 그리로 가는데요."

젊은이가 광대같이 우스꽝을 떨며 노파를 껴안았다. 노파도 반가워서 젊은이 손을 덥석 잡았다가 놓으면서,

"참 내 정신 좀 봐. 내가 이러구 있을 게 아니라 버스 떠나기 전에 식구들에게 든든한 동행이 있다는 걸 알려줘야지. 이 늙은일 혼자 떠나보내고 발길들이 안 돌아설 텐데."

노파는 허겁지겁 버스를 내린다. 노파는 그냥 가족들을, 특히 길남이를 다시 보고 싶을 뿐이다. 버스에서 내린 노파는 송영대 밑으로 달려가 송영대를 쳐다보며 악을 쓴다.

"얘들아, 마침 쌍포리코까지 같이 갈 동행을 만났다. 아주 친절한 젊은이야. 내 걱정들은 마라."

그러나 아무 반응이 없다. 낯선 사람들이 킬킬거릴 뿐이다. 다시 쳐다봐도 송영대에 밀집한 사람 중 낯익은 얼굴은 하나도 없다. 벌써 환갑집으로 가버린 모양이다.

㉣ 다시 확인하고 싶으나 시야가 자꾸만 부옇게 흐려져 그게 여의치 않다. 별안간 송영대에 나와 있는 사람들 보기가 부끄러워져서 숨듯이 다시 버스에 오른다. 버스를 내려서 다시 비행기를 타고 그동안 내내 노파는 혼돈 속을 가듯 눈앞이 지척을 분간 못 하게 부옇고 의식조차 흐리멍덩하다. 아까의 젊은이가 노파를 부축해 주려다 말고 딴 젊은이들과 섞여서 시시덕댄다.

마침내 기체가 이륙하는 것을 노파는 심한 충격과 함께 의식한다. 그것은 누구나 느낄 수 있는 물리적인 충격이 아니라 노파 하나만의 것인 아무도 헤아릴 수 없는 크나큰 충격이다.

몇 백 년쯤 묵은 고목이 어떤 거대한 힘에 의해 몽땅 뽑히는 일이 있다면 그때 받는 고목의 충격이 바로 이러하리라. 노파의 의식이 비로소 혼돈을 헤치고 뿌리 뽑힌 고목으로서의 스스로를 인식한다.

비행기 속의 젊은이들은 노파의 아들들이 그랬던 것처럼 조국을 뜨는 마당에 일말의 애수조차 없이 다만 기쁘고, 빛나는 얼굴을 하고 있다. 그래서 그런지 조금도 동류의식을 느낄 수 없다. 노파는 외롭다.

"할머니 울잖아? 애기같이, 우리도 안 우는데. 울지 마. 우린 같은 처지야."

아까의 젊은이가 광대 같은 표정으로 어리광을 떨며 노파를 웃기려 든다.

㉤ 하긴 저들도 뿌리 뽑혔달 수도 있겠지. 그러나 저들은 묘목이다. 어디에고 다시 뿌리를 내릴 수 있는 묘목이다. 그러나 난 틀렸어. 난 죽은 목숨이야.

노파는 노파의 아들들이 이를 갈며 싫어했고 진저리를 치며 놓여나기를 갈망했던 이 땅의 모든 구질구질한 것까지 자기가 얼마나 사랑했던가를 안다. 노파는 마치 자기 시신(屍身)을 보듯 이 숨막히는 공포로 뽑혀 나동그라진 거대한 나무와 지상으로 노출된 수만 가닥의 수근(樹根)이 말라비틀어지는 참담한 모습을 환상하며 심장을 쥐어짜듯이 서럽게 운다.

– 박완서, 「이별의 김포공항」 –

*금시발복(今時發福) : 어떤 일을 한 뒤에 복이 곧 돌아와 부귀를 누리게 됨.

16 윗글에 대한 설명으로 적절한 것은?

① 장면에 따라 시점을 달리하여 서술하고 있다.
② 서로 다른 공간의 사건을 병치하여 서술하고 있다.
③ 상황의 원인을 역순행적으로 추리하며 서술하고 있다.
④ 작품 속 인물이 서술자가 되어 사건에 대해 주관적으로 서술하고 있다.
⑤ 서술자가 작품 속 특정 인물의 시선을 중심으로 대상과 상황을 서술하고 있다.

17 ㉠~㉤에 대한 이해로 적절하지 않은 것은?

① ㉠ : '손녀'의 행동에 담긴 의도를 부정적으로 생각하는 '노파'의 심리를 독백적 진술로 드러내고 있다.
② ㉡ : 이전과 달라진 '노파'의 심리를 비유적으로 표현하고 있다.
③ ㉢ : 발음의 유사성을 활용한 언어유희로 우스꽝을 떠는 '젊은이'의 허위의식을 비꼬고 있다.
④ ㉣ : 기대했던 상황이 벌어지지 않아 슬퍼하는 '노파'의 심리가 드러나고 있다.
⑤ ㉤ : '젊은이'와 자신의 처지를 대비하여 이륙 상황에서 '노파'가 느끼는 감정을 부각하고 있다.

18 〈보기〉를 바탕으로 윗글을 감상한 내용으로 적절하지 않은 것은? [3점]

〈보기〉

인간은 자신이 처한 현실에서 벗어나 다른 세계로 가고자 하는 경향이 있는데, 이는 보통 현실에 대한 불만이나 다른 세계는 더 나을 것이라는 희망에서 비롯된다. 그러나 희망이 과도하여 합리적인 근거 없이 고정관념으로 굳어질 때 맹목적인 동경이 된다. 그런데 막상 현실을 떠나 다른 세계로 가는 상황에 맞닥뜨릴 때 비로소 자신을 깨닫게 되는 경우가 있다. 부정적인 현실마저도 자신의 삶의 일부임을 깨닫고 그에 대한 애정을 확인하게 되는 것이다. 이 작품은 그런 인간의 경험과 심리를 묘사하고 있다.

① 현실에서 벗어나 다른 세계로 가고자 하는 인간의 경험과 심리를 '노파'의 미국행이라는 사건을 통해 그리고 있군.
② '손녀'가 가리키는 곳을 '으리으리 잘 지어놨다'고 생각하는 것에서 '노파'가 자신이 처한 현실을 잘못 파악하고 있음을 엿볼 수 있군.
③ '미국에만 갈 수 있으면!' 하고 '잠꼬대 같은 탄식 소리'를 한 '노파의 아들들'은 맹목적으로 다른 세계를 동경하는 인물들로 볼 수 있군.
④ '노파'가 '뿌리 뽑힌 고목으로서의 스스로를 인식'하는 것은 자신의 실상을 깨닫는 인간의 모습으로 볼 수 있군.
⑤ '노파'가 '이 땅의 모든 구질구질한 것까지' 사랑했다는 것은 부정적인 현실마저 사랑하는 인간의 심리를 드러낸 것이군.

[19~22] 다음 글을 읽고 물음에 답하시오.

수소는 우주의 88%를 차지할 만큼 많고, 연소될 때 많은 에너지가 발생하기 때문에 로켓 연료로까지 이용된다. 그러나 수소를 일상생활의 에너지원으로 활용하는 데에는 난관이 적지 않다. 우선 지구 대기 속에 수소 기체가 거의 없는 것이 문제다. 그것은 가장 간단한 원소로 되어 있는 수소 기체가 매우 가벼워 지구의 대기 밖으로 쉽게 날아가 버리기 때문이다. 그러면 지구상의 수소는 도대체 어디에 존재하는 것일까? 우리가 알고 있듯이 수소는 대부분 물속에 들어 있다. 따라서 우리 주위에 흔한 물에서 수소를 분리해 내면 어떨까 하는 생각을 할 수 있지만, 물 분해에 많은 에너지를 투입해야 함을 감안하면 경제성이 떨어진다. 이 점을 고려해 ㉠ 식물의 광합성 시스템을 모방한 인공 광합성 기술이 활발하게 연구되고 있다. 왜냐하면 햇빛을 이용하면 보다 적은 에너지로 수소를 얻을 수 있기 때문이다.

식물의 광합성은 엽록소가 NADPH와 ATP를 생성하는 명반응과 그것들을 활용해 이산화탄소를 포도당으로 합성하는 암반응이 순환하면서 이루어진다. 빛 에너지를 흡수하면 엽록소 속에 있던 전자가 에너지를 얻어 다른 곳으로 가 버리고, 엽록소는 물을 분해해 전자를 보충한다. 즉 물(H_2O)을 분해하는 과정에서 발생한 산소(O)는 기체 상태로 배출되고, 수소는 전자(e^-)와 수소 양이온(H^+)으로 분해된다. 엽록소는 분해된 수소 양이온과 전자를 받아들인 다음 $NADP^+$와 결합시켜 NADPH라는 효소를 만들어 내는 것이다. 한편 엽록소에서 빠져나온 전자는 빛 에너지가 전환된 화학 에너지 ATP를 생성하는 데 이용된다. 여기까지가 암반응 과정을 위해 필요한 명반응 과정이다. 암반응에서는 NADPH가 $NADP^+$와 전자, 수소 양이온으로 분해되는데, $NADP^+$는 다시 명반응 과정에서 NADPH를 생성하는 데 활용되고, 전자와 수소 양이온은 이산화탄소(CO_2)와 결합해 최종적으로 유기물인 포도당을 만드는 데 이용된다. 이때 필요한 에너지는 ATP가 ADP로 바뀌면서 발생하는 에너지로 충당하는데, 생성된 ADP는 명반응 과정에서 ATP를 생성하는 데 재료가 된다.

[A] ㉡ 수소를 생성하는 인공 광합성 시스템은 포도당 대신에 수소 기체를 얻기 위한 것이다. 대표적인 인공 광합성 시스템인 전지형 시스템은, 태양의 빛 에너지를 받아 수소 양이온을 생성하는 광전극과 수소 기체를 생성하는 환원 전극이 물속에 있고, 두 전극이 전선으로 연결된 구조로 되어 있다. 두 전극은 반도체를 가지고 만드는데, 광전극은 n형 반도체로, 환원 전극은 p형 반도체로 되어 있다. n형 반도체는 (–) 전하인 자유 전자가 (+) 전하인 정공보다 많고, p형 반도체는 정공이 자유 전자보다 많은 반도체이다. 빛 에너지를 받으면 광전극에서 자유 전자와 정공이 더욱 많이 생기고, 높은 에너지 상태에 있는 자유 전자들은 전선을 따라 환원 전극으로 이동한다. 광전극에 남아 있는 정공들은 광전극의 표면에 몰려 전자를 보충하기 위해 물을 분해한다. 그 결과 물의 산소는 기체 상태로 배출되고, 수소 양이온은 물속을 떠돌게 된다. 한편 환원 전극의 표면에서는 광전극으로부터 온 자유 전자를 이용해 수소 양이온을 환원시킨다. 즉 물속에 떠돌다 환원 전극의 표면에 도달한 수소 양이온이 자유 전자와 결합하는 것이다. 이때 수소 기체가 최종적으로 생성된다. 그리고 두 전극 사이에는 분리막이 있어, 광전극에서 만들어진 수소 양이온이 그것을 투과하면 광전극에서 반응할 수 없도록 하고, 생성된 수소 기체가 광전극 쪽으로 가 반응하지 못하도록 하는 역할을 한다.

하지만 이와 같은 인공 광합성 시스템은 효율이 그다지 높지 않다. 그래서 태양 전지를 별도로 장착한 전지형 인공 광합성 시스템을 만들었는데, 이를 통해 약 12%까지 태양광-수소 전환 효율을 높였다. 한편 과학자들은 촉매 연구에도 힘을 쏟고 있다. 광전극에서 생긴 자유 전자와 정공은 분리되자마자 곧바로 다시 결합하는 경우가 많다. 그러면 환원 전극으로 이동하는 자유 전자의 양이 적어지기 때문에 환원 반응에 필요한 자유 전자가 부족하게 된다. 따라서 광전극의 자유 전자와 정공들이 재결합하기 전에 산화, 환원 반응을 빠르게 하는 촉매가 필요하다. 이에 따라 과학자들은 반도체의 기능과 촉매의 기능을 동시에 향상시키는 방법을 찾고 있다. 하지만 아직까지 전지형 광합성 시스템의 전극을 만드는 데에 들어가는 원료가 고가이고 그 공정 비용 또한 높다. 좀 더 싼 값에 대량으로 수소를 생산할 수 있는 효율적인 방법을 찾는 것이 앞으로 남은 숙제이다.

19 **윗글을 통해 대답할 수 없는 질문은?**

① 수소를 에너지원으로 활용하려는 이유는 무엇인가?
② 수소가 지구 대기 속에 존재하기 힘든 이유는 무엇인가?
③ 전지형 인공 광합성 시스템 개발에 있어 향후 과제는 무엇인가?
④ 자연의 원리를 활용해 에너지 문제를 해결하려는 시도로 어떤 것이 있는가?
⑤ 인공 광합성 연구가 자연의 광합성 원리 연구 발전에 어떤 영향을 미쳤는가?

20 **㉠과 ㉡에 대한 설명으로 적절하지 않은 것은?**

① ㉠, ㉡ 모두 물을 분해하는 과정에서 산소가 부산물로 배출된다.
② ㉠, ㉡ 모두 물을 분해하는 과정에서 발생한 전자는 수소에서 떨어져 나온 것이다.
③ ㉠과 달리 ㉡에서는 최종 생성물이 만들어지는 과정에서 이산화탄소가 이용되지 않는다.
④ ㉡과 달리 ㉠에서는 유기물을 생성한다.
⑤ ㉠의 엽록소에서 방출된 전자와 ㉡의 정공과 분리된 전자는 같은 역할을 한다.

[21~22] 〈보기〉를 보고 물음에 답하시오.

〈보기〉

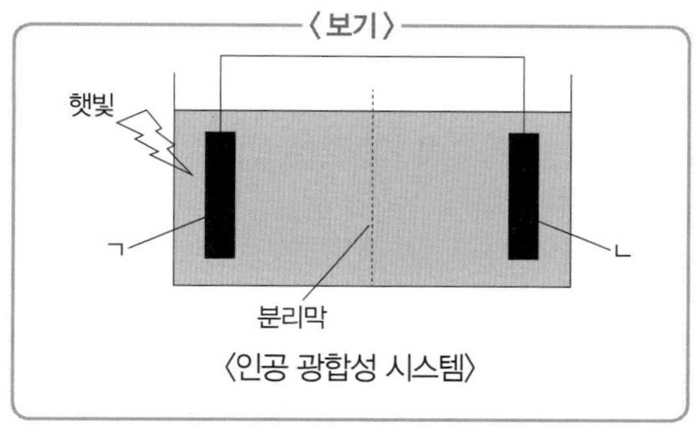

〈인공 광합성 시스템〉

21 **[A]를 바탕으로 〈보기〉를 이해한 내용으로 적절하지 않은 것은? [3점]**

① ㄱ에서는 정공과 자유 전자가 햇빛이 없을 때보다 더 많이 생기겠군.
② ㄴ의 주요 기능은 물을 분해하는 것이겠군.
③ ㄱ의 자유 전자들은 ㄴ으로 이동하겠군.
④ ㄱ에서 생성된 수소 양이온이 ㄴ에서는 환원되어 수소 기체가 되겠군.
⑤ ㄱ은 자유 전자가 많은 반도체로, ㄴ은 정공이 많은 반도체로 만들어졌겠군.

22 〈보기〉의 '분리막'에 대해 이해한 내용으로 가장 적절한 것은?

① 수소 기체가 보다 효율적으로 생성되게 하기 위한 장치로군.

② 광전극과 환원 전극의 공정 비용을 절감하기 위한 장치로군.

③ 수소 기체 생성 과정을 보다 단순화하기 위한 장치로군.

④ 자유 전자를 더욱 빠르게 이동시키기 위한 장치로군.

⑤ 빛 에너지를 더 많이 흡수하기 위한 장치로군.

[23~26] 다음 글을 읽고 물음에 답하시오.

포졸을 따라 한림이 오자 최 지부는 고발장을 꺼내 들고 죄목에 대해 물었다. 범한은 이미 계단에 우두커니 팔짱을 끼고 서 있었다. 다 듣고 난 한림은 자신이 모함에 빠진 것을 알고는 마음이 아팠다. '이건 운명이야, 운명! 내가 허위로 자백하지 않으면 어머니와 형이 어떻게 되겠는가?' 한림은 마침내 고개를 들고 대답했다.

"참으로 그런 일이 있었습니다. 죄가 이미 모두 드러났으니 죽을 수밖에 없습니다."

최 지부가 불쌍하여 탄식하면서 한림에게 말했다.

"죄인의 사정이 참 딱하구려. 어머니가 이미 고발장을 냈으니 효자 된 도리로 어떻게 발명할 수 있겠소.

그렇지만, 한나라 때 동해의 효성스러운 며느리가 시어머니를 죽였다고 죄 없이 허위 자백하는 바람에 처형된 뒤 삼 년 동안 그 땅에 비가 오지 않았고, 그 태수 된 자는 후세에 어리석다는 말을 듣게 되었소. 지금 나도 그렇게 되면 억울하지 않겠소?"

그러자 범한이 큰소리로 외쳤다.

"㉠ 죄인이 스스로 그 죄를 알아 변명하지 않고 자백하였으면 벌을 줄 따름이지, 무슨 연유로 이 사람을 달래어 그 말을 바꾸려 하십니까?"

최 지부가 크게 화를 내며 범한을 끌어내리고 서릿발 같은 목소리로 꾸짖었다.

"천한 네 놈은 범가이면서 무슨 일로 화씨 집안 일에 간섭하여 이처럼 함부로 입을 놀리는 게냐?"

그러고는 그 머리채를 잡아 끌어내라 하고 한림은 일단 옥에 가두어 두었다. 범한은 수중의 은냥을 내서 옥졸들에게 나누어 주고 기회를 보아 한림을 죽이려고 했다.

한편, 한림의 유모 계화는 심 씨에게 쫓겨난 후 고을의 부자 유이숙의 아내가 되었다. 계화는 한림이 변을 만나 옥에 갇혔다는 소식을 듣고는 통곡하며 먹지도 않더니, 화씨 집 문에서 자결하여 그 원통함을 밝히고자 했다. 유이숙이 이런 부인을 의롭게 여겨 말했다.

"내가 한번 가보리다."

잠시 후에 유이숙이 돌아와서 분한 마음에 눈물을 흘리며 말했다.

"㉡ 한림의 옥 같은 용모를 보니 천하의 군자였소. 사내대장부가 되어 이런 사람을 위해서 목숨을 바치지 않을 수 있겠소?"

그러고는 금전을 많이 내어 물 쓰듯 뇌물을 주고 계화는 직접 옥중에 음식을 대었는데, 유이숙이 옥문 옆에 앉아 있다가 독이 있는지 먹어 본 후에야 들였다. 그러니 범한의 은화는 쓸모없이 허비된 셈이다. 옥문의 안팎에 혹시라도 범한의 그림자라도 보이면 흰 몽둥이와 붉은 작대기가 구름에 비 오듯 쏟아지니 범한은 간담이 서늘하여 감히 가까이 가지 못했다.

최 지부는 한림의 사건을 자나 깨나 안타깝게 생각했지만, 어찌해야 할지 스스로 결단을 내리지 못하고 있었다. 그때 마침 도어사 하춘해가 절강을 돌아보고 돌아가다가 소흥을 지나게 되었다. 최 지부는 크게 기뻐하면서 하 어사를 맞이했다.

"저희 고을에 의옥(疑獄)이 있습니다. 제가 어리석어서 사실을 밝혀내기 어려운 차에 다행히 나리께서 오셨으니 한번 나리의 말씀을 듣고자 합니다."

그러고는 고발장을 꺼내 보였다. 어사가 겨우 몇 줄 읽고는 놀라서 말했다.

"이른바 화진이라는 사람은 장원으로 급제해 한림학사가 된 자가 아닙니까?"

"그렇습니다."

어사는 모두 읽고 나서 팔을 걷어붙이며 한탄했다.

"지난번 언무경이 이 자를 불효하다고 탄핵했을 때 우리는 이 자가 억울하게 누명을 썼다고 생각했소. 그런데 지금 이 고발장을 보니 과연 한림은 흉특한 자였구려. 내가 마땅히 법이 바르게 서도록 하겠소. 끌고 오라 하시오."

이에 한림이 뜰에 이르렀다. 어사는 그 고발장의 내용이 사실이냐고 물었다. 이전처럼 대답하는 한림의 옥 같고 별 같은 눈에 구슬 같은 눈물이 그렁그렁하여 금방이라도 흘러내릴 것 같았다. 가만히 보던 어사의 얼굴에 슬픈 기색이 나타났다. '군자로구나! 기린이 때를 만나지 못해 서상의 액(厄)*을 만났듯 곤경에 처했구나!' 그러고는 최 지부를 돌아보고 말했다.

"이 사람을 잘 보호해 주시오."

그날 밤 어사는 ⓐ 직접 쓴 편지를 시중들던 사람 왕겸을 시켜 몰래 화진에게 전하게 했다.

(중략)

한림은 다 읽고 나서 감격의 눈물을 쏟았다. 그리고 속으로 생각했다. '예전에 선친께서 태학사 하언의 충성을 칭찬하셨지. 지금 그 아들이 선하고 의로운 것을 보니 아버지를 욕되게 하지 않겠어. ㉢ 아, 불초한 나는 이렇게 아버지의 이름을 욕되게 하고 있구나!' 그러고 나서 바로 왕겸에게 말했다.

"하 어사 나리께서 죽어 마땅한 이 죄인을 생각해 주시고, 열 줄 글을 보내시어 이렇게 간곡하게 일러주시니, 아둔하고 사나워서 사람의 도리로 꾸짖기 부족한 저라도 어찌 일호 감동하는 마음이 없겠습니까? 그렇지만 죄인의 죄명은 이미 드러났고 국가의 법률이 지엄하니, 밝은 태양 아래서 차마 실상을 속이고 말을 바꾸지 못하겠습니다."

왕겸이 하 어사에게 돌아가 이 말을 전하자 어사가 감탄했다.

"이 사람은 참으로 효성스럽구나. 죽음을 각오하고 동요하지 않으니 나도 어쩔 수 없겠어."

하 어사는 왕겸을 보내 옥중의 한림을 보호하도록 했다. 그리고 ㉣ 수레를 빨리 몰아 경사로 가면서 최 지부에게 일러두었다.

"이 사건은 성급히 판결해서는 안 되니 황제께 아뢴 후에 처리하려고 하오. 최 지부께서는 옥리들을 잘 단속하여 형벌로 죄인이 죽거나 자결하는 일이 없도록 해 주시오."

그때 범한은 최 지부가 한림을 보호하려는 뜻이 있고 또 유이숙 때문에 감히 독약을 먹일 수도 없자 마음이 초조해졌다. 그리하여 즉시 한 필 말을 타고 밤새도록 서울로 달려가서 엄숭에게 뇌물을 쓰니, 엄숭은 소흥부 죄인을 경사로 올리라는 명을 내렸다. 이에 유이숙과 왕겸은 한림을 보호하여 길을 나섰다. ㉤ 계화가 말 앞에서 통곡을 하며 배웅하자 한림이 말을 세우고 눈물을 흘렸다. 길가에서 구경하던 사람들도 탄식하지 않는 이가 없었다.

– 조성기, 「창선감의록」 –

*서상의 액(厄) : 기린이 노나라 사람, 서상에 의해 잡힌 일.

23 〈보기〉는 윗글의 흐름을 정리한 것이다. 이를 바탕으로 윗글을 이해한 것으로 적절하지 않은 것은?

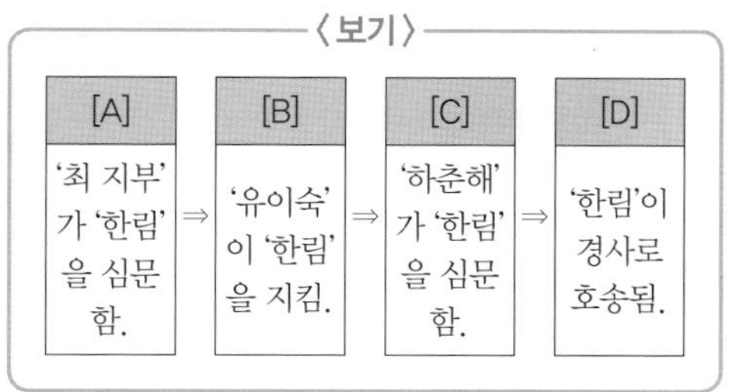

〈보기〉

[A]		[B]		[C]		[D]
'최 지부'가 '한림'을 심문함.	⇒	'유이숙'이 '한림'을 지킴.	⇒	'하춘해'가 '한림'을 심문함.	⇒	'한림'이 경사로 호송됨.

① [A]부터 [D]까지의 흐름은 시간의 순차적 순서에 따른 구성을 보여주고 있다.

② [A]에서 '범한'은 '한림'을 처벌받게 하려다가 실패하자, [A]와 [B] 사이에 다른 방법을 모색해 '한림'을 죽이려 하고 있다.

③ [A]에서의 '최 지부'와 마찬가지로 [C]에서의 '하춘해'도 '한림'의 자백을 사실로 받아들이지 않고 있다.

④ [B]는 '계화'의 '한림'에 대한 정성이 계기가 된 것으로, [D]에서 '유이숙'이 '한림'을 따라 경사로 가는 길에 나서는 것으로 이어지고 있다.

⑤ [C] 이후에 '하춘해'는 편지를 보내 '한림'을 설득하려다가 실패한 뒤, 차선책으로 [D]의 일을 주선하여 '한림'의 옥사를 해결하려 하였다.

24 ㉠~㉤에 대한 이해로 적절하지 <u>않은</u> 것은?

① ㉠ : '한림'에 대한 처벌이 이루어지지 않을지도 모른다는 '범한'의 불안감을 느낄 수 있다.

② ㉡ : '유이숙'이 결심을 하는 데에 '용모'에 대한 평가가 큰 역할을 했음을 알 수 있다.

③ ㉢ : '한림'이 자신의 잘못을 깨닫고 '하춘해'의 처분을 따르려는 심리를 엿볼 수 있다.

④ ㉣ : '하춘해'가 '한림'을 구하고자 하는 마음에 다급해 하는 모습을 엿볼 수 있다.

⑤ ㉤ : 주위에 구경하던 사람들이 '한림'과 '계화'의 모습을 안타까워하고 있음을 엿볼 수 있다.

25 ⓐ를 쓴 의도를 고려할 때, 그 핵심 내용으로 가장 적절한 것은?

① 당신의 지금 행동은 나의 심금을 움직이고 있다. 현재보다 더 적극적으로 덕행을 쌓아 어려움을 극복해 달라.

② 고발장의 내용과 달리 당신의 인품은 참으로 아름답다. 당신을 잃는 안타까움이 없도록 사실대로 말해 달라.

③ 당신이 죄의 대가를 혼자 지려는 모습이 많은 이의 귀감이 되고 있다. 비록 강상의 죄를 범했지만 참 아쉽다.

④ 당신은 현재 옥사에 대해 분명한 입장을 유보하고 있다. 보다 분명한 입장을 밝혀 나의 고민을 덜어주기 바란다.

⑤ 어머니와 관련된 사안이어서 당신은 현 상황을 회피하려고만 하고 있다. 그러면 당신의 어머니가 더 괴로울 수 있다.

26 <보기>를 바탕으로 윗글을 감상한 내용으로 적절하지 <u>않은</u> 것은? [3점]

<보기>

「창선감의록」은 착한 사람은 예외 없이 복을 받고 악한 사람은 화를 당한다는 구조를 통하여 효와 우애라는 중세적 윤리 의식을 고취하는 작품이다. 이 작품의 핵심 갈등은 화춘과 화진(한림) 사이의 갈등 즉, 무능한 가장인 형(화춘)과 그로부터 가문을 지키려는 동생(화진)의 갈등이다. 그 외 선한 인물을 도와주려는 조력자들과, 악한 인물들과 결탁한 인물들의 대결 구도도 보인다. 이 과정에서 시종일관 효와 우애를 중시하는 화진의 태도는 개인의 명예보다는 가문의 명예를 지키고 가문을 번영케 하는 데 중심적인 역할을 한다.

① ‘계화’가 ‘한림’의 옥중 음식을 마련하고 ‘하어사’가 ‘왕겸’에게 지시하는 데서, 이들이 ‘한림’을 도우려는 조력자임을 알 수 있어.
② ‘한림’이 자신이 처한 상황을 알고 나서도 ‘허위로 자백하’겠다고 결심하는 데서, 중세적 윤리 의식이 얼마나 내면화되었는지 깨달았어.
③ ‘범한’과 ‘엄숭’은 ‘한림’의 ‘어머니와 형’과 함께 악한 세력에 속하여 선한 인물을 도우려는 인물들과 대결 구도를 형성하고 있는 듯해.
④ ‘최 지부’가 ‘범한’을 꾸짖어 내쫓고 ‘유이숙’이 ‘범한’으로부터 ‘한림’을 보호하려고 노력한 것은, 가문을 지키기 위해 죽음을 택하려는 ‘한림’의 뜻을 수용했기 때문이군.
⑤ ‘한림’이 ‘최 지부’의 설복에도 꿈쩍하지 않고 ‘하춘해’의 설복에도 자신의 뜻을 굳건히 유지한 것은, 개인보다는 가문을 소중히 여겼기 때문이겠군.

[27~31] 다음 글을 읽고 물음에 답하시오.

비용편익분석은 공공사업의 경제성을 분석하는 대표적인 기법으로, 투입되는 비용과 얻을 수 있는 편익의 크기를 ⓐ 예측하고 비교해서 사업의 타당성을 따져보는 것이다. 비용편익분석의 핵심은 비용과 편익을 화폐가치로 환산한 뒤 비교하는 것이다.

일반적으로 공공사업에서 비용은 초기에 집중적으로 투입되는 데 비해 편익은 장기간에 걸쳐 ⓑ 분산되어 나타난다. 그러므로 비용과 편익을 정확하게 비교하기 위해서는 우선 서로 다른 시점에 발생하는 편익과 비용을 각각 계산해야 한다. 이때 편익이나 비용이 시간의 경과에 따라 가치가 변화한다는 점을 무시하고 단순하게 계산하여 합산하면 비용편익분석의 결과에 대한 신뢰성이 떨어지게 된다.

그렇기 때문에 미래가치를 현재가치로 환산하는 기준이 되는 비율인 할인율을 적용해야 한다. 할인율을 r이라고 할 때 1년 후의 미래가치를 현재가치로 환산하는 방법은 다음과 같다.

$$\text{현재가치} = \frac{\text{1년 후의 미래가치}}{1+r}$$

이러한 방식을 활용하여 공공사업의 미래가치를 현재가치로 환산한 비용의 합계와 편익의 합계를 계산할 수 있다. 이렇게 현재가치로 환산된 비용의 합계와 편익의 합계를 계산하여 비교하면 사업의 타당성을 판단할 수 있는데, 그 기준이 되는 것으로 ‘순현재가치’와 ‘편익−비용비’를 들 수 있다.

순현재가치는 현재가치로 환산된 편익의 합계에서 현재가치로 환산된 비용의 합계를 뺀 값으로 나타낸다. 따라서 적절한 할인율이 적용되어 사업의 순현재가치가 0보다 클수록 사업 가치가 높은 사업이라고 판단할 수 있다. 한편, 편익−비용비는 편익의 합계를 비용의 합계로 나눈 값, 즉 단위 비용 당 발생한 편익을 가리킨다. 편익−비용비가 1보다 클수록 자원을 효율적으로 사용하는 것이기 때문에 사업 가치가 높은 사업이라고 판단할 수 있다. 그런데 양의 값을 갖는 순현재가치나 1보다 큰 편익−

비용비가 사업 수행의 충분조건은 아니다. 예컨대 투자할 자금이 ⓒ 제한된 상태라면 순현재가치가 0보다 크거나 편익-비용비가 1보다 큰 사업이라고 하더라도 필요한 비용이 투자할 자금의 범위 내에 있어야 투자할 수 있는 것이다.

순현재가치와 편익-비용비는 모두 비용과 편익을 고려한 사업 선택의 기준이다. 다만 전자가 비용을 뺀 편익의 규모에 중점을 두는 데 반해 후자는 투입되는 비용의 효율성에 무게를 둔다. 따라서 사업 선택을 할 때에는 어떤 기준을 적용할지를 고민할 수 있다. 예컨대 정부에서 용수 공급을 위해 저수지 건설 사업을 추진한다고 하자. 총 3개의 후보지 A, B, C를 대상으로 저수지 건설에 대한 비용편익분석을 실시한 결과, 순현재가치는 A 〉 B 〉 C 순으로 크게 나온 반면 편익-비용비는 C 〉 B 〉 A 순으로 나올 수 있다. 실제로 정책을 결정할 때 순현재가치에 의한 우선순위와 편익-비용비에 의한 우선순위는 일치하지 않는 경우가 많다. 즉 편익의 규모는 크지만 투입되는 비용의 효율성이 낮거나, 반대로 투입되는 비용의 효율성은 높지만 편익의 규모가 작은 사업이 있을 수 있는 것이다. 따라서 가용 예산이 제한되어 있는 경우에는 이 두 가지 기준을 복합적으로 ⓓ 고려하여 최적의 선택을 해야 한다.

한편 순현재가치나 편익-비용비는 모두 적용되는 할인율에 따라 그 값이 달라진다. 할인율이 높을수록 편익의 현재 가치는 낮게 평가된다. 공공사업이 초기에 비용이 집중적으로 들어가고 편익은 장기간에 걸쳐 서서히 발생한다는 점을 ⓔ 감안하면, 할인율이 높을수록 편익에 대한 현재가치가 낮아지므로 비용에 비해서 편익이 많이 줄어든다. 따라서 비용편익분석을 통해 대안을 평가하고 선택할 때에는 어떤 할인율을 적용하는가가 중요하다.

공공사업에 대한 비용편익분석에서 타당성을 인정받으려면 낮은 할인율을 선택하는 것이 유리하다. 그래서 공공사업의 경우에는 공적 차원의 할인율을 적용하는데 이를 사회적 할인율이라고 한다. 사회적 할인율은 자본 시장에서 결정되는 시장이자율보다 낮다. 공공사업은 장기간에 걸쳐 사회의 공익 증진에 크게 기여한다. 따라서 사회적 할인율을 공공사업에 적용하여 투입되는 비용에 비해 편익의 가치를 크게 만들어 줄 필요가 있는 것이다. 결국 공공사업에서 사회적 할인율을 선택하는 것은 미래 세대의 이익에 무게를 두는 것과 같다. 만일 사회적 할인율이 시장이자율처럼 높다면 미래 세대에 대한 배려는 저평가되는 셈이다. 그러므로 사회적 할인율은 공익적 차원에서 결정되는 것이 바람직하다.

27 윗글에서 언급된 내용으로 적절하지 않은 것은?

① 비용편익분석을 하는 이유
② 비용편익분석에서 편익과 할인율의 관계
③ 비용편익분석을 적용하는 공공사업의 유형
④ 비용편익분석에서 미래가치를 현재가치로 환산하는 이유
⑤ 비용편익분석에서 순현재가치와 편익-비용비를 산출하는 방법

28 윗글을 바탕으로 할 때, 〈보기〉에 대한 반응으로 적절하지 않은 것은? [3점]

〈보기〉

정부는 도로 건설 사업을 추진하기로 하고 A, B, C, D 각각의 사업에 대한 비용편익분석을 실시하여 사업의 우선순위를 결정하기로 하였다. 편익의 합계와 비용의 합계는 다음과 같으며 정부가 배정한 총예산은 2,000이고 비용은 도로 건설비 외에는 발생하지 않는다. (단, 제시된 편익과 비용 외에는 어떤 요소도 고려하지 않는다.)

도로	편익의 합계	비용의 합계
A	500	250
B	700	400
C	1,000	800
D	1,500	1,000

① 만약 정부의 총예산이 2,450으로 증가한다면 A, B, C, D를 모두 건설할 수 있겠군.

② 가용 예산과 순현재가치를 고려했을 경우 B를 건설하는 것은 바람직하지 못하겠군.

③ 비용의 효율성을 기준으로 우선순위를 결정한다면 D보다 B를 먼저 건설해야 하겠군.

④ 단위 비용 당 최대의 편익을 얻기 위해서는 A를 우선적으로 건설하는 것이 가장 바람직하겠군.

⑤ 만약 C의 편익이 300만큼 줄어든다면 편익의 규모로 볼 때 C를 건설하는 것은 바람직하지 못하겠군.

29 **윗글을 바탕으로 할 때, 〈보기〉에서 선생님이 한 질문에 대한 답으로 가장 적절한 것은?**

〈보기〉

선생님 : 공공사업에 적용하는 사회적 할인율은 낮을수록 바람직합니다. 하지만 사회적 할인율을 지나치게 낮게 설정하면 문제가 생길 수 있어요. 어떤 문제가 생길 수 있을까요?

① 비용편익분석을 민간사업에는 적용할 수 없게 되어요.

② 공공사업의 가치가 과대평가되는 문제를 야기할 수 있어요.

③ 비용편익분석을 하는 데 더 많은 시간과 비용을 소비하게 되어요.

④ 공공사업의 편익보다는 비용을 늘어나게 하는 문제가 생길 수 있어요.

⑤ 공공사업을 추진함에 있어 미래 세대에 대한 배려가 저평가될 수 있어요.

30 **〈보기〉는 할인율 변화에 따른 A, B 두 사업의 순현재가치를 나타낸 그래프이다. 윗글을 바탕으로 〈보기〉를 이해한 내용으로 적절한 것은? (단, A, B 두 사업의 비용은 동일하며, 제시되지 않은 다른 요소는 고려하지 않는다.)**

〈보기〉

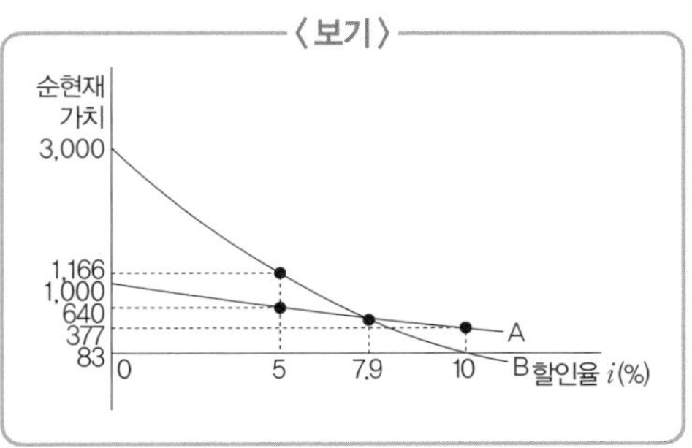

① 할인율이 높아질수록 A와 B의 순현재가치는 높아진다.

② 할인율이 0%일 때 편익-비용비는 A가 B보다 높다.

③ 할인율이 5%일 때 A사업이 B사업보다 사업가치가 높다.

④ 할인율이 7.9%일 때 B사업이 A사업보다 사업가치가 높다.

⑤ 할인율이 10%를 초과하면 B의 편익-비용비는 1보다 작다.

31 ⓐ~ⓔ의 사전적 의미로 적절하지 <u>않은</u> 것은?

① ⓐ : 미리 헤아려 짐작함.
② ⓑ : 갈라져 흩어짐.
③ ⓒ : 하지 못하도록 함.
④ ⓓ : 생각하고 헤아려 봄.
⑤ ⓔ : 참고하여 생각함.

[32~36] 다음 글을 읽고 물음에 답하시오.

(가)
풀폭을 수목을 땅을
바윗덩이를 무르녹이는 열기가 쏟아져도
오직 네만 냉정한 듯 차게 흐르는
강아
천치의 강아

국제철교를 넘나드는 무장열차(武裝列車)가
너의 흐름을 타고 하늘을 깰듯 고동이 높을 때
언덕에 자리 잡은 포대(砲臺)가 호령을 내려
너의 흐름에 선지피를 흘릴 때
너는 초조에
너는 공포에
너는 부질없는 전율밖에
가져본 다른 동작이 없고
너의 꿈은 꿈을 이어 흐른다

네가 흘러온
흘러온 산협에 무슨 자랑이 있었더냐
흘러가는 바다에 무슨 영광이 있으랴
이 은혜롭지 못한 꿈의 향연을
전통을 이어 남기려는가
강아
천치의 강아

너를 건너
키 넘는 풀속을 들쥐처럼 기어
색다른 국경을 넘고자 숨어 다니는 무리
맥 풀린 백성의 사투리의 향려(鄕閭)*를 아는가
더욱 돌아오는 실망을
묘표(墓標)를 걸머진 듯한 이 실망을 아느냐

㉠ <u>강안(江岸)</u>에 무수한 해골이 뒹굴어도
해마다 계절마다 더해도
오직 너의 꿈만 아름다운 듯 고집하는
강아
천치의 강아

– 이용악, 「천치(天痴)의 강(江)아」 –

*향려 : 시골 마을.

(나)
강물이 풀리다니
강물은 무엇하러 또 풀리는가
우리들의 무슨 설움 무슨 기쁨 때문에
강물은 또 풀리는가

기러기같이
서리 묻은 섣달의 기러기같이
하늘의 얼음짱 가슴으로 깨치며
내 한평생을 울고 가려 했더니

무어라 강물은 다시 풀리어
이 햇빛 이 물결을 내게 주는가

저 민들레나 쑥잎풀 같은 것들
또 한번 고개 숙여 보라 함인가

황토언덕
꽃상여
떼과부의 무리들
여기 서서 또 한번 더 바라보라 함인가

강물이 풀리다니
강물은 무엇하러 또 풀리는가

우리들의 무슨 설움 무슨 기쁨 때문에
강물은 또 풀리는가

– 서정주, 「풀리는 한강가에서」 –

(다)

오늘 한강 하구(河口)에 서서 당신의 강물을 생각합니다. 그렇습니다. 강물은 목표를 향하여 끊임없이 나아가는 물임에 틀림없습니다. 골짜기와 들판을 지나 바다에 이르기까지 참으로 숱한 역사를 쌓아가는 살아 있는 물입니다. 절벽을 만나면 폭포가 되어 뛰어내리고 댐에 갇히면 뒷물을 기다려 다시 쏟아져 내리는 치열한 물입니다. 이처럼 치열한 강물과는 달리 바다는 더 이상 어디로 나아가지 않는 물입니다. 바다로 나와 버린 물은 아마 모든 의지가 사라져 버린 물의 끝인지도 모릅니다.

나는 당신에게 보내는 마지막 엽서를 들고 먼저 한강과 임진강이 만나는 통일 전망대를 찾아왔습니다. 태백산에서 시작하여 굽이굽이 천 리 길을 이어온 한강과 마식령산맥에서부터 오백 리 길을 흘러온 임진강이 서슴없이 서로 몸을 섞으며 바다로 향하고 있었습니다. 나는 다시 물길을 따라 강화도의 월곶리에 있는 연미정(燕尾亭)으로 왔습니다. 마침 밀물 때를 만난 서해의 바닷물이 강화 해협을 거슬러 이 두 물을 마중 나오고 있었습니다. 드넓은 강심에는 인적 없는 유도(流島)가 적막한 DMZ 속에서 잠들어 있고 기다림에 지친 정자가 녹음 속에 늙어가고 있었습니다.

다시 강안(江岸)을 따라 강화의 북쪽 끝인 철산리(鐵山里) 언덕에 올랐습니다. 이곳은 멀리 개성의 송악산이 바라보이고 예성강물이 다시 합수하는 곳입니다.

생각하면 이곳은 남쪽 땅을 흘러온 한강과 휴전선 철조망 사이를 흘러온 임진강, 그리고 분단 조국의 북녘 땅을 흘러온 예성강이 만나는 곳입니다. 파란만장한 강물의 역사를 끝마치고 바야흐로 바다가 되는 곳입니다. 참으로 많은 것을 생각하게 하고 일깨우는 곳입니다. 멀리 유서 깊은 벽란도(碧瀾渡)의 푸른 솔이 세 강물을 배웅하고 있습니다.

나는 오늘 이곳 철산리에서 바다의 이야기를 당신에게 띄웁니다.

당신이 내게 강물을 생각하라고 하듯이 나는 당신에게 바다의 이야기를 담아 엽서를 띄웁니다. 바다로 나온 물은 이제 한강도, 임진강도, 예성강도 아닌 바다일 뿐입니다. 드넓은 하늘과 그 하늘의 푸름을 안고 있는 평화로운 세계일 뿐입니다.

나는 당신이 강물을 사랑하는 까닭을 모르지 않습니다. 그러나 생각하면 강물은 고난의 시절입니다. 강물은 목표를 향해 달리는 물이되 엎어지고 갇히고 찢어지는 고난의 세월을 살아갑니다. 우리의 역사에서도 한강과 임진강 · 예성강 유역은 삼국이 서로 창검을 겨누고 수없이 싸웠던 전장(戰場)입니다. 지금도 ㉡ 임진강은 휴전선 철조망에 옆구리를 할퀴인 몸으로 이곳에 당도하고 있습니다.

(중략)

그러나 이곳 철산리 앞바다에 이르러서는 암울한 강물의 시절도 그 고난의 장을 마감합니다. 당신의 말처럼 이제 더 이상 목표를 향해 달리는 물이 아닙니다.

한마디로 바다가 됩니다. 달려야 할 목표가 없다기보다 달려야 할 필요가 없습니다. 이곳은 부질없었던 강물의 시절을 뉘우치는 각성의 자리이면서 이제는 드넓은 바다를 향해 시야를 열어나가는 조망의 자리이기도 합니다.

돌이켜 보면 강물의 치열함도 사실은 강물의 본성이 아니라고 생각됩니다. 험준한 계곡과 가파른 땅으로 인해 그렇게 달려왔을 뿐입니다. 강물의 본성은 오히려 보다 낮은 곳을 지향하는 겸손과 평화인지도 모릅니다. 강물은 바다에 이르러 비로소 그 본성을 찾은 것이라 할 수 있습니다. 바다가 세상에서 가장 낮은 물이며 가장 평화로운 물이기 때문입니다.

바다는 가장 낮은 물이고 평화로운 물이지만 이제부터는 하늘로 오르는 도약의 출발점입니다. 자신의 의지와 자신의 목표를 회복하고 청천 하늘의 흰 구름으로 승화하는 평화의 세계입니다. 방법으로서의 평화가 아니라 최후의 목표로서의 평화입니다.

– 신영복, 「철산리의 강과 바다」 –

32 (가)~(다)에 대한 설명으로 적절한 것은?

① (가)와 (나)는 동일한 시구를 반복하여 시적 의미를 강조하고 있다.
② (가)와 (다)는 과거와 현재를 대비하여 정서의 변화를 부각하고 있다.
③ (나)와 (다)는 상승적 이미지를 활용하여 지향하는 세계를 드러내고 있다.
④ (가)~(다)는 모두 상대방에게 말을 건네는 듯한 어조를 활용하여 독자에게 친근감을 주고 있다.
⑤ (가)~(다)는 모두 공간의 이동에 따른 정서를 구체화하여 특정 공간에 대한 애착을 드러내고 있다.

33 ㉠과 ㉡에 대한 설명으로 적절한 것은?

① ㉠과 ㉡은 모두 꿈과 소망이 실현되는 공간이다.
② ㉠과 ㉡은 모두 현실을 초월하려는 의지가 생성되는 공간이다.
③ ㉠과 ㉡은 모두 민족이 처한 비극적 현실이 드러나는 공간이다.
④ ㉠과 달리 ㉡은 민족을 위한 자기희생적 태도를 다짐하는 공간이다.
⑤ ㉡과 달리 ㉠은 과거의 삶에 대한 애착을 환기하는 공간이다.

34 〈보기〉를 바탕으로 (가)를 이해한 내용으로 적절하지 <u>않은</u> 것은?

〈보기〉

1930년대 최소한의 생존 조건마저도 허락되지 않은 한반도의 백성들은 만주와 시베리아로 이주해 갔는데, 이를 가장 잘 목격할 수 있었던 지역이 두만강변이었다. 이용악은 이 지역에서 성장하면서 절망적이고 공포스러운 상황에 노출된 유이민의 삶을 직접적으로 목격하였다. 그 자신 또한 가난과 상실로 얼룩진 가족사의 희생자이기도 했다. 그는 자신이 목격하고 체험한 사실을 개인적 비애의 울타리에 가두어 두지 않고 비판적 안목을 통해 민족적 차원으로 확장하였다.

① 2연의 '무장열차', '포대'가 가져오는 초조하고 공포스러운 상황의 해소를 위해 3연에서 '너'는 '전통'을 이어 남기려는 태도를 드러내고 있다.
② 2연의 '선지피를 흘릴 때'라는 처참한 이미지를 제시함으로써 우리 민족이 마주했던 절망적 상황을 환기하고 있다.
③ 3연의 '자랑', '영광'은 4연의 '국경을 넘고자 숨어 다니는 무리'에서 연상되는 유이민의 비참함과 대비되고 있다.
④ 4연의 '키 넘는 풀속'을 기어가는 '들쥐'는 최소한의 생존 조건마저도 허락되지 않은 한반도의 백성들을 비유하고 있다.
⑤ 4연의 '묘표(墓標)를 걸머진 듯한 이 실망'에도 불구하고 5연에서 '너의 꿈만 아름다운 듯 고집'하는 존재에 대한 화자의 비판적 인식이 드러난다.

35 **(나)에 대한 반응으로 적절하지 않은 것은?**

① 1연에서는 자연 현상을 인간의 감정과 연결하여 화자의 정서를 드러내고 있군.
② 2연에서는 화자가 살아가려 했던 삶의 모습을 '기러기'에 빗대어 표현하였군.
③ 3연과 4연에서는 인간의 삶과 자연 현상을 대비함으로써 자연의 비정함을 부각하고 있군.
④ 5연에서는 '꽃상여', '떼과부'와 같은 시어를 통해 서글픈 이미지가 형상화되고 있군.
⑤ 6연에서는 1연과 동일한 내용이 동일한 형식으로 반복되어 화자의 내면이 강조되어 전달되는군.

36 **〈보기〉는 '선생님'의 안내에 따라 학생들이 (다)를 감상한 내용이다. ⓐ~ⓔ 중 적절하지 않은 것은?** [3점]

〈보기〉

선생님 : 이 수필의 글쓴이는 감격적 체험을 하고 나서 자신의 마음을 차곡차곡 펼쳐 보이고 있습니다. 공간적 특성과 긴밀하게 연결하여 자신이 생각한 내용을 설득력 있게 서술할 뿐 아니라 독자와의 공감도를 높이기 위해 독특한 장치를 활용하고 있습니다. 게다가 자신의 소망을 잘 드러낼 수 있는 상징물을 설정하고 거기에 적합한 표현 방법을 통해 자신의 감격이 독자의 감격으로 전이되게 하고 있습니다. 자, 그러면 이러한 점을 염두에 두고 감상해 봅시다.

학생 1 : 글쓴이가 '통일 전망대 → 연미정 → 철산리 언덕' 순으로 장소를 옮기며 '강'의 흐름에 주목하고 지리적 특성에 맞게 역사적 의미를 부여한 것에서 묘한 설득력을 느꼈어요. ········ ⓐ

학생 2 : '철산리'에서 '한강'과 '임진강'과 '예성강'을 '유서 깊은 벽란도의 푸른 솔'이 '배웅'한다는 의인화된 표현은 파란만장한 역사를 끝마치는 데에 따른 감회를 부각하고 있는 듯해요. ········ ⓑ

학생 3 : 글쓴이가 '당신'에게 엽서를, 그것도 '마지막' 엽서를 띄우는 것으로 설정하고 있어요. 게다가 '당신'에는 독자인 '나'도 포함된다고 생각하니 글의 내용이 더욱 진솔하게 다가왔어요. ········ ⓒ

학생 4 : '강'을 '치열한 물'에 빗대어 강한 의지를 지닌 대상으로 그리기도 하고, '고난의 세월'을 살아간 대상으로 형상화하기도 하여 '강'의 상징적 의미가 더욱 다각적으로 느껴졌어요. ········ ⓓ

학생 5 : '강물'과 '바다'에 대한 '당신'과 '나'의 대조적 인식이 '낮은 곳을 지향하는' '강물'과 '흰 구름으로 승화하는' '바다'와의 대립으로 이어지면서 화자의 고조된 감정이 잘 느껴졌어요. ········ ⓔ

① ⓐ ② ⓑ
③ ⓒ ④ ⓓ
⑤ ⓔ

[37~41] 다음 글을 읽고 물음에 답하시오.

유학을 지배 이념으로 수용한 조선의 유학자들에게 성리학의 영향력은 막대했다. 하지만 조선 후기에 이르러서 사회를 보는 시각이 다양해지자 성리학에 대한 회의와 비판이 일어났다. 그 과정에서 성리학의 핵심 사유 체계였던 ㉮ 주희의 '이기론(理氣論)'도 비판적 검토의 대상이 되었다. 더욱이 청나라를 통해 서양의 사상을 접한 조선 후기의 학자들은 기존의 사유 체계의 변화를 ⓐ 도모했다.

주희의 이기론은 존재의 근원과 그 구조를 드러내기 위한 사유 체계였다. 존재의 생성과 변화의 원리는 '이(理)'이고, 각 개체가 고유성을 띠고 존재하게 하는 것은 '기(氣)'이다. '이'는 만물이 공유하는 존재론적 근거로서 모든 개체에 동일하지만, 개체가 갖고 있는 '기'는 서로 다르다. 만물은 선험적인 '이'와 '기'가 결합한 형태로만 존재한다. 또한 '성리학'이라는 말에서 알 수 있듯이 '이'는 곧 '성[본성]'이다.

위와 같은 주희의 이기론을 강하게 비판한 사람 중 하나는 정약용이었다. 그는 '부여된 '이'는 동일하지만 '기'가 다르기 때문에 만물은 차이가 난다.'는 주희의 생각은 '개체가 곧 전체이고, 전체가 곧 개체이므로 만물은 다른 종류의 개체로 윤회한다.'는 불교 논리와 다를 바 없다고 비판하였다. 즉, 주희가 불교를 극복할 수 있는 논리를 유학 안에 갖추려고 고민하였는데, 그런 고민을 거쳐 마련한 성리학적 틀이 불교와 매우 유사하다는 비판이었다. 실제로 주희의 '이기론'에는 불교의 흔적이 많이 남아 있었다.

정약용은 '유형한 물질'과 '무형한 정신'의 이원구도로 세계를 인식했는데, '유형한 물질'은 무목적적으로 움직이는 '기'의 지배를 받고, '무형한 정신'은 '기'의 무목적적인 움직임에 질서를 부여한다고 생각했다. 그는, '유형한 물질'인 육신과 '무형한 정신'인 '이성 능력'이 오묘하게 합하여 인간이 형성되는데, '이성 능력'에는 '자유 의지'가 있기 때문에 인간이 도덕을 행할 수 있다고 보았다. 그에게 이러한 '이성 능력'은, 사물이나 짐승에게서는 찾을 수 없기에 인간만이 갖고 있는 고유한 본성이었다. 이런 입장에서 정약용은 주희의 '이'가 '이성 능력'도 '자유 의지'도 없는 선험적 생성 원리이기 때문에, 인간의 본성을 포괄할 수 없다고 비판하였다. 그는 자체적으로 존재하는 실체는 '기'뿐이고, '이'는 실체에 딸린 속성에 ⓑ 불과하므로 '이'는 '기'가 드러나야 있을 수 있다고 말하였다. 결국 주희의 '이기론'에서 '기'는 정약용에게도 그대로 유지되었지만, '이'는 개념적으로 축소되어 '이' 중심의 이기론은 이론적 틀로서 역할이 제한될 수밖에 없었다.

그런데 이러한 정약용의 생각은 독자적이라기보다는 서구의 영향을 받은 것으로 보인다. 정약용은 젊은 시절에 마테오 리치가 중국에 신학(神學)을 전파하기 위해 저술한 『천주실의』를 읽었는데, 여기에는 '유형한 물질', '무형한 정신', '자유 의지' 등에 해당하는 개념뿐 아니라 주희의 '이'가 정신적 실체가 될 수 없다는 마테오 리치의 생각도 함께 소개되어 있었기 때문이다. 게다가 흥미로운 것은 마테오 리치가 의존한, 현상에 대한 인식적 틀은 아리스토텔레스에게서 ⓒ 차용한 것이라는 점이다.

정약용이 의도했든 의도하지 않았든 아리스토텔레스를 끌어왔다면, 최한기는 당시 조선에 ⓓ 유입된 서양의 근대적 자연관에 의지하여 '이기론'에 대해 비판적 입장을 취했다. 그는, '이'는 '기' 밖이 아니라 '기' 가운데서 구해야 미루어 알 수 있음을 강조했다. '이'라는 법칙 세계에서 현상 세계로 접근하지 말고 '기'라는 현상 세계에서 '이'를 인식해야 한다는 경험주의적 입장을 드러낸 것이다. 최한기에게 '기'는 일종의 에너지로서, 자발적으로 운동하며, 갖가지 도구를 통해서 수치화되어 측정 가능한 대상이었다. 이러한 최한기의 생각은 '기'가 모이고 흩어지는 작용에 의해 만물이 생성하고 변화한다고 본, 중국 철학자 장재(張載)의 주장과도 유사하지만, 당시 동아시아에 유행했던 뉴턴의 '에테르' 가설과도 연관된다. 19세기 말에 그 존재가 부정되었지만, 에테르는 빛을 전달하는 매질로 우주에 가득 존재하는데, 이것이 응결되어 구체적인 물질이 만들어진다고 뉴턴은 주장했기 때문이다. 한편 주희는 현상적 측면의 근원으로 '이'를 제시하여 '이'의 선험성을 강조했는데, 최한기는 '이'의 선험성을 부정하고 '이'를 '기'의 내재적 법칙성으로 한정하였다. 하지만 '이'는 '기'의 운동 법칙, 인식의 원리 및 판단의 기준으로서 여전히 최한기의 사상 체계를 구성하는 주요 개념으로 남아 있었다.

정약용과 최한기와 같이 '이기론'의 한계성을 절감한 ㉠ 조선 후기 학자들은 서양의 사상을 접하고 자신의 이론을 발전시켜 주희를 극복하려고 노력했다. 그러나 그들은 주희의 세계관을 비판하면서도 결국 주희의 핵심 범주인 '이 · 기(理氣)' 자체에서 벗어나지 못했다. 주희의 개념적 틀은 상당수의 학자들의 이론에 그대로 남아 있었기 때문에 주희의 '이기론'에서 ⓔ 탈피하려는 그들의 시도는 절반만 성공을 거두었다고 할 수 있다.

37 윗글을 통해 알 수 있는 내용이 아닌 것은?

① 주희의 이기론은 불교의 논리와 유사한 구조를 취하고 있다.
② 주희는 개체의 고유성에 관계없이 '이'의 동일성을 주장하였다.
③ 마테오 리치가 기댄 철학적 토대는 아리스토텔레스로부터 비롯된다.
④ '에테르' 가설과 달리 최한기의 '기' 이론은 과학적 검증을 받지 못했다.
⑤ 『천주실의』는 저술 의도와는 다른 방향으로 정약용에게 영향을 미쳤다.

38 '정약용'과 '최한기'에 대한 이해로 적절하지 않은 것은?

① 정약용은 '이'는 '기'에 종속된 속성이라고 보았다.
② 최한기는 '기'로부터 '이'를 인식해 가는 접근법을 강조했다.
③ 정약용과 최한기는 모두 '이'보다는 '기'의 중요성을 부각하였다.
④ 정약용과 최한기는 모두 주희와 달리 '이'와 '기'의 관련성을 부정했다.
⑤ 최한기는 주희와 달리 '기'의 근원적 원리로서의 '이'의 선험성을 부정했다.

39 〈보기〉를 바탕으로 ㉠을 비판한 내용으로 가장 적절한 것은?

〈보기〉

사르트르에 이르러서 서양 철학은 '본질'과 '현상(사물)'이라는 이원론적 틀에서 벗어날 수 있었다. 플라톤 이후 '본질'과 '현상'에 매달린 철학자들과 달리 사르트르는 톱이 썰기 위해 존재하는 데서 알 수 있듯이 사물[톱]은 본질[물건을 써는 작용]에 의존하지만, 인간은 주어진 어떤 본질도 갖지 않는다고 보았다. 인간은 고유의 본질도 없이 그저 던져진 존재라는 데서 오는 불안을 극복하고 스스로에게 본질을 부여해야만 자유로운 존재가 된다고 보았다. 이러한 사르트르의 생각 덕분에 인간은 자신의 본질을, 나아가 미래의 삶을 결정할 수 있는 새로운 가능성을 확보하게 되었다.

① 주희에 대한 정약용의 비판을 최한기가 부정한 것이 당신들의 한계로 이어진 것입니다.
② 그 자체로 완전한 이론 체계인 주희의 '이기론'에 변화를 주려는 시도는 애초부터 실패할 수밖에 없었습니다.

③ 현상 및 인간에 대한 새로운 이해는 기존의 사고의 틀인 '이기론'을 활용하는 한 충분히 드러낼 수 없습니다.

④ 주희가 관심을 기울인 개체의 고유성은 애초부터 존재하지 않았기에 당신들은 허상을 좇는 우를 범한 것입니다.

⑤ '이기론'이 왜 만들어졌는지에 대한 충분한 고민이 없었기에 '이기론'에 대한 비판은 비판을 위한 비판이 되었습니다.

40 **윗글의 ㉮와 〈보기 1〉의 ㉯의 〈보기 2〉에 대한 이해를 추론한 것으로 적절하지 않은 것은?** [3점]

〈보기 1〉

㉯ 아리스토텔레스에 따르면 질료는 형상이 실현될 바탕이고, 형상은 질료가 실현된 상태이다. 형상은 완전무결하고 완성적인 것이고, 질료는 불완전하고 미완성적이라는 속성을 갖는다. 질료는 미완성적이고 불완전하므로 완성적인 것을 향해 변화하고자 한다. 형상과 질료의 합성체가 우리가 현실에서 보는 실체가 되는데, 아리스토텔레스는 이 실체를 참된 존재로 여겨 '제1실체'라 불렀다.

〈보기 2〉

우리 앞에 모래사장이 있다고 해보자. 그곳에 있는 모래를 둥근 그릇에 담아 꾹꾹 눌러서 바닥에 놓고 그릇을 빼면, 우리는 둥근 모양으로 서 있는 모래 덩어리를 보게 된다.

① ㉮는 둥근 모양의 모래 덩어리로 있게 한 '그릇'을 '기'로 보았을 것이다.

② ㉮는 둥근 그릇에 담기면 둥근 모양이 되는 모래의 성질을 '이'에 대응시켰을 것이다.

③ ㉯는 모래가 취한 둥근 형상은 질료인 모래가 실현된 상태라고 여겼을 것이다.

④ ㉯는 모래 덩어리가 시간이 지나면 모습이 바뀔 것이기 때문에 '둥긂'을 모래의 형상으로 여겼을 것이다.

⑤ ㉯는 둥근 그릇에 담기기 전의 모래는 불완전하고 미완성적이라는 점에서 질료의 속성을 갖는다고 생각했을 것이다.

41 **ⓐ~ⓔ를 바꿔 쓸 말로 적절하지 않은 것은?**

① ⓐ : 꾀했다
② ⓑ : 지나지 않으므로
③ ⓒ : 빌린
④ ⓓ : 들어온
⑤ ⓔ : 무너뜨리려던

[42~45] 다음 글을 읽고 물음에 답하시오.

(가)

[A]
이봐 아이들아 아무려나 힘써 일하라.
죽은 국물 상전 먹고 건더기 건져 종을 주니
눈살을 찌푸리고 코로 방귀 뀐다.

[B]
올벼는 한 발 뜯고 조, 팥은 다 묵히니
싸리, 피, 바랭이는 나기도 많이 났네.
환곡 비싼 이자는 무엇으로 장만하며
부역과 세금은 어찌하여 차려 낼고.
이리저리 생각해도 견딜 수가 전혀 없다.
ⓐ 장초(萇楚)*의 무지(無知)를 부러워하나 어찌하리.

시절이 풍년인들 지어미 배부르며
겨울을 덥다 한들 몸을 어이 가릴고.
베틀의 북도 쓸데없어 빈 벽에 걸려 있고
솥, 시루도 버려두니 붉은 녹이 다 슬었다.
세시 절기, 잔치, 제사는 무엇으로 지내며
원근의 친척, 오가는 손은 어떻게 접대할고.
이 얼굴 지녀 있어 어려운 일 많고 많다.
이 원수 궁귀(窮鬼)를 어이하야 여의려뇨.
술에 음식 갖추고 이름 불러 전송(餞送)하여
길일을 잡아서 사방(四方)으로 가라 하니
시끄럽게 떠들며 화를 내어 이른 말이
어려서 지금까지 희로우락을 너와 함께 하여
죽거나 살거나 여읠 줄이 없었거늘
[C] 어디 가 뉘 말 듣고 가라 하여 이르느뇨.
우는 듯 꾸짖는 듯 온 가지로 꾸짖거늘
돌이켜 생각하니 네 말도 다 옳도다.
무정한 세상(世上)은 다 나를 버리거늘
너 혼자 신의 있어 나를 아니 버리거든
억지로 회피하여 잔꾀로 떨쳐내랴.
하늘이 만든 이 내 가난 설마한들 어이하리.
[D] 빈천(貧賤)도 내 분수어니 설워한들 무엇하리.

– 정훈, 「탄궁가(嘆窮歌)」 –

*장초 : 시경(詩經)에 나오는 복숭아 나무의 일종.

(나)

순풍(淳風)*이 죽다 ᄒᆞ니 진실(眞實)로 거즛말이
인성(人性)이 어지다 ᄒᆞ니 진실(眞實)로 올흔 말이
천하(天下)에 허다영재(許多英才)를 소겨 말ᄉᆞᆷᄒᆞᆯ가
〈제3곡〉

산전(山前)에 유대(有臺)ᄒᆞ고 대하(臺下)에 유수(有水)ㅣ로다
떼 많은 갈매기는 오명가명 ᄒᆞ거든
엇더타 교교백구(皎皎白駒)*는 멀리 ᄆᆞ음 두는고
〈제5곡〉

춘풍(春風)에 화만산(花滿山)ᄒᆞ고 추야(秋夜)에 월만대(月滿臺)라
사시가흥(四時佳興)이 사ᄅᆞᆷ과 ᄒᆞᆫ가지라
ᄒᆞ믈며 어약연비(魚躍鳶飛) 운영천광(雲影天光)*이야 어찌 끝이 있으리
〈제6곡〉

ⓑ 청산(靑山)은 엇뎨ᄒᆞ야 만고(萬古)애 프르르며
유수(流水)는 엇뎨ᄒᆞ야 주야(晝夜)에 긋디 아니ᄂᆞᆫ고
우리도 그티디 마라 만고상청(萬古常靑)호리라
〈제11곡〉

우부(愚夫)도 알며 ᄒᆞ거니 긔 아니 쉬운가
성인(聖人)도 몯다 ᄒᆞ시니 긔 아니 어려운가
쉽거나 어렵거낫 듕에 늙는 주를 몰래라
〈제12곡〉

– 이황, 「도산십이곡(陶山十二曲)」 –

*순풍 : 순박한 풍속.
*교교백구 : 현자(賢者)가 타는 흰 망아지. 여기서는 현자를 가리킴.
*어약연비 운영천광 : 고기가 뛰고 소리개가 날고 구름 그림자와 하늘 빛을 가리키는 말. 대자연의 오묘한 이치를 나타냄.

42 (가), (나)의 공통점으로 적절한 것은?

① 설의적 표현을 사용하여 시적 의도를 강조하고 있다.
② 색채 이미지를 활용하여 정신적인 지향을 드러내고 있다.
③ 자연물에 감정을 이입하여 체념적 정서를 부각하고 있다.
④ 명령의 형식을 통해 현실에 대한 비판 의식을 드러내고 있다.
⑤ 음성상징어를 활용하여 시적 상황을 생동감 있게 전달하고 있다.

43 (가)의 [A]~[D]에 대한 이해로 적절하지 않은 것은?

① [A]에서 화자와 대상 간의 갈등을 유발하는 원인이 [C]에 이르러 소멸하고 있다.
② [B]에서 부정적으로 묘사한 가난한 상황이 [C]에서 해학적으로 그려지고 있다.
③ [C]에서는 [B]와 달리 대화 장면을 제시하여 시상 전개에 변화를 주고 있다.
④ [C]에서는 부정적으로 인식하는 대상에 대한 화자의 태도 변화가 나타나고 있다.
⑤ [B]에서 가난으로 괴로워하던 화자는 [D]에서는 숙명론적 사고를 통해 자신의 처지를 수용하고 있다.

44 ⓐ, ⓑ에 대한 이해로 적절한 것은?

① ⓐ는 화자가 동질감을 느끼는 대상이고, ⓑ는 화자가 이질감을 느끼는 대상이다.
② ⓐ는 화자와 대비되는 대상이고, ⓑ는 화자가 지향하는 가치를 담고 있는 대상이다.
③ ⓐ는 화자에게 심경 변화의 계기를 제공하고, ⓑ는 화자에게 삶의 목표를 일깨워 준다.
④ ⓐ는 화자에게 현실에 대한 새로운 인식을 주고, ⓑ는 화자에게 심리적 위안을 주고 있다.
⑤ ⓐ는 화자가 현실에 대한 불만을 표출하는 대상이고, ⓑ는 화자가 내면의 만족감을 드러내는 대상이다.

45 〈보기〉를 참고하여, (나)를 감상한 학생들의 반응으로 적절하지 않은 것은? [3점]

〈보기〉

이황은 「도산십이곡」을 통해 성리학적 수양 과정을 형상화하였다. 성리학에서는 인간은 누구나 성인이 될 수 있다고 보았는데, 그것은 모든 인간에게는 본래 타고난 순수한 본성이 내재되어 있기 때문이다. 하지만 모든 인간은 어느 정도의 비루한 기질을 갖고 있어 순수한 본성을 완전히 발현하는 데에는 한계가 있다. 이황은 자연을 보면서 거기에 깃든 이치와 동일한 인간의 본성을 인식하고, 옛 성인의 행적을 본받아 순수한 본성을 최대한 발현하기를 바라는 마음에서 이 작품을 지은 것이다.

① 〈제3곡〉에서 사람은 본래 '인성이 어지다'고 생각했기 때문에 〈제12곡〉에서 '우부도 알며 ᄒᆞ거니'라고 노래한 것이군.
② 〈제5곡〉에서 '교교백구'가 '멀리 ᄆᆞ음' 둔다고 화자가 타박한 것은, 그것을 비루한 기질을 갖고 있는 존재로 인식했기 때문이군.
③ 〈제6곡〉의 '사시가흥'이 'ᄉᆞ롬과 ᄒᆞᆫ가지'라고 화자가 감탄한 것은, 〈제3곡〉에서 말한 '거즛말이'와 '올흔 말이'의 차이를 넘어선 경지를 화자가 깨달았기 때문이군.
④ 〈제6곡〉의 '어약연비 운영천광'은 자연의 이치로 〈제12곡〉의 '우부'나 '성인'이 공통적으로 지닌 순수한 본성에 대응되겠군.
⑤ 〈제11곡〉에서 '만고상청호리라'는 성리학적 수양과 실천을 통해 성인에 이르고자 하는 화자의 의지를 드러낸 것이군.

2024
사관학교 기출백서

2018학년도 기출문제

국어영역(공통)

제1교시 국어영역(공통)

▶정답 및 해설 54p

[01~02] 다음은 학생이 음악 시간에 '타악기'를 소개하는 발표이다. 물음에 답하시오.

여러분, 오케스트라 공연을 관람해 보신 분, 손 한번 들어 보실래요? (청중을 둘러본 후) 생각보다 많은 분들이 있으시군요. 그렇다면 오케스트라 공연에서 기억나는 타악기에는 어떤 것이 있을까요? (청중의 대답을 들으며) 역시 타악기를 기억하시는 분은 드물군요. 그래서 저는 오늘 오케스트라에서 중요한 역할을 하는 두 타악기의 특징에 대해서 여러분께 설명을 드리려 합니다.

여러분이 오케스트라 공연에서 타악기를 잘 떠올리지 못한 것은 타악기가 오케스트라 공연 내내 침묵한 채 있다가 가끔 등장하기 때문일 겁니다. 하지만 이 타악기는 예외로 해야 합니다. 잠깐 사진을 볼까요? (사진을 보여 주며) 이 악기는 바로 '팀파니'입니다. 팀파니는 여러 대의 북을 사용하여 서로 다른 음높이를 구현하는 타악기입니다. 오케스트라 연주의 전체 바탕을 마련하는 중요한 악기라서 팀파니 연주자는 제2의 지휘자나 다름이 없습니다. 그래서 예전에는 팀파니 연주자가 오케스트라 뒤쪽 중앙에서 지휘자와 마주 보며 오케스트라의 리듬을 잡아 주곤 했습니다. 물론 지금도 종종 팀파니가 지휘자와 마주 보게 배치되는 경우가 있습니다. 「베토벤 교향곡 제5번」의 3악장 마지막 부분을 들어 볼까요? (음악을 들려주고 나서) '딴 따따따 딴 따따따'하는 소리를 들으셨나요? 이 소리가 팀파니 소리인데, 팀파니가 음높이와 리듬에 변화를 주면서 해가 뜨기 직전의 긴장감을 아주 훌륭하게 표현하고 있습니다.

다음으로 소개할 타악기는 바로 '글로켄슈필'입니다. (사진을 보여 주며) 이 악기의 특징은 소리에 있습니다. (청중의 질문을 듣고) '실로폰'하고 다른 점이 무엇이냐고요? 실로폰처럼 생겨서 그런 질문을 하시는 것 같은데, 아, 그럼 실로폰과 비교하여 글로켄슈필을 설명하면 여러분의 이해에 도움이 될 수 있겠네요. 두 악기는 모양이 비슷하고 모두 음높이가 있지만 음색이 다르고 그 쓰임새 또한 다릅니다. 실로폰은 나무판으로 되어 있어 나무가 부딪히는 둔탁한 느낌을 주고, 글로켄슈필은 여러 가지 길이의 금속판으로 되어 있어 맑고 청아한 느낌을 줍니다. 그래서 글로켄슈필은 천상의 소리에 비유되며 오케스트라 연주에서 중요한 역할을 하는 경우가 있습니다. 실제로 드뷔시는 바다를 묘사하는 오케스트라 곡에서 물방울이 튀는 소리와 햇빛에 반사되는 수면의 반짝임을 이 악기를 사용해 표현했습니다. (음악을 들려주고 나서) 이 음악이 바로 드뷔시의 「바다」입니다. 하프 소리와 글로켄슈필 소리가 어우러져 환상적인 느낌을 주죠?

타악기는 오케스트라 연주의 바탕을 잡아 주기도 하고 음악의 주제나 내용에 어울리는 분위기를 조성하는 중요한 역할을 합니다. 음악의 중요한 일부이지만 연주를 들을 때 우리가 미처 인지하지 못하는 쉼표처럼, 타악기 또한 우리가 잘 느끼지는 못하지만 오케스트라 연주를 완성하는 악기랍니다.

01 발표의 흐름을 고려하여 발표자가 계획한 말하기 전략 중 위 발표에 반영되지 않은 것은?

흐름	발표자의 말하기 전략
도입	• 청중의 경험을 환기하며 질문 던지기 …… ⓐ • 발표의 주제를 미리 안내하기
전개	• 시각 자료와 청각 자료 활용하기 ………… ⓑ • 발표 중간에 앞에서 말한 내용 요약하기 …………………………………………… ⓒ • 청중의 궁금증을 반영하여 발표 내용 조정하기 …………………………………… ⓓ
정리	• 발표의 내용을 간단하게 정리하기 • 비유적 표현을 사용하여 주제 강조하기 …………………………………………… ⓔ

① ⓐ ② ⓑ
③ ⓒ ④ ⓓ
⑤ ⓔ

02 다음은 청자가 '발표를 들은 후'의 변화를 '발표를 듣기 전'과 비교하여 나타낸 것이다. '발표를 들은 후'의 변화 중 발표 내용을 잘못 이해한 것은?

발표를 듣기 전		발표를 들은 후
언젠가 글로켄슈필과 실로폰은 모양이 비슷하다는 설명을 들은 적이 있어.	→	글로켄슈필과 실로폰은 모양은 비슷하지만, 재질과 소리가 다르구나. ……………… ㄱ
연주에서 가끔씩 등장하는 팀파니는 한 대의 북으로 된 악기야.	→	오케스트라곡 연주에서 사용되는 팀파니는 여러 대의 북으로 구성되어 있구나. …… ㄴ
타악기는 음악의 분위기를 조성하는 보조적인 역할만 담당하는 것 같아.	→	보조적 역할을 넘어 오케스트라의 전체 바탕을 마련하는 타악기도 있구나. ………… ㄷ
타악기는 다른 악기와 달리 음의 높이를 표현할 수 없는 것 같아.	→	타악기 중 글로켄슈필은 팀파니와 달리 음 높이를 구현할 수 있구나. ………………… ㄹ
드뷔시의 「바다」는 하프 소리 때문에 환상적인 느낌을 주는 것 같아.	→	드뷔시의 「바다」는 하프와 글로켄슈필을 사용해 환상적인 느낌을 준 거구나. ………… ㅁ

① ㄱ ② ㄴ
③ ㄷ ④ ㄹ
⑤ ㅁ

[03~05] 다음은 '갈등 상황'을 해결하기 위한 협상을 준비하는 회의이다. 물음에 답하시오.

〈갈등 상황〉

ㅇㅇ시에서는 음식물 쓰레기가 음식물 쓰레기 처리 시설의 용량을 초과하여 시민들이 많은 어려움을 겪고 있다. 이에 따라 시에서는 막대한 사업비를 들여 A 동네에 음식물 쓰레기 처리 시설을 새로 건립하기로 하였다. 그러나 A 동네 주민들이 건립 취소를 요구하여 시설 건립이 지연되고 있어 주민들과 협상을 해야 하는 상황이다.

시 직원 1 : 지금부터 A 동네와의 협상을 준비하기 위한 ㉠ 회의를 하겠습니다.

시 직원 2 : 먼저 동네 주민들의 요구를 파악해 보는 것이 중요할 것 같습니다. 동네 주민들은 음식물 쓰레기 처리 시설을 혐오 시설로 인식하여 주거 환경이 나빠지는 것을 염려하고 있습니다.

시 직원 3 : 그렇습니다. 주민들에게 신축될 시설이 최첨단 기술을 이용한 친환경 시설이므로 기존의 시설물과는 달리 주거 환경에 나쁜 영향을 미치지 않는다는 점을 여러 번 말씀드렸지만, 주민들의 입장에는 변화가 없었습니다. 여론을 수렴한 결과 주민들은 건립 자체를 반대하기보다는 시설을 건립하는 조건으로 현재보다 주거 환경의 질을 높일 수 있는 구체적 방안을 원하고 있는 것으로 분석됩니다. 협상을 타결하기 위해 주민들의 요구를 충족할 수 있는 대안을 찾아봅시다.

시 직원 2 : 실제 협상에서 동네 주민들은 구체적인 요구 조건을 제시할 겁니다. 유사한 사례들의 보고서를 참고할 때, 대개 생태 문화 공원을 조성하거나 복지 시설을 설치하는 것처럼 주거 환경 개선과 관련된 조건을 제시할 가능성이 높다고 생각합니다.

시 직원 3 : 우리도 정해진 예산의 범위 내에서 사업을 추진하는 것이니까 만약 주민들의 요구가 무리한 내용이라면 무조건 수용할 필요는 없는 것 같아요. 예산 심의를 통과하기 위해서는 A 동네 주민이 아닌 일반 시민들도 납득할 수 있는 사업이어야 하지 않을까요? 사업의 경제성과 타당성 평가에 심각한 지장을 주는 요구라면 협상을 포기하고, 음식물 쓰레기 처리 시설 건립 문제를 해결할 수 있는 다른 수단을 찾는 것이 나아요. 예를 들어 현재 가동 중인 시설을 대대적으로 리모델링하여 확충하거나 사업비가 A 동네보다 20% 더 들지만 입지 환경이 비교적 양호하면서 주민들의 수용 가능성이 높은 B 동네를 선택하는 방법이 있어요.

시 직원 1 : 저도 동의합니다. 그게 합리적입니다. 그런데 현재 시설이 있는 곳은 더 이상 확충 공사가 불가능하니까 우리의 고려 대상에서 제외해야 할 것 같습니다.

시 직원 3 : 그렇습니다. 다만 우리 시의 예산 상황과 사업의 경제성을 따져 볼 때, 총 사업비의 15% 이내의 범위에서 추가 비용이 발생하는 것은 수용 가능하지만, 이를 초과하는 경우에는 주민들의 수용 가능성이 높은 B 동네에 건립하는 것을 생각해 보아야 해요. 그렇기 때문에 주민들의 요구 조건 중에서 비용이 얼마나 소요되는지를 면밀하게 따져서 사업의 경제성을 해치지 않는 범위 내에서 우리가 수용할 수 있는 요구 조건이 어떤 것이 있는지 우선순위를 정해야 할 것 같아요. 그리고 주민들에게 실질적인 이익이 돌아갈 수 있는 방안을 생각해 보는 것도 좋을 것 같습니다.

시 직원 2 : 그렇습니다. 사업의 경제성을 해치지 않으면서 주민들에게도 이익이 될 수 있는 방안, 예를 들면 새로 건립되는 시설에서 근무하는 근로자의 20% 정도를 A 동네 주민들로 고용하는 방안 등을 생각할 수 있을 것 같습니다.

시 직원 3 : 좋은 방안인 것 같습니다. 하지만 우리가 양보할 수 있는 수준과 주민들이 요구하는 조건의 접점을 찾을 수 없다면 협상이 결렬될 수도 있습니다. 협상이 원만하게 타결되도록 하려면 어떻게 해야 할까요?

[A]

시 직원 1 : 상대방의 감정을 자극하기보다는 문제 해결을 위한 공동의 노력을 강조해야겠지요. 동네 주민들도 결국 시민 중 한 사람이라는 점을 강조하며 공감대를 형성하는 것이 좋겠습니다.

시 직원 2 : 맞아요. 우리는 시를 운영하는 주체로서 우선적으로 주민들과 상호 신뢰를 구축하는 것이 중요해요. 따라서 우리가 수용하기 어려운 제안이라도 바로 제안을 거절하기보다는 대안을 마련하여 역으로 다시 제안하는 것이 좋을 것 같아요. 물론 그 대안은 당장의 비용 지출을 줄이면서 장기적으로 주민들에게도 도움이 될 수 있는 내용이면 더 좋을 것 같습니다.

시 직원 1 : 자, 그럼 지금까지 우리가 회의한 내용을 정리해 봅시다.

03 ㉠의 내용에 대한 설명으로 적절하지 <u>않은</u> 것은?

① 협상 상대에게 줄 수 있는 이익을 고려하고 있다.
② 협상 상대에게 양보할 수 있는 수준을 정하고 있다.
③ 협상 상대가 제시할 수 있는 요구 사항을 탐색하고 있다.
④ 협상 목표를 고려하여 협상 의제의 우선순위를 결정하고 있다.
⑤ 협상이 결렬될 위기에 처했을 때의 대응 방안을 논의하고 있다.

04 〈보기〉는 협상 방법과 관련된 설명이다. 윗글에서 〈보기〉의 ⓐ~ⓔ에 해당하는 내용으로 적절하지 <u>않은</u> 것은? [3점]

〈보기〉

협상에서는 '근원적 이해'를 분석하는 것이 중요하다. 근원적 이해란 협상을 통해 진정 얻고 싶거나 달성하고자 하는 사항을 의미한다. 따라서 협상을 할 때에는 ⓐ <u>자신의 근원적 이해</u>와 ⓑ <u>상대의 근원적 이해</u>를 분석하여 이를 충족할 수 있는 결과를 도출해야 한다. 또한 협상은 그 자체로 목적이 아니고 수단이기 때문에 협상 이외에 문제를 해결할 수 있는 다른 수단이 존재하는데, 이를 ⓒ <u>복안(腹案)</u>이라고 한다. 따라서 협상을 할 때 ⓓ <u>복안보다 더 유리한 제안</u>은 수락해야 하고, ⓔ <u>복안보다 더 불리한 제안</u>은 거절하는 것이 합리적이다.

① ⓐ : 원만한 합의를 통해 A 동네에 음식물 쓰레기 처리 시설을 건립하는 것
② ⓑ : 주거 환경의 질을 높일 수 있는 구체적인 방안을 확보하는 것
③ ⓒ : 현재 가동 중인 음식물 쓰레기 처리 시설을 리모델링하여 확충하는 것
④ ⓓ : A 동네에 시설을 건립하면서 추가 비용이 총 사업비의 15% 이내로 발생하는 것
⑤ ⓔ : 주민들의 요구가 사업의 경제성과 타당성 평가에 심각한 지장을 줄 수 있는 것

05 〈보기〉는 위 회의를 바탕으로 실시된 실제 협상의 일부이다. ㉮에서 '시 직원 2'가 [A]를 반영하여 할 수 있는 말로 가장 적절한 것은?

〈보기〉

시 직원 1 : 그렇다면 문화 시설을 갖춘 생태 문화 공원을 조성하는 걸로 하겠습니다.
주민 대표 : 좋습니다. 또한 주민들에게 특별 지원금을 지급해 주셨으면 좋겠습니다. 시에서는 비용 부족과 다른 동네 주민들과의 형평성 문제를 근거로 자꾸 난색을 표하는데, 이 요구를 수용해 주지 않으면 우리는 절대 합의해 줄 수 없습니다.
시 직원 2 : (㉮)

① 그러면 이 협상은 없었던 것으로 합시다. 앞으로 시에서는 A 동네에 어떤 사업도 추진하지 않겠습니다. 그에 따른 불이익은 동네 주민들이 감수하셔야 할 것입니다.
② 여러분께서 많은 희생을 하고 있다는 점을 인정합니다. 별도의 예산을 추가 확보하여

특별 지원금을 지급할 테니, 동네 주민들도 시설이 조기에 완공될 수 있도록 협조해 주시면 어떨까요?

③ 우리 시에서 A 동네의 주민들을 위해 얼마나 많은 노력을 하고 있는지 알고 계시지 않습니까? 시의 정성을 생각해서라도 특별 지원금을 지급해 달라는 의견만큼은 철회해 주셨으면 좋겠습니다.

④ 여러분도 우리 시의 일원인 만큼 함께 해결 방안을 찾아봅시다. 특별 지원금을 지급하는 대신 음식물 쓰레기를 재처리한 퇴비의 판매 수익금으로 복지 시설을 지속적으로 확충해 나가면 어떨까요?

⑤ A 동네도 우리 시의 일부이기 때문에 시설 완공에 따른 혜택을 함께 누릴 수 있을 겁니다. 또한 생태 문화 공원이 조성되면 장기적으로는 동네의 집값도 오를 것입니다. 이 정도라면 충분하지 않을까요?

[06~08] (가)는 학생이 글을 쓰기 전에 선생님과 나눈 '대화 상황'이고, (나)는 학생이 쓴 '초고'이다. 물음에 답하시오.

(가) 대화 상황

도연 : 선생님, 안녕하세요? 국어 시간에 선생님께서 안내해 주신 '청소년 글쓰기 대회'에 참가하고 싶어서요. 그런데 글을 제대로 써 본 적이 없어서 걱정이 많아요.

선생님 : ㉠ 수업 시간에 배운 내용을 잘 활용하면 좋은 글을 쓸 수 있을 거야. 우선 대회 포스터를 줄 테니 잘 읽어 보렴. 특히 대회 운영의 취지나 글쓰기 주제 등은 꼭 확인하렴.

도연 : 대회 운영 취지를 보니 '일반 시민들이 사회 문제에 관심을 갖고, 문제 해결 방안을 모색할 수 있도록 하기 위함.'이라고 쓰여 있네요.

선생님 : 그러면 관련된 주제를 잘 선정해야겠구나. 도연이가 평소 관심을 두고 있던 사회 문제는 없니?

도연 : 저는 아무래도 학생이니까 청소년 문제에 관심을 많이 갖고 있어요.

선생님 : 그렇구나. 그럼 관심사와 관련된 초고를 먼저 작성해 오렴. 나중에 초고를 보면서 다시 이야기하자꾸나.

(나) 초고

1 학교를 다니지 않는 학생이라고 하면 무엇이 떠오르는가? 아마도 그것은 비행 청소년, 학교 중도 탈락자 등과 같은 부정적 단어일 것이다. 그러나 정확히 말해 이런 학생들을 '학교 밖 청소년'이라고 부른다. 일반적으로 학교 밖 청소년은 만 19세 미만으로 정규 학교의 교육을 받지 않는 청소년을 통칭하는 말이다. 그렇다면 학교 밖 청소년의 수는 얼마나 될까? 정부의 통계에 따르면 2016년 기준 우리나라에서 학교를 다니지 않는 청소년은 약 39만 명에 이르며, 매년 6만여 명씩 증가하고 있다고 한다. 그리고 그중 28만 명 정도는 어디에서 무엇을 하고 있는지 그 소재조차 파악되지 않는다고 한다.

2 우리나라는 2015년부터 학교 밖 청소년 지원에 관한 법률을 시행하여 지원 센터를 통해 학교 밖 청소년이 건강한 사회 구성원으로 성장할 수 있도록 돕고 있다. 그러나 아직은 지원 센터의 기능과 역할이 한정적이어서 학교 밖 청소년이 참여할 수 있는 프로그램이 다양하게 운영되지 못하는 한계가 있다. 또한 지원 센터의 도움을 받고 있는 청소년도 전체 학교 밖 청소년 중 일부에 불과한 문제도 있다.

3 2015년에 여성가족부에서 학교 밖 청소년을 대상으로 조사한 결과에 따르면, 이들의 절반 이상은 학교를 그만 둔 후 특별한 근로 경험이 없이 친구 집이나 피시방, 숙박업체 등에서 생활하였으며, 단순 근로에 종사했던 것으로 나타났다. 또한 사회적

편견으로 인한 차별과 홀대가 학교 밖 청소년이 겪는 어려움 중 가장 큰 비율을 차지하는 것으로 나타났다. 이는 학교 밖 청소년이, 학교를 다니는 청소년에 비해 취약한 성장 환경에 노출되어 있음을 보여 주는 것이다.

4 그렇다면 이 문제를 어떻게 해결해야 할까? '한 명의 아이를 키우기 위해서는 마을 전체가 필요하다.'라는 인디언 속담과 같이, 사회 공동체의 다각적인 동참과 노력이 필요하다. 학교는 가정과 연계하여 학생들의 학업 중단을 예방하고 학교생활에 적응하지 못하는 학생들을 돕기 위한 제도를 실질적으로 운영해야 한다. 또한 지원 센터는 학교 밖 청소년의 자립과 자활이 가능하도록 그 기능을 확대하고, 지원 센터를 중심으로 학교 밖 청소년의 다양한 요구를 충족할 수 있도록 관련 기관과 연계한 맞춤형 프로그램을 운영해야 한다. 그리고 정부에서도 학교 밖 청소년 문제를 해결할 수 있는 정책적 노력을 펼쳐야 한다. ㉡ <u>그러나 무엇보다 중요한 것은 학교 밖 청소년에 대해 사람들이 갖고 있는 기존의 생각을 바꾸는 것이다.</u>

06 **〈보기〉는 ㉠의 내용이다. 〈보기〉를 바탕으로 글을 쓰기 위해 학생이 떠올린 생각 중 (나)에 반영되지 <u>않은</u> 것은?**

〈보기〉

ㄱ. 자신의 관심뿐 아니라 글쓰기 상황을 고려하여 주제를 선택함.
ㄴ. 글의 목적에 따라 글의 종류를 선택하고 그에 맞게 구조를 결정함.
ㄷ. 독자의 관심과 수준 등을 고려하여 자료를 선별하고 내용을 생성함.
ㄹ. 독자의 주의와 관심을 이끌어 낼 수 있도록 적절한 표현 방식을 활용함.
ㅁ. 외부 글이나 자료를 사용할 때에는 신뢰성을 확보하기 위해 쓰기 윤리를 준수함.

① ㄱ : 평소 관심을 반영하면서 대회 운영의 취지에 맞도록 '학교 밖 청소년 문제'를 주제로 정해야겠군.

② ㄴ : 설득의 목적에 맞게 '현황 제시 – 문제 진단 – 해결 방안'의 구조를 지닌 논설문을 써야겠군.

③ ㄷ : 독자의 수준을 고려하여 '학교 밖 청소년'의 개념을 밝히고, 그 발생 원인을 분석해야겠군.

④ ㄹ : 자문자답의 표현 방식을 사용하거나 속담을 인용하여 독자의 주의와 관심을 유도해야겠군.

⑤ ㅁ : 글에서 통계 자료를 인용할 때에는 자료의 출처와 조사 시기를 명확하게 밝혀야겠군.

07 **〈보기〉는 ㉡에 대한 선생님의 조언이다. 〈보기〉를 반영하여 ㉡에서 주장하고자 하는 바를 고쳐 쓴 내용으로 가장 적절한 것은?** [3점]

〈보기〉

• "주장이 분명하게 드러나도록 구체적으로 서술해 보렴."
• "제시한 주장이 중요한 이유를 사실 논거를 사용하여 밝히면 좋겠어."
• "설의법을 사용하면 주장하는 바를 효과적으로 표현할 수 있을 거야."

① 그러나 더 중요한 것은 무엇일까? 그것은 바로 사람들의 태도 변화이다. 즉 우리는 그들을 바라볼 때, '학교 밖'이라는 용어에 관심을 기울이기보다는 그들도 '청소년'이라는 것을 인식해야 할 것이다.

② 그러나 정책보다 중요한 것은 학교 밖 청소년에 대한 따뜻한 관심과 애정이다. 학교 밖 청소년은 당신의 자녀일 수도 있다. 만약 그런 상황에서도 그들을 비행 청소년 정도로 여길 수 있겠는가?

③ 그러나 학교 밖 청소년에 대한 사회의 관심은 여전히 낮은 편이다. 성인 10명 중 6명은 학교 밖 청소년이 누구인지, 어떤 문제가 있는지조차 모르고 있다고 한다. 그렇다면 학교 밖 청소년에 대한 사회적 관심을 유도할 수 있는 방안을 강구하는 것이 무엇보다 중요하지 않을까?

④ 그러나 전문가들은 사람들의 인식을 바꾸는 것이 중요하다고 말한다. 이와 더불어 학교, 사회, 국가가 협력하여 학업 중단 예방부터 학업 중단 후 진로 · 취업 지원까지를 담당하는 체계적인 시스템을 갖추어야 한다. 이제는 말로만 그치지 말고 실천적 노력을 해야 되지 않을까?

⑤ 그러나 학교 밖 청소년에 대한 사람들의 부정적인 인식을 개선하는 것이 가장 중요하다. 실제로 학교 밖 청소년이 겪는 가장 큰 어려움은 사회적 편견인 것으로 나타났다. 그들이 건강한 사회 구성원으로 성장할 수 있도록 편견을 버리는 자세를 갖추는 것이야말로 진정한 문제 해결 방법이 아닐까?

08 (나)의 [1]~[4]를 수정 · 보완하는 과정에서 〈보기〉를 활용하는 방안으로 적절하지 <u>않은</u> 것은?

〈보기〉

I. 전문가 인터뷰

"현황이 파악된 학교 밖 청소년은 모두 지원 센터와 연계된 학생들입니다. 지원 센터에서 도움을 주기 위해서는 학교 밖 청소년의 명단을 확보하고 이들의 연락처를 알아야 하는데 개인정보보호법 때문에 임의로 그것을 수집할 수 없는 것이 현실입니다. 학교 밖 청소년의 소재를 파악하여 그들이 센터의 지원을 받을 수 있도록 정부는 관련 기관이 학교 밖 청소년에 한해 개인정보를 예외적으로 수집할 수 있게 관련 법률을 개정할 필요가 있습니다."

II. 신문 기사

외국에서는 학교 밖 청소년 정책의 주된 목표가 학교 밖 청소년을 학교로 복귀시키는 것이 아니라 이들이 학교 밖에서 스스로 성장할 수 있도록 하는 것이다. 독일은 정부의 지원 아래 다양한 관련 기관들이 네트워크를 통해 공조하며 학교 밖 청소년 지원 프로그램의 질을 엄격하게 관리하고 있다. 또한 스웨덴은 정부가 지방자치단체에 관련 예산을 교부하여 지방자치단체가 학교 밖 청소년을 지원하는 센터를 직접 운영하고 다양한 프로그램을 개발하도록 하고 있다.

III. 통계 자료(2016년 ○○교육청)

(1) 학교 중단 후 근로 경험

(단위 : %)

음식점 서빙 및 배달	퀵 서비스 및 전단지 돌리기	편의점 · 슈퍼 점원	식당 · 뷔페 요리 보조	없음
44.4	9.7	8.5	5.5	31.9

(2) 학교 밖 청소년이 필요하다고 생각하는 지원 프로그램

1순위	2순위	3순위	4순위	5순위
검정고시 지원	건강 검진 제공	진로 탐색 체험	직업 교육 훈련	질병 치료

① 1 : I을 활용하여 개인정보를 보호하는 법률과 연관 지어 학교 밖 청소년의 소재를 제대로 파악하지 못하는 이유를 추가해야겠군.

② 2 : II를 활용하여 지원 센터의 기능과 역할이 한정적인 이유가 우리나라 정책이 학교 밖 청소년의 학교 복귀를 목표로 하고 있기 때문이라는 내용을 추가해야겠군.

③ 3 : III-(1)을 활용하여 학교 밖 청소년의 단순 근로 경험 실태를 뒷받침하는 자료로 제시해야겠군.

④ 4 : III-(2)를 활용하여 학교 밖 청소년의 요구를 반영할 수 있는 맞춤형 프로그램에는 어떤 것이 있는지 소개해야겠군.

⑤ 4 : I과 II를 활용하여 정부의 정책적 노력을 법률 개정이나 예산 지원 등으로 구체화해야겠군.

[09~10] 다음은 '작문 과정'에 따라 학교 신문에 실을 여행 소감문의 '초고'를 작성한 것이다. 물음에 답하시오.

[작문 과정]

단계	내용
계획하기	글을 쓰는 목적에 맞게 주제를 설정한다.
내용 생성하기	여행지의 달라진 모습을 상상하며 갖게 된 설렘을 드러낸다. ……… ㄱ 여행지에서 느낀 감상과 문학 작품을 관련짓는 내용을 포함한다. ……… ㄴ
조직하기	여행지에서 경험하고 느낀 일을 여정에 따라 추보식으로 구성한다. ……… ㄷ
표현하기	여행지에서 접한 대상에 대한 친근감을 비유적으로 표현한다. ……… ㄹ 여행지를 떠나는 감회를 여운이 느껴지는 표현으로 마무리한다. ……… ㅁ
고쳐쓰기	단어, 문장, 호응 관계, 접속어 등의 적절성을 살펴 수정한다.

[초고]

고향 강변의 구불구불한 옛 기찻길 구간이 최근 자전거 길로 탈바꿈되었다는 소식을 듣고, 어린 시절 기차를 타고 그 길을 지나다녔던 추억을 떠올렸다. ○○군에서 주민들의 의견을 수렴하여 새롭게 ㉠ <u>조성된</u> 자전거 전용 길을 달려 보고 싶은 생각에 아버지와 함께 그곳에 가 보았다.

자전거 길이 시작되는 곳에 도착한 우리는 인근의 자전거 대여점으로 갔다. 나란히 서 있는 자전거들은 튼튼한 바퀴와 형형색색의 몸체를 뽐내며 달릴 준비가 됐으니 자기 안장에 올라타라고 조르는 것 같았다. 내 눈길을 끄는 자전거를 하나 골라 신나게 달리기 시작했다. 자전거 길의 첫 구간은 오르기 힘든 경사가 없어 힘들지 않게 달릴 수 있는 길이었다. 시원한 강바람을 맞으며 강을 따라 달리자 가슴이 탁 트이는 기분이었다.

한참을 달리던 중에 조그만 옛 간이역에 멈춰 선

우리는 잠깐 쉬어 가기로 했다. ㉡ 사진을 설명해 주시는 분은 이 역이 옛 건축의 특징이 잘 보존된, 몇 안 되는 곳이라 했다. 역의 대합실에서는 이 역과 관련된 많은 사진을 전시하고 있었다. 특히 철길을 달리는 옛 증기기관차의 모습이 담긴 오래된 흑백 사진이 내 마음을 끌었다. 그리고 대합실 모습을 담은 사진들은 수업 시간에 읽었던 곽재구의 「사평역에서」를 연상케 했다. 늦은 밤 막차를 기다리는 사람들의 모습을 담은 시의 한 장면은 마치 이 역이 그 작품 속 사평역일지 모른다는 착각에 빠져들게 했다. 차후에 이 역을 미술관이나 박물관으로 만들 예정이라고 했다.

간이역에서 나와 10여 분을 달리자 철교 구간이 나타났다. 바닥을 나무로 깔아 놓은 다리 위를 달릴 때 나는 옆에서 부는 강한 바람과 교각 밑으로 흐르는 물결에 약간 두려운 마음이 들었다. ㉢ 그래서 다리 끝 지점에서 그 두려움은 성취감으로 바뀌었다. 예전에 기차를 타고 철교를 지날 때는 느껴 보지 못한 새로운 경험이었다.

철교 구간을 지나 한 20분을 달리자 어릴 때 동생과 즐겁게 놀았던 □□ 저수지에 도착했다. 저수지에는 그 옛날 친구들처럼 오리 배들이 자유롭게 물 위를 떠다니고 있었다. 오랜만에 탄 오리 배는 더 이상 다리가 아닌 모터의 힘으로 가는 것이었지만, 나는 어린 시절 ㉣ 누가 더 페달을 빨리 밟는지 경쟁하며 즐거워하던 때를 추억할 수 있었다.

되돌아오는 길에 보이는 자전거 길의 풍경은 햇빛의 각도와 바라보는 방향이 달라지면서 또 다른 묘미를 주었다. 기찻길에 남아 있는 아련한 옛 추억을 ㉤ 좇아 강변의 정취에 흠뻑 빠진 사이 어느새 자전거 길의 끝에 도착해 있었다.

자전거 길을 다 돌아 다시 집으로 가는 길, 자전거 길 길목에 서 있는 표지판이 내 마음을 붙잡았다.

'자전거에 몸을 싣고, 기차에 마음을 싣고, 강변에 추억을 싣고…….'

09 '작문 과정'의 ㄱ~ㅁ 중, '초고'에 반영되지 않은 것은?

① ㄱ　② ㄴ　③ ㄷ　④ ㄹ　⑤ ㅁ

10 작문 과정의 '고쳐쓰기'를 고려하여 ㉠~㉤을 고쳐 쓰기 위한 방안으로 적절하지 않은 것은?

① ㉠ : 문장 성분의 호응을 고려하여 '조성한'으로 수정한다.
② ㉡ : 문맥을 고려하여 바로 뒤 문장과 순서를 바꾼다.
③ ㉢ : 앞뒤 내용을 고려하여 '하지만'으로 교체한다.
④ ㉣ : 생략된 문장 성분을 고려하여 '동생과'를 삽입한다.
⑤ ㉤ : 단어 사용의 적절성을 고려하여 '좇아'로 고친다.

11 〈보기〉의 '학습 과제'를 수행한 결과로 적절한 것은?

〈보기〉

[학습 자료]
• 절대 시제 : 발화시와 사건시의 관계에 따라 결정되는 시제.
• 상대 시제 : 주문장의 사건시에 의존하여 상대적으로 결정되는 시제.

[학습 과제]

ㄱ~ㄹ의 밑줄 친 부분의 상대 시제가 ㉠의 밑줄 친 부분의 상대 시제와 같은 것을 모두 고르시오.

> 예 학교 숙제를 마친 그녀가 음악을 듣는다.

ㄱ. 아버지께서 가져오신 수박을 우리가 다 먹었다.
ㄴ. 퇴근한 후에 오빠는 청소하시는 어머니를 도왔다.
ㄷ. 우리 반 친구들은 밥 먹는 시간을 무척 기다렸다.
ㄹ. 나는 그 친구에게서 그가 입원한 사실을 방금 들었다.

① ㄱ, ㄴ ② ㄱ, ㄹ
③ ㄴ, ㄷ ④ ㄴ, ㄹ
⑤ ㄷ, ㄹ

[12~13] 다음 글을 읽고 물음에 답하시오.

언어 사용자는 일상생활에서 적은 노력과 시간을 들여 최대의 효과를 낼 수 있는 의사소통을 추구하는 경향이 있다. 그러한 심리가 주된 동인이 되어 만들어지는 말 중의 하나가 '줄임말'이다. '줄임말'은 본말보다 음절수가 하나 이상 줄어들어 형성된 언어 형식으로, 형식적인 감소 과정이 어떻게 이루어지느냐에 따라 몇 가지의 대표적인 유형으로 나눌 수 있다.

ㄱ. 가지다 → 갖다, 견디어 → 견뎌, 아이 → 애
ㄴ. 노동조합 → 노조, 몰래 카메라 → 몰카, 한국은행 → 한은
ㄷ. 서양복 → 양복, 자외광선 → 자외선, 거스름돈 → 거스름
ㄹ. 태권도 + 에어로빅 → 태권로빅, 자동차 + 가계부 → 차계부

ㄱ은 음운론적인 과정을 통해 음절수가 감소된 경우이다. ㉠ 한글 맞춤법 제4장 제5절에서 설명하고 있는 '준말'의 예들은 대체로 여기에 해당한다. 음운론적 차원에서 음절이 줄어든 준말은 음운이 '탈락'되거나 '축약'되면서 형성된다. 전자는 모음 중 한 모음이 생략됨으로써 형성되는 것으로, '마음 → 맘', '디디고 → 딛고'와 같은 예가 이에 해당한다. 후자는 두 모음이 결합하면서 두 모음과는 다른 제3의 모음으로 바뀜으로써 형성되는 것으로, '사나이 → 사내', '조심스러이 → 조심스레'와 같은 예가 이에 해당한다.

이와 달리 ㄴ, ㄷ, ㄹ은 형식적인 감소 과정이 음운론적으로는 설명될 수 없는 예들이다. ㄴ은 단어와 단어가 연쇄되어 있을 때, 각각의 첫 음절만을 연결해서 만든 것으로, 이러한 유형의 줄임말을 '두자어(頭字語)'라고 한다. 두자어는 본말이 구나 문장으로 구성되었다 하더라도 고유 명칭처럼 하나의 단위로 인식되는 특성이 있다. ㄷ은 복합어에서 음절이나 단어를 생략해서 만든 것으로, 이러한 유형의 줄임말을 '절단어(切斷語)'라고 한다. 절단어는 보통 첫 부분이나 끝 부분이 생략되어 만들어지지만 간혹 가운데 부분이 생략되는 경우도 있다. ㄹ은 둘 이상의 단어에서 각각의 일부분을 잘라 내고 새로운 단어를 만든 것으로, 이러한 유형의 줄임말을 '혼성어(混成語)'라고 한다. 혼성어는 절단과 합성이라는 두 가지 방법을 통해 형성된 것으로 두 단어가 갖는 각각의 특성을 모두 가진 새로운 대상을 지칭하는 것이 일반적이다.

12 윗글을 바탕으로 할 때, 〈보기〉의 a~f에서 '줄임말'의 유형이 동일한 것끼리 묶인 것은?

〈보기〉

a. '슈퍼'는 원래 '슈퍼마켓'에서 온 말이지.
b. '어제저녁'은 '엊저녁'으로 줄여 쓸 수 있어.
c. '고속철도'를 간단하게 '고속철'이라고도 해.
d. '불백'은 '불고기 백반'이라는 말이 준 거야.
e. '라면과 떡볶이'를 합치면 내가 좋아하는 '라볶이'.
f. '선거 관리 위원회'를 줄여서 '선관위'라고도 하지.

① a, b
② a, c
③ b, e
④ a, c, e
⑤ b, d, f

13 다음은 ㉠의 일부를 정리한 내용이다. 이를 바탕으로 '준말'에 적용된 항목을 탐구한 내용으로 적절하지 않은 것은?

(가) 체언과 조사가 어울려 줄어지는 경우에는 준 대로 적음.
(나) 'ㅏ, ㅕ, ㅗ, ㅜ, ㅡ'로 끝난 어간에 '-이-'가 와서 각각 'ㅐ, ㅖ, ㅚ, ㅟ, ㅢ'로 줄 적에는 준 대로 적음.
(다) 'ㅏ, ㅗ, ㅜ, ㅡ' 뒤에 '-이어'가 어울려 줄어질 적에는 '-이-'가 앞 음절에 붙어 줄여지기도 하고 뒤 음절에 붙어 줄여지기도 함.
(라) 어미 '-지' 뒤에 '않-'이 어울려 '-잖-'이 될 적과 '-하지' 뒤에 '않-'이 어울려 '-찮-'이 될 적에는 준 대로 적음.
(마) 어간의 끝음절 '하'의 'ㅏ'가 줄고 'ㅎ'이 다음 음절의 첫소리와 어울려 거센소리로 될 적에는 거센소리로 적음.

① '저리로'는 (가)를 적용하여 '절로'로 줄여 쓸 수 있겠군.
② '보이다'는 (나)를 적용하여 '뵈다'로 줄여 쓸 수 있겠군.
③ '누이어'는 (다)를 적용하여 '누여'로 줄여 쓸 수 있겠군.
④ '점잖지 않다'는 (라)를 적용하여 '점잖찮다'로 줄여 쓸 수 있겠군.
⑤ '정결하다'는 (마)를 적용하여 '정결타'로 줄여 쓸 수 있겠군.

14 〈보기〉에서 제시한 ㄱ~ㅁ의 '복수 표시'에 대해 탐구한 내용으로 적절하지 않은 것은? [3점]

〈보기〉

ㄱ. 너희는 학교로 모여라. / 너희들은 학교로 모여라.
ㄴ. 친구들이 병들을 모았다. / *음료수 세 병들이 깨졌다.
ㄷ. *거기들에서 잠시 동안 기다려라. / 여기들 앉아서 조금만 기다려라.
ㄹ. *세종대왕들이 한글을 창제했다. / 우리 학교는 세종대왕들을 길러내고 있다.
ㅁ. *일과 이를 더하면 삼들이다. / *지고 이기고는 둘째들 치고 경기에 집중하자.

*는 비문임.

① ㄱ: 복수의 의미를 갖는 2인칭 대명사의 경우 복수 표시를 할 수 있음을 보여 주는군.
② ㄴ: 명사가 단위로 쓰인 경우 복수 표시를 할 수 없음을 보여 주는군.
③ ㄷ: 가까운 장소를 가리키는 지시 대명사의 경우 복수 표시를 할 수 있음을 보여 주는군.

④ ㄹ: 고유 명사가 보통 명사로 쓰인 경우 복수 표시를 할 수 있음을 보여 주는군.

⑤ ㅁ: 체언 중에서 수사의 경우 복수 표시를 할 수 없음을 보여 주는군.

15 〈보기〉의 (A), (B)에 들어갈 객체 높임 선어말 어미로 가장 적절하게 묶인 것은?

〈보기〉

• 중세 국어의 객체 높임 선어말 어미가 실현되는 음운 환경

결합하는 어간 \ 후속하는 어미	안울림소리로 시작	울림소리로 시작
모음으로 끝나거나 'ㄴ, ㅁ, ㄹ'로 끝남.	-ᅀᆞᆸ-	-ᅀᆞᇦ-
'ㄱ, ㅂ, ㅅ, ㅎ'으로 끝남.	-ᄉᆞᆸ-	-ᄉᆞᇦ-
'ㄷ, ㅈ, ㅊ'으로 끝남.	-ᄌᆞᆸ-	-ᄌᆞᇦ-

(가) 無量壽佛 [　　] 사ᄅᆞᄆᆞᆫ

[→ 보-+(A)+-ᄋᆞᆫ]

[현대어 풀이] 무량수불(을) 뵌 사람은

(나) 無量壽佛ᄭᅴ 나 正法 [　　]

[→ 듣-+(B)+-고져]

[현대어 풀이] 무량수불께 나 정법(을) 듣고자

	(A)	(B)		(A)	(B)
①	-ᅀᆞᇦ-	-ᄌᆞᇦ-	②	-ᅀᆞᇦ-	-ᄌᆞᆸ-
③	-ᅀᆞᇦ-	-ᄉᆞᆸ-	④	-ᄉᆞᆸ-	-ᄌᆞᆸ-
⑤	-ᄉᆞᆸ-	-ᅀᆞᆸ-			

[16~20] 다음 글을 읽고 물음에 답하시오.

선물 거래는 경기 상황의 변화에 의해 자산의 가격이 변동하는 데서 올 수 있는 경제적 손실을 피하려는 사람과 그 위험을 대신 떠맡으면서 그것이 기회가 될 수 있는 상황을 기대하며 경제적 이득을 얻으려는 사람 사이에서 이루어지는 것이다.

[A] 배추를 경작하는 농민이 주변 여건에 따라 가격이 크게 변동하는 데서 오는 위험에 대비해 3개월 후 수확하는 배추를 채소 중개상에게 1포기당 8백 원에 팔기로 미리 계약을 맺었다고 할 때, 이와 같은 계약을 선물 계약, 8백 원을 선물 가격이라고 한다. 배추를 경작하는 농민은 선물 계약을 맺음으로써 3개월 후의 배추 가격이 선물 가격 이하로 떨어지더라도 안정된 소득을 확보할 수 있게 된다. 그렇다면 채소 중개상은 왜 이와 같은 계약을 한 것일까? 만약 배추 가격이 선물 가격 이상으로 크게 뛰어오르면 그는 이 계약을 통해 많은 이익을 챙길 수 있기 때문이다. 즉 배추를 경작한 농민과는 달리 3개월 후의 배추 가격이 뛰어오를지도 모른다는 기대에서 농민이 우려하는 위험을 대신 떠맡는 데 동의한 것이다.

선물 거래의 대상에는 농산물이나 광물 외에 주식, 채권, 금리, 외환 등도 있다. 이 중 거래 규모가 비교적 크고 그 방식이 좀 더 복잡한 외환 즉, 통화 선물 거래의 경우를 살펴보자. 세계 기축 통화인 미국 달러의 가격, 즉 달러 환율은 매일 변동하기 때문에 달러로 거래 대금을 주고받는 수출입 기업의 경우 뜻하지 않은 손실의 위험이 있다. 따라서 달러 선물 시장에서 약정된 가격에 달러를 사거나 팔기로 계약해 환율 변동에 의한 위험에 대비하는 방법을 활용한다.

미국에서 밀가루를 수입해 식품을 만드는 A 사는 7월 25일에 20만 달러의 수입 계약을 체결하고 2개월 후인 9월 25일에 대금을 지급하기로 하였다. 7월 25일 현재 원/달러 환율은 1,300원/US$이고 9월에 거래되는 9월물 달러 선물의 가격은 1,305원/US$이다. A 사는 2개월 후에 달러 환율이 올라 손

실을 볼 경우를 대비해 선물 거래소에서 9월물 선물 20만 달러어치를 사기로 계약하였다. 그리고 9월 25일이 되자 A 사가 우려한 대로 원/달러 환율은 1,350원/US$, 9월물 달러 선물의 가격은 1,355원/US$으로 올랐다. A 사는 아래의 〈표〉와 같이 당장 미국의 밀가루 제조 회사에 지급해야 할 20만 달러를 준비하는 데 2개월 전에 비해 1천만 원이 더 들어가는 손실을 보았다. 하지만 선물 시장에서 달러당 1,305원에 사서 1,355원에 팔 수 있으므로 선물 거래를 통해 1천만 원의 이익을 얻어 현물 거래에서의 손실을 보전할 수 있게 된다.

외환 거래	환율 변동에 의한 손익 산출	손익
현물	−50원(1,300원−1,350원) ×20만 달러	−1,000만 원
선물	50원(1,355원−1,305원) ×20만 달러	1,000만 원

〈표〉 A 사의 외환 거래로 인한 손익

반대로 미국에 상품을 수출하고 그 대금을 달러로 받는 기업의 경우 받은 달러의 가격이 떨어지면 손해이므로, 특정한 시점에 달러 선물을 팔기로 계약하여 선물의 가격 변동을 이용함으로써 손실에 대비하게 된다.

㉠ 선물이 자산 가격의 변동으로 인한 손실에 대비하기 위해 약정한 시점에 약정한 가격으로 사거나 팔기로 한 것이라면, 그 약정한 시점에 사거나 파는 것을 선택할 수 있는 권리를 부여하는 계약이 있는데 이를 ㉡ 옵션(option)이라고 한다. 계약을 통해 옵션을 산 사람은 약정한 시점, 즉 만기일에 상품을 사거나 파는 것이 유리하면 그 권리를 행사하고, 그렇지 않으면 그 권리를 포기할 수 있다. 그런데 포기하면 옵션 계약을 할 때 지불했던 옵션 프리미엄이라는 일종의 계약금도 포기해야 하므로 그 금액만큼의 손실은 발생한다. 만기일에 약정한 가격으로 상품을 살 수 있는 권리를 콜옵션, 상품을 팔 수 있는 권리를 풋옵션이라고 한다. 콜옵션을 산 사람은 상품의 가격이 애초에 옵션에서 약정한 것보다 상승하게 되면, 그 권리 행사를 통해 가격 변동 폭만큼 이익을 보게 되고 이 콜옵션을 판 사람은 그만큼의 손실을 보게 된다. 마찬가지로 풋옵션을 산 사람은 상품의 가격이 애초에 옵션에서 약정한 것보다 하락하게 되면, 그 권리 행사를 통해 가격 변동 폭만큼 이익을 보게 되고 이 풋옵션을 판 사람은 그만큼의 손실을 보게 된다.

선물이나 옵션은 상품의 가격 변동에서 오는 손실을 줄여 시장의 안정성을 높이고자 하는 취지에서 만들어진 것이다. 하지만 이것이 시장 내에서 손실 그 자체를 줄이는 것은 아니고 새로운 부가가치를 창출하는 것도 아니다. 또한 위험을 무릅쓰고 높은 수익을 노리고자 하는 투기를 조장한다는 점에서 오히려 시장의 안정성을 저해한다는 비판도 제기되고 있다.

16 윗글에서 알 수 있는 내용으로 적절하지 않은 것은?

① 선물 거래를 하는 이유
② 선물 거래로 인한 부작용
③ 선물 거래가 이루어지는 상품
④ 선물 거래와 시중 금리의 상관관계
⑤ 선물 거래에서 손익에 영향을 미치는 요소

17 [A]의 거래 방식을 평가한 것으로 가장 적절한 것은?

① 안정된 소득을 거래 당사자 모두에게 보장해 주기 위한 것이군.
② 상품의 수요와 공급이 불균형한 상태를 극복하기 위한 경제 활동인 것이군.
③ 가격 변동에 따른 위험 부담을 거래 당사자의 어느 한쪽에 전가하는 것이군.
④ 서로의 이익을 극대화하기 위해 거래 당사자 간에 손실을 나누어 가지는 것이군.

⑤ 소득이 균형 있게 분배되도록 거래 당사자의 소득에 따라 가격을 달리하는 것이군.

18 ㉠, ㉡에 대한 설명으로 적절하지 않은 것은?

① ㉠은 ㉡과 달리 가격 변동의 폭에 따라 손익의 규모가 달라진다.

② ㉡은 ㉠과 달리 약정한 상품에 대한 매매의 실행 여부를 선택할 수 있다.

③ ㉡은 ㉠의 거래로 인해 발생하는 손실에 대비하기 위해 활용될 수 있다.

④ ㉠, ㉡은 모두 계약 시점과 약정한 상품을 매매할 수 있는 시점이 서로 다르다.

⑤ ㉠, ㉡은 모두 위험 요소로 인한 시장 내의 경제적 손실 자체를 제거하지는 못한다.

19 〈보기〉는 환율 변동에 대비하는 회의이다. 윗글을 바탕으로 할 때 적절하지 않은 것은? [3점]

〈보기〉

상황 보고자 : 우리 회사는 오늘 3월 25일에 미국 회사에 LCD 패널 100만 달러어치를 수출하기로 계약하고 대금을 2개월 후인 5월 25일에 받기로 하였습니다. 환율 변동성이 커진 최근의 경제 상황에 대비하기 위해 우리 금융 대응팀에서 여러 경제적인 요인을 분석하여 3월 25일부터의 환율 및 달러 선물 가격의 변동을 아래와 같이 예측했습니다. 3월 25일 현재 원/달러 환율은 1,250원/US$이고, 5월물 달러 선물의 가격은 1,260원/US$입니다.

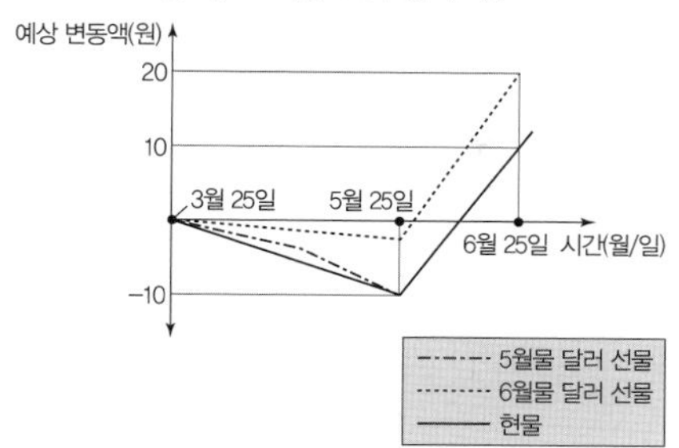

김 대리 : 달러 현물 가격의 추이로 볼 때 5월 25일에 현물로 대금을 받는다면 손실이 발생할 것이 분명하네요. … ㄱ

최 과장 : 5월 25일에 거래되는 5월물 달러 선물 100만 달러어치를 팔기로 계약한다면 현물로 받은 대금의 손실을 보전할 수 있을 것 같습니다. … ㄴ

이 차장 : 전례가 있으니 미국 회사의 동의를 얻어 대금을 받는 날짜를 1개월 더 늦춰 6월 25일로 연기한다면 굳이 5월물 달러 선물을 계약할 필요가 없을 것 같습니다. … ㄷ

고 대리 : 말씀하신 대로 대금을 받는 날짜를 6월 25일로 1개월 더 연기할 수 있다면 현물 거래로도 우리 회사는 이익을 얻을 수 있습니다. … ㄹ

박 대리 : 현재 6월물 달러 선물 가격은 1,280원입니다. 따라서 대금을 받는 날짜를 1개월 더 연기하고, 6월 25일에 거래되는 6월물 달러 선물 100만 달러어치를 팔기로 계약하면 추가 이익이 발생해 회사에 도움이 될 것 같습니다. … ㅁ

① ㄱ ② ㄴ
③ ㄷ ④ ㄹ
⑤ ㅁ

20 윗글을 바탕으로 〈보기〉의 상황을 이해한 것으로 적절한 것은?

〈보기〉

옵션 거래의 대상인 상품 Ⓐ, Ⓑ가 계약일에 약정한 가격 대비 만기일의 가격이 Ⓐ는 상승하였고, Ⓑ는 하락하였다. 이에 Ⓐ, Ⓑ에 대한 옵션을 거래한 사람들은 손익으로 인해 희비가 엇갈리게 되었다.

① Ⓐ에 대한 콜옵션을 판 사람은 만기일에 이익을 보았겠군.
② Ⓐ에 대한 풋옵션을 산 사람은 만기일에 이익을 보았겠군.
③ Ⓑ에 대한 콜옵션을 산 사람은 만기일에 손실을 보았겠군.
④ Ⓑ에 대한 풋옵션을 포기한 사람은 만기일에 이익을 보았겠군.
⑤ Ⓑ에 대한 콜옵션을 포기한 사람은 만기일에 손실을 보지 않았겠군.

[21~26] 다음 글을 읽고 물음에 답하시오.

동물은 생존을 위한 열을 물질대사 혹은 외부로부터 얻는다. 조류와 포유동물들은 주로 내온성인데, 이는 체내의 물질대사 과정에서 생성된 열에 의해 체온을 유지한다는 것을 의미한다. 따라서 내온 동물은 외부 온도와 독립적으로 일정한 온도를 유지하는 항온성을 가진다. 대조적으로 양서류, 파충류 등은 주로 외온성인데, 이는 대부분의 열을 외부로부터 얻는다는 것을 의미한다. 외온 동물은 외부 온도에 따라 체온이 변하는 변온성을 가진다. 그밖에 박쥐, 벌 등은 내온성과 외온성을 겸비하는데, 이런 동물을 이온 동물이라 한다.

내온 동물이건 외온 동물이건 간에 동물들이 물질대사를 하기 위해서는 음식으로부터 에너지를 공급받아야 한다. 그렇다면 음식으로부터 획득한 전체 에너지 중 동물이 살아가는 데 필요한 에너지는 얼마나 될까? 동물이 단위 시간당 사용하는 에너지량을 ㉠ <u>물질대사율</u>이라 하는데, 이는 주어진 시간 동안 에너지를 요구하는 생화학적 반응의 총합이다. 동물이 사용하는 거의 모든 에너지는 궁극적으로 열로 나타나기 때문에 물질대사율은 열 상실률로 측정될 수 있다. 그리고 물질대사율 중 주어진 시간 동안에 세포 활동, 호흡, 심장 박동과 같은 기본적 기능들을 유지하기 위해 필요한 최소한의 에너지량을 ㉡ <u>최소대사율</u>이라 한다. 최소대사율은 물질대사율과 달리 그 측정 방법이 다른데, 내온 동물의 경우 최소대사율은 열의 생성이나 방출을 요구하지 않는 범위, 즉 쾌적한 온도 범위 안에서 측정된다. 반면 외온 동물의 최소대사율은 특정한 온도에서 결정되는데, 이는 외부의 온도 변화가 체온과 물질대사율을 변화시키기 때문이다.

[A] 동물의 물질대사율은 많은 요인들에 의해서 영향을 받는데, 그중 가장 영향을 많이 받는 요인이 몸의 크기이다. 커다란 동물들은 보다 큰 몸 크기(몸무게)를 갖고 있어서 작은 동물보다 에너지를 많이 요구한다. 하지만 몸무게 g당 물질대사율은 반비례 관계에 있기 때문에 내온동물이 작으면 작을수록 안정적인 체온을 유지하는 데 필요한 에너지의 비율은 더욱 커진다. 그 이유는 무엇일까? 이는 길이, 표면적, 부피의 관계를 통해 설명할 수 있는데, 길이가 L배 커지면, 표면적은 L^2, 부피는 L^3에 비례하여 커진다. 예를 들어 몸길이가 2cm인 동물 A와 4cm인 동물 B의 경우 표면적은 4 : 16, 부피는 8 : 64가 된다. 그리고 대사 활동을 통해 발생되는 열에너지는 몸의 세포 수, 즉, 부피에 비례하고, 외부에서 얻거나 외부로 발산되는 열에너지는 몸의 표면적에 비례한다. 위의 예에서 A의 경우 부피에 대한 표면적의 비율은 1/2(4/8)인 반면, B는 1/4(16/64)이다. 이는 어떤 동물이 작으면 작을수록 부피에 대한 표면적의 비율이 더 커진다는 것을 의미한다.

외부와의 열교환이 이루어지는 표면적이 차지하는 비율이 더 커지면 주변과의 열교환은 더욱 빨라지게 된다.

물질대사율과 몸 크기의 관계는 체세포와 조직에 의한 에너지 소모의 측면에서도 설명할 수 있다. 예를 들어 코끼리는 생쥐에 비해서 보다 많은 칼로리를 사용하고 있지만 생쥐는 코끼리에 비해서 g당 약 20배 이상의 에너지를 사용한다. 이처럼 좀 더 작은 동물들의 몸무게 g당 물질대사율이 높은 것은 작은 동물의 높은 산소운반율과 관련된다. 좀 더 작은 동물은 큰 동물에 비해 상대적으로 좀 더 큰 호흡률, 혈액량, 심장박동수를 가진다. 따라서 작은 동물은 큰 동물에 비해 상대적으로 몸무게 g당 더 많은 음식을 섭취해야 한다.

몸 크기 외에 동물의 물질대사율에 영향을 미치는 요인으로는 활동, 환경, 체온 조절 등이 있다. 예를 들어 수컷 물개는 먹이를 잡기 위해 헤엄쳐야 하기 때문에 에너지 지출의 많은 부분을 활동에 사용한다. 수컷 물개는 온도가 낮은 극지방에 서식하지만 피부 표면에서 단열이 잘 되어 있기 때문에 체온 조절을 하는 데 비교적 낮은 에너지를 사용한다. 또한 새끼에게 먹이를 주는 생식에는 연간 에너지의 6%만을 사용한다. 그리고 성체가 되면 더 이상 자라지 않기 때문에 성장에는 에너지를 소모하지 않는다.

물질대사를 통해 항상성을 유지하려는 노력에도 불구하고 동물들은 이를 위협하는 환경에 처하게 될 수도 있다. 예를 들어 1년 중 어떤 계절의 온도가 극도로 올라가거나 내려갈 수도 있고, 이용 가능한 음식이 사라질 수도 있다. 이러한 환경에서 생존하기 위해 동물들이 선택한 방법 중 하나가 ⓐ 휴면이다. 휴면은 내온 동물과 외온 동물을 가리지 않고 일어나는데, 휴면에 들어가면 에너지 소모량이 줄어들게 됨에 따라 동물들의 체온은 활동할 때보다 떨어진다. 휴면에는 겨울철의 추위와 먹이가 부족한 상황에 일어나는 동면, 여름철의 고온과 물이 부족한 환경에서 일어나는 하면이 있다.

21 윗글의 내용과 일치하지 않는 것은?

① 물질대사율은 섭취한 음식으로부터 획득한 에너지의 총량을 나타낸다.

② 내온 동물의 경우 몸무게 g당 필요한 에너지는 몸 크기에 반비례한다.

③ 대사 활동을 통해 생성되는 열에너지는 동물의 몸무게가 작을수록 적다.

④ 내온 동물은 체내에서 이루어지는 물질대사를 통해 체온을 일정하게 유지한다.

⑤ 이온 동물은 외부 환경으로부터 열을 공급받거나 물질대사를 통해 열을 생산한다.

22 〈보기〉는 동물들의 '에너지 지출과 에너지 할당'을 나타낸 표이다. 윗글을 참고하여 〈보기〉의 각 항목을 이해한 내용으로 적절하지 않은 것은? [3점]

〈보기〉

항목		a. 남극에 서식하는 10kg의 펭귄	b. 온대 기후에 서식하는 0.02kg의 사슴쥐	c. 열대 기후에 서식하는 4kg의 비단뱀
연간 에너지 지출량		340,000 kcal	4,000 kcal	8,000 kcal
몸무게 g당 물질대사율		34kcal(년)	200kcal(년)	2kcal(년)
에너지 할당	최소 대사율	37%	23%	39%
	성장	2%	0%	15%
	체온 조절	15%	33%	0%
	⋮	⋮	⋮	⋮

① a~c의 '연간 에너지 지출량'을 비교해 보니, 동물의 물질대사율은 몸무게가 커질수록 증가하는군.

② a, b의 '몸무게 g당 물질대사율'을 비교해 보니, b가 a보다 안정적인 체온을 유지하는 데 필요한 에너지의 비율이 더 크겠군.
③ a~c의 '최소대사율'을 비교해 보니, 단위 시간당 열 상실률은 c, a, b 순서로 크겠군.
④ a, c와 달리 b가 '성장'에 사용하는 에너지가 0%인 것을 보니, b는 더 이상 자라지 않는 성체이겠군.
⑤ a, b와 달리 c가 '체온 조절'에 사용하는 에너지가 0%인 것을 보니, c는 변온성을 가지겠군.

23 ㉠, ㉡의 공통점으로 적절하지 않은 것은?

① 동물의 부피와 연관성이 있다.
② 동물이 처한 외부 온도의 영향을 받는다.
③ 동물 신체의 열 상실률로 측정할 수 있다.
④ 일정한 단위 시간을 기준으로 측정한 값이다.
⑤ 내온 동물과 외온 동물에 따라 측정 방법이 다르다.

24 [A]를 참고할 때 〈보기〉의 빈칸에 들어갈 말로 가장 적절한 것은?

〈보기〉

영화에서 보는 것처럼 사람의 크기보다 1/100 작은 초소형 인간은 존재할 수 있을까? 우리의 상상력 속에 등장하는 그런 초소형 인간은 현실적으로 존재할 수 없다. 그 이유는 (   )

① 외부와의 열교환이 느려져서 물질대사의 균형을 유지하기 어렵기 때문이다.
② 물질대사율이 작아지면서 활동에 필요한 에너지의 공급이 원활하지 못하기 때문이다.
③ 부피가 줄어들면서 열에너지 생성을 위한 물질대사 활동 또한 줄어들게 되기 때문이다.
④ 부피에 대한 표면적의 비율이 상대적으로 매우 커서 항온성을 유지하지 못하기 때문이다.
⑤ 부피와 표면적이 줄어들면서 체온을 유지하는 데 필요한 에너지의 비율이 작아지기 때문이다.

25 윗글을 바탕으로 〈보기〉에서 언급한 '역류 열교환'의 효과를 추론한 것으로 가장 적절한 것은?

〈보기〉

동물들은 진화 과정에서 추위에 노출되었을 때 항상성을 유지하는 방법으로 '역류 열교환' 방식을 선택했다. 아래 그림에서와 같이 동맥과 정맥이 역평행 방향으로 인접하게 배열되는 역류 열교환은 심장에서 만들어진 따뜻한 혈액이 동맥을 통하여 흐를 때 말단(손발)으로부터 심장으로 되돌아가는 정맥 안의 혈액으로 열을 전달하는 효과가 있다.

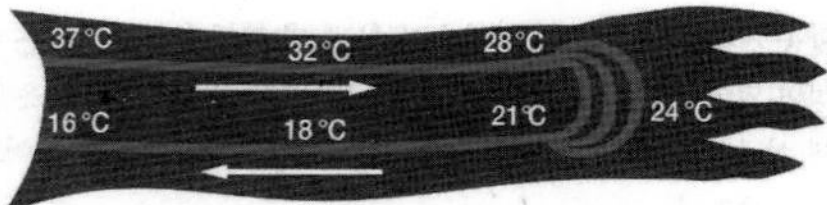

역류 열교환이 없을 때 혈액의 흐름

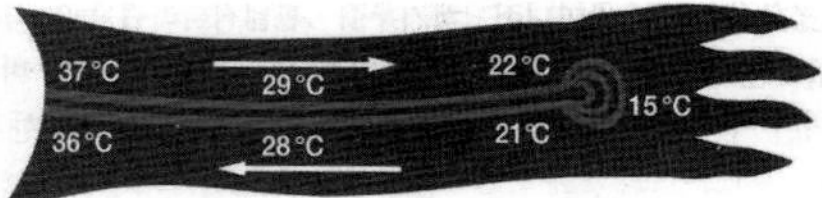

역류 열교환이 있을 때 혈액의 흐름

① 체내의 산소운반율을 높여 외부 온도의 급격한 변화에 효과적으로 대처할 수 있겠군.
② 열 손실을 줄임으로써 물질대사율 중 체온 조절에 쓰이는 에너지 비율을 줄일 수 있겠군.
③ 체내에서 이루어지는 물질대사를 활발하게 하여 체내의 열에너지 생산을 증가시킬 수 있겠군.
④ 환경의 변화에 따라 혈류의 양을 조절하여 체세포와 조직에 의한 에너지 소모를 줄일 수 있겠군.
⑤ 최소대사율을 높이는 방식으로 외부와의 열교환을 촉진하여 안정적인 체온 유지에 도움이 되겠군.

26 ⓐ에 대한 이해로 적절하지 않은 것은?

① 필요에 따라 내온 동물과 외온 동물 모두에게서 일어날 수 있다.
② 활동할 때보다 에너지 소모량이 줄어들기 때문에 체온이 떨어진다.
③ 항상성을 유지하려는 동물들의 노력이 위협받는 상황에서 이루어진다.
④ 서식 환경의 변화에 따라 활동을 줄여 물질대사를 감소시키는 생존 전략이다.
⑤ 외부로부터 얻는 에너지를 외부로 발산하는 에너지보다 작게 하기 위한 방법이다.

[27~30] 다음 글을 읽고 물음에 답하시오.

아리스토텔레스의 『시학』은 서구에서 최초의 문학 이론서라고 알려져 있다. 모든 시초에는 뒷날의 발전 가능성이 ⓐ 잠재해 있는 법이지만 『시학』의 경우는 각별히 그러하다. ㉠ 『시학』에서 맹아의 형태로 내재되어 있던 중요 쟁점들이 뒷날 많은 문학 이론가들에 의해서 싹을 틔우게 되었기 때문이다. 비극이 주된 관심의 대상인 이 『시학』에서 가장 중요한 쟁점이 되어 온 것은 바로 카타르시스이다. 아리스토텔레스는 비극이 연민과 공포를 불러일으키는 사건을 통해서 이런 감정들의 카타르시스를 성취한다고 하면서 카타르시스에 대해 언급하고 있다. 우리에게 일반적으로 정화(淨化)의 의미로만 알려져 있는 이 카타르시스는 이른바 정화이론(淨化理論)과 조정이론(調整理論)의 둘로 나누어 살펴보아야 올바른 이해에 도달할 수 있다.

먼저 정화이론에서는 카타르시스를 재귀적 과정으로 파악한다. 즉 비극은 연민과 공포를 불러일으킨 뒤에 이들 감정을 마음 밖으로 몰아내는 것으로 이해하고, 그러한 정화의 효과가 발생하는 것을 카타르시스라고 본다. 플라톤은 『국가』에서 비극이 연민을 환기하여 구경꾼들을 겁쟁이로 ⓑ 전락시킨다고 비판했는데 아리스토텔레스는 플라톤의 이러한 문학 비판에 동의하지 않는다. 비극이 연민과 공포를 불러일으키는 것은 사실이나 이를 밖으로 몰아내기 위해서 그런다는 아리스토텔레스의 주장은 플라톤의 비판에 대한 직접적인 답변처럼 보이기도 한다. 그런데 여기에서 문제가 되는 것은 이러한 '정화'가 어떻게 작용하느냐 하는 것이다. 르네상스 시대부터 『시학』의 해석자들은 아리스토텔레스가 염두에 두고 있는 것이 고대 의학에서 쓴 동류요법(同類療法)의 개념이었다고 설명한다. 즉 열병은 열기로 다스리고 한기는 한기로 다스린다는 이열치열(以熱治熱)이 그것이다. 이러한 동류요법에 의한 카타르시스 해석 즉 정화이론은 20세기에 들어와서 프로이트의 영향력이 커짐과 동시에 널리 받아들여지게 된다. 프로이트는 환자들의 고통스러운 어린 시절의 경험을 최면을 통해 회상시킴으로써 신경증의 증상을 감소시킬 수 있다는 것을 발견하였다. 그의 이러한 정신분석법은 어린 시절의 고통스러운 경험을 불러들여 몰아내는 정화와 연관되어 있다.

하지만 조정이론에서는 이러한 정화이론에 반론을 펼친다. 즉 비극은 연민과 공포를 불러일으킨 뒤에 이들 감정을 밖으로 몰아내는 것이 아니라 그 감정들을 적절히 제어할 수 있게 해 주는 것으로 이해하고, 그런 조정의 효과가 발생하는 것을 카타르시스라고 본다. 플라톤은 감정이 이성에 대한 위협이라고 생각하였으나 아리스토텔레스는 감정이 이성 못지않게 인간의 중요한 일부라고 생각했다. 감정은 그 자체가 해로운 것이 아니며 적절히 통제되지 못할 때에만 해롭다고 ⓒ 간주했다. 이처럼 조정이론은 감정의 몰아내기라는 개념을 동반하지 않는다. 연민은 흔히 좋은 감정으로 파악되며 적절한 공포는 건강에 좋은 것이 된다. 이 조정이론은 정신의 건강이 양극단 사이의 중용에 있다고 본 아리스토텔레스의 『니코마코스 윤리학』에서 그 논거를 ⓓ 원용한 것이다. 이 윤리학에 기초한 조정이론에 따르면 카타르시스는 일종의 정신적, 도덕적인 길들이기가 된다. 이를 통해 비극을 구경하는 이들은 연민이나 공포와 같은 감정의 적절한 효용을 배우게 된다.

이러한 조정이론은 다시 두 가지의 관점으로 나누어 이해할 수 있다. 먼저 르네상스 시기에 카스텔베트로를 ⓔ 위시한 몇몇은 비극이 감정을 단련시켜 준다고 하였다. 싸움터에서 병사들이 동료의 죽음을 빈번하게 목격하게 되면서 죽음의 공포를 극복하게 되듯이 구경꾼들은 비극 속에서 끔찍하고 보기 딱한 사건을 구경함으로써 가파른 삶의 실상에 익숙해진다는 것이다. 한편 18세기 독일의 레싱 같은 비평가는 비극이 감수성을 예민하게 함으로써 구경꾼의 심성을 부드럽게 순화시켜 준다고 주장하였다. 이 둘은 모두 조정이론이라는 점에서는 비슷하나 세부적인 설명에서는 서로 다른 관점을 보이고 있다.

플라톤이 비극의 가치를 공격한 것에 대한 답변으로서, 또 비극을 올바로 이해하기 위한 하나의 관점으로서 아리스토텔레스의 『시학』에서 논의된 카타르시스는 오늘날까지 논쟁적이면서도 설득력 있는 쟁점으로 이어져 오고 있다.

27 윗글의 전개 과정을 고려하여 ㉠을 가장 잘 이해한 것은?

① 비극의 효용을 부정하는 플라톤과 그 반대의 입장을 취하는 아리스토텔레스 사이의 논쟁이 후대의 이론가들에 의해 더욱 심화되었다는 의미로 이해할 수 있겠군.

② 아리스토텔레스가 『시학』에서 언급한 화두인 카타르시스가 후대 이론가들의 여러 논의로 파생되면서 비극의 가치가 재조명될 수 있었다는 의미로 이해할 수 있겠군.

③ 아리스토텔레스가 정화와 조정의 두 관점으로 해석한 카타르시스의 개념을 후대 이론가들이 통합시킴으로써 『시학』의 학문적 위상을 높였다는 의미로 이해할 수 있겠군.

④ 아리스토텔레스가 정의한 카타르시스의 개념을 후대의 몇몇 이론가들이 다양한 관점에서 재해석하여 중세와 르네상스의 사상적 가교 역할을 했다는 의미로 이해할 수 있겠군.

⑤ 비극의 향유자가 경험하는 카타르시스의 작용 원리를 후대 이론가들이 고전 의학이나 특정 윤리학으로 확대 적용함으로써 비극의 효용성을 강화했다는 의미로 이해할 수 있겠군.

28 **윗글을 통해 알 수 있는 내용으로 적절하지 않은 것은?**

① 조정이론은 감정이 조정되는 양상에 따라 두 가지 관점으로 나뉜다.

② 프로이트의 정신분석법은 카타르시스의 정화이론과 깊은 관련이 있다.

③ 아리스토텔레스는 아무리 좋은 감정이라도 적절히 제어하지 못하면 해롭다고 보았다.

④ 플라톤은 이성이 감정을 제어할 수 없다는 점에서 카타르시스의 효용을 인정하지 않았다.

⑤『니코마코스 윤리학』은 극단보다는 중용을 지향하는 태도가 정신 건강에 좋다고 주장한다.

29 **〈보기〉는 '카타르시스'와 관련된 과제 발표 수업의 일부이다. 윗글을 바탕으로 학생들의 발표 내용을 설명한 것으로 적절하지 않은 것은?** [3점]

〈보기〉

선생님 : 자, 지난 시간에는 카타르시스에 대해 함께 공부를 했습니다. 그리고 과제로 셰익스피어의 유명한 비극 작품「리어왕」을 각자 읽어 오라 했었는데요. 그러면 오늘은「리어왕」을 읽고 난 후에 개인이 느낀 감상을 카타르시스의 관점에서 자유롭게 이야기해 보도록 합시다.

가 영 : 셋째 딸 코델리아가 왕으로부터 부당한 버림을 받는 장면에서는, 제가 어릴 적에 아버지에게 억울하게 혼이 났던 일이 생각나면서 갑자기 눈물이 났습니다. 그런데 눈물이 그치고 나니 이상하게도 십 년 묵은 체증이 싹 사라지는 듯한 느낌을 받았습니다.

나 영 : 질투에 눈이 먼 첫째 딸이 둘째 딸을 독살한 후 가책을 느껴 자살하는 장면을 보면서, 인생이 헛된 야망으로 허무하게 끝이 날 수도 있음을 알게 되었습니다. 그리고 죽음이란 것이 항상 우리 곁에 맴돌고 있다는 점을 염두에 두고 의연하게 삶을 영위해 나가야겠다고 생각했습니다.

다 영 : 리어왕과 그 딸들이 겪은 비극적인 가족사를 접하면서 가족에 대한 사랑의 소중함을 느꼈습니다. 그러면서 그동안 가족들에게 퉁명스러웠던 내 모습을 되돌아보게 되었고, 부모님과 누나, 형을 대하는 마음가짐이 훨씬 더 부드러워졌습니다.

① '가영'이 코델리아에 대한 연민의 감정이 마음속에 환기된 후 이것을 마음 밖으로 몰아내는 경험을 한 것은 카타르시스의 재귀적 과정을 보여 주는 것으로 볼 수 있겠군.

② '가영'이 코델리아에게서 자신이 어릴 적 겪었던 일을 떠올리며 마음이 정화되는 느낌을 받은 것은 동류요법과 관련된 카타르시스를 경험한 것으로 볼 수 있겠군.

③ '나영'이 두 자매의 비극적인 죽음에서 삶의 허무함을 느끼고 이것이 누구에게나 일어날 수 있는 것임을 인식한 것은 카스텔베트로가 주장한 카타르시스를 경험한 것으로 볼 수 있겠군.

④ '나영'이 의연하게 삶을 영위해 나가고자 하는 것은 연민과 공포의 감정을 배제하는 과정을 통해 카타르시스를 느끼며 도덕적으로 길들여진 결과라고 볼 수 있겠군.

⑤ '다영'이 비극적인 이야기를 접하고 이전과 달리 가족들을 대하는 심성이 부드럽게 순화되는 느낌을 받은 것은 레싱이 주장한 카타르시스를 경험한 것으로 볼 수 있겠군.

30 ⓐ~ⓔ의 사전적 의미로 적절하지 <u>않은</u> 것은?

① ⓐ : 겉으로 드러나지 않고 속에 잠겨 있거나 숨어 있음.
② ⓑ : 나쁜 상태나 타락한 상태에 빠짐.
③ ⓒ : 확실하게 알아보거나 인정함.
④ ⓓ : 주장을 세우기 위해 어떤 문헌 내용을 끌어다 씀.
⑤ ⓔ : 여럿 가운데 어떤 대상을 첫째 또는 대표로 삼음.

[31~34] 다음 글을 읽고 물음에 답하시오.

[앞부분 줄거리] 셋방살이를 하고 있는 '나'(권기용)는 아내 수술비를 구하고자 복면강도가 되어 집주인인 오 선생네 안방을 침입하지만 정체가 탄로 나고 만다. 그 길로 집을 나온 '나'는 자살을 시도하다 깨어난 뒤, 집으로 돌아온다. '나'는 취직을 위해 노력하지만, 전과 기록과 나이 때문에 계속 실패한다. 그러던 어느 날 '나'는 동림산업 사장이 타고 가던 차에 치이게 된다. 동림산업 측에서 합의의 조건으로 보상금과 취직 두 가지 중 하나를 선택할 것을 제안하자, '나'는 취직을 택한다.

"권 씨, 웃으시오, 웃어요."

합의서가 작성되고 나자 별안간에 비서가 강요하다시피 나한테 웃음을 재촉했다. 쌍방 사이에 오가는 이야기를 잠자코 듣고만 있던 기자라는 친구가 내 얼굴에 카메라를 들이대고 있었다. 나는 깜짝 놀라 붕대에 묶이지 않은 오른손을 들어 얼굴을 가렸다.

"왜들 이러는 거요?"

안 나오는 웃음을 강요당하는 것도 마뜩잖은 일이거니와, 더구나 허락도 없이 남의 얼굴을 멋대로 훔치려 드는 그 소행에는 더 참을 수가 없었다.

"구태여 사진까지 찍을 필요는 없잖습니까?"

나만큼이나 놀랐던지 오 선생도 옆에서 항의를 했다.

"다아 권 씰 위하느라고 그러는 거요. 기왕 찍는 김에 기분 좋게 한바탕 웃는 포즈를 취해 주시오."

비서의 주문에 따라 기자가 병상 주위를 돌면서 마구 셔터를 눌러댔다.

〈중략〉

다음 날 오후에 오 선생이 석간을 들고 하얗게 질린 표정으로 헐레벌떡 달려왔다.

"이렇게 지독하게 나올 줄은 상상도 못했어요!"

[A] 나는 오 선생이 코앞에 펼쳐 보이는 기사를 읽었다. '마르지 않은 인정의 샘'이라는 큰 제목 밑에 작은 제목으로 '자해(自害) 상습범에 뻗친 갱생(更生)의 손길'이라고 적혀 있고, 침대 위에 누운 채 면목 없다는 듯이 손바닥을 펴서 턱 부근을 약간 가리고 있는 사내의 사진이 그 아래 들어가 있었다. 그것이 바로 내가 '전비(前非)를 뉘우치면서' 괴로워하는 모습이었다. 한마디로 그것은 허위투성이의 기사였다. 우선 '권기용 씨(가명 · 37세, 경기도 성남시 태평동 거주)'라고 기재된 인적 사항부터가 엉터리였다. 엄연한 내 본명을 가명이라고 적어 놓은 것이다. 특히나 심한 것은 가해자와 피해자를 뒤바꿔 놓은 그 점이었다. 멀쩡한 대낮에 불의의 교통사고를 위장해서 금품을 갈취할 목적으로 달리는 차에 뛰어들었다는 것이다. 어떻게 알아냈는지 내가 전과자임을 밝힌 그 대목만은 움직일 수 없는 사실이었다. 그러나 그것도 읽는 사람으로 하여금 자해 행위를

하다가 얻은 전과인 듯이 그릇된 인상을 줄 염려가 다분하게 매우 애매한 서술 방식을 취하고 있었다. 내 잘못을 모두 용서하고 나를 자기 회사 사원으로 특채함으로써 응달 속의 인생에 거듭나는 기쁨을 안겨 준 미담의 주인공 오 사장은 왕방(往訪)한 기자에게 다음과 같이 말하고 있었다.

"죄는 미워할 수 있어도 인간을 미워할 수는 없습니다. 약간 여유가 있는 사람으로서 사회를 위해 당연히 해야 할 일을 했을 뿐인데 번번이 남들이 알게 돼서 그저 부끄럽기만 할 뿐입니다."

끝으로 그 기사는, 화제의 인물 오만한 사장이 과거에도 부지기수로 어려운 사람들을 형제처럼 도운 바 있는 숨은 독지가이며, 그가 경영하는 동림산업은 목화표 섬유 제품을 생산하는 전도유망한 신진기업이라고 소개하고 있었다.

"이따위 놈들은 가만 내버려 둬선 안 됩니다! 명예 훼손이 아니라 집단 폭행죄로 고소를 해야 합니다!"

[B] 오 선생은 흥분을 억제하지 못해 연신 안절부절을 못했다. 오히려 당사자인 내가 그를 진정시키고 위로할 정도였다. 그의 흥분을 나는 십분 이해할 수 있었다. 크게는 구두를 태운 뒤로 무섭게 변모해 버린 이웃에 대한 여전한 애정이자 새로운 우려의 표시일 것이었다. 그리고 작게는 처음부터 이번 일에 대리인 자격으로 깊이 관여한 데서 느껴지는 책임감 때문일 것이었다. 하지만 나는 오 선생이 걱정해 주는 것만큼 그렇게 비참한 기분은 아니었다. 의식적이든 무의식적이든 나로서는 진즉부터 예감하고 마음으로 대비해 나온 수많은 경우 중의 하나에 지나지 않았다.

"그들은 그들대로 계산이 있겠지만 전 저대로 또 계산이 있습니다. 실직자인 데다가 전과자라는 사실까지 밝혀진 건 내 약점이고, 그 약점을 이용해서 제멋대로 허위 보도를 하게 만든 건 그들의 약점입니다. 서로가 상대방의 약점을 최대한 활용해서 공존동생 하겠다는 세상 아닙니까. 내 손에도 약점 한 가지가 쥐어진 이상 저들이 나한테 건넨 약속은 이제 어느 정도 보장을 받은 셈입니다. 모르는 척하고 그냥 넘어갑시다."

"권 선생, 사람이 이런 취급을 당하고도 부끄럽지도 않소? 분하고 억울하지도 않소?"

오 선생이 그렇게 흥분하면 할수록 더욱더 차갑게 가라앉는 나 자신이 스스로 생각해도 두렵고 끔찍하게 느껴질 지경이었다.

"오 선생한테 빚지고 신세지면서 살아가는 거나 이런 취급을 당하는 거나 부끄럽긴 아마 마찬가질 겁니다. 허지만 같은 값이면 이제부터라도 빚 안 지고 신세 안 져도 되는 부끄러움 쪽을 택하고 싶습니다. 구두를 태우기 전이면 오 선생보다 훨씬 더 분하고 억울하다고 펄펄 뛰었을 겁니다. 허지만 오 선생도 아시다시피 ㉮ <u>이미 구두를 태워버린 겁니다.</u>"

"땅바닥에다 내던지는 걸 주워 먹는 똥개 신세는 결코 되지 않겠다고 그러셨죠? 천만에요! 내 눈엔 지금 권 선생이 똥개 그 이하로밖에 안 보입니다. 전에 단대리에서 살 적에 우리집 동준이란 놈이 시궁창에다 과자를 집어던지는 걸 봤습니다. 동네 꼬마 하나가 그걸 주워 먹겠다고 둑 밑으로 내려갑디다. 그걸 보고 나는 꼬마 녀석을 때리는 대신에 내 자식 놈을 마구 때렸습니다."

"수진리 고개 밑에 가면 양산도집이란 술집이 있죠. 그 집에서 전에 작부로 일하던 신 양이라고 혹시 아십니까? 모르시죠? 그 여자를 오 선생한테 보여드리고 싶습니다. 그 여자하고 긴 얘기를 나누고 나면 아마 오 선생도 누구를 때리고 싶다, 누구를 때렸다는 말을 그렇게 힘 안 들이고 할 수는 없게 될 겁니다. 오 선생 생각은 오 선생이 경험한 바탕 안에서만 출발하고 멈춥니다. 자기 경험만을 바탕으로 남의 생각까지 재단하기는 애당초 무립니다. 오 선생은 보름 안에 자기 손으로 집을 지어본 적 있습니까? 배고프다고 시위하다 말고 엎어진 트럭에 벌떼같이 달려들어서 참외를 주워 먹는 인생들을 본 적 있습니까? 죽었다가 살아난 경험은요? 그리고 생명만큼 아끼던 자기 구두를 태우는 아픔은요? 이건 결코 자랑이 아닙니다. 내가 경험한 이런 일 모두가 사회 탓이라고 세상을 원망하는 것도 아닙니다. 내가 모자란 탓에 자업자득으로 그런 거니까 뒤늦게나마 좀 넉넉해보자는 겁니다. 보기 나름이고 생각하기 나름입니다. 후회를 하더라도 아주 나중에 하겠습니다. 오 선생더러 박수를 쳐달라고 그러는 게 아닙니다. 산속으로 끝까지 가 봐도 길이 없으니까 이제부터 되돌아서 들판 쪽으로 나와 보려는 것뿐입니다."

– 윤흥길, 「직선과 곡선」 –

31 [A]와 [B]에 대한 설명으로 적절한 것은?

① [A]에서는 [B]에서 '나'가 보이는 내적 갈등의 원인을 구체적으로 보여 주고 있다.

② [B]에서는 [A]에서 일어난 사건이 가져 올 결과를 애써 외면하는 '나'의 심리가 드러나 있다.

③ [A]에서는 '나'의 현실적 상황을, [B]에서는 '나'의 주관적 판단을 중점적으로 서술하고 있다.

④ [A]에서는 '나'의 체험을 바탕으로, [B]에서는 '나'의 회상을 바탕으로 서사를 전개하고 있다.

⑤ [A]와 [B]에서는 모두 구체적인 행동 묘사와 '나'의 추측을 통해 인물의 성격을 제시하고 있다.

32 〈보기〉를 참고하여 윗글을 감상한 내용으로 적절하지 <u>않은</u> 것은?

〈보기〉

1970년대를 배경으로 하는 한국 소설에는 산업화로 인한 인간성의 상실, 비합리적 사회 상황, 물신주의 등의 문제가 나타난다. 이 작품은 산업화에 적응하지 못한 채 소외된 삶을 살아가고 있는 사회적 약자의 비참한 모습과 금력을 바탕으로 이윤 추구를 위해 폭력을 행사하는 자본가의 교활하고 위선적인 모습을 통해 우리 사회의 부정적 모습을 단적으로 보여 준다. 작가는 이 작품 속에서 인물들 간의 유대감을 모색하지만 서로에 대한 이해 없이는 진정한 유대가 이루어지기 힘들다는 것을 보여 주고 있다.

① '나'가 '자해 상습범'으로 조작되어 기사화된 것은 사회적 약자에게 가해지는 자본가의 폭력으로 볼 수 있겠군.

② '권 씨'가 본명이 가명으로 바뀐 채 일방적으로 피해자에서 가해자로 전도된 것은 산업화 사회에서 벌어지는 비합리적 상황을 보여 준다고 할 수 있겠군.

③ '오 사장'을 미담의 주인공으로 만들기 위해 '나'를 홍보의 수단으로 전락시킨 것은 이윤 추구를 위해 진실을 왜곡하는 자본가의 위선적 모습을 보여 주는군.

④ '양산도집'의 '신 양'을 '오 선생'에게 보여 드리고 싶다는 '나'의 말에는 산업화에 적응하지 못한 채 소외된 삶을 살아가고 있는 사회적 약자에 대한 연민이 담겨 있겠군.

⑤ '나'가 기사 조작을 문제화하려는 '오 선생'을 이해하지 못하고 있는 것이 두 사람이 유대감을 형성하는 데 방해가 되는 주요 원인이 된다고 할 수 있겠군.

33 〈보기〉는 윗글의 전작 소설의 일부이다. 〈보기〉를 고려할 때 ㉮에 담긴 의미를 가장 잘 이해한 것은?

〈보기〉

비잉 둘러가며 구두 전체에 약을 한 벌 올리고 나서 가볍게 솔질을 가하여 웬만큼 윤이 나자 이번엔 우단 조각으로 싹싹 문질러 결정적으로 광을 내었다. 내 보기엔 그런 정도만으로도 훌륭한 것 같은데 권 씨는 거기에 만족하지 않고 계속해서 같은 동작을 반복했다. 그만한 일에도 무척 힘이 드는지 권 씨는 땀을 흘렸다. 숨을 헉헉거렸다. 침을 퉤퉤 뱉었다. 실상 그것은 침이 아니었다. 구두를 구두 아닌 무엇으로, 구두 이상의 다른 어떤 것으로, 다시 말해서 인간이 발에다 꿰차는 물건이 아니라 얼굴 같은 데를 장식하는 것으로 바꿔놓으려는 엉뚱한 의지의 소산이면서 동시에 신들린 마음에서 솟는 끈끈한 분비물이었다. 권 씨의 손이 방추(紡錘)처럼 기민하게 좌우로 쉴 새 없이 움직이고 있었다. 마침내 도금을 올린 금속제인 양 구두가 번쩍번쩍 빛이 나게 되자 권 씨의 시선이 내 발을 거쳐 얼굴로 올라왔다. 그는 활짝 웃고 있었다. 그의 눈이 자기 구두코만큼이나 요란하게 빛을 뿜었다.

– 윤흥길, 「아홉 켤레의 구두로 남은 사내」 중 –

① 자신이 처한 가난한 현실을 타개해 나갈 수 없다는 무력감을 행동화한 것이다.
② 자존심을 지킬 수 없도록 만든 사회에서 도피하고자 하는 의지를 드러낸 것이다.
③ 지켜왔던 자존심을 접고 현실에 타협하는 삶을 살아가려는 심리를 표출한 것이다.
④ 주변인으로서의 삶을 살아가면서 느낀 현실의 부정적 속성들을 들추어 고발한 것이다.
⑤ 현실에 순응하고자 하는 마음과 가치관을 지키고자 하는 마음 사이의 갈등을 나타낸 것이다.

34 〈보기〉는 윗글의 내용을 '오 선생'의 시선으로 요약하여 재구성하는 과제를 수행한 것이다. 윗글의 내용에 부합하지 않는 것은? [3점]

〈보기〉

㉠ 권 씨가 동림산업 사장이 탄 차에 치여 병원에 실려 갔다. 회사의 비서라는 사람이 병원에 왔고, ㉡ 권 씨의 취직을 대가로 교통사고를 무마하는 합의서가 작성되었다. 그런데 비서가 데려온 기자가 갑자기 권 씨의 사진을 찍기 시작했다. ㉢ 나도 놀랐지만 권 씨도 놀라 함께 항의를 했다. 더욱더 충격적인 일은 그 다음날 벌어졌다. 피해자인 권 씨가 신문 기사에서 자해 상습범으로 조작되었고, 가해자인 회사의 사장은 미담의 주인공으로 소개되고 있던 것이다. ㉣ 기사를 보고 너무나 어이가 없어서 우리는 함께 분노했지만 나와 달리 권 씨는 이내 냉정을 되찾았다. 그리고 기사의 조작을 문제 삼지 않겠다는 말을 했다. ㉤ 변변한 일자리가 없었던 권 씨이기에 취직이 꼭 필요한 처지였겠지만, 인간으로서 이런 대우를 받으면서 참고 있다는 것이 말이나 되는가? 그동안 권 씨를 위해 나름대로 애를 쓴다고 했는데, 이번 일로 나는 권 씨에 대해 실망을 느끼지 않을 수 없었다.

① ㉠　② ㉡
③ ㉢　④ ㉣
⑤ ㉤

[35~38] 다음 글을 읽고 물음에 답하시오.

(가)

[A]
어느 사이에 나는 아내도 없고, 또,
아내와 같이 살던 집도 없어지고,
그리고 살뜰한 부모며 동생들과도 멀리 떨어져서,
그 어느 바람 세인 쓸쓸한 거리 끝에 헤매이었다.
바로 날도 저물어서,
바람은 더욱 세게 불고, 추위는 점점 더해 오는데,
나는 어느 목수네 집 헌 삿*을 깐,
한 방에 들어서 쥔을 붙이었다.

[B]
이리하여 나는 이 습내 나는 춥고, 누긋한 방에서,
낮이나 밤이나 나는 나 혼자도 너무 많은 것같이 생각하며,
딜옹배기에 북덕불*이라도 담겨 오면,
이것을 안고 손을 쬐며 재 우에 뜻 없이 글자를 쓰기도 하며,
또 문밖에 나가지도 않고 자리에 누워서,
머리에 손깍지 베개를 하고 굴기도 하면서,
나는 내 슬픔이며 어리석음이며를 소처럼 연하여 새김질하는 것이었다.
내 가슴이 꽉 메어 올 적이며,
내 눈에 뜨거운 것이 핑 괴일 적이며,
또 내 스스로 화끈 낯이 붉도록 부끄러울 적이며,
나는 **내 슬픔과 어리석음에 눌리어 죽을 수밖에 없는 것**을 느끼는 것이었다.

[C]
그러나 잠시 뒤에 나는 고개를 들어,
허연 문창을 바라보든가 또 눈을 떠서 높은 천장을 쳐다보는 것인데,
이 때 나는 내 뜻이며 힘으로, 나를 이끌어 가는 것이 힘든 일인 것을 생각하고,
이것들보다 더 크고, 높은 것이 있어서, **나를 마음대로 굴려 가는 것**을 생각하는 것인데,

[D]
이렇게 하여 여러 날이 지나는 동안에,
내 어지러운 마음에는 슬픔이며, 한탄이며, 가라앉을 것은 차츰 앙금이 되어 가라앉고,
외로운 생각만이 드는 때쯤 해서는,
더러 나줏손*에 쌀랑쌀랑 **싸락눈**이 와서 **문창을 치기도 하는** 때도 있는데,
나는 이런 저녁에는 화로를 더욱 다가 끼며,
무릎을 꿇어 보며,
어느 먼 산 뒷옆에 바위 섶에 따로 외로이 서서,
어두워 오는데 하이야니 눈을 맞을, 그 마른 잎새에는,
쌀랑쌀랑 소리도 나며 눈을 맞을,
그 드물다는 **굳고 정한 갈매나무라는 나무를 생각하는 것이었다.**

– 백석, 「남신의주유동박시봉방」 –

*삿 : 갈대로 엮은 삿자리.
*북덕불 : 짚이나 풀 등을 태운 화롯불.
*나줏손 : 저녁 무렵.

(나)

㉠ <u>한기태심(旱旣太甚)*ᄒᆞ야 시절(時節)이 다 느즌 졔 서주(西疇) 놉흔 논애 잠깐 긴 녈비</u>예 도상(道上) 무원수(無源水)를 반만깐 ᄃᆡ혀 두고 쇼 ᄒᆞᆫ 젹 듀마 ᄒᆞ고 엄섬이 ᄒᆞ는 말삼 친절(親切)호라 너긴 집의 달 업슨 황혼(黃昏)의 허위허위 다라가셔 구디 다든 문(門) 밧긔 어득히 혼자 서셔 큰 기츰 아함이를 양구(良久)토록 ᄒᆞ온 후(後)에,

어화 긔 뉘신고 염치(廉恥) 업산 ᄂᆡ옵노라. 초경(初更)도 거윈ᄃᆡ 긔 엇지 와 겨신고. 년년(年年)에 이러ᄒᆞ기 구차(苟且)ᄒᆞᆫ 줄 알건만는, 쇼 업슨 궁가(窮家)애 혜염 만하 왓삽노라. 공ᄒᆞ니나 갑시나 주엄즉도 ᄒᆞ다마는 다만 어제밤의 거넨집 져 사람이 목 불근 수기치(雉)*을 옥지읍(玉脂泣)게 ᄭᅮ어ᄂᆡ고 간 이근 삼해주(三亥酒)를 취(醉)토록 권(勸)ᄒᆞ거든 이러한 은혜(恩惠)을 어이 아니 갑흘넌고. 내일(來日)로 주마 ᄒᆞ고 큰 언약(言約) ᄒᆞ야거든 실약(失約)이 미편(未便)ᄒᆞ니* 사셜이 어려왜라.

실위(實爲) 그러ᄒᆞ면 혈마 어이ᄒᆞᆯ고. ㉡ <u>헌 먼덕 수기 스고 측 업슨 집신에 설피설피 물너오니 풍채(風采) 저근 형용(形容)애 ᄀᆡ 즈칠 ᄲᅮᆫ이로다.</u> 와실(蝸室)에 드러간ᄃᆞᆯ 잠이 와사 누어시랴. 북창(北窓)을 비겨 안자 ᄉᆡ비를 기다리니 무정(無情)ᄒᆞᆫ 대승(戴勝)은 이ᄂᆡ 한(恨)을 도우ᄂᆞ다. 종조추창(終朝

惆悵)* 하며 먼 들흘 바라보니 즐기는 농가(農歌)도 흥(興) 업서 들리나다. **세정(世情) 모른 한숨**은 그칠 줄을 모라나다. ㉢ 아까온 져 소뷔*는 볏보님도 됴홀세고. 가시 엉긘 묵은 밧도 용이(容易)케 갈련마는, 허당반벽(虛堂半壁)에 슬듸업시 걸려고야. 춘경(春耕)도 거의거다 후리쳐 더뎌 두쟈.

강호(江湖) 한 꿈을 꾸언지도 오리러니, **구복(口腹)이 위루(爲累)하야 어지버 이져떠다.** 첨피기욱(瞻彼淇澳)* 한듸 녹죽(綠竹)도 하도 할샤. 유비군자(有斐君子)들아 낙대 하나 빌려사라. 노화(蘆花) 깁픈 곳애 명월청풍(明月淸風) 벗이 되야, 님자 업손 풍월강산(風月江山)애 절로절로 늘그리라. 무심(無心)한 백구(白鷗)야 오라 하며 말라 하랴. 다토리 업슬손 다문인가 너기로라.

㉣ 무상(無狀)한 이 몸애 무슨 지취(志趣)* 이스리마는, 두세 이렁 밧논를 다 무겨 더뎌 두고 이시면 죽(粥)이오 업시면 굴물망졍 남의 집 남의 거슨 젼혀 부러 말렷노라. 니 빈천(貧賤) 슬히 너겨 손을 헤다 물너가며, 남의 부귀(富貴) 불리 너겨 손을 치다 나아오랴. **인간(人間) 어니 일이 명(命) 밧긔 삼겨시리.** 빈이무원(貧而無怨)을 어렵다 하건마는, 니 생애(生涯) 이러호듸 설온 뜻은 업노왜라. ㉤ 단사표음(簞食瓢飮)을 이도 족(足)히 너기로라. 평생(平生) 한 뜻이 온포(溫飽)*애는 업노왜라. **태평천하(太平天下)애 충효(忠孝)를 일을 삼아** 화형제(和兄弟) 신붕우(信朋友) 외다 하리 뉘 이시리. 그 밧긔 남은 일이야 삼긴 대로 살렷노라.

– 박인로, 「누항사」 –

*한기태심 : 가뭄이 이미 크게 심함.
*수기치 : 수평.
*실약이 미편하니 : 약속을 어기는 것이 편하지 못하니.
*종조추창 : 아침이 끝날 때까지 슬퍼함.
*소뷔 : 쟁기.
*첨피기욱 : 저 기수 물굽이를 바라보니.
*지취 : 뜻과 취향.
*온포 : 따뜻하게 입고 배불리 먹음.

35 (가), (나)의 공통점으로 가장 적절한 것은?

① 색채 이미지의 선명한 대조를 통해 주제 의식을 강조하고 있다.

② 탈속적인 공간을 묘사하여 자연 친화적인 태도를 보여 주고 있다.

③ 추상적 대상의 구체적 형상화를 통해 내적 정서를 부각하고 있다.

④ 대화체와 음성 상징어를 활용하여 상황을 실감나게 전달하고 있다.

⑤ 감각을 전이시키는 방법을 통해 계절감을 효과적으로 드러내고 있다.

36 〈보기〉를 바탕으로 (가), (나)를 이해한 내용으로 적절하지 않은 것은? [3점]

〈보기〉

백석의 「남신의주유동박시봉방」과 박인로의 「누항사」는 개인의 삶 속에서 일어나는 일들이 숙명에 의해 정해져 있다는 운명론적 세계관을 담고 있다. 두 작품의 화자는 자신이 처한 현실을 부정적으로 인식하고 있고, 그러한 현실에 대한 대응 태도를 되돌아보면서 주어진 운명을 수용하고 있다. 그럼으로써 내적 고뇌가 가라앉는 경험을 하게 되고, 지향해야 할 가치를 떠올리며 자기 구원의 길을 모색하고 있다.

① (가)에서는 '나를 마음대로 굴려 가는 것'에서, (나)에서는 '인간 어니 일이 명 밧긔 삼겨시리.'에서 운명론적 세계관을 엿볼 수 있다.

② (가)에서는 '그 어느 바람 세인 쓸쓸한 거리 끝에 헤매이었다.'를 통해 고난과 방랑으로 점철된 삶이, (나)에서는 '구복이 위루하야

어지버 이져쩌다.'를 통해 먹고사는 것이 누가 되는 삶이 화자의 숙명임을 알 수 있다.

③ (가)에서는 '내 슬픔과 어리석음에 눌리어 죽을 수밖에 없는 것'에서, (나)에서는 '세정 모른 한숨'에서 화자 자신이 처한 현실에 대한 부정적 인식을 보여 주고 있음을 알 수 있다.

④ (가)에서는 '문창을 치기도 하는' '싸락눈'이, (나)에서는 '무심훈 백구'가 화자로 하여금 내적 고뇌가 가라앉는 경험을 하게 하는 매개체라고 할 수 있다.

⑤ (가)에서는 '굳고 정한 갈매나무라는 나무를 생각하는 것이었다.'에서 자신이 처한 현실을 이겨내려는 모습을, (나)에서는 '태평천하애 충효를 일을 삼아'에서 관념적 이상을 추구하려는 의지를 보임으로써 화자가 자기 구원의 길을 모색하고 있음을 알 수 있다.

37 (가)의 [A]~[D]에 대한 설명으로 적절하지 않은 것은?

① [A] : 가족 공동체의 해체로 외로운 처지에 놓이게 된 삶의 역정을 보여 주고 있다.

② [B] : 자기 한 몸도 감당하기 어려운 무기력한 삶을 성찰하는 모습을 표현하고 있다.

③ [C] : 삶이 주는 고통이 내면화되면서 비애가 심화되고 있는 상황을 드러내고 있다.

④ [D] : 동일시할 수 있는 외적 대상을 연상하며 위안을 얻고 있는 내면을 담고 있다.

⑤ [A]~[D] : 시상이 절망에서 희망으로 전환되는 정서적 추이를 보여 주고 있다.

38 (나)의 ㉠~㉤을 이해한 내용으로 적절하지 않은 것은?

① ㉠ : 자연현상을 제시하여 화자가 자신의 비참한 처지를 직시하게 되는 사건의 발단을 제공하고 있다.

② ㉡ : 감각적 이미지를 활용하여 소기의 목적을 달성하지 못한 화자의 서글픈 심정을 효과적으로 표현하고 있다.

③ ㉢ : 농기구가 제 용도를 발휘할 수 없는 상황을 강조하여 농사일을 포기할 수밖에 없는 화자의 아쉬움을 드러내고 있다.

④ ㉣ : 내적 지향과 외적 환경을 대비하여 이상과 현실 사이의 괴리에서 오는 화자의 안타까움을 강조하고 있다.

⑤ ㉤ : 단정적인 표현을 활용하여 청빈하고 소박한 삶을 긍정함으로써 물질적 가치를 멀리하고자 하는 화자의 다짐을 표현하고 있다.

[39~43] 다음 글을 읽고 물음에 답하시오.

(가) 우리나라의 고전 세태소설은 당대 사회의 풍속, 제도, 인물들의 가치관 등을 제재로 한다. 그리고 부정적 사회 현실에 대한 저항이나 개혁 등을 주제로 다루기보다는 급변하는 정치, 경제, 사회적 상황을 사실적으로 반영하는 경향을 보인다.

이 소설들은 조선 후기 실학사상의 영향을 받아 당대의 사회적 현실에 대한 관심이 높아지면서 본격화되었다. 조선 후기는 중세 사회를 지탱하던 신분제가 무너지면서 신분보다 경제력을 중시하는 경향이 농후해진 시기이다. 또한 경제력을 우선시하는 새로운 사회구조에 적응하지 못한 무능한 가장

들이 많아지고 적극적인 여성들이 등장할 수 있는 사회적 분위기가 형성되면서 가정이나 사회에서 남녀의 역할이 전도되는 현상이 나타나기도 했다.

조선 후기의 세태소설은 이러한 당시 사회의 급격한 변화 양상을 보여 주는 서사적 특징을 보인다. 이러한 특징은 당대의 사회적 관심사인, 전통적인 신분 제도가 와해되면서 생긴 계층 간의 갈등, 관념적 가치보다 물질적 가치를 추구하는 인물들의 삶의 양태 등을 담은 다양한 사건을 그리고 있는 데서 엿볼 수 있다. 조선 후기의 세태를 잘 담아내고 있는 대표적 작품으로는 노비들이 상전의 재물을 탈취하는 사건을 소재로 한 「김학공전」, 주색잡기에 빠져 가산을 탕진하는 춘풍의 이야기를 다룬 「이춘풍전」을 들 수 있다.

(나) 노자(奴子) 중 박명석(朴明錫)이라 하는 놈이 흉계를 생각하고 저의 동류(同類)를 청하여 의논 왈,

"우리가 매양 남의 종노릇만 할 것 없으니, 지금 상전이 부인과 어린아이뿐이라. 이때를 타서 상전을 다 죽이고 금은보화를 탈취하여 가지고 무량 계도(桂島) 섬에 가 양민(良民)이 됨이 어떠하뇨."

하니, 모든 노속(奴屬)이 일시에 응하거늘, 명석이 모든 사람에게 허락을 받은 후 하는 말이,

"그대들의 뜻이 이러할진대 모월 모일에 잔치를 배설(排設)하고 그 날로 계교를 행하자."

하고 각각 돌아가니라.

이때에 학공의 유모가 마침 명석의 집에 갔다가 이같이 의논하는 말을 엿들은 후에 마음이 떨리고 가슴이 서늘하여 가만히 생각한즉,

'이 말을 부인에게 전하면 내가 그놈에게 죽을 것이요, 아니 고하면 인정상 차마 못할 바이라.'

하고 유예하여 미결하던 차에, 일일은 노자(奴子) 제인(諸人)이 잔치를 배설한다 하거늘, 유모 마지못하여 들어가 부인에게 이 말을 자세히 고하고 정신없이 앉아 눈물을 흘리거늘, 부인이 이 말을 들으매 천지가 아득하여 기절하였다가, 반향(半餉)만에야 겨우 정신을 차려 가슴을 두드리며 하는 말이,

"이것이 어인 말인고. 이러한 흉계가 있으되 망연히 아지 못하고 이 같은 대환(大患)을 당하니 이 일을 장차 어찌 하리오. 미덕과 나의 목숨은 고사하고 만일 학공을 죽이면 김씨의 향화(香火)를 뉘라서 받들리오. 세상 천하에 이 같이 망극한 일이 어디 있으리오. 바라건대 유모는 좋은 묘책을 생각하여 학공을 살려 주면 은혜를 황천에 돌아간 고혼이라도 갚을 것이니 깊이 생각하라."

하고 눈물이 비 오듯 하니, ㉠ <u>그 참혹한 경상은 일월이 무광(無光)하고 초목과 금수가 다 슬퍼하더라.</u>

유모 다시 고왈,

"주사야탁(晝思夜柝)에 아무리 생각하여도 좋은 계교 없사오나 인명이 재천이라 하오니 설마 어떠하오리까."

하니, 부인이 유모를 붙들고 통곡하여 왈,

ⓐ <u>"유모의 수단으로 살지 못한다면 노자들을 남녀노소 없이 낱낱이 불러 우리 집 재물을 분급(分給)하야 속량(贖良)하여 주고 목숨을 보전하겠으니 모두 다 데려오라."</u>

하니 유모 하는 말이,

"아무리 생각하와도 저희들이 이미 계교를 정하였으니 듣지 아니 하올지라. 미리 피신함만 같지 못하오니 깊이 생각하옵소서."

부인 왈,

㉡ <u>"도망을 하자 한들 저 놈의 배포 설심(設心)이 이같이 강성하였으니, 혈혈약질(孑孑弱質)이 어린 자녀를 데리고 갈 수도 없고 아니 갈 수도 없으니 이 일을 장차 어찌 하잔 말고."</u>

하며, 학공을 붙들고 실성통곡 왈,

[A] "슬프다. 너의 부친이 나와 무슨 연분이 지중(至重)하여 나이 사십에 자식이 없어 서러워하다가 너의 남매를 얻어 후사(後嗣)를 전하고자 하였더니, 조물(造物)이 시기하여 불행히 너의 부친이 일찌기 세상을 버리시니, 마땅히 뒤를 따르고자 하나 너의 남매를 생각하고 망망한 천지간에 구차히 살았다가, 이 같은 망극지변(罔極之變)을 당하니 어느 친척이 있어 구제하리오. 옥황상제께 비나이다. 유유한 창천(蒼天)은 무죄한 인생을 굽어 살피옵소서."

하며 무수히 통곡하다가, 한 계교를 생각하고 땅을 깊이 파고 학공을 그 속에 넣고 노비 전답 문서를

2018 기출문제

전대에 넣고 허리에 띠고, 먹을 것을 많이 넣고,

"배고프거든 이것을 먹고 문서를 잘 간수하였다가, 요행히 살아나거든 우리의 원수를 갚게 하여라. 슬프다. 우리도 살아나서 너와 한가지로 다시 만나 살면 천행(天幸)이요, 불연(不然)이면 한 칼에 삼모자(三母子)가 다 죽을 것이니 조심하여 잘 있거라."

하며 슬픈 눈물로 이별할 제, 학공이 모친의 치마를 붙들고 통곡하며, 모친은 학공의 손을 붙들고 울다가 자주 혼절하니, 그 가련한 경상을 어찌 보리오. 눈물 아니 흘릴 이 없더라.

– 작자 미상, 「김학공전」 –

(다) 추월이 거동 보소. 춘풍의 재물을 빼앗고 괄세하여 내친다. 슬픈 거동 가련하다. 만나 보면,

"내 눈에 보기 싫다."

석경 면경 혯던지며 생증내어 구박할 제, 성외(城外) 성내(城內) 한량에게 의논하되 들경막의 장작인가 전당(典當)집의 은촛댄가, 썩은 나무 박힌 뿌리런가. 이러할 줄 몰랐던가.

"어디로 갈랴시오. 노자가 부족하면 한대나 보태시오."

돈 한 돈 내어주며 바삐 나가라 재촉하니, 춘풍의 거동 보소. 분한 마음 폭발하여 추월에게 하는 말이,

"우리 둘이 갓 만나서 원앙금침(鴛鴦衾枕) 마주 누워, 불원상리(不遠相離) 굳은 언약 태산같이 언약하여 대동강이 마르도록 떠나가지 말래더니, 이렇듯 깊은 맹세 농담인가. 이제 이 말 웬 말인가."

추월이 이 말 듣고 변색하여 하는 말이,

㉢ "이 사람아, 내 말을 들어 보소. 청루물정 몰랐던가. 장 낭부, 이 낭청도 동가식서가숙(東家食西家宿)하고 노류장화(路柳墻花)는 인개가절(人皆可折)*이라. 평양기생 추월 성식 몰랐던가. 자네가 가져온 돈냥 혼자 먹던가."

이같이 구박하여 등 밀치며 어서 바삐 가라 하니, 춘풍이 분한 중에 탄식하며 전면 기둥 비켜서서 이리저리 생각하니 한심하고 가련하다.

[B] '집으로 가자 하니 무면 도강동(無面 渡江東)이요, 처자도 부끄럽고 또한 막중 호조 돈 이천 냥을 내어다가 한 푼 없이 돌아가면 금부옥(禁府獄)에 가두고 주장대로 지르면 속절없이 죽겠으니 서울로도 못 가겠고, 동서 구걸하자니 그도 또한 못 하겠고, 불원천리 가자니 노자 한 푼 없으되 그도 또한 못 하겠다. 이를 장차 어찌하리. 이럴 줄을 몰랐던가. 후회막급 창연하다. 대동강 깊은 물에 풍덩 빠져 죽자 하니 그도 차마 못하겠고, 석자 세치 지자 수건 목을 매어 죽자 하니 이도 차마 못 하겠네. 답답한 이내 일을 어찌하면 옳단 말인고. 평양 성내 걸인 되어 이 집 저 집 빌자 하니 노소인민 아동주졸(兒童走卒)* 이놈 저놈 꾸짖으니 걸식도 못하리라. 어디로 가잔 말인가.'

이리저리 생각하다가 추월 앞에 나가 앉아 간절히 비는 말이,

㉣ "추월아 추월아. 내 말 잠깐 들어 봐라. 우리 조선이 인정지국(人情之國)이어든 어찌 그리 박절한가. 날 살리게 날 살리게. 내가 자네 집에 도로 있어 물이나 긷고 불 사환(使喚)이나 하고 있으면 어떠할꼬."

추월이 거동 보소. 눈을 흘겨보면서,

"여보소, 이 사람아. 자네가 전 행실을 못 고치고 '하네' 소리하려면 내 집 다시 있지 마소."

이렇듯이 구박하니 춘풍이 하릴없어 '아가씨' 말이 절로 나고 존대가 절로 난다.

[중략 줄거리] 춘풍의 처는 춘풍을 구하기 위해 참판의 도움으로 비장 신분이 되어 평양에 와 추월을 문초한다.

"이년 바삐 다짐하라. 네 죄를 모르느냐."

추월이 정신이 아득하여 겨우 여쭈오되,

"춘풍의 돈은 소녀에게 부당하여이다."

비장이 대로하여 분부하되,

"네 어찌 모르리오. 막중 호조 돈을 영문에서 물어 주랴 본부에서 물어 주랴. 네가 먹었거든 무슨 잔말 아뢰느냐. 너를 쳐서 죽이리라."

주장(朱杖)대로 지르면서,

"바삐 다짐하라."

오십도를 중히 치며 서리같이 호령하니, 추월이 기가 막혀 혼이 질겁을 내어 죽기를 면하려고 아뢰되,

ⓜ "국전(國錢)이 지중하고 관령이 지엄하니, 영문 분부대로 춘풍의 돈을 다 물어 바치리이다."

– 작자 미상, 「이춘풍전」 –

*노류장화는 인개가절이라 : 길가의 버들과 담 밑의 꽃은 아무나 쉽게 꺾을 수 있다.
*아동주졸 : 길거리에서 노는 철없는 아이들이나 떠돌아다니는 사람들.

39 (가)에서 언급한 '조선 후기의 세태 소설'에 대한 설명으로 적절하지 않은 것은?

① 사회 개혁적인 인물을 등장시켜 주제를 형상화한다.
② 조선 후기 실학사상의 영향을 받으면서 본격화되었다.
③ 당대의 풍속, 제도, 인물들의 가치관 등을 제재로 한다.
④ 당대 사람들의 사회적 관심사와 관련된 사건을 다룬다.
⑤ 당대의 시대적 상황을 사실적으로 반영하는 경향을 보인다.

40 (가)를 바탕으로 (나), (다)를 감상할 때, 적절하지 않은 것은? [3점]

① (나)에서 노비 박명석이 노속들에게 '상전을 다 죽이고 금은보화를 탈취하자'는 데서 전통적인 신분 질서가 와해되어 가는 세태를 짐작할 수 있군.
② (나)에서 유모가 학공의 모친에게 노비들의 계교를 알리지 않고 '유예하여 미결하는' 모습에서 당대 사회의 이면에 계층 간의 갈등이 존재하고 있는 세태를 확인할 수 있군.
③ (다)에서 추월이 '춘풍의 재물을 빼앗고 괄세하여 내치며' 경제력에 따라 춘풍을 달리 대접하는 행태에서 물질적 가치를 추구하는 세태를 엿볼 수 있군.
④ (다)에서 춘풍이 추월의 집 '사환이나 하는' 일을 하다가 아내의 도움으로 곤경에서 벗어나는 데서 가부장제가 흔들리고 있는 세태를 짐작할 수 있군.
⑤ (다)에서 비장이 된, 춘풍의 아내가 추월을 문초하며 '바삐 다짐하라'며 강권하는 모습에서 적극적인 여성이 나타난 세태를 살펴볼 수 있군.

41 [A]와 [B]에 대한 설명으로 적절하지 않은 것은?

① [A]는 [B]와 달리 초월자에게 의지하여 문제를 해결하려는 바람을 표현하고 있다.
② [B]는 [A]와 달리 자신의 잘못된 행동에 대한 인물의 회한을 드러내고 있다.
③ [A]는 요약적 진술로, [B]는 나열의 방식으로 인물이 처한 상황을 서술하고 있다.
④ [A]와 [B]는 현재의 상황을 초래한 원인을 알 수 있는 과거의 잘못을 보여 주고 있다.
⑤ [A]와 [B]는 암담하고 절망적인 상황에 놓여 있는 인물의 심리를 나타내고 있다.

42 ㉠~㉤에 대한 설명으로 적절하지 않은 것은?

① ㉠ : 학공 모자가 처한 참혹한 상황에 대한 독자의 공감을 유도하는 서술 방식을 보이고 있다.

② ㉡ : 이전의 경험에 근거하여 앞으로 겪게 될 절망적인 상황을 염려하는 모습을 드러내고 있다.

③ ㉢ : 자신의 신분적 특성을 언급하며 춘풍에 대한 홀대가 당연한 처사임을 언급하고 있다.

④ ㉣ : 인정에 호소하며 자신의 절박한 처지를 헤아려 주기를 바라는 심정을 표현하고 있다.

⑤ ㉤ : 다급한 상황을 모면하기 위해 어쩔 수 없이 권위에 복종하는 모습을 보여 주고 있다.

43 ⓐ와 관련이 있는 말로 가장 적절한 것은?

① 고식지계(姑息之計)

② 고육지책(苦肉之策)

③ 권토중래(捲土重來)

④ 기호지세(騎虎之勢)

⑤ 자승자박(自繩自縛)

[44~45] 다음 글을 읽고 물음에 답하시오.

[앞부분 줄거리] 선수보, 여우(여배우), 시간강사, 입후보 등은 정식 지위에 올라 본 적이 없는 사람들이다. 이들은 임시 운전수가 모는 낡은 버스를 타고 동쪽으로 가다 타이어의 펑크로 임시 역에 서게 된다. 스페어타이어가 없어서 타이어를 고치는 동안, 이들은 버스 밖에서 기다리며, 동쪽에 도달하는 것에 대한 희망에 부푼다.

이때 동쪽에서 폐차 직전에 있는 낡은 차 소리가 들려온다. 이윽고 맥없이 타이어 터지는 소리가 난다. 동쪽에서 노 운동선수가 등장. 농구 선수다. 허리가 지독히 휘었다. 낡은 운동백과 쪼그라진 농구볼을 다 터진 그물에 넣어서 등에 메고 있다. 너무 늙어서 잘 걷지도 못한다. 그 뒤에서 노엑스트라 여배우가 역시 지팡이를 짚고 따라 나온다. 이때 보조경찰이 노선수보와 노여우의 신분증을 검사한다.

노선수보 : 네, 농구 선수입니다.

노여우 : 네, 배우가 직업입니다.

보조경찰 : ㉠ <u>농구 선수지만 증명서에는 보결 농구 선수라고 써 있고, 이분 것은 엑스트라 여배우라고 적혀 있군요.</u>

노선수보 : (화가 나서) 내가 남보다 실력이 없어 그런 줄 아세요? 그놈의 팔자 때문에 그런 거요.

노여우 : 저도 마찬가지랍니다.

(노스페어 운전수 등장. 튜브와 연장을 들고 있다.)

노선수보 : (보조경찰에게 서쪽을 가리키며) 이리로 자꾸만 가면 동쪽이 됩니까?

보조경찰 : 글쎄요.

노운전수 : ㉡ <u>벌써 동쪽을 향해 30년을 달리고 있는데 참 거리가 멀군요. (노선수보와 노여우를 가리키며) 저분들은 팔자를 고치기 위해 벌써 30년째 동쪽을 향해 달리고 있습니다.</u>

노선수보 : (서쪽을 향하여) 아, 벌써 동쪽이 보이는 것 같아. 조금만 가면 동쪽이 나올 거야.

노여우 : (역시 서쪽을 바라보며) 네, 동쪽이 보이

는 것 같군요. 아, 주연을 맡아 볼 날도 얼마 남지 않았어.

노운전수 : 전 튜브 땜질을 좀 해야겠습니다. (적당한 곳에 앉아 일을 시작한다.)

역장보 : 참 기억이 나는군. 30년 전에 이 두 분이 동쪽으로 간다고…… (서쪽을 가리키며) 이쪽에서 (동쪽을 가리키며) 저쪽으로 갔는데 30년 후인 오늘은 반대 방향에서 나타났군.

시간강사 : (노선수보에게) 이리로 가면 서쪽입니다.

노선수보 : ㉢ 왜 서쪽이요, 동쪽이지. 동쪽을 향해 벌써 오랫동안 달렸는데 내가 방향을 모르리라고요?

입후보 : 영감님, 저희들은 서쪽에서 왔습니다. 저리로 가면 서쪽입니다. 방향을 잘못 잡았습니다.

노선수보 : 왜 이렇게 시끄러울까. 우리는 지금 동쪽으로 가고 있는 거요. (노운전수에게) 여보, 이 양반들이 시끄러우니 저쪽에 가서 쉬도록 합시다.

노여우 : ㉣ 아, 동쪽이 뵈는 것 같다. 빨리 화장을 좀 해야지. 갑자기 주연을 맡게 되면 곤란해.

노선수보 : 이번엔 주장을 시킬 거야.

노선수보 퇴장, 노운전수, 노여우도 그 뒤를 따라 서쪽으로 퇴장. 보조 경찰관과 역장보를 제외한 모든 인물들이 서쪽 무대로 사라지는 노인들을 손가락질하며 한바탕 크게 웃어댄다.

운전수 : 자, 튜브 땜질이 다 됐습니다. 곧 떠나야죠. 스페어타이어가 없으니 이 꼴이군.

역장보 : ㉤ 스페어타이어는 꼭 있어야 합니다. 바퀴가 넷만 있다고 해서 자동차가 마음대로 움직인다고 생각하면 큰 오해지. 스페어타이어가 있어야 안심이 되거든요. 스페어타이어는 흡사 낮 다음에 오는 밤 같은 존재니까.

운전수 : 할 수 있나요. 이왕 없이 떠났으니 그대로 갈 수밖에. 자 갑시다.

전보조인물 : 가자! 가자! 희망의 동쪽으로!

운전수의 연장이 걸려 버드나무의 받침대가 쓰러져 버드나무도 자빠진다. 전원 그대로 퇴장. 동쪽으로

역장보 : 앗따, 나무가 자빠졌군. 자 손을 좀 빌려 주시오.
(역장보와 보조 경찰관이 버드나무를 받침대로 받쳐 다시 세운다. 이때 동서 양측에서 차가 발동하여 떠나는 소리가 난다.)

보조경찰 : 이것도 동쪽으로 가고 저것도 동쪽으로 가는군.
(차 소리가 사라진다.)
자 좀 쉬어 볼까.

역장보 : 전 들어가 기차를 기다려야겠습니다. 언제 기차가 이 임시 역을 통과할지 모르니까.

먼 데서 차 소리가 또 들려온다.

보조경찰 : (관객에게) 좀 쉬려고 했더니 또 다른 차가 옵니다. 신분증을 조사해야죠. 동쪽으로 가는 손님들임에 틀림없습니다.
(반대 방향에서도 차 소리가 들려온다.)
저쪽에서도 차가 옵니다. 동쪽으로 가는 손님인 모양입니다.

– 이근삼, 「동쪽을 갈망하는 족속들」 –

44 〈보기〉는 윗글을 읽고 심화 학습하는 과정에서 학생이 접한 내용이다. ㄱ~ㅁ 중 윗글에서 확인할 수 <u>없는</u> 것은?

〈보기〉

• 이근삼 희곡의 특징

ㄱ. 배경이 현실과 거리가 멀고, 사건들의 개연성이 떨어짐.

ㄴ. 등장인물은 동일하거나 유사한 행위 또는 대사를 반복함.

ㄷ. 등장인물이 관객에게 무대에서 벌어지는 사건, 인물 등을 설명함.

ㄹ. 현실감을 떨어뜨리고 생소한 느낌을 주는 효과음과 소품을 사용함.

ㅁ. 등장인물의 이름, 행동, 직업을 통해 특정한 성격이나 유형을 보여 줌.

① ㄱ ② ㄴ
③ ㄷ ④ ㄹ
⑤ ㅁ

45 〈보기〉를 바탕으로 윗글을 감상한 내용으로 적절하지 <u>않은</u> 것은? [3점]

〈보기〉

자본주의의 발달은 다수의 소외 계층을 양산하는 부조리한 사회 구조를 고착화하는 폐해를 낳았다. 이러한 자본주의적 사회 구조는 소외 계층에게 막연하고 거짓된 희망을 맹목적으로 추구하게 만들었다. 그럼으로써 소외 계층을 특권 계층이 중심이 되는 부조리한 사회 구조를 유지하는 부속품으로 만들어 버렸다. 「동쪽을 갈망하는 족속들」은 자본주의 사회의 이러한 문제점을 풍자하면서 거짓된 희망이 이루어질 수 없음을 깨닫지 못하는 소외 계층의 비극성과 그들에 대한 작가의 안타까움을 담고 있는 작품이다.

① ㉠ : 사회적으로 인정받지 못하는 여러 인물들이 등장하는 것에서 다수의 소외 계층을 양산하는 자본주의 폐해를 확인할 수 있군.

② ㉡ : 기약 없이 맹목적으로 희망을 추구하는 모습에서 자본주의 사회에서 소외된 계층의 비극성을 느낄 수 있군.

③ ㉢ : 잘못된 방향인지 알면서도 가야만 하는 상황에서 왜곡된 현실 구조에서 벗어나려는 소외 계층의 간절한 처지를 짐작할 수 있군.

④ ㉣ : 희망이 이루어지는 상황을 막연하게 기대하는 모습에서 자신이 처한 현실을 직시하지 못하는 소외 계층에 대한 작가의 연민을 엿볼 수 있군.

⑤ ㉤ : 스페어타이어를 필요로 하는 상황에서 특권 계층을 위해 소외 계층을 부속품처럼 만들어 버린 부조리한 사회의 한 단면을 살펴볼 수 있군.

2024 사관학교 기출백서

2017학년도 기출문제

국어영역(공통)

제1교시 국어영역(공통)

▶정답 및 해설 66p

[01~03] 다음은 협상의 일부이다. 물음에 답하시오.

시청 측 : 지금부터 2017년 야구장 임대료 건에 대한 협상을 시작하도록 하겠습니다. 우리 시는 야구장 임대료를 작년과 같이 입장료 수입의 15%로 유지하고자 합니다. 다른 지역의 야구장도 이 정도 수준으로 임대료를 책정하고 있으니 적정한 수준이라고 생각합니다.

구단 측 : 작년부터 저희 팀 홈경기를 보러 오는 관중 수가 30%P 가량 늘었습니다. 그래서 저희 구단은 야구장 임대료를 입장료 수입의 10%로 정했으면 합니다. 관중 수가 지속적으로 늘고 있는 상황이고 내년에도 이러한 추세가 이어질 것으로 예상되기 때문에 10%로 낮춘다고 해도 시의 야구장 임대료 수익이 줄어들지는 않을 것으로 저희 구단은 예상하고 있습니다.

시청 측 : 2017년 시즌에 관중 수가 어떻게 될지 모르는 건데, 야구장 임대료를 10%로 낮추는 것은 어렵습니다. 관중 수가 지속적으로 증가하는 것을 고려할 때 야구장 임대료를 입장료 수입의 12%까지는 내릴 수 있습니다. 그 대신 구단의 재정 사정이 좋지 않았을 때 일시적으로 넘겨 드렸던 야구장 광고권과 매점 운영권을 이제는 우리 시에 돌려주시는 것으로 했으면 합니다.

구단 측 : 임대료를 12%까지 내려 주실 수 있다는 말씀은 고맙습니다. 하지만 야구장 광고권과 매점 운영권을 달라고 하는 것은 지나친 요구입니다. 작년부터 관중 수가 늘었다고 해도 선수들 연봉 인상을 비롯해 구단 운영 비용이 늘어났기 때문에 광고권과 매점 운영권이 없으면 저희 구단은 오히려 손해를 보게 될 상황입니다.

[가] 시청 측 : 구단의 사정이 어려울 때 조금이나마 도움을 주고자 넘겼던 권리를 이제는 구단 사정이 많이 나아졌으니 원래대로 되돌려 받겠다는 것입니다. 임대료를 입장료 수입의 12%까지 낮춰 주는데도 그것이 불가능하다면 작년과 마찬가지로 임대료를 15%로 유지할 수밖에 없습니다. 그리고 임대료 협상을 더 이상 진행하지 않겠습니다.

구단 측 : 시에서 그동안 배려해 주신 점은 저희 구단에서도 감사하게 생각하고 있습니다. 하지만 관중이 늘어나면서 야구장의 광고 수입과 매점 운영 수입이 많아진 것은 엄연히 저희 구단이 노력해 온 결과입니다. 저희가 그동안 해 온 노력의 대가는 인정해 주셔야 합니다. 그러니 광고권은 시에서 가져가시되 매점 운영권은 계속 저희가 가졌으면 합니다. 매점은 저희 구단의 홈경기가 있는 날에만 수익이 생기는 것이고, 그 수익은 저희 구단의 노력 여하에 따라 달라지는 것 아니겠습니까? 매점 운영권을 유지하는 대신 저희 구단도 시민들을 위해 시에서 계획하고 있는 복지 정책에 적극적으로 협력하겠습니다.

시청 측 : 그렇다면, 우리 시에서 계획하고 있는 소외계층에 대한 무료입장 행사를 개최해 주시고, 홈런 개수당 일정 금액을 우리 시에 기부하여 난치병 어린이들을 위한 치료비 지원 사업에 도움을 주시는 건 어떻겠습니까?

구단 측 : 좋습니다. 그렇게 하면 시의 복지 재정에도 도움이 되고, 저희 구단의 이미지 향상에도 도움이 될 것 같습니다. 매점 운영권을 계속 가질 수 있다면, 그 정도 제안은 수용할 수 있습니다. 그럼, 지금까지 합의한 내용을 정리하여 ㉠ 계약서를 작성하시죠.

시청 측 : 좋습니다. 이것으로 2017년 야구장 임대료 건에 대한 협상을 마무리하도록 하겠습니다.

01 〈보기〉를 바탕으로 위 협상을 이해할 때 적절하지 않은 것은? [3점]

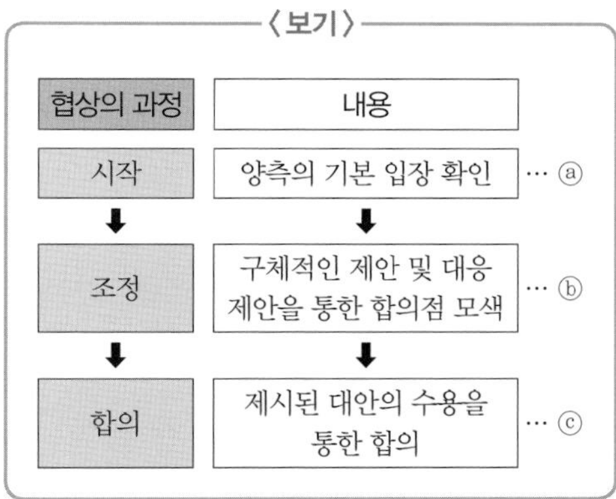

〈보기〉

협상의 과정	내용	
시작	양측의 기본 입장 확인	… ⓐ
↓	↓	
조정	구체적인 제안 및 대응 제안을 통한 합의점 모색	… ⓑ
↓	↓	
합의	제시된 대안의 수용을 통한 합의	… ⓒ

① ⓐ : 구단 측은 관중 수의 증가를 근거로 야구장 임대료를 인하하려는 기본 입장을 밝혔다.

② ⓑ : 시청 측은 구단 측이 처음 제시한 임대료 인하율을 수용하면서 대응 제안을 제시했다.

③ ⓑ : 구단 측은 그동안 해 온 노력의 결과를 근거로 제시하며 시청 측의 제안에 대한 대응 제안을 제시했다.

④ ⓑ : 시청 측은 구단 측이 원하는 권리를 인정해 주고, 구단 측의 협력 의사와 관련하여 구체적인 방안을 제시했다.

⑤ ⓒ : 구단 측은 시청 측이 제시한 복지 정책과 관련된 협력 방안의 효과를 언급하며 시청 측의 제안을 수용했다.

02 [가]에 나타난 협상 태도로 가장 적절한 것은? [2점]

① 자기 측 주장의 정당성을 언급하며 상대 측 제안을 단호하게 거부하고 있다.

② 상대 측의 과거 상황을 언급하며 상대 측의 양보를 겸손하게 제안하고 있다.

③ 상대 측 주장의 근거가 논리적으로 타당하지 않음을 완곡하게 지적하고 있다.

④ 문제 상황의 심각성을 부각하며 타결의 필요성을 간곡하게 호소하고 있다.

⑤ 상대 측 주장을 일정 부분 인정하면서도 상대 측 제안을 강력하게 비판하고 있다.

03 ㉠에 포함될 내용으로 적절하지 않은 것은? [2점]

① 야구장 임대료는 입장료 수입의 12%로 한다.

② 광고권은 시가, 매점 운영권은 구단이 갖는다.

③ 구단은 홈런 개수당 일정한 금액을 시에 기부한다.

④ 시는 구단의 매점 운영과 관련된 행정적 지원을 한다.

⑤ 구단은 소외계층에 대한 야구장 무료입장 행사를 개최한다.

[04~05] 다음은 학생이 수업 시간에 한 발표이다. 물음에 답하시오.

여러분, 몇 년 전에 상영된 '해적'이라는 영화 보셨나요? (학생들의 대답을 듣고) 우리나라에서는 해적들이 등장하는 영화가 드물어 많은 관심을 받았었는데, 역시 보신 분들이 많군요. 조선의 사신이 중국 황제로부터 받은 옥새를 잃어버리자 여러 인물들이 목숨을 걸고 그것을 찾아 나선다는 게 이 영화의 설정이었죠. 옥새가 얼마나 중요한 것이기에 그렇게까지 애쓰며 찾으려 한 걸까요?

이번 시간에 제가 발표할 내용은 바로 이 영화에서 중요하게 다루어진 '옥새'에 관한 것입니다. 발표 전에 제가 나눠 드린 활동지를 한번 보시죠. 거기에 관련 사진들도 있으니 참고하시면서 발표 내용을 메모하시면 좋을 것 같습니다.

왕의 도장으로서 옥으로 제작한 것을 옥새, 금으로 제작한 것을 금보 혹은 금인이라 하였습니다. 진시황 때 옥으로 황제의 권위를 보여 주는 도장을 새긴 것이 옥새의 시작이었는데, 이후 금으로 만든 금보도 그냥 옥새로 통칭해서 불렀습니다. (사진을 보여주며) 자, 이것은 국립 고궁 박물관에 소장된 조선시대 왕의 옥새인데요, 손잡이 부분이 거북 모양으로 만들어져 있습니다. 거북은 십장생의 하나로 왕의 장수를 기원하는 의미를 담고 있습니다. (다른 사진을 보여 주며) 옥새에 새겨진 이와 같은 문자를 '인문'이라고 합니다. 자, 옥새에 새겨진 글자를 한번 읽어 볼까요. (학생들의 반응을 보고) 네, 한자인데다 글자체가 독특해서 읽기 어려우시죠? 이것은 바로 '조선국왕지인'이라고 새긴 겁니다.

고려 말에 신진 사대부들이 이성계에게 옥새를 가져다 바치면서 왕이 되어 달라고 간청했다는 이야기가 있습니다. 예전에는 이 옥새가 왕의 권위를 상징하고 또 옥새를 왕위 계승의 징표로 삼았다고 하니, 당시 사람들이 옥새에 부여한 상징적 의미가 어느 정도였는지 짐작하실 수 있겠죠?

그런데 후대로 내려올수록 옥새를 찍어야 할 일이 많아지면서 그 용도에 따라 여러 개의 옥새를 사용했다고 합니다. 고궁 박물관 학예 연구사의 설명에 의하면, 주로 대 중국 관계의 외교문서에서는 중국 황제가 보내 준 '국인' 또는 '대보'를 사용했고, 왕명으로 작성되는 국내 문서에는 국내에서 제작한 '어보'를 사용했다고 합니다.

여러분, 현재도 옥새를 사용하고 있을까요? 왕은 없지만 대통령이 국가원수로서 도장을 찍을 일이 많을 겁니다. 그래서 대한민국 정부 수립 이후 옥새 대신 '대한민국지새'라는 한자 인문을 새긴 '국새'를 쓰기 시작했습니다. 이후 몇 번 새롭게 제작하는 과정에서 국새 인문을 한글 '대한민국'으로 바꾸어 사용하게 되었습니다. (사진을 보여 주며) 지금 보시는 이 국새가 2011년에 새롭게 제작한 현행 대한민국 국새입니다. 자, 손잡이 부분이 아까 보신 옥새와 달리 상서로운 새, 봉황으로 되어 있는 것도 보이시죠? 이 국새는 주로 헌법 공포문, 외교사절 임명장, 중요 외교문서 등에 찍는다고 합니다.

이제 옥새에 대해 많이 아시게 되셨죠? 그럼 제 발표는 여기서 마치겠습니다.

04 **학생의 발표 계획 중 위 발표에 반영되지 <u>않은</u> 것은? [2점]**

① 발표 주제를 선정하게 된 사회적 배경을 언급해야겠어.

② 청중과의 상호작용을 위해 질문의 형식을 활용해야겠어.

③ 전문가의 설명을 인용하여 발표 내용의 신뢰성을 높여야겠어.

④ 청중의 경험을 환기하며 발표 내용에 대한 관심을 유도해야겠어.

⑤ 중심 제재와 관련된 이야기를 소개하며 청중의 흥미를 끌어야 겠어.

05 **다음은 발표를 들으면서 활동지에 메모한 내용이다. 적절하지 않은 것은?** [2점]

〈보기〉

〈옥새〉

- 진시황 때부터 옥으로 만든 옥새 사용 … ㉠
- 황제의 권위 상징, 왕위를 계승했다는 상징적 의미 ……… ㉡
- 여러 개의 옥새 사용
  - 대 중국 관계 외교문서 : 국인, 대보 사용 ……… ㉢
  - 국내 문서 : 중국 황제에게 받은 어보 사용 ……… ㉣

〈국새〉

- 국새 손잡이는 봉황 모양
  - 봉황 : 상서로운 새
- 국내 사용
  - 헌법 공포문, 외교사절 임명장, 중요 외교문서 등 ……… ㉤

① ㉠　② ㉡　③ ㉢　④ ㉣　⑤ ㉤

[06~08] 다음을 읽고 물음에 답하시오.

[작문 상황]

다음 주말에는 인터넷 등산 카페 '산에서 사노라네' 회원들과 함께 설악산 등산을 하기로 했다. 나는 회장으로서 회원들에게 이번 등산 계획에 대해 알리는 한편, 국립공원 등산로 등급제에 관한 정보를 소개하는 글을 쓰기로 했다.

[초고]

안녕하세요? 여러분과 함께 산이 좋아 산을 지키고 있는 회장 ㅇㅇㅇ입니다. 지난 11차 '소백산' 등산에는 서른여섯 분의 회원이 참가하셔서 소백산 삼가 탐방지원센터에서 어의곡에 이르는 왕복 약 10km의 코스를 다녀왔습니다. 모두 건강하고 안전하게 산행을 마치고 무사히 일상생활로 ㉠ 돌아가 복귀하셨으리라 생각합니다.

이번에 전해 드릴 사항은 다음 주말에 실시할 12차 산행을 설악산 등산으로 정했다는 것입니다. 운영진에서 설악산으로 산행을 정한 이유는 카페에서 실시한 산행지 온라인 투표에서 설악산이 압도적으로 1위를 ㉡ 차지했습니다. 또 여러 회원님들이 운영진에 난이도가 높은 산행을 했으면 하는 바람을 피력하셨습니다.

아래 그림처럼 이번 산행은 설악산 오색 분소에서 대청 분소까지를 왕복하는 것으로, 편도 5km를 4시간에 가야 하는 좀 힘든 코스입니다. 그래서 이번에는 대청 분소까지 다녀오실 '산에서' 팀과, 대청 분소에 가지 않고 권금성을 케이블카로 다녀오는 '사노라네' 팀으로 나누어 진행하겠습니다. 특히, '사노라네' 팀에는, 권금성을 다녀오신 후 설악산 패러글라이딩 협회 회원이시기도 한 △△△ 회원께서 특별히 패러글라이딩 연수 기회를 드린다고 하니 멋진 경험이 될 것입니다. 회원 여러분! 그렇다고 모두 '사노라네' 팀으로 가버리시면 정말 ㉢ 험난합니다. ^^

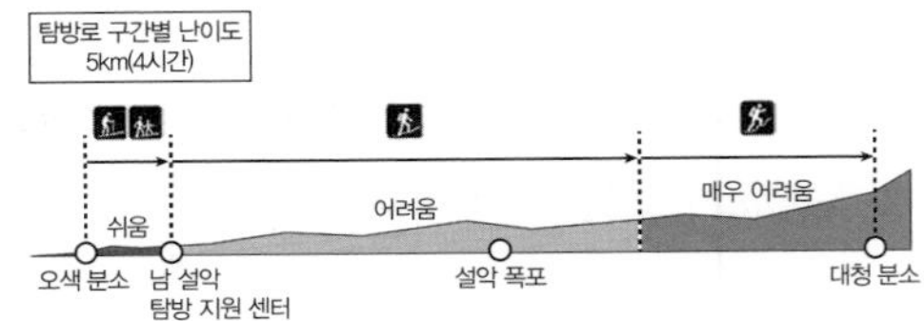

〈국립공원 등산로 등급제〉

등급명		이용 대상	픽토그램
국문	영문		
매우 쉬움	Easy	• 장애인, 임신부 등 • 바퀴 달린 보행 수단(휠체어, 유모차 등)	
쉬움	Moderate	• 어린이, 고령자 등	
보통	Intermediate	• 등산 경험자	
어려움	Advanced	• 등산 숙련자	
매우 어려움	Expert	• 등산 전문가	

회원 여러분을 위해 '국립공원 등산로 등급제'에 관한 정보를 첨부하였습니다. 아시는 분도 있겠지만 국립공원 등산로 등급제는 국립공원 관리공단에서 전국 약 1,700km의 등산로에 대해 경사도와 폭, 거리, 노면 상태 등을 조사해 등산로별 난이도로 등급을 매긴 제도입니다. 등급별 코스에 대해 간략하게 설명을 드리면, 먼저 '매우 쉬움' 코스는 노면이 평탄하고 폭도 넓고 경사가 완만한 국간, '쉬움' 코스는 평탄한 흙길 위주의 등산로입니다. ㉣ <u>국립공원 관리공단에서는 무리한 등산으로 발생하는 심장 돌연사, 골절, 탈진 등을 예방하기 위해 등산로 등급제를 실시하게 되었다고 합니다.</u> '보통' 코스는 가벼운 등산을 위한 코스, '어려움' 코스는 심한 경사와 돌로 이루어진 4~7시간의 중거리 코스, '매우 어려움' 코스는 아주 심한 경사와 대부분 돌로 이루어진 장거리 코스이니, 등산하실 때 꼭 참고하십시오.

제가 회원님들께 늘 드리는 말씀이지만, 이번 산행에도 안전이 가장 중요합니다. 특히, 이번 대청분소 코스에는 경사도 심하고, 돌길이 많은 '매우 어려움' 코스가 있다고 합니다. 산행을 위해 체력 훈련을 많이 하시고, 등산 장비도 꼼꼼히 챙겨 오시기 바랍니다. 비가 살짝 올 것으로 예상되니, 우비도 꼭 준비해 주십시오. 등산을 잘 한다고 자신하는 분도 긴장을 늦추지 마시고 안전한 산행을 하는 데 최선을 다해야겠습니다.

태양 빛은 더없이 강렬해지고 뜨거운 바람은 우리의 눈과 귀를 훅훅 볶아댑니다. ㉤ <u>그러면</u> 설악산에서 멋진 땀방울을 흘릴 일을 생각하니 벌써부터 행복해집니다. 대청 분소에 올라 설악산의 정기를 받으며 그동안 쌓인 스트레스를 날려 봅시다.

마지막으로 여러분!! 아시죠? 우리의 구호!! 항상 "즐산!"입니다. 이번 산행에 관한 자세한 내용은 총무님을 통해 추후 카페 '공지사항'에 올리겠습니다. 감사합니다.

06 [작문 상황]을 고려하여 글을 쓰기 전에 글쓴이가 떠올린 생각이다. [초고]에 반영되지 <u>않은</u> 것은? [2점]

① 회원들에게 지난 산행에 대한 간단한 보고를 하며 글을 시작해야지.

② 등산 계획을 안내할 때는 그 산행지를 선정하게 된 이유를 언급해야지.

③ 등산 코스를 안내할 때는 시각 자료를 제시해서 회원들의 이해를 도와야지.

④ 국립공원 등산로 등급제는 등급 코스별로 나누어 그 특징을 설명해야지.

⑤ 안전 산행을 위한 당부 사항을 전달할 때는 전문가의 말을 인용해야지.

07 ㉠~㉤을 고쳐 쓰기 위한 방안으로 적절하지 않은 것은? [2점]

① ㉠ : 의미상 중복된 표현이므로 삭제한다.
② ㉡ : 주어와 호응이 잘못되었으므로 '차지했기 때문입니다.'로 바꾼다.
③ ㉢ : 단어의 선택이 잘못되었으므로 '난해'로 바꾼다.
④ ㉣ : 내용의 흐름을 고려하여 앞의 문장과 순서를 바꾼다.
⑤ ㉤ : 접속어의 연결이 어색하므로 '그렇지만'으로 바꾼다.

08 카페에 올린 [초고]를 보고 회원들이 쓴 댓글 중, [초고]의 내용을 제대로 이해하지 못한 것은? [2점]

아이디(ID)	내용
야호 야호	요즘 제가 감기에 걸려서 대청 분소 산행이 무리일 것 같아요. 저는 '사노라네' 팀에 합류해서 한 마리 멋진 새가 되어 볼게요. ㅋㅋ ………………… ㉠
한라산 좋아	이번 등산 코스는 꽤 힘들겠네요. 이번까지는 어쩔 수 없었지만, 앞으로는 산행지를 결정할 때 꼭 카페 회원들의 의견을 모아 주세요. 그리고 한라산에 한번 오세요. 제가 모든 회원님들께 승마 가르쳐 드릴게요. ……………… ㉡
등산 마녀	오색 분소에서 대청 분소까지는 '쉬움' 코스에서 '어려움' 코스, '매우 어려움' 코스로 진행되겠네요. 회장님 말씀대로 긴장을 늦추지 말고 마음 단단히 먹어야겠어요. ………………………… ㉢
초롱 초롱이	회장님께서 그날 비가 조금 내린다고 하셨으니, 산길에서 잘 미끄러지지 않는 등산화를 꼭 신고 가야겠네요.^^ ………………………………… ㉣
나는 엄홍길	회원들이 만날 장소나 출발 시간, 일정, 회비 등에 대해 알려면 총무님이 카페 '공지사항'에 올리는 글을 꼭 열어 봐야겠네요. 회원님들 다음 주말에 반갑게 만나요.^^ …………………… ㉤

① ㉠ ② ㉡
③ ㉢ ④ ㉣
⑤ ㉤

[09~10] 다음 〈보기 1〉과 〈보기 2〉를 읽고 물음에 답하시오.

〈보기 1〉

[작문 상황]
• 작문 과제 : 일반인을 대상으로 하는 논설문 쓰기
• 작문 소재 : 대기오염과 친환경 자동차
• 작문 논지 : 대기오염 개선을 위해 친환경 자동차의 보급을 확대하는 방안을 제시한다.

[활용 자료]
(가) 도서 자료

구분	하이브리드 자동차	전기차	수소차
연료	화석연료+전기	전기	수소
대당 온실 가스 감축 효과(년)	0.7톤	2톤	2톤
특징	• 높은 연비 • 대기오염 물질 약 40% 감소 • 화석연료 사용	• 대기오염 물질 배출 없음 • 비싼 가격 • 충전소 부족	• 대기오염 물질 배출 없음 • 비싼 가격 • 충전소 부족

(나) 보도 자료

대기오염을 일으키는 주요 원인은 바로 자동차 배기가스입니다. 수도권 대기오염 물질의 절반 가까이가 자동차에 의해서 발생하고 있습니다. 이에 따라 친환경 자동차에 대한 관심이 커지고 있습니다. 약 5년 후에는 전 세계적으로 친환경 자동차 시장이 2.6배, 특히 전기차와 수소차 시장은 8.5배 성장하여, 친환경 자동차 산업이 경제의 새로운 성장 동력으로 떠오를 전망입니다. 그러나 친환경 자동차 산업이 활성화되려면 친환경 자동차에 대한 소비자들의 인식 개선이 선행되어야 할 것으로 보입니다.

– ○○ 뉴스 –

(다) 통계 자료

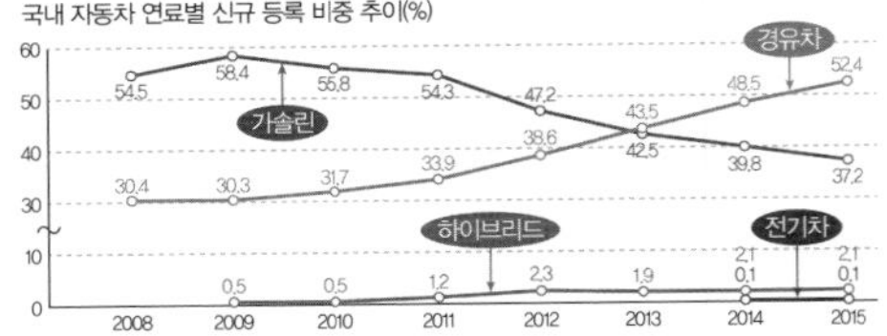

(라) 인터뷰 자료

나 하나 탄다고 환경이 개선되겠어요? 그리고 사고 싶어도 친환경 자동차의 가격이 여전히 일반 자동차에 비해 많이 비싸잖아요. 주위 사람들을 보면, 세금 감면이나 보조금 지원과 같은 친환경 자동차 구매 혜택이 적어 구매를 포기하는 경우가 많더라고요. 특히 전기 충전소나 정비 시설 등이 제대로 구축되지 않아 불편할 것 같아요.

〈보기 2〉

- 서론
- 본론
  1. 친환경 자동차의 종류와 특징 ··············· ㉠
  2. 친환경 자동차 보급의 필요성
     가. 환경 개선 효과 ··············· ㉡
     나. 자동차 산업 활성화 효과
  3. 친환경 자동차 보급 실태와 문제점 ··············· ㉢
  4. 친환경 자동차 보급 확대 방안
     가. 정부의 적극적인 지원 ··············· ㉣
     나. 기업의 적극적인 투자와 기술 개발
     다. 소비자의 친환경 자동차에 대한 인식 전환 ··············· ㉤
- 결론

09 **〈보기 1〉을 활용하여 〈보기 2〉를 구체화하는 방안으로 적절하지 <u>않은</u> 것은?** [2점]

① ㉠에서는 (가)를 활용하여, 친환경 자동차에 대한 독자의 이해를 돕기 위해 친환경 자동차의 종류와 장단점을 제시한다.

② ㉡에서는 (가), (나)를 활용하여, 친환경 자동차 보급이 확대되면 대기오염 물질이나 온실가스의 배출이 줄어들어 환경을 개선하는 효과가 있음을 언급한다.

③ ㉢에서는 (다), (라)를 활용하여, 친환경 자동차의 비싼 가격, 구매 지원 제도 및 관련 기반 시설 구축 미흡 등이 친환경 자동차 보급이 저조한 이유임을 설명한다.

④ ㉣에서는 (나), (다)를 활용하여, 정부가 대기오염 문제 개선을 위해 화석연료를 사용하는 자동차에 환경 부담금을 부과하여 친환경 자동차 비율을 높이는 방안을 제시한다.

⑤ ㉤에서는 (나), (다), (라)를 활용하여, 친환경 자동차가 환경 개선 효과가 있음에도 소비자들이 여전히 구입에 소극적이라는 점을 밝히고, 이에 대한 인식 전환의 필요성을 강조한다.

10 **〈보기 2〉의 서론을 〈조건〉에 따라 쓴 것으로 가장 적절한 것은?** [2점]

〈조건〉

- 〈보기 1〉의 작문 논지를 반영하여 문제의식을 드러낼 것.
- 구체적인 통계 수치와 비유적 표현을 활용할 것.

① 대기오염 물질의 1차적 주범, 일반 자동차 판매량은 왜 계속 늘어나는 것일까? 대기오염의 어두운 그림자로부터 탈출할 수 있는 방법과 친환경 자동차 산업의 명암을 살펴보자.

② 어느덧 인간을 둘러싼 환경이 우리의 목을 조이고 있다. 눈앞의 경제적 이익보다는 10년 후의 깨끗하고 아름다운 환경을 위해 친환경 자동차의 보급을 활성화할 수 있는 방안을 알아보자.

③ 대기오염 물질로 인해 우리의 하늘이 검게 물들고 있다. 그런데 친환경 자동차의 신규 등록 비율은 왜 2% 내외에 불과할까? 친환경 자동차 보급의 걸림돌은 무엇이고 이를 개선할 수 있는 방안은 무엇인지 알아보자.

④ 친환경 자동차 산업은 우리의 대기를 정화하고 우리 경제에 새로운 활력이 될 수 있는 신 성장 산업이다. 특히 친환경 자동차 산업은 5년 내에 2.6배나 성장할 것으로 보인다. 친환경 자동차 산업의 전망과 성장 가능성에 대해 알아보자.

⑤ 미래 사회 우리 경제의 새로운 성장 동력, 친환경 자동차 산업, 하지만 아직도 일반 자동차가 98% 내외의 판매량을 유지하고 있다. 이처럼 우리나라에서 친환경 자동차 판매가 부진한 이유는 무엇이고 이를 개선하기 위한 방안은 무엇인지 알아보자.

11 **〈보기〉는 접두사의 쓰임에 대한 탐구 과정이다. ㉠, ㉡에 들어갈 접두사로 적절한 것은?** [2점]

〈보기〉

〈탐구 과제〉

수집한 단어 분석을 통해 '색깔이 더 짙음'을 표현할 때 사용하는 접두사의 쓰임을 탐구한다.

〈수집한 단어〉

새까맣다 새파랗다 샛노랗다 시꺼멓다 시퍼렇다 싯누렇다

〈탐구 결과〉

<table>
<tr><td rowspan="2">결합되는 어간의 첫 음절</td><td>초성</td><td colspan="2">된소리, 거센소리</td><td colspan="2">울림소리</td></tr>
<tr><td>중성</td><td>양성 모음</td><td>음성 모음</td><td>양성 모음</td><td>음성 모음</td></tr>
<tr><td colspan="2">접두사</td><td></td><td>㉠</td><td>㉡</td><td></td></tr>
</table>

	㉠	㉡		㉠	㉡
①	시-	샛-	②	시-	싯-
③	새-	시-	④	새-	샛-
⑤	샛-	싯-			

12 〈보기〉는 문법 수업의 일부이다. 학생이 정리한 내용 중 가장 적절한 것은? [2점]

〈보기〉

선생님 : 자, 이번에는 보조사의 쓰임에 대해 탐구해 보도록 하겠습니다. 활동지의 용례 위에 글상자가 있습니다. 이 글상자는 보조사가 용례의 [ ]에 들어갈 수 있는지 없는지를 표시한 것입니다. 그리고 화살표 오른쪽 글상자는 왼쪽의 용례에서 알 수 있는 보조사가 결합되는 특징을 정리한 것입니다. 이제 ㄱ의 예시를 보고 ㄴ의 빈 글상자에 들어갈 내용을 정리해 봅시다.

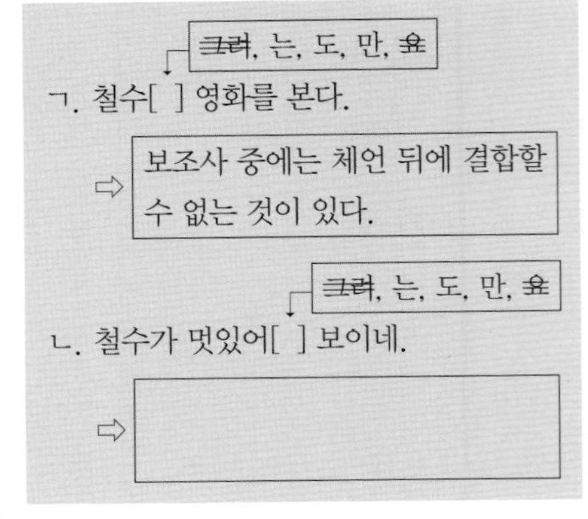

① 보조사 중에는 동사에 결합할 수 있는 것들이 있다.

② 보조사 중에는 서술어에만 결합할 수 있는 것들이 있다.

③ 보조사 중에는 연결 어미에 결합할 수 있는 것들이 있다.

④ 보조사 중에는 종결 어미에만 결합할 수 있는 것들이 있다.

⑤ 보조사 중에는 보조 형용사 뒤에 결합할 수 있는 것들이 있다.

13 〈보기 1〉을 참고하여 〈보기 2〉의 ㄱ, ㄴ을 탐구한 내용으로 적절하지 <u>않은</u> 것은? [3점]

〈보기 1〉

다른 문장 속에 들어가 하나의 성분처럼 쓰이는 홑문장을 안긴문장이라 하고, 안긴문장을 포함하는 문장을 안은문장이라 한다. 안긴문장의 한 성분이 안은문장의 한 성분과 동일하면 그것은 생략되는 경우도 있다.

〈보기 2〉

ㄱ. 그는 자신이 아팠다는 사실을 기억하지 못했다.

ㄴ. 너희가 내일 점심에 먹는 삼계탕이 그야말로 보양식이다.

① ㄱ의 안긴문장은 안은문장의 목적어를 꾸미고 있군.

② ㄴ의 안긴문장은 안은문장의 주어를 꾸미고 있군.

③ ㄱ과 ㄴ 모두 안긴문장과 안은문장의 주어가 가리키는 대상이 다르군.

④ ㄱ의 안긴문장에는 ㄴ의 안긴문장에서와 달리 생략된 문장 성분이 없군.

⑤ ㄱ의 안긴문장은 과거의 상황을, ㄴ의 안긴문장은 미래의 상황을 나타내는군.

14 **〈보기〉의 선생님의 설명을 들은 학생의 반응으로 적절하지 않은 것은?** [2점]

〈보기〉

〈표준 발음법 제17항〉

받침 'ㄷ, ㅌ(ㄾ)'이 조사나 접미사의 모음 'ㅣ'와 결합되는 경우에는, [ㅈ, ㅊ]으로 바꾸어서 뒤 음절 첫소리로 옮겨 발음한다.

[붙임] 'ㄷ' 뒤에 접미사 '히'가 결합되어 '티'를 이루는 것은 [치]로 발음한다.

선생님 : 표준 발음법 제17항은 구개음화에 대한 발음 규정입니다. 그런데 여러분이 주의해야 할 것은, 'ㄷ, ㅌ' 뒤에 오는 모음 'ㅣ'나 '히'가 조사나 접미사와 같은 형식 형태소일 때만 구개음화가 일어난다는 것입니다. 그래서 'ㄷ, ㅌ' 뒤에 오는 모음 'ㅣ'나 '히'가 원래부터 한 형태소의 일부이거나 실질 형태소의 일부일 때는 구개음화가 일어나지 않는다는 것에 주의해야 합니다. 그렇다면 아래의 문장에서 밑줄 친 단어를 어떻게 발음해야 할지 생각해 보세요.

ㄱ. 오랜만에 미용실에 간 맏이는 윗머리와 뒷머리 숱을 많이 쳤다.
ㄴ. 느티나무 아래에서 쉬던 그는 흙에 묻힌 감자를 캐기 시작했다.
ㄷ. 그는 밭이랑 논이랑 땅이 많아서 마을 사람들의 부러움을 샀다.

① ㄱ의 '맏이'는 'ㄷ' 뒤에 접미사 '이'가 결합된 형태이므로 [마지]로 발음해야겠군.
② ㄱ의 '숱을'은 'ㅌ' 뒤에 'ㅣ'나 '히'가 결합된 형태가 아니므로 [수츨]로 발음해야겠군.
③ ㄴ의 '느티나무'는 '느티'가 원래부터 한 형태소이므로 [느티나무]로 발음해야겠군.
④ ㄴ의 '묻힌'은 'ㄷ' 뒤에 접미사 '히'가 결합된 형태이므로 [무친]으로 발음해야겠군.
⑤ ㄷ의 '밭이랑'은 'ㅌ' 뒤에 'ㅣ'로 시작하는 형식 형태소가 결합된 형태이므로 [바치랑]으로 발음해야겠군.

15 **〈보기〉의 (가)와 (나)를 비교하여 이해한 내용으로 적절하지 않은 것은?** [2점]

〈보기〉

(가) [중세 국어 자료]

:시내 횟:돈 ·ᄃᆡ ·솘 ᄇᆞᄅᆞ·미 기·리 :부ᄂᆞ·니 프·른 ·쥐 :녯 디샛 ·서리·예 ·숨ᄂᆞ·다

:아디 :몯ᄒᆞ·리로·다 어·느 :님긊 宮殿(궁전)·고 기·튼 지·슨 거·시 노·ᄑᆞᆫ 石壁(석벽)ㅅ 아·래로·다

·어득ᄒᆞᆫ 房(방)·앤 귓거·싀 ·브리 ᄑᆞ·ᄅᆞ·고 믈·어딘 길·헨 슬픈 ·므리 흐르·ᄂᆞᆺ·다

여·러 가·짓 소·리 眞實(진실)ㅅ 뎌·와 ·피릿 소·리 ·ᄀᆞᆮ·도소·니 ᄀᆞ·ᅀᆞᆳ ·비치 正(정)·히 ᄀᆞᆺᄀᆞᆺ·ᄒᆞ도·다

– 두보, 「옥화궁(玉華宮)」 『초간본 두시언해』 (1481년) –

(나) [현대 국어 자료]

시내 휘도는 데 솔 바람이 길이 부나니 푸른 쥐 옛 기와 사이에 숨는다.

알지 못하리로다, 어느 임금의 궁전인가? 남은 지은 것이 높은 석벽의 아래로다.

어둑한 방에는 귀신의 불이 파랗고 무너진 길에는 슬픈 물이 흐르는구나.

여러 가지 소리 진실로 저와 피리의 소리 같더니 가을 빛이 정히 깨끗하도다.

2017 기출문제

① (나)의 '옛'을 고려할 때, (가)의 '녯'에는 두음법칙이 적용되지 않았군.

② (나)의 '임금의'를 고려할 때, (가)의 '님귾'에서 'ㅅ'은 관형격 조사의 역할을 했군.

③ (나)의 '불이'를 고려할 때, (가)의 '브리'에는 원순모음화가 나타났군.

④ (나)의 '-는구나'를 고려할 때, (가)의 '-놋다'는 감탄을 나타내는 의미로 쓰였군.

⑤ (나)의 '빛이'를 고려할 때, (가)의 '비치'는 이어적기 표기를 했군.

[16~19] 다음 글을 읽고 물음에 답하시오.

오늘날 특정한 국가에서 순수하게 하나의 언어만을 사용하는 경우는 드물다. 한 국가의 언어 상황은 아주 복잡한 양상을 띠고 있는데, 특히 한 개인이나 사회가 둘 또는 그 이상의 언어를 사용하는 언어적 다양성을 보이는 경우에는, '이중 언어 사용'과 '양층 언어 사용'의 두 상황으로 나누어 볼 수 있다.

먼저 이중 언어 사용은 한 개인이나 사회가 일상생활에서 두 개 혹은 그 이상의 언어를 어느 정도 유창하게 사용하는 것을 말하는데, 이때 둘 이상의 언어들은 사회적으로 기능상의 차이 없이 통용된다. 이중 언어 사용은 개인적 이중 언어 사용과 사회적 이중 언어 사용의 두 가지로 나누어 볼 수 있는데, 전자는 개인이 이중 언어 사용 공동체에 속해 있는지의 여부와 상관없이 두 개 이상의 언어를 사용하는 것을 말하며, 후자는 공동체 내에 두 개 이상의 언어가 실제로 사용되고 있는 상황을 가리킨다. 이중 언어 사회의 구성원은 반드시 이중 언어 사용자가 될 필요는 없다. 대다수 구성원들이 두 언어를 모두 사용할 수 있기 때문에 자신은 하나의 언어만 알고 있어도 사회생활의 거의 모든 분야에서 의사소통이 되지 않을 염려는 없다.

이중 언어 사회에서 통용되는 둘 이상의 언어들은 공용어로서 대등한 지위를 가질 수 있지만 대체로 구성원 대다수가 사용하는 언어가 '다수자 언어'가 되고, 상대적으로 사용 인원이 적은 언어는 '소수자 언어'가 된다. 일반적으로 다수자 언어는 힘이나 권위의 문제에 있어 소수자 언어보다 우세한 지위를 가지는 경우가 많고, 소수자 언어는 그 사회에서의 영향력이 작다는 이유로 정치, 교육, 경제 등 여러 분야에서 상대적으로 소홀히 취급되는 경향이 있다.

양층 언어 사용은 언어학자 퍼거슨이 처음으로 사용한 개념이다. 양층 언어 사용은 언어적 유사성이 희미하게 남아 있지만 방언 수준 이상으로 음운, 문법, 어휘 등이 층위에서 서로 다른 모습을 보이는 두 개 이상의 변이어를 사용하는 것을 말한다. 변이어들은 사회적 차원에서 서로 독립적인 기능을 하면서, 사용하는 장소나 상황이 엄격하게 구분되어 쓰인다. 양층 언어 사회에서 변이어들은 언어 사용자 수와 무관하게 '상층어'와 '하층어'로 구분되어 사용되며 상보적 관계에 있다. 상층어는 주로 종교, 법률, 교육, 행정 등과 같은 '높은 차원'의 언어적 기능을 수행하기 위해 사용되며, 주로 학교에서 이루어지는 정식 교육을 통해 배우게 된다. 반면 하층어는 가족 간의 비격식적인 대화, 친교를 위한 일상 담화 등 '낮은 차원'의 언어적 기능을 수행하기 위해 사용되며, 가정에서 모어로 습득되는 경우가 많다. 양층 언어 사용 상황에 있는 구성원은 특정 상황에서 사용되는 언어를 모를 경우 불이익을 받을 수 있다. 예를 들어 정치 분야에서 사용되는 특정 상층어를 모른다면 일상생활에는 지장이 없겠지만, 투표와 같은 참정권을 행사하는 과정에서 불편을 겪게 될 가능성이 크다.

[A] 퍼거슨과 달리 피시먼은 그의 연구에서, 언어적 유사성이 없는 서로 다른 두 언어가 각자의 기능을 엄격하게 구별하여 수행하는 상황까지를 포함하여 양층 언어 사용을 설명하였다. 피시먼의 연구 결과를 뒷받침하는 대표적인 사례로는 파라과이의 언어 사용 상황을 들 수 있

다. 파라과이에서는 스페인어가 상층어로서 각종 행정이나 교육 현장에서 사용되고, 스페인 어와 언어적 유사성이 없는 토착어인 과라니 어는 인구의 90%가 사용하고 있음에도 불구하고 하층어로 사용되고 있다.

16 윗글에 대한 설명으로 적절하지 않은 것은? [2점]

① 용어의 개념을 밝혀 독자의 이해를 돕고 있다.

② 예시의 방법으로 설명 내용을 뒷받침하고 있다.

③ 대조의 방법으로 대상의 특성을 부각하고 있다.

④ 인과의 방법으로 대상의 변화 과정을 소개하고 있다.

⑤ 대상을 하위 요소로 나누어 체계적으로 설명하고 있다.

17 윗글의 내용과 일치하지 않는 것은? [2점]

① 양층 언어 사회에서는 사용되는 변이어들이 상보적 관계에 있다.

② 양층 언어 사회에서는 특정 변이어를 모르면 불편을 겪을 수 있다.

③ 양층 언어 사회에서는 구성원들이 각 변이어에 부여하는 가치가 다르다.

④ 이중 언어 사회에서는 소수자 언어가 공용어로서의 지위를 얻을 수 없다.

⑤ 이중 언어 사회에서는 일반적으로 다수자 언어의 사회적 영향력이 더 크다.

18 윗글을 바탕으로 〈보기〉를 이해한 내용으로 적절하지 않은 것은? [3점]

〈보기〉

- A 지역에서는 현대 표준 아랍어와 구어체 아랍어 두 개의 언어가 사용된다. 사회 구성원들 대다수는 현대 표준 아랍어가 구어체 아랍어보다 우위에 있다고 생각하며, 현대 표준 아랍어를 사용해야 하는 종교 시설에서 구어체 아랍어를 사용하면 비난을 받게 된다.
- B 지역에서는 프랑스 어와 영어 두 개의 언어가 사용된다. 이 두 언어를 모두 유창하게 구사할 수 있는 공무원들은 공공기관에 찾아온 민원인에게 프랑스 어와 영어 중 무엇을 사용할 것인지에 대한 선택권을 주기 위해 'Bonjour(봉주르), Hello(헬로)!'와 같이 인사를 건넨다.

① A 지역에서는 두 개의 언어를 습득하는 환경이 다를 수 있겠군.

② B 지역에서는 구성원 모두가 두 개의 언어를 유창하게 구사할 수 있어야 하겠군.

③ A 지역에서는 B 지역에서와 달리 두 개의 언어가 사회적으로 그 기능에 차이가 있겠군.

④ B 지역에서는 A 지역에서와 달리 두 개의 언어가 사용되는 장소의 구분이 없겠군.

⑤ A 지역과 B 지역에서는 두 개의 언어가 통용될 수 있는 언어적 다양성이 나타나겠군.

19 **[A]에 나타난 '피시먼'의 연구 결과를 평가한 것으로 가장 적절한 것은?** [2점]

① 상층어와 하층어는 서로 다른 언어적 체계와 규범을 지닌다는 것을 규명하였다.

② 상층어와 하층어를 구분하는 기준을 사용 비율에 초점을 맞추어 새롭게 설정하였다.

③ 이중 언어 사용과 양층 언어 사용에 대한 이론을 정립하여 언어학의 외연을 넓혔다.

④ 언어적 유사성에 국한하지 않고 상황에 따른 차별적 사용 여부에 주목하여 양층 언어 사용의 개념을 확대하였다.

⑤ 언어에 대한 연구 관점을 본질적 차원과 기능적 차원으로 구분하여 양층 언어 사용의 연구 분야를 체계화하였다.

[20~23] 다음 글을 읽고 물음에 답하시오.

사회 복지 제도는 국민의 안정적인 생활을 ⓐ 보장하기 위한 여러 사업을 조직적으로 행하는 제도를 말한다. 이는 사회 복지를 제도화하려는 것으로, 사회 정책적 차원에서 몇 가지 모델 유형으로 분류된다. 여기서 가장 널리 사용되는 방식은 윌렌스키와 르보가 제안한 '잔여적 복지 모델'과 '제도적 복지 모델'로 구분하는 방법이다.

㉠ 잔여적 복지 모델은 개인의 욕구를 충족시키고 자원을 배분하는 사회적 기능이 일차적으로 사적 영역인 가족이나 시장 등을 통해 이루어져야 한다고 본다. 다만 이것이 제대로 이루어지지 않을 때 사회 복지 제도가 잠정적이고 일시적으로 그 기능을 대신할 수 있다는 점에서 잔여적 복지 모델은 구호적 성격의 사회 복지 모델이다. 잔여적 복지 모델은 자유주의 이념에 따라 사적 영역에 대한 국가의 관여를 최소 수준으로 ⓑ 제한해야 한다는 입장이며, 사회 복지의 대상도 노동시장에서 소득을 얻지 못하는 사람들과 같이 사적 영역에서 사회적 기능을 보장받지 못한 일부 사람들로 국한되어야 한다고 본다. 그래서 공공 부조와 같이 이 모델을 바탕으로 하여 국가가 제공하는 대부분의 사회 복지 서비스는 소득 조사나 자산 조사의 과정을 반드시 거쳐 제공된다. 또한 국가의 역할이 최소화되면서 가족, 공동체, 민간 자원봉사, 시장 등 민간 부문이 개인 복지의 중요한 역할을 담당하게 된다.

㉡ 제도적 복지 모델은 각 개인의 욕구 충족과 자기 성취를 돕기 위해서 국가가 사회 제도를 통해 보편적 복지 서비스를 제공하는 것이 필요하다고 본다. 이는 개인들이 자신의 힘만으로는 일상적 위험과 불안에 충분히 ⓒ 대처하기 어려우며, 가족이나 직장도 개인들의 기본적인 필요와 욕구를 충족해 줄 수는 없다고 보기 때문이다. 제도적 복지 모델은 복지 국가의 이념에 따라 개인의 성별, 나이, 지위, 계층 등의 조건과 관계없이 국가가 모든 국민에게 복지 혜택을 제공함으로써, 국민들의 기본적인 욕구를 해결하고 생존의 불안과 위험을 최소화해야 한다고 본다. 따라서 이 모델을 바탕으로 하는 복지 서비스는 '탈상품화'를 특징으로 한다. 탈상품화는 복지 서비스를 시장에서 돈으로 사고파는 상품이 아니라 소득이나 자산에 관계없이 누구나 제공받을 수 있게 하는 것을 말한다. 즉 제도적 복지 모델에서는 국가가 사회 복지를 시장 논리에 내맡기지 않고 개인 또는 가족, 민간 부문에 그 책임을 ⓓ 전가하지 않는다.

오늘날 국가에서 이 두 가지 복지 모델 중 하나만을 택하여 모든 복지 제도에 적용하는 것은 현실적으로 불가능하다. 그래서 대부분의 국가에서는 두 복지 모델을 상호 보완적으로 운영하고 있다. 그리고 복지 모델을 바탕으로 사회 복지를 ⓔ 구현할 때는 운영 방식 차원에서 '보편적 복지'와 '선택적 복지'의 형태로 시행한다. 전자는 국민 모두를 수혜 대상으로 하는 것이고, 후자는 국민 중 일부에게만 복지 혜택을 제공하는 것이다. 우리나라의 경우, 건강보험 제도가 대표적인 보편적 복지라고 할 수 있는데, 국민은 누구나 의무적으로 건강보험에 가입하여 보험료를 납부해야 하고 국가는 건강보험료를 재원으로 모든 국민에게 기본적인 의료

혜택을 제공하고 있다. 그리고 일부 저소득층을 대상으로 최저 소득을 보장해 주는 생계 급여 제도는 선택적 복지의 형태로 제공되고 있다.

20 윗글에서 알 수 있는 내용으로 적절하지 <u>않은</u> 것은? [2점]

① 복지 모델들은 상호 보완적으로 운영되는 경우가 많다.

② 복지 모델들은 공통적으로 사회 복지의 제도화를 추구한다.

③ 공공 부조는 국가가 국민에게 제공하는 사회 복지 서비스이다.

④ 국가에서 제공하는 복지 서비스는 반드시 자산 조사 과정을 거친다.

⑤ 우리나라의 생계 급여 제도는 잔여적 복지 모델의 관점을 따른 것이다.

21 〈보기〉의 상황에 대해 ㉠, ㉡의 입장에서 주장할 수 있는 복지 정책의 방향으로 적절하지 <u>않은</u> 것은? [3점]

〈보기〉

민간 자선단체가 주로 빈민 구호 역할을 맡고 있는 A 국가에서는 최근 경제 상황이 악화되어 빈민들이 크게 늘어났다. 그리고 국가의 의료 복지 제도가 미비하여 빈민들이 개인 비용으로 병원 시설을 이용할 수밖에 없어 상당한 경제적 부담을 느끼고 있는 상황이다. 이에 따라 A 국가에서는 빈민들에 대한 사회 복지 제도의 운영 방향에 대한 사회적 논의가 활발하게 이루어지고 있다.

① ㉠ : 국가가 빈민 구호에 나설 수도 있습니다. 하지만 수혜자를 노동시장에서 소득을 얻지 못하는 사람들로 한정해야 합니다.

② ㉠ : 개인의 욕구 충족은 사적 영역에서 이루어져야 합니다. 먼저 현재처럼 민간 자선단체가 빈민 문제를 해결하도록 최대한 유도해야 합니다.

③ ㉡ : 국가에서 빈민 구호법을 제정해서 이 문제를 해결해야 합니다. 이제는 사회 복지의 책임을 민간에 맡겨서는 안 됩니다.

④ ㉡ : 국가가 재정을 확보하여 일시적으로 빈민들을 지원해야 합니다. 빈민들이 겪는 생존의 위험과 불안을 최소화하는 것은 사회 구성원 모두의 의무입니다.

⑤ ㉡ : 복지 서비스를 시장 논리에 내맡겨서는 안 됩니다. 자금의 상황을 이용하여 특정인이나 단체가 복지 서비스를 상품화하지 못하도록 국가가 최선의 방법을 강구해야 합니다.

22 〈보기〉는 윗글을 읽은 후의 반응이다. (A), (B)에 들어갈 내용으로 가장 적절한 것은? [2점]

〈보기〉

"글을 읽고 보니, 사회 정책적 차원의 두 복지 모델은 (A)에 따라, 운영 방식 차원의 두 복지 제도는 (B)에 따라 구분한 것으로 볼 수 있겠군."

	(A)	(B)
①	정부의 정책 방향	수혜자의 계층
②	정부의 개입 정도	수혜자의 범위
③	정부의 지원 여부	수혜자의 지위
④	정부의 운영 체제	수혜자의 능력
⑤	정부의 재정 상황	수혜자의 소득

23 ⓐ~ⓔ의 사전적 의미로 적절하지 않은 것은? [2점]

① ⓐ : 모자라는 것을 보태거나 채워서 잘못된 것을 바르게 고침.
② ⓑ : 일정한 한도를 정하거나 그 한도를 넘지 못하게 막음.
③ ⓒ : 어떤 정세나 사건에 대하여 알맞은 조치를 취함.
④ ⓓ : 잘못이나 책임을 다른 사람에게 넘겨씌움.
⑤ ⓔ : 어떤 내용이 구체적인 사실로 나타나게 함.

[24~27] 다음 글을 읽고 물음에 답하시오.

현미경의 성능을 결정하는 주요 기준인 '분해능'은 관찰이 가능한 두 점 사이의 최소 거리를 말한다. 분해능이 작을수록 현미경의 성능이 좋아지는데, 분해능은 검사 대상을 관찰하기 위해 사용된 광원의 파장이 짧을수록 작아진다. 광학 현미경에 사용되는 광원인 가시광선은 380~780nm의 파장을 가지고 있기 때문에 자외선에 가까운 짧은 파장의 가시광선을 이용하더라도 광학 현미경의 분해능은 한계가 있을 수밖에 없다.

광학 현미경은 집광렌즈, 대물렌즈, 접안렌즈를 통해 검사 대상을 자세하게 관찰할 수 있는 구조로 되어 있다. 먼저 집광렌즈는 가시광선을 굴절시켜 검사 대상에 집중시키고, 이를 통해 검사 대상의 중간 상을 만든다. 그리고 대물렌즈와 접안렌즈가 중간 상을 굴절시켜 연구자가 검사 대상을 관찰할 수 있을 정도로 확대한다.

의학과 생물학이 발전하면서 연구자들은 세균이나 세포를 더 정밀하게 관찰하기 위해 광학 현미경보다 훨씬 더 높은 수준의 분해능을 가진 현미경이 필요했다. 이에 따라 20세기 초반 더 향상된 분해능을 가진 현미경에 대한 연구가 활발하게 진행되었고, 그 결과로 탄생한 것이 전자 현미경이다.

전자 현미경은 높은 수준의 분해능을 실현하기 위해 전자선을 사용한다. 전자선은 가시광선과 같이 굴절과 집중이 용이하면서도 파장은 훨씬 짧아 광학 현미경과는 비교할 수 없을 정도의 분해능을 보여 준다. 전자 현미경 중 검사 대상을 3차원의 입체적인 상으로 보여 주는 것으로 '주사 전자 현미경'이 있다. 주사 전자 현미경의 주요 부품으로는 전자총, 전자기 집광렌즈, 주사 코일, 전자기 대물렌즈, 전자 검출기, 모니터나 필름 등이 있다.

[A] 전자총은 전자를 가속하여 방출하는 역할을 하는데 전자총의 전압이 높을수록 파장이 짧은 전자가 방출된다. 방출된 전자는 전자기 렌즈*의 일종인 두 개의 전자기 집광렌즈를 통해 굴절되고, 굴절된 전자들이 집중되면서 나선형으로 회전하는 전자선을 형성한다. 이때 ㉠ <u>두 개의 전자기 집광렌즈를 사용하는 것</u>은 검사 대상에 집중되는 전자의 양을 많게 하기 위해서이다. 두 개의 전자기 집광렌즈에 의해 형성된 전자선은 주사 코일을 통과하게 된다. 주사 코일은 전자기장을 활용하여 전자선의 방향을 제어함으로서 전자선이 검사 대상의 표면 전체에 순차적으로 주사될 수 있도록 조절한다. 주사 코일을 통과한 전자선은 전자기 대물렌즈를 거치게 된다. 이때 전자기 대물렌즈가 자기장을 이용하여 전자선을 집중시키는 정도에 따라 검사 대상 표면에 주사되는 전자선의 면적이 결정되는데, 그 면적이 작을수록 분해능이 작아져 더 정밀한 상을 얻을 수 있다. 전자기 대물렌즈를 통해 주사된 전자선이 검사 대상의 표면에 부딪치면, 그 충격에 의해 검사 대상의 표면에 있는 전자들이 방출된다. 이때 방출된 전자를 2차 전자라 한다. 전자 검출기는 2차 전자를 검출한 후 전기신호로 변환하여 모니터나 필름에 검사 대상의 입체적인 상을 만들어 낸다. 이때 검출된 2차 전자의 양이 많을수록 모니터나 필름에 나타나는 상은 더욱 선명해진다.

*전자기 렌즈 : 자기장을 이용하여 방출된 전자를 집중시키거나 전자선을 굴절시키는 기능을 하는 원통의 코일.

24 윗글에서 알 수 있는 내용으로 적절하지 않은 것은? [2점]

① 광학 현미경은 집광렌즈를 통해 중간 상을 확대한다.
② 광학 현미경은 가시광선이 굴절되는 원리를 활용한다.
③ 광학 현미경은 주사 전자 현미경과 달리 접안렌즈를 사용한다.
④ 주사 전자 현미경에서는 2차 전자를 육안으로는 직접 관찰할 수 없다.
⑤ 주사 전자 현미경을 이용하면 검사 대상의 입체적인 상을 얻을 수 있다.

25 '분해능'과 관련된 내용을 정리한 것으로 적절하지 않은 것은? [2점]

- 분해능이 작을수록 더욱 정밀하게 검사 대상을 관찰할 수 있음. ··· ①
- 광학 현미경의 분해능은 가시광선의 파장의 길이에 영향을 받음. ··· ②
- 전자 현미경은 사용하는 렌즈의 수가 많을수록 분해능이 커짐. ··· ③
- 전자 현미경이 광학 현미경보다 분해능이 작은 것은 전자선을 사용하기 때문임. ··· ④
- 검사 대상의 표면에 주사되는 전자선의 면적이 작을수록 주사 전자 현미경의 분해능도 작아져 더 정밀한 상을 얻을 수 있음. ··· ⑤

26 [A]를 참고하여 〈보기〉의 ⓐ~ⓔ에 대해 설명한 내용으로 적절하지 않은 것은? [3점]

〈보기〉

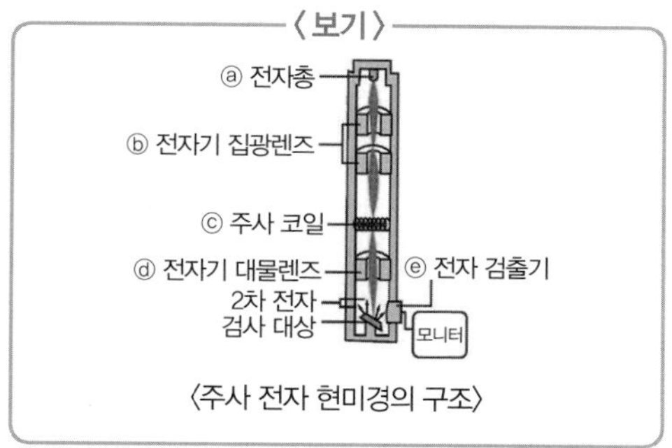

〈주사 전자 현미경의 구조〉

① ⓐ : 짧은 파장의 전자를 방출하려면 전압이 높아야 한다.
② ⓑ : 방출된 전자를 나선형으로 회전하는 전자선으로 만든다.
③ ⓒ : 검사 대상의 표면에 주사되는 전자선의 방향을 제어한다.
④ ⓓ : 자기장을 이용하여 검사 대상의 표면에 전자선을 집중시킨다.
⑤ ⓔ : 검사 대상의 표면에서 반사되는 전자선을 검출하여 전기신호로 변환한다.

27 ㉠의 이유를 추론한 내용으로 가장 적절한 것은? [2점]

① 모니터에 나타나는 상을 크게 확대하기 위한 것이군.
② 모니터에 나타나는 상의 선명도를 높이기 위한 것이군.
③ 광학 현미경보다 더 작은 대상을 검사하기 위한 것이군.
④ 검사 대상의 표면을 오랜 시간 동안 관찰하기 위한 것이군.
⑤ 검사 대상의 표면에 전자선을 정확하게 주사하기 위한 것이군.

[28~30] 다음 글을 읽고 물음에 답하시오.

판소리는 청각적 요소가 중심이 되는 공연 예술이면서 시각적 요소도 매우 효과적으로 활용하는 예술이다. 판소리의 주요 시각적 요소는 창자의 신체와 창자가 입는 의상, 그리고 소도구로 사용하는 부채가 전부이다. 판소리에서 활용하는 시각적 전략의 요체는 역설적이게도 시각적 요소를 최소화하는 것이다. 그것은 창자가 여러 등장인물로 자유롭게 변환하는 것을 제약하는 공연 예술의 관습을 최소화함으로써 그 표현 효과를 극대화하고자 하는 것이다. 만일 판소리 창자의 의상과 소도구가 복잡하게 짜여 있다면 창자는 오히려 시각적 요소들의 제약으로 인해 작중 상황에 맞는 다채로운 변신을 기할 수 없을 것이다.

창자가 여러 등장인물로 자유롭게 변환할 수 있는 것은 판소리 특유의 연행 방식과도 관련이 있다. 창자는 등장인물의 모습을 완전히 무대에 드러내는 것이 아니라 '청관중'이 그 등장인물을 알아차릴 수 있게 하는 최소한의 특징만을 드러내는데, 이를 판소리에서는 ㉠ '부분적 현전'이라고 한다. 한편 청관중은 창자의 부분적 현전을 매개로 하여 그 등장인물의 완전한 모습을 나름대로 마음속에 환기하게 되는데, 이를 ㉡ '매개적 현전'이라 한다. 또한 판소리에서는 한 사람의 창자가 작품에 나오는 모든 등장인물을 하나씩 구현해 나가게 되는데, 이를 ㉢ '통합적 현전'이라 한다.

그렇다면 판소리에서 창자와 고수, 청관중은 어떤 방식으로 공연을 만들어 가게 될까? 판소리의 공연 구조는 아래와 같다.

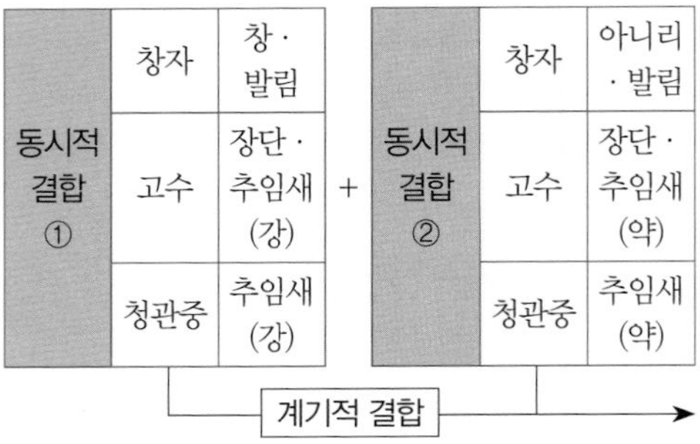

동시적 결합 ①	창자	창·발림		동시적 결합 ②	창자	아니리·발림
	고수	장단·추임새(강)	+		고수	장단·추임새(약)
	청관중	추임새(강)			청관중	추임새(약)

계기적 결합 →

이처럼 판소리 공연은 동시적 결합 단위 ①과 ②가 계기적으로 결합되며 진행되는데, 진행 과정에서 '공소*'를 활용하게 된다. 고수는 추임새로 공소를 메우면서 청관중의 추임새를 유도하며 공연의 분위기를 조성하게 된다. 동시적 결합 단위 ①에서 창자는 '창'을 하는 사이사이에 고수와 청관중이 공연 내부에 참여할 수 있는 공소를 적극적으로 만들어 놓는다. 이에 따라 고수와 청관중의 추임새를 통해 자기의 주관을 공연 내부에 적극적으로 개입시킴으로써 작중 상황에 몰입하게 되는 '동화의 원리'가 작용한다. 반면 ②에서는 창자가 '아니리'를 하면서 공소를 소극적으로 만들게 된다. 따라서 청관중은 자기의 주관을 공연 내부에 개입시키기 어려워 객관적인 입장에서 작중 상황을 관망하게 되는 '이화의 원리'가 작용한다.

판소리 공연은 공연자인 창자가 고수와 서로 긴밀하게 협력하여 공연 내부에 필요한 공소를 적절하게 만들고, 청관중이 그 공소를 추임새로서 적절히 채워 나가면서 완성된다. 공소의 적절한 배치와 활용을 통해 연행되는 판소리 공연은 '동화—이화'의 반복을 통해 판소리 공연에 참여하는 사람들 사이에 형성되어 있던 경계를 느슨하게 하여 소리판을 하나의 공동체적 공간으로 만들게 된다. 이는 판소리가 생동적인 시간적 구조, 곧 과정적 생성 구조임을 말해 주는 것이다.

*공소 : 공연 예술에서 공연자가 청관중의 공연 참여를 유도하기 위해 작품 내부에 시간적으로 휴지를 두거나 부분적으로 공간을 비워 두는 부분.

28 **윗글을 바탕으로 〈보기〉의 ㉮~㉰에 대해 보인 반응으로 적절하지 않은 것은?** [3점]

〈보기〉

〈창〉 – ㉮

어사또를 정신없이 물끄러미 보더니마는 웃음도 반 울음도 반으로, 마오 마오, 그리 마오. (고수 : 얼씨구) 서울 양반 독헙디다. 기처 불식이란 말이 (고수 : 허이) 사기에난 있지마는, 내게조차 이러시오? (고수 : 어이 좋다) 어제 저녁 모시었을 제, 날 보고만 말씀허였으면 마음 놓고 잠을 자지. (고수 : 얼씨구) 지나간 밤 (고수 : 허이) 오날까지 간장 탄 걸 헤아리면 살어 있기가 뜻밖이오. (청관중 : 잘한다)

〈아니리〉 – ㉯

그 때야 춘향 모난 어사또가 사윈 줄은 알았으나, 간밤에 사위를 너무 괄시헌 가남이 있어, 염치 없어 못 들어가고 삼문 밖에서 눈치만 보다, 춘향 입에서 우리 어머니 소리가 나니, 옳지 인자 되얏다 허고 떠들고 들오난디. (고수 : 얼씨구)

〈창〉 – ㉰

어디 가야 여기 있다. 도사령아, 큰문 잡아라. (고수 : 허이) 어사 장모님 행차허신다. 열녀 춘향을 누가 낳나. 말도 마소, 내가 낳네. 장비야, 배 다칠라! 열녀 춘향 난 배로다. (고수 : 얼씨구) 네 이눔들, 오늘도 삼문만이 이미 드셀 테냐. (청관중 : 잘한다)

– 판소리, 「춘향가」 중 –

① ㉮는 ㉯에 비해 청관중이 작중 상황에 쉽게 몰입될 여지가 있겠군.

② ㉯는 ㉰에 비해 고수와 청관중의 참여가 상대적으로 더 제한되겠군.

③ ㉯는 ㉮, ㉰에 비해 시각적 요소로서 의상과 소도구가 더 다양하겠군.

④ ㉮~㉰의 과정을 통해 창자와 청관중이 소통하며 정서적 일체감이 형성되겠군.

⑤ ㉮, ㉯, ㉰는 '동화 → 이화 → 동화'의 원리가 계기적으로 결합되면서 연행되겠군.

29 **윗글의 '판소리(A)'와 〈보기〉의 '풍물굿(B)'을 비교한 내용으로 적절하지 않은 것은?** [2점]

〈보기〉

'풍물굿'은 꽹과리, 징, 북과 같은 풍물 악기들을 사용하여 풍물 장단을 반복적으로 연주하는 공연 예술이다. 풍물굿에는 특정한 등장인물을 연기하기 위해 하나의 가면을 쓰고 공연에 참여하는 '잡색'이 있다. 잡색은 다른 공연자와 청관중 사이를 오가면서 공연에 참여하고자 하는 청관중의 욕구를 자극한다. 그러면 한 걸음 떨어져 공연을 보던 청관중은 잡색의 유도로 신명을 느끼며 공연판 안으로 들어가 춤을 추다가 자리로 돌아가는 과정이 반복되면서 공연자화된다. 이처럼 풍물굿은 공연자와 청관중이 함께 어우러지면서 공연을 완성해 나가는 연행 방식을 보여 준다.

① (A)에서는 창자가, (B)에서는 잡색이 다채로운 인물로 변신하며 연기하는군.

② (A)에서는 시간적 공소가, (B)에서는 공간적 공소가 활용되며 연행되겠군.

③ (A)와 (B)에서는 청각적 요소와 시각적 요소를 함께 사용하며 공연하는군.

④ (A)와 (B)에서는 청관중의 호응도에 따라 공연 분위기가 달라질 수 있겠군.

⑤ (A)와 (B)에서는 청관중과 공연자가 공연을 함께 완성해 나가는군.

30 ㉠~㉢에 대한 설명으로 가장 적절한 것은? [2점]

① ㉠과 ㉢은 청관중이, ㉡은 창자가 주체가 된다.

② ㉠은 ㉡과 달리 청관중의 상상력을 필요로 한다.

③ ㉡은 ㉠이 나타나는 상황을 전제로 이루어진다.

④ ㉡은 ㉠과 ㉢이 절충되는 과정에서 이루어진다.

⑤ ㉢은 ㉠과 ㉡의 구현 순서가 역전되면서 진행된다.

[31~34] 다음 글을 읽고 물음에 답하시오.

(가)
겨울 문의(文意)에 가서 보았다.
거기까지 닿은 길이
몇 갈래의 길과
가까스로 만나는 것을.
죽음은 죽음만큼 길이 적막하기를 바란다.
마른 소리로 한 번씩 귀를 닫고
길들은 저마다 추운 쪽으로 뻗는구나.
그러나 삶은 길에서 돌아와
잠든 마을에 재를 날리고
문득 팔짱 끼어서
먼 산이 너무 가깝구나.
눈이여, 죽음을 덮고 또 무엇을 덮겠느냐.

[A]
겨울 문의(文意)에 가서 보았다.
죽음이 삶을 껴안은 채
한 죽음을 받는 것을.
끝까지 사절하다가
죽음은 인기척을 듣고
저만큼 가서 뒤를 돌아다본다.
모든 것은 낮아서
이 세상에 눈이 내리고
아무리 돌을 던져도 죽음에 맞지 않는다.
겨울 문의(文意)여, 눈이 죽음을 덮고 또 무엇을 덮겠느냐.

- 고은, 「문의 마을에 가서」 -

(나)
동백의 숲까지 나는 간다
저 붉은 것,
피를 토하며 매달리는 간절한 고통 같은 것
어떤 격렬한 열망이 이 겨울 꽃을 피우게 하는지
㉠ 내 욕망의 그늘에도 동백이 숨어 피고 지고 있겠지

㉡ 지는 것들이 길 위에 누워 꽃길을 만드는구나
동백의 숲에서는 꽃의 무상함도 일별해야 했으나
견딜 수 없는 몸의 무게로 무너져내린 동백을 보는 일이란
곤두박질한 주검의 속살을 기웃거리는 일 같아서
㉢ 두 눈은 동백 너머 푸른 바다 더듬이를 곤두세운다
옛날은 이렇게도 끈질기구나
동백을 보러갔던 건
거기 내 안의 동백을 부리고자 했던 것

[B]
동백의 숲을 되짚어 나오네
부리지 못한 동백꽃송이 내 진창의 바닥에 떨어지네
㉣ 무수한 칼날을 들어 동백의 가지를 치고 또 친들
나를 아예 죽고 죽이지 않은들
저 동백 다시 피어나지 않겠는가
동백의 숲을 되짚어 나오네
㉤ 부리지 못한 동백꽃송이
내 진창의 바닥에 피어나네

- 박남준, 「동백」 -

31 (가)와 (나)의 공통점으로 가장 적절한 것은? [2점]

① 삶의 어려움을 극복해 낸 담담한 자기 고백이 드러나 있다.
② 외부 정경을 관찰하면서 떠올린 지난 삶의 궤적이 나타나 있다.
③ 삶의 덧없음을 이겨 내고자 하는 성숙한 내면 의식이 드러나 있다.
④ 특정 공간에서의 경험을 통해 얻은 삶에 대한 통찰이 나타나 있다.
⑤ 자아의 근원적 모습을 탐색하는 데서 오는 내적 갈등이 드러나 있다.

32 [A]와 [B]에 대한 설명으로 적절하지 않은 것은? [2점]

① [A]는 추상적 대상을 구체화하여 시상을 전개하고 있다.
② [B]는 반복과 변주를 활용하여 내적 정서를 부각하고 있다.
③ [A]는 [B]와 달리 도치를 통해 상황의 전달 효과를 높이고 있다.
④ [B]는 [A]와 달리 대상에 인격을 부여하여 시적 정서를 드러내고 있다.
⑤ [A]와 [B]는 모두 의문문의 형식을 활용하여 화자의 정서를 표현하고 있다.

33 〈보기〉는 (가)에 대한 수업의 일부이다. 선생님의 발표 과제를 수행한 결과로 적절하지 않은 것은? [3점]

〈보기〉

선생님 : 「문의 마을에 가서」는 작가가 망자(亡者)의 무덤을 산에 쓰고 난 후, 사람들이 사는 마을로 돌아와 느낀 삶과 죽음의 '상거(相距)'와 '합일(合一)'을 담고 있는 작품입니다. '상거'는 삶과 죽음 사이에는 거리가 있어 서로 단절되어 있다는 인식을, '합일'은 삶과 죽음은 하나로 이어져 있다는 인식을 의미합니다. 이 시를 감상할 때는 각각의 시적 표현들이 '상거'의 의미를 담고 있는지, '합일'의 의미를 담고 있는지 구분해 보면 감상의 묘미를 더할 수 있습니다. 그렇다면 여러분, 이 시에서 '상거', '합일'의 의미가 담겨 있는 표현을 찾아 그렇게 생각한 이유와 함께 발표해 봅시다.

① '죽음은 죽음만큼 길이 적막하기를 바란다.'는 삶과 구별되는 죽음의 이미지에 대한 화자의 인식이 나타나 있다는 점에서 '상거'의 의미를 담고 있다고 할 수 있습니다.
② '길들은 저마다 추운 쪽으로 뻗는구나.'는 '길'을 매개로 삶과 죽음이 순환한다는 인식을 표현하고 있다는 점에서 '합일'의 의미를 담고 있다고 할 수 있습니다.
③ '눈이여, 죽음을 덮고 또 무엇을 덮겠느냐.'는 망자의 무덤이 있는 산과 사람들이 사는 마을을 '눈'이 하나로 덮는 모습을 연상하게 한다는 점에서 '합일'의 의미를 담고 있다고 할 수 있습니다.

④ '죽음이 삶을 껴안은 채 / 한 죽음을 받는 것을.'은 삶과 죽음이 밀착되어 있는 모습을 형상화하고 있다는 점에서 '합일'의 의미를 담고 있다고 할 수 있습니다.

⑤ '아무리 돌을 던져도 죽음에 맞지 않는다.'는 삶과 죽음이 물리적으로 닿을 수 없을 정도로 유리되어 있음을 표현하고 있다는 점에서 '상거'의 의미를 담고 있다고 할 수 있습니다.

34 〈보기〉는 (나)에 대한 시평의 일부이다. 이를 바탕으로 ㉠~㉤을 설명한 것으로 적절하지 않은 것은? [2점]

〈보기〉

시인은 '동백'을 보고 자신의 내면을 다스리고자 했던 것으로 보인다. 시인은 마음속에서 꿈틀거리는 생의 욕망을 내려놓고 싶어 동백의 숲을 찾지만 실패하고 만다. 그것은 동백이 떨어지고 난 후에도 그 모양새와 붉은 색을 그대로 유지하듯, 아무리 치열하게 자신을 성찰하며 내면적 의지를 다진다 하더라도 생의 욕망을 제거하기는 어렵다고 느꼈기 때문이다. 완전한 자기 소멸이 전제되지 않은 한 인간은 생의 욕망에 얽매일 수밖에 없기에, 떨어진 동백을 보는 것은 자신의 내면을 들여다보는 것이기에, 시인은 꽃길을 만든 동백에 주던 시선을 거두었던 것이다.

① ㉠ : 생의 욕망이 꿈틀거리는 화자의 내면 심리를 동백의 이미지와 연결하여 표현하고 있다.

② ㉡ : 진 후에도 그 모습을 유지하며 꽃길을 만드는 동백을 통해 끈질긴 생의 욕망을 표현하고 있다.

③ ㉢ : 생에 대한 욕망이 외부 세계에 의해 강화되고 있는 화자의 안타까운 심정을 표현하고 있다.

④ ㉣ : 화자가 치열하게 자기 자신을 성찰하며 생의 욕망을 제거하려는 상황을 가정하여 표현하고 있다.

⑤ ㉤ : 완전한 자기 소멸에 이르지 못하기에 생의 욕망을 내려놓는 것에 실패한 상황을 표현하고 있다.

[35~38] 다음 글을 읽고 물음에 답하시오.

(가)

[A]
비단 장막으로 찬 기운 스며들고 새벽은 멀었지만
텅 빈 뜨락에 이슬 내려 구슬 병풍은 차갑다.
못 위의 연꽃은 시들어도 밤까지 향기 여전하고
우물가의 오동잎은 떨어져 그림자 없는 가을
물시계 소리만 똑딱똑딱 서풍 타고 울리는데
발[簾] 밖에는 서리 내려 밤 벌레만 시끄럽구나.

[B]
베틀에 감긴 옷감 가위로 잘라낸 뒤
임 그리는 꿈을 깨니 비단 장막은 비어 있네.
먼 길 나그네에게 부치려고 임의 옷을 재단하니
쓸쓸한 등불이 어두운 벽을 밝힐 뿐.
울음을 삼키며 편지 한 장 써 놓았는데
역사* 내일 아침 남쪽 동네로 전해 준다네.

[C]
옷과 편지 봉하고 뜨락에 나서니
반짝이는 은하수에 새벽별만 밝네.
차디찬 금침에서 뒤척이며 잠 못 이룰 때
㉠ 지는 달이 정답게 내 방을 엿보네.

– 허난설헌, 「사시사(四時詞)」 –

*역사 : 편지를 전하는 사람

(나)

산천은 험준하고 수림(樹林)은 총잡* 혼듸 만학(萬壑)의 눈 싸이고 천봉(千峰)의 바람 칠 제 식가 어이 울랴마는

적벽화전의 죽은 군사 원혼(冤魂)이 한조(恨鳥) 되야 조조만 원망ᄒᆞ여 우니난듸 이게 모도 귀성(鬼聲)이라 도탄 중 싸인 군사 고향 이별이 몃 히런고

공산 ㉡ 낙월(落月) 깁흔 밤 귀촉도 불여귀의 우ᄂᆞᆫ 져 두견 너 홀노 울지 말고 날과 함기*

– 임중환의 사설시조 –

*총잡 : 빽빽하게 우거짐.
*함기 : 함께.

(다)

가로등이 좋아지는 것은 역시 겨울철이다. 함박눈이 쏟아지는 밤에 설레는 눈발 속에 우러러보는 등불, 그것은 우리의 감정이 닿을 수 있는 동경의 알맞은 위치에 외롭게 켜 있는 꿈의 등불이다. 그 등불이 켜진 가로등 기둥에 호젓이 기대어 서서 가없는 명상에 잠시 잠겨 보는 고독, 그것은 나의 젊은 날의 눈물겨운 모습이다.

그러나 요즘은 눈 오는 밤 가로등에 기대 보는 그런 고독한 낭만조차 잊은 지 오래다. 그것은 나의 연령의 탓만이 아닐 것이다. 어쩌면 인간이란 나이가 들수록 한결 고독한 것이며, 그래서 눈이 오는 밤은 한결 유감해지는 것이리라. 다만 내가 고독한 낭만을 못가지는 것은 세태의 탓일 것이다. 해방 후로 우리는 밤의 낭만을 잃은 것이다. 그 포근한 밤의 지향 없는 소요를 통행 금지라는 법이 막고 있는 것이다. 열한시 사이렌이 불고 나면, 이미 밤은 나의 것이 아니다. 그래서 시청 앞길의 가로등은 다만 텅 빈 적적한 광장을 외롭게 비치는 고독한 등불이 되는 것이다. 통행 금지 시간 넘어 거리에 선 가로등의 그 처참한 모습과 쓸쓸한 불빛. 그렇다. 우리의 생활에는 안녕과 질서를 위해서 밤을 완전히 어둠으로 맞이해야 하는 것이다.

안데르센 동화에 '늙은 가로등'이란 작품이 있다. 밤이면 가로등을 물끄러미 쳐다보는 이마가 넓은 청년의 이야기로 시작하는 작품이다. 가로등은 그 꿈 많은 청년의 허연 이마에 그의 불빛의 쓸쓸한 키스와 또한 '쓸쓸한 축복'을 부어 주었다. 나는 이 동화를 읽으면서, 그 젊은 청년의 이마에 비쳐주는 가로등의 쓸쓸한 불빛이 불빛이기보다 오히려 '신의 너그러운 축복'이요, '내 삶이 내게 비쳐 주는 빛' 같았다.

나는 나의 멀고 아득한 [인생 여로]의 대목마다 외로운 가로등이 켜 있기를 빌었다. 참으로 가로등을 멀리서 바라볼 때, 그것은 미래의 어느 지점에 은은히 비치는 별빛이다. 나는 가로등을 목표로 해서 어두운 길을 어느 지점에서 다른 지점까지 가게 되는 것이다.

그 가로등 가까이 가면 한결 길이 환해지고, 때로는 내가 목표한 가로등에 벌레처럼 설레는 함박눈이 이상하게 노래하는 꽃송이가 한 꼬투리처럼 걸리기도 하고, 또는 가는 실비가 비단 베일을 씌우며 신비롭게 속삭이기도 하고, 혹은 다만 어둠 속에 등불만 쫑긋이 켜 있기도 한다. 그러나 막상 그 목표한 가로등을 지나면, 우선 나의 그림자가 발에 밟힌다. 그 그림자가 밟히는 사실을 나는 무어라 표현할까? 눈물겨운 추억의 한 자락이 발에 밟히는 것이라 할까? 나는 이 어둡고 고독한 밤길에 다만 가로등이 비쳐주는 다만 그만큼의 '빛의 둘레' 속에 나의 그림자와 더불어 호젓이 길을 걷는 한갓 영상으로 화하는 것이다. 이것이야말로 이 세상을 건너가는 나 자신 바로 그것의 모습 같은 생각이 든다. 그 흐뭇한 고독감, 나의 삶의 가장 밑바닥을 흐르는 '서러움의 물길'이다. 이 물길 위에 배를 띄우듯 어줍잖은 몇 편의 시, 그것이 나의 숨쉬는 시의 세계일 것이다.

가로등의 이러한 빛의 둘레를 완전히 벗어날 때, 나는 앞이 아득한 암흑의 벽을 다시 느끼며, 끝없이 아득한 어두운 길에 또 하나의 가로등을 찾아보는 것이다. 그러나 아무리 보아도 가로등이 없을 경우, 아득한 어둠은 영원한 어둠이 되어버린다. 이것은 '나의 마지막'이다.

나의 일생은 언제나 적당한 거리에 가로등이 켜 있는 길이었다. 그리고, 지나온 길 위에 그것은 나란히 열을 지어서 스크린의 어느 한 장면처럼 아득

2017 기출문제

하게 뻗쳤다. 또한 나의 미래도 설사 아무리 절망하기로니, 늘 가로등이 대목마다 켜 있는 길일 것이다. 내가 마음속에 신을 잃지 않는 한, 혹은 시를 놓치지 않는 한. 그래서 나는 때때로 창백한 이마에 가로등의 그 쓸쓸한 불빛의 키스와 축복을 받으며, 외롭게 흐뭇한 밤길을 갈 것이다. 가로등에 축복이 있기를.

– 박목월, 「가로등」 –

35 (가)~(다)의 공통점으로 가장 적절한 것은? [2점]

① 의성어를 사용하여 표현 효과를 높이고 있다.
② 역설적 표현을 통해 내면의 변화를 부각하고 있다.
③ 고사를 활용하여 비극적 분위기를 고조시키고 있다.
④ 감각을 전이시켜 작중 상황의 전달 효과를 높이고 있다.
⑤ 계절적 배경이 글쓴이의 정서와 연계되며 내용이 전개되고 있다.

36 ㉠과 ㉡에 대한 이해로 가장 적절한 것은? [2점]

① ㉠과 ㉡은 화자가 지향하는 가치가 투영된 소재이다.
② ㉠과 ㉡은 화자가 자신의 삶을 성찰하게 하는 매개물이다.
③ ㉠은 화자와 교감하는 자연물이고, ㉡은 화자와 동일시된 자연물이다.
④ ㉠은 화자가 소망을 기원하는 대상이고, ㉡은 화자가 원망을 표출하는 대상이다.
⑤ ㉠은 화자의 마음을 위로해 주는 존재이고, ㉡은 화자의 애상감을 더해 주는 존재이다.

37 (가)의 [A]~[C]에 대한 설명으로 적절하지 않은 것은? [2점]

① [A]는 외부의 정경을 중심으로 시적 상황을 나타내고 있다.
② [A]와 [C]는 촉각적 이미지를 통해 화자의 정서를 표현하고 있다.
③ [B]는 [A]와 달리 하강의 이미지를 통해 애상적 분위기를 환기하고 있다.
④ [C]는 '방 안' → '뜨락' → '방 안'으로의 공간 이동을 보이고 있다.
⑤ [A]~[C]는 시간의 흐름에 따라 순차적으로 시상을 전개하고 있다.

38 (다)의 글쓴이의 인생 여로를 〈보기〉의 ㉮~㉲에 따라 정리해 보는 활동을 수행한 결과로 적절하지 않은 것은? [3점]

〈보기〉

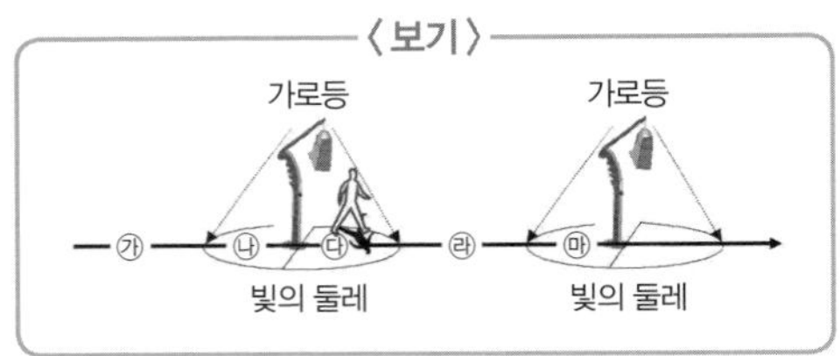

① ㉮ : 글쓴이가 기대감을 갖고 지향하는 목표를 향해 걸어가는 대목이다.
② ㉯ : 지향하는 목표에 가까이 다가서며 희열을 느끼는 대목이다.
③ ㉰ : 지나온 삶을 회상하며 흐뭇한 고독감을 느끼는 대목이다.
④ ㉱ : 아득한 상황일지라도 또 다른 목표를 향해 묵묵히 걸어가는 대목이다.
⑤ ㉲ : 종교적 성찰을 통해 삶에 대한 집착에서 벗어나는 대목이다.

[39~41] 다음 글을 읽고 물음에 답하시오.

[앞부분의 줄거리] 심작은둘 노파는 폐결핵과 장질부사로 입원하였지만, 가난한 형편으로 인해 폐허나 다름없는 제3병동에 수용된다. 노파의 간호를 위해 그의 딸인 강남옥 처녀는 노파의 침대에서 숙식을 같이 하다가 결국 장질부사에 걸린다. 의사 김종우는 강남옥을 무료로 진찰해 주고, 매트도 구해 줘 모친과 함께 치료를 받게 한다. 하지만 수납계 직원이 이를 눈치챈다.

내과 과장은 그녀가 누운 매트에 대해서는 수납계 직원처럼 그리 수상쩍게, 또 못마땅하게 여기진 않았다. 오히려 그런 사정이 있으려니 하는 눈짓으로 싱긋이 웃고만 돌아갔다. 내과 과장이 떠나자 이내 서무과 급사가 들어오더니 수간호원을 보고서,

"수혈 끝나는 대로 서무과장이 좀 오시래요."

"왜?"

수간호원은 급사의 표정을 훑었다.

"글쎄요……."

급사는 그저 그럴 내기다.

'첫, 매트 얘길 테지! 그 여우 같은 늙정이가…….'

일러바친 게로군 싶었다.

[A] 멀리서 하늘 울리는 소리가 들려오고, 극성스럽게 쏟아지는 폭우가, 허물어져 가는 제3병동의 유리창을 마구 때렸다. 헐렁한 창문 틈바구니마다 빗물이 새어들어 유리를 타내리고, 강남옥 처녀가 누워 있는 쪽 천장 구석도 차츰 젖어들기 시작했다. 그러한 빗속에서도 불도저는 내처 부르릉거렸다. 운전사는 필시 물에 빠진 생쥐 꼴이 됐을 테지. 명령, 아니 인간의 강하고 약함이 한꺼번에 실감되는 그러한 경황이랄까? 그러나 이상하게도 그날만은 그 둔탁스런 불도저 소리도 환자들에게는 그다지 거슬리지 않는 모양이었다. 한결같이 희멀건 눈들이, 쏟아지는 빗발을 심심치 않게 내다보는가 하면, 그 속에서 부르릉대는 불도저의 극성맞은 소리에도 내처 귀를 기울이고 있는 것 같았다.

요컨대 그들은 병원생활이 무척 괴롭고 지루했던 것이다. 가뜩이나 전염병 환자만이 늘어져 있는 허물어져 가는 3등 병실에서, 그저 치료비 독촉장이나 받을 뿐, 누구 하나 꽃이라도 들고 깍듯이 찾아 주는 사람도 없는 3등 인간인 그들에게는!

그러니까 때로는 비도 반가웠고 불도저 소리도 거슬리지는 않았다. 뿐만 아니라 우르릉 하는 먼 천둥 소리에, 숫제 살아 있는 하늘의 방향이라도 잡아 보려는 듯, 눈을 번쩍 뜨는 자도 있었다. 말하자면 누에가 잠을 잘 때 고개만을 치켜들고 있듯 빗소리에 한결 조용해진 병실 안 사람들도 신경은 내처 날카롭기만 했던 것이다.

다만, 넓적한 마스크를 한 간호원이 가끔 와서 보고 가는 오롱댁 심작은둘 노파만이, 또닥또닥 떨어져 들어가는 피를 받으면서 그러한 반응을 보이지 않을 뿐이었다.

강남옥 처녀는 시종일관 모든 것을 샅샅이 눈여겨보았다. 매트 위에 누웠을 때도, 천장을 향해 있는 그녀의 핏발 선 커다란 눈은 마치 병실 안 전체를 삼키고 있는 것 같았다. 그리고 꽉 다문 입은 헤일 수 없는 말들을!

…… 더구나 수납계의 고참 직원이 불쑥 나타났을 때의 일, 서무과 급사로부터 출두 연락을 받았을 때의 수간호원의 심상치 않은 표정…… 이러한 것들과, 그로 말미암아 덩달아 일어나는 여러 가지 추측이며 생각들이 한때 어머니에 대한 걱정까지도 밀어 버리고 그녀의 망막과 머릿속을 점령했다. 천장에 맺혔던 물방울이 툭 하고 머리맡에 떨어질 때 그런 의식에서 일단 단절된다. 그러나 다시 덮친다. 다시 덮치다간, 결국 이것도 저것도 갈피를 잡지 못한다. 머리가 몽롱해 온다. 머리가 몽롱해 오며 의식마저 허물어진다. 결국 그녀의 의식은 고열로 인해 녹아진 것이다.

강남옥 처녀가 다시 의식을 되찾은 것은 그녀의 몸뚱이가 김종우 의사와 간호원들에 의해서 그녀의 어머니 곁으로 옮겨졌을 순간이었다. 날카로운 소리에 눈이 번쩍 띄웠다.

"그저 보고만 하고 말 것이 아니라……."

김종우 의사가 그녀가 누워 있던 빈 매트를 발로써 냅다 밀어 버리며 괜히 죄도 없는 간호생을 보고 투덜대고 있었다.

"인부 시켜, 수납계 그 늙다리한테 딱 갖다 보이고서 치워 두래! 알았어?"

아직 경험이 없는, 실습 간호생은 어리둥절하고 있다.

"빨리 그러라니까!"

김종우 씨의 말소리는 더욱 날카로워진다. 수간호원이 간호생더러 뭐라고 타일러 보낸다. 강남옥 처녀는 팔꿈치에 따끔한 것을 느꼈다. 링거 방울이 눈물처럼 눈에 아른거린다. 김종우 의사는 그것을 조절하면서 또 씨부렸다.

"저희들은 턱도 아닌 것들을 데리고 와서 관비 치료니 뭐니 하면서……."

"그러기 말예요."

수간호원이 맞장구를 치듯 받는다.

"그 말을 듣고 화를 내는 원장님도 원장님이지 뭐예요."

좁은 병상 위에서, 한쪽은 피 주사를, 한쪽은 링거—다행히 몸피가 여윈 3등 인간이라 좋았다. 그러나 그와 같은 구차스런 꼬락서니도 오래 가지는 못했다. 이튿날 저녁 오롱댁 심작은둘 노파의 몸뚱이는 드디어 병상에서 내려갔다. 뻗어진 것이다.

(중략)

인부들이 돌아간 뒤, 강남옥 처녀는 다시 어머니의 시체에 매달려서 흐느끼기 시작했다. 남의 사정도 헤아려야만 하는 병실에서와는 달리 본격적인 울음이 시작된 것이다. 그저 훌쩍거리고 어깨를 추스릴 뿐이 아니다. 소리를 내가며 울었다.

[B] 휘휘한 방 안을, 천장에 덩그러니 달린 바알간 전등 하나가 지켜보고 있었다. 바깥은 여전히 빗소리다. 불도저 소리도 여전히 멀리서 부르릉거렸다. 허물어져가는 제3병동의 한 귀퉁이라도 무너뜨리려는지 우지끈하는 소리가 한 번 들렸다. 다행히 시체안치소의 유리창만은 흔들리지 않았다. 그러나 이럴 때 누가 문틈으로라도 엿보았더라면, 죽어 있는 시체보다 을씨년스럽게 울어 대는 처녀의 모습에 더욱 질렸을 것이다. 이제 간호원들도 그녀의 열을 재러 오지 않았다. 의사들도 나타나지 않았다. 아무도 그녀의 울음을 방해할 사람은 없었다.

이윽고, 널빤지로 된 문짝에서 인기척이 나더니 아까 그 인부 두 사람이 되나타났다. 약간 주기가 있는 듯한 얼굴들로서 손에 무언가 들고 있었다.

"처녀가 혼자서 울고 있는 걸 보니……."

위로차 온 모양이다.

"그양 올 수도 없고, 암매 향불도 미처 못 구했지 싶어서……."

그들은 어머니의 시체에 매달려 있는 강남옥 처녀를 떼놓듯이 하고 향을 피워 주었다. 한 사람은 축 늘어진 포켓 속에서 조그만 초까지 꺼내어 촛불까지 밝혀 주었다. 손등에는 빗물들이 번질거리고 있었다. 그들에 대한 흔감한 정까지 겹쳤음인지 강남옥 처녀의 울음소리는 더욱 구슬퍼졌다.

나이 늙수그레한 인부 한 사람은 병원 구내에 살았던 모양으로 아침 일찍 부인을 시켜 죽까지 한 그릇 치면하게 갖다 주었다. 우격에 못 이겨 그걸 받아 마시는 강남옥 처녀의 눈에서는 눈물이 샘솟듯했다. 죽 위에 사뭇 떨어졌다. 3등 인간도 끝내 외롭지는 않았던 것이다.

– 김정한, 「제3병동」 –

39 윗글에 대한 설명으로 가장 적절한 것은? [2점]

① 동시에 일어난 두 사건을 병치하여 극적 효과를 높이고 있다.

② 서술자가 작중 상황에 대한 자신의 주관적 판단을 노출하고 있다.

③ 사건을 역전적으로 구성하여 인물의 과거 행적을 드러내고 있다.

④ 이야기 속에 다른 이야기를 삽입하여 사건을 입체적으로 나타내고 있다.

⑤ 특정 인물의 시선을 통해 다른 인물의 심리를 해석하여 보여 주고 있다.

40 〈보기〉를 참고하여, 윗글을 감상한 내용으로 적절하지 않은 것은? [2점]

〈보기〉

이 작품은 인간을 이윤 추구의 도구로 보는 '도구적 가치관'과 인간의 존엄성을 중시하는 '본질적 가치관'의 대립을 보여 주고 있다. 이 작품에서 '병원'은 근대화가 양산한 불구화된 심성의 소유자들에 의해 도구적 가치관이 지배하는 공간으로 변질되어 있다. 하지만 그 속에서도 본질적 가치를 지켜 내려는 인물들의 모습을 보여 줌으로써 휴머니즘을 통해 인간소외와 물신주의를 극복할 수 있다는 가능성을 제시하고 있다.

① 수납계 직원의 말을 전해 듣고 화를 내는 원장을 비난하고 있는 '수간호원'은 도구적 가치관을 지닌 인물이군.

② 어머니를 여읜 '강남옥 처녀'에게 향불과 죽을 제공하는 '인부들'은 본질적 가치관을 중시하는 휴머니즘적 인물이군.

③ 3등 병실에 있는 '3등 인간'은 인간을 등급화시키는 물신주의에 의해 소외된 인간의 모습을 비유적으로 나타낸 것이군.

④ 병원이 환자의 생명보다 이윤 추구에 매몰된 공간으로 변질된 현실은 도구적 가치관이 팽배한 근대화의 한 단면을 보여 주는군.

⑤ '강남옥 처녀'를 진정으로 걱정하며 도움을 주는 '김종우 의사'는 도구적 가치관을 지닌 인물들과는 달리 본질적 가치를 지키려는 인물이군.

41 〈보기 1〉을 참고하여 윗글의 [A]와 [B]를 감상한 내용으로 적절한 것을 〈보기 2〉에서 모두 골라 바르게 묶은 것은? [3점]

〈보기 1〉

선생님 : 이 작품에서 '유리창'은 내부 공간과 외부 공간을 단절시키거나 매개하는 역할을 합니다. 이 작품의 [A]와 [B]에서는 유리창을 경계로 안과 밖의 공간이 아래와 같이 나뉘어 있습니다.

[내부 공간]		[외부 공간]		[내부 공간]
제3병동 병실	〈유리창〉	비가 내림. 불도저가 작업 중임.	〈유리창〉	시체안치소

그렇다면 여러분, '유리창'과 유리창을 경계로 한 '내부 공간'과 '외부 공간'의 모습을 등장인물의 상황, 태도, 심리와 연계하여 감상해 봅시다.

〈보기 2〉

• 가희 : [A]의 '불도저의 극성맞은 소리에도 내처 귀를 기울이고 있는 것 같았다.'는 병원 생활에 지쳐 외부 공간의 상황에 관심을 보이는 내부 공간 인물들의 심리를 나타내는 것 같습니다.

• 나희 : [B]의 '불도저 소리도 여전히 멀리서 부르릉거렸다.'는 외부로부터 주어진 현실을 받아들이길 거부하고, 이에 맞서고자 하는 내부 공간 인물의 태도를 보여 주고 있는 것 같습니다.

• 다희 : [A]와 달리 [B]에서 '유리창만은 흔들리지 않았다.'라고 표현한 것은 외부 상황이 내부 공간의 인물에 영향을 미치지 못하는 상황을 보여 주고 있는 것 같습니다.

• 라희 : [A]의 '극성스럽게 쏟아지는 폭우'와 [B]의 '바깥은 여전히 빗소리다.'는 외부 공간을 지향하지만 두려움에 떨며 망설이고 있는 내부 공간 인물들의 심리와 태도를 보여 주고 있는 것 같습니다.

① 가희, 나희　　② 가희, 다희
③ 나희, 다희　　④ 나희, 라희
⑤ 다희, 라희

[42~45] 다음 글을 읽고 물음에 답하시오.

[앞부분의 줄거리] 명나라 권 승상의 아들 용선은 순무어사로 지방 순시 중 강정에 있는 숙부 권 시랑의 집에 들른다. 거기서 용선은, 부모인 오 공 부부가 돌아가셔서 고모 오 부인과 살고 있는 오 소저를 보고 첫눈에 반해 정혼한다. 그러나 용선은 태후의 눈에 들어 공주와 강제로 혼인하게 될 처지에 놓인다. 용선은 어머니 김 부인, 형제들과 함께 권 시랑의 아들 봉선이 한림의 벼슬을 받은 일을 축하하러 숙부의 집에 왔다가 숙부께 오 소저와의 혼례를 허락해 줄 것을 요청한다.

용선이 꿇어 고하여 왈,

"숙부의 말씀이 당연하시나 소질(小姪)은 승천입지*하와도 오 소저와의 성례 전은 공주를 맞이하지 아니 하려나이다. 숙부는 밝혀 살피옵소서."

시랑이 침음양구*에 탄식 왈,

"㉠ 용선의 일념에 맺힌 마음은 돌이키기 어렵도다."

하고, 부인과 제인(諸人)을 대하여 왈,

[A] "용선의 마음이 이러하여 시방 돌아가 상명*을 준수하여 공주를 맞이한다 하나 끝내 화합치 못할 것이요, 오 소저의 일생이 잔잉*할 뿐더러 몽중에 오 공이 무슨 일이 있을지라도 용선과 성례함을 어기지 말라 하옴이 진실하고, 또 용선의 기상이 길고 긴 복록을 누릴지라, 비록 기군(欺君)*함이 되나 길일을 기다려 강정에서 남모르게 성례하여 용선의 마음을 위로하고 돌아가 공주를 맞으면 좋으리라. 용선을 경계하여 상명을 준수한 후 날을 기다려 성례케 하라."

하니, 용선은 삼가 명을 받들고 김 부인과 용선의 형제는 기꺼하나 오 부인은 즐겨 아니하고 탄식 왈,

"사정(私情)에 얽매어 신하가 되어 임금을 기만한 죄를 범하여 이같이 하니 어찌 마침내 평안하리오."

하더라. 용선이 시랑 부부께 하직하고 김 부인을 모셔 본댁으로 돌아가니라.

이러구러 염육일이 다다르매 용선이 강정으로 나아갈새, 종을 데리고 필마로 강정에 이르러 다만 권 시랑의 외당에서 길복을 갖추고 설매당에서 혼례의 절을 올릴새, 다만 시랑 부자와 부인 모녀 앉아 있어 오 부인이 소저를 보건대 홍월 나삼과 촉라 취운상을 입고 구룡채 봉관을 쓰고 혼례석에 나와 혼례를 파안 후 침소에 돌아가매, 시랑과 부인이 용선으로 더불어 난간에 좌를 명한 후 다만 오부인이 약간 주효를 마련하고 심정을 위로할새, 오부인이 탄식하고 슬퍼 울며 왈,

[B] "질녀의 팔자가 기구하여 어려서 부모의 사랑을 잃고 우리를 따라 이곳에 와서 사위를 얻으매, 혼사를 완전히 차리고 빈객을 모아 남과 같이 성례하여 이웃과 친척이 다 혼인한 줄 알게 하여 망형의 고혼을 위로할까 바랐더니, 이렇듯 뜻 아닌 환란을 만나 구차히 겨우 성례하며, 십이 세 유치 약질로 하여금 문을 바라는 과부가 되어 아내로서 남편의 보살핌을 믿지 못할 듯하니 어찌 잔잉치 않으며, 사정 있는 사람이 어찌 차마 볼 바이리오. 제 몸이나 무사하여 내 곁이나 떠나지 아니하게 용선은 오늘로부터 종적을 그침을 바라노라."

용선이 깨달아 절하며 왈,

"숙모님의 하교를 듣사오니 소질의 심사가 근심과 슬픔을 이기지 못하리로소이다."

공이 탄식 왈,

"부질없는 설화를 하여 사람의 심사만 상하올 것이니, 다시 무익한 말은 말지어다. 서로 심곡과 회포를 모름이 없으나 다시 말을 베풀지 말라."

하고 말을 마치자 탄식하고 일어서니 오 부인과 오 소저는 중당으로 들어가고 용선은 봉선으로 더불어 공을 모셔 중헌으로 나왔더니, 봉선이 가로되,

"명일은 입직 차례라. 소제가 마땅히 석양에 궁궐로 들어가려 하오니 형장도 한가지로 가고자 하시나이까?"

용선이 깊이 생각하다가 일어나며 왈,

"오늘로 이별이 될 것이니 소저를 잠깐 보아 이

별을 고하고 너와 한가지로 들어가리라."

[중략 부분의 줄거리] 용선은 궁에 들어가 공주와 혼인하나 오 소저를 잊지 못해 공주를 멀리한다. 공주는 보모를 시켜 용선의 뒤를 조사해 용선이 오 소저와 이미 혼례를 올렸음을 알고 분노한다. 공주는 태후께 말해 용선을 옥에 가두고 오 소저를 궁으로 불러들인다.

오 소저 태후 궁에 들어가니 태후와 공주 한 번 보매 과연 귀비의 색으로도 비하지 못할러라. 마음에 기어히 여겨 왈,

"저렇거든 권가 도적놈이 아니 혹하리오."

마음에 투기와 불호(不好)한 마음이 분출하여 무수히 꾸짖되, 오 소저가 안색이 지약하여 답언이 없더라. 삼천 비빈과 육궁 분대(粉黛)는 다 애련히 여기고 또한 기특히 여겨 가로되,

"벅벅이 인간 사람이 아니라."

하니, 공주가 조금도 다름없이 여기더라.

석 귀비는 용선의 외사촌 누이라. 오 소저가 궁중에 오래 머물게 되면 귀비 반드시 저의 재용을 사랑하여 상께 고하면 상이 반드시 재취시킬까 마음에 거리끼되, 다른 계교 없어 근심하여 다음을 보아 오 소저를 참살할 것으로 생각하더라. 이때 석 귀비 오 소저의 환란 당함을 가련히 여기나, 태후와 공주가 기꺼 아니할 줄 알고 아직 모르는 체하나 심중에 잔잉히 여기고 아낌을 마지아니하더라.

차시에 각처 제후가 홀연 천자께 상소하였으되,

"제왕(齊王)이 반심(叛心)을 두어 날마다 장사를 불러 모으고 군사를 조련한다 하오니 모름지기 일찍이 칙지를 내리와 문죄하시고 그 기틀을 살피소서."

하였거늘 상이 들으시고 대경하사 마땅히 보낼 사람을 정하지 못하사 근심하시더니, 승상 주현이 태후께 가만히 고하여 왈,

"그 시각이 마땅히 계교를 행할 때이오니 용선으로 하여금 제국의 사신을 삼아 보내시고, 그 사이에 오 소저를 노국으로 보내어 세자의 후궁으로 삼으시면 공주에게 화가 없삽고, 노국 세자는 절색을 얻고 기꺼 하오리니 어찌 계교 기특치 아니하오리까."

공주가 곁에 모셨다가 크게 대희하여 가로되,

"이 계교가 실로 묘하오니 급히 행하소서."

주현이 명일에 상께 주 왈,

"이제 제국에 사신을 보내시려 하시면 문무겸전한 사람을 보내셔야 조정을 욕되지 아니하옵고 후환이 없을까 하오니, 엎드려 바라건대 폐하는 어떤 사람을 택하셨나이까."

상이 가라사대,

"아직 정하지 못하였으니 경은 한 사람 천거하여 짐의 근심을 덜게 하라."

주현이 다시 주 왈,

"죄인 권용선을 죄를 사하여 사신으로 보내시면 이 사람밖에는 명을 받들 이 없사오니이다."

상이 본디 용선을 중히 여기시는지라. 정히 용선이 광서를 평정하던 지략을 생각하자 즉시 용선의 죄를 사하시고 상서의 품계를 내려 제국의 사신을 정하시고, 또 용선의 두 형에게 참정과 태부를 하사하니, 기실흉계 어느 곳에 미칠 줄 알지 못할러라.

– 작자 미상, 「권용선전」 –

*승천 입지 : 하늘로 오르고 땅으로 들어간다는 뜻으로, 자취를 감춤을 이르는 말
*침음양구 : 속으로 깊이 생각한 지 오랜 뒤.
*상명 : 임금의 명령
*잔잉 : 애처롭고 불쌍하여 차마 보기 어려움.
*기군 : 임금을 속이는 일.

42 **윗글을 읽고 확인할 수 있는 내용으로 적절하지 않은 것은? [2점]**

① 용선은 궁중에 석 귀비가 있다는 말을 듣고 크게 위안을 얻었다.

② 용선과 오 소저는 강정에 있는 권 시랑의 집에서 혼례를 올렸다.

③ 용선은 오 소저와 이별한 후 봉선과 함께 궁궐로 들어가고자 했다.

④ 석 귀비는 자신이 오 소저를 걱정하고 있음을 겉으로 드러내지 않았다.

⑤ 태후는 주현이 용선을 제국의 사신으로 천거할 것을 미리 알고 있었다.

43 〈보기〉를 바탕으로 윗글의 내용을 정리한 것으로 적절하지 않은 것은? [3점]

〈보기〉

「권용선전」은 '늑혼(강제 결혼)담'을 바탕으로 사건이 전개되고 있다. 늑혼담은 일반적으로 다음과 같은 서사 구조를 보인다.

이상적인 두 인물이 서로 사랑하여 정혼을 약속함.	…	광서를 평정할 정도로 지략이 있는 용선이 귀비의 색으로도 비하지 못할 용모를 지닌 오 소저를 만나 정혼을 약속함 ………… ⓐ
⬇		
권력자에 의해 정혼자와의 결연이 방해를 받음.	…	용선의 지모와 인물을 알아본 공주가 정혼자와 이미 결연했다는 사실을 알고 있었음에도 불구하고 용선과의 결혼을 추진함. ………………………… ⓑ
⬇		
주인공이 주체적 의지로 정혼자와 결연하려고 함.	…	용선이 승천 입지하와도 오 소저와의 성례 전에는 공주와 성례를 하지 못하겠다며 오 소저와의 혼례를 강하게 주장함. …… ⓒ
⬇		
정혼자와의 결연이 지연되거나 주인공들이 고난을 겪음.	…	오 소저가 공주의 부름을 받고 궁으로 들어와 태후와 공주에게 무수히 질책을 받음. ………………… ⓓ 용선은 제국에 사신으로 보내지게 되고, 오 소저는 노국에 보내져 세자의 후궁이 될 처지에 놓임. ‥ ⓔ
⬇		
고난을 극복한 주인공들이 진정한 결연을 이루게 됨.	…	용선과 오 소저가 서로 헤어질 운명에 처하지만 결국에는 진정한 결연을 이루게 될 것임을 예상할 수 있음.

① ⓐ ② ⓑ ③ ⓒ ④ ⓓ ⑤ ⓔ

44 [A]와 [B]에 대한 이해로 적절하지 않은 것은? [2점]

① [A]에는 꿈에 나타난 인물들의 말을 근거로 하여 결정을 내리는 상황이 드러나 있다.
② [B]에는 자신의 바람과 다른 방향으로 상황이 전개되는 것에 대한 탄식이 드러나 있다.
③ [A]에는 상대의 요청에 대한 생각이, [B]에는 상대의 행동에 대한 요청이 드러나 있다.
④ [A]와 [B]에는 인물이 앞으로 경험하게 될 삶을 예상하는 내용이 드러나 있다.
⑤ [A]와 [B]에는 인물이 살아온 과정을 요약적으로 말하는 부분이 드러나 있다.

45 ㉠에 나타난 '권 시랑'의 생각을 〈보기〉와 같이 나타낼 때, 빈칸에 들어갈 말로 가장 적절한 것은? [2점]

〈보기〉

'권 시랑'은 '오 소저'를 향한 '용선'의 태도가 (   ) 할 것으로 판단했겠군.

① 좌고우면(左顧右眄)
② 절치부심(切齒腐心)
③ 전전반측(輾轉反側)
④ 은인자중(隱忍自重)
⑤ 요지부동(搖之不動)

2024
사관학교 기출백서

2016학년도 기출문제

국어영역(A/B형)

제1교시 국어영역(A형)

▶정답 및 해설 76p

[01~03] 다음은 고등학생을 대상으로 한 강연의 일부이다. 물음에 답하시오.

안녕하세요? 만나서 반갑습니다. ㉠ 저는 여러분과 함께, 최근 주목받고 있는 최신 기술에 대해 알아볼 ○○○이라고 합니다. 우선 준비한 동영상을 함께 시청하겠습니다.

[동영상의 내용 – 기상 전, 스마트폰 화면에 교통사고로 출근길 도로가 심하게 막힌다는 뉴스 알림이 표시된다. 스마트폰 알림이 평소보다 30분 더 일찍 울리면서 자는 회사원을 깨우기 위해 집 안의 전등이 일제히 켜지고, 각종 조리 기구가 때맞춰 음식을 조리하기 시작한다. 식사를 마친 회사원이 집을 나서며 문을 잠그자, 집 안의 모든 기기가 스스로 꺼진다.]

자, 재미있게 보셨습니까? ㉡ (학생들의 소감을 들은 후) 공상과학 영화에서나 보던 일이라는 반응이 많군요. 이미 일부분은 실현되고 있는 일이기도 합니다. 지금도 많은 기기들이 인터넷으로 연결되어 서로 정보를 주고받고 있습니다. '사물인터넷'(Internet of Things, 약어로 IoT) 시대로 접어들고 있는 것이지요. 사물인터넷은 각종 기기에 센서와 통신 기능을 내장하여 인터넷을 통해 실시간으로 데이터를 주고받는 기술이나 환경을 일컫는 용어입니다. ㉢ 물론 지금도 인터넷에 연결된 기기를 주변에서 종종 볼 수 있지만, 사물인터넷이 주도하는 시대의 모습은 다릅니다.

지금까지는 인터넷에 연결된 기기들이 정보를 주고받으려면 인간의 조작이 개입되어야 했습니다. 그렇지만 사물인터넷의 시대에서 인터넷에 연결된 기기는 간단한 설정만 해 주면 사람의 도움 없이 기기끼리 정보를 주고받습니다. ㉣ 사람이 누군가와 대화를 하기 위해 상대방을 마주하고 이름을 물어보듯, 기기도 서로 정보를 나누려면 상대 기기의 아이디나 IP주소를 알아야 합니다. 블루투스나 근거리무선통신(NFC), 비콘* 등이 이들의 소통을 돕는 기술이 됩니다. 기기끼리 통성명을 한 후에는 다양한 센서를 이용해 수집한 정보를 화제로 삼아 기기 간에 대화가 이루어지고, 대화를 통해 주고받은 정보를 바탕으로 다양한 일을 처리하게 됩니다. ㉤ 자, 이 정도면 사물인터넷이 어떻게 작동하는지 이해하실 수 있겠지요? 작동 방식과 관련해서 이해가 되지 않는 부분에 대해서는 질문해 주세요.

(질의응답 후) 사물인터넷의 시대가 본격적으로 전개되는 가운데, 2009년 당시 9억 개 정도로 집계되었던 사물인터넷 기기의 수는 2020년이 되면 370억 개에 이를 전망이라고 합니다. 해외에서는 이미 적극적으로 사물인터넷을 활용하고 있습니다. 세계 각국의 자동차 회사에서는 신차에 사물인터넷을 적용하려는 시도가 활발한데요, 한 회사에서는 거의 모든 부품이 인터넷과 연결된 신형차를 내놓았습니다. 이 차는 에어백이 터지면 센서를 통해 이를 감지하여 중앙관제 센터로 신호가 전송됩니다. 센터에 연결된 클라우드 시스템에서는 그동안 발생했던 수천만 건의 사고 유형을 분석해 해결책을 모색하지요. 범퍼는 어느 정도 파손됐는지, 과거 비슷한 사고가 있었는지, 해당 지역 도로와 날씨는 어떤지, 사고가 날 만한 특이 사항은 없었는지 등의 데이터를 분석한 후 사고라고 판단되면 근처 고객센터와 병원에 즉시 사고 수습 차량과 구급차를 보내라는 명령을 전송하고, 보험사에도 자동으로 통보한다고 합니다.

우리나라의 사물인터넷 사용은 아직도 걸음마 단

계입니다. 국내에서는 2013년부터 사물인터넷의 개념과 관련 산업에 대한 논의가 집중적으로 이루어지기 시작했으며, 2014년 5월 '사물인터넷 기본계획'이 발표되었지만 아직 본격적인 실행 단계에 올라섰다고 보기는 어려운 상황입니다.

*비콘(beacon) : 블루투스 기술을 이용하여 주기적으로 자신의 위치 정보 등을 전송하는 장치.

01 **위 강연을 준비하는 과정에서 떠올린 생각 중 강연에 반영되지 않은 것은?** [2점]

① 사물인터넷의 개념을 정의하면서 논의를 본격화해야겠군.

② 사물인터넷 기술이 실제로 구현된 사례를 제시하면 좋겠어.

③ 사물인터넷을 가능하게 한 기반 기술의 원리를 상세하게 설명해야지.

④ 사물인터넷 기술의 시장 전망이 밝다는 점을 수치를 통해 강조해야겠어.

⑤ 해외와 대비하여 국내의 사물인터넷 관련 상황에 대해서도 언급해야겠군.

02 **〈보기〉를 참고하여 ㉠~㉤에 대해 설명한 것으로 적절하지 않은 것은?** [2점]

〈보기〉

대중 화법이란 대중적 말하기와 듣기의 화법으로, 한 사람이 여러 사람 앞에서 연설이나 강연 등을 하고 이를 청중이 듣는 상황과 관련된 화법을 가리킨다. 화자가 청중을 상대로 혼자서 이야기하고 청중이 그것을 듣기 때문에 대중 화법은 일방적인 성격을 띠지만, 실제 상황에서 화자는 청중을 고려한 말하기를 통해 청중과의 공감대를 형성하고 청중과의 상호 소통을 지향하게 된다.

① ㉠ : '여러분과 함께~알아볼'과 같은 표현을 통해 청중과의 공감대 형성을 시도하고 있다.

② ㉡ : 청중의 말에 주목하고 그에 반응함으로써 상호 소통하는 태도를 보이고 있다.

③ ㉢ : 현재와 대조되는 미래의 구체적 상황을 가정하여 청중의 관심을 이끌어내고 있다.

④ ㉣ : 유사한 상황에 빗대어 표현함으로써 내용에 대한 청중의 이해를 도모하고 있다.

⑤ ㉤ : 질문 기회를 부여함으로써 청중의 의문을 적극적으로 해소하려 하고 있다.

03 **〈보기〉는 위 강연을 들은 학생이 작성한 감상문이다. 강연과 관련지어 학생의 반응을 분석으로 것으로 가장 적절한 것은?** [3점]

〈보기〉

오늘 사물인터넷에 대한 강연을 들었다. 평소에 별로 관심이 없던 주제였지만, 영화와 같은 도입부의 동영상을 본 후 흥미를 느끼고 강연에 집중하게 되었다. 다소 어려운 전문 용어들이 등장해서 조금 낯설었고 이해가 가지 않는 부분도 있었다. 하지만 이런 궁금함은 스스로 해결할 수 있다는 생각이 들어 강연이 끝난 후 학교 도서관에 들러 관련 서적을 찾아보았고, 그 과정에서 몰랐던 용어의 의미는 물론 사물인터넷과 관련된 재미있는 내용을 더 많이 알게 되었다. 사물인터넷이라면 인터넷이 되는 기기 정도로만 알고 있었던 내게 이번 강연은 그 이상의 지식을 알게 해 준, 의미 있는 시간이었다.

① 강연에서 사용된 전문 용어의 이해를 위해 주위의 조언을 구하고 있군.

② 강연을 듣는 과정에 자발적으로 참여하지 않은 자신에 대해 반성하고 있군.

③ 강연에서 시청각 매체 자료가 활용된 시점이 적절하지 않았다고 생각하고 있군.

④ 강연으로 인한 궁금함을 해결하고자 하는 과정에서 생각의 변화를 경험하고 있군.

⑤ 강연 내용의 현실적 적용에 의문을 제기하면서 강연에 대해 부정적으로 평가하고 있군.

[04~05] 다음은 도서부원들의 대화이다. 물음에 답하시오.

인국 : 도서관 개방에 대해서, 3학년 부원들의 생각을 모으라고 하시네. 선생님께서 도서부 의견서를 제출하실 건가 봐.
유준 : 지난 번 그 얘기구나. 나는 찬성!
철호 : (책에서 눈을 떼지 않고) ㉠ <u>나는 반대! 다수결이니까, 반장 마음대로 해</u>.
인국 : 이 친구들, 왜 찬성하고 왜 반대하는지 이유를 서로 말해야 민주적인 의사소통이지. 내 표의 향방이 중요한 상황이니까, ㉡ <u>(철호의 책을 접으며) 두 분께서는 저를 설득해 주세요</u>.
철호 : 우리 학교 학생들만 관리하는 데도 이렇게 힘든데, 주민들한테 개방한다구? 우리 능력이 그 정도가 돼?
유준 : 주민들과 함께 운영하면 관리가 좀 더 쉬워지지 않을까? 그리고 우리도 행복동 주민이잖아. 졸업하면 책 빌려볼 데가 없어서 아쉬울 텐데, 안 그래?
철호 : 주민들이 이용하는 도서관은 따로 지어야지. 학교 개방했다가 이상한 사람들 들어오면 어쩌려고 그래? 꼬맹이들도 몰려올 거 아냐?
유준 : ㉢ <u>그래. 철호 네 말도 일리가 있어. 자칫 잘못하다가는 학생들이 위험해질 수도 있겠지. 그렇지만 주민들이 있으면 오히려 더 안전하지 않을까? 그리고 꼬마들이 학교에 돌아다닌다고 생각해 봐. 난 학교가 더 활기차고 생동감 있을 것 같아</u>.
철호 : 그 난장판 가운데 공부가 잘도 되겠다!
인국 : 너희들 말을 들어 보니, 도서관을 개방하는 문제가 단순한 게 아니구나. (노트를 꺼내 적는다.) 일단 주민들과 공동 운영 시스템을 갖추어야 하고, 출입자에 대한 신원 확인이 필요할 거고, 아이들은 부모님과 같이 와야 할 거고…….
유준 : 우리 학교 안에서 책 빌려가는 거야 지금 도서실 컴퓨터로 되지만, 다수의 지역 주민이 이용한다면 컴퓨터가 몇 대 더 필요하겠어. (인국의 노트를 건네받아 적는다.)
철호 : 그게 한두 푼 드는 일이냐?
인국 : 물론 그렇겠지……. 음, 이 정도면 우리 도서부 의견이 정리된 거 같아. 찬성으로 말이야.
철호 : ㉣ <u>(놀란 표정으로 인국을 바라보며) 뭐야, 너도 그럼 찬성이야?</u>
인국 : 유준이한테 설득당한 거지.
철호 : 에잇, 그럼 나도. (노트를 당겨와 적으며) 학교 도서관이니까, 학생들이 이용 우선권을 가져야 해. 이걸 분명히 해야 해.
유준 : 응? ㉤ <u>(철호에게 미소를 지으며) 우리 철호가 왜 이럴까?</u>
철호 : 얘기를 하다 보니까, 생각보다 좋은 점이 많은 것 같아서 말야. 내가 귀찮은 건 좀 싫어해도, 마음은 열려 있거든.
인국 : 고맙다. 너희들은 최고의 친구야. 이렇게 Ⓐ <u>의견서</u>를 제출할게.

04 위 대화에서 ㉠~㉤에 대한 설명으로 적절하지 <u>않은</u> 것은? [3점]

① ㉠ : 단호한 의사 표현을 통해 반대 입장을 분명히 하고 있다.

② ㉡ : 말투의 변화와 행동을 통해 대화 참여자의 적극적인 의견 개진을 요구하고 있다.

③ ㉢ : 상대의 의견을 존중하면서 상대 의견에 대한 반론을 개진하고 있다.

④ ㉣ : 언어적 표현과 비언어적 표현을 동시에 사용하여 의사를 표현하고 있다.

⑤ ⓜ : 의도를 알 수 없게 하는 표현으로 인해 의사소통 장애가 일어나고 있다.

05 **〈보기〉는 Ⓐ를 구체화한 것이다. 도서부원들의 대화로 보아 ⓐ~ⓔ 중 적절하지 않은 것은?** [2점]

〈보기〉

학교 도서관 주민 개방에 대한 의견서

도서부 3학년 김철호, 민유준, 우인국

저희 도서부 3학년들은 행복동 주민들이 우리 학교 도서관을 이용하는 것에 찬성합니다. 다만 다음과 같은 몇 가지 조치는 도서관 개방 전에 이루어져야 할 것으로 생각합니다.

1. 학교 도서관 개방 문제와 관련하여, 다음의 조치를 건의합니다.
   1) 학교에 들어오는 주민들에 대한 신원 확인 ······ ⓐ
   2) 면학 분위기 조성을 위한 미취학 아동의 출입 금지 ······ ⓑ

2. 도서관 공동 이용 문제와 관련하여, 다음의 조치를 건의합니다.
   1) 주민 대표와 도서관을 공동 운영하는 방안 모색 ······ ⓒ
   2) 도서 대출 관리 컴퓨터 추가 확보 ······ ⓓ
   3) 재학생 이용 우선권 부여 ······ ⓔ

저희들은 앞으로도 도서관을 소중히 여기고 발전시키는 데 힘쓰겠습니다.

① ⓐ ② ⓑ
③ ⓒ ④ ⓓ
⑤ ⓔ

[06~08] (가)는 학생회의 회의 내용이고, (나)는 회의 내용을 바탕으로 작성한 글이다. 읽고 물음에 답하시오.

(가)

유은 : 어제 교장 선생님의 허락을 받아서 2학기부터 학생회 주관으로 신청자를 받아 아침 운동을 실시하려고 해. 학교 누리집에 이 내용을 안내하는 글을 올리려 하는데, 어떤 내용을 담으면 좋을까?

현민 : ㉠ 선거에서 우리가 내세운 공약을 지금까지 어떻게 이행했는지 알려 주자. 1학기부터 운영했던 아침 식당에 대해 간단히 소개하는 거지. ㉡ 더불어 지난번에 우리가 실시한 설문 조사 결과를 바탕으로 아침 식당 운영의 성과를 알려 주면 학생들이 학생회에서 하는 일에 대해 앞으로도 긍정적으로 참여할 것 같아.

지은 : 좋은 생각이야. 그러면서 자연스럽게 2학기에 할 아침 운동을 안내하자. ㉢ 학교 여건부터 이야기하면 어떨까? 우리 학교가 다른 학교에 비해 여러 운동 시설을 잘 갖추고 있어 많은 학생이 동시에 참여해도 문제가 없잖아.

재준 : 맞아. ㉣ 그리고 학생들의 요구 사항을 미리 파악해서 원하는 종목을 배울 수 있다고 하면 더 많은 학생들이 아침 운동에 참여할 것 같아.

현민 : 아침 운동이 처음에는 피곤할 수 있어. ㉤ 하지만 꾸준히 운동을 하다 보면 하루의 시작이 그 전과는 전혀 다르게 상쾌할 수 있지. 이것을 이야기하면서 참여를 유도하자.

유은 : 모두 좋은 생각이야. 그럼 너희들의 의견을 반영해서 학교 누리집에 글을 올릴게. 그리고 재준아, 너는 ⓐ 홍보 문구를 작성해서 학교 게시판에 부착해 줘.

(나)

△△ 고등학교 학생 여러분, 안녕하십니까? 학생회에서 알려드립니다. 저희는 지난 학생회장 선거에서 공약으로 건강한 학교 만들기를 내세웠습니다.

그래서 1학기에는 영양사 선생님의 도움으로 희망하는 학생들에게 아침 식사를 제공하였습니다. 주요 메뉴는 계란, 사과, 샐러드 등 간단하지만 건강한 식단들이었습니다. 그 결과, '아침 식당'을 이용한 학생은 전체 학생 중 47%가 넘었으며, 만족도도 83% 가까이 되었습니다.

2학기에는 1학기에 진행한 아침 식당과 더불어 '아침 운동'을 운영하려고 합니다. 우리 학교는 운동장에 테니스 코트 2개와 축구 골대가 설치되어 있고, 실내 체육관에는 탁구대, 농구대, 배드민턴 네트도 여러 개 있습니다. 그래서 다른 학교에 비해 많은 학생이 동시에 다양한 운동을 할 수 있습니다.

무거운 몸으로 허둥지둥 뛰어서 지각을 겨우 면하는 피곤한 아침에서 벗어나세요. 30분 일찍 여유롭게 등교해서 운동으로 온몸의 감각을 깨우는 습관을 들이면 하루의 시작이 더 상쾌해질 것입니다. 연구에 따르면 운동은 몸을 건강하게 할 뿐 아니라, 또래와의 정서적 유대를 형성할 수 있게 해 주고, 정신 건강에도 도움이 된다고 합니다. 2학기에는 여러분의 몸과 마음이 더 건강해지길 바랍니다.

06 (가)의 ㉠~㉤ 중, (나)에 반영되지 않은 것은? [2점]

① ㉠ ② ㉡
③ ㉢ ④ ㉣
⑤ ㉤

07 〈조건〉에 따라 ⓐ를 만들어 보았다. 그 내용으로 가장 적절한 것은? [2점]

〈조건〉
○ (나)의 연구 결과에 나오는 운동의 장점을 모두 포함할 것.
○ 직유법을 활용할 것.

① 친구와 운동장에서 함께 땀을 흘려 보세요. 여러분이 흘린 땀이 여러분의 체력을 키워 주는 보약입니다.
② 친구와 함께 호흡하며 운동을 해 보세요. 아침 햇살에 반짝이는 우정이 비타민처럼 여러분의 몸과 마음을 활력 넘치게 할 것입니다.
③ 늘 작심삼일에 그치던 다짐도 친구와 함께라면 달라질 수 있어요. 친구와의 우정이 도타워질수록 여러분의 몸도 튼튼해질 것입니다.
④ 일찍 일어나는 새처럼 남보다 일찍 아침 운동으로 하루를 시작하세요. 운동으로 잠이 깬 뇌가 여러분의 학업 능력을 올려줄 것입니다.
⑤ 바쁘다는 핑계로 가족과 함께 하지 못했던 운동을 친구와 시작하세요. 운동에서 누리는 즐거움이 여러분의 생활을 더 기운차게 만들어 줄 것입니다.

08 〈보기〉는 아침 운동에 참여한 학생이 학교 신문에 싣기 위해 쓴 글의 초고이다. ㉠~㉤을 고쳐 쓰기 위한 방안으로 적절하지 않은 것은? [2점]

〈보기〉

지난 5월의 내 모습은 '5'와 관련이 깊었다. 늘 5분 간격으로 알람을 다섯 개씩 맞춰 두었지만, 이불속에서 뒤척이다가 학교에 ㉠ 늦게 지각하는 경우가 많았기 때문이다. 학기말 성적표에 나온 출석 상황의 지각 횟수를 보면서 2학기에는 지각을 줄여야겠다고 다짐하였다.

2학기가 되어 학생회에서 하는 아침 운동으로 달리기를 함께 하자고 친구가 제안했다. 지금도 피곤해서 겨우 일어나는데 30분이나 일찍 학교에 오는 것이 ㉡ 바람직할까 걱정되었다. ㉢ 그런데 학교에 30분 일찍 도착하려고 노력하면 아무리 늦어도 지각은 안 할 수 있을 것 같다는 생각이 들었다. 그래서 친구와 함께 운동을 하기로 약속했다.

처음 한 달은 너무 힘이 들었다. 내 부탁으로 아침마다 깨워 주시는 어머니께 짜증을 부리기도 하였다. 또 어머니께서 깨우시다 포기하셔서 늦게 일어나는 날이면 어머니께 화를 내기도 하였다. ㉣ 고등학생이 되니 사소한 일에도 툭하면 짜증을 내어 며칠 전에는 친구랑 크게 다투었다. 그런데 가을이 지나면서 조금씩 내가 달라지고 ㉤ 있음이 느낄 수 있었다. 아침 바람이 시원해지면서 운동장을 달리는 몸이 점차 가벼워졌고, 1교시 수업도 오히려 집중이 잘 되었다. 요즘 나는 '30'과 관련이 깊다. 30분 일찍 학교에 와서 매일 30분 운동을 하고, 일찍 잠자리에 들기 위해 컴퓨터를 하는 시간을 30분 줄였다. 앞으로도 나의 건강을 위해 매일 30분을 소중하게 사용하고 싶다.

① ㉠ : 의미가 중복되므로 '늦게'를 삭제한다.

② ㉡ : 문맥으로 보아 부적절한 단어이므로 '가능할까'로 수정한다.

③ ㉢ : 접속어의 사용이 부적절하므로 '더욱이'로 수정한다.

④ ㉣ : 글의 통일성을 떨어뜨리므로 문장을 삭제한다.

⑤ ㉤ : 문장 성분 간의 호응이 부적절하므로 '있음을'로 수정한다.

[09~10] 다음을 읽고 물음에 답하시오.

※ 작문 상황

- 부여 과제 : '표절 방지 운동을 전개하자'라는 주제로 논설문 작성하기
- 예상 독자 : 우리 고등학교에 다니는 친구들과 후배들

※ 학생의 글

학생들이 과제물이나 보고서를 작성할 때 무심코 타인의 글을 따오는 경우가 흔하다. '시간이 부족하니까', '남들도 다 하니까', '좋은 점수를 받고 싶어서' 등의 핑계를 대면서 추호의 죄책감도 없이 표절을 한다. 가일층 심각한 것은 자신의 행위가 범죄에 해당한다는 사실조차 모른다는 점이다.

한 전문가의 조사에 의하면, 우리나라 학생들의 상당수가 실제로 표절을 해 본 경험을 가지고 있다고 한다. 또한, 인터넷이 보편화되면서 학습과 관련된 표절 행위가 급증했을 뿐만 아니라, 학생들이 자주 범하는 표절의 유형도 더욱 다양해진 것으로 조사되었다. 이처럼 우리나라 학생들의 표절 실태는 매우 심각한 수준이다.

1990년대에 들어서면서부터 선진국에서는 학생들의 표절 행위에 대해 무관용 정책을 펼치고 있다. 우연한 실수이든 의도적 행위이든 간에 표절 의혹이 제기된 경우에는 학교 차원에서 엄격하게 조사를 실시하고, 만약 표절로 밝혀질 경우에는 반드시 처벌하도록 규정을 강화했다. 최근 들어 우리나라의 일부 학교에서도 학생들의 표절 행위를 근절하기 위한 교육을 실시하는 등 표절 방지를 위한 작지만 큰 변화의 움직임이 일어나고 있다.

이러한 시대적 추세에 발맞추어 우리 학교에서도 표절 방지 운동을 전개할 필요가 있다. 무슨 거창한 운동을 벌이자는 것은 아니다. 우리에게 실질적으로 도움이 되고, 우리가 실천할 수 있는 작은 일부터 시작하자는 것이다. 우선 표절 방지 캠페인을 펼쳐 표절에 대한 우리의 잘못된 인식부터 바꾸어 보자. 표절은 범법 행위에 해당한다는 사실을 깨닫고, 표절을 하지 않겠다는 마음을 갖는 것이 필요하다. 또한, 학생들을 대상으로 표절 예방 교육을 실시하자. 학생들이 자주 범하는 표절의 유형을 알려 주고, 다른 사람의 글을 올바르게 인용하는 방법을 가르쳐 준다면 과제를 작성하면서 표절을 하지 않도록 스스로 주의하게 될 것이다.

09 '학생의 글'에 사용된 글쓰기 전략으로 가장 적절한 것은? [2점]

① 새로운 대안을 제시하여 반론을 펼친다.
② 가설을 설정한 후 근거를 들어 논증한다.
③ 상반된 관점을 제시하고 절충을 시도한다.
④ 문제 상황을 진단하고 해결방안을 모색한다.
⑤ 자신의 체험을 일반화하여 주장을 뒷받침한다.

10 〈보기〉는 '학생의 글'을 검토한 선생님의 의견이다. 이를 고려하여 자신의 글을 다듬기 위해 세운 학생의 계획으로 적절하지 않은 것은? [3점]

〈보기〉

글 쓰느라고 고생 많았어. 몇 가지 사항만 수정하면 좋은 글이 될 것 같아. 먼저, 이 글의 주제에 어울리는 제목을 붙였으면 좋겠어. 그리고 서두 부분에 시사적인 내용을 언급하여 독자의 관심을 환기하고, 결말 부분에 주요 내용을 요약한 후 독자의 동참을 촉구해 봐. 또한, 표절에 대한 전문가의 조사 결과와 관련하여 객관적인 통계 자료를 추가해서 너의 주장을 뒷받침하는 것도 필요해. 끝으로, 예상 독자들이 한자어에 익숙하지 않다는 점도 고려했으면 해.

① '추호', '가일층', '무관용' 같은 한자어는 쉬운 말로 바꾸자.
② '표절 방지 운동! 더 이상 미룰 수 없다!'와 같은 제목을 붙이자.
③ 서두에 최근 언론에 보도되었던 대표적인 표절 사건을 언급하자.
④ 인터넷 보급률과 표절과의 연관성을 보여주는 통계 자료를 추가하자.
⑤ 결말에 외국의 표절 피해 사례를 소개하며 독자의 동참을 호소하자.

11 〈보기〉를 참고하여 음운 변동에 대해 설명한 것으로 적절하지 않은 것은?

〈보기〉

한 음운이 일정한 환경에서 변하는 현상을 음운의 변동이라고 한다. 음운의 변동에는 교체, 탈락, 첨가, 축약이 있다.

① '없다'는 탈락과 교체가 일어나서 [업따]로 발음한다.
② '앞문'은 교체가 두 번 일어나서 [암문]으로 발음한다.
③ '밟는'은 탈락과 교체가 일어나서 [밤는]으로 발음한다.
④ '닫히다'는 축약과 교체가 일어나서 [다치다]로 발음한다.
⑤ '짓이기다'는 탈락과 첨가가 일어나서 [진니기다]로 발음한다.

12 〈보기 1〉의 ㉠~㉣에 대한 〈보기 2〉의 설명 중, 옳은 것끼리 짝지은 것은? [2점]

〈보기 1〉

- 나는 눈을 감은 ㉠ 채로 고향을 생각했다.
- 그는 부모님께 이불 두 ㉡ 채를 선물로 보냈다.
- 어머니께서는 ㉢ 채 날이 밝기도 전에 집을 나섰다.
- 그녀는 항상 당근은 ㉣ 채를 썰어서 기름에 볶아 먹었다.

〈보기 2〉

a. ㉠, ㉡, ㉣은 체언이다.
b. ㉠, ㉡은 수식어가, ㉢은 피수식어가 필요하다.
c. ㉠, ㉣은 ㉡과 달리 조사와의 결합에 제약을 받는다.
d. ㉢은 ㉣과 달리 문장 안에서 결합하는 단어에 따라 품사가 달라진다.

① a, b
② a, c
③ a, d
④ b, c
⑤ c, d

13 〈보기〉의 ㉠~㉢에 대한 설명으로 적절하지 않은 것은? [2점]

〈보기〉

㉠ 시청에서 파란 대문이 인상적인 저 오래된 건물을 도서관으로 사용하겠다고 발표했다.
㉡ 그에게는 우리가 언제 서울로 돌아오느냐가 중요한 문제였다.
㉢ 그가 스스로 답을 찾지 못하면 우리가 반드시 그에게 그 답을 주도록 하겠다.

① ㉠에는 간접 인용절이 안겨 있다.
② ㉡의 관형사절에서 생략된 주어는 '문제가'이다.
③ 문장을 분석하면 홑문장의 개수는 ㉢이 가장 적다.
④ ㉢은 앞 절과 뒤 절이 종속적으로 이어진 문장이다.
⑤ ㉠의 주어는 '시청에서'이고, ㉡의 주어는 '그에게는'이다.

14 〈보기〉의 대화 상황을 고려할 때, ㉠~㉤에 대한 이해로 적절하지 않은 것은? [2점]

〈보기〉

성수 : 아버지, 아직 안 주무셨네요?
아버지 : ㉠ 너, 지금이 도대체 몇 시냐?
성수 : 죄송해요, 아버지. 축제 관련 학생회 회의가 있었는데, 선배들한테 늦게까지 ㉡ 붙잡혔어요.
아버지 : 오늘 학교 갈 때 엄마한테 미리 말씀 드렸니?
성수 : ㉢ 아차! 바쁘게 나간다고 깜빡 잊었어요.
아버지 : 그럼 중간에라도 연락을 했어야지.
성수 : 하려고 했는데, 쉬는 시간도 없이 회의를 하느라고 전화를 ㉣ 못 했어요.
아버지 : ㉤ 우리가 얼마나 걱정을 했는지 알아, 이 녀석아. 방에 가서 얼른 죄송하다고 말씀 드려라.
성수 : 예, 알겠습니다.

① ㉠ : 의문 표현을 사용하여 자신의 의도를 간접적으로 전달하고 있다.
② ㉡ : 피동 표현을 사용하여 자신의 의지와 무관하게 결과가 나타났음을 강조한다.
③ ㉢ : 감탄사를 사용하여 잘못을 갑작스럽게 깨달았음을 나타낸다.
④ ㉣ : 부정 부사 '못'을 사용하여 불가피한 상황이었음을 밝히고 있다.
⑤ ㉤ : 인칭 대명사를 사용하여 상대를 포함한 동일 공간 내의 모든 사람을 지칭하고 있다.

15 〈보기〉에 제시된 국어사전의 정보를 자료로 삼아 탐구 학습을 하였다. 그 내용으로 적절하지 않은 것은? [2점]

〈보기〉

부르다¹ 〔불러, 부르니〕「동사」

[1]【…을】

㉠ 말이나 행동 따위로 다른 사람의 주의를 끌거나 오라고 하다. ¶ 누나가 동생을 부른다.

㉡ 이름이나 명단을 소리 내어 읽으며 대상을 확인하다. ¶ 선생님이 출석을 불렀다.

㉢ 곡조에 맞추어 노래의 가사를 소리 내다. ¶ 응원가를 부르다.

㉣ 어떤 방향으로 따라오거나 동참하도록 유도하다. ¶ 푸른 바다가 우리를 부른다.

㉤ 어떤 행동이나 말이 관련된 다른 일이나 상황을 초래하다. ¶ 화는 또 다른 화를 부른다.

[2]【…을 …에】【…을 …으로】

청하여 오게 하다. ¶ 친구들을 집으로 불렀다.

[3]【…을 …으로】【…을 -고】

무엇이라고 가리켜 말하거나 이름을 붙이다. ¶ 사람들은 그를 불운한 천재라고 불렀다.

불리다¹ 〔불리어[--어/--여](불려), 불리니〕「동사」

[1]【…에게】

㉠ '부르다¹[1] ㉠'의 피동사. ¶ 교무실로 선생님에게 불리어 갔다.

㉡ '부르다¹[1] ㉢'의 피동사. ¶ 이 노래가 요즘 생도들에게 가장 많이 불린다.

[2] [A]의 피동사. ¶ 반 아이들 이름이 하나하나 불렸다.

[3]【…에게 …으로】【…에게 -고】

'부르다¹[3]'의 피동사. ¶ 막걸리는 농민들에게 농주로도 불렸다.

① A에는 '부르다¹[1] ㉡'이 들어간다.

② '부르다¹'과 '불리다¹'은 모두 활용을 할 때 어간의 형태가 바뀐다.

③ '부르다¹[1] ㉣'의 용례로 '조국이 우리를 부른다.'를 추가할 수 있다.

④ '부르다¹[1]'의 ㉣, ㉤은 '불리다¹'을 활용하여 피동문을 만들 수 없다.

⑤ '부르다¹'의 [1]~[3]은 모두 주어와 서술어 이외의 문장 성분이 더 필요하다.

[16~18] 다음 글을 읽고 물음에 답하시오.

사람은 두 귀로 3차원 공간 상에서 음원의 위치를 판별할 수 있다. 이는 음이 두 귀에 도달하는 시간차(ITD)와 두 귀에서 느끼는 음의 세기차(ILD) 때문이다. 이를 바이노럴(binaural) 효과라 하며, 이 효과를 반영하면 음원의 위치를 3차원 공간 상의 어느 곳에나 위치시킬 수 있다. 이러한 기술을 입체 음향 기술이라고 한다.

입체음향용 음원을 제작할 때는 주로 '더미 헤드(dummy head)'를 사용한다. 사람 머리 모양인 더미 헤드 양옆의 모조 귀 안에 마이크로폰을 설치하여 음원을 녹음하면, 제작자가 3차원 공간 상에 임의로 위치시킬 수 있는 음원이 녹음된다. 이를 바이노럴 음원이라고 한다. 바이노럴 음원 제작 시 해결되어야 할 과제들이 몇 가지 존재하는데 그중 하나는 양 귀를 잇는 축을 기준으로 할 때, 그 축의 중심점으로부터 같은 각도와 거리를 갖는 위치들의 경우 ITD와 ILD가 같기 때문에 서로 구별할 수 없다는 것이다. 또한 더미 헤드는 머리 크기나 귓바퀴의 모양 등 청각과 관련된 개개인의 고유한 특성을 반영할 수 없으므로 실제 이 음원을 청취할 때 음원 위치 지각에 오차가 있을 수 있다.

바이노럴 음원을 헤드폰으로 청취할 경우 청취자는 별도의 신호 처리 과정 없이도 입체감을 느낄 수 있다. 그러나 바이노럴 음원은 헤드폰을 기준으로 음의 위치 정보를 갖고 있기 때문에 헤드폰이 움직이면, 즉 사람의 머리가 움직이면 음원의 방향도 함께 움직이는 단점이 있어서 이에 대한 연구가 진행 중이다.

한편 동일한 음원이라고 하더라도 이를 가정에

서 스피커를 이용해 청취할 경우 입체감은 현저하게 감소된다. 닫힌 공간 구조를 가진 헤드폰과 달리 열린 공간 구조를 갖는 스피커 청취 환경으로 인해, 한쪽 귀에 도달하는 것을 목표로 출력된 소리가 청자의 반대편 귀에도 들어가게 되기 때문이다. 이렇듯 원치 않는 소리가 반대편 귀로 들어가는 현상을 '크로스토크(crosstalk)'라고 한다. 크로스토크는 스피커를 이용한 입체 음향 기술 구현에 가장 큰 걸림돌이다. 이제까지의 연구 결과로는 자연 세계에서 크로스토크로 인한 간섭을 완벽하게 제거하는 것은 불가능하다.

그러나 이를 줄이기 위한 크로스토크 제거 기술이 활발히 연구 중이다.

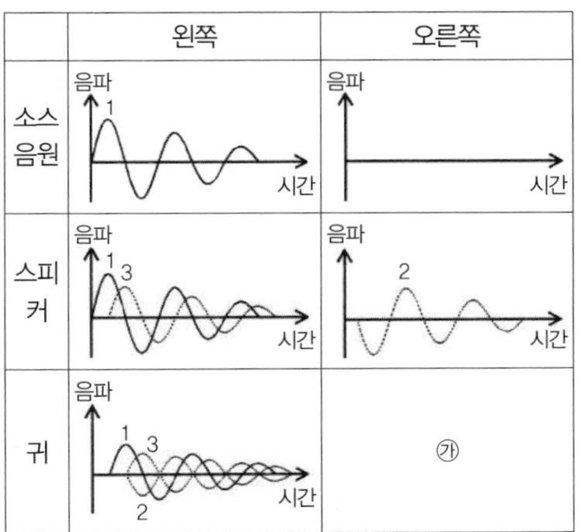

크로스토크 제거 원리를 도식화한 〈표〉는 소스 음원이 귀에 도달하기까지의 과정을 보여주고 있다. 스피커에서 귀에 도달하기까지는 시간 차가 존재하며, 스피커로 출력된 1, 2, 3은 크로스토크 제거 필터를 통해 처리된 것이다. 이때 청자가 듣는 음원은 소스 음원과 같아야 한다. 즉, 왼쪽 귀에는 1만 들리고, 오른쪽 귀에는 아무런 소리도 들리지 않아야 한다. 이를 위해서 왼쪽 스피커에서는 1, 3을 재생하고, 오른쪽 스피커에서는 2를 재생한다. 그렇게 되면 3이 2와 상쇄돼서 왼쪽 귀에는 1이 남게 되고, 오른쪽 귀에는 1과 2가 상쇄돼서 3만이 남게 된다. 이런 과정을 반복해서 왼쪽 귀에는 1만 들리게 하고 오른쪽 귀에는 3이 매우 작게 들리도록 만들어 줄 수 있다.

16 윗글의 내용과 일치하지 않는 것은? [2점]

① 사람이 3차원 공간 상에서 음원의 위치를 파악할 수 있는 것은 바이노럴 효과 때문이다.

② 더미 헤드를 이용하면 개개인의 고유한 특성을 반영한 바이노럴 음원을 제작할 수 있다.

③ 바이노럴 음원을 스피커로 청취할 때 크로스토크로 인한 간섭 현상은 완벽하게 제거되기 어렵다.

④ 바이노럴 효과가 적용된 음원을 스피커로 청취할 때 헤드폰에 비해 입체감이 현저하게 감소된다.

⑤ 바이노럴 음원을 재생할 때 헤드폰을 낀 청취자가 머리를 움직이면 음원이 들리는 방향이 달라진다.

17 〈보기〉의 A~E는 더미 헤드를 사용하여 녹음한 음원의 위치를 표시한 것이다. 이중 청취자가 헤드폰으로 청취할 때 음의 위치 판단에 혼동이 생길 수 있는 것끼리 짝지어진 것은?

〈보기〉

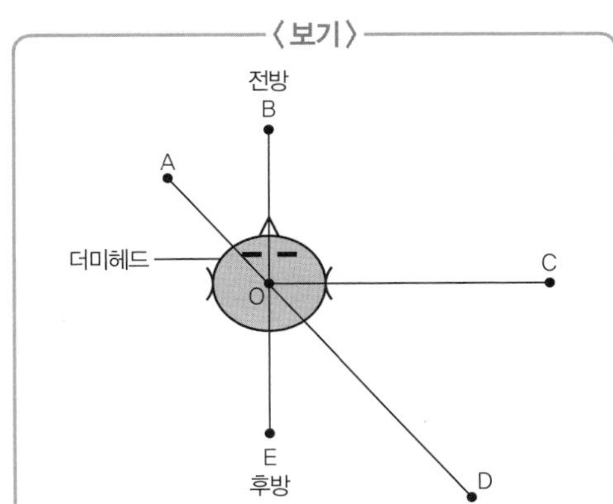

O가 양 귀를 잇는 축의 중심점이라 할 때, $\overline{AO}=\overline{BO}=\overline{EO}$이며 CO=DO이다. $\angle AOB=\angle DOE=45°$, $\angle BOC=\angle COE=90°$이며, 음원 A~E의 바닥으로부터의 높이는 모두 같다.

① A와 B ② A와 D
③ B와 E ④ C와 E
⑤ D와 E

18 윗글에 있는 〈표〉의 ㉮에 들어갈 그림으로 가장 적절한 것은? [3점]

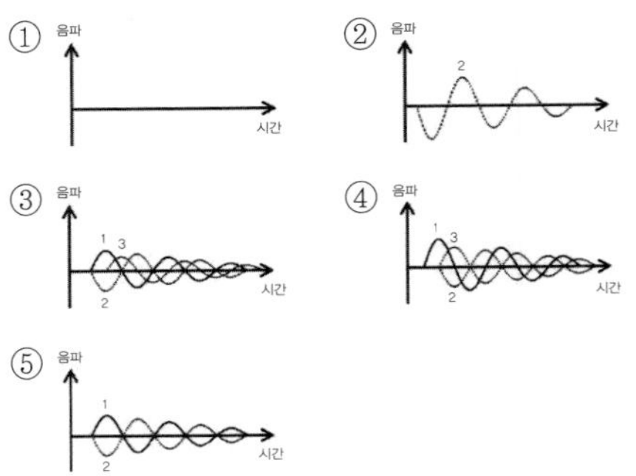

[19~22] 다음 글을 읽고 물음에 답하시오.

미적 판단은 대상에 대한 경험에서 생겨나며 감상자의 주관적 반응에 밀접하게 관련되기 때문에, 동일한 대상에 대한 미적 판단은 감상자에 따라 다양하게 나타날 수 있다. 그러나 모든 미적 판단이 적절하다거나 옳다는 평가를 받는 것은 아니며, 미적 판단의 차이로 인한 논쟁에서 우리는 어떤 미적 판단이 옳고, 어떤 미적 판단이 그른가에 대한 열띤 토론을 벌이게 된다. 그렇다면 (　　　　㉠　　　　)

실재론자들은 미적 속성이라는 것이 존재한다는 전제 하에 이것이 대상에 실재한다는 주장을 내세우면서, 미적 판단의 객관성을 지지한다. 이들에 의하면 미적 속성 p에 관한 진술인 미적 판단 J가 객관적으로 참일 때, 미적 속성 p가 실재한다. 예컨대 '베토벤의 운명 교향곡이 웅장하다'는 판단이 객관적 참이라면 '웅장함'이라는 미적 속성이 실재한다는 식이다. 이 경우 '웅장하다'는 미적 판단은 '웅장함'이라는 객관적으로 실재하는 미적 속성에 대한 기술이다. 동일한 미적 대상에 대한 감상자들 간의 판단이 일치하지 않는 것은 그 미적 판단 간에 옳고 그름이 존재한다는 것이며, 그 옳고 그름의 여부는 실재하는 미적 속성에 대한 확인을 통해 밝힐 수 있다.

그러나 반실재론자들은 미적 판단이 단순한 객관적 실재의 기술이라기보다는 이미 주관적 평가가 개입된 경우가 많다는 점을 근거로 실재론에 반론을 제기한다. 이들의 주장에 의하면 미적 판단은 감상자의 주관적 반응에 의존하는 것으로, 앞에서 언급된 '웅장함'이라는 미적 속성은 '웅장하다'는 미적 판단을 내리는 감상자에 의해 발견되는 것이다. 이 주장은 미적 판단의 주관성과 경험성에 주목한다는 점에서 미적 판단의 다양성을 설명하는 데 용이하다. 이에 따르면 미적 판단의 불일치란 굳이 해소해야 하는 문제적 현상이라기보다는 개인의 다양한 경험, 취미와 감수성의 차이에 따라 발생하는 자연스러운 현상이다.

미적 속성과 미적 판단의 관계를 새로이 정립하고자 하였던 레빈슨의 주장에 의하면, 미적 대상의 감상 과정에서 감상자들은 일차적으로 대상의 비미적(非美的) 속성에 주목한다. 비미적 속성이란 대상의 선, 색, 모양, 질감, 무게, 리듬, 음색 등의 속성을 가리키는 것으로, 이는 다시 정상 지각자에 의해 관찰이나 지각이 가능한 ⓐ <u>구조적 속성</u>, 어떤 변화가 일어나더라도 정상적인 지각으로는 그 차이를 포착할 수 없는 ⓑ <u>하부 구조적 속성</u>, 작품의 발생에 관계하는 주요 요소들, 즉 작품의 창작자나 작품이 속한 경향, 영향 관계 등을 일컫는 ⓒ <u>맥락적 속성</u>으로 나뉜다.

이러한 비미적 속성을 기저로 하여 발생하는 종합적이고 전체적인 미적 속성을 레빈슨은 '현상적 미적 인상'이라 규정하였다. 레빈슨은 현상적 미적 인상을 실재하는 것으로 간주하고, 여기에는 어떠한 주관적 입장도 개입되어 있지 않기 때문에 동일한 작품의 현상적 미적 인상은 감상자들이 동일하게 지각하는 것이라고 주장하였다. 또한 이 인상의 가치 중립적 속성으로 인해, 그 인상의 기술에 적절하다고 인정될 수 있는 술어는 일정 범위 내에서 제한된다. 그런데 감상자들이 제한된 범위 내의 술어 중 하나를 선택하여 이를 미적 판단으로 표현하는 과정에서 감상자의 주관이 개입된다.

예를 들어, 새뮤얼 바버의 '현을 위한 아다지오'를 들은 한 감상자가 이 곡으로부터 현상적 미적 인상을 지각한후, 이 인상을 기술할 수 있는 술어로 '신파적이다'를 선택하고 이를 자신의 미적 판단으로 표현했다고 가정해 보자. 레빈슨에 의하면, 이 술어로 이루어진 미적 판단('이 곡은 신파적이다')은 감상자 자신이 받은 현상적 미적 인상에 대한 지각과 그에 대한 주관적 평가를 모두 반영하는 것이다. 또 다른 감상자가 같은 곡에 대해 '이 곡은 우아하다'라는 미적 판단을 내리는 경우도 마찬가지이다. 서로가 내린 미적 판단의 차이에도 불구하고 이 감상자들이 받은 인상이 모두 '고음의 현악기 위주의 연주, 느린 템포, 단조 선율의 조합이 불러일으키는 인상'이라면, 그들의 판단은 모두 동일한 현상적 미적 인상에 근거한 것으로 그 적절성과 타당성을 인정받게 된다. 그리고 이들 미적 판단 간의 차이는 동일한 현상적 미적 인상에 대한 주관적 평가가 반영되었기 때문이라고 설명할 수 있다는 것이 레빈슨의 견해이다.

19 윗글에 대한 설명으로 가장 적절한 것은?

① 특정 이론의 역사적 변천 과정을 기술하고 있다.
② 특정 이론의 효용을 밝힌 후, 다른 이론과 비교하고 있다.
③ 다양한 분야의 사례와 더불어 이론을 구체적으로 설명하고 있다.
④ 대비되는 두 이론을 설명한 후, 이들을 포괄하는 이론을 소개하고 있다.
⑤ 이론의 현실 적용 과정에서 발견되는 문제점을 여러 측면에서 살펴보고 있다.

20 ㉠에 들어갈 질문으로 가장 적절한 것은?

① 미적 판단 간의 불일치가 나타나게 되는 이유는 무엇인가?
② 미적 판단을 이끌어 내는 판단의 주체는 어떠한 태도를 갖추어야 하는가?
③ 미적 판단의 다양성에 대한 논쟁이 합의를 도출할 수 없는 이유는 무엇인가?
④ 동일한 대상에 대한 미적 판단이 모두 동일해야 한다고 주장하는 근거는 어떤 것인가?
⑤ 미적 판단의 적절성에 대한 근거가 대상의 외부적 측면에서 발견되는 이유는 무엇인가?

21 ⓐ~ⓒ에 해당하는 사례를 〈보기〉에서 찾아 올바르게 연결한 것은?

〈보기〉

〈빨강, 파랑, 노랑의 구성〉은 ㉮ <u>네덜란드의 추상화가 몬드리안의 작품</u>으로, 직선들의 수직적 교차를 통해 형성된 수많은 직사각형들에 의해 화면이 구성되어 있다. 이 ㉯ <u>다양한 크기의 직사각형들 중 일부는 선명한 원색으로 채색</u>되어 두드러져 보인다. ㉰ <u>엄밀한 측정 결과 이들 직사각형에서 서로 평행 관계에 있는 직선들의 길이는 미세한 차이</u>를 보이지만, 이러한 차이는 감상자들이 대상을 직사각형으로 인식하는 데 영향을 끼치지 않는다.

	ⓐ	ⓑ	ⓒ
①	㉮	㉯	㉰
②	㉮	㉰	㉯
③	㉯	㉮	㉰
④	㉯	㉰	㉮
⑤	㉰	㉮	㉯

22 레빈슨의 입장에서 〈보기〉를 이해한 내용으로 적절하지 <u>않은</u> 것은? [3점]

2016 기출문제

〈보기〉

거대한 화면을 단일한 색채로 가득 메운 마크 로스코의 색면 회화에 대한 미적 판단은 '따분하다', '밋밋하다', '단조롭다', '간결하다', '강렬하다'와 같은 술어를 사용하여 다양한 층위로 제시된다. 그러나 이러한 용어를 사용한 감상자들의 입장에서 '야하다'라는 술어는 로스코의 작품에 대한 적절한 술어로 평가받지 못한다. '야하다'라는 술어는 '밝고 부조화스러우면서 눈길을 끄는 색의 조합'이 불러일으키는 인상을 기술하는 데 적절한 것으로 간주되기 때문이다.

① 평가에 사용된 술어들은 로스코의 작품으로부터 받은 현상적 미적 인상과 그에 대한 감상자의 주관적 평가가 동시에 반영된 것이다.

② 로스코의 작품을 판단하는 술어 중 적절하다고 간주되는 것들은 동일한 현상적 미적 인상에 의해 제한된 범위 내에 존재하는 술어이다.

③ '밋밋하다', '단조롭다', '간결하다'와 같은 술어를 이끌어내는 현상적 미적 인상은 작품의 색, 면과 같은 비미적 속성을 기저로 하여 발생하는 것이다.

④ 동일한 대상에 대해 '따분하다', '강렬하다'와 같은 판단의 차이가 나타나는 이유는 술어의 선택과 사용 과정에서 감상자의 주관이 개입되었기 때문이다.

⑤ '야하다'가 로스코의 작품에 대한 술어로 적절하지 않다고 평가받는 이유는 이 술어가 현상적 미적 인상에 대한 주관적 판단을 내재한 술어이기 때문이다.

[23~26] 다음 글을 읽고 물음에 답하시오.

역사적으로 볼 때 기본권은 인권 사상에서 유래되었지만 개념상으로 인권과 기본권은 구별된다. 인권은 인간의 권리, 즉 인간이 인간이기 때문에 당연히 갖는다고 생각되는 생래적(生來的), 천부적(天賦的) 권리를 말하며, 기본권은 헌법이 보장하는 국민의 기본적인 권리를 의미한다. 기본권 중에는 생래적 권리가 헌법에 수용된 것도 있지만 헌법에 의해서 비로소 형성되거나 구체화된다고 생각되는 청구권적 기본권, 참정권, 환경권 등도 있으므로 엄격한 의미에서 인권과 기본권은 동일한 것으로 볼 수 없다.

기본권은 일반적으로 주관적 공권(公權)으로서의 성격을 가진다. 이는 기본권이 기본권의 주체인 개인이 자기 자신을 위하여 가지는 현실적이고 구체적인 권리이기 때문에 국가 권력을 직접적으로 구속하고, 따라서 개인은 국가에 대하여 작위(作爲)나 부작위(不作爲)*를 요청할 수 있으며 헌법 질서를 형성하고 개선해 나갈 수 있다는 것을 뜻한다. 그런데 이러한 주관적 공권으로서의 권리가 어떠한 성질의 것이냐에 대하여서는 자연권설, 실정권설, 통합가치설 등으로 견해가 나뉘고 있다.

자연권설(自然權說)에서는 기본권의 자연권적 성격은 시대나 국가에 따라 차이가 있을 수 있지만 기본권은 본질적으로 인간의 본성에 의거하여 인간이 가지는 권리이고, 국가 권력의 침해와 간섭을 배제하는 기본권의 방어적, 저항적 성격은 오늘날에도 여전히 부정될 수 없다고 주장한다. 그리고 헌법 제정 권력자도 기본권 존중이라는 근본 규범에는 구속되는 것이기 때문에 기본권은 전(前) 국가적, 초(超)국가적인 천부적 자연권이라고 본다. 또한 헌법상의 기본권 보장 규정은 그 헌법의 규정이 기본권을 창설(創設)하는 것이 아니라 단지 인간이 인간으로서 당연히 가지고 있는 권리를 문서로 확인, 선언하고 있는 것에 지나지 않는 것으로 본다.

실정권설(實定權說)에서는 헌법에 규정된 모든 기본권은 실정권으로 파악한다. 사상과 언론의 자유, 신체의 자유 등과 같은 전통적인 자유권적 기본권도 그 역사적인 전개 과정에서는 자연법상의 권리로 주장된 것이지만, 사회는 공동 생활체이므로 개인의 자유는 조정되지 않으면 안 된다. 또한 국가 영역 안에서는 그 최후의 조정자가 국가인 이상 국가에 의한 국민의 자유의 제한, 조정은 필요 불가결하므로, 결국 자유권도 헌법 또는 법률에 의하지 않고는 제한되지 않는 인간의 자유를 말하는 것이다. 그렇다면 자유권도, 그것을 제한할 수도 있다는 헌법 또는 법률이 국가의 실정법인 이상 그것에 의해서만 제한될 수 있다는 의미에서 실정법상의 권리일 수밖에 없다고 주장한다. 실정권설에 의하면 기본권도 헌법에 규정되어야만 비로소 권리로서 인정되기 때문에 헌법의 기본권 보장 규정은 기본권을 확인, 선언하는 것이 아니라 기본권을 창설하는 것이라고 본다.

통합가치설(統合價値說)에서는 질서와 관련하여 기본권을 바라본다. 현실의 인간은 일정한 질서 속에서 존재하기 때문에 인간의 자유와 권리는 질서 내의 자유와 권리를 뜻할 수밖에 없다. 그에 따라 통합가치설에서 기본권은 헌법적인 질서 속에서의 자유와 권리를 뜻하고 사회 공동체가 동화되고 통합되어 가기 위한 실질적인 ㉠ 원동력을 의미하므로, 본질적으로 사회 공동체의 구성원 모두가 공감할 수 있는 가치의 세계를 나타내는 것으로 본다. 또한 헌법 질서 내의 국가 권력은 국민에 앞서 존재하는 것이 아니라 국민의 기본권 행사에 의해서 창설되고, 국가 내에서 행사되는 모든 권력이 국민의 기본권에 의해 통제되고 정당화된다고 주장한다. 그에 따라 통합가치설은 기본권의 국가 형성적 기능과 동화적(同化的) 통합 기능을 강조하고 이러한 기능을 가능하게 하는 기본권의 정치적 성격을 중시한다.

*작위, 부작위 : '작위'는 의식적으로 한 적극적인 행위나 동작이고, '부작위'는 마땅히 해야 할 일을 의식적으로 하지 않는 일.

23 윗글의 내용을 잘못 이해한 것은? [2점]

① 기본권은 인권 사상에서 유래한 것으로 주관적 공권으로서의 성격을 가진다.

② 기본권은 국가 권력을 직접적으로 구속하므로 개인은 국가에 대해 작위나 부작위를 요청할 수 있다.

③ 자연권설에서는 기본권이 자연권으로서 가지는 방어적, 저항적 성격이 점차 약화되고 있음을 인정하고 있다.

④ 실정권설에서는 자유권을 헌법 또는 법률에 의하지 않고는 제한되지 않는 자유로 이해한다.

⑤ 통합가치설에서는 기본권을 사회 공동체의 구성원 모두가 공감할 수 있는 가치를 나타내는 것으로 본다.

24 윗글에 근거하여 〈보기〉의 헌법 조문을 이해한 반응으로 적절하지 않은 것은? [3점]

〈보기〉

제10조 모든 국민은 인간으로서의 존엄과 가치를 가지며, 행복을 추구할 권리를 가진다. 국가는 개인이 가지는 불가침의 기본적 인권을 확인하고 이를 보장할 의무를 진다.

제37조 ① 국민의 자유와 권리는 헌법에 열거되지 아니한 이유로 경시되지 아니한다.
② 국민의 모든 자유와 권리는 국가안전보장 질서유지 또는 공공복리를 위하여 필요한 경우에 한하여 법률로써 제한할 수 있으며, 제한하는 경우에도 자유와 권리의 본질적인 내용을 침해할 수 없다.

① 자연권설에 의하면 '제10조'의 '모든 국민은 인간으로서의 존엄과 가치를 가지며, 행복을 추구할 권리를 가진다.'는 기본권이 가지는 자연권으로서의 성격을 확인, 선언한 조항이라 할 수 있다.

② '제37조 ①'의 '헌법에 열거되지 아니한' 자유와 권리를 인정하는 내용과, '제37조 ②'

의 '자유와 권리의 본질적인 내용을 침해할 수 없다.'는 내용은, 자연권설의 주장을 지지하는 근거로 삼을 수 있다.

③ '제37조 ②'의 '자유와 권리는 국가안전보장 질서유지 또는 공공복리를 위하여 필요한 경우에 한하여 법률로써 제한'할 수 있다는 내용은, 기본권이 실정법상의 권리라는 실정권설의 관점을 뒷받침할 수 있다.

④ '제10조'에 대해 통합가치설은 헌법의 기본권 보장의 가치 지표가, 인간으로서의 존엄과 가치를 핵심적 가치로 하는 동화적 통합 질서를 마련하는 데 있음을 밝히는 것으로 해석할 것이다.

⑤ 통합가치설은 '제37조 ①'의 '헌법에 열거되지 아니한' 자유와 권리는, 헌법적 질서의 외부에 존재하는 자유와 권리를 지칭한 것으로 이해할 것이다.

25 윗글에 근거할 때, 〈보기〉의 ⓐ의 이유로 가장 적절한 것은?

〈보기〉

> 자연권설의 입장은 다시 절대적 자연권설과 상대적 자연권설로 나뉜다. 상대적 자연권설을 취하는 법 이론가들은 교육을 받을 권리, 근로의 권리, 사회 보장을 받을 권리 등의 '생존권적 기본권'과 사상과 언론의 자유, 신체의 자유 등과 같은 '자유권적 기본권'을 구분하여, ⓐ 전자는 후자와 달리 실정권임을 인정한다.

① 생존권적 기본권과 자유권적 기본권은 모두 헌법에 규정된 실정권이기 때문이다.

② 생존권적 기본권은 자유권적 기본권과는 달리 국가 권력에 앞서 존재하기 때문이다.

③ 생존권적 기본권과 자유권적 기본권은 모두 인간의 본성에 의거한 권리이기 때문이다.

④ 생존권적 기본권은 시대나 국가가 달라도 그 차이를 인정할 수 없는 자연권이기 때문이다.

⑤ 생존권적 기본권은 국가 권력의 적극적인 관여에 의해 보장될 수 있는 권리이기 때문이다.

26 ㉠의 의미를 구성하고 있는 요소로 보기 어려운 것은?

① 힘
② 바닥
③ 일으킴
④ 본바탕
⑤ 움직임

[27~30] 다음 글을 읽고 물음에 답하시오.

> 양자(量子)는 원자, 전자, 광자 등의 덩어리진 작은 입자를 말하며, 양자 물리학은 양자들이 입자와 파동이라는 이중적인 속성을 갖고 있음에 ⓐ 주목하는 학문이다. 파동의 특징 중 하나는 '중첩'인데, 중첩이란 기타 줄을 퉁겼을 때처럼 파장이 다른 여러 파가 겹쳐 있는 상태를 말한다. 전자가 원자핵을 도는 것도 여러 개의 파들이 중첩된 파동으로 볼 수 있다. 전자가 어떤 곳에서 발견될 수 있는가는 확률로 주어지는데, 측정을 하게 되면 '중첩' 상태가 깨지고 특정 값을 갖는 상태로 '확정'된다. 이는 측정 행위가 파동에 ⓑ 영향을 주었기 때문으로 생각되며, 따라서 중첩된 상태의 모든 값을 측정했다고 할 수 없다. 이를 양자 물리학의 정론인 코펜하겐 해석이라고 한다.
>
> 확률을 세계의 본질로 보고 미래의 우연성을 ⓒ 용인하는 이러한 경향에 대해 아인슈타인은 "신은 주사위 놀이를 하지 않는다."라는 말로 비판한 바 있다. 그는 양자 물리학이 우주의 숨은 변수들을 모두 알게 되면 확률이 아닌 정확한 수치를 측정할 수 있을 것이라고도 했다. 그에게 우주의 인과 관

계는 신의 질서와도 같아서, 단순하고 명쾌한 이론으로 아름답게 설명되어야 하는 것이었다.

양자 물리학이 ⓓ 전제로 삼고 있는 '중첩' 상태의 깨짐과 상태의 '확정'에 대해 다양한 해석들이 제출되었는데, 폰 노이만은 측정 장비들도 양자로 ⓔ 구성되어 있으므로, 측정 단계에서는 '중첩' 상태의 변화가 없고, 측정 결과를 '인간이 인식할 때' 비로소 '중첩'이 깨지고 값이 '확정'된다는 다소 급진적인 주장을 내놓았다.

이에 대해 슈뢰딩거는 '슈뢰딩거의 고양이'라는 사고 실험*을 제안했다. 쇠로 된 상자 안에 고양이와 방사성 원자, 방사선 검출기, 그리고 독약병을 넣어둔다. 양자인 방사성 원자는 한 시간에 50%의 확률로 붕괴하여 방사선을 방출하도록 되어 있으며, 방사선이 검출되면 독약병이 깨지고 고양이에게 치명적인 독가스를 발생시키도록 기계 장치가 설치되어 있다. 한 시간이 지난 후 고양이의 생사는 어떻게 되었을까?

폰 노이만의 해석을 따르자면, 한 시간이 지나도 여전히 상자 안의 고양이는 살아 있는 상태와 죽어 있는 상태의'중첩'된 상태에 있지만, 상자를 열어 생사를 확인하는 순간 두 상태 중의 하나로 '확정'된다. 고양이의 생사를 결정하는 계기가 되는 것은 생사를 확인하는 행위이며, 고양이의 생사는 '중첩'된 상태와 확인 행위와의 상호 작용의 결과라 할 수 있다. 그러나 ㉠ 슈뢰딩거의 해석을 따르자면, 반생반사(半生半死)의 고양이는 있을 수 없다. 한 시간 후 고양이의 생사는 이미 결정되어 있으며, 상자를 열어 보는 행위는 이미 벌어진 일을 확인하는 데 불과하다.

한편, '슈뢰딩거의 고양이'에 대해 코펜하겐 해석을 정밀하게 적용하면 다음과 같은 결론을 얻게 된다. 아무리 작은 검출기라도 양자적인 특성을 온전히 갖기엔 거시적이다. 따라서 방사성 원자의 중첩 '상태'를 깨뜨리고 특정한 상태로 '확정'시킨 것은 고양이의 상태를 확인하는 사람이 아닌 검출기라는 것이다. 많은 해석 중에서 이는 가장 많은 물리학자들의 지지를 받았다. 이와 같은 일련의 과학 논쟁을 촉발한 '슈뢰딩거의 고양이' 사고 실험은 파동의 '중첩' 상태가 '확정'되는 시점에 대한 문제의식을 담은 것으로, 미시 세계의 원인과 거시 세계의 결과를 연결시켜 놓았다는 의의를 갖는다.

수많은 학자들의 비판과 기여 속에 양자 물리학은 20세기 물리학의 중심으로 자리 잡았다. 21세기에 들어서 보안성이 높은 양자 암호와 우수한 성능이 기대되는 양자 컴퓨터 등 양자 물리학을 이용한 기술은 점차 우리 생활 속에서 현실화되고 있다. ㉡ 그러나 여전히 슈뢰딩거의 고양이는 물리학자들의 머릿속에서 생사의 기로에 놓여 있다.

*사고(思考) 실험 : 실행 가능성이나 입증 가능성에 구애되지 아니하고, 사고상으로만 성립하는 실험. 하나의 이론 체계 안에서의 연역 추리의 보조 수단으로 쓰임.

27 윗글에 대한 이해로 적절하지 않은 것은?

① 코펜하겐 해석에 따르면, 세계의 미래는 결정되어 있지 않다.

② 아인슈타인은 세계를 이해할 때 확률과 우연을 배제하고자 했다.

③ 아인슈타인은 우주가 엄밀한 인과 관계로 작동하고 있다고 보았다.

④ 양자 물리학에서는 양자가 입자와 파동의 이중적 속성을 가지고 있다고 보았다.

⑤ 코펜하겐 해석에서는 양자의 상태를 정확한 수치로 측정하는 것이 가능하다고 보았다.

28 <보기>에서 ㉠에 해당하는 것만으로 짝지은 것은? [3점]

〈보기〉

ㄱ. 중첩된 상태를 특정한 상태로 확정하는 것은 검출기이다.

ㄴ. 살아 있으면서 동시에 죽어 있는 고양이는 있을 수 없다.

ㄷ. 상자를 열어서 확인하는 순간 고양이의 중첩 상태가 깨진다.

ㄹ. 상자를 열어서 결과를 확인하는 행위와 고양이의 생사는 독립적이다.
ㅁ. 고양이의 생사는 중첩 상태의 고양이와 상자를 열어서 확인한 사람의 상호 작용의 결과이다.

① ㄱ, ㅁ
② ㄱ, ㄷ
③ ㄴ, ㄹ
④ ㄴ, ㅁ
⑤ ㄷ, ㅁ

29 ⓛ의 의미를 해석한 것으로 가장 적절한 것은?

① 실제로 수많은 고양이들이 실험의 대상이 되고 있다.
② 양자 물리학은 '중첩' 상태에 대해 정확히 이해하고 있다.
③ 미시 세계의 원인과 거시 세계의 결과는 연결되어 있지 않다.
④ '슈뢰딩거의 고양이' 사고 실험이 지닌 문제의식은 여전히 유효하다.
⑤ 실제 실험이 아닌 사고 실험이라는 점에서 고양이를 이용한 실험은 한계를 지닌다.

30 ⓐ~ⓔ의 사전적 의미로 적절하지 <u>않은</u> 것은?

① ⓐ : 관심을 가지고 주의 깊게 살핌.
② ⓑ : 어떤 사물의 효과나 작용이 다른 것에 미치는 일.
③ ⓒ : 거두어들여 사용함.
④ ⓓ : 추리를 할 때, 결론의 기초가 되는 판단.
⑤ ⓔ : 몇 가지 부분이나 요소들을 모아서 일정한 전체를 짜 이룸.

[31~33] 다음 글을 읽고 물음에 답하시오.

(가)
신재령(新載寧)에도 나무리벌
물도 많고
땅 좋은 곳
만주(滿洲) 봉천(奉天)은 못살 곳

왜 왔느냐
왜 왔느냐
자곡자곡이 피땀이라
고향 산천이 어디메냐

황해도
신재령
나무리벌
두 몸이 김매며 살았지요

올벼 논에 닿은 물은
출렁출렁
벼 자랐나
신재령에도
나무리벌

– 김소월, '나무리벌 노래' –

(나)
집도 많은 집도 많은 남대문 턱 움 속에서 두 손 오구려 혹 혹 입김 불며 이따금씩 쳐다보는 하늘이사 아마 하늘이기 혼자만 곱구나

거북네는 만주서 왔단다 두터운 얼음장과 거센 바람 속을 세월은 흘러 거북이는 만주서 나고 할배는 만주에 묻히고 세월이 무심찮아 봄을 본다고 쫓겨서 울면서 가던 길 돌아 왔단다

띠팡*을 떠날 때 강을 건널 때 조선으로 돌아가면 빼앗겼던 땅에서 농사지으며 가 갸 거 겨 배운다더니 조선으로 돌아와도 집도 고향도 없고

거북이는 배추 꼬리를 씹으며 달디달구나 배추 꼬리를 씹으며 꺼무테테한 아배의 얼굴을 바라보면서 배추 꼬리를 씹으며 거북이는 무엇을 생각하누

첫눈 이미 내리고 이윽고 새해가 온다는데 집도 많은 집도 많은 남대문 턱 움 속에서 이따금씩 쳐다보는 하늘이사 아마 하늘이기 혼자만 곱구나

– 이용악, '하늘만 곱구나' –

*띠팡 : 지방(地方)을 뜻하는 중국어.

31 (가)와 (나)의 공통점으로 가장 적절한 것은?

① 반복을 통해 시적 정서를 강화하고 있다.
② 반어적 표현으로 풍자의 효과를 거두고 있다.
③ 과거 회상의 형식으로 반성적 태도를 보여 주고 있다.
④ 음성 상징어를 활용하여 역동적인 느낌을 연출하고 있다.
⑤ 특정 종결어미를 구사하여 경건한 분위기를 조성하고 있다.

32 〈보기〉를 참조하여 (가)와 (나)를 감상한 내용으로 적절하지 않은 것은? [3점]

〈보기〉

인간은 자신을 둘러싼 물리적 환경 즉 공간에 의미와 가치를 부여하여 '장소'로 만든다. 그에 따라 자연적 공간에는 친숙하고 안정적인 공간, 낯설고 위협적인 공간과 같은 이원적 가치가 부여된다. 인간은 또한 자아 동일성을 형성하는 장소에 본원적인 애착을 갖게 되는데, 이러한 '장소'를 상실하게 되면 자아는 삶의 기반이 와해되는 근본적 결핍을 겪게 되고 절망과 불행의 경로를 걷는 가운데 장소의 회복을 갈망하게 된다.

① (가)의 '나무리벌'은 그곳에 살았던 사람들의 자아 동일성을 형성시킨 공간이라 할 수 있다.
② (나)의 '강을 건널 때 조선으로 돌아가면'에는 상실한 '장소'의 회복에 대한 갈망과 함께 불행을 예감하는 심정이 내포되어 있다.
③ (가)의 '만주 봉천'과 (나)의 '만주'는 쫓겨 갔던 사람들에게는 낯설고 위협적인 공간에 해당한다.
④ (가)와 (나)에 등장하는 인물들은 본원적 애착을 가졌던 '장소'를 상실하고 삶의 기반이 와해되는 결핍을 겪었을 것이다.
⑤ (가)의 '자곡자곡이 피땀이라'와 (나)의 '두터운 얼음장과 거센 바람'은 친숙하고 안정적인 '장소'를 잃고 살아가는 절망적 삶을 상징적으로 나타낸다고 볼 수 있다.

33 〈보기〉에 근거하여 (나)에 대해 이해한 내용으로 적절하지 않은 것은?

〈보기〉

이용악의 작품에 등장하는 화자는 이중적 역할을 한다. 화자는 대상과 관련된 사연을 전달하거나 기록하기도 하고, 그가 직접 등장인물이 되거나 등장인물의 내면과 소통을 시도하기도 한다. 이는 인물 혹은 대상과의 거리를 조정하는 방식으로 이루어지는데, 이러한 기법은 독자의 이목을 집중시키고 공감을 유도하는 효과를 발휘한다.

① 1연의 '(하늘이) 혼자만 곱구나'는 '거북이'의 발화로도 화자의 발화로도 볼 수 있다.
② 2연에서 화자는 '~ 왔단다'의 형식으로 '거북네'의 사연을 간접적으로 전달하고 있다.

③ 3연에서 화자는 '띠팡'에서 '조선'으로 이어지는 '거북네'의 이동 경로를 '아배'의 시각에서 기록하고 있다.
④ 4연의 '달디달구나'는 '거북이'의 감각을 화자 자신이 느끼고 있음을 보여 준다.
⑤ 4연의 '거북이는 무엇을 생각하누'는 '거북이'의 내면과 소통을 시도하는 화자의 물음으로 볼 수 있다.

[34~36] 다음 글을 읽고 물음에 답하시오.

㉠ 가슴이 터져오니 터지거든 구멍 뚫어
고미장자 세살장자 완자창을 갖춰 내어
이 설움 답답할 제 여닫아나 보고지고
㉡ 어화 어찌하리 설마한들 어이하리
세상 귀양 나뿐이며 인간 이별 나 혼자랴
소무의 북해 고생 돌아올 때 있었으니
내 홀로 이 고생이 귀불귀 설마 하랴
무슨 일 마음 붙여 시름을 잊으리라
작은 낫 손에 쥐고 뒷동산에 올라가니
풍상이 섞어 치니 만물이 소슬하다
천고절 **푸른 대**는 봄빛이 혼자로다
곧은 대 빼쳐 내어 가지 쳐 다듬으니
발 가웃 낚싯대는 좋은 품 되겠구나
청올치 가는 줄에 낚시 매어 둘러메고
이웃집 아이들아 오늘이 날이 좋다
샛바람 아니 불고 물결이 고요하니
고기가 물릴 때라 낚시질 함께 가자
사립을 젖혀 쓰고 망혜를 조여 신고
조대로 내려가니 대 바람 한가하다
㉢ 원근산천에 홍일이 떠었으니
만경창파는 모두 다 금빛이라
낚시를 드리우고 무심히 앉았으니
은린옥척이 절로 무는구나
구태여 내 마음이 **취어가 아니로다 의취를 취함이라**
낚대를 떨쳐 드니 사면에 잠든 백구
내 낚대 그림자에 저 잡을 날만 여겨
다 놀라 날겠구나 **백구**야 날지 마라
성상이 버리시니 너를 좇아 예 왔노라
네 본디 영물이라 내 마음 모르는가
㉣ 평생에 곱던 님을 천리에 이별하고
사랑은커니와 그리움을 견딜손가
㉤ 수심이 첩첩하니 내 마음 둘 데 없어
흥 없는 일간죽을 일없이 들었으니
고기도 불관커든 하물며 너 잡으랴
그래도 못 믿거든 너 가진 긴 부리로
내 가슴 쪼아 헤쳐 흉중의 붉은 마음
쾌히 내어 볼 양이면 네가 응당 알리로다

– 안조원, '만언사' –

34 윗글에 대한 설명으로 가장 적절한 것은?

① 상황을 열거하여 특정 가치관을 강조하고 있다.
② 공간의 이동에 따른 시상의 전개가 나타나고 있다.
③ 과거에 대한 회상을 통해 성찰적 태도를 드러내고 있다.
④ 현재 고난의 원인이 되는 사건을 구체적으로 제시하고 있다.
⑤ 자연과 인간의 변화상을 묘사하여 세월의 흐름을 표현하고 있다.

35 ㉠~㉤에 대한 이해로 가장 적절한 것은?

① ㉠ : '창'의 속성에 기대어 답답함을 해소하고 싶은 심정을 나타내고 있다.
② ㉡ : 비교의 방식을 사용하여 자신이 처한 상황의 특수성을 부각하고 있다.
③ ㉢ : 근경과 원경의 대조를 통해 자연의 풍광을 제시하고 있다.

④ ㉣ : 이별로 인한 슬픔과 그리움을 점층적으로 표현하고 있다.
⑤ ㉤ : 유사한 통사 구조를 되풀이하여 대상에 대한 부정적 인식을 강조하고 있다.

36 **〈보기〉를 바탕으로 윗글을 이해한 내용으로 적절하지 않은 것은?** [3점]

〈보기〉

〈만언사〉는 당대에 잘 알려진 상투적인 구절들을 가져와 불특정 다수 대중의 흥미와 관심에 따라 새롭게 재창조한 결과로 볼 수 있다. 이 작품은 아래와 같은 텍스트 구성 방식을 사용하였는데, 이는 화자의 상황과 정서를 효과적으로 전달하여 쉽고 재미있게 읽히고자 하였던 의도에 부합하는 것으로 볼 수 있다.

〈만언사〉의 텍스트 구성 방식
ⓐ 익숙한 표현의 제시 : '풍상이 섞어 치니 만물이 소슬하다', '이웃집 아이들아' 등
ⓑ 관습적 의미를 지닌 소재 사용 : '백구', '푸른 대', '낚시' 등
ⓒ 대중적 고사 제시 : 소무의 북해 고생
– 북쪽 흉노 땅에 사신으로 간 한나라의 소무가 억류되어 19년 동안 고생했던 일

① '소무의 북해 고생'과 같은 대중적 고사를 사용하여, 화자의 상황을 드러내면서 스스로를 위로하는 마음을 효과적으로 표현하고 있다.
② '풍상이 섞어 치니 만물이 소슬하다'는 계절적 배경의 표현을 위해 흔히 사용되었던 표현으로, 이는 '성상'에 대한 화자의 태도와 연결되는 '푸른 대'의 관습적 의미를 한층 강조하고 있다.
③ '이웃집 아이들'과 같이 구체적인 시적 청자를 거명하며 말을 건네는 방식을 통해 제한된 범위의 청자에게 자신의 심정을 전달하고자 하는 화자의 뜻을 드러내고 있다.
④ '낚시를 드리우고 무심히 앉'은 화자의 모습은 '낚시'의 관습적 의미를 연상시키는데, 이는 '취어가 아니로다 의취를 취함이라'라는 표현을 통해 구체화되고 있다.
⑤ '백구'에게 말을 건네는 화자의 모습은 '백구'의 관습적 의미와 연관되어, 자연과의 합일을 지향하는 화자의 태도를 드러내고 있다.

[37~40] 다음 글을 읽고 물음에 답하시오.

심청이 그 말을 듣고 반겨 웃으며 대답하되,

"후회를 하시면 정성이 못 되오니 아버지 어두우신 눈 정녕 밝아 보일 양이면 삼백 석을 아무쪼록 준비하여 보리다."

"네 아무리 애를 쓴들 안빈낙도 우리 형세, 단 백 석인들 할 수 있겠느냐?"

[A] "아버지, 그 말 마오. 옛일을 생각하니 왕상(王祥)은 얼음을 두드려서 얼음 구멍에서 잉어를 얻고 맹종(孟宗)은 대나무 앞에서 통곡하여 눈 가운데 죽순(竹筍) 나니, 그런 일을 생각하오면 출천대효(出天大孝) 사친지절(事親之節)이 옛사람만 못하여도 지성이면 감천이라 하니, 아무 걱정 마옵소서."

심청이 부친의 말을 듣고 그날부터 뒤꼍을 정히 하고 황토로 단을 쌓아 두고 좌우에 금줄을 매고 정화수 한 동이를 소반 위에 받쳐 놓고 북두칠성 호반(號盤)에 분향재배한 연후에, 두 무릎을 공손히 꿇고 두 손을 합장하여 비는 말이,

"상천(上天) 일월 성신(星辰)이며, 하지(下地) 후토(后土) 성황(城隍) 사방지신(四方之神), 제천제불(諸天諸佛) 석가여래 팔금강보

[B] 살 소소응감(昭昭應感)* 하옵소서. 하느님이 만드신 일월은 사람에게는 눈과 같은지라. 일월이 없사오면 무슨 분별 하오리까. 소녀 아비 무자생(戊子生) 이십 후 눈이 멀어 사물을 못 보오니, 소녀 아비 허물일랑 제 몸으로 대신하고 아비 눈을 밝게 하여 천생연분 짝을 만나 오복을 갖게 주어, 수부다남자(壽富多男子)*를 점지하여 주옵소서."

이렇게 주야로 빌었더니, 도화동 심 소저는 천신이 아는지라 흠향하시고 앞일을 인도하셨더라. 하루는 유모 귀덕 어미가 오더니,

"아가씨, 이상한 일 보았나이다."

"무슨 일이 이상하오?"

"어떠한 사람인지 십여 명씩 다니면서 값은 고하간에 십오 세 처녀를 사겠다고 다니니 그런 미친놈들이 있소?"

심청이 속마음에 반겨 듣고,

"여보, 그 말이 진정이오? 정말로 그리 될 양이면 그 다니는 사람 중에 노숙하고 점잖은 사람을 불러오되, 말이 밖에 나지 않게 조용히 데려오오."

귀덕 어미 대답하고 과연 데려왔는지라. 처음은 유모를 시켜 사람 사려는 내력을 물은즉 그 사람의 대답이,

"우리는 본디 황성(皇城) 사람으로서 상고(商賈)차로 배를 타고 만 리 밖에 다니더니, 배 갈 길에 인당수라 하는 물이 있어 변화불측하여 자칫하면 몰사를 당하는데 십오 세 된 처녀를 제수(祭需) 넣고 제사를 지내면, 수로 만리를 무사히 왕래하고 장사도 흥왕하옵기로 생애가 원수로 사람 사러 다니오니, 몸을 팔 처녀가 있사오면 값을 관계치 않고 주겠나이다."

심청이 그제야 나서며,

"나는 본촌 사람으로 우리 부친 앞을 보지 못하여 세상을 분별하지 못 하기로, 평생에 한이 되어 하느님 전에 축수하더니, 몽운사 화주승이 공양미 삼백 석을 불전에 시주하면 눈을 떠서 보리라 하되, 가세가 지빈(至貧)하여 주선할 길 없삽기로 내 몸을 방매하여 발원하기 바라오니 나를 사 가는 것이 어떠하오? 내 나이 십오 세라 그 아니 적당하오?

㉠ 선인이 그 말 듣고 심 소저를 보더니, 마음이 억색(臆塞)하여 다시 볼 정신이 없어 고개를 숙이고 묵묵히 섰다가, "낭자 말씀 듣자오니, 갸륵하고 장한 효성 비할 데 없습니다."

이렇듯이 치하한 후에 저의 일이 긴한지라,

"그리하오."

하고 허락하더라.

"행선 날이 언제입니까?"

"내월 십오 일이 행선할 날이오니 그리 아옵소서."

피차에 상약을 하고 그날에 선인들이 공양미 삼백 석을 몽운사에 보냈더라. 심 소저는 귀덕 어미를 백 번이나 단속하여 말 못 내게 한 연후에, 집으로 들어와 부친 전에 여쭈오되,

"아버지!"

"왜 그러느냐?"

"공양미 삼백 석을 몽운사로 올렸나이다."

심 봉사가 깜짝 놀라서,

"그게 웬 말이냐? 삼백 석이 어디 있어 몽운사로 보냈어?"

심청이 같은 타고난 효녀가 어찌 부친을 속일까마는 사세부득이라 잠깐 속여 여쭙는다.

[C] "일전에 무릉촌 장 승상 댁 부인께서 소녀보고 말씀하기를, 수양딸 노릇하라 하되 아버지 계시기로 허락 아니하였는데, 사세부득하여 이 말씀 사뢰었더니 부인이 반겨 듣고 쌀 삼백 석을 주시기에 몽운사로 보내옵고 수양녀로 팔렸나이다."

심 봉사가 물색 모르고 크게 웃으며 즐겨 한다.

"어허, 그 일 잘되었다. 언제 데려간다더냐?"

"내월 십오 일 날 데려간다 하옵니다."

"네가 거기 가서 살더라도 나 살기 관계찮지. 어! 참으로 잘되었다."

– 작자 미상, '심청전' –

*소소응감(昭昭應感) : 분명히 마음에 응하여 느낌.
*수부다남자(壽富多男子) : 오래 살고 부유하여 아들이 많음.

37 윗글에 대한 설명으로 가장 적절한 것은?

① 대화와 행동을 통해 사건이 전개되고 있다.

② 서술자가 개입하여 사건의 전말을 요약하고 있다.

③ 공간에 대한 상세한 묘사로 사건에 사실성을 부여하고 있다.

④ 사건을 둘러싼 인물 간의 대립을 통해 긴장감을 조성하고 있다.

⑤ 인물의 과거 인연이 계기가 되어 사건이 새로운 국면을 맞이하고 있다.

38 **[A]~[C]에 대한 설명으로 적절하지 <u>않은</u> 것은?**

① [A]는 고사를 들어서 상대방에게 상황을 비관하지 않도록 요청하고 있다.

② [B]는 초월자에 기대어 자신이 소망하는 바가 이루어지기를 기원하고 있다.

③ [C]는 상대방을 고려하여 거짓으로 상황을 꾸며 이를 전하고 있다.

④ [A]에서는 상대방의 처지가, [B]에서는 자신의 처지가 나아지기를 바라고 있다.

⑤ [A]와 [C]는 말하는 목적을 상대방의 걱정을 덜어주는 것에 두고 있다.

39 **〈보기〉와 윗글을 이해한 내용으로 적절하지 <u>않은</u> 것은?**

〈보기〉

[자료 1]

심청전은 효행 설화, 인신 공희 설화, 재생 설화 등 여러 근원 설화들을 모티브로 하여 이루어진 작품이다. 효행 설화는 효녀가 자기 몸을 희생하니 조력자가 나타나거나 기적이 일어나 부모의 문제가 해결된다는 구조를 갖고 있고, 인신 공희 설화는 화를 면하려는 타산적 의도에서 인간을 제물로 바치는 이야기이다.

[자료 2]

홍장은 효성이 지극하여 맹인인 홀아버지 원량을 잘 봉양한다. 그러던 어느 날 원량은 홍법사의 화주승 성공 대사를 만나는데, 성공 대사가 시주를 청하자 자신의 딸을 시주한다. 홍장은 아버지와 이별하여 성공 대사를 따라다니던 중 바닷가에서 중국 진나라 사신들을 만난다. 그들은 신의 계시로 황후를 모시러 왔다면서 자신들의 보화로 시주를 대신하고 홍장을 데리고 중국으로 돌아간다. 황후가 된 홍장은 관음상을 만들어서 배에 실어 본국으로 보내고, 성덕이라는 처녀에 의해 관음상은 관음사에 모셔진다. 원량은 눈을 떠서 아흔다섯까지 잘 살았다고 한다.

– 〈관음사연기설화〉 줄거리 –

① [자료 2]의 '홍장'은 '심청'과 달리 아버지를 위한 희생을 자발적으로 결정한 것이 아니군.

② [자료 1]의 '부모의 문제'가 윗글과 [자료 2]에서는 모두 앞을 보지 못하는 것으로 나오는군.

③ [자료 2]의 '사신'과 윗글의 '귀덕 어미'는 절에 드릴 시주를 적극적으로 주선해 주는 역할을 하는군.

④ [자료 1]에 제시된 근원 설화들의 유형 중에서 [자료 2]의 '홍장' 이야기는 효행 설화에 해당하는군.

⑤ [자료 1]의 인신 공희 설화에서처럼 '선인'이 '심청'을 제수로 사는 것은 자신들에게 미칠 화를 면하기 위한 것이군.

40 ㉠의 상황에 대해 〈보기〉와 같이 말하려고 할 때, 빈칸에 들어갈 표현으로 가장 적절한 것은?

〈보기〉

'선인'은 심청의 효심에 마음이 아프지만, 그래도 [ ](이)라 어쩔 수 없이 일을 진행하는군.

① 속 빈 강정
② 제 코가 석 자
③ 고양이 쥐 생각
④ 빛 좋은 개살구
⑤ 개 발에 주석 편자

[41~45] 다음 글을 읽고 물음에 답하시오.

광주 수남 모에 이어 사람 좋은 함평까지 갑자기 목청을 높이는 바람에 눈을 떠 보니, 용순이 어디서 제깐엔 할머니를 위한 제수랍시고 양주 한 병을 구해와 제 손수 제상 위에다 올려놓고 있었다. 그런데 그런 중에서도 용순은 그 어른들의 질책을 들은 시늉도 않은 채 그 할머니 영정 앞에 놓인 동화책을 구실 삼아 다시 준섭을 물고 늘어졌다.

"흥, 이건 또 뭐예요? 삼촌은 할머니가 돌아가실 때를 생각해서 이런 책까지 미리 써 놓은 거예요? 하긴 삼촌은 역시 삼촌이신데 어련하셨을라구요. 이것도 다 머리를 잘 굴리는 삼촌식 아니겠어요. 내가 내 식으로 할머니를 위해서 제상에 양주병을 올려 드린 것처럼 말예요."

아침 녘 이후로 장혜림과는 이미 무슨 말이 좀 오간 듯싶기도 했지만, ㉠ <u>용순은 그 할머니의 얼굴 모습까지 새겨진 동화책의 표지를 함부로 들춰대며 심통기가 여전했다</u>.

"하지만 삼촌, 이젠 제발 좀 적당히 해 두세요. 나 삼촌한테 정말 질리고 말았어요. 나도 눈이 있고 귀가 있어 삼촌을 좀 이해하고 가까이도 해 보고 싶어요. 하지만 이런 삼촌 때문에 그게 안 돼요. 그러니 삼촌이 좀 빈 데를 보여주세요. 허술하고 모자란 데를 보여 주시란 말예요. 어떻게 하면 제가 삼촌을 이해하고 삼촌 가까이로 다가가 볼 수가 있지요? 삼촌이 그걸 좀 가르쳐 줄 수 없어요?"

용순의 그런 원정*은 물론 준섭에 대한 불만 때문만이 아니었다. 방금 전에 저를 질책한 어른들이나 집안 사람들 전부에 대한 포원* 때문이었다. 그것을 모를 리 없는 은지네가 보다 못해 멍청히 앉아 있기만 한 준섭을 대신하여 모처럼 매섭게 년을 꾸짖고 나섰다.

[A] "용순이 너 보다보다 이젠 정말 더 못 보겠구나. 큰일 치를 동안은 참아 넘기려 했지만 정말 더는 못 보겠어. 그래, 삼촌이 지금 무얼 잘못해서 그래. 삼촌이 이 마당에 할머니 이야기를 곱게 써 바친 것이 무엇이 그리 못마땅해. 용순이 너 혼자서 할머닐 생각했어? 우린 그저 할머니 고생하고 앓다 가신 거 구경만 하고 있었는 줄 알아? 용순이 너야말로 할머니를 위해서 무엇을 해 드렸어. 인제사 말이지만 할머니 치매증은 할머니 혼자서만 앓으신 병환이 아니셨어. 우리집 온 식구가 할머니 곁에서 그걸 함께 앓아 왔어. 그런데 너는 그동안 어디서 무얼 했어. 할머님이 가장 어렵고 힘드실 때 너는 그 할머니께 무엇을 해 드렸지? …… 너는 할머니한테 그냥 받기만 해 온 거야. 제가 드리지는 않고 받기만 하면서, 더 받질 못해서 혼자 아쉬워하고 주위 사람들을 원망하며 이런 패악질이나 일삼는 것이 ―, 그것이 네 식으로 할머니를 위해 드리는 길이야? 그건 철부지들이나 좋아할 유치한 투정일 뿐이야."

누구보다 말이 없고 만만해 보이던 사람이 갑자기 숨도 쉴 틈 없이 몰아붙이는 바람에 ㉡ <u>용순은 처음 한동안 기가 질린 듯 표정이 굳어져 있다가 나중엔 차라리 어이가 없다는 듯 비실비실 웃음기 속에 무시하는 태도를 짓고 있었다</u>.

은지네가 다시 그 용순에게 준섭을 대신해 일렀다.

"그 책은 삼촌이 쓰셨지만, 우리가 할머니의 병

환을 함께 앓아 온 이야기야. 그러니 너도 이젠 심통만 부리지 말고 그 책을 한번 읽어 봐. 그래서 우리집 식구들이 할머니의 치매증을 어떻게 함께 앓았고 그것을 어떻게 서로 곱게 앓고 싶어했는지를, 그래서 어떻게 할머니를 곱게 보내 드리려 소원해 왔는지를 이해하도록 노력해 봐. 생각처럼 할머니를 잘 모시지는 못했더라도, 그래서 그것을 더 마음 아파하고 죄스러워해 온 삼촌의 속마음도…… 나는 그동안 할머님에 대한 우리 집안 식구들의 아픈 소망을 이렇게 글에 담아 써 주신 삼촌이 고맙고, 할머니께서도 그걸 기뻐하시리라 믿어. 그걸 읽어 보고 더 투정을 부리든지 행패를 부리든지 네 알아서 해. 그때는 나도 더 아무 말 않을 테니까."

㉢ "자네가 대신 매를 들어 주니 나는 입을 두고도 할 말이 없네만, 자네도 그렇게 큰소리를 칠 만큼 괴롬이 많았던 줄은 몰랐네이!"

아랫동서가 너무 자신의 뒷감당 노릇을 내세우려 드는 것쯤으로 알았던가. 이번에는 외동댁이 그런 은지네 쪽을 고까워하는 어조로 비양대고 드는 바람에 용순도 은지네도 더 입을 열지 못하고 시비는 서로 표적이 물고 물린 꼴이되어 끝이 나게 되었다.

–노다 가세. 노다 가세. 오늘 안 놀면 언제 노나…….

상여꾼들은 이제 그 **집안 사람들의 불화**를 모른 척 싸 덮어 넘어가 주려는 듯 **흥겨운 노랫가락**까지 떠지르며 **난장판**을 이루고 있었다.

준섭은 그 **귀가 멍멍해 오는 소란통** 속에 노인의 혼령을 지키듯 당신의 영좌를 향해 다시 **묵상**을 계속해 나갔다.

– 사람은 누구나 나이를 먹으면 그 나이와 함께 지혜가 쌓이게 되고, 지혜가 마음속 가득 찬 어른이 되고 나면 그 지혜가 삭아서 다른 사람에게로 흘러넘치고 싶은 사랑이 된단다. 할머니께서 은지를 위해 나이를 나눠 주시고 지혜를 나눠 주시는 것은 모두 그 할머니의 사랑 때문이란다. 그러니 그 사랑 때문에 할머니는 키가 작아지고 몸집이 작아져서 점점 더 어린애가 되어 가시는 것도 아랑곳 않으시고 기쁜 마음으로 그렇게 하실 수가 있으신 거란다.

㉣ 그 역시 동화 속의 아빠가 딸아이에게 해 준 설명이요 준섭이 실제로 딸아이에게 일러 준 말이었다. 하지만 그 말은 노인이 그 한생애로 준섭에게 가르쳐 준 것이었고 지금은 침묵 속에 보이지 않는 모습으로 그것을 가르쳐 주고 있었다. ㉤ 하지만 이제 누가 당신의 그런 사랑을 기리고 명념하려 하는가. 묻어 보내지 않고 지니고 싶어 하는가.

– 청청하늘엔 잔별도 많고 우리네 가슴엔 수심도 많다. 아리아리랑 스리스리랑 아라리가…….

상여꾼들의 취흥과 노랫소리는 이제 그 질탕한 아리랑 가락으로 절정을 이뤄 가고 있었다.

그런 가운데에 준섭은 다시 그 동화 속의 딸아이에게 의탁해 보였던 할머니의 마지막 모습으로 노인에 대한 그의 **소망과 기구**를 마음 깊이 혼자 되새겨 나가기 시작했다.

[B]

…… 어느 따스한 봄날 오후였습니다.

'나 새 옷 입혀 줘.'

할머니는 이날도 몸을 조그맣게 오므리고 어린 아기처럼 쌔근쌔근 깊은 낮잠을 주무시다 일어나셨습니다.

그리고 모처럼 맑은 정신이 드신 목소리로 엄마에게 갑자기 새 옷을 졸라 대셨습니다.

그런 다음 할머니는 엄마가 정성껏 다려 입혀 드린 새 치마저고리 차림으로 옛날처럼 가지런히 몸을 개고 앉아, 이날따라 그 할머니를 위해 찾아온 듯싶은 한 쌍의 흰색배추꽃나비를 창밖으로 오래오래 바라보고 계셨습니다.

그런데 얼마 뒤, 바깥일에서 돌아오신 아빠가 그 할머니의 방엘 들어갔다 나오시며 조용히 말씀하셨습니다.

'할머니께서는 오늘 마지막 남은 나이를 다 나눠 주신 모양이다. 할머니의 영혼이 옛 모습의 옷을 벗고 우리 곁을 떠나가셨구나…….'

은지는 그 할머니의 영혼이 조용한 숨결을 타고 슬며시 은지네를 떠나시며, 옷을 벗어 개켜 놓듯 곱게 벗어 놓고 가신 하얗고 조그만 옛날 모습 앞에 혼자 다짐하였습니다.

'할머니 안심하고 떠나세요. 그리고 이 세상에서 제일 예쁘고 착한 새 아기로 태어나세요. 할머니께서 저한테 나눠 주신 나이는 제가 잘

말아서 간직하고 있을게요…….'
준섭의 감은 눈 속에서도 그날 은지가 보았다는 하얀배추꽃나비들이 팔랑팔랑 끝없이 푸른 하늘로 날아오르고 있었다.

– 이청준, '축제' –

*원정 : 원망하는 마음.
*포원 : 원한을 품음.

41 윗글에 대한 설명으로 적절한 것은?

① 진행되는 사건과 함께 인물의 내면이 서술되고 있다.
② 장면의 잦은 전환을 통해 서사를 빠르게 전개하고 있다.
③ 현재와 과거를 넘나들며 사건을 입체적으로 서술하고 있다.
④ 공간적 배경을 묘사하여 사건의 전개 방향을 암시하고 있다.
⑤ 서술자의 논평을 통해 인물의 성격 변화의 양상을 드러내고 있다.

42 ㉠~㉤에 대한 설명으로 적절하지 않은 것은?

① ㉠ : 용순이 동화책을 빌미로 준섭에게 불만을 터뜨리고 있다.
② ㉡ : 용순이 은지네의 말에 당황해 하다가 나중에는 무시하는 태도를 보이고 있다.
③ ㉢ : 은지네가 한 말에 대해 외동댁이 못마땅하게 여기고 있음을 알 수 있다.
④ ㉣ : 동화책이 실제 준섭의 어머니와 딸에 대한 이야기를 담고 있음을 알 수 있다.
⑤ ㉤ : 어머니가 보여 주셨던 사랑과 삶의 지혜가 은지에게 전해질 수 있다는 믿음이 드러난다.

43 [A]에 대한 설명으로 적절하지 않은 것은?

① 상대방과 자신들의 행동을 대비시키고 있다.
② 단정적 진술을 통해 상대의 행위를 규정짓고 있다.
③ 질문을 연이어 던지면서 상대방을 몰아붙이고 있다.
④ 비유적 표현을 통해 자신들의 행동을 합리화하고 있다.
⑤ 상대방이 비난하는 사람을 자신이 대신하여 옹호하고 있다.

44 <보기>의 내용을 바탕으로 윗글을 이해할 때, 적절하지 않은 것은? [3점]

<보기>

이 작품에서 작가는 '장례'를 '축제'라고 명명함으로써 전통적인 '장례'의 성격을 재조명한다. 일반적으로 '축제'는 일상이 정지되고 혼돈과 무질서가 드러나는 시공간이다. 이 작품에서의 '장례' 역시 일상이 정지되고, 모인 사람들이 망자를 애도하는 가운데 이질적인 것들이 혼재하는 '축제'와 같다. 이러한 '장례' 속에서 등장인물들은 저마다의 묵은 감정들을 풀어냄으로써 마침내 화해와 융합에 이르게 된다.

① 망자를 애도하기 위한 '장례'에서 용순, 은지네, 외동댁은 저마다의 묵은 감정을 풀어내고 있다.
② '난장판', '소란통'과 같은 표현에서 '축제'로서의 '장례'가 갖는 혼돈과 무질서의 모습이 드러나고 있다.
③ '집안 사람들의 불화'와 이를 싸 덮는 '흥겨운 노랫가락'은 이질적인 것들이 혼재하는 '장례'의 성격을 드러내고 있다.

④ 준섭이 '장례'를 계기로 가족들에게 자신의 '소망과 기구'를 드러냄으로써 가족 간의 화해와 융합이 가능해지고 있다.

⑤ '귀가 멍멍해 오는 소란통'과 준섭의 '묵상'이 대비를 이루면서 '장례'는 서로 어울리지 않는 애도와 소란스러움이 공존함을 보여주고 있다.

45 [B]에 대한 이해로 적절하지 <u>않은</u> 것은?

① '영혼이 옛 모습의 옷을 벗'었다는 것은 할머니가 돌아가셨다는 것으로 이해할 수 있다.

② 할머니가 '조그맣게 오므리고 어린 아기'처럼 자는 모습은 병들고 약해진 할머니의 모습과 관련이 있다.

③ 준섭은 '하얀배추꽃나비들'이 푸른 하늘로 날아오르는 것을 떠올리면서 나비를 할머니의 영혼과 연결짓고 있다.

④ '마지막 남은 나이를 다 나눠 주'셨다는 '아빠'의 말에는 할머니가 너무 일찍 돌아가신 것에 대한 자책이 담겨있다.

⑤ 할머니가 '예쁘고 착한 새 아기'로 태어나기를 기원하는 은지의 모습에서 할머니에 대한 애정을 느낄 수 있다.

제1교시 국어영역(B형)

▶정답 및 해설 84p

[01~03] 다음은 교내 급식 업체 선정을 위한 협상의 일부이다. 물음에 답하시오.

학교 대표 : 내년도 급식 업체 선정에 총 3곳의 업체에서 제안서를 내 주셨는데, 제안서를 평가해 보니 이번에도 대표님 업체가 가장 높은 점수를 받았습니다. ㉠ 인근 학교 학생들 사이에서도 우리 학교 급식이 가장 맛있다고 소문이 났다는데, 그런 만큼 급식 단가가 조정 가능하다면 대표님 업체와 계약하고자 합니다. 올해와 비교해서 급식 계획에 큰 변동이 없는데, 급식 단가의 15% 인상을 요구하신 것은 무리라고 생각합니다.

업체 대표 : 말씀하신 점은 저희도 고민한 부분입니다. ㉡ 저희가 제안한 15%의 인상안에는 식자재 공급 가격인상 요인 8%, 인건비 인상 요인 5% 등이 반영된 것입니다. 그리고 내년에는 1개 학급이 감축되어 급식 총 인원도 감소할 텐데, 이로 인한 수익성 악화도 고려하지 않을 수 없었습니다. 급식 단가의 15% 인상에 동의해 주신다면, 친환경 식자재 비율을 85% 수준으로 높여서 공급하겠습니다.

학부모 대표 : 친환경 식자재 비율을 높여서 공급하신다는 점은 환영합니다. 하지만 제안서에 밝히신 대로라면 점심과 저녁을 모두 먹는 학생의 경우 연간 20만 원 이상의 급식비를 추가로 부담해야 할 것으로 보입니다. 따라서 저희는 업체 측에서 요구하신 15% 인상은 받아들일 수 없습니다. 그리고 저희는 학생들에게 제공되는 급식 메뉴 조정도 필요하다고 보고 있습니다.

[A]
업체 대표 : 급식 메뉴를 조정하는 것은 크게 어려운 일은 아니라고 생각합니다. 우선 급식 단가 인상률을 조정하고 난 뒤에 이어서 급식 메뉴를 조정하는 게 어떻겠습니까?
학부모 대표 : 네. 그렇게 하겠습니다.
학교 대표 : 네. 좋습니다.

학교 대표 : 다시 급식비 인상과 관련해서 말씀드리면, 전체 학부모님들께서 추가로 부담하실 금액이 적지 않기 때문에, 학교에서도 업체 측의 제안은 무리라고 판단하고 있습니다. 학교에서는 급식 단가의 10% 인상이 적절하다고 보고 있습니다.

업체 대표 : 그렇다면 학생들이 먹지 않고 버리는 음식이 전체 급식량의 10%에 달하는데, 이를 감안하면 1인당 급식량을 5% 정도 줄여도 큰 문제는 없을 것으로 보입니다. 대신 원하는 반찬은 자유롭게 더 먹을 수 있도록 해서 낭비되는 비용을 절감해 보겠습니다. ㉢ 이 점에 동의해 주신다면 원래 제안드렸던 내용을 유지한 상태에서 급식 단가를 10% 인상하는 것으로 조정할 수 있습니다.

학부모 대표 : 결국 학생들의 급식량은 줄이면서도 급식 단가는 인상하시겠다는 말씀이시네요. ㉣ 그렇다면 급식비 10% 인상에 동의해 드리는 대신, 매주 1회 별식을 제공해 주시기 바랍니다.

업체 대표 : 별식을 추가하는 것은 비용 인상 요인이 됩니다. ㉤ 저도 아들을 학교에 보내고 있는 부모이기에 학부모 대표님 요구를 수용하고 싶습니다만, 비용을 고려해 보았을 때 말씀하신 요구는 도저히 수용하기 어렵습니다.

학교 대표 : 학생들을 위하는 마음은 모두 같으시리라 생각합니다. 하지만 업체 측의 현실적인 어려움도 고려하지 않을 수 없네요. 그렇다면 별식 대신 주 2회 정도 요구르트나 제철 과일 등의 간식을 추가로 제공해 주시는 것은 어떻습니까?

업체 대표 : 그 정도면 저희가 다른 부분의 비용을 절감해서 감당할 수 있습니다. 학부모 대표님 생각은 어떠십니까?

학부모 대표 : 네. 별식 제공은 어렵다고 하시니, 간식을 추가 제공해 주시는 조건으로 급식 단가 10% 인상에 합의하겠습니다.

01 협상 참여자의 협상 방식에 대한 설명으로 적절하지 않은 것은? [2점]

① ㉠ : 상대방을 칭찬하면서 원만한 협상 분위기를 조성하고 있다.

② ㉡ : 구체적 수치를 근거로 들어 제안의 타당성을 강조하고 있다.

③ ㉢ : 상대방의 양보를 전제로 상대방이 제시한 대안을 수용하고 있다.

④ ㉣ : 자신들에게 유리한 조건을 추가하는 방향으로 협상을 유도하고 있다.

⑤ ㉤ : 감정적 유대를 형성하여 자신들의 추가적인 요구를 관철하려 하고 있다.

02 [A]에서 업체 대표가 사용한 협상 전략으로 가장 적절한 것은? [2점]

① 상호 간의 양보를 통해 문제를 공동으로 해결하는 전략

② 제안의 논리적 허점을 찾아 상대의 양보를 받아내는 전략

③ 갈등을 일으키는 쟁점을 무시하여 갈등을 덮어 버리는 전략

④ 중요도를 고려하여 협상 쟁점의 우선 순위를 조정하는 전략

⑤ 상대의 요구를 수용하는 조건을 제시하여 절충안을 이끌어 내는 전략

03 〈보기〉는 위 협상의 주요 내용을 정리한 것이다. ⓐ~ⓖ에 대한 이해로 적절하지 않은 것은? [3점]

〈보기〉

업체 대표	ⓐ 급식 단가를 15% 인상한다. ⓑ 친환경 식자재 비율을 85% 수준으로 높인다. ⓒ 1인당 급식량을 5% 줄인다.
학교 대표	ⓓ 급식 단가를 10% 인상한다. ⓔ 주 2회 간식을 추가로 제공한다.
학부모 대표	ⓕ 급식 메뉴를 조정한다. ⓖ 주 1회 별식을 제공한다.

① ⓐ와 ⓖ는 협상 참여자들이 동의하지 않은 제안이다.

② ⓑ는 ⓐ가 수용되도록 하기 위한 업체 대표의 제안이다.

③ ⓒ는 ⓓ를 수용하기 위한 업체 대표의 제안이다.

④ ⓔ는 ⓖ에 대한 학교 대표의 대안이다.

⑤ ⓕ는 ⓓ를 수용하기 위한 학부모 대표의 제안이다.

[04~05] 다음은 도서부원들의 대화이다. 물음에 답하시오.

인국 : 도서관 개방에 대해서, 3학년 부원들의 생각을 모으라고 하시네. 선생님께서 도서부 의견서를 제출하실 건가 봐.
유준 : 지난 번 그 얘기구나. 나는 찬성!
철호 : (책에서 눈을 떼지 않고) ㉠ <u>나는 반대! 다수결이니까, 반장 마음대로 해</u>.
인국 : 이 친구들, 왜 찬성하고 왜 반대하는지 이유를 서로 말해야 민주적인 의사소통이지. 내 표의 향방이 중요한 상황이니까, ㉡ <u>(철호의 책을</u>

접으며) 두 분께서는 저를 설득해 주세요.

철호 : 우리 학교 학생들만 관리하는 데도 이렇게 힘든데, 주민들한테 개방한다구? 우리 능력이 그 정도가 돼?

유준 : 주민들과 함께 운영하면 관리가 좀 더 쉬워지지 않을까? 그리고 우리도 행복동 주민이잖아. 졸업하면 책 빌려볼 데가 없어서 아쉬울 텐데, 안 그래?

철호 : 주민들이 이용하는 도서관은 따로 지어야지. 학교 개방했다가 이상한 사람들 들어오면 어쩌려고 그래? 꼬맹이들도 몰려올 거 아냐?

유준 : ㉢ 그래. 철호 네 말도 일리가 있어. 자칫 잘못하다가는 학생들이 위험해질 수도 있겠지. 그렇지만 주민들이 있으면 오히려 더 안전하지 않을까? 그리고 꼬마들이 학교에 돌아다닌다고 생각해 봐. 난 학교가 더 활기차고 생동감 있을 것 같아.

철호 : 그 난장판 가운데 공부가 잘도 되겠다!

인국 : 너희들 말을 들어 보니, 도서관을 개방하는 문제가 단순한 게 아니구나. (노트를 꺼내 적는다.) 일단 주민들과 공동 운영 시스템을 갖추어야 하고, 출입자에 대한 신원 확인이 필요할 거고, 아이들은 부모님과 같이 와야 할 거고…….

유준 : 우리 학교 안에서 책 빌려가는 거야 지금 도서실 컴퓨터로 되지만, 다수의 지역 주민이 이용한다면 컴퓨터가 몇 대 더 필요하겠어. (인국의 노트를 건네받아 적는다.)

철호 : 그게 한두 푼 드는 일이냐?

인국 : 물론 그렇겠지……. 음, 이 정도면 우리 도서부 의견이 정리된 거 같아. 찬성으로 말이야.

철호 : ㉣ (놀란 표정으로 인국을 바라보며) 뭐야, 너도 그럼 찬성이야?

인국 : 유준이한테 설득당한 거지.

철호 : 에잇, 그럼 나도. (노트를 당겨와 적으며) 학교 도서관이니까, 학생들이 이용 우선권을 가져야 해. 이걸 분명히 해야 해.

유준 : 응? ㉤ (철호에게 미소를 지으며) 우리 철호가 왜 이럴까?

철호 : 얘기를 하다 보니까, 생각보다 좋은 점이 많은 것 같아서 말야. 내가 귀찮은 건 좀 싫어해도, 마음은 열려 있거든.

인국 : 고맙다. 너희들은 최고의 친구야. 이렇게 Ⓐ 의견서를 제출할게.

04 위 대화에서 ㉠ ~ ㉤에 대한 설명으로 적절하지 않은 것은? [3점]

① ㉠ : 단호한 의사 표현을 통해 반대 입장을 분명히 하고 있다.

② ㉡ : 말투의 변화와 행동을 통해 대화 참여자의 적극적인 의견 개진을 요구하고 있다.

③ ㉢ : 상대의 의견을 존중하면서 상대 의견에 대한 반론을 개진하고 있다.

④ ㉣ : 언어적 표현과 비언어적 표현을 동시에 사용하여 의사를 표현하고 있다.

⑤ ㉤ : 의도를 알 수 없게 하는 표현으로 인해 의사소통 장애가 일어나고 있다.

05 〈보기〉는 Ⓐ를 구체화한 것이다. 도서부원들의 대화로 보아 ⓐ~ⓔ 중 적절하지 않은 것은? [2점]

〈보기〉

학교 도서관 주민 개방에 대한 의견서

도서부 3학년 김철호, 민유준, 우인국

저희 도서부 3학년들은 행복동 주민들이 우리 학교 도서관을 이용하는 것에 찬성합니다. 다만 다음과 같은 몇 가지 조치는 도서관 개방 전에 이루어져야 할 것으로 생각합니다.

1. 학교 도서관 개방 문제와 관련하여, 다음의 조치를 건의합니다.

1) 학교에 들어오는 주민들에 대한 신원 확인 ······ ⓐ
2) 면학 분위기 조성을 위한 미취학 아동의 출입 금지 ······ ⓑ

2. 도서관 공동 이용 문제와 관련하여, 다음의 조치를 건의합니다.
1) 주민 대표와 도서관을 공동 운영하는 방안 모색 ······ ⓒ
2) 도서 대출 관리 컴퓨터 추가 확보 ······ ⓓ
3) 재학생 이용 우선권 부여 ······ ⓔ

저희들은 앞으로도 도서관을 소중히 여기고 발전시키는 데 힘쓰겠습니다.

① ⓐ ② ⓑ
③ ⓒ ④ ⓓ
⑤ ⓔ

[06~08] 다음 〈보기1〉과 〈보기2〉를 읽고 물음에 답하시오.

〈보기 1〉

작문 상황

- 작문 과제 : 수업 시간에 동영상을 시청하고, 같은 화제에 대해 다른 관점으로 논설문 쓰기
- 동영상의 내용 : 민간 병원 설립 규제 완화를 통한 의료 사각지대 해소 방안
- 수립한 논지 방향 : 의료 사각지대 해소를 위한 의료 공공성 강화 대책 촉구
- 논설문 작성 시 유의 사항

논설문은 설득을 목적으로 하므로, 자신이 쓰는 글의 영향과 사회적 책임을 인식하고 독자의 입장을 고려하여 신중한 태도로 글을 쓴다. 충분한 자료 조사를 통해 자신의 주장과 관점을 명확히 설정하되, 반대 입장이나 비판까지 고려한다. 언어 공동체의 관습과 문화를 고려하여 타당하고 합리적인 논거를 제시하고, 관련된 개념은 그 뜻을 명확히 정립하여 사용한다. 글의 처음 부분에서 논의의 배경과 목적 등을 밝히고, 중간 부분에서는 문제 상황과 그에 대한 구체적인 해결 방안을 중심으로 내용을 구성하며, 글의 끝 부분에서는 내용을 요약하거나 전망을 제시하며 마무리한다.

활용할 자료

(가) 신문 기사

지난 수십 년 간 민간 병원의 증가로 의료 인프라는 대폭 확충되었지만, 공공 보건 의료는 오히려 후퇴했다. 효율성이나 수익성 같은 측면만이 강조되어 공공 병원의 입지는 갈수록 줄어들고 있으며, 그에 따라 공공 보건 의료가 담당해야 할 의료 사각지대의 관리에 허점이 생김으로써 국민의 건강 안전망이 위협받고 있다. 가까운 산부인과가 없어 산모와 태아의 건강이 위태로워지거나, 진료비가 없어 치료를 받지 못하는 일이 발생하는 현실에서 의료 사각지대 해소를 위한 대책 마련이 시급하다.

(나) 통계 자료

의료 기관 접근성 인구 취약 비율(%)

구분	종합병원	산부인과	응급실
기준시간	90분	60분	30분
○○특별시	0.0	0.0	0.0
○○광역시	0.0	0.0	0.0
○○시	15.5	38.7	18.3
○○군	99.9	100.0	98.6

의료 기관 수 기준 공공 병원 비중(%)

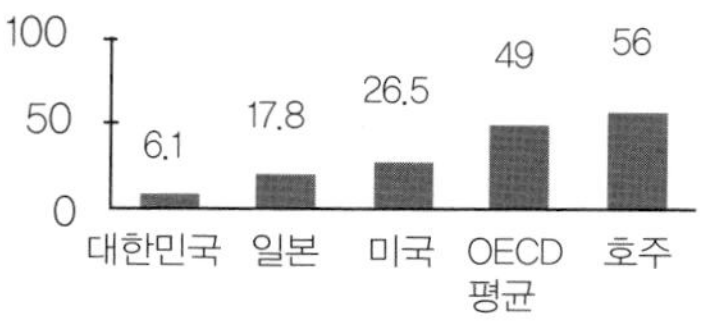

(다) 전문가 의견

전반적인 사회 양극화 추세와 함께 소득 계층 간 만성 질환 환자 발생 비율의 차이가 커지는 등 건강 격차가 확대됨으로써 건강 부문에서도 양극화 현상이 문제로 대두되고 있습니다. 특히 소득 수준이 가장 낮은 소득 1분위의 사망률이 2~5분위에

비해 2배 이상이라는 통계는 빈곤으로 인한 의료 사각지대 문제의 심각성을 보여 줍니다. 이런 상황에서 질병으로 인한 빈곤 계층으로의 전락을 예방하고 빈곤층이 의료 사각지대에 방치되지 않도록 의료 보호 대상자의 범위를 확대하고, 건강 보험료 중 공공 부문의 비중을 높이는 등 건강 보험의 보장 수준을 실질적으로 높일 필요가 있습니다.

〈보기 2〉

1. 서론 ········· ㉠
2. 의료 사각지대 발생의 원인과 문제점
   – 의료 사각지대 발생의 원인 ········· ㉡
   – 의료 사각지대로 인한 문제점 ········· ㉢
3. 의료 사각지대의 해소 방안 ········· ㉣
4. 결론

06 〈보기1〉의 '작문 상황'에 주목하여, 작문 과제를 수행할 때 고려할 사항으로 적절하지 않은 것은? [3점]

① '의료 사각지대', '의료 공공성' 등의 용어는 그 개념을 명확히 정립한 뒤 사용한다.
② 자료 수집 단계에서는 의료 공공성 강화라는 관점에 부합하는 것들로 제한하여 자료를 수집한다.
③ 문제의 해결 방안은 의료 사각지대를 해소할 수 있는 구체적인 방안을 제시하되, 예상되는 반론을 고려하여 논거를 마련한다.
④ 글의 종류와 '의료 사각지대 해소'라는 화제의 성격을 감안하여, 자신의 주장과 관점이 독자의 공감을 얻을 수 있도록 내용을 구성한다.
⑤ 의료 공공성을 강화하자는 주장과 그에 대한 논거를 서술하되, 언어 공동체의 문화와 관습을 고려하여 논거가 타당성과 합리성을 갖추도록 한다.

07 〈보기 1〉을 활용하여 〈보기 2〉를 구체화하는 방안으로 적절하지 않은 것은? [2점]

① ㉠에서는 수업 시간에 시청한 동영상 내용을 활용하되, 의료 사각지대 해소와 관련하여 의료 공공성 강화 대책을 촉구하는 것이 논의의 목적임을 밝혀야겠어.
② ㉠에서는 (가)와 (다)를 활용하여, 의료 사각지대 문제의 심각성을 논의의 배경으로 제시해야겠어.
③ ㉡에서는 (나)와 (다)를 활용하여, 의료 기관의 지역 쏠림 현상과 빈곤층에 대한 정책적 지원 부족 등이 의료 사각지대 발생의 원인이 됨을 지적해야겠어.
④ ㉢에서는 (가)와 (나)를 활용하여, 선진국에 비해 공공 병원의 비중은 작지만 과거에 비해 의료 인프라가 확충되었음을 부각해야겠어.
⑤ ㉣에서는 (나)와 (다)를 활용하여, 병원 접근성이 취약한 지역에 공공 병원을 확충하고 건강보험의 보장 수준을 높이는 등 다각도의 대책이 필요함을 강조해야겠어.

08 〈보기1〉을 고려할 때, 〈보기2〉의 결론에 들어갈 핵심 내용으로 가장 적절한 것은? [2점]

① 보건 의료 분야의 규제 개혁을 통한 민간 병원의 활성화 방안 제안
② 현실 상황에 비추어 의료 공공성 확보를 위해 해결해야 할 남은 과제 제시
③ 민간 부문과 공공 부문의 자율 경쟁을 통한 보건 의료 기관의 경쟁력 확보 촉구
④ 의료 공공성 강화를 통해 전국민의 건강 안전망이 확보된 우리 사회의 미래 전망 제시

⑤ 공공 의료 기관의 확충으로 지역 간 보건 의료 격차를 줄임으로써 지역 갈등이 해소됨을 강조

[09~10] 다음을 읽고 물음에 답하시오.

※ 작문 상황

• 부여 과제 : '표절 방지 운동을 전개하자'라는 주제로 논설문 작성하기
• 예상 독자 : 우리 고등학교에 다니는 친구들과 후배들

※ 학생의 글

학생들이 과제물이나 보고서를 작성할 때 무심코 타인의 글을 따오는 경우가 흔하다. '시간이 부족하니까', '남들도 다 하니까', '좋은 점수를 받고 싶어서' 등의 핑계를 대면서 추호의 죄책감도 없이 표절을 한다. 가일층 심각한 것은 자신의 행위가 범죄에 해당한다는 사실조차 모른다는 점이다.

한 전문가의 조사에 의하면, 우리나라 학생들의 상당수가 실제로 표절을 해 본 경험을 가지고 있다고 한다. 또한, 인터넷이 보편화되면서 학습과 관련된 표절 행위가 급증했을 뿐만 아니라, 학생들이 자주 범하는 표절의 유형도 더욱 다양해진 것으로 조사되었다. 이처럼 우리나라 학생들의 표절 실태는 매우 심각한 수준이다.

1990년대에 들어서면서부터 선진국에서는 학생들의 표절 행위에 대해 무관용 정책을 펼치고 있다. 우연한 실수이든 의도적 행위이든 간에 표절 의혹이 제기된 경우에는 학교 차원에서 엄격하게 조사를 실시하고, 만약 표절로 밝혀질 경우에는 반드시 처벌하도록 규정을 강화했다. 최근 들어 우리나라의 일부 학교에서도 학생들의 표절 행위를 근절하기 위한 교육을 실시하는 등 표절 방지를 위한 작지만 큰 변화의 움직임이 일어나고 있다.

이러한 시대적 추세에 발맞추어 우리 학교에서도 표절 방지 운동을 전개할 필요가 있다. 무슨 거창한 운동을 벌이자는 것은 아니다. 우리에게 실질적으로 도움이 되고, 우리가 실천할 수 있는 작은 일부터 시작하자는 것이다. 우선 표절 방지 캠페인을 펼쳐 표절에 대한 우리의 잘못된 인식부터 바꾸어 보자. 표절은 범법 행위에 해당한다는 사실을 깨닫고, 표절을 하지 않겠다는 마음을 갖는 것이 필요하다. 또한, 학생들을 대상으로 표절 예방 교육을 실시하자. 학생들이 자주 범하는 표절의 유형을 알려 주고, 다른 사람의 글을 올바르게 인용하는 방법을 가르쳐 준다면 과제를 작성하면서 표절을 하지 않도록 스스로 주의하게 될 것이다.

09 '학생의 글'에 사용된 글쓰기 전략으로 가장 적절한 것은? [2점]

① 새로운 대안을 제시하여 반론을 펼친다.
② 가설을 설정한 후 근거를 들어 논증한다.
③ 상반된 관점을 제시하고 절충을 시도한다.
④ 문제 상황을 진단하고 해결방안을 모색한다.
⑤ 자신의 체험을 일반화하여 주장을 뒷받침한다.

10 〈보기〉는 '학생의 글'을 검토한 선생님의 의견이다. 이를 고려하여 자신의 글을 다듬기 위해 세운 학생의 계획으로 적절하지 <u>않은</u> 것은? [3점]

〈보기〉

글 쓰느라고 고생 많았어. 몇 가지 사항만 수정하면 좋은 글이 될 것 같아. 먼저, 이 글의 주제에 어울리는 제목을 붙였으면 좋겠어. 그리고 서두 부분에 시사적인 내용을 언급하여 독자의 관심을 환기하고, 결말 부분에 주요 내용을 요약한 후 독자의 동참을 촉구해 봐. 또한, 표절에 대한 전문가의 조사 결과와 관련하여 객관적인 통계 자료를 추가해서 너

의 주장을 뒷받침하는 것도 필요해. 끝으로, 예상 독자들이 한자어에 익숙하지 않다는 점도 고려했으면 해.

① '추호', '가일층', '무관용' 같은 한자어는 쉬운 말로 바꾸자.
② '표절 방지 운동! 더 이상 미룰 수 없다!'와 같은 제목을 붙이자.
③ 서두에 최근 언론에 보도되었던 대표적인 표절 사건을 언급하자.
④ 인터넷 보급률과 표절과의 연관성을 보여주는 통계 자료를 추가하자.
⑤ 결말에 외국의 표절 피해 사례를 소개하며 독자의 동참을 호소하자.

11 **〈보기〉의 한글 맞춤법에 관한 자료를 읽고 탐구한 내용으로 적절하지 <u>않은</u> 것은?** [3점]

〈보기〉

제18항 용언들의 어미가 바뀔 경우, 그 어간이나 어미가 원칙에 벗어나면 벗어나는 대로 적는다. ············ ㉠

1. 어간의 끝 'ㄹ'이 줄어질 적
   ㉬ 갈다 : 가니, 간, 갑니다, 가시다, 가오
2. 어간의 끝 'ㅅ'이 줄어질 적
   ㉬ 낫다 : 나아, 나으니, 나았다
   ⋮
8. 어간의 끝음절 '르' 뒤에 오는 어미 '-어'가 '-러'로 바뀔 적
   ㉬ 푸르다 : 푸르러, 푸르렀다
9. 어간의 끝음절 '르'의 'ㅡ'가 줄고, 그 뒤에 오는 어미 '-아/-어'가 '-라/-러'로 바뀔 적
   ㉬ 가르다 : 갈라, 갈랐다

제19항 어간에 '-이'나 '-음/ㅁ'이 붙어서 명사로 된 것과 '-이'나 '-히'가 붙어서 부사가 된 것은 그 어간의 원형을 밝히어 적는다. ············ ㉡
   ㉬ 먹이, 같이

[붙임] 어간에 '-이'나 '-음' 이외의 모음으로 시작된 접미사가 붙어서 다른 품사로 바뀐 것은 그 어간의 원형을 밝히어 적지 아니한다. ············ ㉢

① '물을 여기에 부어라'의 '부어라'는 어간 '붓-'에 어미 '-어라'가 결합된 말이므로 ㉠의 규정을 따른 것이다.
② '그만 좀 간질여라'의 '간질여라'는 어간 '간질이-'에 어미 '-어라'가 결합된 말이므로 ㉠의 규정을 따른 것이다.
③ '십 리는 좋이 되겠다'의 '좋이'는 어간 '좋-'에 접미사 '-이'가 붙어서 부사가 된 말이므로 ㉡의 규정을 따른 것이다.
④ '게으름을 피우지 마라'의 '게으름'은 어간 '게으르-'에 접미사 '-ㅁ'이 결합해 명사가 된 말이므로 ㉡의 규정을 따른 것이다.
⑤ '앞으로 자주 보자'의 '자주'는 어간 '잦-'에 접미사 '-우'가 결합해 부사가 된 말이므로 ㉢의 규정을 따른 것이다.

12 **〈보기〉의 ㉠~㉤에 대한 설명으로 적절하지 <u>않은</u> 것은?** [2점]

〈보기〉

(장면 1: 수업 중)

선생님 : 여러분, 오늘은 '문학과 삶'이라는 주제로 김동리의 소설 '역마'를 배울 ㉠ <u>차례입니다</u>. '역마살'이라는 단어의 뜻을 알고 있는 친구라면 소설의 제목이 의미하는 바를 쉽게 찾을 수 있을 것입니다. 오늘은 모둠 활동을 할 것이니 다들 본인이 속한 모둠으

로 이동하시기 바랍니다.
철수 : (자리를 옮긴 후 짝인 영희를 쳐다보며) 너, 안 좋은 일 있어? 오늘따라 아파 보여.
영희 : 아냐. 걱정해 줘서 고마워. 그런데 담임선생님께서 아침 조회 이후로 별다른 ㉡ 말씀 없었니?

(장면 2: 하교하는 길에 횡단보도 앞에서)
선생님 : 어머, 영희구나. 학교 밖에서 보니 더 반갑네.
영희 : 저도 여기에서 선생님을 ㉢ 볼 줄은 몰랐어요.
선생님 : 오늘 수업 시간에 힘들어 보이던데 많이 피곤했나 보구나.
영희 : 아니에요, 선생님. ㉣ 제가 아침에 아파서 못 일어났는데 늦잠을 잔다고 할아버지께 혼나서 기분이 안 좋았어요.
선생님 : 그렇구나. 그 이후로 할아버지께서 그에 대해 이야기 안 하셨어?
영희 : 네, 할아버지께서는 ㉤ 자기가 맞다고 생각하신 일에는 완고하셔요.

① ㉠ : 선생님은 수업 장면이라는 공적인 상황을 고려하여 '하십시오'체를 사용하고 있다.
② ㉡ : 주체인 '담임선생님'이 높임의 대상이므로 '말씀 안 계셨니?'로 바꾸어 말해야 한다.
③ ㉢ : 객체인 '선생님'이 높임의 대상이므로 특수 어휘 '뵈다'를 활용하여 '뵐'로 바꾸어 말해야 한다.
④ ㉣ : 선생님과 대화하는 상황임을 고려하여 자신을 낮추어 가리키는 대명사 '제'를 사용하고 있다.
⑤ ㉤ : 높임의 대상인 '할아버지'를 다시 가리키고 있으므로 '자기가'는 '당신께서'로 바꾸어 말해야 한다.

13 〈보기 1〉을 참고하여 〈보기 2〉에 적용된 음운현상을 설명한 내용으로 적절하지 <u>않은</u> 것은? [3점]

〈보기 1〉

어떤 음운이 다른 음운과 결합할 때 그 환경에 따라 발음이 달라지는 현상을 '음운 변동'이라고 한다. 음운 변동에는 어느 한 소리가 다른 소리로 바뀌는 ㉠ '교체', 둘 이상의 소리가 합쳐져 하나의 새로운 소리가 되는 ㉡ '축약', 원래 있던 소리가 사라지는 ㉢ '탈락', 없던 소리가 끼어드는 ㉣ '첨가' 가 있다.

〈보기 2〉

[표준발음법]
제9항 받침 'ㄲ, ㅋ', 'ㅅ, ㅆ, ㅈ, ㅊ, ㅌ', 'ㅍ'은 어말 또는 자음 앞에서 각각 대표음 [ㄱ, ㄷ, ㅂ]으로 발음한다.
제11항 겹받침 'ㄺ, ㄻ, ㄿ'은 어말 또는 자음 앞에서 각각 [ㄱ, ㅁ, ㅂ]으로 발음한다.
제12항 받침 'ㅎ'의 발음은 다음과 같다.
1. 받침 'ㅎ(ㄶ, ㅀ)' 뒤에 'ㄱ, ㄷ, ㅈ'이 결합되는 경우에는, 뒤 음절 첫소리와 합쳐서 [ㅋ, ㅌ, ㅊ]으로 발음한다.
⋮
4. 'ㅎ(ㄶ, ㅀ)' 뒤에 모음으로 시작된 어미나 접미사가 결합되는 경우에는, 'ㅎ'을 발음하지 않는다.
제29항 합성어 및 파생어에서, 앞 단어나 접두사의 끝이 자음이고 뒤 단어나 접미사의 첫 음절이 '이, 야, 여, 요, 유'인 경우에는, 'ㄴ'소리를 첨가하여 [니, 냐, 녀, 뇨, 뉴]로 발음한다.

① 제9항은 ㉠을 반영한 것으로, 그 예로는 '빛다[빋따]'를 들 수 있다.
② 제11항은 ㉠을 반영한 것으로, 그 예로는 '닭[닥]'을 들 수 있다.

2016 기출문제

③ 제12항의 '1'은 ㉡을 반영한 것으로, 그 예로는 '않던[안턴]'을 들 수 있다.

④ 제12항의 '4'는 ㉢을 반영한 것으로, 그 예로는 '낳은[나은]'을 들 수 있다.

⑤ 제29항은 ㉣을 반영한 것으로, 그 예로는 '한여름[한녀름]'을 들 수 있다.

14 **〈보기〉의 대화 상황을 고려할 때, ㉠~㉤에 대한 이해로 적절하지 않은 것은?**

〈보기〉

성수 : 아버지, 아직 안 주무셨네요?
아버지 : ㉠ 너, 지금이 도대체 몇 시냐?
성수 : 죄송해요, 아버지. 축제 관련 학생회 회의가 있었는데, 선배들한테 늦게까지 ㉡ 붙잡혔어요.
아버지 : 오늘 학교 갈 때 엄마한테 미리 말씀 드렸니?
성수 : ㉢ 아차! 바쁘게 나간다고 깜빡 잊었어요.
아버지 : 그럼 중간에라도 연락을 했어야지.
성수 : 하려고 했는데, 쉬는 시간도 없이 회의를 하느라고 전화를 ㉣ 못 했어요.
아버지 : ㉤ 우리가 얼마나 걱정을 했는지 알아, 이 녀석아. 방에 가서 얼른 죄송하다고 말씀 드려라.
성수 : 예, 알겠습니다.

① ㉠ : 의문 표현을 사용하여 자신의 의도를 간접적으로 전달하고 있다.

② ㉡ : 피동 표현을 사용하여 자신의 의지와 무관하게 결과가 나타났음을 강조한다.

③ ㉢ : 감탄사를 사용하여 잘못을 갑작스럽게 깨달았음을 나타낸다.

④ ㉣ : 부정 부사 '못'을 사용하여 불가피한 상황이었음을 밝히고 있다.

⑤ ㉤ : 인칭 대명사를 사용하여 상대를 포함한 동일 공간 내의 모든 사람을 지칭하고 있다.

15 **〈보기〉에 제시된 국어사전의 정보를 자료로 삼아 탐구 학습을 하였다. 그 내용으로 적절하지 않은 것은?** [2점]

〈보기〉

부르다[1] 〔불러, 부르니〕「동사」
[1]【…을】
㉠ 말이나 행동 따위로 다른 사람의 주의를 끌거나 오라고 하다. ¶ 누나가 동생을 부른다.
㉡ 이름이나 명단을 소리 내어 읽으며 대상을 확인하다. ¶ 선생님이 출석을 불렀다.
㉢ 곡조에 맞추어 노래의 가사를 소리 내다. ¶ 응원가를 부르다.
㉣ 어떤 방향으로 따라오거나 동참하도록 유도하다. ¶ 푸른 바다가 우리를 부른다.
㉤ 어떤 행동이나 말이 관련된 다른 일이나 상황을 초래하다. ¶ 화는 또 다른 화를 부른다.
[2]【…을 …에】【…을 …으로】
청하여 오게 하다. ¶ 친구들을 집으로 불렀다.
[3]【…을 …으로】【…을 -고】
무엇이라고 가리켜 말하거나 이름을 붙이다. ¶ 사람들은 그를 불운한 천재라고 불렀다.

불리다[1] 〔불리어[--어/--여](불려), 불리니〕「동사」
[1]【…에게】
㉠ '부르다[1][1] ㉠'의 피동사. ¶ 교무실로 선생님에게 불리어 갔다.
㉡ '부르다[1][1] ㉢'의 피동사. ¶ 이 노래가 요즘 생도들에게 가장 많이 불린다.

[2] [A]의 피동사. ¶ 반 아이들 이름이 하나하나 불렸다.
[3]【…에게 …으로】【…에게 -고】
'부르다¹[3]'의 피동사. ¶ 막걸리는 농민들에게 농주로도 불렸다.

① A에는 '부르다¹[1] ㉡'이 들어간다.
② '부르다¹'과 '불리다¹'은 모두 활용을 할 때 어간의 형태가 바뀐다.
③ '부르다¹[1] ㉣'의 용례로 '조국이 우리를 부른다.'를 추가할 수 있다.
④ '부르다¹[1]'의 ㉣, ㉤은 '불리다¹'을 활용하여 피동문을 만들 수 없다.
⑤ '부르다¹'의 [1]~[3]은 모두 주어와 서술어 이외의 문장 성분이 더 필요하다.

16 **〈보기〉의 (가)와 (나)를 비교하여 알 수 있는 내용으로 적절하지 않은 것은? [2점]**

〈보기〉

(가)
元원覺·각·ᄋᆡ ·한아·비ᄂᆞᆰ·고病·뼝·ᄒᆞ더·니元원·覺각·ᄋᆡ아·비元원覺·각·일ᄒᆞ야:담사·ᄂᆡ·지·여:뫼·해다·가더·디·라ᄒᆞ야·ᄂᆞᆯ元원覺·각·이:마·디:몯·ᄒᆞ·야더·디·고욿저·긔元원覺·각·이그:담사·ᄂᆞᆯ가·져·오거·ᄂᆞᆯ아·비닐·오·ᄃᆡ머·ᄌᆞᆫ그·르·슬므·스·게**ᄡᅳᆯ·다ᄒᆞᆫ·대**對·되·荅답·호·ᄃᆡ·뒷다·가나·도아·비**다·모리·라·ᄒᆞ야·ᄂᆞᆯ**붓·그·려제아·비·ᄅᆞᆯ도로더·브·러오·니·라

– 〈삼강행실도〉 '원각경부(元覺警父)' –

(나)
[현대어 풀이] 원각(元覺)의 할아버지가 늙고 병들었더니 원각의 아버지가 원각을 시켜 (할아버지를) 들것에 지어 산에다가 던지라고 하거늘 원각이 마지못하여 던지고 올 적에 원각이 그 들것을 가져오거늘 아버지가 이르되 흉한 그릇을 무엇에 **쓰려고 하니** 한즉 (원각이) 대답하되 두었다가 나도 아버지를 **담으리라** 하거늘 (아버지가) 부끄러워하여 제 아버지와 도로 더불어 왔다

① (가)의 '元원覺·각·ᄋᆡ'에 쓰인 관형격 조사는 (나)에 쓰인 관형격 조사와 그 형태가 달랐음을 알 수 있다.
② (가)에서는 (나)와 달리 음의 높낮이를 표시하는 방점을 음절 왼쪽에 표기하고 있음을 알 수 있다.
③ (가)의 'ᄒᆞ야·ᄂᆞᆯ'을 보니 (나)에 쓰이지 않는 문자가 쓰였음을 알 수 있다.
④ (가)의 'ᄡᅳᆯ·다ᄒᆞᆫ·대'와 (나)의 '쓰려고 하니'를 통해 (가)와 (나) 모두 어두에 두 개의 자음이 쓰일 수 있음을 알 수 있다.
⑤ (가)의 '다·모리·라'에는 연철 표기가, (나)의 '담으리라'에는 분철 표기가 나타남을 알 수 있다.

[17~20] 다음 글을 읽고 물음에 답하시오.

미적 판단은 대상에 대한 경험에서 생겨나며 감상자의 주관적 반응에 밀접하게 관련되기 때문에, 동일한 대상에 대한 미적 판단은 감상자에 따라 다양하게 나타날 수 있다. 그러나 모든 미적 판단이 적절하다거나 옳다는 평가를 받는 것은 아니며, 미적 판단의 차이로 인한 논쟁에서 우리는 어떤 미적 판단이 옳고, 어떤 미적 판단이 그른가에 대한 열띤 토론을 벌이게 된다. 그렇다면 (㉠)

실재론자들은 미적 속성이라는 것이 존재한다는 전제 하에 이것이 대상에 실재한다는 주장을 내

세우면서, 미적 판단의 객관성을 지지한다. 이들에 의하면 미적 속성 p에 관한 진술인 미적 판단 J가 객관적으로 참일 때, 미적 속성 p가 실재한다. 예컨대 '베토벤의 운명 교향곡이 웅장하다'는 판단이 객관적 참이라면 '웅장함'이라는 미적 속성이 실재한다는 식이다. 이 경우 '웅장하다'는 미적 판단은 '웅장함'이라는 객관적으로 실재하는 미적 속성에 대한 기술이다. 동일한 미적 대상에 대한 감상자들 간의 판단이 일치하지 않는 것은 그 미적 판단 간에 옳고 그름이 존재한다는 것이며, 그 옳고 그름의 여부는 실재하는 미적 속성에 대한 확인을 통해 밝힐 수 있다.

그러나 반실재론자들은 미적 판단이 단순한 객관적 실재의 기술이라기보다는 이미 주관적 평가가 개입된 경우가 많다는 점을 근거로 실재론에 반론을 제기한다. 이들의 주장에 의하면 미적 판단은 감상자의 주관적 반응에 의존하는 것으로, 앞에서 언급된 '웅장함'이라는 미적 속성은 '웅장하다'는 미적 판단을 내리는 감상자에 의해 발견되는 것이다. 이 주장은 미적 판단의 주관성과 경험성에 주목한다는 점에서 미적 판단의 다양성을 설명하는 데 용이하다. 이에 따르면 미적 판단의 불일치란 굳이 해소해야 하는 문제적 현상이라기보다는 개인의 다양한 경험, 취미와 감수성의 차이에 따라 발생하는 자연스러운 현상이다.

미적 속성과 미적 판단의 관계를 새로이 정립하고자 하였던 레빈슨의 주장에 의하면, 미적 대상의 감상 과정에서 감상자들은 일차적으로 대상의 비미적(非美的) 속성에 주목한다. 비미적 속성이란 대상의 선, 색, 모양, 질감, 무게, 리듬, 음색 등의 속성을 가리키는 것으로, 이는 다시 정상 지각자에 의해 관찰이나 지각이 가능한 ⓐ 구조적 속성, 어떤 변화가 일어나더라도 정상적인 지각으로는 그 차이를 포착할 수 없는 ⓑ 하부 구조적 속성, 작품의 발생에 관계하는 주요 요소들, 즉 작품의 창작자나 작품이 속한 경향, 영향 관계 등을 일컫는 ⓒ 맥락적 속성으로 나뉜다.

이러한 비미적 속성을 기저로 하여 발생하는 종합적이고 전체적인 미적 속성을 레빈슨은 '현상적 미적 인상'이라 규정하였다. 레빈슨은 현상적 미적 인상을 실재하는 것으로 간주하고, 여기에는 어떠한 주관적 입장도 개입되어 있지 않기 때문에 동일한 작품의 현상적 미적 인상은 감상자들이 동일하게 지각하는 것이라고 주장하였다. 또한 이 인상의 가치 중립적 속성으로 인해, 그 인상의 기술에 적절하다고 인정될 수 있는 술어는 일정 범위 내에서 제한된다. 그런데 감상자들이 제한된 범위 내의 술어 중 하나를 선택하여 이를 미적 판단으로 표현하는 과정에서 감상자의 주관이 개입된다.

예를 들어, 새뮤얼 바버의 '현을 위한 아다지오'를 들은 한 감상자가 이 곡으로부터 현상적 미적 인상을 지각한후, 이 인상을 기술할 수 있는 술어로 '신파적이다'를 선택하고 이를 자신의 미적 판단으로 표현했다고 가정해 보자. 레빈슨에 의하면, 이 술어로 이루어진 미적 판단('이 곡은 신파적이다')은 감상자 자신이 받은 현상적 미적 인상에 대한 지각과 그에 대한 주관적 평가를 모두 반영하는 것이다. 또 다른 감상자가 같은 곡에 대해 '이 곡은 우아하다'라는 미적 판단을 내리는 경우도 마찬가지이다. 서로가 내린 미적 판단의 차이에도 불구하고 이 감상자들이 받은 인상이 모두 '고음의 현악기 위주의 연주, 느린 템포, 단조 선율의 조합이 불러일으키는 인상'이라면, 그들의 판단은 모두 동일한 현상적 미적 인상에 근거한 것으로 그 적절성과 타당성을 인정받게 된다. 그리고 이들 미적 판단 간의 차이는 동일한 현상적 미적 인상에 대한 주관적 평가가 반영되었기 때문이라고 설명할 수 있다는 것이 레빈슨의 견해이다.

17 윗글에 대한 설명으로 가장 적절한 것은?

① 특정 이론의 역사적 변천 과정을 기술하고 있다.

② 특정 이론의 효용을 밝힌 후, 다른 이론과 비교하고 있다.

③ 다양한 분야의 사례와 더불어 이론을 구체적으로 설명하고 있다.

④ 대비되는 두 이론을 설명한 후, 이들을 포괄하는 이론을 소개하고 있다.
⑤ 이론의 현실 적용 과정에서 발견되는 문제점을 여러 측면에서 살펴보고 있다.

18 ㉠에 들어갈 질문으로 가장 적절한 것은?

① 미적 판단 간의 불일치가 나타나게 되는 이유는 무엇인가?
② 미적 판단을 이끌어 내는 판단의 주체는 어떠한 태도를 갖추어야 하는가?
③ 미적 판단의 다양성에 대한 논쟁이 합의를 도출할 수 없는 이유는 무엇인가?
④ 동일한 대상에 대한 미적 판단이 모두 동일해야 한다고 주장하는 근거는 어떤 것인가?
⑤ 미적 판단의 적절성에 대한 근거가 대상의 외부적 측면에서 발견되는 이유는 무엇인가?

19 ⓐ~ⓒ에 해당하는 사례를 〈보기〉에서 찾아 올바르게 연결한 것은?

〈보기〉

〈빨강, 파랑, 노랑의 구성〉은 ㉮ 네덜란드의 추상화가 몬드리안의 작품으로, 직선들의 수직적 교차를 통해 형성된 수많은 직사각형들에 의해 화면이 구성되어 있다. 이 ㉯ 다양한 크기의 직사각형들 중 일부는 선명한 원색으로 채색되어 두드러져 보인다. ㉰ 엄밀한 측정 결과 이들 직사각형에서 서로 평행 관계에 있는 직선들의 길이는 미세한 차이를 보이지만, 이러한 차이는 감상자들이 대상을 직사각형으로 인식하는 데 영향을 끼치지 않는다.

	ⓐ	ⓑ	ⓒ
①	㉮	㉯	㉰
②	㉮	㉰	㉯
③	㉯	㉮	㉰
④	㉯	㉰	㉮
⑤	㉰	㉮	㉯

20 레빈슨의 입장에서 〈보기〉를 이해한 내용으로 적절하지 않은 것은? [3점]

〈보기〉

거대한 화면을 단일한 색채로 가득 메운 마크 로스코의 색면 회화에 대한 미적 판단은 '따분하다', '밋밋하다', '단조롭다', '간결하다', '강렬하다'와 같은 술어를 사용하여 다양한 층위로 제시된다. 그러나 이러한 용어를 사용한 감상자들의 입장에서 '야하다'라는 술어는 로스코의 작품에 대한 적절한 술어로 평가받지 못한다. '야하다'라는 술어는 '밝고 부조화스러우면서 눈길을 끄는 색의 조합'이 불러일으키는 인상을 기술하는 데 적절한 것으로 간주되기 때문이다.

① 평가에 사용된 술어들은 로스코의 작품으로부터 받은 현상적 미적 인상과 그에 대한 감상자의 주관적 평가가 동시에 반영된 것이다.
② 로스코의 작품을 판단하는 술어 중 적절하다고 간주되는 것들은 동일한 현상적 미적 인상에 의해 제한된 범위 내에 존재하는 술어이다.
③ '밋밋하다', '단조롭다', '간결하다'와 같은 술어를 이끌어내는 현상적 미적 인상은 작품의 색, 면과 같은 비미적 속성을 기저로 하여 발생하는 것이다.

④ 동일한 대상에 대해 '따분하다', '강렬하다'와 같은 판단의 차이가 나타나는 이유는 술어의 선택과 사용 과정에서 감상자의 주관이 개입되었기 때문이다.

⑤ '야하다'가 로스코의 작품에 대한 술어로 적절하지 않다고 평가받는 이유는 이 술어가 현상적 미적 인상에 대한 주관적 판단을 내재한 술어이기 때문이다.

[21~23] 다음 글을 읽고 물음에 답하시오.

『정의론』을 통해 현대 영미 윤리학계에 정의에 대한 화두를 던진 사회철학자 롤즈는 전형적인 절차주의적 정의론자이다. 그는 정의로운 사회 체제에 대한 논의를 주도해 온 공리주의가 소수자 및 개인의 권리를 고려하지 못한다는 점에 주목하여 사회계약론적 토대 하에 대안적 정의론을 정립하고자 하였다.

롤즈는 개인이 정의로운 제도 하에서 자유롭게 자신들의 욕구를 추구하기 위해서는 자유와 권리, 임금과 재산, 권한과 기회 등이 필요하며, 이들은 사회의 기본 구조를 통해서 최대한 공정하게 분배되어야 한다고 생각했다. 그리고 이를 실현할 수 있는 사회 체제에 대한 논의가, 자유롭고 평등하며 합리적인 개인들이 모두 동의할 수 있는 원리들을 탐구하는 데에서 출발해야 한다고 보고 ㉠ '원초적 상황'의 개념을 제시하였다. '원초적 상황'은 정의로운 사회체제의 기본 원칙들을 선택하는 합의 당사자들로 구성된 가설적 상황으로, 이들은 향후 헌법과 하위 규범들이 따라야 하는 가장 근본적인 원리들을 합의한다.

'원초적 상황'에서 합의 당사자들은 자신들의 사회적 계층, 성, 인종 그리고 자신들의 타고난 재능, 취향 등에 대한 정보를 모르는 상태에 놓이게 되는데 이를 ㉡ '무지의 베일'이라고 한다. 단, 합의 당사자들은 인간의 심리, 본성 등에 대한 지식, 제도의 영향력과 같은 사회에 대한 일반적 지식을 알고 있으며, 공적으로 합의된 규칙을 준수하고, 합리적인 욕구를 추구할 수 있는 존재로 간주된다. 롤즈는 이러한 '무지의 베일' 상태에서 사회 체제의 기본 원칙들에 만장일치로 합의하는 것이 보장된다고 생각하였다. 또한 무지의 베일을 벗은 후에 겪을지 모를 피해를 우려하여 합의 당사자들이 자신의 피해를 최소화할 수 있는 내용을 계약에 포함시킬 것으로 보았다.

위와 같은 원초적 상황을 전제로 합의 당사자들은 정의의 원칙들을 선택하게 된다. 제1원칙은 모든 사람이 다른 개인들의 자유와 양립 가능한 한도 내에서 '기본적 자유'에 대한 평등한 권리를 갖는다는 것인데, 이를 '자유의 원칙'이라고 한다. 여기서 롤즈가 말하는 '기본적 자유'는 양심과 사고 표현의 자유, 연합의 자유, 정치적 자유, 사적 공간 및 거주와 개인적 재산에 대한 권리, 법치를 받을 자유 등을 포함한다.

사회적, 경제적 불평등은 다음의 두 조건을 만족하는 한에서 허용된다는 것이 제2원칙이다. 제2원칙은 '공정한 기회 평등의 원칙', '차등의 원칙'으로 이루어져 있다. '공정한 기회 평등의 원칙'은 동등한 능력과 동기를 가진 사람들은 직책이나 직위와 관련하여 동등한 삶의 전망을 가질 수 있어야 한다는 것이다. 이는 어떤 가정이나 계층에서 태어나더라도 그 재능을 계발할 기회를 가질 수 있도록 낮은 계층에 대한 교육 및 훈련 기회의 지원이 이루어져야 함을 뜻한다. '차등의 원칙'은 본인의 의지와 상관없이 타고난 조건이 불리한 최소 수혜자에게 불평등을 통해서라도 최대의 이득을 보장해야 한다는 것이다. 롤즈는 정의의 원칙들 간의 우선성과 관련하여 제1원칙이 제2원칙에 우선하며, 제2원칙 내에서는 '공정한 기회 평등의 원칙'이 '차등의 원칙'에 우선한다고 하였다.

롤즈의 정의론을 비판하는 입장에서는 '무지의 베일'이 현실적으로 정의의 원칙들이 선택되기에 적합한 상황이 아닐 수 있으며, 사적 재산의 소유권이 침해될 수 있고, 최소 수혜자에 대한 정의가 불분명하다는 점 등을 지적한다. 그럼에도 롤즈의 정의론은 보다 실질적이고 규범적인 윤리학적 논의의 가능성을 제시하였다는 점에서 사회 정의에 대한 철학적 논의의 지평을 넓힌 이론으로 평가될 수 있다.

21 롤즈의 '정의론'과 관련하여, 윗글에서 확인할 수 없는 내용은? [2점]

① 정의의 원칙들 간의 우선 순위
② 롤즈의 '정의론'의 한계와 의의
③ 롤즈의 '정의론'이 등장하게 된 배경
④ 정의의 원칙들을 도출하기 위한 전제 조건
⑤ 정의의 개념이 시대에 따라 변하게 된 이유

22 ㉠과 ㉡에 대한 설명으로 적절하지 않은 것은? [2점]

① 롤즈는 합의 당사자들이 ㉠에서 정의의 제 1, 2원칙을 선택할 것이라고 보았다.
② 롤즈는 ㉠이 현실적으로 적용하기에 어렵다는 점을 보완하기 위해 ㉡을 제시하였다.
③ 롤즈는 ㉡ 상태에서 합의 당사자들이 사회 체제의 기본 원칙들에 만장일치로 합의하는 것이 가능하다고 생각했다.
④ 롤즈는 합의 당사자들이 ㉡ 상태에서 벗어난 후에 겪을지 모를 자신의 피해를 최소화할 수 있는 내용을 계약에 포함시킬 것이라고 보았다.
⑤ 롤즈는 ㉠의 합의 당사자들을, 인간과 제도에 대한 지식을 가지고 있으며 합의를 준수하고 합리적 욕구를 추구할 수 있는 존재로 간주하였다.

23 윗글에 제시된 롤즈의 견해에 근거하여 〈보기〉에 대해 평가한 내용으로 적절하지 않은 것은? [3점]

〈보기〉

- A국은 국민에게 '기본적 자유'에 대한 평등한 권리가 주어지는 민주 사회이다. '모든 국민은 성별, 인종 등에 따라 교육받을 기회를 차별받지 않는다.'는 교육법 조항 하에 학교에 입학할 기회가 모두에게 평등하게 주어진다. 단, 국가가 의무교육을 실시하지 않으며, 빈곤층의 자녀 중 학교 교육 대신 노동을 택하는 비율이 중산층 자녀의 노동 선택 비율에 비해 높은 편이다.

- B국은 출생 신분에 따라 귀족, 중인, 노예라는 세 계급으로 나누어지는데 귀족 계급만이 참정권을 갖고 이동과 거주의 자유를 누린다. 중인 계급은 거주 지역이 따로 분리되며 귀족 계급 거주지에 살 수 없다. 귀족 계급은 노예를 소유할 권리를 부여받는다.

- C국은 국민의 기본 자유를 평등하게 보장하며, 모두 동일한 출발선상에서 경쟁을 할 수 있도록 정부에서 특별한 정책을 실시한다. 빈곤층을 위한 교육·보건 정책 비용을 마련하기 위해 부유할수록 세금을 더 부과하는 방식을 택하고 있다.

① A국은 국민에게 '기본적 자유'가 보장되므로 '자유의 원칙'을 추구하는 사회라고 볼 수 있다.
② A국은 자신이 속한 환경에 따라 능력을 발휘하지 못할 수 있으므로 정의로운 사회로 볼 수 없다.
③ B국은 거주의 자유, 정치에 대한 권리가 출신에 따라 제한되므로 정의로운 사회로 볼 수 없다.
④ C국은 '모두 동일한 출발선상'에서 경쟁을 하므로 '자유의 원칙'에 어긋나는 사회라고 볼 수 있다.

⑤ C국은 사회 경제적 지위 차로 인해 개인의 능력이 발휘될 기회가 제한되지 않도록 노력하고 있으므로 '공정한 기회 평등의 원칙'을 추구하는 사회로 볼 수 있다.

[24~27] 다음 글을 읽고 물음에 답하시오.

오늘날의 지식 기반 경제에서는 정보와 지식이 주요 생산 요소가 된다. 이러한 정보와 지식이 상품으로서의 특성을 결정하는 핵심적 의미를 갖는 상품을 정보재라고 하는데, 책이나 음반, 영화 DVD, 컴퓨터 소프트웨어 등이 여기에 해당된다. 이들은 모두 디지털화가 가능한 재화라는 점에서, 정보재를 '디지털화될 수 있는 모든 것'으로 정의하기도 한다. 정보재의 내용인 정보나 지식은 비경합적이어서 어떤 한 사람이 그것을 소비한다고 해서 다른 사람이 소비할 기회가 줄어들지 않으며, 대가를 치르지 않은 사람이라도 소비에서 배제하기가 어렵다는 점에서 등대, 교량 같은 공공재와 유사하게 비배제성을 띤다. 또 생산량이 증가할수록 평균 비용이 감소하는 '규모의 경제' 특성도 가지고 있다. 이런 점에서 정보재는 생산과 유통, 소비의 과정이 일반적인 상품과는 뚜렷하게 다른 양상을 보인다.

그럼 과연 정보재 시장은 어떤 방식으로 작동할까? 앞서 언급한 대로 정보재의 가장 중요한 특징 중 하나는 생산 초기 단계에서 매우 큰 고정 비용이 들지만 일단 생산이 시작되면 추가적 생산 비용이 거의 들지 않는다는 점이다. 예컨대, 음악 CD를 제작하는 경우 초기 제작 단계에서는 막대한 비용이 투입되지만, 일단 제작을 마치고 나면 추가적으로 드는 것은 공CD 비용뿐이므로 한계 비용*이 거의 0에 가깝다고 할 수 있다.

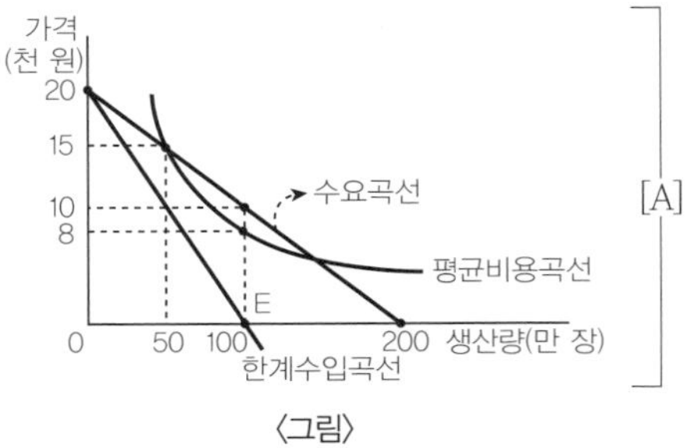

〈그림〉

모든 비용이 초기에 발생하는 고정 비용이고, 한계 비용이 0이라고 가정하면 평균 비용 곡선*은 〈그림〉에서와 같이 우하향하는 모양을 갖게 된다. 이처럼 생산량이 늘어남에 따라 평균 비용이 계속 줄어드는 상황에서는 경쟁 체제가 성립하기 어렵다. 또한 정보재의 특성상 여러 생산자가 완전하게 동질적인 상품을 생산할 수도 없으므로, 정보재 시장에서는 자연적으로 독점화의 경향이 나타난다. 수요와 공급이 균형을 이루는 수준에서 가격이 결정되는 경쟁 시장과 달리, 독점 시장에서는 독점 기업이 가격 설정자가 된다. 따라서 가격 설정자인 독점 기업에게, 주어진 가격에서 얼마만큼 생산할지를 묻는 것은 ㉠ <u>무의미하다</u>. 독점 기업은 가격과 공급량을 수요 곡선 상에서 선택하기 때문에 독점 기업의 공급 곡선은 존재하지 않는다.

그렇다면 정보재 상품의 가격은 구체적으로 어떤 수준에서 결정되는 것일까? 예를 들어, 음반 회사 S가 가수 B의 새 음반을 제작한다고 하자. 그 음반 1장의 가격이 1만 5천 원일 때의 수요량은 5십만 장으로, 가격이 2만 원일 때의 수요량은 0으로, 가격이 0일 때의 수요량은 2백만 장으로 예상된다고 한다. 이 정보에 기초하여 〈그림〉과 같은 모양의 수요 곡선을 그릴 수 있다.

회사의 이윤은 '한계 수입*=한계 비용'이라는 조건이 충족될 때 극대화될 수 있는데, 한계 비용이 0이라고 가정한다면 한계 비용 곡선은 수평축과 일치하게 된다. 한계 수입 곡선은 앞서 그린 수요 곡선으로부터 도출할 수 있는데, 수요 곡선과 수직축 상 절편은 똑같고 기울기가 두 배인 반직선이 된다. 〈그림〉을 보면 한계 수입 곡선이 수평축과 교차하는 E점에서 '한계 수입=한계 비용'이 충족된다는 것을 알 수 있다. 그에 따라 이윤의 극대화를 추구하는 S는 1백만 장의 음반을 만들어 한 장 당 1만 원의 가격에 팔게 될 것이다. 음반 생산량이 1백만 장일 때의 평균 비용은 8천 원이므로, S는 한 장 당 2천 원의 이윤을 얻어 총 20억 원의 이윤을 얻게 된다.

*평균 비용 곡선 : 상품 한 단위 당 생산 비용을 나타내는 곡선.
*한계 비용 : 상품 생산량을 한 단위 늘리는 데 추가적으로 소요되는 비용.
*한계 수입 : 상품 한 단위를 더 팔았을 때 추가적으로 발생하는 수입.

24 윗글에 대한 설명으로 적절하지 않은 것은? [2점]

① 공공재와 비교하여 정보재의 특성을 드러내고 있다.

② 정보재 상품의 변화 과정을 분석하여 정보재의 개념을 도출하고 있다.

③ 가정적 상황을 설정하여 정보재 상품의 가격 결정 원리를 밝히고 있다.

④ 경쟁 시장과 독점 시장의 차이를 드러내어 정보재 시장의 성격을 밝히고 있다.

⑤ 의문을 제기하고 그에 답하는 형식으로 정보재 시장의 작동 양상을 설명하고 있다.

25 [A]에 대한 이해로 적절하지 않은 것은? [2점]

① 생산량이 50만 장일 때와 200만 장일 때의 한계 비용은 동일하다.

② 생산량이 1백만 장을 초과하면 생산자의 이윤은 감소하기 시작한다.

③ 장 당 가격이 2만 원 이상일 경우 수요가 없으므로 생산이 이루어지지 않는다.

④ 50만 장을 생산할 경우 평균 비용과 가격이 같으므로 이윤이 발생하지 않는다.

⑤ 장 당 가격이 1만 원일 때 수요량이 최대가 되므로 생산자는 최대치의 이윤을 얻게 된다.

26 윗글을 바탕으로 <보기>를 이해한 것으로 가장 적절한 것은? [3점]

<보기>

1999년 만들어진 N 서비스는 개인이 보유하고 있는 음악 파일(MP3)을 인터넷을 통해 공유할 수 있게 해 주는 프로그램이다. 음반을 구입하지 않고서도 공유된 음악 파일을 누구나 무료로 다운로드할 수 있다는 점 때문에 서비스 이용자가 폭발적으로 늘어났다. 이로 인해 음반 판매량이 줄어들었다고 판단한 음반 회사들이 소송을 제기하였고, 저작권법을 위반했다는 판결로 인해 무료 다운로드 서비스가 중단되었다.

① N 서비스에서 음악 파일을 무료로 다운로드 받을 수 있다는 점은 정보재의 비배제적 성격을 보여 준다고 할 수 있다.

② N 서비스의 활성화는 음반 회사들의 독점적 지위를 강화한다고 할 수 있다.

③ 누구나 이용할 수 있다는 점에서 N 서비스는 일종의 경쟁 시장이라고 할 수 있다.

④ N 서비스에서 음악 파일이 유통되는 방식은 독점 시장의 양상을 띤다고 할 수 있다.

⑤ 음악 파일은 추가적 생산 비용이 없으므로 음반 회사의 수입과 N 서비스는 무관하다고 할 수 있다.

27 ㉠과 바꾸어 쓰기에 가장 적절한 말은? [2점]

① 불가능(不可能)하다

② 불가피(不可避)하다

③ 불필요(不必要)하다

④ 불투명(不透明)하다

⑤ 불확실(不確實)하다

[28~30] 다음 글을 읽고 물음에 답하시오.

1905년 아인슈타인의 특수 상대성 이론이 발표되기 전까지 물리학자들은 시간과 공간을 별개의 독립적인 물리량으로 보았다. 공간은 상대적인 물리량인 데 비해, 시간은 절대적인 물리량으로서 공간이나 다른 어떤 것의 변화에 의해 변하지 않는다는 것이다. 하지만 아인슈타인은 시간도 상대적인 물리량으로 보고, 시간과 공간을 합쳐서 4차원 공간, 즉 '시공간(spacetime)'이라고 하였다. 이 시공간은 시간과 공간으로 서로 구별되지 않는다. 다만 이 시공간은 시간에 해당하는 차원이 한 방향으로만 진행한다는 한계가 있기 때문에, 제한적인 4차원 공간이라는 특징이 있다.

4차원 시공간에서의 물체의 운동을 이해하기 위한 방법 중 하나는 가로축은 공간으로, 세로축은 시간으로 정한 2차원 시공간 그림을 이용하는 것이다. 빛의 속도는 불변하는 상수인 것으로 알려져 있으므로, 시간 축도 공간 축처럼 길이 차원을 갖도록 빛의 속도를 곱하여 나타낸다. 따라서 세로축은 빛의 속도(c)×시간(t) 축으로서 ct로 표시한다. 2차원으로 표현한 시공간 그림에서 한 점을 사건(event)이라고 하며 사건이 계속 이어지는 궤적을 세계선(world line)이라 한다. 정지해 있는 물체의 세계선은 수직선으로 나타나며, 등속으로 움직이는 물체의 세계선은 수직선에 비해 일정한 각도로 기울어진 직선으로 표현된다. 세로축에 빛의 속도가 반영되어 있으므로 항상 속도가 일정한 빛은 45도의 직선으로 표현된다. 빛의 속도보다 느린 물체의 세계선은 공간 축에 대해 45도보다 기울기가 커서 시간 축에 가까운 선이며, 실제 세계에서 빛의 속도보다 빠른 물체는 없는 것으로 알려져 있지만 가상적으로 존재할 경우 45도보다 기울기가 작아서 공간 축에 가까운 선으로 표시된다. 전자를 시간 방향 곡선(timelike curve)이라 부르며, 후자를 공간 방향 곡선(spacelike curve)라고 한다. 이때 속도가 일정한 경우에는 직선이지만 속도가 변하는 경우에는 직선이 되지 못하므로 일반적으로 곡선이 된다.

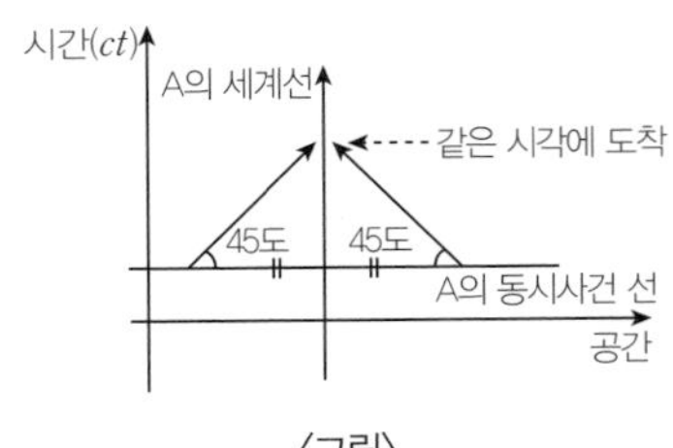

〈그림〉

이러한 시공간 개념에서 '동시사건'은 새롭게 이해된다. 동시사건은 같은 시각에 벌어진 사건들로, 특정 시각에 정지한 관찰자 A로부터 같은 거리만큼 서로 반대로 떨어져 있는 두 지점에서 빛의 속도로 관찰자 A를 향하여 각각 신호를 보냈다고 했을 때, 이 관찰자가 두 신호를 같은 시각에 받았다면 두 지점에서 신호를 보낸 각각의 사건이 동시사건이 된다. 따라서 〈그림〉에서 보는 것처럼 2차원 시공간 그림에서 정지한 관찰자에게 이러한 동시사건들은 특정 시각에 공간 축과 평행한 선으로 나타난다. 그리고 A의 동시사건 선들은 A의 입장에서 특정 시각에서의 공간이라고도 생각할 수 있다.

이와 달리 등속으로 움직이는 관찰자의 세계선은 앞에서 기술한 것처럼 수직선에 비해 공간 축 방향으로 일정한 각도로 기울어진 직선으로, 기울기가 공간 축에 대해 45도보다 큰 직선으로 표시된다. 이때 움직이는 관찰자의 동시사건 선은, 세계선이 시간 축으로부터 기울어진 각도만큼 공간 축에 수평인 선이 세계선을 향하여 기울어진 각도의 선이 된다. 그러면 일정한 속도로 움직이는 관찰자의 좌표계는 정지한 관찰자와 같이 직교하는 좌표계가 아니라, 시간 축과 공간 축이 90도보다 작은 각도로 서로 교차하는 좌표계가 된다.

[가] 따라서 이론적으로는 관찰자들의 운동 상태와 속도 등에 따라 동시사건들이 다르며, 심지어 관찰자들이 인식하는 사건들의 순서도 뒤바뀔 수 있게 된다. 가령 정지 관찰자 A에게 사건 α가 t=0에 발생하고, 사건 β는 t=1에 발생하여 사건 α가 사건 β보다 먼저 일어난 사건인 경우라 하더라도, 광속에 가까운 매우 빠른 속도로 움직이는 관찰자 B에게는 그에 비례하여 동시사건 선이 B의 세계선을 향하여 기울기 때문에, 사건 β가 포함된 동시 사건이 사건 α가 포함된 동시사건 선보다 아래에 있는 것도 가능할 수 있게 된다. 이처럼 사건들의 순서가 관찰자들의 운동 상태와 속도 등에 따라 다를 수 있는 있는 것이 특수 상대성 이론에서 나타나는 특이한 현상 중의 하나이다.

28 윗글의 내용과 일치하지 않는 것은? [2점]

① '시공간'에서 빛의 속도는 관찰자에 따라 변할 수 있다.
② '시공간' 개념에서 시간과 공간은 서로 구별되지 않는다.
③ 실제 세계에서 빛보다 빠른 물체는 없는 것으로 알려져 있다.
④ 아인슈타인은 공간과 시간을 모두 상대적인 물리량으로 보았다.
⑤ '시공간'은 시간이 한 방향으로만 진행하기 때문에 제한된 4차원 공간이다.

29 〈보기〉는 [가]를 2차원 시공간 그림으로 도식화한 것이다. 〈보기〉를 이해한 내용으로 적절하지 않은 것은? [3점]

〈보기〉

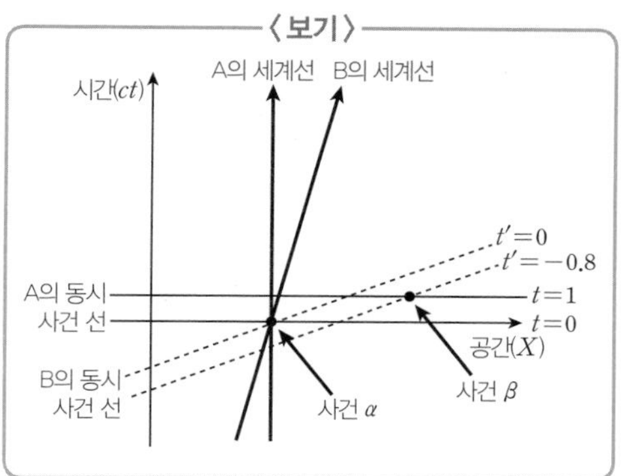

① A와 B에게 사건 α는 동일한 시공간의 사건이다.
② A와 B에게 사건 β는 사건 α보다 먼 공간의 사건이다.
③ A에게 사건 순서는 α → β, B에게 사건 순서는 β → α이다.
④ A의 입장에서 t=1일 때 사건 α는 아직 일어나지 않은 사건이다.
⑤ B의 입장에서 t′=0일 때 사건 β는 이미 일어난 사건이다.

30 윗글을 읽고 추론한 내용으로 적절한 것은? [2점]

① 2차원 시공간 그림에서 시간의 변화는 드러나지 않겠군.
② 2차원 시공간 그림에는 물체 하나의 운동만을 표시할 수 있겠군.
③ 2차원 시공간 그림에서 정지한 관찰자의 다른 시각의 '동시사건 선'은 서로 직교하겠군.
④ 2차원 시공간 그림에서 실제 세계에서 움직이는 물체의 세계선은 '시간 방향 곡선'이 되겠군.
⑤ 2차원 시공간 그림에서 '세계선'과 '동시사건 선'의 교차각은 관찰자의 속도에 비례하여 커지겠군.

[31~33] 다음 글을 읽고 물음에 답하시오.

(가)
장진(長津) 땅이 지붕 넘에 넘석하는* 거리다
자구나무 같은 것도 있다
기장감주에 기장차떡*이 흔한 데다
이 거리에 산골 사람이 노루 새끼를 다리고 왔다

산골 사람은 막베등거리* 막베잠방둥에*를 입고
노루 새끼를 닮았다
노루 새끼 등을 쓸며
터 앞에 당콩 순*을 다 먹었다 하고
서른 닷 냥 값을 부른다
노루 새끼는 다문다문* 흰 점이 백이고 배 안의 털을 너슬너슬* 벗고
산골 사람을 닮았다

산골 사람의 손을 핥으며
약자*에 쓴다는 흥정 소리를 듣는 듯이

새까만 눈에 하이얀 것이 가랑가랑한다

– 백석, '노루 – 함주시초(咸州詩抄) 2' –

*넘석하는 : 넘어다보이는. 크게 힘을 들이지 않고도 갈 만큼 가까운.
*기장감주, 기장차떡 : 기장으로 만든 식혜와 찰떡.
*막베등거리 : 막베(거칠게 짠 베)로 만든, 등만 덮을 만하게 만든 홑옷.
*막베잠방둥에 : 막베로 만든, 가랑이가 무릎까지 내려오도록 짧게 만든 홑바지.
*당콩 순 : 강낭콩 순.
*다문다문 : 사이가 배지 않고 드믄 모양.
*너슬너슬 : (굵고 긴 털이나 풀 따위가) 부드럽고 성긴 모양.
*약자 : 약재.

(나)

[A] 산이라 해서 다 크고 높은 것은 아니다
다 험하고 가파른 것은 아니다
[B] 어떤 산은 크고 높은 산 아래
시시덕거리고 웃으며 나지막이 엎드려 있고
또 어떤 산은 험하고 가파른 산자락에서
슬그머니 빠져 동네까지 내려와
부러운 듯 사람 사는 꼴을 구경하고 섰다
[C] 그리고는 높은 산을 오르는 사람들에게
순하디순한 길이 되어 주기도 하고
남의 눈을 꺼리는 젊은 쌍에게 짐즛
따뜻한 사랑의 숨을 자리가 돼 주기도 한다
[D] 그래서 낮은 산은 내 이웃이던
간난이네 안방 왕골자리처럼 때에 절고
그 누더기 이불처럼 지린내가 배지만
눈개비나무 찰피나무며 모싯대 개쑥에 덮여
곤줄박이 개개비 휘파람새 노랫소리를
듣는 기쁨은 낮은 산만이 안다
사람들이 서로 미워서 잡아 죽일 듯
이빨을 갈고 손톱을 세우다가도
칡넝쿨처럼 머루 넝쿨처럼 감기고 어우러지는
사람 사는 재미는 낮은 산만이 안다
[E] 사람이 다 크고 잘난 것만이 아니듯
다 외치며 우뚝 서있는 것이 아니듯
산이라 해서 모두 크고 높은 것은 아니다
모두 흰 구름을 겨드랑이에 끼고
어깨로 바람 맞받아치며 사는 것은 아니다

– 신경림, '산에 대하여' –

31 (가)와 (나)의 공통점으로 가장 적절한 것은? [2점]

① 감각적 이미지를 동원하여 대상을 묘사하고 있다.
② 이야기 형식을 통해 현실을 객관적으로 반영하고 있다.
③ 과거와 현재를 대비하여 그리움의 정서를 환기하고 있다.
④ 불완전한 문장으로 시상을 마무리하여 시적 여운을 주고 있다.
⑤ 이질적인 공간을 병치하여 이상과 현실의 괴리를 드러내고 있다.

32 〈보기〉를 바탕으로 (가)를 감상한 내용으로 적절하지 않은 것은? [3점]

〈보기〉

백석의 시에는 '보는 주체'만이 등장하는 경우가 많다. 그럼으로써 화자가 눈여겨보는 대상들이 작품의 전경이 된다. '보는 주체'는 일정한 거리를 두고 대상들을 관찰하기도 하지만 대상들의 외적 경계를 허물고 그 속으로 스며들어가기도 한다. 이러한 눈을 가진 화자는 마침내 자신과 대상, 대상과 대상들 간의 근원적 동일성을 발견하거나, 대상과의 감정적 유대에 이르게 된다.

① '장진 땅이 지붕 넘에 넘석하는 거리', '자구나무 같은 것도 있다'는 일정한 거리를 둔 관찰이라 할 수 있다.
② '산골 사람'과 '노루 새끼'는 화자의 눈길을 사로잡는 대상으로 작품의 전경이 되고 있다.
③ 화자가 대상과의 동일성을 발견했음이 '산골 사람은 막베등거리 막베잠방둥에를 입고'에서 드러난다.

④ '노루 새끼 등'을 쓰는 '산골 사람', '산골 사람의 손'을 핥는 '노루 새끼'는 대상들 간의 동일성을 표현한 것으로 볼 수 있다.
⑤ '새까만 눈에 하이얀 것이 가랑가랑한다'는 '노루 새끼'에 대해 화자가 감정적 유대를 드러내는 표현으로 볼 수 있다.

33 **(나)의 [A]~[E]에 대한 설명으로 적절하지 않은 것은? [2점]**

① [A] : 부정어의 반복을 통해 '낮은 산'의 존재를 강조하고 있다.
② [B] : 자연물에 인격을 부여하여 '낮은 산'의 모습을 그리고 있다.
③ [C] : 유사한 문장 구조를 반복하여 '낮은 산'의 특성을 강조하고 있다.
④ [D] : '높은 산'과 '낮은 산'을 대조하여 '낮은 산'의 변화 양상을 보여주고 있다.
⑤ [E] : [A]를 반복적으로 변주하며 주제를 강조하고 있다.

[34~36] 다음 글을 읽고 물음에 답하시오.

[앞부분의 줄거리] 명나라는 건주의 오랑캐를 토벌하기 위해 조선에 원군을 청한다. 김영철은 도원수 강홍립을 따라 종군했다가 포로가 되어 처형될 위기에 처한다. 이때 오랑캐 장수 아라나가 영철을 구해 내 건주의 농사일을 맡기고, 제수와 혼인시킨다. 영철은 두 아들 득북과 득건을 얻는다. 그 후 영철은 명나라 사람인 전유년과 함께 등주로 달아나 그의 누이동생과 혼인하여 또다시 두 아들을 두지만, 결국 조선 사신의 도움을 받아 귀국한다.

신사년에 유림이 군대를 이끌고 금주(錦州)에 갈 때 영철은 또 종군하게 되었다. 오랑캐 측에서는 아라나를 진중(陣中)에 보내 군사 업무를 의논하게 했다. 아라나가 진중에서 영철을 보고는 이렇게 꾸짖었다.

"나는 네게 세 가지 큰 은혜를 베풀었다. 네가 참수형을 받아야 할 처지였을 때 죽음을 모면하게 한 것이 그 하나다. 네가 두 번이나 도망가다 잡혔지만 죽이지 않고 풀어 준 것이 그 둘이다. 내 제수를 너의 아내로 주고 네게 건주(建州)의 집안 살림을 맡긴 것이 그 셋이다. 하지만 너는 세 가지 용서받기 어려운 죄를 지었다. 목숨을 살려 주고 거두어 기른 은혜를 생각지 않고 재차 도망간 것이 첫 번째 죄다. 네게 말을 기르게 했을 때 나는 진심으로 네게 부탁했건만 너는 도리어 명나라 놈과 짜고 나를 배신했으니, 이것이 두 번째 죄다. 도망가면서 내 천리마를 훔쳐갔으니, 이것이 세 번째 죄다. 네가 도망간 건 그리 한스럽지 않다만, 내 천리마를 잃은 것은 너무도 한스러워 지금까지 마음이 아프다. 내 반드시 네 목을 베리라!"

그러고는 휘하 기병을 시켜 영철을 포박하게 했다. 사태가 급박하게 돌아가자 영철이 큰소리로 외쳤다.

"말을 훔쳐 달아난 죄는 제게 있지 않습니다. 그건 명나라 놈들이 한 짓입니다. 당시에 그놈들의 계획을 따르지 않았다면 그 아홉 명이 저를 베는 건 손바닥을 뒤집는 것처럼 쉬운 일이었습니다. 주공(主公)께서는 사정을 헤아려 주십시오!"

아라나는 영철의 말을 듣지 않았다. 유림이 아라나를 달래며 말했다.

"영철이 죄를 짓긴 했습니다만, 공께서 예전에 살려 주셨으면서 지금 죽인다면 끝까지 덕을 베풀지 못하시는 게 되고 맙니다. 제가 영철의 죄에 대한 대가를 후히 치르고자 하니 은덕을 온전히 하시기 바랍니다."

그리고는 잎담배 이백 근을 죗값으로 치렀다.

이때 득북(得北)이 오랑캐 군중에 있었는데, 아라나가 영철에게 말했다.

"네 아들을 보고 싶지 않은가?"

즉시 득북을 불러오게 했다. 부자가 마주 보고 눈물을 흘리니, 진중에서 이 광경을 본 모든 이들이 슬퍼하며 한숨을 내쉬었다. 이로부터 득북은 매일 술과 밥, 반찬과 과일을 차려 와 영철을 대접했다. 영철은 귀한 과일은 유림에게 먼저 올리고, 물러 나와 여러 사람들과 함께 음식을 먹었다.

이때 오랑캐가 금주를 포위했다. 명나라에서는 십만 군사를 구원병으로 보내 오랑캐와 싸움을 벌였으나 대패하고 말았다. 유림은 영철을 홍타이지*에게 보내 축하 인사를 하게 했다. ㉠ 아라나는 홍타이지에게 영철의 지난 일을 고하며 벌을 줄 것을 청하였다. 그러자 홍타이지는 손을 들어 남쪽을 가리켜 보이더니 이렇게 말했다.

"영철은 본래 조선 사람인데, 팔 년 동안은 우리 백성이었고 육 년 동안은 등주(登州) 백성이었다가 이제 다시 조선 백성이 되었다. 조선 백성 또한 우리 백성이다. 더구나 큰아들이 군중에 있고 작은아들은 우리 건주에 있으니, 부자가 모두 우리 백성인 셈이다. ㉡ 저 등주라고 해서 어찌 우리 백성이 될 수 없겠느냐? 내가 천하를 얻음이 이로부터 시작되리니, 이 사람이 온 것이 어찌 하늘의 뜻이 아니겠느냐?"

홍타이지는 영철에게 비단 열 필과 몽고말 한 필을 하사하였다. 영철은 감사의 절을 하고 이렇게 말했다.

"이 말을 아라나에게 주어, 제 목숨을 살려 준 은혜에 보답하고 말을 훔쳤던 죗값을 치렀으면 합니다."

홍타이지가 말했다.

"영철은 자기 잘못을 알고 은혜를 잊지 않는 사람이라 할 만하구나."

이에 그 말을 아라나에게 주고, 영철에게는 다시 노새 한 마리를 주었다. ㉢ 영철은 자기가 타던 말을 득북에게 주며 돌아가 득건에게 주라고 했다.

몇 달 뒤 조선에서 교대할 군대가 오자 영철은 봉황성*으로 돌아갔다. 유림이 영철에게 말했다.

"금주에서 네 죗값을 치르기 위해 내놓은 잎담배는 호조(戶曹)의 군수 물자이니, 네가 갚도록 해라."

영철이 집으로 돌아와 몇 달이 지나자, 호조에서 관향사(管餉使)*에게 공문을 보내 영철에게 은 이백 냥을 받아내라고 독촉했다. 영철은 노새를 팔고 가산을 모두 털었지만 겨우 그 절반밖에 낼 수 없었다. 나머지 일백 냥을 마련할 길이 없어 친척들의 도움을 받았지만 역시 부족했다. 이 소식을 들은 이들이 모두 슬피 여겼다.

이에 앞서 영철의 아버지가 안주 전투에서 사망했을 때 영철의 어머니는 남편의 옷으로 초혼제(招魂祭)를 올리고자 그 옷가지를 남겨 두었었다. 영철은 조선으로 돌아온 뒤 어머니와 함께 아버지의 옷을 가지고 안주로 갔다. 안주성에 올라 사방을 두루 돌며 호곡하면서 부친의 혼을 부르자, 어머니가 이렇게 말했다.

㉣ "내가 죽거든 꼭 이 옷을 함께 묻어다오."

마침내 어머니가 숨을 거두자 영철은 아버지의 옷을 함께 묻어 장사를 지냈다.

영철은 의상(宜尙), 득상(得尙), 득발(得發), 기발(起發) 네 아들을 두었는데, 자신이 종군하며 겪은 고통을 늘 생각하며 자식들이 같은 고통을 겪지 않을까 두려워했다. 무술년에 조정에서 자모산성*을 고쳐 쌓으며 성을 방비할 병사를 모집했는데, 이에 응한 사람은 군역을 면해 주었다. 영철이 즉시 네 아들과 함께 성으로 들어가 살았으니, 이때 이미 영철의 나이 예순이 넘었다.

영철은 가난 속에서 하릴없이 늙어 가며 가슴속에 불평하는 마음이 일어날 때마다 ㉤ 성 위에 올라가 북쪽으로 건주를, 남쪽으로 등주를 바라보았다. 그러고 있노라면 서글픈 생각에 눈물이 떨어져 옷깃을 적셨다. 영철은 언젠가 사람들에게 이런 말을 한 적이 있다.

"내가 아무 잘못도 없는 처자식을 저버리고 와 두 곳의 처자식들로 하여금 평생을 슬픔과 한탄 속에서 살게 했으니, 지금 내 곤궁함이 이 지경에 이른 게 어찌 하늘이 내린 재앙이 아니겠는가! 하지만 타국에 떨어져 살다 끝내 부모의 나라로 돌아왔으니 또한 한스러이 여길 게 뭐 있겠나?"

영철은 이십여 년 간 성을 지키다가 여든넷에 죽었다.

– 홍세태, '김영철전' –

*홍타이지 : 청나라 태종.
*봉황성 : 압록강 서쪽에 있는 성.
*관향사 : 국경 방비에 쓰일 군량을 관리하기 위해 평안도에 설치한 관직.
*자모산성 : 평안도 자산군에 있는 산성.

34 윗글에 대한 설명으로 가장 적절한 것은? [2점]

① 시간의 흐름에 따라 사건이 전개되고 있다.

② 공간적 배경이 시종일관 변하지 않고 있다.

③ 초월적 인물이 등장하여 갈등을 해소하고 있다.

④ 행복한 결말을 통해 작품의 주제를 부각하고 있다.

⑤ 환상적 배경 묘사를 통해 인물의 내면세계를 표현하고 있다.

35 ㉠~㉤에 대한 이해로 적절하지 <u>않은</u> 것은? [3점]

① ㉠ : 영철을 용서하지 못하는 아라나의 마음을 보여주고 있군.

② ㉡ : 홍타이지는 등주마저 차지하겠다는 속내를 내비치고 있군.

③ ㉢ : 둘째 아들인 득건을 생각하는 영철의 마음이 나타나 있군.

④ ㉣ : 저승에서라도 전사한 남편과 함께하고픈 어머니의 소망이 표출되어 있군.

⑤ ㉤ : 건주와 등주에서의 행복했던 삶을 그리워하는 영철의 마음이 드러나 있군.

36 〈보기〉를 참고하여 윗글을 감상한 내용으로 적절하지 <u>않은</u> 것은? [2점]

〈보기〉

김영철의 일생은 명(明)과 후금(後金)이 격돌하던 시대적 격변기에 조선의 서민들이 겪어야 했던 삶의 질곡을 잘 보여준다. 전쟁의 소용돌이 속에서 겪어야 했던 종군의 괴로움, 포로 생활의 고통, 가족과의 이산의 슬픔, 서민에게 부과되었던 군역의 가혹함, 지배층의 무책임함에 대한 비판 의식이 작품 속에 두루 형상화되어 있다. 이는 17세기 말에서 18세기 초에 걸쳐 우리나라 소설이 거둔 새로운 성과라고 할 수 있다.

① 영철이 유림을 따라 또다시 종군했다는 것을 보면, 그 당시 조선군의 출병이 여러 차례에 걸쳐 있었음을 추측할 수 있어.

② 아라나가 진중에서 영철을 꾸짖는 말 속에서, 명과 후금 사이에 끼어 고통받던 조선 사람들의 삶의 질곡을 엿볼 수 있어.

③ 영철과 네 아들이 자모산성을 수리하고 방비하는 일에 응하는 장면은, 혹독한 군역에 시달렸던 서민들의 현실을 보여 준다고 할 수 있어.

④ 영철이 처자식을 버리고 부모의 나라로 귀국한 것은, 그가 가족 간의 도리보다는 임금에 대한 충성심을 더 중요시하고 있음을 드러낸다고 할 수 있어.

⑤ 호조가 관향사를 독촉하여 영철에게서 잎담배 값으로 은 이백 냥을 받아내려 하는 장면은, 서민들의 곤궁한 처지를 외면하는 위정자들의 모습을 보여 준다고 할 수 있어.

[37~40] 다음 글을 읽고 물음에 답하시오.

(가)

청산(靑山)ᄂᆞᆫ 엇뎨ᄒᆞ야 만고(萬古)애 프르르며
유수(流水)ᄂᆞᆫ 엇뎨ᄒᆞ야 주야(晝夜)애 긋디 아니ᄂᆞᆫ고
우리도 그치디 마라 만고상청(萬古常靑) 호리라

– 이황, '도산십이곡(陶山十二曲)' –

(나)

청산(靑山)은 내 뜻이오 녹수(綠水)ᄂᆞᆫ 님의 정(情)이
녹수(綠水) 흘너간들 청산(靑山)이냐 변(變)ᄒᆞᆯ손가
녹수(綠水)도 청산(靑山)을 못 니져 우러 예어 가ᄂᆞᆫ고

– 황진이 –

(다)

님다히 쇼식(消息)을 아므려나 아쟈 ᄒᆞ니
오ᄂᆞᆯ도 거의로다. ᄂᆡ일이나 사ᄅᆞᆷ 올가
내 ᄆᆞᄋᆞᆷ 둘 ᄃᆡ 업다 어드러로 가쟈 말고
잡거니 밀거니 **놉픈 뫼**ᄒᆡ 올라가니
구롬은ᄏᆞ니와 안개ᄂᆞᆫ 므ᄉᆞ 일고
산쳔(山川)이 어둡거니 일월(日月)을 엇디 보며
지쳑(咫尺)을 모ᄅᆞ거든 쳔리(千里)ᄅᆞᆯ ᄇᆞ라보랴
ᄎᆞᆯ하리 **믈ᄀᆞ**의 가 ᄇᆡ길이나 보랴 ᄒᆞ니
ᄇᆞ람이야 믈결이야 어둥졍 된뎌이고
샤공은 어ᄃᆡ 가고 븬 ᄇᆡ만 걸렷ᄂᆞᆫ고
강텬(江天)의 혼자 셔셔 디ᄂᆞᆫ ᄒᆡᄅᆞᆯ 구버보니
님다히 쇼식(消息)이 더옥 아득ᄒᆞᆫ뎌이고
모쳠(茅簷) ᄎᆞᆫ 자리의 밤듕만 도라오니
반벽쳥등(半壁靑燈)은 눌 위ᄒᆞ야 ᄇᆞᆰ갓ᄂᆞᆫ고
오ᄅᆞ며 ᄂᆞ리며 헤ᄯᅳ며 바니니
져근덧 녁진(力盡)ᄒᆞ야 픗ᄌᆞᆷ을 잠간 드니
졍셩(精誠)이 지극ᄒᆞ야 **ᄭᅮᆷ**의 님을 보니
옥 ᄀᆞᄐᆞᆫ 얼굴이 반(半)이나마 늘거셰라
ᄆᆞᄋᆞᆷ의 머근 말ᄉᆞᆷ 슬ᄏᆞ장 ᄉᆞᆲ쟈 ᄒᆞ니
눈믈이 바라나니 말ᄉᆞᆷ인들 어이 ᄒᆞ며
졍(情)을 못 다ᄒᆞ야 목이조차 메여ᄒᆞ니
오뎐된 계셩(鷄聲)의 ᄌᆞᆷ은 엇디 ᄭᆡ돗던고
어와 허ᄉᆞ(虛事)로다 이 님이 어ᄃᆡ 간고
결의 니러 안자 창(窓)을 열고 ᄇᆞ라보니
어엿븐 그림재 날 조ᄎᆞᆯ ᄲᅮᆫ이로다
ᄎᆞᆯ하리 싀여디여 **낙월(落月)**이나 되야 이셔
님 겨신 창(窓) 안ᄒᆡ 번드시 비최리라
각시님 ᄃᆞᆯ이야ᄏᆞ니와 구ᄌᆞᆫ비나 되쇼셔

– 정철, '속미인곡(續美人曲)' –

37 (가)~(다)의 공통점으로 가장 적절한 것은? [3점]

① 대상의 부재에서 느끼는 안타까움이 드러나 있다.
② 4음보의 율격을 바탕으로 시상을 전개하고 있다.
③ 계절감을 주는 어휘로 시적 분위기를 조성하고 있다.
④ 대상에 감정을 이입하여 화자의 애상감을 표현하고 있다.
⑤ 명령적 어조를 통해 현실에 대한 비판 의식을 드러내고 있다.

38 (가)와 (나)를 감상한 내용으로 적절하지 않은 것은? [2점]

① (가)는 초장과 중장의 대구를 통해 '청산'과 '유수'의 유사한 속성을 드러내고 있군.
② (나)의 화자는 '청산'을 자신과, '녹수'를 '님'과 동일시하여 대비하고 있군.
③ (나)의 화자는 설의적 표현을 통해 자신이 주목한 대상의 특성을 강조하고 있군.
④ (가)와 (나)의 화자는 물의 흘러가는 속성에서 각기 다른 시적 의미를 도출하고 있군.
⑤ (가)와 (나)의 화자는 모두 시간의 경과 속에서 느끼는 인간의 허무감을 극복하려는 의지를 표출하고 있군.

39 〈보기〉의 [A]에 들어갈 내용으로 적절한 것은? [2점]

〈보기〉

'님'의 상실을 전제로 한 애정 시가의 경우 '나'가 있는 장소인 '여기'와 '님'이 있는 장소인 '거기'가 구별된다. 그리고 이를 바탕으로 시적 상황을 분석해 보면, '님'은 제자리에 있고 '나'가 '거기'에서 이탈한 경우와 '나'는 제자리에 있는데 '님'이 '여기'에서 이탈한 경우로 나눌 수 있다.

이러한 관점에서 (나)를 감상해 본다면 '님'의 상실은 ______[A]______이라는 상황 인식을 담고 있는 것으로 볼 수 있다.

① '나'가 '거기'로 돌아갔기 때문
② '님'이 '여기'를 이탈했기 때문
③ '나'와 '님'이 '거기'로 돌아가지 못하기 때문
④ '나'가 '여기'를, '님'이 '거기'를 이탈했기 때문
⑤ '나'와 '님'이 '여기'에서 '거기'로 이탈했기 때문

40 **〈보기〉를 바탕으로 (다)를 감상한 내용으로 적절하지 <u>않은</u> 것은?** [3점]

〈보기〉

〈속미인곡(續美人曲)〉에는 임에게 버림받은 시적 화자가 등장한다. 시적 화자는 임과의 거리가 멀어진 상황에서 자신이 도달 가능한 최대의 수직적, 수평적 공간에까지 나아가는 것으로 자신의 노력을 보여준다. 그리고 이러한 시적 화자의 노력은 '꿈'이라는 반(半)현실적 공간으로까지 연장되지만 실패하고, 결국 시적 화자는 자신이 처한 현실을 죽음이라는 비극적 초월로 극복해 보고자 한다. 임을 향한 시적 화자의 노력과 사념은 공간의 이동과 맞물려 점차 강화되는 특성을 보이며, 시적 화자의 고뇌와 절망 역시 점차 깊어지는 구조적 특징을 보인다.

① '내 ᄆᆞ음 둘 ᄃᆡ 업다'는 것은 임에게 버림받은 시적 화자의 내면 상태로 볼 수 있군.
② 시적 화자가 '높은 뫼'를 오르는 것은 임과의 거리를 극복하기 위한 노력의 수직적 극대화로 볼 수 있군.
③ '믈ᄀᆞ'에서 '님다히 쇼식'을 아득하게 느끼는 것은 현실에서는 더 이상 임을 사랑하지 않게 된 화자의 마음으로 볼 수 있군.
④ "꿈"에서 임과 온전히 재회하지 못하는 것은 반현실적 공간에서 확인되는 시적 화자의 절망으로 볼 수 있군.
⑤ 시적 화자가 죽어서 '낙월'이 되겠다고 하는 것은 고뇌와 절망을 극복해 보고자 하는 비극적 초월로 볼 수 있군.

[41~45] 다음 글을 읽고 물음에 답하시오.

광주 수남 모에 이어 사람 좋은 함평까지 갑자기 목청을 높이는 바람에 눈을 떠 보니, 용순이 어디서 제깐엔 할머니를 위한 제수랍시고 양주 한 병을 구해와 제 손수 제상 위에다 올려놓고 있었다. 그런데 그런 중에서도 용순은 그 어른들의 질책을 들은 시늉도 않은 채 그 할머니 영정 앞에 놓인 동화책을 구실 삼아 다시 준섭을 물고 늘어졌다.

"흥, 이건 또 뭐예요? 삼촌은 할머니가 돌아가실 때를 생각해서 이런 책까지 미리 써 놓은 거예요? 하긴 삼촌은 역시 삼촌이신데 어련하셨을라구요. 이것도 다 머리를 잘 굴리는 삼촌식 아니겠어요. 내가 내 식으로 할머니를 위해서 제상에 양주병을 올려 드린 것처럼 말예요."

아침 녘 이후로 장혜림과는 이미 무슨 말이 좀 오간 듯싶기도 했지만, ㉠ <u>용순은 그 할머니의 얼굴 모습까지 새겨진 동화책의 표지를 함부로 들춰대며 심통기가 여전했다.</u>

"하지만 삼촌, 이젠 제발 좀 적당히 해 두세요. 나 삼촌한테 정말 질리고 말았어요. 나도 눈이 있고 귀가 있어 삼촌을 좀 이해하고 가까이도 해 보고 싶어요. 하지만 이런 삼촌 때문에 그게 안 돼요. 그러니 삼촌이 좀 빈 데를 보여주세요. 허술하고 모자란 데를 보여 주시란 말예요. 어떻게 하면 제가 삼촌을 이해하고 삼촌 가까이로 다가가 볼 수가

있지요? 삼촌이 그걸 좀 가르쳐 줄 수 없어요?"

용순의 그런 원정*은 물론 준섭에 대한 불만 때문만이 아니었다. 방금 전에 저를 질책한 어른들이나 집안 사람들 전부에 대한 포원* 때문이었다. 그것을 모를 리 없는 은지네가 보다 못해 멍청히 앉아 있기만 한 준섭을 대신하여 모처럼 매섭게 년을 꾸짖고 나섰다.

[A] "용순이 너 보다보다 이젠 정말 더 못 보겠구나. 큰일 치를 동안은 참아 넘기려 했지만 정말 더는 못 보겠어. 그래, 삼촌이 지금 무얼 잘못해서 그래. 삼촌이 이 마당에 할머니 이야기를 곱게 써 바친 것이 무엇이 그리 못마땅해. 용순이 너 혼자서 할머닐 생각했어? 우린 그저 할머니 고생하고 앓다 가신 거 구경만 하고 있었는 줄 알아? 용순이 너야말로 할머니를 위해서 무엇을 해 드렸어. 인제사 말이지만 할머니 치매증은 할머니 혼자서만 앓으신 병환이 아니셨어. 우리집 온 식구가 할머니 곁에서 그걸 함께 앓아 왔어. 그런데 너는 그동안 어디서 무얼 했어. 할머님이 가장 어렵고 힘드실 때 너는 그 할머니께 무엇을 해 드렸지? …… 너는 할머니한테 그냥 받기만 해 온 거야. 제가 드리지는 않고 받기만 하면서, 더 받질 못해서 혼자 아쉬워하고 주위 사람들을 원망하며 이런 패악질이나 일삼는 것이 —, 그것이 네 식으로 할머니를 위해 드리는 길이야? 그건 철부지들이나 좋아할 유치한 투정일 뿐이야."

누구보다 말이 없고 만만해 보이던 사람이 갑자기 숨도 쉴 틈 없이 몰아붙이는 바람에 ㉡ 용순은 처음 한동안 기가 질린 듯 표정이 굳어져 있다가 나중엔 차라리 어이가 없다는 듯 비실비실 웃음기 속에 무시하는 태도를 짓고 있었다.

은지네가 다시 그 용순에게 준섭을 대신해 일렀다. "그 책은 삼촌이 쓰셨지만, 우리가 할머니의 병환을 함께 앓아 온 이야기야. 그러니 너도 이젠 심통만 부리지 말고 그 책을 한번 읽어 봐. 그래서 우리집 식구들이 할머니의 치매증을 어떻게 함께 앓았고 그것을 어떻게 서로 곱게 앓고 싶어했는지를, 그래서 어떻게 할머니를 곱게 보내 드리려 소원해 왔는지를 이해하도록 노력해 봐. 생각처럼 할머니를 잘 모시지는 못했더라도, 그래서 그것을 더 마음 아파하고 죄스러워해 온 삼촌의 속마음도…… 나는 그동안 할머님에 대한 우리 집안 식구들의 아픈 소망을 이렇게 글에 담아 써 주신 삼촌이 고맙고, 할머니께서도 그걸 기뻐하시리라 믿어. 그걸 읽어 보고 더 투정을 부리든지 행패를 부리든지 네 알아서 해. 그때는 나도 더 아무 말 않을 테니까."

㉢ "자네가 대신 매를 들어 주니 나는 입을 두고도 할 말이 없네만, 자네도 그렇게 큰소리를 칠 만큼 괴롬이 많았던 줄은 몰랐네이!"

아랫동서가 너무 자신의 뒷감당 노릇을 내세우려 드는 것쯤으로 알았던가. 이번에는 외동댁이 그런 은지네 쪽을 고까워하는 어조로 비양대고 드는 바람에 용순도 은지네도 더 입을 열지 못하고 사비는 서로 표적이 물고 물린 꼴이되어 끝이 나게 되었다.

–노다 가세. 노다 가세. 오늘 안 놀면 언제 노나…….

상여꾼들은 이제 그 **집안 사람들의 불화**를 모른 척 싸 덮어 넘어가 주려는 듯 **흥겨운 노랫가락**까지 떠지르며 **난장판**을 이루고 있었다.

준섭은 그 **귀가 멍멍해 오는 소란통** 속에 노인의 혼령을 지키듯 당신의 영좌를 향해 다시 **묵상**을 계속해 나갔다.

– 사람은 누구나 나이를 먹으면 그 나이와 함께 지혜가 쌓이게 되고, 지혜가 마음속 가득 찬 어른이 되고 나면 그 지혜가 삭아서 다른 사람에게로 흘러넘치고 싶은 사랑이 된단다. 할머니께서 은지를 위해 나이를 나눠 주시고 지혜를 나눠 주시는 것은 모두 그 할머니의 사랑 때문이란다. 그러니 그 사랑 때문에 할머니는 키가 작아지고 몸집이 작아져서 점점 더 어린애가 되어 가시는 것도 아랑곳 않으시고 기쁜 마음으로 그렇게 하실 수가 있으신 거란다.

㉣ 그 역시 동화 속의 아빠가 딸아이에게 해 준 설명이요 준섭이 실제로 딸아이에게 일러 준 말이었다. 하지만 그 말은 노인이 그 한생애로 준섭에게 가르쳐 준 것이었고 지금은 침묵 속에 보이지 않는 모습으로 그것을 가르쳐 주고 있었다. ㉤ 하지만 이제 누가 당신의 그런 사랑을 기리고 명념하려 하는가. 묻어 보내지 않고 지니고 싶어 하는가.

– 청청하늘엔 잔별도 많고 우리네 가슴엔 수심

도 많다. 아리아리랑 스리스리랑 아라리가…….

상여꾼들의 취흥과 노랫소리는 이제 그 질탕한 아리랑 가락으로 절정을 이뤄 가고 있었다.

그런 가운데에 준섭은 다시 그 동화 속의 딸아이에게 의탁해 보였던 할머니의 마지막 모습으로 노인에 대한 그의 **소망과 기구**를 마음 깊이 혼자 되새겨 나가기 시작했다.

[B]

…… 어느 따스한 봄날 오후였습니다.

'나 새 옷 입혀 줘.'

할머니는 이날도 몸을 조그맣게 오므리고 어린 아기처럼 쌔근쌔근 깊은 낮잠을 주무시다 일어나셨습니다.

그리고 모처럼 맑은 정신이 드신 목소리로 엄마에게 갑자기 새 옷을 졸라 대셨습니다.

그런 다음 할머니는 엄마가 정성껏 다려 입혀 드린 새 치마저고리 차림으로 옛날처럼 가지런히 몸을 개고 앉아, 이날따라 그 할머니를 위해 찾아온 듯싶은 한 쌍의 흰색배추꽃나비를 창밖으로 오래오래 바라보고 계셨습니다.

그런데 얼마 뒤, 바깥일에서 돌아오신 아빠가 그 할머니의 방엘 들어갔다 나오시며 조용히 말씀하셨습니다.

'할머니께서는 오늘 마지막 남은 나이를 다 나눠 주신 모양이다. 할머니의 영혼이 옛 모습의 옷을 벗고 우리 곁을 떠나가셨구나…….'

은지는 그 할머니의 영혼이 조용한 숨결을 타고 슬며시 은지네를 떠나시며, 옷을 벗어 개켜 놓듯 곱게 벗어 놓고 가신 하얗고 조그만 옛날 모습 앞에 혼자 다짐하였습니다.

'할머니 안심하고 떠나세요. 그리고 이 세상에서 제일 예쁘고 착한 새 아기로 태어나세요. 할머니께서 저한테 나눠 주신 나이는 제가 잘 맡아서 간직하고 있을게요…….'

준섭의 감은 눈 속에서도 그날 은지가 보았다는 하얀배추꽃나비들이 팔랑팔랑 끝없이 푸른 하늘로 날아오르고 있었다.

– 이청준, '축제' –

*원정 : 원망하는 마음.

*포원 : 원한을 품음.

41 윗글에 대한 설명으로 적절한 것은?

① 진행되는 사건과 함께 인물의 내면이 서술되고 있다.

② 장면의 잦은 전환을 통해 서사를 빠르게 전개하고 있다.

③ 현재와 과거를 넘나들며 사건을 입체적으로 서술하고 있다.

④ 공간적 배경을 묘사하여 사건의 전개 방향을 암시하고 있다.

⑤ 서술자의 논평을 통해 인물의 성격 변화의 양상을 드러내고 있다.

42 ㉠~㉤에 대한 설명으로 적절하지 <u>않은</u> 것은?

① ㉠ : 용순이 동화책을 빌미로 준섭에게 불만을 터뜨리고 있다.

② ㉡ : 용순이 은지네의 말에 당황해 하다가 나중에는 무시하는 태도를 보이고 있다.

③ ㉢ : 은지네가 한 말에 대해 외동댁이 못마땅하게 여기고 있음을 알 수 있다.

④ ㉣ : 동화책이 실제 준섭의 어머니와 딸에 대한 이야기를 담고 있음을 알 수 있다.

⑤ ㉤ : 어머니가 보여 주셨던 사랑과 삶의 지혜가 은지에게 전해질 수 있다는 믿음이 드러난다.

43 [A]에 대한 설명으로 적절하지 <u>않은</u> 것은?

① 상대방과 자신들의 행동을 대비시키고 있다.

② 단정적 진술을 통해 상대의 행위를 규정짓고 있다.

③ 질문을 연이어 던지면서 상대방을 몰아붙이고 있다.

④ 비유적 표현을 통해 자신들의 행동을 합리화하고 있다.

⑤ 상대방이 비난하는 사람을 자신이 대신하여 옹호하고 있다.

44 〈보기〉의 내용을 바탕으로 윗글을 이해할 때, 적절하지 <u>않은</u> 것은? [3점]

〈보기〉

이 작품에서 작가는 '장례'를 '축제'라고 명명함으로써 전통적인 '장례'의 성격을 재조명한다. 일반적으로 '축제'는 일상이 정지되고 혼돈과 무질서가 드러나는 시공간이다. 이 작품에서의 '장례' 역시 일상이 정지되고, 모인 사람들이 망자를 애도하는 가운데 이질적인 것들이 혼재하는 '축제'와 같다. 이러한 '장례' 속에서 등장인물들은 저마다의 묵은 감정들을 풀어냄으로써 마침내 화해와 융합에 이르게 된다.

① 망자를 애도하기 위한 '장례'에서 용순, 은지네, 외동댁은 저마다의 묵은 감정을 풀어내고 있다.

② '난장판', '소란통'과 같은 표현에서 '축제'로서의 '장례'가 갖는 혼돈과 무질서의 모습이 드러나고 있다.

③ '집안 사람들의 불화'와 이를 싸 덮는 '흥겨운 노랫가락'은 이질적인 것들이 혼재하는 '장례'의 성격을 드러내고 있다.

④ 준섭이 '장례'를 계기로 가족들에게 자신의 '소망과 기구'를 드러냄으로써 가족 간의 화해와 융합이 가능해지고 있다.

⑤ '귀가 멍멍해 오는 소란통'과 준섭의 '묵상'이 대비를 이루면서 '장례'는 서로 어울리지 않는 애도와 소란스러움이 공존함을 보여주고 있다.

45 [B]에 대한 이해로 적절하지 <u>않은</u> 것은?

① '영혼이 옛 모습의 옷을 벗'었다는 것은 할머니가 돌아가셨다는 것으로 이해할 수 있다.

② 할머니가 '조그맣게 오므리고 어린 아기'처럼 자는 모습은 병들고 약해진 할머니의 모습과 관련이 있다.

③ 준섭은 '하얀배추꽃나비들'이 푸른 하늘로 날아오르는 것을 떠올리면서 나비를 할머니의 영혼과 연결짓고 있다.

④ '마지막 남은 나이를 다 나눠 주'셨다는 '아빠'의 말에는 할머니가 너무 일찍 돌아가신 것에 대한 자책이 담겨있다.

⑤ 할머니가 '예쁘고 착한 새 아기'로 태어나기를 기원하는 은지의 모습에서 할머니에 대한 애정을 느낄 수 있다.

2024
사관학교 기출백서

2015학년도 기출문제

국어영역(A/B형)

제1교시 국어영역(A형)

▶정답 및 해설 92p

[01~03] 다음은 학생의 발표이다. 물음에 답하시오.

저는 어릴 때부터 낙서를 좋아했습니다. 그래서 부모님께 혼난 적도 많은데요, 여러분도 뒷골목 벽이나 책상에 몰래 낙서해 보신 적 있으시죠? 물론 낙서라고 하면 아무래도 좀 지저분하고 정제되지 않은 것도 사실입니다. ㉠ 하지만 오늘 저는 낙서의 또 다른 얼굴, 그라피티에 대해 이야기하려고 합니다.

〈자료 1〉

여러분, 그라피티라는 말이 좀 낯설죠? 그라피티는 낙서를 예술로 만들어낸 하나의 미술 장르이자 기법입니다. 이 화면을 보시면, 아 이런 거, 하실 겁니다. (〈자료 1〉을 제시하며) 이처럼 그라피티는 벽에 페인트로 자유롭게 그리는 것으로, 미술관이 아닌 거리에서 마주칠 수 있는 것입니다. 그라피티의 어원은 이탈리아어 그라피아토(graffiato)로 '긁는다'는 뜻인데요, 긁거나 그리는 것은 그 연원이 원시 시대의 벽화까지 거슬러 올라가는 인류의 오래된 표현 행위라고 할 수 있죠. 그런데 1960년대 뉴욕 거리에 낙서들이 범람하면서 사회적으로 큰 골칫거리가 되었고 지금 우리나라에서도 일부 구역을 제외하고는 원칙적으로 허용되지 않습니다. 하지만 처벌의 위험을 감수하면서까지 몰래 그라피티를 그리는 사람이 끊이지 않는데요, 그것은 온갖 광고판들로 점령당한 도시에서 자신만의 목소리를 누구나 볼 수 있는 공간에 남기고 싶다는 욕망 때문이라고 생각합니다. ㉡ 그렇다면 도심 공간을 훼손하지 않으면서도, 그라피티의 역동적이고 자유로운 정신을 살릴 수 있는 방법은 없을까요?

〈자료 2〉

여기에 그라피티의 새로운 가능성을 보여 주는 하나의 작업이 있습니다. ㉢ 여기를 보시죠. (〈자료 2〉를 제시하며) 2010년 8월 베를린 도심 건물에 그라피티가 그려지는 영상입니다. 잠시 감상해 볼까요? (시간을 준 후)

이 작업은 레이저 포인터, 카메라, 프로젝터를 이용한 '디지털 그라피티'라고 할 수 있는데요, 원리를 간단히 말씀드리면 이렇습니다. 레이저 포인터로 건물 벽면에 그림을 그리면, 카메라와 프로젝터가 이 움직임을 캡처하는 동시에 건물 벽면에 투사하여, 보신 것처럼 우리 손이 그리는 대로 글자나 그림이 건물에 나타나게 되죠.

더구나 이 작업은 그라피티가 흔히 그려졌던 뒷골목이 아니라 고층 건물과 같은, 그 누구도 예상치 못한 곳에서 시도되었습니다. 가상적이고 일시적이기는 하지만, 한밤중에 그라피티를 그릴 엄두를 내지 못하는 사람들에게 자유로운 표현의 도구를 제공한 셈이죠. 그것도 위압적인 도심 건물에 말입니다. ㉣ 상상만으로도 해방감이 느껴지지 않습니까? 또한 보신 대로 완성된 결과물로서의 그라피티가 아니라 그라피티를 완성해 가는 과정에서 보이는 손의 움직임을 재현한 점도 이 작업의 특별한 점이지요. 자판과 화면 터치 기능으로 퇴화하는 우리 손의 기능을 다시 일깨워 준 착한 테크놀로지라는 생각이 드는군요.

지금까지 그라피티와 디지털 그라피티에 대해 소개해 드렸습니다. ⓜ 저는 이러한 시도들이 삭막한 도심 공간의 숨통을 틔워 줄 거리 예술, 공공 미술로 성장할 수 있다고 생각합니다. 발표를 들어주셔서 감사합니다.

01 '청중 분석'에 따른 '발표 전략'으로 적절하지 않은 것은? [2점]

청중 분석		발표 전략
낙서를 해 본 경험이 있을 것이다.	⇒	자신의 경험을 이야기하며 친근감을 형성하고 공감의 폭을 넓힌다. ············ ①
낙서에 대해 부정적인 인식을 갖고 있을 것이다.	⇒	낙서의 부정적 인식이 잘못되었음을 비판하고 그라피티의 긍정적 측면을 부각한다. ············ ②
그라피티를 봤던 경험이 있을 것이다.	⇒	〈자료 1〉로 그라피티를 제시하여 청중의 경험을 환기한다. ············ ③
그라피티라는 용어에 익숙지 않을 것이다.	⇒	그라피티의 어원을 언급하여 이해를 돕는다. ········ ④
디지털 그라피티는 흔히 접하지 못했을 것이다.	⇒	〈자료 2〉로 실제 작품 영상을 제시하여 구체적인 이해를 돕는다. ············ ⑤

02 ㉠~㉤에 대한 설명으로 적절하지 않은 것은? [2점]

① ㉠ : 발표에서 다룰 중심 화제를 제시하고 있다.

② ㉡ : 청중의 호기심을 자극하며 다음 내용으로 전환하고 있다.

③ ㉢ : 제안을 통해 청중의 주의를 시각 자료로 돌리고 있다.

④ ㉣ : 청중에게 질문을 던지면서 구체적인 답변을 요구하고 있다.

⑤ ㉤ : 발표를 마무리하며 전망을 덧붙이고 있다.

03 발표를 들은 청중의 반응으로 적절하지 않은 것은? [2점]

① 긁거나 그리는 행위는 그 연원이 아주 오래되었군.

② 그라피티가 자유로운 정신을 상실한 것이 문제로군.

③ 도심 공간을 훼손한다는 이유로 그라피티는 규제의 대상이 되고 있군.

④ 디지털 그라피티는 새로운 방식으로 시도된 그라피티라고 할 수 있군.

⑤ 그리는 과정을 재현한 것은 디지털 그라피티의 특징이라고 할 수 있군.

[04~05] 다음은 세 학생의 대화이다. 물음에 답하시오.

> 민규 : 경아야, 먼저 와 있었구나. 시간 내 줘서 고마워.
> 경아 : 응, 할 말 있다더니 무슨 일이야? 지영이도 같이 왔네, 안녕?
> 지영 : 응, 오랜만이야.
> 민규 : 경아야, ㉠ 다름이 아니라 지영이랑 나랑 영화 토론 동아리 하는 거 알지? 우리 동아리에서 이번 여름 방학에 선생님들 모시고 토론회를 여는데 같이 하자.
> 경아 : ㉡ 이런 말 하긴 좀 그런데, 난 솔직히 별로 내키지 않아. 영화는 혼자서 즐기는 게 더 좋거든. 그냥 스스로 느끼고 생각하는 걸로 충분하지 않나?
> 민규 : 영화에 대해서 함께 이야기를 해 보면 좋은 점이 많아. 내가 놓친 장면의 의미도 생각하게 되고, 나만 혼자 이렇게 생각한 게 아니구나 하는 데서 위안도 얻고, 새로운 깨달음을 얻기도 하거든. 이만한 공부가 없다 싶어. ㉢ 그렇지?
> 지영 : 응, 맞아. 더구나 이번 방학엔 영화와 문학을 주제로 하는데, 너 그 분야에 관심 많지 않아? 더 깊이 공부할 수 있는 기회가 될 거야.
> 경아 : 그래? 음, 그래도 용기가 안 나네. 그런 공적인 자리에서 말하는 게 서툴기도 하고.
> 지영 : 응, 무슨 말인지 알겠어. 나도 처음엔 그랬으니까. 너도 내 성격 알잖아. 그런데 몇 번 하다 보니까 두려운 마음이 사라졌어.
> 민규 : 난 방학마다 참여해서 이번에 다섯 번째인데 어떤 때보다 프로그램이 좋아. 네가 좋아하는 김○○ 선생님도 참석하실 건데. 우리 같이 하자.
> 경아 : 그래? 그럼 나도 한번 해 볼게. ㉣ 그러나저러나 너흰 방학 때 다른 계획은 없니? 난 벌써부터 해야 할 공부 때문에 걱정이다.
> 지영 : 그러게 말이야. 나도 밀린 공부랑 과제물 때문에 정신없을 것 같아.
> 민규 : 다 그렇지 뭐. ㉤ 그건 그렇고, 그럼 영화 토론 같이 하기로 한 거다.
> 경아 : 그래, 알았어. 어떤 작품들이야?

04 〈보기〉를 참고할 때 '민규'와 '지영'의 말하기 전략으로 적절하지 <u>않은</u> 것은? [3점]

〈보기〉

> 설득 전략은 화자, 청자, 메시지의 구성 요소로 나누어 접근할 수 있다. 우선 ⓐ 화자 측면에서는 화자의 권위, 지식, 열정, 경험 등이 화자에 대한 신뢰성을 높이는 요소로 작용하여 설득에 영향을 미칠 수 있다. ⓑ 청자 측면에서는 청자의 요구나 관심을 파악하고, 청자와의 심리적 일체감을 형성하는 것이 설득 효과를 높일 수 있다. 한편 ⓒ 메시지 측면에서는 메시지의 적절한 근거를 제시하여 화자의 강압에 의해서가 아니라 청자 스스로 판단할 수 있도록 이끌어 주는 것이 중요하다.

① 민규가 '다섯 번째 참여'한다는 사실을 언급한 것은 ⓐ의 측면에서 신뢰성을 강화하려는 의도로 볼 수 있다.

② 민규가 '김○○ 선생님도 참석하실' 것임을 언급한 것은 ⓐ의 측면에서 화자의 권위를 드러내려는 의도로 볼 수 있다.

③ 지영이가 '나도 처음엔 그랬'음을 언급한 것은 ⓑ의 측면에서 청자와의 심리적 일체감을 높이려는 의도로 볼 수 있다.

④ 지영이가 '영화와 문학을 주제로' 한다는 것을 언급한 것은 ⓑ의 측면에서 청자의 요구나 관심을 환기하려는 의도로 볼 수 있다.

⑤ 민규가 '위안'과 '깨달음'을 얻을 수 있다고 언급한 것은 ⓒ의 측면에서 적절한 근거를 제시하려는 의도로 볼 수 있다.

05 **㉠~㉤에 대한 설명으로 적절하지 않은 것은?** [2점]

① ㉠ : 대화의 화제를 제시할 것임을 드러내고 있다.

② ㉡ : 상대방의 제안을 거절할 것임을 드러내고 있다.

③ ㉢ : 다른 대화 참여자의 동의를 구하고 있다.

④ ㉣ : 화제를 새로운 화제로 전환하고자 하고 있다.

⑤ ㉤ : 맞장구를 치면서 상대방의 의견에 동조하고 있다.

[06~08] 다음은 학생이 학교 누리집 게시판에 올린 글이다. 물음에 답하시오.

안녕하십니까? 저는 학생회장 ○○○입니다. 제가 이 글을 쓰는 이유는 '아침 독서 시간 운영'을 제안하기 위해서입니다. 지난 7월 학생 대의원 회의에서는 아침 독서 시간 운영에 관한 논의를 진행하였습니다. 회의에 참가한 대의원들은 정규 수업시간이 시작되기 전에 하고 있는 자율 학습 대신 전교생이 독서를 하자는 데에 의견을 모았습니다. 독서의 필요성에 대해 절감하고 있기 때문입니다.

저를 비롯한 상당수의 학생들이 독서가 중요하다는 것을 알고는 있지만 실천하지 못하고 있습니다. 학과 공부에 바빠 독서할 시간이 부족하다고 생각하고 있는 것입니다. 최근 아침 독서 시간을 운영하고 있는 학교가 늘고 있다고 하니, 우리 학교도 이를 도입하여 독서를 실천할 수 있도록 하는 것이 바람직하다고 생각합니다.

독서를 생활화하면 사고력과 창의력이 증진된다는 것은 잘 알려진 사실입니다. 그리고 독서 활동은 저희들의 진학과도 관련이 있습니다. 또한 아침 독서 시간을 통해 전교생이 독서 습관을 키운다면 면학 분위기 조성에도 도움이 될 것입니다.

전교생을 대상으로 한 아침 독서 시간 운영을 제안한 것에 대해 교장 선생님을 비롯한 여러 선생님들께서 적극적으로 검토해 주시기를 바랍니다. 또한 이 제안에 대한 여러 학우들의 의견을 수렴하여 반영하고자 하니 학우들은 자유롭게 댓글을 남겨 주십시오.

06 **윗글에서 알 수 있는 작문의 특성으로 적절하지 않은 것은?** [2점]

① 글쓴이가 아침 독서 시간 운영에 관한 여러 학우들의 의견을 듣고자 한다는 것에서, 작문은 공동체 구성원과의 의사소통 과정임을 알 수 있다.

② 글쓴이가 아침 독서 시간 운영을 제안하기 위해 글을 쓴다고 밝힌 것에서, 작문은 특정한 목적을 이루기 위한 목표지향적 활동임을 알 수 있다.

③ 글쓴이가 아침 독서 시간 운영에 관한 학생 대의원 회의 논의 내용을 서술한 것에서, 작문은 일반적인 절차가 있는 과정이면서 회귀적 과정임을 알 수 있다.

④ 글쓴이가 학생들이 독서를 실천하지 못하는 문제를 해결할 수 있는 방안으로 아침 독서 시간 운영을 제안한 것에서, 작문이 일상생활의 문제 해결에 기여할 수 있음을 알 수 있다.

⑤ 글쓴이가 학생 대의원 회의의 결과에 따라 교장 선생님과 선생님들에게 아침 독서 시간 운영에 대한 검토를 요구한 것에서, 작문이 사회적 행위로서의 성격을 갖고 있음을 알 수 있다.

07 윗글을 수정 · 보완하는 과정에서 〈보기〉를 활용하는 방안으로 적절하지 않은 것은? [3점]

〈보기〉

(가) 학교 신문에 실린 기사 중 일부

지난 6월 1일부터 6월 10일까지 전교생을 대상으로 독서 실태를 조사하였다. 우리 학교 학생들의 연평균 독서량은 14.1권으로 전국 평균보다 낮게 나타났다. '평소 책 읽기를 어렵게 하는 요인이 무엇인가'라는 질문에 우리 학교 학생들의 62.1%가 '학과 공부 때문에 시간이 없어서'라고 대답했으며, 21.7%의 학생이 '책 읽기 습관이 들어 있지 않아서'라고 대답했다.

(나) '아침 독서 시간' 운영에 관한 통계

1. 아침 독서 시간을 운영하고 있는가?
(전국 초 · 중 · 고 학교 대상)

운영하고 있다	2010년	55.4%
	2013년	69.6%

2. 아침 독서가 독서 습관 형성에 도움이 되는가?
(아침 독서 시간을 운영하고 있는 학교의 학생 대상)

도움이 된다	2010년	78.7%
	2013년	80.5%

(다) 전문가 인터뷰

"독서 활동에 대한 관심이 높아지고 있습니다. 독서 내용을 학교생활기록부에 기록하고 이를 입시에 반영하도록 제도화하면서 독서가 대학 진학에도 영향을 주게 되었으니까요. 최근에는 독서 습관 형성의 중요성도 부각되고 있는데요, 청소년기의 독서 습관이 성인이 되었을 때의 사회생활에도 도움이 되기 때문입니다. 한 보고에 따르면, 성인의 약 70%가 청소년기의 독서 습관이 인간관계를 형성하고 가정 및 직장 생활을 하는 데에 긍정적으로 작용하고 있다고 응답했습니다. 독서 습관이라는 것이 단기간에 형성되는 것이 아니라는 점을 생각하면 학생들의 지속적인 독서 활동은 큰 의미가 있는 것이죠."

① (가)를 활용하여, 둘째 단락에서 학생들이 독서할 시간이 부족하다고 생각하고 있다는 내용의 근거를 제시한다.

② (나)를 활용하여, 둘째 단락에서 아침 독서 시간을 운영하고 있는 학교가 늘고 있다는 내용을 뒷받침한다.

③ (다)를 활용하여, 셋째 단락에서 독서 활동이 학생들의 진학과도 관련되어 있다는 내용을 구체화한다.

④ (가), (다)를 활용하여, 셋째 단락에서 아침 독서 시간 운영을 통해 면학 분위기를 조성할 수 있다는 내용을 보강한다.

⑤ (나), (다)를 활용하여, 셋째 단락에 아침 독서를 통해 형성된 독서 습관이 성인이 되었을 때의 사회생활에도 도움이 될 수 있다는 내용을 추가한다.

08 한 학생이 〈보기〉에 따라 윗글에 대한 댓글을 작성하였다고 할 때, 가장 적절한 것은? [2점]

〈보기〉

1. 학생회장의 생각에 동의하는 부분을 먼저 밝혀야지.
2. 제안과 관련하여 문제점을 지적한 후 대안을 제시해야지.

① 우리 학교의 분위기를 바꿔야 한다는 데에 동의합니다. 공부를 하고 책을 읽고 싶어도 시끄러운 분위기 때문에 집중을 할 수가 없어서 괴로울 때가 많습니다. 다른 학생들을 배려하는 자세가 필요하다고 생각합니다.

② 학생들에게 강제적으로 책을 읽도록 하는 것은 바람직하지 않습니다. 우리들 모두가 자발적으로 책을 찾아 읽고 그것에 대해 자유롭게 토론하는 독서 문화를 만들어야 합니다. 그래야만 독서를 통한 사고력과 창의력 증진의 효과가 극대화됩니다.
③ 저는 독서 방법을 제대로 알지 못해 책 읽기에 어려움을 느끼고 있습니다. 수업 시간에 어떤 책을 골라서 어떤 방식으로 읽으면 좋은지에 대해서 가르쳐 주셨으면 좋겠습니다. 독서가 중요하다고만 말할 게 아니고 독서 방법에 대한 교육을 해 주셨으면 합니다.
④ 아침 독서를 통해 책 읽기를 꾸준히 하는 것이 우리들에게 도움을 준다는 것은 잘 알고 있습니다. 그렇지만 이른 시간이기 때문에 졸음을 쫓지 못해 시간을 허비하는 학생들이 많을 것입니다. 또한 우리 학교는 도서관 이용이 어렵기 때문에 학생들이 책을 제대로 가져올 수 있을지도 의문입니다.
⑤ 아침 독서 시간의 필요성과 효과에 대해서는 수긍합니다. 그렇지만 자율 학습 대신 아침 독서를 하자는 제안은 학생 대의원 회의에 참여한 일부 학생들의 생각일 뿐 우리들 모두의 의견은 아닐 수 있습니다. 학급 회의를 통해 전체 학생들의 의견을 수렴하여 아침 독서 시간을 운영할지를 결정해야 합니다.

[09~10] 다음을 읽고 물음에 답하시오.

※ 작문 상황

김누리 학생은 작문 시간에 '자신의 경험을 떠올려 글쓰기'라는 과제를 수행했다.

※ 김누리 학생의 수필

이번 설 전날, 어머니와 함께 ○○마트에 갔을 때의 일이다. 로비 의자에 앉아 있었는데, 그 옆에서 어떤 아저씨가 귀엽게 생긴 아기에게 분유를 먹이고 있었다. 아기는 젖꼭지를 물다 이내 울음을 터트리곤 했는데, 주변 소리가 성가신 듯했다.

어느새 아기 응가 냄새가 폴폴 나기 시작한다. 울음 끝에 일을 보고 만 것이다. 아기를 데리고 화장실로 가겠지? ㉠ 그럼에도 불구하고 아저씨는 그 자리에서 기저귀를 갈기 시작한다. 결코 익숙해지지 않는 시큼하고 비릿한 냄새. 마치 파도타기를 하는 것처럼, 사람들은 대화를 멈추고 이쪽을 쳐다보기 시작한다. 그 모양이 꼭 냄새가 번지는 모습을 보는 것 같다. 결국 직원이 가서 무슨 말을 하자 아저씨는 화를 내며 아기를 안고 나가버리는 것이 아닌가.

집에 돌아오는 길, 어머니께선 ㉡ 고약한 냄새와 시끄러운 소리가 들려서 마트 직원들이 곤란했겠다며, 아저씨의 에티켓이 조금 부족한 것 같다고 말씀하셨다. 그러나 ㉢ 곰곰히 생각해 보니, 그 문제만은 아닌 것 같았다. 명절 선물을 사려고 했을 테지. 엄마는 왜 없었을까. 엄마가 있었다면 수유실로 갔겠지. 그렇지만 응가는…… 그래, 그 마트 남자 화장실에는 기저귀 교환대가 없었다. 그렇다고 변기 뚜껑 위에 아기를 눕힐 수는 없는 것 아닌가. 그 아저씨는 모유 수유실도, 화장실도 이용할 수 없었던 것이다.

나는 어렸을 때, 시골에서 자랐다. 모유 수유실도 기저귀 교환대도 없었지만, 엄마들이 뒤돌아 앉아 아기들의 배를 채워주고, 기저귀를 갈아줄 만한 공간은 어디든 있었으니, 널린 게 요람이었다. 우선은 도시 공공시설에 아빠들이 이용할 수 있는 수유실을, 남자 화장실에 기저귀 교환대 설치를 확대해야겠지만, 그런다고 계절이 돌아오듯 아기들이 행복했던 시절이 돌아올까. 아기 전용 공간이 늘어나지만 도리어 아기에게 허용된 공간은 줄어들고 있는 이 ㉣ 궤변에 나는 한동안 생각에 잠겨야 했다.

가장 행복했어야 하는 존재지만, 충분히 배려 받지 못했던 그 아기. 생각이 여기까지 미치자 아기에게 미안한 마음이 들었다. ㉤ 물론 그 아저씨에게 뭐라 말을 건넸던 직원처럼 우리도 할 일은 해야 하겠지만, 힘차게 기저귀를 풀어헤치던 아저씨의 당당한 모습 뒤로 많은 사람들이 눈총을 주는 모습이 떠올랐다. 아, 그 사이에 내가 있었구나!

09 다음은 윗글을 쓰기 위해 세운 글쓰기 전략과 구체화 방안이다. 윗글에 사용되지 않은 것은? [2점]

〈글쓰기 전략〉		〈구체화 방안〉
사건을 새롭게 해석한다.	⇒	• 사건을 아저씨의 입장에서 헤아려 본다. ……… ①
효과적인 표현을 사용한다.	⇒	• 현재형 종결 표현과 동작 묘사를 통해 현장감이 느껴지도록 한다. ……… ② • 비유법을 사용하여 표현의 효과를 높인다. …… ③
성찰한 내용을 제시한다.	⇒	• 문제를 해결하는 방안과 예상되는 효과를 구체적으로 제시한다. ……… ④ • 평범한 사건에 내재해 있는 삶의 본질적인 문제를 밝힌다. ………………… ⑤

10 ㉠~㉤을 고쳐 쓰기 위한 방안으로 적절하지 않은 것은? [2점]

① ㉠은 문장의 접속 관계를 고려하여 '한편'으로 고쳐 쓴다.
② ㉡은 필요한 문장 성분이 생략되었으므로 '고약한 냄새가 나고 시끄러운 소리가 들려서'로 고쳐 쓴다.
③ ㉢은 맞춤법에 맞도록 '곰곰이'로 고친다.
④ ㉣은 문맥에 어울리지 않으므로 '역설'로 바꾼다.
⑤ ㉤은 문단의 통일성을 해치므로 삭제한다.

11 〈보기〉에 제시된 단어들의 음운 변동에 대한 설명으로 잘못된 것은? [3점]

〈보기〉

음운의 변동은 크게 네 가지로 나눌 수 있다. 어떤 음운이 다른 음운으로 바뀌는 교체, 어떤 음운이 없어지는 탈락, 새로운 음운이 생기는 첨가, 두 음운이 하나의 음운으로 합쳐지는 축약이 그것이다.

• 밭이랑[반니랑]　• 늦여름[는녀름]
• 숱하다[수타다]　• 국물[궁물]
• 좋으면[조:으면]

① '밭이랑'이 발음될 때에는 첨가되는 'ㄴ'으로 인해 앞의 자음이 교체되는 현상이 일어난다.
② '늦여름'이 발음될 때에는 'ㅈ'이 탈락하면서 'ㄴㄴ'이 첨가되는 현상이 일어난다.
③ '숱하다'가 발음될 때에는 'ㅌ'이 'ㄷ'으로 교체된 후 이어지는 음운과 만나 축약되는 현상이 일어난다.

④ '국물'이 발음될 때에는 'ㄱ'이 'ㅁ'의 영향을 받아 'ㅇ'으로 교체되는 현상이 일어난다.

⑤ '좋으면'이 발음될 때에는 모음으로 시작되는 어미와 만나는 'ㅎ'이 탈락하는 현상이 일어난다.

12 **〈보기 1〉은 본용언과 보조 용언을 구별하는 과정을 나타낸 것이다. 〈보기 2〉의 ⓐ~ⓓ 중에서 〈보기 1〉의 ㉠에 해당하는 것을 찾아 바르게 짝지은 것은?** [2점]

〈보기 1〉

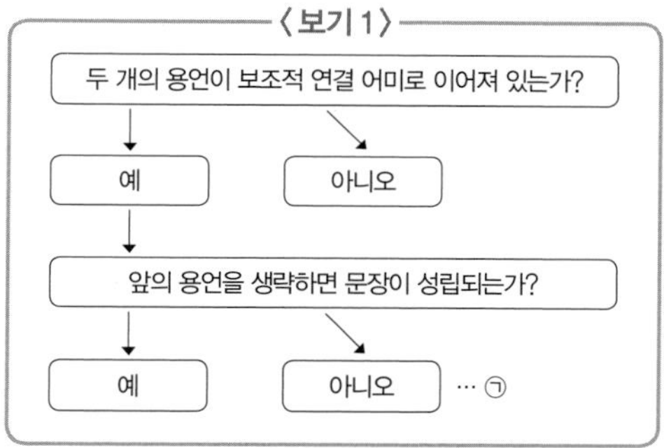

〈보기 2〉

- 그 종이는 휴지통에 잘 ⓐ 찢어 버려라.
- 나도 책을 많이 ⓑ 읽고 싶다.
- 잠은 집에 ⓒ 가서 자야지.
- 그것만 좀 더 ⓓ 먹어 보자.

① ⓐ, ⓑ ② ⓐ, ⓒ
③ ⓐ, ⓓ ④ ⓑ, ⓒ
⑤ ⓑ, ⓓ

13 **〈보기 1〉을 바탕으로 〈보기 2〉에 대해 탐구한 내용으로 적절하지 않은 것은?** [2점]

〈보기 1〉

다른 문장 속으로 들어가 하나의 성분처럼 쓰이는 문장을 안긴문장이라고 하며, 안긴문장을 포함한 문장을 안은문장이라고 한다. 안긴문장은 하나의 '절'이 되는데, 이는 크게 명사절, 관형절, 부사절, 서술절, 인용절의 다섯 가지로 나뉜다.

〈보기 2〉

오늘은 ㉠ 날씨가 아주 덥다. 하지만 큰맘 먹고 집을 나선 이상, ㉡ 지금 돌아가기가 쉽지는 않다. 그는 ㉢ 이마에 흐르는 땀을 닦으며 ㉣ 날씨가 참으로 덥다고 되뇌었다. 순간 ㉤ 소리도 없이 다가온 자전거가 그의 주의를 끌었다.

① ㉠ : 앞의 주어를 고려할 때 안은문장의 서술어 역할을 하는 서술절이다.

② ㉡ : 명사형 어미 '-기'가 붙은 명사절 뒤에 조사가 결합되어 문장의 주어 역할을 하고 있다.

③ ㉢ : 안은문장과의 공통 주어가 생략되어 관형어의 역할을 하는 관형절이다.

④ ㉣ : 인용격 조사 '고'가 붙어 주체의 말이나 생각을 옮기는 인용절이다.

⑤ ㉤ : 부사형 어미 '-이'의 도움을 받아 서술어를 수식하는 역할을 하는 부사절이다.

14 다음은 '이르다'의 의미를 이해하기 위해 사전을 찾아 정리한 것이다. 이에 대한 이해로 적절하지 않은 것은? [2점]

> **이르다**[1] 〔이르러, 이르니〕「동사」
> ㉠【…에】 어떤 장소나 시간에 닿다.
> ㉡【…에】 어떤 정도나 범위에 미치다.
>
> **이르다**[2] 〔일러, 이르니〕「동사」
> ㉠【…에게 …을】【…에게 -고】 무엇이라고 말하다.
> ㉡【…을】【…에게 …을】【…에게 -고】【…에게 -도록】 타이르다.
> ㉢【…에게 …을】【…에게 -고】 미리 알려 주다.
> ㉣【…에게 …을】【…에게 -고】 어떤 사람의 잘못을 윗사람에게 말하여 알게 하다.
> ㉤【…에게 -고】 어떤 대상을 무엇이라고 이름 붙이거나 가리켜 말하다.
>
> **이르다**[3] 〔일러, 이르니〕「형용사」
> 【…보다】【-기에】 대중이나 기준을 잡은 때보다 빠르거나 앞서다.

① '이르다[1]', '이르다[2]', '이르다[3]'은 별개의 표제어로 기술되어 있으니 동음이의어이군.
② '이르다[1]'과 '이르다[2]'는 하나의 표제어에 두 개 이상의 의미가 있으니 둘 다 다의어이군.
③ '이르다[1]'과 '이르다[2]'는 어간에 어미 '-어'가 붙으면 활용의 형태가 달라지는군.
④ '이르다[1]' ㉠과 '이르다[2]' ㉠은 필수적으로 요구하는 문장 성분의 개수가 서로 다르군.
⑤ '이르다[3]'의 용례로 '그는 항상 나보다 빨리 결승점에 이르렀다.'를 들 수 있겠군.

15 다음의 ㉠~㉤에 사용된 높임 표현에 대한 설명으로 적절하지 않은 것은? [2점]

㉠	〈한 학생이 같은 반 친구에게〉 선생님 아까 수업 마치시고 일찍 퇴근하시는 것 같던데.
㉡	〈가게 점원이 손님에게〉 손님, 주문하신 커피 나오셨습니다.
㉢	〈손자가 할아버지에게〉 할아버지, 고모가 진지 잡수시라고 하였습니다.
㉣	〈학교 후배의 집에 전화한 선배가 후배의 초등학생 아들(철호)에게〉 철호야, 잘 있었어? 아저씨인데, 아빠 지금 집에 계시니?
㉤	〈장모가 사위에게〉 잘 가게. 특히 고속도로에서 운전 조심하게.

① ㉠ : 선어말 어미 '-시-'를 통해 주체인 선생님을 높여 말하고 있다.
② ㉡ : '나오셨습니다'는 '커피'를 손님과 밀접한 관계를 맺고 있는 대상으로 생각하여 간접 높임 표현을 과도하게 사용한 것이므로 '나왔습니다'로 고쳐 말해야 한다.
③ ㉢ : 할아버지에 대해서는 특수 어휘 '잡수시다'를 통해 높여 말하지만, 할아버지보다 낮은 사람인 고모에 대해서는 '하였습니다'와 같이 말하여 주체를 높이지 않고 있다.
④ ㉣ : 화자의 후배이지만 청자인 아들의 입장에서는 높여 말해야 하는 아버지이므로, 화자는 특수 어휘 '계시다'를 통해 후배를 높여 말하고 있다.
⑤ ㉤ : 화자인 장모는 사위를 높여 말해야 할 필요가 없으나, 직접적으로 낮춰 말하기가 어색하므로 두루 높임의 하게체 명령형 어미를 통해 사위를 높여 말하고 있다.

[16~18] 다음 글을 읽고 물음에 답하시오.

우리는 흔히 방언을 한 언어의 하위에 속하는 변이형 정도로 인식하는 경향이 있다. 하지만 몇 개의 사례만 살펴보면 이러한 관계 인식이 그다지 명료하지 못함을 쉽게 알 수 있다. 예를 들어, 영국 영어와 미국 영어는 별개의 언어인가, 아니면 영어라는 한 언어의 방언들인가? 또한 호주에서 사용되는 영어는 이들과 어떤 관계에 있는 것일까?

아마도 순수하게 언어학적인 기준만을 가지고는 대상 언어가 개별 언어인지 아니면 한 언어의 하위 방언인지를 명료하게 구별하기가 매우 어려워 보인다. 이러한 이유로 세계의 특히 유럽의 많은 언어학자들은 언어와 방언의 개념을 구별하지 않고, 이 둘을 '코드(code)'라는 하나의 중립적인 용어로 통합하여 사용하고 있다. 우리나라의 경우 한국어, 경상도 방언, 전라도 방언, 충청도 방언 등이 모두 동일한 자격으로 이 코드에 해당되는 것이다. '코드'는 방언이라는 용어에 숨어 있는 부정적 함축은 물론 언어와 방언 간의 모호한 계층 관계로 인한 문제점을 피할 수 있게 해 준다. 이에 따라 코드는 세계의 언어학계에서 언어와 방언이라는 용어를 대신해 사용될 수 있는 적절한 용어로 인정받고 있다.

우리는 보통 다양한 일상생활 속에서 여러 개의 코드를 사용하며 살아갈 수 있는데, 현재 처한 사회적 상황이나 담화 맥락 등을 고려하여 특정 코드 하나를 선택하게 되는 것을 '코드 선택(code choice)'이라 한다. 이 코드 선택은 그 선택의 주체가 누구냐에 따라 개인적 차원의 코드 선택과 국가적 차원의 코드 선택으로 나누어 볼 수 있다. 전자는 개별 화자가 대화 참여자나 화제 등과 같은 미시적인 대화 상황을 고려하여 자신의 의지로 특정 코드를 선택하는 것이다. 그 예로는 재미 교포 학생이 학교에서 한국 친구와 대화할 때 한국어와 영어 중 하나를 선택하는 것이나 회사원이 회사에서 업무를 볼 때 표준어와 지역 방언 중 하나를 선택하는 것을 들 수 있다. 다음으로 후자는 국가가 자국의 언어 상황이나 정치 · 경제적 이익 관계 또는 국제 외교 관계 등의 거시적 차원을 고려하여 특정 코드를 선택하는 것이다. ㉠ <u>최근 우크라이나에 친유럽 성향의 정부가 들어서고 크림 반도를 러시아군이 장악하게 되면서, 우크라이나가 러시아의 군사 개입에 대한 일종의 반감의 표시로 자국 내에서 러시아어가 가지고 있던 제2공식어로서의 지위를 박탈한 것</u>은 그 좋은 예라 할 수 있다.

또한 우리는 이미 특정 코드를 선택하여 사용하는 도중에 다른 코드를 사용해야 하는 상황에 처하기도 한다. 이러한 상황에서 개별 화자가 이제껏 사용해 왔던 코드를 다른 것으로 교체하는 현상을 '코드 전환(code switching)'이라 한다. 이 코드 전환은 그것이 발생하게 되는 동기에 따라 상황적 코드 전환과 인식적 코드 전환의 둘로 구분할 수 있다. 먼저 상황적 코드 전환은 대화 참여자, 화제, 맥락 등과 같은 담화 구성 성분의 변화, 즉 외적 동기에 의해서 화자가 다른 코드를 새로이 선택하게 될 때 발생한다. 딸과 표준말로 대화를 나누고 있던 한 어머니가 친정어머니로부터 전화를 받게 되자 자신의 고향 방언인 경상도 말을 사용해 통화하는 모습은 좋은 사례가 될 수 있다. 다음으로 인식적 코드 전환은 비록 담화 구성 성분은 변하지 않았지만, 화자가 전략적으로 특정 의사소통 효과를 만들어 내려는 의도, 즉 내적 동기에 의해서 다른 코드를 사용하게 될 때 발생한다. 표준말로 강의를 하던 선생님이 학생들 간의 활발한 토론을 이끌어 내려는 목적으로 학생들이 주로 사용하는 방언을 사용해 말하기 시작하는 것은 그 좋은 예가 될 수 있다.

한국 사회는 공식적으로 한국어만을 공용어로 사용하고 있고, 언어와 방언 사이의 위계 관계도 비교적 명료하기 때문에 코드 개념이 아직까지는 필요해 보이지 않을 수 있다. 하지만 우리나라도 최근 들어 다문화가족 수가 점점 늘어나고 글로벌화가 가속화되면서 여러 코드들이 상호 접촉하는 상황이 지속적으로 확대되고 있다. 이런 흐름을 볼 때 이제는 우리에게도 개인적 차원의 코드 선택이나 코드 전환 또는 국가적 차원의 코드 선택에 관한 문제들이 머지않아 중요한 이슈로 떠오를 수 있다.

16 윗글에서 알 수 있는 내용이 아닌 것은? [2점]

① 언어학적인 기준만을 가지고 언어와 방언을 명료하게 구별하기는 어렵다.

② 세계의 많은 언어학자들은 언어나 방언 대신 코드라는 중립적 용어를 사용하고 있다.

③ 개별 화자들은 사회적 상황이나 담화 맥락을 고려하여 특정 코드를 선택해 사용한다.

④ 대부분의 화자들은 담화 구성 성분상의 변화가 없을 경우에 상황적 코드 전환을 한다.

⑤ 우리나라도 앞으로 코드 선택이나 코드 전환의 문제가 중요한 이슈로 떠오를 가능성이 있다.

17 윗글과 〈보기〉를 바탕으로 ⓐ에 대해 이해한 내용으로 적절하지 않은 것은? [3점]

〈보기〉

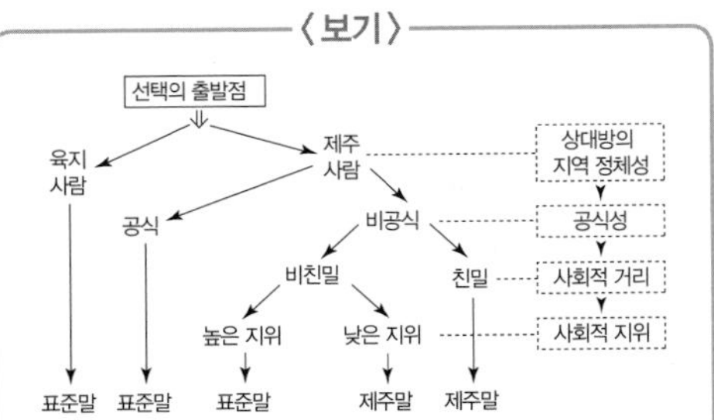

위 그림은 한 언어학자가 ⓐ 제주도 본토박이 화자 60명을 대상으로 그들의 언어 사용 실태에 대해 설문조사를 실시하여 얻은 결과 중, 그들이 내국인과의 대화에서 보이는 코드 선택 양상을 간략히 정리하여 나타낸 것이다.

① 표준말과 제주말의 두 가지 코드 중 하나를 선택하여 사용하고 있군.

② 상대가 제주 사람이라 하더라도 공식적인 상황에서는 서로 표준말을 사용하는군.

③ 네 개의 담화 고려 요소 중 상대와의 사회적 지위 관계를 제일 먼저 고려하는군.

④ 제주 사람과의 대화 중에 공식성이 변화하게 되면 코드 전환을 할 가능성이 있겠군.

⑤ 상대와의 사회적 거리를 의도적으로 가깝게 조정하기 위해 코드 전환을 할 수도 있겠군.

18 **윗글을 읽은 독자가 ㉠의 상황에 대해 내릴 수 있는 판단으로 가장 적절한 것은?** [2점]

① 우크라이나어와 러시아어도 별개의 언어인지 아니면 한 언어의 방언인지가 불명확했군.

② 우크라이나에는 우크라이나어보다 러시아어를 코드 선택해서 사용하는 이가 더 많았겠군.

③ 우크라이나는 언어가 아닌 정치, 군사, 외교적 차원에서 국가적 차원의 코드 선택을 하였군.

④ 러시아에는 러시아어에서 우크라이나어로 상황적 코드 전환을 시도하는 이가 거의 없었겠군.

⑤ 앞으로 우크라이나에서는 우크라이나어에서 러시아어로의 인식적 코드 전환이 자주 발생하겠군.

[19~21] 다음 글을 읽고 물음에 답하시오.

인간의 색 지각 과정은 망막의 추상체에서 시작된다. 추상체는 감광 색소에 따라 L, M, S 세 가지 종류로 나뉘는데, L 추상체는 빛의 스펙트럼 중 적색(R)에 가까운 장파장에서, M 추상체는 녹색(G)에 가까운 중파장에서, S 추상체는 청색(B)에 가까운 단파장에서 빛을 최대로 흡수하고 주변 파장으로 갈수록 빛 흡수율이 떨어지는 특성을 보인다.

추상체가 빛을 흡수함으로써 전기적으로 흥분하여 신호를 방출할 때, 우리는 빛을 지각할 수 있다. 예컨대 황색은 L, M 추상체가 크게 흥분하고 S 추상체가 조금 흥분할 때 지각되는 색이다. 반대로 청색은 S 추상체가 크게 흥분하고, L, M 추상체가 조금 흥분할 때 지각되는 색이다. 세 개의 추상체가 모두 강하게 흥분할 때에는 백색이 지각되는데, 이는 청색 빛과 황색 빛을 겹쳤을 때 백색광이 지각되는 이유를 잘 설명해 준다.

L, M, S 추상체의 발견은 적, 녹, 청 삼원색 이론을 뒷받침해 주었다. 삼원색 이론은 정상 시각을 가진 사람의 경우, 파장을 조절할 수 있는 장치가 달린 세 개의 광원만 있으면 눈에 보이는 모든 색을 만들어 낼 수 있다는 실험 결과에 근거한 것이다. 이 이론은 인간에게 빛을 지각하는 세 가지 기본 요소가 있다는 것을 알려 주었으며, 색상이 빛의 파장에 내재한 고유한 속성이 아니라는 것을 확인하여 주었다.

색 지각의 다음 단계는 망막에 분포된 신경절 세포를 중심으로 진행된다. 백만 개의 신경절 세포들은 7백만 개의 추상체에서 나온 전기 신호를 수렴하여 기초적인 연산을 수행하게 되는데, 그러한 연산이 가능한 것은 추상체에서 뇌로 이르는 수직적 경로의 각 요소들마다 그것들을 상호 연결하는 수평적 연결이 더해져 일종의 회로를 구성하기 때문이다. 수평적 연결은 수직적 연결을 따라 흐르는 전기신호를 통과시키기도 하고, 합산하여 흥분시키기도 하며, 감산하여 억제시키기도 한다.

이 회로들의 기능은 대립과정 이론을 통해 이해할 수 있다. 일찍이 실험심리학자들은 다음과 같은 착시 현상을 관찰하였다. 적색 물체를 오랫동안 응시한 후 흰색 배경을 바라보면 녹색 잔상이 남는 착시 현상이 생기고, 그 반대로의 착시 현상도 생기며, 청색과 황색의 조합에서도 그러했다. 이러한 실험에서 주어진 색이 사라졌을 때 나타나는 잔상의 색은 '억제에 대한 보상 반응'으로 설명되었고, 이는 적색과 녹색에 대한 지각과 청색과 황색에 대한 지각이 각각 단일한 체계 내에서 이루어지기 때문이라는 가설로 이어졌다. 이러한 가설은 대립쌍의 한쪽 빛에는 흥분하고 다른 쪽 빛에는 흥분을 억제하도록 작용하는 아래 네 가지 신경절 세포 회로의 발견으로 증명되었다. 이 회로들은 선택적인 신호처리를 통해 색의 번짐을 막음으로써 사물을 더욱 선명히 볼 수 있게 만든다는 연구결과도 발표되었다.

R+G− 세포 회로	G+R− 세포 회로	B+Y− 세포 회로	Y+B− 세포 회로
L M	L M	L M S	L M S

※ 삼각형은 L, M, S 추상체를, 원은 신경절 세포를, 화살표는 색 지각 정보가 신경절 세포의 시신경을 통해 뇌로 전달되는 것을 나타낸다. 또한 人 기호는 흥분성 연결을, ⊣ 기호는 억제성 연결을 의미한다. 세포 회로의 이름은 적(R), 녹(G), 청(B), 황(Y) 네 가지 색에 대해 흥분성(+)으로 반응하는지, 억제성(−)으로 반응하는지를 나타낸다. 단순화를 위해 다른 요소들은 생략하였다.

이 회로 그림을 놓고 황색(Y) 빛이 눈에 들어올 때 'Y+B−' 회로의 반응을 살펴보자. 앞서 설명했듯, 황색은 L 추상체와 M 추상체를 크게 흥분시키고 S 추상체를 조금 흥분시킨다. 그 결과 L, M 추상체에서 모인 큰 전기 자극이 흥분성 연결(+)을 통해 더해지고, S 추상체에서 발생한 작은 전기 자극이 억제성 연결(−)을 통해 감해져, 최종적으로는 흥분성 반응을 보이게 된다. 이러한 방식으로 세포 회로들은 우리 눈으로 들어오는 빛에 대해 서로 다른 신호의 조합들을 만들어 뇌로 보내게 된다.

19 **윗글의 내용과 일치하지 <u>않는</u> 것은?** [2점]

① 색상은 빛의 파장에 내재되어 있는 고유한 속성이 아니다.

② L, M, S 추상체가 모두 강하게 흥분하면 백색이 지각된다.

③ 수평적 연결은 수직적 연결을 따라 진행되는 전기신호를 조절한다.

④ 정상 시각을 가진 사람은 두 가지 빛의 조합으로 모든 색상을 만들 수 있다.

⑤ M 추상체는 중파장에서 빛을 최대로 흡수하고, 주변 파장으로 갈수록 빛을 덜 흡수한다.

20 **윗글을 참고할 때 〈보기〉의 ㉠을 위한 방안으로 적절하지 <u>않은</u> 것은?** [2점]

> 전자눈은 인간의 눈을 모방함으로써 이를 대체할 수 있는 인공눈을 말한다. 인간에게 이식이 가능한 진정한 의미의 전자눈이 되기 위해서는 ㉠ <u>생체 눈의 구조와 기능을 온전히 구현할 수 있어야 한다</u>. 그러나 현재까지 개발된 전자눈은 조악한 수준이다. 외양과 크기는 그럴싸하지만 망막의 형태를 모방하여 RGB센서*들이 집적된 감광장치를 곡면 모양으로 만들고, 수정체의 두께를 조절하는 정도의 수준에 머물러 있다.
>
> * RGB센서 : 적색(R), 녹색(G), 청색(B) 빛을 받아 전기 신호를 만들어 내는 것으로, R, G, B 센서는 각각 생체 눈의 L, M, S 추상체에 대응한다.

① 개별 센서들의 신호를 연산하는 회로를 만들어 감광장치에 넣는다.

② R, G센서를 연결하여 B센서와 대립적으로 작용하는 회로를 만든다.

③ 개별 센서에서 뇌로 향하는 수직적 연결에 수평적 연결을 가미한다.

④ 대립과정 이론을 적용하여 사물을 더욱 선명하게 볼 수 있도록 한다.

⑤ 눈의 추상체 개수만큼 RGB센서를 확보한 후 이를 일대일로 뇌에 연결한다.

21 **적색 빛이 눈에 들어왔을 때, 세포 회로의 반응을 옳게 제시한 것은?** [2점]

	R+G− 세포 회로	G+R− 세포 회로	B+Y− 세포 회로	Y+B− 세포 회로
①	흥분	억제	흥분	억제
②	흥분	억제	억제	흥분
③	흥분	흥분	억제	억제
④	억제	흥분	흥분	억제
⑤	억제	억제	흥분	흥분

[22~23] 다음 글을 읽고 물음에 답하시오.

전자종이(Electronic Paper)는 종이처럼 얇은 재질과 유연성을 가지면서도 정보의 저장, 변환 및 송수신 등이 가능한 디스플레이를 말한다. LCD(Liquid Crystal Display)와 달리 전자종이는 기기 내부에 발광을 위한 백라이트가 필요 없는 반사형 디스플레이로서 외광이 강한 야외에서도 읽기에 편리하며 낮은 전력으로 유지되는 특성을 갖는다. 아울러 유리 기판을 사용하는 LCD와 비교할 때 다양한 기판에 구현이 가능하여 경량화 측면에서도 차세대 디스플레이로 주목받고 있다.

전자종이 관련 기술 중 하나로 전기영동 방식이 있다. 전기영동이란 유동성 매체 내에서 전하를 띤 물질들이 전기장의 영향을 받아 움직이는 것을 말한다. 〈그림 1〉과 같이 두 패널 사이에 서로 다른 전하를 띠고 흰색과 검은색을 가진 반구를 합한 회전 공을 투명한 유체와 함께 분산시킨다. 전극에 전압을 가하면 전기장이 형성되고 이에 따라 공들이 회전하여, 흰색 부분이 위로 오면 빛을 반사하고 검은색 부분이 위로 오면 빛을 흡수하므로 원하는 영상을 표시할 수 있게 된다. 일단 한번 디스플레이 되고 나면 전압을 제거한 후에도 다른 전압을 가하여 다른 디스플레이 내용으로 바꿀 때까지는 현재 상태가 유지되므로 전력 손실을 최소화할 수 있다. 그러나 어떤 전압을 가해도 공의 위상을 어느 정도는 바꿀 수 있어 이상적인 움직임을 보이는 특정 전압을 찾기가 어렵다. 만일 구동 전압이 너무 클 경우 공이 회전보다 직진을 먼저 하게 되어, 부분 회전한 상태로 안정화되는 등 구동의 불안전성이 존재한다. 또한 공은 유체의 저항을 받기 때문에 응답 속도가 느리다는 점과 컬러 표현을 위해서는 추가적인 색 필터가 필요하다는 점이 해결해야 할 과제이다.

〈그림 1〉

또 다른 전자종이 기술로 전기습윤 방식을 들 수 있다. 전기습윤 방식은 전압을 가하면 물의 표면장력이 달라지는 현상을 이용한 것이다. 물 분자는 극성을 갖고 있기 때문에 전기가 흐르는 금속에는 더 끌리는 힘이 생기기 때문이다. 〈그림 2〉와 같이 전기가 흐를 수 있는 흰색 기판 위에 소수성 물질(절연체)을 코팅하고 (A)와 같이 물과 컬러 기름을 셀에 넣는다. 여기에 전압을 가하면, 물이 기판 쪽으로 끌리면서 퍼지게 되어 기름 층을 한쪽으로 밀치게 되므로 (B)와 같이 기름이 뭉치게 된다. (C)와 (D)는 각각 (A)와 (B)를 위에서 본 그림이다. 기름이 밀쳐진 부분은 빛을 반사하므로 흰색으로 표현되게 된다. 이때 가해지는 전압 차가 클수록 기름 층이 좁은 영역으로 모이게 되므로 전압 차를 조절해 진하기를 달리할 수 있다. 기름 층은 들어오는 빛의 크기를 조절하는 셔터 역할을 함과 동시에 색을 표시하는 색 필터의 역할을 한다. 또한 전기습윤 현상의 속도는 매우 빠르므로 전기습윤 디스플레이는 속도 면에서 매우 우수하다. 그러나 기름 층과 물 층의 유체 층을 안정적으로 주입 및 보존하는 문제가 해결되어야 할 부분이다.

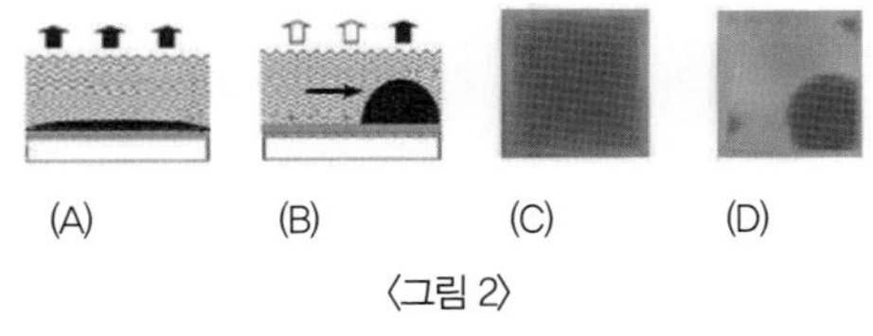

〈그림 2〉

22 윗글의 내용과 일치하지 않는 것은? [2점]

① 전자종이는 외광이 강한 곳에서도 읽을 수 있다.

② 전기영동 방식의 회전 공은 직진은 하지 않으며 회전만이 가능하다.

③ 전기습윤 방식에서 전압을 가하면 물이 기판 쪽으로 끌리면서 퍼진다.

④ 전기영동 방식에서 회전 공의 반응 속도는 유체의 저항에 영향을 받는다.

⑤ 전기습윤 방식은 기름 층이 퍼진 정도에 따라 진하기가 다르게 표현된다.

23 윗글과 〈보기 1〉을 참고하여 〈보기 2〉에서 적절한 설명만을 고른 것은? [2점]

〈보기 1〉

(가) 전기영동 방식		(나) 전기습윤 방식	
㉠	㉡	㉢	㉣
		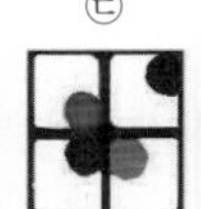 	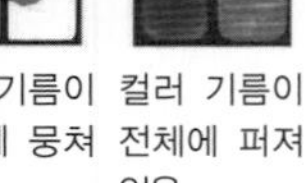
회전 공의 흰색 반구가 위쪽으로 올라와 있음.	회전 공의 검은색 반구가 위쪽으로 올라와 있음.	컬러 기름이 한쪽에 뭉쳐 있음.	컬러 기름이 전체에 퍼져 있음.

〈보기 2〉

ⓐ (가)에 가해지는 전압을 높게 할수록 해상도가 높아진다.

ⓑ (나)의 전압 차를 높이면 ㉢의 원 모양이 작아진다.

ⓒ ㉠의 상태에서 전압을 해제하면 ㉡의 상태로 변한다.

ⓓ ㉢의 상태에서 전압을 해제하면 ㉣의 상태로 변한다.

① ⓐ, ⓑ ② ⓐ, ⓒ

③ ⓑ, ⓒ ④ ⓑ, ⓓ

⑤ ⓒ, ⓓ

[24~26] 다음 글을 읽고 물음에 답하시오.

예술 작품에 대한 감상이나 판단은 주관적이라 할 수 있다. 그렇다고 하더라도 어떤 사람의 감상이나 판단은 다른 사람들보다 더 좋거나 나쁠 수도 있지 않을까? 혹은 덜 발달되었을 수도, 더 세련되었을 수도 있지 않을까? 이러한 의문과 관련하여 우리는 흄(D. Hume)의 설명을 참조할 수 있다.

흄은 예술적인 판단이란, 색이나 맛과 같은 지각 가능한 성질에 대한 판단과 유사하다고 하면서, ㉮ 〈돈키호테〉에 나오는 이야기를 소개한다. 마을 사람들이 포도주를 즐기고 있었는데 두 명의 '전문가'가 불평을 한다. 한 사람은 쇠 맛이 살짝 난다고 했고 또 다른 사람은 가죽 맛이 향을 망쳤다고 했다. 마을 사람들은 그들을 비웃었지만, 포도주통 밑바닥에서 가죽 끈에 묶인 녹슨 열쇠가 발견되었다. 이 전문가들은 마을 사람들이 느낄 수 없었던 포도주 맛의 요소들을 식별해낸 셈이다.

이는 예술적인 식별과 판단에서도 마찬가지다. 훈련받지 못한 사람은 서로 다른 악기의 소리나 화음의 구성을 구별해낼 수 없을 것이다. 또한 구도나 색 또는 명암의 대비, 중요한 암시를 알아내기 어려울 것이다. 이런 것들은 다양한 작품을 감상하고 세련된 감수성을 지닌 사람들의 말을 들음으로써, 또는 좋은 비평을 읽음으로써 계발될 수 있다. 이처럼 예술적 판단이나 식별이 계발될 수 있다 해도 의문은 남는다. 포도주의 맛을 알아챈 전문가들에게는 가죽 끈에 묶인 녹슨 열쇠가 있었지만, 예술 비평가들의 판단이나 식별이 올바르다는 것은 어떻게 알 수 있는가?

이 질문에 답하기 위해 흄은 '진정한 판관(true judge)'이라는 개념을 제안했다. 흄이 말한 진정한 판관은, 세련된 감수성과 섬세한 감각을 가졌으며 부단한 연습과 폭넓은 경험으로 식별력을 키운 사람이다. 그리고 편견이나 편애와 같은 작품 외적 요소들에서 벗어나 있으며, 당대의 일시적인 유행에도 거리를 두고 작품을 볼 수 있는 사람이다. 이러한 조건들을 갖추었을 때 그는 비로소 예술 작품을 식별하고 평가할 수 있는 자격을 얻게 된다. 또한 흄은 '시간의 테스트'를 넘어서, 즉 시간과 공간의 장벽을 가로질러 그 가치를 인정받는 작품들에 주목하였다. 다양한 시대와 문화, 태도들의 차이가 있음에도 불구하고, 그 작품들의 진정한 가치를 알아보고 그것에 매혹되어 온 최고의 비평가들이 있어 왔다.

이처럼 예술 비평가들의 판단과 식별의 타당성은 이들이 갖춘 비평가로서의 자격, 이들이 알아보고 매혹된 위대한 작품들의 존재를 통해서 입증될 수 있다는 것이다. 이러한 흄의 생각은 분명 그럴듯한 점이 있다. 우리가 미켈란젤로와 카라바조, 고야, 렘브란트의 작품을 그 작품들이 창조된 지 수백 년이 지난 후에도 여전히 감상하고 있다는 사실은 그 작품이 지닌 힘과 위대함을 증명해 준다.

그렇지만 또 하나의 의문이 여전히 남는다. ㉯ <u>자격을 갖춘 비평가들, 심지어는 최고의 비평가들에서조차 비평의 불일치가 생겨난다는 점</u>이다. 흄은 이러한 불일치를 낳는 두 개의 근원을 지적했는데, 비평가 개인의 성격적인 기질의 차이가 그 하나이다. 또한 자격을 갖춘 비평가라 할지라도 자기 시대의 특정한 믿음이나 태도, 가정들에서 완전히 자유로울 수는 없기 때문에 불일치가 생겨난다고 하였다. 이에 따르면 살아 있던 당시에는 갈채를 받았던 예술가의 작품이 시간이 흐르면서 왜 역사의 뒤안길로 사라지곤 하는지도 설명할 수 있다. 평범한 사람에게든 자격을 갖춘 비평가에게든 그런 작품들이 당시의 사람들에게 가졌던 호소력은, 그 시대에만 특별했던 태도나 가정에 의존해 있었을 가능성이 높기 때문이다.

24 **윗글의 전개 방식에 대한 설명으로 가장 적절한 것은?** [2점]

① 흄의 견해를 순차적으로 소개한 후 비판적으로 평가하고 있다.

② 의문들을 제기하면서 흄의 견해에 근거하여 순차적으로 답변하고 있다.

③ 제기된 의문들과 관련하여 흄의 견해가 변화해 가는 과정을 밝히고 있다.

④ 흄의 견해에 근거하여 통상적인 의문들에 내포된 문제점을 고찰하고 있다.

⑤ 흄의 견해에 근거하여 제기된 의문들에 대한 기존의 답변들을 비판하고 있다.

25 **윗글의 내용으로 보아 〈보기〉에 대한 이해로 적절하지 <u>않은</u> 것은?** [3점]

〈보기〉

A : 오늘날 세계적으로 위대한 예술가로 인정받는 마티스, 고갱과 같은 ⓐ <u>후기 인상주의 작가들의 작품</u>이 처음 전시되었을 당시, 이들은 ⓑ <u>소수의 비평가들</u>을 제외하고는 ⓒ <u>학계와 전문가들</u>에게조차 이해받지 못하고 조롱당했다.

B : ⓓ <u>프랭크 브랭귄</u>은 산업 윤리, 대영제국을 주제로 한 작품으로 ⓔ <u>당대의 많은 사람들</u>에게 찬양을 받았지만, 오늘날의 비평가들은 그의 작품이 지나치게 평면적이고 정적이라는 평가를 하고 있다.

① ⓐ에 대한 ⓑ와 ⓒ의 반응은 비평에 있어서의 불일치를 보여주는 사례라 할 수 있다.

② ⓐ와 ⓓ를 통해 예술적 판단과 식별이 계발될 수 있다는 판단을 할 수 있다.

③ ⓑ는 ⓐ의 가치를 알아본 '진정한 판관'이라 할 수 있다.

④ ⓓ는 '시간의 테스트'를 넘어서지 못한 작가라 할 수 있다.

⑤ ⓔ는 자기 시대의 특정 태도나 가정에 밀착되어 있었다고 할 수 있다.

26 **㉮에서 ㉯에 해당하는 내용으로 볼 수 있는 것은?** [2점]

① 마을 사람들은 '전문가'들의 진단을 비웃었다.

② 마을 사람들은 포도주 맛의 요소들을 식별하지 못했다.

③ 포도주 통 밑바닥에서 가죽 끈에 묶인 녹슨 열쇠가 발견되었다.

④ 포도주의 이상한 맛에 대한 '전문가'들의 원인 진단이 서로 달랐다.

⑤ 마을 사람들과는 달리 '전문가'들은 포도주 맛에 대해 불평을 했다.

[27~30] 다음 글을 읽고 물음에 답하시오.

인간자본 이론은 시카고학파의 경제학자들에 의해 발전된 이론이다. 이 이론에서는 투자에 의해 인간에게 형성되고 체화된 지식 및 기능 등의 생산적인 힘을 인간자본이라 규정하고 인간자본을 형성하기 위한 직접적인 지출, 그로 인해 포기된 소득 등을 인간자본에 대한 투자로 파악한다. 또한 학력이 높을수록 소득이 높게 결정되는 것은 인간자본에 더 많은 투자를 한 것에 대한 보상이라고 말한다.

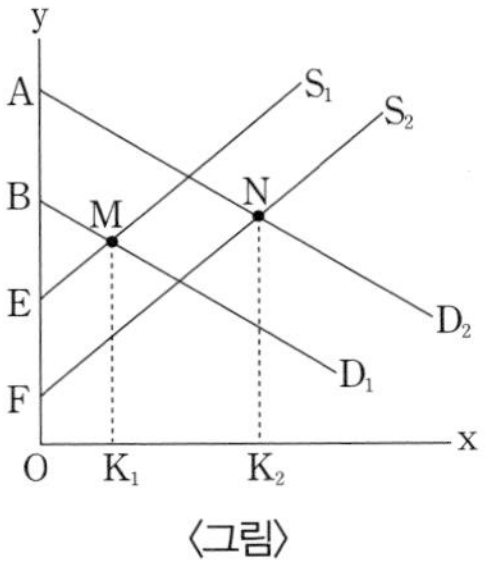

〈그림〉

인간자본 이론을 체계화한 사람은 게리 베커로, '인간자본에 대한 수요 및 공급곡선'을 통하여 소득 격차를 설명하였다. 베커의 인간자본에 대한 수요 및 공급곡선에 따르면, 〈그림〉에서 x축은 '인간자본에 대한 투자량'을 나타내며 y축은 수요곡선일 때는 '한계수익'을, 공급곡선일 때는 '한계비용'을 나타낸다. 여기서 한계수익은 개인의 능력을 반영한 값이며 한계비용은 투자 기회의 차이를 반영한 값이다. 수요곡선 D는 우하향하는데 이는 인간의 육체적 · 정신적 능력에는 한계가 있기 때문에 투자량에 대한 수익이 체감하기 때문이고, 공급곡선 S는 우상향하는데 투자량에 대한 비용이 체증하기 때문이다. 〈그림〉에서 D_2는 D_1보다 능력이 우수한 사람의 수요곡선이며 S_2는 S_1보다 부유한 사람의 공급곡선이다. 수요곡선에서 투자량이 0일 때 D_2의 값 A가 D_1의 값 B보다 큰 것은 능력이 우수한 사람에게 더 큰 수익을 기대할 수 있기 때문이며, 공급곡선에서 투자량이 0일 때의 S_2의 값 F가 S_1의 값 E보다 작은 것은 투자 기회의 차이를 반영한 비용은 부유한 사람이 더 적을 것이기 때문이다.

각 개인은 한계수익이 한계비용을 상회하는 한 인간자본에 대한 투자를 확대할 것이기 때문에 한계수익과 한계비용이 일치하는 수준, 즉 수요곡선과 공급곡선이 교차하는 점까지 인간자본에 대한 투자를 한다. 이 때, 인간자본 투자의 총수익은 수요곡선의 아래에 있는 사다리꼴의 면적으로 표시되며 인간자본 투자의 총비용은 공급곡선 아랫부분의 사다리꼴의 면적으로 표시된다. 따라서 인간자본 투자의 순이익은 총수익에서 총비용을 뺀 차액인 삼각형의 면적으로 나타난다. 어떤 사람이 D_1의 수요곡선과 S_1의 공급곡선을 가진다면 K_1까지 투자를 하므로 인간자본 투자의 총수익은 $OBMK_1$, 총

비용은 OEMK$_1$이므로 순이익은 BEM이 된다.

베커는 '인간자본에 대한 수요 및 공급곡선'에 따라 소득 격차를 '엘리트주의적 접근 방법'과 '평등주의적 접근 방법'으로 나누어 설명하였다. 엘리트주의적 접근 방법에서는 투자 기회 측면에서의 공급 조건은 모든 사람에게 동일하지만 수요 조건, 즉 동일한 투자로 수익을 얻을 수 있는 능력 면의 차이 때문에 소득 격차가 발생한다고 본다. 능력이 우수한 사람의 수요곡선은 능력이 적은 사람의 수요곡선보다 더 높은 곳에 위치하기 때문에 소득이 다르게 나타난다는 것이다. 이러한 시각으로 보면 소득 격차는 불가피하고 이를 해소할 수 있는 사회적 대안은 없다.

평등주의적 접근 방법은 모든 사람의 타고난 능력은 비슷하므로 같은 양의 투자로 기대할 수 있는 수익도 비슷하다고 본다. 따라서 수요 조건이 모든 사람에게 동일하기 때문에 공급 조건의 차이, 즉 투자 기회에서의 차이에 의해 소득 격차가 야기된다고 본다. 부유한 사람은 유리하게 인간자본에 대한 투자 재원을 조달할 수 있기 때문에 부유한 사람의 공급곡선이 가난한 사람의 공급곡선보다 아래쪽에 위치하고 이것이 곧 소득 격차로 이어진다는 것이다. 이러한 시각은 소득 격차 해소를 위해 저소득층에게 교육의 기회를 보장하고 노동 시장 접근 기회를 확대해야 한다는 정책적 함축을 도출하게 한다.

㉠ <u>베커로 대표되는 인간자본 이론은</u> 소득 격차를 설명하는 데에 상당한 공헌을 하였다. 그러나 이 이론이 사회 · 문화적 요인을 완벽하게 고려하지 않았고 교육의 의미와 효과를 과대평가하였다는 지적은 계속되고 있다. 그럼에도 불구하고 여전히 수많은 학자들은 인간자본 이론을 지배적 이론으로 수용하고 있으며 대다수의 행정가들이 이 이론을 정책 입안의 바탕으로 삼고 있다.

27 윗글의 내용과 일치하지 <u>않는</u> 것은? [2점]

① 인간자본 이론은 소득 격차를 설명하는 데에 공헌을 하였다.

② 투자에 의해 형성되고 체화된 인간의 지식은 인간자본에 해당한다.

③ 베커는 인간자본에 대한 수요 및 공급곡선을 통하여 소득 격차를 설명하였다.

④ 인간자본 이론에서는 인간자본 형성을 위해 포기한 소득을 배제하고 투자를 정의한다.

⑤ 베커는 소득 격차를 엘리트주의적 접근 방법과 평등주의적 접근 방법으로 나누어 설명하였다.

※ 윗글과 〈보기〉를 토대로 28번과 29번의 두 물음에 답하시오.

〈보기〉

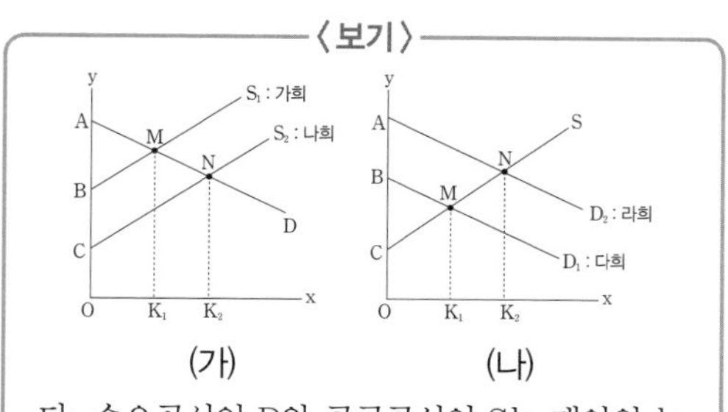

단, 수요곡선인 D와 공급곡선인 S는 개인의 능력과 투자 기회의 차이 이외의 요인은 고려하지 않은 것이다.

28 (가), (나)에 대한 설명으로 적절하지 <u>않은</u> 것은? [2점]

① (가)에서 $OAMK_1$은 '가희'의 인간자본 투자에 대한 총수익이다.
② (가)에서 $OCNK_2$는 '나희'의 인간자본 투자에 대한 총비용이다.
③ (나)에서 BCM은 '다희'의 인간자본 투자에 대한 순이익이다.
④ (나)에서 OK_1은 '라희'의 인간자본에 대한 투자량이다.
⑤ (나)에서 ABMN은 '다희'와 '라희'의 소득 격차이다.

29 윗글을 바탕으로 〈보기〉를 해석한 것으로 가장 적절한 것은? [3점]

① '가희'가 '나희'보다 소득이 높은 것은 '가희'의 능력이 '나희'보다 우수하기 때문이다.
② '가희'는 '나희'에 비해 유리한 조건으로 인간자본에 대한 투자 재원을 조달할 수 있는 사람이다.
③ '가희'와 '나희'의 소득 격차를 줄일 수 있는 사회적 대안으로는 교육 기회 보장 정책이 있을 수 있다.
④ '다희'와 '라희'는 타고난 능력이 비슷하기 때문에 인간자본에 대한 투자로 기대할 수 있는 수익도 비슷하다.
⑤ '라희'는 '다희'에 비해 인간자본에 대한 투자 기회가 적으므로 저소득층 지원책을 통해 소득을 높일 수 있다.

30 〈보기〉를 근거로 하여 ㉠에 대해 제기할 수 있는 비판으로 가장 적절한 것은? [2점]

〈보기〉

인도에서는 인간자본에 대한 투자로 얻을 수 있는 소득이 계급에 따라 크게 다르게 나타난다. 하위 계급 노동자는 상위 계급의 노동자와 동일한 조건에서 교육을 받고 같은 인간자본을 획득하였다고 할지라도 상대적으로 낮은 소득을 얻는다. 하위 계급 노동자가 상위 계급의 노동 시장에 진입하기 어려운 사회에서는 인간자본이 충분한 노동자라고 해도 높은 소득을 얻을 수 있는 노동에 참여하는 것이 힘들기 때문이다.

① 교육의 가장 중요한 목적은 인간을 사회의 구성원으로서 성장시키는 것에 있음을 간과하고 있다.
② 교육을 통해 소득 격차를 해소하는 것이 불가능하다는 입장은 인간의 잠재력을 부정하는 것이다.
③ 노동에 대한 개인의 신념이나 태도 등에 대한 파악 없이 소득 격차의 원인을 제대로 규명할 수 없다.
④ 인간이 속해 있는 공동체의 사회 구조나 환경을 고려하지 않고 소득 격차를 설명하는 것은 불충분하다.
⑤ 교육에 대한 투자를 많이 할수록 인간의 지식과 기능이 향상된다는 것은 교육의 효과를 과대평가한 것이다.

[31~33] 다음 글을 읽고 물음에 답하시오.

목이 휘인 채 꽃 진 꽃대같이 조용히 춘향이는 잠이 들었다. 칼 위에는 눈물방울이 어룽져 꽃 이파리의 겹쳐진 그것으로 보였다. 그렇다, 그것은 달밤일수록 영롱한 것이 오히려 아픈, 꽃 이파리 꽃 이파리, 꽃 이파리들이 되어 떨고 있었다.

[A] 참말이다, 춘향이 일편단심(一片丹心)을 생각해 보아라. 원(願)이라면, 꿈속엔 훌륭한 꽃동산이 온전히 제 것이 되었을 그것이다. 그리고, 그것을 가꾸는 슬기 다음에는 마치 저 하늘의 달에나 비길 것인가. 한결같이 그 둘레를 거닐어 제자리 돌아오는 일이나 맘대로 하였을 그것이다. 아니라면, 그 많은 새벽마다를 사람치고 그렇게 같은 때를 잠 깨일 수는 도무지 없는 일이란 말이다.

– 박재삼, 「화상보(華想譜) – '춘향이 마음' 초(抄)」

31 윗글의 화자에 대한 설명으로 가장 적절한 것은? [2점]

① 화자는 춘향이의 마음에서 삶의 교훈을 얻고 있다.
② 화자는 다양한 관점으로 춘향이의 마음을 추측하고 있다.
③ 화자는 춘향이의 모습에서 자신의 이상을 발견하고 있다.
④ 화자는 춘향이의 모습을 묘사하며 그 마음을 헤아리고 있다.
⑤ 화자는 춘향이와의 비교를 통해 자신의 미래를 가늠하고 있다.

32 윗글에 대한 설명으로 적절하지 <u>않은</u> 것은? [2점]

① 1연에서 '칼'은 '춘향'이 현재 처한 상황을 알려준다.
② 1연에서 '춘향'을 '꽃'에 비유함으로써 '눈물방울'은 '꽃 이파리'로 이어진다.
③ 1연의 '잠'은 2연의 '꿈속'과 자연스럽게 연결된다.
④ 2연의 '아니라면'은 1연의 '그렇다'에 대한 부정을 의미한다.
⑤ 2연의 '참말이다'는 '춘향'에 대한 서술의 진정성을 강화한다.

33 〈보기〉를 참고하여 [A]를 감상한 내용으로 적절하지 <u>않은</u> 것은? [3점]

〈보기〉

대상의 부재는 주체의 감정과 태도, 내면 공간의 성격에 영향을 미친다. '그리움'은 공간을 뛰어넘어 부재하는 대상에 닿고자 하는 확산의 감정이며, '기다림'은 그 대상이 오기를 기다리는 정지의 의지이다. 이러한 확산의 감정과 정지의 의지가 상호 작용하기 때문에 주체의 내면 공간은 반복적으로 순환하는 원형(圓形)을 이루게 되며, 주체는 그 원형적 공간의 둘레를 돌 수밖에 없다.

① '춘향'의 '일편단심'은 확산의 감정과 정지의 의지가 동시에 작용하는 정서라 할 수 있다.
② '슬기'는 '춘향'의 감정과 태도의 상호 작용이 소멸된 데서 비롯한 것이라 할 수 있다.
③ '하늘의 달'은 원형적 순환을 상징적으로 나타낸 이미지라 할 수 있다.

④ '둘레를 거닐어 제자리로 돌아'온다는 점에서 '꽃동산'은 '춘향'의 내면에 존재하는 원형적 공간이라 할 수 있다.

⑤ '같은 때를 잠 깨'인다는 것은 행위의 순환과 반복을 드러내는 것이라 할 수 있다.

[34~38] 다음 글을 읽고 물음에 답하시오.

작년 초까지 아버지는 시내 공립 중학교의 서무 과장이었다. 그런데 작년의 학기말을 끝으로 물러나오고 말았다. 그 점은 순전히 엄마 탓이었다. 엄마는 아버지 학교의 공금을 빼내 썼던 것이다. 물론 아버지를 통해서였다. 그러나 아버지가 처음부터 엄마의 농간에 떨어진 것은 아니었다. 공금을 빼내어 사용(私用)으로 쓰다니. **꽁생원**인 아버지는 숫제 그럴 만한 인물이 못 되었다. 비단 그 문제만 두고 하는 얘기가 아니라, 한마디로 아버지는 소심하고 옹졸했다. 말이 없고 겁이 많았다. 이를 아버지는 전쟁 탓으로 돌렸다. 언젠가 아버지는, 고향을 잃을 때부터 가슴에 큰 구멍이 뚫렸기 때문이라고 말했다. 그 구멍은 통일이 되지 않는 한 무엇으로도 메울 수 없다고 자탄했다. 그러나 고향을 잃고 살기는 엄마도 마찬가지였다. 그러므로 아버지의 이유는 타당치가 못했다. ㉠ <u>아버지는 저 유명한 금강산을 끼고 있는 강원도 통천군 두백리가 고향이었다. 들은 바로는 그곳에 배 열 척과 큰 어장까지 가진 재력 있는 수산업자의 아들로 태어났다. 해방 전에는 일본서 전문학교까지 다녔다. 해방 후로는 서울서 대학에 적을 두었다. 전쟁이 나던 해 유월, 약혼을 하기 위해 고향으로 올라간 것이 그만 발이 묶여 버렸다. 그해 칠월 아버지는 고향서 징집을 당해 인민군 소위로 참전했다</u>. 지난 봄, 어느 날 아버지는 나도 끼인 자리에서 형의 질문에 대답했다.

"그러나 난 공산주의가 원래 새, 생리에 맞지 않았어. 객관적으로 어느 주의가 좋다 나쁘다를 떠나, 그들은 매사에 너무 과격했거든. 마치 사나운 맹수가 인간의 탈을 쓰고 인간을 집단으로 기, 길들이려 덤벼 들었어. 그들은 인간을 생각하는 동물로 버려 두지 않았다니깐. 혁명, 투쟁, 반동, 처단아, 단어만 드, 들어도 얼마나 끔찍하니. 사람이란 다 개성이 다름으로 해서 가, 각자의 꿈과 소망이 다르듯, 그런 자유와 창의력을 나는 존중하지. 또 너들이 알다시피 인간이 생산과 노동 이외 사색도 피, 필요……."

내가 아버지의 말을 꺾었다.

[A]

"아버진 역시 사색파시다, 이 말이시겠죠. 너무 사색이 깊으셔서 결단력이고 뭐고 아무것도 없는 **껍데기**. 오히려 소나 말처럼 잘 길들여진, 심지어 엄마에게까지 꼼짝 못 하는 **노예**……."

이제 형이 내 말을 꺾었다. "아니야. 아버지는 정말 전쟁의 **희생자**야. 통일을 못 이루는 이 분단의 현실이 아버지의 모든 희망을 빼앗아 갔어. 요컨대 아버지 삶의 근간을 끊어 버린 거야."

"형, 잠깐만" 하고 내가 말했다. "교과서에서도 노래삼아 나오는 통일, 통일이란 말은 귀에 못이 박일 정도야. 그런데 뭐야. 우리 눈으로 똑똑히 보다시피 지금 이 상태에서 저쪽 놈들과 무슨 대화가 통하겠어. 선생도 민주주의와 공산주의가 이 지구상에 공존하는 한 무력의 길 이외는 통일이 힘들다고 말했어. 나도 동감이야."

"힘들기는 히, 힘들지. 그러나 누가 지금 토, 통일의 길을 포기하고 있어? 남북 오천만이 넘는 인구 중 통일을 막고 있거나 포기하고 있는 사람이 몇 명이나 될 것 같아?" 아버지는 머리를 쩔레쩔레 흔들며 말했다.

"포기가 아니라 체념이지요. 아버지도 냉정히 생각해 보세요. 통일을 위해 누가 전쟁을 원해요? 오천만이 넘는 인구 중 몇 할이 전쟁을 원하고 있겠어요? 모르긴 하지만 전쟁은 모든 것을 망쳐 버려요. 차라리 전쟁을 원하기보다는 오히려 영구적인 분단이 더 좋아요. 우선 내가 살고 사회가 안정되는 것이 중요하잖아요?" 내가 말했다.

"너희 세대는 왜 통일이 중요한지 몰라. 그런 사고방식을 갖게 한 건 순전히 교육 탓이야." 형이 강한 어투로 내 말을 반박했다.

"교육 탓만은 아니야. 이 물질 위주의 기계주의 사회가 저 저, 젊은 애들을 다른 쪽으로 몰아가고 있어. 도덕적 가치 판단의 기준을 잃게 하는 거야." 교육계에 몸을 담고 있었다고 아버지가 말을 둘러댔다.

"저는 통일이 절실하다고 외치는 아버지나 형이 되기보단 차라리 통일을 모르는 쪽이 좋아요. 그리고 두 분을 절대로 닮지 않겠어요." 내가 말했다.

"누가 뭐래도 인간은 저, 정직이 중요해. 네 생각은 정직하지 못해." 아버지의 말이었다.

[B] 아버지의 그 말에는 잘못이 없었다. 아버지는 늘 정직과 청렴결백을 생활신조로 삼았다. 그래서 학교에서 빼낸 공금을 보름 안으로 메워 놓겠다는 엄마의 허튼 약속을 절대 믿지 않았다. 그러자 엄마는 파산, 집단 자살, 그것도 아니라면 나 혼자 감옥에 가거든 잘 먹고 잘 살아라는 극단적인 위협조차 사양치 않았다. 그렇게 협박과 울음을 섞어 아버지를 설득시킨 것이다. 그 결과 겨우 오백만 원의 돈을 돌려 낼 수 있었다. 어느 날 아버지는 인사불성으로 술에 취해 돌아왔다. "이건 나, **날강도**다. 이젠 나도 책임질 수 없는 일이다. 끝장이다." 아버지는 우리의 방으로 건너와 형과 나를 잡고 투정했다. 엄마는 그 돈으로 깨어지려는 계를 겨우 수습한 모양이었다. 아버지와 약속한 보름이 지났다. 그러나 엄마는 그 돈을 메워 내지 못했다. 아버지는 안절부절못했다. 엄마도 안달이었다. 이제 아버지가 매일 자살 타령을 읊조렸다. 부정보다는 오히려 죽음을 택하는 게 낫다는 것이었다.

아버지는 결국 권고사직을 당했다. 그로써 아버지의 스물네 해 공직 생활은 불명예로 끝났다. 퇴직금을 받았으나 그 돈으로 구멍을 막기에는 모자랐다. 나머지 돈은 엄마가 어떻게 융통한 모양이었다. 학교에서 송별회를 마치고 오던 날, 아버지는 우리들 앞에서 오랜만에 울었다. 그러나 끝내 엄마를 원망하지는 않았다. "암탉이 울면 지, 집안이 망한다더니 끝내 그 꼴을 보, 보고 말았구나." 한숨 끝에 이 말을 중얼거렸을 뿐이었다. 좋게 말해 아버지는 제상에 오른 선한 양이었던 것이다. 그로부터 아버지는 집 안에 들어앉고 말았다. 매달 일만 천 원씩 나오는 삼급 상이용사 연금이 이제 아버지의 유일한 벌이였다. 그러나 역시 엄마는 수완가였다. 엄마는 우리 식구를 거리에 나앉게 하지 않았다. 물론 끼니를 거르게 만들지도 않았다. 엄마의 능력으로 우리 식구는 그런대로 옛 수준을 유지할 수 있었다. 오직 경제권이 전폭 엄마에게로 옮아간 점이 달랐다. ㉡ <u>아니, 전에도 경제권은 엄마가 쥐고 있었다</u>.

– 김원일, 「도요새에 관한 명상」

34 〈보기〉의 ⓐ를 설명하기 위한 단서를 [A]에서 찾는다고 할 때, 적절하지 <u>않은</u> 것은? [2점]

〈보기〉

윗글에서 [A]는 현실 문제와 관련하여 인물들이 대화를 하는 장면이다. 이 장면에서 '나'는 대화에 참여하는 인물 중의 하나이면서 동시에 서술자이기도 하다. 이는 현실 문제에 대한 다양한 시각을 제시하고, ⓐ <u>하나의 시각을 다른 시각으로 조명</u>하도록 함으로써 독자의 비판적인 판단을 요구하는 작가의 의도가 작용한 것으로 볼 수 있다.

2015 기출문제

① '영구적인 분단'이 더 좋다는 '나'의 생각은, '형'에 의해 잘못된 '교육'의 결과로 진단된다.
② 대부분의 사람들이 '통일의 길'을 포기하지 않고 있다는 '아버지'의 생각은, '나'에 의해 '냉정'하지 못한 생각으로 치부된다.
③ '분단'이 아버지의 '삶의 근간'을 빼앗아갔다는 '형'의 생각은, '나'에 의해 '무력의 길'로라도 통일을 해야 한다는 주장으로 이해된다.
④ '젊은 애들'이 '도덕적 가치 판단의 기준'을 잃었다는 '아버지'의 생각은, '나'에 의해 '교육계에 몸을 담고' 있었다고 '둘러대'는 말로 폄하된다.
⑤ '우선 내가 살고 사회가 안정되는 것'이 중요하다고 여기는 '나'의 생각은, '아버지'에 의해 '물질 위주의 기계주의'로 인한 도덕성의 상실로 비판된다.

35 윗글의 내용을 잘못 이해한 것은? [2점]

① '아버지'는 청렴결백을 소중한 가치로 여기며 살아왔다.
② '아버지'는 인간의 개성을 억압하는 이념에 대해 비판적이다.
③ '엄마'는 '아버지'의 퇴직금만으로 가족의 생계를 꾸려나갔다.
④ '아버지'는 학교 공금을 빼내 쓴 일로 불명예스럽게 퇴직했다.
⑤ '아버지'와 '엄마'는 고향을 잃고 살아간다는 점에서 공통적이다.

36 ㉠에 대한 설명으로 가장 적절한 것은? [2점]

① 인물 간의 갈등을 부각하고 있다.
② 인물의 심리 변화를 서술하고 있다.
③ 인물의 처지와 가치관을 분석하고 있다.
④ 인물의 행동을 사실적으로 묘사하고 있다.
⑤ 인물의 내력을 요약적으로 제시하고 있다.

37 〈보기〉는 [B]를 시나리오로 각색하는 공동 과제를 수행한 결과이다. 수행 결과에 대한 평가로 적절하지 않은 것은? [3점]

〈보기〉

S# 91 안방
아버지 : 누가 뭐래도 인간은 저, 정직이 중요해. 당신 생각은 정, 정직하지 못해.
엄마 : (애원조로) 아 내가 뭐랬는데. 보름 안으로 꼭 채워준다고 했잖아. 이번만 좀 어떻게 해줘, 응?
아버지 : 그게 중, 중요한 게 아니야. 애, 애초에 공금을 빼낸다는 생각이 자, 잘못이라니까.
엄마 : (목소리를 높이며 빠르게) 그 돈이 없으면 우린 파산이야. 내가 벌어오는 돈이 없으면 우리 네 식구 모두 죽어야 한다고. 아님 내가 감옥살이 하는 동안 혼자서 고고하게 잘 먹고 잘 살든가!
아버지 : ....(묵묵부답, 집을 나선다.)

S# 92 며칠 후, 안방
아버지, 두툼한 돈봉투를 엄마에게 건넨다. 화색이 도는 엄마의 얼굴과 침울한 아버지의 표정 교차. 화면을 분할하여 각각의 얼굴 C. U.*

S# 93 어느 날 밤, 형제의 방
아버지의 취한 모습. 인사불성이 되어 '끝장이다'를 반복하며 형제에게 술주정하는 아버지. 말리러 온 엄마에게도 같은 말을 반복하며 주정을 한다.

S# 94 보름 후, 안방
아버지 : (안절부절못하며) 도, 돈을 채워주겠다는 날인데……어떻게 된 건가?
엄마 : (되려 화를 내며) 내가 안 주고 싶어 안 주는 거냐고. 갖다 줄 때까지 잠자코 기다리라니깐!
아버지 : (잠시 사이를 두고, 그럴 줄 알았다는 말투로) 그냥 내, 내가 죽어야지. 공금에 손을 대서 나, 낯을 붉히게 되느니 주, 죽는 게 낫겠어.

*C.U. : 시나리오 용어의 하나로, 어떤 한 부분을 특별히 크게 확대하여 찍는 것을 말함. 'Close Up'의 약어.

① S# 91 : '정직'을 생활신조로 삼는 '아버지'의 성격을 고려해서, 원작에서 '아버지'가 다른 인물에게 했던 말을 '엄마'에게도 하는 걸로 했군.
② S# 91 : '엄마'가 '협박과 울음'으로 '아버지'를 설득하는 부분을, 원작과 달리 대화 장면으로 구성해서 '아버지'와 '엄마'의 갈등을 구체화하고 있군.
③ S# 92 : '오백만 원의 돈을 돌려 낼 수 있었다.'라는 원작의 구절에서 '아버지'와 '엄마'의 심정을 추리하여, 두 인물의 심정 대비가 잘 이루어질 수 있도록 화면을 구성했군.
④ S# 93 : '아버지'가 '형과 나'를 붙잡고 투정을 하는 원작과는 달리, '엄마'까지 등장시켜 '아버지'가 가족 모두에게 가졌던 불만을 살려 내고 있군.
⑤ S# 94 : '약속한 보름'이 지난 후 '아버지'가 '매일' 자살 타령을 읊조렸다는 부분을, 원작과 달리 하나의 시공간을 설정하여 '아버지'와 '엄마'의 갈등을 집약적으로 보여 주고 있군.

38 **윗글의 단어를 활용하여, '아버지'를 주어로 ㉡을 달리 표현해 보았다. 가장 적절한 것은? [2점]**

① 아니, 아버지는 경제적으로 만큼은 '꽁생원'으로 살지 않았다.
② 아니, 경제권 행사에서 아버지는 늘 '껍데기'에 불과했을 뿐이다.
③ 아니, 아버지는 경제적으로 '날강도'가 되는 일만은 극히 꺼렸다.
④ 아니, 경제권 행사에서 아버지는 항상 '희생자'의 역할을 맡아 왔다.
⑤ 아니, 아버지는 언제나 경제적인 '노예' 상태에서 벗어나고 싶어 했다.

[39~42] 다음 글을 읽고 물음에 답하시오.

이때 이두병이 큰 아들 관을 동궁으로 봉하고 국호를 고쳐 평순 황제라 하고 개원(改元)하여 건무(建武) 원년(元年)하다.*

이때 송 태자를 외객관에 두었더니, 조신이 다시 간하여 태산계랑도에 정배 안치하여 소식을 끊게 하니라. 이날 왕부인 모자가 태자 정배되었다는 말을 듣고 망극하여,

"우리 도망하여 태자를 따라 사생을 한가지로 하고자 싶으나 종적이 드러나면 지레 죽을 것이니 어찌하리요?"
하며 모자 주야 통곡하더니, 일일은 웅이 황혼에 명월을 대하여 복수할 묘책을 생각하더니 마음이 아득하고 분기탱천한지라, 답답한 마음을 참지 못하여 부인 모르게 중문에 내달아 장안 큰 길 위를 두루 걸어 한 곳에 다다르니 관동(冠童)이 모여 시절 노래를 부르거늘 들으니 그 노래에 하였으되,

국파군망(國破君亡) 하니 무부지자(無父之子) 나시도다.
문제(文帝)가 순제(順帝)되고 태평이 난세로다.
천지가 불변하니 산천을 고칠소냐.
삼강(三綱)이 물러남이 없으니 오륜(五倫)을 고칠소냐.
맑고 밝은 하늘에서 비가 내리는 것은
충신원루(忠臣怨淚) 아니시면 소인의 꽃샘이로다.
슬프다 창생들아, 오호(五湖)에 편주 타고
사해에 노니다가 시절을 기다려라.

웅이 듣기를 다함에 분을 이기지 못하고 두루 걸어 경화문에 다다라 대궐을 바라보니, 인적은 고요하고 월색은 가득한데 수쌍의 오리와 기러기는 못에 떠 있고, 십 리나 되는 화원에 전(前) 왕조의 경치가 아니더라. 전 왕조의 일을 생각하니 일편단심에 굽이굽이 쌓인 근심 갑자기 생기는지라. 담장을 넘어 들어가 이두병을 대하여 사생을 결단하고자 싶되 강약이 같지 않고 문 안에 군사가 많고 문을 굳게 닫았는지라 할 수 없어 그저 돌아서며 분을 참지 못하여 필낭의 붓을 내어 경화문에 대서특필(大書特筆)하여 이두병을 욕하는 글 수 삼 구를 지어 쓰고 자취를 감추어 돌아오니라.

이날 왕부인이 등불 아래에서 한 ㉠ 꿈을 얻으니 승상이 들어와 부인의 몸을 만지며 말하기를,

"부인이 무슨 잠을 깊이 자나이까? 날이 새면 큰 환을 당할 것이니 웅을 데리고 급히 도망하소서."

하거늘 부인이 망극하여 말하기를,

"이 깊은 밤에 어디로 가리이까?"

승상이 말하기를,

"수십 리를 가면 자연 구할 사람이 있을 것이니 급히 떠나소서."
하거늘 놀라 깨달으니 남가일몽(南柯一夢)이라. 웅을 찾으니 또한 없는지라. 대경실색하여 문 밖에 내달아 두루 살펴보니 인적이 없는지라. 정신이 창황하여 이윽히 중문을 바라더니, 웅이 급히 들어오거늘 부인이 크게 놀라 묻기를,

"이 깊은 밤에 어디를 갔더냐?"

웅이 말하기를,

"마음이 산란하와 월색을 따라 거리에 배회하여 돌아오나이다."

"아까 꿈을 얻으니 네 부친이 와 이리이리하니, 가다가 죽을지라도 어찌 앉아서 죽음을 기다리리오. 바삐 행장을 차리라."

[중략 부분의 줄거리] 조웅 모자는 급히 길을 떠나고, 이두병은 현상금까지 걸며 이들을 추격한다. 조웅 모자는 한 마을에 정착하지만 그곳에서 재가를 권유받은 왕부인이 수치심을 느껴 마을을 떠난다. 왕부인은 삭발을 하고 머리카락을 팔아 돈 다섯 냥을 마련하는데 이것조차 도적 떼에게 빼앗겨 조웅 모자는 극심한 기아에 시달린다. 이때 한 중이 먹을 것을 주고 왕부인은 이에 감사를 표한다.

그 중이 웃고 말하기를,

"대국 조충공의 부인이 아니시니까? 일신을 감추어 변형을 굳게 하온들 소승이야 모르리까?"

부인과 웅이 대경실색하여 말하기를,

"이제는 우리의 종적이 드러나 예 와 잡히어 원수의 칼에 죽으리로다."
하여 모자 통곡하며 그 중에게 애걸하여 말하기를,

"우리를 잡아 황성에 바치면 천금의 상에 만호후

를 봉하려니와 부귀는 세상의 일시 변화라. 광풍에 한 조각구름 같고 물 위의 거품 같은지라. 일시 영귀를 생각하지 말고 인명을 살려 주소서. 중은 또한 부처 제자라. 어진 도로써 인명을 구제하온즉 후세에 반드시 부처 되올 것이니 엎드려 바라건대 존사는 잔명을 구완하소서."

하며 붙들고 애걸하니 그 중이 웃으며 말하기를,

"부인은 조금도 놀라지 마옵소서. 소승은 부인 잡아갈 중이 아니오니 진정하와 소승의 말씀 자세히 들으소서."

부인이 정신을 차려 듣기를 다하매 중이 말하기를,

[A] "부인은 살펴보소서. 어찌 소승을 모르나이까? 소승은 부인댁 승상의 화상 그리던 중 월경이로소이다. 그때 승상의 화상을 그리옵고 부인께 보여드리니 천금을 주시기에 가져갔사오니 부인은 어찌 소승을 모르시나이까?"

그제야 부인이 자세히 보니 그때 화상 그리던 중과 거의 흡사하나 세상사를 어찌 알리요?

"천금을 줄 때는 확실했겠으나 분명히 명심한 일이 아니라 이는 기억하지 못하니 존사는 꺼리지 말고 바른 대로 가르치소서."

하고 긴히 애걸하니 승이 민망하여 위로하기를,

"부인이 유한한 간장을 객중에서 여러 해를 근심하였기로 정신이 이상하여 잊었도소이다. 소승이 또한 명백히 밝힐 증거가 있사오니 가져온 화상을 내소서."

부인이 더욱 대경실색하여 말하기를,

"빌어먹는 사람이 무슨 화상이 있사오리요? 존사는 무지한 인생을 대하여 숨기지 말고 바른 대로 하소서. 이제는 도마 위의 고기로 죽고 살기는 존사의 처분이오니 임의로 하소서."

하며 무수히 통곡하니, 중이 절박하여,

"어찌 이대도록 의혹하시나이까? 그때 화상을 그리옵고 부인을 뵈오니 잉태하온 지 칠 삭이옵거늘 짐작하는 도리 있삽기로 부인의 상을 보옵고 앞날의 어려움을 기록하여 화상 등에 넣었사오니 화상을 내어 그 글을 보시면 의혹을 파하고 소승의 허실을 쾌히 아오리다."

하니 부인이 내심에 극히 괴히 여겨 그제야 화상을 내어 등에 종이를 떼고 자세히 보니 과연 글을 지어 등에 넣었는지라. 그 ㉡ 글에 하였으되,

꽃같이 아름다운 왕부인이 삭발은 무슨 일인고? 파강 천경파에 거북을 만났도다. 성수는 뉘실고? 굴삼려* 충혼(忠魂)이라. 복중(腹中)에 끼친 혈육 활달한 기남자라. 공자로 상좌 삼고 변형을 굳게 한들 화상이 불변하거늘 필법조차 고칠소냐?

우서(右書)는 위국 산양 땅 강선암 월경이 근서(謹書)하노라. 경오 추칠월 십오 일 상봉.

이라 하였더라.

– 작자 미상, 「조웅전」

* 원년(元年)하다 : 나라를 세운 해로 삼다.
* 굴삼려 : 초나라의 충신.

39 윗글의 내용을 잘못 이해한 것은? [2점]

① 이두병은 스스로를 황제라고 칭했다.
② 웅은 대궐문에 이두병을 욕하는 글을 썼다.
③ 왕부인은 꿈을 꾼 후 웅과 함께 길을 떠났다.
④ 승상은 송 태자에게 조웅을 돌봐 달라고 부탁하였다.
⑤ 월경은 왕부인이 신분을 감추고 있음을 알고 있었다.

40 [A]에서 알 수 있는 인물들의 발화 의도로 가장 적절한 것은? [2점]

① 월경과 왕부인 모두 서로에게 도움이 되려고 하는군.
② 월경은 왕부인의 사연을 듣고자 하고 왕부인은 이를 피하려고 하는군.
③ 월경과 왕부인 모두 서로를 향해 자신의 숨겨진 마음을 조금씩 열려고 하는군.
④ 월경은 왕부인을 안심시키려고 하고 왕부인은 월경의 진의를 확인하려고 하는군.
⑤ 월경은 왕부인의 잘못을 추궁하려고 하고 왕부인은 사실을 인정하지 않으려고 하는군.

41 ㉠과 ㉡에 대한 이해로 적절하지 않은 것은? [2점]

① ㉠은 조웅 모자 사이에 새로운 갈등을 유발하고 있다.
② ㉠은 조웅 모자에게 닥친 위기를 알리는 기능을 한다.
③ ㉡은 왕부인과 월경의 과거 인연을 확인시켜 준다.
④ ㉡은 웅의 비범성을 암시하는 내용을 포함하고 있다.
⑤ ㉡은 월경이 초월적 능력을 지닌 존재임을 보여 준다.

42 〈보기〉를 참고하여 윗글을 감상한 내용으로 적절하지 않은 것은? [3점]

〈보기〉

'조웅전'은 유교적 질서와 이념이 훼손된 현실을 배경으로, 영웅적 인물인 '조웅'이 자신에게 주어진 역할 즉, 질서와 이념의 훼손을 가져온 집단을 제거하고 이전의 질서와 이념을 회복하는 임무를 완수하는 서사구조로 이루어져 있다. '조웅'은 비범한 능력을 갖고 태어나지만 어린 시절부터 시련–극복의 과정을 반복적으로 거치는데, 그때마다 조력자들의 도움으로 위기에서 벗어나면서 질서 파괴 세력에 대적할 주체로서의 역량을 키우게 된다.

① 관동들이 부르는 '시절 노래'에는, 유교적 질서와 이념이 훼손된 현실이 반영되어 있군.
② '전 왕조'에 대한 '일편단심'은, 유교적 질서와 이념의 회복을 위한 중심적 역할의 담당자로서 '웅'이 갖춘 자격의 하나라고 할 수 있겠군.
③ '이두병을 대하여 사생을 결단하고자 싶되 강약이 같지 않'다는 것은, '웅'이 질서 파괴 세력에 대적할만한 역량을 아직 갖추지 못했음을 의미하는군.
④ '왕부인'과 '웅'이 '일신을 감추'고 '원수의 칼'에 죽을 것을 염려하는 것은, '웅'이 겪는 시련의 일환이라 할 수 있겠군.
⑤ '월경'이 위기에 처한 '왕부인'과 '웅'을 돕는 것은, '부처 제자'들이 이념의 훼손을 가져온 집단 제거의 임무를 완수하는 다른 주체임을 알려주는군.

[43~45] 다음 글을 읽고 물음에 답하시오.

일곡(一曲)은 어드매오 관암(冠巖)에 해 비친다
평무(平蕪)에 내 걷히니 원근(遠近)이 그림이로다
송간(松間)에 녹준(綠樽)을 놓고 벗 오는 양 보노라
〈2수〉

이곡(二曲)은 어드매오 화암(花巖)에 춘만(春滿)커다
벽파(碧波)에 꽃을 띄워 야외(野外)에 보내노라
㉠ 사람이 승지(勝地)를 모르니 알게 한들 어떠리
〈3수〉

삼곡(三曲)은 어드매오 취병(翠屛)에 잎 펴졌다
녹수(綠樹)에 산조(山鳥)는 하상기음(下上其音)* 하는 적에 반송(盤松)이 바람을 받으니 여름 경(景)이 없어라
〈4수〉

사곡(四曲)은 어드매오 송애(松崖)에 해 넘거다
담심암영(潭心巖影)*은 온갖 빛이 잠겼어라
임천(林泉)이 깊도록 좋으니 흥(興)을 겨워 하노라
〈5수〉

오곡(五曲)은 어드매오 은병(隱屛)*이 보기 조희
수변정사(水邊精舍)는 소쇄(瀟灑)함*도 가이 없다
이 중(中)에 강학(講學)도 하려니와 영월음풍(咏月吟風) 리라
〈6수〉

– 이이, 「고산구곡가(高山九曲歌)」

*하상기음 : 오르락내리락하면서 지저귐.
*담심암영 : 맑은 못 속에 비치는 바위 그림자.
*은병 : 고산구곡의 하나로 이이가 은거한 해주 고산의 은병정사를 의미함.
*소쇄함 : 맑고 깨끗함.

43 다음은 윗글의 구성과 관련하여 탐구한 내용이다. 적절하지 않은 것은? [2점]

A. 통사 구조
• '-곡은 어드매오'가 매 수마다 반복되고 있다. ······ ㉠

B. 공간적 질서
• '일곡'에서 '오곡'으로 순차적으로 제시하고 있다. ······ ㉡
• 〈2수〉의 '관암'에서 〈6수〉의 '은병'까지 이동 경로를 제시하고 있다. ······ ㉢

C. 시간적 질서
• 〈2수〉의 '해 비친다'와 〈5수〉의 '해 넘거다'가 하루 중의 시간으로 대응하고 있다. ······ ㉣
• 〈3수〉의 '춘만커다'와 〈4수〉의 '여름 경'이 계절로 대응하고 있다. ······ ㉤

① ㉠
② ㉡
③ ㉢
④ ㉣
⑤ ㉤

※ 〈보기〉를 참고해 44번과 45번 두 물음에 답하시오.

〈보기〉

율곡의 자연관에 따르면 자연을 눈으로만 보아서는 안 되며 산수의 흥취를 깊이 알아 자연 속에 담긴 도체(道體), 즉 진리를 파악해야 진정한 즐거움인 진락(眞樂)에 이를 수 있다. 즉 율곡은 자연 속에서 자연의 아름다움을 발견할 뿐 아니라 학문을 통해 도학적 이상을 추구했다고 할 수 있다.

44 **〈보기〉를 참고로 윗글을 감상한 것으로 적절하지 <u>않은</u> 것은?** [3점]

① '3수'의 '승지'는 경치가 아름다운 곳인 동시에 도체가 내재되어 있는 공간으로 볼 수 있군.

② '4수'의 '녹수'와 '산조', '반송'과 '바람'의 조화는 '진락'을 느낄 수 있는 아름다운 자연의 모습을 포착한 것이라고 볼 수 있군.

③ '5수'의 '온갖 빛이 잠겨' 있는 '담심암영'에서 느끼는 '흥'은 '진락'에 대한 다른 표현으로 볼 수 있군.

④ '6수'의 '소쇄함'이 '가이 없다'는 것은 학문을 통해 도체를 파악하는 길이 쉽지 않다는 의미로 볼 수 있군.

⑤ '6수'의 '강학도 하려니와 영월음풍 하리라'는 자연을 즐기는 것과 도학적 이상의 추구가 다르지 않음을 보여주고 있군.

45 **㉠에 대한 이해로 가장 적절한 것은?** [2점]

① 산수의 흥취를 아는 사람이다.

② 진락을 알지 못하는 사람이다.

③ 도학적 이상을 추구하는 사람이다.

④ 자연을 눈으로만 보지 않는 사람이다.

⑤ 도체를 파악하기 위해 노력하는 사람이다.

제1교시 국어영역(B형)

▶정답 및 해설 101p

[01~03] 다음은 토의의 일부이다. 물음에 답하시오.

사회자 : 소셜커머스는 소셜네트워크서비스(SNS)를 활용한 전자상거래의 일종으로 일정 수의 공동 구매자를 모아 파격적인 할인 혜택을 제공하는 서비스입니다. 최근 이용자 수가 급증하면서 피해를 입는 이용자가 늘어나고 있습니다. 그래서 오늘은 소비자 시민 단체 대표 김○○님과 소비자정책연구원의 이△△ 교수님을 모시고 소셜커머스 이용에 따른 피해와 그 대책에 대해 논의하고자 합니다. 먼저, 김 대표님께서 소비자들이 입은 피해에 대해 말씀해 주시고, 이어서 이 교수님께서도 말씀해 주십시오.

김 대표 : 소비자들이 입은 피해를 살펴보면, 광고로 접했던 것과 구입한 상품이 달라 피해를 입은 경우가 가장 많았습니다. 그리고 정상 가격으로 상품을 구입한 소비자들과 다르게, 차별 대우를 받은 소비자들도 많았습니다. 이러한 피해를 입은 소비자들이 증가하는 이유는 허위 · 과장 광고에 대한 철저한 단속과 엄격한 규제가 제대로 이루어지지 않고 있기 때문입니다.

이 교수 : 소셜커머스를 이용한 소비자가 피해를 입었을 때 보상을 받기 위한 법적 장치가 미흡하다는 것도 큰 문제입니다. 얼마 전 소셜커머스를 이용해 가족 외식권을 구매한 적이 있는데요, 가족들과 함께 간 식당에서 광고했던 음식이 아닌 다른 음식이 나와 가족 외식을 망친 적이 있었습니다. 업체에 항의를 했지만 법적으로 명확한 보상 기준이 마련되어 있지 않아 결국 보상을 받지 못했습니다.

사회자 : 허위 · 과장 광고에 대한 규제와 피해를 보상하는 법적 장치가 미흡하다는 것이 소비자들의 피해를 유발하고 있다는 말씀이시군요. 그렇다면 이에 대한 해결 방안으로는 어떤 것이 있을까요? 이번에는 먼저 이 교수님께서 말씀해 주십시오.

이 교수 : 소셜커머스 소비자 피해의 발생을 예방하고 피해를 입었을 때 이를 보상해 주는 법적 · 제도적 장치를 보완하는 것이 무엇보다 중요합니다. 소셜커머스 소비자들이 입은 피해를 신고할 수 있는 전담 기구를 만들고 소비자들이 입은 피해에 대해 업체들이 보상하도록 하는 명확한 기준과 법규를 현실에 맞게 수정 · 보완해야 합니다. 그리고 덧붙이자면 소셜커머스 업체를 이용한 소비자들의 개인 정보 유출을 막기 위한 대책도 강구되어야 합니다.

사회자 : 개인 정보 유출 문제는 차후에 따로 논의하겠습니다. 지금은 앞서 제시된 문제점을 해결하기 위한 방안에 초점을 맞추어 의견을 제시해 주셨으면 합니다. 김 대표님의 의견을 들어 보겠습니다.

김 대표 : 소셜커머스라는 새로운 상황에 맞게 법적 · 제도적 장치를 보완해야겠지요. 그렇지만 법과 제도의 개선은 시간이 많이 걸리는 문제점이 있습니다. 우선은 관계 당국이 소비자를 보호하기 위해 만들어진 기존 법규를 토대로 소비자들에게 피해를 입히는 업체들을 강력하게 단속하고 처벌해야 합니다. 그렇게 하면 허위 · 과장 광고로 피해를 입는 소비자들이 줄어들 것입니다.

사회자 : 소비자 피해 보상을 위한 법적 · 제도적 장치의 보완이 추진되어야 하고 아울러 현행 법규를 토대로 단속과 처벌이 강화되어야 한다는 말씀이시군요. 소셜커머스의 경우 소비자들이 상품을 구매하기 전 업체의 신뢰성을 확인할 수 없어 많은 어려움을 겪고 있다고 들었습니다. 이 때문에 허위 · 과장 광고에 속는 소비자들이 많은 것 같습니다. 이에 대한 대책은 없을까요?

김 대표 : 소비자들이 소셜커머스를 이용할 때 불편함을 느끼는 이유를 조사한 자료들에 따르면, 업체에 관한 객관적인 정보 부족으로 불편함을 느낀 소비자의 비율이 가장 높았습니다. 수백여 개의 소셜커머스 업체들에 대해 소비자 개인이 정보를 탐색하고 비교해서 자신이 원하는 정보를 찾는다는 것은 매우 어렵습니다. 따라서 소비자 단체 및 정부 차원에서 소셜커머스 업체들의 실태에 대해 조사한 내용을 소비자들에게 공개하는 방안을 마련해야 합니다. [A]

01 위 토의 참여자들에 대한 설명으로 적절하지 않은 것은? [2점]

① 김 대표는 소셜커머스 소비자들의 피해가 늘고 있는 원인으로 허위 · 과장 광고에 대한 느슨한 단속을 문제 삼고 있다.

② 김 대표는 소셜커머스 업체에 대한 단속과 처벌을 강화하면 허위 · 과장 광고로 인한 소비자 피해를 줄일 수 있다고 보고 있다.

③ 김 대표는 이 교수가 제시한 방안의 문제점을 언급한 뒤 자신의 의견을 제시하고 있다.

④ 이 교수는 자신의 경험을 토대로 피해를 입은 소비자들의 소극적인 대응을 문제 삼고 있다.

⑤ 이 교수는 소셜커머스 소비자 피해 문제를 해결하기 위한 방안으로 법적 · 제도적 장치의 보완을 중시하고 있다.

02 위 토의에서 사회자가 수행하고 있는 역할로 적절하지 않은 것은? [2점]

① 토의 참여자의 발언 순서를 지정해 주고 있다.

② 토의의 배경을 제시하며 토의 주제를 소개하고 있다.

③ 토의 참여자들의 발언 내용을 요약 · 정리해 제시해 주고 있다.

④ 토의 참여자들 간의 의견 충돌로 인한 갈등을 중재하고 있다.

⑤ 토의가 논점에서 벗어나지 않도록 논의의 범위를 제한하고 있다.

03 위 토의를 참관한 청중이 [A]에 대해 평가한 내용으로 가장 적절한 것은? [2점]

① 한 개인의 특수한 사례만을 근거로 제시해 주장의 타당성을 떨어드리고 있군.

② 자료의 출처와 구체적인 수치를 밝히지 않아 주장의 신뢰성을 떨어뜨리고 있군.

③ 앞서 제시한 주장들과 상충되는 주장을 함으로써 발언의 일관성을 떨어뜨리고 있군.

④ 앞서 논의된 토의 내용을 거듭 반복해서 말함으로써 논의의 효율성을 떨어뜨리고 있군.
⑤ 상반된 입장 중에 한쪽만의 주장을 일방적으로 지지함으로써 내용의 공정성을 떨어뜨리고 있군.

[04~05] 다음은 세 학생의 대화이다. 물음에 답하시오.

민규 : 경아야, 먼저 와 있었구나. 시간 내 줘서 고마워.
경아 : 응, 할 말 있다더니 무슨 일이야? 지영이도 같이 왔네, 안녕?
지영 : 응, 오랜만이야.
민규 : 경아야, ㉠ 다름이 아니라 지영이랑 나랑 영화 토론 동아리 하는 거 알지? 우리 동아리에서 이번 여름 방학에 선생님들 모시고 토론회를 여는데 같이 하자.
경아 : ㉡ 이런 말 하긴 좀 그런데, 난 솔직히 별로 내키지 않아. 영화는 혼자서 즐기는 게 더 좋거든. 그냥 스스로 느끼고 생각하는 걸로 충분하지 않나?
민규 : 영화에 대해서 함께 이야기를 해 보면 좋은 점이 많아. 내가 놓친 장면의 의미도 생각하게 되고, 나만 혼자 이렇게 생각한 게 아니구나 하는 데서 위안도 얻고, 새로운 깨달음을 얻기도 하거든. 이만한 공부가 없다 싶어. ㉢ 그렇지?
지영 : 응, 맞아. 더구나 이번 방학엔 영화와 문학을 주제로 하는데, 너 그 분야에 관심 많지 않아? 더 깊이 공부할 수 있는 기회가 될 거야.
경아 : 그래? 음, 그래도 용기가 안 나네. 그런 공적인 자리에서 말하는 게 서툴기도 하고.
지영 : 응, 무슨 말인지 알겠어. 나도 처음엔 그랬으니까. 너도 내 성격 알잖아. 그런데 몇 번 하다 보니까 두려운 마음이 사라졌어.
민규 : 난 방학마다 참여해서 이번에 다섯 번째인데 어떤 때보다 프로그램이 좋아. 네가 좋아하는 김○○ 선생님도 참석하실 건데. 우리 같이 하자.
경아 : 그래? 그럼 나도 한번 해 볼게. ㉣ 그러나저러나 너흰 방학 때 다른 계획은 없니? 난 벌써부터 해야 할 공부 때문에 걱정이다.
지영 : 그러게 말이야. 나도 밀린 공부랑 과제물 때문에 정신없을 것 같아.
민규 : 다 그렇지 뭐. ㉤ 그건 그렇고, 그럼 영화 토론 같이 하기로 한 거다.
경아 : 그래, 알았어. 어떤 작품들이야?

04 **〈보기〉를 참고할 때 '민규'와 '지영'의 말하기 전략으로 적절하지 않은 것은? [3점]**

〈보기〉

설득 전략은 화자, 청자, 메시지의 구성 요소로 나누어 접근할 수 있다. 우선 ⓐ 화자 측면에서는 화자의 권위, 지식, 열정, 경험 등이 화자에 대한 신뢰성을 높이는 요소로 작용하여 설득에 영향을 미칠 수 있다. ⓑ 청자 측면에서는 청자의 요구나 관심을 파악하고, 청자와의 심리적 일체감을 형성하는 것이 설득 효과를 높일 수 있다. 한편 ⓒ 메시지 측면에서는 메시지의 적절한 근거를 제시하여 화자의 강압에 의해서가 아니라 청자 스스로 판단할 수 있도록 이끌어 주는 것이 중요하다.

① 민규가 '다섯 번째 참여'한다는 사실을 언급한 것은 ⓐ의 측면에서 신뢰성을 강화하려는 의도로 볼 수 있다.

② 민규가 '김○○ 선생님도 참석하실' 것임을 언급한 것은 ⓐ의 측면에서 화자의 권위를 드러내려는 의도로 볼 수 있다.

③ 지영이가 '나도 처음엔 그랬'음을 언급한 것은 ⓑ의 측면에서 청자와의 심리적 일체감을 높이려는 의도로 볼 수 있다.

④ 지영이가 '영화와 문학을 주제로' 한다는 것을 언급한 것은 ⓑ의 측면에서 청자의 요구나 관심을 환기하려는 의도로 볼 수 있다.

⑤ 민규가 '위안'과 '깨달음'을 얻을 수 있다고 언급한 것은 ⓒ의 측면에서 적절한 근거를 제시하려는 의도로 볼 수 있다.

05 ㉠~㉤에 대한 설명으로 적절하지 않은 것은? [2점]

① ㉠ : 대화의 화제를 제시할 것임을 드러내고 있다.

② ㉡ : 상대방의 제안을 거절할 것임을 드러내고 있다.

③ ㉢ : 다른 대화 참여자의 동의를 구하고 있다.

④ ㉣ : 화제를 새로운 화제로 전환하고자 하고 있다.

⑤ ㉤ : 맞장구를 치면서 상대방의 의견에 동조하고 있다.

[06~07] 〈보기 1〉은 '고등학교 진로 교육 내실화 방안'을 주제로 논설문을 쓰기 위해 수집한 자료이고, 〈보기 2〉는 개요의 초고이다. 물음에 답하시오.

〈보기 1〉

(가) 신문 기사

최근 진로 교육이 강화되고 있다. 교육부는 학생들의 현장 직업 체험 교육을 포함해, 진로 교육을 위한 창의 · 인성 체험 활동을 더욱 강화하고 있다고 밝혔다. 하지만 학교 현장에서는 충분한 준비가 갖추어지지 않아 진로 교육이 내실 있게 운영되지 못하고 있는 실정이다. 학생들이 실제로 직업을 체험할 수 있는 사업장을 구하지 못해 직업 체험이 형식적으로 이루어지는 경우가 많고, 교내에서 이루어지는 진로 교육도 직업 관련 영상물을 시청하는 정도의 수준에 머물고 있다. 이러한 현상은 대학 진학에 대한 부담이 큰 고등학교에서 가장 심하게 나타나고 있다. 학생의 개인 특성을 고려하여 실질적이고 체계적인 진로 교육이 이루어지고 있는 선진국들에 비추어 보면 우리의 진로 교육은 아직도 매우 미흡한 수준이다.

(나) 조사 자료

1. 학생의 진로 탐색을 위한 노력

노력한 내용	학교 급	노력 정도
내가 무엇을 잘 하는지 알려고 노력한다.	초등학교	4.10
	중학교	3.90
	고등학교	3.88
장래 희망을 위해 지금 무엇을 어떻게 해야 하는지 알려고 노력한다.	초등학교	4.12
	중학교	3.75
	고등학교	3.85
내가 앞으로 하고 싶은 일과 관련된 체험 활동에 참여하려고 노력한다.	초등학교	3.16
	중학교	2.26
	고등학교	2.16

※ 노력 정도
1 : 전혀 노력 안 함. / 2 : 별로 노력 안 함.
3 : 보통임. / 4 : 약간 노력함. / 5 : 매우 노력함.

2. 고등학교 교사의 진로 교육 관련 이해도

	안다(%)	보통이다(%)	모른다(%)
직업 · 직장 체험 활동을 어떻게 해야 하는지	22.3	32.3	43.8
진로 지도 전문성 함양 방법을	29.7	38.4	30.2
직업 관련 정보를 어디서 찾아야 하는지	35.8	37.1	25.4

(다) 인터뷰

○ "고등학교에 와서 진로 교육을 받아 보았지만 프로그램도 단조롭고 저의 관심과 동떨어진 활동들이 많아서 별로 흥미가 생기지 않아요. 그냥 공부만 잘 하면 되지 왜 굳이 진로 교육을 받아야 하는지도 잘 모르겠고요."

– △△ 고등학교 학생

○ "초등학교에서는 자기 이해를 중심으로, 중학교에서는 진로 탐색을 중심으로, 그리고 고등학교에서는 구체적인 진로 계획을 중심으로 진로 교육이 체계적이고 단계적으로 이루어져야 합니다. 따라서 이러한 목표에 부합하는 다양한 진로 교육 프로그램의 개발과 전문성 향상을 위한 체계적인 교사 연수가 시급합니다. 또한 학교가 지역 사회, 기업 등과 함께 협력하여 진로 교육을 실질적으로 운영할 수 있는 지원 체계를 구축해야 할 것입니다. 이를 위해서는 교육청이 더욱 주도적인 역할을 해 주어야 합니다."

– □□대 교육학과 교수

〈보기 2〉

○ 서론
○ 본론
  1. 현황 ············ ㉠
  2. 문제점 분석
    가. 교사 측면
    나. 학생 측면 ············ ㉡
    다. 교육 당국 측면
  3. 개선 방안
    가. 교사 측면 ············ ㉢
    나. 학생 측면 ············ ㉣
    다. 교육 당국 측면 ············ ㉤
○ 결론

06 〈보기 1〉을 활용하여 〈보기 2〉를 구체화하는 방안으로 적절하지 않은 것은? [3점]

① (가)에서 고등학교의 진로 교육이 내실 있게 이루어지지 못하고 있다는 점을 이끌어 낼 수 있으므로, ㉠에서 '고등학교 현장에서 형식적으로 운영되는 진로 교육' 실태를 다룬다.

② (나)–1과 (다)에서 고등학생들이 진로 탐색 및 진로 교육에 임하는 태도에 문제가 있다는 점을 이끌어 낼 수 있으므로, ㉡에서 '진로 교육에 임하는 고등학생들의 소극적인 태도' 문제를 다룬다.

③ (나)–2와 (다)에서 진로 교육을 담당할 교사들의 전문성을 향상시킬 필요가 있다는 점을 이끌어 낼 수 있으므로, ㉢에서 '고등학교 교사들을 위한 체계적인 진로 교육 연수 확대' 방안을 다룬다.

④ (가)와 (다)에서 학생들이 흥미 위주로 진로 교육 프로그램을 선택하고 있다는 점을 이끌어 낼 수 있으므로, ㉣에서 '다양한 진로

교육 프로그램에 고등학생들의 참여를 유도하는 방안'을 다룬다.

⑤ (다)에서 교육청이 주도하여 진로 교육을 실질적으로 운영할 수 있는 지원 체계가 필요하다는 점을 이끌어 낼 수 있으므로, ⓜ에서 '지역 사회, 기업 등과 연계한 지원 체계 마련을 위한 교육 당국의 노력' 방안을 다룬다.

07 **〈보기 2〉의 '서론'을 조건에 따라 쓴 것으로 가장 적절한 것은?** [2점]

〈조건〉

- 진로 교육의 중요성이 드러나도록 할 것.
- 질문을 하는 방식과 예를 드는 방식을 활용할 것.

① 진로 교육이 조용히 확산되고 있다. 진로 교육을 받은 학생들 가운데에서 자신의 진로를 찾게 되었다며 만족감을 표하는 학생들도 점점 늘어가고 있다. 왜 공부를 해야 하는지도 모른 채 표정 없이 문제집만 풀던 아이들에게 새로운 꿈과 희망이 생기면서 이제 학교는 새로운 활기가 넘친다. 진로 교육이야말로 우리 교육이 가장 힘써야 할 과제임을 잘 보여 주는 대목이다.

② 직업은 인간이 행복한 삶을 살아가는 데 중요한 기반이 된다. 따라서 자신의 적성과 흥미를 잘 고려하여 직업을 신중하게 선택해야 한다. 영국과 독일 등 선진국들은 자국의 청소년들이 실질적인 진로 교육을 받을 수 있도록 많은 투자와 지원을 아끼지 않는다. 이처럼 선진국들이 진로 교육에 많은 노력을 기울여 온 이유가 무엇 때문이겠는가? 진로 교육을 그만큼 중요한 과제로 삼고 있기 때문일 것이다.

③ 사회가 복잡해지고 직업이 다양해지면서 직업 선택의 중요성이 더욱 강조되고 있다. 하지만 우리 주변에서 자신의 직업에 대해 만족하는 사람을 찾기란 쉽지 않다. 또한 전공과 관련 없는 직업을 선택하는 사람들의 비율이 높고, 대학 졸업 후에 다시 새로운 과를 선택해 재입학하는 경우도 해마다 늘고 있다. 이러한 사례들에 비추어 볼 때 청소년 시기에 이루어지는 진로 교육이 얼마나 중요한지 짐작할 수 있다.

④ 최근 직업 현장에서 체험을 하는 중 · 고등학생들을 쉽게 찾아 볼 수 있다. 무척 반가운 일이다. 청소년 시기에 직업 현장에서 직접 몸으로 부딪치며 다양한 직업을 체험해 본다는 것이 얼마나 흥미롭고 신나는 일인가? 하지만 직업을 체험하는 것보다 더 중요한 게 있지 않을까? 바로 땀의 의미를 깨닫는 것이다. 현장에서 열심히 일하는 사람들의 땀 흘리는 모습을 보면서 노동의 의미와 가치를 되새기는 기회가 되었으면 한다.

⑤ 우리나라 고등학생들의 학력지수는 비교적 높은 편이지만 행복지수는 매우 낮다고 한다. 이에 비해 핀란드의 고등학생들은 학력지수와 함께 행복지수도 높게 나타나고 있다. 아무리 공부를 잘 하는 학생을 많이 길러 내는 교육 제도라 하더라도 학생들에게 진정한 행복을 주지 못하는 교육 제도라면 무슨

의미가 있겠는가? 교육 제도를 만들 때 정말 중요하게 생각해야 하는 것이 무엇인지 다시 살펴보아야 할 이유가 여기에 있다.

08 〈보기〉의 항목 중, 〈보고서〉에 반영되지 <u>않은</u> 것은? [2점]

〈보기〉

◇ **보고서 작성 계획** ◇

ㄱ. 견학의 목적을 제시한다.
ㄴ. 장소 선정의 경위를 밝힌다.
ㄷ. 견학 중 이동한 경로에 따라 내용을 조직한다.
ㄹ. 견학을 통해 새로 알게 된 정보를 제시한다.
ㅁ. 좋았던 점과 함께 아쉬웠던 점을 밝힌다.

제목 : △△ 자연사 박물관을 다녀오다.
작성일 : 2014년 ○월 ○일
작성자 : ◆◆고등학교 생물탐구반

우리 생물탐구반은 방학을 맞아 그동안 책에서만 배웠던 것을 직접 눈으로 보고 느껴보기 위해 자연사 박물관을 견학하기로 했다. 인터넷 검색을 통해 △△ 자연사 박물관은 우리나라 최초로 세워진 자연사 박물관으로, 규모가 그리 큰 편은 아니지만 다양한 전시관을 갖추고 있으며 알찬 프로그램을 잘 운영하고 있다는 것을 알게 되었다. 또한 우리 학교에서 버스로 쉽게 갈 수 있는 곳이어서 우리는 △△ 자연사 박물관을 견학 장소로 선택하게 되었다.

△△ 자연사 박물관에 도착해서 우리가 제일 먼저 간 곳은 1층에 있는 '지구 환경관'이다. 지구의 탄생 과정과 지각의 구조에 대해 체계적으로 이해할 수 있도록 전시해 놓은 방이었는데, 원시 지구에서 생명의 터가 형성되는 과정을 한눈에 볼 수 있도록 잘 전시되어 있었다. 이곳에서 고생대 말인 3억 년 전만 하더라도 지구상의 모든 대륙이 하나의 초대륙을 이루고 있었다는 사실을 알게 되었다. 다음으로 우리가 간 곳은 2층에 있는 '생명 진화관'이었다. 이곳은 다양한 생물들이 어떤 과정을 거쳐 진화되어 왔는지를 잘 보여주고 있었는데, 특히 남세균류의 화석이 전시되어 있어 눈길을 끌었다. 이것을 통해 남세균류가 지구 최초의 생명체 증거라는 것을 새로 알게 되었다. 3층에 있는 '인간과 자연관'은 살아 있는 생명체 구역, 멸종 위기 생명체 구역 등 다양한 주제를 가진 구역들로 꾸며져 있었는데, 인간이 자연과 오랫동안 공존하기 위해서는 더욱 생태계 보존을 위해 노력해야겠다는 생각이 들었다. 끝으로 지하에 있는 '가상 체험실'에서 공룡이 활동했던 시기를 4D 영상으로 가상 체험할 수도 있었다.

책에서 공부했던 내용을 직접 눈으로 확인하는 설렘과 새로운 지식을 얻게 된 기쁨이 매우 큰 하루였다. 학교에 돌아가면 다른 친구들에게도 이곳을 한번 방문해 볼 것을 권해야겠다는 생각을 하며 견학을 마쳤다.

① ㄱ
② ㄴ
③ ㄷ
④ ㄹ
⑤ ㅁ

[09~10] 다음을 읽고 물음에 답하시오.

※ 작문 상황

김누리 학생은 작문 시간에 '자신의 경험을 떠올려 글쓰기'라는 과제를 수행했다.

※ 김누리 학생의 수필

이번 설 전날, 어머니와 함께 ○○마트에 갔을 때의 일이다. 로비 의자에 앉아 있었는데, 그 옆에서 어떤 아저씨가 귀엽게 생긴 아기에게 분유를 먹이고 있었다. 아기는 젖꼭지를 물다 이내 울음을 터트리곤 했는데, 주변 소리가 성가신 듯했다.

어느새 아기 응가 냄새가 폴폴 나기 시작한다. 울음 끝에 일을 보고 만 것이다. 아기를 데리고 화장실로 가겠지? ㉠ <u>그럼에도 불구하고</u> 아저씨는 그 자리에서 기저귀를 갈기 시작한다. 결코 익숙해지지 않는 시큼하고 비릿한 냄새. 마치 파도타기를 하는 것처럼, 사람들은 대화를 멈추고 이쪽을 쳐다보기 시작한다. 그 모양이 꼭 냄새가 번지는 모습을 보는 것 같다. 결국 직원이 가서 무슨 말을 하자 아저씨는 화를 내며 아기를 안고 나가버리는 것이 아닌가.

집에 돌아오는 길, 어머니께선 ㉡ <u>고약한 냄새와 시끄러운 소리가 들려서</u> 마트 직원들이 곤란했겠다며, 아저씨의 에티켓이 조금 부족한 것 같다고 말씀하셨다. 그러나 ㉢ <u>곰곰히</u> 생각해 보니, 그 문제만은 아닌 것 같았다. 명절 선물을 사려고 했을 테지. 엄마는 왜 없었을까. 엄마가 있었다면 수유실로 갔겠지. 그렇지만 응가는…… 그래, 그 마트 남자 화장실에는 기저귀 교환대가 없었다. 그렇다고 변기 뚜껑 위에 아기를 눕힐 수는 없는 것 아닌가. 그 아저씨는 모유 수유실도, 화장실도 이용할 수 없었던 것이다.

나는 어렸을 때, 시골에서 자랐다. 모유 수유실도 기저귀 교환대도 없었지만, 엄마들이 뒤돌아 앉아 아기들의 배를 채워주고, 기저귀를 갈아줄 만한 공간은 어디든 있었으니, 널린 게 요람이었다. 우선은 도시 공공시설에 아빠들이 이용할 수 있는 수유실을, 남자 화장실에 기저귀 교환대 설치를 확대해야겠지만, 그런다고 계절이 돌아오듯 아기들이 행복했던 시절이 돌아올까. 아기 전용 공간이 늘어나지만 도리어 아기에게 허용된 공간은 줄어들고 있는 이 ㉣ <u>궤변</u>에 나는 한동안 생각에 잠겨야 했다.

가장 행복했어야 하는 존재지만, 충분히 배려 받지 못했던 그 아기. 생각이 여기까지 미치자 아기에게 미안한 마음이 들었다. ㉤ <u>물론 그 아저씨에게 뭐라 말을 건넸던 직원처럼 우리도 할 일은 해야 하겠지만</u>, 힘차게 기저귀를 풀어헤치던 아저씨의 당당한 모습 뒤로 많은 사람들이 눈총을 주는 모습이 떠올랐다. 아, 그 사이에 내가 있었구나!

09 다음은 윗글을 쓰기 위해 세운 글쓰기 전략과 구체화 방안이다. 윗글에 사용되지 <u>않은</u> 것은? [2점]

〈글쓰기 전략〉		〈구체화 방안〉
사건을 새롭게 해석한다.	⇒	• 사건을 아저씨의 입장에서 헤아려 본다. ……… ①
효과적인 표현을 사용한다.	⇒	• 현재형 종결 표현과 동작 묘사를 통해 현장감이 느껴지도록 한다. ……… ② • 비유법을 사용하여 표현의 효과를 높인다. …… ③
성찰한 내용을 제시한다.	⇒	• 문제를 해결하는 방안과 예상되는 효과를 구체적으로 제시한다. ……… ④ • 평범한 사건에 내재해 있는 삶의 본질적인 문제를 밝힌다. ………………… ⑤

10 ㉠~㉤을 고쳐 쓰기 위한 방안으로 적절하지 않은 것은? [2점]

① ㉠은 문장의 접속 관계를 고려하여 '한편'으로 고쳐 쓴다.

② ㉡은 필요한 문장 성분이 생략되었으므로 '고약한 냄새가 나고 시끄러운 소리가 들려서'로 고쳐 쓴다.

③ ㉢은 맞춤법에 맞도록 '곰곰이'로 고친다.

④ ㉣은 문맥에 어울리지 않으므로 '역설'로 바꾼다.

⑤ ㉤은 문단의 통일성을 해치므로 삭제한다.

11 〈보기 1〉을 토대로 〈보기 2〉의 ㉠~㉤의 발음에 대해 탐구한 내용으로 적절하지 않은 것은? [2점]

〈보기 1〉

〈'소리의 길이'에 관한 표준 발음법 규정 요약〉

구분	규정 내용	예시
제6항	모음의 장단을 구별하여 발음하되, 단어의 첫 음절에서만 긴소리가 나타나는 것을 원칙으로 함. [붙임] 용언의 단음절 어간에 어미 '-아/어'가 결합되어 한 음절로 축약되는 경우에도 긴소리로 발음함.	많다[만:타] 알다[알:다] 멀리[멀:리] 꼬다[꼬:다] 두어[두어] → 둬[둬:] 기어[기어] → 겨[겨:]
제7항	긴소리를 가진 음절이라도, 다음과 같은 경우에는 짧게 발음함. 1. 단음절인 용언 어간에 모음으로 시작된 어미가 결합되는 경우 2. 용언 어간에 피동, 사동의 접미사가 결합되는 경우	감다[감:따] -감으니[가므니] 밟다[밥:따] -밟히다[발피다]

〈보기 2〉

- 철수는 영희와 ㉠ 눈먼 사랑에 빠져 있다.
- 그녀는 다른 학생들에 비해 재치가 ㉡ 많고 슬기롭다.
- 예전에는 새끼로 줄을 ㉢ 꽈 여러 용도로 사용했다.
- 바느질을 하는데 ㉣ 감긴 실을 풀지 못해 애를 먹었다.
- 몰랐던 것을 스스로 ㉤ 알아 가는 데에 공부의 참 재미가 있다.

① ㉠의 '먼'은 둘째 음절에 있으므로 [먼]으로 짧게 발음되겠군.

② ㉡의 '많-'은 첫음절에 위치하고 있으므로 [만:]으로 길게 발음되겠군.

③ ㉢의 '꽈'는 어간인 '꼬-'에 어미 '-아'가 결합된 것이므로 [꽈]로 짧게 발음되겠군.

④ ㉣의 '감-'은 뒤에 피동 접미사 '-기'가 결합되어 있으므로 [감]으로 짧게 발음되겠군.

⑤ ㉤의 '알아'는 어간 '알-'에 어미 '-아'가 결합된 것이므로 [아라]와 같이 어간 부분이 짧게 발음되겠군.

12 〈보기〉의 ㄱ~ㅁ은 중의문들이다. 제시된 의미 조건에 맞게 ㄱ~ㅁ의 중의성을 해소하는 활동을 했을 때, 그 결과가 적절하지 <u>않은</u> 것은? [2점]

〈보기〉

ㄱ. 형은 어떤 사람이든지 만나고 싶어 한다.
ㄴ. 아름다운 그녀의 손이 떨리고 있다.
ㄷ. 철호가 오늘 도서관에 가지 않았다.
ㄹ. 언니가 아이에게 예쁜 옷을 입혔다.
ㅁ. 혜원이는 새로 산 체육복을 입고 있다.

구분	의미 조건		중의성을 해소한 문장	
ㄱ	형은 모든 사람에게 인기가 좋음.	→	어떤 사람이든지 형을 만나고 싶어 한다.	①
ㄴ	그녀의 손이 아름다움.	→	아름다운, 그녀의 손이 떨리고 있다.	②
ㄷ	철호가 도서관에 간 것은 오늘이 아니라 다른 날임.	→	철호가 오늘 도서관에는 가지 않았다.	③
ㄹ	언니가 아이에게 옷을 입으라고 시켜서 아이가 직접 옷을 입음.	→	언니가 아이에게 예쁜 옷을 입게 하였다.	④
ㅁ	혜원이는 새 체육복을 이미 몸에 착용했음.	→	혜원이는 새로 산 체육복을 입은 상태이다.	⑤

13 〈보기〉를 토대로 '두음 법칙'에 관한 국어 표기에 대해 탐구한 내용으로 적절하지 <u>않은</u> 것은? [3점]

〈보기〉

■ 선생님 : 한글 맞춤법 제5절은 두음 법칙과 관련해 국어의 표기를 어떻게 해야 하는지를 다루고 있어요. 두음 법칙은 주로 한자어의 첫 음절에 있는 어두음에 적용되는데요, 예외적으로 둘째 음절 이하에서도 두음 법칙을 적용해 표기하는 경우가 있어요. 이러한 사실에 유의해 다음 자료를 토대로 두음 법칙에 대해 탐구해 봅시다.

[탐구 자료]

구분	올바른 표기	잘못된 표기	한자의 본래 음
㉠	요소(尿素) 익명(匿名) 당뇨(糖尿) 은닉(隱匿)	뇨소(尿素) 닉명(匿名) 당요(糖尿) 은익(隱匿)	尿 : 뇨 匿 : 닉
㉡	신여성(新女性) 공염불(空念佛) 역이용(逆利用)	신녀성(新女性) 공념불(空念佛) 역리용(逆利用)	女 : 녀 念 : 념 利 : 리
㉢	규율(規律) 백분율(百分率) 보급률(普及率) 시청률(視聽率)	규률(規律), 백분률(百分率) 보급율(普及率) 시청율(視聽率)	律 : 률 率 : 률
㉣	열역학(熱力學) 해외여행 (海外旅行)	열력학(熱力學) 해외려행 (海外旅行)	力 : 력 旅 : 려
㉤	낙원(樂園) 뇌성(雷聲) 누각(樓閣)	락원(樂園) 뢰성(雷聲) 루각(樓閣)	樂 : 락 雷 : 뢰 樓 : 루

① ㉠ → 모음 'ㅛ, ㅣ' 앞에 'ㄴ'이 사용된 한자음이 단어 첫머리에 오면 두음 법칙에 따라 'ㄴ'을 표기에 사용하지 않는데, 단어 첫머리 이외의 경우에는 본음대로 적어야 하는군.

② ㉡ → 접두사처럼 쓰이는 한자 뒤에 붙어 있는 한자어는 그 첫소리가 'ㄴ'이나 'ㄹ'로 나

더라도 두음 법칙을 적용해 'ㄴ'이나 'ㄹ'을 표기에 사용하지 않는군.

③ ㉢ → 한자음 '률'이 모음이나 'ㄴ' 받침 뒤에 위치하는 경우에는 자음 뒤에 위치하는 경우와 달리 '률'을 본음대로 적어야 하는군.

④ ㉣ → 한자어들로 이루어진 합성어는 뒷말의 첫소리가 'ㄹ' 소리로 나더라도 두음 법칙을 적용해 'ㄹ'을 표기에 사용하지 않는군.

⑤ ㉤ → 모음 'ㅏ, ㅚ, ㅜ' 앞에 'ㄹ'이 사용된 한자음이 단어의 첫머리에 오면 'ㄹ' 대신에 'ㄴ'으로 적어야 하는군.

14 **다음은 '이르다'의 의미를 이해하기 위해 사전을 찾아 정리한 것이다. 이에 대한 이해로 적절하지 않은 것은? [2점]**

> **이르다**[1] 〔이르러, 이르니〕「동사」
> ㉠【…에】 어떤 장소나 시간에 닿다.
> ㉡【…에】 어떤 정도나 범위에 미치다.
> **이르다**[2] 〔일러, 이르니〕「동사」
> ㉠【…에게 …을】【…에게 -고】 무엇이라고 말하다.
> ㉡【…을】【…에게 …을】【…에게 -고】【…에게 -도록】 타이르다.
> ㉢【…에게 …을】【…에게 -고】 미리 알려 주다.
> ㉣【…에게 …을】【…에게 -고】 어떤 사람의 잘못을 윗사람에게 말하여 알게 하다.
> ㉤【…에게 -고】 어떤 대상을 무엇이라고 이름 붙이거나 가리켜 말하다.
> **이르다**[3] 〔일러, 이르니〕「형용사」
> 【…보다】【-기에】 대중이나 기준을 잡은 때보다 빠르거나 앞서다.

① '이르다[1]', '이르다[2]', '이르다[3]'은 별개의 표제어로 기술되어 있으니 동음이의어이군.

② '이르다[1]'과 '이르다[2]'는 하나의 표제어에 두 개 이상의 의미가 있으니 둘 다 다의어이군.

③ '이르다[1]'과 '이르다[2]'는 어간에 어미 '-어'가 붙으면 활용의 형태가 달라지는군.

④ '이르다[1]' ㉠과 '이르다[2]' ㉠은 필수적으로 요구하는 문장 성분의 개수가 서로 다르군.

⑤ '이르다[3]'의 용례로 '그는 항상 나보다 빨리 결승점에 이르렀다.'를 들 수 있겠군.

15 다음의 ㉠~㉤에 사용된 높임 표현에 대한 설명으로 적절하지 <u>않은</u> 것은? [2점]

㉠	〈한 학생이 같은 반 친구에게〉 선생님 아까 수업 마치시고 일찍 퇴근하시는 것 같던데.
㉡	〈가게 점원이 손님에게〉 손님, 주문하신 커피 나오셨습니다.
㉢	〈손자가 할아버지에게〉 할아버지, 고모가 진지 잡수시라고 하였습니다.
㉣	〈학교 후배의 집에 전화한 선배가 후배의 초등학생 아들(철호)에게〉 철호야, 잘 있었어? 아저씨인데, 아빠 지금 집에 계시니?
㉤	〈장모가 사위에게〉 잘 가게. 특히 고속도로에서 운전 조심하게.

① ㉠ : 선어말 어미 '-시-'를 통해 주체인 선생님을 높여 말하고 있다.

② ㉡ : '나오셨습니다'는 '커피'를 손님과 밀접한 관계를 맺고 있는 대상으로 생각하여 간접 높임 표현을 과도하게 사용한 것이므로 '나왔습니다'로 고쳐 말해야 한다.

③ ㉢ : 할아버지에 대해서는 특수 어휘 '잡수시다'를 통해 높여 말하지만, 할아버지보다 낮은 사람인 고모에 대해서는 '하였습니다'와 같이 말하여 주체를 높이지 않고 있다.

④ ㉣ : 화자의 후배이지만 청자인 아들의 입장에서는 높여 말해야 하는 아버지이므로, 화자는 특수 어휘 '계시다'를 통해 후배를 높여 말하고 있다.

⑤ ㉤ : 화자인 장모는 사위를 높여 말해야 할 필요가 없으나, 직접적으로 낮춰 말하기가 어색하므로 두루 높임의 하게체 명령형 어미를 통해 사위를 높여 말하고 있다.

16 〈보기 1〉을 참고하여 〈보기 2〉의 ㉠과 ㉡에 알맞은 것을 고른 것은? [2점]

〈보기 1〉

중세 국어에서 현대 국어의 '에'나 '에서'에 해당하는 부사격 조사로 사용되었던 '애/에/예'는 일반적으로 선행하는 체언의 끝 음절에 사용된 모음에 따라 다음과 같이 구분되어 쓰였다.

선행 체언의 끝 음절 모음	부사격 조사	사례
양성 모음	애	불휘 기픈 남ᄀᆞᆫ ᄇᆞᄅᆞ매 아니 뮐ᄊᆡ (뿌리가 깊은 나무는 바람에 아니 움직이므로)
음성 모음	에	行宮(행궁)에 도ᄌᆞ기 들어 (행궁에 도적이 들러서)
이, ㅣ	예	狄人(적인)ㅅ 서리예 가샤 (오랑캐들 사이에 가시어)

〈보기 2〉

- 져근 [ᄇᆡ + ㉠] 올오리라 (작은 배에 오르리라)
- [굴헝 + ㉡] ᄆᆞᄅᆞᆯ 디내샤 도ᄌᆞ기 다 도라가니 (골목에 말을 지나게 하시어 도둑이 다 돌아가니)

	㉠	㉡
①	애	에
②	애	예
③	에	예
④	예	에
⑤	예	애

[17~20] 다음 글을 읽고 물음에 답하시오.

'이해'와 '설명'은 모두 과학의 중요한 방법론으로 사용되어 왔다. 그 중 '이해'는 주로 인간의 정신세계를 다루는 '정신과학'의 중요한 방법론이 되었던 반면에 '설명'은 자연적 대상을 다루는 '자연과학'의 중요한 방법론이 되어 왔다. 그렇다면 '인간의 행위'는 과연 '이해'의 대상으로 보아야 하는 것일까, 아니면 '설명'의 대상으로 보아야 하는 것일까?

본능적인 행동을 제외한 인간의 행위 대부분은 어떤 의도를 담고 있다는 점에서, 인간의 행위는 단순히 물리적인 자연 현상이 아니라 정신세계와 밀접하게 관련되어 있다고 볼 수 있다. 따라서 정신과학의 독자성을 주장하는 학자들은 인간의 행위를 '설명'의 대상이 아니라 '이해'의 대상으로 보는 것이 더 자연스럽다고 생각했다. 물론 타인의 의도를 파악하여 행위를 이해하는 것은 쉬운 일이 아니다. 그렇지만 같은 인간이라는 삶의 공통성을 기반으로 타인의 체험을 자신의 체험처럼 느끼는 과정을 통해 인간의 행위를 이해할 수 있다는 것이다. 하지만 이러한 방법론은 객관성을 확보하는 것이 쉽지 않다. 이 문제를 해결하기 위해 '이해'의 방법론을 체계적으로 확립한 철학자인 딜타이는 '객관적 정신'을 내세웠다. '객관적 정신'은 개별적인 인간 정신의 상호 작용에 의해 산출되는 집단정신의 산물이라고 할 수 있다. 따라서 '객관적 정신'을 통해 '이해의 객관성'도 확보할 수 있다는 것이다. 하지만 서로 다른 공동체에 속해 있거나 서로 다른 시대에 살고 있다면 '객관적 정신'을 완전히 보장하기 어렵다는 점에서 이 주장은 한계를 지닐 수밖에 없다.

이에 대해 모든 과학의 통일을 주장하는 학자들은 인과적 설명으로 인간의 행위를 비롯한 모든 것에 답할 수 있다고 생각했다. 자연에서 일어나는 개별 현상을 보편 법칙에 포섭하여 대상을 인과적으로 규명하는 방법론인 '설명'은 인간의 행위를 규명할 때에도 유용한 방법론이 될 수 있다는 것이다. 그러므로 이들은 인간의 행위를 다룰 때에도 개별적 특성 하나하나에 관심을 두기보다 그 행위를 포섭할 수 있는 보편 법칙의 수립에 더 관심을 두어야 한다고 보았다. 즉 인간의 행위를 어떤 보편 법칙 속에 포섭되는 하나의 사례로 보고 인과적으로 설명할 수 있다는 것이다. 더 나아가 개별 행위를 포섭하는 보편 법칙이 객관성을 갖는다면 그 행위에 대한 설명 역시 객관성을 확보할 수 있다고 보았다. 그리고 이들은 행위에 담긴 의도가 무엇인지를 파악하는 것보다 그런 의도가 왜 생겨났는가를 묻는 것이 더 의미 있는 질문이라고 생각했다.

그렇다고 해도 ㉠ <u>'설명'이 '이해'를 완전히 대체할 수 있는 것은 아니다.</u> 인간의 정신세계에 속하는 의도는 자연처럼 관찰이나 실험으로 파악하기 어렵기 때문이다. 뿐만 아니라 인간의 정신세계는 어떤 법칙을 따르기보다 개인의 판단에 따라 자율적으로 작동하는 경우가 많다. 이런 점에서 자신의 체험에 비추어 타인의 의도를 개별적으로 파악하는 '이해'는 인간의 행위를 파악하는 데 필요하다. 그렇지만 인간의 의도를 모든 상황에서 모두 이해하는 것도 결코 쉬운 일은 아니다. 또한 행위에 담긴 의도를 이해하더라도 그런 의도가 생긴 원인까지 알기는 어렵다. 더 나아가 행위는 결코 의도되지 않은 결과로 나타날 수도 있다. 이러한 문제점들을 해결하기 위해서는 '이해'보다 '설명'이 더 유용할 수 있다. 이런 점을 종합해 볼 때, 인간의 행위를 연구하는 방법론으로서의 '이해'와 '설명'은 상호 대립적인 관계가 아니라 상호 보완적인 관계여야 할 것이다.

17 윗글에 대한 설명으로 가장 적절한 것은? [2점]

① 서로 다른 두 이론이 상호 교섭해 온 과정을 분석하고 있다.

② 기존의 개념과 새로운 개념을 대비하여 의미를 확장하고 있다.

③ 서로 관련된 두 이론이 경쟁적으로 발전해 온 과정을 소개하고 있다.

④ 이론적으로 설정한 가설의 문제점을 분석하여 새로운 대안을 탐색하고 있다.

⑤ 대립하는 두 방법론을 소개하고 이것에 대한 절충적인 관점을 제안하고 있다.

18 **윗글을 바탕으로 '객관적 정신'에 대해 이해한 내용으로 가장 적절한 것은?** [2점]

① '객관적 정신'은 상반된 인식의 차이를 부각한다.

② '객관적 정신'은 타인을 이해하는 과정에 순서를 부여한다.

③ '객관적 정신'은 대상을 상황에 따라 다르게 인식하도록 한다.

④ '객관적 정신'은 자신과 타인을 이해하는 공통의 기반이 된다.

⑤ '객관적 정신'은 집단정신의 정당성에 근본적인 문제를 제기한다.

19 **윗글과 〈보기〉를 함께 읽고 추론한 내용으로 적절하지 않은 것은?** [3점]

〈보기〉

(가) 콜링우드는 로마 시대에 기독교를 국교로 삼은 테오도시우스 황제의 칙령을 연구할 때, 황제가 생각했던 것을 자신도 같이 생각해 보아야 한다고 주장했다. 당시에 황제가 처했던 상황이 마치 나의 상황이라고 생각하고 그 특수한 상황 속에서 황제가 결단을 내렸던 그 과정을 자신의 마음속에 재연하면서 음미해야 한다는 것이다. 이렇게 해야만 단순한 문헌학적 지식과는 다른 진정한 의미의 역사적 지식을 갖게 된다고 보았다.

(나) 헴펠은 중세 가톨릭교회에서 판매했던 면죄부에 대해 설명하면서, 기독교인들이 이 면죄부에 대해 가졌던 열망은 모든 기독교인들이 지옥을 두려워하며 구원을 바란다는 보편 법칙에서 생겨난 결과라고 보았다. 따라서 헴펠은 면죄부 판매도 특정한 시대의 일회적 사건으로만 보아서는 안 된다고 했다. 면죄부는 일정한 돈만 내면 성직자가 신을 대신하여 일반인들의 죄를 용서해 줄 수 있다는 믿음에서 생겨난 것으로 중세 유럽에서 성행했다.

① (가)로 보아, '콜링우드'는 '테오도시우스 황제'가 칙령을 내렸을 때의 역사적 상황을 직접 관찰할 수 있도록 현실에서 재현하려고 하였군.

② (가)로 보아, '콜링우드'는 '테오도시우스 황제'가 처한 상황을 자신의 일처럼 느끼는 과정을 통해 황제가 칙령을 내린 의도를 이해할 수 있다고 보았겠군.

③ (나)로 보아, '헴펠'은 중세 유럽에서 성행한 '면죄부 판매'를 보면서 보편 법칙에 포섭되는 하나의 사례로 설명하였군.

④ (나)로 보아, '헴펠'은 기독교인들이 지닌 두려움과 욕망을 '면죄부 판매'라는 사건의 원인으로 보았군.

⑤ (나)로 보아, '헴펠'은 일정한 조건만 갖추어지면 '면죄부 판매'와 유사한 역사적 사건이 반복될 수도 있다고 보았겠군.

20 ㉠의 이유에 해당하는 것을 〈보기〉에서 바르게 골라 짝지은 것은? [2점]

〈보기〉

ㄱ. 타인의 행위에 담긴 의도에 공감하는 것이 쉽지 않기 때문에
ㄴ. 인간이 지닌 의도는 관찰이나 실험의 대상과는 성격이 다르기 때문에
ㄷ. 인간의 모든 행위를 포섭할 수 있는 보편 법칙을 세우는 것이 어렵기 때문에
ㄹ. '의도가 무엇인가'에 대한 대답보다 '그 의도가 왜 생겼는가'에 대한 대답이 더 중요하기 때문에

① ㄱ, ㄴ ② ㄱ, ㄷ
③ ㄴ, ㄷ ④ ㄴ, ㄹ
⑤ ㄷ, ㄹ

[21~24] 다음 글을 읽고 물음에 답하시오.

인간자본 이론은 시카고학파의 경제학자들에 의해 발전된 이론이다. 이 이론에서는 투자에 의해 인간에게 형성되고 체화된 지식 및 기능 등의 생산적인 힘을 인간자본이라 규정하고 인간자본을 형성하기 위한 직접적인 지출, 그로 인해 포기된 소득 등을 인간자본에 대한 투자로 파악한다. 또한 학력이 높을수록 소득이 높게 결정되는 것은 인간자본에 더 많은 투자를 한 것에 대한 보상이라고 말한다.

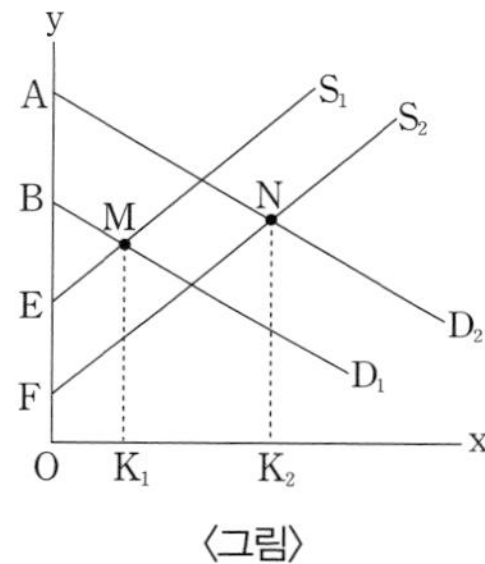

〈그림〉

인간자본 이론을 체계화한 사람은 게리 베커로, '인간자본에 대한 수요 및 공급곡선'을 통하여 소득 격차를 설명하였다. 베커의 인간자본에 대한 수요 및 공급곡선에 따르면, 〈그림〉에서 x축은 '인간자본에 대한 투자량'을 나타내며 y축은 수요곡선일 때는 '한계수익'을, 공급곡선일 때는 '한계비용'을 나타낸다. 여기서 한계수익은 개인의 능력을 반영한 값이며 한계비용은 투자 기회의 차이를 반영한 값이다. 수요곡선 D는 우하향하는데 이는 인간의 육체적 · 정신적 능력에는 한계가 있기 때문에 투자량에 대한 수익이 체감하기 때문이고, 공급곡선 S는 우상향하는데 투자량에 대한 비용이 체증하기 때문이다. 〈그림〉에서 D_2는 D_1보다 능력이 우수한 사람의 수요곡선이며 S_2는 S_1보다 부유한 사람의 공급곡선이다. 수요곡선에서 투자량이 0일 때 D_2의 값 A가 D_1의 값 B보다 큰 것은 능력이 우수한 사람에게 더 큰 수익을 기대할 수 있기 때문이며, 공급곡선에서 투자량이 0일 때의 S_2의 값 F가 S_1의 값 E보다 작은 것은 투자 기회의 차이를 반영한 비용은 부유한 사람이 더 적을 것이기 때문이다.

각 개인은 한계수익이 한계비용을 상회하는 한 인간자본에 대한 투자를 확대할 것이기 때문에 한계수익과 한계비용이 일치하는 수준, 즉 수요곡선과 공급곡선이 교차하는 점까지 인간자본에 대한 투자를 한다. 이 때, 인간자본 투자의 총수익은 수요곡선의 아래에 있는 사다리꼴의 면적으로 표시되며 인간자본 투자의 총비용은 공급곡선 아랫부분의 사다리꼴의 면적으로 표시된다. 따라서 인간자본 투자의 순이익은 총수익에서 총비용을 뺀 차액인 삼각형의 면적으로 나타난다. 어떤 사람이 D_1의 수요곡선과 S_1의 공급곡선을 가진다면 K_1까지 투자를 하므로 인간자본 투자의 총수익은 $OBMK_1$, 총비용은 $OEMK_1$이므로 순이익은 BEM이 된다.

베커는 '인간자본에 대한 수요 및 공급곡선'에 따라 소득 격차를 '엘리트주의적 접근 방법'과 '평등주의적 접근 방법'으로 나누어 설명하였다. 엘리트주의적 접근 방법에서는 투자 기회 측면에서의 공급 조건은 모든 사람에게 동일하지만 수요 조건, 즉 동일한 투자로 수익을 얻을 수 있는 능력 면의 차이 때문에 소득 격차가 발생한다고 본다. 능력이 우수한 사람의 수요곡선은 능력이 적은 사람의 수요곡선보다 더 높은 곳에 위치하기 때문에 소득이 다르게 나타난다는 것이다. 이러한 시각으로 보면 소득 격차는 불가피하고 이를 해소할 수 있는 사회적 대안은 없다.

평등주의적 접근 방법은 모든 사람의 타고난 능력은 비슷하므로 같은 양의 투자로 기대할 수 있는 수익도 비슷하다고 본다. 따라서 수요 조건이 모든 사람에게 동일하기 때문에 공급 조건의 차이, 즉 투자 기회에서의 차이에 의해 소득 격차가 야기된다고 본다. 부유한 사람은 유리하게 인간자본에 대한 투자 재원을 조달할 수 있기 때문에 부유한 사람의 공급곡선이 가난한 사람의 공급곡선보다 아래쪽에 위치하고 이것이 곧 소득 격차로 이어진다는 것이다. 이러한 시각은 소득 격차 해소를 위해 저소득층에게 교육의 기회를 보장하고 노동 시장 접근 기회를 확대해야 한다는 정책적 함축을 도출하게 한다.

㉠ <u>베커로 대표되는 인간자본 이론</u>은 소득 격차를 설명하는 데에 상당한 공헌을 하였다. 그러나 이 이론이 사회 · 문화적 요인을 완벽하게 고려하지 않았고 교육의 의미와 효과를 과대평가하였다는 지적은 계속되고 있다. 그럼에도 불구하고 여전히 수많은 학자들은 인간자본 이론을 지배적 이론으로 수용하고 있으며 대다수의 행정가들이 이 이론을 정책 입안의 바탕으로 삼고 있다.

21 윗글의 내용과 일치하지 <u>않는</u> 것은? [2점]

① 인간자본 이론은 소득 격차를 설명하는 데에 공헌을 하였다.

② 투자에 의해 형성되고 체화된 인간의 지식은 인간자본에 해당한다.

③ 베커는 인간자본에 대한 수요 및 공급곡선을 통하여 소득 격차를 설명하였다.

④ 인간자본 이론에서는 인간자본 형성을 위해 포기한 소득을 배제하고 투자를 정의한다.

⑤ 베커는 소득 격차를 엘리트주의적 접근 방법과 평등주의적 접근 방법으로 나누어 설명하였다.

※ 윗글과 〈보기〉를 토대로 22번과 23번의 두 물음에 답하시오.

〈보기〉

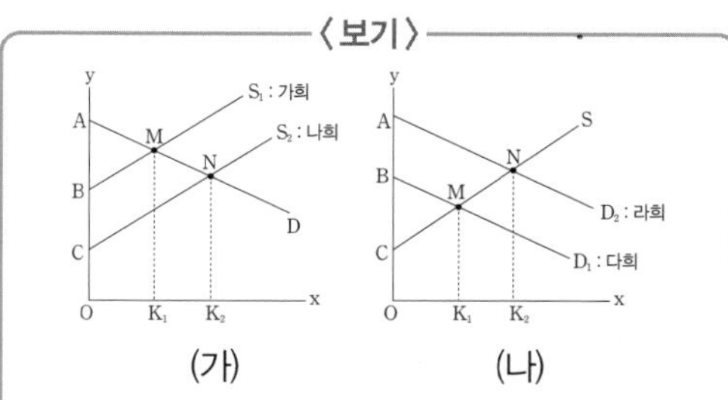

단, 수요곡선인 D와 공급곡선인 S는 개인의 능력과 투자 기회의 차이 이외의 요인은 고려하지 않은 것이다.

22 (가), (나)에 대한 설명으로 적절하지 <u>않은</u> 것은? [2점]

① (가)에서 $OAMK_1$은 '가희'의 인간자본 투자에 대한 총수익이다.

② (가)에서 $OCNK_2$는 '나희'의 인간자본 투자에 대한 총비용이다.

③ (나)에서 BCM은 '다희'의 인간자본 투자에 대한 순이익이다.

④ (나)에서 OK_1은 '라희'의 인간자본에 대한 투자량이다.

⑤ (나)에서 ABMN은 '다희'와 '라희'의 소득 격차이다.

23 윗글을 바탕으로 〈보기〉를 해석한 것으로 가장 적절한 것은? [3점]

① '가희'가 '나희'보다 소득이 높은 것은 '가희'의 능력이 '나희'보다 우수하기 때문이다.

② '가희'는 '나희'에 비해 유리한 조건으로 인간자본에 대한 투자 재원을 조달할 수 있는 사람이다.

③ '가희'와 '나희'의 소득 격차를 줄일 수 있는 사회적 대안으로는 교육 기회 보장 정책이 있을 수 있다.

④ '다희'와 '라희'는 타고난 능력이 비슷하기 때문에 인간자본에 대한 투자로 기대할 수 있는 수익도 비슷하다.

⑤ '라희'는 '다희'에 비해 인간자본에 대한 투자 기회가 적으므로 저소득층 지원책을 통해 소득을 높일 수 있다.

24 〈보기〉를 근거로 하여 ㉠에 대해 제기할 수 있는 비판으로 가장 적절한 것은? [2점]

〈보기〉

인도에서는 인간자본에 대한 투자로 얻을 수 있는 소득이 계급에 따라 크게 다르게 나타난다. 하위 계급 노동자는 상위 계급의 노동자와 동일한 조건에서 교육을 받고 같은 인간자본을 획득하였다고 할지라도 상대적으로 낮은 소득을 얻는다. 하위 계급 노동자가 상위 계급의 노동 시장에 진입하기 어려운 사회에서는 인간자본이 충분한 노동자라고 해도 높은 소득을 얻을 수 있는 노동에 참여하는 것이 힘들기 때문이다.

① 교육의 가장 중요한 목적은 인간을 사회의 구성원으로서 성장시키는 것에 있음을 간과하고 있다.
② 교육을 통해 소득 격차를 해소하는 것이 불가능하다는 입장은 인간의 잠재력을 부정하는 것이다.
③ 노동에 대한 개인의 신념이나 태도 등에 대한 파악 없이 소득 격차의 원인을 제대로 규명할 수 없다.
④ 인간이 속해 있는 공동체의 사회 구조나 환경을 고려하지 않고 소득 격차를 설명하는 것은 불충분하다.
⑤ 교육에 대한 투자를 많이 할수록 인간의 지식과 기능이 향상된다는 것은 교육의 효과를 과대평가한 것이다.

[25~27] 다음 글을 읽고 물음에 답하시오.

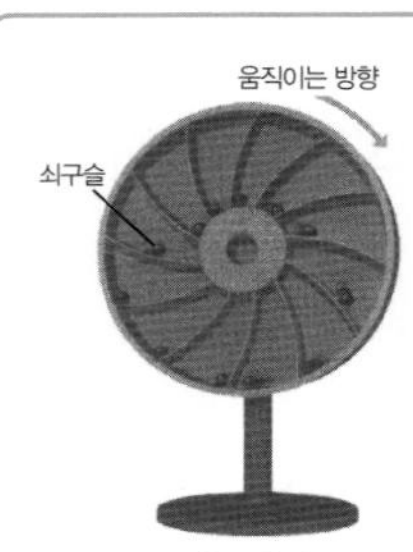

〈그림 1〉

'영구 기관'이란 외부에서 어떤 힘을 가하거나 연료를 공급하지 않더라도 스스로 계속 움직이는 가상의 장치를 말한다. 주로 16세기 이후 유럽을 중심으로 많은 영구 기관이 고안되었는데, 그 어느 것도 성공하지 못했다. ㉠ 〈그림 1〉의 장치는 17세기에 고안된 영구 기관으로, 내부가 몇 개의 구획으로 나누어진 원반이 선풍기처럼 회전하면서 각 구획의 벽을 따라 쇠구슬이 중심에서 가장자리로 이동하도록 되어 있다. 이 장치를 처음 고안한 사람은 시계 방향으로 힘을 가하면 쇠구슬로 인한 회전력에 의해 원반이 영구적으로 회전할 것이라 생각하였다.

그러나 이러한 기대와는 달리 이 장치는 결국 멈추었다. 처음에 원반을 돌린 힘은 회전축의 마찰과 쇠구슬이 구르면서 생기는 마찰 등으로 인해 열에너지로 전환되기 때문이다. 그리고 장치 안에서 마찰로 인해 손실된 에너지를 보충할 새로운 에너지는 생성되지 않는데, 그 이유는 오른쪽에 있는 쇠구슬의 무게로 인해 회전축에 걸린 힘이 모두 원반의 왼쪽에 있는 쇠구슬을 들어 올리는 데 사용되기 때문이다. 이를 통해 에너지는 그 형태를 바꾸는 경우는 있어도 새로 생겨나지도 사라지지도 않는다는 것을 알 수 있다. 이것을 설명한 법칙이 바로 '열역학 제1법칙'이다. 결국 〈그림 1〉과 같은 영구 기관을 만들 수 있을 것이라는 생각은 열역학 제1법칙에 어긋나는 것이었다.

〈그림 2〉

그렇다면 스스로의 힘으로 에너지를 만들어 내는 영구 기관 대신 스스로의 힘으로 주변 환경에서 에너지를 공급받는 영구 기관의 작동은 가능하지 않을까? 주변에 있는 공기의 열을 이용하여 달리는 가상의 자동차를 상상해 보자(〈그림 2〉). 주변 공기의 온도가 20℃인 상황에서, 끓는점이 15℃인 액체를 끓여서 그 증기의 힘으로 작동하는 증기 기관이 장착된 자동차가 있다고 하자. 이때 액체를 끓여 증기를 만드는 데는 주위에 있는 공기만 사용할 수 있으며, 액체를 증기로 만드는 과정에서 열을 빼앗겨 온도가 떨어진 공기는 자동차 밖으로 배출된다고 하자. 증기를 다시 식혀 액체로 만들 수 있다면 이 자동차는 영구히 작동할 수 있을 것이다.

그런데 어떻게 증기를 식혀서 다시 액체로 만들 수 있을까? 온도가 20℃인 주변의 공기만을 이용할 수 있는 상황에서 ㉡ 이 증기를 15℃ 이하로 식히는 것은 불가능하다. 이에 대한 근거가 되는 법칙이 열의 이동에 관한 법칙인 '열역학 제2법칙'으로, 그 내용은 '열은 고온의 물체에서 저온의 물체로 이동하며, 스스로 저온에서 고온으로 흐르지 않는다.'라는 것이다. 위 자동차의 아이디어는 이 법칙에 위배되기 때문에 결국 〈그림 2〉와 같은 자동차의 영구적 작동은 불가능한 것임을 알 수 있다.

25 윗글에 대한 설명으로 가장 적절한 것은? [2점]

① 다양한 영구 기관의 종류와 특징을 분석하고 있다.
② 영구 기관을 열역학 법칙과 관련지어 설명하고 있다.
③ 에너지 개념의 변화 과정을 시대순으로 살펴보고 있다.
④ 열역학 법칙을 도출해낸 과학자들 간의 논쟁을 소개하고 있다.
⑤ 실험을 통해 열에너지와 일의 관계가 증명되는 과정을 제시하고 있다.

26 〈보기〉에서 ㉠에 대한 적절한 설명을 골라 짝지은 것은? [2점]

〈보기〉

ⓐ 처음 가해진 힘은 다른 형태의 에너지로 전환된다.
ⓑ 장치 내부의 마찰이 없으면 새로운 에너지의 생성이 가능하다.
ⓒ 작동 과정에서 생긴 열에너지는 회전축에 걸리는 힘을 증가시킨다.
ⓓ 회전축을 중심으로 원반의 오른쪽에 걸린 힘과 원반의 왼쪽에 걸린 힘은 상쇄된다.

① ⓐ, ⓑ　② ⓐ, ⓒ
③ ⓐ, ⓓ　④ ⓑ, ⓒ
⑤ ⓑ, ⓓ

27 ㉡과 같은 결론을 도출하는 과정에서 고려한 내용으로 가장 적절한 것은? [2점]

① 주변 공기의 영향으로 액체의 끓는점은 15℃보다 더 낮아진다.
② 증기는 추가 에너지의 공급이 없어도 천천히 식어서 액체로 변한다.
③ 증기가 액체로 변하기 위해서는 주변 공기의 온도가 증기의 온도보다 낮아야 한다.
④ 증기를 만드는 데 사용된 열에너지는 증기를 액체로 되돌리는 과정에서 다시 사용될 수 있다.
⑤ 증기의 온도를 낮추기 위해서는 증기의 열이 주변 공기의 온도보다 높은 온도의 물체로 이동해야 한다.

[28~30] 다음 글을 읽고 물음에 답하시오.

(가) ㉠ 예술을 진리와의 연관 속에서 바라보는 것은 낭만주의의 큰 특징이다. 낭만주의에서는 과학보다 예술이 한 단계 높은 진리를 파악하고 있는 것으로 보았다. 이는 예술이 그 독특한 힘으로 이성적, 의식적, 논리적 접근으로는 파악될 수 없는, 무한, 영원 등과 같은 보다 심오하고 본질적인 진리나 실재를 우리에게 드러내 준다고 생각했기 때문이다. 이에 따라 낭만주의 작품에는 유한한 현 상태로부터 벗어나 무한한 것, 영원한 것을 지향하는 인간의 정신이 반영되어 있다. 이러한 낭만주의 경향을 보여 주는 대표적인 작가가 독일의 카스파르 다비드 프리드리히이다. 그의 풍경화는 광활하고 영원한 자연을 대면한 인간의 낭만적 정서를 탁월하게 보여 주었다.

(나) 프리드리히는 자연을 신의 체현으로, 또 예술을 신과 인간의 매개자로 여겼다. 그는 자연을 통해 신을 만날 수 있으며 훼손되지 않은 자연을 그림 속에 담는 것을 신적인 창작이 구현되는 것이라고 생각했다. 그래서 그는 풍경화를 통해 자연 속에 내재된 무한함, 즉 신적인 것을 표현해 무한한 것과 유한한 것의 관계를 보여 주고자 했다. 자연을 상징적 도구로 삼아 유한자와 무한자의 관계를 나타내고자 한 것이다. 이러한 이유로 프리드리히의 풍경화에 그려진 자연은 단순히 사실적인 풍경에 해당하지 않고 인간이 갖는 신비스러운 종교적 감정, 또는 자연과 대면해 관조하며 품은 영원성에 대한 동경과 같은 인간의 낭만적 심정을 보여 주는 것으로 이해된다.

(다) 프리드리히의 풍경화는 18세기 미학에서 중요시되었던 '숭고'의 감정을 특징적으로 잘 보여 주고 있다. 자연의 규모와 그 힘이 인간이 측량하고 지배할 수 있는 한계를 넘어설 때 인간은 자연을 대면하여 고통과 쾌감의 상호 모순된 정서를 갖게 된다. 이러한 정서를 칸트는 '숭고'라고 이름 붙였다. 이에 따르면 숭고는 측량할 수 없는 자연의 크기와 위력 앞에서 느끼는 외경의 감정으로 우리 정신 속에 무한한 것에 관한 이념을 환기시킨다. 프리드리히는 실제 자연 체험에서 우러나오는 숭고의 감정을 풍경화를 통해 보여 주었는데, 이러한 그의 그림에는 인간이 전경(前景)에 위치하는 경우가 많다. 그림 속 인간은 압도적인 자연과 대비되며 숭고의 감정을 효과적으로 환기하는 데에 기여한다.

(라) 프리드리히는 1818년부터는 전경에 있는 사람을 이전보다 크게 그렸고 명암을 강하게 대조시켰다. 이를 대표적으로 보여 주는 것이 「안개 바다를 굽어보는 산행가」란 작품이다. 이 작품에서 자연과 마주 대하고 있는 인물은 명암의 대조를 통해 그 존재가 강하게 부각되면서 화면에 긴장감을 자아내는데, 이를 통해 인간의 힘으로 측량하고 지배할 수 없는 규모의 자연을 접하고 그러한 자연을 동경하는 인간의 낭만적 심정을 환기한다. 감상자는 이 인물을 통해 그림 속으로 끌려 들어가 그와 하나가 되어 자연을 관조하게 되며, 이러한 관조를 통해 무한하고 영원한 세계를 지향하는 낭만주의적 감성을 공유할 수 있게 된다.

(마) 프리드리히의 풍경화는 인간과 자연의 관계, 유한한 것과 무한한 것의 관계에 대한 내적 통찰을 나타내고 있다. 유한한 것과 무한한 것의 통일에 대한 지향을 담은 프리드리히의 풍경화는, 항상 변화를 겪는 인간에 비해 변치 않는 이상과 영원성을 대변하는 자연에 숨겨진 신적인 의미를 찾아내어 감상자로 하여금 그 의미를 나눠 가질 수 있게 하려는 노력을 보여 주었다는 점에서 의의를 갖고 있다.

28 **(가)~(마)에 대한 설명으로 적절하지 <u>않은</u> 것은?** [2점]

① (가) : 낭만주의의 특징적인 경향을 소개한 다음, 그와 관련해 글의 중심 화제가 프리드리히의 풍경화임을 밝히고 있다.

② (나) : 자연과 예술에 관한 프리드리히의 견해를 중심으로 그의 작품 세계가 변모한 과정을 소개하고 있다.

③ (다) : '숭고'의 개념에 관한 칸트의 견해를 소개해 프리드리히의 풍경화의 특징에 대한 이해를 돕고 있다.

④ (라) : 구체적인 사례를 들어, 프리드리히의 풍경화 속 인물의 특징을 제시하고 작품에서 그 인물이 수행하는 역할을 소개하고 있다.

⑤ (마) : 글의 핵심 내용을 요약한 다음, 프리드리히의 풍경화가 지닌 의의를 제시하며 글을 마무리하고 있다.

29 **윗글을 토대로 〈보기〉에 대해 보인 반응으로 적절하지 <u>않은</u> 것은?** [3점]

〈보기〉

프리드리히, 「안개 바다를 굽어보는 산행가」, 1818년

① 작품에 그려져 있는 '안개 바다'는 유한한 존재인 인간과 대조되는 영원성을 의미하고 있다고 볼 수 있어.

② '산행가'와 '안개 바다'의 명암이 대조되고 있는데, 이러한 명암의 대조는 그림 속에서 '산행가'의 존재를 부각하는 역할을 하고 있다고 볼 수 있어.

③ 프리드리히에 따르면, 그림 속 '안개 바다'는 신이 체현된 자연을 의미하며, 이를 나타낸 이 작품은 신과 인간을 매개하는 역할을 하고 있다고 볼 수 있어.

④ 칸트의 입장에서 보면, '안개 바다'는 인간에게 한계를 자각하게 만들어 쾌감을 억제하는 고통을 불러일으킨다는 점에서 숭고의 감정을 일으키는 것이라고 할 수 있어.

⑤ '산행가'는 감상자로 하여금 마치 자신이 그림 속 '안개 바다'를 바라보는 듯한 느낌을 갖게 함으로써, 외경감을 토대로 무한한 세계를 동경하는 심정을 공유할 수 있도록 도와주고 있다고 볼 수 있어.

30 **윗글에서 ㉠과 관련해 미루어 알 수 있는 내용으로 가장 적절한 것은?** [2점]

① 낭만주의에서는 인간이 예술을 통해 진리에 이를 수 있다고 본다.

② 낭만주의에서는 감각적으로 지각할 수 있는 것을 진리로 생각한다.

③ 낭만주의에서는 삶과 분리된 성격이 강한 예술 작품을 높이 평가한다.

④ 낭만주의에서는 과학이 추구하는 진리에 미

치는 예술의 영향을 중시한다.

⑤ 낭만주의에서는 예술가가 사실에 대해 객관적으로 탐구해야 한다고 주장한다.

[31~33] 다음 글을 읽고 물음에 답하시오.

(가)

향아 너의 고운 얼굴 조석으로 우물가에 비최이던 오래지 않은 옛날로 가자

수수럭거리는 수수밭 사이 걸찍스런 웃음들 들려나오며 호미와 바구니를 든 환한 얼굴 그림처럼 나타나던 석양(夕陽)……

구슬처럼 흘러가는 냇물가 맨발을 담그고 늘어앉아 빨래들을 두드리던 전설(傳說) 같은 풍속으로 돌아가자

눈동자를 보아라 향아 회올리는 무지개빛 허울의 눈부심에 넋 빼앗기지 말고
철 따라 푸짐히 두레를 먹던 정자나무 마을로 돌아가자 미끈덩한 기생충의 생리와 허식에 인이 박히기 전에 눈빛 아침처럼 빛나던 우리들의 고향 병들지 않은 젊음으로 찾아가자꾸나

향아 허물어질까 두렵노라 얼굴 생김새 맞지 않는 발돋움의 흉낼랑 그만 내자
들국화처럼 소박한 목숨을 가꾸기 위하여 맨발을 벗고 콩바심하던 차라리 그 미개지(未開地)에로 가자 달이 뜨는 명절 밤 비단치마를 나부끼며 떼지어 춤추던 전설 같은 풍속으로 돌아가자 냇물 굽이치는 싱싱한 마음밭으로 돌아가자.

– 신동엽, 「향아」

(나)

굳어지기 전까지 저 딱딱한 것들은 **물결**이었다
파도와 해일이 쉬고 있는 바닷속
지느러미의 물결 사이에 끼어
유유히 흘러다니던 무수한 갈래의 길이었다
그물이 물결 속에서 멸치들을 떼어 냈던 것이다
햇빛의 꼿꼿한 직선들 틈에 끼이자마자
부드러운 물결은 팔딱거리다 길을 잃었을 것이다
바람과 햇볕이 달라붙어 물기를 빨아들이는 동안
바다의 무늬는 **뼈다귀**처럼 남아
멸치의 등과 지느러미 위에서 딱딱하게 굳어갔던 것이다
모래 더미처럼 길거리에 쌓이고
건어물집의 푸석한 공기에 풀리다가
기름에 튀겨지고 접시에 담겨졌던 것이다
지금 젓가락 끝에 깍두기처럼 딱딱하게 집히는 이 멸치에는
두껍고 뻣뻣한 공기를 뚫고 흘러가는
바다가 있다 그 바다에는 아직도
지느러미가 있고 지느러미를 흔드는 물결이 있다
이 작은 물결이
지금도 멸치의 몸통을 뒤틀고 있는 **이 작은 무늬**가
파도를 만들고 해일을 부르고
고깃배를 부수고 그물을 찢었던 것이다

– 김기택, 「멸치」

31 **(가), (나)의 공통점으로 가장 적절한 것은?** [2점]

① 공간 이동에 따른 정서의 변화를 나타내고 있다.

② 특정한 종결 표현으로 시적 의미를 부각하고 있다.

③ 설의적 표현으로 화자의 심정을 효과적으로 전달하고 있다.

④ 대구의 방식을 규칙적으로 활용하여 리듬감을 부여하고 있다.

⑤ 대상에게 말을 건네는 어투를 통해 정서적 교감을 드러내고 있다.

32 **(가)에서 〈보기〉의 밑줄 친 부분에 해당하는 예로 들기에 적절하지 않은 것은? [3점]**

〈보기〉

이 푸 투안은 공간 조직의 근본 원리는 인간의 신체, 인간들 사이의 관계에서 찾아야 한다고 보았다. 공간 체험은 신체를 통해서 가능하며, 그 공간에서 활동하는 인간들 사이의 관계를 통해서 문화적 의미가 획득되기 때문이다. 이는 시적 공간의 구성 원리에도 적용할 수 있어서 (가)의 경우 신체 또는 인간들의 관계와 결합된 공간의 표상들은, '우리들의 고향'의 의미를 총체적으로 구성하고 있다.

① 고운 얼굴 조석으로 비최이던 우물가

② 걸찍스런 웃음들 들려나오던 수수럭거리는 수수밭

③ 푸짐히 두레를 먹던 정자나무 마을

④ 얼굴 생김새 맞지 않는 발돋움의 흉내

⑤ 비단치마 나부끼며 떼 지어 춤추던 전설 같은 풍속

33 **(나)의 시구에 대한 설명으로 적절하지 않은 것은? [2점]**

① '딱딱하'게 '굳어지기 전까지'의 '물결'은 멸치의 원시적 생명력을 의미한다고 볼 수 있다.

② '그물'과 '햇빛의 꼿꼿한 직선들'은 멸치의 생명력을 앗아 가는 세계의 폭력성을 상징한다고 할 수 있다.

③ '뼈다귀'와 '모래 더미'는 생명력을 잃은 멸치의 모습을 비유적으로 표현한 것으로 볼 수 있다.

④ '이 작은 무늬'는 멸치가 생명력을 자각하는 계기로 작용하고 있다고 볼 수 있다.

⑤ '고깃배를 부수고 그물을 찢'는다고 한 것은 멸치의 생명력을 환기한다고 할 수 있다.

[34~38] 다음 글을 읽고 물음에 답하시오.

작년 초까지 아버지는 시내 공립 중학교의 서무 과장이었다. 그런데 작년의 학기말을 끝으로 물러나오고 말았다. 그 점은 순전히 엄마 탓이었다. 엄마는 아버지 학교의 공금을 빼내 썼던 것이다. 물론 아버지를 통해서였다. 그러나 아버지가 처음부터 엄마의 농간에 떨어진 것은 아니었다. 공금을 빼내어 사용(私用)으로 쓰다니. **꽁생원**인 아버지는 숫제 그럴 만한 인물이 못 되었다. 비단 그 문제만 두고 하는 얘기가 아니라, 한마디로 아버지는 소심하고 옹졸했다. 말이 없고 겁이 많았다. 이를 아버지는 전쟁 탓으로 돌렸다. 언젠가 아버지는, 고향을 잃을 때부터 가슴에 큰 구멍이 뚫렸기 때문이라고 말했다. 그 구멍은 통일이 되지 않는 한 무엇으로도 메울 수 없다고 자탄했다. 그러나 고향을 잃고 살기는 엄마도 마찬가지였다. 그러므로 아버지의 이유는 타당치가 못했다. ㉠ 아버지는 저 유명한 금강산을 끼고 있는 강원도 통천군 두백리가 고향이었다. 들은 바로는 그곳에 배 열 척과 큰 어장까지 가진 재력 있는 수산업자의 아들로 태어났다. 해방 전에는 일본서 전문학교까지 다녔다. 해방 후로는 서울서 대학에 적을 두었다. 전쟁이 나던 해 유월, 약혼을 하기 위해 고향으로 올라간 것이 그만 발이 묶여 버렸다. 그해 칠월 아버지는 고향서 징집을 당해 인민군 소위로 참전했다. 지난 봄, 어느 날 아버지는 나도 끼인 자리에서 형의 질문에 대답했다.

"그러나 난 공산주의가 원래 새, 생리에 맞지 않았어. 객관적으로 어느 주의가 좋다 나쁘다를 떠나, 그들은 매사에 너무 과격했거든. 마치 사나운 맹수가 인간의 탈을 쓰고 인간을 집단으로 기, 길들이려 덤벼 들었어. 그들은 인간을 생각하는 동물로 버려 두지 않았다니깐. 혁명, 투쟁, 반동, 처단 아, 단어만 드, 들어도 얼마나 끔찍하니. 사람이란 다 개성이 다름으로 해서 가, 각자의 꿈과 소망이 다르듯, 그런 자유와 창의력을 나는 존중하지. 또 너들이 알다시피 인간이 생산과 노동 이외 사색도 피, 필요……."

내가 아버지의 말을 꺾었다.

[A] "아버진 역시 사색파시다, 이 말이시겠죠. 너무 사색이 깊으셔서 결단력이고 뭐고 아무것도 없는 **껍데기**. 오히려 소나 말처럼 잘 길들여진, 심지어 엄마에게까지 꼼짝 못 하는 **노예**……."

이제 형이 내 말을 꺾었다. "아니야. 아버지는 정말 전쟁의 **희생자**야. 통일을 못 이루는 이 분단의 현실이 아버지의 모든 희망을 빼앗아 갔어. 요컨대 아버지 삶의 근간을 끊어 버린 거야."

"형, 잠깐만" 하고 내가 말했다. "교과서에서도 노래삼아 나오는 통일, 통일이란 말은 귀에 못이 박일 정도야. 그런데 뭐야. 우리 눈으로 똑똑히 보다시피 지금 이 상태에서 저쪽 놈들과 무슨 대화가 통하겠어. 선생도 민주주의와 공산주의가 이 지구상에 공존하는 한 무력의 길 이외는 통일이 힘들다고 말했어. 나도 동감이야."

"힘들기는 히, 힘들지. 그러나 누가 지금 토, 통일의 길을 포기하고 있어? 남북 오천만이 넘는 인구 중 통일을 막고 있거나 포기하고 있는 사람이 몇 명이나 될 것 같아?" 아버지는 머리를 쩔레쩔레 흔들며 말했다.

"포기가 아니라 체념이지요. 아버지도 냉정히 생각해 보세요. 통일을 위해 누가 전쟁을 원해요? 오천만이 넘는 인구 중 몇 할이 전쟁을 원하고 있겠어요? 모르긴 하지만 전쟁은 모든 것을 망쳐 버려요. 차라리 전쟁을 원하기보다는 오히려 영구적인 분단이 더 좋아요. 우선 내가 살고 사회가 안정되는 것이 중요하잖아요?" 내가 말했다.

"너희 세대는 왜 통일이 중요한지 몰라. 그런 사고방식을 갖게 한 건 순전히 교육 탓이야." 형이 강한 어투로 내 말을 반박했다.

"교육 탓만은 아니야. 이 물질 위주의 기계주의 사회가 저 저, 젊은 애들을 다른 쪽으로 몰아가고 있어. 도덕적 가치 판단의 기준을 잃게 하는 거야." 교육계에 몸을 담고 있었다고 아버지가 말을 둘러댔다.

"저는 통일이 절실하다고 외치는 아버지나 형이 되기보단 차라리 통일을 모르는 쪽이 좋아요. 그리고 두 분을 절대로 닮지 않겠어요." 내가 말했다.

"누가 뭐래도 인간은 저, 정직이 중요해. 네 생각은 정직하지 못해." 아버지의 말이었다.

[B] 아버지의 그 말에는 잘못이 없었다. 아버지는 늘 정직과 청렴결백을 생활신조로 삼았다. 그래서 학교에서 빼낸 공금을 보름 안으로 메워 놓겠다는 엄마의 허튼 약속을 절대 믿지 않았다. 그러자 엄마는 파산, 집단 자살, 그것도 아니라면 나 혼자 감옥에 가거든 잘 먹고 잘 살아라는 극단적인 위협조차 사양치 않았다. 그렇게 협박과 울음을 섞어 아버지를 설득시킨 것이다. 그 결과 겨우 오백만 원의 돈을 돌려낼 수 있었다. 어느 날 아버지는 인사불성으로 술에 취해 돌아왔다. "이건 나, **날강도**다. 이젠 나도 책임질 수 없는 일이다. 끝장이다." 아버지는 우리의 방으로 건너와 형과 나를 잡고 투정했다. 엄마는 그 돈으로 깨어지려는 계를 겨우 수습한 모양이었다. 아버지와 약속한 보름이 지났다. 그러나 엄마는 그 돈을 메워 내지 못했다. 아버지는 안절부절못했다. 엄마도 안달이었다. 이제 아버지가 매일 자살 타령을 읊조렸다. 부정보다는 오히려 죽음을 택하는 게 낫다는 것이었다.

아버지는 결국 권고사직을 당했다. 그로써 아버지의 스물네 해 공직 생활은 불명예로 끝났다. 퇴직금을 받았으나 그 돈으로 구멍을 막기에는 모자랐다. 나머지 돈은 엄마가 어떻게 융통한 모양이었다. 학교에서 송별회를 마치고 오던 날, 아버지는 우리들 앞에서 오랜만에 울었다. 그러나 끝내 엄마를 원망하지는 않았다. "암탉이 울면 지, 집안이 망한다더니 끝내 그 꼴을 보, 보고 말았구나." 한숨 끝에 이 말을 중얼거렸을 뿐이었다. 좋게 말해 아버지는 제상에 오른 선한 양이었던 것이다. 그로부터 아버지는 집 안에 들어앉고 말았다. 매달 일만 천 원씩 나오는 삼급 상이용사 연금이 이제 아버지의 유일한 벌이였다. 그러나 역시 엄마는 수완가였다. 엄마는 우리 식구를 거리에 나앉게 하지 않았다. 물론 끼니를 거르게 만들지도 않았다. 엄마의 능력으로 우리 식구는 그런대로 옛 수준을 유지할 수 있었다. 오직 경제권이 전폭 엄마에게로 옮아간 점이 달랐다. ㉡ 아니, 전에도 경제권은 엄마가 쥐고 있었다.

– 김원일, 「도요새에 관한 명상」

34 윗글의 내용을 잘못 이해한 것은? [2점]

① '아버지'는 청렴결백을 소중한 가치로 여기며 살아왔다.

② '아버지'는 인간의 개성을 억압하는 이념에 대해 비판적이다.

③ '엄마'는 '아버지'의 퇴직금만으로 가족의 생계를 꾸려나갔다.

④ '아버지'는 학교 공금을 빼내 쓴 일로 불명예스럽게 퇴직했다.

⑤ '아버지'와 '엄마'는 고향을 잃고 살아간다는 점에서 공통적이다.

35 〈보기〉의 ⓐ를 설명하기 위한 단서를 [A]에서 찾는다고 할 때, 적절하지 않은 것은? [2점]

〈보기〉

윗글에서 [A]는 현실 문제와 관련하여 인물들이 대화를 하는 장면이다. 이 장면에서 '나'는 대화에 참여하는 인물 중의 하나이면서 동시에 서술자이기도 하다. 이는 현실 문제에 대한 다양한 시각을 제시하고, ⓐ 하나의 시각을 다른 시각으로 조명하도록 함으로써 독자의 비판적인 판단을 요구하는 작가의 의도가 작용한 것으로 볼 수 있다.

① '영구적인 분단'이 더 좋다는 '나'의 생각은, '형'에 의해 잘못된 '교육'의 결과로 진단된다.

② 대부분의 사람들이 '통일의 길'을 포기하지 않고 있다는 '아버지'의 생각은, '나'에 의해 '냉정'하지 못한 생각으로 치부된다.

③ '분단'이 아버지의 '삶의 근간'을 빼앗아갔다는 '형'의 생각은, '나'에 의해 '무력의 길'로라도 통일을 해야 한다는 주장으로 이해된다.

④ '젊은 애들'이 '도덕적 가치 판단의 기준'을 잃었다는 '아버지'의 생각은, '나'에 의해 '교육계에 몸을 담고' 있었다고 '둘러대'는 말로 폄하된다.

⑤ '우선 내가 살고 사회가 안정되는 것'이 중요하다고 여기는 '나'의 생각은, '아버지'에 의해 '물질 위주의 기계주의'로 인한 도덕성의 상실로 비판된다.

2015 기출문제

36 ㉠에 대한 설명으로 가장 적절한 것은? [2점]

① 인물 간의 갈등을 부각하고 있다.
② 인물의 심리 변화를 서술하고 있다.
③ 인물의 처지와 가치관을 분석하고 있다.
④ 인물의 행동을 사실적으로 묘사하고 있다.
⑤ 인물의 내력을 요약적으로 제시하고 있다.

37 〈보기〉는 [B]를 시나리오로 각색하는 공동 과제를 수행한 결과이다. 수행 결과에 대한 평가로 적절하지 <u>않은</u> 것은? [3점]

〈보기〉

S# 91 안방
아버지 : 누가 뭐래도 인간은 저, 정직이 중요해. 당신 생각은 정, 정직하지 못해.
엄마 : (애원조로) 아 내가 뭐랬는데. 보름 안으로 꼭 채워준다고 했잖아. 이번만 좀 어떻게 해줘, 응?
아버지 : 그게 중, 중요한 게 아니야. 애, 애초에 공금을 빼낸다는 생각이 자, 잘못이라니까.
엄마 : (목소리를 높이며 빠르게) 그 돈이 없으면 우린 파산이야. 내가 벌어오는 돈이 없으면 우리 네 식구 모두 죽어야 한다고. 아님 내가 감옥살이 하는 동안 혼자서 고고하게 잘 먹고 잘 살든가!
아버지 : ....(묵묵부답, 집을 나선다.)

S# 92 며칠 후, 안방
아버지, 두툼한 돈봉투를 엄마에게 건넨다. 화색이 도는 엄마의 얼굴과 침울한 아버지의 표정 교차. 화면을 분할하여 각각의 얼굴 C. U.*

S# 93 어느 날 밤, 형제의 방
아버지의 취한 모습. 인사불성이 되어 '끝장이다'를 반복하며 형제에게 술주정하는 아버지. 말리러 온 엄마에게도 같은 말을 반복하며 주정을 한다.

S# 94 보름 후, 안방
아버지 : (안절부절못하며) 도, 돈을 채워주겠다는 날인데……어떻게 된 건가?
엄마 : (되려 화를 내며) 내가 안 주고 싶어 안 주는 거냐고. 갖다 줄 때까지 잠자코 기다리라니깐!
아버지 : (잠시 사이를 두고, 그럴 줄 알았다는 말투로) 그냥 내, 내가 죽어야지. 공금에 손을 대서 나, 낯을 붉히게 되느니 주, 죽는 게 낫겠어.

*C.U. : 시나리오 용어의 하나로, 어떤 한 부분을 특별히 크게 확대하여 찍는 것을 말함. 'Close Up'의 약어.

① S# 91 : '정직'을 생활신조로 삼는 '아버지'의 성격을 고려해서, 원작에서 '아버지'가 다른 인물에게 했던 말을 '엄마'에게도 하는 걸로 했군.
② S# 91 : '엄마'가 '협박과 울음'으로 '아버지'를 설득하는 부분을, 원작과 달리 대화 장면으로 구성해서 '아버지'와 '엄마'의 갈등을 구체화하고 있군.
③ S# 92 : '오백만 원의 돈을 돌려 낼 수 있었다.'라는 원작의 구절에서 '아버지'와 '엄마'의 심정을 추리하여, 두 인물의 심정 대비가 잘 이루어질 수 있도록 화면을 구성했군.
④ S# 93 : '아버지'가 '형과 나'를 붙잡고 투정을 하는 원작과는 달리, '엄마'까지 등장시켜 '아버지'가 가족 모두에게 가졌던 불만을 살려 내고 있군.

⑤ S# 94 : '약속한 보름'이 지난 후 '아버지'가 '매일' 자살 타령을 읊조렸다는 부분을, 원작과 달리 하나의 시공간을 설정하여 '아버지'와 '엄마'의 갈등을 집약적으로 보여 주고 있군.

38 **윗글의 단어를 활용하여, '아버지'를 주어로 ㉡을 달리 표현해 보았다. 가장 적절한 것은?** [2점]

① 아니, 아버지는 경제적으로 만큼은 '꽁생원'으로 살지 않았다.

② 아니, 경제권 행사에서 아버지는 늘 '껍데기'에 불과했을 뿐이다.

③ 아니, 아버지는 경제적으로 '날강도'가 되는 일만은 극히 꺼렸다.

④ 아니, 경제권 행사에서 아버지는 항상 '희생자'의 역할을 맡아 왔다.

⑤ 아니, 아버지는 언제나 경제적인 '노예' 상태에서 벗어나고 싶어 했다.

[39~42] 다음 글을 읽고 물음에 답하시오.

[앞부분의 줄거리] 경주에 사는 박생은 학문의 성취 수준이 높았으나 과거에 급제하지 못해 늘 불쾌한 마음을 품고 있었다. 그러나 그는 인품이 온후하여 사람들의 칭송을 받았다. 어느 날 박생은 한밤중에 '주역(周易)'을 읽다가 얼핏 잠이 드는데, 꿈에 나타난 저승사자에게 인도되어 염부주에 가게 되고, 그곳에서 염부주의 임금인 염왕을 만난다.

박생이 또 물었다.

"임금님께서는 무슨 인연으로 이 이역(異域)에 살면서 임금이 되셨습니까?"

임금이 대답하였다.

"나는 인간 세상에 있을 때 왕에게 충성을 다하고 힘을 다하여 도적을 토벌하였소. 그리고 스스로 맹세하기를 '죽은 뒤에도 마땅히 여귀(厲鬼)*가 되어 도적을 죽이리라.' 하였소. 그런데 그 소원이 아직 다 이루어지지 않았고, 충성심이 사라지지 않았기 때문에 이 흉악한 곳에 와서 우두머리가 된 것이오. 지금 이 땅에 살면서 나를 우러르는 사람들은 모두 전세에 부모나 임금을 죽인 자들이거나 간교하고 흉악한 무리들이오. 그들은 이 땅에 살면서 나에게 통제를 받아 그릇된 마음을 고치려 하고 있소. 그러나 **정직하고 사심이 없는 사람**이 아니면 하루도 이 땅의 우두머리가 될 수 없소. 과인이 들으니 그대는 정직하고 뜻이 굳세어 인간 세상에 있으면서 지조를 굽히지 않았다고 하니 진실로 달인(達人)이라 할 수 있을 것이오. 그런데도 그 뜻을 당세에 한 번도 펼쳐 보지 못하였으니 마치 형산의 옥이 티끌 가득한 벌판에 버려지고 밝은 달이 깊은 못에 잠긴 것과도 같소. **훌륭한 장인**을 만나지 못하면 누가 지극한 보물임을 알아주겠소? 그러니 어찌 애석하지 않겠소? 나는 시운(時運)이 이미 다하여 장차 활과 검을 버리고자 하오. 그대도 또한 명수(命數)가 이미 다했으니 곧 쑥덤불 속에 묻힐 것이오. 그러니 이 나라를 맡아 다스릴 사람이 그대가 아니고 누구겠소?"

임금은 잔치를 열어 박생을 극진히 대접해 주었다. 그리고 박생에게 삼한(三韓)이 흥하고 망한 역사를 물으니 박생이 하나하나 대답하였다. 이야기가 고려가 창업한 대목에 이르자 임금은 거듭 탄식하며 서글퍼하다가 말하였다.

"나라를 다스리는 이가 폭력으로 백성을 위협해서는 안 될 것이오. 백성들이 두려워서 따르는 것 같이 보이지만 마음속으로는 반역할 뜻을 품고 있어서 날이 가고 달이 가면 큰 재앙이 일어나게 되는 것이오. 덕이 있는 사람은 힘으로 왕위에 올라서는 안 되오. 하늘이 비록 거듭 말해 주지는 않아도 행사(行事)로 보여주니, 처음부터 끝까지 상제의 명령은 지엄한 것이오. 대체로 나라라는 것은 백성의 나라요, 명이라는 것은 하늘의 명이오. 그런데 천명이 떠나가고 민심이 떠나가면 임금이 비록 제 몸을 보전하고자 한들 어떻게 가능하겠소?"

박생이 또 역대의 제왕들이 이도(異道)*를 숭상하다가 재앙을 입은 이야기를 하자 임금이 문득 이맛살을 찌푸리며 말하였다.

"백성들이 태평세월을 노래하는데도 홍수와 가뭄이 닥치는 것은 하늘이 군주로 하여금 일을 삼가라고 거듭 경계하는 것이오. 백성들이 원망하고 탄식하는데도 상서로운 일이 나타나는 것은 요괴가 군주에게 아첨해서 더욱 교만하고 방종하게 만드는 것이오. 그러니 역대 제왕들에게 상서로운 징조가 일어났던 때가 백성들이 안락함을 누리던 때겠소, 아니면 원통함을 부르짖던 때겠소?"

박생이 말하였다.

"간신들이 벌 떼처럼 일어나고 큰 변란이 계속 일어나는데도 윗사람들이 백성들을 협박하고 위협하면서도 잘한 일이라고 여기며 부질없는 명예만 구하려 한다면 어찌 나라가 평안할 수 있겠습니까?"

임금은 한참 동안 묵묵히 있다가 탄식하며 말하였다.

"그대의 말이 옳소."

잔치를 마친 후 임금이 박생에게 왕위를 물려주려고 손수 다음과 같은 ㉠ <u>조서</u>를 내렸다.

염주의 땅은 실로 풍토병이 유행하는 곳이므로 우(禹)임금의 발자취도 이르지 못하였고, 목왕(穆王)의 준마도 오지 못하였다. **붉은 구름이 해를 가리고, 독한 안개가 하늘을 막고 있다.** 목이 마르면 이글이글 끓는 구리 물을 마셔야 하고, 배가 고프면 활활 타오르는 쇳덩이를 먹어야 한다. 그러니 야차(夜叉)나 나찰(羅刹)이 아니고는 발붙일 곳이 없고, 도깨비가 아니고는 그 뜻을 펼칠 수가 없는 것이다. 불의 성벽이 천 리에 둘러 있고, 철로 된 산악이 만 겹이나 겹쳐 있다. 백성들의 풍속이 강하고 사나워서 정직한 자가 아니면 그 간사함을 판단할 수 없다. 지세도 굴곡이 심해 험준하니 신령하고 위엄 있는 사람이 아니면 그들을 교화할 수가 없다.

아아, 동쪽 나라의 박 아무개는 정직하고 사심이 없고, 강직하고 과단성이 있으며, 남을 포용하는 자질을 갖추었고, 어리석은 자들을 깨우쳐 줄 재주를 가졌도다. 생전에 비록 현달하여 영화를 누리지는 못하였지만 죽은 뒤에는 기강을 바로잡을 것이로다. 모든 백성이 길이 믿고 의지할 사람이 그대가 아니고 누구겠는가?

마땅히 덕으로 인도하고 예로 다스려 백성들을 착한 길로 이끌고, 몸소 실천하고 마음으로 깨달아 세상을 태평하게 해주오. 하늘을 본받아 법을 세우고, 요임금이 순임금에게 왕위를 물려주었던 것을 본받아 내 이제 이 자리를 그대에게 물려주나니 아아, 그대는 삼가 받을지어다.

박생은 조서를 받아 든 후 예법에 맞추어 두 번 절하고 물러 나왔다. 임금은 다시 신하와 백성들에게 명령을 내려 치하를 드리게 하고, 태자의 예로써 그를 전송하게 하였다. 그리고 박생에게 경계하였다.

"머지않아 다시 돌아와야 할 것이오. 이번에 가거든 수고롭지만 내가 말한 바들을 인간 세상에 널리 전하여 황당한 일들을 다 없애 주오."

박생은 다시 두 번 절을 올리고 감사하면서 말하였다.

"감히 명하신 바의 만분의 하나라도 받들지 않겠습니까."

박생이 문을 나선 후 수레를 끄는 자가 발을 헛디뎌 수레가 뒤집혔다. 그 바람에 박생도 땅에 넘어졌는데 놀라서 깨어 보니 한갓 꿈이었다. 박생이 눈을 떠 보니 책은 책상 위에 내던져 있고, 등잔불은 가물거리고 있었다. 박생은 한참 동안 감격스러우면서도 의아하게 여기다가 장차 죽게 될 것을 깨닫고 날마다 집안일을 정리하는 데 몰두하였다.

몇 달 뒤 박생이 병을 얻었는데 스스로 다시는 일어나지 못하리라는 것을 알았다. 결국 의사와 무당을 사절하고 세상을 떠났다. 박생이 죽던 날 밤 이웃 사람들의 꿈에 어떤 신인이 나타나서 이렇게 알려 주었다.

"네 이웃집 아무개가 장차 염라대왕이 될 것이다."

– 김시습, 「남염부주지(南炎浮洲志)」

*여귀(厲鬼) : 재앙을 가져오는 악귀.
*이도(異道) : 불교를 이름.

39 윗글의 서술상 특징으로 가장 적절한 것은? [2점]

① 인물의 체험을 삽화 형식으로 나열하고 있다.

② 배경묘사를 통해 등장인물의 심리를 드러내고 있다.

③ 과거와 현재를 교차하여 사건에 입체감을 부여하고 있다.

④ 등장인물들 간의 대화를 토대로 이야기가 진행되고 있다.

⑤ 작품 속의 서술자가 상황과 인물의 태도에 대해 논평하고 있다.

40 윗글을 읽고 알 수 있는 내용으로 가장 적절한 것은? [2점]

① '염왕'은 염부주를 떠나야 하는 것을 후회했다.

② '염왕'은 왕위를 물려 달라는 '박생'의 요구를 듣고 당황했다.

③ '박생'은 꿈에서 깬 후 자신이 죽을 것을 깨닫고 신변을 정리했다.

④ '박생'은 '이도(異道)'를 숭상해 현실 세계에서 널리 알리고자 했다.

⑤ '박생'은 현실 세계로 돌아와 염부주에서의 경험을 '신인'에게 알려 주었다.

41 〈보기〉를 바탕으로 윗글을 감상한 내용으로 적절하지 않은 것은? [3점]

〈보기〉

'남염부주지'의 작가 김시습이 살았던 당대의 현실은 세조의 왕위 찬탈이 일어났고 인재가 제대로 등용되지 않아 백성을 위하는 정치가 이루어지지 않았던 때이다. 김시습은 이처럼 불의가 판을 치는 현실을 바로잡기 위해서는 정치의 정도(正道)를 회복해야 한다고 보았다. 그가 정치의 정도를 회복하기 위한 방법으로 제시한 것은 왕도 정치이다. 덕목을 갖춘 왕이 백성을 위하는 민본 정치를 해야 부조리한 현실을 바로잡을 수 있다고 본 것이다. 이러한 그의 사상은 '남염부주지'에서 염왕과 박생을 통해 제시되고 있다. 이 두 사람은 김시습의 사상과 이상을 대리해서 제시하고 있는 대변자라 할 수 있다. 그리고 이 작품의 주된 공간적 배경이 되고 있는 '염부주'는 김시습이 개혁하고자 했던 현실 세계를 상징하고 있다.

① '붉은 구름이 해를 가리고, 독한 안개가 하늘을 막고 있'는 공간으로 '염부주'를 형상화한 것은 부조리한 현실 세계의 특성을 상징적으로 부각하고 있다고 볼 수 있어.

② 염왕이 말한 '훌륭한 장인'은 풍속을 교정하고 백성을 교화해 정치의 정도(正道)를 회복하기 위해 임금이 반드시 등용해야 하는 인재를 의미하고 있다고 볼 수 있어.

③ '나라를 다스리는 이가 폭력으로 백성을 위협해서는 안 될 것'이라는 염왕의 말을 통해 백성을 위하는 정치를 중시했던 작가의 민본주의 사상이 드러나고 있다고 볼 수 있어.

④ '정직하고 사심이 없는 사람'이어야 '염부주'의 우두머리가 될 수 있다는 염왕의 말은 덕목을 갖춘 사람이 왕이 되어야 한다는 작가의 생각을 보여 주는 것이라고 할 수 있어.

⑤ 큰 변란이 일어나는데도 부질없는 명예만 좇는 '윗사람들'이 득세한 현실에 대한 박생의 비판은 당대의 현실을 개혁의 대상으로 보았던 작가의 의식을 보여 주는 것이라고 할 수 있어.

42 ㉠에 대한 설명으로 적절하지 <u>않은</u> 것은? [2점]

① '박생'이 염부주의 왕이 되어야 하는 까닭을 밝히고 있다.

② '박생'이 '염왕'의 뒤를 이어 왕이 될 것임을 기정사실화하고 있다.

③ '박생'이 염부주를 태평하게 만들어줄 것이란 '염왕'의 믿음이 드러나고 있다.

④ '염왕'이 '박생'에게 신이한 능력을 기르는 방법을 전수해 주기 위해 지은 것이다.

⑤ '염왕'이 '박생'과 치국(治國)에 대한 의견 일치를 이룬 후에 '박생'에게 내린 것이다.

[43~45] 다음 글을 읽고 물음에 답하시오.

ᄒᆡᆼ장(行裝)을 다 ᄯᅥᆯ티고 셕경(石逕)의 막대 디퍼
ᄇᆡᆨ쳔동(百川洞) 겨ᄐᆡ 두고 만폭동(萬瀑洞) 드러가니
은(銀) ᄀᆞᄐᆞᆫ 무지게 옥(玉) ᄀᆞᄐᆞᆫ 룡(龍)의 초리 ┐
섯돌며 ᄲᅮᆷᄂᆞᆫ 소ᄅᆡ 십리(十里)의 ᄌᆞ자시니 [A]
들을 제ᄂᆞᆫ 우레러니 보니ᄂᆞᆫ 눈이로다 ┘
금강ᄃᆡ(金剛臺) ᄆᆡᆫ 우 층(層)의 션학(仙鶴)이 삿기 치니 ┐
츈풍(春風) 옥뎍셩(玉笛聲)의 첫 ᄌᆞᆷ을 ᄭᆡ돗던디 [B]
호의현샹(縞衣玄裳)이 반공(半空)의 소소 ᄯᅳ니
셔호(西湖) 녯 쥬인(主人)*을 반겨셔 넘노ᄂᆞᆫ ᄃᆞᆺ ┘
쇼향노(小香爐) 대향노(大香爐) 눈 아래 구버보고
졍양ᄉᆞ(正陽寺) 진헐ᄃᆡ(眞歇臺) 고텨 올나 안ᄌᆞᆫ마리
녀산(廬山) 진면목(眞面目)이 여긔야 다 뵈ᄂᆞ다
어와 조화옹(造化翁)이 헌ᄉᆞ토 헌ᄉᆞᄒᆞᆯ샤 ┐
ᄂᆞᆯ거든 ᄯᅱ디 마나 셧거든 솟디 마나
부용(芙蓉)을 고잣ᄂᆞᆫ ᄃᆞᆺ 백옥(白玉)을 뭇것ᄂᆞᆫ ᄃᆞᆺ [C]
동명(東溟)을 박ᄎᆞᄂᆞᆫ ᄃᆞᆺ 북극(北極)을 괴왓ᄂᆞᆫ ᄃᆞᆺ ┘
㉠ <u>놉흘시고 망고ᄃᆡ(望高臺) 외로올샤 혈망봉(穴望峰)이</u>
<u>하ᄂᆞᆯ의 추미러 무ᄉᆞ 일을 ᄉᆞ로리라</u>
<u>쳔만(千萬) 겁(劫) 디나ᄃᆞ록 구필 줄 모ᄅᆞᄂᆞᆫ다</u>
어와 너여이고 너 ᄀᆞᄐᆞ니 ᄯᅩ 잇ᄂᆞᆫ가
ᄀᆡ심ᄃᆡ(開心臺) 고텨 올나 듕향셩(衆香城) ᄇᆞ라보며
만이쳔(萬二千) 봉(峯)을 녁녁(歷歷)히 혀여ᄒᆞ니 ┐
봉(峰)마다 ᄆᆡ쳐 잇고 긋마다 서린 긔운 [D]
ᄆᆞᆰ거든 조티 마나 조커든 ᄆᆞᆰ디 마나
뎌 긔운 흐터내야 인걸(人傑)을 ᄆᆞᆫ ᄃᆞᆯ고쟈 ┘

– 정철, 「관동별곡(關東別曲)」

* 셔호 녯 쥬인 : 매화를 아내로 삼고 학을 자식으로 삼아 풍류를 즐겼다고 알려진 송나라의 임포를 가리킴.

43 윗글에 대한 이해로 적절하지 않은 것은? [2점]

① 화자는 간편한 차림으로 산에 올라 자연의 정경을 접했다.

② 화자는 '금강ᄃᆡ'에 올라 '쇼향노'와 '대향노'를 굽어보며 흥취에 젖었다.

③ 화자는 학이 자신을 반긴다고 여기며 자연에 대한 친밀감을 드러냈다.

④ 화자는 아름다운 자연의 모습에 조물주의 솜씨가 뛰어나다며 감탄했다.

⑤ 화자는 '진헐ᄃᆡ'에 올랐다가 다시 'ᄀᆡ심ᄃᆡ'에 올라 산봉우리들을 바라보았다.

44 〈보기〉의 입장에서 [A]~[D]를 감상한 내용으로 적절하지 않은 것은? [3점]

〈보기〉

진경산수(眞景山水)의 이론적 배경을 제시한 김창흡은 진경(眞景)을 그릴 때 '신정(神情)'을 얻음을 귀하게 여겨야 한다고 했다. 신정은 외물(자연)과 만날 때 일어나는 신령스러운 마음의 작용을 의미하는데, 이를 나타내기 위해서는 대상의 본질적 특성을 보여줄 만한 것을 살리고 외적인 형상에 대한 세세한 묘사는 생략해야 한다. 예를 들어, 말을 그린다면 말의 형과 색을 상세히 묘사하는 것보다 말의 역동적인 움직임을 포착하여 담아낼 수 있어야 하는 것이다. 관동별곡은 이와 같이 신정이 드러나는 묘사로 이루어져 있다. 신정이 드러나는 묘사는 압축과 생략을 동반하기 때문에 마치 띄엄띄엄 점을 찍는 것과 같이 이루어지는 경우가 많다. 독자들은 이러한 점들을 상상을 통해 연결함으로써 머릿속에 아름다운 그림을 그리게 되고, 화자의 감흥을 생생하게 느끼게 된다.

① [A]에서 화자가 폭포를 대했을 때 '룡', '눈' 등을 떠올렸음을 알 수 있는데, 이는 화자가 폭포를 대했을 때 얻은 '신정'을 보여 주는 것이라고 할 수 있어.

② [B]에서는 '츈풍(春風) 옥뎍셩(玉笛聲)'과 학의 비상을 연결해 학을 대한 화자의 '신정'을 나타내고 있는데, 학의 비상은 화자의 고양된 감흥을 환기하고 있다고 볼 수 있어.

③ [D]의 'ᄆᆰ거든 조티 마나 조커든 ᄆᆰ디 마나'는 화자가 느낀 봉우리의 본질적 특성을 제시한 것으로 봉우리를 대했을 때 얻은 화자의 '신정'을 보여 주고 있다고 할 수 있어.

④ [A], [C]에서는 각각 폭포와 산봉우리의 모습을 비유를 통해 점을 찍듯 제시하고 있는데, 독자가 그렇게 제시된 것을 연결해 상상하면 아름다운 그림을 보는 것과 같은 느낌을 가질 수 있다고 할 수 있어.

⑤ [B], [D]에서는 공통적으로 색채 이미지를 활용해 자연물에 대한 화자의 인상을 나타냄으로써 화자의 감흥을 선명하게 부각하는 효과를 거두고 있다고 볼 수 있어.

45 ㉠에 대해 이해한 내용으로 가장 적절한 것은? [2점]

① 화자는 자연 속에서 자적하며 생활하고 있는 자신에 대한 자긍심을 드러내고 있군.

② 화자는 자연의 모습에서 혼탁한 속세의 모습이 투영되어 있는 것을 발견하고 있군.

③ 화자는 자연물의 모습으로부터 자신이 지키며 살아야 할 바람직한 모습을 떠올리고 있군.

2015 기출문제

④ 화자는 자연물의 조화로운 모습에서 백성과 어울려 선정을 베푸는 임금의 모습을 떠올리고 있군.

⑤ 화자는 속세에서 자신이 맡은 직분을 잊은 채 자연에 몰입하고 있는 자신의 모습을 발견하고 있군.

2024
사관학교 기출백서

2014학년도 기출문제

국어영역(A/B형)

제1교시 국어영역(A형)

▶정답 및 해설 111p

[01~02] 다음은 학급 임원 3명이 한 회의의 일부이다. 물음에 답하시오.

회 장 : 체육대회가 일주일 앞으로 다가왔습니다. 지난 번 학급 회의에서 체육대회 때 반 티셔츠를 맞추어 입자고 결정했지만, 아직까지 티셔츠에 들어갈 문구를 결정하지 않았습니다. 시간도 없는데 당장 결정해서 오늘이라도 주문해야하지 않을까요?

남학생 : 저는 좀 신중할 필요가 있다고 생각합니다. 일단 티셔츠 문구에 관해 학급 친구들의 의견을 들어야 합니다. 내일 수업 마친 후에 설문 조사를 하는 건 어떨까요?

여학생 : 물론 친구들의 의견을 듣는 것도 중요하지만 체육대회가 얼마 안 남았잖아요. 일단 우리 임원들이 문구를 결정하고, 다음에 학급 친구들에게 동의를 얻도록 합시다.

남학생 : 체육대회를 준비할 시간이 부족하다는 것은 사실입니다. 하지만 급할수록 돌아가라는 말이 있습니다.

여학생 : 우리는 학급 친구들이 임명한 임원입니다. 이 말은 친구들이 자신들의 권리를 우리에게 위임했다는 뜻입니다. 이 정도의 단순한 일은 우리가 결정해도 되지 않을까요?

남학생 : 친구들이 우리를 임원으로 뽑은 것은 우리 마음대로 하라는 것이 아니라, 친구들의 뜻을 잘 반영하라는 것입니다. 또 백지장도 맞들면 낫다고, 쉽고 간단한 일도 여러 친구들의 의견을 들으면 누구나 만족할 만한 성과를 얻을 수 있습니다. 그리고 그 과정에서 친구들도 참여의 즐거움을 느낄 수 있을 겁니다.

여학생 : 물론 그렇기는 합니다. 친구들 모두에게 체육대회 준비 과정에 참여하는 즐거움을 맛볼 수 있도록 해야 하지요. 그러나 현실적으로 시간이 부족합니다. 체육대회 연습도 해야 하고, 응원 도구도 준비해야 합니다.

남학생 : 지난 학기에 있었던 합창 대회를 생각해 보세요. 우리 임원들끼리 노래를 선정하고 합창에서의 역할도 우리끼리 결정하는 바람에 친구들의 원성이 높았고, 결국 대회장에서 우왕좌왕해 큰 망신을 당했잖아요.

회 장 : 티셔츠 문구도 빨리 결정해야 하고, 체육대회를 준비하면서 참여의 즐거움을 느끼게 해야 한다는 말에도 공감합니다. 그러면 이렇게 하면 어떨까요? 일단 설문 조사는 하면서, 언제라도 문구만 결정되면 곧바로 제작할 수 있도록 준비해 놓으라고 티셔츠 제작 업체와 약속을 하도록 하죠.

여학생 : 그 방법이 좋겠네요.

남학생 : 저도 찬성합니다.

01 회의 참여자의 말하기에 대한 설명으로 적절하지 않은 것은? [2점]

① 회장 : 대립되는 의견을 절충할 수 있는 새로운 대안을 제시하고 있다.

② 남학생 : 관용적 표현을 사용하여 설득의 효과를 높이고 있다.

③ 남학생 : 과거의 경험을 예로 들어 자신의 주장이 타당함을 밝히고 있다.

④ 여학생 : 상대방이 한 말을 이해하기 위하여 보충 설명을 요구하고 있다.
⑤ 여학생 : 상대방의 주장에 일부 동의하면서 자신의 견해를 제시하고 있다.

02 회의 참여자들이 공통적으로 인정하고 있는 것만을 〈보기〉에서 고른 것은? [2점]

〈보기〉
ㄱ. 체육대회를 준비할 시간이 부족하다.
ㄴ. 체육대회에서 좋은 성적을 거두어야 한다.
ㄷ. 행사 진행에 관한 간단한 일은 임원들이 결정할 수 있다.
ㄹ. 체육대회 준비 과정에서 친구들이 참여의 즐거움을 느끼게 해야 한다.

① ㄱ, ㄴ
② ㄱ, ㄷ
③ ㄱ, ㄹ
④ ㄴ, ㄷ
⑤ ㄴ, ㄹ

03 다음의 대화에 나타난 '정민'의 고민을 해소하기 위한 조언으로 가장 적절한 것은? [2점]

미선 : 내일 1학년 교실에 들어가 우리 동아리를 소개하기로 했는데, 준비는 잘 돼 가니?
정민 : 준비하긴 했는데, 너무 떨려.
미선 : 우리 동아리에 대해 소개할 내용은 뭐로 할 거니?
정민 : 우리 동아리가 여러 대회에서 좋은 성적을 거두었고, 선후배 간에 사이가 좋다는 말을 할 거야.
미선 : 그 정도면 됐네.
정민 : 하지만 후배들 앞에 처음 나서는 거라 그런지 많이 긴장 돼.
미선 : 그래? 너 평소에 조리 있게 말 잘 하잖아.
정민 : 내일 1학년 교실에 들어가서도 이렇게 떨리면 실수할 텐데…….

① 후배들과 눈이 마주치지 않도록 조심해.
② 준비를 많이 한 자신을 믿고 자신감을 가져 봐.
③ 우리 동아리가 좋은 점이 많잖아. 그걸 소개해 봐.
④ 1학년이잖아. 후배들 앞에서 완벽한 선배 모습을 보여줘.
⑤ 실수하면 안 돼. 이번 동아리 소개가 정말 중요하다는 거 알지?

[04~05] 다음은 두 학생이 나눈 대화의 일부이다. 물음에 답하시오.

인애 : 새롬아, 요즘 정미, 화영이와 말도 잘 안하고, 만나지도 않는 것 같더라. 너희 삼총사 무슨 일 있니?
새롬 : (고민스러운 표정으로) 실은 말이야……. (한숨을 쉬며) 아니야, 됐어.
인애 : 웬 한숨이야? 뭔데? 괜찮아. 말해 봐. 기쁨은 나누면 배가 되고, 슬픔은 나누면 반이 된다는 말도 있잖아.
새롬 : 알았어. 실은 일이 좀 복잡해. 정미가 나에게만 털어 놓은 비밀이 있었는데, 내가 화영이에게 그 비밀을 말해 버린 거야. 바보같이…….
인애 : (새롬 쪽으로 몸을 기울이며) 그래서 어떻게 되었는데?
새롬 : 화영이가 그 비밀에 대해 자세히 알고 싶어 직접 정미에게 그 비밀에 관해 물어 봤대.

인애 : 아, 일이 그렇게 된 거로구나. 정미가 많이 화났겠네.

새롬 : 맞아. 그래서 내가 사과했는데도 받아주지 않아서 많이 섭섭했어. 지금도 그렇고.

인애 : (고개를 끄덕이며) 그런 일이 있었구나. 서운했겠네! 그런데 뭐라고 사과했니?

새롬 : 고의는 아니었지만 비밀을 지켜주지 못해서 미안하다고 했어. 그런데도 정미가 사과를 받아주지 않았어.

인애 : 응, 그렇구나. 그런데 화영이하고는 왜 말을 안 하는 건데?

새롬 : 내가 정미의 비밀을 아무한테도 말하지 말라고 하지 않았느냐고 화영이에게 따지니까, 자기도 미안하기는 한데 그런 일 가지고 굳이 따지느냐며 오히려 짜증을 내는 거야. 그런 모습을 보니 정말 화가 나 소리를 버럭 질렀어. 내가 잘못한 거니?

인애 : (손사래를 치며) 아냐, 아냐, 그렇지 않아. 나라도 그 상황이었으면 화가 났을 거야.

새롬 : 휴, 이렇게 털어놓으니 속이 후련하기는 하다. 그런데 정미와 화영이에게 어떻게 사과해야 하지?

인애 : 정미의 경우는 정미의 화가 풀릴 때까지 기다릴 수밖에 없을 것 같고……, 화영이에게는 지난 화법 시간에 배운 '관용의 격률'에 따라 말해 보는 게 어때?

04 위 대화에서 '인애'의 '공감적 듣기' 태도를 평가한 내용으로 적절하지 <u>않은</u> 것은? [3점]

〈보기〉

'공감적 듣기' 태도의 평가표

평가 준거	그렇다	아니다	
• 상대방의 감정이나 처지에 동조하는 반응을 보였는가?	V		… ①
• 상대방의 말을 비판하지 않고 적극적으로 지지해 주었는가?		V	… ②
• 상대방의 말에 집중하고 있음을 비언어적 표현을 통해 나타내었는가?	V		… ③
• 상대방이 이야기를 계속 이어갈 수 있도록 상대방의 말에 관심을 보였는가?	V		… ④
• 상대방이 객관적인 관점에서 문제를 스스로 해결할 수 있도록 상대방의 말을 요약·정리하였는가?		V	… ⑤

05 〈보기〉를 참고할 때, '인애'의 마지막 말에 대한 '새롬'의 대답으로 가장 적절한 것은? [2점]

〈보기〉

일상적인 대화 상황에서 상대방에게 공손하지 않은 표현을 사용하여 갈등이 발생하는 경우가 있다. 이런 갈등을 해결하는 방법은 공손한 표현으로 사과하는 것이다. '공손성의 원리' 중에 '관용의 격률'은 화자 자신에게 혜택을 주는 표현은 최소화하고 자신에게 부담이 되는 표현은 최대화하라는 것이다.

① "화내지 않고도 말할 수 있었는데, 내가 좀 감정이 북받쳐서 그랬어."라고 말하라는 거지?
② "나도 실수를 했고, 너도 실수를 했으니까 이번 일은 없던 것으로 하자."라고 말하라는 거지?
③ "네가 정말로 나에게 사과하려했다면 그렇게 나에게 짜증을 내서는 안 됐어."라고 말하라는 거지?
④ "누구나 실수는 할 수 있어. 앞으로는 남의 말을 다른 사람에게 퍼뜨리지 마."라고 말하라는 거지?
⑤ "갑자기 내가 화를 내서 당황했지? 그러니까 앞으로 나를 화나게 하지 않았으면 좋겠어."라고 말하라는 거지?

06 **다음은 글쓰기 과정을 정리한 내용이다. 이를 통해 알 수 있는 내용으로 적절하지 <u>않은</u> 것은?** [2점]

〈보기〉

국어 선생님께서 요즈음 학생들의 관심사를 제재로 하여 설득하는 글을 쓰라는 과제를 내 주셨다. 선생님 말씀을 듣고 '어떤 주제를 선택하는 것이 좋을까?'를 며칠 동안 고민했지만 막상 글을 쓰려니 내용이 떠오르지 않았다. 고민 끝에 친한 친구 3명을 불러 요즈음 학생들의 관심사에 대해 각자 생각나는 것들을 자유롭게 말하도록 했다. 그랬더니 이성 교제, 학교 폭력, 다이어트, 아이돌 열풍, 청소년 비만 등 다양한 글감들이 나왔다. 그 중에서 요즘 내 주위에 비만으로 고민하는 친구들이 많아서 '청소년 비만의 원인과 해결 방법'에 대하여 글을 쓰기로 결정했다.

그 다음으로 글을 어떻게 쓸까 고민했다. 우선 글을 쓰기 위해 자료 조사, 설문 조사, 전문가 인터뷰 등을 실시하여 최근 10년간 비만 청소년 현황, 고등학생의 1일 적정 운동량, 청소년 비만이 성인 건강에 미치는 영향 등에 관한 자료를 수집했다. 그 다음에는 글의 목적을 고려하여 '문제 제기 – 원인 분석 – 해결 방안 – 요약 · 제언'의 순서로 구성하고, 특히 결말 부분에서는 앞에서 언급했던 주요 내용들을 다시 한 번 강조했다. 초고를 완성한 후에는 글의 내용이 목적과 주제에 부합하는지, 맞춤법이나 띄어쓰기가 맞는지 등을 살펴보고 그렇지 않은 부분은 반복하여 고쳤다.

① 친구들과 자유롭게 토의를 한 후 주제를 정하였다.
② 글의 목적을 고려하여 글의 내용 전개 순서를 정하였다.
③ 글의 내용이 통일성을 유지하고 있는지 점검하여 고쳤다.
④ 다양한 방법을 이용하여 주제와 관련된 자료를 수집하였다.
⑤ 예상 독자의 관심을 고려하여 글의 표현 방법을 선택하였다.

07 **다음은 공원 입구에 세워진 안내문이다. 〈보기〉는 공원 곳곳에 게시할 공고문으로서 이 안내문을 참고하여 만든 것이다. 〈보기〉를 작성할 때 고려한 내용으로 적절하지 않은 것은?** [3점]

> **공원 내 불법 행위 단속 안내**
>
> 공원은 시민이 이용하는 공공장소입니다. 다른 이용객의 불편을 초래할 수 있는 행위는 자제하시기 바랍니다. 특히 다음의 행위는 불법으로서 관련 법규에 따라 처벌됨을 알려 드립니다. 공원 내에서 밥을 짓는 행위, 고기를 구워 먹는 행위, 애완동물의 목줄을 풀어 놓는 행위, 애완동물의 배설물을 치우지 않는 행위, 상점 외의 곳에서 김밥, 음료수 등을 판매하는 행위 등은 불법입니다. 이러한 행위를 목격하신 분은 공원관리사무소(☎123-4567)에 신고하여 주십시오.
>
> ○○공원관리소장

〈보기〉

> **여기서 이러시면 안 됩니다.**
>
> 다음의 행위는 불법이며 이를 위반할 경우 관련 법규에 따라 처벌됩니다.
>
> ◎ 음식물 취사
> ◎ 애완동물 관리 소홀
> ◎ 허가 받지 않은 식품 판매
>
> 이러한 행위를 보신 분은 공원관리사무소(☎123-4567)에 신고하여 주시기 바랍니다.
>
> ○○공원관리소장

① 중요도에 따라 내용의 순서를 재배열해야겠어.
② 제목은 경어를 사용해 독자의 거부감을 줄여야겠어.
③ 중요한 내용을 부각하기 위해 일부 내용은 생략해야겠어.
④ 시각적 자료를 이용하여 의미가 잘 전달되도록 해야겠어.
⑤ 같은 범주에 속하는 내용들을 포괄하는 말로 항목화해야겠어.

08 **'악성 댓글의 원인과 해소 방안'에 관한 글을 쓰기 위해 개요를 작성한 후 자기 점검을 해 보았다. 수정 및 보완 사항으로 적절하지 않은 것은?** [2점]

> **Ⅰ. 문제 제기**
> 가. 악성 댓글의 실태
> 나. 악성 댓글에 대한 처벌의 어려움
> **Ⅱ. 악성 댓글의 원인**
> 가. 사이버 공간에서의 익명성
> 나. 정보 통신 윤리 의식 미흡
> 다. 인터넷 검색 능력 부족
> 라. 악성 댓글에 대한 문제의식 부족
> **Ⅲ. 악성 댓글 해소 방안**
> 가. 학교에서의 정보 통신 윤리 교육 강화
> 나. 악성 댓글에 대한 처벌 체계 보완
> **Ⅳ. 결론**

① 'Ⅰ-나'는 상위 항목과 어울리지 않으므로 'Ⅱ'의 하위 항목으로 이동한다.
② 'Ⅱ-다'는 글의 주제와 관련이 없으므로 삭제한다.
③ 'Ⅱ-라'는 'Ⅱ-나'와 유사한 내용이므로 'Ⅱ-나'에 포함시킨다.
④ 'Ⅲ'에는 'Ⅱ-가'와의 관련성을 고려하여 '게임 셧다운제 실시'를 추가한다.

⑤ 'Ⅳ'에는 '올바른 댓글 문화 정립'에 대한 내용을 담는다.

09 **〈보기〉는 '건강과 스트레스'를 주제로 작성한 글이다. 이를 고쳐 쓰기 위한 방안으로 적절하지 <u>않은</u> 것은?** [2점]

〈보기〉

건강과 스트레스

– ㉠ <u>스트레스를 많이 받을 수 있는 성격 유형과 행동 특성</u>

외부의 자극에 대하여 사람이 느끼는 신체적, 심리적 긴장 상태를 '스트레스'라고 한다. 스트레스를 경험하면 사람은 생리적으로 원래 상태로 되돌아가기 위하여 스트레스와 정면으로 대립하거나 ㉡ 도피하려는 경향을 갖는다. 그런 점에서 스트레스는 그 요인에 대하여 평온한 상태를 유지하기 위한 생리적 반응 과정이라고 할 수 있다.

㉢ <u>스트레스는 고통스러울 때만 일어나는 것이 아니라 즐거울 때에도 일어난다</u>. 어떤 사람들은 스트레스로 인해 질병을 얻지만, 어떤 사람들은 스트레스를 극복하여 기쁨을 얻는다. 예를 들어 산악인이나 항해사들은 거친 자연 조건에서의 산행이나 항해를 통해 자신의 목표를 이룸으로써 성취감과 희열을 느낄 수 있다.

이들이 스트레스를 극복하고 목표를 이룬 것처럼, 우리도 스트레스를 이겨내고 더 나은 사람으로 성장할 수 있다면 그 자체가 보람 있는 일일 것이다. 스트레스 없는 삶을 살아갈 수는 없지만 어떤 마음가짐으로 스트레스에 ㉣ <u>순응</u>하느냐에 따라 우리의 삶이 달라질 수 있다. ㉤ <u>그러나</u> 중요한 것은 스트레스 자체가 아니라 스트레스에 대처하는 우리의 자세이다.

① ㉠은 내용과 어울리지 않으므로 '스트레스에 대처하는 바람직한 자세'로 바꾼다.

② ㉡에는 문장의 호응을 고려하여 '스트레스로부터'라는 단어를 추가한다.

③ ㉢은 문단의 통일성을 해치므로 삭제한다.

④ ㉣은 문맥에 어울리지 않으므로 '대응'으로 교체한다.

⑤ ㉤은 문장을 자연스럽게 연결하기 위해 '그런데'로 고친다.

10 **〈보기〉의 ㉠에 해당하는 사례로 적절한 것은?** [2점]

〈보기〉

우리말에서 반의 관계의 종류는 '상보 반의', '방향 반의', '정도 반의'로 나눌 수 있다. ㉠ <u>'상보 반의'</u>는 '남자 : 여자'처럼 개념적 영역이 상호 배타적인 반의 관계이고, '방향 반의'는 '오다 : 가다'처럼 방향상의 대립 관계를 나타내는 반의 관계이며, 마지막으로 '정도 반의'는 '차다 : 뜨겁다'처럼 정도나 등급을 나타내는 반의 관계이다.

① 참 : 거짓
② 크다 : 작다
③ 왼쪽 : 오른쪽
④ 쉽다 : 어렵다
⑤ 오르다 : 내리다

11 〈보기〉는 언어의 특성을 설명하는 사례이다. 〈보기〉를 이용하여 설명할 수 있는 언어의 특성으로 가장 적절한 것은? [2점]

〈보기〉

바다를 '바다'라고 부르지 않고 혼자 '하늘'이라고 한다든지 '땅'이라고 하면 의사소통이 되지 않는다.

① 언어의 규칙성 ② 언어의 분절성
③ 언어의 사회성 ④ 언어의 역사성
⑤ 언어의 창조성

12 〈보기 1〉을 참고할 때, 〈보기 2〉에서 비통사적 합성어를 모두 고른 것은? [2점]

〈보기 1〉

우리말 합성어 중에는 일반적인 단어 배열 방식에 맞는 것도 있고, 그렇지 않은 것도 있다. 일반적으로 '명사+명사', '용언의 관형사형+명사', '용언의 연결형+용언'의 형태 등은 우리말에 흔히 나타나는 단어 배열법이므로 통사적 합성어라 부르고, '용언의 어간+명사', '용언의 어간+용언'의 형태 등은 우리말의 일반적인 단어 배열에 어긋나므로 비통사적 합성어라 부른다.

〈보기 2〉

㉠ 굶주리다 ㉡ 기와집 ㉢ 덮밥
㉣ 들어가다 ㉤ 작은집

① ㉠, ㉢ ② ㉠, ㉤
③ ㉡, ㉣ ④ ㉡, ㉤
⑤ ㉢, ㉣

13 〈보기〉의 문장을 바탕으로 부사어의 특성을 탐구한 내용으로 적절하지 <u>않은</u> 것은? [2점]

〈보기〉

ㄱ. <u>결국</u> 우리는 <u>여기서</u> 만났다.
ㄴ. <u>아주</u> 큰 서점이 생겼다.
ㄷ. 친구의 딸을 <u>며느리로</u> 삼았다.
ㄹ. 돌고래가 <u>매우</u> 빨리 따라오고 있었다.

① ㄱ의 '결국'을 보니 부사어는 문장 전체를 꾸며줄 수도 있겠군.
② ㄱ의 '여기서'를 보니 부사어는 문장에서 위치가 바뀔 수 있겠군.
③ ㄴ의 '아주'를 보니 부사어가 관형어를 꾸며 줄 수도 있겠군.
④ ㄷ의 '며느리로'를 보니 부사어는 꾸미는 말이므로 생략할 수 있겠군.
⑤ ㄹ의 '매우'를 보니 부사어가 부사어를 꾸며 줄 수 있겠군.

14 〈보기〉는 수업 내용의 일부이다. 이에 대한 사례로 적절하지 <u>않은</u> 것은? [3점]

〈보기〉

우리말 음운 변동 중, 교체는 크게 4가지 종류가 있습니다. 음절의 끝소리 규칙, 비음화, 유음화, 구개음화로 분류할 수 있습니다. 이를 설명하면 아래 표와 같습니다.

변동 유형	설명
음절의 끝소리 규칙	음절 끝에 올 수 없는 자음이 'ㄱ, ㄷ, ㅂ' 중 하나로 바뀌는 현상
비음화	'ㄱ, ㄷ, ㅂ'이 비음 앞에서 비음으로 바뀌는 현상
유음화	'ㄹ'에 인접한 'ㄴ'이 'ㄹ'로 바뀌는 현상
구개음화	형태소의 끝소리인 'ㄷ, ㅌ'이 'ㅣ'로 시작하는 문법형태소와 만날 때 'ㅈ, ㅊ'으로 바뀌는 현상

① 논일 ② 같이
③ 바깥 ④ 믿는다
⑤ 물놀이

[15~18] 다음 글을 읽고 물음에 답하시오.

길 중앙에 어떤 아이가 쓰러져 있는 것을 보았을 때 대부분의 사람들은 그 아이를 도우려는 행동을 한다. 이러한 행동을 심리학에서는 '도움 행동(친사회적 행동)'이라 한다. 도움 행동은 순수하고 사심 없이 돕는 행동에서부터 이익 추구라는 계산적인 목적으로 돕는 행동까지 모두 포함한다. 이러한 도움 행동에 영향을 미칠 수 있는 요인들은 무엇일까?

[가] 도움을 주는 사람의 입장에서 보면, 곤경에 처한 사람이 어떤 상황에 놓여 있느냐가 도움 행동 유발에 영향을 미친다. 특히 그 상황에서 제3자의 존재 여부는 도움 행동에 큰 영향을 미칠 수 있다. 일반적으로 곤경에 처한 사람 주위에 제3자가 있으면 없을 때보다 도움 행동이 잘 일어나지 않는다. 제3자가 있을 때는 '내가 아니라도 다른 사람이 돕겠지.'라고 생각하거나, '다른 사람들도 돕지 않고 가만히 있는 것을 보니 급한 상황이 아닌가봐.'하고 상황을 해석하기 때문이다. 그리고 주위에 존재하는 제3자가 낯선 사람일 경우보다는 친한 사람일 경우에 도움 행동은 더 빨리, 더 잘 일어난다. 이는 사람들이 도움 행동을 할 때 제3자가 친한 사람일 경우 자신에 대한 그 사람의 평가를 의식하기 때문이다.

또한 도움을 주는 사람이 현재 어떤 감정 및 동기 상태에 있느냐 하는 것도 도움 행동에 많은 영향을 미친다. 일반적으로 양심의 가책에 민감한 사람은 도움 행동을 통해 불쾌한 감정이나 압박감에서 ㉠ 벗어나려 하기 때문에 다른 사람을 더 잘 도와준다. 그리고 '곤경에 처한 사람은 도와주어야 한다.'는 신념을 가진 사람은 그렇지 않은 사람보다 도움 행동을 더 많이 한다.

도움을 주는 사람이 곤경에 처한 사람을 어떻게 생각하느냐도 도움 행동에 영향을 미친다. 보통 도움을 주는 사람이 곤경에 처한 사람을 좋아하는 경우에는 도움 행동이 더 쉽게 나타난다. 또한 어떤 사람이 곤경에 처해 있을 때 그 사람이 문제의 원인을 스스로 통제할 수 있는지에 대한 판단에 따라서도 도움 행동이 달라질 수 있다. 예를 들면 술 취한 사람이 길에 쓰러진 경우와 일반 사람이 갑자기 쓰러진 경우, 사람들은 후자의 경우에 도움 행동을 더 많이 한다.

[나] 한편 도움을 받는 사람은 도움 행동에 대해 항상 긍정적으로 받아들일까? 꼭 그렇지만은 않다. 인간은 개인적 선택과 행동의 자유가 최대한 보장되기를 원한다. 그래서 도움을 받음으로써 자신의 자유가 상실되지 않을까 하는 우려에서 도움을 거부하기도 한다. 또한 자신이 겪는 곤경이 타인, 우연, 상황적인 압력 등 외부적 요인에 의한 것이 아니라 자신의 성격, 능력, 자질 등 내부적 요인에 의한 것이라고 생각할 때 도움 행동을 거부하는 경우가 많다. 이는 도움을 받으면 자신의 자존심이 상한다고 생각하기 때문이다.

15 윗글에 대한 설명으로 적절하지 않은 것은? [2점]

① 현상이 일어나는 요인을 분석하고 있다.
② 묻고 답하는 형식으로 내용을 설명하고 있다.
③ 핵심 개념의 내용과 그 범위를 소개하고 있다.
④ 구체적인 사례를 통해 독자의 이해를 돕고 있다.
⑤ 이론의 장단점을 비교하여 논지를 분명히 하고 있다.

16 **[가]를 참고하여 〈보기〉의 실험에서 추론한 내용으로 적절하지 않은 것은? [3점]**

〈보기〉

- 실험명 : 도움 행동 실험
- 실험 방법 : 설문지를 작성하는 중 누군가가 다급하게 비명을 지를 때, 피험자가 도움 행동에 나서는 비율, 도움 행동에 나서기까지 걸린 시간을 측정함.
- 피험자 그룹

  A 그룹 : 피험자 1명.

  B 그룹 : 피험자 1명, 실험 협력자 1명.

  B 그룹 : * 실험 협력자는 앞으로 진행되는 사태에 대하여 시종 방관적인 태도로 일관함.

  B 그룹 : * 피험자는 실험 협력자를 자신과 동일한 피험자로 인식하고 있음.

  C 그룹 : 피험자 2명.(둘은 모르는 사이임.)

  D 그룹 : 피험자 2명.(둘은 친구 사이임.)
- 실험 결과

  ㄱ. 도움 행동에 나선 비율 : A 그룹 70%, B 그룹 7%, C 그룹 40%, D 그룹 70%

  ㄴ. 도움 행동에 나서기까지 걸린 평균 시간 : C 그룹 130초, D 그룹 36초

① A 그룹에서 B 그룹보다 도움 행동이 잘 일어난 이유는 옆에 타인이 없었기 때문이겠군.

② B 그룹이 다른 그룹보다 도움 행동을 덜한 이유는 실험 협력자의 행동이 피험자의 상황 인식에 영향을 주었기 때문이겠군.

③ B 그룹과 C 그룹의 결과로 보아 피험자에게 경제적 목적이 있을 때에 도움 행동이 더 잘 일어나겠군.

④ C 그룹은 D 그룹에 비해서 옆 사람의 평가를 덜 의식했기 때문에 더 많은 시간이 걸렸겠군.

⑤ D 그룹에서 C 그룹보다 도움 행동이 더 많이 일어난 것은 옆에 아는 사람이 있었기 때문이겠군.

17 **[나]를 바탕으로, 도움 행동에 나설 때 유의해야 할 사항으로 가장 적절한 것은? [2점]**

① 나와 가까운 사람일 때 도움 행동에 나서야 한다.

② 시간적 여유가 있을 때 도움 행동에 나서야 한다.

③ 구체적인 대안이 있을 때 도움 행동에 나서야 한다.

④ 다른 사람과 함께 힘을 합하여 도움 행동에 나서야 한다.

⑤ 도움을 받는 사람의 마음을 헤아리며 도움 행동에 나서야 한다.

18 **㉠의 문맥적 의미와 가장 유사한 것은? [2점]**

① 네 행동은 예의에서 <u>벗어난</u> 거야.

② 심리적 고통에서 <u>벗어나지</u> 못했다.

③ 터널에서 <u>벗어나자</u> 시야가 밝아졌다.

④ 주제에서 <u>벗어난</u> 이야기는 하지 말자.

⑤ 바쁜 일과에서 <u>벗어나</u> 여행을 떠났다.

[19~22] 다음 글을 읽고 물음에 답하시오.

사람들은 은퇴 이후 소득이 급격하게 줄어드는 위험에 처할 수 있다. 이러한 위험이 발생할 경우 일정 수준의 생활(소득)을 보장해 주기 위한 제도가 공적연금제도이다. 우리나라의 공적연금제도에는 대표적으로 국민의 노후 생계를 보장해 주는 국민연금이 있다.

㉠ 공적연금제도는 강제가입을 원칙으로 한다. 연금은 가입자가 비용은 현재 지불하지만 그 편익은 나중에 얻게 된다. 그러나 사람들은 현재의 욕구를 더 긴박하고 절실하게 느끼기 때문에 불확실한 미래의 편익을 위해서 당장은 비용을 지불하지 않으려는 경향이 있다. 또한 국가는 사회보장제도를 통하여 젊은 시절에 노후를 대비하지 않은 사람들에게도 최저생계를 보장해준다. 이 경우 젊었을 때 연금에 가입하여 성실하게 납부한 사람들이 방만하게 생활한 사람들의 노후생계를 위해 세금을 추가로 부담해야 하는 문제가 생긴다. 그러므로 국가가 나서서 강제로 연금에 가입하도록 하는 것이다.

공적연금제도의 재원을 충당하는 방식은 연금 관리자의 입장과 연금 가입자의 입장에서 각기 다르게 나누어 볼 수 있다. 연금 관리자의 입장에서는 '적립방식'과 '부과방식'의 두 가지가 있다. '적립방식'은 가입자가 낸 보험료를 적립해 기금을 만들고 이 기금에서 나오는 수익으로 가입자가 납부한 금액에 비례하여 연금을 지급하지만, 연금액은 확정되지 않는다. '적립방식'은 인구 구조가 변하더라도 국가는 재정을 투입할 필요가 없고, 받을 연금과 내는 보험료의 비율이 누구나 일정하므로 보험료 부담이 공평하다. 하지만 일정한 기금이 형성되기 전까지는 연금을 지급할 재원이 부족하므로, 제도 도입 초기에는 연금 지급이 어렵다. '부과방식'은 현재 일하고 있는 사람들에게서 거둔 보험료로 은퇴자에게 사전에 정해진 금액만큼 연금을 지급하는 것이다. 이는 '적립방식'과 달리 세대 간 소득재 분배 효과가 있으며, 제도 도입과 동시에 연금 지급을 개시할 수 있다는 장점이 있다. 다만 인구 변동에 따른 불확실성이 있다. 노인 인구가 늘어나 역삼각형의 인구구조가 만들어질 때는 젊은 세대의 부담이 증가되어 연금 제도를 유지하기가 어려워질 수 있다.

연금 가입자의 입장에서는 납부하는 금액과 지급 받을 연금액의 관계에 따라 확정기여방식과 확정급여방식으로 나눌 수 있다. 확정기여방식은 가입자가 일정한 액수나 비율로 보험료를 낼 것만 정하고 나중에 받을 연금의 액수는 정하지 않는 방식이다. 이는 연금 관리자의 입장에서 보면 '적립방식'으로 연금 재정을 운용하는 것이다. 그래서 이 방식은 ⓐ 이자율이 낮아지거나 연금 관리자가 효율적으로 기금을 관리하지 못하는 경우에 개인이 손실 위험을 떠안게 된다. 또한 물가가 인상되는 경우 확정기여에 따른 적립금의 화폐가치가 감소되는 위험도 가입자가 감수해야 한다. 확정급여방식은 가입자가 얼마의 연금을 받을 지를 미리 정해 놓고, 그에 따라 개인이 납부할 보험료를 정하는 방식이다. 이는 연금 관리자의 입장에서는 '부과방식'으로 연금 재정을 운용하는 것이다. 나중에 받을 연금을 미리 정하면 기금 운용 과정에서 발생하는 투자의 실패는 연금 관리자가 부담하게 된다. 그러나 이 경우에도 물가상승에 따른 손해는 가입자가 부담해야 하는 단점이 있다.

19 ㉠의 이유로 가장 적절한 것은? [2점]

① 저축을 하느라 적절한 소비를 하지 않으므로
② 국가가 국민의 최저생계를 보장하지 않으므로
③ 현재의 욕구를 긴박하고 절실하게 느끼지 않으므로
④ 미래의 편익을 위한 비용을 지불하려 하지 않으므로
⑤ 노후 대비를 국가에 맡기는 것이 바람직하지 않으므로

20 **공적연금의 재원 충당 방식 중 '적립방식'과 '부과방식'을 비교한 내용으로 적절하지 않은 것은?** [2점]

	항목	적립방식	부과방식
①	연금 지급 재원	가입자가 적립한 기금	현재 일하는 세대의 보험료
②	연금 지급 가능 시기	일정한 기금이 형성된 이후	제도 시작 즉시
③	세대 간 부담의 공평성	세대 간 공평성 미흡	세대 간 공평성 확보
④	소득 재분배 효과	소득 재분배 어려움	소득 재분배 가능
⑤	인구 변동 영향	받지 않음	받음

21 **윗글을 읽은 독자가 〈보기〉의 상황에 대하여 보일 반응으로 적절하지 않은 것은?** [3점]

〈보기〉

○○회사는 이번에 공적연금 방식을 준용하여 퇴직연금 제도를 새로 도입하기로 하였다. 이에 회사는 직원들이 퇴직연금 방식을 확정기여방식과 확정급여방식 중에서 선택할 수 있도록 하였다.

① 확정기여방식은 부담금이 공평하게 나눠지는 측면에서 장점이 있어.
② 확정기여방식은 기금을 운용할 회사의 능력에 따라 나중에 받을 연금액이 달라질 수 있어.
③ 확정기여방식은 기금의 이자 수익률이 물가 상승률보다 높으면 연금액의 실질적 가치가 상승할 수 있어.
④ 확정급여방식은 물가가 많이 상승하면 연금액의 실질적 가치가 하락할 수 있어.
⑤ 확정급여방식은 투자 수익이 부실할 경우 가입자가 보험료를 추가로 납부해야 하는 문제가 있어.

22 **ⓐ와 관련하여 맞춤법에 따른 표기가 적절하지 않은 것은?** [2점]

① 규율(規律)
② 선율(旋律)
③ 자급율(自給率)
④ 점유율(占有率)
⑤ 백분율(百分率)

[23~26] 다음 글을 읽고 물음에 답하시오.

음속은 온도와 압력에 영향을 받는데, 물속에서의 음속은 공기에서보다 4~5배 빠르다. 물속의 음속은 수온과 수압이 높을수록 증가한다. 그런데 해양에서 수압은 수심에 따라 증가하지만 수온은 수심에 따라 증가하는 것이 아니어서 수온과 수압 중에서 상대적으로 더 많은 영향을 끼치는 요소에 의하여 음속이 결정된다.

음속의 변화를 주는 한 요인인 수온의 변화를 보면, 표층은 태양 에너지가 파도나 해류로 인해 섞이기 때문에 온도 변화가 거의 없다. 그러나 그 아래의 층에서는 태양 에너지가 도달하기 어려워 수심에 따라 수온이 급격히 낮아지고, 이보다 더 깊은 심층에서는 수온 변화가 거의 없다. 표층과 심층 사이에 있는, 깊이에 따라 수온이 급격하게 변화하는 층을 수온약층이라 한다. 표층에서는 수심이 깊어질수록 높은 음속을 보인다. 그러다가 수온이 갑자기 낮아지는 수온약층에서는 음속도 급격히 감소하다가 심층의 특정 수심에서 최소 음속에 이른다. ㉠ 그 후 음속은 점차 다시 증가한다.

수온약층은 위도나 계절 등에 따라 달라질 수 있다. 보통 적도에서는 일 년 내내 해면에서 수심 150미터까지는 수온이 거의 일정하게 유지되다가, 그 이하부터 600미터까지는 수온약층이 형성된다. 중위도에서 여름철에는 수심 50미터에서 120미터까지 수온약층이 형성되지만, 겨울철에는 표층의 수온도 낮으므로 수온약층이 형성되지 않는다. 극지방은 표층도 깊은 수심과 마찬가지로 차갑기 때문에 일반적으로 수온약층이 거의 없다.

수온약층은 음속의 급격한 변화를 가져올 뿐만 아니라 음파를 휘게도 만든다. 소리는 파동이므로 바닷물의 밀도가 변하면 다른 속도로 진행하기 때문에 굴절 현상이 ⓐ 일어난다. 수온약층에서는 음속의 변화가 크기 때문에 음파는 수온약층과 만나는 각도에 따라 위 혹은 아래로 굴절된다. 음파는 상대적으로 속도가 낮은 층 쪽으로 굴절한다. 이런 굴절 때문에 해수면에서 음파를 보냈을 때 음파가 거의 도달하지 못하는 구역이 형성되는데 이를 음영대(shadow zone)라 한다.

높은 음속을 보이는 구간이 있다면 음속이 최소가 되는 구간도 있다. 음속이 최소가 되는 이 층을 음속최소층 또는 음파통로라고 부른다. 음파통로에서는 음속이 낮은 대신 소리의 전달은 매우 효과적이다. 이 층을 탈출하려는 바깥 방향의 음파가 속도가 높은 구역으로 진행하더라도 금방 음파통로 쪽으로 굴절된다. 음파통로에서는 음파가 위로 진행하면 아래로 굴절하려 하고, 아래로 진행하는 음파는 위로 다시 굴절하려는 경향을 가진다. 즉 음파는 속도가 낮은 층 쪽으로 굴절해서 그 층에 머물려고 하는 것이다. 그리하여 이 층에서 만들어진 소리는 수천 km 떨어진 곳에서도 들린다.

해양에서의 음속 변화 특징은 오늘날 다양한 분야에 활용되고 있다. 음영대를 이용해 잠수함이 음파탐지기로부터 회피하여 숨을 장소로 이동하거나, 음파통로를 이용해 인도양에서 음파를 일으켜 대서양을 돌아 태평양으로 퍼져나가게 한 후 온난화 등의 기후 변화를 관찰하는 데 이용되기도 한다.

23 윗글을 통해 미루어 짐작한 내용으로 적절하지 않은 것은? [2점]

① 수온이 일정한 구역에서는 수심이 증가할수록 음속도 증가할 것이다.

② 심층에서 수온 변화가 거의 없는 것은 태양에너지가 도달하지 않기 때문일 것이다.

③ 수영장 물 밖에 있을 때보다 수영장에서 잠수해 있을 때 물 밖의 소리가 더 잘 들릴 것이다.

④ 음영대의 특성을 이용하면 잠수함은 적의 음파 탐지로부터 숨을 장소를 찾을 수 있을 것이다.

⑤ 음속이 최소가 되는 층에서 발생한 소리는 멀리까지 들리므로 기후 연구 등에 이용될 것이다.

24 윗글로 보아 ㉠의 이유로 가장 적절한 것은? [2점]

① 수온약층이 계절에 따라 변화하기 때문이다.

② 압력이 증가할수록 수온이 계속 감소하기 때문이다.

③ 밀도가 다른 해수층을 만나 음파가 굴절되기 때문이다.

④ 압력 증가의 효과가 수온 감소의 효과를 능가하기 때문이다.

⑤ 수심이 깊어질수록 이에 비례하여 수압과 수온 모두 상승하기 때문이다.

25 윗글과 〈보기 1〉을 참고할 때, (가)~(다)의 측정 지점을 〈보기 2〉에서 바르게 추정한 것은? [3점]

〈보기 1〉

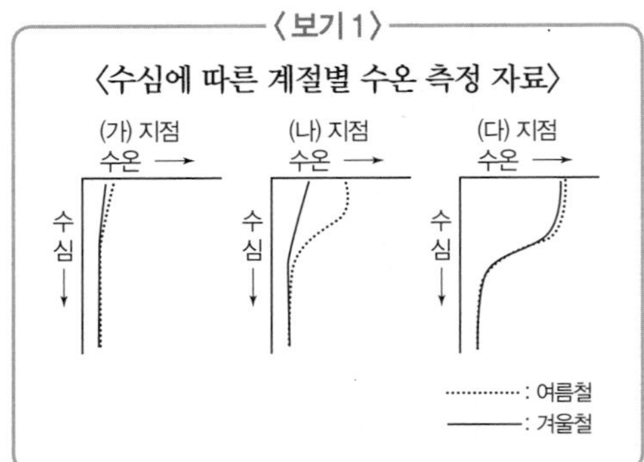

〈보기 2〉

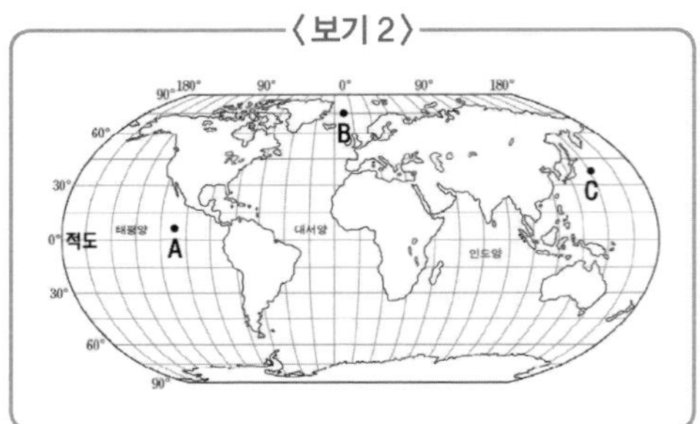

	(가) 지점	(나) 지점	(다) 지점
①	A	B	C
②	A	C	B
③	B	A	C
④	B	C	A
⑤	C	A	B

26 문맥으로 보아 ⓐ와 바꿔 쓰기에 가장 적절한 것은? [2점]

① 발송(發送)한다 ② 발행(發行)한다
③ 발족(發足)한다 ④ 발생(發生)한다
⑤ 발호(發號)한다

[27~30] 다음 글을 읽고 물음에 답하시오.

1910년을 전후하여 독일을 중심으로 전개된 미술 사조인 '표현주의'는 내면에 잠재된 강렬한 감정과 욕구를 소재로 하여 이를 자유롭게 표현하고자 했던 미술 운동이자, 회화에 사회의식을 반영한 사조로 평가 받는다. 19세기 후반 당시의 독일 사회는 전쟁의 후유증과 급속한 산업화로 인해 매우 혼란스러운 상황이었다. 표현주의자들은 사회의 모순에 대한 비판적 인식을 바탕으로 초라한 인간상을 예리하게 ㉠ 포착하여 불안과 공포, 기쁨과 슬픔 등 자신이 느낀 것을 ㉡ 미화하지 않고 그대로 화폭에 담아내고자 했다.

기존의 회화가 외적 세계의 모방에 초점을 두었다면, 표현주의는 눈에 보이지 않는 내면의 감정 표현을 중요하게 생각하였다. 표현주의자들은 외적 세계에 대한 내면의 감정을 표현하기 위해 형태를 단순화하고 색채의 수를 최소한으로 사용하였다. 동일한 대상이라도 사람의 감정 상태에 따라 대상이 다르게 보이므로, 당시의 내면 상태를 강렬하게 표현하기 위해 대상의 형태를 과장하거나 왜곡하여 표현하였다. 그리고 즉흥적인 느낌을 주는 듯한 거친 붓놀림과 선에 의해 단순화된 형태, 그리고 과장된 색채를 ㉢ 선호하였다. 특히 표현주의자들은 판화를 많이 제작하였다. 작가들은 판화에서는 과장된 색채 대신 흑백 대조를 활용하여 극적인 효과를 얻으려 했고, 거칠고 날카로운 선들을 이용하여 당시의 부정적인 사회 상황을 드러내려 하였다.

당대인들은 표현주의를 어떻게 받아들였을까? 이를 짐작하게 하는 이야기가 있다. 왼쪽의 작품은

표현주의의 대표작인 뭉크의 「절규」이다. 이 작품이 베를린 전시장에 걸리자 많은 관람객들이 작품에 대해 비난을 하였고, 결국 이 전시장은 폐쇄되기도 하였다. 전통적인 감상 방식에 얽매여 있었던 당대 사람들은 표현주의의 어둡고 무거운 주제와 일그러진 형태, 자연스럽지 못

한 색감에서 불편함을 느낀 것이다. 표현주의는 감정과 이념을 표현하는 것을 주목적으로 삼았기 때문에 입체적 구도의 균형이 주는 조형적인 아름다움보다는 작가의 내면세계에 대한 메시지의 전달을 더욱 중시하였다. 따라서 표현주의 작품을 감상할 때에는 과장되거나 왜곡되어 나타나는 형태와 색채를 통해서 현실 세계를 바라보는 작가의 감각과 감정 상태를 읽어 내는 것이 중요하다.

표현주의는 전후의 혼란 속에서도 독일을 중심으로 지속되었으나 나치 정권으로부터 퇴폐 예술로 규정되어 탄압을 받으면서 그 자취를 감추게 된다. 하지만 표현주의는 눈에 보이는 바깥 세계의 묘사에 갇혀 있었던 예술적 안목을 눈에 보이지 않는 내면세계의 표현 영역으로 ㉣ 확장함으로써 현대 회화의 물꼬를 텄다는 평가를 받고 있다. 현대 회화에서 작품의 재현적 가치보다 ⓐ 개성적 가치가 중요한 미학적 개념으로 자리 잡게 된 것은 예술적 창의성과 다양성을 ㉤ 시도했던 표현주의의 실험 정신이 남겨 놓은 흔적이라고 할 수 있다.

27 윗글을 통해 확인할 수 있는 질문이 아닌 것은? [2점]

① 표현주의 미술의 주된 소재는 무엇인가?
② 표현주의 미술이 탄압을 받은 이유는 무엇인가?
③ 표현주의 미술에 영향을 준 미술 사조는 무엇인가?
④ 표현주의 미술이 발생하게 된 시대적 배경은 무엇인가?
⑤ 표현주의 미술 작품을 감상할 때 고려할 점은 무엇인가?

28 윗글을 바탕으로 〈보기〉의 작품을 감상할 때, 적절하지 않은 것은? [3점]

〈보기〉

이 작품은 표현주의 작가 콜비츠의 대표작인 「궁핍」이다. 이 작품은 실업과 사회적 봉기가 잦았던 슐레지엔 지방 방직공들이 당면한 비참한 처지를 다룬 석판화로서, 작가가 실제로 죽어가는 어린아이를 지켜 본 후 괴로운 마음에서 창작한 작품이라고 한다.

이 작품의 특징은 머리를 감싼 남자의 손이 과장되게 표현되었고, 거칠고 날카로운 선을 사용하였으며, 일부 대상은 세밀하게 묘사하지 않고 흑백의 대조만으로 표현한 것이다.

이 작품은 독일의 황제가 주최하는 미술 대회에서 금상으로 선정되었으나, 독일의 내각은 '작품이 마음을 누그러뜨리게 하거나 달래주는 요소가 전혀 없는 기법을 사용했다.'라며 황제에게 이 수상의 취소를 건의했다고 한다.

① 대상을 세밀하게 묘사하지 않고 흑백의 대조만으로 표현한 것은 극적인 효과를 얻으려 한 것이겠군.
② 방직공의 모습을 거칠고 날카로운 선으로 표현한 것은 산업화에 대한 비판적 의식을 나타내려는 콜비츠의 의도가 반영된 것이겠군.

③ 미술 작품을 전통적인 감상 방식으로 감상했던 당대인들은 비참한 당대 사회 현실이 드러나는 이 작품을 보며 불편함을 느꼈겠군.

④ 머리를 감싼 남자의 손을 과장되게 표현한 것은 비극적 모습을 목격한 콜비츠가 자신의 괴로운 내면을 효과적으로 드러내기 위한 것이겠군.

⑤ 대상을 왜곡하여 표현하면서도 원근법을 통해 장면에 입체감을 부여한 것은 조형적인 아름다움을 드러내려는 콜비츠의 의도가 구현된 것이겠군.

29 문맥을 통해 미루어 볼 때, ⓐ의 의미로 가장 적절한 것은? [2점]

① 객관적 시각으로 관찰한 대상을 섬세하게 묘사하는 것이 중요하다.

② 대상을 바라보며 느낀 점을 자신만의 방식으로 표현하는 것이 중요하다.

③ 대상의 고유한 비례와 균형을 찾아서 아름다움을 구현하는 것이 중요하다.

④ 결함을 보완해서라도 대상을 가장 이상적인 모습으로 구현하는 것이 중요하다.

⑤ 다양한 각도에서 포착한 대상의 모습을 한 작품 안에 형상화하는 것이 중요하다.

30 문맥을 고려하여 ㉠~㉤을 우리말로 고쳐 쓸 때, 적절하지 <u>않은</u> 것은? [2점]

① ㉠ : 잡아내어

② ㉡ : 아름답게 꾸미지

③ ㉢ : 특별히 좋아하였다

④ ㉣ : 넓힘으로써

⑤ ㉤ : 이끌었던

[31~33] 다음 글을 읽고 물음에 답하시오.

가문 섬진강을 따라가며 보라
퍼가도 퍼가도 전라도 실핏줄 같은
개울물들이 끊기지 않고 모여 흐르며
해 저물면 저무는 강변에
쌀밥 같은 토끼풀꽃,
숯불 같은 자운영꽃 머리에 이어주며
지도에도 없는 동네 강변
식물도감에도 없는 풀에
어둠을 끌어다 죽이며
그을린 이마 훤하게
꽃등도 달아준다
흐르다 흐르다 목메이면
영산강으로 가는 물줄기를 불러
뼈 으스러지게 그리워 얼싸안고
지리산 뭉툭한 허리를 감고 돌아가는
섬진강을 따라가며 보라
섬진강물이 **어디 몇 놈이 달려들어**
퍼낸다고 마를 강물이더냐고,
지리산이 저문 강물에 얼굴을 씻고
일어서서 껄껄 웃으며
무등산을 보며 그렇지 않느냐고 물어보면
노을 띤 무등산이 그렇다고 훤한 이마 끄덕이는
고갯짓을 바라보며
저무는 섬진강을 따라가며 보라
어디 몇몇 애비 없는 후레자식들이
퍼간다고 마를 강물인가를.

– 김용택, 「섬진강 1」

31 윗글의 표현상 특징으로 가장 적절한 것은? [2점]

① 감정이입을 통해 화자의 슬픔을 확산시키고 있다.
② 동일 시구를 반복하여 시적 의미를 심화하고 있다.
③ 공간의 대조를 통해 지향하는 가치를 드러내고 있다.
④ 감탄사를 사용하여 화자의 고조된 감정을 나타내고 있다.
⑤ 과거와 현재를 대비하여 그리움의 정서를 고조시키고 있다.

32 윗글을 영상시로 제작하기 위한 의견으로 적절한 것만을 〈보기〉에서 고른 것은? [2점]

〈보기〉

ㄱ. 산을 감고 흘러가는 물줄기의 모습을 제시하자.
ㄴ. 강변에 여러 가지 풀꽃들이 피어 있는 모습을 제시하자.
ㄷ. 식물도감을 들고 꽃을 채집하는 학생의 모습을 제시하자.
ㄹ. 하루 일을 마치고 껄껄 웃으며 집으로 돌아가는 농부의 모습을 제시하자.

① ㄱ, ㄴ ② ㄱ, ㄷ
③ ㄱ, ㄹ ④ ㄴ, ㄷ
⑤ ㄴ, ㄹ

33 〈보기〉를 바탕으로 윗글을 이해한 내용으로 적절하지 않은 것은? [3점]

〈보기〉

일반적으로 시에서 '끊이지 않고 흐르는 강'은 '역사성', '시간의 흐름', '정화', '생명력', '희망' 등의 의미로 해석되는 경우가 많다. 이 시에서도 시인은 부정적 상황 속에서도 끊이지 않고 흘러가는 섬진강과 그 주변의 자연을 둘러보며 강의 의미를 부여하고 있다.

① '개울물들이 끊기지 않고 모여 흐르며'를 통해 끈질기고 강한 생명력을 엿볼 수 있어.
② '지도에도 없는 동네 강변'에서 비극적 역사에 대한 안타까움을 느낄 수 있어.
③ '어둠을 끌어다 죽이며'에서 부정적 세력을 몰아내려는 모습을 엿볼 수 있어.
④ '어디 몇 놈이 달려들어'는 부정적 존재들이 위협하는 상황이라고 볼 수 있어.
⑤ '퍼간다고 마를 강물인가를'을 통해 희망적인 분위기를 느낄 수 있어.

[34~36] 다음 글을 읽고 물음에 답하시오.

그래. 아버진 죄를 지었단다. 아직은 넌 모를 테지만, 그 때문에 아버지는 집을 떠나신 거여. 하지만…… 네 아버지는 눈매가 고운 분이셨다. 우리 마을에서 단 하나뿐인 학생이었고…… 남들이 사람을 해치려는 걸 한사코 말리시려고 했지. 그 때문에 살아난 사람도 여럿이 있어. 정말이여.

그런 어머니의 변명은 끝끝내 내 마음을 어루만져 주지 못했다. 그 후로 나는 좀처럼 아버지에 대한 얘기를 꺼내지 않게 되었다. 뜻밖에도 아버지의 죄를 순순히 시인하는 그녀의 한마디가 내게는 그토록 엄청난 충격으로 깊이 남겨졌던 탓이리라. 바로 그 순간부터 나는 아버지의 그 죄라는 것을 내 스스로 함께 나누어 지니고 만 느낌이었고, 그 때문에 나이에 걸맞지 않게 나는 눈빛이 깊고 어두운 아이가 되어 가고 있었다. 그리고 그때부터 아버지의 무서운 환영은 저주처럼 내 곁을 따라다니기 시작했다. 그는 언제나 시커먼 어둠 저편에 숨어서 음산하기 그지없는 눈빛으로 나를 쏘아보고 있었다. 그는 어디에나 숨어 있었다. 내 어릴 때 이따금 고개를 디밀어 들여다보면 ㉠ 마루 밑 저편 깊숙이 도사리고 있던 그 까마득한 어둠 속에도 그 어둠 속에서 술술 기어나오던 그 눅눅하고 음습한 냄새 속에서도 내가 한 번도 얼굴을 본 적이 없는 그 사내는 핏발 선 눈알을 번득이며 나를 쏘아보고 있는 것이었다. 그건 어디서 묻었는지도 모르는, 오랜 시간이 흐른 뒤에까지 지워지지 않는 핏자국처럼 내게는 **저주와 공포의 낙인**으로 깊이 박혀져 있었다.

[중략 줄거리] 군 복무 중이던 '나'는 진지를 구축하기 위해 참호를 파다가, 6 · 25전쟁 때 죽은 사람의 유골을 발견한다. 누구의 유골인지 알아보기 위해 수습 현장에 인근 마을의 노인을 불렀다.

"그렇다면 이치도 아마 빨갱이였겠구만. 안 그래요?"

소대장이 지휘봉의 뾰족한 끝으로 쿡쿡 찌르듯 ㉡ 유해를 가리키며 말했다. 인사계가 되물었다.

"어째서요."

"산을 타고 도망치던 빨치산들이 그리 많이 죽었다잖아. 이치도 보기엔 군인은 아니었을 것 같고, 그렇다고 근처의 주민이었다면 가족이 있을 텐데 임자 없이 이리저리 팽개쳐 뒀을라구."

"그걸 누가 압니까. 그때야 워낙 피차에 서로 죽고 죽이던 판인데……."

그때였다. 쭈그려 앉아서 손을 움직이고 있던 노인이 불쑥 소리치는 것이었다.

"어허, 대관절…… 대관절 그게 어떻다는 얘기요. 죽어서까지 원 아무리 이렇게 죽어 누운 다음에까지 이쪽이니 저쪽이니 하고 그런 걸 굳이 따져서 무얼 하자는 말이오. 죽은 사람이 뭣을 알길래…… 죄다 부질없는 짓이지. 쯧쯧."

노인의 음성은 낮았지만 강하고 무거웠다. 그러면서도 노인은 고개를 숙인 채 뼛조각에 묻은 흙을 정성스레 닦아내고 있었다. 무슨 귀한 물건마냥 서두르는 기색도 없이 신중히 손질하고 있는 노인의 자그마한 체구를 우리는 둘러서서 지켜보았다. 모두들 한동안 입을 다물었고 나는 흙에 적셔진 노인의 손끝이 가늘게 떨리고 있음을 깨달았다.

"땅속에 누운 사람의 잠을 살아 있는 사람이 깨워서야 되겠소. 또 그럴 수도 없는 법이고. 원통한 넋이니 죽어서라도 편히 눈감도록 해야지, 암. 그것이 산 사람들의 도리요…… 하기는, 이렇게 불편한 꼴로 묶여 있었으니 그 잠인들 오죽했을까만."

노인은 어느 틈에 꾸짖는 듯한 말투로 혼자 중얼거리고 있었다. 두개골과 다리뼈를 꼼꼼히 문질러 닦은 뒤, 노인은 몸통뼈에 묶인 줄을 풀어내기 시작했다. 완강하게 묶인 매듭은 마침내 노인의 손끝에서 풀리었다. 금방이라도 쩔걱쩔걱 쇳소리를 낼 듯한 ㉢ 철사 줄은 싱싱하게 살아 있었다. 살을 녹이고 뼈까지도 녹슬게 만든 그 오랜 시간과 땅 밑의 어둠을 끝끝내 견뎌 내고 그렇듯 시퍼렇게 되살아 나오는 그것의 놀라운 끈질김과 냉혹성이 언뜻 소름끼치도록 무서움증을 느끼게 했다.

노인은 손목과 팔에 묶인 결박까지 마저 풀어낸 다음 허리를 펴고 일어서더니 줄 묶음을 들고 저만치 걸어 나갔다. 그가 허공을 향해 그것을 멀리 내던지는 순간 나는 까닭 모르게 마당가에서 하늘을 치어다보며 서 있는 어머니의 가녀린 목줄기와 그녀가 아침마다 소반 위에 떠서 올리곤 하던 하얀 물 사발이 눈앞에 떠올랐다가 스러져 버리는 것이었다.

나는 담배를 피워 물었다. 멀리 메마른 초겨울의 야산이 헐벗은 등을 까내놓고 죽은 듯이 엎드려 있었다. 사위는 온통 잿빛의 풍경이었다. 피잉, **현기증**이 일었다.

광주리를 머리에 인 어머니가 모래밭을 걸어오고 있었다. 돌돌거리며 흐르는 물소리를 거슬러 강변 모래밭을 어머니가 혼자 저만치서 다가오고 있었다. 모래밭은 하얗게 햇살을 되받아 쏘며 은빛으로 반짝였다. 허리띠를 질끈 동인 어머니의 치맛자락이 흐느적이며 바람결에 흔들리고 있었다. 나는 햇살에 부신 눈을 가늘게 오므리고 줄곧 그녀를 지켜보고 있었다. 그때였다. 꿈속에서처럼 나는 그녀의 뒤를 바짝 따라오고 있는 한 사내의 환영을 보았다. 그건 아버지였다. 언젠가 어머니의 낡은 반닫이 깊숙한 옷가지 밑에 숨겨져 있던 액자 속에서 학생복 차림으로 서 있던 그대로 그건 영락없는 그 사내였다. 나를 어머니의 배 속에 남겨 놓은 채 어느 바람이 몹시 부는 날 밤, 산길을 타고 지리산인가 어디로 황황히 떠나가 버렸다는 사내. 창백해 뵈는 뺨에 마른 몸집의 그 사내가 어머니와 함께 걸어오고 있는 것이었다. 놀란 눈으로 풀밭에 앉아 나는 그들을 지켜보고 있었다. 이윽고 어머니의 눈썹과 코, 입의 윤곽과 야윈 목줄기까지 뚜렷이 드러날 만큼 가까워졌을 때 사내의 환영은 어느 틈에 사라져 버리고 없었다. 몇 번이나 눈을 비비고 보았으나 역시 마찬가지였다. 하얗게 반짝이는 모래밭 위로 어머니가 찍어 내는 발자국만 유령처럼 끈질기게 그녀의 발꿈치를 뒤따라오고 있을 뿐이었다.

우리는 관 대신에 신문지로 싼 유해를 맨 처음 그 자리에 다시 묻어 주었다. 도톰하니 ㉣ 봉분을 만들고 뗏장까지 입혀 놓고 보니 엉성한 대로 형상은 갖춘 듯싶었다. 노인은 술을 흙 위에 뿌려 주었다. 그리고 자신이 먼저 한 모금 마신 다음에 잔을 돌렸다. 오 일병이 노파가 준 북어를 내놓았고, 덕분에 작은 술판이 벌어졌다. 음복인 셈이었다.

"얌마. 이런 느닷없는 장례식도 모두 너희 두 놈들 때문이니까, 자 한 잔씩 마셔라."

"그래그래, 어쨌든 너희들은 좋은 일 했으니 천당 가도 되겠다."

소대장이 병을 기울였고 다른 녀석들도 낄낄대며 한마디씩 보태었다.

술이 가득 차오른 반합 뚜껑을 나는 두 손으로 받쳐 들었다. 저것 봐라이. ㉤ 날짐승도 때가 되면 돌아올 줄 아는 법이다. 어머니가 말했다. 저만치 웬 사내가 서 있었다. 가슴과 팔목에 철사 줄을 동여맨 채 사내는 이쪽을 응시하며 구부정하게 서 있었다. 퀭하니 열려 있는 그 사내의 눈은 잔뜩 겁에 질려 있는 채로였다. 애앵. 총성이 울렸고 그는 허물어지듯 앞으로 고꾸라지고 있었다. 불현듯 **시야가 부옇게 흐려** 왔다.

아아. 아버지는 지금 어디에 쓰러져 누워 있을 것인가. 해마다 머리맡에 무성한 쑥부쟁이와 엉겅퀴 꽃을 지천으로 피워 내며 이제 아버지는 **어느 버려진 밭고랑**, 어느 응달진 산기슭에 무덤도 묘비도 없이 홀로 잠들어 있을 것인가.

– 임철우, 「아버지의 땅」

34 윗글에 대한 설명으로 가장 적절한 것은? [2점]

① 현재 사건이 과거 회상, 인물의 상상과 중첩되고 있다.

② 다양한 인물들의 경험을 삽화 형식으로 나열하고 있다.

③ 현재형 어미를 사용하여 일상적 삶의 모습을 그리고 있다.

④ 서사가 진행될수록 인물들 사이의 긴장감이 고조되고 있다.

⑤ 차분한 어조를 쓰며 사건에 대한 객관적 태도를 드러내고 있다.

35 **㉠~㉤에 대한 설명으로 적절하지 <u>않은</u> 것은?** [2점]

① ㉠은 유년 시절에 겪었던 공포로부터 도피하던 공간이다.
② ㉡은 '나'가 아버지를 떠올리게 되는 계기가 된다.
③ ㉢이 유골을 옥죄고 있는 것은 전쟁의 참상을 암시한다.
④ ㉣을 만드는 행위는 죽은 이에 대한 존중의 의미를 담고 있다.
⑤ ㉤은 아버지와의 재회를 기대하는 어머니의 마음을 나타낸다.

36 **〈보기〉를 바탕으로 윗글을 이해한 내용으로 적절하지 <u>않은</u> 것은?** [3점]

〈보기〉

「아버지의 땅」은 6 · 25전쟁 때 좌익 활동을 하다 행방불명된 아버지 때문에 정신적 고통을 겪는 '나'가 아버지와 화해에 이르는 모습을 그린 소설이다. 이 작품은 아버지를 바라보는 '나'의 태도를 통하여 6 · 25전쟁의 상처와 갈등이 전후 세대의 문제이기도 하다는 것을 보여주고 있다. 또한 아버지를 이해하며 화해하는 '나'의 모습을 통해 전쟁 상처 극복에 대한 전망을 제시하고 있다.

① '아버진 죄를 지었단다.'라고 말하는 어머니를 통해 '나'도 전쟁의 상처에서 자유롭지 못함을 알게 된다.
② '나'가 아버지를 '저주와 공포의 낙인'으로 인식하는 태도는 '나'의 상처가 얼마나 깊은지를 보여준다.
③ '현기증'이 일어나며 아버지의 환영을 보는 장면은 아버지에 대한 '나'의 태도 변화를 암시한다.
④ 아버지를 떠올리며 '시야가 부옇게 흐려'지는 '나'의 모습은 전쟁의 상처 극복을 기대하게 한다.
⑤ '어느 버려진 밭고랑'은 아버지와 화해에 이른 '나'가 아버지로 인한 정신적 고통을 극복했음을 보여준다.

[37~39] 다음 글을 읽고 물음에 답하시오.

홍진(紅塵)에 뭇친 분네 이내 **생애(生涯)** 엇더ᄒᆞ고.
녯 사ᄅᆞᆷ 풍류(風流)를 미촐가 믓 미촐가. [A]
천지간(天地間) 남자(男子) 몸이 날 만ᄒᆞᆫ 이 하건마ᄂᆞᆫ,
산림(山林)에 뭇쳐 이셔 지락(至樂)을 ᄆᆞ롤 것가.
수간 모옥(數間茅屋)을 벽계수(碧溪水) 앏픠 두고,
송죽(松竹) 울울리(鬱鬱裏)예 풍월 주인(風月主人) 되여셔라.
엇그제 겨을 지나 새봄이 도라오니,
도화 행화(桃花杏花)ᄂᆞᆫ 석양리(夕陽裏)예 퓌여 잇고,
녹양 방초(綠楊芳草)ᄂᆞᆫ 세우 중(細雨中)에 프르도다. [B]
㉠ <u>칼로 ᄆᆞᆯ아 낸가, 붓으로 그려 낸가,</u>
조화 신공(造化神功)이 물물(物物)마다 헌ᄉᆞ롭다.
㉡ <u>수풀에 우ᄂᆞᆫ 새ᄂᆞᆫ 춘기(春氣)를 뭇내 계워 소리마다 교태(嬌態)로다.</u>
물아 일체(物我一體)어니 흥(興)이ᄋᆡ 다ᄅᆞᆯ소냐.
시비(柴扉)에 거러 보고 정자(亭子)애 안자 보니,
소요 음영(逍遙吟詠)ᄒᆞ야 산일(山日)이 적적(寂寂)ᄒᆞᆫ ᄃᆡ,
한중 진미(閑中眞味)를 알 니 업시 **호재로다.** [C]
이바 **니웃**드라, 산수(山水) 구경 가쟈ᄉᆞ라.

답청(踏靑)으란 오늘 ᄒᆞ고 욕기(浴沂)란 내일(來日) ᄒᆞ새. [D]
아ᄎᆞᆷ에 채산(採山)ᄒᆞ고 나조ᄒᆡ 조수(釣水)ᄒᆞ새.
ᄀᆞᆺ 괴여 닉은 술을 갈건(葛巾)으로 밧타 노코,
곳나모 가지 것거, 수 노코 먹으리라.
화풍(和風)이 건ᄃᆞᆺ 부러 녹수(綠水)를 건너오니,
㉢ 청향(淸香)은 잔에 지고, 낙홍(落紅)은 옷새 진다.
준중(樽中)이 뷔엿거든 날ᄃᆞ려 알외여라.
소동(小童) 아ᄒᆡᄃᆞ려 주가(酒家)에 술을 믈어,
얼운은 막대 집고 아ᄒᆡᄂᆞᆫ 술을 메고,
미음 완보(微吟緩步)ᄒᆞ야 시냇ᄀᆞ의 호자 안자,
명사(明沙) 조ᄒᆞᆫ 믈에 잔 시어 부어 들고,
청류(淸流)를 굽어보니 ᄯᅥ오ᄂᆞ니 도화(桃花) ㅣ로다. [E]
무릉(武陵)이 갓갑도다, 져 ᄆᆡ이 긘 거인고.
송간 세로(松間細路)에 두견화(杜鵑花)를 부치 들고,
봉두(峰頭)에 급피 올나 구름 소긔 안자 보니,
㉣ 천촌 만락(千村萬落)이 곳곳이 버러 잇ᄂᆡ.
연하 일휘(煙霞日輝)ᄂᆞᆫ 금수(錦繡)를 재폇ᄂᆞᆫ ᄃᆞᆺ.
엇그제 검은 들이 봄빗도 유여(有餘)ᄒᆞᆯ샤.
공명(功名)도 날 ᄭᅴ우고 부귀(富貴)도 날 ᄭᅴ우니,
청풍 명월(淸風明月) 외(外)예 엇던 벗이 잇ᄉᆞ올고.
㉤ 단표 누항(簞瓢陋巷)에 흣튼 혜음 아니 ᄒᆞᄂᆡ.
아모타, 백년 행락(百年行樂)이 이만ᄒᆞᆫ ᄃᆞᆯ 엇지ᄒᆞ리.

– 정극인, 「상춘곡(賞春曲)」

37 [A]~[E]에 대한 설명으로 적절하지 않은 것은? [2점]

① [A]에서는 '생애'에 대한 자부심을 청자에게 말을 건네는 방식으로 표현하고 있다.
② [B]에서는 '수간 모옥' 주변의 경치를 시각적 이미지를 활용하여 부각하고 있다.
③ [C]에서는 '호재로다'에 담긴 고독한 정서를 대조의 방법으로 강조하고 있다.
④ [D]에서는 '니웃'들과 풍류를 함께하고자 하는 마음을 대구의 방법으로 드러내고 있다.
⑤ [E]에서는 '술'로 인한 취흥을 고사(故事)를 이용하여 나타내고 있다.

38 ㉠~㉤에 대한 설명으로 적절하지 않은 것은? [2점]

① ㉠ : 칼로 마름질하거나 붓으로 그려낸 것 같다는 뜻으로 봄의 아름다움을 강조하고 있다.
② ㉡ : 새 소리가 흥겹게 들린다는 뜻으로 화자의 흥취를 자연물에 투영하여 드러내고 있다.
③ ㉢ : 향기는 잔에 어리고 꽃잎은 옷에 떨어진다는 뜻으로 물아일체의 경지를 보여주고 있다.
④ ㉣ : 아름다운 마을이 곳곳에 펼쳐 있다는 뜻으로 이상향이 실현된 공간을 그리고 있다.
⑤ ㉤ : 소박하게 살며 헛된 생각은 안 하겠다는 뜻으로 삶에 대한 자세를 드러내고 있다.

39 〈보기〉의 관점에서 윗글을 감상한 내용으로 가장 적절한 것은? [2점]

〈보기〉

조선 전기 사대부들에게 자연은 관조를 통해 지극한 즐거움을 얻을 수 있는 공간이었다. 정극인 역시 자연과 소통하며 삶의 충만함을 느끼고자 했다. 즉 일상적 현실에서 벗어나 은일하며 자연과의 조화와 합일을 추구한 것이다. 「상춘곡」은 그의 이러한 세계관이 잘 드러난 작품이다.

① 인간적 욕망에 시달리면서도 자연 속에서 이러한 욕망을 극복하고 있군.

② 학문의 정진을 통해 자연과의 조화를 이룰 수 있는 이치를 깨닫고 있군.

③ 자연을 즐거움을 얻는 공간으로 묘사하며 심리적 만족감을 드러내고 있군.

④ 자연과의 합일을 통해 사랑하는 사람과 헤어진 안타까움에서 벗어나고 있군.

⑤ 자연에 대한 관조를 통하여 화자의 잘못을 성찰하려는 태도를 드러내고 있군.

[40~42] 다음 글을 읽고 물음에 답하시오.

[앞부분 줄거리] 이시백이 명나라에 사신으로 갈 때 임경업이 군관으로 수행하게 된다. 마침 그 때 호국이 가달의 침략을 받아 명나라에 구원병을 요청한다. 그러나 명나라에 마땅한 장수가 없어 임경업이 청병대장으로 출전하여 가달을 물리쳐 명나라와 호국에 그 이름을 떨친 후에 조선으로 돌아온다.

임경업이 의주부윤으로 도임한 후로 군정을 살피고 사졸(士卒)을 연습하더니, 호장이 경업의 허실을 알고자 하여 압록강에 와 엿보거늘, 경업이 대로하여 토병을 호령하여 일진을 엄살하고,

"되놈을 잡아들이라."

하고 명하니, 군사가 되놈을 결박하여 들이거늘, 경업이 크게 꾸짖으며

"내 연전에 너희 나라에 가 가달을 쳐 파하고 호국 사직을 보전하였으니, 그 은덕을 마땅히 만세불망(萬世不忘)할 것이어늘, 도리어 천조를 배반하고 아국을 침범코자 하니, 너희 같은 무리를 죽여 분을 씻을 것이로되 십분 용서하여 돌려보내나니, 빨리 돌아가 본토를 지키고 다시 외람된 뜻을 내지 말라. 만일 다시 두 마음을 먹으면 편갑(片甲)*도 남기지 아니하고 호국을 소멸하리라."

하고 끌어 내치니, 되놈들이 쥐가 숨듯 돌아가 제 대장과 군졸을 보고 수말을 이르니, 장졸들이 크게 노하여

"임경업이 공교한 말로 아국을 능욕하여 군심(軍心)을 미혹케 하니, 맹세코 경업을 죽여 오늘날 한을 씻으리라."

하고, 병마 중 정예한 군사를 뽑아 7천을 거느려 압록강에 이르러 강을 사이하고 진세(陣勢)를 베풀고 외치기를,

"조선국 의주부윤 임경업 필부(匹夫)는 어찌 간사한 말로 나의 군심을 요동케 하느뇨. 너의 재주가 있거든 나의 철퇴를 대적하고, 불연즉(不然則) 항복하여 죽음을 면하라."

하거늘, ㉠ <u>경업이 대로하여 급히 배를 타고 물을 건너 말에 올라 청룡검을 빗겨들고 호진(胡陣)에 달려들어 무인지경같이 좌충우돌하니, 적장의 머리 추풍낙엽같이 떨어지매 적장이 당해내지 못하여 급히 달아날 새</u>, 서로 짓밟히며 물에 빠져 죽은 자가 그 수를 셀 수 없더라.

경업이 필마단창(匹馬單槍)으로 적진을 파하고 본진으로 돌아와 승전고를 울리며 군사를 호궤*할 새, 의주 군졸이 일시에 하례하며 즐기는 소리가 진동하더라.

이튿날 새벽에 강변에 가 바라보니, 적군의 주검이 뫼같이 쌓이고 피 흘러 내가 되었는지라.

이때 적병이 돌아가 호왕을 보고 패한 연유를 고하니, 호왕이 듣고 대로하여 다시 기병하여 원수 갚음을 의논하더라.

경업이 관중에 들어와 승전한 연유를 장계하니, 상이 보시고 크게 기뻐하신 중 후일을 염려하시나, 조신(朝臣)들은 안연 부동하여 국사를 근심하는 이 없으니 가장 한심하더라.

이때 호왕이 경업에게 패한 후로 분기를 참지 못하여, 다시 제장을 모아 의논하여,

"예서 의주가 길이 얼마나 하뇨."

좌우가 대답하기를,

"열하루 길이니, 한편은 갈 수풀이요 압록강을 격하였사오니, 월강하여 마군(馬軍)으로 대적한즉 수만 군졸이 모여 진을 칠 곳이 없고, 또한 군사가 패한즉

한갓 죽을 따름이니, ⓐ 기이한 계교를 내어 경업을 멀리 피한 후에 군사를 나아감이 좋을까 하나이다."

호왕이 옳게 여겨 용골대(龍骨大)로 선봉을 삼고 말하기를,

"너는 수만 군을 거느려 가만히 황하수(黃河水)를 건너 동해로 돌아 주야배도(晝夜倍道)하여 가면 조선이 미처 기병치 못할 것이오, 의주서 알지 못할 것이니, 왕도(王都)를 엄습하면 어찌 항복받기를 근심하며, 대사를 성공하면 경업을 사로잡지 못하리오."

용골대가 청령하고 군마를 아침 일찍 출발할 새, 호왕께 하직하니, 호왕 왈,

"그대 이번에 가매 반드시 조선을 항복받아 나의 위엄을 빛내고 대공을 세워 수이 반사*함을 바라노라."

용골대가 청령하고 승선발행(乘船發行)하니라.

경업이 호병을 파한 후에 사졸을 조련하여 군기를 보수하고 성첩을 수축하여 후일을 방비하되, 조정에서는 호병을 파한 후에 의기양양하여 태평가를 부르고 대비함이 없더니, 국운이 불행하여 의외 불의지변(不意之變)을 당한지라.

철갑 입은 오랑캐 동대문으로 물밀 듯이 들어와 ㉡ 백성을 살해하고 성중을 노략하니 도성 인민이 물 끓듯 곡성이 진동하며, 부모 형제 부부 노소가 서로 실신하여 살기를 도모하니, 그 형상이 참혹하더라.

이런 망극한 때를 당하여 조정에 막을 사람이 없고, 종사의 위태함이 경각 사이에 있는지라. ㉢ 상이 망극하사 남한산성(南漢山城)으로 피난하실 새, 급히 가마를 타고 강변에 이르사 배를 타시매, 백성들이 뱃전을 잡고 통곡하며 물에 빠져 죽는 자가 무수하니, 그 형상을 차마 보지 못하겠더라. 왕대비와 세자 삼형제는 강화로 가시고, 남은 백성은 호적에게 어육(魚肉)이 되니라.

도원수 김자점은 이런 난세를 당하였으되 한 계교를 베풀지 못하고, 용골대는 백성의 집을 헐어 뗏목을 만들어 강화로 들어가더라. ㉣ 강화유수 김경징(金慶徵)은 좋은 군기를 고중(庫中)에 넣어두고 술만 먹고 누웠으니, 도적이 스스로 들어가 왕대비와 세자 · 대군을 잡아다가 송파(松坡) 벌에 유진(留陣)하고, 세자 · 대군을 구류하고 외치기를,

㉤ "수이 항복하지 아니하면 왕대비와 세자 · 대군이 무사치 못하리라."

하는 소리 천지진동하더라.

– 작자 미상, 「임장군전」

*편갑(片甲) : 싸움에 지고 난 군사를 비유한 말.
*호궤(犒饋) : 음식을 베풀어 군사를 위로함.
*반사(班師) : 군사를 이끌고 돌아옴.

40 윗글에 대한 설명으로 가장 적절한 것은? [2점]

① 서사 전개에 따라 서술자를 달리하고 있다.
② 시간의 흐름에 따라 사건이 진행되고 있다.
③ 상황 변화에 따라 인물의 성격이 변하고 있다.
④ 초월적 공간을 통해 내적 갈등을 드러내고 있다.
⑤ 특정한 장면을 부각시켜 해학적으로 제시하고 있다.

41 ⓐ의 구체적인 내용으로 가장 적절한 것은? [2점]

① 남한산성을 포위하여 항복시킨다.
② 의주를 우회하여 왕도를 급습한다.
③ 임경업을 속임수로 유인하여 제거한다.
④ 압록강을 월강하여 마군으로 대적한다.
⑤ 염탐꾼을 보내 임경업의 허실을 파악한다.

42 〈보기〉를 참고하여 ㉠~㉤에 대해 이해한 내용으로 적절하지 않은 것은? [3점]

〈보기〉

병자호란은 조선 인조 14년(1636)에 청나라 태종이 대군을 거느리고 침략하여 인조가 남한산성으로 쫓겼다가 항복하고 굴욕적인 화약(和約)을 맺었던 사건이다. 병자호란 때 임경업은 중국 명나라와 합세하여 청나라를 치고자 했으나 뜻을 이루지 못하고 김자점의 모함으로 죽었다. 「임장군전」은 병자호란이라는 역사적 사실을 바탕으로 하면서 허구적 내용을 가미한 소설이다. 작품의 주제는 임경업에 대한 영웅화, 청나라에 대한 적개심, 굴욕적 패배에 대한 정신적 보상, 조정 관료에 대한 비판 등으로 다양하게 해석되고 있다.

① ㉠은 주인공의 용맹함을 부각시켜 영웅성을 강조한 것이라 할 수 있군.

② ㉡은 독자들에게 청나라의 만행에 대한 적개심을 불러일으키겠군.

③ ㉢은 병자호란 때 실제로 있었던 역사적 사실을 반영한 것이라 할 수 있군.

④ ㉣은 외침에 대처하지 못한 지배층의 잘못을 비판한 것이라 할 수 있군.

⑤ ㉤은 굴욕적 패배에 대한 정신적 보상을 나타낸 것이라 할 수 있겠군.

[43~45] 다음 글을 읽고 물음에 답하시오.

골동집 출입을 경원한 내가 근간에는 학교 다니는 길 옆에 꽤 진실성 있는 상인 하나가 가게를 차리고 있기로, 가다오다 심심하면 들러서 한참씩 한담(閑談)을 하고 오는 버릇이 생겼다.

하루는 집으로 돌아오는 길에 또 이 가게에 들렀더니 주인이 누릇한 두꺼비 한 놈을 내놓으면서 ㉠ "꽤 재미나게 됐지요." 한다.

황갈색으로 검누른 유약을 내려 씌운 두꺼비 연적(硯滴)인데, 연적으로서는 희한한 놈이다.

4, 50년래로 만든 사기(砂器)로서 흔히 부엌에서 고추장, 간장, 기름 항아리로 쓰는 그릇 중에 이따위 검누른 약을 바른 사기를 보았을 뿐, 연적으로서 만든 이 종류의 사기는 초대면이다.

두꺼비로 치고 만든 모양이나 완전한 두꺼비도 아니요, 또 개구리는 물론 아니다.

툭 튀어나온 눈깔과 떡 버티고 앉은 사지(四肢)며 아무런 굴곡이 없는 몸뚱어리, 그리고 그 입은 바보처럼 '헤—'하는 표정으로 벌린 데다가 입 속에는 파리도 아니요 벌레도 아닌 무언지 알지 못할 구멍 뚫린 물건을 물렸다.

콧구멍은 금방이라도 벌름벌름할 것처럼 못나게 뚫어졌고, 등허리는 꽁무니에 이르기까지 석 줄로 두드러기가 솟은 듯 쭉 내려 얽게 만들었다.

그리고 유약을 갖은 재주를 다 부려 가면서 얼룩얼룩하게 내려 부었는데, 그것도 가슴 편에는 다소 희멀끔한 효과를 내게 해서 구석구석이 교(巧)하다느니보다 못난 놈의 재주를 부릴 대로 부린 것이 한층 더 사랑스럽다.

요즈음 골동가들이 본다면 거저 준대도 안 가져갈 민속품이다. 그러나 ㉡ 나는 값을 물을 것도 없이 덮어놓고 사기로 하여 가지고 돌아왔다. 이 날 밤에 우리 내외간에는 한바탕 싸움이 벌어졌다. 쌀 한 되 살 돈이 없는 판에 그놈의 두꺼비가 우리를 먹여 살리느냐는 아내의 바가지다.

이런 종류의 말다툼이 우리 집에는 한두 번이 아닌지라 종래는 내가 또 화를 벌컥 내면서 "두꺼비 산 돈은 이놈의 두꺼비가 갚아 줄 테니 걱정 마라."

고 소리를 쳤다. 그러한 연유로 나는 이 잡문을 또 쓰게 된 것이다.

잠꼬대 같은 이 한 편의 글 값이 행여 두꺼비값이 될는지 모르겠으나, 내 책상머리에 두꺼비 너를 두고 이 글을 쓸 때 네가 감정을 가진 물건이라면 필시 너도 슬퍼할 것이다.

너는 어째 그리도 못 생겼느냐. 눈알은 왜 저렇게 튀어나오고 콧구멍은 왜 그리 넓으며 입은 무얼 하자고 그리도 컸느냐. 웃을 듯 울 듯한 네 표정! 곧 무슨 말이나 할 것 같아서 기다리고 있는 나에게 왜 아무런 말이 없느냐. 가장 호사스럽게 치레를 한다고 네 놈은 얼쑹덜쑹하다마는 조금도 화려해 보이지는 않는다. ㉢ <u>흡사히 시골 색시가 능라주속(綾羅紬屬)*을 멋없이 감은 것처럼 어색해만 보인다</u>.

앞으로 앉히고 보아도 어리석고 못나고 바보 같고……. 모로 앉히고 보아도 그대로 못나고 어리석고 멍텅하기만*하구나. 내 방에 전등이 휘황하면 할수록 너는 점점 더 못나게만 보이니 누가 너를 일부러 심사를 부려서까지 이렇게 만들었단 말이냐.

㉣ <u>네 입에 문 것은 그게 또 무어냐. 필시 장난꾼 아이 녀석들이 던져 준 것을 파리인 줄 속아서 받아 물었으리라</u>.

그러나 뱉어 버릴 줄도 모르고, 준 대로 물린 대로 엉거주춤 앉아서 울 것처럼 웃을 것처럼 도무지 네 심정을 알 길이 없구나.

㉤ <u>너를 만들어서 무슨 인연으로 나에게 보내주었는지 너의 주인이 보고 싶다</u>.

나는 너를 만든 너의 주인이 조선 사람이란 것을 잘 안다.

네 눈과, 네 입과, 네 코와, 네 발과, 네 몸과, 이러한 모든 것이 그것을 증명한다. 너를 만든 솜씨를 보아 너의 주인은 필시 너와 같이 어리석고, 못나고, 속기 잘 하는 호인(好人)일 것이리라.

그리고 너의 주인도 너처럼 웃어야 할지 울어야 할지 모르는 성격을 가진 사람일 것이리라.

내가 너를 왜 사랑하는 줄 아느냐.

그 못생긴 눈, 그 못생긴 코, 그리고 그 못생긴 입이며 다리며 몸뚱어리들을 보고 무슨 이유로 너를 사랑하는지를 아느냐.

거기에는 오직 하나의 커다란 이유가 있다.

나는 고독한 사람이기 때문이다!

나의 고독함은 너 같은 성격이 아니고서는 위로해줄 수 없기 때문이다.

두꺼비는 밤마다 내 문갑 위에서 혼자 잔다. 나는 가끔 자다 말고 버쩍 불을 켜고, 나의 사랑하는 멍텅구리 같은 두꺼비가 그 큰 눈을 희멀건히 뜨고서 우두커니 앉아 있는가를 살핀 뒤에야 다시 눈을 붙이는 것이 일쑤다.

– 김용준, 「두꺼비 연적을 산 이야기」

*능라주속(綾羅紬屬) : 비단을 일컫는 말.
*멍텅하다 : '멍청하다'의 비표준어.

43 윗글에 대한 설명으로 적절한 것만을 〈보기〉에서 고른 것은? [2점]

〈보기〉

ㄱ. 열거법을 사용하여 대상에 대한 관심을 강조하고 있다.
ㄴ. 과거와 현재의 상황을 비교하면서 미래를 예측하고 있다.
ㄷ. 대상을 익살스럽게 묘사하여 친밀한 감정을 드러내고 있다.
ㄹ. 직설적 표현으로 부정적 현실에 대한 극복 의지를 나타내고 있다.

① ㄱ, ㄴ　② ㄱ, ㄷ
③ ㄱ, ㄹ　④ ㄴ, ㄷ
⑤ ㄴ, ㄹ

44 윗글의 글쓴이가 질문에 답을 한다고 가정할 때, 대답한 내용으로 적절하지 않은 것은? [2점]

문 : 두꺼비 연적을 처음 보았을 때, 어떤 생각이 드셨나요?
ㄴ답 : 별 희한한 연적도 다 있다고 생각했습니다. ······ ①

문 : 두꺼비 연적을 산 일 때문에 아내 분과 다투셨다면서요?
ㄴ답 : 가난한 형편에 연적을 샀으니 아내가 화낼 만하지요. 하지만 이렇게 글을 써 돈을 벌 수 있어서 정말 기쁩니다. ······ ②

문 : 두꺼비 연적의 모습 중에서 어느 부분이 좋았나요?
ㄴ답 : 바로 두꺼비의 표정과 자세입니다. 웃을 듯 울 듯한 묘한 표정과 앉은 것도 아니고 선 것도 아닌 자세를 보니 어리석고 못나 보였으나 볼수록 매력적입니다. ······ ③

문 : 그 두꺼비 연적을 만든 사람은 어떤 사람일까요?
ㄴ답 : 아마 전형적인 조선 사람일 거예요. 겉모습은 세련되지 않아도, 영악하지 않은 성품의 소유자일 겁니다. ······ ④

문 : 선생님에게 두꺼비 연적은 어떤 존재인가요?
ㄴ답 : 동병상련(同病相憐)의 대상이라고 할 수 있어요. 그래서 저는 두꺼비 연적을 고독한 제 삶의 동반자로 여기고 있습니다. ······ ⑤

45 ㉠~㉤에 대한 이해로 가장 적절한 것은? [2점]

① ㉠ : 골동집 주인은 '나'에게 흥미 있는 사건이 발생하리라고 예상하고 있다.
② ㉡ : '나'는 언젠가 두꺼비 연적이 골동품으로서의 가치를 인정받을 것이라 믿고 있다.
③ ㉢ : '나'는 두꺼비 연적의 외양이 화려함과는 어울리지 않는다고 생각하고 있다.
④ ㉣ : '나'는 '너의 주인'이 두꺼비 연적을 만들기로 마음먹은 순간을 상상하고 있다.
⑤ ㉤ : '나'는 '너의 주인'이 의도적으로 두꺼비 연적을 '나'에게 보냈다고 확신하고 있다.

제1교시 국어영역(B형)

▶정답 및 해설 120p

[01~03] 다음은 수업 중 학생들이 실시한 토론의 일부이다. 물음에 답하시오.

사회자 : 안녕하세요. 오늘은 '교내에 CCTV 설치를 확대하자.'는 논제에 대해 토론을 하도록 하겠습니다. 먼저 찬성 측 발언해 주시죠.

찬성 1 : 최근 우리 학교에는 몇 차례의 폭력과 절도 사고가 있었습니다. 만약 우리 학교에 CCTV가 충분히 설치되어 있었다면 사고를 막을 수 있었을 것입니다. 그런데 지금 우리 학교는 CCTV가 정문에만 한 대 설치되어 있습니다. 이것만으로는 부족합니다. 학교 폭력과 절도 사고를 예방하기 위해 교내에 CCTV를 추가로 설치해야 한다고 주장합니다.

반대 1 : 학교 폭력이나 절도 사고 예방에 CCTV는 별 효과가 없다고 생각합니다. 왜냐하면 현실적으로 CCTV는 사건이 발생된 후에 녹화된 장면을 확인하는 데에 쓰이고 있기 때문입니다. 이는 사고 예방이 아니라 사후 처리에 불과합니다.

찬성 2 : 반대 측에서는 예방 효과가 없다고 하셨지만, 교내에 CCTV를 설치하는 것이 학교 폭력 및 절도 사고 예방에 효과가 있다는 자료가 있습니다. ○○시교육청이 CCTV를 설치 · 운영 중인 지역 7개교 학생 700명과 교사 280명, 학부모 700명을 대상으로 설문 조사한 결과 'CCTV 설치 후 학교 폭력 및 절도 사고 예방에 도움이 됐는가?'라는 질문에 응답한 교사의 76.5%와 학부모의 67.0%는 긍정적인 효과가 있다고 답했습니다.

반대 2 : 일부 학교의 설문 조사 결과를 전체 학교에 적용할 수는 없다고 생각합니다. 그리고 교내에 CCTV를 설치하는 것은 학생들의 인권을 침해할 우려가 있습니다. 찬성 측의 주장에 따르자면 교내 곳곳에 CCTV를 설치해야 합니다. 그러면 교내에 있는 사람은 누군가의 감시를 받게 되는 셈인데, 이는 사생활 및 인권 침해의 소지가 있습니다. 그리고 한 정신과 전문의는 "CCTV 등으로 인해 타율적인 통제에 익숙해질 경우 향후에 CCTV가 없으면 스스로 자율적인 조절이 안 되는 부작용이 일어날 수 있다."고 경고하고 있습니다. CCTV를 설치하여 학교 폭력을 예방하려는 생각이 교육적으로 바람직한 것인지 의문입니다.

찬성 3 : 도로, 공원, 엘리베이터 등에 시민들을 보호하기 위해 CCTV가 설치되어 있듯이 학교도 학생들을 보호하기 위해 CCTV를 설치하는 것은 당연하다고 생각합니다. 더욱이 최근에는 교내 사고뿐만 아니라 외부인의 침입에 의한 범죄가 증가하고 있기 때문에 이를 예방하기 위해서라도 교내에 CCTV를 추가로 설치하는 것은 반드시 필요합니다.

반대 3 : 물론 외부인의 침입을 막기 위한 조치가 필요한 것은 사실입니다. 하지만 그 방법이 CCTV를 설치하는 것만은 아니라고 생각합니다. 그 방법보다는 교문의 경비 인력을 강화하여 외부인의 침입을 직접 통제하는 방법이 효과적입니다.

01 토론 참여자에 대한 이해로 적절하지 않은 것은? [2점]

① 찬성 1은 최근에 벌어진 문제 상황을 바탕으로 주장의 타당성을 제시하고 있군.
② 반대 1은 대안을 제시하면서 상대방을 설득하고 있군.
③ 찬성 2는 통계 수치를 제시하며 자신의 주장을 뒷받침하고 있군.
④ 반대 2는 한정된 자료의 한계를 지적하며 반박하고 있군.
⑤ 찬성 3은 다른 사례들을 근거로 활용하여 주장을 강조하고 있군.

02 반대 측의 주장에 대한 내용으로 적절하지 않은 것은? [2점]

① CCTV는 사고 예방보다는 사후 처리에 활용될 뿐이다.
② CCTV를 설치하는 것은 인권 및 사생활을 침해할 가능성이 크다.
③ CCTV를 추가로 설치하기보다는 교문의 경비 인력을 강화해야 한다.
④ CCTV의 설치 효과를 거두려면 실시간으로 감독할 인력이 필요하다.
⑤ CCTV를 통해 학교 폭력을 막으려는 것은 교육적으로 바람직하지 않다.

03 〈보기〉의 자료를 위 토론에 활용한다고 할 때, 활용 방안으로 가장 적절한 것은? [2점]

〈보기〉

학계와 경찰에 따르면 CCTV를 설치할 경우 강 · 절도 사건이 설치 지역은 물론 CCTV가 없는 인접 지역까지 감소했고, 폭력 범죄는 CCTV 설치 지역이나 그렇지 않은 지역이나 별다른 차이가 없었다고 한다. 이는 계획성이 강한 강 · 절도와 우발성이 강한 폭력의 특성에 따른 것이라고 볼 수 있다.

① CCTV가 교내의 우발적 사고 예방에 효과가 크다는 것을 내세워 찬성 측의 근거 자료로 활용한다.
② CCTV가 절도 사건을 효과적으로 예방할 수 있음에 초점을 맞추면서 찬성 측의 근거 자료로 활용한다.
③ CCTV가 인근 학교의 폭력 사고를 감소시키는 데 효과가 있음을 밝히면서 찬성 측의 근거로 활용한다.
④ CCTV의 범죄 예방 효과가 지역에 따라 다르게 나타남을 보이면서 반대 측의 근거 자료로 활용한다.
⑤ CCTV의 범죄 예방 효과가 학교보다 일반 지역이 더 높음을 들면서 반대 측의 근거 자료로 활용한다.

[04~05] 다음은 두 학생이 나눈 대화의 일부이다. 물음에 답하시오.

인애 : 새롬아, 요즘 정미, 화영이와 말도 잘 안하고, 만나지도 않는 것 같더라. 너희 삼총사 무슨 일 있니?
새롬 : (고민스러운 표정으로) 실은 말이야……. (한숨을 쉬며) 아니야, 됐어.
인애 : 웬 한숨이야? 뭔데? 괜찮아. 말해 봐. 기쁨은 나누면 배가 되고, 슬픔은 나누면 반이 된다는 말도 있잖아.
새롬 : 알았어. 실은 일이 좀 복잡해. 정미가 나에게만 털어 놓은 비밀이 있었는데, 내가 화영이에게 그 비밀을 말해 버린 거야. 바보같이…….
인애 : (새롬 쪽으로 몸을 기울이며) 그래서 어떻게 되었는데?
새롬 : 화영이가 그 비밀에 대해 자세히 알고 싶어 직접 정미에게 그 비밀에 관해 물어 봤대.
인애 : 아, 일이 그렇게 된 거로구나. 정미가 많이 화났겠네.
새롬 : 맞아. 그래서 내가 사과했는데도 받아주지 않아서 많이 섭섭했어. 지금도 그렇고.
인애 : (고개를 끄덕이며) 그런 일이 있었구나. 서운했겠네! 그런데 뭐라고 사과했니?
새롬 : 고의는 아니었지만 비밀을 지켜주지 못해서 미안하다고 했어. 그런데도 정미가 사과를 받아주지 않았어.
인애 : 응, 그렇구나. 그런데 화영이하고는 왜 말을 안 하는 건데?
새롬 : 내가 정미의 비밀을 아무한테도 말하지 말라고 하지 않았느냐고 화영이에게 따지니까, 자기도 미안하기는 한데 그런 일 가지고 굳이 따지느냐며 오히려 짜증을 내는 거야. 그런 모습을 보니 정말 화가 나 소리를 버럭 질렀어. 내가 잘못한 거니?
인애 : (손사래를 치며) 아냐, 아냐, 그렇지 않아. 나라도 그 상황이었으면 화가 났을 거야.
새롬 : 휴, 이렇게 털어놓으니 속이 후련하기는 하다. 그런데 정미와 화영이에게 어떻게 사과해야 하지?
인애 : 정미의 경우는 정미의 화가 풀릴 때까지 기다릴 수밖에 없을 것 같고……, 화영이에게는 지난 화법 시간에 배운 '관용의 격률'에 따라 말해 보는 게 어때?

04 위 대화에서 '인애'의 '공감적 듣기' 태도를 평가한 내용으로 적절하지 <u>않은</u> 것은? [3점]

〈보기〉

'공감적 듣기' 태도의 평가표

평가 준거	그렇다	아니다	
• 상대방의 감정이나 처지에 동조하는 반응을 보였는가?	∨		… ①
• 상대방의 말을 비판하지 않고 적극적으로 지지해 주었는가?		∨	… ②
• 상대방의 말에 집중하고 있음을 비언어적 표현을 통해 나타내었는가?	∨		… ③
• 상대방이 이야기를 계속 이어갈 수 있도록 상대방의 말에 관심을 보였는가?	∨		… ④
• 상대방이 객관적인 관점에서 문제를 스스로 해결할 수 있도록 상대방의 말을 요약 · 정리하였는가?		∨	… ⑤

05 〈보기〉를 참고할 때, '인애'의 마지막 말에 대한 '새롬'의 대답으로 가장 적절한 것은? [2점]

〈보기〉

일상적인 대화 상황에서 상대방에게 공손하지 않은 표현을 사용하여 갈등이 발생하는 경우가 있다. 이런 갈등을 해결하는 방법은 공손한 표현으로 사과하는 것이다. '공손성의 원리' 중에 '관용의 격률'은 화자 자신에게 혜택을 주는 표현은 최소화하고 자신에게 부담이 되는 표현은 최대화하라는 것이다.

① "화내지 않고도 말할 수 있었는데, 내가 좀 감정이 북받쳐서 그랬어."라고 말하라는 거지?

② "나도 실수를 했고, 너도 실수를 했으니까 이번 일은 없던 것으로 하자."라고 말하라는 거지?

③ "네가 정말로 나에게 사과하려했다면 그렇게 나에게 짜증을 내서는 안 됐어."라고 말하라는 거지?

④ "누구나 실수는 할 수 있어. 앞으로는 남의 말을 다른 사람에게 퍼뜨리지 마."라고 말하라는 거지?

⑤ "갑자기 내가 화를 내서 당황했지? 그러니까 앞으로 나를 화나게 하지 않았으면 좋겠어."라고 말하라는 거지?

06 〈보기〉를 활용하여 '고령사회를 대비한 출산율 제고 방안'이란 주제로 글을 쓰려고 한다. 자료의 활용 방안으로 적절하지 <u>않은</u> 것은? [2점]

〈보기〉

(가) 통계자료

㉠ 우리나라 노령 인구 비율(%)

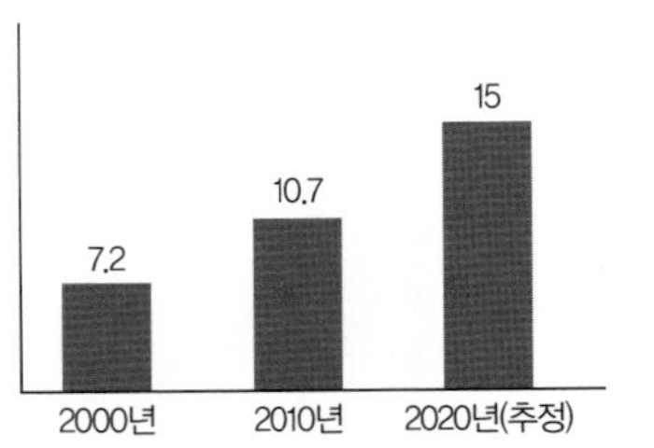

㉡ 우리나라 출산율 추이(가임여성 1명당 자녀 수)

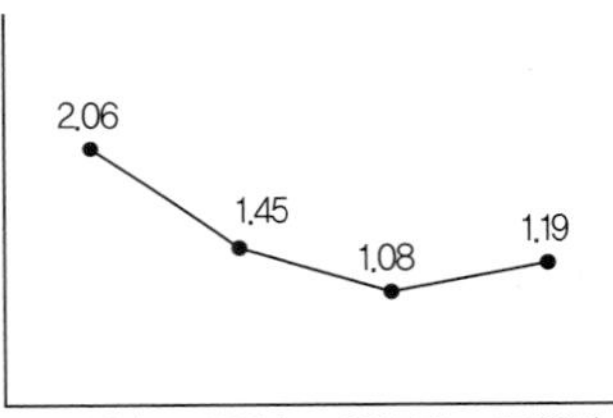

(나) 자녀 출산을 망설이는 이유에 대한 설문 조사 결과(상위 4가지)

순위	결과	비율
1	자녀 양육비 부담이 너무 크다.	45%
2	직장 생활에 어려움이 있다.	18%
3	자녀를 낳기에는 나이가 너무 많다.	10%
4	자녀를 원하지 않는다.	3%

(다) 전문가 인터뷰 자료

UN에서는 노령 인구 비율이 7% 이상이면 고령화사회, 14% 이상이면 고령사회, 20% 이상이면 초고령화사회로 구분합니다. 고령화가 진행됨에 따라 노령 인구가 늘어나고, 그에 따라 노인들을 부양하기 위한 사회적, 경제적 부담이 늘어납니다. 이러한 부담을 줄이려면 15~64세까지인 생산 가능 연령층의 인구가 늘어나야 합니다. 그런데 우리나라는 낮은 출산율로 인하여 향후 생산 가능 연령층의 인구가 더욱 줄어들고, 이에 따라 급격하게 고령사회로 이행될 가능성이 큽니다. 따라서 정부는 고령사회로의 이행 속도를 완화시키고 출산율을 높일 수 있는 방안을 시급히 마련하여 시행해야 합니다.

– ○○○ 교수 –

① (가)의 ㉠과 (나)를 활용하여 늘어나는 노인들을 위한 일자리 창출이 생산 가능 인구 감소에 대한 대안이 될 수 있음을 제시한다.

② (가)의 ㉠과 (다)를 활용하여 노령 인구가 증가함에 따라 우리나라가 고령화사회에서 고령사회로 이행되고 있음을 지적한다.

③ (가)의 ㉡과 (나)를 활용하여 출산율 저하 경향과 그 원인을 제시한다.

④ (가)의 ㉡과 (다)를 활용하여 고령화의 한 원인이 출산율과 관련이 있음을 제시한다.

⑤ (나)와 (다)를 활용하여 정부가 출산율 제고를 가로막고 있는 요인들에 대한 대책 마련에 나설 것을 촉구한다.

07 다음은 공원 입구에 세워진 안내문이다. 〈보기〉는 공원 곳곳에 게시할 공고문으로서 이 안내문을 참고하여 만든 것이다. 〈보기〉를 작성할 때 고려한 내용으로 적절하지 <u>않은</u> 것은? [3점]

공원 내 불법 행위 단속 안내

공원은 시민이 이용하는 공공장소입니다. 다른 이용객의 불편을 초래할 수 있는 행위는 자제하시기 바랍니다. 특히 다음의 행위는 불법으로서 관련 법규에 따라 처벌됨을 알려 드립니다. 공원 내에서 밥을 짓는 행위, 고기를 구워 먹는 행위, 애완동물의 목줄을 풀어 놓는 행위, 애완동물의 배설물을 치우지 않는 행위, 상점 외의 곳에서 김밥, 음료수 등을 판매하는 행위 등은 불법입니다. 이러한 행위를 목격하신 분은 공원관리사무소(☏123-4567)에 신고하여 주십시오.

○○공원관리소장

〈보기〉

여기서 이러시면 안 됩니다.

다음의 행위는 불법이며 이를 위반할 경우 관련 법규에 따라 처벌됩니다.

◎ 음식물 취사
◎ 애완동물 관리 소홀
◎ 허가 받지 않은 식품 판매

이러한 행위를 보신 분은 공원관리사무소(☏123-4567)에 신고하여 주시기 바랍니다.

○○공원관리소장

① 중요도에 따라 내용의 순서를 재배열해야겠어.

② 제목은 경어를 사용해 독자의 거부감을 줄여야겠어.

③ 중요한 내용을 부각하기 위해 일부 내용은 생략해야겠어.

④ 시각적 자료를 이용하여 의미가 잘 전달되도록 해야겠어.

⑤ 같은 범주에 속하는 내용들을 포괄하는 말로 항목화해야겠어.

08 다음은 '우리 지역 문화재'에 관한 조사 보고서를 쓰기 위해 세운 글쓰기 계획이다. 수정 및 보완 방안으로 적절하지 않은 것은? [2점]

■ 조사 목적
• 우리 지역 문화재의 현황과 관리 실태를 파악하여 우리 지역 문화재를 효과적으로 보전할 수 있는 방법을 모색한다.

〈글쓰기 계획〉		〈수정 및 보완 방안〉
■ 조사 내용 및 방법 • 우리 지역 문화재의 현황 – 도서관에서 관련 서적 검색	→	• 우리 지역의 모든 문화재를 대상으로 조사해야 하므로, 우리 지역 문화재에 대한 통계 자료도 검색한다. ······ ①
• 우리 지역 문화재의 보전 실태 – 탐방 조사		
• 우리 지역 문화재 보전에 대한 인식 • – 지역 주민을 대상으로 한 설문 조사	→	• 우리 지역 문화재를 홍보할 수 있는 효과적인 방안을 묻는 항목을 추가한다. ···· ②
• 문화재 보전 방안 모색 – 인터넷 검색 및 타 지역 사례 수집 등		
• 전문가의 의견 – 방문	→	• 전문가 중 직접 찾아가기 어려운 전문가에게는 궁금한 내용을 질문지로 만들어 답을 얻는 서면 인터뷰 방식을 사용한다. ···· ③
⬇		
■ 보고서의 제목과 차례 • 제목 : 우리 지역 문화재의 종류	→	• 조사 목적과 보고서의 내용을 고려하여 '우리 지역 문화재의 현황과 바람직한 보전 방법'으로 고친다. ······ ④
• 차례 1. 조사의 방법 – 설문 조사, 문헌 조사, 인터뷰 조사 2. 설문 결과의 분석 3. 다른 지역의 사례 4. 전문가의 의견 5. 요약 및 정리	→	• 보고서의 일반적 형식을 고려하여 '조사의 동기와 목적'이라는 항목을 추가한다. ······ ⑤

09 다음은 강연 원고의 초고이다. 고쳐 쓰기 방안으로 적절하지 않은 것은? [2점]

예절이란 무엇일까요? 자, 우리에게 익숙한 엘리베이터 타기를 예로 들어 설명해 보겠습니다. ㉠ 계단보다 엘리베이터를 이용해야 현대인이죠. 여러분이 엘리베이터를 타려고 할 때, 이미 그 안에 네 명이 타고 있는 상황을 가정해 보겠습니다. 과연 어떤 일이 벌어질까요?

여러분은 엘리베이터에서 내리는 사람을 위하여 옆으로 비켜섭니다. 엘리베이터에 타고 있던 사람 중 누구는 다른 사람이 탈 수 ㉡ 있거나 자신의 짐을 벽 쪽으로 약간 옮기고, 또 다른 사람은 한 걸음 물러납니다. 이런 모든 일이 아무런 말도 없이, 눈짓을 주고받지도 않고 ㉢ 진행합니다. 누군가 "짐 좀 치워

주세요."라고 하거나 "비켜줘야 들어가죠.", "더 이상 자리가 없어요."라고 말하지 않습니다. 이런 경우 여러분과 엘리베이터에 타고 있던 사람들은 모두 예절을 지킨 것입니다.

그렇습니다. 예절은 일상의 많은 상황에서 필요합니다. 그리고 그것은 무언의 과정에서 체득하는 것도 많습니다. 엘리베이터를 타는 방법에 대한 설명서는 없지만, ㉣ 설령 그들이 이전에 비밀리에 약속한 것처럼, 그리고 수백 번 연습을 해 본 것처럼 각자 적절히 타인을 ㉤ 배치하며 움직였음을 확인할 수 있습니다. 이 경우 내리는 사람, 타려는 사람, 타고 있는 사람이 각각의 역할을 하는 것, 이것을 예절이라고 할 수 있습니다.

① ㉠은 글의 통일성을 해치므로 삭제해야겠어.
② ㉡은 어미의 쓰임이 적절하지 않으므로 '있도록'으로 바꾸어야겠어.
③ ㉢은 주어와 서술어의 호응 관계를 고려하여 '진행하게 합니다'로 고쳐야겠어.
④ ㉣은 부사의 쓰임이 적절하지 않으므로 '마치'로 수정해야겠어.
⑤ ㉤은 문맥에 어울리지 않으므로 '배려'로 바꾸어야겠어.

10 〈보기〉의 ㉠에 해당하는 사례로 적절한 것은? [2점]

〈보기〉

우리말에서 반의 관계의 종류는 '상보 반의', '방향 반의', '정도 반의'로 나눌 수 있다. ㉠ '상보 반의'는 '남자 : 여자'처럼 개념적 영역이 상호 배타적인 반의 관계이고, '방향 반의'는 '오다 : 가다'처럼 방향상의 대립 관계를 나타내는 반의 관계이며, 마지막으로 '정도 반의'는 '차다 : 뜨겁다'처럼 정도나 등급을 나타내는 반의 관계이다.

① 참 : 거짓　② 크다 : 작다
③ 왼쪽 : 오른쪽　④ 쉽다 : 어렵다
⑤ 오르다 : 내리다

11 〈보기〉는 언어의 특성을 설명하는 사례이다. 〈보기〉를 이용하여 설명할 수 있는 언어의 특성으로 가장 적절한 것은? [2점]

〈보기〉

바다를 '바다'라고 부르지 않고 혼자 '하늘'이라고 한다든지 '땅'이라고 하면 의사소통이 되지 않는다.

① 언어의 분절성　② 언어의 규칙성
③ 언어의 창조성　④ 언어의 역사성
⑤ 언어의 사회성

12 〈보기〉를 참고할 때 밑줄 친 단어의 표준 발음으로 적절하지 않은 것은? [3점]

〈보기〉

선생님 : 받침 뒤에 모음 'ㅏ, ㅓ, ㅗ, ㅜ, ㅟ'들로 시작되는 실질 형태소가 연결되는 경우에는, 대표음으로 바꾸어서 뒤 음절 첫소리로 옮겨 발음합니다. 예를 들면, '늪 앞'은 [느밥]으로, '젖어미'는 [저더미]로 발음합니다. 그런데 형식 형태소가 연결되는 경우에는 이 규정이 적용되지 않습니다.

① 음식이 맛없다. .... [마덥따]
② 헛웃음만 나왔다. .... [허두슴]
③ 겉에 먼지가 묻었다. .... [거테]
④ 밭 아래 논이 있다. .... [바다래]
⑤ 꽃을 선물 받았다. .... [꼬슬]

13 〈보기〉의 ㉠에 해당하는 사례로 적절하지 <u>않은</u> 것은? [2점]

〈보기〉

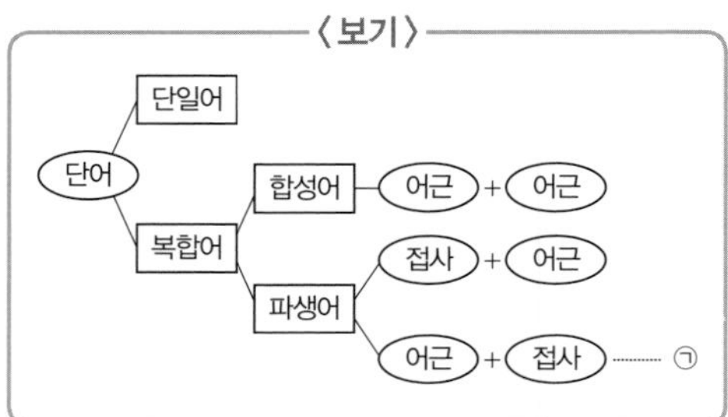

① 군소리 ② 나무꾼
③ 멋쟁이 ④ 바느질
⑤ 지우개

14 〈보기〉의 설명에 해당하는 사례로 적절하지 <u>않은</u> 것은? [2점]

〈보기〉

우리말 높임법 중 서술의 객체, 즉 목적어나 부사어가 지시하는 대상을 높이는 경우를 객체 높임법이라고 한다. 객체 높임법은 특별한 어휘를 이용하거나 조사를 이용해서 표현한다.

① 이 상자는 어느 분에게 드리면 될까요?
② 학생분들은 모두 입구 쪽으로 오십시오.
③ 창묵이가 할머니를 모시고 병원에 갔습니다.
④ 어제는 대학교 지도 교수님을 뵙고 왔습니다.
⑤ 송현이가 선생님께 모르는 것을 여쭤보았습니다.

[15~18] 다음 글을 읽고 물음에 답하시오.

㉠ <u>'논증(論證)'이란</u> 어떤 주장의 옳고 그름을 근거를 들어 밝히는 것으로, 이때 주장은 결론이 되고 그 주장의 근거는 전제가 된다. 논증 방법 중 연역 논증은 전제가 참이라면 결론의 참이 보장되는 방법이다. 그리스 시대에도 활용되었던 전통적 논증 방법인 연역 논증은 현대 논리학의 기초가 되었다.

[A]
흔히 현대 논리학을 연역 논증에 기반을 둔 기호 논리학이라고도 하는데, 그 뿌리는 17세기 독일의 철학자이며 수학자였던 라이프니츠로부터 찾을 수 있다. 라이프니츠는 논리의 유형을 수학적 기호를 활용하여 표현하려 하였다. 그는 명제가 참이 아니면 거짓이라는 점에 착안하여 '참'을 '1'로 하고, '거짓'을 '0'으로 기호화하였다.

그 다음으로 명제들을 결합하는 말인 '…거나'에 해당하는 표현은 수학에서 더하기를 뜻하던 기호 '+'로 대치하고, '그리고'에 해당하는 것은 수학에서 곱하기를 뜻하던 기호인 '•'으로 대치했다. 이렇게 결합된 명제의 진릿값이 참이면 '=1'로, 거짓이면 '=0'으로 표현했다.

그럴 경우 8가지 계산식이 나온다. ㉡ <u>이를테면</u> '라이프니츠는 철학자이거나 수학자이다.'라는 명제에서 '라이프니츠는 철학자이다.'가 참이고 '라이프니츠는 수학자이다.'가 참이면 전체 명제의 진릿값은 참이 되는데, 그것은 왼쪽 표의 'Ⅰ'과 같이 표현된다. '라이프니츠는 화가이고 수학자이다.'처럼 '그리고'로 결합되는 명제에서 '라이프니츠는 화가이다.'가 거짓이고 '라이프니츠는 수학자이다.'가 참이면 전체 명제의 진릿값은 거짓이 되는데, 그것은 'Ⅶ'과 같이 표현된다.

Ⅰ. 1 + 1 = 1	Ⅴ. 1 · 1 = 1
Ⅱ. 1 + 0 = 1	Ⅵ. 1 · 0 = 0
Ⅲ. 0 + 1 = 0	Ⅶ. 0 · 1 = 0
Ⅳ. 0 + 0 = 0	Ⅷ. 0 · 0 = 0

그는 왜 일상 언어로 하는 추리를 수학적 기호를 활용하여 표현했을까? 우리에게 친숙한 일상 언어로 추리의 내용을 표현하면 이해하기는 쉽다. ㉢ <u>하</u>

지만 명제의 진릿값을 판단하는 과정이 복잡하여 잘못된 추리를 할 가능성이 높다. 위의 사례에서 보았듯이 일상 언어로 두 명제의 진릿값을 검토하는 것도 꽤 복잡한데, 여러 명제들이 결합된 것의 진릿값을 판단하는 것은 더더욱 어려운 일이다. 이 때문에 라이프니츠는 수학적 기호의 장점을 활용하였다. 즉 수학적 표현이 지니는 간편성, 정확성, 신속성 등을 연역 추리에 적용한 것이다.

라이프니츠는 또한 보편적 과학 언어를 구상하기도 하였다. 세계 여러 나라 과학자들은 언어가 서로 달라 연구성과를 교환하는 데 큰 어려움을 겪었고, 이는 과학 발전에 큰 저해 요인이었다. 그는 과학 이론을 표현할 때 세계 어디에나 통용될 수 있는 보편 언어를 사용할 수 있다고 판단했다. ㉣ 왜냐하면 과학은 자신의 가설이 타당함을 논리적으로 입증하는 학문인데, 논리는 어떤 언어를 사용해도 그 내용은 모두 같기 때문이다. 그는 이런 생각을 바탕으로 전 세계의 모든 과학자들이 공통으로 사용할 수 있는 이상적인 언어의 창제를 구상하였다. 보편적 과학 언어로 언어의 장벽을 허물어서 인류를 하나의 사고 공동체로 만들고 혁신적인 과학 발전을 도모하고자 한 것이다.

㉤ 요컨대 수학적 표현법과 보편적 과학 언어는 라이프니츠의 혁명적 구상의 핵심이다. 그러나 그의 구상은 200년 동안이나 사장되었다가 19세기 중반에 이르러 주목받기 시작하여, 20세기 초반에 현대 기호 논리학의 체계를 세우는 데 결정적인 기여를 하였다. 이때까지도 라이프니츠의 구상은 학자들 사이에서만 활발하게 논의되고 있었다. 그런데 20세기 중반에 컴퓨터가 등장함에 따라 그의 구상이 일반인들의 생활에 영향을 미치기 시작했다. 컴퓨터 정보 처리 과정의 논리 회로는 라이프니츠의 수학적 표현 방법을 응용한 것이다. 그리고 컴퓨터 프로그램은 기계어를 사용하는데, ⓐ 기계어는 라이프니츠의 보편적 과학 언어의 구상에 기반을 둔 것이다.

15 윗글을 통해 알 수 있는 내용이 아닌 것은? [2점]

① 라이프니츠는 언어의 차이가 과학의 발전을 저해한다고 여겼다.
② 라이프니츠의 수학적 표현법이 컴퓨터의 정보 처리 과정에 응용되었다.
③ 라이프니츠의 수학적 표현법은 현대 기호 논리학의 발전에 영향을 주었다.
④ 라이프니츠는 전제가 많을수록 결론이 참이 될 가능성이 높아진다고 생각했다.
⑤ 라이프니츠는 일상 언어가 명제의 진릿값을 판단하는 데에는 불편하다고 보았다.

16 [A]를 참고할 때, 〈보기〉의 두 명제를 라이프니츠의 수학적 표현법'으로 바르게 표현한 것은? [3점]

〈보기〉

가. 장미는 직장인이고 주부이다.
나. 정호는 축구 선수이거나 야구 선수이다.

*'가'의 장미는 실제로 직장인이지만 주부는 아니다.
*'나'의 정호는 실제로 축구 선수이지만 야구 선수는 아니다.

	가	나
①	1 • 1 = 1	0+0 = 0
②	1 • 0 = 0	1+0 = 0
③	1 • 0 = 0	1+0 = 1
④	1+0 = 0	1 • 0 = 0
⑤	1+1 = 1	1 • 0 = 1

17 ⓐ의 주장을 이끌어 내는 과정에서 생략된 전제로 가장 적절한 것은? [2점]

① 컴퓨터의 기계어는 인간의 언어와 유사한 특성을 지니고 있다.

② 컴퓨터의 기계어로 인해 최첨단 과학 기술의 기틀이 마련되었다.

③ 컴퓨터로 인해 인류의 문명이 과거에 비해 비약적으로 발전하였다.

④ 컴퓨터의 기계어는 세계 여러 나라에서 공통적으로 사용되고 있다.

⑤ 컴퓨터의 등장으로 일반인들에게 라이프니츠의 구상이 널리 알려졌다.

18 글의 문맥을 고려하며 독서할 때, ㉠~㉤을 활용하는 방안으로 적절하지 않은 것은? [2점]

① 글쓴이는 중요한 개념을 글의 서두에 밝히는 경우가 있으므로, ㉠의 다음에 나오는 개념을 명확히 확인하면서 읽어야겠어.

② 글쓴이는 추상적인 내용을 제시한 후 그 내용을 쉽게 풀어주는 경우가 있으므로, ㉡의 뒤에 나오는 사례를 통해 앞에서 이해하기 어려웠던 부분을 파악해야겠어.

③ 글쓴이는 특정 내용을 부각하기 위해 그와 반대되는 내용을 먼저 제시하는 경우가 있으므로, ㉢의 뒤에 나오는 특정 의미에 초점을 맞추어 글을 이해해야겠어.

④ 글쓴이는 논리 관계를 분명히 밝히는 경향이 있으므로, ㉣의 뒤에 나오는 내용을 통해 앞에서 제시한 근거가 무엇인지 파악해 보아야겠어.

⑤ 글쓴이는 핵심 내용을 요약 · 강조하면서 마무리하는 경우가 있으므로, ㉤의 뒤에 나오는 내용을 통해 글의 핵심 내용을 정리해 보아야겠어.

[19~22] 다음 글을 읽고 물음에 답하시오.

'GDP(국내총생산)'는 국민경제 전체의 생산 수준을 파악할 수 있는 지표인데, 한 나라 안에서 일정 기간 동안 새로 생산된 최종 생산물의 가치를 모두 합산한 것이다. GDP를 계산할 때는 총 생산물의 가치에서 중간생산물의 가치를 빼는데, 그 결과는 최종 생산물의 가치의 총합과 동일하다. 다만 GDP를 산출할 때는 그해에 새로 생산된 재화와 서비스 중 화폐로 매매된 것만 계산에 포함하고, 화폐로 매매되지 않은 것은 포함하지 않는다.

그런데 상품 판매 가격은 물가 변동에 따라 오르내리기 때문에 GDP를 집계 당시의 상품 판매 가격으로 산출하면 그 결과는 물가 변동의 영향을 그대로 받는다. 올해에 작년과 똑같은 수준으로 재화를 생산하고 판매했더라도 올해 물가 변동에 따라 상품 판매 가격이 크게 올랐다면 올해 GDP는 가격 상승분만큼 부풀려져 작년 GDP보다 커진다.

이런 까닭으로 올해 GDP가 작년 GDP보다 커졌다 하더라도 생산 수준이 작년보다 실질적으로 올랐다고 볼 수는 없다. 심지어 GDP가 작년보다 커졌더라도 실질적으로 생산 수준이 ⓐ <u>떨어졌을</u> 수도 있는 것이다.

그래서 실질적인 생산 수준을 판단할 수 있는 GDP를 산출할 필요가 있다. 그러자면 먼저 어느 해를 기준 시점으로 정해 놓고, 산출하고자 하는 해의 가격을 기준 시점의 물가 수준으로 환산해 GDP를 산출하면 된다. 기준 시점의 물가 수준으로 환산해 산출한 GDP를 '실질 GDP'라고 하고, 기준 시점의 물가 수준으로 환산하지 않은 GDP를 실질 GDP와 구분하기 위해 '명목 GDP'라고 부르기도 한다.

예를 들어 기준 시점을 1995년으로 하여 2000년의 실질 GDP를 생각해 보자. 1995년에는 물가 수준이 100이었고 명목 GDP는 3천 원이며, 2000년에는 물가 수준은 200이고 명목 GDP는 6천 원이라고 가정하자. 이 경우 명목 GDP는 3천 원에서 6천 원으로 늘었지만, 물가 수준 역시 두 배로 올랐으므로 결국 실질 GDP는 동일하다.

경제가 실질적으로 얼마나 성장했는지 알려면 실질 GDP의 추이를 보는 것이 효과적이므로 실질 GDP는 경제성장률을 나타내는 공식 경제지표로 활용되고 있다. 금년도의 경제성장률은 아래와 같은 식으로 산출할 수 있다.

$$\text{경제성장률} = \frac{(\text{금년도 실질 GDP} - \text{전년도 실질 GDP})}{\text{전년도 실질 GDP}} \times 100(\%)$$

경제지표 중 GDP만큼 중요한 'GNI(국민총소득)'라는 것도 있다. GNI는 GDP에 외국과 거래하는 교역 조건의 변화로 생기는 실질적 무역 손익을 합산해 집계한다. 그렇다면 ㉠ GDP가 있는데도 GNI를 따로 만들어 쓰는 이유는 무엇일까? 만약 수입 상품 단가가 수출 상품 단가보다 올라 대외 교역 조건이 나빠지면 전보다 많은 재화를 생산 · 수출하고도 제품 · 부품 수입 비용이 증가하여 무역 손실이 발생할 수도 있다. 이때 GDP는 무역 손실에 따른 실질 소득의 감소를 제대로 반영하지 못하기 때문에 GNI가 필요한 것이다. 결국 GDP가 국민경제의 크기와 생산 능력을 나타내는 데 중점을 두는 지표라면 GNI는 국민경제의 소득 수준과 소비 능력을 나타내는 데 중점을 두는 지표라고 할 수 있다.

19 윗글의 내용과 일치하지 않는 것은? [2점]

① 상품 판매 가격은 물가 변동의 영향을 받는다.

② GDP는 최종 생산물의 가치의 총합으로 계산할 수 있다.

③ 화폐로 매매되지 않은 것은 GDP 계산에 넣지 않는다.

④ 새로 생산된 재화와 서비스만이 GDP 계산의 대상이 된다.

⑤ GDP는 총 생산물 가치에 중간생산물 가치를 포함하여 산출한다.

20 윗글을 참고하여 〈보기〉를 이해한 내용으로 적절하지 않은 것은? [3점]

〈보기〉

아래의 표는 최종 생산물인 X재와 Y재 두 재화만을 생산하는 A국의 연도별 생산액과 물가 수준이다.

	2010년	2011년	2012년
X재의 생산액	2,000원	3,000원	4,000원
Y재의 생산액	5,000원	11,000원	17,000원
물가 수준	100	200	300

*기준 연도는 2010년으로 한다.
*기준 연도의 실질 GDP는 명목 GDP와 동일한 것으로 간주한다.

① 2012년도의 '명목 GDP'를 산출하면 21,000원이군.

② 2012년도의 '명목 GDP'는 2010년도 대비 3배 늘었군.

③ 2011년도의 '실질 GDP'를 산출하면 7,000원이군.

④ 2012년도는 2010년도보다 실질적으로 생산 수준이 올랐군.

⑤ 2011년도의 경제성장률은 0%이군.

21 ㉠에 대한 대답으로 가장 적절한 것은? [2점]

① 국가의 총생산 능력을 정확히 재기 위해
② 생산한 재화의 총량을 정확히 재기 위해
③ 생산한 재화의 수출량을 정확히 재기 위해
④ 국가 간의 물가 수준의 차이를 정확히 재기 위해
⑤ 무역 손익에 따른 실질 소득의 증감을 정확히 재기 위해

22 ⓐ의 문맥적 의미와 가장 유사한 것은? [2점]

① 감기가 떨어지지 않아 큰 고생을 하였다.
② 전국의 기온이 영하로 떨어질 것이라고 한다.
③ 해가 떨어지기 전에 이 일을 마치도록 하여라.
④ 아이가 부모와 떨어져 지내는 것은 힘든 일이다.
⑤ 굵은 빗방울이 머리에 한두 방울씩 떨어지기 시작했다.

[23~26] 다음 글을 읽고 물음에 답하시오.

우리가 손에 들고 있던 공을 놓으면 공은 땅으로 떨어진다. 공을 수평으로 멀리 던지거나 심지어 하늘을 향해 높이 던져도 공은 땅에 떨어진다. 이와 같은 현상은 우리 주위에서 언제나 목격할 수 있다. 모든 물체에는 중력, 즉 지구의 중심으로 물체를 끌어당기는 힘이 ⓐ 미치기 때문이다. 그러면 ㉠ 공을 땅에 떨어뜨리지 않고 계속 떠 있게 하는 것은 불가능한 것일까?

지표면 5m 높이에서 공을 떨어뜨리거나, 수평으로 멀리 던졌을 때 공이 1초 후면 지표면에 ⓑ 닿는다. 이 순간의 공의 속도는 약 5m/s이다. 곡률은 곡선이나 곡면의 굽은 정도를 말하며, 지구의 곡률은 약 0.000625%이다. 옆의 그림과 같이 지표면 [A]에서 접선 방향으로 1,000m 떨어진 [B]로 이동했을 때 실제 지표면 [C]는 약 0.625m 아래에 있다. 마찬가지로 [A]에서 접선 방향으로 8,000m 떨어진 곳의 지표면은 약 5m 아래에 있다. 따라서 공을 약 8km/s 속도 이상으로 날아가게 한다면 공을 땅에 떨어뜨리지 않게 할 수 있다. 나아가 어떤 물체가 약 8km/s 속도를 계속 유지한다면 지표면을 따라 계속 떠 있을 수 있다. 이 속도(약 8km/s)를 지구 접선 속도라 한다.

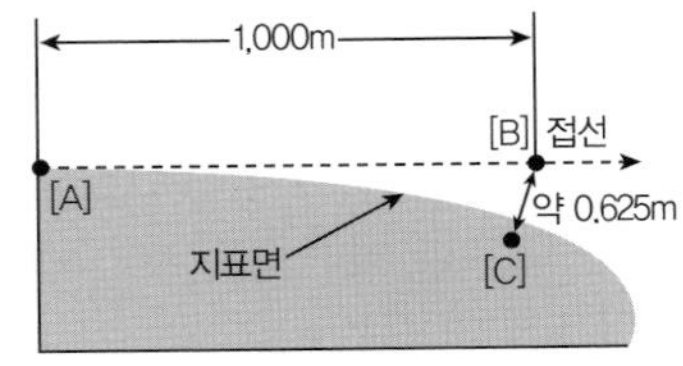

만약 어떤 물체가 접선 속도 이상으로 날아간다면 어떻게 될까? 그 물체는 시간이 지날수록 조금씩 고도가 높아질 것이다. 지표면을 따라 돌면서 고도가 계속 ⓒ 높아지다 보면 언젠가는 지구 대기권을 뚫고 우주 공간에 이른 뒤 지구로부터 계속 멀어지게 될 것이다. 하지만 이와 같은 현상을 실현하는 것은 매우 어려운 일이다. 우선 약 8km/s라는 접선 속도는 음속의 24배가 넘을 정도로 매우 빠른 속도이기 때문에 어떤 물체를 그 속도로 날게 하기가 힘들다. 또 그 속도로 날게 하더라도 대기와의 마찰로 불타버릴 가능성이 ⓓ 크다. 게다가 마찰열에 타지 않게 하더라도 공기의 저항에 의해 속도가 떨어지므로 그 속도를 계속 유지할 수 있는 에너지가 필요하다.

그렇다면 오늘날 인공위성은 어떻게 우주 공간에 떠 있을 수 있을까? 인공위성을 우주 공간으로 올릴 때는 로켓을 이용한다. 이때 로켓은 지구 중력을 이겨내고 우주까지 나아갈 수 있어야 한다. 지구 중력을 이겨내기 위한 지구 탈출 속도는 지표면에서는 약 11km/s이고, 고도가 높아짐에 따라 조금씩 줄어든다. 우주 공간에 있는 인공위성을 궤도의 접선 방향으로, 약 8km/s로 움직이게 하면 추락하지 않고 계속 ⓔ 돌 수 있다. 우주에는 대기가 없으므로 마찰열도 없고, 공기 저항도 없으므로

속도를 유지하기 위한 에너지의 공급은 필요 없다. 이로 인해 인간은 달이라는 자연적인 위성을 가진 이래 수많은 인공적인 위성을 갖게 되었다.

23 **윗글의 글쓴이가 글을 쓰는 과정에서 고려한 것으로 가장 적절한 것은?** [2점]

① 상반된 원리를 제시하고 두 원리의 의의를 밝혀야겠어.
② 대비되는 가설을 검증하며 한 이론의 우위를 증명해야겠어.
③ 화제와 관련한 이론이 어떻게 변해 왔는지를 설명해야겠어.
④ 현상에 대한 여러 의견을 소개하고 그 한계를 지적해야겠어.
⑤ 주요 용어의 개념을 소개하고 사례를 들어 가며 원리를 설명해야겠어.

24 **윗글을 읽고 〈보기〉에 대해 반응한 내용으로 적절하지 <u>않은</u> 것은?** [3점]

〈보기〉

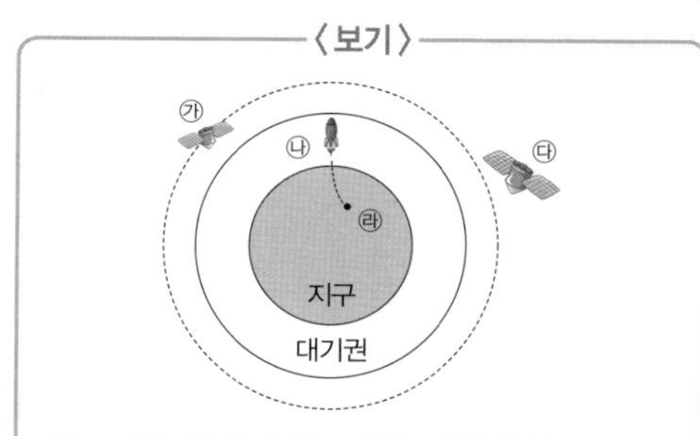

㉮ : 지구 둘레를 돌고 있는 인공위성
㉯ : ㉮를 우주 공간으로 올릴 때의 로켓
㉰ : 궤도를 벗어나 지구로부터 멀어지고 있는 인공위성
㉱ : ㉯의 발사 지점

① ㉮는 궤도의 접선 방향으로 움직이겠군.
② ㉮는 고도를 유지하기 위해 약 8km/s의 속도로 움직이겠군.
③ ㉯는 대기권에서의 마찰열을 극복할 수 있도록 제작되었겠군.
④ ㉯는 중력을 극복하기 위해 약 11km/s 이상의 속도를 낼 수 있었겠군.
⑤ ㉰는 궤도를 돌던 중에 속도가 떨어졌기 때문에 벗어났겠군.

25 **윗글을 고려할 때, ㉠을 실현하는 데 고려할 사항이 <u>아닌</u> 것은?** [2점]

① 지구의 곡률
② 지표면의 거칠기
③ 공에 미치는 중력
④ 공에 미치는 공기의 저항
⑤ 공이 접선 방향으로 날아가는 속도

26 **문맥을 고려하여 ⓐ~ⓔ를 바꿔 쓸 때, 적절하지 <u>않은</u> 것은?** [2점]

① ⓐ : 작용(作用)하기
② ⓑ : 도달(到達)한다
③ ⓒ : 향상(向上)하다
④ ⓓ : 농후(濃厚)하다
⑤ ⓔ : 공전(公轉)할

[27~30] 다음 글을 읽고 물음에 답하시오.

1910년을 전후하여 독일을 중심으로 전개된 미술 사조인 '표현주의'는 내면에 잠재된 강렬한 감정과 욕구를 소재로 하여 이를 자유롭게 표현하고자 했던 미술 운동이자, 회화에 사회의식을 반영한 사조로 평가 받는다. 19세기 후반 당시의 독일 사회는 전쟁의 후유증과 급속한 산업화로 인해 매우 혼란스러운 상황이었다. 표현주의자들은 사회의 모순에 대한 비판적 인식을 바탕으로 초라한 인간상을 예리하게 ㉠ 포착하여 불안과 공포, 기쁨과 슬픔 등 자신이 느낀 것을 ㉡ 미화하지 않고 그대로 화폭에 담아내고자 했다.

기존의 회화가 외적 세계의 모방에 초점을 두었다면, 표현주의는 눈에 보이지 않는 내면의 감정 표현을 중요하게 생각하였다. 표현주의자들은 외적 세계에 대한 내면의 감정을 표현하기 위해 형태를 단순화하고 색채의 수를 최소한으로 사용하였다. 동일한 대상이라도 사람의 감정 상태에 따라 대상이 다르게 보이므로, 당시의 내면 상태를 강렬하게 표현하기 위해 대상의 형태를 과장하거나 왜곡하여 표현하였다. 그리고 즉흥적인 느낌을 주는 듯한 거친 붓놀림과 선에 의해 단순화된 형태, 그리고 과장된 색채를 ㉢ 선호하였다. 특히 표현주의자들은 판화를 많이 제작하였다. 작가들은 판화에서는 과장된 색채 대신 흑백 대조를 활용하여 극적인 효과를 얻으려 했고, 거칠고 날카로운 선들을 이용하여 당시의 부정적인 사회 상황을 드러내려 하였다.

당대인들은 표현주의를 어떻게 받아들였을까? 이를 짐작하게 하는 이야기가 있다. 왼쪽의 작품은

표현주의의 대표작인 뭉크의 「절규」이다. 이 작품이 베를린 전시장에 걸리자 많은 관람객들이 작품에 대해 비난을 하였고, 결국 이 전시장은 폐쇄되기도 하였다. 전통적인 감상 방식에 얽매여 있었던 당대 사람들은 표현주의의 어둡고 무거운 주제와 일그러진 형태, 자연스럽지 못한 색감에서 불편함을 느낀 것이다. 표현주의는 감정과 이념을 표현하는 것을 주목적으로 삼았기 때문에 입체적 구도의 균형이 주는 조형적인 아름다움보다는 작가의 내면세계에 대한 메시지의 전달을 더욱 중시하였다. 따라서 표현주의 작품을 감상할 때에는 과장되거나 왜곡되어 나타나는 형태와 색채를 통해서 현실 세계를 바라보는 작가의 감각과 감정 상태를 읽어 내는 것이 중요하다.

표현주의는 전후의 혼란 속에서도 독일을 중심으로 지속되었으나 나치 정권으로부터 퇴폐 예술로 규정되어 탄압을 받으면서 그 자취를 감추게 된다. 하지만 표현주의는 눈에 보이는 바깥 세계의 묘사에 갇혀 있었던 예술적 안목을 눈에 보이지 않는 내면세계의 표현 영역으로 ㉣ 확장함으로써 현대 회화의 물꼬를 텄다는 평가를 받고 있다. 현대 회화에서 작품의 재현적 가치보다 ⓐ 개성적 가치가 중요한 미학적 개념으로 자리 잡게 된 것은 예술적 창의성과 다양성을 ㉤ 시도했던 표현주의의 실험 정신이 남겨 놓은 흔적이라고 할 수 있다.

27 윗글을 통해 확인할 수 있는 질문이 아닌 것은? [2점]

① 표현주의 미술의 주된 소재는 무엇인가?
② 표현주의 미술이 탄압을 받은 이유는 무엇인가?
③ 표현주의 미술에 영향을 준 미술 사조는 무엇인가?
④ 표현주의 미술이 발생하게 된 시대적 배경은 무엇인가?
⑤ 표현주의 미술 작품을 감상할 때 고려할 점은 무엇인가?

28 **윗글을 바탕으로 〈보기〉의 작품을 감상할 때, 적절하지 않은 것은?** [3점]

〈보기〉

이 작품은 표현주의 작가 콜비츠의 대표작인 「궁핍」이다. 이 작품은 실업과 사회적 봉기가 잦았던 슐레지엔 지방 방직공들이 당면한 비참한 처지를 다룬 석판화로서, 작가가 실제로 죽어가는 어린아이를 지켜 본 후 괴로운 마음에서 창작한 작품이라고 한다.

이 작품의 특징은 머리를 감싼 남자의 손이 과장되게 표현되었고, 거칠고 날카로운 선을 사용하였으며, 일부 대상은 세밀하게 묘사하지 않고 흑백의 대조만으로 표현한 것이다.

이 작품은 독일의 황제가 주최하는 미술 대회에서 금상으로 선정되었으나, 독일의 내각은 '작품이 마음을 누그러뜨리게 하거나 달래주는 요소가 전혀 없는 기법을 사용했다.'라며 황제에게 이 수상의 취소를 건의했다고 한다.

① 대상을 세밀하게 묘사하지 않고 흑백의 대조만으로 표현한 것은 극적인 효과를 얻으려 한 것이겠군.
② 방직공의 모습을 거칠고 날카로운 선으로 표현한 것은 산업화에 대한 비판적 의식을 나타내려는 콜비츠의 의도가 반영된 것이겠군.
③ 미술 작품을 전통적인 감상 방식으로 감상했던 당대인들은 비참한 당대 사회 현실이 드러나는 이 작품을 보며 불편함을 느꼈겠군.
④ 머리를 감싼 남자의 손을 과장되게 표현한 것은 비극적 모습을 목격한 콜비츠가 자신의 괴로운 내면을 효과적으로 드러내기 위한 것이겠군.
⑤ 대상을 왜곡하여 표현하면서도 원근법을 통해 장면에 입체감을 부여한 것은 조형적인 아름다움을 드러내려는 콜비츠의 의도가 구현된 것이겠군.

29 **문맥을 통해 미루어 볼 때, ⓐ의 의미로 가장 적절한 것은?** [2점]

① 객관적 시각으로 관찰한 대상을 섬세하게 묘사하는 것이 중요하다.
② 대상을 바라보며 느낀 점을 자신만의 방식으로 표현하는 것이 중요하다.
③ 대상의 고유한 비례와 균형을 찾아서 아름다움을 구현하는 것이 중요하다.
④ 결함을 보완해서라도 대상을 가장 이상적인 모습으로 구현하는 것이 중요하다.
⑤ 다양한 각도에서 포착한 대상의 모습을 한 작품 안에 형상화하는 것이 중요하다.

30 **문맥을 고려하여 ㉠~㉤을 우리말로 고쳐 쓸 때, 적절하지 않은 것은?** [2점]

① ㉠ : 잡아내어
② ㉡ : 아름답게 꾸미지

③ ㉢ : 특별히 좋아하였다
④ ㉣ : 넓힘으로써
⑤ ㉤ : 이끌었던

[31~33] 다음 글을 읽고 물음에 답하시오.

(가)
오호, 여기 줄지어 누웠는 넋들은
눈도 감지 못하였겠구나.

어제까지 너희의 목숨을 겨눠
방아쇠를 당기던 우리의 그 손으로
썩어 문드러진 살덩이와 뼈를 추려
그래도 양지 바른 두메를 골라
고이 파묻어 떼마저 입혔거니
죽음은 이렇듯 미움보다도 사랑보다도
더욱 신비스러운 것이로다.

이곳서 나와 너희의 넋들이
돌아가야 할 고향땅은 30리면
가로막히고
무주공산(無主空山)의 적막만이
천만 근 나의 가슴을 억누르는데

살아서는 너희가 나와
미움으로 맺혔건만
이제는 오히려 너희의
풀지 못한 원한이
나의 바램 속에 깃들어 있도다.

손에 닿을 듯한 봄 하늘에
구름은 무심히도
북으로 흘러가고
어디서 울려오는 포성(砲聲) 몇 발
나는 그만 이 은원(恩怨)의 무덤 앞에
목 놓아 버린다.

– 구상, 「초토(焦土)의 시(詩) 8 – 적군묘지(敵軍墓地) 앞에서」 (1956)

(나)
그대 죽어 별이 되지 않아도 좋다
푸른 강이 없어도 물은 흐르고
밤하늘이 없어도 별은 뜨나니
그대 죽어 별빛으로 빛나지 않아도 좋다
언 땅에 그대 묻고 돌아오던 날
산도 강도 뒤따라와 피울음 울었으나
그대 별의 넋이 되지 않아도 좋다
잎새에 이는 바람이 길을 멈추고
새벽 이슬에 새벽 하늘이 다 젖었다
우리들 인생도 찬 비에 젖고
떠오르던 붉은 해도 다시 지나니
밤마다 인생을 미워하고 잠이 들었던
그대 굳이 인생을 사랑하지 않아도 좋다

– 정호승, 「부치지 않은 편지」

31 **(가)와 (나)의 공통점으로 적절한 것은?** [2점]

① 애도의 마음이 시 창작의 계기가 되고 있다.
② 대상에 대한 그리움으로부터 시상을 일으키고 있다.
③ 미래에 대한 희망을 떠올리며 시상을 마무리하고 있다.
④ 부정적 상황으로부터 도피하려는 심리를 드러내고 있다.
⑤ 타인의 삶을 자신의 삶과 견주어 반성의 기회로 삼고 있다.

32 〈보기〉를 참고하여 (가)를 감상한 내용으로 적절하지 않은 것은? [3점]

〈보기〉

(가)의 작가는 함경남도 원산 출신으로 1947년 반동분자로 비판받자 월남한다. 이후 한국 전쟁이 발발했을 때 종군하여 전쟁의 참상과 남북이 갈리는 현실을 경험하면서 느낀 민족적 비극을 전달하려 애썼다. 그의 작품에는 인간애와 종교적인 화해 의식을 바탕으로 한 민족 동질성의 회복과 평화 통일에 대한 염원이 담겨 있다.

① '방아쇠를 당기던 우리의 그 손', '썩어 문드러진 살덩이와 뼈'에서 전쟁의 참상이 사실적으로 전해져 오는군.
② '그래도 양지 바른 두메를 골라 / 고이 파묻어 떼마저 입혔거니'를 통해 인간애를 드러내고 있군.
③ '천만 근 나의 가슴을 억누르는데'에서 작가가 월남하기 전에 받았던 고통의 무게를 느낄 수 있군.
④ '나의 바램 속에 깃들어 있도다.'에서 평화로운 세상에 대한 작가의 염원을 엿볼 수 있군.
⑤ '구름은 무심히도 / 북으로 흘러가고', '목 놓아 버린다.'는 남북 분단의 비극을 상기시키는군.

33 (나)의 표현상의 특징으로 적절한 것만을 〈보기〉에서 고른 것은? [2점]

〈보기〉

ㄱ. 자연물에 인격을 부여하여 화자의 정서를 드러내고 있다.
ㄴ. 도치의 방법으로 시상을 마무리하여 주제를 강조하고 있다.
ㄷ. 청유형을 사용하여 대상과의 정서적 공감을 유도하고 있다.
ㄹ. 다양한 감각적 이미지를 활용하여 시적 의미를 표현하고 있다.
ㅁ. 비슷한 통사 구조의 시행을 반복함으로써 시적 의미를 강조하고 있다.

① ㄱ, ㄴ, ㄹ ② ㄱ, ㄷ, ㅁ
③ ㄱ, ㄹ, ㅁ ④ ㄴ, ㄷ, ㄹ
⑤ ㄴ, ㄷ, ㅁ

[34~36] 다음 글을 읽고 물음에 답하시오.

이럭저럭 한 달쯤 무사히 지났다. 그러나 고향으로 돌아갈 날은 갈수록 아득했다. 이 한 달 사이에 두찬이는 두찬이대로, 광석이는 광석이대로 남모르게 제각기 다른 배포가 서게 된 것은(배포랄 것까지는 없지만) 그들을 탓할 수만 없는 일이었다. 쉽사리 고향으로 못 돌아갈 바에는 늘 이러고만 있을 수는 없다, 달리 변통을 취해야겠다, 두찬이와 광석이는 나머지 셋 때문에 괜히 얽매여 있는 것처럼 스스로를 생각하게 된 것이었다. 자연 우리 사이는 차츰 데면데면해지고, 흘끔흘끔 서로의 눈치를 살피게끔 됐다.

광석이는 애당초가 주책이 없다 할까 주변이 있다 할까 엄벙덤벙 토박이 반원들과 얼려 막걸리 사발이나 얻어 마시곤 했고, 주변 좋게 보탬을 해서 북쪽 얘기를 해쌓고, 이렇게 며칠이 지났을 땐 어

느덧 반원들은, 나나 두찬이나 하원이와는 달리, 광석이만은 오래전부터 사귀어 온 친구처럼 손을 맞잡고는,

"나왔나!"

"오냐, 느 형님 여전하시다."

"버르장머리 몬 쓰겠다. 누구보끄 형님이라 카노."

"자네 언제부터, 말버르장머리하곤, 허 요새 세상이 이래 노니."

농담조로 수인사가 오락가락했으니, 나나 두찬이나 하원이는 광석이의 이런 꼴을 멀끔히 남 바라보듯 바라다봐야 했다. 광석이는 차츰 반원들과 얼려 왁자지껄하는 데 더 재미를 느끼는 것 같았고, 날이 갈수록 자신만만해졌다.

그 꼴사나움은 이루 말할 수 없어 더더구나 주변 없고 무뚝뚝하고 외양보다 실속만 자란 두찬이는 저대로 뒤틀리는 심사를 지닌 채 다른 궁리를 차리는 모양이었다. 사실 이즈음부터 두찬이는 부두 안에서 얍생이*를 해도 다만 밥 두 끼 값이라도 골고루 나누어 주는 법이 없이, 일판만 나오면 혼자 부두 앞 틈 사이 샛길을 허청허청 돌아다녔다. 이런 두찬이는 으레 술이 듬뿍 취해 화찻간으로 돌아오곤 하였다.

하원이는 자주 울먹거렸다.

"야하, 부산은 눈두 안 온다, 잉."

하고 애스럽게 지껄이곤 했다.

되잖은 청으로 타령 같은 것을 부르는 두찬이의 취한 목소리가 바람결에 가까워 오면 화찻간은 무엇인가 덮어씌운 듯 조용해졌다.

"문 열어라."

드르르 문을 열면, 싸느다란 부두 불빛이 푸르무레하게 화찻간에 찼다. 두찬이는 문간에 막아서서, 비트적거리며 한참을 허허허 웃어 댔다. 하원이는 한쪽 구석에서 또 울먹울먹거렸다. 화찻간으로 기어 올라온 두찬이는 헉헉 숨차하면서 광석이부터 찾았다.

"야, 광석아, 이 새끼야, 이 새끼 어디 갔니?"

누운 채 광석이는 귀찮은 듯이 쨍한 목소리로,

"왜애, 왜 기래, 왜?"

"나, 술 마셨다. 나 오늘 얍생이 했다. 사아지* 두 벌, 근사하더라, 나 혼자 가지구 나 혼자 마셨다. 왜, 못마땅허니? 못마땅할 것 없어. 잉, 이 새끼야."

광석이는 발끈 일어나며,

"취했음 자빠져 잘 거지. 누구까 지랄이야. 어디 가서 혼자만 처마시군."

"말 자알 헌다. 그래 난 혼자만 마셨다. 넌 부산 내기털과 왁자고오멘서 마시구. 난 내 돈 내구 먹지만, 넌 술 사주는 사람두 많두나. 원래 사람이 잘났응이까, 인심이 좋아서. 난 못났구. 그렇지만 무서울 건 쬐외꼼두, 요만침두 없어. 두구 보렴, 두구 봐, 보잔 말야."

[중략 줄거리] 집이 없어 기차의 빈 화찻간에서 생활하던 어느 날 밤, 막 출발하는 기차의 화차에서 황급히 뛰어내리다가 광석이 팔을 잘리는 사고를 당한다. 두찬은 다친 광석을 외면하고 '나'와 하원이 광석을 화차에 데려왔으나, 이튿날 광석은 죽고 만다.

두찬이 벌떡 일어나 앉았다. 화차 문은 열어젖힌 채였다. 어수선한 바람이 몰아들었다. 두찬이는 머리칼을 앞으로 흩뜨린 채 내 곁으로 다가왔다. 구석에서 하원이가 다시 소리 내어 흑흑 흐느꼈다.

"야, 너 오늘 죽여 버린다. 어잉 이 새끼야, 넌 왜 그때 혼자만 간. 왜 날 붙들지 않안. 부르지도 않안. 그리고 이제 와선 괄세야, 이 새끼야. 그땐 암말두 안 허군 이제 와서. 너 잘핸 것 같니, 잘핸 것 같애? 하늘이 내려다본다, 이 뻔뻔헌 새끼야."

다시 하원이 울음소리가 뚝 그쳤다. 두찬이는 내 무릎을 움켜잡았다. 그러나 다시 그냥 벌렁 뒤로 나자빠졌다.

"어잉, 이 죽일 새끼, 개새끼, 취핸 줄 아니? 취할 탁이 있니? 이 개새끼야, 요렇게 정신이 말똥말똥하다, 말똥말똥해. 왜 넌 암말두 안 헌. 뛰디래 잡든지 칼침을 주든지 하잖구. 어허허허, 내, 이제 무신 낯짝으로 동네 가간, 어허허허…… 광석아아…… 광석아아하아."

두찬이는 벌렁 자빠져서 화차 안이 쩌렁쩌렁하도록 그냥 어이어이 울어 댔다.

이튿날 아침 두찬이는 보이지 않았다. 부두 일판에 나가도 없었다.

사흘쯤 지난 뒤, 어두운 화찻간 속에서 하원이는

지껄였다.

"야하, 우리 이젠 꼽대가리(밤낮을 거푸 일하는 것) 자꾸 해서 돈 좀 쥐자. 그러구 저기 염주동 산 꼭대기에다 집 하나 짓자. 거기 집 제두 일 없닝기 더라야. 잉야 조카야, 흐흐흐 우습다. 진짜 우스워. 난 너두 두찬이 형처럼 그렇게 될까 봐 얼마나 떨 언 줄 안. 광석이 아제비두 맘은 좋은 폭은 못 됐 시야. 잉. 우린 동네 갈 젠 꼭 같이 가자. 돈벌어 서, 돈벌문 말야, 시계부터 사자, 어부러서. 그까즌 거, 꼽대가리 대구 하지 머. 광석이 아저씨까 두찬 이 형은 못 봤다구 글자마, 알 거이 머야, 너까나만 암말두 안 헌 담에야. 그저 대구 못 봤다구 글자마. 낼부터 나 진짜 꼽대가리 할란다. 잉, 조카야 우습 다. 잉? 이케(이렇게) 잠이 안 온다야. 우리 오늘 밤, 그냥 밤새자. 술 마시까, 술?"

나는 그저 중얼거리고 있었다.

"바람도 없이 내리는 눈송이여, 아, 눈송이여."

무엇인가 못 견디게 그리운 것처럼 애탔다. 그러나 누가 알랴! 지금 내 마음 밑 속에서 일어나는 돌개바람 같은 것을…… 아, 어머니! 이미 내 마음은 하원이를 버리고 있는 것이다. 순간 나는 입술을 악물었다. 와락 하원이를 끌어안았다. 눈물이 두 볼에 흘러내렸다. 하원이는 흐흐흐 웃었다. 지껄였다.

"이 새끼 술도 안 먹구 취핸. ㉠ 참 부산은 눈두 안 온다 잉, 눈두. 이북 말이다. 눈 오문 말이다. 눈 오문 말이다. 광석이 아제비네 움물 말이다. 야하, 굉장헌데. 새벽엔 까치가 울구, 그 상나무 있잖니. 장자골집 형수 원래 잘 웃잖니. 하하하 하구. 그 형수 꽤나 부지런했다. 가마이 보문, 언제나 새벽에 젤 먼저 물 푸러 오군 하는 게 그 형수더라, 잉. 야하, 눈 보구 싶다, 눈이."

– 이호철, 「탈향(脫鄕)」

*암생이 : 남의 물건을 조금씩 훔쳐 내는 짓을 속되게 이르는 말.
*사아지 : 옷감의 한 종류.

34 윗글에 대한 설명으로 가장 적절한 것은? [2점]

① 사투리를 통해 이야기에 사실성을 부여하고 있다.
② 액자식 구성을 통해 갈등 해결의 방향을 암시하고 있다.
③ 과거와 현재를 교차하며 입체적으로 사건을 전개하고 있다.
④ 공간적 배경에 따라 서술자를 달리 하여 사건을 전달하고 있다.
⑤ 초현실적 공간을 설정하여 상상과 현실의 세계를 넘나들고 있다.

35 ㉠에 담긴 심리 상태로 가장 적절한 것은? [2점]

① 긍정적 미래에 대한 믿음
② 부당한 현실에 대한 비판
③ 새로운 상황에 대한 기대
④ 떠나온 공간에 대한 그리움
⑤ 불우했던 과거에 대한 슬픔

36 <보기>를 바탕으로 윗글에 대해 이해한 내용으로 가장 적절한 것은? [3점]

<보기>

이 작품의 제목은 '실향(失鄕)'이 아닌 '탈향(脫鄕)'이다. 실향이 자신의 의지와 관계없이 고향을 떠날 수밖에 없었던 상황이라면, 탈향은 자신의 의지에 의해 고향을 벗어나는 상황을 의미한다. 작가는 작품 속의 인물들이 '귀향'이 어려워진 상황에서 현실의 공간에서 살아가는 모습과 그 결과를 보여주고 있다.

① '나'는 '하원'과 함께 귀향하기로 마침내 결심했다.

② '광석'과 '두찬'은 서로를 의지하며 실향 의식을 벗어나고 있다.

③ '두찬'과 '하원'은 탈향을 위해서 함께 노력하는 모습을 보여준다.

④ '두찬'은 귀향이 어려워진 상황에서 동료들을 떠나는 결과를 보여준다.

⑤ '하원'과 '광석'은 처음부터 자신이 처한 실향의 현실에 적극적으로 대응했다.

[37~39] 다음 글을 읽고 물음에 답하시오.

홍진(紅塵)에 뭇친 분네 이내 **생애(生涯)** 엇더ᄒᆞᆫ고. [A]
녯 사ᄅᆞᆷ 풍류(風流)ᄅᆞᆯ 미ᄎᆞᆯ가 뭇 미ᄎᆞᆯ가.
천지간(天地間) 남자(男子) 몸이 날 만ᄒᆞᆫ 이 하건마ᄂᆞᆫ,
산림(山林)에 뭇쳐 이셔 지락(至樂)을 ᄆᆞᄅᆞᆯ 것가.
수간 모옥(數間茅屋)을 벽계수(碧溪水) 앏픠 두고,
송죽(松竹) 울울리(鬱鬱裏)예 풍월 주인(風月主人) 되여셔라.
엇그제 겨을 지나 새봄이 도라오니,
도화 행화(桃花杏花)ᄂᆞᆫ 석양리(夕陽裏)예 퓌여 잇고, [B]
녹양 방초(綠楊芳草)ᄂᆞᆫ 세우 중(細雨中)에 프르도다.
㉠ 칼로 ᄆᆞᆯ아 낸가, 붓으로 그려 낸가,
조화 신공(造化神功)이 물물(物物)마다 헌ᄉᆞ롭다.
㉡ 수풀에 우ᄂᆞᆫ 새ᄂᆞᆫ 춘기(春氣)ᄅᆞᆯ 뭇내 계워 소ᄅᆡ마다 교태(嬌態)로다.
물아 일체(物我一體)어니 흥(興)이ᄋᆡ 다ᄅᆞᆯ소냐.
시비(柴扉)예 거러 보고 정자(亭子)애 안자 보니,
소요 음영(逍遙吟詠)ᄒᆞ야 산일(山日)이 적적(寂寂)ᄒᆞᆫᄃᆡ, [C]
한중 진미(閑中眞味)ᄅᆞᆯ 알 니 업시 **호재로다**.
이바 **니웃**드라, 산수(山水) 구경 가쟈스라.
답청(踏靑)으란 오ᄂᆞᆯ ᄒᆞ고 욕기(浴沂)란 내일(來日) ᄒᆞ새. [D]
아ᄎᆞᆷ에 채산(採山)ᄒᆞ고 나조ᄒᆡ 조수(釣水)ᄒᆞ새.
ᄀᆞᆺ 괴여 닉은 술을 갈건(葛巾)으로 밧타 노코,
곳나모 가지 것거, 수 노코 먹으리라.
화풍(和風)이 건ᄃᆞᆺ 부러 녹수(綠水)ᄅᆞᆯ 건너오니,
㉢ 청향(淸香)은 잔에 지고, 낙홍(落紅)은 옷새 진다.
준중(樽中)이 뷔엿거ᄃᆞᆫ 날ᄃᆞ려 알외여라.
소동(小童) 아ᄒᆡᄃᆞ려 주가(酒家)에 술을 믈어,
얼운은 막대 집고 아ᄒᆡᄂᆞᆫ 술을 메고,
미음 완보(微吟緩步)ᄒᆞ야 시냇ᄀᆞ의 호자 안자,
명사(明沙) 조ᄒᆞᆫ 믈에 잔 시어 부어 들고,
청류(淸流)ᄅᆞᆯ 굽어보니 ᄯᅥ오ᄂᆞ니 도화(桃花)ㅣ로다. [E]
무릉(武陵)이 갓갑도다, 져 ᄆᆡ이 긘 거인고.
송간 세로(松間細路)에 두견화(杜鵑花)ᄅᆞᆯ 부치 들고,
봉두(峰頭)에 급피 올나 구름 소긔 안자 보니,
㉣ 천촌 만락(千村萬落)이 곳곳이 버러 잇ᄂᆡ.
연하 일휘(煙霞日輝)ᄂᆞᆫ 금수(錦繡)ᄅᆞᆯ 재폇ᄂᆞᆫ ᄃᆞᆺ.
엇그제 검은 들이 봄빗도 유여(有餘)ᄒᆞᆯ샤.
공명(功名)도 날 ᄭᅴ우고 부귀(富貴)도 날 ᄭᅴ우니,
청풍 명월(淸風明月) 외(外)예 엇던 벗이 잇ᄉᆞ올고.
㉤ 단표 누항(簞瓢陋巷)에 흣튼 혜음 아니 ᄒᆞᄂᆡ.
아모타, 백년 행락(百年行樂)이 이만ᄒᆞᆫᄃᆞᆯ 엇지ᄒᆞ리.

– 정극인, 「상춘곡(賞春曲)」

37 [A]~[E]에 대한 설명으로 적절하지 않은 것은? [2점]

① [A]에서는 '생애'에 대한 자부심을 청자에게 말을 건네는 방식으로 표현하고 있다.
② [B]에서는 '수간 모옥' 주변의 경치를 시각적 이미지를 활용하여 부각하고 있다.
③ [C]에서는 '호재로다'에 담긴 고독한 정서를 대조의 방법으로 강조하고 있다.
④ [D]에서는 '니웃'들과 풍류를 함께하고자 하는 마음을 대구의 방법으로 드러내고 있다.
⑤ [E]에서는 '술'로 인한 취흥을 고사(故事)를 이용하여 나타내고 있다.

38 ㉠~㉤에 대한 설명으로 적절하지 않은 것은? [2점]

① ㉠ : 칼로 마름질하거나 붓으로 그려낸 것 같다는 뜻으로 봄의 아름다움을 강조하고 있다.
② ㉡ : 새 소리가 흥겹게 들린다는 뜻으로 화자의 흥취를 자연물에 투영하여 드러내고 있다.
③ ㉢ : 향기는 잔에 어리고 꽃잎은 옷에 떨어진다는 뜻으로 물아일체의 경지를 보여주고 있다.
④ ㉣ : 아름다운 마을이 곳곳에 펼쳐 있다는 뜻으로 이상향이 실현된 공간을 그리고 있다.
⑤ ㉤ : 소박하게 살며 헛된 생각은 안 하겠다는 뜻으로 삶에 대한 자세를 드러내고 있다.

39 〈보기〉의 관점에서 윗글을 감상한 내용으로 가장 적절한 것은? [2점]

〈보기〉

조선 전기 사대부들에게 자연은 관조를 통해 지극한 즐거움을 얻을 수 있는 공간이었다. 정극인 역시 자연과 소통하며 삶의 충만함을 느끼고자 했다. 즉 일상적 현실에서 벗어나 은일하며 자연과의 조화와 합일을 추구한 것이다. 「상춘곡」은 그의 이러한 세계관이 잘 드러난 작품이다.

① 인간적 욕망에 시달리면서도 자연 속에서 이러한 욕망을 극복하고 있군.
② 학문의 정진을 통해 자연과의 조화를 이룰 수 있는 이치를 깨닫고 있군.
③ 자연을 즐거움을 얻는 공간으로 묘사하며 심리적 만족감을 드러내고 있군.
④ 자연과의 합일을 통해 사랑하는 사람과 헤어진 안타까움에서 벗어나고 있군.
⑤ 자연에 대한 관조를 통하여 화자의 잘못을 성찰하려는 태도를 드러내고 있군.

[40~42] 다음 글을 읽고 물음에 답하시오.

추양대는 신부의 예복을 화려하게 차려입고 칠보금뎡*에 높직이 앉아 시녀들이 앞뒤를 옹위하며 가니, 이들 시녀들은 저마다 녹의홍상에 아름답게 단장하고, 쌍쌍으로 벌려 서서 앞을 인도하고, 뒤에는 금안백마에 높직이 앉은 신랑이 자기 행운을 과시하면서 서서히 따르고 있더라.

운남산 황령이라는 고개에 올라섰을 때 그곳에서 아까부터 기다리고 앉아 있던 한 젊은 남자가 이 화려한 신행의 행렬에 접근해 왔고, 그는 행렬의 선두에 선 하인들의 제지를 받고 승강이를 벌였

으나, 그에게 악의가 없는 것은 그의 언동을 보면 이내 알 수 있는 일이더라.

"나는 남양땅 양상서 댁 노복이러니, 우리 댁 부인께서 분부하시되 이 서간을 추소저께 드리면 자연 아실 일이 있다 하시기로 바치려 하나이다."

이런 말에 놀란 것은 다름 아닌 신부 추양대였으며, 그 여자는 칠보금덩 안에서 졸음이 와 눈을 감을 듯 말 듯 하다가, 남양땅 양상서라는 말에 벌떡 놀라 눈을 뜨고 밖을 내다본 것이더라.

신부는 이내 그 젊은이의 목적을 묻고, 가지고 온 봉서를 바치라고 하인들에게 분부하였고, 봉서를 받아본 추양대는 또 한 번 깜짝 놀랐으며, 그것은 그렇게도 사랑하던 양산백의 필적이 아닌가. 필적만 보고도 양산백을 알아보며 반가운 눈물이 솟아오를 정도더라.

추양대는 아이들처럼 기뻐하고, 가슴이 두근두근하면서 그것을 뜯어 펼쳐 들으니, 처음 순간에는 눈이 침침하여 아니 뵈기까지 하였으니, 이윽고 그 여자는 내리 읽더라.

[A] '박명 죄생 양산백은 삼가 글월을 추소저 좌하에 부치나니, 우리 양인이 인연이 지중키로 삼 년을 함께 지내며 공부하면서 피차에 심중 맹약을 가져 불전에 도축*하니 천지로 증참*이 되온고로 백년을 잊지 말자 하올 때에는 피차에 남자로되 맹약함이 금석같거늘, 하물며 여자가 남장을 한 것을 안 연후에 다시 범연하리오*. 생이 내심에 숙녀를 만나 평생을 쾌락하리라 하고, 창천께 예하였더니 조물이 시기하여 소저가 본 댁으로 가온 후, 주야로 생각이 간절키로 낭자를 찾아 꿈같이 만나 기쁜 말을 듣지 못하고, 놀라운 말씀이 청천백일에 벽력이 일신을 분쇄하매, 어이 살기를 바라리오. 죽기는 슬프지 아니하되, 학발*쌍친을 사절하게 되니 불효막심이라. 구천 타일에 무슨 면목으로 조상을 뵈오며, 또 후세의 꾸지람을 어찌 면하며, 낭자를 차 생전에 다시 만나 뵈지 못하고 황천을 돌아가니 이 유한은 죽어도 눈을 감지 못하리로다. 죽기를 임하여 두어 자로 생의 뜻을 고하며, 또 생이 부모께 고하여 낭자의 신행길에 묻어 주시면, 낭자 왕래지시에 성음이나 들어 원혼이라도 위로하여 주시기 바라오니, 원컨대 낭자는 왕래지시에 한 잔 술로 무주고혼을 위하여 주시면 사무여한이라. 죽기를 임함에 정신이 혼미하여 대강 기록하노라.'

추양대의 눈에서는 벌써부터 눈물이 주룩주룩 쏟아져 편지의 검은 먹 글씨를 번져 놓고 있었으나, 그 여자는 잠시 동안 그것을 치울 생각도 아니하고 그대로 무릎 위에 놓은 채 울고만 있더라.

그 편지는 죽기 전 임박해서 쓴 것이 분명하였으며, 또 어떻게 되어 이런 곳에서 이 편지를 받게 되었을까. 얼핏 편지의 최후의 글귀를 생각하고, 편지를 가져온 창두*를 불러 양산백의 무덤을 물어 보더라.

창두는 바로 그 옆 길 위로 산언덕에 있는, 이제 며칠도 안 된 듯싶은 극히 새로운 무덤을 가리키더라. 추양대는 금덩에서 내려 신부의 예의도 잊은 채 그 무덤으로 달려가 무덤 앞에 쓰러져서 목 놓아 울기 시작하더라.

(중략)

불행한 신부가 눈물을 뿌리며 축문을 읽고 났을 때, 그 때 거기에 모여 있던 모든 남녀는 예의 분개한 신랑만은 제외하고 죄다 감동해서 역시 눈물을 흘렸고, 난데없는 오색구름이 무덤에서 뭉게뭉게 돌기 시작하였고, 창두는 웬 구름인가 하고 놀라서 눈을 비비며 그것을 똑바로 지켜보았노라고 다짐하기까지 하는 것이더라.

그러자 다음 순간 봉분의 꼭대기에서 한 가닥 찬란한 무지개가 비쳐 올랐으며, 그런가 해서 놀라서 보고 있을 때, 별안간 쾅하고 천지가 뒤흔들리며 그 무덤이 쫙 갈라져 버렸고, 이 무서운 벽력같은 소리에 모여 서 있던 남녀들은 죄다 뿔뿔이 도망쳐 버렸는데, 창두도 겁에 질려 땅에 엎드리고 기어서 겨우 늙은 소나무 뒤로 몸을 피해 그 소나무 줄기를 부여잡고 지켜보더라.

이때는 무덤 앞에서 축문을 읽던 신부는 보이지 않고, 언제 어떻게 되었는지 그 여자는 그 갈라진 무덤 속으로 뛰어들어 보이지도 않았으며, 그렇다고 하는 것은 아까부터 분개해서 신부의 뒤에 서서 지키고 있던 신랑이 그 갈라진 구멍으로 달려들어 그

여자의 치맛자락을 부여잡고 땀을 뻘뻘 흘리며 무서운 형상으로 그것을 잡아당기고 있었기 때문이며, 치마는 발기발기 찢겨져, 그 여자의 하얀 다리가 힐끔 보였으나 그것마저 이내 없어지고야 말더라.

– 작자 미상, 「양산백전」

*금덩 : 황금으로 호화롭게 장식한 가마.
*도축 : 바라는 일이 이루어지기를 빎.
*증참 : 참고가 될 만한 증거.
*범연하다 : 사람을 대하는 태도가 친밀감이 없이 예사롭다.
*학발 : 두루미의 깃털처럼 희다는 뜻으로, 하얗게 센 머리 또는 그런 사람을 이르는 말.
*창두 : 사내종.

40 윗글에 대한 설명으로 가장 적절한 것은? [2점]

① 우의적 표현을 통해 세태를 비판하고 있다.
② 배경이 되는 시대 상황을 구체적으로 서술하고 있다.
③ 인물 간의 대화를 중심으로 사건의 전모를 밝히고 있다.
④ 등장인물의 내면 독백을 통해 내적 갈등을 드러내고 있다.
⑤ 서술자가 전능한 입장에서 독자에게 전달하듯이 제시하고 있다.

41 [A]에 대해 이해한 내용으로 적절하지 않은 것은? [2점]

① 추양대에게 닥칠 위기 상황이 암시된다.
② 양산백과 추양대의 과거가 요약되어 있다.
③ 추양대에 대한 양산백의 애정이 담겨 있다.
④ 양산백이 추양대에게 바라는 바가 드러난다.
⑤ 양산백이 죽음에 이르게 된 상황을 알 수 있다.

42 〈보기〉는 윗글에 영향을 끼친 설화의 줄거리이다. 윗글과 〈보기〉의 공통점으로 적절하지 않은 것은? [3점]

〈보기〉

남장을 한 축영대는 양산백과 3년 동안 한 집에 기거하면서 공부하는 중에 양산백을 좋아했지만, 양산백은 그녀가 여자라는 것을 전혀 모른다. 한편 축영대의 아버지는 그녀를 다른 가문에 시집보내려 하고 축영대는 아버지의 뜻을 어기지 못한다. 뒤늦게 축영대가 여자였다는 것을 알게 된 양산백은 집에 돌아온 후 축영대를 그리워하다 병이 들어 죽는다. 축영대는 시집가는 길목에서 양산백의 무덤을 보고 슬퍼하던 중, 갑자기 무덤이 갈라지자 그 안으로 뛰어 들어간다. 그러자 무덤에서 한 쌍의 나비가 나오고, 사람들은 한쌍의 나비가 양산백과 축영대가 변한 것이라고 생각한다.

① 두 주인공은 3년간 함께 지내며 공부했다.
② 여자 주인공은 다른 남자에게 시집을 가게 된다.
③ 두 주인공을 시기하며 분개하는 인물이 등장한다.
④ 여자 주인공은 남자 주인공의 무덤 속으로 들어간다.
⑤ 첫 만남에서 남자 주인공은 여자 주인공이 남자인 줄 알았다.

[43~45] 다음 글을 읽고 물음에 답하시오.

골동집 출입을 경원한 내가 근간에는 학교 다니는 길 옆에 꽤 진실성 있는 상인 하나가 가게를 차리고 있기로, 가다오다 심심하면 들러서 한참씩 한담(閑談)을 하고 오는 버릇이 생겼다.

하루는 집으로 돌아오는 길에 또 이 가게에 들렀더니 주인이 누룻한 두꺼비 한 놈을 내놓으면서 ㉠ "꽤 재미나게 됐지요." 한다.

황갈색으로 검누른 유약을 내려 씌운 두꺼비 연적(硯滴)인데, 연적으로서는 희한한 놈이다.

4, 50년래로 만든 사기(砂器)로서 흔히 부엌에서 고추장, 간장, 기름 항아리로 쓰는 그릇 중에 이따위 검누른 약을 바른 사기를 보았을 뿐, 연적으로서 만든 이 종류의 사기는 초대면이다.

두꺼비로 치고 만든 모양이나 완전한 두꺼비도 아니요, 또 개구리는 물론 아니다.

툭 튀어나온 눈깔과 떡 버티고 앉은 사지(四肢)며 아무런 굴곡이 없는 몸뚱어리, 그리고 그 입은 바보처럼 '헤—'하는 표정으로 벌린 데다가 입 속에는 파리도 아니요 벌레도 아닌 무언지 알지 못할 구멍 뚫린 물건을 물렸다.

콧구멍은 금방이라도 벌름벌름할 것처럼 못나게 뚫어졌고, 등허리는 꽁무니에 이르기까지 석 줄로 두드러기가 솟은 듯 쭉 내려 얽게 만들었다.

그리고 유약을 갖은 재주를 다 부려 가면서 얼룩얼룩하게 내려 부었는데, 그것도 가슴 편에는 다소 희멀끔한 효과를 내게 해서 구석구석이 교(巧)하다느니보다 못난 놈의 재주를 부릴 대로 부린 것이 한층 더 사랑스럽다.

요즈음 골동가들이 본다면 거저 준대도 안 가져갈 민속품이다. 그러나 ㉡ 나는 값을 물을 것도 없이 덮어놓고 사기로 하여 가지고 돌아왔다. 이 날 밤에 우리 내외간에는 한바탕 싸움이 벌어졌다. 쌀 한 되 살 돈이 없는 판에 그놈의 두꺼비가 우리를 먹여 살리느냐는 아내의 바가지다.

이런 종류의 말다툼이 우리 집에는 한두 번이 아닌지라 종래는 내가 또 화를 벌컥 내면서 "두꺼비 산 돈은 이놈의 두꺼비가 갚아 줄 테니 걱정 마라." 고 소리를 쳤다. 그러한 연유로 나는 이 잡문을 또 쓰게 된 것이다.

잠꼬대 같은 이 한 편의 글 값이 행여 두꺼비값이 될는지 모르겠으나, 내 책상머리에 두꺼비 너를 두고 이 글을 쓸 때 네가 감정을 가진 물건이라면 필시 너도 슬퍼할 것이다.

너는 어째 그리도 못 생겼느냐. 눈알은 왜 저렇게 튀어나오고 콧구멍은 왜 그리 넓으며 입은 무얼 하자고 그리도 컸느냐. 웃을 듯 울 듯한 네 표정! 곧 무슨 말이나 할 것 같아서 기다리고 있는 나에게 왜 아무런 말이 없느냐. 가장 호사스럽게 치레를 한다고 네 놈은 얼쑹덜쑹하다마는 조금도 화려해 보이지는 않는다. ㉢ 흡사히 시골 색시가 능라주속(綾羅紬屬)*을 멋없이 감은 것처럼 어색해만 보인다.

앞으로 앉히고 보아도 어리석고 못나고 바보 같고……. 모로 앉히고 보아도 그대로 못나고 어리석고 멍텅하기만*하구나. 내 방에 전등이 휘황하면 할수록 너는 점점 더 못나게만 보이니 누가 너를 일부러 심사를 부려서까지 이렇게 만들었단 말이냐.

㉣ 네 입에 문 것은 그게 또 무어냐. 필시 장난꾼 아이 녀석들이 던져 준 것을 파리인 줄 속아서 받아 물었으리라.

그러나 뱉어 버릴 줄도 모르고, 준 대로 물린 대로 엉거주춤 앉아서 울 것처럼 웃을 것처럼 도무지 네 심정을 알 길이 없구나.

㉤ 너를 만들어서 무슨 인연으로 나에게 보내주었는지 너의 주인이 보고 싶다.

나는 너를 만든 너의 주인이 조선 사람이란 것을 잘 안다.

네 눈과, 네 입과, 네 코와, 네 발과, 네 몸과, 이러한 모든 것이 그것을 증명한다. 너를 만든 솜씨를 보아 너의 주인은 필시 너와 같이 어리석고, 못나고, 속기 잘 하는 호인(好人)일 것이리라.

그리고 너의 주인도 너처럼 웃어야 할지 울어야 할지 모르는 성격을 가진 사람일 것이리라.

내가 너를 왜 사랑하는 줄 아느냐.

그 못생긴 눈, 그 못생긴 코, 그리고 그 못생긴 입이며 다리며 몸뚱어리들을 보고 무슨 이유로 너를 사랑하는지를 아느냐.

거기에는 오직 하나의 커다란 이유가 있다.

나는 고독한 사람이기 때문이다!

나의 고독함은 너 같은 성격이 아니고서는 위로해줄 수 없기 때문이다.

두꺼비는 밤마다 내 문갑 위에서 혼자 잔다. 나는 가끔 자다 말고 버쩍 불을 켜고, 나의 사랑하는 멍텅구리 같은 두꺼비가 그 큰 눈을 희멀건히 뜨고서 우두커니 앉아 있는가를 살핀 뒤에야 다시 눈을 붙이는 것이 일쑤다.

– 김용준, 「두꺼비 연적을 산 이야기」

*능라주속(綾羅紬屬) : 비단을 일컫는 말.
*멍텅하다 : '멍청하다'의 비표준어.

43 윗글에 대한 설명으로 적절한 것만을 〈보기〉에서 고른 것은? [2점]

〈보기〉

ㄱ. 열거법을 사용하여 대상에 대한 관심을 강조하고 있다.

ㄴ. 과거와 현재의 상황을 비교하면서 미래를 예측하고 있다.

ㄷ. 대상을 익살스럽게 묘사하여 친밀한 감정을 드러내고 있다.

ㄹ. 직설적 표현으로 부정적 현실에 대한 극복 의지를 나타내고 있다.

① ㄱ, ㄴ
② ㄱ, ㄷ
③ ㄱ, ㄹ
④ ㄴ, ㄷ
⑤ ㄴ, ㄹ

44 윗글의 글쓴이가 질문에 답을 한다고 가정할 때, 대답한 내용으로 적절하지 않은 것은? [2점]

문 : 두꺼비 연적을 처음 보았을 때, 어떤 생각이 드셨나요?
└, 답 : 별 희한한 연적도 다 있다고 생각했습니다. ················ ①

문 : 두꺼비 연적을 산 일 때문에 아내 분과 다투셨다면서요?
└, 답 : 가난한 형편에 연적을 샀으니 아내가 화낼 만하지요. 하지만 이렇게 글을 써 돈을 벌 수 있어서 정말 기쁩니다. ················ ②

문 : 두꺼비 연적의 모습 중에서 어느 부분이 좋았나요?
└, 답 : 바로 두꺼비의 표정과 자세입니다. 웃을 듯 울 듯한 묘한 표정과 앉은 것도 아니고 선 것도 아닌 자세를 보니 어리석고 못나 보였으나 볼수록 매력적입니다. ········ ③

문 : 그 두꺼비 연적을 만든 사람은 어떤 사람일까요?
└, 답 : 아마 전형적인 조선 사람일 거예요. 겉모습은 세련되지 않아도, 영악하지 않은 성품의 소유자일 겁니다. ················ ④

문 : 선생님에게 두꺼비 연적은 어떤 존재인가요?
└, 답 : 동병상련(同病相憐)의 대상이라고 할 수 있어요. 그래서 저는 두꺼비 연적을 고독한 제 삶의 동반자로 여기고 있습니다. ················ ⑤

45 ㉠~㉤에 대한 이해로 가장 적절한 것은? [2점]

① ㉠ : 골동집 주인은 '나'에게 흥미 있는 사건이 발생하리라고 예상하고 있다.

② ㉡ : '나'는 언젠가 두꺼비 연적이 골동품으로서의 가치를 인정받을 것이라 믿고 있다.

③ ㉢ : '나'는 두꺼비 연적의 외양이 화려함과는 어울리지 않는다고 생각하고 있다.

④ ㉣ : '나'는 '너의 주인'이 두꺼비 연적을 만들기로 마음먹은 순간을 상상하고 있다.

⑤ ㉤ : '나'는 '너의 주인'이 의도적으로 두꺼비 연적을 '나'에게 보냈다고 확신하고 있다.

사관학교 기출문제 풀이의 지침서

사관학교 기출백서

국어

10 2014~2023 개년 총정리

시스컴 SISCOM

10 개년 총정리

2014 ~ 2023

정답 및 해설

빠른 정답찾기

2023 학년도

01 ④	02 ①	03 ③	04 ①	05 ③	06 ②	07 ③	08 ③	09 ⑤	10 ④
11 ②	12 ①	13 ④	14 ④	15 ⑤	16 ⑤	17 ④	18 ①	19 ②	20 ⑤
21 ④	22 ③	23 ②	24 ①	25 ③	26 ⑤	27 ④	28 ⑤	29 ⑤	30 ②

2022 학년도

01 ①	02 ⑤	03 ⑤	04 ②	05 ①	06 ④	07 ②	08 ③	09 ⑤	10 ④
11 ①	12 ②	13 ④	14 ②	15 ③	16 ③	17 ②	18 ②	19 ①	20 ③
21 ⑤	22 ③	23 ①	24 ⑤	25 ③	26 ③	27 ⑤	28 ⑤	29 ④	30 ④

2021 학년도

01 ①	02 ⑤	03 ④	04 ⑤	05 ④	06 ④	07 ④	08 ②	09 ④	10 ②
11 ②	12 ③	13 ②	14 ③	15 ③	16 ④	17 ①	18 ②	19 ①	20 ③
21 ①	22 ③	23 ⑤	24 ①	25 ④	26 ⑤	27 ④	28 ④	29 ④	30 ②
31 ②	32 ③	33 ②	34 ③	35 ②	36 ④	37 ①	38 ①	39 ⑤	40 ①
41 ③	42 ③	43 ⑤	44 ⑤	45 ⑤					

2020 학년도

01 ④	02 ⑤	03 ①	04 ⑤	05 ②	06 ③	07 ②	08 ④	09 ④	10 ①
11 ④	12 ⑤	13 ③	14 ④	15 ⑤	16 ①	17 ③	18 ③	19 ①	20 ②
21 ①	22 ③	23 ③	24 ⑤	25 ④	26 ③	27 ④	28 ②	29 ②	30 ④
31 ②	32 ⑤	33 ⑤	34 ④	35 ①	36 ⑤	37 ⑤	38 ③	39 ②	40 ①
41 ②	42 ④	43 ③	44 ④	45 ⑤					

2019 학년도

01 ④	02 ⑤	03 ①	04 ④	05 ③	06 ③	07 ①	08 ⑤	09 ④	10 ④
11 ⑤	12 ⑤	13 ④	14 ③	15 ②	16 ⑤	17 ③	18 ②	19 ⑤	20 ⑤
21 ②	22 ①	23 ⑤	24 ③	25 ②	26 ④	27 ③	28 ②	29 ②	30 ⑤
31 ③	32 ①	33 ③	34 ①	35 ③	36 ⑤	37 ④	38 ④	39 ③	40 ④
41 ⑤	42 ①	43 ①	44 ②	45 ③					

빠른 정답찾기

2018 학년도

01 ③	02 ④	03 ④	04 ③	05 ④	06 ③	07 ⑤	08 ②	09 ①	10 ②
11 ②	12 ②	13 ④	14 ③	15 ②	16 ④	17 ③	18 ①	19 ⑤	20 ③
21 ①	22 ③	23 ⑤	24 ④	25 ②	26 ⑤	27 ②	28 ④	29 ④	30 ③
31 ③	32 ⑤	33 ③	34 ④	35 ③	36 ④	37 ③	38 ④	39 ①	40 ②
41 ④	42 ②	43 ②	44 ④	45 ③					

2017 학년도

01 ②	02 ①	03 ④	04 ①	05 ④	06 ⑤	07 ③	08 ②	09 ④	10 ③
11 ①	12 ③	13 ③	14 ②	15 ③	16 ④	17 ④	18 ②	19 ④	20 ④
21 ④	22 ②	23 ①	24 ①	25 ③	26 ⑤	27 ②	28 ③	29 ①	30 ③
31 ④	32 ④	33 ②	34 ③	35 ⑤	36 ⑤	37 ③	38 ⑤	39 ②	40 ①
41 ②	42 ①	43 ②	44 ⑤	45 ⑤					

2016 학년도

A형	01 ③	02 ③	03 ④	04 ⑤	05 ②	06 ④	07 ②	08 ③	09 ④
	10 ⑤	11 ⑤	12 ①	13 ⑤	14 ⑤	15 ②	16 ②	17 ③	18 ③
	19 ④	20 ①	21 ④	22 ⑤	23 ③	24 ⑤	25 ⑤	26 ②	27 ⑤
	28 ③	29 ④	30 ③	31 ①	32 ②	33 ③	34 ②	35 ①	36 ③
	37 ①	38 ④	39 ③	40 ②	41 ①	42 ⑤	43 ④	44 ④	45 ④
B형	01 ⑤	02 ④	03 ⑤	04 ⑤	05 ②	06 ②	07 ④	08 ④	09 ④
	10 ⑤	11 ②	12 ②	13 ②	14 ⑤	15 ②	16 ④	17 ④	18 ①
	19 ④	20 ⑤	21 ⑤	22 ②	23 ④	24 ②	25 ⑤	26 ①	27 ③
	28 ①	29 ④	30 ④	31 ①	32 ③	33 ④	34 ①	35 ⑤	36 ④
	37 ②	38 ⑤	39 ②	40 ③	41 ①	42 ⑤	43 ④	44 ④	45 ④

빠른 정답찾기

2015 학년도

유형									
A형	01 ②	02 ④	03 ②	04 ②	05 ⑤	06 ③	07 ④	08 ⑤	09 ④
	10 ①	11 ②	12 ⑤	13 ③	14 ⑤	15 ⑤	16 ④	17 ③	18 ③
	19 ④	20 ⑤	21 ②	22 ②	23 ④	24 ②	25 ②	26 ④	27 ④
	28 ④	29 ③	30 ④	31 ④	32 ④	33 ②	34 ③	35 ③	36 ⑤
	37 ④	38 ②	39 ④	40 ④	41 ①	42 ⑤	43 ③	44 ④	45 ②
B형	01 ④	02 ④	03 ②	04 ②	05 ⑤	06 ④	07 ②	08 ⑤	09 ④
	10 ①	11 ③	12 ③	13 ③	14 ⑤	15 ⑤	16 ④	17 ⑤	18 ④
	19 ①	20 ③	21 ④	22 ④	23 ③	24 ④	25 ②	26 ③	27 ③
	28 ②	29 ④	30 ①	31 ②	32 ④	33 ④	34 ③	35 ③	36 ⑤
	37 ④	38 ②	39 ④	40 ③	41 ②	42 ④	43 ②	44 ⑤	45 ③

2014 학년도

유형									
A형	01 ④	02 ③	03 ②	04 ②	05 ①	06 ⑤	07 ①	08 ④	09 ⑤
	10 ①	11 ③	12 ①	13 ④	14 ①	15 ⑤	16 ③	17 ⑤	18 ②
	19 ④	20 ③	21 ⑤	22 ③	23 ③	24 ④	25 ④	26 ④	27 ③
	28 ⑤	29 ②	30 ⑤	31 ②	32 ①	33 ②	34 ①	35 ①	36 ⑤
	37 ③	38 ④	39 ③	40 ②	41 ②	42 ⑤	43 ②	44 ②	45 ③
B형	01 ②	02 ④	03 ②	04 ②	05 ①	06 ①	07 ①	08 ②	09 ③
	10 ①	11 ⑤	12 ⑤	13 ①	14 ②	15 ④	16 ③	17 ④	18 ④
	19 ⑤	20 ④	21 ⑤	22 ②	23 ⑤	24 ⑤	25 ②	26 ③	27 ③
	28 ⑤	29 ②	30 ⑤	31 ①	32 ③	33 ③	34 ①	35 ④	36 ④
	37 ③	38 ④	39 ③	40 ⑤	41 ①	42 ③	43 ②	44 ②	45 ③

2023학년도 기출문제 정답 및 해설

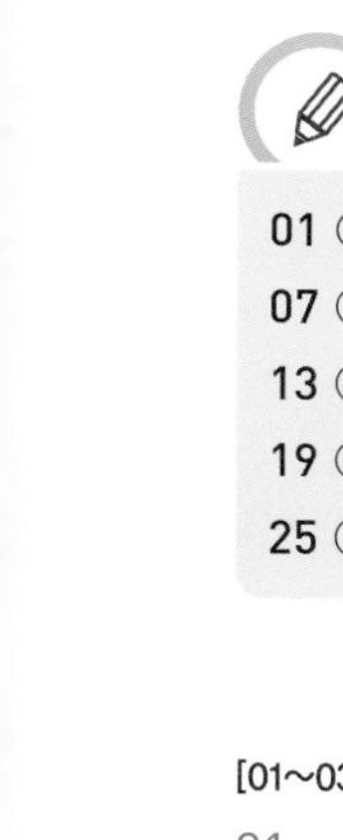

제1교시 국어영역(공통)

01 ④	02 ①	03 ③	04 ①	05 ③	06 ②
07 ③	08 ③	09 ⑤	10 ④	11 ②	12 ①
13 ④	14 ④	15 ⑤	16 ⑤	17 ④	18 ①
19 ②	20 ⑤	21 ④	22 ③	23 ②	24 ①
25 ③	26 ⑤	27 ④	28 ⑤	29 ⑤	30 ②

[01~03] 독서 - 인문

01 ④ 제시문은 특정한 시간과 공간에서 독자가 문학 작품에 대해 갖게 되는 해석과 평가의 준거인 '기대지평'이라는 개념을 중심으로 독자 반응 비평을 설명하고 있다. 또한 독자 반응 비평이 전통적인 문학 비평에서 간과되어 왔던 독자의 중요성에 주목하여, 독자의 역할을 재정립하고 독자와 작품 사이의 상호 작용을 탐구하도록 했다는 의의를 제시하고 있다.

오답풀이

① '기대지평'이라는 주요 개념을 활용하여 독자 반응 비평을 설명하고 있으나, 인접 분야의 개념을 활용하여 독자 반응 비평을 설명하고 있지는 않다.

② '기대지평, 미적 긴장, 지평전환' 등의 개념을 활용하여 독자 반응 비평의 의의와 평가에 대해 설명하고 있으나, 다양한 사례를 통해 독자 반응 비평의 실효성을 강조한 측면은 보이지 않는다.

③ 첫 번째 문단에서 '기대지평'의 복합적 구성 요소에 대해 열거하고 있을 뿐, 독자 반응 비평의 변화 과정에 대한 분석과 그 복합성에 대한 설명은 제시되어 있지 않다.

⑤ 세 번째 문단에서 독자 반응 비평에 대한 비판이 아니라 전통적 문학 비평에 대해 비판하고 있으며, 독자 반응 비평이 독자의 중요성과 역할에 미친 긍정적 입장을 서술하고 있다.

02 ① 윗글의 서두에서 독자 반응 비평 이론가인 야우스는 '기대지평'이라는 개념을 제시하여 독자가 문학 작품과 상호 작용하는 과정을 설명하였다고 서술되어 있다. 또한 마지막 문단에서 독자와 작품 사이의 상호 작용을 탐구함으로써 문학 작품은 예술적으로 완성된다고 설명하고 있다. 그러므로 윗글을 통해 문학 비평의 임무는 ①의 작품과 독자 사이에 일어나는 상호 작용을 검토하는 것임을 알 수 있다.

오답풀이

②·③ 세 번째 문단에서 전통적 문학 비평이 작품의 언어적 특성과 문학적 기법에만 집중했다고 비판하고 있다. 그러므로 작품의 언어적 특성을 연구하여 예술적 가치를 밝히는 것이나 시공간을 초월하는 작품의 보편성을 독자에게 전달하는 것은 독자 반응 비평이 지향하는 문학 비평의 임무는 아니다.

④·⑤ 세 번째 문단에서 작가의 의도, 시대적 배경, 윤리적 준거 등이 작품에 끼치는 영향에만 치중했다고 전통적 문학 비평을 비판하고 있다. 그러므로 독자가 작가의 의도를 중심으로 작품을 파악하는 데 기여하는 것이나 작품이 창작된 시대 배경을 조사하여 작품에 역사적 의미를 부여하는 것은 독자 반응 비평이 지향하는 문학 비평의 임무는 아니다.

03 ③ 두 번째 문단에서 작품의 기대지평과 독자의 기대지평 간에 거리가 존재하는 경우 독자는 작품에 대한 부정, 거부감, 혼란, 낯섦 등을 느낄 수 있는데, 이를 작품 수용의 과정에서 나타나는 '미적 긴장'이라고 하였다. 그러므로 도덕적 일탈을 옹호하는 주인공을 다룬 A가 발표되자 조직적인 거부의 움직임을 드러낸 독자층의 모습은 사회의 통념이나 관습에 반하는 '미적 긴장'을 가져온 것이지, 경험의 부재가 미적 긴장 상태의 발생 원인은 아니다. 또한 독자의 기대지평은 지평전환을 통해 새로운 기대지평이 형성될 수 있으므로 무조건적인 부정으로 이어지는 것도 아니다.

오답풀이

① 첫 번째 문단에서 독자의 기대지평은 사회의 통념, 관습 등에 의해 구성된다고 하였으므로, A가 도덕적 일탈을 옹호하는 주인공을 내세워 비난을 받은 것은 사회의 관습이나 통념이 독자의 기대지평 형성에 영향을 미쳤다고 볼 수 있다.

② 두 번째 문단에서 미적 긴장에도 불구하고 방법을 탐색하며 적극적으로 이해를 시도하는 독자는 기존의 기대지평을 현저히 변화시킬 수 있다고 하였으므로, A를 반복적으로 읽으면서 B가 새로운 의미를 탐색하는 것은 기대지평이 새로 형성될 수 있음을 보여준다.

④ 첫 번째 문단에서 기대지평은 집단적 차원에서도 형성되어 개인의 기대지평과 서로 영향을 주고받으며 기대지평의 창출과 변화에 기여한다고 하였다. 그러므로 A가 발표 당시 독자층에게 비난받았던 것과 달리 오랜 시간이 지난 후 큰 호응을 받는 것은, 기대지평의 형성과 변화가 집단적 차원에서 이루어질 수 있음을 보여준다.

⑤ 두 번째 문단에서 미적 긴장에도 불구하고 독자가 작품의 기대지평에 부응하고자 노력하는 과정을 거쳐 형성된 기대지평의 변화를 '지평전환'이라고 하였다. 그러므로 A가 발표 시점으로부터 오랜 시간이 지난 후 시대에 저항한 작가의 작품으로 소개된 것은, 발표 당시 독자의 기대지평이 전환을 거쳐 작품의 기대지평에 부응하게 된 결과라고 할 수 있다.

[04~07] 독서 – 사회

04 ① 첫 번째 문단에서 인구 변천 모델을 '유럽의 인구 현상을 관찰한 결과를 기초로 하여 인구 변화를 설명한 모델'이라고 정의하고 있다. 즉, 인구 변천 모델의 개념에 대한 정의는 나타나 있으나, 그 이론적 배경에 대한 설명은 제시문에 나타나 있지 않다.

오답풀이

② 두 번째 문단에서 근대화와 출생률의 감소에는 인과적 관계가 있다고 인구 변천 모델을 설명하기 위한 기본적 전제를 제시하고 있다.

③ 세 번째 문단에서 타바라(Tabbarah)는 인구 발전 모델을 제시하고 있는데, 이에 활용된 변수들로 '부부가 이상적으로 원하는 자녀의 수(C_d)'와 '부부의 부양 능력에 맞는 최대 자녀의 수(C_m)'라는 변수들의 산출 방법이 소개되어 있다.

④ 네 번째 문단에서 인구 발전 모델을 네 단계로 나누어 설명하고 있으며, 다섯 번째 문단에서는 그에 따른 자녀 수의 변화 그리고 마지막 문장에서 "이와 같은 타바라의 모델은 시간의 경과에 따른 출산 양상의 변화를 이해하는 데 도움을 주며, 특히 이상적으로 원하는 자녀의 수에 주목했다는 점에서 의의가 있다"고 서술되어 있다.

⑤ 두 번째 문단에서 인구 변천 모델을 고위 정지 단계, 초기 확장 단계, 후기 확장 단계, 저위 정지 단계의 4단계로 나누고, 각 단계에서 나타나는 출생률과 사망률의 변화 추세에 대해 밝히고 있다.

05 ③ 인구 변천 모델의 단계 중 사망률은 급격히 낮아지는 반면 출생률은 그대로 높은 수준을 유지하고 있어서 인구가 급증하는 인구 폭발 현상이 나타나는 단계는 두 번째 단계인 초기 확장 단계이다. 후기 확장 단계는 인구 변천 모델의 세 번째 단계로, 출생률의 감소 속도가 사망률의 감소 속도보다 훨씬 빠르게 나타나서 인구의 증가 속도가 상당히 둔화되는 단계이다.

오답풀이

① 두 번째 문단에 인구 변천 모델의 기본적 전제는 근대화와 출생률의 감소에는 인과적 관계가 있다는 것이라고 서술되어 있다.

② 두 번째 문단에 인구 변천 모델은 근대화 과정에서 인구 성장률이 자발적인 수정 과정을 거치다가 저출생률과 저사망률의 상태에 이르고 안정적인 균형을 유지한다고 서술되어 있다.

④ 세 번째 문단에서 타바라는 '부부가 이상적으로 원하는 자녀의 수(C_d)'와 '부부의 부양 능력에 맞는 최대 자녀의 수(C_m)'라는 변수를 제시하였고, 네 번째 문단에서 각 단계에 따라 이 두 변수가 일치하는 경우도 있고 그렇지 않은 경우도 있다고 설명하였다. 따라서 인구 발전 모델에 따르면 부부가 원하는 출산 수준이 부양 능력을 고려했을 때의 출산 수준에 부합하지 않을 수 있다.

⑤ 세 번째 문단에서 타바라는 인구 발전 모델을 제시하며 "부부가 원하는 이상적인 가구 규모에 기반하여 출생률 감소가 왜 나타나는지, 어느 시점에서 출생률 감소가 나타나는지를 설명하고자 하였다"고 서술되어 있다.

06 ② <그림>에 나타난 것처럼 t_1에서 t_0으로 진행되는 동안 B_d는 감소하고 B_m은 증가함으로써 그 차이는 점차 줄어들지만, t_0 시점까지 B_d의 값은 B_m보다 크다. 그리고 다섯 번째 문단에서 B_d가 B_m보다 클 경우 출산력이 증가하여 출산 곡선은 B_m 곡선의 방향을 따르게 된다고 설명하고 있다. 그러므로 t_1에서 t_0으로 진행되는 동안 출산력은 B_d와 B_m 값의 차이에 비례하는 것이 아니라 반비례한다.

오답풀이

① B_{m1}에서 C_{m1}을 뺀 숫자는 t_1 시점에서의 사망자수에 해당하므로 t_1 시점에서의 생잔율이 반영된 것이다.

③ 마지막 문단에서 부부들의 출산 곡선은 B_m–O–B_d의 곡선을 따르게 되며, 실제 출산 곡선은 생잔율을 적용하여 C_m–O'–C_d의 형태로 나타난다.

④ 부부가 이상적으로 원하는 자녀의 수는 C_d이며, t_1에서 t_0으로 진행되는 동안 부부가 이상적으로 원하는 자녀의 수는 <그림>에서 알 수 있듯이 '시간의 흐름 / 경제 발전'에 따라 점점 줄어든다.

⑤ 부부가 이상적으로 원하는 자녀의 수를 갖추기 위해 실제 출산해야 하는 자녀의 수(B_d)는 점차 감소하고, 부부의 부양 능력에 맞는 최대 자녀의 수(C_m)는 점차 증가하므로, 두 변수가 B_d와 C_m이 만난 지점 이후로는 부부가 부양 능력을

고려하지 않아도 원하는 수만큼의 자녀를 가질 수 있다.

07 ③ 인구 변천 모델은 결국 마지막 단계인 저위 정지 단계에서 저출생률과 저사망률 상태에 들어서면 인구 변화가 거의 없는 안정적 상태를 유지할 것으로 내다봤다. 그러나 〈보기〉의 설명처럼 20세기 후반 이후 출산력을 감소시키는 여러 요인으로 인해 인구 변천 모델에서 예측했던 인구 안정화 상태는 깨지고 말았다. 따라서 인구 변천 모델은 인구 변화가 정체된 상태 이후에 나타난 출산력 감소를 설명할 수 없었기 때문에 이러한 인구 현상을 설명할 제2차 인구 변천 이론이 등장한 것이다.

오답풀이

① 인구 변천 모델도 세 번째 단계인 후기 확장 단계에서 여성의 사회 · 경제적 지위 향상으로 인한 결혼 연령의 상승을 출생률 감소 요인 중의 하나로 보고 있다. 즉, 인구 변천 모델은 결혼 연령의 변화가 출산력에 미칠 영향을 고려하고 있다.

② 인구 변천 모델은 마지막 단계인 저위 정지 단계에서 출생률과 사망률이 감소하는 저출생률과 저사망률 상태에 들어서면 인구 변화가 거의 없는 안정적 상태를 유지할 것으로 판단했다.

④ 비혼주의나 결혼 제도의 파괴 등은 20세기 후반 이후에 나타난 출산력 감소 요인으로, 새롭게 등장한 제2차 인구 변천 이론의 판단 근거이며 인구 발전 모델에서는 그 근거를 찾을 수 없다.

⑤ 인구 발전 모델은 '부부가 이상적으로 원하는 자녀의 수(C_d)'와 '부부의 부양 능력에 맞는 최대 자녀의 수(C_m)'라는 두 변수를 통해 이상적인 가족 규모와 실제 가족 규모 간의 차이로 인해 출산력의 변화를 판단할 수 있다.

[08~11] 독서 – 과학

08 ③ 세 번째 문단에 따르면 카테네인은 금속의 산화–환원과 같은 화학적 자극에 따라 회전 운동을 하는 분자 기계로 작동하며, 로탁세인도 산과 염기의 화학적 자극에 따라 직선 운동을 하는 분자 기계로 작동한다. 빛과 열의 반응과 같은 물리적 자극에 따라 회전 운동을 하는 분자 기계는 네 번째 문단에서 설명한 분자 모터이다.

오답풀이

① 두 번째 문단에 분자 집합체 중 일부는 기계적 결합을 통해 만들어지며, 이 기계적 결합을 끊기 위해서는 개별 공유 결합을 해체해야 한다고 서술되어 있다. 그리고 그 예로 카테네인과 로탁세인을 들고 있다. 그러므로 카테네인에는 공유 결합과 기계적 결합이 존재한다고 할 수 있다.

② 세 번째 문단에 로탁세인은 사각형 고리가 축의 특정한 자리에서 결합하면서 좌우로 직선 운동을 하는 분자 기계인 분자 셔틀의 기본 구조를 이룬다고 서술되어 있다.

④ 세 번째 문단에 분자 부품을 원위치로부터 0.7㎚만큼 들어 올리는 데 성공한 분자 엘리베이터나, 근육의 수축과 이완 현상을 모사하는 인공 근육의 작동도 로탁세인을 이용한 것이라고 서술되어 있다. 즉, 로탁세인은 좌우로 직선 운동을 하는 분자 기계이므로, 로탁세인을 이용한 분자 엘리베이터와 인공 근육의 작동은 분자의 위치 이동을 통해 가능해진다고 볼 수 있다.

⑤ 두 번째 문단에 분자들이 모여 이루어진 분자 집합체 중 일부는 분자 간의 위치나 연결 방식의 특성으로 인해 발생하는 위상학적 상관관계를 이용한 기계적 결합을 통해 만들어진다고 서술되어 있다. 그러므로 분자 집합체인 카테네인과 로탁세인은 모두 위상학적 상관관계를 이용하여 결합을 유지한다고 할 수 있다.

09 ⑤ 첫 번째 문단에서 결합을 해체하는데 필요한 에너지는 결합에 필요한 결합 에너지와 같으므로, 결합 에너지가 다시 가해지지 않는 한 분자는 최소 단위로서의 독립성을 유지할 수 있다고 하였다. 또한 두 번째 문단에서 기계적 결합을 통해 만들어진 분자 집합체의 결합을 끊기 위해서는 개별 분자의 공유 결합을 해체해야 한다고 설명하고 있다. 즉, 분자 집합체는 개별 분자 간의 결합을 끊는 데에 공유 결합을 끊는 만큼의 에너지가 필요하므로, 분자 수준의 독립성을 지녔다고 볼 수 있다.

10 ④ 세 번째 문단에 따르면 외부에서 브뢴스테드–로우리 산을 넣어 결합 자리 I을 양성자화하면 결합 자리 I과 고리 사이에 정전기적 반발력이 생긴다고 하였다. 즉, 고리와 결합 자리 I 사이에 정전기적 반발력이 생기면 양성자의 이동이 발생하는 것이 아니라, 양성자의 이동이 발생하면 고리와 결합 자리 I 사이에 정전기적 반발력이 생겨 고리가 결합 자리 II로 이동하는 것이다.

오답풀이

① 〈보기〉의 설명에서 양성자가 이동하고 난 후의 물질 간의 관계를 '짝산–짝염기' 관계라고 하였으므로, 브뢴스테드–로우리 산을 넣어 결합 자리 I을 양성자화하면 양성자의 이동에 따라 〈그림 2〉의 ⓐ(결합 자리 I)와 ⓑ(결합 자리 II)는 '짝산–짝염기' 관계가 된다.

② 〈보기〉에서 산은 양성자인 수소 이온(H^+)을 주는 물질이며 염기는 양성자를 받는 물질이라고 하였으므로, 브뢴스테드–로우리 산을 넣은 결합 자리 I이 양성자화된다는 것은 수소 이온을 얻게 된다는 의미이다.

③ 세 번째 문단에서 염기를 넣어 중화하면 고리는 다시 결합

자리 I로 되돌아간다고 하였으므로, 〈그림 2〉에서 양성자를 받은 ⓑ(결합 자리 II)는 염기를 넣으면 다시 ⓐ(결합 자리 I)로 되돌아간다.

⑤ 브뢴스테드-로우리 산을 결합 자리 I에 넣으면 양성자가 유입됨으로써 로탁세인의 고리 분자가 결합 자리 I에서 결합 자리 II로 이동한다.

11 ② 네 번째 문단에서 분자 모터는 특정 자외선 파장에 노출되면 분자 하나가 180° 회전하게 되며, 작용기와 메틸기의 배열 순서가 달라지면서 회전하던 분자의 진로에 장애가 발생한다고 하였다. 또한 적절한 열 에너지가 제공되면 작용기의 겹친 부분이 교차되어 이 장애가 해소된다고 하였다. 그러므로 ㉯로 바뀌어 발생한 장애는 자외선을 받음으로써 해소되는 것이 아니라 열 에너지에 의해 해소되는 것이다.

오답풀이

① 네 번째 문단에서 분자 모터가 특정 자외선 파장에 노출되어 분자 하나가 180° 회전하게 되면 메틸기가 결합하지 않은 부분, 즉 작용기 끼리 겹치게 된다고 하였다. 그러므로 ㉮의 작용기가 특정 자외선 파장에 노출되어 180° 회전하면 메틸기는 메틸기끼리, 작용기는 작용기끼리 마주하도록 배열된다.

③ 네 번째 문단에서 적절한 열 에너지가 제공되면 작용기의 겹친 부분이 교차되어 장애가 해소된다고 하였으므로, ㉯와 ㉰ 사이에서 작용기가 교차하지 않는다면 분자 기계는 한 방향으로 회전할 수 없다.

④ 분자 모터의 작동 원리는 자외선에 노출된 분자가 180° 회전하면 이로 인해 겹쳐진 작용기를 열 에너지로 교차시킨 후 다시 자외선에 노출시켜 분자를 회전시키는 것이다. 그러므로 ㉮를 ㉯로 바뀌게 하는 자극과 ㉰를 ㉱로 바뀌게 하는 자극은 자외선 노출로 동일하다.

⑤ 네 번째 문단에서 회전하던 분자의 작용기와 메틸기 모두 다른 분자의 메틸기, 작용기와 각각 겹쳐 회전 진로에 장애가 발생하면 이는 열 에너지에 의해 다시 해소된다고 하였다. 그러므로 ㉱가 다시 ㉮로 돌아오기 위해서는 열 에너지를 필요로 한다.

[12~15] 문학 - 예술

12 ① 세 번째 문단에 따르면 능침 공간의 가장 높은 단인 상계의 봉분 앞에는 상(床)의 형태로 만들어진 혼유석이 놓여 있고, 그 좌우에는 촛대 모양의 망주석이 있다고 하였다. 그러나 능침 공간의 중계에는 장명등, 문석인, 석마(石馬)가 배치되어 있다고 설명하고 있을 뿐 망주석의 배치에 대한 언급은 없다.

오답풀이

② 첫 번째 문단에 조선 왕릉의 석물은 조선 왕조가 지속되는 동안 「국조오례의」에 제시된 엄격한 예법에 따라 국가 차원에서 체계적으로 제작되었다고 서술되어 있다.

③ 첫 번째 문단에 거대한 잔디 언덕에 있는 왕의 무덤인 봉분 주변에 집중적으로 배치된 조선 왕릉의 석물은 크기에 따라 적절히 안배되어 설치 조각으로서 조형적 아름다움을 드러낸다고 서술되어 있다.

④ 두 번째 문단에 조선 왕릉의 석물은 화강암으로 만들어졌으며, 풍화 작용에 의한 마멸에 매우 강해 거의 영구적으로 보존될 수 있는 내구성을 지녔다고 서술되어 있다.

⑤ 세 번째 문단에 능침 공간의 가장 높은 단인 상계에 있는 봉분의 둘레에는 병풍석을 둘러서 봉분을 보호하고 장식했으며, 그 바깥으로 봉분의 울타리 역할을 하는 난간석이 놓였다고 서술되어 있다.

13 ④ 〈보기〉에서 중국 왕릉의 모든 석수들이 능의 입구에 배치되어 봉분 쪽을 향해 일렬로 도열해 있는 반면, 조선 왕릉의 석수는 제시문의 세 번째 문단에 설명되어 있는 것처럼 수행하는 역할에 따라 상계, 중계, 하계의 단 차로 나뉜 세 구역에 배치되었다. 그러나 상계에는 석양(石羊)과 석호(石虎) 두 종류의 석수가 배치되었으므로, 한 구역에 하나의 종류씩 배치된 것은 아니다.

오답풀이

① 〈보기〉에서 의전 수행의 역할을 담당한 중국 왕릉의 석수는 봉분 쪽을 향하여 왕의 권력을 과시하고자 하였다고 서술되어 있다. 반면에 조선 왕릉의 석수는 봉분을 등지고 머리를 밖으로 향하였는데, 이는 사악한 기운을 물리치는 벽사(辟邪)의 상징적 의미가 있다고 세 번째 문단에 설명되어 있다.

② 〈보기〉에서 중국 왕릉의 석수들은 석양, 석호, 석마를 포함한 모든 석수들이 능의 입구에 배치되어 있다고 서술되어 있다. 반면에 조선 왕릉의 석수는 석양과 석호가 봉분을 둘러싸듯이 배치되어 능을 수호하는 의미를 드러내었다고 세 번째 문단에 서술되어 있다.

③ 〈보기〉에서 중국 왕릉은 석수들이 봉분 쪽을 향해 일렬로 도열해 있다고 서술되어 있다. 반면에 조선 왕릉은 석양과 석호가 좌우 대칭으로 각 두 쌍씩 번갈아 배치되어 음양의 조화를 꾀하였다고 세 번째 문단에 서술되어 있다.

⑤ 〈보기〉에서 중국 왕릉의 석마는 왕의 영혼을 태우고 승천하는 천마(天馬)로서의 상징적 의미를 드러낸다고 서술되어 있으므로, 석마가 왕의 소유물임을 알 수 있다. 반면에 조선 왕릉의 석마는 중계에서 문석인 한 쌍이 그리고 하계에는 무석인 한 쌍이 각각의 이동 수단인 석마(石馬)를 대

동하고 서로 마주보게 배치되었다고 세 번째 문단에 서술되어 있으므로, 석마가 신하의 소유임을 알 수 있다.

14 ④ A는 16세기에 만들어진 문석인이므로 2기에 해당하고, B는 18세기 후반에 만들어진 문석인이므로 4기에 해당한다. 네 번째 문단에 따르면 4기의 문석인은 조각 기법의 발전으로 재료의 특성으로 인한 제약이 극복되어 세부 표현이 한층 정교해졌다고 서술되어 있다. 그러나 이것이 경직된 자세에서 벗어난 문석인의 모습을 보여주고 있는 것은 아니다. 즉, 4기의 문석인도 1기의 문석인과 마찬가지로 손에 홀을 들고 서 있는 전형적인 문석인의 모습을 하고 있다.

오답풀이

① 네 번째 문단에 2기의 문석인은 특히 머리의 크기가 두드러지는 3등신에 가까운 신체 비례로 현실과 다른 초월적 느낌을 주며, 탁 트인 야외에서도 위축되지 않는 존재감으로 왕실의 위용을 드러낸다고 서술되어 있다.

② 네 번째 문단에서 제2기의 문석인은 그 크기가 3m 내외로 가장 거대해진 시기이며, 사실적인 입체감을 드러내기보다는 전체적으로 단순하고 부피감 있게 조각되어 거대한 덩어리처럼 보이는 독특한 인물상이 되었다고 서술되어 있다.

③ 네 번째 문단에 조각 기법의 발전으로 재료의 특성으로 인한 제약이 극복되어 세부 표현이 한층 정교해졌고, 복두를 쓴 이전 시기의 문석인과는 달리 금관을 쓴 문석인이 등장했다고 서술되어 있다.

⑤ 네 번째 문단에 따르면, 1기 문석인은 두 손 위로 소매가 겹쳐져 있어 홀을 잡은 손이 감춰져 있는 것이 특징이며, 2기 문석인 때부터 홀을 쥔 문석인의 손이 드러나며 공복의 소매가 양옆으로 완전히 벌어진 형태를 띠게 되었다고 서술되어 있다. 그러므로 2기의 문석인인 A와 4기의 문석인인 B 모두 이에 해당된다.

15 ⑤ 본문 ⓔ의 '가까운'과 문항 ⓔ의 '가까운' 모두 '어떤 수치에 근접하다'는 의미로 사용되어 그 의미가 가장 유사하다.

TIP 〈가깝다〉의 사전적 의미

- 어느 한 곳에서 다른 곳까지의 거리가 짧다.
  예 우리 집은 학교에서 가깝다.
- 서로의 사이가 다정하고 친하다.
  예 나는 그와 친형제처럼 가깝다.
- 어떤 수치에 근접하다.
  예 일어나 보니 정오에 가까운 시간이었다.
- 성질이나 특성이 기준이 되는 것과 비슷하다.
  예 다 큰 녀석이 하는 짓은 어린애에 가깝다.
- 시간적으로 오래지 않다.
  예 둘은 가까운 장래에 결혼할 사이이다.
- 촌수가 멀지 않다.
  예 나는 가까운 친척이라곤 이모 한 분이 계실 뿐이다.

오답풀이

① 본문 ⓐ의 '이룬다'는 '몇 가지 부분이나 요소들을 모아 일정한 성질이나 모양을 가진 존재가 되게 하다'의 의미이지만, 문항 ⓐ의 '이루지'는 '뜻한 대로 되게 하다'의 의미이다.

② 본문 ⓑ의 '어렵다'는 '하기가 까다로워 힘에 겹다'의 의미이지만, 문항 ⓑ의 '어려워서'는 '상대가 되는 사람이 거리감이 있어 행동하기가 조심스럽고 거북하다'는 의미이다.

③ 본문 ⓒ의 '살린'은 '본래 가지고 있던 색깔이나 특징 따위를 그대로 유지하게 하거나 뚜렷이 나타나게 하다'의 의미이지만, 문항 ⓒ의 '살리기'는 '약해진 불 따위를 다시 타게 하거나 비치게 하다'의 의미이다.

④ 본문 ⓓ의 '일어났다'는 '어떤 일이 생기다'의 의미이지만, 문항 ⓓ의 '일어나서'는 '어떤 마음이 생기다'의 의미이다.

[16~18] 현대 시

(가) 백석, 「모닥불」
- **갈래** : 자유시, 서정시
- **성격** : 토속적, 산문적, 감각적
- **제재** : 모닥불
- **주제** : 공동체적인 삶의 모습과 우리 민족의 슬픈 역사
- **특징**
  - 토속어의 사용으로 향토적 정서를 불러일으킴
  - 현재와 모습과 과거의 사건을 산문적으로 풀어냄
  - 열거를 통해 운율을 형성함

(나) 신경림, 「귀성열차」
- **갈래** : 자유시, 서정시
- **성격** : 일상적, 묘사적
- **제재** : 귀성열차
- **주제** : 귀성열차 안의 정감어린 고향 풍경
- **특징**
  - 현재형 어미를 활용하여 현장감을 부여함
  - 토속적인 어휘의 사용으로 심리적 거리를 좁힘
  - 열차라는 공간을 친근하고 생생하게 묘사함

16 ⑤ (가)에서는 '타는', '쪼인다' 등의 현재형 어미를 활용하여 물건들이 모닥불에 타는 모양과 그것을 쬐는 사람들의 장면을 현장감 있게 묘사하고 있다. 또한 (나)에서도 '않다', '취한다', '들린다' 등의 현재형 어미를 활용하여 귀성열차

안 사람들의 정감어린 풍경을 생생하게 전달하고 있다.

오답풀이

① (나)는 '물사마귀', '풀냄새', '늙은 아낙', '귀성열차' 등의 명사로 끝맺은 시행을 반복하여 시적 여운을 자아내고 있는 반면, (가)는 1연의 '모닥불'만 명사로 끝날 뿐 그 외의 연에서 명사로 끝맺은 시행을 반복하고 있지 않다.

② (나)에서는 '그 저수지', '이 하루'에서 지시어를 연속적으로 배치하여 상황에 대한 집중을 유도하고 있으나, (가)에서는 지시어의 사용이 보이지 않는다.

③ (나)에서는 '아저씨 워대까지 가신대유'부터 '너무 똑같아 실례했슈'에 이르기까지 열차 안 사람들의 대화와 화자의 진술이 교차하여 귀성열차 안 상황을 다채롭게 묘사하고 있다. 그러나 (가)에서는 장면에 대한 묘사와 진술만 있을 뿐 대화가 나타나 있지 않다.

④ (나)는 마지막 행에 '귀성열차'라는 명사를 배치함으로써 도치의 방식으로 시상을 마무리하여 '귀성열차 안 고향 풍경'이라는 주제 의식을 드러내고 있다. 그러나 (가)에서는 마지막 행이 일반적인 평서문의 형태로 끝났다.

17 ④ (나)의 '한강'은 초면끼리 맥주 한 잔 할 수 있는 이질감의 벽을 넘어서는 심리적 경계이지, 시골 늙은 아낙이 준비한 '선물 보따리'의 종착역으로 인식되기 위해 넘어서야 하는 경계를 의미하지는 않는다.

오답풀이

① (가)는 1연에서 하나의 범주로 묶이기 어려운 각양각색의 사물들이 타는 과정을 통해 그 경계를 허물고 하나의 모닥불로 합치하는 합일의 이미지를 보여준다.

② 모두 모닥불을 쬠 → 동질성
(가)는 2연에서 '재당'과 '초시'로부터 '큰개'와 '강아지'에 이르기까지 모두가 모닥불을 쬠으로써 서로를 구분하는 경계가 무화되어 동질성의 차원에서 조화와 평등의 이미지를 보여준다.

③ (나)의 귀성열차는 모두가 초면인 모르는 사람들이지만 고향의 이야기를 나누며 이질감의 경계를 허물고 한 데 어울리는 동질화의 공간이다.

⑤ (나)에서 '그 저수지에서 불거지 참 많이 잡혔지유', '아직 대목장이 제법 크게 손대면서유'와 같은 토속어의 사용은 사람들 사이의 이질성과 심리적 거리를 제거하여 일체감을 극대화 시킨다.

18 ① ㉠에서 화자는 모닥불을 통해 과거 부모님을 잃고 어미아비 없는 불쌍한 고아로 전락한 할아버지의 슬픈 역사를 투영하고 있고, ㉡에서 화자는 귀성열차를 타고 고향으로 내려가는 이 하루의 행복에 타지에서 고생하며 흘린 땀과 눈물의 애환을 투영하고 있다.

[19~22] 현대 소설

이청준 「살아 있는 늪」
- **갈래** : 현대 소설, 중편 소설
- **성격** : 회고적, 상징적, 심리적
- **시점** : 1인칭 주인공 시점
- **주제** : 고향 사람들에 대한 갈등과 화해
- **특징**
  - '늪'이라는 상징적 소재를 통해 '나'의 회피할 수 없는 상황을 묘사함
  - 상징과 비유 등의 표현을 통해 인물 내면의 심리적 갈등을 다룸

19 ② 위 작품은 버스 안 시골 사람들과의 갈등과 대립을 통해 일어나는 내면의 감정을 자기 고백적 서술을 통해 진술하고 있다.

오답풀이

① 빈번한 장면 전환은 나타나지 않고 사건 전개의 중심이 버스 내부에 고정되어 있으며, 등장인물 간의 대화를 통해 긴박한 분위기를 조성하고 있다.

③ 버스 내부에서 벌어지는 사건 장면을 주로 묘사하고 있을 뿐 감각적인 배경 묘사는 나타나고 있지 않다.

④ 전해 들은 과거 사건의 이야기를 전달하는 방식이 아니라, '나'가 버스 안에서 겪은 현재의 상황을 직접적으로 전달하고 있다.

⑤ 인물의 경험을 삽화 형식으로 제시하는 것이 아니라, 내면의 감정을 묘사하는 자기 고백적 서술 방식을 택하고 있다.

20 ⑤ ㉤은 서술의 초점이 엿장수 아낙의 발화에서 다른 사람들의 동정을 살피는 것으로 옮겨가고 있음을 보여주고 있다. 그러나 이것은 엿장수 아낙의 말을 계속 듣고 있어야 하는 '나'의 난처함을 표현한 것이지 사건의 정황을 다각도로 전달하고 있는 것은 아니다.

오답풀이

① ㉠은 '나'가 엿장수 아낙에게 윽박지른 후 눈을 감고 자리를 고쳐 앉은 '그때'라는 특정 시점을 강조하여 '그런데'라는 접속 부사를 사용함으로써 다음의 반전 상황에 대한 주목을 유도하고 있다.

② ㉡은 "사람 값이라, 사람 값. 그게 참 좋은 말이제……."라고 말한 엿장수 아낙의 발화를 다룬 '누군지 혼자소리처럼 중얼거리는 소리', '좀 전에 내가 아낙네에게 쏘아댄 말을

두고 하는 소리' 등의 문장을 연속적으로 제시하여 '나'에 대한 빈정거림을 부가적으로 드러내고 있다.

③ ⓒ은 '나'의 등 뒤쪽에서 버스 안 사람들이 내 뱉는 발화들 모두가 '나'에 대한 비방과 빈정거림이라는 공통적인 성격을 띠고 있음을 드러내고 있다.

④ ⓔ은 엿장수 아낙이 등 뒤쪽 남자에게 엿을 팔지 않는 뜻밖의 이유를 '나' 스스로에게 물어보는 질문의 형식으로 표현하고 있다.

21 ④ '나'의 공박에도 불구하고 자신이 엿을 사주겠다며 다시 엿판을 벌이려고 하는 '등 뒤쪽 남자'의 행동을 저지하는 엿장수 아낙네의 뜻밖의 행동은 '나'로 하여금 고향 사람들에 대한 이해의 토대를 이끄는 것이지 고향 사람들의 목소리가 더욱 다변화되는 것은 아니다.

22 ③ 이 작품은 '늪'이라는 상징적 소재를 통해 외부와 단절된 버스라는 공간에서 '나'의 침묵과 고향 사람들의 목소리가 대비되는 회피할 수 없는 상황을 나타내고 있다. [B]에서 '나'가 '늪의 숨결과 인력에 빨려들'어 '형체조차 느끼'지 못하게 된 것은 '나'가 고향 사람들을 이해할 수 없다는 심리적 무력감을 보여주는 것이 아니라, 고향 사람들의 목소리와 삶의 애환을 통해 '나'의 내면에 있던 그들에 대한 거부감에서 벗어나 '살아있는 늪'의 마지막 밑바닥인 이해의 국면에 도달하게 되는 과정을 나타내고 있다.

오답풀이

① [A]에서 '거대한 늪'이 '나'를 '깊이 감싸고 들기 시작'한다는 것은 외부와 단절된 버스라는 공간에서 '나'에 대한 비방과 빈정거리는 고향 사람들의 목소리를 '나'가 회피할 수 없음을 보여준다.

② [A]에서 '깊은 늪'은 '갈수록 거대한 힘'으로 '더욱더' '나'를 '무섭게 빨아들'이는 것은 무슨 말로 맞서봐야 먹혀들 것 같지 않는 고향 사람들의 목소리에 그저 물먹은 솜처럼 그 부담감이 점점 강화되고 있음을 나타낸다.

④ [B]에서 '나'가 '어느 순간' '살아 있는 늪'의 '밑바닥이 발밑에 닿아옴을 느끼'는 것은 고향 사람들에 대한 거부감에서 벗어나 그들의 삶을 이해하는 국면에 도달하게 되었음을 나타낸다.

⑤ [B]에서 '나'가 '살아 있는 늪'에서 '조용히 파도쳐 오르'는 '질기디질긴 삶의 숨결'을 느낀 것은 고향 사람들의 목소리를 통해 '나'가 현 상황을 불평 없이 감내하며 살아가는 고향 사람들의 삶을 점차 이해하게 되었음을 나타낸다.

[23~26] 고전시가

(가) 조존성, 「호아곡(呼兒曲)」
- **갈래** : 평시조, 연시조
- **성격** : 전원적, 목가적, 풍류적
- **주제** : 전원에서 누리는 안빈낙도
- **특징**
  - 감각적 이미지를 활용하여 분위기 조성
  - 중국의 고사를 활용하여 화자의 만족감을 보여줌
  - 초야에 묻혀 사는 선비의 생활을 동서남북의 방향성을 활용해 시상 전개

(나) 김득연, 「지수정가(止水亭歌)」
- **갈래** : 평시조, 연시조
- **성격** : 전원적, 풍류적
- **제재** : 지수정
- **주제** : 자연 속에 사는 삶에 대한 즐거움과 만족감
- **특징**
  - 대구적 표현을 사용하여 리듬감을 강조함
  - 설의적 표현을 통해 화자의 가치관을 강조함
  - 의지적 어조를 통해 시간을 초월한 자연과의 동화를 표출함

23 ② 1장에서는 서산에서 고사리를 캐기 위해 구럭과 망태를 거두라 하고, 2장에서는 낚시를 하기 위해 도롱이와 삿갓을 챙기라 하고, 3장에서는 밭을 갈기 위해 죽조반을 달라 하고, 4장에서는 술을 마시러 타고 갈 소에게 여물을 먹여 내어오라고 '아희'에게 지시를 내리고 그 지시를 내리게 된 계기를 함께 설명하고 있다.

오답풀이

① '아희'는 실제로 존재하지 않는 가상의 인물이며, 정적인 장면에 역동성을 부여하는 인물이 아니라 화자의 지시를 받는 수동적 인물로 묘사되고 있다.

③ 각 장에서 '아희야'를 반복적으로 표현함으로써 리듬감을 부여하고 화자의 감흥을 고조시킨다.

④ 각 장을 '아희야'로 시작한 것은 청자에게 교훈을 전하려는 의도가 아니라, 자연에 묻혀 사는 화자의 즐거움을 운율적으로 고조시키기 위한 것이다.

⑤ '아희'는 화자의 지시를 따르는 수동적 대상이지 화자와 흥취를 공유하는 주체로써의 역할은 보이지 않는다.

24 ① ㉠에서 '~뇨'는 의문형 어미로 "서투른 솜씨로 따비를 누구와 맞잡고 갈 것인가?" 즉, 따비를 마주 잡을 사람도 없이 혼자 농사짓는 현실을 설의법을 사용하여 표현한 것이

다. 그러나 이는 다음 문장에서 태평한 시대에 몸소 밭 갈고 살아가는 것도 또한 임금의 은혜라고 하였으므로, 자신의 처지에 대한 회의를 부각하고 있는 것은 아니다.

오답풀이

② ㉡에서 화자는 한가하고 편안히 숨어 살았던 옛 중국 고사의 '희황상인'을 언급하며 안빈낙도하는 자신의 삶에 만족감을 부각하고 있다.

③ ㉢은 '온 산에 꽃 다 지고'와 '나무에 새잎 나니'의 유사한 두 개의 문장 구조를 대응시켜 가을에 낙엽과 꽃이 지고 봄에 새잎이 돋는 자연의 변화를 표현하고 있다.

④ ㉣은 '기러기 한 소리'와 같은 청각적 심상과 '맑은 서리 물들이고', '산빛' 등과 같은 시각적 심상을 연결하여 주변 경관의 변화하는 모습을 집약적으로 제시하고 있다.

⑤ ㉤에서는 울창한 소나무와 화자가 서로의 마음을 알고 교감하는 관계에 있으며, 지조와 절개를 지키고자 하는 화자의 태도를 강조하고 있다.

25 ③ (가)의 4장에서 '달빛'에 주목하는 행위와 (나)에서 '밝은 달'을 완상, 즉 즐겨 구경하는 행위는 모두 자연의 아름다움을 벗 삼아 살아가는 시적 화자의 정신적 지향점을 의미한다. 그러므로 '군은', 즉 임금의 은혜에 내포된 사회적 질서와 유교적 가치관을 구체화하고 있는 것은 아니다.

오답풀이

① (가)에 제시된 동서남북의 사방위는 자연의 공간적 질서를, (나)에 제시된 춘하추동의 사계절은 자연의 순리에 따라 흐르는 시간적 질서를 표상하는 것으로 구조화되어 있다.

② (가)의 1장의 고사리 캐기와 (나)의 '고사리 손수 꺾어'에서 나타난 행위는 모두 자연과 더불어 사는 삶에 안분지족하는 시적 주체의 정신적 지향을 드러내고 있다.

④ (가)에서 시적 주체가 거주하는 공간을 중심으로 1장의 '서쪽 해', 2장의 '동쪽 시내', 3장의 '남쪽 밭', 4장의 '북쪽 마을'은 시적 주체가 수행하는 행위의 시공간적 배경으로 기능하고 있다.

⑤ (나)의 '이 정자' 즉, 지수정(止水亭)이 작지만 다 갖춘 것으로 평가되는 것은 춘하추동의 사계절의 흐름에 따라 변하는 자연의 경치를 바라볼 수 있는 공간이기 때문이다.

26 ⑤ [A]의 '져 고기'는 화자가 낚시로 잡고 싶어 하는 물고기가 아니라 갈고리 없는 낚시 바늘로 그저 흥을 느끼기 위해 드리운 낚시이다.

[B] '그곳의 노는 고기'는 문인화의 소재로 자주 이용되는 '대숲', '연잎' 등과 어울려 자연에 대한 예찬과 군자의 성품을 담은 유교적 이념을 내포하고 있다.

[27~30] 고전소설

> 권칙 「강로전」
> - **갈래** : 고전 소설, 군담 소설
> - **시점** : 전지적 작가 시점
> - **주제** : 나라를 위해 장렬하게 싸우다 전사한 김응하의 기개
> - **특징**
>   - 사건 전개와 인물의 심리를 명확하게 전달
>   - 선인과 악인의 대립을 통한 교훈적 목적 부각
>   - 시간의 흐름에 따라 단일 사건의 전개를 순서대로 서술

27 ④ 위 작품은 전지적 작가 시점으로 작품 밖의 서술자가 작품에 개입하여 등장인물의 행동과 태도뿐만 아니라 심리적인 상태까지 해석하여 서술 당시의 상황을 전달하고 있다.

오답풀이

① 현재에서 과거의 순서로 사건을 전개하고 있지 않으며, 사건을 시간의 흐름에 따라 순서대로 전개하고 있다.

② 다른 사물에 빗대어 비유적인 뜻을 나타내거나 풍자하는 우의적 설정은 보이지 않으며, 등장인물의 행동과 심리를 사실 그대로 서술하고 있다.

③ 웃음과 익살을 유발하는 해학적 표현이 사용된 곳은 없으며, 사건과 내면의 심리에 대한 정형적인 서술만 있다.

⑤ 전지전능한 초월적 능력을 지닌 가공의 인물이 아니라, 실존적인 역사적 인물이 등장하여 사건을 전개하고 있다.

28 ⑤ ㉤은 홍립이 실패의 원인을 스스로에게서 찾으며 반성하는 태도를 보이는 것이 아니라, 누르하치의 반대로 멸족 당한 일가족의 복수를 위해 조선 정벌의 뜻을 펼치지 못함을 분하고 억울해하고 있는 것이다.

오답풀이

① ㉠은 조선 정벌에 대한 홍립의 결심을 촉구하기 위해 한윤이 그를 자극하고 있다.

② ㉡은 홍립이 조선 침략 후 조선의 인재등용과 관련된 설명을 뒷받침하기 위해 '백리해', '배구'와 같은 역사적 인물들의 사례를 들고 있다.

③ ㉢은 홍립이 지금 군사를 일으켜 조선을 정벌하자는 자신의 요구를 들어주면 10만 군대를 갖출 수 있다고 누루하치를 설득하고 있다.

④ ㉣은 조선 정벌에 관해 누르하치를 설득하는 데 실패한 홍립이 자신의 뜻을 관철하기 위해 상소를 올리는 다른 방법을 시도하고 있다.

29 ⑤ [A]에서는 조선을 공격하기 위해 군사를 나누면 힘이 작아져 조선 공략이 쉽지 않다는 문제점을 언급하고 있으나, 이

것은 현재의 병력 운용의 문제점이 아니라 조선 공략으로 인해 드러날 향후 문제점에 대해 언급한 것이다. [B]에서는 현재의 병력 운용의 문제점이 드러나 있지 않다. 그러므로 [A]와 [B] 모두 현재의 병력 운용의 문제점에 대해 언급하고 있지 않다.

오답풀이

① [A]에서는 누루하치가 조선을 공격할 경우 중원을 공략하기가 어렵다며 홍립의 조선 정벌을 거부하였고, [B]에서는 홍타이지가 조선의 침공이 중원 공략에 힘이 된다고 홍립의 조선 정벌을 허락하였다. 그러므로 [A]와 [B] 모두 중원을 공략하려는 목표를 밝히고 있다.

② [A]에서는 누루하치가 조선을 공격하는 대신 동쪽으로 조선과 화의를 맺고 남쪽으로 명나라와 싸움을 벌이는 것이 최선의 방책이라고 하였고, [B]에서는 홍타이지가 조선과 우호 관계를 맺으면 동쪽에 대한 근심을 덜고 남쪽으로 명을 치는 데 전념할 수 있다고 하였다. 그러므로 [A]와 [B] 모두 조선과 화친을 맺고자 하는 의도를 밝히고 있다.

③ [A]에서는 조선과 화의를 맺고 남쪽으로 명나라와 싸움을 벌여 연경을 점령하는 것이 최선의 방책이라고 하였고, [B]에서는 조선을 정벌한 후 동쪽에 대한 근심을 덜고 명을 치는 데 전념하는 것이 무궁한 이익을 얻는 방책이라고 하였다. 그러므로 [A]와 [B] 모두 이익을 얻을 수 있는 방책에 대해 언급하고 있다.

④ [A]에서는 누르하치가 명나라와의 싸움이 먼저라며 조선 침공에 대한 홍립의 제안을 거부한 것과 달리, [B]에서는 홍타이지가 조선을 침공하자는 홍립의 제안을 수용하고 있다.

30 ② 홍타이지가 즉위하자 홍립은 '조선의 군신(君臣)이 입술과 이처럼 명나라와 찰싹 붙어 있다'고 조선과 명의 관계를 거론하며 단기간 내에 조선과의 화의가 어려울 것이라고 말하였다. 이 말은 조선과 명나라의 관계가 숭명배호의 가치관으로 연결되어 있어 조선이 명나라를 버리고 자신들과 화친하기가 쉽지 않다는 것이다. 그러므로 강홍립의 말이 숭명배호의 가치관이 실현되기 어렵다는 인식을 드러낸 것이라고 볼 수 없다.

오답풀이

① 〈보기〉에서 「강로전」은 '강로' 즉 '강씨 오랑캐'로 규정된 강홍립을 부정적 인물로 내세우고 있으므로, '강로전'이라는 작품의 제목이 강홍립의 이야기를 숭명배호의 정치적 이념에 근거하여 서술하겠다는 의도로 볼 수 있다.

③ 인재를 등용할 때 실력과 능력이 아니라 세력과 이익을 보아 인재를 쓰는 것은 불공정한 인재 등용에 대한 작가 권칙의 비판적 목소리가 담겨 있다고 볼 수 있다.

④ 명나라를 도와 오랑캐를 토벌하기 위해 출정했던 강홍립이 누르하치를 주군으로 섬기는 것은 명나라를 숭상하고 오랑캐를 배격한다는 숭명배호의 이념에 어긋나는 인물임을 직접적으로 보여준다.

⑤ '죽음에 이르더라도 감히 자신이 군주로 섬기던 이를 노예로 만드는 일은 도모하지' 않는다는 누르하치의 말은 자신이 섬기던 군주를 배신한 강홍립의 부정적 인물상을 보여주고 있다.

2022학년도 기출문제 정답 및 해설

제1교시 국어영역(공통)

01 ①	02 ⑤	03 ⑤	04 ②	05 ①	06 ④
07 ②	08 ③	09 ⑤	10 ④	11 ①	12 ②
13 ④	14 ②	15 ③	16 ③	17 ②	18 ②
19 ①	20 ③	21 ⑤	22 ③	23 ①	24 ⑤
25 ③	26 ③	27 ⑤	28 ⑤	29 ④	30 ④

[01~03] 현대소설

송기숙 「개는 왜 짖는가」
- **갈래** : 현대소설, 단편소설
- **성격** : 비판적, 풍자적, 비유적
- **배경**
  - 시간적 배경 : 1970~80년대 군사독재 시절
  - 공간적 배경 : 서울의 마을, 통새암거리
- **시점** : 전지적 작가 시점
- **주제** : 표현의 자유가 억압된 시대의 비판과 풍자
- **특징**
  - 표현의 자유가 억압된 시대에 대한 한 언론인의 고뇌를 드러냄
  - 군사 독재 시절 상황을 비유하며 풍자함
  - 권력에 굴복할 수 밖에 없는 소시민의 모습을 보여줌

01 ① 이 작품은 전지적 작가 시점으로, 서술자가 '영하'라는 특정 인물의 시각을 중심으로 사건을 서술하고 있다.

오답풀이

② 이 글은 시간의 흐름에 따라 과거, 현재, 미래로 진행되는 평면적 구성이므로 액자식 구성이라고 볼 수 없다.

③ 대화로 이야기가 전개되는 부분이 있으나 인물 간의 오해가 풀리는 과정은 이 글에 나와 있지 않다.

④ 인물들의 대화와 장면으로 상황을 구체적으로 제시하고 있으므로 요약적 진술이 아니며, 특정 인물의 시각으로 사건을 서술하고 있으나, 특정 인물의 내력을 제시하고 있지는 않다.

⑤ 상징적 소재는 존재하나, 이를 통해 인물 간의 갈등이 해결되었음을 암시하고 있지는 않다.

02 ⑤ ㉡ 이후 영하는 아이의 겁에 질린 눈을 떠올리는 내용은 나와 있으나, 아내를 말리지 못했던 것을 후회하는 내용은 나와 있지 않다.

오답풀이

① '누구한테 붙잡혀 뺨이라도 얻어맞은 적이 있지 않았을까 싶었다.'는 문장을 통해 영하가 아이의 이전 경험을 추측하고 있음을 알 수 있다.

② '하루는 무슨 일로 일찍 집을 나가다가 바로 대문 앞에서 그 배달아이와 부딪치고 말았다.'는 문장을 통해 ㉠은 우연에 의해 일어난 것임을 알 수 있으며, '신문대하고는 상관없이 운동화나 한 켤레 사 신으라고 할 참이었다.'는 문장을 통해 ㉡은 영하의 의도에 의한 것임을 알 수 있다.

③ '순간, 지난번 흙탕에서 튕겨 오르던 그 배달아이의 신발이 머리를 스쳤다.'는 문장을 통해 ㉡은 ㉠에서 아이가 도망가다가 신발이 벗겨진 사건과 관련이 있음을 알 수 있다.

④ '달려오던 아이가 영하를 보더니 우뚝 멈춰 섰다. 대번에 주눅이 들어 조그맣게 오그라들었다.'는 문장을 통해 ㉡에서 아이는 영하의 의중을 이해하지 못해 여전히 ㉠에서와 같은 태도를 보이고 있음을 알 수 있다.

03 ⑤ 본인에 대한 기사를 쓰지 말라는 또철이의 독기어린 눈을 떠올리며 '주머니에서 기사를 꺼내' 휴지통에 넣은 것은 '그가 무섭다기보다 귀찮았'기 때문이며, 이는 책임을 회피하기 위한 행동임을 알 수 있다.

오답풀이

① 배달되는 신문이 '모두가 판에 박은 듯이 똑같은' 것은 획일화된 언론의 현실을 드러내는 것이라고 할 수 있다.

② 영하가 배달아이에게 '신문대하고는 상관없이 운동화나 한 켤레 사 신으라고' 말하려고 했던 것은 생계를 위해 신문을 넣어야 했던 아이에게 동질감을 느꼈기 때문이라고 볼 수 있다.

③ 영하가 아내에게 '넌지시 시골에서 살'자고 제안하는 것은 현실로부터 도피하고 싶은 마음에서 비롯된 것임을 알 수 있다.

④ '국장실'에서 나온 '정치부장'이 '우거지상'으로 '제길, 그런 것도 못 쓰면 무얼 쓰란 말이야?'라고 말하는 것은 권력이 언론을 통제하던 현실이 반영된 것임을 알 수 있다.

[04~07] 독서 – 인문

04 ② '도덕 본성은 하늘이 준 것으로 누구나 가지고 있지만 자연스럽게 발현되는 것은 아니므로 인에 대한 자각과 노력이 필요하다고 보았다.'는 내용을 통해 도덕 본성은 하늘이 준 것이므로 자연스럽게 발현되는 것이 아님을 알 수 있다.

오답풀이

① '맹자가 살았던 시대에는 패권 다툼으로 인한 국가 간의 대립이 지속되었다.'는 문장을 통해 맹자가 살았던 시대에는 서로를 지배하려는 국가 간 패권 다툼이 있었음을 알 수 있다.

③ '리와 인의의 선명한 대비는 패도정치(覇道政治)와 왕도정치가 갈리는 근거가 된다'는 말을 통해 맹자는 패도정치는 리(利)를, 왕도정치는 인의를 추구하는 데서 구분된다고 보았음을 알 수 있다.

④ '맹자가 주장한 의전론(義戰論)은 그가 보여준 전쟁에 대한 비판적 태도와는 외형상으로 모순되는 듯이 보이지만, 실질적으로는 맹자의 정치적 이상이었던 인정을 실현하는 방법으로 보아야 한다.'는 내용을 통해 맹자의 의전은 실질적으로는 맹자의 정치적 이상을 실현하는 방법으로 볼 수 있다.

⑤ '리는 자신과 타자를 배타적으로 경계 짓는 데서 비롯하는 사사로운 욕망이다.'라는 내용을 통해 맹자가 리(利)를 자신과 타자를 구분하는 데서 비롯하는 사사로운 욕망이라 하였음을 알 수 있다.

05 ① 맹자는 도탄에 빠진 백성을 구제한다는 명분을 갖는 정벌(征伐) 전쟁은 도덕적 정당성을 갖춘 것으로 보았으며, 연나라를 정벌해도 되냐는 질문에 "그렇다."고 답했으므로 정벌의 명분에 대한 질문에 답을 한 것임을 알 수 있다. 또한 맹자에게 제나라에 연나라를 정벌하도록 권한 일이 있냐는 질문에 "아니다."라고 하면서 천리(天吏)만이 정벌할 수 있다고 하는 것을 보아 정벌 주체의 자격과 관련된 질문에 대한 답을 한 것임을 알 수 있다.

06 ④ '태만한 군주를 벌(伐)하여 바로잡는 것을 정(征)이라 하였다.'라고 하였으므로, B국의 왕이 태평성대를 이루어 강한 힘을 갖게 됐다는 점에서 정(征)을 행하였다고 보기는 어렵다.

오답풀이

① '리를 추구하는 패자(覇者)는 상대를 힘으로 지배하려는 자이다.'는 내용을 토대로 A국의 왕은 상대를 압도할 수 있는 힘을 키우려 한다는 점에서 패자(覇者)라고 할 수 있다.

② '패자는 늘 상대보다 강한 힘이 필요하고, 그에 따라 대국(大國)을 소유하려 하게 된다.'는 내용을 통해 A국의 왕은 영토 확장을 위해 전쟁을 일으켰다는 점에서 리(利)를 추구한 것이라고 볼 수 있다.

③ '인정을 베푸는 왕은 신하와 백성들로부터 자발적인 복종과 신뢰를 얻기 때문에 싸우면 반드시 이기게 된다.'는 말을 근거로, B국의 왕은 인정을 베풀었기 때문에 신하와 백성들로부터 자발적인 복종과 신뢰를 얻었음을 짐작할 수 있다.

⑤ '도탄에 빠진 백성을 구제한다는 명분을 갖는 정벌(征伐) 전쟁은 도덕적 정당성을 갖춘 것으로 보았다.'는 말을 통해 B국의 왕은 A국의 백성들을 구하고자 했다는 점에서 그가 결정한 전쟁은 도덕적 정당성을 갖추었다고 볼 수 있다.

07 ② 주창은 주의나 사상을 앞장서서 주장하는 것을 의미하므로 사전적 의미로 적절하지 않다. 어떤 생각이나 결론 · 반응 따위를 이끌어 내는 것은 도출을 의미한다.

[08~11] 독서 – 인문

08 ③ 이 글에서 콜링우드가 제시한 감각의 구분 기준에 대한 내용은 나와 있지 않다.

오답풀이

① '콜링우드는 감각에 감정이 부하되는 것으로 감각이 감정에 선행한다고 하였다'는 말을 통해 콜링우드가 본 감각과 감정의 관계에 대한 내용을 알 수 있다.

② '칸트는 생산적 상상력을 대상이 현존하지 않더라도 대상의 다양한 형식을 포착하여 그 다양성을 결합하고 종합하는 선천적인 능력이라 하였다.'는 내용을 토대로 칸트가 규정한 생산적 상상력의 개념에 대한 내용을 알 수 있다.

④ '콜링우드는 감정의 표현에 대해 이야기하면서, 표현하는 것과 서술하는 것을 구분하였다 …'는 내용을 통해 콜링우드가 밝힌 감정 표현과 서술의 차이점을 알 수 있다.

⑤ '콜링우드가 제시한 상상력은 허구적인 이미지를 만들어내는 공상과 구별되는 것으로, 칸트의 생산적 상상력과 유사하다.'는 문장을 통해 상상력에 대한 칸트와 콜링우드의 공통된 견해를 알 수 있다.

09 ⑤ '감각과 감정은 동일한 대상을 통해 경험되는 것이므로 하나의 감각 경험으로 통합된다'고 하였으므로, 어린아이가 분홍색을 본 것과 기쁨을 느낀 것이라는 두 가지 감각 경험을 한 것이라고 할 수 없다.

오답풀이

① 감각은 색깔, 소리, 냄새 같은 것을 느끼는 것이므로, 어린아이가 꽃의 색깔을 분홍색으로 느낀 것은 감각에 해당한다.

② 감정은 즐거움, 고통, 분노 같은 것을 느끼는 것이므로, 어린아이가 분홍색 꽃을 보고 느낀 기쁨은 감정에 해당한다.

③ 감각에 감정이 부하되는 것이라고 하였으므로, 어린아이가 느낀 기쁨은 분홍색 꽃을 보고 얻은 감각에 부하된 것이다.

④ 감각이 감정에 선행한다고 하였으므로, 어린아이가 분홍색 꽃을 본 것은 기쁨이라는 감정에 선행한다.

10 ④ 콜링우드는 '예술가가 자신의 내면에 집중하여 이러한 감각들을 인지하려고 노력한다면 다양한 감각 경험이 종합되어 특정한 감정을 만들어낼 수 있다'고 하였으며, 이를 정서적 충전이라고 하였다. 따라서 A가 느낀 감정이 할머니에 대한 그리움이라는 것을 알게 되며 정서적 충전을 할 수 있었을 것이라는 내용은 옳지 않은 내용이다.

오답풀이

① 예술가가 과거의 경험으로부터 이끌어 낸 정서적 충전을 표현하기 위해서는 상상력이 필수적이라고 하였으므로, A가 과거 고향에 대한 모호한 감정을 춤사위로 연결하는 과정에서 상상력이 발휘되었을 것을 알 수 있다.

② 예술가가 느끼는 감정들은 분화되지 않은 상태이기 때문에 표현하기 전에는 스스로도 알 수가 없다고 보았으므로, A가 즉흥적인 춤사위를 선보이기 전에 느낀 감정은 스스로도 규정할 수 없는 분화되지 않은 감정이었을 것임을 알 수 있다.

③ 상상의 영역에서는 모든 시간이 현재화된다고 하였으므로, A가 감각을 통해 느낀 감정을 춤으로 표현하기 위한 과정에서 과거의 시간이 현재화됐을 것임을 짐작할 수 있다.

⑤ 감상자도 감수성을 갖고 작품을 음미할 경우, 예술가의 마음에서 창조된 것과 동일한 감정 상태를 자신의 감정으로 재구성할 수 있게 된다고 보았으므로, 관객들도 감수성을 갖고 공연을 감상했다면 A의 마음에서 창조된 것과 동일한 감정 상태를 자신의 감정으로 재구성할 수 있었을 것이다.

11 ① ㉠의 '보았다'는 '상대편의 형편 따위를 헤아리다'는 의미로, ①의 '볼'과 문맥적 의미가 가장 유사하다.

[12~14] 갈래 복합

(가) 복효근 「고목」
- **갈래** : 자유시, 서정시
- **성격** : 비유적, 유추적, 교훈적
- **제재** : 오동에 생긴 '구멍'
- **주제** : 삶의 고통과 상처가 승화된 아름다움과 성숙한 삶에 대한 소망
- **특징**
  - 자연적 대상인 고목을 인간의 삶에 적용시켜 삶의 교훈을 드러냄
  - 바람, 구멍 등의 상징적 시어를 사용하여 시적 의미를 강조
  - 1연에 시인의 생각들을 제시한 후, 2연에서 이것을 한 행으로 간명하게 정리하여 의미를 부각시킴
  - 설의법과 반복법 사용으로, 주제의식 부각

(나) 최승호 「누에」
- **갈래** : 산문시, 자유시, 서정시
- **성격** : 비유적, 교훈적
- **제재** : 누에
- **주제** : 고난을 통해 거듭나는 성숙한 존재에 대한 소망
- **특징**
  - 누에를 의인화 하여 삶의 교훈을 드러냄
  - 상징적 시어를 사용하여 시적 의미를 강조

12 ② (가)는 오동나무에, (나)는 누에에 인격을 부여하여 주제를 형상화하고 있다.

오답풀이

① (가), (나) 모두 색채의 대비는 나와 있지 않다.

③ (가), (나) 모두 시선의 이동에 따른 화자의 심리적 추이를 드러내고 있지 않다.

④ (가), (나) 모두 음성 상징어를 활용하고 있지 않다.

⑤ (가)는 '오동은 고목이 되어갈수록 제 중심에 구멍을 기른다'에서, (나)는 '해맑은 아침의 얼굴', '연금술의 긴 밤을 지나'에서 시간 표지를 활용하고 있으나, (가), (나) 모두 대상에 대한 화자의 인식 전환을 드러내고 있지는 않다.

13 ④ [D]에서는 [C]에서 얻은 삶의 의미를 실천하지 못한 회한이 아니라, 고통스럽고 괴로운 현실의 상황이 비유적으로 제시되고 있다.

오답풀이

① [A]에서는 오동에 대한 관찰을 바탕으로 오동이 고목이 되어갈수록 중심에 구멍이 생기는 현상에 주목하고 있다.

② [B]는 [A]에서 주목한 고목에 구멍이 생기는 현상에 대해 유추를 통해 인간의 삶에 적용하고 있다.

③ [C]는 의문형 어미인 '~랴'의 반복을 통해 [B]에 나타난 삶에 대한 이해가 확장되고 있다.

⑤ [E]는 [A]~[D]를 통해 얻은 삶에 대한 통찰이자 화자의 소망으로, 한 문장으로 집약되고 있다.

14 ② 〈보기〉에 따르면 존재 스스로 성숙의 주체가 시련을 극복할 때 성숙한 존재로 완성되는데, (나)에서 '누에의 왕'이 '구멍을 뚫어주'지 않는 것이 시련이 되므로, 역설적으로 존재의 소망 실현에 도움을 주는 환경이 된다고 할 수 있다. 그러나 (가)에서 '세 들어 새끼칠 수 있'게 되는 것은 존재의 소망을 실현한 후의 환경이므로 존재의 소망 실현에

도움을 주는 환경이라고 할 수 없다.

오답풀이

① (가)에서 '구멍'은 '피리새'가 서식할 수 있다는 점에서 타자를 포용하는 공간이고, (나)에서 '동굴'은 '하늘백성'이 되기 위해 거쳐야 한다는 점에서 성숙이 이루어지는 공간이라고 할 수 있다.

③ (가)에서 '삶'을 '향기롭'게 하기 위해 구멍을 '가꾸'어야 한다는 점에서, (나)에서 '날갯짓'을 시작하기 위해 '안쪽에서 뚫어야' 한다는 점에서 모두 스스로 성숙의 주체가 되는 모습을 강조한다고 할 수 있다.

④ (가)에서 '한낮'은 '상처'가 후벼지는 시간이라는 점에서, (나)에서 '긴 밤'은 '고통'스러운 '연금술'이 진행되는 시간이라는 점에서 모두 성숙한 존재가 되기 위한 인고의 시간을 가진다고 할 수 있다.

⑤ (가)에서 '육탈'은 '잘 마른 텅 빈 육신'을 위한 비움의 과정인 반면, (나)에서 '변모'는 '없었던 날개'가 창조되는 생성의 과정이라고 할 수 있다.

[15~18] 독서 – 과학

15 ③ 양자 컴퓨터를 기존 컴퓨터와 비교하여 기존 컴퓨터와의 차이점을 바탕으로 양자 컴퓨터를 설명하고 있다.

오답풀이

① 상황을 가정하여 특정 대상의 향후 전망을 제시하는 것이 아니라 특정 대상을 설명하고 있다.

② 특정 대상이 발전되어 온 과정을 설명하는 것이 아니며, 통시적으로 설명하고 있지도 않다.

④ 서로 다른 이론을 적용하는 것이 아니며, 특정 대상의 장단점을 분석하고 있지도 않다.

⑤ 유사한 두 대상의 공통점이 제시되어 있지 않으며, 각각의 의의를 서술하고 있지도 않다.

16 ③ 미시 세계에서는 관측하기 전까지 어떤 상태인지 정확히 알 수 없지만 양자 중 특정 상태가 측정될 확률은 알 수 있다고 하였으므로, 미시 세계에서 중첩된 양자는 어떤 상태가 어느 정도의 확률로 있는지를 알 수 있다고 할 수 있다.

오답풀이

① 거시 세계에서는 관측을 통해 양자의 중첩이 붕괴되어 중첩 상태 중 어느 한 상태로 확정되기 때문에 거시 세계에서는 관측을 통해 양자의 중첩된 상태를 확인할 수 없다.

② 다수결의 원리에 따라 오류를 보정할 때 오류 비트일 가능성이 50% 이상이라면 정상 비트보다 오류 비트가 더 많아 오류를 검증하기 어려워 다수결을 이용한 오류 검증은 실효성이 없다고 할 수 있다.

④ '기존 컴퓨터는 확정된 값을 입력해서 한 번에 하나씩 연산하여 확정된 값을 출력하지만, 양자 컴퓨터는 중첩된 큐비트를 한 번 입력함으로써, 중첩상태가 가질 수 있는 모든 가능한 경우에 대한 연산을 한꺼번에 수행한다.'는 내용을 통해 기존 컴퓨터가 여러 번 수행해야 하는 연산을 양자 컴퓨터는 한 번에 수행할 수 있다는 것을 알 수 있다.

⑤ 기존 컴퓨터는 동일 비트를 세 번 이상 저장한 후 다수결의 원리에 따라 오류를 보정하기 때문에, 기존 컴퓨터의 오류 검증에서 동일 비트의 저장 횟수를 늘리면 검증의 정확도가 올라갈 것이다.

17 ② 기존 컴퓨터는 다수결의 원리에 따라 오류를 보정하므로 비트 중 동일한 비트가 많은 값으로 읽히게 된다. 따라서 010과 001은 0이 많으므로 0이며, 011과 101은 1이 많으므로 1이 되어 '0, 0, 1, 1'이라는 값이 나오게 된다.

18 ② Z_2가 1이라면 X와 Y는 다르다는 것을 의미한다고 하였으므로, X와 Y가 다를 때 Z_2는 1이라고 할 수 있다. 따라서 ㉡과 ㉢행에서 X와 Y가 서로 다르므로, ⓑ와 ⓒ의 값은 1로 같다.

오답풀이

① Z_2가 0이라면 X와 Y는 같다고 하였으므로, ㉠과 ㉣행의 Z_2가 각각 0이면 ⓐ는 0, ⓓ는 1이다.

③ X가 1인 경우 Z를 반전하여 출력하며, 출력된 값을 각각 X와 Z_1이라고 하였으므로, Z_1에 영향을 미치는 것은 X이다.

④ Z_2의 값에 따라 X, Y의 값이 달라지는데, 값이 같으면 연산에 대한 오류 가능성이 낮으며, 값이 다르면 오류가 있음을 의미한다. 그러므로 오류 검증을 위해 관측하는 것은 Z_2이다.

⑤ X는 Z_1, Y는 Z_2에 영향을 미치며, X와 Y는 서로 영향을 미치지 않는다.

[19~21] 고전 소설

김만중 「사씨남정기(謝氏南征記)」

- **갈래** : 국문 소설, 가정 소설, 풍간 소설
- **성격** : 가정적, 풍간적, 교훈적, 비유적
- **배경**
  - 시간적 배경 : 명나라 초기
  - 공간적 배경 : 중국 북경 금릉 순천부
- **시점** : 전지적 작가 시점
- **제재** : 가정 내에서 벌어지는 처첩 간의 갈등
- **주제** : 처첩간의 갈등을 통한 권선징악의 교훈
- **특징**
  - 인현왕후 폐위의 부당함을 풍간하기 위한 목적으로 창작됨
  - 후대에 영향을 준 가정소설

- 서술자가 인물에 대해 평가를 내리고사건을 설명함으로써 독자의 이해를 도움
- 대화를 통해 사건을 전개하고, 갈등을 사실적으로 표현
- 구어체로 서술됨

19 ① 도사는 한림 처소의 벽에 있는 목인을 보고 한림의 애정과 관심을 요구하는 것일뿐, 살인모해하는 저주가 아니니 방심하라고 하였다. 따라서 '도사는 한림이 죽음을 맞이할 수도 있다고 경고했다'는 것은 글의 내용을 이해한 내용으로 적절하지 않다.

오답풀이

② 납매는 동청에게 장주를 몰래 죽이라는 말을 듣고 교녀의 허락을 받지 않고 장주를 눌러 죽였다.

③ '승상 엄숭이 도사의 잡술로 천자를 미혹하게 하는지라, 한림이 상소하여 간하였더라.'라는 내용을 통해 유 한림은 천자를 미혹하는 승상을 비판하는 글을 지었음을 알 수 있다.

④ '춘방이 설매를 크게 꾸짖는다 … 안색을 불변하고, 마침내 복초(服招)치 아니하고 장을 맞아 죽더라.'는 내용을 통해 춘방은 거짓 증언을 하는 설매를 꾸짖으며 죽음을 맞이했다는 것을 알 수 있다.

⑤ '두 부인이 성도에서 서간을 부쳐 왔더라. 한림이 개봉한즉, 사씨의 출화(黜禍)당함을 모르고 쓴 것이라 … '의 내용을 통해 두 부인은 사 부인이 집에 없는 것을 모르고 한림에게 편지를 썼다는 것을 알 수 있다.

20 ③ 동청이 유 한림에게 독약을 먹이자고 교녀에게 제안하는 것은 자신의 지위 확보를 위한 인간의 잔인성을 드러내는 것으로, 정쟁 등의 외부적 요인으로 인한 가문의 위기 상황이라고 할 수 없다.

오답풀이

① 설매가 고문을 당하는 과정에서 사 부인을 모함한 것은 처첩 간의 갈등으로 인해 빚어진 일이라고 할 수 있다.

② 동청이 엄 승상에게 유 한림의 글을 전하려는 계획은 가문의 권력이 집중되어 있는 가장을 축출하려는 시도라 할 수 있다.

④ 동청이 납매에게 교녀의 자식을 죽이라고 하는 것은 자신의 지위를 확보하기 위한 인간의 잔인성을 보여 주는 장면이라고 할 수 있다.

⑤ 유 한림이 무고한 사 부인을 의심하여 나가게 한 것은 가장의 어리석음으로 인해 가문이 혼란에 빠질 수 있다는 것을 보여 준다고 할 수 있다.

21 ⑤ 납매는 설매가 전 날 옥지환을 도적한 사실을 알고 장주를 죽인 것에 대한 책임을 전가하기 위해 설매를 협박한다. 따라서 ⓐ는 설매가 납매의 요구를 들어줄 수밖에 없는 이유로 활용되고 있다. 그리고 한림은 사씨 벽에 있는 목인을 보고 이전에 있었던 일이 사씨가 꾸민 짓이라고 생각했으나, 과거 자신의 판단을 의심하게 된다. 따라서 ⓑ는 한림이 과거 자신의 판단을 의심하는 계기로 활용되고 있다.

[22~25] 독서 – 사회

22 ③ 군인의 직무상 행위로 발생한 손해에 대해 국가배상을 배제하는 이유는 글에 언급되어 있지 않다.

오답풀이

① 첫 번째 문단에 국가배상의 개념이 언급되어 있다.

② 두 번째 문단에 국가배상법 제2조 제1항에 규정된 국가배상 청구권의 성립 요건에 대한 내용이 언급되어 있다.

④ 네 번째 문단에 대위책임설에서 공무원 개인의 직무상 행위로 발생한 손해배상 책임을 국가가 부담해야 한다고 주장하는 이유에 대한 내용이 언급되어 있다.

⑤ 네 번째 문단에 절충설에서 공무원의 경과실로 인한 손해에 대해 공무원 개인의 책임은 존재하지 않고 국가의 책임만 존재한다고 보는 이유에 대한 내용이 언급되어 있다.

23 ① 과실은 공무원이 갖추어야 할 주의 의무를 다하지 않은 경우를 말하므로, 공무원의 직무 집행 행위가 법령에 위반되었다는 것이 인정됨으로써 공무원의 과실이 인정되는 것은 아니다.

오답풀이

② '고의는 공무원이 행위의 위법성을 인식한 경우'라고 하였으므로, 공무원이 자신의 행위가 법을 어길 소지가 있다는 것을 인식하면서도 행위를 한 경우 해당 행위의 고의를 인정할 수 있다.

③ 공무원이 어떠한 행위를 하여야 할 의무가 법령에 규정돼 있음에도 불구하고 아무런 행위를 하지 않은 경우는 부작위를 의미하며, 행위의 위법성은 부작위에 의한 것도 인정된다고 하였으므로, 부작위에도 행위의 위법성이 인정될 수 있다.

④ 법령에 규정된 공무원의 직무상 의무의 내용이 개인의 이익이 아닌 공익만을 목적으로 하는 경우, 위법한 직무집행 행위와 개인이 입은 손해 사이에 인과 관계가 인정되지 않는다고 하였으므로, 법령에 의해 공무원에게 부과된 의무가 개인의 이익 보호를 목표로 하지 않는다면, 해당 의무의 부작위와 이로 인한 손해 사이에는 인과 관계가 인정되지 않는다고 할 수 있다.

⑤ 글에 따르면 공무원의 행위가 위법한 행위로서, 법령에 규정된 행위가 아니지만 외형상으로는 공무원의 직무 집행행위로 보이는 경우에는 국가배상 청구권이 성립할 수 있다.

24 ⑤ ⓒ에 따르면, 고의나 중과실의 경우에는 국가와 공무원 중 하나를 선택하여 배상을 청구할 수 있다. 따라서 B의 무리한 지시가 중과실에 해당되는 경우 A가 국가배상을 받은 이후에도 추가로 B에게 민사상 손해배상을 요구할 수는 없다.

오답풀이

① ㉠에 따르면, 국가가 공권력의 사용 권한을 공무원에게 맡긴 이상 공무원의 권력 남용에 대해서는 국가가 책임져야 한다고 보기 때문에, A가 입은 손해에 대해 국가가 배상함으로써 B의 권력 남용에 대해 국가 자신이 책임을 져야한다.

② ㉡에 따르면, 국가배상 책임은 손해를 가한 공무원이 부담해야 할 민사상 손해배상의 책임을 국가가 대신하여 부담해야 하므로, B의 무리한 지시가 공무원으로서 갖추어야 할 주의 의무를 심각하게 위반한 것이라도 B가 아닌 국가가 A가 입은 손해를 배상해야 한다.

③ ㉡에 따르면, 국가는 불법을 행할 수 없다는 국가 무책임 사상에 근거하여 국가가 A가 입은 손해를 배상하더라도 B의 무리한 지시는 개인의 행위일 뿐 국가의 행위로 인정될 수 없으므로 그 책임은 여전히 B에게 존재한다.

④ ⓒ에 따르면, 공무원의 경과실은 직무 수행상 통상적으로 발생할 수 있는 것이므로, 이에 대한 공무원 개인의 책임은 존재하지 않고 국가의 책임만 존재한다고 본다. 따라서 B의 무리한 지시가 경과실에 해당되는 경우 A는 B에게 민사상 손해배상을 요구할 수 없다.

25 ③ ⓐ에 대한 근거는 글의 네 번째 문단에 언급되어 있는데, 이에 따르면 국가배상 책임은 공무원의 권력 남용에 대한 국가의 책임으로, 공무원의 민사상 손해배상 책임과 별개로 존재하기 때문이다.

오답풀이

① 국가배상 책임은 국가의 책임으로, 국가의 책임과 공무원 개인의 책임이 동시에 존재하는 양면성을 지니지 않는다.

② 국가배상 책임은 국가의 책임으로, 공무원 개인의 책임이 아니기 때문에 공무원의 손해배상 책임을 국가가 대신하여 부담하는 것이라고 볼 수 없다.

④ 국가배상 책임이 공무원 개인의 직무 집행 행위로 인해 발생한 것이라도 국가배상 책임은 국가의 책임이기 때문에 공무원 개인이 국가배상 책임의 일부를 부담해야 하는 것은 아니다.

⑤ 국가배상 책임은 공무원 개인의 책임이 아니라 국가의 자기 책임이므로, 무사안일주의를 방지하기 위해 공무원에게도 책임을 묻는 것은 적절하지 않다.

[26~30] 갈래 복합

(가) 박인량 「사송과사주구산사(使宋過泗州龜山寺)」
- **갈래** : 한시
- **배경** : 고려 전기
- **주제** : 중국에 사신으로 왔다가 본 풍경을 보며 한가하고 여유로운 삶을 소망함
- **특징**
  - 원근법적인 구도가 돋보이는 시상의 전개(주변 → 절의 외관 → 절의 경내 광경 → 작자)
  - 원근법적인 구도를 통해 시적 내용을 응집시키는 효과를 극대화

(나) 정철 「성산별곡(星山別曲)」
- **갈래** : 서정 가사, 양반 가사
- **성격** : 전원적, 풍류적
- **배경** : 조선 명종 때(1560년)
- **형식** : 총84절(행), 168구이며 3 · 4조가 주축
- **주제** : 성산의 풍물과 김성원의 풍류를 예찬
- **특징**
  - 한어구와 전고가 많아 한시적인 분위기가 짙음
  - 한 개인과 지역에 대한 칭송으로, 보편성이 희박함
  - 체험에서 우러난 전원 생활의 흥취와 지은이의 개성이 잘 드러난 작품

26 ③ (가)와 (나) 모두 자연물에 화자의 감정을 이입하고 있지 않고, 애상감을 심화하고 있지도 않으므로 적절하지 않은 설명이다.

오답풀이

① (가)는 '풍경 소리 달을 흔들며 구름 사이로 떨어진다'는 내용을 통해 공감각적 심상을 활용하여 대상의 이미지를 구체화하고 있다는 것을 알 수 있다.

② (나)는 '~고', '~구나'와 같은 영탄적 어조를 활용하여 대상으로부터 받은 흥취를 강조하고 있다.

④ (나)는 (가)와 달리 '공산(空山)에 쌓인 잎', '눈' 등 계절감을 드러내는 시어를 활용하여 시적 분위기를 형상화하고 있다.

⑤ (가)는 1~6구에서는 주변환경을 묘사한 뒤 7 · 8구에 시인의 생각을 드러내는 선경후정의 방식으로 시상을 전개하고 있으며, (나)는 '~고'와 같은 의문형 어미를 사용하여 청자에게 말을 건네는 방식으로 시상을 전개하고 있다.

27 ⑤ (가)는 '시 한 수'로 자연에서의 한가로운 삶에 대한 소망을 드러내며, (나)는 '거문고'로 전원생활의 멋과 풍류를 표현하려 하고 있다. 따라서 (가)의 '시 한 수'와 (나)의 '거문고'는 내면적 감흥을 외부로 표출하는 수단이라고 할 수 있다.

오답풀이

① (가)의 '풍경 소리'는 삶에 대한 자족감을 나타내는 소재로 보기 어려우나, (나)의 '풍입송'은 삶에 대한 자족감을 나타내는 소재이다.

② (가)의 '큰 파도'는 심미적 완상의 대상이라고 보기 어려우나, (나)의 '창계 흰 물결'은 심미적 완상의 대상이라고 할 수 있다.

③ (가)의 '스님의 바둑'과 (나)의 '엊그제 빚은 술'은 삶에 대한 성찰을 환기하는 소재라고 보기 어렵다.

④ (가)의 '사신의 명'과 (나)의 '산옹의 이 부귀'는 화자가 부정적으로 인식하는 대상이 아니다.

28 ⑤ ⓐ는 산중에 책력이 없어 사시를 모른다는 내용을 통해 산중이 인위적인 시간 질서에 구애받지 않는 곳임을, ⓑ는 산중에 벗이 없어 한기를 쌓아둔다는 내용을 통해 산중에서도 인간 세상에 대한 화자의 관심이 여전히 남아 있음을 드러낸다.

29 ④ (다)에서 '군이 서울에 있어 소래산 꿈을 꾸는 것'이라 말하는 것은 '나'의 고향에 돌아가고자 하는 마음이 반영된 것이며, '나'는 '소래산'을 '서울'보다 더 높은 가치를 부여하는 것이지 위계적 질서상 상위에 두는 것이 아니다.

오답풀이

① (가)에서 '절'은 화자가 '다시 오르길 기약'한다는 점에서 단순한 물리적 공간을 넘어서는 의미가 부여된 곳이라 할 수 있다.

② (나)에서 '좋은 일' 많다고 말한다는 점에서 '인생 세간'은 '손'의 가치관이 투사된 공간이라 할 수 있다.

③ (나)에서 '강산'을 '선간'으로 표현했다는 점에서 강산이라는 공간을 단순한 자연이 아닌 이상적 공간으로 파악하고 있다고 볼 수 있다.

⑤ (다)에서 '소래산'은 효라는 유가적 이념에 기반한 의미가 환기되는 곳이라는 점에서 조상을 중시하는 '이동욱 군'의 가치관이 투사된 곳이라 할 수 있다.

TIP 〈몽소헌기〉의 종류

- **누정기(樓亭記)** : 한문산문의 문체분류에서 記文, 그 중 개인적인 건축물과 관련된 누정기에 속함
- **누정(樓亭)의 의미** : 누각(樓閣)과 정자(亭子)를 아울러 이르는 말
- **누정기에서의 중요한 요소** : 누정주인에게 있어 공간 · 이름의 의미, 작자가 누정주인이 공간과 이름에 부여한 의미를 보는 관점, 작품 속에서의 누정주인의 인식과 작자의 인식의 관계

30 ④ ㉣은 꿈이 주체나 대상과의 결합에 제한이 없다는 측면에서의 꿈의 보편적 성격을 기술하고 있으므로, 대리 만족을 가능하게 하는 꿈의 작용을 구체화하고 있다는 것은 적절하지 않은 내용이다.

오답풀이

① ㉠은 낮의 일과 밤의 꿈에 대등한 가치를 부여함으로써 꿈의 의미를 드러내고 있다.

② ㉡은 현실에서 그리움과 사모의 대상이 꿈으로 이어지는 꿈의 원리가 제시되고 있다.

③ ㉢은 공간적 거리에 따른 현실적 제약을 넘어설 수 있게 하는 꿈의 효용이 제시되고 있다.

⑤ ㉤은 꿈이 '나', '미산'과도 결합할 수 있다는 것을 통해 주체나 대상에 제한이 없는 꿈의 보편적 성격이 제시되고 있다.

2021학년도 기출문제 정답 및 해설

제1교시 국어영역(공통)

01 ①	02 ⑤	03 ④	04 ⑤	05 ④	06 ④
07 ④	08 ②	09 ④	10 ②	11 ②	12 ③
13 ②	14 ③	15 ③	16 ④	17 ①	18 ②
19 ①	20 ③	21 ①	22 ③	23 ⑤	24 ①
25 ④	26 ⑤	27 ④	28 ④	29 ④	30 ②
31 ②	32 ③	33 ②	34 ③	35 ②	36 ④
37 ①	38 ①	39 ⑤	40 ①	41 ③	42 ③
43 ⑤	44 ⑤	45 ⑤			

01 ① 사회자는 강연을 하기에 앞서 강연에 대한 집중도를 높이기 위해 청중들의 응답을 끌고 그들의 반응을 확인할 수 있도록 시청각 자료를 통한 직접적 소통을 시도하고 있으며 이는 강연의 대상자인 청중과 상호 작용을 하여 강연을 더욱 원활하게 진행하기 위한 방법이라고 할 수 있다.

02 ⑤ ⓒ은 ⓛ에서 제시된 화면 속의 사과가 원래 빨간색이라는 학생들의 반응과 달리 노란색이었다는 반전을 보여주어 이 사실과 관계된 인간이 지적하는 물체의 색이 실제의 색과 다를 수 있다는 점을 강연을 시작하기 전에 상기시켜주는 역할을 하고 있다.

오답풀이

① ㉠ 화면은 하나의 드레스가 가지고 있는 다양한 색을 통해 기억색에 대한 설명을 하고 있으며 서로 다른 두 드레스를 번갈아 보여 주는 것이 아니다.

② ㉠ 화면의 드레스는 어떠한 시간의 변화 없이 하나의 화면 속에서 파란 바탕의 금색 줄무늬와 흰색 바탕의 금색 줄무늬를 동시에 띄고 있다.

③ ⓛ 화면은 노란색 조명이 빛나는 방 안의 사과가 빨간색으로 보인다는 청중들의 보편적인 인식을 확인하기 위해 제시되었으므로 서로 다른 두 화면이 제시되지는 않았다.

④ ⓛ 화면에서는 기억색과 색 항상성이 일어나는 원인이 다르다는 사실을 ⓒ 화면에서 작품 속 빛이 비치는 각도에 따라 색이 달라지는 현상을 설명하기 위해 해당 현상을 보여주지 않았다.

TIP 발표에서의 자료와 매체의 활용 효과

- 발표 내용을 풍부하게 하고 전달 효과를 높일 수 있다.
- 청중이 내용을 좀 더 쉽게 이해할 수 있다.
- 발표 내용을 청중의 기억에 오래 남길 수 있다.
- 청중이 발표자가 설명하는 내용에 신뢰를 가질 수 있다.

03 ④ 학생 1은 퓌론의 주장이 잘못되었을지도 모른다는 생각을 하고 있고 학생 3은 강연에서 들은 아타락시아에서 느끼는 마음의 상태에 대해 좀 더 알고 싶다는 생각을 하고 있으므로 두 사람의 반응 모두 강연의 정보량이 부족하다는 점과는 거리가 멀다.

오답풀이

① 학생 1은 논리학에서 말하는 모순율은 언제나 변함없는 진리라는 배경지식을 활용하여 강연에서 들었던 퓌론의 주장이 잘못되었을지도 모른다는 자기점검을 하고 있다.

② 학생 2는 평소 자신이 품었던 궁금증이 강연 내용을 통해 해소되었다는 반응을 보인다.

③ 학생 3은 강의 내용을 듣고 자신의 경험을 상기하며 궁금증을 확대하고 있다.

⑤ 학생 2는 뇌에 의한 감각의 왜곡, 학생 3은 아타락시아에서 느끼는 마음의 상태에 대해 좀 더 알아보려는 계획을 하고 있다.

04 ⑤ 토론의 반대 측 입론에서 반대 1은 반려동물 보유세를 도입한다고 해도 모든 반려인들이 자발적으로 반려동물을 키운다고 신고하지는 않을 것이며 그렇게 되면 보유세를 내는 성실한 납세자와 그렇지 않은 사람 사이의 새로운 갈등이 발생할 것이라는 이유를 들어 반려동물 보유세 도입이 사회적 갈등을 해소할 수 없다고 주장한다.

오답풀이

① 토론의 반대 측 입론에서 반대 1은 동물 병원 진료비나 반려동물 구입비 등에 부가가치세가 포함되어 있기 때문에 반려인에게 반려동물 보유세를 부과하는 것은 타당하지 않다고 주장한다.

② 토론의 찬성 측 입론에서 찬성 1은 반려동물 보유세를 부과하면 반려동물을 충동적으로 쉽게 사고 버리는 일이 줄어들 것이라고 주장한다.

③ 토론의 반대측 입론에서 반대 1은 경제적 취약 계층에서도 반려동물을 키우는 경우가 있으므로 이들에게까지 반려동물 보유세를 부과하면 세금 부담으로 인해 양육을 포기하여 유기동물이 증가할 것이라고 주장한다.
④ 토론의 찬성 측 입론에서 찬성 1은 반려동물 보유세 도입으로 재원을 확보하면 반려동물로 인해 발생하는 사회적 갈등 해소에 필요한 여건을 조성할 수 있다고 주장한다.

05 ④ 토론의 반대 측 입론에서 반대 1은 경제적 취약 계층에서도 반려동물을 양육하는 경우를 예로 들어 이런 사람들에게까지 반려동물 부과세를 부과하면 양육에 따른 세금의 부담 때문에 오히려 양육을 포기할 수 있어 유기동물의 수가 늘어날 것임을 주장의 근거로 삼고 있다.

06 ④ 활동 2는 활동 1의 토론 내용을 바탕으로 작성된 비평문으로 반려동물 보유세로 반려동물과 반려인만을 위한 재원을 별도로 마련해야 한다는 찬성 측 주장을 설명하기 위해 교통 · 환경 · 에너지세를 예로 들어 특정한 목적을 위한 목적세로 운용되어야 한다는 내용은 반영되었지만 구체적인 사용처를 제시해야 한다는 내용은 반영되지 않았다.

오답풀이

① 정부가 반려동물 보유세 도입의 검토가 필요하다는 내용을 통해 주제를 소개하며 글을 시작하고 있다.
② (나)의 글에서 나의 관점은 반대 측의 내용을 검토한 후 부가가치세는 보통세이기 때문에 목적세의 형태로 반려동물 보유세를 부과해야 한다고 주장하고 있다.
③ 찬성 측에서 주장한 반려동물 보유세를 실시하고 있는 □□국의 유기동물 비율이 훨씬 적다는 내용을 추가로 조사하여 나의 견해를 뒷받침하는 사례로 제시하였다.
⑤ 글의 마지막에서 과세액이 높을 경우 반려동물 양육의 포기가 늘어날 수 있다는 반대 측의 주장을 활용해 신중하게 결정해야 한다는 점을 밝히고 있다.

TIP 설득을 위한 작문

- 관련 자료를 수집하여 주장하고자 하는 의견이나 관점을 명료하게 세운다.
- 주장을 뒷받침할 수 있는 타당한 논거를 세운다.
- 다양한 작문 과제에 대하여 논설문, 비평문, 건의문, 광고문, 칼럼 등 여러 가지 종류의 글을 쓴다.

07 ④ 반려동물 보유세의 도입이 필요하다는 자신의 입장과 확보된 재원으로 반려동물로 인한 문제를 해결하는 사회적 비용을 충당할 수 있다는 기대 효과가 언급되었고 이러한 정책의 취지를 살리기 위해서는 사회적 논의 과정과 과세액의 합리적 부과를 위한 기준이 마련되어야 한다는 방안이 제안되어 있다.

오답풀이

① 자신의 입장과 기대 효과는 언급되었으나 취지를 살리기 위한 방안은 제안되어 있지 않고 있다.
② 자신의 입장과 기대 효과가 언급되지 않았고 취지를 살리기 위한 방안만 제안되었다.
③ 정책의 취지를 위한 방안이 제안되지 않았고 자신의 입장이 중복해서 언급되어 있다.
⑤ 반려동물 보유세의 기대 효과가 아닌 문제점이 언급되어 있다.

08 ② 개인형 이동장치에 대한 정의는 나타나 있지 않고 이전 법규에 대한 내용 또한 문제점만 언급되어 있다. 따라서 초고에 반영되지 않은 것은 ㉠과 ㉢이다.

오답풀이

③ 첫 번째 문단의 '저 역시~쓰게 되었습니다.'에서 제시되고 있다.
④ 세 번째 문단의 '이 문제를 해결하기 위해서는 우선,~'에서 제시되고 있다.
⑤ 마지막 문단의 '제 건의가~기대되어집니다.'에서 제시되고 있다.

09 ④ (가)–1의 개인형 이동장치 판매량 증가 현황에서 전국 판매량에 비해 우리 시의 판매량은 현격하게 낮은 비율을 보이고 있으므로 우리 시의 교통사고 증가와 관련짓기에는 부족하다.

오답풀이

① 개인형 이동장치 구입을 망설이는 설문에서 전용 거치대의 미비라는 언급이 가장 많으므로 개인형 이동장치를 위한 제반 시설을 갖추어야 한다는 주장에 대한 구체적인 근거가 될 수 있다.
② 자전거 도로에서 발생한 교통사고 증가가 자전거 도로의 협소와 정비 부족이 원인이라는 기사를 통해 개인형 이동장치의 안전사고를 방지하기 위한 방안이 자전거 도로 확충이라고 강조할 수 있다.
③ 개인형 이동장치의 공적 대여 서비스로 인해 환경오염이 감소했다는 관계자의 인터뷰로 개인형 이동장치의 증가에 대한 긍정적 효과를 주장할 수 있다.
⑤ 개인형 이동장치를 구입하지 못하는 이유로 지나치게 비싼 가격이 두 번째를 차지하고 있으므로 공적 대여 서비스 제도를 통해 환경오염 방지와 개인형 이동장치 교통량 증가를 동시에 이룰 수 있다고 강조할 수 있다.

10 ② ⓑ의 앞에는 환승역과 버스 정류장 주변에 개인형 이동장

치를 보관할 수 있는 거치대를 마련해야 한다는 주장을 하고 있고 뒤에는 개인형 이동장치로 인해 대중교통의 환승이 편리해져 이용자들이 증가할 것이라는 관련 주장을 덧붙이고 있다. 따라서 상반되는 상황에 쓰이는 '하지만'이 사용되는 것은 적절하지 않다.

오답풀이

① 25km 이하로 운행해야 한다는 이전 법규에 차도에서 운행해야 한다는 부연설명이 와야 하므로 바로 뒷문장과 위치를 바꾼다.

③ 자전거 도로의 정비와 확충을 통해 이동장치 및 자전거 사용자와 보행자가 모두 안전해질 수 있다는 설명에서 어울리지 않는다.

④ '구상'이란 앞으로 이루려는 일에 대한 규모와 실현 방법 따위를 생각한다는 의미이므로 어울리지 않는다.

⑤ '기대됩니다.'만으로도 충분히 원활한 문맥이 완성되므로 불필요한 이중피동은 자제한다.

TIP 고쳐쓰기의 원칙

- **통일성**
  - 글 전체가 하나의 주제로 집중되는 성질
  - 글의 주제와 관련이 없는 내용은 삭제하거나 조정
- **완결성**
  - 하나의 내용을 완전히 마무리하는 성질
  - 글쓴이가 말하고자 하는 내용이 분명히 드러남
  - 주제문이 갖추어져 있고, 이에 대한 뒷받침 문장들을 충분히 제시
- **일관성**
  - 논리의 흐름이 처음부터 끝까지 한결같고 자연스러운 성질
  - 앞뒤의 내용이 서로 모순되지 않아야 함
  - 문장과 문장 사이의 연결이 자연스러워야 함

11 ② '티읕만'은 받침 'ㅌ'이 자음 'ㅁ' 앞에서 'ㄴ'으로 발음되므로 ⓐ와 ⓓ가 모두 적용되어 교체가 두 번 일어난다.

오답풀이

① '앞앞이'의 받침 'ㅍ'이 자음인 'ㅇ' 앞에서 [ㅂ]으로 발음되지 않고 생략되었다.

③ '밟는'은 ⓐ에서 말한 받침이 포함되어 있지 않고 ⓒ처럼 '밟-'이 [밥]이 아닌 [밤]으로 발음되었다.

④ '삯일'의 겹받침 'ㄳ'이 자음인 'ㅇ' 앞에서 [ㄱ]으로 발음되지 않았고 'ㄴ, ㅁ' 앞에서 발음되지 않았다.

⑤ '꽃잎'의 받침 'ㅊ'이 자음인 'ㅇ' 앞에서 'ㄱ'이 아닌 'ㄴ'으로 발음되었다.

12 ③ '하나'는 '전혀', '조금도'의 뜻을 나타내는 말과 뜻, 마음, 생각 따위가 일치한 상태를 나타내는 단어로 모두 명사에 속한다.

오답풀이

① 위에서 사용된 '하나'는 '지금 지나가고 있는 이 날에'라는 뜻으로 사용된 부사이고 아래에서 사용된 '하나'는 '지금 이 시점'이라는 뜻으로 사용된 명사이다.

② 위에서 사용된 '밝았다'는 '불빛 따위가 환하다'라는 뜻으로 사용된 형용사이고 아래에서 사용된 '밝았다'는 '밤이 지나고 환해지며 새날이 오다'라는 뜻으로 사용된 동사이다.

④ 위에서 사용된 '않고'는 '어떤 행동을 안 하다'라는 뜻으로 사용된 동사이고 아래에서 사용된 '않고'는 '앞말이 뜻하는 상태를 부정하는 말'로 사용된 형용사이다.

⑤ 위에서 사용된 '보다'는 '어떤 수준에 비하여 한층 더'라는 뜻으로 사용된 부사이고 아래에서 사용된 '보다'는 '~에 비해서'라는 뜻으로 사용된 격조사이다.

13 ② '되다[01] [1]'의 '「1」'은 새로운 신분이나 지위를 가진다는 의미이고 '「2」'는 다른 것으로 바뀌거나 변한다는 의미이므로 둘 다 그 대상을 지칭하는 보어와 '되다'가 들어갈 서술어를 꼭 필요로 한다.

오답풀이

① '되다[01]'은 총 4가지의 뜻을, '되다[02]'는 총 2가지의 뜻을 가지고 있으므로 다의어에 해당한다.

③ '되다[01] [2]'는 '누구에게 어떤 일을 당하다'라는 의미를 가지고 있으므로 【…에게 …이】가 들어가야 적절하다.

④ '되다[02] 「1」'은 '반죽이나 밥 따위가 물기가 적어 빡빡하다'라는 의미를 가지고 있으므로 '질다'를 반의어로 쓸 수 있다.

⑤ '-되다[03]'은 몇몇 명사의 뒤에 붙어 형용사를 만드는 접미사로도 사용되므로 명사인 '거짓'의 뒤에 붙어 접미사를 만들 수 있다.

14 ③ 윗글에서 간접 인용절은 조사 '고'를 사용하고 직접 인용절을 간접 인용절로 바꿀 때 대명사, 어미, 인용 조사, 시간 표현 등이 달라질 수 있다고 하였으므로 '내일'이 '오늘'로, '나'가 '자기'로 바뀌며 조사 '고'가 사용된 ③이 정답이다.

TIP 안은 문장

- **명사절을 안은 문장** : 명사형 어미 '-(으)ㅁ', '-기'가 붙은 절이 문장 안에서 주어, 목적어 등의 역할을 하는 문장
  예 농부들은 비가 오기를 기다린다.
- **관형절을 안은 문장** : 관형사형 어미는 '-(으)ㄴ', '-는', '-(으)ㄹ', '-던' 등이 붙은 절이 문장 안에서 관형어의 역할을 하는 문장
  예 나는 쥐를 잡는 고양이를 보았다.
- **부사절을 안은 문장** : '-이', '-게', '-도록', '-(아)서' 등이 붙은 절이 문장 안에서 부사어의 역할을 하는 문장
  예 비가 소리 없이 내린다.
- **서술절을 안은 문장** : 문장 안에서 서술어의 역할을 하는 절을 안은 문장

㉥ 그녀는 얼굴이 예쁘다.
- **인용절을 안은 문장** : '고', '–라고' 등이 사용된 인용절을 안은 문장
  ㉥ 현수는 선영이가 웃었다고 말했다.

15 ③ 윗글에서 인용절 앞에 오는 '닐오ᄃᆡ'는 전체 문장의 서술어라고 하였고 문장의 끝에 오는 'ᄒᆞ니라'가 중세 국어의 인용동사라고 하였으므로 [A]에서 나타나는 닐오ᄃᆡ'와 'ᄒᆞ니라' 역시 동일한 구조를 보이는 문장형태라고 할 수 있다.

오답풀이

① 윗글에서 중세 국어는 현대 국어와 달리 인용절을 나타내는 표지가 나타나지 않는다고 하였다.
④ (나)–2의 서술어인 '무로ᄃᆡ'는 문장의 가운데에 위치해 있고 [A]의 '닐오ᄃᆡ'와 'ᄒᆞ더니'는 각각 처음과 끝에 위치해 있으므로 중세 국어의 일반적인 인용절 형태라고 할 순 없다.

16 ④ 윗글에 따르면 동양에서 하늘과 인간 세계의 관계는 한나라의 동중서가 체계적으로 정리하였고 그는 우주 만물이 모두 기로 이루어져 있는데, 그 구체적인 모습은 음양과 오행으로 나타난다고 보았다고 하였으므로 이 내용을 통해 동양의 자연에 대한 사고를 오행의 원리로 설명하고 있다는 걸 알 수 있다.

오답풀이

① 윗글의 두 번째 문단에서 동양과 서양의 사고를 비교 분석하고 있는 것은 맞지만 동양적 사고의 근원을 설명하기 위한 것이므로 직접적인 의문을 제기한다고 보기는 힘들다.
② 자연에 대한 동양적 사유의 내용이 무엇인지는 설명하고 있지만 그 변화 양상에 대해서는 설명하지 않고 있다.
③ 동중서가 정리한 이론을 통해 천인감응설이 무엇인지는 설명하고 있지만 후대 사상가들과의 비교는 언급되지 않고 있다.
⑤ 윗글의 마지막 문단에서 자연환경의 파괴로 인간의 삶이 위협받는 현대 사회에서 동양적 사고가 매우 가치 있다고 하였으며 서양의 사고는 언급되지 않고 있다.

17 ① 윗글에서 음양은 대립하지만 상보적이고 이는 세상의 만물이 서로 영향을 주고받는 존재라는 것을 보여주며 이 음양의 이치는 우주 만물의 변화 양상을 오행의 상생과 상극관계로 설명한다고 하였다. 따라서 오행을 통한 만물의 생성과 소멸은 순환을 반복하지만 이 과정이 상보적 관계로 발전하기 위한 것인지는 알 수 없다.

오답풀이

② 윗글에서 우주 만물은 모두 기로 이루어져 있으며 그 구체적인 모습은 음양과 오행으로 나타나는데 오행이란 끊임없이 상생의 기운으로 보완되기도 하고 상극의 기운으로 약화되기도 하므로 오행으로 대표되는 기의 형태는 달라지더라도 사라지지는 않는다고 할 수 있다.
③ 윗글에서 음과 양은 대립하지만 상보적이고 이는 세상의 만물이 서로 영향을 주고받는 존재라는 것을 보여준다고 하였으며 이는 곧 만물이 하나로 연결되어 있다는 인식에서 비롯된 것이다.
④ 윗글에서 유목 생활이 발달한 서양은 정착하기보다 자원이 부족해지면 떠나야 했으므로 이들에게 자연은 개척과 적응의 대상이었으며 현재 공간에서의 삶이 언제든지 다른 공간의 삶으로 바뀔 수 있다는 생각을 가졌다고 언급된다.
⑤ 윗글에서 동중서는 우주 만물이 모두 기로 이루어져 있기 때문에 인간과 자연은 기를 매개로 서로 감응한다고 주장하였다.

18 ② 생성과 소멸의 순행으로 계절의 기운이 달라지는 것은 우주 만물을 이루고 있는 오행의 변화에 따라 계절 역시 달라지는 것이므로 하늘을 닮으려는 인간의 의지에 의한 것이라는 설명은 어울리지 않는다.

오답풀이

① 인간과 자연은 우주 만물을 이루는 기를 매개로 서로 감응한다고 하였으므로 인간의 희로애락이 하늘을 닮았다는 것은 하늘과 인간의 기가 서로 호응한다는 것을 보여준다.
③ 하늘은 자연이 스스로 생성을 거듭하는 원리를 주관하는 존재이므로 자연의 일부인 인간의 삶이 혼란해졌을 때 하늘은 자연의 근본으로서 재이를 일으켜 원래대로 되돌려 놓으려는 것이다.
④ 천인감응설은 하늘이 선의 의지로 인간을 이롭게 하는 존재로 보는 것으로 하늘이 두려움을 통해 인간이 자신의 잘못을 깨닫고 하늘이 바라는 선한 뜻을 따른다는 것이다.
⑤ 천인감응설은 인간을 하늘의 축소판이라고 보았고 땅에서의 인간의 삶이 하늘의 뜻을 거스르기도 할 때 하늘이 자연의 운행을 어긋나게 하여 잘못된 인간의 삶을 경계하고 하늘의 뜻을 다시 돌아보게 한다는 뜻이다.

19 ① 비장은 토에 대응되고 심장은 화에 대응되므로 토와 상생관계에 있는 심장 속 화의 기운을 북돋아주는 것이 첫 번째 처방이다. 따라서 수에 대응되는 신장의 기를 회복시키려면 수와 상생 관계에 있는 금의 기운을 올려주어야 하므로 금에 대응되는 장기인 폐의 기운을 올려주어야 한다.

오답풀이

②, ④ 간은 목에 대응되므로 간의 기운을 올려주면 심장의 기운이 채워진다.
③ 심장은 화에 해당하므로 심장의 기운을 올려주면 비장의

기운이 채워진다.

⑤ 비장은 토에 대응되므로 비장의 기운을 올려주면 폐의 기운이 채워진다.

20 ③ ㉠의 '불렀다'는 '무엇이라고 가리켜 말하거나 이름을 붙이다.'라는 의미로 사용되었으므로 이와 같은 용례로 쓰인 ③이 정답이다.

21 ① 윗글에서 법발견과 법형성에 대한 정의와 설명은 나와 있지만 둘의 역사적 기원에 대해서는 나와 있지 않으므로 대답할 수 없다.

오답풀이

② 윗글의 세 번째 문단에서 법발견은 법관이 법률의 완전성을 신뢰하고 법정 분쟁을 법적삼단논법에 따라 처리하는 것이라고 나와 있고 다섯 번째 문단에서 법형성은 법관이 법률의 흠결을 보충한다고 나와 있다.

③ 윗글의 두 번째 문단에서 법발견은 대전제 → 소전제 → 결론으로 구성되는 연역적 추론 과정을 법률 적용에 응용한다고 나와 있고 다섯 번째 문단에서 법형성의 명시적 흠결은 유추 적용, 은폐된 흠결은 목적론적 축소 적용을 한다고 나와 있다.

④ 세 번째 문단에서 법발견에서의 법관은 법률의 완전성을 신뢰하고 법적 분쟁을 법적삼단논법에 따라 처리하는 것이라고 나와 있다.

⑤ 세 번째 문단의 법발견의 관점에서 법률은 부족함이나 오류가 없다고 가정하며 다섯 번째 문단에서 법형성은 법률의 흠결을 인정하고 그 흠결을 보충한다고 나와 있다.

22 ③ ㉠에서 법발견은 법률을 해석하여 적용할 때 법률의 부족함이나 오류가 없다고 가정하였고 〈보기〉의 예링은 법은 사회적 목적을 실현할 수단으로 입법의 의지와 취지를 살릴 수 있는 범위에서 종합적으로 적용할 수 있다고 본 동시에 법률을 기계적으로만 적용하는 개념법학을 비판하였다. 따라서 예링의 입장에서 법발견을 비판할 때는 법률을 목적과 취지에 맞게 능동적으로 판단해야 한다고 주장할 수 있다.

오답풀이

① 법률을 조문의 범위로만 판단하는 것은 예링의 입법의 의지와 취지를 살릴 수 있는 범위 안에서 종합적으로 적용할 수 있다는 생각과 반대된다.

② 법률의 완결성을 신뢰해야 한다는 것은 법이 사회적 목적을 실현하는 실용적 수단이라는 예링의 생각과 반대된다.

④ 법률의 제정 단계에서 법관이 개입하면 예링이 주장한 입법 범위 안에서의 종합적인 법률 적용을 할 수 없다.

⑤ 법률에 영향을 주는 외부 요소를 차단하면 법은 사회적 목적을 실현하는 실용적인 수단에서 멀어지게 된다.

23 ⑤ ㉡은 어떤 행위가 범죄에 해당하며 그에 따른 형벌이 무엇인지 반드시 입법기관이 제정한 법률에 의해야 한다는 죄형법정주의에 관한 내용으로 범죄의 강도에 따라 형벌이 주어지는 형법에서 법관은 법률을 자의적으로 탐구하는 것이 아닌 엄격하게 법률을 적용해야 한다는 ㄷ과 법조문에 의해서만 범죄를 포섭해야 하는 ㄹ이 적절하다.

오답풀이

ㄱ. 법관이 사안에 따라 법률 조문에 반대되는 판단을 하는 것은 법형성의 목적론적 축소 적용에 해당된다.

ㄴ. 법관이 자신의 주관과 양심에 따라 자유롭게 판결하는 것은 법형성의 유추 적용에 해당한다.

24 ① 학생 1은 갑의 행위는 처벌할 필요성이 인정되지만 적용할 수 있는 규정이 없다고 하였고 학생 2는 타인이 소유한 건물을 과실로 태운 갑의 행위도 법률에 적용 대상이 되므로 처벌해야 한다고 하였다. 따라서 두 사람 모두 갑의 행위가 처벌해야 할 필요성이 있다는 것을 인정하고 있다.

오답풀이

② 갑의 행위가 법을 개정하기 전에 처벌할 수 없다고 주장한 사람은 학생 1뿐이다.

③ 두 학생 모두 실화를 방화의 법률 조항을 기준으로 처벌해야 한다고 주장하지 않았다.

④ 포섭할 수 없는 해당 법적사태를 제2조의 유사한 법률로 판결해야 한다고 주장한 사람은 학생 2뿐이다.

⑤ 형법 3조로 해석될 수 없는 해당 사건은 예외의 경우이므로 법적 판단을 보류해야 한다고 주장한 사람은 학생 1뿐이다.

25 ④ 학생 2는 '자기의 소유에 속하는'이라는 구절을 제1조만 수식한다고 보았고 제2조는 '자기 또는 타인의 소유에 속하는'에 해당하는 것이라고 해석하였다.

오답풀이

① 학생 1이 처벌을 위해 법을 제정 또는 개정해야 한다고 한 것은 삼권분립의 원칙에 따른 것이다.

② 학생 2는 타인이 소유한 건물을 방화한 경우 자신이 소유한 건물을 방화한 경우보다 더 무겁게 처벌하는 조항을 참조하여 해당 판결의 판단의 불합리에 관한 근거를 보충한다.

③ 학생 1은 형법 3조에 타인 소유의 과수원을 태운 것에 대한 조항이 없어 처벌할 수 없다고 한 것과 달리 학생 2는 앞서 말한 조항이 없을 것을 고려하여 제2조의 '자기 또는 타인의 소유에 속하는'이라는 구절을 확대해석하고 있다.

⑤ 학생 1은 형법 제3조의 '자기의 소유에 속하는'이란 구절을 제1조와 제2조의 모든 대전제로 해석하였고 학생 2는 제1조에만 해당되는 대전제로 해석하였다.

26 ⑤ 윗글의 세 번째 문단에서 정상 세포와 암 세포는 DNA의 함량이 다른데 DNA는 형광 신호로 그 특성을 파악할 수 있기 때문에 형광 물질로 염색하여 그 특성을 파악한다고 답이 나와 있으므로 ⑤는 적절하지 않다.

오답풀이

① 유세포 분석기의 구조와 원리에 관한 설명은 두 번째 문단에서 〈그림 1〉과 함께 언급되고 있다.

② 윗글에서 세포의 핵과 DNA 상태의 분석이 암 치료에 중요한 이유에 대한 설명은 언급되지 않고 있다.

③ 윗글의 유세포 분석법에서 검사할 세포를 부유액으로 만드는 이유는 언급되지 않고 있다.

④ 유세포 분석법을 통해 알 수 있는 세포의 물리적 특성은 기존의 방법보다 효율적으로 세포의 물리학적, 생물학적 특징을 분석할 수 있다고 다섯 번째 문단에 언급되어 있다.

27 ④ 윗글의 세 번째 문단에서 전방 산란 검축기를 통과한 산란광은 광전자관에 의해 증폭된 후 전기 신호로 바뀌어 컴퓨터 화면에 나타나는데 이들은 각 세포의 생물학적 특성에 따라 2차원 좌표상의 X축과 Y축 상에 점들로 표시되며 이때 Y축을 해당하는 세포의 검체 수로 설정하면 세포의 크기나 내부 복잡도 등에 따른 세포의 특성을 알 수 있다는 내용을 알 수 있다.

28 ④ 〈그림 3〉에서 DNA 함량이 가장 큰 검체는 4배체이나 전체 세포 검체에서 차지하는 세포수의 비율이 가장 높은 것은 3배체이므로 DNA 함량이 큰 검체일수록 전체 세포 검체에서 차지하는 비율이 높다는 설명은 옳지 않다.

오답풀이

① 〈그림 2〉를 살펴보면 B는 A보다 Y축의 위에 위치해 있으므로 세포 과립성과 내부 복잡도가 더 크다는 사실을 알 수 있다.

② Y축에 해당하는 세포의 검체 수로 설정하여 세포의 크기를 파악하였을 때 B검체의 크기가 A검체보다 더 크지만 차지하는 비율은 A검체가 더 높다는 사실을 알 수 있다.

③ 정상 세포와 암 세포는 DNA의 함량이 다르며, 그 DNA는 형광 물질로 염색하여 그 특성을 파악할 수 있으므로 〈그림 3〉에서 형광 물질로 나타나는 3배체의 세포수가 월등히 높은 것을 통해 환자의 암 발생 여부를 판단할 수 있다.

⑤ 〈그림 2〉는 검출기를 통과한 산란광이 각 세포 별 크기와 같은 물리적 특성이나 내부 복잡도 같은 생물학적 특징에 따라 X축과 Y축 상의 점들로 표시되는 것으로, 〈그림 3〉은 형광 물질로 DNA를 염색하여 세포 내 DNA 함량에 따라 방출되는 형광 신호의 양으로 세포의 특성을 파악할 수 있다.

29 ④ 세포에 염색된 형광 물질은 조사된 레이저 빛의 에너지를 흡수하였다가 고유한 파장의 형광 신호를 방출하는데 방출된 형광 신호의 양은 세포 내의 DNA 함량에 비례하므로 신호의 세기는 세포 검체 내부에 포함된 물질의 영향을 받는다.

오답풀이

① 유세포 분석법을 시행할 때는 먼저 형광 물질로 염색된 세포 검체를 부유액 상태로 만든 후 유체실의 세포 운반 노즐에 주입하며 이때 통상 사용하는 형광 물질이 FITC와 PE이다.

② 주입된 부유액이 레이저 광선이 조사되는 지점에 도달했을 때 반사 거울과 조정 렌즈로 검체의 중심에 초점이 맞도록 조정되어 레이저 광선이 조사된다.

③ '530/30' 광학 필터는 5301±5nm의 파장을 통과시킬 수 있으므로 585nm 파장의 형광 신호를 검출하지 못한다.

⑤ 유세포 분석기로 생물학적 특성에 차이가 나는 세포들을 분리할 경우 양과 음으로 하전될 수 있는데 초음파 진동을 가하지 않았으므로 양으로 하전된 세포는 양극판 쪽으로, 음으로 하전된 세포는 음극판 쪽으로 하전된다.

[30~33] 갈래 복합

(가) 김소월 「왕십리(往十里)」
- **갈래** : 자유시, 서정시
- **성격** : 민요적, 여성적, 기구적
- **제재** : 비
- **주제** : 식민지적 비애에 젖어 지내는 현실의 한탄
- **특징**
  - 고려 속요의 전통을 계승
  - 기승전결 4장으로 형성
  - 운율적, 점층적으로 고조
  - 식민지적 삶의 애환, 고달픔, 무상함이 결부되어 시의 전체 분위기 형성

(나) 김명인 「머나먼 곳 스와니 I」
- **갈래** : 현대시
- **성격** : 애상적, 회고적
- **제재** : 송천동

• **주제** : 가난하고 외로웠던 어린 시절에 대한 회상
• **특징**
– 특정 장소를 중심으로 시상 전개
– 화자의 처지와 대비되는 표현을 통해 비극성 강조

30 ② (가)는 화자가 왕십리로 가고자 하지만 쉽사리 도달할 수 없어 떠도는 비애의 내면을 자연물에 투영하여 표현하고 있으며 (나)는 외롭고 가난하던 어린 시절을 외면하고자 하는 화자의 내면이 맡겨졌던 송천동에 투영되어 있다.

오답풀이

① (가)는 화자가 가고자 하는 왕십리로 갈 수 없는 상황이 현재 있는 공간에서 천안으로 이동했음에도 해결되지 않고 있으며 (나) 역시 화자가 어린 시절 머물렀던 송천동에서 공간의 이동이 일어나지 않으면서 불우했던 기억에 대한 갈등이 해소되지 않고 있다.
③ 명사 시행 종결은 (나)에서만 사용되고 있으며 (가)에서는 사용되지 않고 있다.
④ (가)와 (나)에서 사용된 쉼표는 화자가 그리워하는 대상에 닫지 못한 한스러움과 불우한 어린 시절을 보냈던 장소에 대한 기억을 떠올리는 슬픔을 표현하기 위해 사용되었다.
⑤ (가)와 (나) 모두 수미상관이 사용되지 않고 있다.

31 ② '초하루 삭망'에 오는 비는 물가에서 사는 사람들에게는 와도 상관없는 비이므로 초하루 삭망에 오는 비를 보며 안타까운 심정을 느낀다는 것은 적절하지 않다.

오답풀이

① 비가 계속 오고 있는 상황을 부각하는 표현을 반복해서 사용함으로써 비 때문에 가고자 하는 곳으로 가지 못하고 괴로워하고만 있는 화자의 처지를 드러내고 있다.
③ 비가 오지 말아야 할 때는 온다고 하고, 가도 그만인 때에는 간다고 하며 비마저도 뜻대로 되지 않는 것에 대해 식민지 지배 하 우리 백성들의 서러움을 화자의 심정과 처지에 맞물려서 표현하고 있다.
④ 비를 맞아 나른해져서 우는 벌새에게 자신의 처지를 대입하여 비가 화자의 여정에 방해가 되고 있다는 의미를 드러내고 있다.
⑤ 자신이 머물고 있는 공간 이외에도 천안을 비롯한 다른 공간에도 비가 내리는 상황을 전달하며 희망적인 공간으로 가고자 하지만 어디에서도 비 때문에 그러지 못하는 식민지 시기의 상황을 보여준다.

32 ③ ㉠은 일본으로부터 식민지 지배를 받고 있는 현실의 상황을 벗어나 왕십리로 표현되는 이상향으로 가고자하는 화자의 정서를, ㉡은 화자가 불우하고 외로웠던 어린 시절을 보냈던 장소를 통해 과거의 정서를 환기하는 공간이다.

오답풀이

① ㉠에서 화자는 눈앞에 있는 대상을 향해 가고픈 마음이 간절하지만 이루지를 못하는 상황이므로 대상이 부재중이라는 표현은 어울리지 않는다.
② ㉡의 화자는 자신이 불우하게 어린 시절을 보냈던 장소에서 보낸 괴로운 시간들을 외면하고 싶어 하므로 대상에 대한 연민을 보여준다는 표현은 적절하지 않다.
④ ㉡에서 나오는 장소인 송천동은 화자가 과거에 머물렀던 장소이므로 화자가 앞으로 지향하는 세계라는 표현과는 어울리지 않는다.
⑤ ㉠의 왕십리는 화자가 아직 한 번도 경험을 가지지 못한 공간이므로 적절하지 않다.

33 ② '물결은 더욱 차갑게 출렁거리고 인적조차 끊어지면'은 오지 않는 가족을 기다리면서 하나둘씩 다른 집의 양자로 들어가는 친구들이 떠나가면서 홀로 남겨지는 것에 대한 화자의 외로움과 절망감을 드러내고 있으므로 화자가 양자로 들어갔다는 내용은 적절하지 않다.

오답풀이

① '유난히 햇볕 밝게'는 현재 어두운 화자의 내면과 대비되는 배경을 사용함으로써 작품에서 표현된 정서를 부각시키고 있다.
③ '또 한 해 겨울 돌아오던 곳'은 지난해의 겨울이 다시 돌아오는 것과 같은 계절의 순환을 통해서 화자의 기다리는 상황이 계속 이어졌음을 의미한다.
④ '재게 와 부딪친 그리움도'는 힘든 현실을 견디는 와중에도 화자의 내면에 남아 있는 어머니와 함께 했던 그리운 순간에 대한 심정을 드러내고 있다.
⑤ '아직까지도 그리움이라는 물결에 젖고 있을지도 모른다'는 시적 표현을 통해 화자가 지금도 과거를 떠올리며 회상하고 있다는 사실을 보여주고 있다.

[34~36] 고전시가

(가) 송순 「면앙정가(俛仰亭歌)」
• **갈래** : 양반가사, 서정가사, 은일가사
• **성격** : 서정적
• **제재** : 면앙정 주변의 뛰어난 경치
• **주제** : 자연을 즐기는 풍류와 군은에의 감사
• **특징**
– 자연 친화 의식에 유교적 충의 이념을 결합시켜 강호가도를 확립

– 의인법, 직유법, 대구법 등 다양한 표현 방법과 유려한 문장 구사로 사계절의 변화를 실감나게 묘사
– 설의적 표현과 영탄적 표현을 사용하여 화자의 정서 강조
– 4음보 연속체 형식으로 시구 전체가 대구를 이루며 규칙적 운율 형성

(나) 안축 「죽계별곡(竹溪別曲)」
• 갈래 : 경기체가
• 성격 : 의욕적
• 구성 : 전체 5장
• 주제 : 고향인 풍기 땅 순흥(죽계)의 경치를 읊은 고려 신흥 사대부의 의욕에 넘치는 생활
• 특징
– 경기체가의 형성과정을 보여줌
– 이두의 사용이 빈번
– 일부에서는 '경기하여'가 탈락

34 ③ (가)는 아름다운 자연 속에서 홀로 살아가고 물아일체와 군왕을 향한 감사함을 느끼며 자신이 속한 장소의 계절변화와 아름다움을 노래하고 있을 뿐이므로 학문과 관련된 사물로 장소의 성격을 드러내지는 않고 있다.

오답풀이
① '남녀를 비야 투고 솔 아릐 구븐 길노 오며 가며 하는 적의'의 열거된 움직임을 통해 한시라도 빨리 자연의 풍경 속으로 들어가고 싶어하는 화자의 심리가 드러난다.
② '악양루상의 이태백이 사라 오다'와 '호탕정회야 이에서 더홀소냐'를 통해 악양루의 이태백과 비교하더라도 지금의 삶이 더 만족스럽다는 감정을 드러내고 있다.
④ '그것이 어떠하겠습니까?'라는 청유형 어미를 활용하여 풍류를 즐길 것을 권하고 있다.
⑤ (가)는 '쌍룡이 뒤트는 둣 긴 깁을 치폇는 둣'과 '닷는 둣 ᄯᆞ로는 둣 빔낫즈로 흐르는 둣' 등의 표현, (나)는 '찬연한 봉새 날며 옥룡이 서린 듯한 산세'라는 비유적 표현을 활용하여 자연에 역동성을 부여하고 있다.

35 ② [A]의 '나모 새 즈즈진 모습은 나무와 풀의 무성한 모습으로 여름의 모습을 드러내고 있지만 〈5수〉의 '방초'는 향긋한 풀의 모습으로 봄의 모습을 드러내고 있다.

오답풀이
① '황앵 교태 겨워'는 노란 앵무새가 우는 예쁜 소리를 통해 자연 속에 들어와 기분이 좋은 화자의 정서를, '기러기 날아간 뒤에'와 '눈에 달빛'은 가을에서 겨울로 계절이 변화하는 모습을 드러내고 있다.
③ '양풍'과 '훈풍'은 각각 서늘한 바람과 훈훈한 바람을 뜻하는 말로 '조으름', '거문고'와 함께 여름날의 한가로운 정취를 드러낸다.
④ '황운'은 가을의 들판을 나타내는 말이고 '황국과 단풍이 비단에 수놓을 제'는 가을 풍경의 아름다움을 나타내는 구절이다.
⑤ '어적'은 어부의 피리, '돌'은 달을 뜻하는 말로 둘의 조응을 통해 가을의 정취를 드러내고 있으며 '눈'과 '달빛'의 조응은 겨울의 정취를 드러낸다.

36 ④ '인간을 ᄯᅥ나'오기 전의 '겨를 업'음으로 인해 '청려장'이 '뫼 듸여'졌다는 화자의 인식은 공간상의 '면앙'을 통한 과거에 대한 그리움에서 비롯된 것이다.

오답풀이
① 기러기의 '안즈락 ᄂᆞ리락'하는 움직임을 화자가 굽어보고 올려다보며 시선을 이동한다.
② '므조친 사정'은 강물을 따라 펼쳐진 백사장이란 뜻으로 굽어볼 수 있는 '면'이고 'ᄭᅩ존 거슨 모힌가'는 꽂힌 것은 산이냐는 뜻으로 높은 것을 올려다보는 '앙'에 해당한다.
③ '일월도 한가ᄒᆞ다'는 시간상 현재를 면하고 과거를 앙하면서 이 때야말로 태평성대라며 과거의 시간을 뒤돌아보는 '니 적이야 긔로고야'라는 인식을 하게 된다.
⑤ 역사적 인물인 이태백이 살아온다 한들 화자가 현재 자신의 호탕한 감정보다 더하겠냐며 삶의 즐거움을 드러냄으로써 현재를 면하고 과거를 앙하는 시간상의 면앙의 인식을 보여준다.

[37~40] 현대소설

김문수 「만취당기(晩翠堂記)」
• 갈래 : 현대소설, 단편소설
• 시점 : 1인칭 주인공 시점
• 주제 : 한국인의 출세 욕망과 그에 맞서는 청빈사상
• 특징
– 한국인의 출세의지 및 기복의식과 상반되는 청빈사상이 부자간의 대립으로 현실에 반영
– 청빈과 절개를 의미하는 만취당의 본래 뜻이 굴절되어 현실에 편승하는 도구로 변화

37 ① 아버지와 '나' 사이의 대화 속에 만취당에 관한 정보와 현재 '나'가 처해있는 상황 등이 소개되어 있고 '나'와 이 경장 사이의 대화 속에서 아버지가 연행된 사건에 대한 경과가 상세하게 소개되고 있으므로 대화를 통해 중심 소재를

둘러싼 사건들을 서술하고 있다.

오답풀이

② 작품에서는 아버지와 '나'의 대화를 통해 만취당에 대한 내력과 작품 속 인물들이 만취당에 대해 가지고 있는 생각 등 배경 묘사가 이뤄지고 있지만 이것만을 통해서 앞으로 만취당이 헐린다는 사건을 암시할 수는 없다.

③ 작품에서는 '나'가 주인공이 되어 이야기를 풀어나가고 있으며 작품 밖 서술자는 존재하지 않는다.

38 ① '나'는 만취당을 지켜야 한다는 아버지의 생각에 회의적인 반응을 보이고 있으며 이 때문에 아버지와 갈등을 겪고 있으므로 만취당을 고수하기 위한 실수를 할 이유 역시 없다.

오답풀이

② 아버지는 오대조 할아버지가 만취당을 세운 내력을 서예학원으로부터 이미 들었지만 '나'에게 말할 때는 그 내력을 고의로 말하지 않고 있다.

③ 아버지는 '나'에게 오대조 할아버지가 만취당의 당호를 붙인 이유를 전달하며 자신의 일에서 원칙을 고수하고자 하는 '나'에게 현실과 타협할 것을 강요하고 있다.

④ 아버지는 '나'가 노후에도 절조를 변하지 않는 사람이 되라는 만취당의 본래 의미를 지니고 사는 것에 불안감을 느끼고 있다.

⑤ '나'는 오대조 할아버지가 지키고자 한 만취장의 가치에 대해 아버지와 대립하는 입장이었지만 만취당이 없어지게 되자 아버지와 유사한 실망스러운 심정을 보인다.

39 ⑤ ⓜ이 뜻하는 것은 '나'가 동촌리에 와서 이 경장의 설명에 의해 만취당이 헐리게 되었다는 것을 알게 된 얘기이다.

오답풀이

① ㉠은 '나'가 직장에서 물러나게 생겼다는 얘기로 이 얘기를 아내로부터 전해들은 아버지는 만취당을 되찾겠다는 집념을 더욱 키우게 된다.

② ㉡은 아버지가 '나'에게 오대조 할아버지가 만취당의 당호를 지은 의미와 한참 동떨어진 설명으로 내게 전달해주는 얘기를 의미한다.

③ ㉢은 서예학원 아저씨가 해준 만취당이 가진 본래 의미이다.

④ ㉣은 이 경장이 불 단속을 하느라 멈췄던 '나'의 아버지가 군수 비서실에서 행패를 부리다 연행되었다는 얘기이다.

40 ① 물속에서 살아야 하는 용이 물 밖에 나오면 작은 개미마저도 하찮게 여긴다는 뜻으로 안정된 직장에서 물러나게 되면 별 볼 일 없게 되어 여러 사람들에게 무시당하는 삶을 살게 될 '나'를 우려해서 한 말이다.

[41~45] 고전소설

작자미상 「심청전」
- **갈래** : 윤리 소설, 설화 소설, 판소리계 소설
- **성격** : 교훈적, 비현실적, 환상적
- **시점** : 전지적 작가 시점
- **제재** : 심청의 효성
- **주제** : 부모에 대한 지극한 효성과 인과응보
- **특징**
  - 유교적 덕목인 '효'를 강조
  - 유불도(儒佛道) 사상이 복합적으로 등장
  - 현실 세계를 중심으로 펼쳐지는 전반부와 환상적인 이야기 중심의 후반부로 내용 구분

41 ③ (가)에서는 '심 봉사'가 딸인 심청을 키워오고 탑전에 이르기까지의 행적을 요약적으로 진술하여 독자들의 사건에 대한 이해를 돕고 있다.

오답풀이

① (가)에서는 줄거리와 관련된 배경 묘사가 이뤄지지는 않고 있지만 인물들의 언행을 통해 앞으로 일어날 사건 암시는 하고 있다.

② (가)에서는 인물의 독백적인 서술이 이뤄지고 있지만 이를 통해 인물 간의 갈등이 심화되지는 않고 있다.

④ (나)에서는 (가)와 달리 비현실적 상황이 드러나지 않고 있다.

⑤ (나)에서는 장면 전환이 빈번하게 일어나지 않고 있다.

42 ③ '귀덕 어미'는 욕망 주체인 심청의 욕망 실현을 위해 심청에게 부탁을 받고 남경장사 선인을 데려와 심청에게 소개를 시켜주는 욕망의 중재자가 되고 있다.

오답풀이

① 남경장사 선인은 공양미 삼백 석을 지불함으로써 심청의 욕망이 실현되는 계기를 마련하고 있다.

② 천신은 심청의 욕망 주체의 지향에 응답하여 욕망을 중재하는 초월적인 힘으로 심청의 욕망 실현에 영향을 준다.

④ 심청은 인당수에 몸을 던지고자 하는 자신의 욕망으로 눈을 뜨고 싶은 아비의 욕망을 발원한 욕망 주체로서 절대적 존재의 힘에 의해 보상을 받는다.

⑤ 심봉사는 눈을 뜨고자 하던 자신의 욕망 실현을 위해 자신의 딸이 죽은 것에 대해 자책하나 예기치 않게 눈을 뜸으로써 욕망이 실현된다.

43 ⑤ (나)에서 딸을 다시 만나고 싶어하는 심봉사의 현실적인 소망이 구체적으로 드러나는 이유는 (나)의 장르가 실제 관객들 앞에서 공연하는 데 사용되는 대본이기 때문이며 이러

한 구체적인 표현으로 인해 관객들이 극의 줄거리를 쉽게 이해할 수 있도록 하는 데 목적을 두고 있다.

오답풀이

① [A]에서 나오는 궁궐은 심청이 살아있다는 사실을 알게 되자마자 심봉사의 눈이 저절로 떠지는 기적이 일어나는 환상적인 공간으로 그려지지만, (나)에서는 심봉사가 심청의 죽음이라는 현실을 마주하게 되는 공간이다.
② [A]에서는 '천지 일월 밝아 왔구나', '칠보화관'과 같은 과장적인 장면 묘사를 통해 앞을 볼 수 있게 된 심봉사의 고조된 기쁨을 보여주고 (나)에서는 심청의 죽음을 알게 된 심봉사의 오열을 통해 비극적 상황에 대한 절망감을 드러낸다.
③ [A]에서는 등장하지 않는 인물인 왕후와 장승상 부인이 등장하여 심청의 죽음을 감추려 하고 있다.
④ (나)의 첫 번째 문단에서 장승상 부인이 심청의 죽음을 안타까워하며 효녀 심청의 성을 널리 알리기 위해 심봉사를 잔치에 초대해야 한다는 것에 동조하고 있다.

44 ⑤ ㉮의 남경장사 선인은 심청이 인당수에 빠져죽을 수 있다는 위기를 언급하며 처녀를 사려는 자신의 이유를 밝히고 있고 ㉯의 장승상 부인은 심봉사가 맹인이라 사람을 알아보지 못한다는 특성을 들어 심청의 역할을 해야 하는 궁녀를 안심시키고 있다.

오답풀이

① ㉯의 궁녀 김씨는 심청 역할을 하는 것에 대한 자신의 요구를 드러내지 않고 있다.
② 심청은 자신이 인당수에 빠져죽을 것이라는 미래를 예측하며 걱정하는 모습을 보이지 않고 있다.
③ ㉮의 심청은 인신공양에 대한 도덕적 가치를 내세우며 불편한 심기를 내비치지 않고 있고 ㉯의 장승상 부인은 행동의 당위성을 말하지 않고 있다.
④ 남경장사 선인은 자신의 문제를 언급하고는 있지만 상대방인 심청에게 해결을 요구하지는 않고 있다.

45 ⑤ ㉤은 딸을 잃은 심봉사의 애절한 심정이 부각되야 하므로 감정 표현의 절제가 아닌 감정이 폭발하는 모습으로 연기해야 한다.

오답풀이

① 자신이 알고 있는 장승상 부인의 목소리가 들리는 대목으로 맹인인 심봉사가 아는 목소리에 반가워하는 표정 연기가 어울린다.
② 장승상 부인이 자신의 속마음을 표현하는 대사로 심봉사가 듣지 못하도록 관객을 향해 대사를 하는 모습이 적절하다.
③ 진짜 심청을 억지로 연기해야 하는 궁녀 김씨의 감정이 드러나야 하므로 어색한 태도와 마지못해하는 목소리로 연기해야 한다.
④ 갑자기 떠진 눈과 자신이 딸이라고 믿었던 인물이 도망가는 상황에 대하여 당황스러움이 드러나도록 연기해야 한다.

2020학년도 기출문제 정답 및 해설

제1교시 국어영역(공통)

01 ④	02 ⑤	03 ①	04 ⑤	05 ②	06 ③
07 ②	08 ④	09 ④	10 ①	11 ④	12 ⑤
13 ③	14 ④	15 ⑤	16 ①	17 ③	18 ③
19 ①	20 ②	21 ①	22 ③	23 ③	24 ⑤
25 ④	26 ③	27 ④	28 ②	29 ②	30 ④
31 ②	32 ⑤	33 ⑤	34 ④	35 ①	36 ⑤
37 ⑤	38 ③	39 ②	40 ①	41 ②	42 ④
43 ③	44 ④	45 ⑤			

01 ④ 학생은 미술관에서 인상적으로 관람했던 세 작품을 소개하고, 세 작품을 정리한 화면 4를 가리키며 "앞에서 설명한 내용 중에서 관람자에 대한 세라의 생각을 떠올리시면 좀 더 쉽게 답을 찾을 수 있습니다."라며 앞서 제시한 내용을 환기시키고 있다.

오답풀이

① 학생은 화면을 손으로 가리키는 비언어적 표현을 반복적으로 사용하여 주요 내용을 강조하고 있다.

② 미술관을 방문한 경험을 소개하며 발표를 시작하고 있으며 청중을 칭찬하는 말을 하고 있지는 않다.

③ 작품에 대한 작가의 말이 제시된 부분이 있지만 전문가의 말이 직접 인용된 부분은 찾아볼 수 없다.

⑤ 청중에게 질문을 던져 청중의 이해 정도를 확인하고 발표를 준비한 소감을 이야기하고 있지만 발표 내용을 요약하고 있지는 않다.

TIP 반언어적 표현과 비언어적 표현

- **반언어적 표현** : 어조, 음색, 고저, 장단, 강약 등을 달리함으로써 전달하고자 하는 의미를 좀 더 불명하게 나타내는 것
- **비언어적 표현** : 얼굴표정, 몸짓, 눈 맞춤, 의상 등과 같이 직접적 언어와 관련된 것은 아니지만, 이런 것을 통해 언어적 의미를 강조하거나 부가적인 의미를 나타내는 것

02 ⑤ 학생의 발표 중 "제가 좋아하는 작품 순서대로 보여드리겠습니다."를 통해 발표자의 선호도에 따라 화면의 순서가 결정되었다는 것을 알 수 있고, 화면 4에서 '작품의 완성은 관람자의 참여에 의해 이루어진다'고 생각한 작가의 작품을 다른 작품들과 구분하여 제시했으므로 관람자의 참여에 대한 작가의 고려 여부가 대비되도록 화면 4를 준비했음을 알 수 있다.

TIP 발표에서의 자료와 매체의 활용 효과

- 발표 내용을 풍부하게 하고 전달 효과를 높일 수 있다.
- 청중이 내용을 좀 더 쉽게 이해할 수 있다.
- 발표 내용을 청중의 기억에 오래 남길 수 있다.
- 청중이 발표자가 설명하는 내용에 신뢰를 가질 수 있다.

03 ① 제시된 〈보기〉는 발표의 주제, 의문에 대한 내용이 있지만 발표자의 언어 예절에 대해 평가하며 들은 내용은 없다. 따라서 ①은 발표를 들으며 떠올린 생각으로 적절하지 않다.

오답풀이

② 〈보기〉의 마지막 항목에서 발표를 듣고 발표의 주제에 대해 궁금증을 가지며 다음 발표가 기대된다고 하였으므로 긍정적으로 생각하며 들었음을 알 수 있다.

③ 〈보기〉의 네 번째 항목에서 과거 인터넷 검색에서 생긴 궁금증이 해결되었다고 하는 것을 보아 의문을 해결하며 들었음을 알 수 있다.

④ 〈보기〉의 첫 번째 항목에서 구체적인 예를 들었으면 좋았을 것 같다는 것을 보아 추가 설명이 필요한 부분을 점검하며 들었음을 알 수 있다.

⑤ 〈보기〉의 세 번째 항목에서 '수학과 예술'에 대한 과제 발표에 활용해야겠다는 것을 보아 자신의 과제 해결에 활용할 생각을 하며 들었음을 알 수 있다.

04 ⑤ 학생 2는 학생 1의 모둠 학습실 청소 관련 의견에 동조하고 있지만 자신의 견해의 근거로 학생 1의 말을 제시하고 있지는 않다.

오답풀이

① 학생 2는 수행평가 모둠별 활동을 위해 모둠 학습실을 이용하려 했지만 이용하지 못했던 경험을 제시하며 문제점을 제시하고 있다.

② 학생 3은 모둠 학습실 이용에 시간 제한이 없다는 것을 문제점의 원인으로, 2시간의 제한을 두는 것을 대책으로 제

시하고 있다.

③ 학생 1은 학생회 총무부가 한 달 전부터 모둠 학습실 이용 예약을 받는 방안을 제시하고 있다.

④ 학생 3은 고장난 기자재를 홈페이지를 통해 학생회에 알리도록 하는 방안을 제안하고 있다.

05 ② ㉠은 음식물을 모둠 학습실이 지저분해지는 문제 상황에 대한 해결책으로 음식물 반입을 못하도록 하는 것을 제시하고 있고 ㉡은 모둠 학습실 청소를 맡은 도서반 친구들이 힘들 수 있다는 문제 상황에 대한 해결책으로 학습실을 이용한 팀이 청소를 하는 것을 제시하고 있다.

06 ③ 모둠 학습실에 앞으로 적용될 1회 이용 제한 시간은 (나)에서 언급되고 있지만 실제로 운영되고 있는 시간은 (가)에서 언급되고 있지 않으며, (나)에도 반영되지 않았다.

오답풀이

① (나)에서 모둠 자습실의 바닥이 천 재질로 되어 있음을 언급하며 음식물 반입 제한 이유를 설명하고 있다.

② (나)에서 모둠 학습 공간에 대한 학생들의 요구로 모둠 학습실이 생겼음을 언급하고 있다.

④ (나)에서 모둠 학습실 독점과 청소 문제로 많은 학생들이 이용에 불편을 겪고 있음을 언급하였다.

⑤ (나)에서 일부 학생들이 모둠 학습실의 기자재를 망가뜨리거나 분실하는 경우가 있음을 언급하고 있다.

07 ② [B]에서 비유적인 표현을 활용하여 동참을 권유하는 어투를 사용하고 대조의 방법을 활용하는 것도 좋을 것 같다고 하였으므로 '차가운 모둠 학습실'과 '따뜻한 모둠 학습실'을 대조하고, 앞으로 만들어 나갈 학습실을 호텔에 비유한 ②가 가장 적절하다.

오답풀이

① 동참을 권유하는 어투를 사용하였지만 비유적인 표현과 대조의 방법을 사용하지 않았다.

③ '시끄러운 모둠 학습실'과 '조용한 모둠 학습실'을 대조하였고 동참을 권유하는 어투를 사용했지만 비유적인 표현이 사용되지 않았다.

④ 동참을 권유하는 어투를 사용하였고 '지저분하게 어질러진 모둠 학습실'과 '쾌적하게 정리된 모둠 학습실'을 대조하였지만 비유적인 표현은 사용되지 않았다.

⑤ 동참을 권유하는 어투와 학생들을 '아름다운 사람', 학습실을 '아름다운 자리'로 비유하는 표현을 사용하였지만 대조의 방법이 나타나있지 않다.

08 ④ 초고에 안전모를 쓰는 습관의 필요성은 나타나 있지만 안전모를 정확하게 착용하는 방법은 나타나 있지 않다. 따라서 초고에 반영되지 않은 것은 ㉣이다.

오답풀이

① 첫 번째 문단의 '이에 따라 ~ 늘어나고 있다.'에서 제시되고 있다.

② 두 번째 문단의 '요즘 학생들은 ~ 부족하다.'에서 언급되고 있다.

③ 두 번째 문단의 '자전거에 장착할 안전장치로는 ~ 등이 있다.'에서 제시되고 있다.

⑤ 세 번째 문단의 '자전거는 도로교통법 상 ~ 걸어가야 한다.'에서 제시되고 있다.

09 ④ (나)에는 안전 수칙 불이행으로 인한 사고 중 특히 안전모 미착용으로 인한 사고가 많이 발생한다는 사실이 언급되어 있고, (다)에는 후미등을 장착하더라도 반사 스프레이를 뿌리지 않으면 사고가 날 수 있다는 전문가의 의견이 제시되고 있으므로 (나)와 (다)를 활용해 차량과 자전거와의 사고를 예방하는 데 후미등이 중요한 역할을 한다는 것을 부각하는 것은 적절하지 않다.

TIP 설득을 위한 작문

- 관련 자료를 수집하여 주장하고자 하는 의견이나 관점을 명료하게 세운다.
- 주장을 뒷받침할 수 있는 타당한 논거를 세운다.
- 설득력 있는 표현 전략을 활용하여 글을 쓴다.
- 다양한 작문 과제에 대하여 논설문, 비평문, 건의문, 광고문, 칼럼 등 여러 가지 종류의 글을 쓴다.

10 ① '고쳐 쓴 글'을 보면 초고에서 언급한 자전거 안전 수칙과 자전거 도로를 안전하게 주행하는 방법이 요약되어 있음을 알 수 있다. 또한 마지막 문장의 '이제 모두 자전거의 안전 수칙을 실천해야 할 때이다.'를 통해 안전 수칙 실천을 촉구하고 있으므로 ⓐ에 들어갈 내용으로 적절한 것은 ①이다.

TIP 고쳐쓰기의 원칙

- 통일성
  - 글 전체가 하나의 주제로 집중되는 성질
  - 글의 주제와 관련이 없는 내용은 삭제하거나 조정
- 완결성
  - 하나의 내용을 완전히 마무리하는 성질
  - 글쓴이가 말하고자 하는 내용이 분명히 드러남
  - 주제문이 갖추어져 있고, 이에 대한 뒷받침 문장들을 충분히 제시
- 일관성
  - 논리의 흐름이 처음부터 끝까지 한결같고 자연스러운 성질
  - 앞뒤의 내용이 서로 모순되지 않아야 함
  - 문장과 문장 사이의 연결이 자연스러워야 함

11 ④ '닭+만 → [당만]'의 경우 자음군 단순화에 의해 자음이 탈락하여 '닭만'이 '닥만'이 되고 비음화에 의해 [당만]이 되므로 자음군 단순화에 의해 음운의 수가 줄어든 예로 볼 수 있다.

오답풀이

① 〈보기2〉를 보면 음운이 비음 'ㅁ, ㄴ' 앞에서 'ㅇ, ㄴ, ㅁ'으로 바뀌고 있으므로 비음화가 일어나는 조건은 'ㅁ, ㄴ' 앞이다.

② '닭+만'은 자음군 단순화에 의해 'ㄹ'이 탈락하여 '닥만'이 되고, '잎+만', '옷+는', '닦+는'은 음절의 끝소리 규칙에 의해 '입만', '옫는', '닥는'이 되므로 비음화에 의해 바뀌게 되는 음운은 'ㄱ, ㅂ, ㄷ'이다.

③ 비음화는 입술소리인 'ㅂ'이 입술소리 'ㅁ', 혀끝소리인 'ㄷ'이 혀끝소리 'ㄴ', 여린입천장소리인 'ㄱ'이 여린입천장소리 'ㅇ'이 되므로 조음 위치가 아닌 조음 방법이 변하는 음운 현상이다.

⑤ '국+물 → [궁물]'의 경우 'ㄱ'이 'ㅇ'으로 변하므로 안울림소리가 울림소리로 변하는 음운 현상이다.

TIP 음운의 변동

음운의 교체	• 음절의 끝소리 규칙
음운의 동화	• 자음 동화(비음화, 유음화, 구개음화) • 모음 동화('ㅣ'모음 순행 · 역행동화)
음운의 축약	• 자음 축약(거센소리 되기) • 모음 축약
음운의 탈락	• 자음 탈락 • 모음 탈락 • 자음군 단순화
음운의 첨가	• 'ㄴ' 첨가 • 'ㅅ' 첨가

12 ⑤ ㉠은 '여름방학이 어서 오기'라는 목적어 역할을 하는 명사절을 안은 문장이지만 ㉡은 '-으나'의 연결어미가 사용된 이어진 문장이다.

오답풀이

① ㉠에는 용언 '오다'를 수식하는 부사 '어서'가, ㉡에는 용언 '부족하다'를 수식하는 부사 '한참'이 있다.

② ㉠은 목적어 역할을 하는 '여름방학이 어서 오기'라는 명사절을 안고 있고 ㉡은 대등하게 이어진 문장으로 인용절을 안고 있지 않다.

③ ㉠은 종속적 연결 어미가 사용되지 않은 안은 문장이다.

④ ㉡은 앞 절과 뒤 절의 관계가 대조적인, 대등하게 이어진 문장이며 목적어가 생략된 안긴절이 없다.

TIP 안은 문장

- **명사절을 안은 문장** : 명사형 어미'-(으)ㅁ', '-기'가 붙은 절이 문장 안에서 주어, 목적어 등의 역할을 하는 문장
  예 농부들은 비가 오기를 기다린다.
- **관형절을 아는 문장** : 관형사형 어미 '-(으)ㄴ', '-는', '-(으)ㄹ', '-던' 등이 붙은 절이 문장 안에서 관형어의 역할을 하는 문장
  예 나는 쥐를 잡는 고양이를 보았다.
- **부사절을 안은 문장** : '-이', '-게', '-도록', '-(아)서' 등이 붙은 절이 문장 안에서 부사어의 역할을 하는 문장
  예 비가 소리 없이 내린다.
- **서술절을 안은 문장** : 문장 안에서 서술어의 역할을 하는 절을 안은 문장
  예 그녀는 얼굴이 예쁘다.
- **인용절을 안은 문장** : '고', '-라고'등이 사용된 인용절을 안은 문장
  예 현수는 선영이가 웃었다고 말했다.

13 ③ 〈보기〉의 실리다[2]에 제시된 용례는 사동 표현이고, 이를 주동 표현으로 바꾸려면 '실려 보내다'를 '실어 보내다'로 써야 한다. 따라서 '구급차에 환자를 실어 보내다'로 쓰면 부사어를 주어로 바꾸지 않아도 주동문이 된다.

오답풀이

① 능동사 '싣다'는 주어 외에 목적어와 부사어를 필요로 하는 세 자리 서술어이다.

② '눈에 겁이 잔뜩 실려 있다.'의 '실려 있다'는 '기운이 무엇에 품기거나 띠게 되다'의 의미이므로 '실리다[1]' 「4」의 용례로 적절하다.

④ 실리다[1]과 실리다[2]는 모두 동사이고 피동사와 타동사로 각각 쓰임이 다르므로 동음이의어이다.

⑤ 실리다[1]은 주어 외에 부사어를 필요로 하는 두 자리 서술어이고, 실리다[2]는 주어 외에 부사어와 목적어를 필요로 하는 세 자리 서술어이다.

TIP 서술어의 자릿수

• **한 자리 서술어** : 주어를 필수적으로 요구하는 서술어
예 학생은 예쁘다.

• **두 자리 서술어** : 주어 이외에 목적어, 보어, 부사어 중 하나를 필수적으로 요구하는 서술어
예 그는 선생님이 되었다.

• **세 자리 서술어** : 주어 이외에 목적어와 부사어를 필수적으로 요구하는 서술어
예 친구는 나에게 선물을 주었다.

14 ④ 수탉이 [+동물]의 의미 자질을 갖고 있다면 [+동물]은 [+닭]의 의미 자질에 포함되어 있으므로 [+동물]은 [+닭]의 잉여자질이지만 [+닭]이 [+동물]의 잉여 자질이라고는 할 수 없다.

오답풀이

① '총각'은 결혼하지 않은 성년 남자를, '처녀'는 결혼하지 않은 성년 여자를 나타내는 말이므로 [−결혼]이라는 의미 자질을 갖고 있다.

② 4문단에서 단어의 의미 자질은 상위어일수록 그 수가 적다고 하였으므로 '포도'의 상위어인 '과일'은 '포도'보다 의미 자질의 수가 적다.

③ '바다'와 '강' 모두 물로 구성되어 있으므로 공통된 의미 자질로 [+물]의 의미 자질을 가지고 있다.

⑤ 2문단에서 소녀가 [−남성]의 의미 자질을, 소년이 [+남성]의 의미 자질을 가지고 있듯이 낮이 [+밝음]의 의미 자질을 갖고 있다면 밤은 [−밝음]의 의미 자질을 갖고 있게 된다.

15 ⑤ 6문단에서 19세기의 '마누라'는 '아내'라는 뜻으로 사용되었고, 오늘날 '마누라'는 '중년이 넘은 아내' 외에 '중년이 넘은 여자'를 낮춰 부를 때 사용된다고 하였으므로 19세기와 현대의 '마누라' 모두 [+아내]라는 의미 자질을 갖고 있다.

오답풀이

① 6문단에서 15~17세기에는 '마노라'가 자기보다 지위가 높은 남녀 모두를 가리키는 데 사용되었으나 18세기부터 자기보다 지위가 높은 여자만을 가리키게 되었다고 하였다.

② 15~17세기에는 남녀, 현대에는 아내나 여자의 의미를 갖는다고 하였으므로 공통된 의미 자질로는 [+사람]을 들 수 있다.

③ 18세기부터는 [+여자], 19세기부터는 [+아내]의 의미 자질을 가지므로 모두 공통된 [+여자]의 의미 자질을 갖는다.

④ 6문단에서 19세기부터 '마누라'가 '아내'의 뜻으로 사용되었다고 하였고, '아내'는 [+가족]의 의미 자질을 가지므로 '마누라'는 19세기부터 [+가족]의 의미 자질을 갖고 있음을 알 수 있다.

[16~18] 현대 시

(가) 신석정, 「대바람 소리」

• **갈래** : 자유시, 서정시

• **성격** : 관조적, 사색적, 감각적

• **주제** : 은둔과 달관의 삶에 대한 다짐

• **특징**
– 시간의 흐름에 따른 시상 전개(과거 → 현재)
– 탈속적 삶과 세속적 삶의 대조를 통해 은둔과 달관의 삶을 지향함
– 생략을 통해 여운을 남김
– 고전을 인용하여 화자의 깨달음을 나타냄

• **이해와 감상** : 이 시는 바람이 대나무를 흔들어 내는 소리를 들으며 관조적이고 은둔적인 삶을 사는 화자의 모습을 형상화하고 있다. 이 시의 전반부에서는 가을에서 겨울로 이어지는 계절적인 변화와 함께 생활이 궁핍하더라도 대바람 소리와 함께 지내는 생활 속에서 여유로운 삶의 모습이 드러난다. 또한 '제왕의 문에 듦을 부러워하지 않겠다'를 통해 세속적 삶을 멀리하는 삶의 태도에 대한 각성이 나타나고 있다.

(나) 김용택 「그대 생의 솔숲에서」

• **갈래** : 자유시, 서정시

• **성격** : 자기반성적(성찰적), 자연 친화적

• **제재** : 봄산

• **주제** : 봄산 솔숲에서의 자기반성

• **특징**
– 영탄적 어조를 활용함
– 삶의 문제에 대한 깨달음을 자연을 통해 형상화함
– 종결어미('–리', '–네')의 반복을 통해 운율을 형성함

• **이해와 감상** : 화자는 봄날 솔숲에 들어가 묵은 잎들이 떨어지고 새잎이 돋는 광경을 보면서 자신도 지난날의 짐을 내려놓겠다고 다짐한다. 화자에게 근심과 고단함으로 힘들었던 과거임이 드러난다. 또한 이로 비추어 볼 때, '솔숲'은 단순한 자연이 아닌 삶을 성찰하게 해주고 깨달음을 주는 공간으로 해석할 수 있다. 이러한 화자의 성찰은 시상 전개상 종결 어미의 변화에서 더욱 확연히 확인된다. 즉, 솔숲의 자연 현상을 진술할 때에는 '–네'라는 종결 어미를 사용하여 차분하게 묘사하는 반면, 화자의 성찰 및 정서를 표출할 때에는 '–리'의 종결 어미를 사용하여 제시하고 있다. 이렇게 자연을 관찰한 내용을 제시하고 화자의 삶에 대한 성찰을 제시한 것은 자연의 모습과 같아지고 싶은 화자의 소망을 나타내기 위함이라 할 수 있다.

16 ① (가)는 '국화 향기 흔들리는 / 좁은 서실'에서 가을에서 겨

울로 이어지는 계절적 이미지를 통해 통해 지조 있는 선비로 살아온 탈속적인 선비의 삶을 나타내고 있고, (나)는 자신을 버리고 삶의 근심과 고단함에서 벗어나려는 자기 성찰의 상황을 묵은 잎이 떨어지고 새 잎사귀가 돋아나는 봄산의 계절적 이미지를 통해 형상화하였다.

오답풀이

② (가)의 공간적 배경은 '좁은 서실'이고, (나)의 공간적 배경은 '봄산'이므로 (가)와 (나) 모두 공간 이동에 따른 정서 변화는 나타나지 않는다.

③ 수미상관은 첫 번째 연이나 행을 마지막 연이나 행에 반복하는 수사법으로, (가)와 (나) 모두 수미상관의 표현 방식은 나타나 있지 않다.

④ 말을 건네는 방식은 대상에 대한 부름('~야', '~여' 등)이 나타나는 것으로 (가)와 (나) 모두 나타나 있지 않다.

⑤ (가)는 '그렇다!'에서 영탄법이 사용되고 있고 (나)는 영탄법이 사용된 부분을 찾아볼 수 없다.

17 ③ '쪼들리고 / 웅숭거릴지언정'은 화자의 현재 가난한 처지를 드러내지만 화자는 이를 벗어나려 하지 않고 수용하려 한다.

오답풀이

① '좁은 서실'은 화자의 무료함을 달래는 공간이자 '낙지론'을 읽고 인식의 전환이 일어나는 공간이다.

② '그렇다!'는 '낙지론'을 읽고 깨닫는 순간의 감동을 영탄법을 통해 표현한 것으로, 초월적 삶에 대한 다짐으로 이어지고 있다.

④ '어찌 제왕의 문에 듦을 부러워하랴'는 '무슨 연유로 임금의 관직 제의에 화답하겠는가'라는 뜻으로 여기서 '제왕의 문'은 화자가 바라지 않는 세속적 삶을 의미한다.

⑤ '대바람 타고 / 들려오는 / 거문고 소리'의 청각적 심상을 통해 화자는 지조 있는 자세와 품격 있는 선비의 자세를 다짐하므로 화자가 지향하는 삶을 환기하는 청각적 이미지이다.

18 ③ '거기 이는 바람'과 '찬 서리'는 시적 화자의 삶의 근심과 고단함을 깨끗이 씻어 내는 기운을 나타낸다.

오답풀이

① 화자는 봄산에서 솔잎과 상수리 나무 묵은 잎이 떨어지는 자연 현상을 통해 깨달음을 얻고 있다.

② '삶의 근심과 고단함에서 돌아와'라는 구절을 통해 화자의 힘들었던 과거를 추측할 수 있다.

④ '지나온 날들처럼 / 남은 생도 벅차리'를 통해 새로운 미래에 대한 기대감을 엿볼 수 있다.

⑤ '무엇을 내 마음 가장자리에 잡아두리'를 통해 과거에서 벗어나고픈 화자의 태도가 드러난다.

[19~21] 현대 소설

한승원 「어머니」
- **갈래** : 단편 소설, 연작 소설
- **배경**
  - 시간적 배경 : 일제강점기 말 ~ 해방 이듬해
  - 공간적 배경 : 전라도의 어느 바닷가 마을, 광주 교도소
- **시점** : 전지적 작가 시점
- **성격** : 사실적, 비극적
- **특징**
  - 입체식 구성(과거 장면의 삽입)
  - 전지적 시점임에도 철저하게 어머니의 시점에서 사건을 서술
  - 긴 호흡의 만연체 사용
- **구성**
  - 발단 : 둘째아들의 집을 찾아가는 어머니(현재)
  - 전개 : 남편의 죽음과 아들들의 사고, 막둥이의 피신(과거)
  - 절정 : 광복 후 살인죄로 복역 중인 막내아들(과거)
  - 결말 : 딸을 통해 돈을 마련하여 막내아들의 면회를 가지만 만나지 못하는 어머니(현재)
- **이해와 감상** : 이 소설은 연작소설 〈한(恨)〉의 첫 번째 소설로, 인간의 모정을 그린 소설이다. 주인공인 어머니는 중형을 선고받고 옥살이를 하는 막내아들 면회를 다니기 위해 병이 든 몸으로 한겨울에 미역 장사를 한다. 광주 시장에서 팔아 남긴 몇 푼의 돈으로 막내아들을 위해 고깃국과 우유를 준비했지만 아들은 다른 지역의 형무소로 옮겨 가버리고 말았다. 주인공은 막내아들의 감옥살이의 원인이 자신이라는 죄의식을 가지고 있다. '한'은 이 소설의 이면적 주제이다. '한'은 생명력의 또 다른 이름이며, 절망을 극복하려는 극복 의지의 미학이다.

19 ① 이 작품은 작품 밖의 서술자가 작중 상황을 서술하는 전지적 시점임에도 특정 인물인 어머니의 시선에서 철저하게 사건을 서술하고 있다.

오답풀이

② 이 작품은 현재에서 과거로 되돌아가는 역행적 구성 방식으로 짜여져 있다.

③ 현재 장면 속에 과거 장면을 삽입한 입체적 구성 방식을 나타내고 있다.

④ 작품 밖의 서술자가 어머니의 시선으로 사건을 서술하고 있다.

⑤ 작품 밖의 서술자가 처음부터 끝까지 어머니의 시선에서 과거를 회상하는 방식으로 인물의 내면을 서술하고 있다.

20 ② ⓑ는 어머니가 제일 먼저 접수를 시켰음에도 불구하고 어머니의 이름을 부르지 않는 것에 의아함을 드러내고 있다.

오답풀이

① ⓐ는 막동이를 빨리 만나 쇠고깃국을 주고 싶은 어머니의 조바심이 나타나는 부분이다.

③ ⓒ는 막동이가 아프거나 다른 데로 보내져서 만날 수 없을지도 모른다는 불안감이 나타나는 부분이다.

④ ⓓ는 교도관이 어머니를 부를 때 이제 볼 수 있을 것이라는 기대감과 반가움이 나타나는 부분이다.

⑤ ⓔ는 막동이가 목포로 옮겨 갔다는 소식을 들은 어머니의 막동이를 만나지 못한 상황에 대한 당혹감이 나타나는 부분이다.

21 ① 〈보기〉에 따르면 이 작품은 모정의 위대함을 강조하는 작품으로, 자식들과 어머니의 갈등을 통해 정치적 격동기의 단면을 보여준다는 설명은 적절하지 않다.

오답풀이

② 막동이가 형무소에 갇힌 것에 대해 아들을 탓하는 대신 자신의 탓으로 전가하는 모습에서 어머니의 무조건적인 사랑이 드러난다.

③ 면회를 다니기 위해 송아지를 팔아 돈을 마련한 어머니의 노력을 통해 현실적 가치보다 자식을 우선시하는 모정의 위대함이 느껴진다.

④ 쇠고깃국을 대기소의 난로 위에 올려놓고, 우유를 꼭 품어 가져온 음식을 따뜻하게 먹이려는 모습에서 어머니의 모정이 드러난다.

⑤ 막동이가 형무소에 갇힌 상황에서도 아들에 대한 믿음을 잃지 않는 모습에서 어머니의 무조건적인 사랑이 드러난다.

[22~25] 독서 – 인문

22 ③ 주어진 글에서 SNS에서 이루어지는 교호 활동의 예시로 "지금 무슨 생각을 하고 계신가요?"라는 질문이 나타나 있지만, 글의 설명 방식으로 묻고 답하는 방식이 사용되고 있지는 않다.

오답풀이

① 첫 문단에서 SNS 교호 활동 참여 요구의 예시로 SNS 입력창의 질문이 제시되어 있다.

② 네 번째 문단에서 사회적 상호 작용의 '관심'과 '관음'이라는 두 가지 양식을 대조하고 있다.

④ 첫 번째 문단에서 '교호'라는 용어에 대한 개념을 정의하고 있다.

⑤ 세 번째 문단에서 사건(event)에 대한 철학자 슈티글러의 정의를 활용하고 있다.

23 ③ SNS를 통해 SNS 친구에게 위로와 축하를 하고 있는 △△의 행동은 타자를 존중하고 타자의 안위를 바라보는 정신의 과정인 ㉠에 가깝다.

오답풀이

① 다른 사람의 SNS 게시물에 댓글을 남겼지만 게시물을 제대로 보지도 않은 채 댓글을 남기는 □□의 행동은 자신의 만족에만 몰두할 뿐 타자의 안위에는 관심을 기울이지 않는 ㉡에 가깝다.

② □□은 죽은 고양이를 그리워하는 마음에 게시물을 올린 다른 사람의 상황을 고려하지 않고 습관적으로 '좋아요'를 누르고 친구 추가를 요청하고 있으므로 □□의 행동은 ㉠보다 ㉡에 가깝다.

④ △△는 SNS 친구의 안위를 걱정해 위로 메시지를 보내줬으므로 ㉡보다 ㉠에 가깝다.

⑤ □□와 △△ 모두 다른 사람의 SNS에 '좋아요'를 눌렀지만 □□은 자기만족을 위해서, △△은 타인의 상황에 공감하여 누른 것이므로 □□은 ㉡에, △△은 ㉠에 가깝다.

24 ⑤ ㉮는 파리의 대로를 걸으며 새로운 근대적 도시를 경험했으므로 ㉮가 바라보는 대상은 실제 세계이고, ⓐ는 SNS 공간을 둘러본다고 하였으므로 ⓐ가 바라보는 대상은 가상 세계이다.

오답풀이

① 세 번째 문단에서 SNS 이용자들은 자신의 상태를 '미시적 사건'으로 구성해 공적인 공간에 게시한다고 하였으므로 ⓐ가 바라보는 대상은 주로 타인이 구성한 미시적 사건이다.

② ㉮는 대로의 카페에 앉아 근대적 세계의 구경꾼이 된다고 하였으므로 근대적 도시와 삶의 모습을 바라본다.

③ ⓐ는 SNS를 통해 타인의 미시적 사건을 바라보는 주체가 됨과 동시에 자신의 일상을 올려 바라보는 행위의 대상이 되기도 한다. ㉮는 파리의 근대적 도시를 바라보는 주체가 됨과 동시에 또 다른 산보자가 바라보는 행위의 대상이 되기도 한다.

④ ⓐ와 ㉮ 모두 외부 세계를 구경하는 자의 시선을 가지고 있다.

25 ④ [A]에서 철학자 슈티글러는 SNS에 무의미한 정보가 범람하는 까닭이 미시적 사건화 때문이라고 했지만 〈보기〉에서 SNS에 게시된 개인의 미시적 사건이 타인에게는 유용한 정보가 될 수도 있다고 하였으므로 [A]를 비판한 내용으로는 학생4의 의견이 가장 적절하다.

[26~30] 갈래 복합

(가) 안도환 「만언사」

- **갈래** : 가사, 유배 가사, 장편 가사
- **성격** : 사실적, 반성적, 애상적
- **제재** : 유배 생활
- **주제** : 유배 생활의 고통과 잘못을 뉘우치는 심정
- **특징**
  - 유배 생활의 고통을 사실적으로 표현함
  - 청자에게 말을 하는 방식으로 화자의 정서를 드러냄
  - 대구와 설의를 통해 화자의 정서를 강조함
- **이해와 감상** : 유배 가사의 하나로, 조선 정조 때 대전별감(大殿別監)이던 안조환이 지은 가사(歌辭)로 '사고향(思故鄕)'이라고도 한다. 이본으로 필사본 3종이 전하며, 화자가 추자도로 유배된 사건을 작품의 배경으로 하고 있다. 추자도로 유배당한 신세 한탄과 함께 자신의 과거사를 회상한다. 작자가 주색에 빠져서 국고금을 축낸 죄로 34세 때 추자도(楸子島)에 귀양 가서 굶주림과 추위에 시달리며 지은 죄를 눈물로 회개하는 내용을 애절하게 읊었다. 이 작품은 유배 문학에 속하는 다른 가사들에 비해 자신의 체험과 감정을 사실적으로 밝혀 놓았다는 점에서 매우 특징적이다. 어조에서 양반들의 점잖은 또는 의연한 태도 같은 것이 눈에 띄지 않으며, 절절한 신세 한탄에서 회한의 어조를 강하게 느낄 수 있다. 즉, 허식과 과장으로 자기를 변호하는 성격이 강한 유배 문학의 범주에서 벗어나 평민적인 사실성을 보이는 데 근접한 작품이다.

(나) 유몽인 「유두류산록(遊頭流山錄)」

- **이해와 감상** : 이 기행문의 화자는 관직을 모두 사임하고 남원의 수령으로 내려가 있던 1611년 봄에 두류산(지리산)을 유람하고서 이 글을 썼다. 화자는 당대의 문장가였기 때문에 곳곳의 경물을 눈에 보듯 실감나게 잘 묘사하였다. 또한 백성의 고통을 느껴 보고자 하는 마음과 이에 대한 화자의 생각이 잘 드러난다. 작품의 뒷부분에는 두류산(지리산)에 대한 화자 나름의 평가를 내리고 있다.

26 ③ (가)의 '죄 지을 줄 알았으면 공명 탐심 하였으랴'에서 공명을 추구했던 지난 삶을 반성하는 모습이 드러나고, (나)의 '대부분 이익을 꾀하여 삶을 가볍게 여기기 때문이리라'에서 이익을 꾀하기만 하는 삶의 태도에 대한 경계가 드러난다.

오답풀이

① (가)에는 가족에 대한 그리움이 드러나 있지만 (나)에는 대상에 대한 그리움이 드러나 있지 않다.

② (가)에는 유배 생활로 인한 고립된 처지에서 비롯된 한탄이 드러나 있지만 (나)의 화자는 여행을 하는 중이지 고립된 처지가 아니다.

④ (가)에는 유배 생활을 벗어나는 것에 대한 기대가 드러나 있지만 (가)와 (나) 모두 현실 극복을 위한 진취적 자세는 드러나 있지 않다.

⑤ (가)에는 유배 생활의 한탄과 과거 삶에 대한 후회가 드러나 있지만 (나)에는 정치적 포부를 펼치지 못한 아쉬움이 드러나 있지는 않다.

27 ④ (나)의 화자는 '소년대' 이름의 유래에 대해 영랑(신라시대 화랑의 우두머리)의 무리를 일컬을 듯하나 화자의 생각으로는 장로를 받들고 있는 소년처럼 생겼기 때문일 것이라고 추측하고 있으므로 선인들이 남긴 옛 일을 회고하고 있다는 것은 적절하지 않다.

오답풀이

① (가)의 화자는 건넛집 사람과 다르게 공짜 밥을 먹으려 한다며 주인에게 박대당하고 있다.

② (가)의 화자는 유교 풍습이 붕괴된 것에 대해 '놀랄 일이 막심'하다며 '견융의 행사'에 비유하고 있다.

③ (나)의 화자는 '소년대' 이름의 유래에 대해 천왕봉이 장로, 이 봉우리가 소년의 모습을 한 것에서 비롯되었을 것이라 추측하며 천왕봉 유람에 대한 기대감을 드러내고 있다.

⑤ (나)의 화자는 천왕봉 장관을 보며 인생의 덧없음을 '항아리 속에서 태어났다 죽는 초파리 떼'에 비유하고 있다.

28 ② ㉡은 유배지의 주민이 다른 귀양객과 화자를 비교하는 말로, 다른 귀양객은 이전의 호사를 누리던 얘기는 하지 않고 여기 사람들의 일을 배워 주인집 양식을 보태는데, 화자는 공짜 밥만 먹으려 한다는 내용이므로 화자가 배운 일을 열거했다는 설명은 적절하지 않다.

오답풀이

① ㉠은 '죄를 지을 줄 알았으면 공명을 탐했으랴'라는 뜻으로, 설의법을 통해 과거에 죄를 지어 귀양을 왔음을 드러내고 있다.

③ ㉢은 '쓰자하는 열 손가락 꼼작도 아니하고 걷자하는 두 다리는 움직이지도 아니하네'라는 뜻으로, 비슷한 문구를 나란히 두어 안정감을 주는 대구법을 활용하여 화자를 풍자하고 있다.

④ ㉣은 '~인가'의 종결어미 반복을 통해 일을 하지 않고 한탄만 하는 화자에 대한 냉소적 태도를 드러내고 있다.

⑤ 혼정신성(昏定晨省)의 예절을 볼품없는 보리를 담은 큰 항아리에 비유하고, '출필고(出必告) 반필면(反必面)이 없어 벙어리처럼 말이 없다'고 표현하여 유교 붕괴를 비판하고 있다.

29 ② 매 가운데 가장 잘 나는 매인 ⓑ는 화자가 ⓑ를 잡기 위한 백성의 온갖 고통을 느끼게 된 자연물이고, ⓐ는 산꿩과 들오리를 잡으러 숲에 왔다가 나무의 나시에 날개가 걸렸다고 하였으므로 공명을 탐하다 유배를 온 자신의 처지를 암시한다.

오답풀이

① ⓐ는 화자에게 이미 닥친 상황을 상징한다.
③ ⓑ는 백성의 온갖 고통을 느끼는 계기가 되는 자연물이다.
④ ⓐ는 탐욕으로 인해 고통 받는 존재이지만 ⓑ는 해당하지 않는다.
⑤ ⓐ와 ⓑ 모두 화자가 추구하는 삶의 덕목을 드러내지는 않는다.

30 ④ '유생이나 관원들이'오면 '토끼나 꿩처럼 흩어져 숲속에 몸을' 숨기는 것은 무당들이 했던 행동으로, 미래에 대한 희망을 지배층에게서 찾기 어려웠던 백성들의 의식과는 관련이 없다.

오답풀이

① '흰옷을 입힌 여인상'을 '고려 태조대왕의 어머니'와 연결지어 이해하는 것은 〈보기〉에 제시된 지리산 성모 신앙을 반영한 것임을 알 수 있다.
② '복을 비는 자들'의 행위를 '음사'로 규정하면서도 강력히 제재하지 못하는 것은 도탄에 빠진 백성들을 위로할 만한 여력이 없었기 때문임을 알 수 있다
③ 원근의 무당들이 이 성모에 의지해 먹고 살 만큼 백성들이 찾아온다는 것은 백성들이 암울한 상황을 벗어나게 해 줄 수 있는 초자연적 존재를 찾아 의탁하고자 했다는 〈보기〉의 내용과 관련이 있다.
⑤ 글쓴이가 성모사, 백모당, 용유담을 '무당들의 3대 소굴'이라고 지칭하며 분개한 것을 통해 지리산 성모 신앙을 부정적으로 평가했다는 것을 알 수 있다.

[31~35] 독서 – 사회

31 ② 6문단에서 국가가 개인의 재산권을 보호하고, 재산권이 배타적 권리라고 해도 이는 절대적이고 무제한적일 수 없다고 하였으므로 ②의 내용은 적절하지 않다.

오답풀이

① 6문단에서 서로 다른 두 재산권이 충돌하는 경우에는 권리와 이익을 받을 수 있는 자격인 권익권에 따라 결정해야 한다고 하였으므로 권익권을 가진 사람의 권리가 인정됨을 알 수 있다.
③ 1문단에서 재산권자가 아닌 사람이 재산을 사용, 수익, 처분하려면 반드시 재산권자의 허락을 받아야 한다고 하였으므로 재산권자의 허락을 받으면 타인의 재산을 사용할 수 있음을 알 수 있다.
④ 2문단에서 갑과 을은 자신이 보유한 자원을 생산과 약탈에 적절히 배분함으로써 자신이 가질 수 있는 재화의 총량을 극대화하려 할 것이라고 하였다.
⑤ 2문단에서 거래나 교환은 재산권 제도를 전제로 성립할 수 있다고 하였다.

32 ⑤ (라)에서 갑과 을이 가지게 되는 재화의 총량이 17이고, 갑과 을이 상대의 재산권을 부인하고 있으므로 자원을 모두 생산에 사용하여 가질 수 있는 재화의 총량 25에서 8을 약탈에 배분했을 것이다. 따라서 재산권 제도 확립을 위한 사회적 비용이 10일 때 약탈에 배분한 비용 8이 더 작으므로 재산권 제도가 없는 것이 더 효율적임을 알 수 있다.

오답풀이

① (가)의 경우 재화의 총량이 25로 (나)의 20, (다)의 21, (라)의 17보다 크므로 최대를 이룬 상태이다.
② (나)의 경우, 갑의 재산을 모두 생산에 사용하였을 때 가질 수 있는 재화의 양인 10보다 4가 더 늘어났으므로 을의 재화를 약탈하여 가진 재화로 볼 수 있다.
③ (다)의 경우 을의 재산을 모두 생산에 사용하였을 때 가질 수 있는 재화의 양인 15보다 2가 더 늘어났으므로 자신의 자원 일부를 약탈에 배분하여 재화를 더 얻었음을 알 수 있다.
④ (나), (다)의 경우 한 사람은 상대의 재산권을 존중하고, 다른 사람은 부인하는 경우이다. 이 때 나머지 한 사람도 상대방의 재산권을 부인하는 것이 자신의 재화를 극대화 하는 방법이 된다. 결국 두 사람 모두 상대의 재산권을 부인하는 것으로 귀결될 것이다.

33 ⑤ ○○지역 주민들이 권익권을 갖는 경우, 주민들은 매연 발생 방지 기계에 의한 피해 정도인 100보다 큰 가격으로 권익권을 판매할 것이다. 따라서 회사는 100보다 큰 가격으로 권익권을 구매해야 하므로 50의 비용으로 매연 발생 방지 기계를 설치하는 것이 경제적으로 이익이다.

오답풀이

① A회사가 권익권을 판매하여 매연 발생 방지 기계를 설치하는 데 드는 비용은 50이다. 따라서 경제적 이익을 위해서는 50보다 큰 비용에 권익권을 판매해야 할 것이다.
② A회사의 권익권을 100보다 큰 가격으로 구매하는 경우 주민들의 재산에 100보다 큰 피해가 발생하므로 권익권을 구매하지 않는 것이 경제적으로 이익일 것이다. 따라서 주민들은 100보다 작은 가격에 권익권을 구매하려고 할 것이다.

③ A회사가 ○○지역 주민들에게 권익권을 판매한다면 매연 발생을 막아야 하므로 매연 발생 방지 기계를 설치해야 한다.

④ ○○지역 주민들이 권익권을 갖는 경우, 주민들은 재산에 발생하는 100만큼의 피해를 방지할 수 있게 된다. 따라서 권익권을 판매하려면 100보다 큰 가격에 판매하는 것이 경제적으로 이익이다.

34 ④ 5문단에서 사회에 재산권 제도가 형성되어 있다면 약탈이 법적으로 금지되기 때문에 약탈이나 방어에 쓰는 자원을 모두 생산에만 사용하게 되어 사회 전체가 생산하는 재화의 총량이 최대가 된다고 하였다. 따라서 ⓐ의 물음에 대한 답으로는 ④가 가장 적절하다.

오답풀이

① 재산권 제도가 사회적 약자를 구제할 수 있는 제도라는 내용은 찾아볼 수 없다.

② 두 재산권이 충돌할 때에는 권익권이 판결의 척도가 되지만 재산권 제도가 개개인의 권익권을 보호할 수 있는 것은 아니다.

③ 재산권 제도가 법정책을 효율적으로 집행할 수 있는 제도라는 내용은 찾아볼 수 없다.

⑤ 재산권 제도를 통해 사회적 비용을 위한 자원을 확보할 수 있는 것은 아니다.

35 ① ㉠의 '침해'는 '침범하여 해를 끼침'의 의미를 가진다. '세력이나 기운 따위가 쇠함'의 의미를 가진 어휘는 '침몰'이다.

[36~39] 고전 소설

작자미상 「윤지경전」

- **갈래** : 고전소설, 국문소설, 애정소설
- **성격** : 염정적, 애정적, 사실적, 비판적
- **배경**
  - 시간적 배경 : 조선 중종
  - 공간적 배경 : 한양
- **시점** : 전지적 작가 시점
- **문체** : 번역체, 문어체
- **특징**
  - 기묘사화(己卯士禍), 중종 22년 작서지변(灼鼠之變) 사건, 가작인두지변(假作人頭之變)사건 등 사실적 사건과 허구 배합
  - 남녀의 사랑을 소재로 당시의 정치 상황 비판
- **구성**
  - 발단 : 부모의 허락을 얻어 윤지경과 연화가 성례하기로 함
  - 전개 : 연성 옹주의 부마로 간택된 윤지경이 어쩔 수 없이 연화와 파혼하고 옹주와 성례함
  - 위기 : 윤지경이 주상에게 부마 간택의 부당성을 직간하다 유배를 당함
  - 절정 : 박 씨는 세자를 몰아내려다 실패하고 참수당하며 복성군, 연성 옹주가 귀양을 감
  - 결말 : 윤지경이 유배에서 풀려나 연화와 가정을 이루며 연성 옹주의 죄를 사해 줄 것을 요청하여 세 사람이 더불어 화목한 여생을 보냄
- **이해와 감상** : 역사적인 사실과 허구를 적절히 조화시켜 부당하게 부마로 간택하는 왕에게 완강히 저항한 윤지경의 변치 않는 사랑을 그린 작품이다. 또한 과거의 역사적 상황(기묘사화)을 배경으로 하고 있고 남녀 간의 애틋한 애정을 소재로 하고 있다는 점, 윤지경의 적극적인 구애와 적극성이 나타난다는 특징이 있다. 따라서 이 소설은 단순한 남녀 간의 애정소설이 아니라 조선후기 정치행태를 비꼬는 풍자적이고 사회비판적인 성격을 내포하고 있는 것이다.

36 ⑤ 윤지경이 밤낮을 가리지 않고 연화를 찾아오니 윤지경의 부친 윤공이 알고 불러 대책하고 옹주궁을 떠나지 못하게 하였다.

오답풀이

① 연화가 언약을 지키지 않았다는 이유로 지경을 만나지 않은 것이 아니라 몰래 담을 넘어 찾아온 지경과 밤마다 만났다.

② 옹주는 지경이 연화를 만나는 것을 알고 임금을 원망하는 것이 아니라 지경에게 따지고 있다.

③ 지경은 옹주를 만나보고는 박 귀인이 아닌 연화와 달리 포독하다는 인상을 받았다.

④ 최홍일은 임금에 명에 의해 서문 밖으로 이사한 것이 아니다.

37 ⑤ [A]에서 윤공은 윤지경이 옹주와 자녀를 낳고 살며 사연을 고하면 허락할 것이라는 긍정적 상황과 옹주를 박대하여 몰래 도망하는 것을 옹주가 알면 화가 적지 않을 것이라는 부정적 상황을 제시하였고, [B]에서 윤지경은 옹주가 최씨를 청하면 한 집에서 화목할 것이라는 긍정적 상황과 옹주가 윤지경을 원망하면 평생 박명을 면치 못할 것이라는 부정적 상황을 동시에 제시하였다.

오답풀이

① [B]에서 상대방의 과거 행적을 근거로 비판하는 부분은 찾아볼 수 없다.

② [A]와 [B] 모두 긍정적 상황의 가정을 통한 문제 해결의 방법을 제시하고 있다.

③ [A]는 윤지경이 옹주와 자녀를 낳고 살면서 임금에게 사연을 고할 것을 언급하고 있으므로 빠른 해결책의 필요성을 언급하는 것은 아니다.

④ [A]와 달리 [B]는 황영의 고사를 근거로 옹주가 최씨와 함께 살 것을 유도하고 있다.

38 ③ ⓒ의 '옹주궁'은 옹주의 부탁을 받고 지경을 벌하기 위해 만든 공간이 아닌 옹주와 지경을 이어주기 위한 공간이다.

오답풀이

① ㉠은 윤지경의 부탁으로 윤지경이 연화를 만나 '반가운 정이 유동하고 마음이 깨어지는 듯한' 공간이다.

② ⓛ은 윤지경이 부마의 관교를 내어 땅에 던지는 공간으로, 옹주와의 혼례에 대한 불만을 표출하는 공간이다.

④ ⓔ은 궁에 가지 않고 윤지경이 머무르는 공간이다.

⑤ ⓜ에서 옹주가 연화를 만나러 가는 지경에게 이에 대해 따지고, 윤지경 역시 옹주에게 연화를 청하지 않으면 박명할 것이라고 하였으므로 갈등을 드러내는 공간이다.

39 ② 「윤지경전」 속 윤지경은 왕의 권위에도 굴하지 않고 사랑의 쟁취를 위해 고난을 무릅쓰는 인물이지만 가문의 번영을 이루려고 하지는 않는다.

오답풀이

① 지경이 연화를 만나기 위해 월장하는 행동은 사랑의 쟁취를 위해 고난을 무릅쓰는 것이라 볼 수 있다.

③ 〈보기〉에서 박 씨와 복성군이 실존인물이라고 하였으므로 작품 속 박 씨와 복성군의 등장은 작품의 사실감을 높여준다.

④ 지경이 옹주와 화락하지 않고 연화를 버리지 않는 태도는 신의를 지키려는 인물의 모습을 보여 준다

⑤ 이미 혼례를 약속한 지경을 강제로 옹주와 혼례시킨 임금은 〈보기〉의 권력을 내세워 위력으로 자신의 입장을 강요하는 인물이다.

[40~45] 독서 – 과학

40 ① 파면은 빛의 진행방향에 대해 수직인 가상의 면이므로 평면파면은 빛의 진행 방향에 대하여 수직이고, 왜곡파면은 빛의 방향이 제각각 달라져 왜곡파를 형성하지만 그 때의 파면은 여전히 빛의 진행 방향에 수직이다. 따라서 평면파면과 왜곡파면 모두 빛의 진행 방향에 수직이다.

오답풀이

② 2문단에서 SLR 장비는 망원경, 초정밀 시계, 레이저 송수신부 등으로 구성된다고 하였다.

③ 4문단에서 대류권에서 발생하는 난류는 빛의 굴절에 영향을 주어 난류를 통과하는 빛들은 방향과 속력이 제각각 달라진다고 하였다.

④ 인공위성에서 오는 빛은 대류권의 난류를 통과하며 왜곡파가 되므로 이를 보정하기 위해 적응광학 기술을 사용하고 이 과정을 통해 인공위성의 형상을 보다 분명하게 파악할 수 있다고 하였다.

⑤ 인공위성의 위치를 정확하게 알아내기 위해서 SLR 장비는 레이저의 왕복시간만으로 계산된 거리가 아닌 오차를 보정한 대기 모델을 적용한다.

41 ② 대기의 밀도가 진공의 밀도보다 크므로 빛의 속력이 느리다. 3문단의 굴절률 구하는 공식에 의하면 대기의 굴절률은 진공에서의 빛의 속력을 대기에서의 빛의 속력으로 나눈 값이므로 1보다 크다. 따라서 인공위성의 정확한 위치를 알 수 없는 이유는 대기의 굴절률이 1보다 커 오차가 생기기 때문이다.

오답풀이

① 대기에서의 빛의 속력이 진공에서의 빛의 속력보다 작으므로 대기의 굴절률은 1보다 크다.

③ 대기의 밀도가 진공의 밀도보다 크므로 대기에서의 레이저 속력은 진공에서보다 느리다.

④ 대기의 밀도가 크므로 대기에서의 레이저 파장은 진공에서보다 짧아진다.

⑤ 레이저의 파장이 짧으므로 실제보다 왕복시간이 길게 측정될 것이므로 보정 전에 파악한 위치보다 더 가까이 있을 것이다.

42 ④ 5문단에서 대류권에서 난류를 만난 빛이 불규칙 굴절을 하여 방향이 제각각 달라지고, 그러한 빛인 왜곡파와 빛의 파면인 왜곡파면에 의해 ⓛ의 현상이 발생한다고 하였다.

오답풀이

① ⓛ의 이유는 불규칙 굴절을 한 빛의 성질에 의한 것이지 관측자에 의한 것이 아니다.

② 4문단에서 대류권에는 서로 다른 특성을 지닌 공기들이 불규칙한 흐름을 이룬다고 하였다.

③ 5문단에서 난류를 만난 빛은 불규칙 굴절을 하여 빛의 파면이 평면이 아니게 된다고 하였다.

⑤ 5문단에서 불규칙 굴절을 한 빛은 방향이 제각각 달라지고, 빛의 진행 방향에 수직인 파면도 그에 따라 변하게 된다고 하였다.

43 ③ ⓐ의 '가깝다'는 '성질이나 특성이 기준이 되는 것과 비슷하다'의 의미로, ③의 '가깝다'와 문맥적 의미가 같다.

44 ④ 8문단에서 파면 센서에 의해 측정된 정보는 데이터 처리기를 통해 분석되고, 제어기는 분석된 정보를 전기적 신호로 변환하여 보낸다고 하였으므로 데이터 처리기는 파면 센서에 의해 측정된 정보를 분석하지만 보정된 상을 보내지는 않음을 알 수 있다.

오답풀이

① 8문단에서 형상가변반사경은 휘어질 수 있는 거울의 뒤에 구동기가 빼곡하게 달려 있는 것이라고 하였다.

② 6문단에서 입사된 빛은 광선분배기에 의해 접안부와 파면 센서로 나뉘어 보내진다고 하였다.

③ 7문단에서 파면 센서는 CCD에 여러 개의 볼록 렌즈가 격자처럼 결합된 것이라고 하였다.

⑤ 8문단에서 제어기는 데이터 처리기를 거쳐 분석된 정보를 전기적 신호로 변환하여 형상가변반사경으로 보낸다고 하였다.

45 ⑤ (다)와 (라) 모두 각 격자의 중심이 아닌 곳에 상이 맺혀있으므로 모두 왜곡파가 들어오고 있는 것이다.

오답풀이

① (나)는 각 격자의 중심에 상이 맺혀있으므로 왜곡파가 들어오고 있지 않는 것이다. 따라서 파면의 변화가 없다고 할 수 있다.

② (나)는 각 격자의 중심에 상이 맺혀 있고, (가)는 각 격자의 중심이 아닌 곳에 상이 맺혀있으므로 (가)는 왜곡파, (나)는 평면파가 들어오고 있음을 알 수 있다.

③ (다)는 각 격자의 중심이 아닌 곳에 상이 맺혀있으므로 왜곡파가 들어오고 있는 것이다.

④ (나)는 평면파가, (다)는 왜곡파가 들어오고 있으므로 파면이 왜곡된 정도는 (다)가 더 심할 것임을 알 수 있다.

2019학년도 기출문제 정답 및 해설

제1교시 국어영역(공통)

01 ④	02 ⑤	03 ①	04 ④	05 ③	06 ③
07 ①	08 ⑤	09 ④	10 ④	11 ⑤	12 ⑤
13 ④	14 ③	15 ②	16 ⑤	17 ③	18 ②
19 ⑤	20 ⑤	21 ②	22 ①	23 ⑤	24 ③
25 ②	26 ④	27 ③	28 ②	29 ②	30 ⑤
31 ③	32 ①	33 ③	34 ①	35 ③	36 ⑤
37 ④	38 ④	39 ③	40 ④	41 ⑤	42 ①
43 ①	44 ②	45 ③			

01 ④ 발표 중간 중간에 청중의 경험을 환기하기 위한 물음과 스스로 묻고 답하는 자문자답 형태의 질문이 제시되기는 하나, 질문을 통해 발표 내용에 대한 청중의 이해도를 점검하는 것은 아니다.

오답풀이

① 발표의 서두에서 '여러분,~ 눈살을 찌푸렸던 일이 기억나시죠?'라고 하며 청중과 공유했던 경험을 환기하여 청중의 관심을 유도하고 있다.

② 네 번째 문단에서 전문가의 견해를 제시하면서 새로운 쓰레기 수거 방식과 기존 방식의 차이를 구체적 수치를 통해 비교하였다. 이는 문제 상황의 심각성을 부각한다고 볼 수 있다.

③ 발표를 시작하면서 '오늘은~ 주제로 말씀드리겠습니다.'라고 하며 주제를 미리 제시함으로써 청중이 발표 내용을 미리 짐작할 수 있도록 하였다.

⑤ 발표의 말미에서 '여러분들도~ 활용해 보세요.'라고 하며 발표 내용과 관련하여 청중들에게 권유하는 말을 덧붙이며 발표를 마무리하고 있다.

TIP 발표의 내용 조직

구분	내용
도입	• 화제나 주제, 목적, 배경 등을 간략히 설명 • 발표자가 여러 명일 경우에는 발표 참여자 소개 및 역할 분담 내용을 간단히 언급
전개	• 구체적인 예시를 곁들여 진술 • 발표 주제와 목적에 따라 내용 조직
정리	• 화제의 요약과 강조 • 핵심 내용 마무리

02 ⑤ 학생 2는 발표 내용을 충분히 이해하고, 이를 토대로 자신의 지식을 활용하여 새로운 아이디어를 떠올리고 있다. 학생 3은 자신이 공감했던 부분을 언급하면서 발표 내용에서 아쉬웠던 부분을 제시하고 있다. 두 학생 모두 발표 내용의 신뢰성을 의심하며 비판적 태도를 보이고 있는 것은 아니다.

오답풀이

① 학생 1은 발표 내용을 통해 새롭게 알게 된 사실에 대해 긍정적 반응을 보인다.

② 학생 2는 보안의 문제 해결 방법을 토대로 자신의 지식을 활용한 아이디어를 낸 후, 이를 실생활에 적용시켜보고자 하였다.

③ 학생 3은 발표 내용을 듣고 자신의 경험을 환기하며 공감하고 있다.

④ 학생 1과 학생 3은 발표에서 언급되지 않은 내용을 지적하며 이에 대한 아쉬움을 표현하였다.

03 ① 세 번째 문단에서 환류란 바닷물이 일정한 방향으로 도는 현상을 일컫는다고 하였으므로, 〈자료 1〉은 환류 현상을 나타내는 자료임을 알 수 있다. 그리고 환류를 타고 이동하는 쓰레기가 환류의 중심으로 모이면서 쓰레기 섬이 만들어진다고 하였으므로 환류 현상은 쓰레기 섬의 발생 원인을 설명하기 위한 자료가 된다. 따라서 ①은 적절한 설명이다.

오답풀이

② 자료 1은 환류 현상으로, 쓰레기 섬의 원인을 설명하기 위한 자료가 될 수 있다.

③ · ④ 자료 2는 쓰레기 수거를 위한 아이디어를 떠올리는 과정을 보여주기 위한 보얀의 아이디어로, ⓒ에서 활용할 수 있다. 이는 기존의 방식보다 비용이 적게 드는 이유를 보여준다.

TIP 발표에서 자료와 매체의 활용 효과

• 발표 내용을 풍부하게 하고 전달 효과를 높일 수 있다.
• 청중이 내용을 좀 더 쉽게 이해할 수 있다.
• 발표 내용을 청중의 기억에 오래 남길 수 있다.
• 청중이 발표자가 설명하는 내용에 신뢰를 가질 수 있다.

04 ④ [A]에서 학생 2는 "많은 학생들이 참여한 설문 조사 결과를 반영하여 우리가 수차례 논의하였다는 점을 강조하면 학생들의 오해를 어느 정도 해소할 수 있을 것 같아."라고 하였다. 이로 보아 설문 조사 결과의 반영이 학생회의 일방적인 결정으로 투표 방식이 변경되었음을 인정하기 때문이 아니라, 학생회 임원들이 수차례 논의해온 사안임을 강조하기 위함임을 알 수 있다.

오답풀이

① 학생 3은 현행 방식에서 장난삼아 성의 없이 투표한 경우가 많았고, 그래서 무효표도 많았다고 하였으므로 이는 기존 투표 방식과 무효표에 인과 관계가 있음을 나타낸다.

② 작년 투표 결과의 무효표를 구체적 수치로 드러낸 것은 기존 방식에 문제가 있다는 주장에 대한 근거가 된다.

③ 학생 1이 투표 방식 변경에 따라 예상되는 반응을 언급하고 이에 대한 해결책을 강구해야 한다고 말한 이유는 반발하는 학생을 고려한 것이다.

⑤ 학생 1이 새로운 방식의 장점을 언급한 것은, 많은 학생이 참여한 설문 조사 결과를 반영하였으므로 학생회의 일방적인 결정으로 생각할 수도 있다는 문제점을 해결하고, 학생들의 동의를 이끌어 낼 수 있다는 점을 나타낼 수 있다.

05 ③ ㉠은 투표 방식을 변경할 시에 투표율이 떨어질 수도 있다는 문제점을 제기하였고, ㉡는 이에 대하여 캠페인 구호 같은 것을 만들어서 글에 포함시키자고 하면서 그 해결 방안을 제시하였다.

06 ③ [D]에서는 기존 방식과 비교해서 어떻게 달라졌는지를 명확하게 알려줘야 한다는 [B]의 내용을 반영하여, 정해진 시간에 반별로 투표를 하는 기존의 방식과 원하는 시간에 투표를 할 수 있는 새로운 방식을 대비하여 설명하였다.

오답풀이

① 변경된 투표 장소는 언급하였지만 투표 장소 변경 이유에 대한 언급은 제시되지 않았다.

② 기표소의 개수에 대한 언급은 제시되지 않았다.

④ 투표 참여 방식이 자율로 바뀌었다는 것을 설명하자는 의견은 있었지만 투표 절차가 달라졌다는 내용은 제시되지 않았다.

⑤ 투표 참여 대상 변경에 대한 내용은 제시되지 않았다.

TIP **설득을 위한 작문**

- 관련 자료를 수집하여 주장하고자 하는 의견이나 관점을 명료하게 세운다.
- 주장을 뒷받침할 수 있는 타당한 논거를 세운다.
- 설득력 있는 표현 전략을 활용하여 글을 쓴다.
- 다양한 작문 과제에 대하여 논설문, 비평문, 건의문, 광고문, 칼럼 등 여러 가지 종류의 글을 쓴다.

07 ① [C]에서 제시된 조건은 새로운 방식이 가지는 의의 반영, 비유적 표현, 대구의 방식이다. 이 세 가지를 모두 충족시키는 것은 '스스로 찾아가는 투표 현장, 저절로 피어나는 민주 의식'이다.

오답풀이

② 대구의 방식은 반영되어 있으나, 비유와 새로운 방식이 가지는 의의는 반영되지 않았다.

③ 비유는 반영되어 있으나, 대구와 새로운 방식이 가지는 의의는 반영되지 않았다.

④ 비유는 반영되어 있으나, 대구와 새로운 방식이 가지는 의의는 반영되지 않았다.

⑤ 비유와 대구, 새로운 방식이 가지는 의의 모두 반영되지 않았다.

08 ⑤ 대회 운영에 대한 학교의 부담과 학생들의 학업에 부정적 영향을 줄 수 있다는 점을 언급하고 있으나, 이러한 문제에 대한 해결책을 제시하고 있지는 않다.

오답풀이

① 글의 서두에서 올해 실시한 체육대회에 대해 언급하면서 글을 시작하였다.

② 첫 문단의 말미에서, 인터뷰 결과 학생들은 현행 체육대회가 일회성 행사에 그치고 있으며 이로 인해 학생들의 경기 참여 기회 역시 제한된다는 한계점을 언급하였다고 하면서 현행 체육대회의 한계를 지적하였다.

③ 2문단에서 현행 체육대회의 한계를 보완하기 위해 스포츠클럽 대회를 도입할 필요가 있다고 하면서 그 방식에 대해 언급하였다.

④ 2문단에서 스포츠클럽 대회 도입을 제안하며 그 기대 효과를 강조하였다.

TIP **작문의 단계**

- **계획하기** : 글의 목적을 분명히 하고, 글의 주제, 독자 등의 작문 상황 분석
- **내용 생성하기** : 창조적인 사고 활동을 통해 글로 표현할 내용 조직
- **표현하기** : 적절한 어휘를 선택하고 어법에 맞는 문장으로 표현
- **고쳐쓰기** : 글의 목적과 독자를 고려하여 내용을 삭제 · 추가 · 수정하기

09 ④ C는 스포츠클럽 대회 도입이 학생들의 정서 및 사회성 발달에 기여할 수 있다는 자료로 활용할 수 있다. 그러나 A는 현행 체육대회에 대한 학생들의 만족도를 나타내는 것으로, 현행 체육대회의 한계를 지적하고 이를 보완해야 한다는 내용을 뒷받침하는 자료로 사용될 수 있다.

오답풀이

① A는 현행 체육대회에 대한 만족도를 나타내는 자료로, 현행 체육대회의 한계를 보완해야 한다는 내용을 뒷받침한다.
② B는 현행 체육대회에 대한 불만족 이유를 나타내는 자료로, 종목의 다양성이 부족하다는 의견이 두 번째로 많으므로 적절한 자료 활용이다.
③ C는 체육 활동과 학생들의 학업 성취도 사이의 긍정적 관계를 보여주는 자료이다.
⑤ B에 제시된 체육대회에 대한 불만족 이유와 C에 제시된 체육 활동의 중요성을 바탕으로, 스포츠클럽 대회를 도입하여 상시적이고 다양한 체육 활동을 뒷받침하여 학생들이 만족하지 못하는 원인을 해소할 수 있음을 강조할 수 있다.

10 ④ (나)의 마지막 문단에서는 청소년기의 학업과 체육 활동의 중요성을 언급하고 있고, 고쳐 쓴 글에서는 이를 바탕으로 스포츠클럽 대회 도입의 필요성을 강조하고 있다. 따라서 학생이 점검했을 내용으로 적절한 것은 청소년기 체육 활동의 중요성에 초점을 맞추어 스포츠클럽 대회 도입의 필요성이 부각되도록 고쳐 쓴 것이다.

오답풀이

① 체육 활동에 실제로 참여한 학생에 대한 언급이 없으므로 예상 독자를 고려하여 수정한다는 것은 적절하지 않다.
② 스포츠클럽 대회 도입을 위한 선생님들의 노력에 대한 내용은 언급된 바가 없다.
③ 정신적 측면과 육체적 측면에 대한 언급이 있기는 하지만, 핵심 주제는 스포츠클럽 대회 도입의 필요성이므로 적절하지 않은 설명이다.
⑤ 청소년들의 특성과 학교 여건 등을 종합적으로 감안했다는 내용은 언급된 바가 없다.

TIP 고쳐쓰기의 원칙

- 통일성
  - 글 전체가 하나의 주제로 집중되는 성질
  - 글의 주제와 관련이 없는 내용은 삭제하거나 조정
- 완결성
  - 하나의 내용을 완전히 마무리하는 성질
  - 글쓴이가 말하고자 하는 내용이 분명히 드러남
  - 주제문이 갖추어져 있고, 이에 대한 뒷받침 문장들을 충분히 제시
- 일관성
  - 논리의 흐름이 처음부터 끝까지 한결같고 자연스러운 성질
  - 앞뒤의 내용이 서로 모순되지 않아야 함
  - 문장과 문장 사이의 연결이 자연스러워야 함

11 ⑤ 본문에서 '구나' 형 감탄문은 감탄문의 일반적 유형으로, 용언이나 서술격 조사의 어간에 붙을 수 있다고 하였고, '어라' 형 감탄문은 형용사의 어간에만 붙을 수 있다고 하였다. 따라서 '어라' 형 감탄문이 '구나' 형 감탄문에 비해 활용 범위가 더 제한적이라고 볼 수 있다.

오답풀이

① '앗, 차가워라!'에서 '앗'은 놀람의 느낌을 나타내는 감탄사이다.
② '–구나'는 해라체, '–구려'는 하오체에 해당한다.
③ '–네'는 '해체'에 해당한다.
④ '아'는 독립어이고 '시원해라'는 서술어이므로, '아, 시원해라!'는 독립어와 서술어만으로 감탄문이 실현된 문장이다.

TIP 중세 국어의 감탄문

- 감탄문은 대부분 느낌 표현의 선어말 어미에 기대어 형성된다.
- 감탄문의 어말 어미로는 '–ㄹ쎠, –ㄴ뎌' 정도만 확인된다.
  예 내 아ᄃᆞ리 어딜쎠 [내 아들이 어질구나!] 〈월인석보 2, 7〉
  몰힛 마리신뎌 [뭇사람들의 참소로구나!] 〈악학궤범, 정과정〉

12 ⑤ ㄴ. ⓑ에서 '낳다'는 동사이고 ⓓ에서 '어질다'는 형용사이다. 이 둘은 모두 감탄문의 서술어 역할을 하고 있다.
ㄹ. ⓒ에 사용된 선어말 어미 '–돗–'이 ⓔ에서는 '–돗–'의 이형태인 '–도–'로 사용되었다. 즉 감탄문을 만드는 선어말 어미는 이형태가 존재한다.

오답풀이

ㄱ. ⓐ의 '–ㄴ뎌'와 ⓑ의 '–ㄹ쎠'는 모두 감탄형 종결 어미이다.
ㄷ. ⓑ에서는 높임 선어말 어미인 '–시–'와 감탄형 종결 어미인 '–ㄹ쎠–'가 결합하였다. 따라서 감탄형 종결 어미가 선어말 어미와 결합할 수 있음을 알 수 있다. ⓔ에서는 선어말 어미 '–시–'만 사용되고 감탄형 종결 어미는 사용되지 않았다.

13 ④ '네가 그렸다는'은 '네가 그림을 그렸다'의 문장에서 '그림을'이라는 목적어가 생략된 '안긴 긴 관형사절'이다. 문장에서 이 절을 생략해도 문장은 성립된다.

오답풀이

① '네가 되려는'은 보어가 생략된 짧은 관형사절이다.
② '그가 우리를 사랑했다는'은 종결 어미가 있는 긴 관형사절로, 문장 성분이 생략되지 않은 채 '오늘에서야 알았다'와 결합된 보문절이다. 이 절을 생략하면 문장이 성립되지 않는다.
③ '개울에서 헤엄을 쳐 본'은 종결 어미가 없는 보문절로, '개울에서 헤엄을 쳐 본다는'과 같이 긴 관형사절로 바꾸면 어색한 문장이 된다.
⑤ '그분이 노벨상을 타게 되었다는'은 종결 어미가 있는 보문절로, 짧은 관형사절로 바꾸면 문장이 어색해진다.

TIP 관형절을 안은문장

- **관계관형사절(관계절)** : 서술어 구문으로 전개하는 과정에서 공통된 논항이 공유되는 현상을 보이는 절(생략 가능)
  ㉠ 담배를 피우는 학생들이 점점 줄고 있다 → 학생들이 담배를 피운다 + (그런) 학생들이 점점 줄고 있다
- **동격관형사절(보문절)** : 피한정명사가 선행하는 관형사절의 내용을 동격의 형식으로 간추린 역할만 하는 절(생략 불가능) → 피한정명사로 쓰일 수 있는 체언의 종류가 한정되어 있음
  ㉠ 너는 인수가 결석한 사실을 몰랐느냐? → 인수가 결석하였다. + 너는 (그) 사실을 몰랐느냐?
- **긴 관형절** : 원래 문장의 종결어미가 유지됨
  ㉠ 그녀가 결혼했다는 소문이 떠돌았다.
- **짧은 관형절** : 원래 문장의 종결어미가 탈락함
  ㉠ 나는 그를 만난 기억이 없다.

14 ③ '쓰- + -이- + -어 → [쓰여]'는 'ㅡ'가 그대로 유지되고 'ㅣ'와 'ㅓ'라는 두 단모음이 합쳐져서 이중모음인 'ㅕ'가 된 것이다.

오답풀이

① '파- + -아서'는 '-아'의 'ㅏ'가 탈락하여 [파서]가 된 것이다.
② '비- + -어서'는 'ㅣ'와 'ㅓ' 사이에 반모음이 첨가되어 [비여서]가 된 것이다.
④ '바꾸- + -어라'는 단모음 'ㅜ'가 반모음으로 교체된 다음 단모음 'ㅓ'와 결합하여 'ㅝ'가 된 것으로, 최종적으로 [바꿔서]가 되었다.
⑤ '보- + -이- + -어'는 'ㅗ', 'ㅣ'가 'ㅚ'로 축약되고, 반모음 'ㅣ'가 첨가되어 [뵈여]가 되었다.

TIP 국어의 모음 체계

- **모음(홑소리, 21개)** : 공기의 흐름이 막히거나 장애를 받지 않고 만들어지는 소리
  - 단모음(10개) : 발음 도중에 입술 모양이나 혀의 위치가 바뀌지 않는 모음
  - 이중모음(11개) : 발음 도중에 입술 모양이나 혀의 위치가 바뀌는 모음.(반모음 + 단모음 결합 형태)
  - 반모음 : 음성의 성질은 모음과 비슷하지만 다른 모음에 붙어야 발음될 수 있으므로 음절을 이루지 못하는 소리

15 ② '내일 우체국 가는 길에 은행에 들르겠다.'의 '들르겠다'는 발화시가 사건시보다 앞선 미래 시제로, '가는'의 절대 시제와 일치한다.

오답풀이

① ㄱ에서 '들으며'와 '먹는다'는 모두 현재를 나타내며 절대 시제와 상대 시제가 일치한다.
③ '들으며'는 '먹는다'와 시제가 일치하므로 상대 시제는 현재이다. 그러나 '가는'의 절대 시제는 예정을 나타내는 것으로, 발화시가 사건시보다 앞선 미래이다.
④ '먹는다'의 '-는'은 진행 중의 동작을 나타내며 발화시와 사건시가 일치하는 현재이다. 그러나 '가는'의 '-는'은 절대 시제가 미래이다.
⑤ '들으며'와 '먹는다'의 동작은 동시에 행해지는 것으로, 둘 다 현재를 나타낸다.

TIP 국어의 시제

- **사건시** : 사건이 발생한 순간
- **발화시** : 말하는 순간
- **절대시제** : 발화시(말하는 시점) 기준
- **상대시제** : 사건이 일어난 시점을 기준

[16~18] 현대 소설

박완서, 「이별의 김포공항」
- **갈래** : 현대 소설, 단편 소설
- **성격** : 비판적, 세태적
- **배경** : 1970년대, 서울
- **시점** : 전지적 작가 시점
- **주제** : 1970년대 물질주의적 세태에 대한 비판
- **구성**
  - 발단 : 소녀는 미국에 있는 고모의 초청을 받아 곧 한국을 떠나는 할머니를 모시고 박물관 구경에 나선다.
  - 전개 : 소녀의 기억 속에는 삼촌들과 고모가 외국으로 뜨기로 작정하고 쏘다녔던 모습이 악몽처럼 남아 있다.
  - 위기 : 삼촌들과 고모는 소원대로 한국을 떠났고, 드문드문 오는 편지에는 한국에 대한 이야기를 찾아볼 수 없다.
  - 절정 : 떠나는 날이 정해진 할머니는 여유 있는 얼굴로 노골적인 연민을 베풀려는 모습을 보이고 소녀는 그것이 참을 수가 없다.
  - 결말 : 박물관 관람을 마치고 다음 날 비행기에 오른 할머니는 기체가 이륙하는 순간 뿌리가 뽑히는 듯한 기분을 느끼며 서럽게 운다.
- **이해와 감상** : 1970년대의 한국은 정치, 경제, 문화 등 다방면에 걸쳐 커다란 변화가 이루어진 시기였다. 산업화의 여파로 인해 물질주의와 배금주의가 팽배해진 상황에서 당시 수많은 한국인들이 풍요로운 삶을 좇아 선진국으로 떠나는 모습을 보였다. 이 과정에서 자신의 근본을 부정하는 상황이 나타나기도 하였다. 이 작품은 이와 같이 배금주의의 영향으로 자신의 뿌리조차 부정하였던 당시의 세태에 대해 비판적 시각을 보여주고 있다.

16 ⑤ 이 작품은 전지적 작가 시점으로, 서술자가 '노파'의 시선에서 사건을 서술하고 있다.

오답풀이

① 장면에 따라 시점을 달리하여 서술하고 있지 않다.
② 서로 다른 공간의 사건을 병치하여 서술하는 것이 아니라 노파의 일과에 따라 사건이 진행되고 있다.
③ 노파가 과거를 회상함으로써 미국에 가고자 하는 이유를 추측할 수 있지만, 역순행적으로 추리하고 있는 것은 아니다.
④ 이 작품은 작품 밖의 서술자가 특정 인물의 시선을 중심으로 사건을 서술하고 있다.

17 ③ ㉢에서 '노파'가 '샌프란시스코'를 '쌍포리코'라고 발음한 것은 단순히 영어가 생소하고 서툴러서이지, 언어유희를 통해 젊은이의 허위의식을 비꼬고자 한 것이 아니다.

오답풀이

① ㉠에서 '손녀'가 아첨을 떤다고 생각하는 것으로 보아, '노파'는 '손녀'의 행동에 담긴 의도를 부정적으로 생각하고 있다고 볼 수 있다.
② ㉡에서 '꼬마 전구'는 '노파'를 비유한 것으로, '요새는 켜져 있는 동안이 훨씬 많다'고 한 것은 이전과 달라진 '노파'의 심리를 나타낸다.
④ 송영대에 가족들이 없다는 것을 알고 눈물을 흘리는 '노파'의 모습을 나타낸 것으로, 기대했던 상황이 벌어지지 않아 슬퍼하는 심리를 표현한 것이다.
⑤ ㉤에서 '노파'는 '젊은이'를 다시 뿌리 내릴 수 있는 '묘목'에, 자기 자신을 '죽은 목숨'에 비유하면서, 비교를 통한 절망감을 부각하고 있다.

18 ② '손녀'가 가리키는 곳을 '으리으리 잘 지어 놨다'고 생각하는 것은 '노파'가 느끼는 솔직한 감정일 뿐이지 '노파'가 자신이 처한 현실을 잘못 파악하고 있는 것으로 볼 수 없다.

오답풀이

① 〈보기〉에서 인간은 자신이 처한 현실에서 벗어나 다른 세계로 가고자 하는 경향이 있다고 하였는데, 이 심리가 '노파'의 미국행이라는 사건을 통해 그려지고 있다.
③ 〈보기〉에서 희망이 과도하여 고정관념으로 굳어질 때 맹목적 동경이 된다고 하였는데, '미국에만 갈 수 있으면!'하고 잠꼬대 같은 탄식 소리를 하는 것은 곧 맹목적으로 다른 세계를 동경하는 행위를 보여준다.
④ 〈보기〉에서 막상 현실을 떠나 다른 세계로 가는 상황에 맞닥뜨릴 때 비로소 자신을 깨닫게 되는 경우가 있다고 하였는데, '노파'가 '뿌리 뽑힌 고목으로서의 스스로를 인식'하는 것이 바로 그러한 경우이다.
⑤ 〈보기〉에서 부정적인 현실마저도 자신의 삶의 일부임을 깨닫고 그에 대한 애정을 확인하게 된다고 하였는데, '노파'가 '이 땅의 구질구질한 것까지' 사랑했다는 것은 즉 부정적 현실마저 사랑하게 된 심리를 나타내는 것이다.

[19~22] 독서 – 과학

19 ⑤ 윗글은 에너지 문제를 해결하기 위한 하나의 방편으로 인공 광합성 연구에 대해 설명한 것이다. 자연 광합성 연구 발전에 미친 영향에 대해서는 언급된 바가 없다.

오답풀이

① 수소는 우주의 88%를 차지할 만큼 많고, 연소될 때 많은 에너지가 발생하기 때문에 에너지원으로 활용하려고 하는 것이다.
② 수소는 매우 가벼워 지구의 대기 밖으로 쉽게 날아가 버리므로 지구 대기 속에 수소 기체가 거의 없다고 하였다.
③ 글의 마지막 단락에서 전지형 인공 광합성 시스템의 향후 과제는 반도체의 기능과 촉매의 기능을 동시에 향상시키는 방법을 찾는 것이라고 하였다.
④ 첫 문단에서 식물의 광합성 시스템을 모방한 인공 광합성 기술 연구가 진행된다고 한 것을 통해 자연의 원리를 활용해 에너지 문제를 해결하려고 한다는 사실을 알 수 있다.

TIP 독서 – 과학

- **주제** : 수소의 생산 방법 및 한계점과 효율적 생산 방법 모색의 필요성
- **소주제**
  - 1문단 : 수소 생산을 위한 인공 광합성 기술 연구
  - 2문단 : 식물의 광합성을 이용한 수소 생성 과정
  - 3문단 : 수소를 생성하는 인공 광합성 시스템의 구조와 과정
  - 4문단 : 인공 광합성 시스템의 한계점과 효율적 생산 방법 모색의 필요성

20 ⑤ 2문단에서 ㉠의 엽록소에서 빠져 나온 전자는 빛 에너지가 전환된 화학 에너지 APT를 생성하는 데 이용되고, 전자와 수소 양이온은 이산화탄소와 결합해 최종적으로 유기물인 포도당을 만드는 데 이용된다고 하였다. ㉡의 정공과 분리된 전자는 자유 전자인데, 3문단에서 수소 양이온이 자유 전자와 결합하여 수소 기체가 만들어진다고 하였다. 따라서 ㉠의 엽록소에서 방출된 전자와 ㉡의 정공과 분리된 전자는 같은 역할을 한다고 볼 수 없다.

오답풀이

① 2문단과 3문단을 통해 ㉠과 ㉡ 모두 산소가 기체 상태로 배출됨을 알 수 있다.
② 2문단에서 ㉠은 수소가 전자와 수소 양이온으로 분해된다고 하였고, 3문단에서 ㉡은 정공들이 전자를 보충하기 위

해 물을 분해하고 자유 전자를 이용해 수소 양이온을 환원시킨다고 하였다.

③ 2문단에서 ㉠의 경우 전자와 수소 양이온은 이산화탄소와 결합해 최종적으로 유기물인 포도당을 만드는 데 이용된다고 하였고, ㉡은 그런 정보가 제시되지 않았다.

④ 2문단에서 ㉠은 유기물인 포도당을 만든다고 하였고, ㉡은 그런 정보가 제시되지 않았다.

21 ② 3문단에서 광전극에 남아 있는 정공들은 광전극의 표면에 몰려 전자를 보충하기 위해 물을 분해한다고 하였다. ㄴ은 광전극으로부터 온 자유 전자를 이용해 수소 양이온을 환원시켜 최종적으로 수소 기체를 생성하는 환원 전극이고 물을 분해하는 장치는 ㄱ(광전극)이다.

오답풀이

① 광전극은 빛 에너지를 받으면 자유 전자와 정공이 더욱 많이 생긴다고 하였다.

③ 광전극의 자유 전자는 전선을 따라 환원 전극으로 이동한다고 하였다.

④ 광전극에서 정공들이 물을 분해하면서 수소 양이온이 생성되고 환원 전극에서 자유 전자와 결합하여 수소 기체가 된다고 하였다.

⑤ 광전극은 n형 반도체로 자유 전자가 많고, 환원 전극은 p형 반도체로 정공이 많다고 하였다.

22 ① 지문의 [A] 부분에서 분리막은 광전극에서 만들어진 수소 양이온이 그것을 투과하면 광전극에서 반응할 수 없도록 하고, 생성된 수소 기체가 광전극 쪽으로 가 반응하지 못하도록 하는 역할을 한다고 하였다. 즉 분리막은 수소 기체가 다시 분해되지 않도록 하여 수소 기체가 보다 효율적으로 생성되게 하기 위한 장치임을 알 수 있다.

[23~26] 고전 소설

조성기, 「창선감의록」

- **갈래** : 고전 소설, 가정 소설, 도덕 소설
- **성격** : 교훈적, 유교적
- **배경** : 중국 명나라
- **시점** : 전지적 작가 시점
- **제재** : 일부다처(一夫多妻)와 대가족 제도 아래서 일어나는 가정의 풍파
- **주제** : 충효(忠孝) 사상의 고취와 권선징악(勸善懲惡)
- **특징**
  - 교훈적 주제 의식을 지님
  - 인물의 개성이 부각됨
  - 치밀한 구성으로 소설적 흥미가 풍부함
- **구성**
  - 발단 : 병부상서 화욱은 심씨, 요씨, 정씨 세 명의 부인을 둔다. 요씨는 딸 빙선을 낳고 일찍 죽었고, 정씨는 아들 진(珍)이 장성하기 전에 죽는다. 심씨가 낳은 아들 춘(瑃)은 이복형제 가운데서도 가장 맏이였으나 화욱은 진을 편애하여 심씨와 춘의 불만을 산다.
  - 전개 : 화욱은 조정에 간신이 득세하는 것을 보고 벼슬자리에서 물러나 고향으로 돌아온다. 화욱이 죽은 뒤 심씨와 화춘은 화진과 그의 아내를 학대한다. 화춘은 화진을 모함하여 귀양을 보내고, 그의 아내도 누명을 씌워 내쫓는다.
  - 위기 : 화진이 유배지에서 도사인 곽공(郭公)을 만나 병서를 배우고 있을 즈음에 해적(海賊)인 서산해(徐山海)가 변방을 소란스럽게 하고 노략질을 일삼는다. 이에 화진이 백의종군하여 해적을 토벌하여 공을 세운다.
  - 절정 : 화진의 능력을 인정한 조정에서는 그를 정남대원수(征南大元帥)에 봉하여 남방의 어지러움을 모두 평정하게 한다.
  - 결말 : 화진이 남방을 평정하고 개선하자, 천자는 그에게 진국공(晋國公)의 봉작을 내린다. 한편 심씨와 화춘도 착한 사람이 되었으며, 종적을 감추었던 화진의 아내도 돌아와 심씨를 지성으로 섬겨 가정의 화목을 이룬다.
- **이해와 감상** : 이 작품은 사대부 가문에서 일어나는 갈등과 모함을 다룬 가정 소설로, 악한 인물인 처와 선한 인물인 첩 사이의 갈등을 전면에 내세우면서 사대부 집안 가장의 삶과 가문의 운명에 초점을 맞추어 형제간의 우애와 충효, 권선징악(勸善懲惡)이라는 교훈을 강조한다. '창선감의록'의 '창선(彰善)'은 다른 사람의 착한 행실을 세상에 드러낸다는 의미이고, '감의()'는 의리에 감복한다는 의미이다. 즉, '착한 행실을 세상에 드러내고 의리에 감복하는 이야기'가 제목의 의미인 것이다.

23 ⑤ [D] 사건은 '하춘해'가 주선한 일이 아니라 '범한'이 '엄숭'에게 뇌물을 써서 벌인 일이다.

오답풀이

① [A]부터 [D]까지의 각 사건들은 시간의 순서대로 순차적으로 전개된다.

② [A]에서 '범한'이 한림을 처벌받게 하려다 실패하자, [A]와 [B] 사이에 옥졸들에게 돈을 나누어 주고 '한림'을 죽이려고 하였다.

③ [A]에서의 '최 지부'와 [C]에서의 '하춘해'는 '한림'이 누명을 썼음에도 거짓으로 자백하여 자신의 효를 다하려 한다는 사실을 인지하고 있다.

④ '계화'의 정성을 보고 '유이숙'은 옥에 가서 '한림'을 본 후

'한림'을 지키고자 경사까지 따라가게 되었다.

24 ③ ⓒ에서 '한림'은 스스로가 선하고 의로우니, 아버지를 욕되게 하지 않겠다고 하면서 자신이 죄인이라고 거짓 자백하여 죽으려 하고 있고, '하춘해'는 그런 '한림'을 살리려고 하고 있다. 따라서 '한림'이 '하춘해'의 처분을 따르려 한다고 볼 수 없다.

오답풀이

① '범한'은 '최 지부'가 '한림'을 벌하려 하지 않자, 불안감을 느끼며 처벌을 재촉하고 있다.
② '유이숙'은 '한림'의 옥 같은 용모를 보고 군자로 판단하였다.
④ 수레를 빨리 몰아 경사로 가는 모습은 '하춘해'가 '한림'을 구하기 위해 다급해 하는 모습을 나타낸다.
⑤ 길가에서 구경하던 사람들은 '계화'와 '한림'의 모습을 보고 탄식하며 안타까워하고 있다.

25 ② 편지를 읽고 난 후 '한림'은 아버지를 욕되게 하지 않겠다고 다짐하며 왕겸에게 "차마 실상을 속이고 말을 바꾸지 못하겠습니다."라고 말하였다. 이로 보아 편지에는 거짓으로 죄를 인정하지 말고 사실대로 말해달라는 내용이 적혀 있을 것임을 알 수 있다.

오답풀이

① 편지를 읽고 난 후 '한림'의 모습으로 보아 덕행을 쌓는 일은 관련이 없다.
③ '한림'은 강상의 죄를 범하지 않았으므로 죄의 대가를 지려는 모습이 귀감이 된다는 내용은 적절하지 않다.
④ '한림'은 입장을 유보하지 않고 자신의 죄를 인정하였다.
⑤ '한림'은 어머니와 관련된 사안이어서 거짓으로 자백을 하고 죄를 뒤집어 쓴 상황이지, 현 상황을 회피하고 있지 않다.

26 ④ '최 지부'와 '유이숙'은 '한림'의 군자로서의 사람됨을 알았고, 그러한 '한림'을 구해주고자 하였다. 따라서 거짓 자백하고 죽음을 택하려는 그의 뜻을 수용하지 않았다.

오답풀이

① 작품에서 '계화'와 '하 어사'는 '한림'을 돕고자 했던 조력자이다.
② '한림'은 가문을 지키기 위해 허위로 자백하여 죽을 것을 결심하였다. 이는 가문의 명예를 중시하는 중세적 윤리 의식이 내면화된 것을 보여준다.
③ '범한'과 '어머니와 형'은 '한림'을 죽이려 한 인물들이고, '엄숭'은 '한림'의 뇌물을 받았다. 이들은 악한 세력에 속한다.
⑤ '한림'은 주변의 설복에도 꿈쩍하지 않고, 죽음을 택하여 가문을 지키려 하였으므로, 개인보다는 가문을 중시하였음을 알 수 있다.

[27~31] 독서 – 사회

27 ③ 윗글에서 비용편익분석을 적용하는 공공사업의 유형에 대한 언급은 없다.

오답풀이

① 1문단에서 사업의 타당성을 따져보기 위해 비용편익분석을 한다고 하였다.
② 7문단에서 할인율이 높을수록 편익의 현재가치는 낮게 평가된다고 하였다.
④ 2문단에서 편익이나 비용이 시간의 경과에 따라 가치가 변화한다는 점을 무시하고 단순하게 계산하여 합산하면 비용편익분석의 결과에 대한 신뢰성이 떨어지므로 미래가치를 현재가치로 환산하는 기준이 되는 비율인 할인율을 적용해야 한다고 하였다.
⑤ 5문단에서 순현재가치와 편익-비용비 산출 계산법을 설명하였다.(순현재가치 : 현재가치로 환산된 편익의 합계에서 현재가치로 환산된 비용의 합계를 뺀 값, 편익-비용비 : 편익의 합계를 비용의 합계로 나눈 값)

TIP 독서 – 사회

- **주제** : 공공사업에서 비용편익분석의 필요성과 공적 차원에서 이루어져야 하는 이유
- **소주제**
  - 1문단 : 비용편익분석의 정의
  - 2, 3문단 : 비용편익분석 결과의 신뢰성을 높이는 할인율과 그 환산 방법
  - 4, 5문단 : 순현재가치와 편익-비용비의 개념과 산출 방법
  - 6문단 : 사업 선택의 기준이 되는 순현재가치와 편익-비용비
  - 7문단 : 할인율과 편익의 관계
  - 8문단 : 공적 차원에서의 사회적 할인율 결정의 필요성

28 ② 순현재가치는 편익의 합계에서 비용의 합계를 뺀 것으로, A, B, C, D의 순현재가치는 각각 250, 300, 200, 500이다. 가용 예산은 2,000이고 순현재가치가 제일 낮은 것은 C이다. 따라서 B가 아닌 C를 건설하는 것이 바람직하지 못하다.

오답풀이

① 총예산이 2,450이라면 비용의 총합계와 일치하므로 A, B, C, D를 모두 건설할 수 있다.
③ 비용의 효율성을 따지려면 편익-비용비를 확인해야 하는데, A, B, C, D의 편익-비용비는 각각 2, 1.75, 1.25, 1.50이다. 1보다 클수록 효율성이 높은 것이므로 D보다 B를 먼저 건설해야 한다.
④ 단위 비용 당 최대 편익을 얻기 위해서는 편익-비용비가 가장 높은 A를 우선적으로 건설해야 한다.
⑤ C의 편익이 300만큼 줄어든다면 순현재가치와 효율성은 모두 더 낮아지므로 C를 건설하는 것은 바람직하지 못할 것이다.

29 ② 글의 마지막 문단에 따르면 공공사업의 경우 공적 차원의 할인율을 적용하는데 이를 사회적 할인율이라고 한다. 공공사업에서 적용하는 사회적 할인율은 낮을수록 편익의 가치가 커진다. 그런데 사회적 할인율을 지나치게 낮게 설정하면 편익의 가치가 그만큼 더 커지게 되므로 공공사업의 사치가 과대평가되는 문제를 야기할 수 있다.

오답풀이

① 비용편익분석을 민간사업에 적용하는 것과는 관련성이 없다.

③ 사회적 할인율이 낮아지는 것은 시간과 비용 소비가 늘어나는 것과 관련이 없다.

④ · ⑤ 사회적 할인율이 낮아지면 편익은 더 커지며 미래 세대에 대한 배려도 높아진다.

30 ⑤ 할인율이 10%를 초과할 때 B 그래프의 편익–비용비는 1보다 밑에 있으므로, ⑤는 적절한 설명이다.

오답풀이

① 할인율이 높아지면 그래프는 오른쪽 아래로 내려간다. 이는 순현재가치가 낮아지는 것이므로 낮게 평가된다고 볼 수 있다.

② 할인율이 0%일 때 편익–비용비는 B가 A보다 높다.

③ 할인율이 5%일 때 순현재가치는 B가 1,166, A가 1,000으로, B의 사업 가치가 더 높다.

④ 할인율이 7.9%일 때는 그래프에서 A와 B가 만나는 지점으로 둘의 사업 가치는 같다고 할 수 있다.

31 ③ '© 제한'의 사전적 의미는 '일정한 한도를 정하거나 그 한도를 넘지 못하게 막음. 또는 그렇게 정한 한계'이다. '하지 못하도록 함'의 의미를 지니는 단어는 '제약'이다.

[32~36] 갈래 복합

(가) 이용악, 「천치(天痴)의 강(江)아」
- **갈래** : 현대시, 자유시
- **성격** : 고백적, 비유적
- **주제** : 비통하고 무서운 현실과 이를 외면하는 강에 대한 원망
- **특징** : 강을 의인화 함
- **구성**
  - 기 : 자유도 없이 죄인처럼 사는 '나'의 굴욕적인 모습
  - 승 : 얼어붙은 강물 밑으로 흐름이 쉬지 않고 바다로 흘러내리고 있음을 알게 된 '나'
  - 전 : 욕된 운명의 밤
  - 결 : 북간도로 이민을 간다는 강원도 사람과 마주앉은 '나'
- **이해와 감상** : 이 시에서 '죄인처럼 수그리고 코끼리처럼 말이 없는' 모습의 '나'는 이용악 자신이라고 볼 수 있다. 삶의 터전을 잃고 얼어붙은 두만강의 다리를 건너가면서 민족의 욕된 운명에 대한 죄책감을 느끼고 있다. 작품 속 '두만강'은 고통스러운 현재의 역사를 바라보는 증인이자 미래의 전망을 향해 나아가는 존재이다.

(나) 서정주, 「풀리는 한강가에서」
- **갈래** : 자유시, 서정시
- **성격** : 교훈적, 비유적
- **주제** : 풀리는 강물을 통해 느끼는 삶에 대한 위안
- **특징** : 강물이라는 자연물의 변화를 통해 어려운 현실에 대응하는 올바른 삶의 자세를 표현함
- **구성**
  - 1연 : 강물의 풀림에 대한 의구심
  - 2연 : 풀리지 않는 가슴에 대한 토로
  - 3연 : 자연의 변화로 인한 내적 변화
  - 4연 : 봄을 맞아 부활하는 생명의 모습에 다시 시선을 주게 된 화자
  - 5연 : 상처 입은 존재들에게 다시 시선을 주게 된 화자
  - 6연 : 삶의 현실에 대한 긍정적 수용
- **이해와 감상** : 이 시의 화자는 봄이 되어 강물이 풀리는 것을 보고 자신의 가슴은 전쟁과 같은 난리를 겪음으로 인해 풀리지 않았음을 말하면서 좌절과 절망을 토로하고 있다. 그러나 마지막 연에서 자연의 순리는 겨울이 지나고 봄이 오면 얼었던 물이 녹아 흐르는데 자신의 마음이 아직 얼어 있는 것에 대해 반성하면서 새로운 시작을 해야 함을 강조하고 있다.

(다) 신영복, 「철산리의 강과 바다」
- **갈래** : 현대 수필, 경수필
- **성격** : 사색적, 비유적, 교훈적, 관조적
- **주제** : 갈등의 시대를 지나 평화로운 세상이 오기를 소망함
- **특징** : 편지글 형식으로 가상 청자를 두고 서술함, 경어체로 자신의 생각을 부드럽게 전달함
- **이해와 감상** : 이 글에서 글쓴이는 한강과 임진강과 예성강이 만나는 강화 철산리를 찾아 자신을 성찰하고 있다. 강물은 많은 우여곡절을 겪으며 치열하게 달리지만 이러한 강물도 바다에 이르게 되면 이전의 성질을 버리고 물의 본성인 가장 평화롭고 낮은 성질로 돌아가게 됨을 이야기하며 평화를 최후의 목표로 삼아 새로운 시작을 할 것을 주장하고 있다.

32 ① (가)에서는 '강아 천지의 강아'를 반복하고 (나)에서는 '강물은 또 풀리는가'를 반복하여 시적 의미를 강조하고 있다.

오답풀이

② (다)에서는 목표를 향해 치열하게 달렸던 과거의 강물과, 바다에 이르게 되면 이전의 성질을 버리고 물의 본성인 가장 평화롭고 낮은 성질로 돌아가는 현재의 강물을 대비하고 있다. (가)에는 과거와 현재를 대비하는 부분이 없다.

③ (다)에서는 '하늘로 오르는', '흰 구름으로 승화하는'에서 상승적 이미지를 활용하였으나, (나)에서는 상승적 이미지가 활용되지 않았다.

④ (가)는 강에게 말을 건네는 듯한 어조를, (다)는 편지 형식을 통해 독자에게 말을 건네는 듯한 어조를 드러내고 있지만 (나)는 화자가 느끼는 감정을 독백체로 담담하게 서술하고 있다.

⑤ (다)의 필자는 강물의 여정에 따라 정서를 구체화하고 있으며 세 개의 강이 하나 되는 곳인 '철산리'와 평화의 세계로 향하는 출발점인 '바다'에 대한 애착을 드러내고 있다. (가)와 (나)에는 공간의 이동에 따른 정서가 나타나지 않는다.

33 ③ '㉠ 강안'은 '무수한 해골이 뒹구는 곳'으로 표현되었고 '㉡ 임진강'은 '휴전선 철조망에 옆구리를 할퀴인 몸으로 당도하는 곳'으로 표현되었다. 둘은 모두 민족이 처한 비극적 현실이 드러나는 공간으로 볼 수 있다.

오답풀이

① ㉠과 ㉡은 모두 비극적 현실을 보여주는 공간으로, 꿈과 소망이 실현되는 공간과는 거리가 멀다.

② ㉠과 ㉡은 비극적 현실을 일깨워주는 공간이지만, 현실 초월 의지를 생성하는 공간은 아니다.

④ ㉠과 ㉡ 모두 민족을 위한 자기희생적 태도를 다짐하는 공간이라고 볼 수 없다. 다만 ㉡은 목표를 향해 치열하게 달리는 강물의 모습을 나타낸다.

⑤ ㉠과 ㉡ 모두 과거의 삶에 대한 애착을 환기하는 공간이라고 볼 수 없다.

34 ① 3연에서 '전통을 이어 남기려는가'라고 한 것은 초조하고 공포스러운 상황의 해소를 위해 전통을 이어 남기려는 태도를 보인 것이 아니라, 비극적인 현실을 계속 이어받아야 하냐는 비판과 질책의 의미가 담겨 있는 것이다.

오답풀이

② '선지피를 흘릴 때'에서 '피'는 우리 민족이 흘린 피를 상징하므로, 우리 민족이 겪었던 절망적 상황을 환기하는 것으로 볼 수 있다.

③ '자랑'과 '영광'은 국경을 넘어 다니는 유이민의 비참한 모습과 대비된다.

④ '키 넘는 풀속'을 기어가는 '들쥐'는 처절한 상황에서 생존을 위해 국경을 넘나들던 한반도의 백성들을 상징한다.

⑤ '묘표를 걸머진 듯한 이 실망'은 유이민들의 비참한 현실을 나타내는데, 화자는 이러한 상황 속에서 '너의 꿈만 아름다운 듯 고집'하는 존재에 대해 비판적 태도를 보인다.

35 ③ 3연은 강물이 풀리고 봄이 오는 것에 대한 기쁨을 나타낸 표현이며, 4연은 봄을 맞아 부활하는 생명의 모습을 나타낸 표현이다. 화자는 이를 바탕으로 삶을 긍정적으로 살아가고자 하는 태도를 내비춘다. 따라서 인간의 삶과 자연 현상을 대비하여 자연의 비정함을 부각하고 있다고 볼 수 없다.

오답풀이

① '우리들의 ~ 풀리는가'에서 자연 현상을 인간의 감정과 연결하여 화자의 정서를 드러내고 있다.

② '기러기같이 ~ 울고 가려 했더니'에서 삶의 시련 속에서도 기러기와 같이 꿋꿋하게 살아가고자 하는 화자의 의지가 드러난다.

④ '꽃상여', '떼과부'는 현실의 시련으로 상처받은 사람들을 나타내는 시어로, 서글픈 이미지를 형상화한다.

⑤ 1연과 6연이 수미상관을 이룸으로써 화자의 내면을 더욱 강조하고 있다.

TIP 시구 풀이

- **강물이 풀리다니** : 고단한 삶에 봄이 왔음을 의미함
- **강물은 무엇하러 또 풀리는가** : 봄이 오는 것에 대한 기쁨의 반어적 표현
- **기러기** : 시련 속에서도 삶의 목표를 찾아가는 존재
- **하늘의 얼음장 가슴으로 깨치며** : 시련을 극복하려는 의지적 자세
- **이 햇빛 이 물결을 내게 주는가** : 봄이 오는 기쁨을 의문 형태로 표현하여 강조함
- **민들레나 쑥잎풀 같은 것들** : 나약하지만 강인한 생명력
- **떼과부의 무리들** : 현실의 시련으로 상처받은 사람들

36 ⑤ '낮은 곳을 지향하는' '강물'과 '흰 구름으로 승화하는' '바다'는 모두 평화로운 이미지를 내포한다. 즉 둘이 대립한다는 설명은 적절하지 않다.

오답풀이

① 화자는 강물의 흐름에 주목하고 각각에 역사적 의미를 부여하였다.

② '푸른 솔'이 '배웅'한다는 의인화된 표현은 역사를 끝마치는 데에 따른 화자의 감회를 부각하고 있는 것이다.

③ '당신'에게 편지를 쓰는 형식으로 서술하여 글의 내용을 더욱 진솔하게 표현하였다.

④ '강'의 의미를 다양하게 표현함으로써 상징적인 의미를 다각적으로 드러냈다.

TIP 〈철산리의 강과 바다〉의 전체 구성

- **1~2문단** : 지향하는 목표가 있는 강물과 지향점을 잃은 바다
- **3~5문단** : 강물이 끝나 바다가 되는 철산리 언덕에 다다름
- **6~11문단** : 굴곡진 역사를 상징하는 강물의 시절과 그 고난의 장을 마감하는 바다
- **12~14문단** : 강물이 가장 낮은 물, 가장 평화로운 물이라는 본성을 찾은 바다
- **15~17문단** : 국토와 역사의 뒤안길을 걸었던 자신의 여정을 바다로 향하는 강물의 여정으로 비유함

[37~41] 독서 – 인문

37 ④ 6문단에 따르면 '에테르' 가설은 19세기 말에 그 존재가 부정되었다. 따라서 '에테르' 가설은 과학적 검증을 받지 못했다고 볼 수 있다.

오답풀이

① 3문단에서 주희의 이기론에는 불교의 흔적이 많이 남아있다고 하였다.

② 2문단에서 주희는 '이'가 만물이 공유하는 존재론적 근거로서 모든 개체에 동일하다고 하였다.

③ 5문단에서 마테오 리치가 의존한 현상에 대한 인식적 틀은 아리스토텔레스에게서 차용한 것이라고 하였다.

⑤ 5문단에서 『천주실의』는 본래 마테오 리치가 중국에 신학을 전파하기 위해 저술한 것인데 정약용은 이 책을 읽고 성리학을 비판하는 사상을 발전시켰다고 하였다.

38 ④ 4문단에서 정약용은 실체는 '기'뿐이고 '이'는 실체에 딸린 속성에 불과하므로 '이'는 '기'가 드러나야 있을 수 있다고 하였고, 6문단에서 최한기는 '이'를 '기'의 내재적 법칙성으로 한정하였다고 하였다. 따라서 두 사람이 '이'와 '기'의 관련성을 부정했다고 볼 수 없다.

오답풀이

① 4문단에서 정약용은 '이'는 '기'가 드러나야 있을 수 있다고 하였으므로 '이'를 '기'에 종속된 속성이라고 보았다고 할 수 있다.

② 6문단에서 최한기는 '기'라는 현상 세계에서 '이'를 인식해야 한다고 하면서 그 접근법을 강조하였다.

③ 정약용과 최한기는 모두 '기'를 바탕으로 '이'를 인식하였으므로 '기'의 중요성을 부각했다고 볼 수 있다.

⑤ 6문단에서 최한기는 '이'의 선험성을 부정하고 '이'를 '기'의 내재적 법칙성으로 한정하였다고 하였다.

39 ③ 7문단에서 '㉠ 조선 후기 학자들'은 주희의 세계관을 비판하면서도 결국 주희의 핵심 범주인 '이 · 기' 자체에서 벗어나지 못했다고 하였다. 〈보기〉에서 서양 철학은 사르트르에 이르러서 '본질'과 '현상'이라는 이원론적 틀에서 벗어날 수 있다고 하였다. 즉 이원론적 틀에서 벗어났을 때 비로소 인간 본질을 이해하고 자유를 확보하였다는 것이다. 이로 보아, '조선 후기 학자들' 역시 기존의 사고 틀인 '이기론'에서 벗어나야만 현상 및 인간에 대한 새로운 이해가 가능할 것이다.

오답풀이

④ 〈보기〉에 따르면 개체의 고유성은 존재하지 않았다고 보는 것이 맞지만, 그렇다고 조선 후기의 학자들이 허상을 쫓는 우를 범한 것으로 볼 수는 없다.

⑤ '이기론'에 대한 비판은 세계에 대한 새로운 인식을 위한 것이다. 비판을 위한 비판으로 볼 수 없다.

40 ④ 〈보기1〉에서 아리스토텔레스는 형상은 질료가 실현된 상태이며 완전무결하고 완성적인 것이라고 하였다. 따라서 모래 덩어리가 시간이 지나면 모습이 바뀔 것이기 때문에 '둥긂'을 모래의 형상으로 여겼을 것이라는 설명은 적절하지 않다.

오답풀이

① · ② 주희는 개체의 고유성은 '기', 본질은 '이'로 보았으므로 그릇을 '기'로, 모래의 성질은 '이'로 보았을 것이다.

③ 아리스토텔레스는 질료는 불완전하고 미완성적인 것으로, 형상은 완전무결하고 완성적인 것으로 보았다. 따라서 모래는 질료로 보고, 그 모래를 바탕으로 둥근 모양을 이루는 모래 덩어리는 형상으로 보았을 것이다.

⑤ 둥근 그릇에 담기기 전의 불완전하고 미완성적인 모래는 질료의 속성을 가진다고 볼 수 있다.

41 ⑤ '무너뜨리다'는 '질서, 제도, 체제 따위를 파괴하다.'는 의미로, '탈피하다(일정한 상태나 처지에서 완전히 벗어나다.)'와 바꿔 쓸 말로 적절하지 않다. '벗어나려는' 정도로 바꿔 쓸 수 있다.

[42~45] 갈래 복합

(가) 정훈, 「탄궁가」

- **갈래** : 가사
- **성격** : 사실적
- **제재** : 가난
- **주제** : 가난의 근심과 가난을 자신의 운명으로 받아들이려는 자세
- **특징**

– 강한 현실인식을 바탕으로 시상을 전개
– 가난을 의인화하여 가난으로 인한 고통을 희화화
– 일상적 소재를 통하여 전달 효과를 강화

• **구성**
– 기 : 가난에 대한 탄식
– 서 : 가난한 살림살이와 고생하는 식구
– 결 : 가난에 대한 수용과 자신의 분수 인식

• **이해와 감상** : 이 시는 가난에서 벗어날 수 없는 자신의 처지를 원망하고 탄식하고 있는 노래로, 가난을 의인화하여 가난으로 인한 고통을 희화화하고 있다. 또한 작품 후반부에서는 가난을 어찌할 수 없다면 받아들이고 분수로 여기며 살겠다고 하며 가난을 수용하고 자신의 분수를 인식하고 있다.

(나) 이황, 「도산십이곡」

• **갈래** : 평시조, 연시조
• **성격** : 교훈적, 회고적, 예찬적
• **제재** : 자연, 학문
• **주제** : 자연 속에서 사는 즐거움과 학문 수양의 의지
• **특징**
– 총 12연의 연시조를 전 6곡, 후 6곡으로 나누어 구성
– 설의법, 대구법, 반복법을 사용해 의미를 강조함
– 강호가도(江湖歌道)의 대표적 작품

• **구성**
– 전반부(언지) 1연 : 아름다운 자연에 순응하면서 순리대로 살아가려는 마음
– 전반부(언지) 2연 : 아름다운 자연을 벗하여 살며 태평성대 속에 병으로 늙어 가는 작자의 모습
– 전반부(언지) 3연 : 순자의 성악설을 반대하고 맹자의 성선설을 지지. 세상의 많은 영재들에게 순박하고 후덕한 풍습
– 전반부(언지) 4연 : 벼슬자리를 떠나 자연을 벗하며 살아 도 임금을 그리워하는 정
– 전반부(언지) 5연 : 자연을 멀리하는 현실 개탄
– 전반부(언지) 6연 : 대자연의 웅대함에 완전히 도취된 작자의 모습
– 후반부(언학) 1연 : 독서 면학(勉學)의 즐거움과 그 여가에 산책하는 여유 있는 모습
– 후반부(언학) 2연 : 인간으로서 진리 터득의 중요성
– 후반부(언학) 3연 : 옛 성현들의 인륜지도(人倫之道)가 면면히 이어져 내려오고 있으니, 우리도 그 길을 실천하며 살아야 함을 강조
– 후반부(언학) 4연 : 젊을 때 학문에 뜻을 두었다가 수양의 정도(正道)를 버리고 벼슬을 지낸 자신을 후회하면서, 이제 깨달음을 가졌으니 늦지 않게 학문 수양에 힘쓰리라는 다짐
– 후반부(언학) 5연 : 청산과 유수라는 자연의 영원 불변성을 소재로 하여, 그러한 자연을 닮아 변치 않는 지조 인품으로 살아가겠다는 다짐과 아울러 교훈적인 의미
– 후반부(언학) 6연 : 영원한 학문 수양의 길을 강조

• **이해와 감상** : 이 작품은 조선 명종(明宗) 때 이황이 지은 연시조로, 도산 서원 주변의 경관에서 얻는 감흥을 노래한 언지(言志) 6수, 학문 수양에 임하는 심경을 노래한 언학(言學) 6수로 나누어져 있다. 또한 생경한 한자어가 많이 사용되었고, 학문 생활을 솔직 담백하게 표현한 것이 특징이라고 할 수 있다.

42 ① (가)에서는 '어찌하리', '어이하리', '무엇하리'와 같은 설의적 표현을 사용하였고, (나)에서는 '말숨ᄒᆞ가', '긔 아니 쉬운가', '긔 아니 어려운가'에서 설의적 표현을 사용하여 시적 의도를 강조하였다.

오답풀이

② (나)에서 화자는 '청산'을 '만고에 푸르다'고 표현하면서 불변하는 청산의 속성과 같이 끊임없이 학문을 수양하고자 하는 의지를 다지고 있다. (가)에는 색채 이미지가 드러나지 않는다.
③ (가)의 화자는 '장초'에 감정을 이입하여, '장초'의 무지함을 부러워하고 체념적 정서를 드러낸다. (나)에는 자연물에 감정을 이입한 부분이 드러나지 않는다.
④ (가)에서는 '이봐 아이들아 아무려나 힘써 일하라'는 명령의 형식을 사용하고 있으나 현실에 대한 비판 의식을 드러내는 것은 아니다. (나)에는 명령의 형식이 사용되지 않았다.
⑤ (가)와 (나) 모두 음성상징어를 활용하지 않았다.

43 ① [A]에서 화자는 너무 가난해서 종들에게조차 무시를 당하는 상황에 처해있다. [C]에서 화자는 가난을 '궁귀'로 의인화하여, 궁귀와의 대화를 통해 가난이 자신의 운명이라 생각하고 체념적인 태도를 보인다. 따라서 [A]에서 화자와 대상 간의 갈등을 유발하는 원인이 [C]에 이르러 소멸하고 있다고 볼 수 없다.

오답풀이

② [B]에서는 가난으로 인해 힘든 집안의 상황을 부정적으로 묘사하였고, [C]에서는 가난을 의인화하여 가상의 대화를 함으로써 가난을 해학적으로 묘사하고 있다.
③ [C]에서는 가난을 궁귀로 의인화하여 궁귀가 화자를 꾸짖는 대화의 형식으로 시상을 전개하였다.
④ [C]에서 화자는 궁귀와의 대화를 통해 가난에 대한 태도가 부정적인 것에서 수용적인 것으로 변화되었다.

⑤ [B]에서 화자는 가난으로 인해 고통 받는 현실을 묘사하였다가 [D]에서 '하늘이 만든 이 내 가난'이라고 하며 숙명론적 사고를 통해 자신의 처지를 수용하고 있다.

TIP 〈탄궁가〉의 시상 전개

- **서사** : 궁핍한 생활에 대한 한탄
- **본사 1** : 농사를 짓기도 힘든 집안의 상황
- **본사 2** : 종들조차 무시할 정도의 가난
- **본사 3** : 명절조차 쉴 수 없는 가난
- **결사** : 가난한 삶에 대한 체념

44 ② ⓐ는 '무지'한 존재로, 가난으로 인해 힘들어 하는 화자의 처지와 대비되는 대상이다. ⓑ는 '만고에 푸르른' 불변하는 존재로, 화자가 지향하는 가치를 담고 있는 대상이다.

45 ③ 〈제6곡〉에서 '사시가흥이 사ᄅᆞᆷ과 ᄒᆞᆫ가지라'라고 한 것은 '네 계절의 아름다운 흥이 사람과 마찬가지라'라고 하며 자연에 사는 즐거움에 대해 감탄한 것으로, 〈제3곡〉에서 말한 '거즛말이'와 '올흔 말이'를 긍정한 것이다. 〈제3곡〉에서는 순풍(순박하고 좋은 풍속)이 죽었다는 말이 거짓말이고, 사람의 성품이 어질다 하는 말이 옳은 말이라고 하였다. 이는 〈보기〉에서 '자연을 보면서 거기에 깃든 이치와 동일한 인간의 본성을 인식'한다는 것과 연관된다.

오답풀이

① 〈제3곡〉에서 사람은 본래 '인성이 어지다'고 생각했기 때문에 〈제12곡〉에서 '우부(어리석은 사람)'도 어진 인성을 가졌기에 '알며 실천한다'고 한 것이다.

② 〈제3곡〉에서 '교교백구는 멀리 마음 둔다'고 타박한 것은 '교교백구'를 자연을 멀리하는 비루한 기질을 가진 존재로 인식했기 때문이다.

④ '어약연비 운영천광'은 대자연의 이치를 나타내는데, 〈보기〉에 따르면 '우부'와 '성인'은 모두 순수한 본성이 내재되어 있고, 자연의 이치와 인간의 본성은 동일하다. 따라서 '어약연비 운영천광'은 '우부'나 '성인'이 지닌 순수한 본성에 대응된다고 볼 수 있다.

⑤ '만고상청호리라'에는 '청산'과 '유수'에 깃든 자연의 이치를 본받아, 타고난 인간의 순수한 본성을 발현하여 성인에 이르고자 하는 의지가 드러난다.

TIP 성리학의 이념과 〈도산십이곡〉의 창작 목적

성리학의 이념	도산십이곡의 창작 목적
학문에 힘쓰며 옛 성현이 갔던 길을 걸음	아이들로 하여금 노래하고 듣게 함
⇩ – 인간의 본성을 회복함 – 인륜과 도덕의 원리를 밝혀 실천함 – 성인에 이르는 길로 들어설 수 있음	

2018학년도 기출문제 정답 및 해설

제1교시 국어영역(공통)

01 ③	02 ④	03 ④	04 ③	05 ④	06 ③
07 ⑤	08 ②	09 ①	10 ②	11 ②	12 ②
13 ④	14 ③	15 ②	16 ④	17 ③	18 ①
19 ⑤	20 ③	21 ①	22 ③	23 ⑤	24 ④
25 ②	26 ⑤	27 ②	28 ④	29 ④	30 ③
31 ③	32 ⑤	33 ③	34 ④	35 ③	36 ④
37 ③	38 ④	39 ①	40 ②	41 ④	42 ②
43 ②	44 ④	45 ③			

01 ③ 발표 중간에 앞에서 말한 내용을 요약한 부분은 드러나지 않는다.

오답풀이

① 1문단에서 오케스트라 공연을 관람해 본 사람에게 손을 한 번 들어 보라고 하면서, 기억나는 타악기에는 어떤 것이 있는지 질문을 던지고 있다. 이는 청중의 경험을 환기하며 질문을 던진 것이다.

② 2문단에서 팀파니의 사진을 보여주고 음악을 들려주었으며, 3문단에서 글로켄슈필의 사진을 보여주고 음악을 들려주었으므로 시 · 청각 자료를 활용했다고 볼 수 있다.

④ 3문단에서 청중의 질문을 듣고 실로폰과의 비교를 통해 글로켄슈필을 설명하였으므로, 청중의 궁금증을 반영하여 즉흥적으로 발표 내용을 조정했다고 볼 수 있다.

⑤ 4문단에서 타악기를 '쉼표'에 비유하면서 우리가 인식하지 못하지만 오케스트라 연주를 완성하는 데에 있어서 타악기가 중요한 역할을 하고 있음을 강조하고 있다.

TIP 화법-발표하기

- **도입** : 발표 주제 제시 – 오케스트라에서 중요한 역할을 하는 두 타악기의 특징 설명에 대한 사전 언급
- **전개** : 발표 대상 소개 – 팀파니의 특징과 역할 및 실로폰과의 비교를 통한 글로켄슈필의 특징 설명
- **정리** : 발표 대상의 역할 강조 – 오케스트라 연주에 있어서의 타악기의 역할 강조

02 ④ 2문단에서 팀파니는 여러 대의 북을 사용하여 서로 다른 음높이를 구현하는 타악기라고 하였다. 이를 통해 팀파니는 음높이를 구현할 수 있는 악기임을 알 수 있다. 따라서 타악기 중 글로켄슈필은 팀파니와 달리 음높이를 구현할 수 있다는 반응은 적절하지 않다.

오답풀이

① 3문단에서 두 악기는 모양이 비슷하지만 실로폰은 나무판으로 되어 있어 나무가 부딪히는 둔탁한 느낌을 주고, 글로켄슈필은 여러 가지 길이의 금속판으로 되어 있어 맑고 청아한 느낌을 준다고 하였으므로 재질과 소리가 다르다는 것을 알 수 있다.

② 2문단에서 팀파니는 여러 대의 북을 사용하여 서로 다른 음높이를 구현하는 타악기라고 하였으므로 팀파니가 여러 대의 북으로 구성되어있다는 것을 알 수 있다.

③ 2문단에서 오케스트라 연주의 전체 바탕을 마련하는 중요한 악기라서 팀파니 연주자는 제2의 지휘자나 다름이 없다고 하였으므로 팀파니는 보조적 역할을 넘어 오케스트라의 전체 바탕을 마련하는 타악기라는 것을 알 수 있다.

⑤ 3문단에서 청중들에게 드뷔시의 「바다」를 들려주며 '하프 소리와 글로켄슈필 소리가 어우러져 환상적인 느낌을 주죠?'라고 말한 것을 통해 알 수 있다.

03 ④ 회의 과정에서 의제의 우선순위를 결정하고 있는 부분은 없다. 다만 협상 상대의 요구조건을 수용하는 데에 있어서의 우선순위를 고려하고 있다.

오답풀이

① 시 직원2는 사업의 경제성을 해치지 않으면서 주민들에게도 이익이 될 수 있는 방안으로, 새로 건립되는 시설에서 근무하는 근로자의 20% 정도를 A 동네 주민들로 고용하는 것을 제안하였다.

② 시 직원3은 총 사업비의 15% 이내의 범위에서 추가 비용이 발생하는 것은 수용 가능하지만, 이를 초과하는 경우에는 다른 대안을 생각해보아야 한다고 하였다.

③ 시 직원2는 주민들이 생태 문화 공원 조성, 복지 시설 설치와 같은 주거 환경 개선과 관련된 조건을 요구 조건으로 제시할 것이라고 추측하고 있다.

⑤ 회의의 마지막 부분에서 시 직원3은 상호 간의 접점을 찾

지 못할 시에 협상이 결렬될 수도 있다고 하면서 협상이 원만하게 타결되도록 하려면 어떻게 해야 할지에 대해 논의점을 제시하였다. 이에 대하여 시 직원1은 공동의 노력과 공감대 형성을, 시 직원2는 상호 신뢰 구축을 대안책으로 제시하였다.

04 ③ 시 직원3은 현재 가동 중인 시설을 대대적으로 리모델링하여 확충하거나, 사업비가 A 동네보다 더 들기는 하지만 입지 환경이 양호하고 주민들의 수용 가능성이 높은 B 동네를 선택하는 방법이 있다고 하였는데, 시 직원1이 현재 시설이 있는 곳은 더 이상 확충 공사가 불가능하기 때문에 고려 대상에서 제외해야 한다고 하였다. 따라서 현재 가동 중인 음식물 쓰레기 처리 시설을 리모델링하여 확충하는 것은 복안이 될 수 없다.

오답풀이

① 시에서는 A 동네에 음식물 쓰레기 처리 시설을 건립하는 것을 목표로 하고 있다. 이를 위해서는 주민들과의 원만한 합의 과정을 거쳐야 한다.

② 시 직원3의 말을 통해 주민들은 시설 건립 자체를 반대하기보다는 시설을 건립하는 조건으로 현재보다 주거 환경의 질을 높일 수 있는 구체적 방안을 원하고 있는 것임을 알 수 있다.

④ 시 직원3은 총 사업비의 15% 이내의 범위에서 추가 비용이 발생하는 것은 수용이 가능하다고 하였으므로, 복안보다 더 유리한 제안으로 볼 수 있다.

⑤ 시 직원3은 사업의 경제성과 타당성 평가에 심각한 지장을 주는 요구라면 협상을 포기하고 다른 수단을 찾는 것이 더 낫다고 하였다. 그러므로 복안보다 더 불리한 제안으로 볼 수 있다.

05 ④ [A]에서 시 직원2는 시에서 수용하기 어려운 제안이라도 바로 제안을 거절하기보다는 대안을 마련하여 역으로 다시 제안하는 것이 좋을 것이라고 말하였다. 그리고 그 대안은 당장의 비용 지출을 줄이면서 장기적으로 주민들에게 도움이 될 수 있는 내용이어야 한다고 하였다. ④에서는 상대방의 제안을 바로 거절하지 않고 특별 지원금을 지급하는 대신 음식물 쓰레기를 재처리한 퇴비의 판매 수익금으로 복지 시설을 지속적으로 확충해나가자는 장기적인 대안을 제시하였다. 그러므로 이는 ㉮에 들어갈 말로 가장 적절하다.

오답풀이

① 상대방의 제안을 바로 거절하였으므로 적절하지 않은 답변이다.

② 수용하기 어려운 상대방의 제안을 바로 수용하고 이에 따른 조건을 제시하였으므로 [A]가 반영된 의견이라고 볼 수 없다.

③ 상대방의 제안을 거절하면서 자신의 입장만을 피력하고 있으므로 적절하지 않은 답변이다.

⑤ 상대방의 입장을 고려하여 대안을 마련하여 역으로 제안하지 않았으며, 집값 상승은 주민들의 요구 사항이 반영된 적절한 대안으로 볼 수 없다.

TIP **올바른 협상을 위한 회의 단계**

문제 확인	해결해야 할 문제가 무엇인지, 문제가 되는 이유가 무엇인지에 대한 인식을 공유한다.
문제 분석	문제가 발생한 원인이나 세부적인 문제점을 분석해야 한다. → 이를 통해 해결해야 할 문제가 구체화되고 그 해결 방향을 가늠할 수 있다.
대안 탐색	문제의 해결 방안을 탐색해야 한다. – 해결책을 마련하기 위한 다양한 의견 교환 – 최선의 해결책 마련을 위해 회의 참여자 전원이 의견을 제시하고 여러 방안에 대한 검토와 협의가 이루어져야 함
대안 평가	최선의 대안을 마련한 후에는 그것이 문제를 해결하는 데에 어떠한 의의가 있는지 따져보고, 추후에 발생할 문제들과 차선책을 모색해 보아야 한다.

06 ③ 1문단에서 '학교 밖 청소년'의 개념을 밝히고는 있으나, 그 발생 원인에 대해서는 언급된 바가 없다.

오답풀이

① '학교 밖 청소년 문제'는 글쓴이의 평소 관심을 반영하면서도 일반 시민들이 사회 문제에 관심을 갖고, 문제 해결 방안을 모색할 수 있도록 한다는 대회 운영 취지에도 부합한다.

② 사회적 문제에 대한 해결책 마련을 위한 '설득'을 목적으로 하는 글이다. 1문단에서는 주제에 대한 개념 및 현황을 밝히고 있고, 2, 3문단에서는 문제 상황을 제시하였으며, 4문단에서는 문제 해결 방안을 제시하였다.

④ 1문단과 4문단의 첫 문장에서 자문자답의 표현 방식을 사용하였고, 4문단에서 '한 명의 아이를 키우기 위해서는 마을 전체가 필요하다.'는 인디언 속담을 인용하였다.

⑤ 1문단에서는 학교 밖 청소년의 현황에 대하여 2016년 정부의 통계 자료를 활용하였고 4문단에서 학교 밖 청소년의 생활환경에 대하여 2015년 여성가족부의 조사 자료를 활용하였다.

07 ⑤

- **주장이 분명하게 드러나도록 구체적으로 서술할 것** : 학교 밖 청소년에 대한 사람들의 부정적인 인식을 개선하는 것이 가장 중요하다고 하면서 그 주장을 구체적으로 서술하였다.

• **제시한 주장이 중요한 이유를 사실 논거를 사용하여 밝힐 것** : 실제로 학교 밖 청소년이 겪는 가장 큰 어려움은 사회적 편견인 것으로 나타났다고 하면서 사실 논거를 밝혔다.
• **설의법을 사용하여 주장하는 바를 효과적으로 표현할 것** : '그들이 건강한 사회 구성원으로 성장할 수 있도록 ~ 진정한 문제 해결 방법이 아닐까?'라는 설의적 표현을 사용하여 주장을 효과적으로 드러냈다.

오답풀이

① 사실 논거와 설의적 표현이 사용되지 않았다. '그러나 더 중요한 것은 무엇일까?'라는 표현은 설의법이 아니라 단순한 물음이다.
② 사실 논거가 사용되지 않았다. '학교 밖 청소년은 당신의 자녀일 수도 있다.'는 말은 사실 논거가 아니라 경각심을 일깨우기 위한 말이다.
③ 사실 논거와 설의법을 통해 문제 상황을 드러내고 있지만, 구체적인 주장이 드러나지 않았다.
④ 사실 논거가 드러나지 않았다. '그러나 전문가들은 사람들의 인식을 바꾸는 것이 중요하다고 말한다.'는 주장을 뒷받침하는 사실 논거로 볼 수 없다.

08 ② 2문단에서 우리나라는 2015년부터 학교 밖 청소년 지원에 관한 법률을 시행하여 지원 센터를 통해 학교 밖 청소년이 건강한 사회 구성원으로 성장할 수 있도록 돕고 있다고 하였다. 그러나 우리나라 정책이 학교 밖 청소년들의 학교 복귀를 목표로 하고 있다는 것은 알 수 없는 내용이므로 II를 활용하여 지원 센터의 기능과 역할이 한정적인 이유가 우리나라 정책이 학교 밖 청소년의 학교 복귀를 목표로 하고 있기 때문이라는 내용을 추가해야 된다는 설명은 적절하지 않다.

오답풀이

① 1문단에서 28만 명 정도는 어디에서 무엇을 하고 있는지 그 소재조차 파악되지 않는다고 하였으므로, I의 자료를 활용하여 학생들의 소재 파악이 어려운 이유를 제시할 수 있다.
③ III-(1)은 학교 중단 후 근로 경험에 대한 통계 자료로, 3문단에서 제시한 학생들의 근로 경험 실태를 뒷받침하는 자료로 사용할 수 있다.
④ III-(2)는 학교 밖 청소년들이 필요하다고 생각하는 지원 프로그램에 대한 통계 자료로, 4문단에서 제시한 맞춤형 프로그램 운영을 뒷받침하는 자료로 사용할 수 있다.
⑤ I은 학교 밖 청소년들과 관련하여 법 개정의 필요성을 제시한 자료이고, II는 학교 밖 청소년들을 위한 예산 지원과 프로그램 확충의 필요성을 제시한 자료이다. 따라서 이 두 자료를 활용하여 정부의 정책적 노력을 법률 개정이나 예산 지원 등으로 구체화해야 한다는 내용을 뒷받침할 수 있다.

09 ① 첫 문단에서 '고향 강변의 구불구불한 옛 기찻길 구간이~ 추억을 떠올렸다.'라고 하면서 과거를 회상하고 있지만 설렘의 감정은 나타나지 않는다. 이는 달라진 여행지의 모습을 상상하는 계기가 될 뿐이다.

오답풀이

② 3문단에서 대합실 모습을 담은 사진들은 수업 시간에 읽었던 곽재구의 「사평역에서」를 연상케 한다고 하면서 여행지에서 느낀 감상과 문학 작품을 관련지었다.
③ 글쓴이는 여행지에서 경험하고 느낀 일을 특별한 시간의 역전 없이 여정에 따라 추보식으로 작성하였다.
④ 5문단에서 저수지에는 그 옛날 친구들처럼 오리 배들이 자유롭게 물 위를 떠다니고 있었다고 하면서 오리 배를 친구에 비유하여 나타냄으로써 친근감을 드러냈다.
⑤ 마지막 문단에서 '자전거에 몸을 싣고, 기차에 마음을 싣고, 강변에 추억을 싣고…….'라고 하면서 글을 끝맺었다. 이는 여행지를 떠나는 감회를 여운이 느껴지는 표현으로 마무리한 것으로 볼 수 있다.

10 ② ㉡의 바로 뒤 문장에서는 역의 대합실에서는 역과 관련된 많은 사진을 전시하고 있었다고 하였고, 그 뒤로 사진에 대해 설명하는 문장들이 이어진다. 그런데 3문단의 마지막 문장에서 차후에 이 역을 미술관이나 박물관으로 만들 예정이라고 했다고 하였으므로 문맥상 ㉡은 마지막 문장의 바로 앞에 위치하는 것이 적절하다.

오답풀이

① 해당 문장의 주어는 'ㅇㅇ군'이므로 주체의 행위를 능동형인 '조성한'으로 고치는 것이 적절하다.
③ ㉢으로 연결된 두 문장은 전환 관계로 이어져 있으므로 역접관계의 접속어인 '하지만' 혹은 '그러나'로 고치는 것이 적절하다. '그래서'는 인과관계를 나타내는 접속어이다.
④ 해당 문장에서는 오리 배를 타며 경쟁하였던 대상을 가리키는 필수 부사어가 빠져있다. 앞 부분에 제시된 내용을 통해 저수지에 함께 간 대상은 동생임을 알 수 있다. 따라서 ㉣에는 '동생과'가 들어가는 것이 적절하다.
⑤ '쫓다'는 '어떤 대상을 잡거나 만나기 위하여 뒤를 급히 따르다.', '어떤 자리에서 떠나도록 몰다.'의 뜻을 지닌 단어이다. 해당 문장에는 문맥상 '생각을 하나하나 더듬어 가다'는 의미의 '좇다'가 들어가는 것이 적절하다.
• 쫓다
1. 어떤 대상을 잡거나 만나기 위하여 뒤를 급히 따르다.
2. 어떤 자리에서 떠나도록 몰다.
3. 밀려드는 졸음이나 잡념 따위를 물리치다.
• 좇다
1. 목표, 이상, 행복 따위를 추구하다.

2. 남의 말이나 뜻을 따르다.
3. 규칙이나 관습 따위를 지켜서 그대로 하다.
4. 생각을 하나하나 더듬어 가다.

11 ② '학교 숙제를 마친 그녀가 음악을 듣는다.'에서 숙제를 마친 것이 과거이고 음악을 듣는 것이 현재이다. 음악을 듣고 있는 현재 시점에서 발화되고 있으므로 절대 시제는 현재이고 상대 시제는 과거이다. '아버지께서 가져오신 수박을 우리가 다 먹었다.'에서 아버지가 수박을 가져오신 것은 과거이고 수박을 다 먹은 것도 과거인데, 아버지가 수박을 가져오신 것이 더 먼저이다. 그러므로 절대 시제와 상대 시제는 모두 과거이다. '나는 그 친구에게서 그가 입원한 사실을 방금 들었다'에서 그가 입원한 사실을 들은 것은 과거이고 그가 입원한 것도 과거인데, 그가 입원한 것이 더 먼저이다. 그러므로 절대 시제와 상대 시제는 모두 과거이다. 따라서 제시된 문장과 ㄱ, ㄹ의 밑줄 친 문장에서 상대 시제는 모두 과거로 볼 수 있다.

오답풀이

ㄴ. '퇴근한 후에 오빠는 청소하시는 어머니를 도왔다'에서 오빠가 어머니를 돕는 중에도 어머니는 청소를 하고 계신 것이므로 절대 시제는 과거이고 상대 시제는 현재이다.

ㄷ. '우리 반 친구들은 밥 먹는 시간을 무척 기다렸다'에서 기다리고 있는 것이 밥 먹는 시간인데, 그 시간은 아직 오지 않은 미래이므로 절대 시제는 과거이고 상대 시제는 미래이다.

TIP 국어의 시제

- **시제** : 화자가 발화시를 기준으로 하여 사건시를 구분하는 문법 범주
- **사건시** : 사건이 발생한 시간
- **발화시** : 화자가 문장을 발화한 시간
  - 사건시가 발화시보다 먼저인 시제 : 과거 시제
  - 사건시가 발화시와 일치하는 시제 : 현재 시제
  - 사건시가 발화시보다 나중인 시제 : 미래 시제

12 ② 〈보기〉에서 a, c는 절단어, b는 축약어, d, f는 두자어, e는 혼성어에 해당한다.

13 ④ (라)에서 '-지' 뒤에 '않-'이 어울릴 경우에는 '-잖-'이 된다고 하였으므로 '점잖지 않다'는 '점잖-'에 '-잖다'가 결합되어 '점잖잖다'가 된다.

오답풀이

① 체언 '저리'와 조사 '로'가 결합하여 '절로'로 줄여 쓸 수 있다.
② 'ㅗ'로 끝나는 어간 '보-' 뒤에 '-이'가 왔으므로 '뵈다'로 줄여 쓸 수 있다.
③ 'ㅜ'로 끝나는 어간 '누-' 뒤에 '-이어'가 어울릴 적에는 앞 음절에 붙어 '누여'로 줄여지기도 하고 뒷 음절에 붙어 '뉘어'로 줄여지기도 한다.
⑤ '정결하-'의 끝음절 '하'에서 'ㅏ'가 줄고 'ㅎ'이 다음 음절의 첫소리 'ㄷ'과 만나 거센소리 'ㅌ'이 되므로 '정결타'라고 쓸 수 있다.

14 ③ ㄷ의 문장을 살펴보면, '너희들 거기에서 잠시 동안 기다려라.', '너희들 여기 앉아서 조금만 기다려라.'라는 문장에서 주체인 '너희'가 생략되고 지시 대명사인 '거기'와 '여기'에 복수를 나타내는 접미사 '-들'이 옮겨가 '거기들에서 잠시 동안 기다려라.', '여기들 앉아서 조금만 기다려라.'가 된 것이다. 그런데 문장에서 복수를 나타내는 대상은 장소를 나타내는 지시대명사 '거기'와 '여기'가 아니라, '기다림의 주체(너희)'이다. 따라서 장소를 복수로 표현한 '거기들에서 잠시 동안 기다려라.'라는 문장은 비문이 된다. 그러나 '여기들 앉아서 조금만 기다려라.'라는 문장에서 '여기들'은 장소를 복수로 표시한 것이 아니라 기다림의 주체를 복수로 나타낸 것이다. 즉, ㄷ의 두 번째 문장은 서술어의 주체가 복수로 표시된 것이지, 장소가 복수 표시된 것이 아니므로, 가까운 장소를 가리키는 지시 대명사의 경우 복수 표시를 할 수 있다고 볼 수 없다.

오답풀이

① 2인칭 대명사인 '너희'가 복수의 의미를 가질 때, 복수 접미사 '-들'을 붙여 복수 표시를 할 수 있다.
② 복수 접미사 '-들'은 단위를 나타내는 의존 명사에 붙어 사용될 수 없다.
④ '세종대왕'은 고유명사이지만 특정 상황에서 보통명사로 사용될 수 있다. 보통명사는 같은 종류의 모든 사물에 두루 쓰이는 명사이므로 복수 표현이 가능하다.
⑤ 수사에는 복수 접미사 '-들'이 사용될 수 없다.

TIP '-들'의 쓰임

1) 셀 수 있는 명사나 대명사 뒤에 붙어 '복수(複數)'의 뜻을 더하는 접미사로 사용된다.
   예 사람들/그들/사건들/답변들
2) 여러 사람을 가리키는 일부 대명사 뒤에 붙어, '사람의 수가 여럿임'을 강조하는 접미사로 사용되기도 한다.
   예 우리들/너희들
3) 체언이나 부사어, 연결 어미 '-어', '-게', '-지', '-고' 또는 문장의 끝에 붙어, 그 문장의 주어가 둘 이상임을 나타내는 보조사로 쓰일 때도 있다.
   예 어서 먹세들. /그대로들 있어. /먼저 가고들 있어.

15 ② (가)에서 A의 선행하는 어간이 모음으로 끝나고 후속하는 어미가 울림소리로 시작하므로 A에는 '-ᅀᆞᆸ-'이 들어가야

정답 및 해설

한다. (나)에서는 B의 선행하는 어간이 'ㄷ'으로 끝나고 후속하는 어미가 안울림소리로 시작하므로 B에는 '-잡-'이 들어가야 한다.

[16~20] 독서 - 사회

16 ④ 윗글에서 선물 거래와 시중 금리의 상관관계에 대해서는 언급하지 않았으므로 알 수 없는 내용이다.

오답풀이

① 1문단을 통해 선물 거래는 경기 상황의 변화에 의해 자산의 가격이 변동하는 데서 올 수 있는 경제적 손실을 피하기 위해, 그리고 그 위험을 대신 떠맡으면서 그것이 기회가 될 수 있는 상황을 기대하며 경제적 이득을 얻기 위해 이루어진다는 것을 알 수 있다.

② 마지막 문단을 통해 선물 거래는 위험을 무릅쓰고 높은 수익을 노리고자 하는 투기를 조장한다는 점에서 오히려 시장의 안정성을 저해할 수 있다는 것을 알 수 있다.

③ 3문단에서 선물 거래가 이루어지는 상품에는 농산물, 광물, 주식, 채권, 금리, 외환 등이 있다고 하였다.

⑤ 1문단을 통해 경기 상황의 변화에 의해 자산 가격이 변동하는 데서 경제적 손실이 올 수 있음을 알 수 있고, 3문단을 통해 달러 환율의 변동에 의해 손실의 위험이 있을 수 있다는 것을 알 수 있다.

17 ③ [A]에서 배추를 경작하는 농민은 선물 계약을 맺음으로써 배추 가격이 선물 가격 이하로 떨어지더라도 안정된 소득을 확보할 수 있다. 반면 채소 중개상은 배추의 가격이 선물 가격 이상으로 크게 뛰어오르면 계약을 통해 많은 이익을 챙길 수 있겠지만 그렇지 않을 경우 손해를 입게 된다. 따라서 [A]의 거래 방식은 가격 변동에 따른 위험 부담을 거래 당사자의 어느 한쪽에 전가하는 것이라고 볼 수 있다.

오답풀이

① 거래 당사자 모두에게는 안정된 소득을 보장할 수 없고 오직 농민만이 가능하다.

② 가격 변동에 따른 소득에 관한 거래이지, 수요 · 공급의 문제와는 관련이 없다.

④ 농민은 안정적으로 소득을 확보하게 되므로, 거래 당사자 간에 손실을 나누어 가진다는 설명은 적절하지 않다.

⑤ 소득은 균형 있게 분배되지 않고, 소득에 따라 가격을 달리하는 것도 아니다.

18 ① ㉠은 가격의 변동으로 인한 손실에 대비하기 위해 약정한 시점에 약정한 가격으로 사거나 팔기로 한 것이고, ㉡은 그 약정한 시점에 사고파는 것을 선택하도록 권리를 부여하는 것이다. 따라서 ㉠은 ㉡과 달리 가격 변동의 폭에 따라 손익의 규모가 달라지는 것이 아니라, 가격 변동에 따라 ㉡을 행사하거나 하지 않음으로써 손익의 규모가 달라진다고 보는 것이 옳다.

오답풀이

② 옵션은 매매를 선택할 수 있는 권리를 부여하는 계약이라고 하였으므로 적절한 설명이다.

③ 만기일에 상품을 사거나 파는 것이 유리하면 그 권리를 행사하고, 그렇지 않으면 그 권리를 포기할 수 있다고 하였으므로 적절한 설명이다.

④ 약정한 시점에 매매하도록 계약하는 것이므로 계약 시점과 매매 시점은 서로 다르다고 볼 수 있다.

⑤ 선물은 자산 가격의 변동으로 이익이 발생하면 손해도 생기게 된다. 옵션은 포기할 경우에 옵션 프리미엄이라는 일종의 계약금도 포기해야 하므로 그 금액만큼의 손실이 발생한다. 따라서 둘 다 위험 요소로 인한 경제적 손실 자체를 제거하지는 못한다.

19 ⑤ 6월 25일에 거래되는 6월물 달러 선물 가격의 상승과 함께 현물 가격도 상승하였으므로 이익이 발생하게 된다. 그러나 추가 이익이 발생하지는 않으므로 ㅁ은 적절하지 않다.

오답풀이

① 5월 25일의 현물은 -10원이므로, 5월 25일에 현물로 대금을 받는다면 손실이 발생할 것이다.

② 5월 25일에 거래되는 5월물 달러 선물의 가격은 달러당 1,260원이므로, 현물의 달러당 -10원의 손실을 보전할 수 있다.

③ 6월 25일에 거래되는 현물은 +10원이므로 대금을 받는 날짜를 연기한다면 굳이 5월물 달러 선물을 계약하지 않아도 이익이 발생한다.

④ 6월 25일에 거래되는 현물 가격은 +10원이므로 현물 거래로도 이익을 얻을 수 있다.

20 ③ 윗글에 따르면 콜옵션을 산 사람은 상품의 가격이 애초에 옵션에서 약정한 것보다 상승하게 되면, 그 권리 행사를 통해 가격 변동 폭만큼 이익을 보게 되고 이 콜옵션을 판 사람은 그만큼의 손실을 보게 된다. 마찬가지로 풋옵션을 산 사람은 상품의 가격이 애초에 옵션에서 약정한 것보다 하락하게 되면, 그 권리 행사를 통해 가격 변동 폭만큼 이익을 보게 되고 이 풋옵션을 판 사람은 그만큼의 손실을 보게 된다. 즉 상품 가격이 약정 가격보다 상승하면 콜옵션을 산 사람이 이익을 보고, 상품 가격이 하락하면 콜옵션을 산 사람은 손실을 보게 된다. 따라서 〈보기〉의 상황에서 ⓑ에 대한 콜옵션을 산 사람은 만기일에 손실을 보았을 것이다.

오답풀이

① 상품 가격이 약정 가격보다 상승하면 콜옵션을 산 사람이 이익을 본다.

② 상품 가격이 약정 가격보다 하락하면 풋옵션을 산 사람이 이익을 본다. 그러므로 상품 가격이 상승했을 경우에는 풋옵션을 판 사람이 이익을 본다.

④ 풋옵션을 포기하면 옵션 프리미엄이라는 계약금을 포기해야 하므로 손해를 보게 된다.

⑤ 콜옵션을 포기하면 옵션 프리미엄이라는 계약금을 포기해야 하므로 손해를 보게 된다.

[21~26] 독서 – 과학

21 ① 2문단에서 동물이 시간당 사용하는 에너지량을 물질대사율이라 한다고 하였다. 그러므로 물질대사율은 섭취한 음식으로부터 획득한 에너지의 총량을 나타낸다는 설명은 적절하지 않다.

오답풀이

② 3문단에서 몸무게 g당 물질대사율은 반비례 관계에 있다고 하였다.

③ 3문단에서 커다란 동물들은 보다 큰 몸을 갖고 있어서 작은 동물보다 에너지를 많이 요구한다고 하였다.

④ 1문단에서 내온 동물은 체내의 물질대사 과정에서 생성된 열에 의해 체온을 유지한다고 하였다.

⑤ 1문단에서 이온 동물은 내온성과 외온성을 겸비한다고 하였다.

22 ③ a, b는 내온 동물이고 c는 외온 동물이다. 그런데 2문단에서 최소대사율은 물질대사율과 달리 그 측정 방법이 다르다고 하면서, 내온 동물의 경우 최소대사율은 열의 생성이나 방출을 요구하지 않는 범위, 즉 쾌적한 온도 범위 안에서 측정되지만 외온 동물의 최소대사율은 특정한 온도에서 결정된다고 하였다. 즉 내온 동물과 외온 동물의 최소대사율은 동일한 방법으로 측정될 수 없다. 따라서 a~c의 최소대사율을 비교해 보았다는 ③의 설명은 적절치 못하다.

오답풀이

① 〈보기〉를 통해 몸무게가 많이 나갈수록 에너지 지출량이 많다는 것을 알 수 있다.

② 3문단에서 몸무게 g당 물질대사율은 반비례 관계에 있다고 하였다. 또한 〈보기〉를 통해 b가 a보다 몸무게는 작고 g당 물질대사율은 더 높다는 것을 알 수 있다. 따라서 b가 a보다 안정적인 체온을 유지하는 데 필요한 에너지의 비율이 더 크다고 볼 수 있다.

④ 5문단에서 성체가 되면 더 이상 자라지 않기 때문에 성장에는 에너지를 소모하지 않는다고 하였다.

⑤ 1문단에서 외온 동물은 외부 온도에 따라 체온이 변한다고 하였는데, 이는 체온 조절에 사용하는 에너지가 0%라는 것을 의미한다.

23 ⑤ 2문단에서 최소대사율은 물질대사율과 달리 그 측정 방법이 다른데, 내온 동물의 경우 최소대사율은 열의 생성이나 방출을 요구하지 않는 범위, 즉 쾌적한 온도 범위 안에서 측정되지만 외온 동물의 최소대사율은 특정한 온도에서 결정된다고 하였다. 이를 통해 물질대사율은 내온 동물과 외온 동물의 측정 방법이 같지만, 최소대사율은 측정 방법이 다르다는 것을 알 수 있다. 따라서 내온 동물과 외온 동물에 따라 측정 방법이 다르다는 설명은 ㉠과 ㉡의 공통점이 아니라 ㉡에만 해당하는 특징으로 볼 수 있다.

오답풀이

① 3문단에서 동물의 물질대사율은 많은 요인들에 의해서 영향을 받는데, 그중 가장 영향을 많이 받는 요인이 몸의 크기라고 하였다. 최소대사율은 물질대사율에 포함되는 개념이므로 둘의 공통점으로 볼 수 있다.

② 6문단에서 몸 크기 외에 동물의 물질대사율에 영향을 미치는 요인으로는 활동, 환경, 체온 조절 등이 있다고 하였다.

③ 2문단에서 물질대사율은 열 상실률로 측정될 수 있다고 하였다.

④ 물질대사율은 단위 시간당 사용하는 에너지량이고, 최소대사율은 주어진 시간 동안 기본적 기능들을 유지하기 위해 필요한 최소 에너지량이라고 하였으므로 둘 다 일정한 단위 시간을 기준으로 측정한 값임을 알 수 있다.

24 ④ [A]에서 동물이 작으면 작을수록 부피에 대한 표면적의 비율이 더 커지는데, 외부와의 열교환이 이루어지는 표면적이 차지하는 비율이 더 커지면 주변과의 열교환은 더욱 빨라지게 된다고 하였다. 따라서 사람의 크기보다 1/100 작은 초소형 인간이 존재한다면, 부피에 대한 표면적의 비율이 상대적으로 매우 커서 항시 체온을 일정하게 유지하려는 성질인 항온성을 유지할 수 없다는 점을 추측해볼 수 있다.

25 ② 〈보기〉를 통해 동맥과 정맥이 역평행 방향으로 인접하게 배열되는 역류 열교환은 심장에서 만들어진 따뜻한 혈액이 동맥을 통하여 흐를 때 말단으로부터 심장으로 되돌아가는 정맥 안의 혈액으로 열을 전달하는 효과가 있다는 것을 알 수 있다. 이는 열손실을 막아주는 현상이다. 따라서 역류 열교환은 열 손실을 줄임으로써 물질대사율 중 체온 조절에 쓰이는 에너지 비율을 줄일 수 있다고 추론할 수 있다.

오답풀이

① 체내의 산소운반율과는 관련성이 없다.

③ 체내에서 이루어지는 물질대사와는 관련성이 없다.

④ 혈류의 양과는 관련성이 없다.

⑤ 외부와의 열교환을 촉진하는 것이 아니라 막아주는 것이므로 적절하지 않다.

26 ⑤ 마지막 문단에서 휴면은 내온 동물과 외온 동물을 가리지 않고 일어나는데, 휴면에 들어가면 에너지 소모량이 줄어들게 됨에 따라 동물들의 체온은 활동할 때보다 떨어진다고 하였다. 따라서 외부로부터 얻는 에너지를 외부로 발산하는 에너지보다 작게 하기 위한 방법이라는 설명은 적절하지 않다.

오답풀이

①, ②, ③ 마지막 문단에 언급되어 있다.

④ 극한 환경에서 에너지 소모를 줄여 생존하기 위한 전략으로 볼 수 있다.

[27~30] 독서 – 인문

27 ② 윗글은 카타르시스를 이해하기 위한 두 가지 이론으로 정화이론과 조정이론을 제시하면서 두 입장에서 여러 이론가들이 논의를 펼치면서 카타르시스를 이해해왔음을 드러내고 있다. 그리고 그러한 쟁점은 오늘날까지 논쟁적이면서도 설득력 있는 쟁점으로 이어져 오고 있다고 하였다. 따라서 윗글의 전개 과정을 고려할 때 카타르시스는 후대 이론가들의 여러 논의로 파생되면서 비극의 가치가 재조명될 수 있었다는 의미로 ㉠을 이해할 수 있다.

오답풀이

① 비극에 대한 플라톤과 아리스토텔레스의 논쟁이 후대에 와서 더욱 심화된 것은 아니다.

③ 정화와 조정의 두 관점으로 해석한 카타르시스의 개념을 후대 이론가들이 통합시킨 것은 아니다.

④ 카타르시스의 개념을 후대의 몇몇 이론가들이 다양한 관점에서 재해석하기는 했지만 중세와 르네상스의 사상적 가교 역할을 했다는 의미로 이해할 수는 없다.

⑤ 카타르시스의 작용 원리를 후대 이론가들이 확대 적용하여 비극의 효용성을 강화한 것은 아니다.

28 ④ 3문단에서 플라톤은 감정이 이성에 대한 위협이라고 생각한다고 하였고, 2문단에서 플라톤은 『국가』에서 비극이 연민을 환기하여 구경꾼들을 겁쟁이로 전락시킨다고 비판했다고 하였다. 이를 통해 플라톤은 비극의 가치를 인정하지 않았음을 알 수 있다. 그러나 카타르시스의 효용을 인정하지 않은 것은 아니다.

오답풀이

① 4문단을 통해 조정이론이 감정 조정 양상에 따라 두 가지 관점으로 나뉜다는 것을 알 수 있다.

② 2문단에서 정신분석법은 어린 시절의 고통스러운 경험을 불러들여 몰아내는 정화와 연관되어 있다고 하였다.

③ 3문단에서 아리스토텔레스는 감정이 이성 못지않게 인간의 중요한 일부라고 생각했다고 하면서 감정은 그 자체가 해로운 것이 아니며 적절히 통제되지 못할 때에만 해롭다고 간주했다고 하였다.

⑤ 3문단에서 조정이론은 정신의 건강이 양극단 사이의 중용에 있다고 본 아리스토텔레스의 『니코마코스 윤리학』에서 그 논거를 원용한 것이라고 하였다. 이는 곧 『니코마코스 윤리학』이 극단보다는 중용을 지향하는 것이 정신 건강에 좋다고 주장한다는 것이다.

29 ④ 윗글의 정화이론에 따르면 비극과 연민은 공포를 불러일으킨 뒤에 이들 감정을 마음 밖으로 몰아내는 것이다. 즉, 연민과 공포의 감정을 배제함으로써 카타르시스를 느끼는 것이다. 그러나 조정이론에서 카타르시스는 감정의 몰아내기라는 개념을 동반하지 않는다고 하였다. 카타르시스는 감정의 몰아내기가 아니라 도덕적으로 길들이는 것이라고 보았다. 즉, 연민과 공포의 감정을 배제함으로써 카타르시스에 이르는 것과, 도덕적으로 길들여지는 것은 상충되는 입장이다. 따라서 '나영'이 의연하게 삶을 영위해 나가고자 하는 것은 연민과 공포의 감정을 배제하는 과정을 통해 카타르시스를 느끼며 도덕적으로 길들여진 결과라고 보는 것은 적절하지 않다.

오답풀이

① 2문단에서 비극이 연민을 불러일으킨 후 감정을 마음 밖으로 몰아내고 정화의 효과가 발생한다고 한 것과 관련이 있다.

② 2문단에서 말한 프로이트의 정신분석법과 관련이 있다. 정신분석법은 어린 시절의 고통스러운 경험을 불러들여 몰아내는 정화와 연관되어 있다.

③ 4문단에서 비극이 감정을 단련시켜 준다고 한 것과 관련이 있다.

⑤ 4문단에서 레싱이 비극이 감수성을 예민하게 함으로써 구경꾼의 심성을 부드럽게 순화시켜 준다고 한 것과 관련이 있다.

30 ③ '간주'의 사전적 의미는 '상태, 모양, 성질 따위가 그와 같다고 봄. 또는 그렇다고 여김'이다.

[31~34] 현대 소설

윤흥길, 「직선과 곡선」
- **갈래** : 현대 소설
- **성격** : 사실적, 현실 비판적
- **주제** : '나(권기용)'를 통해 바라본 부조리한 사회 현실 비판
- **이해와 감상** : '아홉 켤레의 구두로 남은 사내'의 후속편 격인 이 작품은, 1970년대 후반의 산업화 과정에서 드러나는 노동 계급의 소외와 갈등의 문제를 소설로 형상화하고 있다. 제목 '직선과 곡선'은 선으로 이루어져 있다는 점에서 공통적이지만, 본래의 특성은 정반대이다. 마찬가지로 전혀 다르다고 생각되다가도 조금만 마음을 달리 먹으면 금방 곡선으로 혹은 직선으로 변할 수 있는 것이 사람의 삶임을 이 작품에서는 주인공 '권기용'을 통해 보여 주고 있다. 주인공 '나'는 자살을 시도하면서 삶의 밑바닥까지 경험하고 난 후, 자신의 모든 것을 버리고 세상과 타협하겠다고 결심한다. 하지만 세상은 주인공 '권기용'을 교통사고를 위장해서 금품을 갈취하려 했던 파렴치한 인간으로 만들어 버린다.

31 ③ [A]에서는 사건을 조작하여 피해자인 '나'가 자해 상습범이 되고, 가해자인 동림산업 사장은 파렴치한 사람에게 용서와 구원의 손길을 내민 미담의 주인공이 된 현실적 상황을 제시하고 있다. 그리고 [B]에는 그러한 억울한 상황을 바라보는 '나'의 주관적인 판단이 제시되어 있다.

32 ⑤ '나'와 '오 선생'은 왜곡된 기사 내용에 대해 어떻게 대응할 것인지에 대한 시각적 차이를 드러내고는 있지만 '나'가 '오 선생'을 이해하지 못하고 있는 것은 아니다. '오 선생'은 약자에게 부당하고 가혹한 비합리적 사회에 강하게 분노하고 적극적으로 대항하고자 하는 데 반해 '나'는 그러한 상황을 담담하게 받아들이고 현실과 타협하고자 하는 것일 뿐 그러한 입장 차이가 두 사람의 유대감 형성을 방해한다고 볼 수 없다.

오답풀이

① '나'가 '자해 상습범'으로 조작된 것은 사회적 약자에게 가해지는 자본가의 폭력으로 볼 수 있다.

② 사회적 약자로 대표되는 '권 씨'가 일방적으로 피해자에서 가해자로 전도된 것은 산업화 사회에서 벌어지는 비합리적인 상황을 보여준다.

③ '오 사장'을 미담의 주인공으로 만들기 위해 '나'를 홍보의 수단으로 전락시킨 것은 금력을 바탕으로 이윤추구를 위해 폭력을 행사하는 자본가의 교활하고 위선적인 모습을 보여 준다.

④ '양산도집'의 '신 양'은 사회적 약자인데 그런 '신 양'을 '오 선생'에게 보여 드리고 싶다는 '나'의 말에는 산업화에 적응하지 못한 채 소외된 삶을 살아가고 있는 사회적 약자에 대한 연민이 드러난다.

33 ③ '권 씨'에게 '구두'는 구두 이상의 것으로, '자존심'을 의미한다고 할 수 있다. 그런 구두를 태워버린 것은 부조리한 현실 앞에 아무런 저항도 할 수 없는 자신의 나약한 모습을 인정하고 받아들임과 동시에 자존심을 버리고 현실과 타협하고자 하는 태도를 나타낸다.

오답풀이

① 자신이 처한 가난한 현실을 타개해 나갈 수 없다는 무력감은 있지만, 구두를 태우는 행위가 그것을 행동화한 것이라고 볼 수 없다.

② 자존심을 버리고 현실에 순응하고 타협하며 살겠다는 의지를 나타내는 것이지 도피하고자 하는 것은 아니다.

④ '권 씨'는 현실의 부정적 속성들을 들추어 고발하고자 하는 마음을 전혀 가지고 있지 않다.

⑤ 구두를 태우는 행위는 마음 사이의 갈등을 이미 해결하고 현실과의 타협을 선택했음을 보여 준다.

TIP **윤흥길, 「아홉 켤레의 구두로 남은 사내」 작품해제**
- **갈래** : 현대 소설, 세태 소설
- **성격** : 사실적, 현실 비판적
- **배경** : 1970년대 후반, 성남 지역
- **시점** : 1인칭 관찰자 시점
- **주제** : 산업 사회에서 소외된 계층의 힘겨운 삶
- **특징**
  - 과거와 현재가 교차됨
  - 상징적인 사물을 통해 인물의 내면 심리를 표현함
- **작중 인물**

권 씨		'나'(오 선생)
선량한 소시민이었으나 시위 사건의 주동자로 몰려 경찰의 감시 대상이 되어 도시 빈민으로 전락함. 가난한 생활 속에서도 늘 구두를 깨끗이 닦아 놓으며 끝까지 자존심을 잃지 않으려고 노력함.	관찰 ←	셋방살이를 하다 어렵게 집을 마련한 학교 교사. 이 작품의 서술자로 온건한 성격의 소유자임. 주변의 소외된 이웃을 외면하지 못하면서도 자신의 안락한 삶도 유지하고 싶어 함.

34 ④ 기사를 보고 나서 '오 선생'은 분노하며 동림산업 측의 만행에 강력하게 대응할 것을 주장하였으나, '권 씨'는 오히려 덤덤하고 침착한 태도로 '오 선생'을 위로한다. 또한 '오 선생'이 흥분하면 할수록 더욱더 차갑게 가라앉았다고 한 것으로 보아, 함께 분노했다는 말은 적절하지 않다는 것을 알 수 있다.

오답풀이

①, ② 앞부분의 줄거리를 통해 확인할 수 있다.

③ 병실에서 권 씨의 사진을 찍을 때, 권 씨와 오 선생이 함께 항의한다.

⑤ 합의의 조건으로 보상금과 취직 중 하나를 선택할 것을 제안했을 때 권 씨는 취직을 택한다.

[35~38] 갈래 복합

(가) 백석, 「남신의주 유동 박시봉방」

- **갈래** : 자유시, 서정시
- **성격** : 서사적, 독백적, 반성적, 의지적
- **제재** : 떠도는 자의 삶
- **주제** : 무기력한 삶에 대한 반성과 새로운 삶의 의지
- **특징**
  - 시간과 정서의 추이에 따라 시상을 전개함
  - 사투리와 토속적 소재를 사용하여 향토적 정서를 환기하고 일제 강점 하 민족의 주체 의식을 간접적으로 드러냄
  - 객관적 상관물을 통해 화자의 의지를 나타냄
  - 편지글의 형식으로 자신의 근황을 드러냄
  - 산문적 진술이나, 쉼표를 통해 내재율을 획득함
- **이해와 감상** : 이 시는 일제 식민지 치하에 창작된 작품으로 무기력하게 살고 있는 지식인이 자신의 삶을 반성하고 새로운 삶의 의지를 다짐하는 내용을 담고 있다. 제목이 편지 형식으로 되어 있고 산문으로 길게 늘어 쓴 이 시는 주로 순간적 감정을 전달하는 시 장르적 특징을 벗어나 우리들에게 한 사람의 삶의 스토리와 그가 느끼는 생각들을 차근차근 전달하고 있다. 우리는 그의 이야기를 들으면서 자신의 의지와 다르게 만들어진 화자의 비참하고 무기력한 생활을 보게 되고 그가 얼마나 큰 슬픔과 자괴감, 부끄러움을 느꼈을지 짐작해 볼 수 있다. 그러나 정한 갈매나무를 생각하는 화자의 마지막 말에서 어떠한 환경과 운명의 장난 속에도 굳세고 깨끗한 삶을 살아보겠다는 화자의 새로운 의지도 엿볼 수 있다.

(나) 박인로, 「누항사」

- **갈래** : 가사, 양반 가사, 은일 가사
- **성격** : 전원적, 사색적, 한정가
- **제재** : 빈이무원(貧而無援)의 삶
- **주제** : 산림에 묻혀 사는 선비들의 고절한 삶과 현실의 부조화
- **특징**
  - 열거, 과장, 대구, 설의법 등의 표현법이 사용됨
  - 대화체를 사용하여 실생활의 모습을 사실적으로 묘사함
  - 농촌의 일상생활 어휘와 어려운 한자어가 혼재되어 사용됨
- **이해와 감상** : 지은이가 51세 때 관직을 사양하고 고향인 경기도 용진에 돌아가 생활하던 중에, 한음 이덕형(李德馨)이 그에게 두메 살림의 어려운 형편을 묻자 이에 대한 대답으로 지은 작품이다. 내용은 임진왜란을 겪고 난 뒤 곤궁한 생활을 하고 있지만, 가난을 원망하지 않고 도(道)를 즐기는 장부의 뜻은 변함없다는 것이다. 자신의 궁핍한 생활을 구체적이고도 사실적으로 형상화함으로써 가사의 역사적 흐름에서 새로운 경지를 개척한 작품이라 할 수 있다. 특히 지금까지 가사에 나타나지 않았던 일상생활의 언어를 대폭 등장시켜 생동감과 구체성을 배가한 점이 돋보인다. 그리고 이 작품은 사대부의 소외되고 어려운 처지를 직시하고 현실 생활의 빈궁함을 생생하게 묘사하고 있어, 조선 전기의 가사가 보여 주었던 자연 완상의 세계와는 다른 면모를 보이고 있다.

35 ③ (가)에서는 '나는 내 슬픔이며 어리석음이며를 소처럼 연하여 새김질 하는 것이었다.'에서 '슬픔'과 '어리석음'이라는 추상적 대상을 '소처럼 연하여 새김질 한다'며 시각화함으로써 회한의 정서를 드러냈고, (나)에서는 'ᄂᆡ 빈천 슬히 너겨 손을 헤다 물너가며, 남의 부귀 불리 너겨 손을 치다 나아오랴.'에서 '가난'과 '부귀'라는 추상적 대상을 '손짓하여 물러가고 나아오게 한다'며 시각화함으로써 가난과 부귀에 대한 작가의 인식을 드러냈다. 따라서 (가)와 (나)의 공통점으로 가장 적절한 것은 추상적 대상의 구체적 형상화를 통해 내적 정서를 부각하고 있다는 것이다.

오답풀이

① (가)에만 드러난다. '어두워 오는데 하이야니 눈을 맞을'에서 어두운 색과 하얀 색의 색채 이미지를 선명하게 대조함으로써 갈매나무의 굳센 모습을 형상화하였다.

② (가)와 (나) 모두 탈속적인 공간을 묘사하지 않았다.

④ (나)에만 드러난다. (나)에서 화자가 농우를 빌리러 갔다가 농부와 대화하는 장면을 대화체로 서술하여 생동감을 주었고, '설피설피', '허위허위'와 같은 음성 상징어를 통해 상황을 실감나게 묘사하였다.

⑤ (가)와 (나) 모두 감각을 전이시키는 방법을 통해 계절감을 드러내고 있지 않다.

36 ④ (나)의 '무심ᄒᆞᆫ 백구'는 화자와 물아일체 된 자연물로, 안빈낙도(安貧樂道)의 삶을 나타내는 대상이다. 이는 화자로 하여금 내적 고뇌가 가라앉는 경험을 하게 하는 매개체이다. 그러나 (가)의 '문창을 치기도 하는', '싸락눈'은 고난과 시련을 뜻하는 것으로, 화자를 힘겹게 하는 외적 조건으로 볼

수 있다. 그러므로 이들은 내적 고뇌를 가라앉히는 매개체가 될 수 없다.

오답풀이

① (가)의 '나를 마음대로 굴려가는 것'은 화자가 살아 온 삶에 대한 운명론적 세계관을 뜻하고, (나)의 '인간 어ᄂᆡ 일이 명 밧긔 삼겨시리' 역시 화자의 운명론적 가치관을 뜻한다.

② (가)에서 화자는 가족과 고향을 떠나 정처 없이 거리를 떠돌았고, (나)에서 화자는 먹고 살기 힘든 현실의 어려움을 내비추었다.

③ (가)의 '내 슬픔과 어리석음에 눌리어 죽을 수밖에 없는 것'에서는 삶에 대한 절망감이 나타나고 (나)의 '세정 모ᄅᆞᆫ 한숨'에서 세상 물정을 몰라 할 수 있는 것이 없는 모습에 대한 한탄이 나타난다. 모두 자신이 처한 현실에 대한 부정적 인식을 드러낸다.

⑤ (가)에서는 외롭게 눈을 맞으면서도 굳고 정한 갈매나무의 모습을 통해 현실을 이겨내고자 하는 화자의 의지가 드러나고, (나)에서는 유교적 이상을 통해 현실을 극복하고 자기 구원의 길을 모색하려는 화자의 태도가 드러난다.

37 ③ [C]에서 '그러나'는 시상의 전환을 나타내고, '고개를 들어'는 상승적 이미지로 화자의 태도가 절망에서 희망으로 바뀌게 되었음을 의미한다. 따라서 [C] 부분은 고통이 내면화되면서 비애가 심화되고 있는 상황이 아니라, 고통을 극복하고 희망을 바라보는 계기가 되는 부분이다.

오답풀이

① 아내도 없고, 집도 없어지고, 부모며 동생들과도 멀리 떨어졌다는 것으로 보아 가족 공동체의 해체로 외로운 처지에 놓이게 된 것을 알 수 있고, 이로 인해 유랑하며 떠도는 삶을 살아가는 삶의 역정을 보여 주고 있다.

② '나 혼자도 너무 많은 것 같이 생각하며'를 통해 자신의 몸도 추스르지 못할 정도의 어려운 형편을 알 수 있고, '내 슬픔이며 어리석음이며를 소처럼 연하여 새김질 하는 것이었다.'를 통해 무기력하고 어리석은 삶을 성찰하는 모습을 알 수 있다.

④ 굳고 정한 '갈매나무'를 화자와 동일시하면서 그와 같이 정결하고 꼿꼿한 삶을 살 것을 다짐하며 현실 극복 의지를 형상화 하였다.

⑤ [A]와 [B]에서는 절망감을 드러냈지만 [C]와 [D]에서는 절망을 극복하고 시련에 굴하지 않는 의지와 희망을 드러냈으므로, 절망에서 희망으로의 시상 전환을 보여 주고 있음을 알 수 있다.

38 ④ 농사를 지을 수 없는 외적 환경을 제시하고 있지만, 그러한 현실적 상황을 내적 지향과 대비하여 그 사이에서 오는 괴리로 인해 안타까워하는 심리는 드러나지 않는다. 오히려 '있으면 먹고 없으면 굶을망정'이라고 하면서 가난한 현실을 받아들이고 있다.

오답풀이

① 가뭄이 몹시 심하여 농사철이 다 늦은 때에 논에 비가 잠깐 지나가는 상황을 제시하면서 농사에 어려움을 겪는 처지를 드러내고 있다. 이는 소를 빌리러 갔다가 수모를 당하고 자신의 비참한 처지를 직시하게 되는 사건의 발단을 제공한다.

② '설피설피'라는 감각적 이미지(의태어)를 통해 소를 빌리러 갔다가 수모를 당한 화자의 서글픈 심정을 나타냈다.

③ 쟁기는 날이 잘 서서 가시가 엉킨 묵은 밭도 쉽게 갈 수 있을 만하지만, 쓸 데가 없어 농사일을 포기할 수밖에 없는 화자의 아쉬움을 드러내고 있다.

⑤ 평생의 한 뜻을 따뜻하게 입고 배불리 먹는 데에 두지 않고, 안분지족하는 데에 두겠다는 화자의 다짐을 '너기로라', '업노왜라'와 같은 단정적 표현을 통해 밝히고 있다.

[39~43] 고전 소설

(나) 작자 미상, 「김학공전」

- **갈래** : 고전 소설, 영웅 소설
- **성격** : 설화적, 권선징악(勸善懲惡)
- **배경** : 조선 숙종 대, 중국 송나라(시간적), 강원도 홍천 부북면 서촌과 계도(공간적)
- **시점** : 전지적 작가 시점(서술자의 개입이 드러남)
- **제재** : 노주(奴主) 간의 갈등과 악에 대한 징치
- **주제** : 노주(奴主) 간의 갈등 대립과 주인을 배반한 노비에 대한 복수, 악(惡)의 징치와 도덕의 회복
- **특징**
  - 신분제가 흔들리는 조선 후기의 시대적 배경을 잘 반영함
  - 운문체의 흔적이 나타나 있으며, 설화와 민요 등을 작품에 수용하고 있음
  - 중세문학에서 근대문학으로의 이행기의 시대적 현실과 당대인의 사고를 여실히 보여주며 복수플롯을 창조하고 소설적으로 구현함
- **이해와 감상** : 이 소설은 신분제가 동요하던 조선조 후기 사회를 배경으로 노주간의 대립갈등을 통하여 권선징악을 나타낸 작품이다. 작자는 학공의 복수를 통하여 노속들의 모반에 의한 신분의 해방은 용서할 수 없다는 태도를 취하고 있으나, 작품의 곳곳에 노비해방에 대한 시대적 흐름이나 민중의 의식이 반영되어 있다. 구조면에서 영웅소설의 기본 골격을 그대로 갖추고 있으나, 주인공

을 새로운 능력의 인물로 탈바꿈시켜주는 초월적 존재가 없어지고, 무예가 제거되었다. 영웅소설에서 주인공이 당하는 위기는 국가의 위기와도 상관이 있는 바, 주인공의 생명을 위협하는 가해자는 바로 나라를 위태롭게 하는 역적이 되기도 한다. 이 작품에서는 이러한 가해자가 학공 일가의 가해자로 끝남으로써 학공의 복수는 개인적 차원에서 끝난다.

(다) 작자 미상, 「이춘풍전」

- **갈래** : 판소리계 소설, 풍자 소설, 세태 소설
- **성격** : 해학적, 교훈적, 풍자적
- **시점** : 전지적 작가 시점
- **제재** : 양반의 허위의식
- **주제** : 허위적인 남성 중심의 사회 비판과 진취적인 여성상의 제시
- **특징**
  - 두 인물의 상반된 태도에서 오는 갈등을 통해 주제를 드러냄
  - 물질 중심적 가치관이 형성되던 시대상을 반영함
  - 귀족 계층의 전아한 언어와 평민층의 발랄한 속어나 재담, 육담이 섞여 있음
- **이해와 감상** : 작자 · 연대 미상의 고전소설로, 우리나라를 배경으로 하고 있으며 평범한 서민을 주인공으로 하여 일상적인 삶의 모습을 그리고 있는 작품이다. 가정이 무능하고 방탕한 남편 때문에 몰락하고, 슬기롭고 유능한 아내의 활약으로 재건되는 이야기의 전개는 허위에 찬 남성 중심의 사회를 비판하고 여성의 능력을 부각시키려는 의도가 작용한 것이다. 또한 조선 후기의 부패한 사회상을 풍자한 작품이기도 하다. 돈으로 벼슬을 사려다 집안이 망한 상인 박득만과 최 참판 사이에서 대리 청탁으로 돈이나 뜯어 쓰려는 이춘풍의 행위는 관직을 사고파는 일이 성행했던 당시 사회상을 풍자한 것이다. 한 여성의 활약으로 방탕한 남성을 개과천선하게 하고 몰락한 가정을 재건한다는 점에서 여성의 주인 의식을 보여 주고 있으며, 이러한 측면에서 이 작품의 의의를 찾을 수 있다.

39 ① (가)의 1문단에서 우리나라의 고전 세태소설은 부정적 사회현실에 대한 저항이나 개혁 등을 주제로 다루기보다는 급변하는 정치, 경제, 사회적 상황을 사실적으로 반영하는 경향을 보인다고 하였다. 그러므로 사회 개혁적인 인물보다는 사회적 상황을 사실적으로 보여주는 인물을 등장시키는 것이 더 적합하다고 볼 수 있다.

40 ② (나)에서 '이 말을 부인에게 전하면 내가 그놈에게 죽을 것이요, 아니 고하면 인정상 차마 못할 바이라'라는 유모의 말을 통해, 유모는 화를 당할까 염려하여 계교를 알리지 않고 미룬 것이라고 볼 수 있고, 차후에 부인에게 고하여 피할 수 있는 시간을 벌어준다. 그러므로 계층 간의 갈등이 존재하고 있는 세태를 나타내는 것으로 볼 수 없다.

오답풀이

① 노비가 모반을 일으키고 상전을 죽여 금은보화를 탈취하자고 하는 것을 통해 전통적 신분 질서가 와해되어 가는 세태를 짐작할 수 있다.

③ 춘풍이 돈을 많이 가지고 있을 때는 온갖 교태를 부리며 홀리다가 돈을 탕진하고 나자 문 밖으로 내쫓아 버리는 추월의 모습을 통해 물질적 가치를 추구하는 세태를 짐작할 수 있다.

④ 남편이 수천 냥의 돈을 탕진하고 비참한 처지로 몰락하자 남편을 구하기 위해 적극적으로 나서는 아내의 모습을 통해 가부장제가 흔들리고 있는 세태를 짐작할 수 있다.

⑤ 춘풍의 아내는 조선 시대 여인들은 실제로 하지 못하는, 상상에서나 가능한 일을 해내는 여중호걸로서, 소극적이며 순종적인 여인이 아니라 적극적인 모습을 보이고 있다. 이를 통해 적극적인 여성이 나타난 세태를 짐작할 수 있다.

41 ④ [B]에서는 '호조 돈 이천 내어다가 한 푼 없이 돌아가면~'의 말을 통해 호조의 돈 이천 냥을 빌리고 그 돈을 갚지 못했음을 알 수 있다. 그러나 [A]에는 과거의 잘못을 나타내는 부분이 드러나지 않는다.

오답풀이

① [A]는 [B]와 달리 '옥황상제께 비나이다. 유유한 창천은 무죄한 인생을 굽어 살피옵소서'라는 대목을 통해 초월자에게 의지하여 문제를 해결하려는 바람을 표현하고 있다.

② [B]는 [A]와 달리 '부끄럽고', '후회막급 창연하다'와 같은 말을 통해 자신이 저지른 잘못된 행동에 대한 회한의 심정을 드러내고 있다.

③ [A]는 과거의 일을 요약적으로 제시하고 있고 [B]는 춘풍이 자신의 만행으로 인해 현재 처하게 된 현실을 서술하고 있다.

⑤ [A]는 부친이 나이 사십에 자식이 없어 서러워하다가 남매를 얻었으나 세상을 떠나게 되어 암담한 심정을 옥황상제에게 빌고 있는 상황이고, [B]는 남의 돈을 빌려 전부 탕진하고 비참한 신세가 된 인물이 한탄하고 있는 상황이다. 모두 암담하고 절망적인 상황에 놓여 있는 인물의 심리를 나타내고 있다고 볼 수 있다.

42 ② '어린 자녀를 데리고 갈 수도 없고 아니 갈 수도 없으니 이 일을 장차 어찌 하잔 말고'라고 하며 앞으로 겪게 될 절망적인 상황을 염려하는 모습을 드러내고 있다. 그러나 이전의 경험이 제시되어 있지 않았으므로, 이전의 경험에 근거하였다고 볼 수 없다.

오답풀이

① '일월이 무광하고 초목과 금수가 다 슬퍼하더라.'라는 대목은 서술자가 개입하여 학공 모자가 처한 참혹한 상황에 슬퍼하며 독자의 공감을 유도하는 것으로 볼 수 있다.
③ 평양 기생이라는 자신의 신분적 특성을 언급하며 손님을 홀대하는 것이 당연한 처사라는 입장을 보이고 있다.
④ 조선이 인정지국이니, 나를 살려달라고 하면서 인정에 호소하고, 자신의 절박한 처지를 헤아려주기를 바라고 있다.
⑤ '국전이 지중하고 관령이 지엄하니'라고 하며 다급한 상황을 모면하기 위해 권위에 복종하는 모습을 보여 주고 있다.

43 ② '고육지책(苦肉之策)'은 제 몸을 괴롭히면서까지 꾸며내는 방책이라는 뜻으로, 일반적으로 어려운 상태에서 벗어나기 위한 수단으로 어쩔 수 없이 하는 계책을 말한다. ⓐ에서 부인은 목숨을 보전하기 위해 어쩔 수 없이 재산을 나누어 주고 있다. 이는 '고육지책(苦肉之策)'의 상황과 유사하다고 볼 수 있다.

오답풀이

① **고식지계(姑息之計)** : 당장의 편한 것만을 택하는 일시적이며 임시변통의 계책을 이르는 말
③ **권토중래(捲土重來)** : 흙먼지를 일으키며 다시 돌아옴. 즉 실패하고 떠난 후 실력을 키워 다시 도전하는 모습
④ **기호지세(騎虎之勢)** : 범에 올라탄 기세. 즉 이미 시작한 일이라 도중에 그만둘 수 없는 상황
⑤ **자승자박(自繩自縛)** : 자기가 꼰 새끼로 자기를 묶음. 즉 자기가 한 말과 행동에 구속되어 어려움을 겪는 것

[44~45] 희곡

44 ④ 글에서는 타이어, 튜브, 연장 등의 소품과 차 소리와 같은 효과음이 사용되었다. 이것들이 현실감을 떨어뜨리고 생소한 느낌을 주는 것은 아니다.

오답풀이

① 살면서 소위 성공이라는 것을 해 보지 못한 사람들이 등장한다는 점에서 그 배경이 현실과 거리가 멀고, 특별한 사건이나 갈등 없이 막연하게 동쪽을 갈망하며 살아간다는 점에서 사건의 개연성이 떨어진다.
② 등장인물들은 '동쪽으로 가자'는 말과 '동쪽으로 가고자 하는' 행위를 반복하고 있다.
③ 보조경찰이 관객들에게 상황을 구체적으로 설명하고 있다.
⑤ 노선수보, 노여우, 보조경찰, 노운전수라는 명칭을 통해 직업을 알 수 있고 노선수보가 화내는 모습, 보조경찰이 상황을 설명하는 모습 등을 통해 성격의 유형을 보여 준다.

TIP **이근삼의 작품세계**

- 리얼리즘극에 반발하여 부조리극을 시도함
- 작품에 비상식적인 인물이나 의식적으로 웃음을 자아내는 소극적인 요소를 동원하여 연극적 재미를 유발시킴
- 현대인의 삶의 비극과 모순을 파악하려는 현실적 관심을 보임

45 ③ 〈보기〉에서 소외 계층은 거짓된 희망이 이루어질 수 없음을 깨닫지 못한다고 하였다. 윗글에서 소외 계층으로 대표되는 등장인물들은 '동쪽'이라는 거짓된 희망을 막연하게 갈망하고 있다. 왜곡된 현실 구조에서 벗어나려는 간절한 처지라고 볼 수 없다.

오답풀이

① 등장인물들이 살면서 성공이라는 것을 해 보지 못한 인물들인 것으로 보아, 다수의 소외 계층을 양산하는 자본주의의 폐해를 알 수 있다.
② 인물들은 모두 '동쪽'이라는 막연한 희망을 품고 맹목적으로 추구하고 있다. 이를 통해 자본주의 사회에서 소외 계층의 비극성을 느낄 수 있다.
④ 작중 인물 가운데 한명은 '조금만 가면 동쪽이 나올 거야'라고 하며 희망이 이루어질 것을 기대하고 있다. 이러한 모습을 통해 현실을 직시하지 못하는 소외 계층에 대한 작가의 연민을 짐작할 수 있다.
⑤ 등장인물들은 언제 폐차 될지 모르는 낡은 버스가 고쳐지기를 마냥 기다리고 있다. 이들은 헛된 희망을 품고 이 사회를 유지하는 부속품이 되어 평생을 그렇게 살아가는 존재들로 그려진다. 작가는 이러한 모습을 통해 부조리한 사회의 단면을 보여 주고 있다.

2017학년도 기출문제 정답 및 해설

제1교시 국어영역(공통)

01 ②	02 ①	03 ④	04 ①	05 ④	06 ⑤
07 ③	08 ②	09 ④	10 ③	11 ①	12 ③
13 ③	14 ②	15 ③	16 ④	17 ④	18 ②
19 ④	20 ④	21 ④	22 ②	23 ①	24 ①
25 ③	26 ⑤	27 ②	28 ③	29 ①	30 ③
31 ④	32 ④	33 ②	34 ③	35 ⑤	36 ⑤
37 ③	38 ⑤	39 ②	40 ①	41 ②	42 ①
43 ②	44 ⑤	45 ⑤			

01 ② 구단 측은 임대료를 입장료 수입의 10%로 정하자고 처음 제시하였지만, 시청 측에서는 이를 수용하지 않았다. 그리고 임대료를 입장료 수입의 12%로 인하하고 야구장 광고권과 매점 운영권을 회수하는 것을 대응 제안으로 제시하였다.

오답풀이

① 구단 측은 관중 수가 30%P 가량 늘었음을 근거로 야구장 임대료를 10%로 인하하려는 기본 입장을 밝혔다.
③ 구단 측은 관중이 늘어나면서 야구장의 광고 수입과 매점 운영 수입이 많아진 것이 구단의 노력의 결과임을 제시하며 매점 운영권을 가져가는 대신 시에서 계획하고 있는 복지 정책에 적극 협력할 것을 제안하였다.
④ 시청 측은 매점 운영권에 대한 구단의 권리를 인정해 주고, 시에서 계획하고 있는 복지정책과 관련하여 구단 측의 구체적인 도움 방향을 제시하였다.
⑤ 구단 측은 시청 측이 제시한 복지 정책과 관련된 협력 방안이 시의 복지 재정에도 도움이 되고 구단 이미지 향상에도 도움이 될 것이라고 하면서 시청 측의 제안을 수용했다.

02 ① [가]에서 시청 측은 광고권과 매점 운영권이 구단의 사정이 어려울 때 조금이나마 도움을 주고자 넘겼던 권리이므로, 구단 사정이 많이 나아진 현 시점에서는 그것을 돌려받는 것이 정당한 일임을 언급하면서 광고권과 매점 운영권을 유지하겠다는 구단 측의 제안을 단호하게 거부하고 있다.

03 ④ 시가 구단의 매점 운영과 관련된 행정적 지원을 한다는 내용은 언급되지 않았다. 구단이 매점 운영권을 유지하는 대신, 시에서 계획하고 있는 복지 정책에 적극적으로 협력하기로 합의하였다.

오답풀이

① 관중 수가 지속적으로 증가하는 것을 고려하여 야구장 임대료를 입장료 수입의 12%로 하는 것으로 최종 합의하였다.
② 광고권은 시가 가져가고, 시의 복지 정책에 협력하는 조건으로 매점 운영권은 구단이 갖기로 최종 합의하였다.
③ 시는 구단 측에서 홈런 개수당 일정 금액을 시에 기부하여 난치병 어린이들을 위한 치료비 지원 사업에 도움을 줄 것을 제안하였고 구단은 이를 받아들였다.
⑤ 복지 정책 협력의 일환으로 구단은 소외계층에 대한 야구장 무료입장 행사를 개최하기로 하였다.

04 ① 발표 주제를 선정하게 된 사회적 배경에 대해서는 언급된 바가 없다. 발표의 중심 제재의 역사적 쓰임과 활용에 대해서는 언급하고 있지만 이를 통해 발표 주제를 선정하게 된 사회적 배경을 알 수는 없다.

오답풀이

② 1문단에서 질문의 형식을 활용하여 청중의 관심을 유도하였고, 말하는 중간 중간에 끊임없이 청중들에게 질문하는 방식을 사용해 청중과의 상호작용을 시도하였다.
③ 5문단에서 '고궁 박물관 학예 연구사'의 설명을 인용하여 발표 내용의 신뢰성을 높였다.
④ 1문단에서 '해적'이라는 영화를 보았는지에 대해 물음으로써 청중의 경험을 환기하며 발표 내용에 대한 관심을 유도하였다.
⑤ 중심 제재와 관련된 이야기인 영화 '해적'을 소개하여 청중의 흥미를 끌고 있다.

05 ④ 5문단을 통해 대 중국 관계의 외교문서에는 중국 황제가 보내 준 '국인' 또는 '대보'를 사용했고, 왕명으로 작성되는 국내 문서에는 국내에서 제작한 '어보'를 사용했음을 알 수 있다. 즉 '어보'는 중국 황제에게 받은 것이 아니라 국내에서 제작한 것이다.

오답풀이

① 3문단에서 진시황 때 옥으로 황제의 권위를 보여 주는 도장을 새긴 것이 옥새의 시작이었다고 하였다.

② 4문단에서 옥새가 왕의 권위를 상징하고 또 옥새를 왕위 계승의 징표로 삼았다고 하였다.

③ 5문단에서 대 중국 관계 외교문서에는 국인 또는 대보를 사용했다고 하였다.

⑤ 6문단에서 국새는 주로 헌법 공포문, 외교사절 임명장, 중요 외교문서 등에 찍는다고 하였다.

06 ⑤ 안전 산행을 위한 당부 사항에 관한 전문가의 말은 제시되지 않았다. 안전한 산행을 위해 국립공원 관리공단에서 실시하고 있는 '등산로 등급제'를 제시하지만, 전문가의 말을 직접적으로 인용한 것은 아니다.

오답풀이

① 1문단의 '지난 11차 소백산 등산에는~다녀왔습니다.'를 통해 알 수 있다.

② 2문단의 '운영진에서~차지했습니다.', '여러 회원님들이~피력하셨습니다.'를 통해 알 수 있다.

③ 〈국립공원 등산로 등급제〉에 대한 시각 자료를 제시하였다.

④ 4문단에서 국립공원 등산로 등급제를 등급 코스별(보통, 어려움, 매우 어려움)로 나누어 그 특징을 설명하였다.

07 ③ ⓒ의 전후 맥락을 살펴볼 때, '난해'가 아닌 '난처'로 바꾸는 것이 적절하다.

- **난처** : 이럴 수도 없고 저럴 수도 없어 처신하기 곤란함.
- **난해** : 뜻을 이해하기 어려움. 풀거나 해결하기 어려움.

오답풀이

① '돌아가'가 뒤에 오는 '복귀'와 그 의미가 중복되므로 '돌아가'를 삭제하는 것이 옳다.

② 주어와 서술어의 호응 관계가 일치하려면 '~을 정한 이유는 ~했기 때문이다.'의 구조가 되어야 한다. 따라서 '차지했습니다.'를 '차지했기 때문입니다.'로 고치는 것이 옳다.

④ ⓔ은 국립공원 관리공단에서 등산로 등급제를 실시하게 된 이유를 설명한 부분으로 등산로를 등급 코스별로 나누어 설명한 앞뒤 문장을 고려하여, 앞의 문장과 순서를 바꾸는 것이 옳다.

⑤ 문장의 전후 맥락을 고려할 때, ⓜ에는 역접의 접속사인 '그렇지만'이 와야 한다. '그러나'는 앞의 내용이 뒤의 내용의 조건이 될 때, 혹은 앞의 내용을 받아들이거나 그것을 전제로 새로운 주장을 할 때 쓰는 접속 부사이다.

08 ② 2문단에서 '운영진에서 설악산으로 산행을 정한 이유는 카페에서 실시한 산행지 온라인 투표에서 설악산이 압도적으로 1위를 차지했습니다.', '또 여러 회원님들이 운영진에 난이도가 높은 산행을 했으면 하는 바람을 피력하셨습니다.'라고 하였다. 이를 통해 산행지를 결정할 때 카페 회원들의 의견을 모았음을 알 수 있다.

오답풀이

① 대청 분소까지 왕복하는 코스는 편도 약 5km를 4시간에 가야 하는 힘든 코스로, '산에서'팀이 가야 할 코스이다. '사노라네'팀은 대청 분소에 가지 않고 케이블카로 권금성을 다녀오는 것이므로 좀 더 수월한 코스이다.

③ 오색 분소는 '쉬움' 코스에 해당하고 대청 분소는 '매우 어려움' 코스에 해당하므로, 오색 분소에서 대청 분소까지는 '쉬움 → 어려움 → 매우 어려움' 코스로 진행된다고 볼 수 있다.

④ 5문단에서 '비가 살짝 올 것으로 예상되니, 우산도 꼭 준비해 주십시오.'라고 언급하였다.

⑤ 마지막 문단에서 '자세한 내용은 총무님을 통해 추후 카페 공지사항에 올리겠습니다.'라고 언급하였다.

09 ④ 〈보기1〉을 참고했을 때, ⓔ에서는 (라)의 인터뷰 자료를 활용하여 세금 감면이나 보조금 지원과 같은 정부의 적극적인 지원이 필요함을 밝히는 것이 적절하다.

오답풀이

① (가)는 친환경 자동차의 종류와 특징을 제시한 도서 자료이므로 ⓐ에서 이를 활용할 수 있다.

② (가)에서는 친환경 자동차의 장점을 제시하였고, (나)에서는 배기가스의 주범이 자동차임을 밝히고 친환경 자동차 시장의 확대 가능성을 제시하였으므로 ⓑ에서 이를 활용할 수 있다.

③ (다)는 친환경 자동차 보급이 저조함을 나타내는 통계 자료이고 (라)는 친환경 자동차를 구매하지 않는 이유에 대한 인터뷰 자료이다. 그러므로 ⓒ에서 이를 활용할 수 있다.

⑤ (나)는 친환경 자동차의 환경 개선 효과를 제시한 자료, (다)는 친환경 자동차의 저조한 구입을 나타내는 자료, (라)는 친환경 자동차를 구매하지 않는 이유에 대한 자료이므로, 이를 활용하여 ⓜ에서 소비자의 친환경 자동차에 대한 인식 전환의 필요성을 강조할 수 있다.

10 ③

- **〈보기1〉의 작문 논지를 반영하여 문제의식을 드러낼 것** : 대기오염 물질로 인해 환경이 오염되고 있지만 친환경 자동차의 등록 비율은 저조한 것을 문제 삼고, 이를 개선할 수 있는 방안이 무엇인지 알아보고자 하였다.
- **구체적인 통계 수치를 활용할 것** : 친환경 자동차의 신규 등록 비율이 2% 내외에 불과하다고 하며 구체적인 통계 수치

를 제시하였다.

- **비유적 표현을 활용할 것** : '대기오염 물질로 인해 우리의 하늘이 검게 물들고 있다.'의 문장에서 오염된 하늘을 '검게 물들고 있다.'고 비유적으로 표현했음을 알 수 있다.

오답풀이

① 〈보기1〉의 작문 논지를 반영하여 문제의식을 드러내지 않았고, 구체적인 통계 수치를 활용하지 않았다.
② 구체적인 통계 수치와 비유적 표현을 활용하지 않았다.
④ 〈보기1〉의 작문 논지를 반영하여 문제의식을 드러내지 않았고, 비유적 표현을 활용하지 않았다.
⑤ 비유적 표현을 활용하지 않았다.

11 ① 〈탐구 과제〉와 〈수집한 단어〉를 토대로 〈탐구 결과〉를 도출해내면 다음과 같다.

결합되는 어간의 첫 음절	초성	된소리, 거센소리		울림소리	
	중성	양성 모음	음성 모음	양성 모음	음성 모음
접두사		새까맣다 새파랗다	시꺼멓다 시퍼렇다	샛노랗다	싯누렇다

12 ③ '철수가 멋있어 보이네.'의 문장에서 '–어'는 연결 어미에 해당한다. 연결 어미는 본용언과 보조 용언을 연결하는 데에 사용되므로, '멋있어' 뒤에 보조사가 결합할 수 있다. 따라서 '보조사 중에는 연결 어미에 결합할 수 있는 것들이 있다.'라고 보는 것이 적절하다.

TIP 보조사

- **개념** : 체언, 부사, 활용 어미 등에 결합해서 특별한 의미를 더해 주는 조사
- **종류**
  - 성분 보조사 : '만, 는, 도'와 같이 문장 성분에 붙는 것을 말한다. 이들은 주어에도 붙고, 부사어에도 붙고, 용언에도 붙어 다양한 양상을 보인다.
    예) 우리만 극장에 가서 미안하다.(한정의 의미)
    이곳에서는 수영을 하면 안 됩니다.(대조의 의미)
    나는 그 물건이 마음에 들지도 않아요.(역시의 의미)
  - 종결 보조사 : '마는, 그려, 그래'와 같은 보조사로, 문장 맨 끝에서 '감탄'의 의미를 덧붙인다.
    예) 그가 왔다마는.
    그가 왔네그려.
    그가 왔구먼그래.
  - 통용 보조사 : '요'와 같이 어절이나 문장의 끝에 결합하여 상대 높임을 나타낸다.
    예) 나는요 지금요 집에를요 가야만 하거든요.

13 ③ ㄱ에서 안긴문장은 '자신이 아팠다는'으로, 주어는 '자신이'이고, 안은문장에서의 주어는 '그는'이다. 따라서 안긴문장의 주어가 가리키는 대상과 안은문장의 주어가 가리키는 대상이 다르다고 볼 수 있다. 또한 ㄴ에서 안긴문장은 '너희가 내일 먹는'으로, 주어는 '너희가'이고, 안은문장에서의 주어는 '삼계탕이'이다. 따라서 ㄴ에서 역시 안긴문장과 안은문장의 주어가 가리키는 대상이 다르다고 볼 수 있다.

오답풀이

① 안긴문장인 '자신이 아팠다는'은 관형절로서, 안은문장의 목적어인 '사실'을 꾸미고 있다.
② 안긴문장인 '너희가 내일 점심에 먹는'은 관형절로서, 안은문장의 주어인 '삼계탕이'를 꾸미고 있다.
④ ㄱ의 안긴문장인 '자신이 아팠다'에는 생략된 문장 성분이 없지만, ㄴ의 안긴문장인 '너희가 내일 점심에 먹는'에서는 안은문장의 주어인 '삼계탕이'가 생략되어 있다.
⑤ '자신이 아팠다는'은 과거의 상황을, '너희가 내일 점심에 먹는'은 미래의 상황을 나타낸다.

TIP 안은문장의 종류

- **명사절을 안은문장** : 안긴문장 끝에 '–(으)ㅁ', '–기', '–(ㄴ)것'이 붙음
  예) 나는 책을 읽는 것을 좋아한다.
- **서술절을 안은문장** : 안긴문장 전체가 문장에서 서술어의 기능을 함
  예) 나는 책을 읽는 것이 좋다.
- **관형절을 안은문장** : 안긴문장 끝에 '–(으)ㄴ', '–는', '–(으)ㄹ', '–던'이 붙음
  예) 나는 책을 읽는 사람이 좋다.
- **부사절을 안은문장** : 안긴문장 끝에 '–이', '–리', '–게', '–도록'이 붙음
  예) 나는 그와 달리 책을 읽는 것을 좋아한다.
- **인용절을 안은문장** : 안긴문장 끝에 '–고', '–라고', '–하고'가 붙음
  예) 그녀는 책을 읽는 것이 좋다고 말했다.

14 ② '숱을'은 앞 음절의 끝소리가 뒤 음절의 첫소리가 되는 연음법칙의 적용을 받아 [수틀]로 발음하는 것이 옳다.

오답풀이

① '맏이'는 표준 발음법 제17항에 제시된 구개음화의 영향으로 [마지]로 발음하는 것이 옳다.
③ 'ㄷ, ㅌ' 뒤에 오는 모음 'ㅣ'나 '히'가 원래부터 한 형태소의 일부이면 구개음화가 일어나지 않는다고 하였으므로 '느티나무'는 [느티나무]로 발음하는 것이 옳다.
④ '묻힌'은 표준 발음법 제17항에 제시된 구개음화의 영향으로 [무친]으로 발음하는 것이 옳다.
⑤ '밭이랑'은 '밭+이랑'의 구조로, '밭'뒤에 'ㅣ'로 시작하는 형식 형태소가 결합한 형태이므로 [바치랑]으로 발음하는 것이 옳다.

15 ③ 원순모음화는 양순음 'ㅂ, ㅃ, ㅍ, ㅁ' 다음에서 비원순모음 'ㅡ'가 원순모음 'ㅜ(ㅗ)'로 바뀌는 음운현상으로, (가)의 '브

리'에서 원순모음화가 나타난 것이 아니라 (가)의 '브리'에서 (나)의 '불이'로 바뀐 것이 원순모음화이다.

오답풀이

① 두음법칙이란 어두에 오는 자음에 제약이 생겨서 일어나는 현상으로, 비음 'ㄴ'은 어두에서 [i]나 [j] 앞에 올 수 없다. 따라서 (가)에서 '녯'을 '옛'으로 표기하지 않은 것은 두음법칙이 적용되지 않은 사례로 볼 수 있다.

② '임금의'에서 '의'가 관형격 조사의 역할을 하고 있는 것으로 보아 (가)의 '님긊'에서 'ㅅ'이 관형격 조사의 역할을 하고 있음을 알 수 있다.

④ (나)의 '-는구나'가 감탄의 표현으로 사용된 것으로 보아 (가)의 '-놋다'도 감탄을 나타내는 의미로 사용되었음을 알 수 있다.

⑤ (가)의 '비치'는 (나)의 '빛이'를 소리 나는 대로 적는 이어적기의 표기법을 사용하였음을 알 수 있다.

[16~19] 비문학 - 언어

16 ④ 원인과 결과를 제시하는 '인과'의 방법으로 대상의 변화 과정을 소개하는 부분은 드러나지 않았다.

오답풀이

① 이중 언어 사용과 양층 언어 사용의 개념을 밝혀 독자의 이해를 돕고 있다.

② 언어적 유사성이 없는 서로 다른 두 언어가 각자의 기능을 엄격하게 구별하여 수행하는 상황까지를 포함하여 양층 언어 사용을 설명한 피시먼의 연구 사례로 파라과이의 언어 사용 상황을 제시하였다.

③ 이중 언어 사용과 양층 언어 사용의 특성을 대조의 방법으로 설명하여 각각의 특성을 부각하고 있다.

⑤ 이중 언어 사회와 양층 언어 사회에서 사용되는 언어들을 하위 요소로 나누어 체계적으로 설명하고 있다.

17 ④ 3문단에서 '이중 언어 사회에서 통용되는 둘 이상의 언어들은 공용어로서 대등한 지위를 가질 수 있지만 대체로 구성원 대다수가 사용하는 언어가 '다수자 언어'가 되고, 상대적으로 사용 인원이 적은 언어는 '소수자 언어'가 된다.

오답풀이

① 4문단에서 '양층 언어 사회에서 변이어들은 언어 사용자 수와 무관하게 '상층어'와 '하층어'로 구분되어 사용되며 상보적 관계에 있다.'고 하였다.

② 4문단에서 '양층 언어 사용 상황에 있는 구성원은 특정 상황에서 사용되는 언어를 모를 경우 불이익을 받을 수 있다.'고 하였다.

③ 변이어들은 '상층어'와 '하층어'로 구분되는데 상층어는 높은 차원의 언어적 기능을 수행하기 위해 사용되고 하층어는 낮은 차원의 언어적 기능을 수행하기 위해 사용된다고 하였다. 이를 통해 양층 언어 사회에서 구성원들이 각 변이어에 부여하는 가치가 다름을 알 수 있다.

⑤ 일반적으로 다수자 언어는 힘이나 권위의 문제에 있어 소수자 언어보다 우세한 지위를 가지는 경우가 많다고 하였다.

18 ② A 지역은 양층 언어 사회, B 지역은 이중 언어 사회로 볼 수 있다. 이중 언어 사회에서는 대다수 구성원들이 두 언어를 모두 사용할 수 있기 때문에 하나의 언어만 알고 있어도 사회생활의 거의 모든 분야에서 의사소통이 되지 않을 염려는 없다.

오답풀이

① 양층 언어 사회에서 상층어는 주로 학교에서 이루어지는 정식 교육을 통해, 하층어는 가정에서 모어로 습득되는 경우가 많다.

③ 양층 언어 사회는 이중 언어 사회와 달리, 높은 차원의 언어적 기능을 수행하는 언어와 낮은 차원의 언어적 기능을 수행하는 언어가 구분된다.

④ 이중 언어 사회는 양층 언어 사회와 달리, 둘 이상의 언어들이 사회적으로 기능상의 차이 없이 통용되므로 언어가 사용되는 장소의 구분이 없다.

⑤ 이중 언어 사회와 양층 언어 사회는 한 개인이나 사회가 둘 또는 그 이상의 언어를 사용하는 언어적 다양성을 보인다.

19 ④ 피시먼은 언어적 유사성이 없는 서로 다른 두 언어가 각자의 기능을 엄격하게 구별하여 수행하는 상황까지를 포함하여 양층 언어를 설명하였다. 즉, 언어적 유사성에 국한하지 않고 상황에 따른 차별적 사용 여부에 주목하여 양층 언어 사용의 개념을 확대한 것이다.

[20~23] 비문학 - 사회

20 ④ 자산 조사 과정을 거쳐 제공되는 것은 잔여적 복지 모델을 바탕으로 할 때이다. 제도적 복지 모델은 조건에 관계없이 국가가 모든 국민에게 복지 혜택을 제공하는 것으로, 자산 조사 과정을 거치지 않는다.

오답풀이

① 오늘날 국가에서 하나의 복지 모델만을 택하여 모든 복지 제도에 적용하는 것은 현실적으로 불가능하므로, 복지 모델들은 상호 보완적으로 운영되는 경우가 많다.

② 사회 복지 제도는 국민의 안정적인 생활을 보장하기 위한 여러 사업을 조직적으로 행하는 제도로서, 사회 복지의 제

도화를 추구한다.

③ 2문단의 '그래서 공공 부조와 같이~제공된다.'의 문장을 통해 공공 부조는 국가가 국민에게 제공하는 사회 복지 서비스임을 알 수 있다.

⑤ 생계 급여는 일부 저소득층을 대상으로 최저 소득을 보장해 주는 선택적 복지로, 잔여적 복지 모델의 관점을 따른 것이다.

21 ④ 제도적 복지 모델은 각 개인의 욕구 충족과 자기 성취를 돕기 위해서 국가가 사회 제도를 통해 보편적 복지 서비스를 제공하는 것이 필요하다고 보는 입장으로, 국가가 사회 복지를 개인 또는 가족, 민간 부문에 그 책임을 전가하지 않는다. 따라서 빈민들이 겪는 생존의 위험과 불안을 최소화하는 것을 사회 구성원 모두의 의무로 볼 수 없다.

오답풀이

① 잔여적 복지 모델은 구호적 성격의 사회 복지 모델로, 국가가 빈민 구호에 나설 수 있다. 그러나 수혜자를 사회적 기능을 보장받지 못한 일부 사람들로 한정한다.

② 잔여적 복지 모델은 국가의 역할이 최소화되면서 민간 부문이 복지의 중요한 역할을 담당한다. 그러므로 민간 자선 단체가 빈민 문제를 해결하도록 최대한 유도해야 한다고 볼 것이다.

③ 제도적 복지 모델은 개인들이 자신의 힘만으로는 일상적 위험과 불안을 충분히 대처하기 어렵다고 보는 입장이므로, 국가적 차원에서 문제를 해결하고 사회 복지의 책임을 민간에 맡겨서는 안 된다고 볼 것이다.

⑤ 제도적 복지 모델은 사회 복지를 시장 논리에 내맡기지 않고, 복지 서비스를 시장에서 돈으로 사고파는 상품이 아니라 소득이나 자산에 관계없이 누구나 제공받을 수 있게 하는 '탈상품화'를 특징으로 한다.

22 ② 사회 정책적 차원에서 잔여적 복지 모델은 국가의 역할이 최소화되고 민간 부문이 개인 복지의 중요한 역할을 담당하며, 제도적 복지 모델은 사회 복지를 시장 논리에 내맡기지 않고 민간 부문에 그 책임을 전가하지 않으면서 국가가 적극적으로 개입한다. 또한 운영 방식에 있어서 잔여적 복지 모델은 수혜자가 사회적 기능을 보장받지 못한 일부 사람으로 국한되고, 제도적 복지 모델은 전 국민을 대상으로 한다. 따라서 A에는 '정부의 개입 정도'가, B에는 '수혜자의 범위'가 들어가는 것이 적절하다.

23 ① '보장'은 '어떤 일이 어려움 없이 이루어지도록 조건을 마련하여 보증하거나 보호함'이라는 의미이다. '모자라는 것을 보태거나 채워서 잘못된 것을 바르게 고침'은 '개정' 혹은 '교정'의 의미이다. ⓑ · ⓒ · ⓓ · ⓔ는 모두 의미상 적절하게 사용되었다.

[24~27] 비문학 – 기술

24 ① 집광렌즈는 가시광선을 굴절시켜 검사 대상에 집중시키는 역할을 한다. 이를 통해 검사 대상의 중간 상을 만들고, 대물렌즈와 접안렌즈가 중간 상을 굴절시켜 연구자가 검사 대상을 관찰할 수 있을 정도로 확대하는 것이다.

오답풀이

② 광학 현미경은 집광렌즈를 통해 가시광선을 굴절시켜 상을 만든다.

③ 광학 현미경은 접안렌즈를 통해 검사 대상을 관찰할 수 있을 정도로 확대한다.

④ 전자 검출기에서 2차 전자를 검출한 후 전기신호로 변환해야 관찰할 수 있다.

⑤ 전자 검출기는 2차 전자를 검출한 후 전기신호로 변환하여 모니터나 필름에 검사 대상의 입체적인 상을 만들어 낸다.

25 ③ 전자 현미경은 전자기 대물렌즈가 자기장을 이용하여 전자선을 집중시키는 정도에 따라 검사 대상 표면에 주사되는 전자선의 면적이 결정되는데, 그 면적이 작을수록 분해능이 작아져 더 정밀한 상을 얻을 수 있다. 두 개의 전자기 집광렌즈를 사용하는 것은 검사 대상에 집중되는 전자의 양을 많게 하기 위해서라고 하였다. 즉, 렌즈의 수는 분해능과 관련이 있는 것이 아니라 전자의 양과 관련이 있는 것이다.

오답풀이

① 분해능이 작을수록 현미경의 성능이 좋아지므로 더욱 정밀하게 검사 대상을 관찰할 수 있다.

② 광학 현미경의 분해능은 검사 대상을 관찰하기 위해 사용된 광원의 파장이 짧을수록 작아진다.

④ 전자 현미경은 전자선을 사용하는데, 전자선은 굴절과 집중이 용이하면서도 파장은 훨씬 짧아 광학 현미경보다 분해능이 작다.

⑤ 검사 대상 표면에 주사되는 전자선의 면적이 작을수록 분해능이 작아져 더 정밀한 상을 얻을 수 있다.

26 ⑤ 전자 검출기는 검사 대상의 표면에서 반사되는 전자선을 검출하여 전기신호로 변환하는 것이 아니라, 2차 전자를 검출한 후 전기신호로 변환하여 모니터나 필름에 검사 대상의 입체적인 상을 만들어 낸다.

오답풀이

① 전자총의 전압이 높을수록 파장이 짧은 전자가 방출된다.

② 방출된 전자는 집광렌즈를 통해 굴절되고, 굴절된 전자들

이 집중되면서 나선형으로 회전하는 전자선을 형성한다.

③ 주사코일은 전자기장을 활용하여 전자선의 방향을 제어함으로써 전자선이 검사 대상의 표면 전체에 순차적으로 주사될 수 있도록 조절한다.

④ 전자기 대물렌즈는 자기장을 이용하여 전자선을 집중시키고, 그 집중시키는 정도에 따라 검사 대상 표면에 주사되는 전자선의 면적이 결정된다.

27 ② 두 개의 전자기 집광렌즈를 사용하면 검사 대상에 집중되는 전자의 양이 많아지는데, 이는 검사 대상의 표면에 있는 2차 전자로 이어진다. 2차 전자의 양이 많을수록 모니터나 필름에 나타나는 상은 더욱 선명해진다.

[28~30] 비문학 – 예술

28 ③ 판소리의 주요 시각적 요소는 창자의 신체와 창자가 입는 의상, 소도구로 사용하는 부채이다. 아니리가 창에 비해 시각적 요소로서 의상과 소도구가 더 다양하다는 반응은 적절하지 않다.

오답풀이

① 창에서는 고수와 청관중이 추임새를 통해 자기의 주관을 공연 내부에 적극적으로 개입시킴으로써 작중 상황에 몰입하게 되는 동화의 원리가 작용한다.

② 아니리에서는 청관중이 자기의 주관을 공연 내부에 개입시키기 어려워 객관적인 입장에서 작중 상황을 관망하게 되는 이화의 원리가 작용한다.

④ ㉮~㉰의 과정에서 동화와 이화가 반복되면서 판소리 공연에 참여하는 사람들 사이에 형성되어 있던 경계를 느슨하게 하여 소리판을 하나의 공동체적 공간으로 만들게 된다.

⑤ ㉮, ㉯, ㉰는 계기적 결합에 의해 동화와 이화가 반복되면서 연행된다고 볼 수 있다.

29 ① 〈보기〉에 따르면 잡색은 특정한 등장인물을 연기하기 위해 하나의 가면을 쓰고 공연에 참여한다. 따라서 잡색이 다채로운 인물로 변신하며 연기한다고 볼 수 없다.

오답풀이

② A에서는 창자가 고수와 청관중이 공연 내부에 참여하도록 시간적 공소를 활용하고, B에서는 잡색이 공연판 안으로 들어가 춤을 추다가 자리로 돌아가도록 청관중을 유도하는 공간적 공소를 활용한다.

③ A에서는 창과 아니리, 발림과 같은 청각적 요소와, 의상, 부채와 같은 시각적 요소를 사용하였고, B에서는 풍물 악기들과 같은 청각적 요소와 가면과 같은 시각적 요소를 사용하였다.

④ A와 B는 모두 공연자와 청관중이 함께 어우러지면서 공연을 완성해 나가는 연행 방식이 사용되므로 청관중의 호응도에 따라 공연 분위기가 달라질 수 있다.

⑤ A와 B는 모두 공소의 적절한 배치와 활용을 통해 청관중과 공연자가 공연을 함께 완성해 나가는 방식이다.

30 ③ 청관중은 부분적 창자의 '부분적 현전'을 매개로 하여 그 등장인물의 완전한 모습을 나름대로 마음속에 환기하게 되는데, 이를 '매개적 현전'이라고 한다. 따라서 ㉡ 매개적 현전은 ㉠ 부분적 현전이 나타나는 상황을 전제로 이루어진다고 볼 수 있다.

오답풀이

① ㉠과 ㉢은 창자가, ㉡은 청관중이 주체가 된다.

② ㉡은 ㉠과 달리 청관중의 상상력을 필요로 한다.

④ ㉡은 ㉠을 매개로 하여 이루어진다.

⑤ ㉢은 ㉠과 ㉡의 구현 순서가 역전되면서 진행되지 않는다.

[31~34] 현대 시

(가) 고은, 「문의 마을에 가서」

- **갈래** : 자유시, 서정시
- **성격** : 주지적, 명상적, 관념적
- **제재** : 문의 마을에서 느끼는 삶과 죽음
- **주제** : 죽음을 통해 깨달은 삶의 경건성
- **특징**
  - 삶의 여정이자 죽음에 이르는 과정인 '길'을 통해 삶과 죽음이 하나라는 인식을 전달함
  - 명상적이고 독백적인 어조를 통해 깨달음을 담담히 표현함
- **이해와 감상** : 이 시는 작자가 그의 동료 시인인 신동문의 모친상을 접하여 충북 청원군에 있는 문의(文義) 마을에 가서 장례식을 주관한 사실을 배경으로 하고 있다. 시인이 직접 호상(護喪)이 되어 장례 절차를 주관하였는데, 시인은 거기서 삶과 죽음에 대한 깊은 통찰을 얻었다. 흔히 죽음은 절망이나 공포, 비애 등의 격렬한 감정과 어울려 나타나는 경우가 많지만, 이 시에서는 죽음마저도 친근한 것이 되고 있다. 그 친근성은 인간의 삶에 대한 경건함을 동반하여 나타나고 있다. 제1연에서는 문의 마을로 통하는 '길'을 죽음의 '길'과 연관시키고 있다. 문의 마을이 세상과 통하는 길 위로 장례의 행렬이 지나는 것이다. 이러한 연관성을 통해 길의 적막함은 곧 죽음의 적막함으로 치환된다. 그러기에 길은 '추운 쪽으로 뻗는' 것이다. 그러나 그 '길'은 곧 죽음이 가는 길이자, 삶이 가는 길이기도 하다. 장례식 날에 눈까지 날리는데, 눈이

내리면 먼 산조차 가깝게 느껴진다. 가깝다는 느낌은 죽음과 삶의 거리가 그리 멀지 않음을 의미하고 있다. 이러한 사실을 깨닫는 것은 죽음을 통해 삶의 경건함을 역설적으로 드러내는 것이 된다. 그 점은 제2연에서 더욱 잘 나타나고 있다. '죽음이 삶을 껴안은 채/ 한 죽음을 받는 것을.'이라거나 '모든 것은 낮아서/ 이 세상에 눈이 내리고'라는 부분에서 그러한 경건성은 잘 드러난다.

(나) 박남준, 「동백」

- **갈래** : 자유시, 서정시
- **성격** : 주지적, 관념적, 상징적
- **제재** : 동백꽃과 생의 욕망
- **주제** : 동백에서 깨달은 욕망의 제거와 수용
- **특징**
  - 특정 공간에서의 경험을 통해 얻은 삶에 대한 통찰을 드러냄
  - 반복과 변주로 화자의 내적 정서를 부각시킴
  - 의문문의 형식으로 화자의 정서를 강조함
- **이해와 감상** : 이 시의 부제는 '미황사에서'인데, '미황사(절)'라는 공간이 속세의 욕망에서 비롯한 번뇌로부터 벗어나고자 수행을 하는 곳이라는 점에 착안하여 시인은 붉은 동백꽃의 피고 짐(떨어짐)을 욕망과 결부시키면서 시상을 전개하고 있다. 또한 시인은 피처럼 붉게 피어났다가 꽃이 활짝 핀 채로 꽃송이째 지는, 꽃송이가 땅바닥에 떨어진 후에도 그 모양과 붉은 색을 한참 동안 그대로 유지하는 동백꽃의 속성을 통해 욕망의 끈질김을 표현하고 있다. 시인은 이러한 동백꽃의 속성을 인간의 욕망과 결부시키며 '욕망의 괴로움(견딜 수 없는 몸의 무게로 무너져 내린 동백) → 욕망으로부터 벗어나고자 하는 화자의 소망과 의지(무수한 칼날을 들어 동백의 가지를 치고 또 치는) → 욕망이란 쉽사리 소멸되지 않을 것이라는 인식(저 동백 다시 피어나지 않겠는가) → 욕망을 받아들임(동백 꽃송이 내 진창의 바닥에 피어나네)'으로 시상을 전개하고 있다.

31 ④ (가)는 문의 마을, (나)는 동백의 숲에서의 경험을 통해 얻은 삶에 대한 통찰이 나타나 있다.

오답풀이

① 삶의 어려움을 극복해 낸 담담한 자기 고백은 (나)에만 나타난다.
② 외부 정경을 관찰하면서 떠올린 지난 삶의 궤적은 (가)에만 나타난다.
③ 삶의 덧없음을 이겨 내고자 하는 성숙한 내면 의식은 (가)에만 나타난다.
⑤ 자아의 근원적 모습을 탐색하는 데서 오는 내적 갈등은 (나)에만 나타난다.

32 ④ [A]는 [B]와 달리 '삶'과 '죽음'이라는 추상적 대상에 인격을 부여하여 시적 정서를 드러내고 있다.

오답풀이

① [A]는 '죽음'이라는 추상적 대상을 구체화하여 시상을 전개하고 있다.
② [B]는 '동백의 숲을 되짚어 나오네.'의 구절을 반복하면서 이를 바탕으로 변주를 활용하여 내적 정서를 부각하고 있다.
③ [A]는 [B]와 달리 '겨울 문의에 가서 보았다.', '죽음이~받는 것을'의 문장이 도치를 이루는데, 이를 통해 상황의 전달 효과를 높이고 있다.
⑤ [A]에서는 '~덮겠느냐', [B]에서는 '~않겠는가'에서 의문문의 형식을 활용하였고 이를 통해 화자의 정서를 표현하고 있다.

33 ② '길들은 저마다 추운 쪽으로 뻗는구나'에서 '추운 쪽'은 죽음의 길을 의미한다. 따라서 이는 삶과 죽음은 하나로 이어져 있다는 '합일'의 의미가 아니라 일방적으로 죽음의 길을 향하고 있는 '상거'에 가깝다고 볼 수 있다.

34 ③ 〈보기〉에서는 생의 욕망이 시인의 마음속에서 꿈틀거리는 것이라고 하였다. '두 눈은 동백 너머 푸른 바다 더듬이를 곤두세운다.'는 것은 생에 대한 욕망이 외부 세계가 아닌 시인의 내면으로부터 강화되고 있는 것을 나타낸다.

오답풀이

① 자신의 끈질긴 생의 욕망을 끊임없이 피고 지는 동백의 이미지와 연결하여 표현하였다.
② 동백이 떨어지고 난 후에도 그 모양새와 붉은 색을 그대로 유지하듯, 아무리 치열하게 자신을 성찰하며 내면적 의지를 다진다 하더라도 생의 욕망을 제거하기는 어렵다는 의미이다.
④ 무수한 칼날을 들어 동백의 가지를 치는 행위는 끊임없이 피어나는 생의 욕망을 제거하려는 상황을 표현한 것이다.
⑤ 부리지 못한 동백꽃이 바닥에 피어나는 것은 완전한 자기 소멸이 전제되지 않는 한 인간은 생의 욕망에 얽매일 수밖에 없기에 생의 욕망을 내려놓을 수 없다는 것을 의미한다.

[35~38] 갈래 복합

(가) 허난설헌, 「사시사(四時詞)」

- **갈래** : 한시(칠언고시)
- **성격** : 애상적, 연정가

- **제재** : 계절적 배경을 바탕으로 한 임에 대한 그리움
- **주제** : 임을 그리워하는 여인의 마음
- **특징**
  - 여성 특유의 우아하고 섬세하며 애상적인 태도가 돋보임
  - 자연물과 감각적 표현을 활용하여 화자의 정서를 드러냄
  - 사계절의 변화에 따라 시상을 전개함
- **이해와 감상** : 이 작품은 4수로 된 한시로서, 〈난설헌집〉의 칠언고시(七言古詩)조에 수록된 작품이다. 시적 화자는 규방 속에서의 고독과 임에 대한 그리움과 한(恨)의 정서를 사계절의 변화에 맞추어 표현하고 있다. 4수가 각각 춘사, 하사, 추사, 동사라는 제목 하에 유기적으로 연결되어 있으며 네 계절의 풍경 속에서 느끼는 외로운 여인의 구구절절한 심정을 읊고 있다. 문제에 수록된 부분은 '추사'에 해당하는 부분으로, 다양한 심상을 통해 가을의 쓸쓸한 풍경과 고독, 임에 대한 그리움을 나타냈다.

(나) 임중환의 사설시조
- **갈래** : 사설시조
- **성격** : 애상적, 한탄적
- **제재** : 전쟁터에서 느끼는 외로움
- **주제** : 고향을 떠나 전쟁터에 느끼는 외로움과 애상감

(다) 박목월, 「가로등」
- **갈래** : 경수필
- **성격** : 비유적, 성찰적
- **제재** : 가로등
- **주제** : 인생에 대한 관조적 성찰, 목표와 희망을 지닌 삶의 추구
- **특징**
  - 삶의 여정이자 죽음에 이르는 과정인 '길'을 통해 삶과 죽음이 하나라는 인식을 전달함
  - 명상적이고 독백적인 어조를 통해 깨달음을 담담히 표현함
- **이해와 감상** : 이 작품은 '가로등'이라는 소재를 통해서 인생의 과거와 현재를 교차해 가며 성찰하고, 자신의 인생에서 가로등으로 비유되는 목표와 희망이 주는 의미가 무엇인지 설명하고 있다. 그러면서 목표와 희망이 추구하는 삶의 중요성을 말하고 있다. 더불어 작가는 인생을 길에 비유하면서, 외롭지만 희망이 있기에 흐뭇하게 그 길을 가는 삶의 태도가 자신의 시의 세계가 되고 있음을 언급하고 있다.

35 ⑤ (가)에서는 '우물가의 오동잎은 떨어져 그림자 없는 가을'을 통해 임이 없는 외롭고 쓸쓸한 화자의 정서가 가을이라는 계절적 배경과 연계되고 있음을 알 수 있다. (나)에서는 '만학의 눈 싸이고 천봉의 바람 칠 제'를 통해 고향을 떠나 전쟁터에 와서 동료를 잃은 화자의 슬픈 정서가 겨울이라는 계절적 배경과 연계되고 있음을 알 수 있다. 마지막으로 (다)에서는 '가로등이 좋아지는 것은 역시 겨울철이다.', '함박눈이 쏟아지는 밤에 설레는 눈발 속에 우러러보는 등불'을 통해 눈 오는 밤 가로등에서 느껴지는 고독한 낭만의 정서를 중심으로 내용이 전개되고 있음을 알 수 있다.

36 ⑤ ㉠은 화자가 차디찬 금침에서 잠 못 이루고 임을 그리워할 때, 화자를 정답게 해주며 마음을 위로해 주는 존재이고, ㉡은 깊은 밤의 두견새의 울음소리와 연결되어 고향을 떠나 전쟁터에 나와 있는 화자의 애상감을 더해 주는 존재이다.

37 ③ [A]는 [B]와 달리 하강의 이미지를 통해 애상적 분위기를 환기하고 있다. '우물가의 오동잎은 떨어져'라는 대목에서 알 수 있다.

오답풀이

① 고요한 가을밤의 풍경을 중심으로 시적 상황을 나타내고 있다.
② [A]에서는 '텅 빈 뜨락에 이슬 내려 구슬 병풍은 더욱 차갑다.' [C]에서는 '차디찬 금침에서 뒤척이며 잠 못 이룰 때'에서 촉각적 이미지를 통해 화자의 정서를 표현하고 있다.
④ '옷과 편지 봉하고(방 안)'→'뜨락에 나서니(뜨락)'→'차디찬 금침에서 뒤척이며 잠 못 이룰 때(방 안)'으로의 공간 이동을 보이고 있다.
⑤ 쓸쓸한 가을밤에 임의 옷을 짓고 임에게 편지를 쓰는 과정이 시간의 흐름에 따라 순차적으로 전개되고 있다.

38 ⑤ ㉤는 지향하는 목표에 가까이 다가서는 대목으로, 이 지점에서는 길이 환해지면서 목표한 바를 이룰 것에 대한 설렘을 느끼게 된다. 종교적 성찰을 통해 삶에 대한 집착에서 벗어난다고 볼 수는 없다.

[39~41] 현대 소설

김정한, 「제3병동」
- **갈래** : 현대 소설
- **성격** : 사실적, 현실 비판적
- **배경** : 1960년대, 어느 한 병원
- **시점** : 전지적 작가 시점
- **주제** : 근대화 물결 속에서 소외당하는 가난한 자의 삶의 애환
- **이해와 감상** : 이 작품은 근대화되어 가는 과정에서 가난한 자가 소외되는 현실을 보여준다. 물질만능주의 풍조가 만연

한 사회 분위기 속에서 돈을 소유하지 못한 자는 자연히 소외 계층이 되고, 또한 돈을 소유했다 하더라도 사람들은 인간미가 메마르고 상실되어 간다. 이 작품에서 인간 생명의 존엄성을 기본으로 해야 하는 병원에서 돈이 없다는 이유로 모녀는 병원으로부터 소외당한다. 이 3등 인간인 모녀에게 살아있는 양심으로 나타나는 사람이 김종우 의사이다. 김종우 의사의 행동하는 양심과 됨됨이는 암담하지만은 않은 현실을 대변한다고 볼 수 있다.

39 ② 윗글은 전지적 작가 시점으로, 서술자가 작중 상황에 대한 자신의 주관적 판단을 노출하고 있다.

오답풀이

① 동시에 일어난 두 사건을 병치한 것이 아니라, 하나의 사건을 중심으로 내부와 외부 두 공간을 병치한 것이다.
③ 사건이 순차적으로 전개되고 있다.
④ 이야기 속에 다른 이야기가 삽입된 액자식 구조를 보이고 있지 않다.
⑤ 특정 인물이 아닌 작품 밖의 서술자가 전지적 시점에서 인물들의 심리를 해석하고 있다.

40 ① 수납계 직원의 말을 전해 듣고 화를 내는 원장을 비난한 이유는 '수간호원'은 원장이 인간을 이윤 추구의 도구로 보는 '도구적 가치관'을 지녔다고 생각했기 때문이다. 따라서 '수간호원'은 인간의 존엄성을 중시하는 '본질적 가치관'을 지닌 인물이라고 볼 수 있다.

오답풀이

② '인부들'은 삭막한 현실 속에서 '강남옥 처녀'를 진심으로 걱정하며 향불과 죽을 제공하는 본질적 가치관을 중시하는 인물이다.
③ '강남옥 처녀'로 대표되는 '3등 인간'은 인간을 등급화 시키는 도구적 가치관에 의해 소외된 인간의 모습을 나타낸다.
④ 이 작품에서 '병원'은 근대화가 양산한 불구화된 심성의 소유자들에 의해 도구적 가치관이 지배하는 공간으로 변질되어 있다.
⑤ '강남옥 처녀'를 진심으로 걱정하며 도움을 주는 '김종우 의사'의 태도로 보아, 그가 인간의 존엄성을 중시하는 본질적 가치관을 지녔음을 알 수 있다.

41 ② [A]에서 '불도저의 극성맞은 소리에도 내처 귀를 기울이고 있는 것 같았다.'는 전염병 환자만이 늘어져 있는 허물어져 가는 3등 병실에서 괴롭고 지루한 병원생활을 하는 내부 공간 인물들이 외부 공간의 상황에 관심을 가졌음을 나타낸다. 그리고 [B]에서 '유리창만은 흔들리지 않았다'라고 한 것은 비가 내리고 불도저가 작업 중인 외부의 상황이 내부 공간의 인물에 영향을 미치지 못함을 나타낸다. '불도저 소리', '폭우', '빗소리'는 모두 내부 공간의 인물들이 처한 비참한 상황을 나타내는 것으로, 이들은 외부 공간에 맞서고자 하는 태도나, 지향하는 태도를 지니고 있지 않다.

[42~45] 고전 소설

작자 미상, 「권용선전」
- **갈래** : 고전 소설
- **배경** : 중국 명나라
- **시점** : 전지적 작가 시점
- **주제** : 여러 가지 시련을 극복하고 결합하게 되는 권승상과 오 소저의 사랑
- **이해와 감상** : 이 작품은 중국 명나라를 배경으로 한 애정 소설이다. 명나라 권승상의 아들 용선은 일찍이 금실이 좋지 않던 부인을 여의고 과거에 급제하여 순무어사(巡撫御使)로 지방을 순시 중 절강성(浙江省)에 들렀다가 숙부의 소개로 오소저(吳小姐)와 약혼한다. 그러나 용선은 황제의 눈에 들어 공주와 약혼하지 않으면 안 되게 되어, 사랑과 왕명 사이에서 고민하고 있을 때, 간신 주승상(周丞相)은 용선이 출장간 사이에 오소저를 다른 곳으로 시집 보내려 한다. 그러나 용선은 도중에서 주승상이 보낸 자객을 죽이고 오소저를 다시 만나 결혼하고 공주와도 화목하여 태자의 태부(太傅)가 된다는 줄거리이다. 이 작품에는 남녀 주인공이 천상인의 하강이라는 설정이 약화되었고, 주인공들의 비범한 행위보다는 일상적인 면모가 부각되고 있어서 상당히 사실적인 경향을 갖추고 있다. 또한, 사건 전개 자체에서 나오는 흥미보다는 주인공들의 절실한 심정을 관심의 대상으로 삼아 꿈에 의한 계시와 같은 우연적인 사건의 전개가 나름대로의 필연성을 갖추도록 하였다. 이러한 점으로 미루어 보아 이 작품은 이원적 구조를 갖춘 소설에서 일원적 구조를 갖춘 소설로 나아가는 과정에 놓인 작품으로 볼 수 있다.

42 ① '오 소저가 궁중에 오래 머물게 되면 귀비 반드시 저의 재용을 사랑하여 상께 고하면 상이 반드시 재취시킬까 마음에 거리끼되, 다른 계교 없어 근심하여 다음을 보아 오 소저를 참살할 것으로 생각하더라.'의 대목을 통해 용선은 궁중에 석 귀비가 있다는 말을 듣고 위안을 얻기보다는 걱정을 앞세웠음을 알 수 있다.

오답풀이

② '종을 데리고 필마로 강정에 이르러 다만 권 시랑의 외당에서 길복을 갖추고 설매당에서 혼례의 절을 올릴새'라는 말

을 통해 용선과 오 소저는 강정에 있는 권 시랑의 집에서 혼례를 올렸음을 알 수 있다.

③ 용선이 봉선에게 '오늘로 이별이 될 것이니 소저를 잠깐 보아 이별을 고하고 너와 한가지로 들어가리라'라고 말한 것을 통해 알 수 있다.

④ '석 귀비 오 소저의 환란 당함을 가련히 여기나, 태후와 공주가 기꺼 아니할 줄 알고 아직 모르는 체하나'의 대목을 통해 알 수 있다.

⑤ '승상 주현이 태후께 가만히 고하여 왈~사신을 삼아 보내시고'의 대목을 통해 알 수 있다.

43 ② 공주는 보모를 시켜 용선의 뒤를 조사해 용선이 오 소저와 이미 혼례를 올렸음을 알고 분노했으므로, 공주는 용선이 정혼자와 이미 결연했다는 사실을 알고 있었음에도 불구하고 용선과의 결혼을 추진하였다는 내용은 적절하지 않다.

44 ⑤ [B]에서는 '어려서 부모의 사랑을 잃고~남편의 보살핌을 믿지 못할 듯하니'에서 인물이 살아온 과정을 요약적으로 제시하고 있다. 그러나 [A]에는 인물이 살아온 과정을 요약적으로 말하는 부분이 드러나 있지 않다.

45 ⑤ '요지부동(搖之不動)'은 흔들어도 꼼짝하지 아니한다는 뜻으로, '용선의 일념에 맺힌 마음은 돌이키기 어렵도다.'라는 말을 통해 오 소저를 향한 용선의 태도가 요지부동하다는 것을 알 수 있다.

오답풀이

① **좌고우면(左顧右眄)** : 이쪽저쪽 돌아본다는 뜻으로, 앞뒤를 재고 망설임을 이르는 말

② **절치부심(切齒腐心)** : 몹시 분하여 이를 갈며 속을 썩임

③ **전전반측(輾轉反側)** : 누워서 몸을 이리저리 뒤척이며 잠을 이루지 못함

④ **은인자중(隱忍自重)** : 마음속에 감추어 참고 견디면서 몸가짐을 신중하게 행동함

2016학년도 기출문제 정답 및 해설

제1교시 국어영역(A형)

01 ③	02 ③	03 ④	04 ⑤	05 ②	06 ④
07 ②	08 ③	09 ④	10 ⑤	11 ⑤	12 ①
13 ⑤	14 ⑤	15 ②	16 ②	17 ③	18 ③
19 ④	20 ①	21 ④	22 ⑤	23 ③	24 ⑤
25 ⑤	26 ②	27 ⑤	28 ③	29 ④	30 ③
31 ①	32 ②	33 ③	34 ②	35 ①	36 ③
37 ①	38 ④	39 ③	40 ②	41 ①	42 ⑤
43 ④	44 ④	45 ④			

01 ③ 사물인터넷을 가능하게 한 기반 기술로 블루투스나 근거리 무선통신(NFC), 비콘 등이 이들의 소통을 돕는 기술이라고 언급하고 있지만 그 원리를 설명하고 있지는 않다.

오답풀이

① '사물인터넷은 각종 기기에 센서와 통신 기능을 내장하여 인터넷을 통해 실시간으로 데이터를 주고받는 기술이나 환경을 일컫는 용어'라고 사물인터넷에 대한 개념을 정의하였다.

② 사물인터넷 기술이 실제로 구현된 사례로 해외의 한 회사에서 거의 모든 부품이 인터넷과 연결된 신형차를 내놓은 것을 예로 들었다.

④ 2009년 당시 9억 개 정도로 집계되었던 사물인터넷 기기의 개수가 2020년이 되면 370억 개에 이를 전망이라고 사물인터넷 기술의 시장 전망이 밝다는 점을 수치를 통해 강조하고 있다.

⑤ 마지막 단락에서 우리나라의 사물인터넷 사용은 아직도 걸음마 단계라고 국내의 사물인터넷 관련 사항에 대해 언급하고 있다.

02 ③ ⓒ의 내용으로 보아 현재와 미래가 대조될 것이라는 점은 알 수 있으나, 미래의 구체적 상황을 제시하고 있지는 않다.

오답풀이

① ㉠ : 강연의 도입부에서 청중이 관심을 가지고 있는 주제에 대해 함께 알아보겠다고 청중과의 공감대 형성을 시도하고 있다.

② ㉡ : 동영상을 본 학생들의 소감을 들은 후, 청중의 반응을 직접 평가함으로써 청중과 상호 소통하는 태도를 보이고 있다.

④ ㉣ : 사람의 대화 방식에 빗대어 기기의 정보 교환 방식을 표현함으로써 청중의 이해를 도모하고 있다.

⑤ ㉤ : 청중에게 사물인터넷의 작동방식에 대해 질문을 유도함으로써 청중의 의문을 적극적으로 해소하려 하고 있다.

03 ④ 강연으로 인한 궁금증을 해결하고자 학교 도서관에 들러 관련 서적을 찾아보고, 그 과정에서 몰랐던 용어의 의미는 물론 사물인터넷과 관련된 재미있는 내용을 더 많이 알게 됨으로써 사물인터넷에 대한 생각의 변화를 경험하고 있다.

오답풀이

① 전문 용어의 이해를 위해 주위에 조언을 구하는 것이 아니라 학교 도서관을 들러 관련 서적을 찾아보았다.

② 사물인터넷에 대한 강연을 듣고 감상문을 작성한 것으로, 자발적인 참여와 반성 여부는 서술되어 있지 않다.

③ 영화와 같은 도입부의 동영상을 본 후 흥미를 느끼고 강연에 집중하게 되었다고 서술했으므로, 시청각 매체 자료가 활용된 시점이 적절했다고 볼 수 있다.

⑤ 강연 내용의 현실적인 적용에 의문을 제기한 사실은 없으며, '그 이상의 지식을 알게 해 준, 의미 있는 시간'이었다고 평가함으로써 강연 내용에 만족해 하고 있음을 알 수 있다.

04 ⑤ ㉤은 도서관 개방에 반대 입장이던 철호가 찬성의 의견을 내자 이에 유준이 환영의 미소를 지으며 서로 교감한 내용이다. 그러므로 "우리 철호가 왜 이럴까?"라는 표현은 의도를 알 수 없다는 질문이 아니라, 철호의 긍정적인 변화에 호감을 표시하는 역설적인 표현이다.

오답풀이

① ㉠ : '나는 반대!'라고 하며 단호한 의사 표현을 통해 반대 입장을 분명히 하고 있다.

② ㉡ : 철호의 책을 접는 행동과 존댓말을 사용한 말투의 변화로 적극적인 토론 참여와 의견 개진을 요구하고 있다.

③ ㉢ : 철호의 말에도 일리가 있다고 말함으로써 상대방의 의견을 존중하는 동시에, 학교 개방에 대한 해결 방안과 반론

을 개진하고 있다.

④ ㉣ : 말(언어적 표현)과 표정(비언어적 표현)을 함께 사용하여 의사를 표현하고 있다.

05 ② 꼬맹이들도 몰려올 것 아니냐는 철호의 우려에 유준은 그러면 학교가 더 활기차고 생동감 있을 것 같다는 반론을 제시하였고, 또한 아이들은 부모님과 같이 와야 한다는 인국이의 의견으로 보아 미취학 아동의 출입 금지를 건의하는 것은 적절하지 않다.

오답풀이

① 출입자에 대한 신원 확인이 필요할 거라는 인국이의 발언이 있었다.

③ 주민들에게 학교 도서관을 개방하는 데 따르는 관리상의 어려움을 해소하기 위하여 주민들과 공동 운영 시스템을 갖추자는 방안이 인국에 의하여 제시되었다.

④ 다수의 주민의 이용에 따른 추가 컴퓨터의 필요성이 유준에 의하여 제기되었다.

⑤ 학생들이 이용 우선권을 가져야 한다는 철호의 말로 미루어보아 알 수 있다.

06 ④ 원하는 종목을 배울 수 있다는 내용은 (나) 어느 단락에서도 찾아볼 수 없다.

오답풀이

① ㉠ : 1학기부터 운영했던 아침 식당에 대한 소개는 (나)의 첫 번째 단락에 서술되어 있다.

② ㉡ : 아침 식당의 운영 성과를 (나)의 첫 번째 단락에서 그 이용률과 만족도에 대한 구체적인 수치로 표시하고 있다.

③ ㉢ : 학교에 설치된 여러 운동 시설에 대해 (나)의 두 번째 단락에 구체적으로 나열되어 있다.

⑤ ㉤ : 구체적인 연구 사례를 예로 들어 (나)의 세 번째 단락에서 아침 운동의 참여를 유도하고 있다.

07 ② (나)에서 제시된 연구에 따른 운동의 장점은 몸을 건강하게 하고, 또래와의 정서적 유대를 형성할 수 있게 해 주고, 정신 건강에도 도움이 된다는 것이다. 이러한 내용들이 모두 포함되고, '아침 햇살에 반짝이는 우정이 비타민처럼'과 같이 직유법이 사용되어 〈조건〉에 부합된 홍보 문구이다.

오답풀이

① 체력에 대해 언급하고 있을 뿐, 또래와의 정서적 유대나 정신 건강에 대해 언급하고 있지 않고 직유법도 활용하지 않았다.

③ 친구와의 우정과 체력 향상에 대한 언급이 있을 뿐 정신 건강에 대한 언급이 없고 직유법도 사용하고 있지 않다.

④ '일찍 일어나는 새처럼'이라 하여 직유법을 사용하였으나 학업 능력에 대해 언급하고 있을 뿐 몸과 마음의 건강과 친구와의 정서적 유대에 대한 언급이 없다.

⑤ 또래와의 정서적 유대나 몸과 마음의 건강이 짐작으로 가능할 뿐 확실하게 표현되지 못했고, 직유법도 활용되지 않았다.

08 ③ ㉢의 앞 문장과 ㉢ 이후의 문장이 상반되는 내용이므로, 역접의 의미가 있는 '그런데'의 사용은 적절하다. '더욱이'는 '그러한 데다가 더'의 의미로 첨가와 보충의 의미이므로 ㉢에 적합하지 않다.

오답풀이

① '지각'이라는 단어에 '늦다'의 의미가 포함되어 있어 의미가 중복되므로 '늦게'를 삭제하는 것은 옳다.

② 지금도 피곤해서 겨우 일어나는데 30분이나 일찍 학교에 오는 것은 바람직함의 문제가 아니라 가능성의 문제이므로 '가능할까'로 수정하는 것이 옳다.

④ 사소한 일에 짜증을 내어 친구와 다툰 일은 아침 운동을 위해 일찍 일어나는 것과 관련이 없어 글의 통일성을 떨어뜨리는 문장이므로 삭제하는 것이 옳다.

⑤ 타동사 '느끼다'와 호응하도록 '있음이'를 목적격인 '있음을'로 수정하는 것이 옳다.

09 ④ 우리나라 학생들의 상당수가 표절을 해 본 경험이 있고 인터넷이 보편화되면서 표절 문제가 더욱 심각해졌다고 문제 상황을 진단하고 있으며, 마지막 단락에서는 표절 방지 운동을 전개하자고 권고하면서 이에 대한 해결방안을 모색하고 있다.

10 ⑤ 외국이든 국내이든 표절 피해 사례를 언급하는 것은 글의 서두 부분에 해당되며, 결말 부분에는 앞서 언급한 사항들을 종합하고 요약하여 독자의 동참을 유도하자는 것이 선생님의 의견이다.

오답풀이

① 예상되는 독자가 고등학교에 다니는 친구들과 후배이므로, 어려운 한자나 외래어를 피하고 쉬운 우리말로 바꾸는 것은 적절한 계획이다.

② '표절 방지 운동을 전개하자'라는 주제의 논설문이므로, 글의 내용에 어울릴만한 제목을 붙이는 것은 적절한 계획이다.

③ 서두에 최근 언론에 보도되었던 대표적인 표절 사건을 언급하여 독자의 관심을 환기시키는 것은 적절한 계획이다.

④ 인터넷 보급률과 표절과의 연관성을 보여주는 통계 자료를 추가하여 표절에 대한 전문가의 조사 결과와 관련된 객관적인 통계 자료를 제시하는 것은 글쓴이의 주장을 뒷받침

할 만한 적절한 계획이다.

11 ⑤ '짓이기다'는 접두사 '짓'에 '이기다'가 더해진 것으로, ㄴ 첨가가 두 번 일어난 것이다. 즉, '짓-'과 '이기다' 사이에 'ㄴ' 음이 첨가되어 '짓-니기다'로 된 뒤 'ㄴ' 음에 앞의 '[ㄷ](ㅅ)' 음이 영향을 받아 'ㄴ'이 다시 첨가되어 '진니기다'로 발음되는 동화 현상이 일어난 것이다.

오답풀이

① '없다' → '업다'(음절끝소리 규칙 - ㅅ 탈락) → '업따'(된소리되기 - 교체)

② '앞문' → '압문'(음절끝소리 규칙 - 교체) → '암문'(자음동화 - 교체)

③ '밟는' → '밥는'(음절끝소리 규칙 - ㄹ 탈락) → '밤는'(자음동화 - 교체)

④ '닫히다' → '다치다'(ㄷ+ㅎ → ㅊ - 축약, 교체)

12 〈보기2〉의 옳은 설명은 a와 b이다.

〈보기1〉

㉠ 이미 있는 상태 그대로 있다는 뜻을 나타내는 말이다.

㉡ 이불을 세는 단위이다.

㉢ 어떤 상태나 동작이 다 되거나 이루어졌다고 할 만한 정도에 아직 이르지 못한 상태를 이르는 말이다.

㉣ 야채나 과일 따위를 가늘고 길쭉하게 잘게 써는 일을 뜻한다.

〈보기2〉

a. → (○) : ㉠과 ㉡은 의존명사, ㉣은 명사로 모두 체언이다.

b. → (○) : ㉠과 ㉡은 의존명사이므로 수식어를 필요로 하고, ㉢은 부사로 독립적으로 쓰기 어렵기 때문에 피수식어를 필요로 한다.

c. → (×) : ㉠, ㉡, ㉣ 모두 (의존)명사이므로 조사와의 결합에 제약을 받지 않는다.

d. → (×) : ㉢은 부사, ㉣은 명사로 품사가 정해져 있으며, 둘 다 결합하는 단어에 따라 품사가 달라지지 않는다.

13 ⑤ ㉠에서 '발표했다'와 호응하는 주어는 '시청에서'이다. 여기서 '에서'는 단체를 나타내는 명사 뒤에 붙어 앞말이 주어임을 나타내는 주격 조사이다. ㉡에서 '문제였다'와 호응하는 주어는 '그에게는'이 아니라 '우리가 언제 서울로 돌아오느냐가'에 해당하는 주어절이며 여기서 '가'는 주체를 나타내는 주격 조사이다.

오답풀이

① '~하겠다고 ~했다'는 인용절을 표현하는 형식으로, ㉠에는 "오래된 건물을 도서관으로 사용하겠다"는 간접 인용절이 삽입되어 있다.

② ㉡에서 "우리가 언제 서울로 돌아오느냐가" 관형사절이며, '문제가'가 주어로 생략되어 있다.

③ ㉢은 홑문장의 개수가 2개로 가장 적고, ㉠은 1개의 안은문장과 3개의 안긴문장으로 구성되어 있고, ㉡은 1개의 안은 문장과 2개의 안긴문장으로 구성되어 있다.

④ '~하면 ~하다'는 구문은 앞 문장이 뒤 문장이 오는 이유와 밀접하게 연관되어 있으므로 종속적으로 연결되어 있다.

14 ⑤ 내용상 '우리'는 아버지와 어머니로 한정되며, 상대방인 '성수'를 포함하지 않으므로 상대를 포함한 동일 공간 내의 모든 사람을 지칭하고 있지 않다. 여기서 '우리'는 말하는 이가 자기보다 높지 아니한 사람을 상대하여 자기를 포함한 여러 사람을 가리키는 일인칭 대명사이다.

오답풀이

① 의문문을 사용하여 상대방이 늦었음을 나무라는 자신의 의도를 간접적으로 전달하고 있다.

② 피동 표현을 사용하여 선배들한테 늦게까지 붙잡힌 것은 자신의 의지가 아니었다는 점을 강조하고 있다.

③ '아차'라는 감탄사를 사용하여 자신의 잘못을 깨닫고 상대방에게 미안함을 전달하고 있다.

④ 부정 부사 '못'은 동사가 나타내는 동작을 할 수 없다거나 상태가 이루어지지 않았다는 부정의 뜻을 나타내는 말로, 전화를 하지 못한 것이 불가피한 상황이었음을 밝히고 있다.

15 ② '부르다'는 '부르고, 부르니, 불러, …'의 '불러'와 같이 활용될 때 '—'가 탈락하고 'ㄹ'이 첨가되어 어간이 변하지만, '불리다'는 '불리고, 불려, 불려서, …'와 같이 활용될 때 어간이 변하지 않는다.

오답풀이

① 반 아이들 이름이 하나하나 불리는 것이므로 피동의 의미이고, 이름이나 명단을 소리 내어 읽으며 대상을 확인하는 과정이다.

③ '조국이 우리를 부른다.'는 말은 어떤 방향으로 따라오거나 동참을 유도하는 것이므로 적절한 용례이다.

④ 동참을 유도하거나 상황을 초래하는 말은 피동의 형태로 사용되기 어렵다.

⑤ '~을 부르다'와 같이 타동사로 주어와 서술어 외에 대상이 되는 목적어를 필요로 한다.

16 ② 본문의 2번째 단락에서 더미 헤드는 머리 크기나 귓바퀴 모양 등 청각과 관련된 개개인의 고유한 특성을 반영할 수 없다고 하였으므로 ②의 내용은 옳지 않다.

오답풀이

① 사람은 두 귀로 3차원 공간 상에서 음원의 위치를 판별할 수 있는데, 이는 음이 두 귀에 도달하는 시간차(ITD)와 두 귀에서 느끼는 음의 세기차(ILD) 때문이며 이를 바이노럴(binaural) 효과라고 한다.

③ 원치 않는 소리가 반대편 귀로 들어가는 현상을 '크로스토크(crosstalk)라고 하며, 자연 세계에서 크로스토크로 인한 간섭을 완벽하게 제거하는 것은 불가능하다.

④ 닫힌 공간 구조를 가진 헤드폰과 달리 열린 공간 구조를 갖는 스피커 청취 환경으로 인해, 한쪽 귀에 도달하는 것을 목표로 출력된 소리가 청자의 반대편 귀에도 들어가게 되기 때문이다.

⑤ 바이노럴 음원은 헤드폰을 기준으로 음의 위치 정보를 갖고 있기 때문에 헤드폰이 움직이면, 즉 사람의 머리가 움직이면 음원의 방향도 함께 움직이는 단점이 있어서 이에 대한 연구가 진행 중이다.

17 ③ 본문에서 바이노럴 음원 제작시 양 귀를 잇는 축을 기준으로 할 때 그 축의 중심점으로부터 같은 각도와 거리를 갖는 위치들의 경우 ITD와 ILD가 같기 때문에 서로 구별할 수 없다고 했으므로, 문항 중 B와 E가 이에 해당된다.

오답풀이

① A와 B : 길이는 같지만, 각도가 다르다.
② A와 D : 각도는 같지만, 길이가 다르다.
④ C와 E : 길이와 각도가 모두 다르다.
⑤ D와 E : 길이와 각도가 모두 다르다.

18 ③ 글의 마지막 부분에서 오른쪽 귀에는 1과 2가 상쇄되어 3만 남게 되고, 이런 과정을 반복해서 오른쪽 귀에는 3이 매우 작게 들리도록 만들어 줄 수 있다고 했으므로, ㉮에 들어갈 그래프의 모양으로는 ③번이 적당하다.

19 ④ 위의 글은 미적 판단에 대한 실재론자들과 반실재론자들의 상반된 이론을 소개한 뒤, 이들을 포괄하는 종합적이고 전체적인 미적 속성으로 레빈슨의 '현상적 미적 인상'에 대해 설명하고 있다.

오답풀이

① 하나의 특정 이론이 아닌 서로 상반된 이론을 대비하여 설명하고 있다.

② 비교의 대상이 되는 이론에 비해 특정 이론의 효용성을 주장하기보다 서로 대등한 입장에서 설명하고 있다.

③ 다양한 분야의 사례라기보다는 각 이론에 알맞은 단일 사례를 예로 들어 각 이론의 특징을 설명하고 있다.

⑤ 각각의 이론에 대한 내용을 설명하고 있을 뿐 현실 적용 과정에서 발견되는 문제점에 대해 설명하고 있지는 않다.

20 ① 앞 문장에서 미적 판단의 차이로 인한 논쟁에서 어떤 미적 판단이 옳고, 어떤 미적 판단이 그른가에 대한 열띤 토론을 벌이게 된다고 하였으므로, '미적 판단 간의 불일치가 나타나게 되는 이유'를 묻는 질문이 빈 칸의 내용으로 적당하다.

오답풀이

② 미적 판단의 발생 원인에 대해 설명하고 있으므로, 판단 주체의 태도를 묻는 질문은 타당하지 않다.

③ 앞에서 이미 미적 판단의 다양성에 대해 결과가 도출되어 있으므로, 합의를 도출할 수 없는 이유를 묻는 질문은 어울리지 않는다.

④ 동일한 대상에 대한 미적 판단은 감상자에 따라 다양하게 나타날 수 있다고 했으므로, 바른 질문 내용이 아니다.

⑤ 미적 판단의 근거는 감상자의 주관적 반응과 밀접하게 관련되어 있다고 했으므로, 내부가 아닌 외부적 측면에서 발견되는 이유를 질문하는 것은 바르지 않다.

21 ④ ⓐ **구조적 속성** : 정상 지각자에 의해 관찰이나 지각이 가능한 것이라고 하였으므로, 〈보기〉에서 ㉯의 '선명한 원색의 채색'에 해당된다.

ⓑ **하부 구조적 속성** : 정상적인 지각으로는 그 차이를 포착할 수 없는 것이라고 하였으므로, 〈보기〉에서 ㉰의 '길이의 미세한 차이'에 해당된다.

ⓒ **맥락적 속성** : 작품의 창작자나 작품이 속한 경향, 영향 관계 등을 말하는 것이므로, 〈보기〉의 ㉮에서 '추상화가 몬드리안의 작품'에 해당된다.

22 ⑤ '야하다'가 로스코의 작품에 대한 술어로 적절하지 않다고 평가받는 이유는 동일한 작품의 현상적 미적 인상은 감상자들이 동일하게 지각하는 것이며, 그 기술에 적절하다고 인정될 수 있는 술어는 일정 범위 내에서 제한되기 때문이다. 그런데 '야하다'는 술어는 감상자들이 동일하게 지각하는 그런 범위를 넘어서므로 현상적 미적 인상에 대한 주관적 판단을 내재한 술어가 아니다.

오답풀이

① 레빈슨의 입장에서 평가에 사용된 술어로 이루어진 미적 판단은 감상자 자신이 받은 현상적 미적 인상에 대한 지각과 그에 대한 주관적 평가를 모두 반영하는 것이므로 옳은 설명이다.

② 레빈슨은 미적 인상의 기술에 적절하다고 인정될 수 있는 술어는 일정 범위 내에서 제한된다고 보았으므로 옳은 설명이다.

③ 레빈슨은 대상의 선, 색, 모양, 질감, 무게, 리듬, 음색 등의

비미적 속성을 기저로 하여 발생하는 종합적이고 전체적인 미적 속성을 현상적 미적 인상이라고 하였으므로 옳은 설명이다.

④ 레빈슨은 제한된 범위 내의 술어 중 하나를 선택하여 이를 미적 판단으로 표현하는 과정에서 감상자의 주관이 개입된다고 보았으므로 옳은 설명이다.

23 ③ 자연권설에서 국가 권력의 침해와 간섭을 배제하는 기본권의 방어적, 저항적 성격은 오늘날에도 여전히 부정될 수 없다고 했으므로 방어적, 저항적 성격이 점차 약화되고 있다는 서술은 적합하지 않다.

오답풀이

① 첫 번째 단락에서 역사적으로 볼 때 기본권은 인권 사상에서 유래되었다고 되어 있고, 두 번째 단락에서 기본권은 일반적으로 주관적 공권(公權)으로서의 성격을 가진다고 서술되어 있다.

② 두 번째 단락에서 기본권이 국가 권력을 직접적으로 구속하고, 따라서 개인은 국가에 대하여 작위(作爲) 또는 부작위(不作爲)를 요청할 수 있다고 서술되어 있다.

④ 네 번째 단락에서 결국 자유권도 헌법 또는 법률에 의하지 않고는 제한되지 않는 인간의 자유를 말하는 것이라고 서술되어 있다.

⑤ 마지막 단락에서 본질적으로 사회 공동체의 구성원 모두가 공감할 수 있는 가치의 세계를 나타내는 것으로 본다고 서술되어 있다.

24 ⑤ 자연권설에 따르면 헌법상의 기본권 보장 규정은 그 헌법의 규정이 기본권을 창설(創設)하는 것이 아니라 단지 인간이 인간으로서 당연히 가지고 있는 권리를 문서로 확인, 선언하고 있는 것에 지나지 않는 것으로 본다. 그러므로 '헌법에 열거되지 아니한' 자유와 권리를 통합가치설로 설명하는 것은 적절하지 않다.

오답풀이

① 자연권설에서의 기본권은 본질적으로 인간의 본성에 의거하여 인간이 가지는 권리이며, 전(前) 국가적, 초(超)국가적인 천부적 자연권으로 본다.

② 자연권설에서 헌법상의 기본권 보장 규정은 그 헌법의 규정이 기본권을 창설(創設)하는 것이 아니라 단지 인간이 인간으로서 당연히 가지고 있는 권리를 문서로 확인, 선언하고 있는 것에 지나지 않는 것으로 본다.

③ 실정권설에서는 자유권도 그것을 제한할 수도 있다는 헌법 또는 법률이 국가의 실정법인 이상 그것에 의해서만 제한될 수 있다는 의미에서 실정법상의 권리일 수밖에 없다고 주장한다.

④ 통합가치설은 기본권의 국가 형성적 기능과 동화적(同化的) 통합 기능을 강조하고 이러한 기능을 가능하게 하는 기본권의 정치적 성격을 중시한다.

25 ⑤ 교육을 받을 권리, 근로의 권리, 사회 보장을 받을 권리 등과 같은 '생존권적 기본권'은 천부적 권리인 '자유권적 기본권'과 달리 헌법에 의해 보장되는 권리이므로 국가 권력의 적극적인 관여에 의해 보장될 수 있는 실정권상의 권리이다.

오답풀이

① 생존권적 기본권은 헌법에 규정된 실정권이지만, 자유권적 기본권은 인간이 인간으로서 당연히 가지는 천부적인 권리이다.

② 국가 권력에 앞서 존재하는 것은 자유권적 기본권이다.

③ 인간의 본성에 의거한 권리는 자유권적 기본권이다.

④ 시대나 국가가 달라도 그 차이를 인정할 수 없는 자연권은 자유권적 기본권에 해당된다.

26 ② '원동력(原動力)'이란 '어떤 움직임의 근본이 되는 힘'을 뜻하므로, 움직임, 본바탕(근본), 일으킴(되는) 그리고 힘을 그 구성 요소로 볼 수 있다. 그러나 '바닥'은 평평하게 넓이를 이룬 부분 또는 물체의 밑 부분을 뜻하므로 이의 구성 요소로 보기 어렵다.

27 ⑤ 측정 행위가 파동에 영향을 주기 때문에 중첩된 상태의 모든 값을 측정했다고 할 수 없는 것이 코펜하겐의 해석이다. 그러므로 코펜하겐 해석에서는 양자의 상태를 정확한 수치로 측정하는 것이 불가능하다고 본다.

오답풀이

① 코펜하겐의 해석에 따르면 중첩된 상태의 모든 값을 측정할 수 없으므로, 세계의 미래는 결정되어 있지 않다고 본다.

② 아인슈타인은 '신은 주사위 놀이를 하지 않는다.'라는 비판의 말로, 세계를 이해할 때 확률과 우연을 배제하고자 했다.

③ 아인슈타인에게 우주의 인과 관계는 신의 질서와도 같다고 했으므로, 그는 우주가 엄밀한 인과 관계로 작동하고 있다고 보았다.

④ 양자 물리학은 양자들이 입자와 파동이라는 이중적인 속성을 갖고 있음에 주목하는 학문이다.

28 ③ ㄴ. 반생반사(半生半死)의 고양이는 있을 수 없다고 보는 것은 슈뢰딩거의 해석이다.

ㄹ. 고양이의 생사는 이미 결정되어 있으며, 상자를 열어 보는 행위는 이미 벌어진 일을 확인하는 데 불과하다고 보는 것은 슈뢰딩거의 해석이다.

오답풀이

ㄱ. '슈뢰딩거의 고양이'에 대해 코펜하겐 해석을 정밀하게 적용한 것이다.
ㄷ. 폰 노이만의 해석에 해당된다.
ㅁ. 폰 노이만의 해석에 해당된다.

29 ④ '슈뢰딩거의 고양이' 사고 실험은 여러 학자의 과학 논쟁을 촉발하였으므로, 그 실험이 지닌 문제의식은 여전히 유효하다는 의미이다.

오답풀이

① '슈뢰딩거의 고양이'는 사고(思考) 실험이므로 실제로 고양이들이 실험의 대상이 되었는지는 알 수 없다.
② 양자 물리학은 파동의 특징 중 하나인 '중첩' 상태에 대해 다양한 의견이 존재하므로, 정확히 이해하고 있다고 볼 수 없다.
③ '슈뢰딩거의 고양이' 사고 실험은 미시 세계의 원인과 거시 세계의 결과를 연결시켜 놓았다는 의의를 갖는다.
⑤ 실험의 종류나 대상에 대한 한계를 설명한 내용은 언급되어 있지 않다.

30 ③ '용인(容認)'의 사전적 의미는 '용납하여 인정함'을 뜻하며, '거두어들여 사용함'을 뜻하는 단어는 '수용(收用)'이다.

TIP 〈용인의 동음이의어〉

- **용인(用人)** : 사람을 씀. 또는 그 사람
- **용인(容忍)** : 너그러운 마음으로 참고 용서함
- **용인(庸人)** : 범인(凡人). 평범한 사람
- **용인(傭人)** : 고용인(삯을 받고 남의 일을 해 주는 사람)

31 ① (가) 시에서는 '산재령에도 나무리벌'을 첫째 연과 마지막 연에 반복함으로써 과거의 풍요로웠던 삶을 그리워하는 시적 정서를 강조하고 있고, (나) 시에서는 '이따금씩 쳐다보는 하늘이사 아마 하늘이기 혼자만 곱구나'를 첫째 연과 마지막 연에 반복함으로써 희망 없는 유이민(流移民)들의 비참한 삶을 표현하는 시적 정서를 강화하고 있다.

32 ② (나)의 '강을 건널 때 조선으로 돌아가면'에는 빼앗겼던 땅도 되찾고 글도 배울 수 있다고 하였으므로, 상실한 '장소'의 회복에 대한 갈망이 잘 드러나 있다. 그러나 불행을 예감하는 심정이 내포되어 있지는 않으며, 뒷 문장의 '조선으로 돌아와도 집도 고향도 없고'에서 절망적인 현실이 담겨 있다.

오답풀이

① 두 몸이 김매며 살았던 곳이 '나무리벌'이므로, 그곳에 살았던 사람들의 자아 동일성을 형성시킨 공간이라 할 수 있다.
③ (가) 시의 '만주 봉천'은 못살 곳이며, (나) 시의 '만주'는 두터운 얼음장과 거센 바람 속의 장소이므로 쫓겨 갔던 사람들에게는 낯설고 위협적인 공간에 해당한다.
④ (가) 시에서는 '신재령 나무리벌', (나) 시에는 '조선'이라는 장소를 상실하고 (가) 시에서는 '왜 왔느냐', (나) 시에서는 '집도 고향도 없고'라는 자조적 표현을 통해 삶의 기반이 와해되는 결핍을 겪었음을 추측할 수 있다.
⑤ (가)의 '자곡자곡이 피땀이라'와 (나)의 '두터운 얼음장과 거센 바람'은 모두 낯설고 위협적인 '만주'라는 공간에 반(反)해, 친숙하고 안정적인 '장소' 즉, 고향을 잃고 살아가는 절망적 삶을 상징적으로 나타낸다고 볼 수 있다.

33 ③ '가 갸 거 겨 배운다더니'라는 표현으로 보아 '거북이'의 시각을 통해 유이민의 삶을 서술하고 있으므로, 3연의 '띠팡'에서 '조선'으로 이어지는 '거북네'의 이동 경로를 '아배'의 시각에서 기록하고 있다고 볼 수 없다.

오답풀이

① 1연에서 '(하늘이) 혼자만 곱구나'는 '거북이'의 발화로도 화자의 발화로도 볼 수 있는 이중적 역할로 독자의 공감을 유도하고 있다.
② 2연에서는 간접화법을 사용하여 만주에서 살다 돌아온 '거북네'의 사연을 간접적으로 전달하고 있다.
④ 4연에서 배추 꼬리를 씹는 것은 '거북이'이므로 '달디달구나'는 '거북이'의 감각을 화자 자신이 느끼고 있음을 보여준다.
⑤ 4연에서 배추 꼬리를 씹는 '거북이'의 고달프고 비참한 삶에 대해 의문을 던짐으로써 '거북이'의 내면과 소통을 시도하는 화자의 물음으로 볼 수 있다.

34 ② 유배의 노정과 유배지에서의 생활 등 구체적인 공간의 이동에 따른 시상의 전개를 보이고 있다.

오답풀이

① 유배지에서의 자연 생활을 열거하고 있을 뿐, 특정 가치관을 강조하고 있지는 않다.
③ 과거에 대한 회상을 통해 자신의 심정을 토로하고 있을 뿐, 성찰적 태도를 드러내고 있지는 않다.
④ 어떤 잘못으로 유배를 가게 되었는지 그 원인이 되는 사건을 구체적으로 제시하고 있지는 않다.
⑤ 유배지의 자연환경에 관해 묘사하고 있을 뿐, 자연과 인간의 변화상을 통한 세월의 흐름을 표현하고 있지는 않다.

35 ① ㉠ : 열고 닫을 수 있는 창의 속성에 기대어 유배를 가야하는 화자의 답답한 설움을 해소하고 싶은 심정을 나타내고 있다.

오답풀이

㉡ : 비교의 방식을 사용하여 누구든지 귀양을 가고 이별을 할 수 있다는 보편성을 일깨워 스스로를 위로하고 있다.

㉢ : 원근산천(멀고 가까운 산천)과 만경창파(한없이 넓고 넓은 바다)라는 근경과 원경의 조화를 통해 자연의 풍광을 제시하고 있다.

㉣ : 이별로 인한 슬픔과 그리움을 '천리'라고 하는 거리감으로 나타내고 있을 뿐, 점층적으로 표현하고 있지는 않다.

㉤ : 유사한 통사 구조를 반복하고 있지 않으며, 대상에 대한 부정적 인식이 아니라 마음 둘 데 없는 자신의 신세를 표현하고 있다.

36 ③ '이웃집 아이들'은 청자의 심정을 전달하기 위한 시적 청자의 대상이 아니라, 유배지에서의 무료함을 달래기 위해 벗 삼은 자연의 일부이다.

오답풀이

① '소무의 북해 고생' 고사를 인용하여 언젠가는 자신도 귀향에서 돌아올 때가 있을 것이라고 스스로를 위로하고 있다.

② 왕을 의미하는 '성상'에 대해 충절을 의미하는 '푸른 대'의 속성으로 왕에 대한 충절을 표현하는 화자의 태도를 한층 강조하고 있다.

④ 낚시하는 화자의 모습을 통해 유배지에서의 무료함을 달래기 위한 화자의 유유자적함을 표현하고 있다.

⑤ '백구(갈매기)'라는 대상을 통해 유배지에서 자연과의 합일을 소망하는 화자의 태도를 드러내고 있다.

37 ① 심청이와 심봉사 그리고 심청이와 유모라는 등장인물의 대화와 행동 묘사를 통해 사건이 전개되고 있다.

오답풀이

② 서술자는 인물의 심리를 묘사하여 전달하고 있을 뿐, 주체적으로 사건의 전말을 요약하고 있지는 않다.

③ 공간에 대한 묘사는 간략하며, 인물 간의 대사를 통해 사건에 사실성을 부여하고 있다.

④ 인물 간의 대립을 통한 긴장감보다는 등장인물의 내적 갈등과 사건의 전개에 무게를 두고 있다.

⑤ 과거 인연이 계기가 되어 등장한 인물은 없다.

38 ④ [A]에서는 심봉사가 공양미 삼백 석이 없는 상황을 비관하지 않도록, [B]에서는 심봉사가 눈을 뜰 수 있도록 기원함으로써 [A]와 [B] 모두 아버지 심봉사의 처지가 나아지기를 기원하고 있다.

오답풀이

① [A]에서는 심청이가 고사를 예로 들어 심봉사에게 공양미 삼백 석이 없는 상황을 비관하지 않도록 당부하고 있다.

② [B]에서는 아버지 심봉사가 눈을 뜰 수 있도록 심청이가 초월자에게 기원하고 있다.

③ [C]에서는 심봉사가 걱정할 것을 염려하여 심청이가 공양미 삼백 석을 구한 까닭을 수양딸이 된 것처럼 거짓으로 꾸며 전하고 있다.

⑤ [A]에서는 공양미 삼백 석이 없는 상황을 심봉사가 비관하지 않도록, [C]에서는 공양미 삼백 석을 어떻게 구했는지 심봉사가 걱정하지 않도록 배려하여 말한 내용이다.

39 ③ 윗글의 '귀덕 어미'는 절에 드릴 시주를 적극적으로 주선해주는 역할을 하지만, [자료 2]의 '사신'은 홍장이 황후가 되는 조력자 역할을 하므로 극 중 역할이 다르다.

오답풀이

① '홍장'은 아버지에 의해 홍법사의 화주승 성공 대사에게 시주되었으므로, '심청'과 달리 아버지를 위한 희생을 자발적으로 결정한 것이 아니다.

② 홍장의 아버지 원량과 심청이의 아버지 심봉사 모두 앞을 보지 못하는 맹인으로 나온다.

④ 홍장의 효행으로 아버지 원량이 눈을 뜰 수 있었으므로, 제시된 근원 설화들의 유형 중 효행 설화에 해당된다.

⑤ '선인'이 '심청'을 제수로 사는 것은 자신들에게 미칠 화를 면하기 위한 것이므로, 심청전은 인신 공희 설화를 모티브로 한다.

40 ② '선인'은 심청이의 효심에 마음이 아프지만 인당수에 바칠 제물로 처녀를 구하려면 어쩔 수 없다는 자신의 처지를 이르는 속담으로 '제 코가 석 자'가 적당하다.

TIP 〈속담풀이〉

- **속 빈 강정** : 겉만 그럴듯하고 실속이 없음을 비유적으로 이르는 말
- **제 코가 석자** : 내 사정이 급하고 어려워서 남을 돌볼 여유가 없음을 비유적으로 이르는 말
- **고양이 쥐 생각** : 속으로는 해칠 마음을 품고 있으면서, 겉으로는 생각해 주는 척함을 비유적으로 이르는 말
- **빛 좋은 개살구** : 겉보기에는 먹음직스러운 빛깔을 띠고 있지만 맛은 없는 개살구라는 뜻으로, 겉만 그럴듯하고 실속이 없는 경우를 비유적으로 이르는 말
- **개 발에 주석 편자** : 옷차림이나 지닌 물건 따위가 제격에 맞지 아니하여 어울리지 않음을 비유적으로 이르는 말

41 ① 돌아가신 할머니의 장례식을 치르는 동안 가족 구성원 간의 내적 갈등과 그 해소 과정이 서술되고 있다.

오답풀이

② 등장인물의 내면적 묘사가 서술의 중심이며, 장면의 잦은 전환은 보이지 않는다.

③ 현재와 과거의 입체적 사건 전개가 아니라, 현재와 삼촌이 쓴 책의 내용을 전환시키며 사건을 서술하고 있다.
④ 사건의 전개는 대사와 인물의 심리묘사를 통해 이루어지고 있으며, 공간적 배경을 묘사한 내용은 없다.
⑤ 인물의 심리묘사에 대한 서술자의 논평이 존재하지만, 이를 통해 인물의 성격 변화의 양상을 드러내고 있지는 않다.

42 ⑤ ⓜ은 돌아가신 어머니가 보여주셨던 사랑과 삶의 지혜를 이제는 누가 간직하고 싶어하는 지 걱정하는 준섭이의 회환을 표현한 것이며, 그 사랑과 지혜가 은지에게 전해질 수 있다는 믿음을 드러낸 것은 아니다.

오답풀이

① ㉠ : 용순이 동화책의 표지를 함부로 들춰 대며 심통을 부리는 것으로 보아 준섭에게 불만을 터뜨리고 있다.
② ㉡ : 용순이 은지네의 말에 기가 질린 듯 당황해 하다가 나중에는 비실비실 웃으며 무시하는 태도를 보이고 있다.
③ ㉢ : 은지네가 한 말에 대해 외동댁이 고까워하는 어조로 비양대고 못마땅하게 여기고 있음을 알 수 있다.
④ ㉣ : 준섭이가 실제로 딸아이에게 일러 준 말이라고 하였으므로, 동화책이 실제 준섭의 어머니와 딸에 대한 이야기를 담고 있음을 알 수 있다.

43 ④ 비유적 표현이 아니라 직설적인 언어로 용순이의 행동을 비난하고 있다.

오답풀이

① 용순이와 나머지 식구들 간의 행동을 대비시키고 있다.
② '못 보겠어', '해 온 거야', '일 뿐이야' 등의 서술어를 사용해 용순이의 행위를 단정적으로 규정짓고 있다.
③ 갑자기 숨도 쉴 틈 없이 몰아붙이는 바람에 기가 질린 듯 당황해하는 용순이의 표정을 통해 알 수 있다.
⑤ 용순이가 준섭이를 비난하자 은지네 자신이 대신하여 옹호하고 있다.

44 ④ 준섭이 '장례'를 계기로 가족들에게 자신의 '소망과 기구'를 직접 말로 전달하는 것이 아니라, 준섭이가 쓴 책을 통해 간접적으로 그 내용을 전달함으로써 가족 간의 심리적 갈등이 해소되고 화해와 융합이 가능해지고 있다.

오답풀이

① 망자를 애도하기 위한 '장례'에서 용순이, 은지네, 외동댁은 서로 표적이 물고 물린 꼴이 되어 저마다의 묵은 감정을 풀어내고 있다.
② '난장판', '소란통'과 같은 표현에서 보듯 집안 사람들의 불화와 상여꾼들의 흥겨운 노랫가락으로 혼돈과 무질서의 모습을 드러내고 있다.
③ 내적 요소인 '집안 사람들의 불화'와 이를 싸 덮는 외적 요소인 상여꾼들의 '흥겨운 노랫가락'은 서로 이질적인 존재로 혼재하여 '장례'의 성격을 드러내고 있다.
⑤ '귀가 멍멍해 오는 소란통' 속에 애도의 소란스러움과 침묵의 '묵상'이 대비를 이루면서 서로 공존하고 있음을 보여주고 있다.

45 ④ '마지막 남은 나이를 다 나눠 주'셨다는 '아빠'의 말에는 사랑과 삶의 지혜를 다 나주어 주고 돌아가신 할머니에 대한 슬픔을 표현한 것이며, 할머니가 너무 일찍 돌아가신 것에 대한 자책을 표현한 것은 아니다.

오답풀이

① '영혼이 옛 모습의 옷을 벗'었다는 것은 할머니의 영혼이 육체로부터 이탈하여 떠나가셨다는 것을 의미한다.
② 할머니가 '조그맣게 오므리고 어린 아기'처럼 자는 모습은 모든 사랑과 나이를 나눠주시고 돌아가시기 직전의 할머니의 모습을 표현한 것이다.
③ 할머니를 위해 찾아온 듯싶은 한 쌍의 '하얀배추꽃나비들'이 푸른 하늘로 날아오르는 장면은 할머니의 영혼이 떠나가는 모습을 묘사한 것이다.
⑤ 할머니가 '예쁘고 착한 새 아기'로 환생하기를 바라는 은지의 모습에서 할머니의 행복과 평안을 기원함을 느낄 수 있다.

제1교시 국어영역(B형)

01 ⑤	02 ④	03 ⑤	04 ⑤	05 ②	06 ②
07 ④	08 ④	09 ④	10 ⑤	11 ②	12 ②
13 ②	14 ⑤	15 ②	16 ④	17 ④	18 ①
19 ④	20 ⑤	21 ⑤	22 ②	23 ④	24 ②
25 ⑤	26 ①	27 ③	28 ①	29 ④	30 ④
31 ①	32 ③	33 ④	34 ①	35 ⑤	36 ④
37 ②	38 ⑤	39 ②	40 ③	41 ①	42 ⑤
43 ④	44 ④	45 ④			

01 ⑤ ⓜ은 업체 대표가 감정적 유대를 형성하여 자신들의 추가적인 요구를 관철하려는 것이 아니라, 상대방인 학부모 대표의 요구를 거부하기 위한 감정적 호소이다.

오답풀이

① ㉠ : 급식의 품질이 우수하다고 업체 대표를 칭찬하면서 원만한 협상 분위기를 조성하고 있다.

② ㉡ : 식자재 공급 가격과 인건비 등의 인상 요인을 구체적 수치로 언급함으로써 제시한 급식 단가 인상안의 타당성을 강조하고 있다.

③ ㉢ : 상대방의 양보를 통해 자신의 제안을 수용할 것을 조건으로 상대방이 제시한 대안을 수용하고 있다.

④ ㉣ : 업체 대표의 인상안에 동의하는 대신 매주 1회 별식을 제공해 달라고 자신들에게 유리한 조건을 추가하는 방향으로 협상을 유도하고 있다.

02 ④ 급식 메뉴를 조정하는 일보다 급식 단가 인상률을 조정하는 것이 더 중요하므로, 업체 대표가 사용한 협상 전략은 협상 쟁점의 우선 순위를 조정하는 것이다.

03 ⑤ 급식 메뉴의 조정(ⓕ)은 급식 단가의 10% 인상(ⓓ)과 관계없이 학부모 대표가 별도로 제안한 내용이다.

오답풀이

① 급식 단가의 15% 인상(ⓐ)은 학교 대표와 학부모 대표가 동의하지 않은 제안이며, 주 1회 별식 제공(ⓖ)은 업체 대표가 동의하지 않은 제안이다.

② 친환경 식자재 비율을 85% 수준으로 높이는 제안(ⓑ)은 급식 단가의 15% 인상(ⓐ)이 수용되도록 하기 위한 업체 대표의 제안이다.

③ 1인당 급식량의 5% 삭감(ⓒ)은 급식 단가의 10% 인상(ⓓ)을 수용하기 위한 업체 대표의 제안이다.

④ 주 2회 간식의 추가 제공(ⓔ)은 주 1회 별식 제공(ⓖ)에 대한 업체 대표의 거부로 학교 대표가 다시 내놓은 대안이다.

04 ⑤ ⓜ은 도서관 개방에 반대 입장이던 철호가 찬성의 의견을 내자 이에 유준이 환영의 미소를 지으며 서로 교감한 내용이다. 그러므로 "우리 철호가 왜 이럴까?"라는 표현은 의도를 알 수 없다는 질문이 아니라, 철호의 긍정적인 변화에 호감을 표시하는 역설적인 표현이다.

오답풀이

① ㉠ : '나는 반대!'라고 하며 단호한 의사 표현을 통해 반대 입장을 분명히 하고 있다.

② ㉡ : 철호의 책을 접는 행동과 존댓말을 사용한 말투의 변화로 적극적인 토론 참여와 의견 개진을 요구하고 있다.

③ ㉢ : 철호의 말에도 일리가 있다고 말함으로써 상대방의 의견을 존중하는 동시에, 학교 개방에 대한 해결 방안과 반론을 개진하고 있다.

④ ㉣ : 말(언어적 표현)과 표정(비언어적 표현)을 함께 사용하여 의사를 표현하고 있다.

05 ② 꼬맹이들도 몰려올 것 아니냐는 철호의 우려에 유준은 그러면 학교가 더 활기차고 생동감 있을 것 같다는 반론을 제시하였고, 또한 아이들은 부모님과 같이 와야 한다는 인국이의 의견으로 보아 미취학 아동의 출입 금지를 건의하는 것은 적절하지 않다.

오답풀이

① 출입자에 대한 신원 확인이 필요할 거라는 인국이의 발언이 있었다.

③ 주민들에게 학교 도서관을 개방하는 데 따르는 관리상의 어려움을 해소하기 위하여 주민들과 공동 운영 시스템을 갖추자는 방안이 인국에 의하여 제시되었다.

④ 다수의 주민의 이용에 따른 추가 컴퓨터의 필요성이 유준에 의하여 제기되었다.

⑤ 학생들이 이용 우선권을 가져야 한다는 철호의 말로 미루어보아 알 수 있다.

06 ② '논설문 작성 시 유의 사항'에서 충분한 자료 조사를 통해 자신의 주장과 관점을 명확히 설정하라고 했으므로, 자료 수집 단계에서 자신의 의견에 부합되는 자료들만으로 제한하여 수집하는 것은 올바른 글쓰기의 태도라고 볼 수 없다.

오답풀이

① '논설문 작성 시 유의 사항'에서 관련된 개념은 그 뜻을 명확히 정립하여 사용한다고 했으므로 적절한 설명이다.

③ '논설문 작성 시 유의 사항'에서 반대 입장이나 비판까지 고려한다고 했으므로 적절한 설명이다.
④ '논설문 작성 시 유의 사항'에서 자신이 쓰는 글의 영향과 사회적 책임을 인식하고 독자의 입장을 고려하여 신중한 태도로 글을 쓴다고 했으므로 적절한 설명이다.
⑤ '논설문 작성 시 유의 사항'에서 언어 공동체의 관습과 문화를 고려하여 타당하고 합리적인 논거를 제시한다고 했으므로 적절한 설명이다.

07 ④ 본론에서 (가)의 신문 기사와 (나)의 통계 자료를 활용하여 의료 사각지대로 인한 문제점을 설명해야 하는데, 선진국에 비해 공공 병원의 비중은 작지만 과거에 비해 의료 인프라가 확충되었음을 부각시키는 것은 의료 사각지대로 인한 문제점이라고 볼 수 없으므로 적절하지 않다.

오답풀이

① 서론에서 의료 공공성 강화 대책을 촉구하는 것이 논의의 목적임을 밝히는 것은 적절하다.
② 서론에서 (가)의 신문 기사와 (다)의 통계 자료를 활용하여 의료 사각지대 문제의 심각성을 논의의 배경으로 제시하는 것은 적절하다.
③ 본론에서 (나)와 (다)의 통계 자료를 활용하여 의료 사각지대 발생의 원인을 설명하는 것은 적절하다.
⑤ 본론에서 (나)와 (다)의 통계 자료를 활용하여 의료 사각지대의 해소 방안을 설명하는 것은 적절하다.

08 ④ 수립한 논지의 방향이 의료 사각지대 해소를 위한 의료 공공성 강화 대책 촉구이므로 의료 공공성 강화를 통해 전국민의 건강 안전망이 확보된 우리 사회의 미래 전망을 제시하는 것이 글의 결론으로 타당하다.

오답풀이

① 민간 병원의 활성화 방안은 의료 공공성 강화라는 글의 논지에 맞지 않으므로 적절하지 못하다.
② 글의 논지가 의료 공공성 확보이므로 이를 해결하기 위해 남은 과제를 다시 결론으로 제시하는 것은 적절하지 못하다.
③ 글의 논지가 의료 공공성 확보이므로 민간 부문과의 자율 경쟁을 결론으로 제시하는 것은 적절하지 못하다.
⑤ 의료 격차의 축소를 통한 지역 갈등의 해소는 글의 논지에 맞지 않으므로 적절하지 못하다.

09 ④ 우리나라 학생들의 상당수가 표절을 해 본 경험이 있고 인터넷이 보편화되면서 표절 문제가 더욱 심각해졌다고 문제 상황을 진단하고 있으며, 마지막 단락에서는 표절 방지 운동을 전개하자고 권고하면서 이에 대한 해결방안을 모색하고 있다.

10 ⑤ 외국이든 국내이든 표절 피해 사례를 언급하는 것은 글의 서두 부분에 해당되며, 결말 부분에는 앞서 언급한 사항들을 종합하고 요약하여 독자의 동참을 유도하자는 것이 선생님의 의견이다.

오답풀이

① 예상되는 독자가 고등학교에 다니는 친구들과 후배이므로, 어려운 한자나 외래어를 피하고 쉬운 우리말로 바꾸는 것은 적절한 계획이다.
② '표절 방지 운동을 전개하자'라는 주제의 논설문이므로, 글의 내용에 어울릴만한 제목을 붙이는 것은 적절한 계획이다.
③ 서두에 최근 언론에 보도되었던 대표적인 표절 사건을 언급하여 독자의 관심을 환기시키는 것은 적절한 계획이다.
④ 인터넷 보급률과 표절과의 연관성을 보여주는 통계 자료를 추가하여 표절에 대한 전문가의 조사 결과와 관련된 객관적인 통계 자료를 제시하는 것은 글쓴이의 주장을 뒷받침할 만한 적절한 계획이다.

11 ② '그만 좀 간질여라'의 '간질여라'는 어간 '간질이-'에 어미 '-어라'가 결합된 말로 어간의 끝 'ㄹ'이 줄어든 경우가 아니므로 〈보기〉의 제18항과 제19항과 관련 없는 기본적인 어미 활용이다.

오답풀이

① '부어라'는 어간 '붓-'에 제18항 2와 같이 어간의 끝 'ㅅ'이 줄어든 경우이므로 옳은 설명이다.
③ '좋이'는 어간 '좋-'에 제19항과 같이 접미사 '-이'가 붙어 그 어간의 원형을 밝히어 적는 경우이므로 옳은 설명이다.
④ '게으름'은 어간 '게으르-'에 제19항과 같이 접미사 '-ㅁ'이 붙어 그 어간의 원형을 밝히어 적는 경우이므로 옳은 설명이다.
⑤ '자주'는 어간 '잦-'에 제19항 [붙임]과 같이 어간에 '-이'나 '-음' 이외의 모음으로 시작된 접미사 '-우'가 붙어 그 어간의 원형을 밝히어 적지 아니하는 경우이므로 옳은 설명이다.

12 ② ㉡ : '말씀'은 존재의 대상이 아니므로 '말씀 안 계셨니?'와 같이 '계시다'는 표현은 부적절하며, 주체인 '담임선생님'이 높임의 대상이므로 간접 높임법 '-시다'를 사용해 '말씀 없으셨니?' 또는 주체 높임법을 사용해 '말씀 안 하셨니?'라고 해야 적절하다.

오답풀이

① ㉠ : 선생님이 공식적인 자리에서 격식체인 '하십시오'체를

사용한 것은 적절하다.

③ ⓒ : 객체인 '선생님'을 높여 '뵈다'를 '뵐'로 바꾸어 말하는 것은 적절하다.

④ ⓓ : 객체인 선생님보다 주체인 자신을 낮추어 '제'를 사용한 것은 적절하다.

⑤ ⓔ : 선생님과 나보다 높임의 대상인 '할아버지'를 다시 가리키고 있으므로 '당신'이라는 3인칭 극존칭을 사용하는 것은 적절하다.

13 ② 표준발음법 제11항은 겹받침 'ㄺ, ㄻ, ㄿ'이 어말 또는 자음 앞에서 'ㄹ'을 탈락시키고 각각 [ㄱ, ㅁ, ㅂ]으로 발음되는 규정을 말한다. 그러므로 〈보기1〉의 '음운변동' 현상 중 ㉠의 '교체'가 아닌 ⓒ의 '탈락' 현상을 반영한 것이다.

오답풀이

① '빚다[빋따]'는 표준발음법 제9항의 규정에 따라 'ㅈ'이 'ㄷ'으로 교체된 것이므로 옳은 설명이다.

③ '않던[안턴]'은 표준발음법 제12항 '1'의 규정에 따라 'ㅎ+ㄷ'이 'ㅌ'으로 축약된 것이므로 옳은 설명이다.

④ '낳은[나은]'은 표준발음법 제12항 '4'의 규정에 따라 'ㅎ' 소리가 탈락한 것이므로 옳은 설명이다.

⑤ '한여름[한녀름]'은 표준발음법 제29항의 규정에 따라 'ㄴ' 소리를 첨가한 것이므로 옳은 설명이다.

14 ⑤ 내용상 '우리'는 아버지와 어머니로 한정되며, 상대방인 '성수'를 포함하지 않으므로 상대를 포함한 동일 공간 내의 모든 사람을 지칭하고 있지 않다. 여기서 '우리'는 말하는 이가 자기보다 높지 아니한 사람을 상대하여 자기를 포함한 여러 사람을 가리키는 일인칭 대명사이다.

오답풀이

① 의문문을 사용하여 상대방이 늦었음을 나무라는 자신의 의도를 간접적으로 전달하고 있다.

② 피동 표현을 사용하여 선배들한테 늦게까지 붙잡힌 것은 자신의 의지가 아니었다는 점을 강조하고 있다.

③ '아차'라는 감탄사를 사용하여 자신의 잘못을 깨닫고 상대방에게 미안함을 전달하고 있다.

④ 부정 부사 '못'은 동사가 나타내는 동작을 할 수 없다거나 상태가 이루어지지 않았다는 부정의 뜻을 나타내는 말로, 전화를 하지 못한 것이 불가피한 상황이었음을 밝히고 있다.

15 ② '부르다'는 '부르고, 부르니, 불러, …'의 '불러'와 같이 활용될 때 'ㅡ'가 탈락하고 'ㄹ'이 첨가되어 어간이 변하지만, '불리다'는 '불리고, 불려, 불려서, …'와 같이 활용될 때 어간이 변하지 않는다.

오답풀이

① 반 아이들 이름이 하나하나 불리는 것이므로 피동의 의미이고, 이름이나 명단을 소리 내어 읽으며 대상을 확인하는 과정이다.

③ '조국이 우리를 부른다.'는 말은 어떤 방향으로 따라오거나 동참을 유도하는 것이므로 적절한 용례이다.

④ 동참을 유도하거나 상황을 초래하는 말은 피동의 형태로 사용되기 어렵다.

⑤ '~을 부르다'와 같이 타동사로 주어와 서술어 외에 대상이 되는 목적어를 필요로 한다.

16 ④ (가)의 '쁨'에서 'ㅄ'은 두 개의 자음이지만, (나)의 '쓰'에서 'ㅆ'은 된소리로 한 개의 자음에 해당되므로 틀린 설명이다. 즉, (가)에서는 합용병서법에 의해 다른 자음끼리 결합한 어두자음군이 사용되었으며, (나)에서는 각자병서법에 의해 같은 자음끼리 결합한 어두자음군이 사용되었다.

TIP

- **합용병서** : ㅂ계(ㅶ/ㅄ), ㅅ계(ㅺ/ㅽ), ㅄ계(ㅴ/ㅵ)
- **각자병서** : ㄲ, ㄸ, ㅃ, ㅆ, ㅉ

오답풀이

① (가)의 '元원覺·각·이'에 쓰인 관형격 조사는 '이'이며, (나)에 쓰인 관형격 조사는 '의'로 그 형태가 다르므로 옳은 설명이다.

② (가)의 '·늬'에서 처럼 (나)와 달리 음의 높낮이를 표시하는 방점(•)을 음절 왼쪽에 표기하고 있으므로 옳은 설명이다.

③ (가)의 'ᄒᆞ야·놀'에서 'ᄒᆞ'와 '놀'에 사용된 '·(아래아)'는 각각 'ㅏ'와 'ㅡ'로 대체되어 (나)의'하거늘'로 풀이되며, 지금은 쓰이지 않는 문자이므로 옳은 설명이다.

⑤ (가)의 '다·모리·라'에는 '이어적기' 형태의 연철 표기가, (나)의 '담으리라'에는 '끊어적기' 형태의 분철 표기가 나타나 있음으로 옳은 설명이다.

TIP

- **연철 표기** : 형태소 사이의 경계를 밝히지 않는 발음 위주의 표기법
- **분철 표기** : 형태소 사이의 경계를 밝히는 의미 위주의 표기법

17 ④ 위의 글은 미적 판단에 대한 실재론자들과 반실재론자들의 상반된 이론을 소개한 뒤, 이들을 포괄하는 종합적이고 전체적인 미적 속성으로 레빈슨의 '현상적 미적 인상'에 대해 설명하고 있다.

오답풀이

① 하나의 특정 이론이 아닌 서로 상반된 이론을 대비하여 설명하고 있다.

② 비교의 대상이 되는 이론에 비해 특정 이론의 효용성을 주장하기보다 서로 대등한 입장에서 설명하고 있다.
③ 다양한 분야의 사례라기보다는 각 이론에 알맞은 단일 사례를 예로 들어 각 이론의 특징을 설명하고 있다.
⑤ 각각의 이론에 대한 내용을 설명하고 있을 뿐 현실 적용 과정에서 발견되는 문제점에 대해 설명하고 있지는 않다.

18 ① 앞 문장에서 미적 판단의 차이로 인한 논쟁에서 어떤 미적 판단이 옳고, 어떤 미적 판단이 그른가에 대한 열띤 토론을 벌이게 된다고 하였으므로, '미적 판단 간의 불일치가 나타나게 되는 이유'를 묻는 질문이 빈 칸의 내용으로 적당하다.

오답풀이

② 미적 판단의 발생 원인에 대해 설명하고 있으므로, 판단 주체의 태도를 묻는 질문은 타당하지 않다.
③ 앞에서 이미 미적 판단의 다양성에 대해 결과가 도출되어 있으므로, 합의를 도출할 수 없는 이유를 묻는 질문은 어울리지 않는다.
④ 동일한 대상에 대한 미적 판단은 감상자에 따라 다양하게 나타날 수 있다고 했으므로, 바른 질문 내용이 아니다.
⑤ 미적 판단의 근거는 감상자의 주관적 반응과 밀접하게 관련되어 있다고 했으므로, 내부가 아닌 외부적 측면에서 발견되는 이유를 질문하는 것은 바르지 않다.

19 ④ ⓐ **구조적 속성** : 정상 지각자에 의해 관찰이나 지각이 가능한 것이라고 하였으므로, 〈보기〉에서 ㉯의 '선명한 원색의 채색'에 해당된다.
ⓑ **하부 구조적 속성** : 정상적인 지각으로는 그 차이를 포착할 수 없는 것이라고 하였으므로, 〈보기〉에서 ㉰의 '길이의 미세한 차이'에 해당된다.
ⓒ **맥락적 속성** : 작품의 창작자나 작품이 속한 경향, 영향 관계 등을 말하는 것이므로, 〈보기〉의 ㉮에서 '추상화가 몬드리안의 작품'에 해당된다.

20 ⑤ '야하다'가 로스코의 작품에 대한 술어로 적절하지 않다고 평가받는 이유는 동일한 작품의 현상적 미적 인상은 감상자들이 동일하게 지각하는 것이며, 그 기술에 적절하다고 인정될 수 있는 술어는 일정 범위 내에서 제한되기 때문이다. 그런데 '야하다'는 술어는 감상자들이 동일하게 지각하는 그런 범위를 넘어서므로 현상적 미적 인상에 대한 주관적 판단을 내재한 술어가 아니다.

오답풀이

① 레빈슨의 입장에서 평가에 사용된 술어로 이루어진 미적 판단은 감상자 자신이 받은 현상적 미적 인상에 대한 지각과 그에 대한 주관적 평가를 모두 반영하는 것이므로 옳은 설명이다.
② 레빈슨은 미적 인상의 기술에 적절하다고 인정될 수 있는 술어는 일정 범위 내에서 제한된다고 보았으므로 옳은 설명이다.
③ 레빈슨은 대상의 선, 색, 모양, 질감, 무게, 리듬, 음색 등의 비미적 속성을 기저로 하여 발생하는 종합적이고 전체적인 미적 속성을 현상적 미적 인상이라고 하였으므로 옳은 설명이다.
④ 레빈슨은 제한된 범위 내의 술어 중 하나를 선택하여 이를 미적 판단으로 표현하는 과정에서 감상자의 주관이 개입된다고 보았으므로 옳은 설명이다.

21 ⑤ 위의 제시문에는 롤즈의 「정의론」이 등장하게 된 배경, 원칙들을 도출하기 위한 전제 조건, 정의의 원칙들과 그 우선 순위 그리고 정의론의 한계와 의의에 대한 내용이 설명되어 있다. 정의의 포괄적 개념이나 시대에 따라 변하게 된 이유 등에 대한 설명은 찾아볼 수 없다.

오답풀이

① 롤즈는 정의의 원칙들 간의 우선성과 관련하여 제1원칙이 제2원칙에 우선하며, 제2원칙 내에서는 '공정한 기회 평등의 원칙'이 '차등의 원칙'에 우선한다고 하였다.
② 롤즈의 '정의론'은 '무지의 베일'이 현실적으로 정의의 원칙들이 선택되기에 적합한 상황이 아닐 수 있다는 점에서 한계가 있으며, 그럼에도 윤리학적 논의의 가능성을 제시하였다는 점에 의의가 있다.
③ 소수자 및 개인의 권리를 고려하지 못하는 공리주의의 대안으로 롤즈의 '정의론'이 등장하였다.
④ 롤즈는 정의의 원칙들을 도출하기 위한 전제 조건으로 '원초적 상황'의 개념을 제시하였고, 이를 전제로 합의 당사자들은 정의의 원칙들을 선택하게 된다고 하였다.

22 ② '원초적 상황'은 정의로운 사회 체제의 기본 원칙들을 선택하는 합의 당사자들로 구성된 가설적 상황이며, '원초적 상황'에서 합의 당사자들은 자신들의 사회적 계층, 성, 인종 그리고 자신들의 타고난 재능, 취향 등에 대한 정보를 모르는 상태에 놓이게 되는데 이를 '무지의 베일'이라고 하였다. 그러므로 ㉠의 '원초적 상황'을 보완하기 위한 개념으로 ㉡의 '무지의 베일'을 제시한 것이 아니다.

오답풀이

① 롤즈는 '원초적 상황'을 전제로 합의 당사자들이 정의의 원칙들을 선택하게 된다고 하였다.
③ 롤즈는 '무지의 베일' 상태에서 사회 체제의 기본 원칙들에 만장일치로 합의하는 것이 보장된다고 생각하였다.

④ 롤즈는 '무지의 베일'을 벗은 후에 겪을지도 모를 피해를 우려하여 합의 당사자들이 자신의 피해를 최소화할 수 있는 내용을 계약에 포함시킬 것으로 보았다.

⑤ 롤즈는 합의 당사자들을 인간의 심리, 본성 등에 대한 지식, 제도의 영향력과 같은 사회에 대한 일반적 지식을 알고 있으며, 공적으로 합의된 규칙을 준수하고, 합리적인 욕구를 추구할 수 있는 존재로 간주하였다.

23 ④ C국은 '모두 동일한 출발선상'에서 경쟁을 하므로, 정의의 제2원칙 중 본인의 의지와 상관없이 타고난 조건이 불리한 최소 수혜자에게 불평등을 통해서라도 최대의 이득을 보장해야 한다는 '차등의 원칙'이 추구되는 사회이다. 또한 정의의 제1원칙인 '자유의 원칙'은 제2원칙인 '공정한 기회 평등의 원칙'과 '차등의 원칙'에 우선하므로 C국을 '자유의 원칙'에 어긋나는 사회라고 볼 수 없다.

오답풀이

① A국은 국민에게 '기본적 자유'에 대한 평등한 권리가 주어지는 민주 사회이므로, 정의의 제1원칙인 '자유의 원칙'을 추구하는 사회이다.

② A국은 자신이 속한 환경에 따라 능력을 발휘하지 못할 수 있으므로, 정의의 제2원칙 중 '차등의 원칙'에 부합되지 않아 정의로운 사회로 볼 수 없다.

③ B국은 거주의 자유, 정치에 대한 권리가 출신에 따라 제한되므로, 정의의 제1원칙과 제2원칙 모두에 부합되지 않아 정의로운 사회로 볼 수 없다.

⑤ C국은 사회 경제적 지위 차로 인해 개인의 능력이 발휘될 기회가 제한되지 않도록 노력하고 있으므로, 정의의 제2원칙 중 '공정한 기회 평등의 원칙'을 추구하는 사회이다.

24 ② 위 제시문은 정보재의 개념과 특성에 대해 설명하고 있지만, 정보재 상품의 변화 과정을 분석한 내용은 서술되어 있지 않다.

오답풀이

① 정보재는 등대, 교량 같은 공공재와 유사하게 비배재성을 띤다고, 정보재의 특성을 공공재와 비교하여 설명하고 있다.

③ '음반 회사 S가 가수 B의 새 음반을 제작한다.'는 가정적 상황을 설정하여 정보재 상품의 가격 결정 원리를 밝히고 있다.

④ 수요와 공급이 균형을 이루는 수준에서 가격이 결정되는 경쟁 시장과 달리, 독점 시장에서는 독점 기업이 가격 설정자가 된다고 경쟁 시장과 독점 시장의 차이를 드러내어 정보재 시장의 성격을 밝히고 있다.

⑤ 2단락에서 "그럼 과연 정보재 시장은 어떤 방식으로 작동할까?"하고 의문을 제기한 후 답을 구하고, 4단락에서 "그렇다면 정보재 상품의 가격은 구체적으로 어떤 수준에서 결정되는 것일까?"하고 의문을 제기한 후 답을 구하는 형식으로 정보재 시장의 작동 양상을 설명하고 있다.

25 ⑤ 장 당 가격이 0원일 때 수요량이 2백만 장으로 최대가 되며, 장 당 가격이 1만 원일 때 1백만 장을 생산하면 최대의 이윤을 얻을 수 있다.

오답풀이

① 정보재는 한계비용이 거의 0에 가깝기 때문에 생산량이 50만 장일 때와 200만 장일 때의 한계 비용은 동일하다.

② 최대의 이윤을 얻는 생산량은 1백만 장이므로, 1백만 장을 초과하면 생산자의 이윤은 감소하기 시작한다.

③ 장 당 가격이 2만 원일 때의 수요량은 0이므로, 그 이상이면 수요가 없어 생산자는 이윤을 얻을 수 없다.

④ 50만 장을 생산할 때의 평균 비용이 1만 5천 원으로 판매 가격과 같으므로 이윤이 발생하지 않는다.

26 ① N 서비스에서 음악 파일을 무료로 다운로드 받을 수 있다는 점은 대가를 치르지 않은 사람이라도 소비에서 배제하기 어렵다는 정보재의 비배제적 성격을 보여 준다고 할 수 있으므로 옳은 설명이다.

오답풀이

② 음반을 구입하지 않고 공유된 음악 파일을 누구나 무료로 다운받을 수 있는 N 서비스의 활성화는 음반 판매량이 줄어들어 기존 음반 회사들의 독점적 지위를 방해하고 있다.

③ 누구나 이용할 수 있지만 비용을 지불하지 않는다는 점에서 N 서비스를 경쟁 시장이라고 할 수 없다.

④ N 서비스에서 음악 파일이 무료로 유통되기 때문에 독점 시장이라고 볼 수 없다.

⑤ 음악 파일은 추가적 생산 비용이 없으므로 음악 파일을 무료로 서비스하는 N 서비스의 활성화는 음반 판매량의 감소로 이어져 음반 회사의 수입이 줄어드는 결과를 초래한다.

27 ③ ㉠의 '무의미하다'는 '아무 값어치나 의의가 없다'는 뜻으로, 본문에서는 독점 기업이 가격 설정자가 되므로 주어진 가격에서 얼마만큼 생산할지를 묻는 것은 '의미가 없다'는 뜻이다. 그러므로 물을 '필요가 없다'는 뜻의 '불필요(不必要)하다'로 바꾸어 쓸 수 있다.

오답풀이

① **불가능(不可能)하다** : 가능하지 아니하다

② **불가피(不可避)하다** : 피할 수 없다

④ **불투명(不透明)하다** : 분명하지 아니하다.

⑤ **불확실(不確實)하다** : 확실하지 아니하다

28 ① 제시문의 두 번째 단락에서 빛의 속도는 불변하는 상수인 것으로 알려져 있다고 했으므로, '시공간'에서 빛의 속도는 관찰자에 따라 변할 수 있다는 내용은 옳지 않다.

오답풀이

② 첫 번째 단락에서 '시공간'은 시간과 공간으로 서로 구별되지 않는다고 했으므로 옳은 설명이다.

③ 두 번째 단락에서 실제 세계에서 빛의 속도보다 빠른 물체는 없는 것으로 알려져 있다고 했으므로 옳은 설명이다.

④ 첫 번째 단락에서 아인슈타인은 공간뿐만 아니라 시간도 상대적인 물리량으로 보았다고 했으므로 옳은 설명이다.

⑤ 첫 번째 단락에서 시공간은 시간에 해당하는 차원이 한 방향으로만 진행한다는 한계가 있기 때문에, 제한적인 4차원 공간이라는 특징이 있다고 했으므로 옳은 설명이다.

29 ④ 〈보기〉의 그래프에서 시간은 위로 갈수록 진행되는 것이므로, A의 입장에서 t=1일 때의 A의 동시사건 선에서 보면 사건 β가 일어난 시점이고, 사건 α는 이미 전에 일어난 사건이다.

오답풀이

① 사건 α는 A와 B의 세계선상의 교차점이므로 동일한 시공간의 사건이다.

② 사건 β는 공간 축(X) 선상에서 사건 α보다 우측에 있으므로, A와 B에게 사건 α보다 먼 공간의 사건이다.

③ A의 동시사건 선에서 보면 사건 α 다음 사건 β가 일어났고, B의 동시사건 선에서 보면 반대로 사건 β 다음 사건α가 일어났다.

⑤ B의 입장에서 t'=0일 때의 B의 동시사건 선에서 보면 사건 α가 일어난 시점이고, 사건 β는 이미 전에 일어난 사건이다.

30 ④ 2차원 시공간 그림에서 실제 세계에서 움직이는 A와 B의 세계선 화살표 방향이 시간 축(ct)과 같은 방향으로 움직이므로 '시간 방향 곡선'이 된다고 설명한 것은 적절하다.

오답풀이

① 2차원 시공간 그림에서 A와 B의 세계선 화살표 방향은 시간이 진행되는 변화를 보여준다.

② 2차원 시공간 그림에는 사건 α와 사건 β가 모두 표시되어 있으므로, 물체 하나 이상의 운동도 표시할 수 있다.

③ 2차원 시공간 그림에서 정지한 관찰자의 특정 시각의 '동시사건 선'은 공간 축(X)과 평행한 선으로 나타난다.

⑤ 2차원 시공간 그림에서 '세계선'과 '동시사건 선'의 교차각은 관찰자의 속도가 아니라 공간의 위치에 비례하여 커진다.

31 ① (가) 시에서는 '다문다문 흰 점', '새까만 눈에 하이얀 것' 등의 감각적 이미지를 사용하여 노루 새끼를 묘사하고 있고, (나) 시에서는 '시시덕거리고 웃으며', '누더기 이불처럼 지린 내가 배지만', '곤줄박이 개개비 휘파람새 노랫소리' 등의 감각적 이미지를 사용하여 낮은 산의 모습을 묘사하고 있다.

오답풀이

② (가)는 시골 장터에서 보고 들은 것을, (나)는 낮은 산에 대한 자신의 생각을 담담하게 전달하고 있다.

③ (가)와 (나) 시 모두 과거와 현재를 대비하고 있지 않다.

④ (가)와 (나) 시 모두 종결어미 '–다'로 끝나는 완전한 문장으로 구성되어 있다.

⑤ (가)와 (나) 시 모두 현실적인 공간에서 현재의 이야기를 하고 있다.

32 ③ '산골 사람은 막베등거리 막베잠방둥에를 입고'는 허름한 옷차림의 산골 사람을 묘사한 것으로, 동일성의 대상은 산골 사람과 노루 새끼이며 화자는 두 대상을 바라보는 주체이다.

오답풀이

① 감정이입 없이 눈으로 본 것을 있는 그대로 서술하고 있으므로 일정한 거리를 둔 관찰이라 할 수 있다.

② '산골 사람'과 '노루 새끼'는 삶의 연민을 표현하는 이 시의 제재로 화자의 눈길을 사로잡는 작품의 전경이 된다.

④ 정서적 교류를 통해 산골 사람과 노루 새끼가 서로 닮았다는 동일성을 표현한 것이다.

⑤ 눈물이 맺힌 노루 새끼에 대해 연민을 느끼는 화자의 감정적 유대감을 표현한 것이다.

33 ④ [D] : '높은 산'과 '낮은 산'을 대조하는 것이 아니라 낮은 산을 서민의 삶에 비유하여 우리 서민과 같이 살아가는 낮은 산의 여러 모습을 보여주고 있다.

오답풀이

① [A] : '아니다'라는 부정어의 반복을 통해 '낮은 산'의 존재를 강조하고 있다.

② [B] : '시시덕거리고 웃으며 나지막이 엎드려 있고'에서처럼 인격을 부여하여 '낮은 산'의 모습을 그리고 있다.

③ [C] : '~에게 ~이 되어 주다'라는 유사한 문장 구조를 반복하여 '낮은 산'의 특성을 강조하고 있다.

⑤ [E] : [A]의 산의 모습을 [E]의 사람의 모습에 반복적으로 변주하여, 낮은 산을 통해 깨달은 서민들의 인간적인 삶이란 주제를 강조하고 있다.

34 ① 대부분의 고전 소설과 마찬가지로 주인공 영철의 생애를 서술하는 시간의 흐름에 따라 사건이 전개되고 있다.

오답풀이

② 공간적 배경은 조선과 중국을 오가는 주인공 영철의 위치에 따라 변하고 있다.
③ 일반적인 고전 소설에 등장하는 초월적 인물이 아닌 평범한 인물이 등장하여 사건을 전개하고 있다.
④ 전쟁으로 인한 민중들의 시대적 아픔을 표현한 글로, 슬픔과 한탄 속에 산 주인공의 불행한 결말을 보이고 있다.
⑤ 일반적인 고전 소설과 같이 비현실적인 환상적 배경 묘사는 없으며 사실적인 묘사를 하고 있다.

35 ⑤ ⓜ : 성 위에 올라가 건주와 등주를 바라본 것은 그곳에서의 행복했던 삶을 그리워하는 것이 아니라, 처자식을 두고 온 것을 후회하는 영철이의 마음이 드러나 있다.

오답풀이

① ㉠ : 영철에게 벌을 줄 것을 청하였으므로, 영철을 용서하지 못하는 아라나의 마음을 보여주고 있다.
② ㉡ : 천하를 얻음에 있어 등주도 우리의 백성이라고 하여, 등주마저 차지하겠다는 홍타이지의 속내를 내비치고 있다.
③ ㉢ : 자기가 타던 말을 득건에게 전해주라고 하였으므로, 둘째 아들인 득건을 생각하는 영철의 마음이 나타나 있다.
④ ㉣ : 남편의 옷을 함께 묻어달라고 하였으므로, 저승에서라도 전사한 남편과 함께하고픈 어머니의 소망이 표출되어 있다.

36 ④ 영철이 처자식을 버리고 부모의 나라로 귀국한 것은, 임금에 대한 충성심에서가 아니라 어머니의 임종을 지키고 부모에 대한 자식으로서의 도리를 다하기 위함이다.

오답풀이

① 명(明)과 후금(後金)이 격돌하던 시대적 격변기에 있었으므로, 조선군의 출병이 여러 차례에 걸쳐 있었음을 추측할 수 있다.
② 아라나가 영철이 재차 도망간 것을 꾸짖는 말 속에서, 명과 후금 사이에 끼어 고통 받던 조선 사람들의 삶의 질곡을 엿볼 수 있다.
③ 영철과 네 아들이 자모산성을 수리하고 방비하는 일에 응한 것은 군역을 면해 준다고 했기 때문이므로, 혹독한 군역에 시달렸던 서민들의 현실을 보여 준다.
⑤ 관향사의 독촉으로 노새를 팔고 가산을 모두 털어 빚을 갚는 영철이의 모습에서, 서민들의 곤궁한 처지를 외면하는 위정자들의 모습을 볼 수 있다.

37 ② (가)와 (나)는 시조이고, (다)는 가사로 모두 4음보의 율격을 유지하고 있다.
(가) 청산(靑山)는 / 엇뎨ᄒᆞ야 / 만고(萬古)애 / 프르르며
(나) 청산(靑山)은 / 내 뜻이오 / 녹수(綠水)ᄂᆞᆫ / 님의 정(情)이
(다) 님다히 / 쇼식(消息)을 / 아므려나 / 아쟈 ᄒᆞ니

오답풀이

① (나)와 (다)에서는 '임'이라는 대상의 부재에서 느끼는 안타까움이 드러나 있지만, (가)의 대상은 '학문'으로 학문에의 정진 의지를 표현하고 있다.
③ (가), (나), (다) 모두 계절감을 주는 어휘가 쓰이지 않았다.
④ (나)에서만 청산을 '내 뜻이오'라고 감정을 이입하여 화자의 애상감을 표현하고 있다.
⑤ (가), (나), (다) 모두 명령적 어조를 사용하고 있지 않다.

38 ⑤ (가)의 화자는 '학문 정진'의 의지를, (나)의 화자는 '임을 향한 변함없는 사랑'의 의지를 표출하고 있다. (가), (나) 모두 인간의 허무함을 극복하려는 의지를 보여주고 있지는 않다.

오답풀이

① (가)는 초장과 중장의 대구를 통해 '청산'의 푸름과 '유수'의 흐름이 변하지 않는 속성임을 표현하고 있다.
② (나)의 화자는 '청산'을 '나의 뜻'에, '녹수'를 '님의 정'에 비유하여 떠난 임에 대한 변치 않는 사랑을 표현하고 있다.
③ (나)의 화자는 수사 의문문 형태의 설의적 표현을 통해 떠나고 후회하는 임의 특성을 강조하고 있다.
④ (가)의 화자는 끊임없이 흐르는 물의 속성에서 '변함없는 학문에의 정진'을, (나)의 화자는 흘러가 버리는 물의 속성에서 '변하는 임의 마음'을 표현함으로써 각기 다른 시적 의미를 도출하고 있다.

39 ② (나)에서 '청산'은 변하지 않는 나의 마음으로 〈보기〉에서 '나'가 있는 장소인 '여기'를 뜻하고, '녹수'는 떠나는 님의 정(情)으로 〈보기〉에서 이탈한 경우에 해당하므로, (나)에서의 '님'의 상실은 '님'이 나와 함께 있던 공간인 '여기'를 이탈했다고 보는 것이 바람직하다.

40 ③ '물가'에서 '님의 소식'을 아득하게 느끼는 것은 현실에서는 더 이상 임을 사랑하지 않는 화자의 마음이 아니라, 사공이 없어 배편으로 전해지는 임의 소식을 들을 길이 없는 안타까운 심정을 표현한 것이다.

오답풀이

① '내 마음 둘 데 없다'는 것은 임에게 버림받은 시적 화자의 공허한 심정을 표현한 것이다.
② 시적 화자가 '높은 산'을 오르는 것은 임과의 거리를 극복하기 위한 노력을 수직적 공간으로 표현한 것이다.
④ '꿈'이라는 반(半)현실적 공간에서조차 임과의 재회에 실패한 것은 시적 화자의 절망을 표현한 것이다.

⑤ 시적 화자가 죽어서 '낙월'이 되겠다고 하는 것은 자신이 처한 현실을 죽음이라는 비극적 초월로 극복하고자 표현한 것이다.

41 ① 돌아가신 할머니의 장례식을 치르는 동안 가족 구성원 간의 내적 갈등과 그 해소 과정이 서술되고 있다.

오답풀이

② 등장인물의 내면적 묘사가 서술의 중심이며, 장면의 잦은 전환은 보이지 않는다.

③ 현재와 과거의 입체적 사건 전개가 아니라, 현재와 삼촌이 쓴 책의 내용을 전환시키며 사건을 서술하고 있다.

④ 사건의 전개는 대사와 인물의 심리묘사를 통해 이루어지고 있으며, 공간적 배경을 묘사한 내용은 없다.

⑤ 인물의 심리묘사에 대한 서술자의 논평이 존재하지만, 이를 통해 인물의 성격 변화의 양상을 드러내고 있지는 않다.

42 ⑤ ⓜ은 돌아가신 어머니가 보여주셨던 사랑과 삶의 지혜를 이제는 누가 간직하고 싶어하는 지 걱정하는 준섭이의 회환을 표현한 것이며, 그 사랑과 지혜가 은지에게 전해질 수 있다는 믿음을 드러낸 것은 아니다.

오답풀이

① ㉠ : 용순이 동화책의 표지를 함부로 들춰 대며 심통을 부리는 것으로 보아 준섭에게 불만을 터뜨리고 있다.

② ㉡ : 용순이 은지네의 말에 기가 질린 듯 당황해 하다가 나중에는 비실비실 웃으며 무시하는 태도를 보이고 있다.

③ ㉢ : 은지네가 한 말에 대해 외동댁이 고까워하는 어조로 비양대고 못마땅하게 여기고 있음을 알 수 있다.

④ ㉣ : 준섭이가 실제로 딸아이에게 일러 준 말이라고 하였으므로, 동화책이 실제 준섭의 어머니와 딸에 대한 이야기를 담고 있음을 알 수 있다.

43 ④ 비유적 표현이 아니라 직설적인 언어로 용순이의 행동을 비난하고 있다.

오답풀이

① 용순이와 나머지 식구들 간의 행동을 대비시키고 있다.

② '못 보겠어', '해 온 거야', '일 뿐이야' 등의 서술어를 사용해 용순이의 행위를 단정적으로 규정짓고 있다.

③ 갑자기 숨도 쉴 틈 없이 몰아붙이는 바람에 기가 질린 듯 당황해하는 용순이의 표정을 통해 알 수 있다.

⑤ 용순이가 준섭이를 비난하자 은지네 자신이 대신하여 옹호하고 있다.

44 ④ 준섭이 '장례'를 계기로 가족들에게 자신의 '소망과 기구'를 직접 말로 전달하는 것이 아니라, 준섭이가 쓴 책을 통해 간접적으로 그 내용을 전달함으로써 가족 간의 심리적 갈등이 해소되고 화해와 융합이 가능해지고 있다.

오답풀이

① 망자를 애도하기 위한 '장례'에서 용순이, 은지네, 외동댁은 서로 표적이 물고 물린 꼴이 되어 저마다의 묵은 감정을 풀어내고 있다.

② '난장판', '소란통'과 같은 표현에서 보듯 집안 사람들의 불화와 상여꾼들의 흥겨운 노랫가락으로 혼돈과 무질서의 모습을 드러내고 있다.

③ 내적 요소인 '집안 사람들의 불화'와 이를 싸 덮는 외적 요소인 상여꾼들의 '흥겨운 노랫가락'은 서로 이질적인 존재로 혼재하여 '장례'의 성격을 드러내고 있다.

⑤ '귀가 멍멍해 오는 소란통' 속에 애도의 소란스러움과 침묵의 '묵상'이 대비를 이루면서 서로 공존하고 있음을 보여주고 있다.

45 ④ '마지막 남은 나이를 다 나눠 주'셨다는 '아빠'의 말에는 사랑과 삶의 지혜를 다 나주어 주고 돌아가신 할머니에 대한 슬픔을 표현한 것이며, 할머니가 너무 일찍 돌아가신 것에 대한 자책을 표현한 것은 아니다.

오답풀이

① '영혼이 옛 모습의 옷을 벗'었다는 것은 할머니의 영혼이 육체로부터 이탈하여 떠나가셨다는 것을 의미한다.

② 할머니가 '조그맣게 오므리고 어린 아기'처럼 자는 모습은 모든 사랑과 나이를 나눠주시고 돌아가시기 직전의 할머니의 모습을 표현한 것이다.

③ 할머니를 위해 찾아온 듯싶은 한 쌍의 '하얀배추꽃나비들'이 푸른 하늘로 날아오르는 장면은 할머니의 영혼이 떠나가는 모습을 묘사한 것이다.

⑤ 할머니가 '예쁘고 착한 새 아기'로 환생하기를 바라는 은지의 모습에서 할머니의 행복과 평안을 기원함을 느낄 수 있다.

2015학년도 기출문제 정답 및 해설

제1교시 국어영역(A형)

01 ②	02 ④	03 ②	04 ②	05 ⑤	06 ③
07 ④	08 ⑤	09 ④	10 ①	11 ②	12 ⑤
13 ③	14 ⑤	15 ⑤	16 ④	17 ③	18 ③
19 ④	20 ⑤	21 ②	22 ②	23 ④	24 ②
25 ②	26 ④	27 ④	28 ④	29 ③	30 ④
31 ④	32 ④	33 ②	34 ③	35 ③	36 ⑤
37 ④	38 ②	39 ④	40 ④	41 ①	42 ⑤
43 ③	44 ④	45 ②			

01 ② 첫 번째 단락에서 '물론 낙서라고 하면 아무래도 좀 지저분하고 정제되지 않은 것도 사실입니다'라며 낙서의 부정적 인식에 대해 언급하고 있지만, 이러한 인식이 잘못된 것이라고 비판하고 있지는 않다.

오답풀이

① 발표를 시작하면서 '저는 어릴 때부터 낙서를 좋아했습니다. 그래서 부모님께 혼난 적도 많은데요'라며 자신의 경험에 대해 이야기하면서 청중에게 '여러분도 뒷골목 벽이나 책상에 몰래 낙서해 보신 적 있으시죠?'라고 질문함으로써 공감대를 형성하고 있다.

③ 두 번째 단락에서 〈자료 1〉을 제시하며 '이 화면을 보시면, 아 이런 거, 하실 겁니다'라고 한 것으로 보아, 발표자는 청중이 그라피티를 본 경험이 있을 것이라고 전제하고 있음을 알 수 있다. 또한 그러한 판단하에 그라피티에 대한 청중의 경험을 환기시키고 있다.

④ 두 번째 단락에서 '여러분, 그라피티라는 말이 좀 낯설죠?'라고 한 데서 청중이 그라피티라는 용어에 익숙하지 않을 것으로 분석했음을 알 수 있다. 이어 그라피티의 어원인 '그라피아토(graffiato)'에 대해 설명함으로써 그라피티에 대한 청중들의 이해를 돕고 있다.

⑤ 세 번째 단락에서 베를린 도심의 건물에 디지털 그라피티가 그려지는 영상(〈자료 2〉)을 제시함으로써 디지털 그라피티에 대한 청중의 이해를 돕고 있다.

02 ④ '상상만으로도 해방감이 느껴지지 않습니까?'라는 질문은 청중의 주의를 환기하며 공감을 이끌어내는 질문으로, 구체적인 답변을 요구하는 질문이라고 볼 수 없다.

오답풀이

① 발표에서 '그라피티'라는 중심 화제에 대해 이야기할 것임을 밝히고 있다.

② '그렇다면~ 방법은 없을까요?'라는 질문을 통해 청중의 호기심을 자극하면서 '디지털 그라피티'라는 다음 내용으로 자연스럽게 전환하고 있다.

③ '여기를 보시죠'라는 제안을 통해 청중의 주의를 준비된 시각 영상 자료인 〈자료 2〉로 돌리고 있다.

⑤ 그라피티와 디지털 그라피티가 장차 거리 예술, 공공 미술로 성장할 수 있을 것이라는 전망을 덧붙이며 발표를 마무리하고 있다.

03 ② 그라피티의 역동적이고 자유로운 정신을 살린 새로운 형태의 그라피티로 디지털 그라피티를 소개하고 있으므로, 그라피티가 자유로운 정신을 상실했다고 보는 것은 적절하지 않다.

오답풀이

① 두 번째 단락에서 설명한 그라피티의 어원을 통해, 긁거나 그리는 것의 연원이 원시 시대의 벽화까지 거슬러 올라감을 알 수 있다.

③ 도심 공간을 훼손하지 않는 새로운 형태의 그라피티에 대해 소개한 것을 통해 그라피티가 규제를 받는 이유를 파악할 수 있다.

④ 네 번째 단락을 통해 디지털 그라피티는 레이저 포인터, 카메라, 프로젝터를 이용한 새로운 방식의 그라피티임을 알 수 있다.

⑤ 다섯 번째 단락을 통해 디지털 그라피티는 이를 완성해 가는 과정에서 보이는 손의 움직임을 재현한 것이 특징임을 파악할 수 있다.

04 ② 민규가 경아에게 '네가 좋아하는 김○○ 선생님도 참석하실' 것이라고 말한 것은 ⓐ(화자)가 아니라 ⓑ(청자)의 측면에서 접근한 것이다. 즉, 청자의 관심사에 대해 언급함으로써 설득 효과를 높이려는 의도라고 볼 수 있다.

오답풀이

① 민규가 '다섯 번째 참여'한다는 사실을 언급한 것은 화자(ⓐ)의 경험이 화자에 대한 신뢰성을 높이는 요소로 작용하기 때문이다.

③ 경아가 공적인 자리에서 말하는 게 서투르다며 주저하자 지영이가 '나도 처음엔 그랬으니까'라고 말했는데, 이는 청자(ⓑ)인 경아와의 심리적 일체감을 높이기 위해서이다.

④ 지영이가 '영화와 문학을 주제로'한다고 하면서 '너 그 분야에 관심 많지 않아?'라고 한 것으로 보아, 청자(ⓑ)의 요구와 관심을 환기하고자 한다는 것을 알 수 있다.

⑤ 민규가 영화 토론 동아리 활동을 통해 '위안'과 '깨달음'을 얻기도 한다고 언급한 것은 메시지(ⓒ) 측면에서 적절한 근거를 제시함으로써 청자 스스로 판단하도록 하기 위해서이다.

05 ⑤ '그건 그렇고'는 화제를 전환하기 위해 사용하는 담화 표지이다.

오답풀이

① '다름이 아니라'는 이야기를 꺼낸 목적 또는 화제를 밝히고자 할 때 사용하는 담화 표지이다.

② '이런 말 하긴 좀 그런데'는 상대방의 제안을 거절하거나 상대방에게 듣기 싫은 말을 해야 할 때 사용하는 담화 표지이다.

③ '그렇지?'는 타인의 동의를 구하고자 할 때 사용하는 담화 표지이다.

④ '그러나저러나'는 '그것은 그렇다 치고'라는 의미의 부사로, 지금까지의 화제를 다른 데로 돌릴 때 담화 표지로 사용한다.

TIP **담화 표지**

담화 표지는 담화에서 문장과 문장을 의미 있게 연결시켜 주고 응집성을 부여하며 결속시켜주는 역할을 하는 장치이다. 즉, 선행 발화와 후행 발화를 응집력 있게 결속시켜주면서 화자의 의도나 태도를 효과적으로 나타내준다.

06 ③ 작문에는 계획하기, 생성하기, 조직하기, 표현하기, 고쳐 쓰기 등의 일반적 절차가 있다. 그러나 이러한 절차에 따른 사고 작용은 반드시 고정된 순서대로 일어나는 것이 아니라 작문의 전 과정에서 회귀적으로 이루어진다. 이 글에서 필자가 아침 독서 시간 운영에 관한 학생 대의원 회의 논의 내용을 서술한 것은 작문이 사회 · 문화적 실천 행위라는 것을 보여주는 것으로, 이를 통해 작문이 회귀적 과정임을 파악할 수는 없다.

오답풀이

① 작문은 필자의 생각과 느낌을 일방적으로 전달하는 것이 아니라 필자가 글을 통해 독자와 교감하는 적극적인 의사소통 행위이다. 마지막 단락에서 필자가 학우들의 의견을 수렴하여 반영하고자 한다고 밝힌 것을 통해 이를 파악할 수 있다.

② 작문은 목표지향적인 사고 과정으로, 필자는 자신이 원하는 것이 분명히 무엇인지 알고 글을 쓰며 작문을 통해 그 문제의 해결 방법을 찾고자 한다. 이 글의 필자도 첫 번째 단락에서 '아침 독서 시간 운영을 제안하기 위해서'라고 글을 쓰는 이유를 밝히고 있다.

④ 필자는 두 번째 단락에서 '상당수의 학생들이 독서가 중요하다는 것을 알고는 있지만 실천하지 못하고 있'음을 언급하면서, 이를 해결하고자 아침 독서 시간 운영을 제안하고 있다. 이를 통해 작문이 일상생활의 문제 해결에 기여할 수 있다는 것을 알 수 있다.

⑤ 마지막 단락에서 필자가 아침 독서 시간 운영에 대한 검토를 요구하고 있는데, 이처럼 작문은 필자가 단독으로 의미를 구성해 나가는 것이 아니라 사회 공동체와 함께 의미를 구성해 나가는 사회적 행위로서의 성격을 지닌다.

TIP **작문의 일반적 절차**

작문은 일상생활이나 다른 학문 분야 등 여러 가지 분야에서 행해지며, 공통적으로 내용의 생성, 조직, 표현 단계 순으로 이루어진다.

① **생성** : 창조적인 사고 활동을 함으로써 주어진 문제에 대한 정보를 떠올리고 추론을 하거나 정보들 간의 연관성을 새롭게 발견하는 단계이다.

② **조직** : 통일성과 일관성의 원리에 따라 글 전체 주제에 부합되는 내용만을 선택하여 일관성 있게 주요 내용을 배열하는 단계이다.

③ **표현** : 필자가 생성하고 조직한 정보를 완결된 언어의 모습으로 표현하는 단계이다. 내용을 정확하고 효과적으로 표현하기 위해 알맞은 어휘를 선택하고 어법에 맞는 문장으로 표현하며, 개성 있는 문체를 사용하고 그림과 도표를 활용하기도 한다.

07 ④ 셋째 단락에서 '아침 독서 시간을 통해 전교생이 독서 습관을 키운다면 면학 분위기 조성에도 도움이 될 것'이라고 하였으나 (다)의 전문가 인터뷰에 따르면 독서 습관은 단기간에 형성되는 것이 아니기 때문에 (다)를 활용하여 이 내용을 보강한다는 방안은 적절하지 않다.

오답풀이

① (가)에서 '평소 책 읽기를 어렵게 하는 요인이 무엇인가'라는 질문에 '학과 공부 때문에 시간이 없어서'라고 대답한 학생의 비율이 62.1%라고 하였다.

② (나)에 제시된 통계에 따르면 아침 독서 시간을 운영하고 있다는 전국 초 · 중 · 고 학교의 비율은 2010년 55.4%에서

2013년 69.6%로 14.2% 늘어난 것으로 나타났다.

③ (다)의 전문가 인터뷰에서 독서 내용을 학교생활기록부에 기록하고 이를 입시에 반영하도록 제도화되는 등 독서 활동이 대학 진학과 관련 있다는 것을 밝히고 있다.

⑤ (나)에 제시된 통계에 따르면 아침 독서 시간을 운영하고 있는 학교의 학생 가운데 아침 독서가 독서 습관 형성에 도움이 된다고 대답한 학생의 비율이 2010년 78.7%에서 2013년 80.5%로 1.8% 증가한 것으로 나타났다. 또한 (다)의 전문가 인터뷰에 따르면 이러한 청소년기의 독서 습관이 성인 이후의 사회생활에도 도움이 된다고 하였다.

08 ⑤ '아침 독서 시간의 필요성과 효과에 대해서는 수긍합니다'라며 학생회장의 생각에 동의한다는 의견을 먼저 밝히고 있으며, '학생 대의원 회의에 참여한 일부 학생들의 생각일 뿐 우리들 모두의 의견은 아닐 수 있'다며 학생회장의 제안의 문제점을 지적하고 있다. 이어 '학급 회의를 통해 전체 학생들의 의견을 수렴하여' 아침 독서 시간 운영 여부를 결정하자는 대안을 제시하고 있다.

오답풀이

① 학생회장의 제안에 대한 문제점을 지적하고 대안을 제시하는 내용이 빠져 있다.

②, ③ 학생회장의 생각에 동의하는 내용이 나타나 있지 않다.

④ 대안을 제시하는 내용이 빠져 있다.

09 ④ 네 번째 단락에서 도시 공공시설에 아빠들이 이용할 수 있는 수유실을 설치하고, 남자 화장실에 기저귀 교환대 설치를 확대해야 한다는 등의 문제 해결 방안을 제시하였으나 이를 통해 예상되는 효과는 제시하지 않았다.

오답풀이

① 세 번째 단락에서 아저씨의 입장에서 사건을 헤아려 보고 있다.

② '먹이고 있었다', '시작한다'와 같이 현재형 종결 표현을 사용하고, '힘차게 기저귀를 풀어헤치던'과 같이 동작을 묘사함으로써 현장감을 드러내고 있다.

③ 두 번째 단락에서 '마치 파도타기를 하는 것처럼', '그 모양이 꼭 냄새가 번지는 모습을 보는 것 같다', '계절이 돌아오듯' 등에서 비유법이 사용되었다.

⑤ 아기의 기저귀를 가는 평범한 사건에 내재된 삶의 본질적인 문제, 즉 아기에게 허용된 공간이 줄어들고 있는 것을 언급하고 있다.

10 ① '한편'은 어떤 일에 대해 앞서 말한 측면과 다른 측면을 이어서 말할 때 쓰는 말로, '그럼에도 불구하고'와 바꿔 쓰기에는 적절하지 않다. '그럼에도 불구하고'는 역접의 접속 관계를 나타내는 '그러나'나 '하지만'과 바꾸어 쓸 수 있다.

오답풀이

② '고약한 냄새와 시끄러운 소리가 들려서'의 서술어는 '들려서'로, '고약한 냄새'와 호응하지 않는다. 따라서 이에 호응하는 서술어 '나고'를 추가해야 한다.

③ '곰곰이'는 부사 '곰곰'에 '-이'가 붙어서 부사가 된 단어이므로, '곰곰히'로 적는 것은 옳지 않다.

④ 아기 전용 공간은 늘어나는데 아기에게 허용된 공간이 오히려 줄어들고 있는 상황은 앞뒤가 맞지 않는다. 따라서 '궤변'은 '역설'로 바꾸어야 한다.

⑤ 문단의 통일성이란 한 문단 안에서는 하나의 화제를 다루어야 한다는 것이다. 한 문단 속에 화제가 둘 이상이 될 경우 통일성이 깨어져 한 문단으로서의 역할을 하지 못하게 되므로 화제의 단일성을 해치는 내용은 삭제해야 한다. 마지막 단락은 아기와 아저씨에 대한 배려가 부족했음을 반성하는 내용인데, ⓜ은 할 일은 해야 한다는 내용으로 통일성을 해치므로 삭제해야 한다.

11 ② '늦여름'이 발음될 때에는 음절 끝소리 규칙에 따라 '늦'의 'ㅈ'이 [ㄷ]으로 바뀌어 [늗여름]이 되고, 이어 'ㄴ'이 첨가되어 [늗녀름]으로 되었다가, 자음 동화 현상이 발생하여 [는녀름]으로 소리 난다.

오답풀이

① '밭이랑'은 음절 끝소리 규칙에 따라 '밭'의 'ㅌ'이 [ㄷ]으로 바뀌어 [받이랑]이 되고 이어 'ㄴ'이 첨가되어 [받니랑]으로 되었다가, 자음 동화 현상이 발생하여 [반니랑]으로 소리 난다.

③ '숱하다'는 음절 끝소리 규칙에 따라 '숱'의 'ㅌ'이 [ㄷ]으로 바뀌어 [숟하다]가 되고 'ㄷ'과 'ㅎ'이 'ㅌ'으로 축약되어 [수타다]로 소리 난다.

④ '국물'의 'ㄱ'은 뒤에 오는 'ㅁ'의 영향으로 'ㅇ'으로 바뀌는 역행 자음 동화 현상이 발생하여 [궁물]로 소리 난다.

⑤ '좋으면'의 어근 '좋-'은 모음으로 시작되는 어미와 결합할 때 'ㅎ'이 탈락하는 불규칙 활용을 한다.

TIP 'ㄴ' 첨가 현상

표준 발음법 제29항

합성어 및 파생어에서, 앞 단어나 접두사의 끝이 자음이고 뒤 단어나 접미사의 첫음절이 '이, 야, 여, 요, 유'인 경우에는, 'ㄴ' 음을 첨가하여 [니, 냐, 녀, 뇨, 뉴]로 발음한다.

다만, 다음과 같은 말들은 'ㄴ' 음을 첨가하여 발음하되, 표기대로 발음할 수 있다.

이죽-이죽[이중니죽/이주기죽] 금융[금늉/그뮹]
야금-야금[야금냐금/야그먀금] 검열[검:녈/거:멸]
욜랑-욜랑[욜랑뇰랑/욜랑욜랑]

[붙임 1] 'ㄹ' 받침 뒤에 첨가되는 'ㄴ' 음은 [ㄹ]로 발음한다.
예 들-일[들:릴] 솔-잎[솔립] 설-익다[설릭따]
물-약[물략] 불-여우[불려우] 서울-역[서울력]
휘발-유[휘발류] 유들-유들[유들류들]
[붙임 2] 두 단어를 이어서 한 마디로 발음하는 경우에도 이에 준한다.
예 한 일[한닐] 옷 입다[온닙따] 서른 여섯[서른녀섣]
할 일[할릴] 잘 입다[잘립따] 스물 여섯[스물려섣]
3 연대[삼년대] 1 연대[일련대] 먹은 엿[머근 녇] 먹을 엿[머글 렫]
다만, 다음과 같은 단어에서는 'ㄴ(ㄹ)' 음을 첨가하여 발음하지 않는다.
6 · 25[유기오] 3 · 1절[사밀쩔] 송별-연[송:벼련] 등-용문[등용문]

12 ⑤ ㉠은 앞의 용언을 생략하면 문장이 성립되지 않는 것이므로 보조 용언에 해당한다. 〈보기 2〉에서 보조 용언에 해당하는 것은 ⓑ '읽고 싶다'의 '싶다'와 ⓓ '먹어 보자'의 '보자'이다. '싶다'는 앞말이 뜻하는 행동을 하고자 하는 마음이나 욕구를 갖고 있음을 나타내는 보조 형용사로, '보다'는 어떤 행동을 시험 삼아 함을 나타내는 보조 동사로 쓰였다.

오답풀이

ⓐ '찢어 버려라'는 앞의 용언 '찢어'를 생략해도 문장이 성립하므로 두 용언 모두 본용언으로 쓰였다.

ⓒ '가서 자야지'는 앞의 용언 '가서'를 생략해도 문장이 성립하므로(집에서 자야지) 두 용언 모두 본용언임을 알 수 있다.

13 ③ 관형절 '이마에 흐르는'에서 생략된 주어는 '땀'이며, 안은 문장의 주어는 '그'이다. 따라서 안은문장과 관형절의 공통 주어가 생략되었다는 내용은 적절하지 않다.

오답풀이

① 서술절은 절 전체가 서술어의 기능을 하는 안긴문장으로, '날씨가 아주 덥다'는 앞에 나오는 주어 '오늘은'에 대한 서술어로 기능하고 있다.

② 명사절은 문장 속에서 주어나 목적어로 기능하며, 부사어로 쓰이기도 한다.

④ 인용절에는 인용격 조사 '고' 또는 '라고'가 붙는다.

⑤ '소리도 없다'에 부사형 어미 '-이'가 결합한 부사절로, 서술어 '다가오다'를 꾸미고 있다. 부사절은 부사형 어미 '-이' 외에도 '-게', '-도록', '-(아)서' 등이 붙어서 만들어진다.

14 ⑤ '그는 항상 나보다 빨리 결승점에 이르렀다.'는 '이르다[1]'의 용례에 해당한다. '이르다[3]'의 용례로는 '올해는 예년보다 단풍이 이른 감이 있다.'를 들 수 있다.

오답풀이

① 동음이의어는 소리는 같으나 뜻이 다른 단어로, 의미가 다르기 때문에 별개의 표제어로 기술된다.

② 다의어는 한 단어가 둘 이상의 관련된 뜻을 지닌 것으로, 의미상 관련성이 있기 때문에 하나의 표제어로 기술된다.

③ '이르다[1]'에 어간에 어미 '-어'가 붙으면 '이르러'로 활용하는 반면 '이르다[2]'와 '이르다[3]'은 '일러'로 활용한다.

④ '이르다[1]'의 ㉠은 필수적으로 요구되는 문장 성분이 주어, 부사어로 2개이고 '이르다[2]'의 ㉠은 주어, 부사어, 목적어로 3개이다.

TIP 다의어와 동음이의어

- **다의어(多義語)** : 한 단어가 둘 이상의 관련된 의미를 지닌 것으로, 중심적 의미와 주변적 의미로 구성되며 사전에 하나의 표제어로 등재된다.
- **동음이의어(同音異義語)** : 의미가 다른 두 개 이상의 단어가 우연히 동일한 형태를 취한 것으로, 의미적 연관성이 없기 때문에 사전에 서로 다른 표제어로 등재된다.

15 ⑤ '하게체'는 '두루 높임'이 아니라 '예사 낮춤'이다. 예사 낮춤은 듣는 사람이 말하는 사람과 나이가 비슷하거나 아랫사람인 경우 이들을 약간 낮추어 말하는 것으로, 나이 든 친구 사이에서 사용하거나 나이 많은 선생이 나이 많은 제자에게, 혹은 장인이나 장모가 사위에게 사용하는 상대 높임법이다.

오답풀이

① 선어말 어미 '-시-'를 사용하여 주체인 '선생님'을 높이고 있다.

② '나오다'의 주체는 사물인 '커피'이므로 '나오셨습니다'처럼 과도하게 높이지 않도록 주의해야 한다.

③ 압존법을 사용하여 화자보다 높지만 청자보다 낮은 대상인 고모를 높이지 않고 있다.

④ 대화 상대인 아들의 입장에서 아버지는 높임의 대상이므로 '계시다'를 통해 주체 높임을 실현하고 있다.

TIP 상대 높임법

상대 높임법은 국어의 높임법 중 가장 발달되어 있는 것으로, 말하는 이가 듣는 이에 대해 높이거나 낮추어 말하는 방법이다. 보통 종결 표현으로 실현되며 크게 격식체와 비격식체로 나누어진다. 격식체는 심리적 거리감을 나타내는 데 비해 비격식체는 정감 있으며 격식을 덜 차리는 표현이다. 격식체에는 아주 높임의 '하십시오체', 예사 높임의 '하오체', 예사 낮춤의 '하게체', 아주 낮춤의 '해라체'가 있으며, 비격식체에는 두루 높임의 '해요체', 두루 낮춤의 '해체'가 있다.

[16~18] 비문학 – 언어

16 ④ 네 번째 단락에 제시된 설명에 따르면, 대부분의 화자들은 담화 구성 성분상의 변화가 없을 경우에는 인식적 코드 전환을 한다. 상황적 코드 전환은 담화 구성 성분의 변화가 있을 때 발생한다.

오답풀이

① 두 번째 단락에 순수하게 언어학적 기준만으로 대상 언어가 개별 언어인지 한 언어의 하위 방언인지 명료하게 구별하기는 매우 어렵다고 제시되어 있다.
② 두 번째 단락에 언어학적 기준만으로 언어와 방언을 명료하기 구별하기 어렵기 때문에 언어학자들이 언어와 방언을 '코드(code)'라는 중립적 용어로 통합하여 사용한다고 제시되어 있다.
③ 세 번째 단락에 제시된 코드 선택에 대한 설명에 따르면, 개별 화자들은 현재 처한 사회적 상황이나 담화 맥락 등을 고려하여 특정 코드 하나를 선택한다는 것을 알 수 있다.
⑤ 마지막 단락에서 다문화가족 수의 증가 등 글로벌화의 가속화로 인해 우리나라도 머지않아 코드 선택이나 코드 전환의 문제가 중요한 이슈로 떠오를 수 있다고 전망하고 있다.

17 ③ 〈보기〉에 따르면 제주도 본토박이 화자가 네 가지 담화 고려 요소 가운데 가장 먼저 고려하는 것은 상대방의 지역 정체성이고, 가장 나중에 고려하는 것은 상대방의 사회적 지위이다.

오답풀이

① ⓐ는 표준말과 제주말의 두 가지 코드 중 하나를 선택하는 양상을 보이고 있다.
② ⓐ는 네 가지 담화 요소 가운데 공식성을 고려하여, 같은 제주 사람이더라도 공식적 상황에서는 표준말을 사용한다는 것을 알 수 있다.
④ 공식성에 변화가 있을 경우 표준말에서 제주말로, 제주말에서 표준말로 코드 전환이 이루어질 가능성이 있다.
⑤ 상대방과의 사회적 거리를 보다 친밀하게 하기 위해 인식적 코드 전환을 할 수도 있다.

18 ③ ㉠은 국가적 차원의 코드 선택의 예로 제시된 것으로, 우크라이나가 러시아어의 제2공식어 지위를 박탈한 것은 자국의 언어 상황 때문이 아니라 러시아의 군사 개입에 대한 반감을 나타낸 것이라고 하였다. 따라서 이는 정치, 군사, 외교적 차원에서 국가적 차원의 코드 선택이라고 볼 수 있다.

[19~21] 비문학 – 과학

19 ④ 세 번째 단락에 따르면 정상 시각을 가진 사람은 세 가지 빛의 조합으로 모든 색상을 만들 수 있다.

오답풀이

① 세 번째 단락에 삼원색 이론을 통해 색상이 빛의 파장에 내재한 고유한 속성이 아니라는 것을 확인하였다고 제시되어 있다.
② 두 번째 단락에 L, M, S 추상체가 모두 강하게 흥분하면 백색이 지각된다고 제시되어 있다.
③ 네 번째 단락에 추상체에서 뇌로 이르는 수직적 경로의 요소들에 수평적 연결이 더해져, 수평적 연결이 수직적 연결을 따라 진행되는 전기신호를 조절한다고 제시되어 있다.
⑤ 첫 번째 단락에 M 추상체는 녹색에 가까운 중파장에서 빛을 최대로 흡수하며 주변 파장으로 갈수록 빛 흡수율이 떨어진다고 제시되어 있다.

20 ⑤ 인간의 눈에는 7백만 개의 추상체가 있으나 망막의 추상체는 L, M, S 추상체의 세 가지 종류로 나누어지며 이 세 가지 기본 요소만 있으면 눈에 보이는 모든 색을 만들어낼 수 있다. 따라서 눈의 추상체 개수만큼 RGB 센서를 확보할 필요는 없다. L, M, S 추상체 대응하는 RGB 센서를 확보하여 이들의 조합이 뇌로 전달되도록 해야 한다.

오답풀이

① 인간의 눈은 추상체에서 뇌로 이르는 경로에 일종의 회로가 구성되어 있으므로, 이를 전자눈에서 구현하려면 개별 센서들의 신호를 연산하는 회로를 만들어 감광장치에 넣어야 한다.
② R 센서는 생체 눈의 L 추상체에, G 센서는 M 추상체에, B 센서는 S 추상체에 대응하므로, 생체 눈에서 L, M 추상체와 S 추상체가 대립하는 것처럼 전자눈에서도 R, G 센서와 B 센서가 대립적으로 작용하도록 회로를 만들어야 한다.
③ 생체 눈의 구조와 기능을 구현하기 위해서는 추상체에서 뇌로 이르는 수직적 경로의 요소들마다 그것들을 상호 연결하는 수평적 연결이 더해지듯이, 전자눈의 개별 센서에서 뇌로 향하는 수직적 연결에 수평적 연결을 더해야 한다.
④ 다섯 번째 단락에 따르면 실험심리학자들이 대립과정 이론을 통해 사물을 더욱 선명하게 볼 수 있다는 연구 결과를 발표하였으므로, 전자눈에도 이를 적용하는 것이 적절하다.

21 ② L 추상체는 적색(R)에 가까운 장파장에서 빛을 최대로 흡수하므로 각 세포 회로에서의 L 추상체의 반응을 보면, R+G– 세포 회로에서는 흥분성 반응을, G+R– 세포 회로에서는 억제성 반응을, B+Y– 세포 회로에서는 M 추상체와

합산되어 억제성 반응을, Y+B– 세포 회로에서는 M 추상체와 합산되어 흥분성 반응을 보인다.

[22~23] 비문학 – 기술

22 ② 두 번째 단락에 따르면 전기영동 방식의 회전 공은 구동 전압이 너무 클 경우 직진을 먼저 한다고 하였으므로, 직진을 하지 않고 회전만 가능하다는 것은 이 글의 내용과 일치하지 않는다.

오답풀이

① 첫 번째 단락을 통해 알 수 있다.
③ 세 번째 단락을 통해 알 수 있다.
④ 세 번째 단락을 통해 알 수 있다.
⑤ 세 번째 단락을 통해 알 수 있다.

23 ④ ⓑ (나)의 전기습윤 방식에서는 전압 차가 클수록 기름층이 좁은 영역으로 모이게 되므로 전압 차를 높이면 ⓒ의 원 모양은 더 작아진다.
ⓓ (나)의 전기습윤 방식에서는 전압을 해제하면 기름이 퍼지게 되므로 ⓒ에서 ⓔ로 변하게 된다.

오답풀이

ⓐ (가)의 전기영동 방식에서는 어떤 전압을 가해도 공의 위상이 어느 정도 달라지기 때문에 이상적인 움직임을 보이는 특정한 전압을 찾기가 어렵다. 따라서 전압을 높인다고 해서 해상도가 높아진다고 볼 수 없다.
ⓒ 전기영동 방식에서는 한 번 디스플레이되면 전압을 해제하더라도 다른 전압을 가하기 전까지는 상태가 유지된다.

[24~26] 비문학 – 인문

24 ② 이 글은 예술 작품에 대한 감상 · 판단에 대한 의문들을 제기하고 이러한 의문들에 대한 답변을 흄의 견해를 바탕으로 순차적으로 제시하고 있다.

25 ② ⓐ의 '후기 인상주의 작가들의 작품'은 당대에는 이해받지 못하고 조롱당하였으나 오늘날에는 세계적으로 위대한 예술가의 작품으로 인정받고 있다. 반면 ⓓ의 '프랭크 브랭귄'의 작품은 당대의 많은 사람들에게 찬양받았으나 오늘날의 비평가들에게는 좋은 평가를 받지 못하고 있다. 이처럼 ⓐ와 ⓓ를 통해 비평의 불일치를 확인할 수 있다.

오답풀이

① 흄의 견해에 따르면 자격을 갖춘 비평가들이라 하더라도 비평가 개인의 성격적인 기질의 차이와, 비평가가 살았던 시대적 배경으로 인해 비평의 불일치가 발생한다. 후기 인상주의 작가들의 작품(ⓐ)에 대한 소수 비평가들(ⓑ)과 학계와 전문가들(ⓒ)의 반응이 다르게 나타난 것은 이러한 불일치를 보여주는 사례라고 할 수 있다.
③ 오늘날 세계적으로 위대한 예술가들로 인정받는 후기 인상주의 작가들의 작품(ⓐ)을 제대로 평가한 소수의 비평가들(ⓑ)은 세 번째 단락에서 설명하고 있는 '진정한 판관'으로 볼 수 있다.
④ 프랭크 브랭귄(ⓓ)은 당대에는 찬양받았던 예술가이지만 오늘날에는 그의 작품이 낮은 평가를 받는다는 점에서 '시간의 테스트'를 넘어서지 못했음을 알 수 있다.
⑤ 오늘날에는 지나치게 평면적이고 정적이라고 평가받고 있는 프랭크 브랭귄의 작품을 찬양했던 당대의 많은 사람들(ⓔ)은 산업 윤리 등 그 시대의 특정한 태도나 가정에 밀착되어 있었다고 볼 수 있다.

26 ④ ㉮의 〈돈키호테〉 이야기에서 비평의 불일치(㉯)에 해당하는 것은 두 명의 전문가가 포도주의 맛에 불평을 한 이유가 각각 '쇠 맛'과 '가죽 맛'으로 서로 달랐다는 점이다.

[27~30] 비문학 – 사회

27 ④ 첫 번째 단락에 따르면 인간자본 이론에서는 인간자본을 형성하기 위한 직접적인 지출 및 그로 인해 포기된 소득 등을 인간자본에 대한 투자로 파악한다. 따라서 인간자본 이론에서 인간자본 형성을 위해 포기한 소득을 배제하고 투자를 정의한다는 것은 이 글의 내용과 일치하지 않는다.

오답풀이

① 마지막 단락에서 확인할 수 있다.
② 첫 번째 단락에서 확인할 수 있다.
③ 두 번째 단락에서 확인할 수 있다.
⑤ 네 번째 단락에서 확인할 수 있다.

28 ④ (나)에서 OK_1은 '다희'의 인간자본에 대한 투자량이고, '라희'의 인간자본에 대한 투자량은 OK_2이다.

오답풀이

① '가희'는 D의 수요곡선과 S_1의 공급곡선을 가지므로 K_1까지 투자를 한다. 따라서 '가희'의 인간자본 투자의 총수익은 $OAMK_1$이다.
② '나희'는 D의 수요곡선과 S_2의 공급곡선을 가지므로 K_2까지 투자를 한다. 따라서 '나희'의 인간자본 투자의 총수익은 $OANK_2$, 총비용은 $OCNK_2$이다.
③ '다희'는 D_2의 수요곡선과 S의 공급곡선을 가지므로 K_2까지 투자를 한다. 따라서 '다희'의 인간자본 투자의 총수익은 $OBMK_1$, 총비용은 $OCMK_1$이고 순이익은 BCM이다.

⑤ ABMN은 '라희'의 순이익인 ACN에서 '다희'의 순이익인 BCM을 뺀 것으로, '라희'와 '다희'의 소득 격차에 해당한다.

29 ③ 다섯 째 단락에 따르면 소득 격차를 줄이는 방안으로는 저소득층의 교육의 기회를 보장하는 것과 노동 시장 접근 기회를 확대하는 방법이 있다.

오답풀이

① (가)에서 '나희'의 공급곡선이 '가희'의 공급곡선 밑에 위치하고 있는 것은 '가희'보다 '나희'가 부유하다는 것을 의미한다. 따라서 '가희'와 '나희'의 소득 격차가 발생하는 이유는 능력이 아니라 빈부 차이 때문이라고 볼 수 있다.

② 다섯 째 단락에 따르면 부유한 사람은 유리하게 인간자본에 대한 투자 재원을 조달할 수 있다고 하였다. 따라서 더 유리한 조건으로 인간자본에 대한 투자 재원을 조달할 수 있는 사람은 '나희'이다.

④ (나)에서 '다희'와 '라희'는 각기 다른 수요곡선을 가지고 있는데, '라희'의 수요곡선이 '다희'보다 위쪽에 위치하고 있는 것은 '다희'보다 '라희'의 능력이 더 우수하다는 것을 의미한다.

⑤ 인간자본에 대한 투자 기회의 차이로 인해 소득 격차가 발생한다는 것은 소득 격차에 대한 평등주의적 접근 방법으로, 모든 사람에게 수요 조건이 동일하다고 본다. '다희'와 '라희'는 서로 다른 수요곡선을 가지고 있는데, 이는 두 사람의 능력이 다르다는 것을 의미한다. 이는 엘리트주의적 접근 방법에 해당하며, 이에 따르면 소득 격차를 해소할 수 있는 사회적 대안이 없다.

30 ④ 〈보기〉에 따르면 인도에서는 동일한 인간자본을 획득하더라도 계급에 따라 이에 대한 투자로 얻을 수 있는 소득이 다르다. 이처럼 인간이 소속된 공동체의 사회구조나 환경을 고려하지 않고 소득 격차를 설명하기는 어렵다.

[31~33] 현대 시

박재삼, 「화상보(華想譜) – 춘향이 마음 초(抄)」

「춘향이 마음 초」는 1962년 간행된 박재삼의 첫 시집 『춘향이 마음』에 수록된 연작시이다. 「춘향이 마음 초」는 「수정가」, 「바람 그림자를」, 「매미 울음에」, 「자연」, 「화상보」, 「녹음의 밤에」, 「포도」, 「한낮의 소나무에」, 「무봉천지」, 「대인사」 등 총 10편으로 이루어져 있으며, 춘향을 소재로 다채로운 층위에서의 기다림과 그리움의 정서를 노래했다.

박재삼은 이 연작시에서 줄거리를 과감히 생략한 채 슬픔, 그리움, 기다림 등의 춘향의 심상들을 구체적 일상의 사물과 자연물로 형상화하였는데, 「화상보」에서는 춘향이 처한 상황의 모든 줄거리나 의미들은 배제하고 춘향의 일편단심을 노래하였다.

31 ④ 화자는 옥에 갇혀 목에 칼을 찬 채 잠들어 있는 춘향이의 모습을 '목이 휘인 채 꽃 진 꽃대' 같다고 묘사하며 춘향이의 '일편단심'을 헤아리고 있다.

32 ④ 2연의 '아니라면'은 '~수는 도무지 없는 일이란 말이다'와 호응하여 화자의 견해에 정당성을 부여함과 동시에 춘향의 꿈에 진실성을 부여하고 있다.

오답풀이

① '칼'은 죄인에게 씌우던 형틀로, 옥에 갇혀 있는 춘향이의 상황을 알려준다.

② 목에 칼을 찬 채 눈물지으며 잠들어 있는 춘향이의 모습을 '목이 휘인 채 꽃 진 꽃대'에 비유함으로써 춘향이의 '눈물 방울'은 '꽃 이파리'로 이어진다.

③ 1연에서 '잠'이 들어 있는 춘향이의 모습을 관찰함으로써 자연스럽게 2연의 춘향의 '꿈속'으로 연결된다.

⑤ '참말이다'라는 단정적 어조를 통해 '춘향'에 대한 서술의 진정성을 강화하고 있다.

33 ② 훌륭한 꽃동산을 가꾸는 '슬기'는 '춘향'의 감정과 태도가 상호 작용함으로써 비롯된 것이라고 할 수 있다.

[34~38] 현대 소설

김원일, 「도요새에 대한 명상」

이 소설은 1970년대 동진강 유역을 배경으로 하며, 다양한 방식으로 살아가는 한 가족의 이야기를 '도요새'를 매개로 그린 작품이다. '도요새'는 환경오염의 실태와 민족 분단의 현실을 보여 주면서 인물들 간의 갈등을 조장하는 소재로 기능한다. 전체 4부로 구성된 이 소설은 각 부마다 서술 시점이 달라지는 것이 특징이며, 우리 사회가 직면한 환경오염과 분단이라는 과제를 제시함으로써 당대 사회의 문제점을 다양하게 보여준다.

1970년대의 인간 중심적 · 성장 우선주의적 사회의 모습을 그리며 산업화의 폐해를 그리는 한편 실향민의 안타까운 심정을 나타내고 있는 이 소설은, 시점의 변화와 더불어 과거 회상과 현재가 교차되는 역순행적 구성을 보인다. 특히 시점의 변화는 같은 사건에 대한 서로 다른 관점을 보여 줌으로써 인간 군상의 다양한 모습을 제시하며, 각각의 서술자로 하여금 자신의 내면을 드러내도록 한다. 이를 통해 독자들은 각 인물의 내면을 관심 있게 지켜볼 수 있다.

34 ③ '나'가 "저는 통일이 절실하다고 외치는 아버지나 형이 되기보단 차라리 통일을 모르는 쪽이 좋아요."라고 말한 것으로 보아 통일을 원하지 않는다는 것을 알 수 있다.

오답풀이

① '나'가 "전쟁을 원하기보다는 오히려 영구적인 분단이 더 좋아요"라고 말하자 '형'이 "그런 사고방식을 갖게 한 건 순전히 교육 탓이야"라고 '나'의 말을 반박한 것을 통해 알 수 있다.

② '아버지'가 "남북 오천만이 넘는 인구 중 통일을 막고 있거나 포기하고 있는 사람이 몇 명이나 될 것 같아?"라고 말하자 '나'가 "아버지도 냉정히 생각해 보세요."라고 말한 것을 통해 알 수 있다.

④ '아버지'는 '젊은 애들'이 '도덕적 가치 판단의 기준을 잃게' 된 것이 '기계주의 사회' 때문이라고 말하는데, '나'가 이를 두고 '교육계에 몸을 담고 있었다고 아버지가 말을 둘러댔다'고 생각한 것을 통해 알 수 있다.

⑤ "우선 내가 살고 사회가 안정되는 것이 중요하잖아요?"라는 '나'의 말에, '아버지'가 젊은 세대가 그런 사고방식을 갖게 된 것이 '물질 위주의 기계주의 사회' 때문이라고 말한 것을 통해 알 수 있다.

35 ③ '엄마'는 계를 유지하기 위해 '아버지' 학교의 공금을 빼내 썼으며, 이로 인해 권고사직을 당한 '아버지'의 퇴직금은 빼낸 학교 공금을 막는 데 들어갔다. 따라서 '엄마'가 '아버지'의 퇴직금만으로 생계를 꾸려나갔다는 것은 이 글의 내용을 잘못 이해한 것이다.

오답풀이

① [B]에 제시된 내용에 따르면 아버지는 정직과 청렴결백을 생활신조로 삼았음을 알 수 있다.

② 아버지가 각자의 소망과 꿈이 다르듯 자유와 창의력을 존중한다고 말한 것으로 보아, 인간의 개성을 억압하는 이념에 대해 비판적임을 알 수 있다.

④ "그로써 아버지의 스물네 해 공직 생활은 불명예로 끝났다."라고 서술된 것을 통해 알 수 있다.

⑤ "그러나 고향을 잃고 살기는 엄마도 마찬가지였다."라고 서술된 것을 통해 알 수 있다.

36 ⑤ ㉠은 출생에서부터 해방을 거쳐 전쟁이 나던 해까지 아버지의 내력을 요약적으로 제시한 부분이다.

37 ④ 이 장면에 원작과 달리 '엄마'가 등장한다는 것은 적절하나, '아버지'가 가족 모두에게 가졌던 불만을 살려 내고 있다는 것은 적절하지 않다.

오답풀이

① "누가 뭐래도 인간은 저, 정직이 중요해. 네 생각은 정직하지 못해."는 원작에서 '아버지'가 '나'에게 한 말이나 〈보기〉에서는 이 말을 '엄마'에게도 하고 있다.

② 원작에서는 '엄마'가 '협박과 울음'을 섞어 아버지를 설득했다고 요약적으로 서술한 부분을 〈보기〉에서는 인물 간의 대화로 구체화하였다.

③ 원작에서는 한 문장으로 서술된 부분을 〈보기〉에서는 두 인물의 상반된 표정을 클로즈업(C.U.)하여 인물의 심정이 대비될 수 있도록 구성하였다.

⑤ 원작과 달리 〈보기〉에서는 '안방'이라는 공간을 설정하여 '아버지'와 '엄마' 사이의 갈등을 집약적으로 보여주고 있다.

38 ② 엄마 때문에 아버지가 학교 공금을 빼내어 씀으로써 불명예스럽게 퇴직을 했지만 경제권을 엄마가 계속 가지고 있다는 것은 경제권에 있어서 아버지가 별다른 힘이 없다는 것을 의미한다. 따라서 가장 적절한 것은 "아니, 경제권 행사에서 아버지는 늘 '껍데기'에 불과했을 뿐이다."이다.

[39~42] 고전 소설

작자 미상, 「조웅전」

이 작품은 조선 후기의 대표적인 군담 소설로, 전반부는 조웅의 고행담과 애정담으로, 후반부는 조웅의 영웅적 무용담으로 구성되어 있다. 즉, 영웅 조웅이 간신 이두병을 물리치고 나라의 정통을 다시 세운다는 내용으로, 조웅의 아버지는 이두병의 참소로 자결을 하게 되고, 이두병이 조웅 모자를 해하려 하자 조웅 모자는 피신을 하는데, 조웅이 성장하여 이두병의 군대를 물리치고 태자를 복위시킨다는 내용이다.

이 작품의 특징은 영웅의 일대기 구조를 따르고 있으나 주인공의 출생에 있어 부모의 기자(祈子) 정성이나 태몽, 천상인의 하강 등의 화소가 제거되어 있다는 것이다. 도술적 힘에 의한 영웅적 활동을 통해 유교 이념인 충의 사상을 표현하는 주제 의식을 다룬 점은 군담 · 영웅 소설의 전형을 따르고 있다.

39 ④ 승상이 송 태자에게 조웅을 부탁하는 내용은 제시되지 않았다.

오답풀이

① 이두병은 큰아들을 동궁으로 봉하고 스스로 황제의 자리에 올랐다.

② 웅은 분을 참지 못하고 경화문에 이두병을 욕하는 글을 썼다.

③ 왕부인은 꿈에서 승상이 한 말대로 웅을 데리고 행장을 차려 함께 길을 떠났다.

⑤ 월경이 "대국 조충공의 부인이 아니시니까? 일신을 감추어 변형을 굳게 하온들 소승이야 모르리까?"라고 말한 것으로 보아 왕부인이 신분을 감추고 있음을 알고 있었다고 볼 수 있다.

40 ④ 월경은 "부인은 조금도 놀라지 마옵소서. 소승은 부인 잡아갈 중이 아니오니 진정하와 소승의 말씀 자세히 들으소서."라고 말하며 왕부인을 안심시키려 하고 있으며, 왕부인은 "천금을 줄 때는 확실했겠으나 분명히 명심한 일이 아니라 이는 기억하지 못하니 존사는 꺼리지 말고 바른 대로 가르치소서."라며 월경의 진의를 확인하고자 하고 있다.

41 ② ㉠의 '꿈'에 승상이 나와 "날이 새면 큰 환을 당할 것이니 웅을 데리고 급히 도망하소서."라고 말함으로써 ㉠은 조웅 모자에게 위기가 닥칠 것을 알리고 있다.

③ ㉡의 '글'은 과거 월경이 승상의 화상을 그릴 때 적어 놓은 것으로, 왕부인과 월경의 과거 인연을 확인시켜 주는 기능을 한다.

④ ㉡에는 '복중에 끼친 혈육 활달한 기남자라'라며 웅의 비범성을 암시하는 내용이 적혀 있다.

⑤ ㉡은 월경이 과거에 왕부인의 상을 보고 앞날의 어려움을 기록하여 적은 것으로, 월경의 초월적 능력을 보여 준다.

42 ⑤ 〈보기〉에 따르면 '월경'은 위기에 처한 '왕부인'과 '웅'을 돕는 '조력자'에 해당한다고 볼 수 있다.

오답풀이

① 관동들이 부르는 '시절 노래'의 '천지가 불변하니 산천을 고칠소냐/삼강(三綱)이 물러남이 없으니 오륜(五倫)을 고칠소냐'는 '하늘과 땅이 변하지 않으니 산과 바다를 고치겠는가, 삼강이 물러나지 않는데 오륜을 고치겠는가'라는 의미로, 자연을 임의로 바꿀 수 없듯이 인간이 지켜야 할 도리도 거스를 수 없다는 말이다. 이는 이두병이 태자를 폐위시키고 스스로 황제로 즉위함으로써 유교적 질서와 이념이 훼손된 현실이 반영된 것이다.

② '웅'은 '전 왕조'에 대한 충성을 다하는 유교적 인물이므로, 유교적 질서와 이념의 회복을 위한 중심적 역할을 수행할 자격을 갖추고 있다고 볼 수 있다.

③ '웅'이 '이두병을 대하여 사생을 결단하고자 싶되 강약이 같지 않'다는 것은 질서 파괴 세력인 '이두병'에 대적할 역량이 아직 갖추어지지 못했다는 것을 의미한다.

④ '웅'이 어머니인 '왕부인'과 함께 극심한 기아에 시달리며 '일신을 감추'고 '원수의 칼'에 죽을 것을 염려하는 것은 '웅'이 겪는 시련의 일환이며, '웅'은 이러한 시련을 극복하는 과정을 반복하며 질서 파괴 세력에 대적할 주체로 역량을 키워 나간다.

[43~45] 고전 시가

> 이이, 「고산구곡가(高山九曲歌)」
>
> 이 작품은 이이가 황해도 고산의 석담에 은거하며 지은 10수의 연시조로 주희의 「무이도가」를 본떠서 지었다. 이이는 「무이도가」를 시조의 형태로 재창조하여 의미상 구조나 내용 면에서 독창적인 세계를 보여 주고 있다는 점에서 이 작품의 문학적 의의가 있다.
>
> 서시(序詩)에 이어 관암(冠巖), 화암(花巖), 취병(翠屛), 송애(松崖), 은병(隱屛), 조협(釣峽), 풍암(楓巖), 금탄(琴灘), 문산(文山)의 구곡(九曲)을 노래하였으며, 강학(講學)의 즐거움과 고산(高山)의 아름다움을 드러내고 있다.

43 ③ 「고산구곡가」는 고산에 머물면서 아홉 가지 아름다운 경치의 아름다움을 예찬한 것으로, 화자의 이동 경로가 제시되지는 않았다.

오답풀이

① '곡은 어드매오'가 매 수 반복되는 통사 구조를 취하고 있다.

② 일곡에서 오곡까지 순차적으로 제시되는 공간적 질서를 따르고 있다.

④ 2수의 아침과 5수의 저녁이 하루 중의 시간으로 대응되고 있다.

⑤ 3수의 봄과 4수의 여름이 계절로 대응되고 있다.

44 ④ '소쇄함도 가이 없다'는 것은 학문을 통해 도체(道體)를 파악하는 것이 끝이 없다는 의미로 볼 수 있다.

45 ② '승지(勝地)'는 아름답고 도체가 담긴 공간이므로 이를 모르는 '사람'은 자연의 아름다움뿐만 아니라 진정한 즐거움인 진락도 알지 못한다고 할 수 있다.

제1교시 국어영역(B형)

01 ④	02 ④	03 ②	04 ②	05 ⑤	06 ④
07 ②	08 ⑤	09 ④	10 ①	11 ③	12 ③
13 ③	14 ⑤	15 ⑤	16 ④	17 ⑤	18 ④
19 ①	20 ③	21 ④	22 ④	23 ③	24 ④
25 ②	26 ③	27 ③	28 ②	29 ④	30 ①
31 ②	32 ④	33 ④	34 ③	35 ③	36 ⑤
37 ④	38 ②	39 ④	40 ③	41 ②	42 ④
43 ②	44 ⑤	45 ③			

01 ④ 이 교수는 자신의 피해 사례를 이야기하면서 업체에 항의를 했지만 법적으로 보상 기준이 명확히 마련되어 있지 않아 보상을 받지 못하였다고 하였으므로, 소비자의 소극적인 대응이 아니라 명확한 보상 기준의 부재를 문제 삼고 있음을 알 수 있다.

오답풀이

① 소비자 시민 단체의 김 대표는 첫 번째 발언에서 소셜커머스 소비자들의 피해가 증가하는 이유가 허위 · 과장 광고에 대한 철저한 단속과 엄격한 규제가 이루어지지 않기 때문이라고 하였다.

② 김 대표는 두 번째 발언에서 기존 법규를 토대로 업체들을 강력하게 단속하고 처벌하면 허위 · 과장 광고로 피해를 보는 소비자들이 줄어들 것이라고 전망하고 있다.

③ 김 대표는 소셜커머스 소비자 피해의 발생을 예방하고 보상할 수 있도록 법규를 수정 · 보완해야 한다는 이 교수의 해결 방안에 대하여 시간이 오래 걸린다는 문제점이 있다고 언급한 후, 우선 기존 법규를 토대로 업체들에 대한 단속과 처벌을 강화해야 한다는 자신의 의견을 제시하고 있다.

⑤ 이 교수가 두 번째 발언에서 "소셜커머스 소비자 피해의 발생을 예방하고 피해를 입었을 때 이를 보상해 주는 법적 · 제도적 장치를 보완하는 것이 무엇보다 중요합니다."라고 말한 것을 통해 확인할 수 있다.

02 ④ 이 토의에서는 토의 참여자들 간에 의견 충돌로 인한 갈등이 나타나지 않는다.

오답풀이

① "먼저, 김 대표님께서 소비자들이 입은 피해에 대해 말씀해 주시고, 이어서 이 교수님께서도 말씀해 주십시오.", "이번에는 먼저 이 교수님께서 말씀해 주십시오."와 같이 사회자가 토의 참여자의 발언 순서를 정해 주고 있다.

② 사회자는 토의를 시작함에 앞서 토의가 이루어지게 된 배경을 제시하고 토의 주제(소셜커머스 이용에 따른 피해와 그 대책)를 소개하고 있다.

③ '~는 말씀이시군요'라고 하며 토의 참여자들의 발언 내용을 요약 · 정리해주고 있다.

⑤ 이 교수가 논점에서 벗어난 이야기를 하자 '~는 차후에 논의하겠습니다. 지금은 앞서 제시된 문제점을 해결하기 위한 방안에 초점을 맞추어 의견을 제시해 주셨으면 합니다'라고 말하며 토의가 논점에서 벗어나지 않도록 논의의 범위를 제한하고 있다.

03 ② 김 대표는 [A]에서 업체들에 대한 소비자들의 정보가 부족하므로 소비자 단체 및 정부 차원에서 정보를 소비자들에게 공개해야 한다고 주장하였는데, 이에 대한 근거로 제시한 자료의 출처와 조사 결과에 대한 수치를 구체적으로 제시하지 않아 주장의 신뢰성이 떨어진다.

04 ② 민규가 경아에게 '네가 좋아하는 김ㅇㅇ 선생님도 참석하실' 것이라고 말한 것은 ⓐ(화자)가 아니라 ⓑ(청자)의 측면에서 접근한 것이다. 즉, 청자의 관심사에 대해 언급함으로써 설득 효과를 높이려는 의도라고 볼 수 있다.

오답풀이

① 민규가 '다섯 번째 참여'한다는 사실을 언급한 것은 화자(ⓐ)의 경험이 화자에 대한 신뢰성을 높이는 요소로 작용하기 때문이다.

③ 경아가 공적인 자리에서 말하는 게 서투르다며 주저하자 지영이가 '나도 처음엔 그랬으니까'라고 말했는데, 이는 청자(ⓑ)인 경아와의 심리적 일체감을 높이기 위해서이다.

④ 지영이가 '영화와 문학을 주제로'한다고 하면서 '너 그 분야에 관심 많지 않아?'라고 한 것으로 보아, 청자(ⓑ)의 요구와 관심을 환기하고자 한다는 것을 알 수 있다.

⑤ 민규가 영화 토론 동아리 활동을 통해 '위안'과 '깨달음'을 얻기도 한다고 언급한 것은 메시지(ⓒ) 측면에서 적절한 근거를 제시함으로써 청자 스스로 판단하도록 하기 위해서이다.

05 ⑤ '그건 그렇고'는 화제를 전환하기 위해 사용하는 담화 표지이다.

오답풀이

① '다름이 아니라'는 이야기를 꺼낸 목적 또는 화제를 제시하고자 할 때 사용하는 담화 표지이다.

② '이런 말 하긴 좀 그런데'는 상대방의 제안을 거절하거나 상대방에게 듣기 싫은 말을 해야 할 때 사용하는 담화 표지이다.

③ '그렇지?'는 타인의 동의를 구하고자 할 때 사용하는 담화 표지이다.

④ '그러나저러나'는 '그것은 그렇다 치고'라는 의미의 부사로, 지금까지의 화제를 다른 데로 돌릴 때 담화 표지로 사용한다.

TIP 담화 표지

담화 표지는 담화에서 문장과 문장을 의미 있게 연결시켜 주고 응집성을 부여하며 결속시켜주는 역할을 하는 장치이다. 즉, 선행 발화와 후행 발화를 응집력 있게 결속시켜주면서 화자의 의도나 태도를 효과적으로 나타내준다.

06 ④ (다)의 학생 인터뷰를 통해 학생들이 진로 교육에 흥미를 느끼지 못한다는 문제점을 파악할 수 있다. 그러나 (가)에서는 진로 교육에 있어 교육 당국 측면의 문제점을 지적하고 있으므로 (가)에서는 학생들이 흥미 위주로 진로 교육 프로그램을 선택하고 있다는 내용을 이끌어내기는 어렵다.

오답풀이

① (가)의 신문 기사에서는 진로 교육이 학교 현장에서 내실 있게 운영되지 못하고 있는 실정에 대해 언급하면서 우리나라의 미흡한 진로 교육 수준을 지적하고 있으므로, 이를 활용하여 본론의 현황을 구체화할 수 있다.

② (나)-1의 '학생의 진로 탐색을 위한 노력'에 대한 조사 자료를 보면 상급 학교로 올라갈수록 학생들의 노력의 정도가 낮아지는 것을 알 수 있다. 또한 (다)의 고등학생 인터뷰를 통해 학생 본인이 진로 교육의 필요성을 느끼지 못하고 있음을 알 수 있다. 이를 바탕으로 ㉡의 학생 측면의 문제점으로 '진로 교육에 임하는 고등학생들의 소극적인 태도'에 대한 내용을 구체화할 수 있다.

③ (나)-2의 조사 자료에 나타난 진로 교육에 대한 고등학교 교사들의 낮은 이해도와, (다)의 교육학과 교수의 인터뷰 내용을 토대로 ㉢의 교사 측면의 개선 방안을 구체화할 수 있다.

⑤ (다)에서 교육학과 교수는 교육청이 더욱 주도적인 역할을 해야 한다고 언급하면서 인터뷰를 마무리하고 있는데, 이를 바탕으로 ㉤의 교육 당국 측면의 개선 방안을 구체화할 수 있다.

07 ② 두 번째 문장에서 영국, 독일 등의 예를 들고 있으며 세 번째 문장을 의문형으로 끝맺고 있다. 그리고 마지막 문장에서 진로 교육의 중요성을 드러내고 있어 제시된 조건이 모두 충족되었다.

오답풀이

① 질문을 하는 방식과 예를 드는 방식을 활용하지 않았으며, 진로 교육의 중요성만을 드러내고 있다.

③ 질문을 하는 방식을 활용하지 않았다.

④ 예를 드는 방식을 활용하지 않았다.

⑤ 진로 교육의 중요성이 드러나지 않는다.

08 ⑤ 마지막 단락에서 좋았던 점은 언급되었으나 아쉬웠던 점에 대해서는 밝히지 않았다.

오답풀이

① 첫 번째 단락에서 '방학을 맞아 그동안 책에서만 배웠던 것을 직접 눈으로 보고 느껴보기 위해'라고 견학의 목적을 제시하였다.

② 첫 번째 단락에서 '△△ 자연사 박물관'으로 견학 장소를 선정하게 된 경위를 밝히고 있다.

③ 두 번째 단락에서 견학 중 이동한 경로에 따라 내용을 조직하였다.

④ '~는 사실을 알게 되었다', '~라는 것을 새로 알게 되었다'라며 견학을 통해 알게 된 정보에 대해 제시하였다.

09 ④ 네 번째 단락에서 도시 공공시설에 아빠들이 이용할 수 있는 수유실을 설치하고, 남자 화장실에 기저귀 교환대 설치를 확대해야 한다는 등의 문제 해결 방안을 제시하였으나 이를 통해 예상되는 효과는 제시하지 않았다.

오답풀이

① 세 번째 단락에서 아저씨의 입장에서 사건을 헤아려 보고 있다.

② '먹이고 있었다', '시작한다'와 같이 현재형 종결 표현을 사용하고, '힘차게 기저귀를 풀어헤치던'과 같이 동작을 묘사함으로써 현장감을 드러내고 있다.

③ 두 번째 단락에서 '마치 파도타기를 하는 것처럼', '그 모양이 꼭 냄새가 번지는 모습을 보는 것 같다', '계절이 돌아오듯이' 등에서 비유법이 사용되었다.

⑤ 아기의 기저귀를 가는 평범한 사건에 내재된 삶의 본질적인 문제, 즉 아기에게 허용된 공간이 줄어들고 있는 것을 언급하고 있다.

10 ① '한편'은 어떤 일에 대해 앞서 말한 측면과 다른 측면을 이어서 말할 때 쓰는 말로, '그럼에도 불구하고'와 바꿔 쓰기에는 적절하지 않다. '그럼에도 불구하고'는 역접의 접속 관계를 나타내는 '그러나'나 '하지만'과 바꾸어 쓸 수 있다.

오답풀이

② '고약한 냄새와 시끄러운 소리가 들려서'의 서술어는 '들려서'로, '고약한 냄새'와 호응하지 않는다. 따라서 이에 호응하는 서술어 '나고'를 추가해야 한다.

③ '곰곰이'는 부사 '곰곰'에 '-이'가 붙어서 부사가 된 단어이므로, '곰곰히'로 적는 것은 옳지 않다.

④ 아기 전용 공간은 늘어나는데 아기에게 허용된 공간이 오히려 줄어들고 있는 상황은 앞뒤가 맞지 않는다. 따라서 '궤변'은 '역설'로 바꾸어야 한다.

⑤ 문단의 통일성이란 한 문단 안에서는 하나의 화제를 다루어야 한다는 것이다. 한 문단 속에 화제가 둘 이상이 될 경우 통일성이 깨어져 한 문단으로서의 역할을 하지 못하게 되므로 화제의 단일성을 해치는 내용은 삭제해야 한다. 마지막 단락은 아기와 아저씨에 대한 배려가 부족했음을 반성하는 내용인데, ⓜ은 할 일은 해야 한다는 내용으로 통일성을 해치므로 삭제해야 한다.

11 ③ ⓒ의 '꽈'는 어간인 '꼬-'에 어미 '-아'가 결합되어 한 음절로 축약된 것이므로 표준 발음법 제6항의 규정에 따라 [꽈:]로 길게 발음해야 한다.

오답풀이

①, ② 표준 발음법 제6항에서 단어의 첫 음절에서만 긴소리가 나는 것을 원칙으로 한다고 밝히고 있으므로 둘째 음절에 있는 '먼'은 짧게, 첫음절에 있는 '많-'은 길게 발음해야 한다.

④ 표준 발음법 제7항에서 용언 어간에 피동, 사동의 접미사가 결합되는 경우에는 긴소리를 가진 음절이라도 짧게 발음한다고 하였으므로, 피동 접미사 '-기'가 결합된 용언 어간 '감-'은 짧게 발음해야 한다.

⑤ 표준 발음법 제7항에서 단음절인 용언 어간에 모음으로 시작된 어미가 결합되는 경우 긴소리를 가진 음절이라도 짧게 발음한다고 하였으므로, 용언 어간 '알'에 어미 '-아'가 결합된 '알아'는 [아라]와 같이 첫음절을 짧게 발음해야 한다.

12 ③ '철호가 오늘 도서관에 가지 않았다'는 부정의 범위에 따른 중의성이 나타나는 문장으로, 부정의 서술어가 어떤 문장 성분과 호응하는지가 명료하지 않은 데서 중의성이 야기된다. 제시된 의미 조건에서는 부정의 서술어가 '오늘'과 호응한다고 하였으므로, 보조사 '은'을 사용하여 '철호가 오늘은 도서관에 가지 않았다'와 같이 바꾸면 중의성을 해소할 수 있다. '철호가 오늘 도서관에는 가지 않았다'에서 부정의 서술어 '가지 않았다'는 '도서관에'와 호응하므로 제시된 의미 조건에 부합하지 않는다.

오답풀이

① ㄱ은 주어와 목적어의 범위에 따른 중의성이 나타난 문장으로, 어순을 바꿈으로써 중의성을 해소할 수 있다.

② ㄴ은 수식의 범위에 따른 중의성이 나타난 문장으로, 쉼표(,)를 통해 중의성을 해소할 수 있다.

④ ㄹ은 사동문의 중의성이 나타난 문장으로, 단형 사동을 장형 사동으로 바꿈으로써 중의성을 해소할 수 있다.

⑤ ㅁ은 동작의 진행과 완료에 따른 중의성이 나타난 문장으로, '착용'의 의미를 나타내는 데 사용된 '-고 있다' 구문이 동작의 진행과 완료된 상태의 두 가지 의미를 지닌다는 점에서 중의적이다.

TIP 문장의 중의성

중의문이란 하나의 문장이 둘 이상의 의미로 해석되는 문장이다. 문장의 구조를 중심으로 수식의 범위에 따른 중의성, 주어와 목적어의 범위에 따른 중의성, 부정의 범위에 따른 중의성, 동작의 진행과 완료에 따른 중의성 등으로 나누어 볼 수 있다.

13 ③ 한글 맞춤법 제11항의 규정에 따르면 모음이나 'ㄴ' 받침 뒤에 이어지는 '렬, 률'은 '열, 율'로 적어야 한다.

TIP 한글 맞춤법 제5절 두음 법칙

제10항 한자음 '녀, 뇨, 뉴, 니'가 단어 첫머리에 올 적에는, 두음 법칙에 따라 '여, 요, 유, 이'로 적는다.
다만, 다음과 같은 의존 명사에서는 '냐, 녀' 음을 인정한다.
예 냥(兩) 냥쭝(兩-) 년(年) (몇 년)
[붙임 1] 단어의 첫머리 이외의 경우에는 본음대로 적는다.
예 남녀(男女) 당뇨(糖尿) 결뉴(結紐)
[붙임 2] 접두사처럼 쓰이는 한자가 붙어서 된 말이나 합성어에서, 뒷말의 첫소리가 'ㄴ' 소리로 나더라도 두음 법칙에 따라 적는다.
예 공염불(空念佛) 남존여비(男尊女卑)
[붙임 3] 둘 이상의 단어로 이루어진 고유 명사를 붙여 쓰는 경우에도 붙임 2에 준하여 적는다.
예 한국여자대학 대한요소비료회사

제11항 한자음 '랴, 려, 례, 료, 류, 리'가 단어의 첫머리에 올 적에는, 두음 법칙에 따라 '야, 여, 예, 요, 유, 이'로 적는다.
다만, 리(里), 리(理)와 같은 의존 명사는 본음대로 적는다.
[붙임 1] 단어의 첫머리 이외의 경우에는 본음대로 적는다. 다만, 모음이나 'ㄴ' 받침 뒤에 이어지는 '렬, 률'은 '열, 율'로 적는다.
예 개량(改良) 협력(協力) 사례(謝禮)
하류(下流) 진리(眞理) 선율(旋律)
[붙임 2] 외자로 된 이름을 성에 붙여 쓸 경우에도 본음대로 적을 수 있다.
예 신립(申砬) 최린(崔麟) 채륜(蔡倫)
[붙임 3] 준말에서 본음으로 소리 나는 것은 본음대로 적는다.
예 국련(국제연합) 대한교련(대한교육연합회)
[붙임 4] 접두사처럼 쓰이는 한자가 붙어서 된 말이나 합성어에서,

뒷말의 첫소리가 'ㄴ' 또는 'ㄹ' 소리로 나더라도 두음 법칙에 따라 적는다.

예 역이용(逆利用) 연이율(年利率)
열역학(熱力學) 해외여행(海外旅行)

[붙임 5] 둘 이상의 단어로 이루어진 고유 명사를 붙여 쓰는 경우나 십진법에 따라 쓰는 수(數)도 붙임 4에 준하여 적는다.

예 서울여관 신흥이발관 육천육백육십육(六千六百六十六)

제12항 한자음 '라, 래, 로, 뢰, 루, 르'가 단어의 첫머리에 올 적에는, 두음 법칙에 따라 '나, 내, 노, 뇌, 누, 느'로 적는다.

[붙임 1] 단어의 첫머리 이외의 경우에는 본음대로 적는다.

예 쾌락(快樂) 극락(極樂) 거래(去來)
지뢰(地雷) 광한루(廣寒樓) 가정란(家庭欄)

[붙임 2] 접두사처럼 쓰이는 한자가 붙어서 된 단어는 뒷말을 두음 법칙에 따라 적는다.

예 내내월(來來月) 상노인(上老人)
중노동(重勞動) 비논리적(非論理的)

14 ⑤ '그는 항상 나보다 빨리 결승점에 이르렀다.'는 '이르다[1]'의 용례에 해당한다. '이르다[3]'의 용례로는 '올해는 예년보다 단풍이 이른 감이 있다.'를 들 수 있다.

오답풀이

① 동음이의어는 소리는 같으나 뜻이 다른 단어로, 의미가 다르기 때문에 별개의 표제어로 기술된다.

② 다의어는 한 단어가 둘 이상의 관련된 뜻을 지닌 것으로, 의미상 관련성이 있기 때문에 하나의 표제어로 기술된다.

③ '이르다[1]'에 어간에 어미 '-어'가 붙으면 '이르러'로 활용하는 반면 '이르다[2]'와 '이르다[3]'은 '일러'로 활용한다.

④ '이르다[1]'의 ㉠은 필수적으로 요구되는 문장 성분이 주어, 부사어로 2개이고 '이르다[2]'의 ㉠은 주어, 부사어, 목적어로 3개이다.

TIP 다의어와 동음이의어

- **다의어(多義語)** : 한 단어가 둘 이상의 관련된 의미를 지닌 것으로, 중심적 의미와 주변적 의미로 구성되며 사전에 하나의 표제어로 등재된다.
- **동음이의어(同音異義語)** : 의미가 다른 두 개 이상의 단어가 우연히 동일한 형태를 취한 것으로, 의미적 연관성이 없기 때문에 사전에 서로 다른 표제어로 등재된다.

15 ⑤ '하게체'는 '두루 높임'이 아니라 '예사 낮춤'이다. 예사 낮춤은 듣는 사람이 말하는 사람과 나이가 비슷하거나 아랫사람인 경우 이들을 약간 낮추어 말하는 것으로, 나이 든 친구 사이에서 사용하거나 나이 많은 선생이 나이 많은 제자에게, 혹은 장인이나 장모가 사위에게 사용하는 상대 높임법이다.

오답풀이

① 선어말 어미 '-시-'를 사용하여 주체인 '선생님'을 높이고 있다.

② '나오다'의 주체는 사물인 '커피'이므로 '나오셨습니다'처럼 과도하게 높이지 않도록 주의해야 한다.

③ 압존법을 사용하여 화자보다 높지만 청자보다 낮은 대상인 고모를 높이지 않고 있다.

④ 대화 상대인 아들의 입장에서 아버지는 높임의 대상이므로 '계시다'를 통해 주체 높임을 실현하고 있다.

TIP 상대 높임법

상대 높임법은 국어의 높임법 중 가장 발달되어 있는 것으로, 말하는 이가 듣는 이에 대해 높이거나 낮추어 말하는 방법이다. 보통 종결 표현으로 실현되며 크게 격식체와 비격식체로 나누어진다. 격식체는 심리적 거리감을 나타나는 데 비해 비격식체는 정감 있으며 격식을 덜 차리는 표현이다. 격식체에는 아주 높임의 '하십시오체', 예사 높임의 '하오체', 예사 낮춤의 '하게체', 아주 낮춤의 '해라체'가 있으며, 비격식체에는 두루 높임의 '해요체', 두루 낮춤의 '해체'가 있다.

16 ④ ㉠은 선행 체언 '비'에 'ㅣ' 모음이 왔으므로 조사 '예'가, ㉡은 선행 체언 '굴헝'에 음성 모음이 왔으므로 조사 '에'가 쓰이는 것이 적절하다.

[17~20] 비문학 – 인문

17 ⑤ 이 글은 과학의 두 가지 중요한 방법론인 '이해'와 '설명'을 소개하고 있는데 '이해'는 '정신과학', '설명'은 '자연과학'의 방법론이라는 데서 서로 대립한다고 볼 수 있다. 필자는 이 두 가지 이론을 소개하고 두 이론이 인간의 행위를 연구하는 방법론으로써 상호 보완적인 관계여야 한다는 절충적인 관점을 제안하고 있다.

18 ④ '객관적 정신'은 '이해'의 방법론을 체계화한 철학자 딜타이가 제시한 개념으로, 두 번째 단락에서 '개별적인 인간 정신의 상호 작용에 의해 산출되는 집단정신의 산물'이라고 정의하고 있다. 즉, '객관적 정신'은 인간의 행위를 정신과학의 측면에서 '이해'의 대상으로 볼 때 이해의 객관성을 확보하기 위한 것으로, 타인과 자신을 이해하는 공통의 기반이라고 볼 수 있다.

19 ① (가)에서 '콜링우드'는 당시 '테오도시우스 황제'가 생각했던 것을 '마음속에서 재연하면서 음미'해야 한다고 하였다. 이는 인간의 행위를 '이해'의 대상으로 보는 관점에 따른 것이다. 즉, 같은 인간이라는 삶의 공통성을 기반으로 타인의 체험을 자신의 체험처럼 느끼는 과정을 통해 인간의 행

위를 이해할 수 있다고 보는 것이다. 따라서 그때의 역사적 상황을 직접 관찰할 수 있도록 현실에서 재현하려고 하였다는 추론은 적절하지 않다.

오답풀이

② '콜링우드'는 '테오도시우스 황제'의 칙령을 연구함에 있어서 '당시에 황제가 처했던 상황이 마치 나의 상황이라고 생각'함으로써 황제의 의도를 이해할 수 있다고 생각했을 것이다.

③ '헴펠'은 중세 가톨릭교회에서 면죄부를 판매했던 것을 지옥을 두려워하고 구원을 바라는 기독교인들의 보편 법칙에 따라 생겨난 결과라고 보았다.

④ '헴펠'은 모든 기독교인들이 가진 지옥에 대한 두려움과 구원에 대한 욕망이 원인이 되어 '면죄부 판매'가 성행하였다고 보았다.

⑤ '헴펠'은 '면죄부 판매'가 일종의 보편 법칙에서 생겨난 결과라고 보았다. 즉, 인간의 행위를 '설명'의 대상으로 본 것이다. 이 관점에 따르면 인간의 행위는 어떤 보편 법칙 속에 포섭되는 하나의 사례로써 인과적으로 설명할 수 있다는 것이다. 그러므로 일정한 조건이 갖추어지면 이와 유사한 사건이 반복될 것이라고 생각했을 것이다.

20 ③ ㉠에서 '설명'이 '이해'를 완전히 대체할 수는 없다고 하였다. 즉, 인간의 행위를 자연과학으로만 규명할 수 없다는 것이다. 그 이유는 우선 인간의 행위는 대부분 의도를 담고 있는데, 의도는 정신세계에 속하는 것으로 자연처럼 관찰이나 실험으로 파악하기 어려우며, 인간의 정신세계는 개인의 판단에 따라 자율적으로 작동하는 경우가 많기 때문이라고 하였다. 즉, 인간의 의도는 자연과학으로 규명할 수 있는 관찰이나 실험의 대상과는 그 성격이 다르며(ㄴ), 인간의 행위들을 포섭할 수 있는 보편적인 법칙을 설립하는 것이 어렵다(ㄷ).

[21~24] 비문학 – 사회

21 ④ 첫 번째 단락에 따르면 인간자본 이론에서는 인간자본을 형성하기 위한 직접적인 지출 및 그로 인해 포기된 소득 등을 인간자본에 대한 투자로 파악한다. 따라서 인간자본 이론에서 인간자본 형성을 위해 포기한 소득을 배제하고 투자를 정의한다는 것은 이 글의 내용과 일치하지 않는다.

오답풀이

① 마지막 단락에서 확인할 수 있다.
② 첫 번째 단락에서 확인할 수 있다.
③ 두 번째 단락에서 확인할 수 있다.
⑤ 네 번째 단락에서 확인할 수 있다.

22 ④ (나)에서 OK_1은 '다희'의 인간자본에 대한 투자량이고, '라희'의 인간자본에 대한 투자량은 OK_2이다.

오답풀이

① '가희'는 D의 수요곡선과 S_1의 공급곡선을 가지므로 K_1까지 투자를 한다. 따라서 '가희'의 인간자본 투자의 총수익은 $OAMK_1$이다.

② '나희'는 D의 수요곡선과 S_2의 공급곡선을 가지므로 K_2까지 투자를 한다. 따라서 '나희'의 인간자본 투자의 총수익은 $OANK_2$, 총비용은 $OCNK_2$이다.

③ '다희'는 D_2의 수요곡선과 S의 공급곡선을 가지므로 K_1까지 투자를 한다. 따라서 '다희'의 인간자본 투자의 총수익은 $OBMK_1$, 총비용은 $OCMK_1$이고 순이익은 BCM이다.

⑤ ABMN은 '라희'의 순이익인 ACN에서 '다희'의 순이익인 BCM을 뺀 것으로, '라희'와 '다희'의 소득 격차에 해당한다.

23 ③ 다섯 째 단락에 따르면 소득 격차를 줄이는 방안으로는 저소득층의 교육의 기회를 보장하는 것과 노동 시장 접근 기회를 확대하는 방법이 있다.

오답풀이

① (가)에서 '나희'의 공급곡선이 '가희'의 공급곡선 밑에 위치하고 있는 것은 '가희'보다 '나희'가 부유하다는 것을 의미한다. 따라서 '가희'와 '나희'의 소득 격차가 발생하는 이유는 능력이 아니라 빈부 차이 때문이라고 볼 수 있다.

② 다섯 째 단락에 따르면 부유한 사람은 유리하게 인간자본에 대한 투자 재원을 조달할 수 있다고 하였다. 따라서 더 유리한 조건으로 인간자본에 대한 투자 재원을 조달할 수 있는 사람은 '나희'이다.

④ (나)에서 '다희'와 '라희'는 각기 다른 수요곡선을 가지고 있는데, '라희'의 수요곡선이 '다희'보다 위쪽에 위치하고 있는 것은 '다희'보다 '라희'의 능력이 더 우수하다는 것을 의미한다.

⑤ 인간자본에 대한 투자 기회의 차이로 인해 소득 격차가 발생한다는 것은 소득 격차에 대한 평등주의적 접근 방법으로, 모든 사람에게 수요 조건이 동일하다고 본다. '다희'와 '라희'는 서로 다른 수요곡선을 가지고 있는데, 이는 두 사람의 능력이 다르다는 것을 의미한다. 이는 엘리트주의적 접근 방법에 해당하며, 이에 따르면 소득 격차를 해소할 수 있는 사회적 대안이 없다.

24 ④ 〈보기〉에 따르면 인도에서는 동일한 인간자본을 획득하더라도 계급에 따라 이에 대한 투자로 얻을 수 있는 소득이 다르다. 이처럼 인간이 소속된 공동체의 사회구조나 환경을 고려하지 않고 소득 격차를 설명하기는 어렵다.

[25~27] 비문학 – 과학

25 ② 이 글은 '영구 기관'의 정의를 설명하고 사례를 제시하여 영구 기관이 열역학 제1법칙과 제2법칙에 어긋나는 것임을 설명하고 있다.

26 ③ ㉠은 17세기에 고안된 영구 기관으로, 이 장치를 처음 고안한 사람은 여기에 시계 방향으로 힘을 가하면 쇠구슬로 인한 회전력에 의해 영구적으로 회전할 것이라고 예상했다. 그러나 이 장치는 움직임을 멈추었는데, 그 이유는 장치에 처음 가해진 힘이 열에너지로 전환되었으며(ⓐ), 이를 보충할 에너지도 생성되지 않기 때문이다. 회전축을 중심으로 원반의 오른쪽에 걸린 힘과 원반의 왼쪽의 쇠구슬을 들어 올리는 힘이 상쇄되어(ⓓ) 에너지가 새로 생성되지 않아 결국 장치가 멈추게 되는 것이다.

오답풀이

ⓑ 두 번째 단락에서 설명한 열역학 제1법칙에 따르면 에너지는 형태를 바꾸는 경우는 있어도 새로 생겨나거나 사라지지 않는다. 따라서 마찰이 없으면 새로운 에너지의 생성이 가능하다는 설명은 적절하지 않다.

ⓒ 장치의 왼쪽 쇠구슬을 들어 올리는 데 회전축에 걸린 힘이 모두 사용된다고 하였으므로, 작동 과정에서 생긴 열에너지가 회전축에 걸리는 힘을 증가시킨다는 설명은 적절하지 않다.

27 ③ 〈그림 2〉의 영구 기관을 작동시키기 위해서는 액체가 끊임없이 공급되어야 하는데, 이때 주위의 공기만을 사용할 수 있다고 하였다. ㉡에서와 같이 열을 빼앗겨 19℃로 온도가 떨어진 증기를 15℃ 이하로, 즉 액체로 다시 만드는 것이 불가능한 이유는 증기를 액체로 만들려면 주변 공기의 온도가 증기의 온도보다 낮아야 하기 때문이다. 이 영구 기관 주변 공기의 온도는 20℃로, 배출된 증기의 온도(19℃)보다 높기 때문에 증기가 액체로 바뀌지 않는다.

[27~30] 비문학 – 예술

28 ② (나)에서는 프리드리히의 작품 세계에 대해 소개하고 있으나, 그의 작품 세계가 어떻게 변모하였는지에 대해서는 언급하지 않았다.

오답풀이

① (가)에서는 예술을 진리와의 연관 속에서 바라본다는 낭만주의의 특징을 소개한 다음, 이러한 낭만주의의 경향을 보여 주는 대표적인 작가로 프리드리히와 그의 풍경화에 대해 언급함으로써, 프리드리히의 풍경화를 중심 화제로 글이 이어질 것임을 밝히고 있다.

③ (다)에서는 프리드리히의 풍경화에 잘 드러나는 '숭고'의 개념을 칸트의 견해와 결부하여 설명함으로써, 프리드리히의 풍경화의 특징을 쉽게 이해할 수 있도록 돕고 있다.

④ (라)에서는 프리드리히의 특정 작품을 예로 들어 프리드리히의 창작 의도를 파악할 수 있도록 돕고 있다.

⑤ (마)에서는 앞서 설명한 내용을 다시 한 번 요약한 다음, 프리드리히의 풍경화의 의의를 설명하면서 글을 마치고 있다.

29 ④ (다)의 설명에 따르면 칸트는 인간의 한계를 넘어서는 자연을 대면할 때 느끼는 고통과 쾌감의 상호 모순된 정서를 '숭고'라고 불렀다. 따라서 자연이 인간의 쾌감을 억제하는 고통을 환기한다는 반응은 적절하지 않다.

오답풀이

① (나)에 따르면 프리드리히는 풍경화를 통해 자연에 내재된 무한함을 표현하고자 하였으므로, 작품에 그려져 있는 '안개 바다'는 인간의 유한성과 대비되는 자연의 영원성을 의미한다고 볼 수 있다.

② (라)에 따르면 이 작품에서 자연과 마주 대하고 있는 인물이 명암의 대조를 통해 그 존재가 강하게 부각된다고 하였다.

③ (나)에 따르면 프리드리히는 자연을 신의 체현으로, 예술을 신과 인간의 매개자로 여겼다고 하였다.

⑤ (라)에 따르면 감상자는 이 인물(산행자)을 통해 그림 속으로 끌려 들어가 그와 하나가 되어 자연을 관조하게 되며, 이러한 관조를 통해 무한하고 영원한 세계를 지향하는 낭만주의적 감성을 공유할 수 있게 된다고 하였다.

30 ① (가)에 따르면 낭만주의는 예술이 보다 심오하고 본질적인 진리나 실재를 드러내준다고 하였으므로, 낭만주의에서는 인간이 예술을 통해 진리에 이를 수 있다고 생각한다는 것을 알 수 있다.

오답풀이

② (가)에 따르면 낭만주의에서는 예술이 과학보다 한 단계 높은 진리를 파악하고 있는 것으로 본다고 하였으므로, 감각적으로 지각할 수 있는 것보다 한 단계 높은 것을 진리로 생각할 것이다.

③ 자연과 인간의 대비를 드러낸 프리드리히의 풍경화가 낭만주의의 경향을 잘 보여준다고 한 것으로 미루어 보면, 삶과 분리된 성격이 강한 예술 작품을 높이 평가한다고 볼 수 없다.
④ 낭만주의에서는 예술이 이성적, 의식적, 논리적 접근으로 파악될 수 없는 보다 심오하고 본질적인 진리를 다룬다고 보았으므로, 과학이 추구하는 진리와는 차원이 다르다고 할 수 있다.
⑤ 프리드리히는 자연에 숨겨진 신적인 의미를 찾고자 하였으므로, 낭만주의에서 예술가가 사실을 객관적으로 탐구해야 한다고 주장한다는 것은 적절하지 않다.

[31~33] 현대시

(가) 신동엽, 「향아」

이 작품은 현대 물질문명으로 인해 황폐해진 인간성을 회복하기 위해 과거의 순수했던 세계로 돌아가고 싶다는 의지를 노래한 시이다. 시적 화자는 '향'이라는 시적 대상에게 청유형으로 말을 건네고 있는데, '향'은 '고운 얼굴'을 가진, 아직 물질문명에 찌들지 않은 순수한 존재라고 할 수 있다. 시적 화자가 '향'과 함께 돌아가고자 하는 곳은 '무지개빛 허울의 눈부심'과 '기생충의 생리와 허식'이 없는 '옛날', '정자나무 마을', '우리들의 고향', '싱싱한 마음밭'이다. 즉, 시적 화자는 자연과의 조화로운 삶을 통해 순수한 공동체적 삶이 살아 숨쉬는 공간으로의 회귀를 소망하고 있다. 요컨대 시인은 자연과 조화를 이루며 소박하고 평화롭게 살아가는 원시적인 공동체적 삶을 동경하며, 현대 물질문명에 대해서는 비판적인 시각을 드러내고 있는 것이다.

(나) 김기택, 「멸치」

이 시는 식탁 위의 접시에 반찬으로 놓여 있는 멸치의 생명력을 상상해 봄으로써, 생명력의 회복에 대한 염원을 드러내고 있다. 시적 화자는 접시에 담긴 멸치의 작은 무늬에서 바다의 흐름과 하나가 되어 헤엄치던 멸치의 역동적 생명력을 발견한다. 바다의 물결과 한 몸처럼 움직이던 멸치는 그물에 잡혀 점차 생명력을 잃고, 결국 딱딱한 반찬이 되어 식탁 위에 올라온다. 그러나 시적 화자는 이미 딱딱해져 접시에 담긴 멸치에 아직 '바다'가, '물결'이 있다고 말한다. 즉, 생명력의 상실이라는 부정적 인식에 머무르지 않고, '고깃배를 부수고 그물을 찢'으며 저항하는 역동적인 생명력이 아직 멸치에 있음을 인식하며 생명력 회복의 가능성을 노래하는 것이다.

31 ② (가)는 '가자'라는 청유형의 종결 표현을 반복적으로 사용함으로써 시적 화자의 의지와 소망을 나타내고 있으며, (나)는 '~이었다', '~것이다' 등의 종결 표현을 통해 단정적인 어조를 형성하고 있다.

오답풀이

① 두 시 모두 공간 이동에 따른 정서 변화는 나타나지 않는다.
③ 설의적 표현이란 전달하고자 하는 말을 물음의 형태로 나타냄으로써 의미를 강조하는 표현법으로, 두 시 모두 설의적 표현은 사용되지 않았다.
④ 대구의 방식은 통사 구조가 일치하는 구절이나 문장을 반복함으로써 운율을 형성하고 의미를 강조하는 것으로, 두 시 모두 대구의 방식은 나타나지 않는다.
⑤ 대상에게 말을 건네는 어투는 (가)에는 나타나지만 (나)에는 나타나지 않는다.

32 ④ 이 시에서 '우리들의 고향'은 자연과의 조화로운 삶을 통해 순수한 공동체적 삶이 살아 숨 쉬는 공간을 의미한다고 볼 수 있다. '얼굴 생김새 맞지 않는 발돋움의 흉내'는 현대 물질문명을 의미하는데, 이는 '우리들의 고향'과는 대비되므로 '우리들의 고향'의 의미를 구성하기에 적합하지 않다.

33 ④ '이 작은 무늬'는 멸치의 몸통에 남아 있는 멸치의 생명력을 의미하나, 멸치가 스스로 생명력을 깨닫는 계기라고 볼 수는 없다.

오답풀이

① '굳어지기 전까지 저 딱딱한 것들은 물결이었다'에서 '물결'의 원관념은 멸치이다. 즉, '물결'은 원시적 생명력을 잃지 않은 멸치를 의미한다.
② '그물'은 바다 속 '물결 속에서 멸치들을 떼어 냈'으며, '햇빛의 꼿꼿한 직선들' 틈에 끼인 멸치들이 '길을 잃었을 것'이라고 하였으므로, 둘 다 멸치의 생명력을 앗아 가는 역할을 하고 있다고 볼 수 있다.
③ 멸치가 '뼈다귀처럼' 물기가 마르고 '모래 더미처럼' 쌓여 있는 것을 나타낸 것이므로, 생명력을 잃은 멸치를 비유적으로 표현했다고 할 수 있다.
⑤ '고깃배를 부수고 그물을 찢'는다는 구절의 주체는 멸치의 몸통에 남은 '이 작은 무늬'로, 이는 멸치의 생명력을 의미하므로 적절한 설명이다.

[34~38] 현대 소설

김원일, 「도요새에 대한 명상」
이 소설은 1970년대 동진강 유역을 배경으로 하며, 다양한 방식으로 살아가는 한 가족의 이야기를 '도요새'를 매개로 그린 작품이다. '도요새'는 환경오염의 실태와 민족 분단의 현실을 보여 주면서 인물들 간의 갈등을 조장하는 소재로 기능한다. 전체 4부로 구성된 이 소설은 각 부마다 서술 시점이 달라지는 것이 특징이며, 우리 사회가 직면한 환경오염과 분단이라는 과제를 제시함으로써 당대 사회의 문제점을 다양하게 보여준다.
1970년대의 인간 중심적 · 성장 우선주의적 사회의 모습을 그리며 산업화의 폐해를 그리는 한편 실향민의 안타까운 심정을 나타내고 있는 이 소설은, 시점의 변화와 더불어 과거 회상과 현재가 교차되는 역순행적 구성을 보인다. 특히 시점의 변화는 같은 사건에 대한 서로 다른 관점을 보여 줌으로써 인간 군상의 다양한 모습을 제시하며, 각각의 서술자로 하여금 자신의 내면을 드러내도록 한다. 이를 통해 독자들은 각 인물의 내면을 관심 있게 지켜볼 수 있다.

34 ③ '엄마'는 계를 유지하기 위해 '아버지' 학교의 공금을 빼내썼으며, 이로 인해 권고사직을 당한 '아버지'의 퇴직금은 빼낸 학교 공금을 막는 데 들어갔다. 따라서 '엄마'가 '아버지'의 퇴직금만으로 생계를 꾸려나갔다는 것은 이 글의 내용을 잘못 이해한 것이다.

오답풀이
① [B]에 제시된 내용에 따르면 아버지는 정직과 청렴결백을 생활신조로 삼았음을 알 수 있다.
② 아버지가 각자의 소망과 꿈이 다르듯 자유와 창의력을 존중한다고 말한 것으로 보아, 인간의 개성을 억압하는 이념에 대해 비판적임을 알 수 있다.
④ "그로써 아버지의 스물네 해 공직 생활은 불명예로 끝났다."라고 서술된 것을 통해 알 수 있다.
⑤ "그러나 고향을 잃고 살기는 엄마도 마찬가지였다."라고 서술된 것을 통해 알 수 있다.

35 ③ '나'가 "저는 통일이 절실하다고 외치는 아버지나 형이 되기보단 차라리 통일을 모르는 쪽이 좋아요."라고 말한 것으로 보아 통일을 원하지 않는다는 것을 알 수 있다.

오답풀이
① '나'가 "전쟁을 원하기보다는 오히려 영구적인 분단이 더 좋아요"라고 말하자 '형'이 "그런 사고방식을 갖게 한 건 순전히 교육 탓이야"라고 '나'의 말을 반박한 것을 통해 알 수 있다.
② '아버지'가 "남북 오천만이 넘는 인구 중 통일을 막고 있거나 포기하고 있는 사람이 몇 명이나 될 것 같아?"라고 말하자 '나'가 "아버지도 냉정히 생각해 보세요."라고 말한 것을 통해 알 수 있다.
④ '아버지'는 '젊은 애들'이 '도덕적 가치 판단의 기준을 잃게' 된 것이 '기계주의 사회' 때문이라고 말하는데, '나'가 이를 두고 '교육계에 몸을 담고 있었다고 아버지가 말을 둘러댔다'고 생각한 것을 통해 알 수 있다.
⑤ "우선 내가 살고 사회가 안정되는 것이 중요하잖아요?"라는 '나'의 말에, '아버지'가 젊은 세대가 그런 사고방식을 갖게 된 것이 '물질 위주의 기계주의 사회' 때문이라고 말한 것을 통해 알 수 있다.

36 ⑤ ㉠은 출생에서부터 해방을 거쳐 전쟁이 나던 해까지 아버지의 내력을 요약적으로 제시하고 있다.

37 ④ 이 장면에 원작과 달리 '엄마'가 등장한다는 것은 적절하나, '아버지'가 가족 모두에게 가졌던 불만을 살려 내고 있다는 것은 적절하지 않다.

오답풀이
① "누가 뭐래도 인간은 저, 정직이 중요해. 네 생각은 정직하지 못해."는 원작에서 '아버지'가 '나'에게 한 말이나 〈보기〉에서는 이 말을 '엄마'에게도 하고 있다.
② 원작에서는 '엄마'가 '협박과 울음'을 섞어 아버지를 설득했다고 요약적으로 서술한 부분을 〈보기〉에서는 인물 간의 대화로 구체화하였다.
③ 원작에서는 한 문장으로 서술된 부분을 〈보기〉에서는 두 인물의 상반된 표정을 클로즈업(C.U.)하여 인물의 심정이 대비될 수 있도록 구성하였다.
⑤ 원작과 달리 〈보기〉에서는 '안방'이라는 공간을 설정하여 '아버지'와 '엄마' 사이의 갈등을 집약적으로 보여주고 있다.

38 ② 엄마 때문에 아버지가 학교 공금을 빼내어 씀으로써 불명예스럽게 퇴직을 했지만 경제권을 엄마가 계속 가지고 있다는 것은 경제권에 있어서 아버지가 별다른 힘이 없다는 것을 의미한다. 따라서 가장 적절한 것은 "아니, 경제권 행사에서 아버지는 늘 '껍데기'에 불과했을 뿐이다."이다.

[39~42] 고전 소설

김시습, 「남염부주지(南炎浮洲志)」
이 작품은 김시습의 한문 소설인 『금오신화(金鰲新話)』 중 한 편으로, 남녀 간의 사랑이 나타나지 않고 남자 주인공만 등장하며 삽입시가 없는 것이 특징이다. '현실 – 꿈 – 현실'의 몽유 구조로 구성되어 있으며, 당대 현실에 대한 비판과 선비들이 지녀야 할 정신적 자세에 대해 이야기하고 있다. 박생과 염왕의 문답식 토론의 형식으로 구성되어 있으며, 작자는 이를 통해 왕은 덕망으로 나라를 다스려야 하며 백성을 나라의 주체로 여겨야 함을 직설적으로 제시하고 있다. 이 작품을 역사적 사건에 비추어 보면 수양대군이 왕위를 찬탈한 것을 풍자한 것이라고 볼 수 있는데, 염왕의 입을 빌려 폭력으로 백성을 위협하거나 덕망 없이 권력으로 왕위에 오르는 것은 옳지 않다고 함으로써 수양대군을 풍자 · 비판하고 있다.

39 ④ 이 글은 '박생'과 '염왕'이 문답식 토론을 하는 형식으로 구성되어 있다.

오답풀이

① 이 작품은 '현실 – 꿈 – 현실'의 몽유 구조이다.
② 등장인물의 심리는 등장인물의 대화와 서술자의 서술을 통해 드러난다.
③ 과거에서 현재로 순차적으로 사건이 전개되는 순행적 구성이다.
⑤ 서술자는 전지적 작가 시점에서 이야기를 전개하고 있으나 인물에 대한 논평은 나타나지 않는다.

40 ③ 꿈속에서 염왕에게 "그대도 또한 명수(命數)가 이미 다했으니 곧 쑥덤불 속에 묻힐 것이오."라는 말을 들은 박생이 꿈에서 깨 '장차 죽게 될 것을 깨닫고 날마다 집안일을 정리하는 데 몰두하였다'고 한 것을 통해 알 수 있다.

오답풀이

① '염왕'은 "시운(時運)이 다하여 장차 활과 검을 버리고자" 한다고 하였으므로 염주부를 떠나야 하는 것을 후회한다고 볼 수 없다.
② '염왕'이 '박생'에게 왕위를 물려받을 것을 먼저 제안하였다.
④ '박생'이 '이도(異道)'를 숭상하다가 재앙을 입은 역대 제왕들에 대해 이야기한 것으로 보아, '이도(異道)'를 숭상한다고 볼 수 없다.
⑤ '박생'이 현실 세계로 돌아와 '신인'를 만났다는 내용은 제시되어 있지 않다.

41 ② 염왕이 말한 '훌륭한 장인'은 보물을 알아보는 안목을 가진 사람을 의미하므로, 훌륭한 인재를 알아보는 '임금'을 의미한다고 볼 수 있다.

오답풀이

① 왕위 찬탈이 일어나는 등 불의가 판을 치는 현실을 형상화하기 위해 '염부주'의 공간을 '붉은 구름이 해를 가리고, 독한 안개가 하늘을 막고 있'다고 표현한 것이라고 볼 수 있다.
③ 〈보기〉에 따르면 김시습은 '백성을 위하는 민본 정치를 해야 부조리한 현실을 바로잡을 수 있다고' 보았으며 이러한 사상은 '나라를 다스리는 이가 폭력으로 백성을 위협해서는 안' 된다는 염왕의 말을 통해 드러나고 있다.
④ 김시습은 현실을 바로잡기 위해 정치의 정도(正道)를 회복해야 한다고 보았으며, 그 방법으로 왕도 정치를 제시하였다. 이 글에서 염왕이 '정직하고 사심이 없는 사람'만이 '염주부'의 우두머리가 될 수 있다고 말한 것에서 덕목을 갖춘 사람이 왕이 되어야 한다는 작가의 생각을 읽을 수 있다.
⑤ 박생이 나라에 큰 변란이 일어나는데도 명예만 좇는 '윗사람'들이 득세한 현실을 비판하는 것은 현실을 바로잡고자 하는 작가의 의식이 반영된 것이라고 볼 수 있다.

42 ④ ㉠에 '염왕'이 '박생'에게 신이한 능력을 기르는 방법을 전수한다는 내용은 제시되어 있지 않다.

오답풀이

① '동쪽 나라의 박 아무개는 정직하고, 사심이 없고, 강직하고 과단성이 있으며, 남을 포용하는 자질을 갖추었고, 어리석은 자들을 깨우쳐 줄 재주를 가졌'기 때문에 염주부의 왕이 되어야 한다고 밝히고 있다.
② '요임금이 순임금에게 왕위를 물려주었던 것을 본받아 내 이제 이 자리를 그대에게 물려주나니 아아, 그대는 삼가 받을지어다'라며 '박생'이 '염왕'의 뒤를 이어 왕이 되는 것을 기정사실화하고 있다.
③ '모든 백성이 길이 믿고 의지할 사람이 그대가 아니고 누구겠는가?/마땅히 덕으로 인도하고 예로 다스려 백성들을 착한 길로 이끌고, 몸소 실천하고 마음으로 깨달아 세상을 태평하게 해주오.'라며 '염왕'은 염부주를 태평하게 해 달라는 부탁과 함께 '박생'에 대한 믿음을 드러내고 있다.
⑤ '염왕'과 '박생'이 치국에 대하여 토론을 한 끝에 '염왕'은 "그대의 말이 옳소."라며 '박생'의 의견에 동의한 후 '박생'에게 왕위를 물려준다는 조서를 내렸다.

[43~45] 고전 시가

정철, 「관동별곡(關東別曲)」

이 작품은 정철이 강원도 관찰사로 부임하여 금강산과 관동 팔경을 두루 유람한 후에 아름다운 경치와 고사(故事), 풍속 등을 읊은 기행 가사로, 가사 문학의 백미로 꼽힌다. 우리말 표현이 뛰어나며 기행문의 성격을 띠면서도 서정적인 감동을 자아내는 것이 특징이다. 표현 면에서는 생략과 비약, 대구와 반복 등의 기법으로 박진감 있게 역동적으로 노래한 것이 특징이다. 전체적으로 과감하게 생략하고 압축하는 방식을 취하되, 몇 개의 사물을 통해 구체적인 상황을 암시하는 표현 방식을 취하고 있다.

현대어 풀이

행장을 간편히 하고, 돌길에 지팡이를 짚고 백천동 곁을 지나서 만폭동 골짜기에 들어가니 은 같은 하얀 무지개, 옥같이 고운 용의 꼬리처럼 아름다운 폭포가 섞여 돌며 뿜어내는 소리가 십 리 밖까지 퍼졌으니, 멀리서 들을 적에는 우렛소리 같더니 가까이서 바라보니 온통 하얀 눈과 같구나. 금강대 맨 꼭대기에서 선학이 새끼를 치니, 봄바람에 들려오는 옥피리 소리에 첫 잠을 깨었던지, 흰 저고리와 검은 치마로 단장한 것 같은 학이 공중에 솟아 뜨니, 서호의 옛 주인이었던 임포를 반기듯 나를 반겨서 넘노는 듯하구나.

소향로봉과 대향로봉을 눈 아래 굽어보고 정양사 진헐대에 다시 올라 앉으니, 중국의 여산같이 아름다운 금강산의 참모습이 여기에서 다 보인다. 아아, 조물주의 솜씨가 야단스럽기도 야단스럽구나. 저 수많은 봉우리들은 나는 듯하면서도 뛰는 듯하고, 우뚝 서 있는 것 같다가는 솟은 듯하여 변화무쌍하구나. 연꽃을 꽂아 놓은 듯, 백옥을 묶어 놓은 듯, 동해 바다를 박차는 듯, 북극을 괴어 놓은 듯하구나. 높기도 하구나 망고대여, 외롭구나 혈망봉은 하늘에 치밀어 무슨 일을 아뢰려고 오랜 세월 지나도록 굽힐 줄을 모르는가? 아, 너로구나. 너같이 지조가 높은 것이 또 있겠는가? 개심대에 다시 올라 중향성 바라보며, 만 이천 봉을 똑똑히 헤아려보니, 봉마다 맺혀 있고 끝마다 서린 기운, 맑거든 깨끗하지나 말거나 깨끗하거든 맑지나 말거나 할 것이지, 저 맑고 깨끗한 기운을 흩어 내어 뛰어난 인재를 만들고 싶구나.

43 ② 이 작품의 여정에 따르면 화자는 만폭동 골짜기에 들어가 '금강ᄃᆡ'를 바라본 뒤, '쇼향노'와 '대향노'를 굽어보았다. 따라서 화자가 '금강ᄃᆡ' 에 올라 '쇼향노'와 '대향노'를 굽어보았다는 것은 적절하지 않다.

오답풀이

① '힝장(行裝)을 다 썰티고'는 '행장을 간편하게 하고'라는 의미로 간편한 차림으로 산에 올랐음을 의미한다.

③ '호의현샹(縞衣玄裳)이 반공(半空)의 소소 ᄠᅳ니/셔호(西湖) 녯 쥬인(主人)을 반겨서 넘노ᄂᆞᆫ ᄃᆞᆺ'에서 '호의현샹'은 학을 의미하며, 화자 자신을 '셔호(西湖) 녯 쥬인(主人)'에 빗대어 학이 자신을 반긴다고 여기며 친밀감을 드러내고 있다.

④ '조화옹(造化翁)이 헌ᄉᆞ토 헌ᄉᆞᄒᆞᆯ샤'는 '조물주의 솜씨가 야단스럽기도 야단스럽구나'라는 의미로, 화자는 자연의 아름다움에 조물주의 솜씨가 뛰어나다고 감탄하고 있다.

⑤ '진헐ᄃᆡ(眞歇臺) 고텨 올나', '기심ᄃᆡ(開心臺) 고텨 올나'를 통해 '진헐ᄃᆡ'에 올랐다가 '기심ᄃᆡ'에 올라 산봉우리를 보았음을 알 수 있다.

44 ⑤ [B]의 '호의현샹'은 흰 저고리에 검은 치마라는 의미로, 소동파의 시 「후적벽부」에서 학을 선녀에 빗대어 표현한 것에서 유래한 표현이다. 이처럼 [B]에서는 흑백의 색채 이미지가 나타나는 반면, [D]에는 색채 이미지가 나타나지 않는다.

오답풀이

① '신정'은 외물(자연)과 만날 때 일어나는 신령스러운 마음의 작용으로, [A]에서 화자가 폭포를 보고 '룡'과 '눈'에 비유한 것은 이러한 신정'을 묘사한 것이다.

② '봄바람에 들려오는 옥피리 소리'에 잠을 깬 학이 공중에 솟아 떴다는 표현에는 학이 나는 모습을 본 화자의 고양된 감정이 반영되어 있다고 볼 수 있다.

③ 'ᄆᆞᆰ거든 조티 마나 조커든 ᄆᆞᆰ디 마나'는 '맑거든 깨끗하지나 말거나 깨끗하거든 맑지나 말거나 할 것이지'라는 의미로, 산봉우리마다 맺혀 있는 맑고 깨끗한 기운을 표현한 것이다.

④ [A]에서는 폭포를 '룡', '눈'에 빗대어 표현하였고 [C]에서는 산봉우리를 '부용', '동명', '북극'에 빗대어 표현하였다. 이러한 비유를 연결지어 상상함으로써 독자는 화자의 감흥을 생생하게 느끼게 된다.

45 ③ ㉠은 화자 자신의 관리로서의 굳은 의지와 임금에 대한 절개를 높은 산세에 빗대어 표현한 것이다. 즉, 자연물의 모습을 통해 자신이 지켜가야 할 바람직한 모습(관리로서의 의무, 임금에 대한 절개)을 떠올린 것이라고 할 수 있다.

2014학년도 기출문제 정답 및 해설

제1교시 국어영역(A형)

01 ④	02 ③	03 ②	04 ②	05 ①	06 ⑤
07 ①	08 ④	09 ⑤	10 ①	11 ③	12 ①
13 ④	14 ①	15 ⑤	16 ③	17 ⑤	18 ②
19 ④	20 ③	21 ⑤	22 ③	23 ③	24 ④
25 ④	26 ④	27 ③	28 ⑤	29 ②	30 ⑤
31 ②	32 ①	33 ②	34 ①	35 ①	36 ⑤
37 ③	38 ④	39 ③	40 ②	41 ②	42 ⑤
43 ②	44 ②	45 ③			

01 ④ 여학생이 상대방에게 보충 설명을 요구하는 내용은 제시되지 않았다.

오답풀이

① 회장은 체육대회까지 시간이 부족하니 서둘러야 한다는 여학생의 의견과, 시간이 부족하더라도 친구들이 참여의 즐거움을 느낄 수 있도록 해야 한다는 남학생의 의견을 절충할 수 있는 대안을 마지막에 제시하고 있다.

② 남학생은 '급할수록 돌아가라', '백지장도 맞들면 낫다' 등의 관용적 표현을 사용함으로써 설득의 효과를 높이고 있다.

③ 남학생은 '지난 학기에 있었던 합창 대회를 생각해 보세요.'라며 과거의 경험을 예로 들면서 친구들이 체육대회 준비에 참여하도록 해야 한다는 주장을 뒷받침하고 있다.

⑤ 여학생은 '물론 친구들의 의견을 듣는 것도 중요하지만', '물론 그렇기는 합니다'라고 이야기함으로써 상대방의 주장에 일부 동의하는 가운데 자신의 의견을 제시하고 있다.

02 ③ ㄴ. 이 회의에서 체육대회에서 좋은 성적을 거두어야 한다는 것은 언급되지 않았다.

ㄷ. 체육대회 진행에 관하여 여학생이 '이 정도의 단순한 일은 우리가 결정해도 되지 않을까요?'라고 말하자 남학생은 '친구들이 우리를 임원으로 뽑은 것은 우리 마음대로 하라는 것이 아니라, 친구들의 뜻을 잘 반영하라는 것입니다.'라며 여학생의 의견에 반박하고 있다. 따라서 ㄷ은 여학생만의 의견이다.

03 ② 정민은 후배들 앞에서 동아리를 소개하기로 했는데 많이 긴장되고 떨린다고 말하고 있다. 따라서 정민이 긴장을 풀고 평소처럼 이야기할 수 있도록 '준비를 많이 한 자신을 믿고 자신감을 가져 봐.'와 같이 조언하는 것이 적절하다.

04 ② 인애는 상황을 설명하며 자기가 잘못한 것이냐고 묻는 새롬이의 말에 '아냐, 아냐, 그렇지 않아. 나라도 그 상황이었으면 화가 났을 거야.'라고 말하고 있다. 이를 통해 인애가 상대방의 말을 비판하지 않고 적극적으로 지지해 주고 있음을 알 수 있다.

오답풀이

① 인애는 정미가 사과를 받아주지 않아 섭섭했다는 새롬이의 말에 '서운했겠네!'라고 이야기하는 등 상대방의 감정에 동조하는 반응을 보였다.

③ 인애는 새롬이의 이야기를 들으면서 몸을 기울이거나 고개를 끄덕이는 등의 비언어적 표현을 하여 상대방의 말에 집중하고 있음을 나타냈다.

④ 인애는 '그래서 어떻게 되었는데?', '그런데 뭐라고 사과했니?'와 같이 물음으로써 상대방의 말에 관심을 표현하고 상대방이 계속 이야기를 이어나갈 수 있도록 하였다.

⑤ 인애는 새롬이가 문제를 스스로 해결할 수 있도록 돕기보다는 마지막 발화에서처럼 문제 해결 방안을 직접적으로 제시하였다.

TIP 공감적 듣기

공감적 듣기는 상대에게 감정 이입을 하여 상대의 이야기를 들어주는 것으로, 상대로 하여금 마음의 벽을 허물고 신뢰와 친밀감을 갖게 하는 데 중요한 역할을 한다. 상대의 말을 비판하지 않고 집중하여 들음으로써 상대가 기꺼이 자신의 말을 더 많이 할 수 있도록 격려할 수 있다. 공감적 듣기에는 소극적 들어주기와 적극적 들어주기가 있다.

① **소극적 들어주기** : 상대방에게 관심을 보이면서 화자가 계속 이야기를 이어갈 수 있도록 이야기의 맥락을 조절해주는 격려하기 기술이 중심을 이룬다.

② **적극적 들어주기** : 청자가 객관적인 관점에서 문제에 접근할 수 있도록 화자의 말을 요약 · 정리하고 반영해 줌으로써 화자가 스스로 문제를 해결할 수 있도록 들어주는 것이다.

05 ① 화내지 않고 말할 수 있었는데 그러지 못했다며 화자 자신에게 혜택을 주는 표현을 최소화하고 부담을 최대화하여 표현함으로써 '관용의 격률'에 따르고 있다.

오답풀이

②, ③, ④, ⑤ 상대방에게 부담을 주는 표현을 사용하였다.

TIP **공손성의 원리**

공손성은 상대방과의 관계를 좋게 하고 유지하기 위한 것으로, 사회적 · 의사소통적 상황에서 개인이 조화롭게 상호 교류를 유지할 수 있게 해 준다.

① **요령의 격률** : 상대방에게 부담이 되는 표현은 최소화하고 상대방에게 이익이 되는 표현을 극대화하라는 것이다.
② **관용의 격률** : 화자 자신에게 혜택을 주는 표현은 최소화하고 부담을 주는 표현을 최대화하라는 것이다.
③ **찬동의 격률** : 다른 사람에 대한 비방을 최소화하고 칭찬을 극대화하라는 것이다.
④ **겸양의 격률** : 자신에 대한 칭찬은 최소화하고 비방을 극대화하라는 것이다.
⑤ **동의의 격률** : 자신의 의견과 다른 사람의 의견 사이의 다른 점은 최소화하고 같은 점을 극대화하라는 것이다.

06 ⑤ 〈보기〉의 글쓰기 과정에서 표현 방법에 대한 내용은 제시되지 않았다.

오답풀이

① 친구 3명에게 주제에 관하여 각자 생각나는 것을 자유롭게 말하도록 한 뒤 주제를 정하였다.
② 글의 목적을 고려하여 '문제 제기 – 원인 분석 – 해결 방안 – 요약 · 제언'의 순으로 글을 구성하였다.
③ 초고를 완성한 뒤 글의 내용이 목적과 주제에 부합하는지 살펴보고 그렇지 않은 부분은 고쳤다고 하였으므로, 통일성을 유지하고 있는지 점검하고 글을 고쳤음을 알 수 있다.
④ 글을 쓰기 위해 자료 조사, 설문 조사, 전문가 인터뷰 등을 실시하여 관련 자료를 수집하였다고 언급한 것으로 보아, 다양한 방법으로 자료를 수집했음을 알 수 있다.

07 ① 내용의 순서는 바뀌지 않았으므로 중요도에 따라 내용의 순서를 재배열했다는 것은 적절하지 않다.

오답풀이

② 글의 제목을 '공원 내 불법 행위 단속 안내'에서 경어를 사용하여 '여기서 이러시면 안 됩니다.'로 바꿈으로써 보다 친근하게 표현하여 독자의 거부감을 줄이고 있다.
③ 공원 내 불법 행위 항목을 강조하기 위해 앞의 두 문장을 삭제하였다.
④ 각 불법 행위에 대한 시각적 자료를 첨부함으로써 의미를 보다 입체적으로 전달하고 있다.
⑤ '밥을 짓는 행위', '고기를 구워 먹는 행위'는 '음식물 취사'로, '애완동물의 목줄을 풀어 놓는 행위', '애완동물의 배설물을 치우지 않는 행위'는 '애완동물 관리 소홀'로, '김밥, 음료수'는 '식품'으로 묶어 항목화하였다.

08 ④ '게임 셧다운제'는 청소년의 온라인 게임 이용 시간을 규제하는 제도로서 'Ⅱ–가'의 '사이버 공간에서의 익명성'과는 관련이 없다.

오답풀이

① 'Ⅰ–나'는 악성 댓글의 원인에 해당하므로 Ⅱ의 하위 항목으로 이동하는 것이 적절하다.
② 인터넷 검색 능력은 '악성 댓글의 원인과 해소 방안'이라는 주제와 관련이 없으므로 'Ⅱ–다'는 삭제하는 것이 적절하다.
③ 정보 통신 윤리 의식은 악성 댓글에 대한 문제의식을 포괄하므로 'Ⅱ–라'를 'Ⅱ–나'에 포함시키는 것은 적절하다.
⑤ 결론에는 올바른 댓글 문화를 정립하자는 내용이 들어가는 것이 적절하다.

09 ⑤ 스트레스 없는 삶을 살 수는 없기 때문에 스트레스에 대처하는 자세가 중요하다고 하였으므로 ⓜ '그러나'는 '그러므로' 또는 '따라서'와 같이 인과 관계를 나타내는 접속어로 고치는 것이 자연스럽다.

오답풀이

① '스트레스를 많이 받을 수 있는 성격 유형과 행동 특성'은 본문의 내용과 관련이 없으므로 부제를 '스트레스에 대처하는 바람직한 자세'로 고치는 것은 적절하다.
② '도피하다'라는 서술어와 호응을 이루도록 '스트레스로부터'를 추가하는 것이 적절하다.
③ ⓒ은 스트레스가 발생하는 상황에 관한 것으로, 스트레스에 대처하는 방안이라는 주제와 관련이 없으므로 삭제하는 것이 적절하다.
④ '순응(順應)'은 환경이나 변화에 적응하여 익숙해지거나 체계, 명령 따위에 적응하여 따른다는 뜻이므로, 이를 어떤 일이나 사태에 맞추어 태도나 행동을 취한다는 뜻인 '대응(對應)'으로 고치는 것이 적절하다.

10 ① 상보 반의는 반의 관계에 있는 개념적 영역이 상호 배타적인 것으로, 두 가지 중 하나에 속하지 않으면 다른 하나에 속하는 반의 관계를 뜻한다. 이에 해당하는 반의 관계는 '참 : 거짓'이다.

오답풀이

②, ④ '크다 : 작다', '쉽다 : 어렵다'는 정도나 등급을 나타내므로 정도 반의이다.

③, ⑤ '왼쪽 : 오른쪽', '오르다 : 내리다'는 방향상의 대립을 나타내므로 방향 반의이다.

TIP **반의 관계의 종류**

① **정도 반의** : 정도, 등급이 대립을 이루는 것으로 반의 관계에 있는 두 단어를 동시에 부정하더라도 모순되지 않는 중립 지역이 존재한다. 즉, 평가의 기준이 상대적이다.

② **상보 반의** : 반의 관계에 있는 개념적 영역을 상호 배타적으로 철저히 양분하는 것으로, 반의 관계에 있는 두 단어를 동시에 부정하거나 긍정할 경우 모순이 발생한다. 즉, 평가의 기준이 절대적이다.

③ **방향 반의** : 맞선 방향을 전제로 관계나 이동의 측면에서 대립을 이루는 것으로, 기준점을 중심으로 한 상대적 개념이다.

11 ③ 언어의 사회성이란 언어 기호는 같은 언어 사회 안에서 특정한 의미를 특정한 말소리로 나타내자는 약속이므로, 이 약속이 사회적으로 수용된 다음에는 개인이 마음대로 바꿀 수 없다는 언어의 특성이다. 〈보기〉에서와 같이 '바다'를 혼자 '하늘'이나 '땅'으로 바꾸어 부를 경우 의사소통이 되지 않는 것은 언어의 사회성 때문이다.

오답풀이

① 언어의 규칙성이란 언어에는 일정한 법칙이 있으므로 그에 맞게 표현해야 한다는 것이다.

② 언어의 분절성이란 언어는 여러 단위로 나누어지고 결합할 수 있으며, 연속적으로 존재하는 세계를 불연속적으로 끊어서 표현한다는 것이다. 우리말에서 무지개를 임의적으로 일곱 가지 색깔로 나누어 표현하는 것을 예로 들 수 있다.

④ 언어의 역사성이란 시간의 흐름에 따라 단어의 소리와 의미가 변하거나 문법 요소가 변하는 등 언어가 변화한다는 것이다.

⑤ 언어의 창조성이란 상상의 사물이나 관념적이고 추상적인 개념을 무한하게 창조적으로 표현할 수 있다는 것이다.

12 ① ㉠ '굶주리다'는 용언의 어간인 '굶-'에 용언인 '주리다'가 결합된 형태이고, ㉢ '덮밥'은 용언의 어간인 '덮-'에 명사인 '밥'이 결합된 형태로 우리말의 일반적인 단어 배열에 어긋나는 비통사적 합성어에 해당한다.

오답풀이

㉡ '기와+집'의 형태로 명사끼리 결합한 통사적 합성어이다.

㉣ '들어+가다'의 형태로 용언의 연결형에 용언이 결합한 통사적 합성어이다.

㉤ '작은+집'의 형태로 용언의 관형사형에 용언이 결합한 통사적 합성어이다.

13 ④ '삼다'는 필수적 부사어를 요구하는 세 자리 서술어이다. ㄷ에서 '며느리로'는 필수적 부사어에 해당하므로 생략할 수 없다.

오답풀이

① '결국'처럼 문장 전체를 꾸미는 부사어를 문장 부사어라고 한다. 문장 부사어는 말하는 사람의 심리적 태도를 나타낸다.

② 부사어는 수식하는 말 바로 앞에 오는 것이 원칙이나 표현 효과를 위해 그 위치를 바꿀 수 있다.

③ 부사어는 주로 용언을 수식하지만 다른 부사어나 관형어를 수식하기도 한다. ㄴ에서 '아주'는 관형어 '큰'을 꾸미고 있다.

⑤ 부사어는 주로 용언을 수식하지만 다른 부사어나 관형어를 수식하기도 한다. ㄹ에서 '매우'는 부사어 '빨리'를 꾸미고 있다.

14 ① '논일'은 음의 교체가 아니라 음의 첨가의 예에 해당한다. 'ㄴ' 첨가는 사잇소리 현상의 일종으로, 복합어 형성 시 앞말이 모음으로 끝나고 뒷말이 'ㅁ, ㄴ'으로 시작하는 경우 'ㄴ'이 첨가되며, 앞말의 음운과 상관없이 뒷말이 모음 'ㅣ'나 반모음 'ㅣ'로 시작되는 경우 'ㄴ'이 하나나 둘 첨가되는 것을 말한다. '논일'의 경우 뒷말이 모음 'ㅣ'로 시작되므로 'ㄴ'이 첨가되어 [논닐]로 발음된다.

오답풀이

② '같이[가치]'는 구개음화의 예이다.

③ '바깥[바깐]'은 음절의 끝소리 규칙의 예이다.

④ '믿는다[민는다]'는 비음화의 예이다.

⑤ '물놀이[물로리]'는 유음화의 예이다.

TIP **'ㄴ' 첨가 현상**

표준 발음법 제29항

합성어 및 파생어에서, 앞 단어나 접두사의 끝이 자음이고 뒤 단어나 접미사의 첫음절이 '이, 야, 여, 요, 유'인 경우에는, 'ㄴ' 음을 첨가하여 [니, 냐, 녀, 뇨, 뉴]로 발음한다.

다만, 다음과 같은 말들은 'ㄴ' 음을 첨가하여 발음하되, 표기대로 발음할 수 있다.

이죽-이죽[이중니죽/이주기죽]　금융[금늉/그뮹]
야금-야금[야금냐금/야그먀금]　검열[검:녈/거:멸]
욜랑-욜랑[욜랑뇰랑/욜랑욜랑]

[붙임 1] 'ㄹ' 받침 뒤에 첨가되는 'ㄴ' 음은 [ㄹ]로 발음한다.

예 들-일[들:릴]　솔-잎[솔립]　설-익다[설릭따]
물-약[물략]　불-여우[불려우]　서울-역[서울력]
휘발-유[휘발류]　유들-유들[유들류들]

정답 및 해설

[붙임 2] 두 단어를 이어서 한 마디로 발음하는 경우에도 이에 준한다.
예 한 일[한닐] 옷 입다[온닙따] 서른 여섯[서른녀섣]
할 일[할릴] 잘 입다[잘립따] 스물 여섯[스물려섣]
3 연대[삼년대] 1 연대[일련대] 먹은 엿[머근 녇] 먹을 엿[머글 렫]
다만, 다음과 같은 단어에서는 'ㄴ(ㄹ)' 음을 첨가하여 발음하지 않는다.
6 · 25[유기오] 3 · 1절[사밀쩔] 송별-연[송:벼련] 등-용문[등용문]

[15~18] 비문학 – 인문

15 ⑤ 이론의 장단점을 비교하는 내용은 제시되어 있지 않다.

오답풀이

① 도움 행동 유발에 영향을 미치는 요인을 세 가지 측면에서 분석하고 있다.
② 첫 번째 문단에서 '~요인들은 무엇일까?'라는 질문을 한 뒤 이어지는 문단에서 요인들을 설명하고 있다. 마지막 문단에서도 '~항상 긍정적으로 받아들일까?'라고 질문한 뒤 '꼭 그렇지만은 않다'고 대답하며 내용을 설명하고 있다.
③ 첫 번째 문단에서 '도움 행동'이라는 핵심 개념의 내용과 범위를 소개하고 있다.
④ 네 번째 문단에서 술 취한 사람이 길에 쓰러진 경우와 일반 사람이 갑자기 쓰러진 경우의 예를 들어 설명함으로써 독자의 이해를 돕고 있다.

16 ③ B 그룹과 C 그룹의 결과를 피험자의 경제적 목적 유무에 따라 해석할 만한 근거가 없다.

오답풀이

① 도움 행동에 나선 비율이 A 그룹에서는 70%였고, B 그룹에서는 7%였는데, 이러한 결과를 통해 [가]에서 언급한 것처럼 주위에 제3자가 있을 경우 없을 때보다 도움 행동이 잘 일어나지 않는다는 것을 확인할 수 있다.
② B 그룹의 실험 협력자는 시종 방관적인 태도로 일관하였는데, 제3자의 이러한 태도로 피험자는 [가]에서 언급한 것처럼 '다른 사람도 돕지 않고 가만히 있는 것을 보니 급한 상황이 아닌가봐.'라고 상황을 해석하여 B 그룹에서 피험자의 도움 행동이 덜 나타난 것이라고 볼 수 있다.
④ [가]에 따르면 제3자가 친한 사람일 경우 자신에 대한 그 사람의 평가를 의식하게 되어 도움 행동이 더 빨리, 더 잘 일어난다. 실험 결과, 도움 행동에 나서기까지 걸린 평균 시간은 C 그룹이 130초, D 그룹이 35초였다. C 그룹의 피험자 2명은 서로 모르는 사이이기 때문에 옆 사람의 평가를 의식하지 않아 도움 행동에 나서는 데까지 시간이 더 오래 걸린 것이라고 볼 수 있다.
⑤ 실험 결과, 도움 행동에 나선 비율이 C 그룹은 40%, D 그룹은 70%였다. D 그룹의 피험자 2명은 서로 아는 사이이기 때문에 옆 사람의 평가를 의식한 결과, 도움 행동에 나선 비율이 월등히 높게 나타난 것을 확인할 수 있다.

17 ⑤ [나]에서 도움을 받는 사람이 도움 행동을 늘 긍정적으로 받아들이는 것이 아니라고 하면서, 도움을 받음으로써 자신의 자유가 상실될 우려와 자신의 곤경이 자신의 내부적 요인에 의한 것이라는 생각 때문에 도움 행동을 거부하기도 한다고 설명하고 있다. 따라서 도움 행동에 나설 때에는 도움을 받는 사람의 자존심이 상하지 않도록 하는 등 도움 받는 사람의 마음을 헤아려야 한다.

18 ② ㉠의 '벗어나다'는 '어려운 일이나 처지에서 헤어나다.'라는 의미로 사용되었으며 이와 문맥적 의미가 유사한 것은 ② '심리적 고통에서 벗어나지 못했다.'이다.

오답풀이

① '규범이나 이치, 체계 따위에 어긋나다.'라는 의미로 사용되었다.
③ '공간적 범위나 경계 밖으로 빠져나오다.'라는 의미로 사용되었다.
④ '이야기의 흐름이 빗나가다.'라는 의미로 사용되었다.
⑤ '맡은 일에서 놓여나다.'라는 의미로 사용되었다.

[19~22] 비문학 – 사회

19 ④ 공적연금제도가 강제가입을 원칙으로 하는 것은 두 번째 문단에 제시된 것처럼, 비용을 현재에 지불하지만 그 편익을 나중에 얻게 되는 연금의 특성에서 비롯된다. 즉, 현재의 욕구를 더 강하게 느껴 불확실한 미래의 편익을 위해 당장은 비용을 지불하지 않으려 하기 때문에 강제로 연금제도에 가입하도록 하는 것이다.

20 ③ '적립방식'은 인구 구조의 변동에 영향을 받지 않으므로 세대 간 보험료 부담이 공평하지만, '부과방식'은 인구 구조가 변동되어 노인 인구가 늘어날 경우 젊은 세대의 부담이 증가될 수 있다고 하였으므로 세대 간 공평성이 미흡하다고 볼 수 있다.

오답풀이

① '적립방식'은 가입자가 낸 보험료를 적립하여 기금을 만들고 여기에서 나오는 수익으로 연금을 지급하는 반면, '부과방식'은 현재 일하고 있는 사람들에게서 보험료를 거둬서 연금을 지급한다.

② '적립방식'은 일정 기금이 형성되기 전까지는 연금을 지급할 재원이 부족한 반면, '부과방식'은 제도 도입과 동시에 연금을 지급할 수 있다.
④ '적립방식'은 세대 간 소득 재분배가 어려운 반면, '부과방식'은 세대 간 소득 재분배 효과가 있다.
⑤ '적립방식'은 인구구조의 변동에 영향을 받지 않는 반면, '부과방식'은 인구 변동에 따른 불확실성이 존재한다.

21 ⑤ 확정급여방식은 나중에 받을 연금을 미리 정하는 것으로, 부과방식으로 연금 재정을 운용한다. 따라서 기금 운용 과정에서 발생하는 투자의 실패는 가입자가 아니라 연금 관리자가 부담한다.

오답풀이
① 확정기여방식은 적립방식으로 연금 재정을 운용하는 것이므로 부담금이 공평하게 나누어진다는 것이 장점이다.
② 확정기여방식은 연금 관리자가 기금을 효율적으로 관리하지 못할 경우 개인이 손실 위험을 부담하게 된다는 단점이 있다.
③ 확정기여방식은 이자율에 따라 연금의 가치가 변동하므로, 이자율이 물가상승률보다 높을 경우 연금액의 가치가 상승할 수 있다.
④ 확정급여방식은 확정기여방식과 마찬가지로 물가상승에 따른 손해는 가입자가 부담한다.

22 ③ 한글 맞춤법 제11항에 따르면 '율(率)'을 '율'로 쓰는 것은 모음이나 'ㄴ' 받침 뒤로 국한되며, 그 외의 경우에는 '률'로 써야 한다. 따라서 '자급율(自給率)'은 '자급률'로 써야 한다.

[23~26] 비문학 – 과학

23 ③ 첫 번째 문단에서 '물속에서의 음속은 공기에서보다 4~5배 빠르다.'고 제시되어 있으나 물속에서는 굴절 현상 등이 발생할 수 있으므로 수영장에서 잠수해 있을 때 물 밖의 소리가 더 잘 들릴 것이라고 보기는 어렵다.

오답풀이
① 두 번째 문단에서 수온의 변화가 거의 없는 표층에서는 수심이 깊어질수록 높은 음속을 보인다고 설명하고 있다.
② 두 번째 문단에서 표층 아래인 수온약층에는 태양 에너지가 도달하기 어려워 수심에 따라 수온이 급격히 낮아지며 이보다 더 깊은 심층에서는 수온 변화가 거의 없다고 설명하고 있다.
④ 마지막 문단에서 잠수함이 음영대를 이용하여 음파탐지기를 피해 숨을 장소로 이동할 수 있다고 설명하고 있다.
⑤ 마지막 문단에서 음속이 최소가 되는 구간인 음파통로를 이용하여 기후 변화를 관찰할 수 있다고 설명하고 있다.

24 ④ 이 글에 따르면 음속은 온도와 압력의 영향을 받는데, 수압은 수심에 따라 증가하지만 수온은 수심에 따라 증가하는 것이 아니어서, 수온과 수압 중 상대적으로 더 큰 영향을 끼치는 요소에 따라 음속이 결정된다. 심층에서는 수온의 변화가 거의 없고 수압의 변화만 있으므로 압력의 영향으로 음속이 다시 증가하는 것이라고 볼 수 있다.

25 ④ 〈보기 1〉의 (가) 지점은 계절 · 수심과 상관없이 수온이 일정하며, (나) 지점은 여름철에 수심에 따라 수온이 변화하며 (다) 지점은 여름철과 겨울철 모두 수심에 따라 수온이 변화한다. 세 번째 문단을 참고하면 (가)는 극지방인 B에서 측정한 것으로 볼 수 있고 (나)는 중위도 지방인 C에서, (다)는 적도 지방인 A에서 측정한 것이라고 볼 수 있다.

26 ④ 문맥상 ⓐ는 '자연이나 인간 따위에게 어떠한 현상이 발생(發生)하다.'의 의미로 사용되었으므로 이와 바꿔 쓰기에 가장 적절한 것은 ④이다.

오답풀이
① '발송(發送)하다'는 물건, 편지, 서류 따위를 우편 또는 운송 수단을 이용하여 보낸다는 뜻이다.
② '발행(發行)하다'는 출판물이나 인쇄물을 찍어서 세상에 펴낸다는 뜻이다.
③ '발족(發足)하다'는 어떤 조직체가 새로 만들어져서 일이 시작된다는 뜻이다.
⑤ '발호(發號)하다'는 호령(號令)을 내리거나 내리게 한다는 뜻이다.

[27~30] 비문학 – 예술

27 ③ 표현주의 미술에 영향을 준 미술 사조에 대해서는 언급되지 않았다.

오답풀이
① 첫 번째 문단에 표현주의는 '내면에 잠재된 강렬한 감정과 욕구를 소재로' 한다고 제시되어 있다.
② 세 번째 문단에 '전통적인 감상 방식에 얽매여 있었던 당대 사람들은 표현주의의 어둡고 무거운 주제와 일그러진 형태, 자연스럽지 못한 색감에서 불편함을 느낀 것'이라고 제시되어 있다.
④ 첫 번째 문단에 표현주의는 1910년 전후로 독일을 중심으로 전개되었는데 19세기 후반의 독일 사회는 '전쟁의 후유증과 급속한 산업화'로 매우 혼란스러운 상황이었다고 제

시되어 있다.

⑤ 세 번째 문단에 '표현주의 작품을 감상할 때에는 과장되거나 왜곡되어 나타나는 형태와 색채를 통해 현실 세계를 바라보는 작가의 감각과 감정 상태를 읽어내는 것이 중요하다.'고 제시되어 있다.

28 ⑤ 〈보기〉에 제시된 작품은 표현주의 작가 콜비츠의 석판화로 방직공들의 비참한 처지를 다룬 작품이다. 표현주의는 조형적 아름다움보다는 작가의 내면세계에 대한 메시지의 전달을 중시하므로 조형적인 아름다움을 드러내려는 의도가 있다는 감상은 적절하지 않다.

오답풀이

① 표현주의 작가들은 판화에서 흑백의 대조를 활용하여 극적인 효과를 얻고자 했다.
② 표현주의 작가들은 판화에서 거칠고 날카로운 선들을 이용하여 당시의 부정적인 사회상을 드러내고자 했다.
③ 당대인들은 전통적인 감상 방식에 얽매여 있었기 때문에 표현주의 작품을 보며 불편함을 느꼈다.
④ 표현주의 작품을 감상할 때에는 과장되거나 왜곡되어 나타나는 형태·색채를 통해 작가가 현실 세계를 어떻게 바라보는지 읽어낼 수 있다.

29 ② 표현주의의 실험 정신 덕분에 현대 회화에서 ⓐ '개성적 가치'가 중요한 개념으로 자리 잡게 되었다고 하였다. 즉, 표현주의가 예술적 창의성과 다양성을 시도한 것에 가치를 두고 있는데, 표현주의자들은 동일한 대상이라도 사람의 감정 상태에 따라 다르게 보이므로 대상을 보고 느낀 점을 자신만의 방식으로 표현하고자 하였을 것이다. 따라서 ⓐ의 의미로 가장 적절한 것은 ②이다.

30 ⑤ '시도(試圖)하다'는 어떤 것을 이루어 보려고 계획하거나 행동한다는 뜻이므로 우리말로 고쳐 쓸 경우 '꾀하다' 등을 쓰는 것이 적절하다.

오답풀이

① '포착(捕捉)하다'는 '꼭 붙잡다, 요점이나 요령을 얻다 또는 어떤 기회나 정세를 알아차린다'는 뜻이므로 '잡아내다'와 바꾸어 쓰기에 적절하다.
② '미화(美化)하다'는 아름답게 꾸민다는 의미이다.
③ '선호(選好)하다'는 여럿 가운데서 특별히 가려서 좋아한다는 의미이다.
④ '확장(擴張)하다'는 범위, 규모, 세력 따위를 늘려서 넓힌다는 의미이다.

[31~33] 현대시

김용택, 「섬진강 1」
이 시는 섬진강을 제재로, 섬진강 강변의 모습을 서정적으로 노래한 작품이다. 이 시에서 섬진강은 민중과 함께하며 민중들의 아픔을 달래주는 존재라고 볼 수 있으며, 민중의 강인함과 생명력을 상징한다고 할 수 있다.
이 작품은 섬진강을 따라가며 바라본 풍경들을 노래하는 것에서 시작된다. 2행부터 11행까지는 전라도의 실핏줄 같은 개울물들이 모여 흐르는 섬진강변에 작은 들꽃과 풀들이 어우러져 있는 모습이 제시되고 있는데, 소박한 섬진강변의 풍경을 통해 민중의 소박한 삶을 나타내고 있다. 12행에서 마지막 행까지는 섬진강의 호탕한 기세가 펼쳐진다. 영산강, 지리산, 무등산 주변을 얼싸안고 흐르는 섬진강의 모습을 통해 산과 강이 어우러지는 것처럼 자연의 힘찬 생명력이 한데 어우러지는 장관이 펼쳐지는 것이다. 이러한 생명력은 바로 민중의 건강하고 끈질긴 생명력과 연결되면서 '애비 없는 후레자식' 같은 세력이 위협하더라도 결코 마르지 않을 것임을 강조하고 있다.

31 ② '섬진강을 따라가며 보라', '퍼간다고 마를 강물' 등의 시구를 반복함으로써 섬진강에 빗댄 민중의 생명력을 강조하고 있다.

32 ① ㄱ. 15행에 '지리산 뭉툭한 허리를 감고 돌아가는 섬진강'이라고 표현되어 있으므로 산을 감고 흘러가는 물줄기의 모습을 영상으로 제시하는 것은 적절하다.
ㄴ. 4~6행에 강변에 '토끼풀꽃', '자운영꽃' 등이 피어있다고 표현되어 있으므로 여러 가지 풀꽃들이 강변에 피어 있는 모습을 제시하는 것은 적절하다.

오답풀이

ㄷ. 8행에 '식물도감에도 없는 풀에'라는 시구가 있으므로 식물도감을 들고 꽃을 채집하는 장면을 제시하는 것은 적절하지 않다.
ㄹ. 20행에 '일어서서 껄껄 웃으며'라는 구절이 있지만 이는 '지리산'을 의인화하여 표현한 것이므로 이를 농부의 모습으로 제시하는 것은 적절하지 않다.

33 ② '지도에도 없는 동네 강변'이라는 표현은 민중의 소박한 삶을 표현한 것이므로 이를 '비극적 역사에 대한 안타까움'으로 이해하는 것은 적절하지 않다.

[34~36] 현대소설

임철우, 「아버지의 땅」
해방과 분단, 한국 전쟁으로 이어지는 우리 민족의 아픈 역사를 개인의 비극적인 가족사와 결부시켜 그 상처를 극복하고자 하는 소설이다. 이 작품에서 사건을 전개하는 계기가 된 무연고 유골은 한국 전쟁 때 희생된 사람의 것으로 추정된다. 즉 좌·우 이데올로기 대립으로 인한 희생자인 것이다. 오랜 시간이 흘렀지만 유골을 여전히 결박하고 있는 철사 줄은 이데올로기로 인한 속박과 폭력이 지속되고 있음을 상징한다고 볼 수 있다. 주인공은 이 유골을 통해 한국 전쟁 때 좌익 활동을 하다가 행방불명된 아버지를 떠올리게 된다. 아버지로 인해 정신적 고통을 겪으며 성장한 주인공은 자신에게 고통을 준 아버지를 증오하였으나, 아버지와 같은 사람에게 가해진 폭력의 흔적을 확인하게 되면서 아버지에 대해 연민을 갖게 되고 아버지와 화해하게 된다.

34 ① 군 복무 중 유골을 발견한 현재의 사건과 어린 시절에 대한 회상, 아버지에 대한 상상 등이 중첩되어 있다.

35 ① ㉠ '마루 밑'은 '까마득한 어둠', '눅눅하고 음습한 냄새' 등으로 표현되어 있으며 종내에는 그 속에서 아버지의 '핏발 선 눈알'을 마주하게 된다고 하였다. 즉 '마루 밑'은 '나'가 공포로부터 도피하던 공간이 아니라 '나'에게 공포를 느끼게 하는 공간인 것이다.

오답풀이

② 한국 전쟁 때 희생된 것으로 추정되는 ㉡ '유해'를 발견함으로써 '나'는 한국 전쟁 때 좌익 활동을 하다 행방불명된 아버지를 떠올리게 된다.
③ 사람이 죽어 백골이 되었지만 ㉢ '철사 줄'이 '살을 녹이고 뼈까지도 녹슬게 만'들었다는 것은 오랜 시간이 흘렀어도 전쟁의 상흔이 여전히 존재한다는 것을 의미한다. 즉, ㉢은 이념의 대립이 가져온 전쟁의 참상을 암시한다고 볼 수 있다.
④ 유해를 그저 땅에 묻는 것이 아니라 ㉣ '봉분'까지 만들었다는 것은 죽은 이에 대하여 예를 갖춘 것으로, 이는 고인에 대한 존중에서 비롯된 것이라고 볼 수 있다.
⑤ ㉤ '날짐승'도 때가 되면 돌아온다는 어머니의 말은 새들처럼 아버지도 돌아오기를 바란다는 의미이다.

36 ⑤ '어느 버려진 밭고랑'은 무덤도 묘비도 없이 외롭게 잠들어 있을 아버지에 대한 '나'의 연민을 보여준다.

오답풀이

① 어머니가 아버지의 죄를 순순히 시인하자 '나'는 큰 충격을 받게 되고, 그때부터 아버지의 죄를 함께 나누어 진 느낌을 받았다고 하였다.
② 아버지를 '저주와 공포의 낙인'으로 인식하면서 오랜 시간이 흐른 뒤에도 '지워지지 않는 핏자국' 처럼 느꼈다는 것은, 아버지로 인한 '나' 상처가 그만큼 깊었음을 의미한다.
③ 노인이 유해를 수습하는 동안 '나'는 현기증이 일면서 아버지의 환영을 보게 되는데, 이때 '핏발 선 눈알'로 나를 쏘아보는 아버지가 아니라 학생복 차림의 아버지를 보게 된다. 이는 아버지에 대한 '나'의 태도가 달라졌다는 것을 암시한다.
④ '나'는 아버지를 떠올리며 불현듯 눈물을 흘리는데 이는 아버지에 대한 연민과 동정의 눈물로서, 이러한 '나'의 모습은 전쟁의 상처를 극복할 수 있다는 것을 기대하게 한다.

[37~39] 고전시가

정극인, 「상춘곡(賞春曲)」
가사 문학의 효시로서, 속세를 떠나 아름다운 봄 경치에 몰입하여 안빈낙도(安貧樂道)하는 삶을 노래한 작품이다. 자연에 묻혀 사는 즐거움을 표방한 은일가사의 첫 작품으로 송순의 〈면앙정가〉, 정철의 〈성산별곡〉으로 이어지는 호남 지역 강호가사의 출발점이다.
서사, 본사, 결사의 3단 구성으로, 서사에서는 시냇가에 집을 짓고 자연의 주인이 된 즐거움을 노래하였고, 본사에서는 봄의 경치와 정취에 대해 노래하면서 자연 속에서 유유자적하는 풍류 생활을 묘사하였으며, 결사에서는 안빈낙도의 삶에 대한 만족감을 노래하였다. 설의법, 의인법, 직유법, 대구법 등의 다양한 표현 기법을 사용하였으며, 중국 고사를 적절히 활용하여 작품 전체를 유려하게 이끌고 있다는 특징이 있다.

37 ③ [C]를 현대어로 풀이하면 '이리저리 거닐며 나직이 시를 읊조려 산 속의 하루가 적적한데, 한가로움 속의 참된 멋을 아는 이 없이 나 혼자로구나.'로, 대상의 차이점을 부각하는 대조의 방법은 찾아보기 힘들다.

오답풀이

① [A]는 '속세에 묻혀 사는 사람들아, 이 나의 생활이 어떠한가? 옛 사람의 풍류에 미칠까 못 미칠까'로 자연에 묻혀 사는 자신의 '생애'에 대한 자부심을 청자에게 질문을 던지는 의문 형식으로 표현하였다.

② [B]는 '복사꽃 살구꽃이 석양 속에 피어 있고, 푸른 버들 향기로운 풀은 가랑비 속에 푸르도다.'로 '수간 모옥' 주변의 봄 경치를 시각적으로 표현하였다.
④ [D]는 '산책은 오늘 하고, 냇가에서 목욕은 내일 하세. 아침에 산나물을 캐고 저녁에 낚시하세.'로 이웃들에게 산수 구경을 가자고 권하면서 대구의 표현 방식을 사용하였다.
⑤ [E]는 '맑은 물을 굽어보니 떠오는 것이 도화로다. 무릉도원이 가까이 있구나. 저 들이 그곳(무릉도원)인가?'로 도연명의 〈도화원기〉에 나오는 고사를 인용한 표현이다.

38 ④ ㉣은 '수많은 촌락이 여기저기 벌여 있다'는 뜻으로, 이는 이상향이 실현된 공간을 그린 것이 아니라 산 위에서 내려다 본 마을의 모습을 표현한 것이다.

오답풀이
① 칼로 마름질하거나 붓으로 그려낸 것처럼 봄의 경치가 아름답다는 표현이다.
② 화자의 흥겨운 감정을 새에게 이입하여, 새가 봄기운을 이기지 못하여 흥겨운 소리를 낸다고 표현하였다.
③ 자연에 도취하여 자연과 하나가 되는 물아일체된 경지가 드러난다.
⑤ '단표'는 단사표음(도시락밥과 표주박 물)의 준말로 가난한 생활을, '누항'은 누추한 집을 의미한다. 따라서 누추한 집에서 가난한 생활을 해도 잡스러운 생각을 안 한다는 삶의 자세가 드러난다.

39 ③ 자연을 즐거움을 얻을 수 있는 공간으로 보는 〈보기〉의 관점과 통하는 것은 ③이다.

[40~42] 고전소설

> **작자 미상, 「임장군전」**
> 「임경업전」이라고도 하며, 병자호란을 배경으로 하여 비운에 쓰러진 명장 임경업의 일생을 영웅화한 작품이다. 호국에 대한 강한 적개심과, 나라가 위기에 처했음에도 사리사욕만을 일삼던 지배층에 대한 분노가 민족적 · 민중적 차원에서 소설로 승화되었다. 역사적 사실이 부분적으로 반영되어 있으나, 호국에 대한 복수심과 영웅의 활약에 대한 백성들의 갈망에 부응하여 창작된 허구적 작품이다. 조선 후기의 민족의식을 잘 드러내고 있다는 점에서 의의가 있다.

40 ② 이 작품은 시간의 흐름에 따라 순차적으로 사건이 진행되는 순행적 구성을 따르고 있다.

오답풀이
① 전지적 작가 시점으로, 서술자는 달라지지 않는다.
③ 상황에 따라 성격이 변하지 않는 평면적 인물이다.
④ 호왕과 임경업 사이의 갈등이 두드러진다.
⑤ 웃음을 유발하는 해학적 표현은 나타나지 않는다.

41 ② ⓐ '기이한 계교'란 의주의 부윤인 임경업을 멀리 피하여 왕도를 급습하는 것을 말한다.

42 ⑤ ㉤은 청나라 장수인 용골대가 한 말이다. 조선의 왕대비와 세자 · 대군이 청나라 장수에게 인질로 잡힌 상황으로, 조선의 굴욕적 패배를 나타낸 것이라고 볼 수 있다.

오답풀이
① 적장의 목을 떨어지는 낙엽처럼 베어내는 모습을 통해 임경업의 용맹함을 부각하고 영웅성을 강조한 것이라고 볼 수 있다.
② 병자호란으로 인한 피해가 참혹했음을 이야기함으로써 독자로 하여금 청나라에 대한 적개심을 불러일으키기 위한 것이라고 볼 수 있다.
③ 인조가 남한산성으로 피신을 간 실제 역사적 사건이 반영된 것이다.
④ 외침의 상황에도 술만 먹고 누워 있는 강화유수를 언급함으로써 외침을 막지 못한 조정관료를 비판하는 것이라고 볼 수 있다.

[43~45] 수필

> **김용준, 「두꺼비 연적을 산 이야기」**
> 이 글은 두꺼비 모양의 연적이 주는 기쁨에 대해 쓴 수필이다. 두꺼비 연적의 생김새에 대한 묘사를 눈에 보일 듯 선하고 아주 상세하게 표현한 것이 특징이다. 필자는 모양도 정교하지 않고 유약을 바른 기술도 신통하지 않은 두꺼비 연적을 사랑하는 이유를 '나는 고독하기 때문이다'라고 말한다. 어리숙하고 못나고 엉거주춤한 두꺼비 연적이 필자에게는 정답고 위로가 되는 존재인 것이다.

43 ② 두꺼비 연적의 외양을 나열식으로 묘사하였으며, 익살스러운 표현을 사용하여 대상에 대한 관심과 친밀감을 나타냈다.

오답풀이

ㄴ. 과거와 현재의 상황을 비교하는 것이나 미래를 예측하는 내용은 제시되지 않았다.

ㄹ. 부정적 현실에 대한 극복의지는 나타나지 않는다.

44 ② 필자는 두꺼비 연적을 산 것 때문에 아내와 다투고 아내에게 두꺼비 산 돈을 두꺼비가 갚아줄 것이라고 말하여 이 글을 쓰게 된 것이다. 그러나 "이 한 편의 글 값이 행여 두꺼비 값이 될는지 모르겠으나, 내 책상머리에 두꺼비 너를 두고 이 글을 쓸 때 네가 감정을 가진 물건이라면 필시 너도 슬퍼할 것이다."라고 한 것으로 보아, 두꺼비 연적에 대한 글을 써서 돈을 벌 수 있어서 기쁘다는 답은 적절하지 않다.

오답풀이

① 골동집 주인이 내 놓은 두꺼비 연적으로 보고 "연적으로서는 희한한 놈이다."라고 하였으므로 적절한 대답이다.

③ 두꺼비 연적의 외양을 묘사하면서 '한층 더 사랑스럽다'고 하였으므로 두꺼비의 표정과 자세가 좋았다는 대답은 적절하다.

④ "나는 너를 만든 너의 주인이 조선 사람이란 것을 잘 안다."라며 "너를 만든 솜씨를 보아 너의 주인은 필시 너와 같이 어리석고, 못나고, 속기 잘 하는 호인(好人)일 것이리라."라고 하였으므로 적절한 대답이다.

⑤ 두꺼비 연적을 사랑하는 이유로 "나는 고독한 사람이기 때문이다!"라고 하며 "나의 고독함은 너 같은 성격이 아니고서는 위로해줄 수 없"다고 하였으므로 두꺼비 연적이 '동병상련의 대상'이며 '고독한 삶의 동반자'라는 답은 적절하다.

45 ③ ⓒ에서 시골 색시가 비단을 멋없이 감은 것처럼 어색하다는 것은 두꺼비 연적의 외양을 빗댄 표현으로, 재주를 부려 유약을 얼쑹덜쑹하게 내려 부은 외양이 두꺼비 연적의 생김새와 어울리지 않는다는 의미이다.

오답풀이

① ㉠에서 꽤 재미나게 됐다는 것은 두꺼비 연적의 외양을 말하는 것으로, 두꺼비 연적이 꽤 신기하고 흔치 않은 모양새라는 의미이다.

② "요즈음 골동가들이 본다면 거저 준대도 안 가져갈 민속품"이지만 값을 묻지도 않고 연적을 사 가지고 돌아왔다고 하였으므로, 두꺼비 연적의 골동품으로서의 가치를 생각하고 있다는 것은 적절하지 않다.

④ ㉣은 두꺼비의 입에 무언가 물려 있는 모양을 보면서 '나'가 상상한 것이다.

⑤ ㉤은 두꺼비 연적을 만든 주인이 실제로 '나'에게 보냈다는 것이 아니라 그저 '나'가 상상한 것이다.

제1교시 국어영역(B형)

01 ②	02 ④	03 ②	04 ②	05 ①	06 ①
07 ①	08 ②	09 ③	10 ①	11 ⑤	12 ⑤
13 ①	14 ②	15 ④	16 ③	17 ④	18 ④
19 ⑤	20 ④	21 ⑤	22 ②	23 ⑤	24 ⑤
25 ②	26 ③	27 ③	28 ⑤	29 ②	30 ⑤
31 ①	32 ③	33 ③	34 ①	35 ④	36 ④
37 ③	38 ④	39 ③	40 ⑤	41 ①	42 ③
43 ②	44 ②	45 ③			

01 ② 반대 1은 학교 폭력과 절도 사고 예방을 위해 교내에 CCTV를 추가로 설치해야 한다는 찬성 1의 주장을 반대하면서 CCTV는 사고를 예방해 주는 것이 아니라 사후 처리에 이용되는 것에 불과하다는 근거를 제시할 뿐 어떠한 대안을 제시하고 있지는 않다.

오답풀이

① 찬성 1은 최근 학교에서 있었던 폭력 및 절도 사건을 근거로, 이러한 사고를 예방하기 위해 CCTV를 추가로 설치해야 한다고 주장하고 있다.

③ 찬성 2는 ㅇㅇ시교육청에서 실시한 설문 조사 결과로 나타난 통계 수치를 근거로 사용하고 있다.

④ 반대 2는 앞서 일부 학교를 대상으로 한 설문 조사 결과를 전체 학교에 적용할 수 없다며 찬성 2의 주장을 반박하고 있다.

⑤ 찬성 3은 도로, 공원, 엘리베이터 등 CCTV가 설치되어 있는 다른 사례들을 근거로 교내에 CCTV를 추가로 설치해야 한다고 주장하고 있다.

02 ④ 이 토론에서 CCTV의 설치 효과를 거두기 위해 감독 인력이 필요하다는 것은 언급되지 않았다.

오답풀이

① 반대 1의 발언에서 확인할 수 있다.

② 반대 2의 발언에서 확인할 수 있다.

③ 반대 3의 발언에서 확인할 수 있다.

⑤ 반대 2의 발언에서 확인할 수 있다.

03 ② 〈보기〉에서는 CCTV 설치 후 계획성이 강한 범죄의 발생이 감소한 반면 우발성이 강한 범죄의 발생에는 별다른 차이가 없었다고 제시되어 있다. 따라서 〈보기〉는 CCTV를 설치하면 계획성이 강한 절도 사건을 예방할 수 있다는 것에 초점을 맞추어 찬성 측의 근거 자료로 활용하는 것이 적절하다.

오답풀이

①, ③ 〈보기〉에 폭력과 같은 우발성이 강한 범죄에는 CCTV가 별로 영향력이 없었다고 제시되어 있다.

④, ⑤ 〈보기〉에서는 범죄의 계획성에 따라 CCTV의 영향력을 살펴보고 있으므로 지역에 따라 효과가 다르게 나타난다는 것은 적절하지 않다.

04 ② 인애는 상황을 설명하며 자기가 잘못한 것이냐고 묻는 새롬이의 말에 '아냐, 아냐, 그렇지 않아. 나라도 그 상황이었으면 화가 났을 거야.'라고 말하고 있다. 이를 통해 인애가 상대방의 말을 비판하지 않고 적극적으로 지지해 주고 있음을 알 수 있다.

오답풀이

① 인애는 정미가 사과를 받아주지 않아 섭섭했다는 새롬이의 말에 '서운했겠네!'라고 이야기하는 등 상대방의 감정에 동조하는 반응을 보였다.

③ 인애는 새롬이의 이야기를 들으면서 몸을 기울이거나 고개를 끄덕이는 등의 비언어적 표현을 하여 상대방의 말에 집중하고 있음을 나타냈다.

④ 인애는 '그래서 어떻게 되었는데?', '그런데 뭐라고 사과했니?'와 같이 물음으로써 상대방의 말에 관심을 표현하고 상대방이 계속 이야기를 이어나갈 수 있도록 하였다.

⑤ 인애는 새롬이가 문제를 스스로 해결할 수 있도록 돕기보다는 마지막 발화에서처럼 문제 해결 방안을 직접적으로 제시하였다.

TIP 공감적 듣기

공감적 듣기는 상대에게 감정 이입을 하여 상대의 이야기를 들어주는 것으로, 상대로 하여금 마음의 벽을 허물고 신뢰와 친밀감을 갖게 하는 데 중요한 역할을 한다. 상대의 말을 비판하지 않고 집중하여 들음으로써 상대가 기꺼이 자신의 말을 더 많이 할 수 있도록 격려할 수 있다. 공감적 듣기에는 소극적 들어주기와 적극적 들어주기가 있다.

① **소극적 들어주기** : 상대방에게 관심을 보이면서 화자가 계속 이야기를 이어갈 수 있도록 이야기의 맥락을 조절해주는 격려하기 기술이 중심을 이룬다.

② **적극적 들어주기** : 청자가 객관적인 관점에서 문제에 접근할 수 있도록 화자의 말을 요약 · 정리하고 반영해 줌으로써 화자가 스스로 문제를 해결할 수 있도록 들어주는 것이다.

05 ① 화내지 않고 말할 수 있었는데 그러지 못했다며 화자 자신에게 혜택을 주는 표현을 최소화하고 부담을 최대화하여 표현함으로써 '관용의 격률'에 따르고 있다.

오답풀이

②, ③, ④, ⑤ 상대방에게 부담을 주는 표현을 사용하였다.

TIP 공손성의 원리

공손성은 상대방과의 관계를 좋게 하고 유지하기 위한 것으로, 사회적 · 의사소통적 상황에서 개인이 조화롭게 상호 교류를 유지할 수 있게 해 준다.

① **요령의 격률** : 상대방에게 부담이 되는 표현은 최소화하고 상대방에게 이익이 되는 표현을 극대화하라는 것이다.
② **관용의 격률** : 화자 자신에게 혜택을 주는 표현은 최소화하고 부담을 주는 표현을 최대화하라는 것이다.
③ **찬동의 격률** : 다른 사람에 대한 비방을 최소화하고 칭찬을 극대화하라는 것이다.
④ **겸양의 격률** : 자신에 대한 칭찬은 최소화하고 비방을 극대화하라는 것이다.
⑤ **동의의 격률** : 자신의 의견과 다른 사람의 의견 사이의 다른 점은 최소화하고 같은 점을 극대화하라는 것이다.

06 ① (가)의 ㉠은 우리나라의 노령 인구 비율이 지속적으로 증가하고 있음을 보여주는 통계 자료이고, (나)는 출산을 망설이는 이유에 대한 설문 조사 결과이다. 이 두 가지 자료를 활용하여 노인들을 위한 일자리 창출이 생산 가능 인구 감소에 대한 대안이 될 수 있다고 언급하는 것은 적절하지 않다.

오답풀이

② (다)에서 노령 인구 비율이 14% 이상이면 고령사회라고 하였는데, (가)의 통계자료를 보면 2010년에 10.7%였던 우리나라의 노령 인구 비율이 2020년에는 15%가 될 것으로 추정되므로, 우리나라가 고령화사회에서 고령사회로 이행하고 있다는 것을 알 수 있다.
③ (가)의 ㉡은 우리나라 출산율 추이를 나타낸 그래프이고, (나)는 출산을 망설이는 이유에 대한 설문 조사 결과이다. (가)의 ㉡을 통해 1983년 가임여성 1명당 2.06명이던 자녀 수가 2008년 1.19명으로 줄었음을 알 수 있다. 따라서 두 자료를 활용하여 출산율이 낮아지는 경향과 원인을 제시하는 것은 적절하다.
④ (가)의 ㉡에서 우리나라의 출산율이 낮아지고 있다는 것을 확인할 수 있으며, (다)에서 "우리나라는 낮은 출산율로 인하여 향후 생산 가능 연령층의 인구가 더욱 줄어들고, 이에 따라 급격하게 고령사회로 이행될 가능성이 큽니다."라고 설명하고 있다.
⑤ (나)의 설문 조사 결과를 통하여 출산율 제고를 가로막는 요인들을 확인할 수 있으며, (다)에서는 출산율 제고를 위한 정부의 대책 마련을 촉구하고 있음을 확인할 수 있다.

07 ① 내용의 순서는 바뀌지 않았으므로 중요도에 따라 내용의 순서를 재배열했다는 것은 적절하지 않다.

오답풀이

② 글의 제목을 '공원 내 불법 행위 단속 안내'에서 경어를 사용하여 '여기서 이러시면 안 됩니다.'로 바꿈으로써 보다 친근하게 표현하여 독자의 거부감을 줄이고 있다.
③ 공원 내 불법 행위 항목을 강조하기 위해 앞의 두 문장을 삭제하였다.
④ 각 불법 행위에 대한 시각적 자료를 첨부함으로써 의미를 보다 입체적으로 전달하고 있다.
⑤ '밥을 짓는 행위', '고기를 구워 먹는 행위'는 '음식물 취사'로, '애완동물의 목줄을 풀어 놓는 행위', '애완동물의 배설물을 치우지 않는 행위'는 '애완동물 관리 소홀'로, '김밥, 음료수'는 '식품'으로 묶어 항목화하였다.

08 ② 이 조사의 목적은 우리 지역 문화재를 효과적으로 보전할 수 있는 방안을 모색하는 것이다. 지역 주민을 대상으로 우리 지역 문화재 보전에 대한 인식에 대한 설문 조사를 하면서 문화재의 홍보 방안에 대해 질문하는 것은 조사의 목적과 부합하지 않으므로 수정 및 보완 방법으로 적절하지 않다.

09 ③ 주어가 '모든 일'이므로 ㉢ '진행합니다'는 주어와의 호응을 고려하여 '진행됩니다'로 고쳐야 한다.

오답풀이

① 엘리베이터를 예로 들어 예절에 대해 설명하는 내용으로, ㉠ '계단보다 엘리베이터를 이용해야 현대인이죠.'는 글의 주제와 관련이 없으므로 삭제해야 한다.
② 다른 사람이 탈 수 있게 짐을 옮긴다는 내용으로 종속적으로 연결된 문장이다. 따라서 ㉡ '있거나'는 '있도록'으로 고쳐 써야 한다. '-도록'은 앞의 내용이 뒤에서 가리키는 사태의 목적이나 결과, 방식, 정도 따위가 됨을 나타내는 연결 어미이다.
④ ㉣ '설령'은 '-다 하더라도'와 함께 쓰이는 부사로 주로 부정문에 쓰인다. 따라서 이를 '~처럼'과 함께 쓰이는 부사 '마치'로 수정하는 것이 적절하다.
⑤ ㉤ '배치(配置)'는 사람이나 물자 따위를 일정한 자리에 알맞게 나누어 둔다는 의미인데, 문맥상 다른 사람을 도와주거나 보살펴 주려고 마음을 쓴다는 의미이므로, 이를 '배려(配慮)'로 바꾸는 것이 적절하다.

10 ① 상보 반의는 반의 관계에 있는 개념적 영역이 상호 배타적인 것으로, 두 가지 중 하나에 속하지 않으면 다른 하나에 속하는 반의 관계를 뜻한다. 이에 해당하는 반의 관계는

'참 : 거짓'이다.

오답풀이

②, ④ '크다 : 작다', '쉽다 : 어렵다'는 정도나 등급을 나타내므로 정도 반의이다.

③, ⑤ '왼쪽 : 오른쪽', '오르다 : 내리다'는 방향상의 대립을 나타내므로 방향 반의이다.

TIP 반의 관계의 종류

① **정도 반의** : 정도, 등급이 대립을 이루는 것으로 반의 관계에 있는 두 단어를 동시에 부정하더라도 모순되지 않는 중립 지역이 존재한다. 즉, 평가의 기준이 상대적이다.
② **상보 반의** : 반의 관계에 있는 개념적 영역을 상호 배타적으로 철저히 양분하는 것으로, 반의 관계에 있는 두 단어를 동시에 부정하거나 긍정할 경우 모순이 발생한다. 즉, 평가의 기준이 절대적이다.
③ **방향 반의** : 맞선 방향을 전제로 관계나 이동의 측면에서 대립을 이루는 것으로, 기준점을 중심으로 한 상대적 개념이다.

11 ⑤ 언어의 사회성이란 언어 기호는 같은 언어 사회 안에서 특정한 의미를 특정한 말소리로 나타내자는 약속이므로, 이 약속이 사회적으로 수용된 다음에는 개인이 마음대로 바꿀 수 없다는 언어의 특성이다. 〈보기〉에서와 같이 '바다'를 혼자 '하늘'이나 '땅'으로 바꾸어 부를 경우 의사소통이 되지 않는 것은 언어의 사회성 때문이다.

오답풀이

① 언어의 분절성이란 언어는 여러 단위로 나누어지고 결합할 수 있으며, 연속적으로 존재하는 세계를 불연속적으로 끊어서 표현한다는 것이다. 우리말에서 무지개를 임의적으로 일곱 가지 색깔로 나누어 표현하는 것을 예로 들 수 있다.

② 언어의 규칙성이란 언어에는 일정한 법칙이 있으므로 그에 맞게 표현해야 한다는 것이다.

③ 언어의 창조성이란 상상의 사물이나 관념적이고 추상적인 개념을 무한하게 창조적으로 표현할 수 있다는 것이다.

④ 언어의 역사성이란 시간의 흐름에 따라 단어의 소리와 의미가 변하거나 문법 요소가 변하는 등 언어가 변화한다는 것이다.

12 ⑤ 형태소는 뜻을 지닌 가장 작은 말의 단위이다. 그중 어휘적 의미를 지닌 것을 실질 형태소라고 하며, 문법적 의미를 지닌 것을 형식 형태소라고 한다. 어근, 어간 등은 실질 형태소에 해당하며 조사, 접사, 어미 등은 형식 형태소에 해당한다. '꽃을'에서 조사 '을'은 형식 형태소이므로 〈보기〉에서 언급된 규정이 적용되지 않는다. 따라서 '꽃을'은 '꽃'의 받침 'ㅊ'을 대표음으로 바꾸지 않고 그대로 뒤 음절 첫소리로 옮겨 [꼬츨]이라고 발음해야 한다.

오답풀이

① '맛없다'는 '맛+없다'로 실질 형태소끼리의 결합이므로 '맛'의 받침 'ㅅ'을 대표음인 [ㄷ]으로 바꾸어 [마덥따]로 발음해야 한다.

② '헛웃음'은 '헛+웃음'으로 뒤에 연결되는 것이 실질 형태소이므로 '헛'의 받침 'ㅅ'을 대표음인 [ㄷ]으로 바꾸어 [허두슴]으로 발음해야 한다.

③ '겉에'는 '겉'에 형식 형태소인 조사 '에'가 결합되었으므로 〈보기〉에서 언급된 규정이 적용되지 않는다. 따라서 '겉'의 받침 'ㅌ'을 그대로 뒤 음절 첫소리로 옮겨 [거테]로 발음해야 한다.

④ '밭'에 실질 형태소인 '아래'가 이어지고 있으므로 '밭'의 받침 'ㅌ'을 대표음인 [ㄷ]으로 바꾸어 [바다래]로 발음해야 한다.

13 ① ㉠은 어근에 접미사가 결합된 접미 파생어이나 '군소리'는 어근 '소리'에 접두사 '군-'이 결합된 접두 파생어이다.

오답풀이

② 나무(어근) + -꾼(접사)
③ 멋(어근) + -쟁이(접사)
④ 바늘(어근) + -질(접사)
⑤ 지우-(어근) + -개(접사)

14 ② 〈보기〉에서는 객체 높임법에 대해 설명하고 있다. '학생분들은 모두 입구 쪽으로 오십시오.'라는 문장에서는 주체 높임(학생분)과 상대 높임(오십시오)이 사용되었으나 객체 높임은 사용되지 않았다.

오답풀이

① 명사 '분'과 높임의 특수 어휘 '드리다'를 사용하여 부사어가 지시하는 대상(어느 분)을 높이고 있다.

③ '모시다'라는 어휘를 사용하여 목적어가 지시하는 대상(할머니)을 높이고 있다.

④ '뵈다'라는 어휘를 사용하여 목적어가 지시하는 대상(교수님)을 높이고 있다.

⑤ 조사 '께'와 동사 '여쭙다'를 사용하여 부사어가 지시하는 대상(선생님)을 높이고 있다.

[15~18] 비문학 – 인문

15 ④ 전제가 많을수록 결론이 참이 될 가능성이 높아지는 것이 아니라 전제가 참일 때 결론의 참이 보장되는 것이다.

오답풀이

① 언어가 상이하여 세계 여러 나라 과학자들이 연구 성과를 교환하는 데 어려움을 겪었고 이것이 과학 발전의 저해 요인이었다고 다섯 번째 문단에 제시되어 있다.

② 컴퓨터 정보 처리 과정의 논리 회로는 라이프니츠의 수학적 표현 방법을 응용한 것이라고 마지막 문단에 제시되어 있다.

③ 수학적 표현법과 보편적 과학 언어를 핵심으로 한 라이프니츠의 구상이 현대 기호 논리학의 체계를 세우는 데 결정적인 기여를 했다고 마지막 문단에 제시되어 있다.

⑤ 일상 언어로 추리의 내용을 표현하면 명제의 진릿값을 판단하는 과정이 복잡하여 잘못된 추리를 할 가능성이 높다고 네 번째 문단에 제시되어 있다.

16 ③ [A]에서 참을 '1'로, 거짓을 '0'으로, '…거나'를 '+'로, '그리고'를 '·'으로 기호화했다고 하였다. 따라서 '가'의 명제를 라이프니츠의 수학적 표현법으로 표현하면 '장미는 직장인(1)' '이고(·)' '주부이다.(0)', 즉 '1·0'이며, 결합된 명제의 진릿값이 거짓(0)이므로 '1·0 = 0'으로 표현할 수 있다. '나'의 명제를 라이프니츠의 수학적 표현법으로 표현하면 '정호는 축구 선수(1)' '이거나(+)' '야구 선수이다(0).' 즉 '1+0'이며, 결합된 명제의 진릿값이 참(1)이므로 '1+0 = 1'로 표현할 수 있다.

17 ④ 라이프니츠는 보편적 과학 언어를 통해 언어의 장벽을 허물어서 인류를 하나의 사고 공동체로 만들고 혁신적인 과학 발전을 도모하고자 하였다. 따라서 기계어를 사용하는 컴퓨터 프로그램이 라이프니츠의 보편적 과학 언어의 구상에 기반을 둔 것이라는 ⓐ의 주장을 도출하기 위해서는, 컴퓨터의 기계어가 세계 여러 나라에서 공통적으로 사용되고 있다는 전제가 필요하다.

18 ④ 글쓴이는 자신의 의도를 실현하기 위해 글에 여러 가지 장치를 마련해 둔다. 따라서 독자는 글을 읽으면서 그 장치를 인지하고 활용해야 하는데, 이러한 장치로는 정리, 인과, 예시 등을 나타내는 담화 표지가 있다. ⓔ '왜냐하면'은 인과를 나타내는 표지로 결과가 앞에, 근거가 뒤에 제시되므로 ⓔ의 뒤에 나오는 내용을 통해 앞에서 제시한 근거를 파악한다는 것은 적절하지 않다.

오답풀이

① '~이란 …이다'는 정리를 나타내는 표지이므로, 여기에서는 '논증'의 개념을 명확히 확인하면서 글을 읽어야 한다.

② '이를 테면'은 예시를 나타내는 표지로, 독자의 이해를 돕기 위해 앞서 제시한 내용을 자세히 풀어줄 때 사용한다.

③ '하지만'은 역접을 나타내는 표지이므로, 뒤에 이어지는 내용에 초점을 맞추어 내용을 이해해야 한다.

⑤ '요컨대'는 요약·정리를 나타내는 표지이므로, 뒤에 이어지는 내용을 바탕으로 핵심 내용을 정리해 볼 수 있다.

[19~22] 비문학 – 사회

19 ⑤ 첫 번째 문단에 GDP를 계산할 때에는 총 생산물의 가치에서 중간생산물의 가치를 뺀다고 제시되어 있다.

오답풀이

① 두 번째 문단에 상품 판매 가격이 물가 변동에 따라 오르내린다고 제시되어 있다.

② 첫 번째 문단에 GDP를 계산할 때 총 생산물의 가치에서 중간생산물의 가치를 뺀 결과, 최종 생산물의 가치의 총합과 동일하다고 제시되어 있다.

③ 첫 번째 문단에 GDP를 산출할 때 화폐로 매매되지 않은 재화와 서비스는 포함하지 않는다고 제시되어 있다.

④ 첫 번째 문단에 GDP를 산출할 때 새로 생산된 재화와 서비스를 계산에 포함한다고 제시되어 있다.

20 ④ 실질 GDP는 기준 시점의 물가 수준으로 환산하여 산출한 것이고, 명목 GDP는 기준 시점의 물가 수준으로 환산하지 않은 것이다. 2010년도를 기준으로 한 2012년도의 명목 GDP는 21,000원이나 실질 GDP는 7,000원으로, 기준 연도인 2010년도의 실질 GDP와 동일하므로 생산 수준이 올랐다고 볼 수 없다.

오답풀이

① 2012년도의 명목 GDP는 X재의 생산액 4,000원과 Y재의 생산액 17,000원을 합한 21,000원이다.

② 2010년도의 명목 GDP는 X재의 생산액 2,000원과 Y재의 생산액 5,000원을 합한 7,000원으로, 2012년도의 명목 GDP와 비교하면 3배 차이 난다.

③ 2011년도의 명목 GDP는 14,000원이나 2010년도에 비해 물가 수준이 2배로 올랐으므로 실질 GDP는 7,000원이다.

⑤ 2010년도와 2011년도의 실질 GDP가 동일하므로 경제성장률은 0%이다.

21 ⑤ 마지막 문단에 GDP는 무역 손실에 따른 실질 소득의 감소를 제대로 반영하지 못하기 때문에 GNI가 필요하다고 제시되어 있다.

22 ② ⓐ의 '떨어지다'는 값, 기온, 수준, 형세 따위가 낮아지거나 내려간다는 의미로, 이와 문맥적 의미가 가장 유사한 것은 ②이다.

오답풀이

① '병이나 습관 따위가 없어지다.'라는 의미이다.
③ '해나 달이 서쪽으로 지다.'라는 의미이다.
④ '관계가 끊어지거나 헤어지다.'라는 의미이다.
⑤ '위에서 아래로 내려지다.'라는 의미이다.

[23~26] 비문학 – 과학

23 ⑤ 중력, 곡률, 지구 접선 속도 등 주요 용어의 개념을 소개하고 예를 들어 가며 인공위성이 떠 있는 원리에 대해 설명하고 있다.

24 ⑤ ㉱는 궤도를 벗어나 지구로부터 멀어지고 있는 인공위성으로, 이렇게 지구에서 멀어지고 있는 이유는 ㉱가 지구 접선 속도보다 빨리 움직이기 때문이다.

오답풀이

① ㉮는 지구 둘레를 돌고 있는 인공위성이므로 궤도의 접선 방향으로 움직인다고 볼 수 있다.
② ㉮는 추락하지 않고 고도를 유지하기 위해 지구 접선 속도인 8㎞/s의 속도로 움직인다고 볼 수 있다.
③ 어떤 물체가 지구 접선 속도 이상으로 날아간다면 대기와의 마찰로 불타버릴 가능성이 크므로 ㉯는 우주 공간으로 올릴 때 대기와의 마찰열을 극복할 수 있도록 제작되었을 것이다.
④ 지구 중력을 이겨낼 수 있는 지구 탈출 속도가 지표면에서 약 11㎞/s이므로, ㉯는 지구 중력을 이겨내고 우주까지 나아갈 수 있도록 11㎞/s 이상의 속도를 냈을 것이다.

25 ② 두 번째 문단에 공을 약 8㎞/s의 속도 이상으로 날아가게 하면 땅에 떨어뜨리지 않게 할 수 있다고 제시되어 있다. 이때 공이 땅에 떨어지지 않고 공중에 계속 떠 있기 위해서는 공에 미치는 중력, 공기의 저항, 지구의 곡률, 공이 접선 방향으로 날아가는 속도 등이 고려되어야 한다. 이때 지표면의 거칠기는 고려 사항에 해당하지 않는다.

26 ③ ⓒ의 주어가 '고도'이므로 낮은 데서 위로 올라간다는 뜻의 '상승(上昇)하다'로 바꿔 쓰는 것이 적절하다. '향상(向上)하다'는 '실력, 수준, 기술 따위가 나아지다 또는 나아지게 하다.'라는 의미이다.

오답풀이

① ⓐ는 '영향이나 작용 따위가 대상에 가하여지다 또는 그것을 가하다.'라는 의미이므로 '어떠한 현상을 일으키거나 영향을 미치다.'라는 뜻의 '작용(作用)하다'와 바꿔 쓰기에 적절하다.
② ⓑ는 '어떤 물체가 다른 물체에 맞붙어 사이에 빈틈이 없게 되다.'라는 의미이므로 '목적한 곳이나 수준에 다다르다.'라는 뜻의 '도달(到達)하다'와 바꿔 쓰기에 적절하다.
④ ⓓ는 '가능성 따위가 많다.'라는 의미이므로 '어떤 경향이나 기색 따위가 뚜렷하다.'라는 의미의 '농후(濃厚)하다'와 바꿔 쓰기에 적절하다.
⑤ ⓔ는 '물체가 일정한 축을 중심으로 원을 그리면서 움직이다.'라는 의미이므로 '한 천체(天體)가 다른 천체의 둘레를 주기적으로 돌다. 행성이 태양의 둘레를 돌거나 위성이 행성의 둘레를 도는 현상 따위를 이른다.'는 뜻의 '공전(公轉)하다'와 바꿔 쓰기에 적절하다.

[27~30] 비문학 – 예술

27 ③ 표현주의 미술에 영향을 준 미술 사조에 대해서는 언급되지 않았다.

오답풀이

① 첫 번째 문단에 표현주의는 '내면에 잠재된 강렬한 감정과 욕구를 소재로' 한다고 제시되어 있다.
② 세 번째 문단에 '전통적인 감상 방식에 얽매여 있었던 당대 사람들은 표현주의의 어둡고 무거운 주제와 일그러진 형태, 자연스럽지 못한 색감에서 불편함을 느낀 것'이라고 제시되어 있다.
④ 첫 번째 문단에 표현주의는 1910년 전후로 독일을 중심으로 전개되었는데 19세기 후반의 독일 사회는 '전쟁의 후유증과 급속한 산업화'로 매우 혼란스러운 상황이었다고 제시되어 있다.
⑤ 세 번째 문단에 '표현주의 작품을 감상할 때에는 과장되거나 왜곡되어 나타나는 형태와 색채를 통해 현실 세계를 바라보는 작가의 감각과 감정 상태를 읽어내는 것이 중요하다.'고 제시되어 있다.

28 ⑤ 〈보기〉에 제시된 작품은 표현주의 작가 콜비츠의 석판화로 방직공들의 비참한 처지를 다룬 작품이다. 표현주의는 조형적 아름다움보다는 작가의 내면세계에 대한 메시지의 전달을 중시하므로 조형적인 아름다움을 드러내려는 의도가 있다는 감상은 적절하지 않다.

오답풀이

① 표현주의 작가들은 판화에서 흑백의 대조를 활용하여 극적인 효과를 얻고자 했다.
② 표현주의 작가들은 판화에서 거칠고 날카로운 선들을 이용하여 당시의 부정적인 사회상을 드러내고자 했다.
③ 당대인들은 전통적인 감상 방식에 얽매여 있었기 때문에 표현주의 작품을 보며 불편함을 느꼈다.

④ 표현주의 작품을 감상할 때에는 과장되거나 왜곡되어 나타나는 형태 · 색채를 통해 작가가 현실 세계를 어떻게 바라보는지 읽어낼 수 있다.

29 ② 표현주의의 실험 정신 덕분에 현대 회화에서 ⓐ '개성적 가치'가 중요한 개념으로 자리 잡게 되었다고 하였다. 즉, 표현주의가 예술적 창의성과 다양성을 시도한 것에 가치를 두고 있는데, 표현주의자들은 동일한 대상이라도 사람의 감정 상태에 따라 다르게 보이므로 대상을 보고 느낀 점을 자신만의 방식으로 표현하고자 하였을 것이다. 따라서 ⓐ의 의미로 가장 적절한 것은 ②이다.

30 ⑤ '시도(試圖)하다'는 어떤 것을 이루어 보려고 계획하거나 행동한다는 뜻이므로 우리말로 고쳐 쓸 경우 '꾀하다' 등을 쓰는 것이 적절하다.

오답풀이

① '포착(捕捉)하다'는 '꼭 붙잡다, 요점이나 요령을 얻다 또는 어떤 기회나 정세를 알아차린다'는 뜻이므로 '잡아내다'와 바꾸어 쓰기에 적절하다.

② '미화(美化)하다'는 아름답게 꾸민다는 의미이다.

③ '선호(選好)하다'는 여럿 가운데서 특별히 가려서 좋아한다는 의미이다.

④ '확장(擴張)하다'는 범위, 규모, 세력 따위를 늘려서 넓힌다는 의미이다.

[31~33] 현대시

(가) 구상, 「초토(焦土)의 시(詩) 8 – 적군묘지(敵軍墓地) 앞에서」

6 · 25 종군 시인으로 활동했던 구상의 연작시 「초토의 시」 가운데 여덟 번째 작품으로 동족상잔의 비극에 대한 아픔과 전쟁에 대한 뉘우침, 사랑을 통한 민족의 동질성 회복과 통일에의 염원을 담고 있다. 화자는 전쟁이 남긴 적군 병사의 무덤을 보면서 그들의 죽음을 애도하고 전쟁과 분단 현실에서 오는 우리 민족의 아픔을 자기화하면서 이것을 극복하기 위한 사랑과 화해에 대해 말한다. 즉, '너희의 풀지 못한 원한이 나의 바램 속에 깃들여 있'다고 노래하면서 미움으로 맺혔던 대립의 관계(전쟁, 분단)에서 화해(분단의 극복, 통일)를 이루고자 하는 소망을 노래하는 것이다.

(나) 정호승, 「부치지 않은 편지」

'그대'의 죽음으로 슬픔에 젖은 화자가 '그대'에게 보내는 애도의 편지 형식을 띠고 있는 작품이다. 화자는 '그대 죽어 별이 되지 않아도 좋다'라고 노래함으로써 '그대'의 삶과 영혼이 이미 별과 같이 빛나는 가치를 지니고 있음을 드러내고 있다. 그리고 '그대'의 죽음에 온 세상이 멈춘 것 같고 온 세상이 눈물에 젖은 것 같다며 화자의 슬픈 마음을 자연물에 이입하여 표현하고 있다. 이 시에서 '그대'는 연인 또는 치열하게 세상을 살다간 사람이라고 볼 수 있다.

31 ① (가)는 한국 전쟁으로 인해 목숨을 잃은 적군 병사들의 묘지를 보며 그들의 죽음을 애도하는 마음에서 창작되었고, (나)는 사랑하는 이의 죽음을 애도하는 마음에서 창작되었다.

오답풀이

② (가)와 (나)는 대상에 대한 그리움이 아니라 대상에 대한 애도의 마음이 시상을 불러일으키고 있다고 볼 수 있다.

③ (가)는 '나는 그만 이 은원(恩怨)의 무덤 앞에 / 목 놓아 버린다.'고 하여 동족상잔의 비극에 대한 안타까움과 슬픔을 직설적으로 드러내면서 시상을 마무리하였다. (나) 는 대상을 애도하면서 시상을 마무리하였다.

④ (가)는 동족상잔의 비극, (나)는 그대의 죽음이라는 부정적 상황을 대면하고 있으나 이로부터 도피하려는 심리는 드러나지 않는다.

⑤ (가), (나) 모두 타인의 삶을 자신의 삶과 견주는 내용은 나타나지 않는다.

32 ③ '천만 근 나의 가슴을 억누르는데'에서 시적 화자의 가슴을 억누르는 것은 분단된 조국으로 인한 아픔이라고 볼 수 있다. 즉 시적 화자는 전쟁으로 목숨을 잃은 이들의 넋들이 남북으로 가로막혀 고향으로 돌아갈 수 없는 현실을 개탄하고 있는 것이다.

오답풀이

① 동족상잔의 비극인 전쟁의 참상이 '방아쇠를 당기던 우리의 그 손', '썩어 문드러진 살덩이와 뼈' 등과 같이 사실적으로 드러나 있다.

② 적군의 시신을 '양지 바른 두메를 골라 / 고이 파묻어 떼마저 입혔거니'에서와 같이 수습하여 줌으로써 인간애를 드러내고 있다.

④ 작가가 바라는 것은 분단된 조국이 통일을 이루어 평화로워지는 것이라고 할 수 있다.

⑤ 전쟁으로 죽은 이들의 넋은 북으로 돌아가지 못하는데 구름은 무심하게 북으로 흘러간다고 노래함으로써 남북 분단의 비극이 강조되고 있다. 또한 어디선가 울려오는 포성에 '목 놓아 버린다'는 것은 남과 북의 대치가 아직도 지속되고 있는 현실에 대한 개탄의 목소리라고 볼 수 있다.

33 ③ ㄱ. '산도 강도 뒤따라와 피울음을 울었으나', '바람이 길을 멈추고' 등 표현에서 자연물에 인격을 부여하는 의인법이 사용되었다.

ㄹ. '별', '푸른', '붉은'(시각), '언 땅', '찬 비'(촉각), '울었으나'(청각) 등 다양한 감각적 이미지를 활용하여 시적 의미를 표현하였다.

ㅁ. '그대 ~지 않아도 좋다'라는 시행이 반복되면서 의미를 강조하고 있다.

오답풀이

ㄴ. (나)에는 문장 성분의 순서를 의도적으로 바꿈으로써 의미를 강조하는 도치의 방법은 사용되지 않았다.

ㄷ. (나)는 '좋다', '젖었다' 등 평서형 종결어미를 사용하고 있다.

[34~36] 현대소설

이호철, 「탈향(脫鄕)」

전쟁으로 북쪽의 고향을 버리고 월남한 실향민들의 의식이 반영된 소설로, 열아홉의 나이에 홀로 월남하여 부산에서 노동을 하며 생계를 해결해야 했던 작가의 실제 체험이 담겨 있다. 이 작품에서는 네 명의 청년들이 피란지인 부산에서 겪는 갈등과 냉혹한 전쟁의 현실 속에서 '실존'의 방법을 궁리하는 모습이 드러난다.

등장 인물들은 함께 고향을 생각하는 동안에는 행복해하지만 동향이라는 공동체 의식만으로는 살아가기 벅찬 현실적 이해관계로 인해, 마침내 돌아갈 기약이 없는 고향을 그리워하는 감상주의적 태도에서 벗어나게 된다. 즉, 과거의 세계에서 탈피하여 현실을 직시하고 새로운 삶으로 나아가고자 한다. 이 소설은 현실적 이해관계에 따라 고향을 버림으로써 새로운 삶이 가능함을 이야기하고 있다. 그렇기 때문에 작품의 제목이 '고향을 잃는다'는 의미의 '실향(失鄕)'이 아니라 '고향에서 벗어난다'는 의미의 '탈향(脫鄕)'인 것이다. 이때 '탈향'은 물리적인 것이 아니라 심리적인 것이다.

34 ① 인물 간의 대화에서 이북 사투리를 사용하여 이야기에 향토성 및 사실성을 부여하고 있다.

오답풀이

② 액자식 구성은 외화(바깥 이야기) 안에 내화(안 이야기)가 삽입된 형태이나, 이 글은 하나의 이야기로 구성되어 있다.

③ 사건이 과거에서 현재로 순차적으로 전개되고 있다.

④ 서술자가 교체되지 않고 1인칭 주인공 시점에 따라 서술되고 있다.

⑤ 부산이라는 현실적 공간에서 서술되고 있다.

35 ④ 눈이 오지 않은 부산과 달리 눈이 많이 오는 이북의 고향에 대한 그리움이 담겨 있다고 볼 수 있다.

36 ④ '광석'의 죽음에 죄책감을 느낀 '두찬'은 '내, 이제 무신 낯짝으로 동네 가간'이라고 말한 뒤 '나'와 '하원'을 떠나 버린다.

오답풀이

① '이미 내 마음은 하원이를 버리고 있는 것이다.'라는 표현을 통해 '나'가 '하원'을 떠날 것임을 짐작할 수 있다.

② '두찬이는 두찬이대로, 광석이는 광석이대로 남모르게 제각기 다른 배포가 서게 된 것'이라고 한 것에서 '두찬'과 '광석'이 서로 다른 행동을 취할 것임을 짐작할 수 있다.

③ '두찬'은 현실에 적응하기 위해 적극적으로 행동한 반면 '하원'은 자주 울먹거릴 뿐 별다른 노력을 하지 않는다.

⑤ '광석'은 실향의 현실에서 적극적으로 행동한 반면 '하원'은 울먹거릴 뿐이었다. 그러나 '광석'이 죽고 '두찬'이 떠난 뒤 '하원'은 현실을 대하는 자세가 달라진다.

[37~39] 고전시가

정극인, 「상춘곡(賞春曲)」

가사 문학의 효시로서, 속세를 떠나 아름다운 봄 경치에 몰입하여 안빈낙도(安貧樂道)하는 삶을 노래한 작품이다. 자연에 묻혀 사는 즐거움을 표방한 은일가사의 첫 작품으로 송순의 〈면앙정가〉, 정철의 〈성산별곡〉으로 이어지는 호남 지역 강호가사의 출발점이다.

서사, 본사, 결사의 3단 구성으로, 서사에서는 시냇가에 집을 짓고 자연의 주인이 된 즐거움을 노래하였고, 본사에서는 봄의 경치와 정취에 대해 노래하면서 자연 속에서 유유자적하는 풍류 생활을 묘사하였으며, 결사에서는 안빈낙도의 삶에 대한 만족감을 노래하였다. 설의법, 의인법, 직유법, 대구법 등의 다양한 표현 기법을 사용하였으며, 중국 고사를 적절히 활용하여 작품 전체를 유려하게 이끌고 있다는 특징이 있다.

37 ③ [C]를 현대어로 풀이하면 '이리저리 거닐며 나직이 시를 읊조려 산 속의 하루가 적적한데, 한가로움 속의 참된 멋을 아는 이 없이 나 혼자로구나.'로, 대상의 차이점을 부각하는 대조의 방법은 찾아보기 힘들다.

오답풀이

① [A]는 '속세에 묻혀 사는 사람들아, 이 나의 생활이 어떠한가? 옛 사람의 풍류에 미칠까 못 미칠까'로 자연에 묻혀 사

는 자신의 '생애'에 대한 자부심을 청자에게 질문을 던지는 의문 형식으로 표현하였다.

② [B]는 '복사꽃 살구꽃이 석양 속에 피어 있고, 푸른 버들 향기로운 풀은 가랑비 속에 푸르도다.'로 '수간 모옥' 주변의 봄 경치를 시각적으로 표현하였다.

④ [D]는 '산책은 오늘 하고, 냇가에서 목욕은 내일 하세. 아침에 산나물을 캐고 저녁에 낚시하세.'로 이웃들에게 산수 구경을 가자고 권하면서 대구의 표현 방식을 사용하였다.

⑤ [E]는 '맑은 물을 굽어보니 떠오는 것이 도화로다. 무릉도원이 가까이 있구나. 저 들이 그곳(무릉도원)인가?'로 도연명의 〈도화원기〉에 나오는 고사를 인용한 표현이다.

38 ④ ㉣은 '수많은 촌락이 여기저기 벌여 있다'는 뜻으로, 이는 이상향이 실현된 공간을 그린 것이 아니라 산 위에서 내려다 본 마을의 모습을 표현한 것이다.

오답풀이

① 칼로 마름질하거나 붓으로 그려낸 것처럼 봄의 경치가 아름답다는 표현이다.

② 화자의 흥겨운 감정을 새에게 이입하여, 새가 봄기운을 이기지 못하여 흥겨운 소리를 낸다고 표현하였다.

③ 자연에 도취하여 자연과 하나가 되는 물아일체된 경지가 드러난다.

⑤ '단표'는 단사표음(도시락밥과 표주박 물)의 준말로 가난한 생활을, '누항'은 누추한 집을 의미한다. 따라서 누추한 집에서 가난한 생활을 해도 잡스러운 생각을 안 한다는 삶의 자세가 드러난다.

39 ③ 자연을 즐거움을 얻을 수 있는 공간으로 보는 〈보기〉의 관점과 통하는 것은 ③이다.

[40~42] 고전소설

작자 미상, 「양산백전」

이 작품은 중국의 양축 설화를 소설화한 것으로, 중국의 설화에서는 사랑하는 남녀 주인공이 사랑을 이루지 못하고 죽게 되지만, 이 작품에서는 양산백과 추양대가 재생하고 혼인하여 사랑을 이루며 양산백이 영웅적 활약을 펼치고 입신양명한다. 즉, 「양산백전」은 결연담과 영웅담이 결합된 소설이라 할 수 있다. 양산백과 추양대는 자기들끼리 만나 미래를 약속하지만 그들의 애정은 추양대 부모의 반대라는 장애에 부딪히게 된다. 양산백과 추양대는 효와 애정 사이에서 갈등하다가 효에 반역하면서 죽음을 선택함으로써 애정을 성취한다. 이처럼 효보다 애정을 강조하며 자아의 자유의지를 중시한다는 점에서 이 작품은 근대적 의식을 담고 있다고 볼 수 있다.

이 작품의 특징은 양산백과 추양대가 천상에서 지상으로 적강한 것과 죽음과 재생, 승천과 같이 초현실적이고 신비적인 요소가 두드러진다는 점이다. 따라서 이 작품은 신성 소설(神聖小說)의 전형이라고 할 수 있는데, 신성 소설이란 지상적 존재는 초인간적 존재의 피조물이라는 초월주의적 세계관을 바탕으로 한 소설을 말한다. 「양산백전」은 이러한 초월주의적 세계관이 남녀 간의 사랑이라는 제재를 통해 아름답게 구현된 작품이다.

40 ⑤ 이 작품은 전지적 작가 시점으로 '~더라'라는 종결어미를 통해 독자에게 이야기해주듯이 서술하고 있다.

오답풀이

① 우의적 표현이란 표현하고자 하는 바를 직접적으로 나타내지 않고 다른 사물에 빗대어 말하거나 돌려 말하는 것으로, 이 작품에서는 우의적 표현이나 세태에 대한 비판은 나타나지 않는다.

② 배경이 되는 시대 상황에 대해서는 서술되지 않았다.

③ 인물 간의 대화보다는 양산백이 남긴 서간을 통해 사건의 전모가 드러난다.

④ 인물의 내적 갈등은 드러나지 않는다.

41 ① [A]는 양산백이 죽기 전 추양대에게 남긴 편지로, 두 사람의 만남부터 양산백이 죽게 되는 사연까지 적혀 있다. 그러나 추양대에게 닥칠 위기 상황이 암시되어 있지는 않다.

오답풀이

② 양산백과 추양대가 과거에 삼 년 동안 함께 지내며 공부하며 피차 백 년을 잊지 말자고 맹약하였음이 간략하게 나타나 있다.

③ 추양대에 대한 양산백의 애정이 서간 곳곳에 드러나 있다.

④ 양산백이 추양대에게 바라는 것은 신행길에 왕래할 때, 한 잔 술로 외로운 영혼을 위하여 달라는 것이다.

⑤ 추양대가 다른 사람과 결혼을 한다는 소식(놀라운 말씀)에 양산백이 죽게 되었다고 제시되어 있다.

42 ③ 이 작품에는 양산백의 무덤 속으로 들어간 추양대 때문에 분개한 신랑이 등장하나, 〈보기〉에는 분개한 인물이 등장하지 않는다.

[43~45] 수필

김용준, 「두꺼비 연적을 산 이야기」

이 글은 두꺼비 모양의 연적이 주는 기쁨에 대해 쓴 수필이다. 두꺼비 연적의 생김새에 대한 묘사를 눈에 보일 듯 선하고 아주

상세하게 표현한 것이 특징이다. 필자는 모양도 정교하지 않고 유약을 바른 기술도 신통하지 않은 두꺼비 연적을 사랑하는 이유를 '나는 고독하기 때문이다'라고 말한다. 어리숙하고 못나고 엉거주춤한 두꺼비 연적이 필자에게는 정답고 위로가 되는 존재인 것이다.

43 ② 두꺼비 연적의 외양을 나열식으로 묘사하였으며, 익살스러운 표현을 사용하여 대상에 대한 관심과 친밀감을 나타냈다.

오답풀이

ㄴ. 과거와 현재의 상황을 비교하는 것이나 미래를 예측하는 내용은 제시되지 않았다.

ㄹ. 부정적 현실에 대한 극복의지는 나타나지 않는다.

44 ② 필자는 두꺼비 연적을 산 것 때문에 아내와 다투고 아내에게 두꺼비 산 돈을 두꺼비가 갚아줄 것이라고 말하여 이 글을 쓰게 된 것이다. 그러나 "이 한 편의 글 값이 행여 두꺼비값이 될는지 모르겠으나, 내 책상머리에 두꺼비 너를 두고 이 글을 쓸 때 네가 감정을 가진 물건이라면 필시 너도 슬퍼할 것이다."라고 한 것으로 보아, 두꺼비 연적에 대한 글을 써서 돈을 벌 수 있어서 기쁘다는 답은 적절하지 않다.

오답풀이

① 골동집 주인이 내 놓은 두꺼비 연적으로 보고 "연적으로서는 희한한 놈이다."라고 하였으므로 적절한 대답이다.

③ 두꺼비 연적의 외양을 묘사하면서 '한층 더 사랑스럽다'고 하였으므로 두꺼비의 표정과 자세가 좋았다는 대답은 적절하다.

④ "나는 너를 만든 너의 주인이 조선 사람이란 것을 잘 안다."라며 "너를 만든 솜씨를 보아 너의 주인은 필시 너와 같이 어리석고, 못나고, 속기 잘 하는 호인(好人)일 것이리라."라고 하였으므로 적절한 대답이다.

⑤ 두꺼비 연적을 사랑하는 이유로 "나는 고독한 사람이기 때문이다!"라고 하며 "나의 고독함은 너 같은 성격이 아니고서는 위로해줄 수 없"다고 하였으므로 두꺼비 연적이 '동병상련의 대상'이며 '고독한 삶의 동반자'라는 답은 적절하다.

45 ③ ⓒ에서 시골 색시가 비단을 멋없이 감은 것처럼 어색하다는 것은 두꺼비 연적의 외양을 빗댄 표현으로, 재주를 부려 유약을 얼쑹덜쑹하게 내려 부은 외양이 두꺼비 연적의 생김새와 어울리지 않는다는 의미이다.

오답풀이

① ㉠에서 꽤 재미나게 됐다는 것은 두꺼비 연적의 외양을 말하는 것으로, 두꺼비 연적이 꽤 신기하고 흔치 않은 모양새라는 의미이다.

② "요즈음 골동가들이 본다면 거저 준대도 안 가져갈 민속품"이지만 값을 묻지도 않고 연적을 사 가지고 돌아왔다고 하였으므로, 두꺼비 연적의 골동품으로서의 가치를 생각하고 있다는 것은 적절하지 않다.

④ ㉣은 두꺼비의 입에 무언가 물려 있는 모양을 보면서 '나'가 상상한 것이다.

⑤ ㉤은 두꺼비 연적을 만든 주인이 실제로 '나'에게 보냈다는 것이 아니라 그저 '나'가 상상한 것이다.